대한제국기 간도 자료집(1)
-정부문서

• 이 책은 2020년도 동북아역사재단 기획연구 수행 결과물임(NAHF-2020-기획연구-28).

일제침탈사
자료총서 06

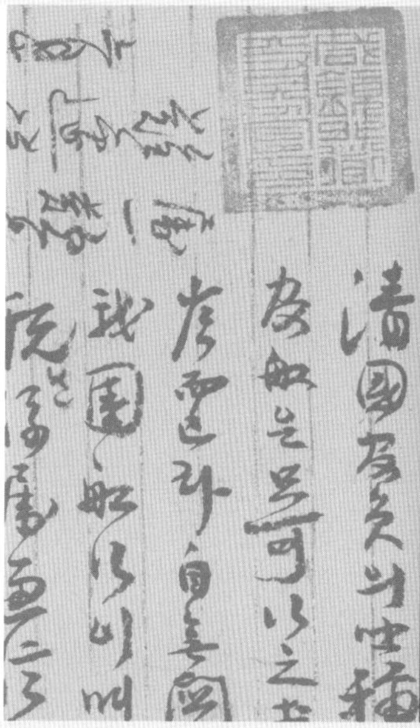

대한제국기 간도 자료집(1)

– 정부문서

동북아역사재단 편

동북아역사재단
NORTHEAST ASIAN HISTORY FOUNDATION

일러두기

1. 이 사업은 서울대 규장각한국학연구원이 홈페이지(https://kyudb.snu.ac.kr/)에서 제공하는 『함경남북도래거안(咸鏡南北道來去案)』(奎17983)과 『평안남북도래거안(平安南北道來去案)』(奎17988)을 저본으로 선역하였다. 원문 이미지는 사용 허가를 받아 자료집 후반부에 첨부하였다.
2. 인명 및 주요 용어는 국한문을 병기하였다.
3. 풀어 쓴 경우에는 '경작 토지의 주인 이름[起主]'처럼 별도 기호 [ ]를 사용하였다.
4. 문장을 인용할 경우 문서의 층위를 다음과 같은 기호로 구분하였다.
   ① " ", ② 「 」, ③ 『 』, ④ 〈 〉, ⑤ ≪ ≫
5. 각주는 고사를 인용하거나 참고할 자료가 있을 경우 등으로 최소화하였다.
6. 최대한 풀어서 번역하되, '월간한인(越墾韓人)' 같은 일부 용어는 국한문으로 표기하였다.
7. 번역문은 문서의 생산일을 기준으로 배열하였다.

| 발간사

일제의 식민지에서 벗어나 해방된 지 오래되었지만, 그 역사 문제는 아직도 한일 관계에서 큰 걸림돌이 되고 있다. 최근 들어 일본의 독도 영유권 주장은 점차 도를 더해 가고 있으며, 더욱이 일제의 인력 강제동원 문제와 이에 대한 피해 보상을 결정한 한국 대법원의 판결, 일본군'위안부' 합의 등을 둘러싸고 갈등이 불거졌다. 역사 문제는 이에 그치지 않고 급기야 무역 분쟁, 안보 문제 등으로 옮겨 붙었다. 식민지배 문제를 바라보는 역사인식의 간격이 좁혀지지 않은 것이다.

우리는 오늘날의 입장에서 과거의 역사를 바라보고, 다시 미래로 나아간다. 과거의 식민지배, 침략의 역사를 미화하고 찬양하면 오늘날의 관계는 물론 평화로운 미래를 얘기할 수 없다. 동북아 지역에 미래지향적 평화체제를 한일의 협력으로 만들어야 한다면, 이에 걸맞는 과거사 인식이 필요한 것이다. 미래지향적 역사인식은 한일 양국이 공유해야 할 것이다.

역사인식의 공유를 위해서는 무엇보다도 과거에 대한 객관적이고 정확한 사실에 합의해야 한다. 미래로 나아가는 첫걸음은 과거의 역사를 직시하는 것이다. 이를 위해서는 일본의 침략과 식민지배를 객관적으로 그리고 종합적으로 정리할 필요가 있다. 이에 우리 재단은 한국 학계의 연구역량을 결집하여 일제침탈사 연구를 집대성하고, 관련된 자료를 수집하여 체계적으로 정리하고, 일제 침탈 실상을 바로 알리기 위해 국민 대상의 교양서 발간을 기획하게 되었다.

이 사업은 2020년부터 사업을 시작하여 앞으로 몇 개년에 걸쳐 수행할 예정이다. 일제침탈사 편찬사업은 크게 세 부분으로 나누어, (1) 일제 침탈의 전모를 학문적으로 정리한 연구총서(50권), (2) 문호개방 이후 일제 강점기에 이르는 기간의 일제침탈 자료총서(100여 권), 그리고 (3) 일반 국민이 일제 침탈을 올바르게 알 수 있는 주제를 쉽게 풀어쓴 교양총서(70여 권)로 구성하고자 한다.

이 사업은 한국학계에서는 처음이라 할 수 있다. 무엇보다 일반 국민들이 과거 제국주의 시대 우리가 겪었던 침략과 수탈의 역사를 또렷하게 직시할 수 있게 하는 종합 사료집은 드물었다. 따라서 재단은 정치 · 경제 · 사회 · 문화 등 모든 방면에 걸쳐 침탈의 역사를 알기 쉽게 기록하고 그에 대응한 자료를 모아 번역함으로써 국민들에게 일제 식민지배의 실체와 침탈의 실상을 알리고자 한다.

간도 문제는 일제 침탈과 관련이 깊다. 일본 외무성 외교사료관에 소장된 『간도 판도에 관한 청한 양국 분의 일건(間島の版圖に關し清韓兩國紛議一件)』은 20권에 육박하는 방대한 자료다. 이런 자료의 존재 자체가 일제 침략과 간도 문제가 상당히 긴밀한 관계가 있다는 것을 명시적으로 알려준다. 또한 간도 문제는 일제 침탈사 범주로 포괄할 수 없는 내용을 많이 포함하고 있다. 간도 문제는 조 · 청 관계, 청 · 일 관계를 포함한 국제 관계, 변경 문제와 디아스포라 문제 등 다양한 문제가 걸려 있다. 그동안 간도 문제에 대한 연구가 없었던 것은 아니었지만 연구의 기초가 되는 자료집 편찬에는 큰 성과가 있었다고 보기 어렵다. 이에 우리 재단에서는 중장기적으로 간도 자료집을 발간하기로 하고, 2020년에 그 첫 작업으로 서울대학교 규장각한국학연구원에서 소장하고 있는 간도 관련 자료를 번역하기 시작하였다.

간도 문제는 무엇보다도 학제적 연구가 긴요한 분야다. 이런 측면에서 이 자료집이 역사 연구자들에게 도움이 될 뿐만 아니라 역사 이외 여러 학문 분야의 연구자들에게도 큰 도움이 될 것이다. 『대한제국기 간도 자료집』은 1차 연도에 『함경남북도래거안(咸鏡南北道來去案)』과 『평안남북도래거안(平安南北道來去案)』 중에서 간도 관련 자료를 선별하여 번역하였다. 또한 자료집 서두에 종합적인 해제를 붙여 자료의 의미를 새롭게 짚어보았다. 이 자료집 시리즈가 완간되면 규장각한국학연구원에서 소장하고 있는 간도 자료를 망라한 현대어 자료집이 만들어져 다양한 학문 분야에서 연구를 진행할 수 있는 토대가 마련될 것이다. 이 자료집을 통해 간도 문제의 다양한 측면이 소상히 규명될 수 있기를 기대한다.

2021년 4월

동북아역사재단 이사장

이영호

| 책머리에

2021년은 백두산정계비가 세워진 지 309년이 되는 해다. 백두산정계비는 1712년(숙종 38년, 강희 51년) 음력 5월 15일에 조선과 청의 관리에 의해 세워졌다. 또 2021년은 '간도협약'(1909년 9월 4일)으로부터 112년이 되는 해다. 이 협약은 일본과 청 사이에 체결되었다. 백두산정계비와 간도협약의 시간적 거리가 197년이고 간도협약과 현재의 시간적 거리는 112년이다. 이러한 시간적 거리에도 불구하고 백두산과 간도는 현재에도 지속적인 관심의 대상이 되고 있다. 2018년 9월 20일에 남북의 최고 지도자가 백두산에 올랐는가 하면, 이듬해에는 영화 〈백두산〉(2019년 12월 19일)이 개봉되기도 하였다.

간도 문제에 대한 사회적 관심도는 사실상 백두산의 그것을 밑돈다고 할 수 있다. 그래도 간도 문제에 대한 사회적 관심이 유지되는 이유는 역사적인 인식의 문제도 있고 또한 현실적으로 재중동포의 중심 거주지가 간도로 지칭되던 지역이었기 때문일 것이다. 사실 근대 간도 문제는 1860년대 변경 지대의 주민 이동 현상과 더불어 부각되었다. 1860년 북경조약으로 러시아는 연해주를 확보하였고, 이후 만주와 연해주에서는 점차 청과 조선 이외에도 러시아와 일본이 함께 상호 작용하는 구도를 형성하였다. 특히 1880년대에 청은 러시아의 남하를 의식하고 만주 지역의 봉금을 해제하였다. 이곳에 들어와 농사와 수렵을 하며 생활하는 조선인의 관할을 두고 조선과 청 양국은 두 차례 감계협상을 벌였다. 당시 조선은 국제관계상 청의 압도적 우위 속에 근근이 버티는 형국이었다. 1890년대에 청은 경제 문제가 마무리되었다고 간주하고 간도 일대에 대한 통제를 강화하였는데, 청일전쟁과 대한제국의 출범 이후 간도 문제는 다시 제기되었다. 근대 한국인들의 영토의식과 민족의식 형성에 한 뿌리가 되었다.

『대한제국기 간도 자료집』은 100여 년 전 간도 관련 자료를 번역하고 정리하는 작업으로 기획되었다. 학술적으로 근대 간도 문제는 영토 문제와 주민 문제를 포함한다. 동북아역사재단과 학계에서는 백두산정계비 관련 자료, 1885년(을유감계)과 1887년(정해감계) 관련 자료와 연구서가 나왔다. 동북아역사재단에서 발간한 『백두산 고지도집: 한국 고지도 속의 백두산』(2016)은 한국 고지도 속의 백두산 일대를 잘 보여주고 있다. 재단은 백두산 및 간도와 관련한 학술적 기반을 마련하는 데 주력해왔다. 그러나 대한제국 간도 자료에 대한 정리는 미흡한 상황이었다.

이 자료집은 서울대 규장각한국학연구원(이하 규장각)이 소장한 간도 관련 공문서를 선별하여 번역한 것이다. 규장각 소장 간도 문제 관련 자료 중에서 가장 큰 비중을 차지하는 것은 『함경남북도래거안』과 『평안남북도래거안』이다. 이들 자료는 각각 압록강 대안의 '서간도'와 두만강 대안의 '북간도'라고 통칭되던 지역의 동향을 담은 것들이다. 이들 자료에는 다양한 현안이 담겨 있다. 의화단 사건 이후 조성된 이 지역의 불안정으로 대한제국의 진위대, 변계 경무서, 관리사 등이 지휘하는 군사와 청의 마적, 홍의적, 단련 등 이른바 '청비'로 호명된 이들과의 충돌이 일상화되었다. 이 충돌 구조를 강화하거나 완화하려는 다양한 움직임이 일어났는데, 그 밑바탕에는 미해결의 간도 문제가 있었다. 이에 따라 지역 주민들의 영토문제 해결과 보호 관리의 파견 요구가 빗발치기도 했다. 함경남도 삼수와 갑산 일대에서 발생한 삼수사건은 목재를 둘러싸고 벌어진 청국인과 조선인의 충돌로, 목재가 이 지역 경제에서 차지하던 중요도를 반영하고 있다. 간도 문제에서는 변경에서 발생하는 영토 문제만이 아니라 주민들의 삶을 반영하는 다양한 요소들을 발견할 수 있다. 이처럼 간도 관련 자료는 여러 측면에서 새롭게 연구해야 할 주제를 품고 있다. 이 점은 자료집 간행을 통해 학계에 연구의 기초 자료를 제공하는 작업의 중요성을 말해준다.

향후 간도 자료집의 간행 작업은 일차적으로 규장각 소장의 간도 관련 자료를 망라하는 것을 목적으로 진행될 것이다. 여기에는 대한제국의 간도 정책을 정부, 지방, 현장 단위에서 가장 잘 보여주는 자료와 주민들의 생활을 잘 보여주는 자료가 포함된다. 규장각 소장 자료를 담은 자료집을 간행한 다음에는 '청안(清案)'과 '간도 판도에 관한 청한 양국 분의 일건(間島の版圖に關し清韓兩國紛議一件)' 등 간도 문제와 관련된 주요 자료를 수집하고 핵심 자료를 정리·번역하는 작업을 진행할 것이다. 간도 자료집 번역은 연구 네트워크를 확대하여 간도와 백두산 연구의 지평을 넓히는 연구 기반이 될 것으로 기대된다.

『대한제국기 간도 자료집』의 간행 작업은 동북아역사재단 제5대 김도형 이사장의 많은 관심에 따라 출발할 수 있었다. 필자는 이 자료집 간행 사업을 이끌었다. 은정태 역사디자인 연구소 연구원이 간도 자료 목록집과 분류 항목집을 작성해주어 정해진 시간에 번역과 감수를 마칠 수 있었다. 번역에는 은정태 연구원과 홍문기 규장각 선임연구원이 참여하였다. 번역자들은 원문을 번역하고 다시 원문을 확인하는 작업을 진행하였고, 마지막으로 이 자료집의 해제를 작성하였다. 정진숙 규장각 학예연구사는 이 자료집 번역문의 감수를 맡아 자료집의 용어 정리와 통일성 확보에 지대한 공헌을 하였다. 이나래 규장각 고문헌 업무 담당자는 규장각 자료 이용과 자료 사용 허가와 관련된 사항을 안내해주었다. 재단의 남상구 연구정책실장은 사업 진행을 도왔다. 서울대학교 규장각한국학연구원은 자료의 번역과 원문 이미지의 사용을 허락하여 이 자료집이 빛을 보게 하였으므로 특기하고자 한다. 이 외에도 이 자료집의 제작에 도움을 주신 분들에게 감사의 말씀을 드린다.

2021년 4월
연구진을 대표하여
동북아역사재단 북방사연구소장
박장배 씀

| 차례

I

대한제국기 간도 자료집 해제

1. 사업 취지

백두산과 간도 일대는 조선 왕조의 건국자인 태조 이성계가 활약한 곳으로 조선 왕조의 발상지이다. 발상지가 백두산 일대와 가까운 것은 청 황실의 경우도 마찬가지다. 현재도 한국인이나 만주족이나 백두산에 대한 의식은 각별하다고 할 수 있다. 간도 문제는 1712년 조선과 청국 간에 국경 획정을 위해 세운 백두산 정계비의 해석을 둘러싼 이견과 관련이 깊다. 조선과 청국은 간도 영유권 문제를 분명하게 하기 위해 1885년과 1887년 두 차례에 걸쳐 국경 문제에 대한 교섭을 진행했으나 합의점을 찾지 못하였다. 조청 양국 간의 간도 영유권 문제가 해결되지 않은 1900년대 간도에 약 10만 명의 한인 이주민이 거주하였다. 대한제국 정부는 이들을 보호하기 위해 이범윤(李範允)을 간도시찰사로 파견하였고, 1903년에 그를 간도 관리사로 승격시켰다.

대한제국은 간도를 고토이며 경제적 가치를 지닌 곳으로, 간도 한인을 월간자를 넘어서 이민자로 간주한 것으로 보인다. 러일전쟁 직후 일본은 을사늑약(1905) 체결을 강제하여 대한제국의 외교권을 강탈하고, 청국과 간도 문제를 교섭하여 1909년 '간도협약'을 체결하였다. 그 결과 청국은 간도 지역에 대한 주권을 인정받았고 일본은 그 대가로 만주에 대한 이권을 획득하였다. 지난 2004년 당시 반기문 외교통상부 장관은 국회에서 "간도협약에 관해서는 법리적으로 무효"이지만 "법리적으로 무효라고 해서 간도 문제가 해결되는 것은 아니다"라고 하여 간도협약 문제와 간도 영유권 문제를 분리하였다.

동북아역사재단에서는 간도 문제와 관련하여 ① 중국, 일본, 미국 등지의 간도 문제 관련 자료 수집 및 주요 자료 번역, ② 중국 측의 간도 문제 및 '장백산문화론' 등 경계 문제 관련 연구 현황 파악 및 대응논리 구축 등 학술적인 차원의 연구를 심화시키는 데 주력해왔다. 이를 통해 재단에서는 백두산 지역 역사지리 및 한중 변경 문제 연구를 위한 학술적 기반을 체계적으로 구축하고자 한다. 규장각 소장 간도 자료 번역은 이러한 학술적 자료 구축 작업의 일환으로 진행되었다. 현재의 번역은 『대한제국기 간도 자료집』의 1권에 해당하며, 그 대상 자료는 『함경남북도래거안(咸鏡南北道來去案)』(奎17983)과 『평안남북도래거안(平安南北道來去案)』(奎17988)이다.

2. 근대 간도 문제의 추이

근대 간도 문제는 영토 문제와 주민 문제를 포함한다.[1] 영토 문제는 '국가 간 국경을 어떻게 처리할 것인가'이고, 주민 문제는 '거주 조선인을 누가 어떻게 관할할 것인가'를 말한다. 그러나 이러한 구분은 대체로 국가 혹은 정부의 시선에서 본 간도 문제다. 주민의 시선에서 본 간도 문제는 이와 다르다. 변경은 하나의 사회로서 그곳에서 생활이 있었고, 주민들은 사회 · 경제 활동이나 위기를 벗어날 목적으로 변경을 넘나들었다. 이 과정에서 다양한 배경을 지닌 양국 주민 간의 충돌이 있었고, 이를 대처하는 과정에서 양국 지방행정기관과 군사기관이 개입하여 충돌이 확대되고 영토 문제가 환기되었다.

한인들의 두만강과 압록강 대안 이주는 고종 초기인 1869년과 1870년, 이른바 '기경대기근(己庚大饑饉)'을 계기로 이루어졌다. 대규모 유민이 발생한 가운데 과거와 같이 유민들을 처벌하는 조치는 사라졌다. 마침 청조는 1880년대 들어 러시아의 남하 정책을 의식하고 동북 지역의 봉금(封禁)을 해제하였다. 이에 따라 유민이 더욱 증가하였다. 초기에 러시아 연해주로 건너간 유민들의 귀속을 두고 러시아가 개입하자, 조선 정부는 청국의 협조를 얻어 1871년과 1876~1877년 두 차례에 걸쳐 유민들을 돌려받았다. 그리고 1883~1884년에는 서북경략사 어윤중(魚允中)이 1천여 명을, 1890년에는 국왕이 교서를 반포해 두만강 대안으로 파견된 관리가 6진과 삼수 · 갑산 지역 유민 2천여 명을 쇄환(刷還)하였다.

유민들은 두만강과 압록강 대안 지역에서 농경, 수렵 등의 경제 활동을 하였고, 압록강 대안 지역에서는 청국인까지 개입된 자치 조직도 결성하였다. 이런 중에 유민들은 두만강과 압록강 지역의 조선 지방관에게 일부 조세를 납부하고 그 경작지에 대한 권리를 인정받기도 하였다.

청조는 1882년부터 두만강 대안 북간도에 거주하는 조선인들에 대해 치발역복(薙髮役服) 조치와 토지와 호구를 조사해 편적하는 조선인 귀속 정책을 추진하였다. 러시아의 남하를 의

---

1 이성환은 "간도 지역에 거주하고 있는 조선인을 중심으로 전개된 민족 문제, 영토 문제, 경제(구조) 문제, 사상 문제, 사회적 관계 등 다기에 걸친 문제가 뒤엉켜 하나의 복합체를 구성하고 있는데, 일반적으로는 이를 총체적으로 '간도 문제'라 한다"라고 하였다(이성환, 2004, 「간도 영유권문제와 한일합방의 관련성 검토」, 『한국사론』 41, 국사편찬위원회, 5쪽).

식하여 조선인을 통제하기 위해서였다. 이러한 조치는 현지 한인들과 변경 지방관들에게 많은 반발을 불러일으켰고 자연스럽게 백두산정계비에 근거한 간도 영유권 문제가 제기되었다. 1885년(을유감계)과 1887년(정해감계) 두 차례에 걸쳐 회의가 열렸다. 을유감계(乙酉勘界)에서 조선 측 협상 대표인 감계사 이중하(李重夏)는 정계비를 근거로 '해란강-분계강'을 경계로 할 것을 주장하였다. 그러나 청국 대표는 백두산 아래 소백산에서 발원하는 물줄기를 경계로 할 것을 주장하였고 결국 결렬되었다. 이후 조선 주재 청국 총리 원세개(袁世凱)와 외아문 독판 김윤식(金允植) 간에 협의가 이루어져서 이른바 '차지안민(借地安民)' 논리가 등장하기도 하였다. 즉 간도를 청국 땅으로 인정하는 대신 그 주민들을 조선 지방관이 관할하는 안이었다. 청국은 이를 거절하였다. 이듬해 정해감계(丁亥勘界)에서는 조선 측이 후퇴하여 두만강을 양국 경계로 인정하였다. 다만 두만강 물줄기의 최상류인 홍토수를 경계로 할 것을 주장하였다. 청국은 백두산이 자신들의 발상지라는 전제하에 그 아래의 석을수를 경계로 할 것을 주장하였다. 청국의 주장은 백두산을 조선 측 영토에서 완전히 배제시키는 안이었다. 역시 합의에 이르지 못하였다.

당시 조청 관계를 반영하듯이 청조는 1890년부터 경계 문제가 사실상 마무리되었다면서 유민들에게 '치발역복(薙髮易服)'을 강요하고 호구와 토지를 조사해 청 국적에 편입시키고 세금을 부과하였다. 이윽고 1894년에는 두만강 대안 지역의 조선인 개간지를 4보(堡) 39사(社)로 편제하였다.

청일전쟁과 대한제국의 출범 이후 간도 문제는 다시 요동쳤다. 자주·독립의식이 고조되는 분위기에서 언론과 함경도 지식인들을 중심으로 다시 영토 문제가 제기되었다. 1899년 양국의 한청통상조약 체결 협상이 계기였다. 그러나 "청국이 육로통상조약 등 영토문제 논의를 거부하여" 주민들은 편안히 살 수 있도록 한다는 데 합의하는 것으로 마무리되었다[월간안업(越墾安業)].

1900년 의화단사건은 간도 문제에 큰 변화를 가져왔다. 대한제국은 러일전쟁기까지 적극적인 간도 정책을 추진하였다. 그 이전 현상유지책과는 구분된다. 대한제국의 간도 정책 추진에는 간도 영유권 문제에 대한 인식의 차이, 러시아의 대한(對韓) 정책에 대한 판단, 현지 지역민들의 생명 보호 문제에 대한 민족주의적 이해의 차이, 추진 관서들 간의 경쟁 등 다양한 힘들이 작동하였다.

의화단사건으로 이 지역에 대한 청국의 행정력에 공백이 생기자 이른바 '청비(淸匪)'가 등장하여 서간도와 북간도의 월간한인(越墾韓人)을 약탈하였다. 조선도 변경 방위를 위해 진위대를 설치하고 지방 단위의 포군(砲軍)을 동원해 방비하였다. 간도 조선인들이 정부에 보호를 호소하자, 대한제국은 변계경무서를 설치하고, 이와 별도로 시찰사나 관리사를 파견하여 호구 조사를 단행하였다.

두만강 지역에서 양국의 무력 충돌이 일상화되었고, 특히 관리사 이범윤이 간도 주민들을 결속해서 사포대(私砲隊)를 결성하여 청국 단련(團練) 및 지방군과의 충돌을 불사하면서 위기가 고조되었다. 대한제국은 간도 주민을 보호하기 위해, 청국은 이범윤을 철수시키기 위해 영토 문제를 재협상해야 한다는 생각을 가졌다. 그러나 러일전쟁이 발발하면서 이 협상은 이루어지지 않았고, 단지 지방관들 사이에서 합의가 이루어졌을 뿐이다[변계선후장정(邊界善後章程)].

1905년 을사조약 체결로 한국의 외교권을 빼앗은 일본은 1907년에 이곳에 간도파출소를 설치하고, 대한제국의 간도 문제에 대한 그동안의 입장을 수용하여 청국과 협상에 나섰다. 그러나 일본은 자신들의 만주 문제를 해결하기 위한 수단으로 간도 문제를 처리한다는 입장으로 전환하고, 1909년에 청국과 간도협약을 체결하였다. 영토 문제는 청국의 요구대로 하고(정해감계 당시의 석을수 경계), 주민 문제는 이곳에 설치될 일본영사관이 이들에 대한 재판권을 행사할 수 있도록 하였다. 이로써 간도 문제는 일단락되어 미봉되었다. 이후로는 일제의 만주 정책 중 한 부분으로 남게 되었다.

한편 압록강 대안 서간도 지역에는 북간도와 같은 성격의 영토 문제가 전개되지 않았다. 조선 후기에 몇몇 지식인들 사이에서 요동수복론이 있었으나, 이는 고토회복론은 아니었다. 현실적으로 폐사군 복구에 집중되었다. 1898년에 오삼갑(吳三甲)이 처음으로 서간도 지역을 회복하기 위해 강계 대안에 관리를 두고 주민을 보호하고 감계할 것을 주장한 바 있었다. 한청통상조약을 체결하는 과정에서 잠시 압록강 대안 지역의 감계도 논의되었으나 주민 보호 문제에 집중되었다.

서간도 지역은 압록강 하류 지역부터 개발되었다. 1867년에 봉황직예청(鳳凰直隷廳)이 개설되어 안동현이 설치되고, 이듬해에는 관전 · 환인 · 통화 3현이 설치되어 한인(漢人)들이 압록강 연안 지역으로 대거 이주하기 시작했으며 한인(韓人)들의 이주도 확대되었다. 1875년 청조의 성경동변(盛京東邊)의 봉금 해제는 이 흐름을 확인해주는 절차였다. 유민들이 계속 늘어 차층 압록강 상류 지역으로 확대되었고, 1902년에 집안현과 임강현이 설치되었다.

의주군 맞은편 지역이던 압록강 하류 지역은 청국인들의 이주가 편리했기 때문에 이주민의 절대 다수가 중국인이었다. 반면 강계군 대안을 중심으로 한 압록강 중상류 지역은 지리적 이유로 한인 이주자가 훨씬 많았다. 1872년에 후창군수의 지시로 이 지역을 조사한 경과를 보여주는 『강북일기(江北日記)』에 따르면 한인들만 해도 1,650~1,750호에 5,160여 명에서 6,000여 명에 달하였다.[2] 이들은 청국인에게 고용되어 정착하고 있었고 '회상제(會上制)'라는 자치 조직도 있었다. 조선 지방관은 이들을 파악하기 위해 '면제(面制)'를 만들어 각 군의 관할로 돌리거나[3] 관리를 보내어 유민 쇄환을 시도하였다. 이처럼 청일전쟁 이전까지 압록강 대안 지역의 조선인 유민들은 농업에 종사하며 정착해 있었고, 연변 각 군이 대안 지역을 나누어 영향력을 행사하고 있었다.

각 군에서 압록강 대안 유민을 관할하던 방식은 한청통상조약의 '유민안업' 조항에 따라 1899년부터 중앙에서 관리를 파견하여 직접 관할하는 방식으로 바뀌었다. 서간도 주민들이, 압록강 연변 각 군이 경쟁적으로 자신들을 침해하고 있다면서 관할 고을을 지정해 주거나 아예 대안 지역만의 군을 신설해줄 것을 요구한 것이 직접적인 계기였다. 강북대원(江北大員) 김승수(金承洙), 내부시찰사 이광하(李匡夏), 유인석(柳麟錫) 의병을 해산하는 임무를 맡은 민용호(閔龍鎬) 등이 파견되었는데, 호구 조사와 수세를 하면서 유민 보호를 둘러싸고 압록강 연안의 각 군과 마찰을 일으켰다. 1902년 서간도 관리 서상무(徐相懋)의 파견은 서간도 지역에 영토 문제를 제기하는 신호였다.

의화단사건 이후 압록강 서간도 지역에는 대한제국의 진위대 · 충의사(忠義社) 등과 청국의 마적 및 단련의 충돌이 일상화되었다. 압록강 상류인 삼수 · 갑산 지역에는 대한제국과 벌목을 하던 청국인의 충돌이 빈번했고, 1903년 8월에는 이 시기 최대 규모의 충돌로 발전하였

2 민용호가 1899년에 쓴 『강북일기』에는 이 일대 한인의 호구를 8천여 호, 3만 명으로 파악하였다.

3 1912년에 평안북도가 조선총독부에 보고한 바에 따르면, 1869년에 강계부사가 정부의 지시 없이 독자적으로 압록강 대안 지역을 28개 면으로 나누어 강계 · 초산 · 자성 · 후창에 각각 분속했으며, 1889년에는 이를 조정하여 다시 24개 면으로 나눈 뒤 강계군에 11개 면, 자성군에 4개 면, 초산군에 7개 면, 벽동군에 2개 면을 각각 분속시켰다고 한다(국사편찬위원회 편, 1966, 「명치(明治) 45년 7월 8일, 평안북도장관 → 조선총독, 월경 조선인에 관한 건(越境鮮人ニ關スル件)」, 『한국독립운동사(韓國獨立運動史) 2』, 584~585, 592쪽). 그러나 한국 측 문서에는 대체로 '○○대안', '○○현 ○○○ ○도구' 등의 형식으로 지명이 사용되어 '면제'의 실제 적용 여부는 불투명하다.

다. 청국인 수백 명이 벌목에 참여하고 한국 정부는 이들에게 수세하였는데, 이 과정에서 한국 주민들과 충돌한 것을 계기로 상호 보복하는 사건이 일어났다. 양국은 교섭 과정에서 이 문제를 해결하기 위하여 다양한 수준의 협상을 이어갔다.

이처럼 압록강 대안 서간도 일대는 목비, 동학당과 의병, 의화단 잔당인 충의군, 단련 그리고 청국의 관군, 러시아군과 고용된 청국인 등 여러 무장 세력들이 다양한 배경을 지니고 공존하고 있었다. 이 때문에 서간도 한인들은 자신들을 보호해줄 관리의 파견을 강하게 요구하였다.

영토 문제로서 간도 문제는 대체로 두만강 대안의 북간도 지역에 집중되었다. 그러나 1894~1895년 청일전쟁, 1900년 의화단사건, 1904~1905년 러일전쟁을 거치면서 변경의 유동성이 급증하였고, 이 과정에서 한청 양국 주민들의 삶도 급변하였다. 러시아가 만주를 차지하고 청 지방정부가 붕괴되었으며, 마적의 횡행 속에 두만강과 압록강 대안 지역의 주민 보호 요구가 빗발쳤다.

3. 규장각 소장 간도 문제 관련 자료의 체계

규장각 소장 간도 문제 관련 자료는 크게 문서와 호적, 지도 등으로 나뉠 수 있다. 이 가운데 대한제국기의 간도 문제를 다룬 공문서로는 『평안남북도래거안』, 『함경남북도래거안』 등을 필두로 의정부(내각), 외부, 내부, 원수부, 탁지부, 궁내부 등 여러 관서가 생산한 문서들이 있다.

이들 자료를 생산 주체와 문서 형식을 고려하여 크게 구분하면 다음과 같다. 먼저 문서 생산 주체는 대한제국 외부와 의정부를 필두로 한 중앙 부처, 함경남북도와 평안남북도 및 두만강과 압록강 연변의 군수와 임시 파견 관리나 조직(북간도와 서간도 관리사, 변계경무서, 진위대, 충의사 등), 그리고 청국 외무부와 두만강 · 압록강 대안 지역의 현지 관리 등이다. 문서 형식은 중앙정부 부서 간의 조회와 조복, 중앙정부와 지방정부 사이의 훈령과 보고, 한청 양국의 중앙정부 간 및 지방관 간 외교 문서 등이 있다.

간도 문제를 두고 청국과의 교섭은 외부가 담당하였다. 해당 지방관은 교섭 안건인 경우 외부에 보고하였다. 여기에는 함경도민, 평안도민이나 대안에 거주한 간도 현지인들이 간도 문제와 관련하여 제출한 각종 소장, 청의서 등이 첨부되기도 하였다. 보고서를 접수한 외부는 필요에 따라 의정부, 내부, 원수부, 군부, 경무청(경부, 경위원), 주한청국공사관 등에 전달하거나 보고한 지방관에게 지시하였다. 중앙 부처는 대부분 의정부에 보고하여 협의를 거친 만큼 의정부 문서가 큰 비중을 차지한다.

간도 문제 관련 규장각 소장 자료는 외부 외에도 내부, 탁지부, 군부, 경부 등에 보고한 문서도 주목된다. 함경도와 평안도 지방관이나 임시 파견 관리 및 조직은 자신의 상위 기관이나 관련 업무를 다루는 중앙 부처에 보고하였다. 내용상으로 호구 조사, 재정, 군사 배치, 변계경무서 관련 사항들을 담고 있었다.

지방관의 보고에 첨부된 성책류 등에는 많은 기초 자료가 담겨 있다. 대표적인 것이 『함북변계성책(咸北邊界成冊)』으로 변경에서 이뤄진 양국 지방관들 간의 타협을 위한 회의록, 피해 상황 보고서, 합의문 등이 있다. 또 중앙정부에서 청국과의 협상을 앞두고 그동안의 경과를 정리한 『토문감계(土門勘界)』(외부, 1899)와 『백두산정계비자료(白頭山定界碑資料)』(의정부, 1904) 등도 주목되어야 한다. 그 외에 『한청의약공독(韓淸議約公牘)』은 1899년 한청통상조약의 협상 과정을 담고 있는데, '월간안업' 조항의 해석을 두고 양국이 치열한 논쟁을 벌였다.

규장각 소장 간도 문제 관련 자료 가운데 가장 큰 비중을 차지하는 것이 『함경남북도래거안』과 『평안남북도래거안』이라 할 수 있다. 외부에서 편찬한 것으로 대부분 함경남북도 · 평안남북도 관찰사와 외부 간에 주고받은 보고서와 훈령이다. 이 자료집은 그중 간도 문제 관련 문서를 뽑아 번역한 것이다. 이 자료를 살펴보기 위해서는 발수신자와 다양한 인용문 속에 담긴 두만강 · 압록강 변경 일대의 행정체계를 이해할 필요가 있다.

먼저 이 시기 변경 지역의 일반 행정체계는 '관찰사-군수' 라인이다. 함북과 함남 및 평북 관찰사는 각 군수의 보고서를 인용해 보고하였다. 지역별로 보면, 함경남북도 각 군 가운데 경흥은 러시아 관련 보고가 주를 이룬다. 또 일부 지역에는 군수가 포군[4]을 운영하는 경우가

4 산포(山砲) 혹은 민포(民砲)라 하였는데, 진위대와 공동 작전을 벌이는 경우도 있었다. 병민(兵民)이라는 말은 진위대[兵砲])와 지방 포군[民砲]을 뜻한다. 다만 평안북도의 경우에는 평안북도관찰사 이도재의 지시에 따라 각 군의 포군을 충의사로 조직 · 편제하였다. 충의사는 1901년 하반기부터 이듬해 봄까지 평안북도 압록강 연변 9개 군을 비롯하여 구성, 박천, 태천에 조직되었다. 군 단위로 구성된 충의사는 9명의 포사(砲士)와 1명의 대총(隊總), 그 5대(隊)를 지휘하는 사총(社總)이 있었다. 곧 사총은 50명을 지휘하였고, 일부 군에는 200명까지 두었다.

있었는데, 원수부에 군수 지원을 요청하기도 하였다.

변경에서는 군 관련 지휘체계가 특히 중요하다. 1900년 의화단사건을 거치면서 두만강 지역에는 당초 800명의 지방군이 2,000명으로 늘어났고, 압록강 연안에는 2,000명이 신설되었다. 모두 의화단사건으로 인한 변경의 위기에 대한 대응이었다. 삼림 지대인 백두산과 이어진 삼수와 갑산에는 북청에 있던 진위대대의 소대가 파견되었고, 월간한인이 다수 거주한 무산 · 회령 · 종성 · 온성 일대 역시 종성에 있던 진위대대의 소대가 파견되었다. 이들 각 군에 파견된 부대는 주대(駐隊)라 부르고 각 주대는 분대 단위로 각지에 분산하여 배치하였다. 종성진위대의 경우 회령에 100명, 온성에 200명, 종성에 100명, 무산에 200명, 종성 행영(行營)에 400명이 각각 배치되었다. 각 부대 편성은 서울에서 지휘관과 장교단이 내려가 현지에서 모집하였다. 진위대는 대안 지역의 청국군 혹은 '청비'나 단련과 거듭해서 충돌하였다. 이들은 원수부의 지휘를 받는 가운데 외부의 지휘를 받는 변계경무서나 내부의 지휘를 받는 간도관리사와 마찰을 일으키기도 하였다.

두만강 대안 북간도 지역에서 주목할 조직은 1901년 2월에 회령에 본부를 두고 설치된 변계경무서이다. 만주를 장악하고 있던 러시아가 한청 양국 간의 분쟁지로 떠오른 북간도에서 그 중재안으로 교계관(交界官) 파견안을 제안한 것을 계기로 설치되었다. 모두 200명의 순검으로, 현지에서 모집하여 회령에 100명, 무산분서와 종성분서에 각각 50명씩 배치되었다. 변계경무서는 교계관으로서 외부의 지휘를 받으면서 또한 경무관으로서 경부의 지휘를 받는 이중 지위를 지녔다. 그 임무는 대안 지역의 위생, 행정, 사법으로서 북간도를 정기적으로 순찰하고 호구 조사와 편적 업무를 담당하였다. 한인과 청국인 간의 민형사 재판을 하는 영사와 같은 위치를 점하여 간도 한인들이 '안업(安業)'을 청원하는 주 관서였다. 실상 변계경무서는 이전에 있던 감리서를 계승한 측면도 있었다. 청국 관리와 교섭하는 위치에 있었기 때문에 지방관, 간도관리사, 진위대보다 훨씬 온건한 태도를 보였다. 다음은 변계경무서 설치에서부터 폐지되기까지 경무관으로 임명된 인물이다. 변계경무관은 중앙과 지방에서 1명씩 임명되었다.

변계경무관1(정무)	변계경무관2(경무)	교계관겸1(중앙)	교계관겸2(현지)
李敬順 1901. 2~1901. 10	兪鎭浩 1901. 2~1901. 10		
蔡賢植 1901. 10~1901. 12	金炳若 1901. 10~1901. 12		
		蔡賢植 1901. 12~1902. 10	金炳若 1901. 10~1902. 9(?)
		崔南隆 1902. 10~1905. 1	金炳若 1903. 2~1905. 1
		崔炳瓚 1905. 1~1905. 7	白樂憲 1905. 1~1906. 1
		金永模 1905. 7~1906. 4	崔炳瓚 1906. 4~

그 다음 주목할 조직은 내부 혹은 황실에서 파견한 북간도와 서간도 관리사(管理使)이다. 북간도에는 1902년 8월에 간도시찰사(1903년 간도관리사로 변경)로 이범윤을 파견하였다. 내부는 호구 조사를 계기로 북간도 지역을 내지화(內地化)하려는 의도를 갖고 있었다. 1901년을 거치면서 대한제국의 간도 정책은 현실 유지의 입장과 적극적 개입 입장 등으로 분화하였다. 의화단사건 이후 무력 충돌의 격증, 변계경무서의 한계, 러시아의 개입과 중재, 청국의 변함없는 입장 등을 배경으로 나온 것으로, 두 흐름은 중앙정부에서는 외부와 내부 간, 변경에서는 변계경무서와 시찰 이범윤 간의 정책 차이로 이어졌다.

서간도에는 관리(管理) 서상무가 파견되었다. 서상무는 호적 편제에 나설 뿐만 아니라 특히 북간도의 경우 세금을 직접 거두는 등 청조의 행정체계에 월간한인들이 복속되는 것을 거부하고 이른바 '우리 백성은 우리가 다스린다[我理我民]'라는 방침하에 강계를 되찾고자 하였다. 서상무의 파견은 그동안 시찰, 파원 등의 이름으로 관리를 파견해 '강북' 지역을 조사한 것에 비해 그 지위가 높고 오랫동안 지속되었다.

또 하나 주목할 부분은 바로 북간도 이범윤 휘하의 충의대(忠義隊)와 압록강 연변 각 군에 조직된 충의사이다. 이들 조직은 일부 군수 및 진위대와 협동 작전을 벌이거나 경우에 따라 변계경무서 등과 충돌하는 경우도 있었다. 특히 초산충의사는 통구를 근거지로 삼던 청국 왕무충(王懋忠) 단련과 상시적으로 충돌하였다.

북간도에서 청국의 지휘체계는 일반 행정체계가 없이 '광제욕 및 화룡욕 무간위원－남강단련국(南岡團練局)－혼춘부도통－길림장군'으로 보고와 지시가 이어졌다. 1902년 말에 이르러 연길청이 성립되자, 1월 남강단련국이 해산되고 새로 정규 편성된 길안군(吉安軍, 지휘관 통령)의 휘하에 들어갔다. 1900년 러시아의 만주 장악 과정에서 혼춘의 정규군은 완전히 패퇴해 해산되었고, 남아 있던 향단 성격의 군사가 바로 남강단련이었다. 여기에는 연총(練總), 연장(練長) 등 1,700여 명 규모로 편제되었는데, 연총 양덕승(楊德勝)은 한국 언론에서 '청비'로 언급된 인물로서 북간도 대안 지역의 주요 갈등 주체이기도 하였다.

서간도의 경우에는 청국의 각 현령과 동변병비도(東邊兵備道)가 성경장군에게 보고하는 체계였다가 1902년 통화현에 임강현, 회인현에 집안현이 각각 설치되어 행정체계가 확대되었다. 동변병비도는 봉황성(鳳凰城)에 설치된 동북 지방의 군정을 감독하는 관원이었으며 중강세무(中江稅務)를 겸하고 있었다.

그리고 이 시기에 가장 많이 보이는 이른바 '청비'라는 집단이다. 청비는 관행적으로 사용된 말이기는 하지만, 농비(農匪)·목비(木匪) 등의 직업과 관련하여 사용하는 경우, 실제로 향마적(嚮馬賊)인 경우, 행동의 포악성을 상기시키고자 청국의 단련 혹은 정규군을 지칭하는 경우도 있었다. 여기에는 또 청일전쟁과 러시아의 만주 점령 과정에 패퇴한 청국 패잔병도 포함되어 있었다. 삼수와 갑산 대안 지역에서 활동한 손양한(孫良翰)이 대표적인 인물이었다.

이러한 변경 지역의 지휘체계에 서울과 북경의 외교 라인들이 개입하여 간도 문제를 둘러싸고 변경과 중앙정부의 각종 문서가 생산된 것이다.

4. 자료 해제

1) 함경남북도래거안

『함경남북도래거안』은 모두 2책으로, 청일전쟁 이후인 1896년부터 통감부 시기인 1908년까지를 포괄한다. 간도 문제와 관련된 압록강과 두만강 연변 지방관인 관찰사와 군수 및 변계경무서와 간도관리사 등이 외부에 올린 보고서와 이에 대한 훈령 기안으로 이루어져 있다. 일부 보고서에는 양국 지방관들이 주고받은 등본이 첨부되어 있다. 『함경남북도래거안』의 주요 내용을 시기별로 소개하면 다음과 같다.

우선 주목되는 것은 러시아가 획득한 압록강과 두만강 일대 삼림 채벌권 행사를 위해 함경도 각 군을 통과할 때의 보고 서류이다. 대한제국은 이들을 지원하고 감시하기 위해 목장위원(木場委員)을 파견하였다. 위원들은 모두 러시아어가 가능한 이들로 후일 변계경무서 경무관으로 임명되기도 하였다.[5] 러시아와의 협의가 중요하였기 때문이다. 이런 가운데 후창, 삼수, 갑산 일대에 이른바 목비 수백여 명이 월경하여 벌채하고 있는 상황을 지적하고, 이에 대한 단속과 과세를 위해 위원을 파견하고 시가에 따른 벌금을 부과할 필요성이 제기되기도 하였다.[6]

다음으로 한청통상조약 관련 문서이다. 특히 1899년 한청통상조약에서 다루어질 가능성이 높았던 육로통상조약 체결 건을 앞두고 청조는 오첨청(吳瞻菁)으로 하여금 봉천성과 길림성의 월간한인을 조사하고 혼춘에서 두만강을 건너 서울로 가게 하였다.

다음으로 1899년 삼수 · 갑산 대안 지역 '청비' 유패진(劉佩珍) · 손양한 · 노귀(盧貴) 무리와의 충돌 사건이다. 이들은 총기로 무장하고 삼수군으로 범월해 각종 먹을거리와 신발 등을 요구하였다. 진위대가 이를 통제하려 했으나 여의치 않았다. 저들은 비적을 막기 위해 강을 건너 남하한 것이라 하였으나, 사실상 통제 불능의 상황이 계속 이어졌다. 당시 혼춘부도통은 그곳이 거리도 멀고 광활하여 통제 불능 상태이고 병기를 휴대하고서 국경을 넘어 소란을 피우는 것은 비록 마적이 아니더라도 모두 비류(匪類)와 같다며, 조선 지방군을 동원해 조처해 달라고 요청하였다.

1900년에는 간도 문제 관련 사건이 거의 보이지 않는다. 이것은 『함경남북도래거안』의 특징이기는 하지만, 의화단사건에 모든 관심이 집중되어 간도 문제를 거론할 상황이 조성되지 않았기 때문이다. 이 혼란을 거친 뒤로 두만강 일대에는 다양한 사건들이 발생하였다.

1901년부터 북간도에서 간도 문제의 해결을 요구하는 소장이 올라오기 시작하였다. 의화단사건과 만주환부조약을 계기로 간도 주민들은 간도 문제의 근본적 해결과 관리 파견을 주장하였다. 특히 백두산정계비 설치, 어윤중의 성과, 두 차례의 감계, 청조의 치발역복 조치 등 일련의 사건들을 거론하며 관리를 파견해 경계를 확정하는 이른바 '파원감계(派員勘界)'를 강

---

5 대표적인 인물은 이경순(李敬順)으로, 궁내부 물품사 주사를 거쳐 1897년 무산군목장위원, 1901년 2월 변계경무관, 1903년 서북변계울릉도삼림위원에 임명되었다.

6 당시 함경북도 자성, 후창, 삼수, 갑산 등의 압록강 중상류 지방에는 목재를 벌채하기 위해 청국인들이 들어와 있었다. 그 수는 한국인에 비해 10분의 1정도였다. 이들은 벌목한 다음 압록강 수량이 확보되는 4~8월까지 하류로 떠내려 보내어 압록강 입구 대동구(大東溝)에 집산하였다. 조선 지방관들은 세금을 받고 벌목을 허락해 주었지만, 불법적인 벌채도 이루어졌다. 벌목꾼들은 수십, 수백 명씩 무리를 지어 재물을 약탈하고 삼림을 마음대로 베었다. 조선 지방관은 이들을 '목비'라 부르며 '청비'와 동일한 것으로 이해하였다. 외부는 파원을 보내어 불법으로 벌채한 목재에 대해 시가에 따라 벌금을 부과하였다.

하게 요구하였다.

1901년 2월 이후 변계경무서의 설치와 관련된 문서도 다수 포함되어 있다. 특히 변계경무서의 역할과 초기 안착 과정, 진위대 군사들과의 입장 차이, 관리사 이범윤과의 간도 문제 대응에 대한 입장 차이를 확인할 수 있다. 외부의 지휘를 받는 변계경무서와 내부의 지휘를 받는 관리사의 입장 차이에는 역시 오랫동안 존재해온 외부와 내부의 간도 문제에 대한 입장 차이가 반영되어 있다. 변계경무서는 양국 간의 무력 충돌이 발생할 때마다 자신들이 무장력[칼]만으로는 곤란하다며 원수부에 총기를 내려달라는 요청을 수시로 하였다.

또 하나 주목할 내용은 바로 관리사 이범윤이 올린 보고이다. 어윤중 이래의 간도 문제에 대한 다양한 자료를 섭렵한 가운데 백두산정계비에 의한 문제 제기뿐만 아니라 조선 왕조의 발상지라는 점을 강조하였고, 간도 문제에 대한 강한 해결 의지를 보여주었다. 그리고 이 일대 최고 지식인인 『북여요선(北輿要選)』을 지은 경원의 김노규(金魯奎)와 연계하여 대안 지역 한인에 대해 호구 조사와 과세 등을 시행하면서 청조에는 세금을 내지 말라는 메시지를 계속 발신하였다. 즉 강한 '척토(拓土)' 의식하에서 '우리 백성은 우리가 다스린다[我理我民]'라는 방침을 고수하였다. 그리고 각종 보고서 말미에는 대안 지역 청국 관리들이 한인들에게 가하는 부당한 수세 행위 등을 조목조목 지적하고 있다. 관리사 이범윤은 이 시기 대한제국이 추진한 적극적인 간도 정책의 상징적인 인물이었다. 그 정점은 바로 월간한인들로 조직한 충의대 활동이었다. 군사조직으로 편제한 가운데 수세한 돈으로 무장해 훈련하였고, 1904년 초부터 이 일대 청국의 길안군(吉安軍)이나 단련과의 충돌도 불사하였다. 이러한 활동 때문에 러일전쟁 직전 이 지역에 조성된 양국 지방관 사이의 협상 흐름에서 소외되었고, 이듬해 봄까지 그의 소환이 양국의 외교 문서에 최대 현안으로 등장하기도 하였다.

진위대의 보고서는 '함경도-외부'로 이어지는 직접적인 보고체계에 있지 않았기 때문에 이 자료를 통해서는 진위대의 입장이나 활동을 간접적으로 알 수밖에 없다. 다만 무산 대안에서 회령의 주대(駐隊) 병사들이 청국 군사들과 충돌한 것에 대한 변계경무서의 불편한 시선을 확인할 수 있다. 대안 지역에서 직접 활동하는 변계경무서의 입장과 필요시 무력을 동반한 활동을 하는 진위대의 입장 차이라 하겠다. 다만 진위대는 군사적인 안정을 희망하면서도 현지에 형성된 '보복 구조'에서 가장 강한 무력을 지녔던 만큼 충돌에 따른 파장이 컸다. 진위대, 변계경무서, 관리사 등은 중앙정부의 관심 속에 각각 입장의 차이가 있었기 때문에 이들 삼자의 관계는 곧 대한제국 간도 정책의 다양한 노선을 상징한다고 하겠다. 따라서 각 기관들은 각자의 입장에 따라 각종 사건에 대한 종합 보고서를 종종 생산하여 외부에 보고하였다.

이들 기관의 입장 차이뿐만 아니라 두만강 일대에는 다양한 현안이 있었다. 즉 도선(渡船)의 설치와 운영 관할권, 청국의 방곡령과 함경도의 어려움, 청국의 치발역복 조치, 비적에 의한 인명 살상과 재산 피해 및 납치 등의 사건, 수시로 발생하는 살인사건, 조선인을 향약에 배치한 청국 관리의 조치 등이 현안이었다. 그리고 러일전쟁 후반기인 1905년에 일진회가 북진군을 조직해 일본군 군수 물자를 함경도에 수송하였는데, 여기에 참여한 일진회 회원 일부는 1907년 간도파출소의 조선인 순검이 되었다. 이들은 일본주차군사령부에 간도 문제와 관련된 자료를 제출함으로써 일본 군부와 외무성이 간도 문제에 본격적으로 개입하는 계기를 만들었다.

두만강 일대에서 충돌이 빈번하게 일어난 곳은 무산군 일대였다. 1901년에는 무산 대안의 안원보 선화사와 덕화사 등에서 한국 병사들이 강을 건너 청국 병사들과 충돌하였다. 1903년 9월에는 월간한인에 대한 과세와 이에 대한 주민들의 호소에 반응한 진위대 병사의 개입 등으로 사건이 확대되어 대안 지역에서 50여 명이 사상되는 인명 피해와 큰 재산 피해가 발생하였다. 무산사건을 해결하기 위해 1904년 1월에 양국 지방관 사이에 담판이 벌어졌는데, 이에 대한 담초와 고시문이 보인다.

함경남도의 경우에는 압록강 대안 지역에 다양한 세력들이 활동하고 있었다. 1899년 삼수 대안 지역에 있던 단련 유패진 · 손양한 · 노귀 등이 총으로 무장하고 월경하여 마적 토벌을 이유로 삼수 주민들에게 각종 먹을거리와 신발 등을 요구하는 사건이 일어났다. 그런데 청조로부터 마적 단속을 의뢰받은 한국 정부는 마적뿐만 아니라 이들을 단속하기 위해 월경한 이들도 마적이나 한가지라며 삼수 주대에게 토벌을 지시하였다. 이 사건은 의화단사건 이전 백두산 일대의 마적 횡행과 군사력의 부재, 단련에 대한 한국 정부의 태도를 보여준다.

이 시기 변경 최대의 사건은 함경남도 삼수와 갑산 일대에서 발생한 청국인들의 벌목에 따른 충돌이었다. 이 사건은 『함경남북도래거안』에서 가장 큰 비중을 차지한다. 1903년 8~9월에 걸쳐 상호 보복한 사건으로, 그 발단은 청국인들이 벌목해 압록강 하류로 떠내려 보낸 유하목(流下木)을 조선인들이 건져내어 땔감으로 사용한 것이었다. 그러자 그 피해 보상을 요구하며 이른바 '목비'가 강을 건너와서 해당 조선인들을 잡아갔고, 이에 삼수의 포군과 운총의 진위 주대가 합동으로 청국 임강현 16도구 장생보 내시궁 일대로 가서 청국인들을 약탈하였다. 그리하여 청국인 18명의 목숨을 빼앗고 가옥을 불태웠으며 재물을 빼앗아 돌아왔다. 이에 강을 사이에 두고 대치하던 목비 50여 명이 무장을 갖추고 삼수성을 공격하여 14명의 한국인을 죽이고 총을 비롯한 군물과 각종 조세 납부금을 약탈하였다. 이 시기에 형성된 전형적인 보복 구조에서 일어난 사건이었다. 이 사건 후 양국 지방관은 서로 피해액을 산정하고 합의문을 작성하였는데, 세부 피해 내역 및 피해액 반환 과정과 관련된 문서가 다수 포함되어 있다. 1904년 초에 합의한 삼수사건의 해결이 1905년까지 지체된 것은 민간인 피해를 산정하는 방식에 대한 이견 때문이었다. 한국 측에서는 삼수사건 이전인 1900년까지 확대하여 피해액을 계산하려 하였다.

이처럼 『함경남북도래거안』에는 간도의 영토 문제와 주민 문제를 망라한 자료들이 포함되어 있다. 특히 의화단사건 이후 변경에서 양국의 군사적 충돌이 일상화되어 많은 피해를 야기하였고, 이에 양국 지방관은 적절한 수준의 타협을 하였다. 이 충돌의 배경에는 주민들의 이해(利害)가 있었고, 그 확장 국면에서 영토 문제가 제기되었다. 이후 규장각 소장의 의정부, 외부, 원수부 자료와 청국과의 왕복 외교 문서도 함께 검토한다면 보다 풍부한 역사상을 그려낼 수 있을 것이다.

2) 평안남북도래거안

『평안남북도래거안』은 조선 및 대한제국 외부와 평안남도 및 평안북도 관찰부가 주고받은 공문서를 외부에서 총 10책으로 편철한 자료다. 주로 외부가 평안도 지역 관찰부 및 각 군에 발송한 훈령과 관찰부 및 각 군이 외부에 발송한 보고서로 구성되어 있다. 외부가 발송한 훈령의 원본은 관찰부로 보내졌기 때문에, 이 자료에는 훈령의 기안만 편철되어 있다. 청국과 교환한 문서가 있을 경우에는 그 등본을 합철하였다.

다음은 『평안남북도래거안』의 주요 내용을 시기별로 개관하였다.

1896년에 한인(韓人)에 대한 청조의 삼세(蔘稅) 징수 재개 시도가 있었다. 그러나 이 조치는 청일전쟁으로 조청상민수륙무역장정이 폐기된 상황에서 나온 것으로서 수용될 수 없었고, 도리어 양국 간 새로운 육로통상조약의 필요성을 환기시킬 뿐이었다. 비슷한 사건이 청국의 동변병비도와 의주군수 사이에 벌어진 세금 징수에 관한 교섭이었다. 그리고 당시 조선 정부는 외교적 권한이 없는 의주군수가 동변병비도와 문서를 주고받은 것 자체를 힐책하면서 왕래한 조회·조복의 반환, 즉 원천 무효를 지시하였다. 서간도 지역에 대한 통제를 강화하고 세금 수익을 증대하려 한 청국, 그리고 이 문제를 가능한 회피하면서 자주독립국으로서 청국과 근대적인 외교 관계를 재구축하려 한 조선의 입장 차이가 드러나는 부분이다.

1897년도 『평안남북도래거안』에서 확인할 수 있는 서간도의 중요한 사건은 단연 '비도(匪徒)'의 활동이었다. 이들은 유인석, 최문환(崔文煥), 신익수(申益洙) 등 과거 의병장들이 인솔하여 서간도 지역으로 이주한 의병들이었다. 이들은 탕하에서 서대령까지 산재하던 한인의 집단 거주 지역에 살면서 강계군, 갑산군, 삼수군 등 평안북도와 함경북도 일대를 침범하였다. 특히 삼수군에서는 군청(郡廳)을 파괴하고 군수를 효수하는 등 궤멸적인 타격을 입혔으며 이 때문에 주민들이 인근으로 대피하는 등 큰 소란이 벌어질 정도였다.

의병에 가담했다가 관군에 투항한 이들의 보고를 보면, 의병단 중에 유인석의 명망을 흠모해서 참여한 서간도인들이나 심지어 본국에서 서간도로 월강하면서까지 참여한 인물들이 상당수 있었던 것으로 보인다. 그러나 1897년 당시 의병단을 주도해서 공격을 감행한 사람은 유인석 등 원로가 아닌 최문환, 이치영(李致永)이었으며, 이들 둘 사이에 내분이 일어나 지리멸렬하던 차에 청국 군대의 공격을 받고 패퇴했다고 한다. 결국 의병들 대부분이 해산하고 그중 일부가 청국 군대와 서간도의 한인 주민들에 의해 체포되어 평안북도로 보내지면서 의병들의 활동은 종결되었다.

또 이 시기 문서에서 주목되는 것은 간도 일대에서 활동한 향마적들이다. 1898년 북간도 탕하 등지에서 향마적 400여 명이 행패를 부리며 노략질을 하자 이를 진압하기 위해 만주 일대의 청국 관병 1,500여 명이 집결하였다. 그러자 향마적들이 강을 넘어와 삼수군, 자성군, 후창군 일대에 흩어져 숨었으며, 청국 관병들도 이들을 토벌하기 위해 삼수군, 갑산군 등지로 들어왔다. 심지어 난리를 피하기 위해 청국의 민간인들도 한국 영토로 숨어들어오는 상황이었다. 이에 인근 각 군이 포군을 징집해 경계를 강화했으며, 자성군에서는 떠돌고 있던 향마적 수십 명을 격퇴하기도 하였다. 이는 서간도 지역의 취약하던 치안과 불완전했던 양국의 국경 상황을 보여주는 사례라고 할 수 있다.

청비의 약탈 행위는 이후에도 반복되었다. 창성군에 청비들이 쳐들어와 사람을 살해하고 재물을 빼앗아갔으며, 후창군에도 유사한 피해가 끊이지 않아 백성들이 흩어질 지경에 이르게 되었다는 보고가 지속적으로 확인된다. 흔히 청비, 비류, 유민(莠民)으로 통칭되는 이 집단들은 서간도 일대뿐만 아니라 한국 영토 안에서도 지속적으로 문제를 일으켰는데, 특히 이 집단들이 일으킨 문제로 주목되는 것은 목재의 도벌과 약탈이었다. 당시 평안북도 및 함경북도 인근의 삼림은 청국인과 한인 외에 일본인까지 가세해서 벌목하고 있는 상황이었다. 이에 대한 러시아공사관의 항의가 이어졌으나, 만성적인 재정 부족에 시달리고 있던 변경의 지방관들로서는 광대한 삼림에서 은밀히 자행되는 불법 벌목을 적발하여 금지하기가 어려웠다.

1900년도 문서에서 가장 주목되는 것은 그해 청국에서 일어난 의화단사건의 영향이다. 우선 서간도, 북간도 일대에서도 의화단의 폭력 행위가 극심해졌으며, 이에 대한 계엄령이 확산되었다. 의화단이 만주 지역을 두루 다니면서 서학교당(西學敎堂)을 사방에서 불태우고 교사와 교인 들을 모두 죽였으며, 일본인에게 고용된 한인들을 효수하고 그 목을 한국 쪽 강변에 매달고 경고하는 일도 있었다. 또한 이들은 간도 지역의 조선인들에게 변발과 호복을 강요하고 재물을 약탈하는 등 행패가 막심하였다.

또한 청국은 통화현, 회인현 지방에서 상민들의 왕래를 금지했으며 대한제국 지방관이 연강(沿江) 지역에 집결시킨 군대에 대해서도 그 정체와 의도를 질의하는 등 경계하는 모습을 보였고, 한국군도 변경 지역의 경계를 강화하였다. 그 결과 월간한인들의 경우에 추수를 할 수 없어 곤란을 겪는 자도 많았다. 간도 생활을 포기하고 귀국한 한인들이 많았으며, 청국인들 중에서 난리를 피해 한국으로 들어온 이들이 적지 않았다. 러시아군은 만주 지역에 주둔하면서 도적 소탕, 목재 보호 등의 명목으로 간도에 이주한 한인들을 약탈하고, 한국 국경도 빈번하게 침범하는 등 행패를 자행하였다.

1901년도에는 왕무충이라는 자가 문서에 새롭게 등장한다. 찰변사겸관서진위제대대사령관육군부장(察邊使兼關西鎭衛諸大隊司令官陸軍副將) 이도재의 보고에 따르면, 왕무충은 원래 향비였다가 귀순하여 회인현 통구의 단련장(團練長)으로 있었다. 그런데 한인(韓人) 유민들이 그를 따라다녔고, 한인들의 청원을 근거로 봉황성 도태에게 청원하여 왕무충에게 변경을 총괄할 수 있는 총변(總邊)의 직함을 내리도록 했다고 한다. 그 결과 왕무충은 합법적인 권한을 가지고 세금을 강제로 증세하며 이주한 한인들을 강제로 청국 호적에 편제하여 병력을 차출하는 등 행패를 부렸다. 또한 한인을 괴롭히던 청비들과 그 청비들을 진압해야 할 청국 관군이 모두 왕무충의 지휘를 받는 상황이었기에 한인들이 겪어야 했던 피해는 매우 컸다.

이후 왕무충이 제시한 공문들 중 상당수가 근거가 불분명한 것이라는 주한청국공사의 확인이 있었기에 왕무충은 그 직위를 박탈당했고 곧 다른 지역으로 이주하였다. 그러나 간도 지역 내 청국인들의 행패로 한인들이 겪는 피해는 여전하였다. 대한제국 정부는 평안북도 및 함경북도 지방관들에게 이러한 행패로부터 간도 내 한인들을 보호하라고 지시했지만, 간도 지역에서 병력을 동원할 권리는 고사하고 실제 병력도 없던 지방관들에게는 이 문제를 해결할 역량이 없었다. 게다가 왕무충에게 협력하면서 불법 행위를 저질러 같은 한인들을 괴롭히던 한인 유민(莠民)들이 자신들의 안전을 확보하기 위해 러시아 군대와 접촉하여 한인 이주민들을 관할하는 공권력이 없다고 호소했으며, 러시아 군대는 그들을 한인 이주민을 관할하는 관리로 임명하였다. 그 결과 왕무충이 있었을 때보다 더 심한 행패가 러시아 군대를 등에 업고 자행되었다.

1902년에 이르면 서간도 지역에 러시아의 영향력이 완연해졌다. 한국 병사가 압록강을 건너 죄인 이성지(李性之)를 체포하려 했는데, 이성지는 바로 러시아 군대를 등에 업고 서간도 지역의 한인 관리자로 임명받은 장본인이었다. 한국 병사들이 이성지가 예전에 부윤을 살해한 일이 있음을 지목하며 본인과 가솔을 체포했는데, 주한러시아공사가 나서서 "이성지에 대한 비난은 무고가 분명하며 한국군이 국경을 넘어 사람을 체포한 것은 명백히 불법이다"라고 힐난하는 상황이 발생하였다. 이처럼 서간도 일대가 러시아의 영향력 아래로 들어가면서, 서간도 지역 및 그곳에 거주하던 한인들에 대한 한국 정부의 영향력은 현저히 감소하였다.

이에 관해 압록강 북쪽 지역에 관리를 파견하여 러시아 군대를 등에 업고 행패를 부리던 이성지 등을 규제하고 백성을 보호해줄 것을 요청하는 청원서가 평안북도에서 외부로 올라오기도 하였다. 그 결과 압록강 건너편의 백성들을 관할하기 위해 관리사무 서상무를 파견했으나, 그는 비적들에 의해 납치되었다가 간신히 도주하여 귀국하였다.

1903년도 문서에서는 격변하는 국제 정세 속에서 한국 정부가 서간도 일대에 관해 청국과 러시아 양쪽으로부터 압박을 받고 있는 모습이 확인된다. 러시아 상민들은 서간도 일대는 물론 한국의 내륙 지역에까지 진출해서 목재를 벌목하고 한인들의 목재 경영을 방해하는 행패를 부렸다. 또한 러시아 군대는 용천군의 용암포에 철로를 건설하면서 한인들의 논밭과 무덤을 무단으로 차출하여 훼손하고 농민들을 차출해서 노역을 시키기도 하였다.

한편 청국은 1902년 10월에 간도 지역의 행정구역을 개편하고 나서 "간도 지역의 한인들도 청국의 법을 지켜야 한다"라고 압박하였다. 이후에도 수차례 변경 지역의 폭력 사태에 대해서 그 책임이 한인들의 불법적인 국경 침입 및 한국 정부의 책임 방기에 있다고 힐책해왔다. 이는 러시아 군대의 진출 이후 이들과 결탁해서 서간도 일대에서 행패를 부리던 한인들의 존재 때문으로 보이지만, 상술한 것처럼 당시 이 문제에 대해서 한국 정부가 할 수 있는 일은 많지 않았다. 1903년 11월 대한제국 외부대신은 평안북도관찰사에게 한인들이 압록강을 건너서 문제를 일으키는 것을 금지할 것을 지시했으나, 월간(越墾)의 역사가 수십 년 동안 이어진 상황에서 현실적으로 평안북도 주민들의 간도 이주와 개간을 막는 것은 불가능하였다. 게다가 청비들이 압록강 이북뿐만 아니라 한국 영토까지 침범해서 한국인들을 죽이고 재물을 약탈하며, 심지어 인질을 잡아가서 몸값을 요구하는 등 행패가 끊이지 않았다.

러일전쟁 이후 문서에서는 '아비(俄匪)'라는 명칭이 빈번하게 나타난다. 청비와 마찬가지로 명실상부한 '러시아 도적'이 존재했다기보다는 이 무렵에 러시아 군대의 약탈 행위가 포착된 것으로 보인다. 심지어 러시아 군대는 청비를 토벌하겠다는 명목으로 한국에 침범하여 약탈을 자행하기도 하였다. 그 결과 강계군과 장진군 백성들이 대거 후창군으로 피난했으나, 후창군에서도 이들을 구호할 방도가 없었기에 피난민들은 매우 참혹한 상태에 놓여 있었다.

한편 1904년 5월에는 용천군 황초평에 청국인들이 침범하여 갈대를 베어가는 상황에 대한 대한제국 정부 차원에서의 대응이 확인된다. 평안북도와 서간도 지역에서 전반적으로 대한제국의 영향력이 위축되어가던 상황에서 영토주권을 확립하고자 한, 몇 안 되는 사례로서 주목된다.

을사조약 전후 대한제국의 내정권을 일본에 의해 침탈당하면서 변경의 국방이 현저히 약화되었다. 1905년 10월 22일에 평안북도관찰사가 외부대신에게 올린 보고에에 따르면, 각 군에 있던 진위대(鎭衛隊)와 포사(砲社)를 모두 폐지했기 때문에 평안북도의 각 군은 방어할 병력을 상실한 상태였다. 청비나 러시아 군대의 행패가 이때를 틈타서 더욱 심해졌다. 특히 러시아 군대가 침입하여 일본인의 재산을 약탈한 경우, 러일전쟁이 한창 진행되고 있던 상황에서 한일 간 외교 문제로 비화될 수도 있기 때문에 더욱 곤혹스러운 상황이었다. 이에 각 군은 중앙정부에 외교적 교섭을 요청하는 한편, 갖고 있던 무기들을 주민들에게 나누어주고 사설 포군들을 따로 모집하는 수밖에 없었다. 그러나 평안북도 지방에 적절한 조처가 행해졌다는 기록은 확인되지 않는다.

1906년도에 작성된 간도 관련 문서는 한 건이다. 이에 따르면, 장(張) 통령이라는 자가 청국 비적과 청국 관군을 모두 지휘하고 있어 사실상 청비들을 금지하는 것이 불가능하다고 설명하고 있다. 또한 청국 비적들이 납치해간 한국 주민들을 되찾아오기 위한 몸값을 한국인 도적들이 가로채서 잃어버렸음도 밝히고 있다. 러일전쟁 직후 혼란스럽던 간도의 상황을 보여주는 사례라고 하겠다.

이처럼 『평안남북도래거안』에는 청일전쟁 이후 과거의 전례를 복구하려던 청국 동변병비도의 시도와 좌절, 유인석 의병의 활동과 조선인 사회 내부의 갈등, 향마적 · 목비 등 청비에 의한 한인 약탈 관련 사건 등이 두드러진다. 의화단사건 이후에는 청국의 지방행정력이 붕괴하고 러시아가 간도 문제에 개입하는 가운데, 서간도 지역 출입에 대한 청국의 통제 조치와 영향, 새롭게 등장한 단련 왕무충과 청단련 및 러시아군과 결탁한 이성지 무리 등을 확인할 수 있다. 러일전쟁 이후에는 러시아군의 약탈, 황초평사건, 진위대 해체에 따른 변경의 위기 등의 주제가 눈에 띈다. 이를 통해 간도 문제는 변경에서의 영토 문제인 것만이 아니라 주민들의 삶을 규정하는 다양한 요소들로 이루어진 문제였음을 알 수 있다. 그러나 1896년부터 1906년까지 의화단사건과 러일전쟁이라는 큰 전쟁을 겪은 현장이었던 압록강 대안의 서간도 지역은 이러한 격변을 감당하기에 너무나 어려운 현실에 놓여 있었다.

5. 향후 계획

향후 우리 연구팀에서는 규장각 소장 대한제국기 간도 정책 자료 목록에 따라 관련 자료의 번역을 진행할 것이다. 대한제국의 간도 정책을 정부, 지방, 현장 단위에서 가장 잘 보여줄 수 있는 자료를 우선 선정하고자 한다. 여기에는 규장각이 소장한 의정부 관련 자료, 문집 자료, 소장류 등 대한제국기 간도 자료가 모두 포함된다.

이들 자료집의 간행은 단순히 간도 문제와 관련된 주요 자료의 한글화에만 목적을 둔 것이 아니라 연구 과제를 개발하는 것에도 의미를 둔 것이다. 자료 수집과 번역 과정에서 역사지리 연구, 이민사 연구를 보다 높은 차원에서 새롭게 추진할 수 있는 실마리도 마련할 것이다. 또 백두산과 간도 일대에 대한 자원 조사는 19세기부터 다양한 주체들에 의해 폭넓게 진행되었다. 지리 조사, 광물 자원 조사, 임산 자원 조사 등이 주요 항목이었고, 개발이 진행됨에 따라 실제 경제적인 효과도 컸다. 그러나 이에 대한 연구는 여전히 미진한 점이 있다. 압록강 상류, 백두산 일대의 목재에 대한 벌채와 유통 문제도 본격적인 연구가 필요한 문제라고 생각된다.

이들 자료집을 발간한 후에는 '청안(淸案)'과 '간도 판도에 관한 청한 양국 분의 일건(間島の版圖に關し淸韓兩國紛議一件)' 등 간도 문제의 주요 자료를 수집 · 정리하고 핵심 자료에 대한 번역 작업을 진행할 것이다. 향후 4년간(총 5년) 1단계 작업을 통해 간도 문제에 대한 핵심 자료들이 정리 · 번역될 예정이다. 물론 대한제국 간도 사료집 번역은 연구 네트워크를 확대하여 간도와 백두산 연구의 지평을 넓히는 디딤돌 역할을 할 것이다.

* 〈목록 1〉『함경남북도래거안』

연번	책수	문서 제목	발신자	수신자	발신일
1	1	러시아인이 두만강, 압록강, 울릉도 일대에서 벌목하는 것을 정부가 승인했음을 각 지방에 알리라는 훈령	의정부찬정외부대신 이완용(李完用)	함경북도관찰사 원우상(元禹常)	건양 2년 3월 10일
2	1	함경도 지방의 각종 통계를 조사하고 서울로 가는 러시아 관리의 이동 상황을 알리는 보고	함경북도관찰사 조존우(趙存禹)	의정부찬정외부대신 이도재(李道宰)	광무 2년 3월 7일
3	1	청국인의 무단 벌목에 과세하기 위해 삼수군에 관리를 파견한다는 훈령	의정부찬정외부대신 박제순(朴齊純)	갑산군수 강찬희(姜璨熙)	광무 3년 3월 8일
4	1	삼수군에서 청국인이 무단 벌목하는 것에 대해 과세하기 위해 관리를 파견한다는 훈령	의정부찬정외부대신 박제순(朴齊純)	삼수군수 채규승(蔡圭昇)	광무 3년 3월 7일
5	1	삼수·갑산 일대에서 청국인이 벌목하는 것에 대해 수세하기 위해 파견된 관리를 삼수군수가 거절하니 조처하라는 훈령	의정부찬정외부대신 박제순(朴齊純)	함경남도관찰사 박봉빈(朴鳳彬)	광무 3년 5월 5일
6	1	청국이 파견한 관리 오첨청이 함경도 각지를 거쳐 경성으로 갔다는 보고	함경북도관찰사 이종관(李鍾觀)	의정부찬정외부대신 박제순(朴齊純)	광무 3년 5월 27일
7	1	삼수·갑산 일대에서의 청국인 벌목에 따라 수세를 담당할 관리를 파견한 데 대해 삼수군수와 이견이 없도록 조처하였다는 보고	함경남도관찰사 박봉빈(朴鳳彬)	의정부찬정외부대신 박제순(朴齊純)	광무 3년 6월 12일
8	1	외부 파원이 삼수군으로 넘어온 청국인들에게 벌금을 부과했다는 보고	함경남도관찰사 박봉빈(朴鳳彬)	의정부찬정외부대신 박제순(朴齊純)	광무 3년 7월 18일
9	1	청국 관병이 갑산에 쫓겨온 홍의적을 토벌한다고 경계를 넘어왔는데, 그 소요 비용을 조처해달라는 보고	함경남도관찰사 박봉빈(朴鳳彬)	의정부찬정외부대신 박제순(朴齊純)	광무 3년 7월 30일
10	1	삼수·갑산 대안에 머무는 청비가 강을 건너와 토색질을 일삼으니 청국공사와 협의해 조처해달라는 보고	함경남도관찰사 박봉빈(朴鳳彬)	의정부찬정외부대신 박제순(朴齊純)	광무 3년 8월 11일

11	1	청비 등의 월경 행위를 단속하기 위해 청국공사와 협의했으나 여의치 않으니 진위대 군사가 조처하라는 훈령	의정부찬정외부대신 박제순(朴齊純)	함경남도관찰사 박봉빈(朴鳳彬)	광무 3년 9월 9일
12	1	삼수군 일대에서 청비가 강을 건너 우리나라 사람 10여 명을 잡아갔다는 보고	함경남도관찰사 박봉빈(朴鳳彬)	의정부찬정외부대신 박제순(朴齊純)	광무 3년 9월 13일
13	1	한청조약 인쇄물을 내려보낸다는 훈령	의정부찬정외부대신 박제순(朴齊純)	함경북도관찰사 이규원(李奎遠)	광무 5년 1월 29일
14	1	종성간도에 정착해 러시아군의 동향을 탐지해 외부에 알린 자에 대한 처벌 방침을 내려달라는 보고	함경북도관찰사 이규원(李奎遠)	의정부찬정외부대신 임시서리군부대신 박제순(朴齊純)	광무 5년 1월 30일
15	1	간도가 우리 강역임을 주장한 간도민의 소장에 대해 관리를 두는 방책을 강구해달라는 보고	함경북도관찰사 이규원(李奎遠)	의정부찬정외부대신 임시서리군부대신 박제순(朴齊純)	광무 5년 1월 30일
16	1	원래 우리 땅인 사잇섬을 청국 영토로 간주하고 단속하는 일에 대해 대책을 강구해달라는 보고	함경북도관찰사 이규원(李奎遠)	의정부찬정외부대신 박제순(朴齊純)	광무 5년 4월 15일
17	1	변계경무서 경무관이 강을 건너 청국인을 살상하고 가옥을 파괴한 행위에 대해 그 정황을 청국 변경 관리와 협의하라는 훈령	의정부찬정외부대신임시서리농상공부대신 민종묵(閔種默)	종성군수 강창로(康昌魯)	광무 5년 12월 16일
18	1	변계경무서 경찰이 강을 건너 청국인을 살상하고 가옥을 파괴한 행위에 대한 정황을 조사하여 보고하라는 훈령	의정부찬정외부대신임시서리농상공부대신 민종묵(閔種默)	회령군수 김하련(金河璉)	광무 5년 12월 27일
19	1	진위대가 강을 건너 소요를 일으키는 것을 단속해달라는 보고	함경북도교계관 채현식(蔡賢植)	외부대신	광무 6년 2월 27일
20	1	변계경무서 교계관의 지시를 따르지 않는 무산군수에 대해 조치를 취해달라는 보고	함경북도교계관 채현식(蔡賢植)	외부대신	광무 6년 3월 16일
21	1	변계경무관 등이 경계를 넘어가 청국인을 때려죽였다는 청국 측의 주장은 사실과 다르다는 보고	함경북도 종성군수 강창로(康昌魯)	의정부찬정외부대신 임시서리농상공부대신	광무 6년 3월 17일
22	1	진위대 병사들이 무산 대안으로 넘어가 청국인을 노략질한 일이 없으며 강 건너에서 저들의 공격에 대응 사격한 것에 불과하다는 보고	함경북도 회령군수 김하련(金河璉)	의정부찬정외부대신	광무 6년 3월 22일

23	1	두만강의 관설 도선 설치에 따른 수세 문제의 처리 방향을 지시해 달라는 보고	함경북도교계관 채현식(蔡賢植)	외부대신	광무 6년 5월 18일
24	1	청국 관원이 군사를 대동해 우리 경계를 경유하여 지나가는 행위는 교섭상 필요하므로 조처해달라는 보고	함경북도교계관 채현식(蔡賢植)	외부대신	광무 6년 6월 2일
25	1	간도 일대에서 청국 관리가 치발을 강제하고 과도한 세금을 거두는 행위를 금지해 달라는 보고	함경북도교계관 채현식(蔡賢植)	외부대신	광무 6년 6월 5일
26	1	변계경무서 교계관 김병약을 기복하도록 지시해달라는 보고	함경북도교계관 채현식(蔡賢植)	외부대신	광무 6년 6월 5일
27	1	변계 백성을 조사하도록 시찰 이범윤을 파견한다는 훈령	의정부찬정외부대신임시서리철도원총재 유기환(兪箕煥)	함경북도교계관 채현식(蔡賢植)·경흥감리 변정상(卞鼎相)	광무 6년 6월 20일
28	1	간도시찰 이범윤의 파견에 따른 준비 사항 보고	함경북도교계관 채현식(蔡賢植)	외부대신	광무 6년 7월 29일
29	1	간도시찰 이범윤의 간도 파견에 대해 혼춘아문 등에서 상부의 지시가 없어 허락할 수 없다고 전해왔다는 보고	함경북도교계관 채현식(蔡賢植)	외부대신	광무 6년 8월 24일
30	1	한국 백성에 대한 치발역복 조치를 잠시 중지하도록 요청했다는 보고	함경북도교계관 채현식(蔡賢植)	외부대신	광무 6년 8월 24일
31	1	무산과 회령 대안 지역에서 청비의 한인 약탈 행위에 따른 군사 조치 필요성 보고	함경북도교계관 채현식(蔡賢植)	외부대신	광무 6년 9월 27일
32	1	시찰 이범윤의 월계 방침을 청 지방관이 수용하지 않았다는 보고	함경북도교계관 채현식(蔡賢植)	외부대신	광무 6년 9월 27일
33	1	무산·회령 대안의 비도를 토벌하기 위해 양국 변경의 군사를 동원하자는 혼춘부도통의 공문이 있었다는 보고	함경북도교계관 채현식(蔡賢植)	외부대신	광무 6년 10월 11일
34	1	월간한민에 대한 치발 조치는 과거 청국에 입적한 자에 한정한다고 하니 청국 호적에서 벗어나도록 도모하라는 훈령	의정부찬정외부대신임시서리궁내부특진관 조병식(趙秉式)	함경북도교계관 최남륭(崔南隆)	광무 6년 10월 29일

35	1	임지에 도착했다는 교계관의 보고	함경북도교계관 최남릉(崔南隆)	외부대신	광무 6년 11월 6일
36	1	무산·회령 대안의 한인들이 청비에게 피해를 입었으며, 진위대와 경무서가 공동으로 군사 조치를 취할 필요가 있다는 보고	함경북도교계관 최남릉(崔南隆)	외부대신	광무 6년 11월 24일
37	1	청국 호적에 편입된 한인에게 치발 조치가 진행되는 만큼 청국 호적에서 벗어나도록 한민에게 권유했다는 보고	함경북도교계관 최남릉(崔南隆)	외부대신	광무 6년 11월 24일
38	1	월간한민의 안정을 도모할 방책을 담은 소장을 올린다는 보고	함경북도교계관 최남릉(崔南隆)	외부대신	광무 6년 12월 31일
39	2	러시아가 압록강과 두만강의 삼림 채벌을 개시함에 따라 변경 각 군이 협조하라는 훈령	의정부찬정외부대신서리육군부장 이도재(李道宰)	함경북도관찰사 서정규(徐廷圭)	광무 7년 3월 7일
40	2	한인 포수가 무산 대안에서 사망한 사건의 처리 보고	함경북도교계관 김병약(金炳若)·최남릉(崔南隆)	외부대신	광무 7년 4월 10일
41	2	청국으로부터 고간도를 되돌려받을 수 있도록 조처해달라는 청원서를 보고	함경북도교계관(咸鏡北道交界官) 김병약(金炳若)	외부대신(外部大臣)	광무 7년 5월 10일
42	2	한인이 설치한 사설 도선을 조사해 보고하라는 훈령	의정부찬정외부대신 이도재(李道宰)	함경북도교계관 김병약(金炳若)	광무 7년 8월 8일
43	2	청국에서 주장하는 변경의 여러 사건은 사실에 부합하지 않으니 실재를 살펴 청국과 교섭해 처리해달라는 보고	함경북도교계관 김병약(金炳若)·최남릉(崔南隆)	외부대신	광무 7년 9월 1일
44	2	삼수군 유하목을 둘러싸고 청비 회성포(會城砲)의 행패를 조치해달라는 보고	함경남도관찰사 서정순(徐正淳)	의정부찬정외부대신 육군부장 이도재(李道宰)	광무 7년 9월 23일
45	2	치발 조치, 호구 편제, 사포 설치 등에 대한 청국 관원의 주장은 사실과 다르며, 간도 경계를 획정해야 한다는 간도시찰의 보고	함북간도시찰 이범윤(李範允)	외부대신	광무 7년 음력 8월 23일
46	2	왕복 문서에서 한국의 국호에 '대(大)' 자를 쓰지 않은 청국 관원에 대해 항의해달라는 간도시찰의 보고	함북간도시찰 이범윤(李範允)	외부대신	광무 7년 10월 14일 (광무 7년 음력 8월 24일)

47	2	살인사건으로 청국 관아에 잡힌 한국인 관련 보고	함경북도교계관 김병약(金炳若)·최남륭(崔南隆)	외부대신	광무 7년 10월 16일
48	2	삼수 일대에서 청국 목비와 충돌한 사건에 대한 보고	함경남도관찰사 서정순(徐正淳)	의정부찬정외부대신서리궁내부특진관 이하영(李夏榮)	광무 7년 11월 7일
49	2	무산 대안 간도민을 둘러싼 청국 군사와의 충돌을 보고하며 이들을 방어하기 위해 무기를 보내달라는 변계경무서의 요청	함경북도교계관 김병약(金炳若)·최남륭(崔南隆)	외부대신	광무 7년 11월 23일
50	2	월계하여 사단을 일으키는 행위를 중단하라는 훈령	의정부찬정외부대신서리궁내부특진관 이하영(李夏榮)	함경남도관찰사 서정순(徐正淳)	광무 7년 11월 25일
51	2	변경에서 강을 건너 소요를 일으킨 원인을 상세히 보고하라는 훈령	의정부찬정외부대신서리궁내부특진관 이하영(李夏榮)	함경북도교계관 최남륭(崔南隆)·김병약(金炳若)	광무 7년 12월 9일
52	2	변경에서 강을 건너 소요를 일으킨 원인을 상세히 보고하라는 훈령	의정부찬정외부대신서리궁내부특진관 이하영(李夏榮)	함경북도관찰사 이윤재(李允在)	광무 7년 12월 9일
53	2	무산간도에서 청국 병사가 간도 한인들에 가한 각종 피해 내역을 보고	간도관리 이범윤(李範允)	외부대신	광무 6년 음력 11월 2일(양 12월 20일)
54	2	무산 대안 지역에서 한인들이 잡혀가 조사 중이라는 보고	함경북도교계관 최남륭(崔南隆)·김병약(金炳若)	외부대신	광무 7년 12월 31일
55	2	월계하여 소요를 일으키는 행위를 중지하고 우리 백성의 피해 상황을 조사하도록 지시했다는 보고	함경남도관찰사 서정순(徐正淳)	의정부찬정외부대신서리궁내부특진관 이하영(李夏榮)	광무 8년 1월 2일
56	2	무산 대안에서 진위대와 무산군 군사들이 청국 병사와 충돌한 원인 및 그동안의 피해 상황을 보고하며, 양국 관리들이 회의하여 병사를 철수하고 화해를 했다는 보고	함경북도교계관 최남륭(崔南隆)·김병약(金炳若)	외부대신	광무 8년 1월 5일
57	2	무산 대안 지역에서 양국 병민이 충돌한 이후 처리 상황의 보고	함경북도관찰사 이윤재(李允在)	의정부찬정외부대신서리궁내부특진관 이하영(李夏榮)	광무 8년 1월 20일

58	2	한청 양국 간 충돌을 일삼고 있는 관리사 이범윤의 조치에 대한 보고	함경북도교계관 최남룡(崔南隆)· 김병약(金炳若)	외부대신	광무 8년 1월 30일
59	2	청국 병사들에게 잡혀가 고초를 당한 한인들에 대한 보고	북간도관리 이범윤(李範允)	외부대신	광무 7년 음력 12월 16일
60	2	러시아 관리의 비판이 부당하다는 간도시찰의 보고	북간도관리 이범윤(李範允)	외부대신	광무 7년 음력 12월 17일
61	2	백두산정계비에 의거하여 강계를 획정해달라는 보고	북간도관리 이범윤(李範允)	외부대신	광무 7년 음력 12월 17일
62	2	삼수군과 갑산군에서 공문이 오지 않아 청국 관리와 논의하지 못했는데, 이는 우체부가 사적인 일로 업무를 처리하지 않았기 때문이라는 보고	함경남도관찰사 서정순(徐正淳)	의정부찬정외부대신서리 이지용(李址鎔)	광무 8년 2월 3일
63	2	삼수군에서 한청 양국 간의 소요에 대하여 양국 지방 관리가 합의 타결한 내용을 보고	함경남도관찰사 서정순(徐正淳)	의정부찬정외부대신서리헌병사령관육군참장 이지용(李址鎔)	광무 8년 2월 18일
64	2	간도에 흉년이 들어 북간도의 곡식을 가져올 수 있도록 해달라는 보고	함경북도관찰사 이윤재(李允在)	의정부찬정외부대신서리헌병사령관육군참장 이지용(李址鎔)	광무 8년 4월 3일
65	2	삼수군의 변경 소요에 대해 서둘러 지령해달라는 보고	함경남도관찰사 서정순(徐正淳)	의정부찬정외부대신서리의정부참정 조병식(趙秉式)	광무 8년 4월 8일
66	2	청비와의 충돌은 궁여지책이며 나라가 시작된 간도 땅을 되찾기 위해 파원감계할 필요가 있다는 보고	간도관리 이범윤(李範允)	외부대신	광무 8년 음력 2월 28일
67	2	무산 대안과 내지에서 청비가 인명을 살상하였으니 이에 대응하기 위해 탄환을 내려달라는 보고	함경북도관찰사 이윤재(李允在)	의정부찬정외부대신 박제순(朴齊純)	광무 8년 4월 18일
68	2	무산간도에서 이범윤이 이끄는 사포대의 움직임이 도리어 간도 한인들에게 피해를 입혔다는 보고	함경북도교계관 최남룡(崔南隆)· 김병약(金炳若)	외부대신	광무 8년 4월 25일

69	2	삼수사건에 대해 청국 관리와 회의한 결과에 대한 훈령	외부대신 이하영(李夏榮)	함경남도관찰사 이헌경(李軒卿)	광무 8년 4월 30일
70	2	강계에서 러시아 병사와 청국 향마적이 민간을 약탈했다는 보고	함경남도관찰사 이헌경(李軒卿)	의정부찬정외부대신 이하영(李夏榮)	광무 8년 5월 17일
71	2	경흥과 회령 등지에서 러시아군이 도로를 닦고 있음을 보고	함경북도교계관 최남륭(崔南隆) · 김병약(金炳若)	외부대신	광무 8년 6월 30일
72	2	삼수 · 갑산사건에 대한 배상 문제로 양국 지방관 사이에 담판이 있었다는 보고	함경남도관찰사 이헌경(李軒卿)	의정부찬정외부대신 이하영(李夏榮)	광무 8년 7월 5일
73	2	간도관리사 이범윤의 사포대 활동으로 인한 충돌로 백성들이 피해를 입어 양국 관리가 회동해 조약을 만들었고, 이후 간도에서 자국 백성을 다스릴 수 있도록 청국 공사와 협의해달라는 보고	함경북도교계관 최남륭(崔南隆) · 김병약(金炳若)	외부대신	광무 8년 7월 20일
74	2	삼수군 대안에 비도가 출몰했다는 보고	함경남도관찰사 이헌경(李軒卿)	의정부찬정외부대신 이하영(李夏榮)	광무 9년 1월 28일
75	2	진위대가 철수한 삼수군의 산포수에게 비도를 방어하기 위해 정부 예산으로 급료를 지급해달라는 보고	함경남도관찰사 이헌경(李軒卿)	의정부찬정외부대신 이하영(李夏榮)	광무 9년 2월 8일
76	2	삼수 · 갑산의 연변에서 청인이 벌목하고 있다는 보고	함경남도관찰사 신기선(申箕善)	외부대신 이하영(李夏榮)	광무 9년 5월 6일
77	2	삼수사건에 대한 한청 양국 간 배상 협의를 적절히 산정해 처리하라는 훈령	외부대신 이하영(李夏榮)	함경남도관찰사 신기선(申箕善)	광무 9년 5월 24일
78	2	일진회원 3천여 명이 함북에서 일본 군 수송에 복무하고 있다는 보고	경성군수 심헌택(沈憲澤)	의정부찬정외부대신	광무 9년 8월 1일
79	2	삼수사건에 대한 처리가 3년이 지났음에도 아직 처리되지 않아 과거 공문을 첨부한다는 보고	함경남도관찰사 신기선(申箕善)	외부대신 이하영(李夏榮)	광무 9년 8월 7일
80	2	3년이나 지난 삼수사건에 대한 처리 방향에 대해 지시해달라는 보고	함경남도관찰사 신기선(申箕善)	외부대신 이하영(李夏榮)	광무 9년 8월 21일
81	2	삼수사건에 대한 처리가 3년이 지났음에도 아직 처리되지 않아 과거 공문을 첨부한다는 보고	함경남도관찰사 신기선(申箕善)	외부대신 이하영(李夏榮)	광무 9년 9월 11일

82	2	일진회원이 북진군 수송대에 참여하는 동안 홍수로 인명 피해가 있었다는 보고	경성군수 심헌택(沈憲澤)	의정부찬정외부대신	광무 9년 9월 10일

* 〈목록 2〉『평안남북도래거안』

연번	책수	문서 제목	발신자	수신자	발신일
1	1	강변에 적개신군영(敵愾新軍營) 병사 2,500명이 주둔하고 있다는 보고	강계부관찰사서리강계군겸임참서관 홍재기(洪在箕)	외부대신 이완용(李完用)	건양 원년 4월 28일
2	1	주둔하던 청국 병사가 모두 철수했다는 보고	강계부관찰사서리강계군겸임참서관 홍재기(洪在箕)	외부대신 이완용(李完用)	건양 원년 5월 26일
3	1	동변병비도(東邊兵備道)에서 이전대로 세금을 징수할 것을 통보하고 양국 상민에게 집조(執照) 사용을 지시할 것을 요청해왔다는 보고	의주군수 윤석기(尹錫祺)	외부대신 이완용(李完用)	건양 원년 10월 31일
4	1	외부 지령에 따라 동변병비도(東邊兵備道)와 주고받은 문서를 반환했다는 보고	의주군수 윤석기(尹錫祺)	외부대신 이완용(李完用)	건양 원년 12월 28일
5	1	비도의 상황을 조사한 결과를 아뢰며 그에 대비하기 위해 강계군에서 포군(砲軍)을 배치하여 방비를 강화시켰다는 보고	평안북도관찰사서리정주군수 홍순욱(洪淳旭)	의정부찬정외부대신 이완용(李完用)	건양 2년 4월 6일
6	1	삼수군을 공격한 비도에 대한 조사 내용을 후창군이 보고	평안북도관찰사서리정주군수 홍순욱(洪淳旭)	의정부찬정외부대신 이완용(李完用)	건양 2년 4월 14일
7	1	관찰부의 지령 및 장진군의 요청에 따라 비도를 퇴치하기 위해 포군을 동원한 비용을 공전 중에서 처리한 것을 승인해달라는 보고	평안북도관찰사서리정주군수 홍순욱(洪淳旭)	의정부찬정외부대신 이완용(李完用)	건양 2년 4월 21일
8	1	비도에 대처하기 위해 후창군과 강계군이 협력하여 포군을 배치해 방어하고자 하니 이를 지원해달라는 보고	평안북도관찰사서리정주군수 홍순욱(洪淳旭)	의정부찬정외부대신 이완용(李完用)	건양 2년 4월 22일
9	1	비도에 대한 각 군의 정탐 내용 및 방어 계획을 보고	평안북도관찰사서리정주군수 홍순욱(洪淳旭)	의정부찬정외부대신 이완용(李完用)	건양 2년 4월 30일

10	1	삼수군에서 비도가 일으킨 난리에 대한 후창군의 조사 결과 보고	평안북도관찰사서리정주군수 홍순욱(洪淳旭)	의정부찬정외부대신 이완용(李完用)	건양 2년 5월 18일
11	1	통화현에 살고 있는 우리나라 백성과 중국 관군이 잡아온 비도를 심문한 내용을 보고	평안북도관찰사 서상우(徐相雨)	의정부찬정외부대신 서리의정부찬정 조병직(趙秉稷)	건양 2년 7월 9일
12	1	통화현에 살고 있는 우리나라 백성이 이치영의 수급(首級)을 회수하고 비도 잔당을 잡아온 것에 대한 보고	평안북도관찰사 서상우(徐相雨)	의정부찬정외부대신 민종묵(閔種默)	광무 원년 11월 22일
13	2	향마적(响馬賊)을 피해 청국인이 조선으로 피난해오고 있는 상황에서 방비를 강화한 것에 대한 보고	평안북도관찰사 서상우(徐相雨)	의정부찬정외부대신 조병식(趙秉式)	광무 2년 2월 11일
14	2	삼수군, 갑산군 등지에서 활동하고 있는 향마적(响馬賊)을 격퇴하고 방비를 강화한 상황을 보고	평안북도관찰사 박봉빈(朴鳳彬)	외부대신임시서리의정부찬정농상공부대신 이도재(李道宰)	광무 2년 8월 13일
15	3	평안북도 각처에 들어와서 재산을 훔치고 목재를 베어가는 청국 유민(莠民)을 통제하기 위해 위원을 파견한다는 훈령의 기안	의정부찬정외부대신 박제순(朴齊純)	평안북도관찰사 조민희(趙民熙)	광무 3년 3월 7일
16	3	외부의 훈령을 따르지 않고 도리어 훈령을 갖고 간 사람을 구금한 이유를 빨리 보고하고 훈령대로 처리하라는 훈령의 기안	의정부찬정외부대신 박제순(朴齊純)	평안북도관찰사 조민희(趙民熙)	광무 3년 6월 8일
17	3	청국인이 후창군을 침범하여 백성을 괴롭히고 있으므로 청국영사관을 통해 이를 금지해달라고 요청하는 보고	평안북도후창군수 이규진(李圭珍)	외부대신	광무 3년 6월 9일
18	3	외부의 훈령을 갖고 온 김례(金澧)를 잠시 구금했다가 석방한 일을 해명하는 보고	평안북도관찰사 조민희(趙敏熙)	의정부찬정외부대신 박제순(朴齊純)	광무 3년 6월 21일
19	3	창성군 창주면에 청국 비류(匪類)가 쳐들어와 사람을 살해하고 재물을 빼앗아갔으니, 이를 청국영사관에 조회해 조처하도록 해달라는 보고	평안북도창성군수 유예렬(柳禮烈)	외부대신	광무 3년 8월 31일

20	3	농상공부 지시에 따라 러시아 회사에 허가한 삼림을 지키려고 하는데, 외부에서 파견한 위원이 현지인과 짜고 함부로 벌목을 허가하고 있다는 보고	평안북도관찰사 조민희(趙民熙)	의정부찬정외부대신 박제순(朴齊純)	광무 3년 9월 4일
21	3	창성군 창주면에 청국 비류(匪類)가 쳐들어와 사람을 살해하고 재물을 빼앗아간 사건에 대한 관찰부의 보고	평안북도관찰사 조민희(趙民熙)	의정부찬정외부대신 박제순(朴齊純)	광무 3년 9월 7일
22	3	용천군에 와서 불법으로 석탄을 채굴하는 청국인을 돌려보냈다는 보고	평안북도관찰사 조민희(趙民熙)	의정부찬정외부대신 박제순(朴齊純)	광무 3년 10월 10일
23	4	회인현 청비(淸匪)가 계속 국경을 침범해 조선인을 살해하고 재산을 빼앗은 것을 보고	평안북도관찰사 조민희(趙民熙)	의정부찬정외부대신 박제순(朴齊純)	광무 4년 7월 3일
24	4	자성군에서 목비(木匪)와 결탁해서 행패를 부리고 목재를 빼앗아간 통화현 도적이 도리어 한국 군대를 무소(誣訴)하여 논쟁이 벌어진 상황에 대한 보고	평안북도관찰사 조민희(趙民熙)	의정부찬정외부대신 박제순(朴齊純)	광무 4년 7월 21일
25	4	지방대가 훈령에 따라 러시아인을 보호하며 여비를 지급하고 삼화항으로 호송한다는 보고	평안북도관찰사 조민희(趙民熙)	의정부찬정외부대신 박제순(朴齊純)	광무 4년 8월 1일
26	4	청국 회양현 도적 유영강(劉永剛)의 무리에게 살해당한 김봉빈(金鳳彬)의 시체를 검험한 결과를 보고	평안북도관찰사서리영변군수 정주묵(鄭周默)	의정부찬정외부대신 박제순(朴齊純)	광무 4년 8월 15일
27	4	의화군 폭동에 대비한 한국군의 병력 배치에 대해 청국 군대가 질의한 것과 그에 대한 답변 내용을 보고	평안북도관찰사서리영변군수 정주묵(鄭周默)	의정부찬정외부대신 박제순(朴齊純)	광무 4년 8월 27일
28	4	평안북도를 유람하던 일본인 2명과 간도 지역에 살면서 기독교에 입교한 한국인과 청국인이 의화단에게 살해되었다는 보고	평안북도관찰사서리영변군수 정주묵(鄭周默)	의정부찬정외부대신 박제순(朴齊純)	광무 4년 8월 29일
29	4	의화단에 한국인이 살해당한 사건 및 그 후속 처리에 관한 보고	평안북도관찰사서리영변군수 정주묵(鄭周默)	의정부찬정외부대신 박제순(朴齊純)	광무 4년 9월 17일
30	4	한국인 병정 박승재가 마적단 괴수 손양한을 쏴 죽인 사건에 대한 보고	평안북도관찰사 이도재(李道宰)	의정부찬정외부대신 박제순(朴齊純)	광무 4년 12월 13일

31	5	벌목 금지를 명분으로 한국 군대가 청국 영토 안에서 청국인과 전투를 벌인 것에 항의하는 청국 출사대신의 조회에 근거해 평안북도 지방관을 힐책하는 훈령의 기안	의정부찬정외부대신 박제순(朴齊純)	평안북도관찰사 이도재(李道宰)	광무 5년 1월 20일
32	5	목비(木匪) 손조상(孫兆祥)이 통화현에 거짓 고소를 올린 일에 대한 보고	평안북도관찰사 이도재(李道宰)	의정부찬정외부대신 박제순(朴齊純)	광무 5년 4월 1일
33	5	청국인 도적 왕무충(王懋忠)이 청국 영토 안에서 살고 있는 우리 유민을 괴롭힌 사건에 대한 조사 결과를 알리는 조회	찰변사겸관서진위제대대사령관육군부장 이도재(李道宰)	의정부찬정외부대신 박제순(朴齊純)	광무 5년 4월 14일
34	5	왕무충의 범죄를 입증하는 한국인의 고소장과 증빙 문서를 전달한다는 조회	찰변사겸관서진위제대대사령관육군부장 이도재(李道宰)	의정부찬정외부대신 박제순(朴齊純)	광무 5년 4월 26일
35	5	청국인 왕무충의 처리에 대한 청국공사의 의견에 관한 조복	의정부찬정외부대신 박제순(朴齊純)	찰변사겸관서진위제대대사령관육군부장 이도재(李道宰)	광무 5년 5월 28일
36	5	청국 영토 안에서 사는 한국인에게 청국인이 행패를 부리는 것을 지방관이 책임지고 금지하라는 훈령의 기안	의정부찬정외부대신 박제순(朴齊純)	평안북도관찰사 이도재(李道宰)	광무 5년 5월 28일
37	5	청국인 왕무충(王懋忠) 이주 이후 수하였던 한국인들이 러시아 군대를 속여 그 위세를 빙자해 행패를 부리고 있으니 이를 처리해달라는 조회	찰변사겸관서진위제대대사령관육군부장 이도재(李道宰)	의정부찬정외부대신 임시서리의정부찬정 농상공부대신 민종묵(閔種默)	광무 5년 11월 22일
38	5	한국 땅으로 넘어온 청국 유민을 보호한 자성군수에 대해 봉천장군이 보내온 치사의 뜻을 전달하는 훈령의 기안	의정부찬정외부대신임시서리의정부찬정 박제순(朴齊純)	평안북도관찰사 이도재(李道宰)	광무 6년 1월 30일
39	5	한국 병사가 이성지를 체포하기 위해 청국과 한국 사이의 국경을 넘은 것에 대한 러시아공사의 항의를 전달하는 조회	의정부찬정외부대신임시서리철도원총재 유기환(俞箕煥)	검찰사겸사령관육군참장 민영철(閔泳哲)	광무 6년 4월 11일
40	5	국경을 넘어오려는 다수의 러시아 및 청국 관원의 입국을 만류하고 소수의 청국 관원에게 호조를 발급했다는 보고	평안북도관찰사 민경호(閔京鎬)	의정부찬정외부대신 임시서리철도원총재 유기환(俞箕煥)	광무 6년 5월 3일

41	5	한국 부위 김병도가 국경을 넘어 이성지의 가솔을 체포한 일로 러시아공사의 힐문을 받았으나 이 일을 조사할 길이 없다는 조복	검찰사겸사령관육군참장 민영철(閔泳哲)	의정부찬정외부대신 임시서리철도원총재 유기환(俞箕煥)	광무 6년 6월 11일
42	5	압록강 북쪽 지역에 관리를 파견해 그곳의 백성을 보호해달라는 소장(訴狀)을 전달한다는 보고	평안북도관찰사 민경호(閔京鎬)	의정부찬정외부대신 임시서리외부협판 최영하(崔榮夏)	광무 6년 6월 29일
43	5	일본인 무세웅태랑(武歲雄太郎)과 청국인이 한국인을 무기로 위협하며 목재를 빼앗은 사건에 대한 지령을 내려달라는 보고	평안북도관찰사 민경호(閔京鎬)	의정부찬정외부대신 임시서리궁내부특진관 유기환(俞箕煥)	광무 6년 7월 18일
44	5	압록강 건너편의 백성을 관할하기 위해 파견된 관리사무 서상무가 비적에게 납치되고 조병흡이 익사한 경위에 대한 보고	평안북도관찰사 민경호(閔京鎬)	의정부찬정외부대신 임시서리외부협판 최영하(崔榮夏)	광무 6년 10월 5일
45	5	서상무가 도적의 소굴에서 탈출해서 돌아왔다는 보고	평안북도관찰사 민경호(閔京鎬)	의정부찬정외부대신 임시서리외부협판 최영하(崔榮夏)	광무 6년 10월 10일
46	5	청국이 압록강 북쪽의 행정구역을 개편한 내용에 대한 보고	평안북도관찰사 민경호(閔京鎬)	의정부찬정외부대신 임시서리외부협판 최영하(崔榮夏)	광무 6년 10월 24일
47	5	청비(淸匪)가 연강 지역의 우리 백성을 납치해서 돈을 받아간 사건이 있었으니 청국과 교섭하여 대응책을 마련할 것을 요청한 조회	검찰사겸관서사령관육군참장 민영철(閔泳哲)	의정부찬정외부대신 임시서리궁내부특진관 조병식(趙秉式)	광무 6년 11월 5일
48	6	청국 집안현에서 보내온 조회 중 압록강 북쪽에 사는 한국인을 자신들이 관할하겠다는 내용에 대한 보고	평안북도관찰사 민경호(閔京鎬)	의정부찬정외부대신 조병식(趙秉式)	광무 7년 2월 14일
49	6	백마산성 근처에 있는 목재를 러시아인과 청비가 불법으로 벌목하지 못하도록 하라는 훈령	의정부찬정외부대신 이도재(李道宰)	평안남도관찰사 민영철(閔泳喆)	광무 7년 4월 27일
50	6	서상무가 청국 영토 안에서 축성한 사실이 없다는 보고	평안북도관찰사 민형식(閔衡植)	의정부찬정외부대신 육군부장 이도재(李道宰)	광무 7년 5월 5일
51	6	자성군에서 러시아인과 청국 향적(嚮賊)에게 피해를 입은 건에 관한 보고	평안북도관찰사 민형식(閔衡植)	의정부찬정외부대신 육군부장 이도재(李道宰)	광무 7년 7월 2일

52	6	후창군수가 우리 백성을 잡아간 청국 향적(响賊)을 토벌하고 백성을 되찾아온 일에 대한 보고	평안북도관찰사 민형식(閔衡植)	의정부찬정외부대신 육군부장 이도재(李道宰)	광무 7년 7월 14일
53	6	용천군에 러시아인과 청국인이 들어와 철로를 만들면서 여러 가지 문제를 일으켰다는 보고	평안북도용천군수 이경직(李庚稙)	외부대신	광무 7년 8월 15일
54	6	변경을 지키는 일에 소홀하다는 청국 관리의 힐문이 있었으니 단속을 강화하라는 훈령의 기안	의정부찬정외부대신임시서리궁내부특진관 이하영(李夏榮)	평안북도관찰사서리 태천군수 조정윤(趙鼎允)	광무 7년 10월 26일
55	6	청비가 후창군 백성을 잡아갔고, 적비(賊匪)가 성을 침범해 사람을 죽이고 있다는 보고	평안북도관찰사서리태천군수 조정윤(趙鼎允)	의정부찬정외부대신 임시서리궁내부특진관 이하영(李夏榮)	광무 7년 10월 31일
56	6	군수가 포사(砲士)를 데리고 청비(淸匪)를 위협해 물러나게 하고 잡혀간 한국인을 구출했다는 보고	평안북도관찰사서리태천군수 조정윤(趙鼎允)	의정부찬정외부대신 임시서리궁내부특진관 이하영(李夏榮)	광무 7년 11월 14일
57	6	청국공사관에서 한국인의 국경 침범 및 행패에 대해 항의해왔으니 이를 금지하라는 훈령의 기안	의정부찬정외부대신임시서리궁내부특진관 이하영(李夏榮)	평안북도관찰사서리 태천군수 조정윤(趙鼎允)	광무 7년 11월 25일
58	7	청국인이 한국 영토인 용천군 황초평을 함부로 침범하고 있으니 조사위원을 파견하여 도로 찾아오라는 훈령의 기안	외부대신 이하영(李夏榮)	평안북도용천황초평 사감위원 김상학(金相鶴)	광무 8년 5월 14일
59	7	황초평 조사를 위해 파견한 위원에게 협조하라는 훈령의 기안	외부대신 이하영(李夏榮)	용천군수 이경직(李庚稙)	광무 8년 5월 14일
60	7	포사(砲士)의 힘으로 청비(淸匪)를 쫓아보낼 수 있었으나 현재 무기가 부족하다는 보고	평안북도관찰사 이용관(李容觀)	외부대신 이하영(李夏榮)	광무 8년 5월 28일
61	7	러시아 병사와 청국 비적이 침범해와서 포사(砲士)와 민포(民砲)를 동원해 지키게 했다는 보고	평안북도관찰사 이용관(李容觀)	외부대신 이하영(李夏榮)	광무 8년 6월 14일
62	7	러시아 비적과 청국 비적의 침입 및 한국의 방어책에 대한 자성군, 초산군, 위원군, 후창군의 보고	평안북도관찰사 이용관(李容觀)	외부대신 이하영(李夏榮)	광무 8년 6월 26일
63	7	후창군에 러시아 비적이 침범하여 백성이 흩어져 방비가 어렵다는 보고	평안북도관찰사 이용관(李容觀)	외부대신 이하영(李夏榮)	광무 8년 6월 27일

64	7	러시아 비적이 침범한 강계군과 장진군 백성이 후창군에 흘러들어왔으나 구휼할 방도가 없다는 보고	평안북도관찰사 이용관(李容觀)	외부대신 이하영(李夏榮)	광무 8년 7월 9일
65	7	러시아 비적과 병사의 침범 및 그 대응책에 대한 강계군, 벽동군, 초산군의 보고	평안북도관찰사 이용관(李容觀)	외부대신 이하영(李夏榮)	광무 8년 7월 12일
66	7	러시아 비적에게 쫓긴 청국 포용(砲勇)이 한국 자성군으로 피해왔기에 보호하고 있다는 보고	평안북도자성군수 구장회(具章會)	외부대신	광무 8년 8월 1일
67	9	청국인 포용(砲勇)을 뒤쫓아온 러시아 비적은 포사(砲士)를 동원해 격퇴했으며 포용은 무사히 귀국했다는 보고	평안북도관찰사 이용관(李容觀)	외부대신 이하영(李夏榮)	광무 8년 8월 30일
68	10	한국 변경의 백성이 청국을 침범해 폐단을 일으켰다고 힐문한 청국 관원의 조회를 전달한다는 보고	평안북도관찰사 이근풍(李根豐)	외부대신 이하영(李夏榮)	광무 9년 5월 6일
69	10	한국 변경의 백성이 청국을 침범해 폐단을 일으켰다고 힐문한 청국공사의 조회를 전달한다는 훈령의 기안	외부대신 이하영(李夏榮)	평안북도관찰사 이근풍(李根豐)	광무 9년 8월 14일
70	10	러시아인 및 청국인 비적이 자성군에 침입해 재물을 약탈하고 한국인을 잡아갔다는 보고	평안북도관찰사 이근풍(李根豐)	외부대신 이하영(李夏榮)	광무 9년 8월 24일
71	10	러시아 및 청국 비적이 국경을 침범하여 백성들이 도주했다는 보고	평안북도관찰사 이근풍(李根豐)	외부대신 이하영(李夏榮)	광무 9년 9월 14일
72	10	러시아 병사가 국경을 침범해 일본인을 죽이고 그 재산을 빼앗아 간 것에 대한 보고	평안북도관찰사 이근풍(李根豐)	외부대신임시서리중추원의장 민종묵(閔種默)	광무 9년 9월 20일
73	10	러시아 병사와 청비(淸匪)의 동향을 전하고 비적을 방어하기 위해 주민들에게 무기를 나누어줄 것을 제안하는 보고	평안북도관찰사 이근풍(李根豐)	외부대신임시서리중추원의장 민종묵(閔種默)	광무 9년 9월 22일
74	10	러시아 병사가 침입하고 일본 군이 이에 맞서 출병한 상황에 대한 보고	평안북도관찰사 이근풍(李根豐)	외부대신임시서리중추원찬의 박용화(朴鏞和)	광무 9년 10월 3일
75	10	청국 비적이 국경을 침범해 백성들을 노략했다는 보고	평안북도관찰사 이근풍(李根豐)	외부대신 박제순(朴齊純)	광무 9년 10월 22일

76	10	청국 비적이 한국인을 잡아다가 몸값을 요구하는 등 행패를 부린 사건에 대한 보고	평안북도관찰사 이근풍(李根豐)	외부대신 박제순(朴齊純)	광무 9년 11월 14일
77	10	청국 비적이 국경을 침범해 백성의 재산을 약탈하고 사람을 잡아가서 몸값을 요구하고 있기에 남아 있는 포사(砲士)를 동원해 방비를 강화할 것을 제안하는 보고	평안북도관찰사 이근풍(李根豐)	외부대신 박제순(朴齊純)	광무 9년 11월 8일
78	10	청국 비적에 대해서 임강현 관원과 협의한 내용을 올리니 청국공사에게 전달하여 협의해달라는 보고	평안북도관찰사 이근풍(李根豐)	외부대신 박제순(朴齊純)	광무 9년 11월 23일
79	10	국경을 침범해 재산을 빼앗고 사람을 잡아가는 청국 비적을 막기 위해 포정(砲丁)을 모집하겠다는 보고	평안북도관찰사 이근풍(李根豐)	외부대신 박제순(朴齊純)	광무 9년 12월 2일
80	10	안동현의 철도 건설을 위해 창성군에서 인부를 모집했다는 보고	평안북도관찰사 이근풍(李根豐)	외부대신서리외부협판 윤치호(尹致昊)	광무 9년 12월 16일
81	10	한국인을 잡아간 청국 비적도 모두 장(張) 통령(統領)의 지휘를 받고 있으며, 한국인 통사 신가(申哥)가 청국인과 짜고 몸값을 가로채갔다는 보고	평안북도관찰사 이근풍(李根豐)	외부대신임시서리학부대신 이완용(李完用)	광무 10년 1월 10일

Ⅱ

『함경남북도래거안』 번역문

1 러시아인이 두만강, 압록강, 울릉도 일대에서 벌목하는 것을 정부가 승인했음을 각 지방에 알리라는 훈령

훈령 제2호

작년 9월에 러시아인 부린열과 함경도 무산군 두만강, 평안도 압록강, 강원도 울릉도에 벌목하기로 조약을 체결하고 승인하였습니다. 러시아인이 그 세 곳에 장차 벌목을 개시할 터인데, 연강(沿江) 각 해당 지방관이 그 경위를 자세히 알아야 의혹이 생겨 방해하는 폐단이 생기지 않을 것입니다. 이에 훈령하니, 살펴보고 이러한 사항을 연강 각 지방관에게 차례로 지시하여 모두 자세히 알아 따르도록 하여 해당 러시아인이 벌목하는 데 혹 방해하는 일이 없게 하는 것이 좋겠습니다.
건양 2년 3월 10일

의정부찬정외부대신 이완용

함경북도관찰사 원우상 각하

2 함경도 지방의 각종 통계를 조사하고 서울로 가는 러시아 관리의 이동 상황을 알리는 보고

보고서 제2호

금년 2월 19일에 도착한 동월 12일 자로 작성해 보내온 경원군수 박일헌(朴逸憲)의 보고서를 접수하였더니, 그 안에서 러시아 관장(官長) 2명이 병정과 통역 등 13명을 이끌고 이달 10일에 경흥부를 거쳐 경원군에 도착하였으므로 온 이유를 문정(問情)하니 국가의 명령을 받들어 대한제국 수도로 간다고 답변하였고, 호수와 결수, 인구와 거리 및 동 이름을 기록하였고, 며칠간을 머문 후에 당일 출발해 갔다고 하였습니다. 이달 22일에 도착한 2월 16일 자로 작성해 보내온 온성군수 주철준(朱哲濬)의 보고서 내에서, 러시아 관리 2명이 병정과 통역 13명을 데리고 유람을 위해 동월 13일에 온성군에 도착하여 3일을 머문 후 당일 떠났다고 하였습니다. 또 이달 22일에 도착한 17일 자로 작성해 보내온 종성군수 김하련(金河璉)의 보고서 내에서 러시아 관리 2명이 병정과 통역 13명을 이끌고 어제 미시(未時) 종성군에 도착하였기에 그 이유를 물으니 서울로 간다고 말하였고, 호수와 결수, 인구와 거리 및 동 이름을 기록하고 다음날 출발하여 지방대를 거쳐서 차례로 지나갔다고 하였습니다. 동월 27일에 도착한 24일에 작성해 보내온 회령군수 김홍서(金鴻瑞)의 보고서 내에서, 러시아 관리 2명이 병정 등 13명을 이끌고 어제 미시에 회령군에 도착하였기에 그 사정을 물어보니, 일이 있어서 서울로 간다고 하였고 경내의 호수와 결수 및 인구 수와 도로의 원근을 탐사하여 직접 기록하고 2일을 머문 후에 떠났다고 하였습니다. 같은 달 28일에 도착한 27일 자로 작성해 보낸 부령군수 양인욱(楊麟郁)의 보고서 내에서 러시아 관리 2명이 병정과 통역 13명을 이끌고 부령군에 도착하여 호수와 결수 및 인구 수와 도로의 원근에 대해 문서를 살펴 조사하여 러시아어 책자에 기록하고 당일 떠났다고 하였습니다. 교섭의 도리상 내버려둘 수 없어서 순검 4명을 정하여 각별히 호위하게 하였습니다. 과연 3월 1일에 러시아 군무국(軍務局) 정령(正領) 무변쏩아나스쏠리, 경리국(經理局) 참령(參領) 구릇진씨씨셀게이가 통역 4명과 병정 9명을 데리고 관찰부에 도착하였습니다. 우선 깨끗한 객사에 들여 대접하고 곧 이곳에 온 이유를 물어보니, 답하기를 러시아 황제의 칙명을 받들어 한국의 호수와 결수, 인구를 기재하고 산천도리(山川道里)를 그리고 대한제국의 수도로 간다고 하였습니다. 5일을 머물면서 산천도리를 그리고 호결인구를 기재하고 당일 오시(午時)에 떠나므로 각별히 호위하였고, 아울러 이들이 지나는 각 군에 지시하여 각별히 접대하고 호송하도록 하였습니다. 이에 보고하니 살펴주기 바랍니다.

광무 2년 3월 7일

함경북도관찰사 조존우

의정부찬정외부대신 이도재 각하

3 청국인의 무단 벌목에 과세하기 위해 삼수군에 관리를 파견한다는 훈령

광무 3년 3월 8일 기안

훈령 제1호

귀 갑산군 근처에서 청국 유민(莠民)이 수시로 국경을 몰래 넘으며 목재를 훔쳐서 그 나라로 운반해 가면 그곳의 변경 관리가 세금을 징수해 거두는데, 백성의 생계에 해를 끼치고 국권(國權)을 손상시킴이 참으로 적지 않습니다. 이것은 반드시 조사해 금지해야 하므로 별도로 위원을 파견하고 보좌원 1인과 함께 돌아다니며 조사하게 하고, 마땅히 해야 할 일은 아래에 열거하여 훈령하니, 그 위원이 도착하는 날에 귀 군수는 예를 갖추어 대우하며 조처해야 될 사무를 잘 논의해 처리하고 거행한 형편을 급히 보고하기 바랍니다.
광무 3년 3월 8일

의정부찬정외부대신 박제순

갑산군수 강찬희

1. 우리나라의 토산물을 청국 땅으로 몰래 운반하지 못하게 할 것.
1. 목재를 몰래 베는 행위를 일체 금지하되 이미 몰래 베어서 산 아래나 강변으로 운반해 간 것은 목재의 시가를 계산하여 그 값을 징수하고 또 그에 상당하는 벌금을 납부하게 하여 거두어들인 금액을 보고할 것.
1. 비류(匪類)가 금령을 따르지 않고 사람들을 불러들여 소란을 피우면 본 군수가 협력해 탄압하고 위험할 경우에는 편의에 따라 사냥꾼을 고용할 것.
1. 우리나라 사람이 청국인을 유인하여 뇌물을 받고 목재를 베려는 자는 해당 위원이 본 군수에게 알려서 즉시 잡아가두고 한편으로는 보고할 것.
1. 해당 위원이 잠시 동안 머물러 있을 곳은 옛 진보(鎭堡)의 관아 건물을 편한 대로 빌려 사용할 것.

4 삼수군에서 청국인이 무단 벌목하는 것에 대해 과세하기 위해 관리를 파견한다는 훈령

광무 3년 3월 8일 기안

훈령 제1호

귀 갑산군 근처에서 청국 유민(莠民)이 수시로 국경을 몰래 넘으며 목재를 훔쳐서 그 나라로 운반해 가면 그곳의 변경 관리가 세금을 징수해 거두는데, 백성의 생계에 해를 끼치고 국권(國權)을 손상시킴이 참으로 적지 않습니다. 이것은 반드시 조사해 금지해야 하므로 별도로 위원을 파견하고 보좌원 1인과 함께 돌아다니며 조사하게 하고, 마땅히 해야 할 일은 아래에 열거하여 훈령하니, 그 위원이 도착하는 날에 귀 군수는 예를 갖추어 대우하며 조처해야 될 사무를 잘 논의해 처리하고 거행한 형편을 급히 보고하기 바랍니다.

광무 3년 3월 7일

의정부찬정외부대신 박제순

삼수군수 채규승

1. 우리나라의 토산물을 청국 땅으로 몰래 운반하지 못하게 할 것.
1. 목재를 몰래 베는 행위를 일체 금지하되 이미 몰래 베어서 산 아래나 강변으로 운반해 간 것은 목재의 시가를 계산하여 그 값을 징수하고 또 그에 상당하는 벌금을 납부하게 하여 거두어들인 금액을 보고할 것.
1. 비류(匪類)가 금령을 따르지 않고 사람들을 불러들여 소란을 피우면 본 군수가 협력해 탄압하고 위험할 경우에는 편의에 따라 사냥꾼을 고용할 것.
1. 우리나라 사람이 청국인을 유인하여 뇌물을 받고 목재를 베려는 자는 해당 위원이 본 군수에게 알려서 즉시 잡아가두고 한편으로는 보고할 것.
1. 해당 위원이 잠시 동안 머물러 있을 곳은 옛 진보(鎭堡)의 관아 건물을 편한 대로 빌려 사용할 것.

5 삼수·갑산 일대에서 청국인이 벌목하는 것에 대해 수세하기 위해 파견된 관리를 삼수군수가 거절하니 조처하라는 훈령

광무 3년 5월 5일 기안

훈령 제5호

삼수와 갑산 근처에서 청국 유민(莠民)이 수시로 국경을 몰래 넘으며[偸越] 목재를 훔쳐서 그 나라로 운반해 가면 그곳의 변경 관리가 세금을 징수하는데, 백성의 생계에 해를 끼치고 국권(國權)을 손상시킴이 참으로 적지 않습니다. 이것은 반드시 조사해 금지해야 하므로 별도로 위원 김돈희(金敦熙)를 파견하고 보좌원 1인과 함께 가서 돌아다니며 조사하게 하였습니다. 현재 해당 위원의 보고를 받았더니, "이달 13일에 훈령을 가지고 삼수군에 가니, 서로 마주보던 자리에서 삼수군수가 해당 지역에는 여러 해 동안 청국인이 입산해 벌목하는 경우가 실로 적지 않고 또 현재 입산한 청국인이 대략 6, 7백 명이나 다만 벌목을 금지하고 벌금을 징수하는 것이 없었던 일일 뿐더러 외부가 직접 보낸 훈령이 자못 모호하니 관할 관찰부에 보고하여 그에 대한 회답 지시를 기다린 후에 거행하겠다는 등의 말을 하며 그저 가로막기만 하였습니다. 이에 보고하오니 상부에서 함경남도관찰부로 서둘러 엄히 지시하여 공무가 정지되지 않도록 해주기 바랍니다"라는 내용이었습니다.

이를 살펴보니 이 사건이 외국인과 관계되고 또 귀 관찰부가 삼수군과의 거리가 몹시 멀어 공문의 왕래가 신속하지 않을 듯하여 삼수군에 직접 훈령하였더니, 삼수군수가 무슨 연유로 고집을 피워 이렇게 지연시켰는지 일이 몹시 개탄스러우므로 마땅히 해야 할 일을 아래에 열거하였습니다. 이에 훈령하니 도착하는 즉시 삼수군에 전하여 해당 위원과 협의해 처리하게 한 다음에 즉시 보고하는 것이 좋겠습니다.

광무 3년 5월 5일

의정부찬정외부대신 박제순

함경남도관찰사 박봉빈

1. 우리나라의 토산물인 목재를 몰래 베는 행위를 일체 금지하되, 이미 몰래 베어서 산 아래나 강변에 운반한 것은 목재 값을 계산해 징수하고 그에 상당하는 벌금을 납부하게 하여 거두어들인 금액을 보고할 것.

1. 비류(匪類)가 금령을 따르지 않고 사람들을 불러들여 소란을 피우면 본 군수가 협력해 탄압하고 위험할 경우에는 편의에 따라 사냥꾼을 고용할 것.

1. 우리나라 사람이 청국인을 유인하여 뇌물을 받고 목재를 베려는 자는 해당 위원이 본 군수에게 알려서 즉시 잡아가두고 한편으로는 보고할 것.

1. 해당 위원이 잠시 동안 머물러 있을 곳은 옛 진보(鎭堡)의 관아 건물을 편한 대로 빌려 사용할 것.

6 청국이 파견한 관리 오첨청이 함경도 각지를 거쳐 경성으로 갔다는 보고

보고서 제4호

현재 청국의 사한파원(使韓派員) 오첨청(吳瞻菁)이 혼춘(琿春)에서 본국의 첫 고을인 경원군을 경유하여 온성 · 종성 · 회령 · 부령을 거쳐 음력 4월 16일에 경성군(鏡城郡) 독진(獨津)에 도착했다가 이 길로 방금 황성(皇城)으로 향해 갔습니다. 이에 보고하니 살펴주기 바랍니다.

광무 3년 5월 27일

함경북도관찰사 이종관

의정부찬정외부대신 박제순 각하

7 삼수·갑산 일대에서의 청국인 벌목에 따라 수세를 담당할 관리를 파견한 데 대해 삼수군수와 이견이 없도록 조처하였다는 보고

보고서 제6호

제5호 훈령에서 「삼수와 갑산 근처에서 청국 유민(莠民)이 수시로 국경을 몰래 넘으며 목재를 훔쳐서 그 나라로 운반해 가면 그곳의 변경 관리가 세금을 징수하는데 백성의 생계에 해를 끼치고 국권(國權)을 손상시킴이 참으로 적지 않습니다. 이것은 반드시 조사해 금지해야 하므로 별도로 위원 김돈희(金敦熙)를 파견하고 보좌원 1인과 함께 가서 돌아다니며 조사하게 하였습니다. 현재 해당 위원의 보고를 받았더니, "이달 13일에 훈령을 가지고 삼수군에 가니, 서로 마주보던 자리에서 삼수군수가 해당 지역에는 여러 해 동안 청국인이 입산해 벌목하는 경우가 실로 적지 않고 또 현재 입산한 청국인이 대략 6, 7백 명이나 다만 벌목을 금지하고 벌금을 징수한 적이 없었던 일일 뿐더러 단지 외부가 직접 보낸 훈령이 자못 모호하니 관할 관찰부에 보고하여 그에 대한 지시를 기다린 후에 거행하겠다는 등의 말을 하며 그저 가로막기만 하였습니다. 이에 보고하니 상부에서 함경남도관찰부로 서둘러 엄히 지시하여 공무가 정지되지 않도록 해주기 바랍니다"라는 내용이었습니다. 이를 살펴보니 이 사건이 외국인과 관계되고 또 귀 관찰부가 삼수군과의 거리가 몹시 멀어 공문의 왕래가 신속하지 않을 듯하여 삼수군에 직접 훈령하였더니, 삼수군수가 무슨 연유로 고집을 피워 이렇게 지연시켰는지 일이 몹시 개탄스러우므로 마땅히 해야 할 일을 아래에 열거하였습니다. 이에 훈령하니 도착하는 즉시 삼수군에 전하여 해당 위원과 협의해 처리하게 한 다음에 즉시 보고하는 것이 좋겠습니다」라고 하였습니다.

이 훈령을 받들어 즉시 거듭 지시하였더니 갑산군수 강찬희(姜璨熙)의 보고 내에서, "외부가 파견원 김돈희(金敦熙)와 보좌원 1명이 외부의 직접 훈령을 들고서 음력 3월 초2일에 갑산군에 도착하였으나 본 군 경내에는 청국인들이 목재를 몰래 베어내는 일이 아직 없으므로 삼수군으로 갔다"고 하였습니다. 삼수군수 채규승(蔡奎昇)의 보고 내에서는 외부의 별파원(別派員)이 왔기에 이미 협의해 거행하였는데 지금 관찰부의 지시를 받은 만큼 더욱더 협의해 처리하겠다고 하였습니다. 이에 보고하니 살펴주기 바랍니다.

광무 3년 6월 12일

함경남도관찰사 박봉빈

의정부찬정외부대신 박제순 각하

8 외부 파원이 삼수군으로 넘어온 청국인들에게 벌금을 부과했다는 보고

보고서 第6호

삼수군수 채규승(蔡奎昇)의 보고서를 받아보니, 외부가 별도로 파견한 위원(委員) 김돈희(金敦熙)의 공식 서찰에서 삼수군 경내로 흘러들어온 청국인 137명에게 각각 은 1냥 2전씩 벌금을 거두어들였고 후창(厚昌)을 거쳐서 의주(義州)로 향해 갔다고 하였습니다. 이에 보고하니 살펴주기 바랍니다.

광무 3년 7월 18일

함경남도관찰사 박봉빈

의정부찬정외부대신 박제순 각하

지령

살펴보았음. 8월 1일. 외부.

9 청국 관병이 갑산에 쫓겨온 홍의적을 토벌한다고 경계를 넘어왔는데 그 소요 비용을 조처해달라는 보고

보고서 第7호

장진군수(長津郡守) 김윤현(金潤鉉)의 보고서를 받아보니, 그 안에 "음력 6월 11일에 청나라 봉천성(奉天省) 통화현(通化縣)의 관병(官兵) 42명이 직접 공문을 지니고서 총검을 각기 들고 말 3필을 이끌고 갑산(甲山) 등지의 홍의적(紅衣賊) 토벌을 위해 왔으며 본 군을 거쳐 당일 경계를 지나갔는데, 여러 차례 소로 군물(軍物)을 호송하는 절차와 유숙 및 접대에 들어간 비용이 거의 100여 냥이 되어 농번기를 맞은 지금 길을 내주는 데서 폐단이 생길 뿐만 아니라 백성들의 형편 또한 소란스럽습니다"라고 하기에, 이에 보고하니 살펴주기 바랍니다.

광무 3년 7월 30일

함경남도관찰사 박봉빈

의정부찬정외부대신 박제순 각하

10 삼수·갑산 대안에 머무는 청비가 강을 건너와 토색질을 일삼으니 청국 공사와 협의해 조처해달라는 보고

보고서 제8호

지난번에 장진군수 김윤현(金潤鉉)의 보고에 따라 청국 관병이 음력 6월 11일에 지나간 사정은 급히 보고하였거니와 현재 삼수군수 채규승(蔡奎昇)의 보고서를 받아보니 그 안에서 "근년에 삼수와 갑산 양군의 건너편 거류 청국인은 비적 수괴 유패진(劉珮珍)·손양한(孫良漢)의 무리가 아닌 자가 없고, 두 비적이 근일 또 후문총(後門銃) 50자루를 스스로 갖추고서는 향적(嚮賊)을 방어한다고 핑계 대고 어지럽히는 무리를 불러모아 각기 총을 지니고서 멋대로 월경하여 공궤(供饋)를 요구하는 것에 조금도 꺼리는 바가 없었습니다. 음력 6월 18일에 비적 노귀(盧貴)가 전문창(前門鎗) 50자루와 화약을 통화현(通化縣)에서 무역해 왔는데, 후창·장진 등지에서부터 길을 잡아 거쳐가는 곳마다 반혜(飯鞋, 먹을거리와 신발)를 토색하고 짐꾼을 마련해줄 것을 요구하며, 농번기의 가난한 백성이 부담하지 못하면 묶고 때려서 도로변의 백성들을 놀라게 하였습니다. 또 삼수군에 난입하여 그 위세를 보이려 하기에 삼수군 진위대가 비록 추격하고자 하였으나, 또 변경에서의 다툼을 만들어낼 우려가 없지 않아서 멋대로 범월(犯越)하는 것과 오가는 길을 따라 폐단을 만드는 행위를 말로 타이르거나 질책하였고, 겨우 하룻밤만에 되돌아갔습니다. 이번 유·노 두 비적은 유명한 그 수괴로서 이미 병기를 갖추고 있으나 주둔 부대를 두려워하여 소요를 일으킬 수는 없지만, 비적을 비적으로 방어한다는 의혹이 몹시 심하여 그 진위를 알기 위하여 통화현에 조회할 계획이니 경부(京部)에 보고하여 이 무리들을 막아주기 바랍니다"라고 하였습니다.

이에 의거해 살펴보니, 소위 유·노 두 비적은 평소 그 수괴로 유명한데 향적(响賊)을 방어한다고 칭하고 무리를 불러모아 각기 총을 가지고 지나가는 연로(沿路)에 돈을 짜내는 폐단이 이와 같이 몹시 심하여 과거 소요를 경험한 백성들이 의심을 품고 놀라는 모습이 확연합니다. 만약 저들 무리가 과연 향적을 막고자 왔다고 하더라고 그 행위를 궁구하면 어찌 조금이라도 방어해 백성을 편안히 하려는 뜻이 있겠습니까. 이에 보고하니 살펴보고 청국공사에게 조회하여 이들 무리를 엄히 금지시켜서 변경 백성을 편안하게 하기 바랍니다.

광무 3년 8월 11일

함경남도관찰사 박봉빈

의정부찬정외부대신 박제순 각하

11 청비 등의 월경 행위를 단속하기 위해 청국공사와 협의했으나 여의치 않으니 진위대 군사가 조처하라는 훈령

광무 3년 9월 9일 기안

훈령

귀 제8호 보고서에 의거하여 청국 비도(匪徒) 유패진(劉珮珍)·손양한(孫良漢)·노귀(盧貴) 등이 향마적(响馬賊)을 방어한다고 칭하고는 국경을 넘어와 폐단을 일삼는 것을 본 대신이 서울 주재 영국공사[駐京英國公使]에게 알렸습니다. "유패진, 손양한, 노귀 등이 총기를 휴대하고 국경을 넘어 공궤(供饋)를 요구하여 관리가 이들을 막지 못하고 인민들은 생명을 보전할 수 없습니다. 종종 행위가 몹시 심하여 놀라우니 서둘러 병졸과 순검을 파견해서 힘을 다해 방어해 지켜야 합니다. 만약 이들이 완고하게 명령을 따르지 않는다면 형세상 반드시 무기를 사용하여 내쫓을 뿐이며, 설사 생각지 못한 일이 있어도 배상할 이치가 없을 것입니다. 현재 청국과 우리나라는 아직 조약을 맺지 않았습니다. 청국 상민으로 우리나라에 있는 자는 귀 공사의 보호를 받으니 대개 청국에 있는 인민과 차이가 없습니다. 청컨대 귀 공사는 먼저 널리 알려 잘못을 알아 죄짓기를 멀리하게 해주기 바랍니다"라고 하였습니다. 곧바로 받은 회답에서 "본 대신이 중국 의약전권대신(議約全權大臣) 서(徐) 대신에게 전달했더니, 이미 북경의 총서(總署)에 전달하여 길림장군에게 전보하여 파병하여 변계(邊界)에서 잡아들여 처벌하도록 하였으며, 다만 그곳은 경계가 서로 붙어 있고 지계(地界)가 몹시 광활하여 아마 수사해 잡아들인다 해도 되돌아오지 않는 자가 있을 것이며, 마적은 모두 망명한 비류(匪類)와 관계되어 법을 준수하지 않고 어기는 자들이니, 오직 함경도 변계를 지키는 무관[邊界守土官弁]이 무기를 사용하여 힘써 내쫓는 데 맡겨둘 뿐입니다"라고 하였습니다.

청국 사람이 병기를 휴대하고 국경을 넘어 소란을 피우는 것은 비록 마적이 아니더라도 모두 비류(匪類)와 같습니다. 이치상 응당 제거해 정리해야겠으니 원수부 군무국(軍務局)에 알려서 북청 지방대 혹은 삼수 주대(駐隊)에 지시하여 파병해 방어하거나 토벌하게 하고, 이에 훈령하니 살펴보고 삼수, 갑산, 장진 등의 군에 지시를 전달하는 것이 좋겠습니다.

광무 3년 9월 9일

의정부찬정외부대신 박제순

함경남도관찰사 박봉빈

12 삼수군 일대에서 청비가 강을 건너 우리나라 사람 10여 명을 잡아갔다는 보고

보고서 제12호

이달 12일 유시(酉時)경에 도착한 삼수군수 채규승(蔡奎昇)의 보고서를 받아보니, 그 안에 "이달 5일 신시(申時)경에 갑산군 운총(雲寵)의 정교(正校)가 주대(駐隊)에 보고한 것을 받아보니, 홍의적(紅衣賊) 몇백 명이 저들의 경계 계탕포(溪陽浦)에서 청국인 소가(邵哥)의 움막에 도착하여 우리나라 사람 10여 명을 잡아 가두었다고 하였습니다. 이달 4일 술시(戌時)경에 도착한 혜산사(惠山社) 사장(社長)의 보고에서 당일 묘시(卯時)경에 혜산사 중민(中民) 3명이 급히 도착하여 말로 전한 중에 청비(淸匪)가 저물녘에 강을 건너갔으나 어디로 향하는지 모른다고 급히 보고하니 부대를 연합해 방어해달라고 하기에, 좁고 요충의 길을 방어해 지키는 등의 일은 각별히 지시하게 하였으나 그 수효의 다소를 상세히 알 수 없고 의혹이 막심하여 먼저 급히 보고합니다"라는 내용이었습니다.

이를 살펴보니 청비의 침략이 종종 그치지 않아 변경 백성이 살아가는 데 어려움이 있어 그 모습을 생각하면 몹시 불쌍합니다. 방어책에 있어서는 더욱더 단속하여 주대(駐隊)와 상의하여 소홀한 상황에 이르지 않도록 하라는 뜻으로 지령하였고, 이후의 정황은 보고해오기를 기다려 계속해서 신속하게 보고할 예정입니다. 이에 보고하니 살펴주기 바랍니다.

광무 3년 9월 13일

함경남도관찰사 박봉빈

의정부찬정외부대신 박제순 각하

지령

청비의 침범이 몹시 놀랍습니다. 유패진(劉珮珍) · 손양한(孫良漢) · 노귀(盧貴) 등의 일은 이달 9일에 이미 훈령이 있었으니 앞서의 훈령에 따라 섬멸할 계책을 힘써 도모함이 타당함. 29일.

13 한청조약 인쇄물을 내려보낸다는 훈령

광무 5년 1월 29일 기안

훈령 제1호

한청조약을 현재 인쇄하였는데, 조약의 뜻을 모두 아는 것이 타당하므로 해당 약장(約章) 11권을 송부하니 1권은 귀 관찰부에서 보관하고 나머지는 관할 각 군에 나누어 보내서 살펴보게 하는 것이 좋겠습니다.

광무 5년 1월 29일

의정부찬정외부대신 박제순

함경북도관찰사 이규원 각하

14 종성간도에 정착해 러시아군의 동향을 탐지해 외부에 알린 자에 대한 처벌 방침을 내려달라는 보고

보고서 제1호

지금 도착한 러시아 곽미살이(廓米薩爾)의 조회 내에서, "귀국 거류민 김관보(金寬甫)는 혼춘(琿春)에 표류·정박한 강뉴당지당뉴 탐지군(探知軍)으로써 우리나라와 귀국 군대의 출입과 군수물자가 있는 곳을 두루 알아서 그 탐지 내용을 서강지타소(西江芝他所)의 노야(老爺)와 귀국 백성이 모르는 바가 없도록 만들고 심지어 관청에 보고까지 하였으며, 또 혼춘 거류민이 마침내 이를 알고 관청으로 잡아들였습니다. 사실을 조사하니 지난달에 우리나라 군 부대가 서강으로 갔을 당시에 두 차례나 뉴당질에게 알려주었으며, 그 외 탐지군 정채봉(鄭彩鳳)·이여중(李汝重)은 혼춘에서 도망해 숨어버려 잡아들이지 못하였는데, 우리나라의 법률은 탐지군에 대해 목을 매달아 자진하게 되어 있으나, 이번 김관보는 범죄가 타국에서 일어났으므로 이에 압송하니 법에 따라 처벌하기 바랍니다"라고 하였습니다.

김관보의 범죄가 중하고 가볍지 않으므로 엄히 물어보니 진술하기를 "양심이 있으니 종내 말이 불충하고 행동이 돈독하지 않은 책임을 면하기 어렵습니다. 저는 종성간도(鍾城間島)에 사는 백성으로 청비(淸匪)의 침략을 이기지 못하여 방어책을 설명하다가 이런 불행한 지경에 빠진 것인데, 참으로 통사(通詞)들이 시기와 불만으로 얽어서 함정에 빠뜨린 것입니다. 이런 결말에 이른 것에 대해 변명할 말은 없습니다만 바라건대 명백하게 정부에 보고하여 처치해 주기 바랍니다"라고 하였습니다.

대체로 조회하여 요청해온 것은 지은 죄에 대해서는 죄를 주고 일은 일대로 하는 것입니다. 만약 지금 엄히 조사한다는 것은 그 진술 내용을 듣고 그 말을 바로잡아서 살펴볼 수 있다면 살펴보고 용서할 수 있다면 용서하는 것이나, 근래 각국이 비록 교섭을 말하지만 그 교섭을 이롭지 않게 하는 것이 많습니다. 대개가 낙지(樂地)로 가는 듯하다가도 생사가 순식간에 이루어집니다. 이번에 김(金)이 저런 위태로운 지경에 이른 것은 무죄임에도 죄를 짊어진 것으로 신중하게 심리할 일입니다. 이에 보고하니 살펴보고 처리하기 바랍니다.

광무 5년 1월 30일

함경북도관찰사 이규원

의정부찬정외부대신임시서리군부대신 박제순 각하

지령 제2호

우리 백성이 다른 나라에서 죄를 지어도 우리나라 관리의 심판에 귀속되니 직접 법에 따라 재판할 수 있을 것임. 만약 그런 형편이 되지 못한다면 용서해 처분할지 여부는 사법 관리가 직접 행하는 권한에 달려 있으며, 진실로 의심되는 점이 있으면 법에 따라 처벌할 것이니, 이것은 본 외부가 처리할 일이 아님. 3월 1일.

15 간도가 우리 강역임을 주장한 간도민의 소장에 대해 관리를 두는 방책을 강구해달라는 보고

보고서 제2호

연강(沿江)을 건너가 사는 백성[越寓民] 채동은(蔡東殷) 등의 소고서(訴告書) 내에서, "생각하건대 백성은 나라의 근본이요 근본이 튼튼하면 나라가 평안하다 하는데, 가만히 생각하건대 우리 정부에서 5백 리 선왕(先王)의 강토와 4만 호 황제의 교화 속에 있는 적자(赤子)를 버리고 도외시하니 어찌 통탄하지 않겠습니까. 백두산 정계비 위, 토문(土門)의 동쪽 등지가 원래 우리 강역(疆域)에 속합니다. 대개 이 경계가 강희(康熙) 51년 목극등(穆克登)이 정계(定界)한 이후로 토문 좌우에 양국이 각각 수백 리 땅을 비워두어서 변경의 다툼을 막았습니다. 그래서 개시(開市) 때에 종성(鍾城)에서 철수해 돌아가는 청국 상인의 짐바리를 90리 떨어진 하반령(下畔嶺)까지 운반하였는데, 한지(韓地)가 토문강(土門江)을 경계로 하기 때문입니다. 그런데 수년 전부터 변경의 단속이 해이해져서 청국 사람들이 조금씩 몰래 거주하는 자가 생겨나 부락을 만들었습니다.

지난 계미년(癸未年, 1883)에 경략사(經略使) 고(故) 어윤중(魚允中) 상공(相公)이 여러 백성의 호소에 따라 사람을 보내어 정계비와 경계를 조사하니, '강희(康熙)'라는 글자가 완전히 남아 있고 토석퇴(土石堆) 위의 나무가 증거할 수 있었으며, 계속해서 재차 감계(勘界)의 조치가 있었으나 결국 청국 관원의 강경한 압력을 피하지 못하였고, 끝내 감계를 바로잡지 못했습니다.

또 재작년에 전(前) 호군(護軍) 오삼갑(吳三甲)의 상언(上言)에 의거해 내부(內部)에서 함경북도관찰부에 훈령함에 따라, 전전(前前) 경원군수 박일헌(朴逸憲)과 관찰부 주사(主事) 김응룡(金應龍)을 답사위원(踏査委員)으로 임명하여 토문 하류에서 분수령(分水嶺) 정계비가 있는 곳까지 거슬러 올라가 산수의 형편과 목도한 것을 일일이 그림을 그려 베끼고 아울러 경부(京部)에 보고하였으나, 아직까지 옳다 그르다 하는 회답 지시가 없었으니 무슨 곡절이 있는지 모르겠습니다.

지금의 형편은 이전과는 몹시 달라서 토문강은 비록 한국과 청나라 두 나라가 다투고 있으나, 러시아로서는 아마 필시 관심 밖일 것입니다. 지금 두만강 서쪽과 만주 전 지역이 러시아의 점령에 들어간다면 필시 토문 이남을 청국 경계로 인정하여 모두 병탄할 것이 틀림없습니다. 그렇게 되면 우리가 다투고 있는 것은 어디로 귀결되겠습니까. 참으로 통탄스럽습니다.

비록 그렇지만 이러한 때를 맞아 모름지기 어떤 말이 있습니다. 청국의 입장에서 논하다면, 만주가 패배해서 망할 때 그 땅도 같이 잃는다면 다시 서로 다투어 대적할 수 없습니다. 러시아의 입장에서 논한다면 현재 러시아의 통첩에 청국에 되돌려준다는 구절이 있는 것을 보았으니 이 또한 서로 존중해 양보하는 의리입니다. 더구나 이런 조그마한 땅의 득실이 입에 오르내리지 않게 하려는 것이 분명합니다. 한국의 입장에서 논한다면, 어부가 방휼(蚌鷸, 조개와 도요새로 어부지리를 뜻함)을 본 격으로 땅을 나누어 경계를 정하는 오늘날 응당 해야 할 말을 하지 않는 것이 가합니까, 감히 말하지 않는 것이 가합니까. 가만히 앉아서 실기하고 그 제도와 경계가 크게 정해지기를 기다린 후에야 이를 말한다면 어찌 단지 실기했다는 탄식만 있겠습니까. 또 살고 있는 우리 4만 호는 주인 없는 백성입니다. 피해를 입고 약탈을 당하는 것이 몹시 심하지만 귀속될 곳이 없으므로 몰래 강을 건너간 것을 생각하지 않고 머리를 맞대고 모여서 관찰사의 선정을 우러러 호소합니다. 저희들을 살펴본 후 경계를 조사한 전후의 공적(公蹟)과 도본(圖本)을 소상히 베껴서 한편으로는 연추(延秋)에 있는 러시아 관리에게 조회하고 다른 한편으로는 사실에 의거하여 경부(京部)에 보고하여 백성과 땅을 모두 잃어버리지 않게 해주기를 몹시 바랍니다"라고 하였습니다.

가만히 생각하건대 땅이 쭉 이어져 있는 것은 비단 인력으로 애쓰는 것에만 달려 있지 않습니다. 그 땅의 사방 천여 리 토지에서 나오는 이익이 다른 곳에 비하여 가장 좋아서 한 사람이 경작해도 열 사람이 먹고 살 수 있습니다. 먹는 것을 하늘로 여기는 백성인데 참으로 머리를 맞대고 모여드는 자에게는 아무것도 하지 않아도 저절로 교화되는 것이 아니겠습니까. 백성의 재물의 근본은 토지에서 나오는 이익을 우선으로 합니다. 토지가 이익이 되면 백성이 부유해지는 것은 차례대로 되어가는 일입니다. 하늘이 바라보는 것은 우리 백성이 보는 것에 있으며, 백성이 바라보는 것을 곧바로 보는 것이 일치되어 우연이라 말하는데, 지금 만약 관리를 두어 백성을 돌봐준다면 틀림없이 가만히 서서 왕토(王土)가 오기를 기다릴 수 있습니다. 사람들을 따르게 하는 방략에 대해 입을 다물고 있을 수 없어서 이에 사실을 들어 보고하니 살펴보아 별도로 방략을 마련하기 바랍니다.

광무 5년 1월 30일

함경북도관찰사 이규원

의정부찬정외부대신임시서리군부대신 박제순 각하

지령

강역에 관한 중요한 일을 말로는 판별할 수 없으니 해당 백성을 효유하여 분수를 지키고 직업에 진력하게 할 것. 6월 11일.

16 원래 우리 땅인 사잇섬을 청국 영토로 간주하고 단속하는 일에 대해 대책을 강구해달라는 보고

보고서 제3호

현재 접수한 제17호 종성군수 강창로(康昌魯)의 보고서 내에서, 「본 군 읍사민(邑社民) 정득교(鄭得喬)와 박창호(朴昌浩) 등의 소고서(訴告書) 내에 "분수령 정계(定界) 안건은 재차 감계(勘界)하고 재차 조사했음에도 아직 판결하지 못하고 있으나 다만 종성군 근처에 있는 고도(古島)를 가지고 말한다면 모름지기 설(說)이 있습니다. 대개 두만강은 넓은 들 사이로 여러 갈래가 흘러서 범람할 때마다 물길이 일정하지 않고, 또 우리나라 쪽에서 버드나무를 심지 않은 까닭에 포락(浦落)된 곳이 많습니다. 지금 소위 고간도(古間島)라고 말하지만, 원래는 우리 강토에 속하여 물이 넘칠 때에 저쪽 편으로 개흙 땅이 생겨난[泥生] 것입니다. 그래서 우리 종성군의 토지 장부에도 경작 토지의 주인 이름[起主]과 그 위치[四標]가 소상히 적혀 있습니다. 시험 삼아 현재의 상황을 말한다면, 고도는 신도(新島)에 비해 강줄기의 넓이가 3, 4마장(馬場)이 족히 되므로 고도가 본래 우리 강토에 속하였음은 이를 통해 알 수 있습니다. 그런데 갑자기 경인년(庚寅年, 1890)에 청국 사람이 관서를 설치하고 치발하며[設館薙髮] 한국 백성을 쫓아낼 때에 치발하지 않은 백성은 그곳에 사는 것을 허용하지 않고 한국인들이 개간한 토지를 빼앗아 모두 치발한 자들에게 나누어주었습니다. 그때 저 청국 관원 역시 생각한 바가 있어서 고간도만은 처음에는 백성들에게 나누어주지 않고 도지(賭地)로 파는 것을 허용하다가 작년 가을에 이르러 혁파하였습니다. 그런데 근래 간도(間島)의 무리들이 각종 임명장을 얻고자 도모하고 신장정(新章程)을 만든다고 말하였습니다. 고도를 모두 러시아 땅이라 간주하여 도지를 팔았는데, 처음에 우리 영토에 사는 사람들에게는 파는 것을 허락하지 않았습니다. 신장정을 엄격히 세운다고 말하고 있는데, 오호라 저들 강을 건너 사는 자들[越居民]은 곧 어제의 한인(韓人)인데 어찌 일시 목전의 작은 이익을 위하여 국가 강토를 곧바로 잃어버리고자 하는지. 가만히 생각하건대 러시아 관리가 어찌 이와 같은 상황을 알겠습니까. 이는 대개 간사한 자들이 부추겼기 때문입니다. 오호라, 우리 종성군 상하평(上下坪)은 대개 물에 잠겨서 경작할 수 있는 땅이 그중에 없었으며 여기에다 고도를 빼앗겼으니 필시 고을도 사라지고 백성들도 없는 곳이 될 것이므로, 관찰부에 일일이 보고하여 잃어버리는 일이 없게 하기 바랍니다"라고 하였습니다. 이에 의거하여 고도의 토지 대장을 구해 살펴보니 기주(起主)와 사표(四標)가 뚜렷하였고, 과거 무인년(戊寅年, 1878)에 농사 작황을 조사해서 순무영(巡撫營)에 보고한 데 대한 그 회답 공문과 인장이 이런 상황을 조목조목 증거하고 있습니다. 게다가 세금 내역을 정리한 책자를 호조에 보고하였으나, 과도하게 납세하다가 경인년에 청국 관서에 잃게 된 것에 대해 비록 읍민이 억울함을 품고 있지만 군에서는 감히 마음대로 할 수 없습니다. 백성들의 소장에 따라 이에 보고하니 살펴보고 경부(京部)에 전보하여 봄에 농사를 시작하기 전까지 서둘러 조처하여 백성들로 하여금 땅을 잃고 직업을 잃지 않도록 하기를 엎드려 바랍니다」라고 하였습니다.

옛날에 전민(田民)의 생리는, 우거진 밭을 조금씩 개간하는 데 힘쓰듯이 하여 옮겨간 물길이 서쪽으로 가로질러 흐르고 큰 줄기의 강물이 그 이끄는 대로 넓게 흘러서 섬의 토양이 깨끗하게 정리되는 것을 힘써 농사짓는 집안의 근원이라 생각하였습니다. 1년, 2년에 기주가 효과를 거두고 있음은 금일의 호소로 확인할 수 있습니다. 지금까지의 납세와 경작이 전야(田野)와 다름이 없어서 기주가 누구인지와 사표가 어떠한지가 토지 장부에 실려 있습니다. 그러나 우리 강토에서 지형이 낮은 곳을 크게 침식해 부딪치는 물결이 한번 말달리듯이 하면 곧바로 몰려드는 물길이 되어 해당 섬의 넓이가 과거보다 더욱 커졌습니다. 그런데 한민(韓民)으로 간도에 옮겨 사는[移寓] 자가 단지 강의 서쪽이 모두 청국의 땅이라고 말하면서 한민이 강의 나머지 줄기를 터서 토지를 개간하는 것을 이유없이 멸시하고 오직 관의 교부만을 생각하는 것이 한탄스럽지 않겠습니까. 하물며 또 많은 경작을 하루아침에 잃게 된다면 근본을 놓침에 따라 스스로 의지하여 살지 못할 것입니다. 총괄하자면 백성들의 하늘은 먹는 것에 있고 먹는 것의 하늘은 농사에 있는바, 지금 하늘을 잃은 상황에서 달리 길이 없는 사람들로 하여금 상처난 곳을 돌볼 경우에 무슨 방법으로 하겠습니까. 일이 쉽지 않으니 마음대로 하기 어렵습니다. 이에 사실에 의거하여 보고하니 살펴보고 방략을 마련하기 바랍니다.

광무 5년 4월 15일

함경북도관찰사 이규원

의정부찬정외부대신 박제순 각하

17 변계경무서 경무관이 강을 건너 청국인을 살상하고 가옥을 파괴한 행위에 대해 그 정황을 청국 변경 관리와 협의하라는 훈령

광무 5년 12월 12일 기안

훈령 제1호

청국공사의 조회를 받아보니, 『길림장군 부도통(吉林將軍 副都統)의 공문에서 「혼춘부도통(琿春副都統)의 자문(咨文)에 따르면, "남강(南崗) 단련국(團練局)이 올린 것에 따르면, 8월 23일 공가

소과(孔家燒鍋, 소주양조장)의 화상(華商) 공광심(孔廣心)이 말하기를, 삼가 저는 봉천(奉天) 수암주(岫巖州) 사람으로 숙부 공계창(孔繼昌)과 함께 남강으로 옮겨와 살고 있었습니다. 이달 초순에 러시아 관리가 부대를 이끌고 남강에 왔다가 22일에 서강(西岡)을 거쳐 돌아갈 때 한국 경무관이 기회를 틈타 칼을 들고 청국 영토의 한민 남녀 수백을 내쫓아 억지로 소송하게 하였는데, 어리석게도 공광심의 빈방에서 어느 날 8간 방문의 창을 모두 찢어 태웠고, 공광심의 숙부 공계창을 돌로 머리 부위 몇 곳을 때려 죽였습니다. 억울한 죄를 뒤집어 쓰고 이를 풀어낼 수 없으니 조사하여 대책을 강구해주기 바랍니다"라는 등의 내용이 왔습니다.

살펴보니 한국 경무관이 여러 차례 강을 건너 소요를 일으키고 해를 입힌 것은 이미 조약을 위반한 것인데, 이번에 틈을 타서 마침내 흉악한 짓을 벌이고 청국 영토에 거주하는 한민을 내쫓고 상인 공계창이 돌에 맞아 죽기에 이르렀습니다. 거듭해서 학대를 당한 것으로 이치에 맞는 것이 없습니다. 이에 자문하니 한국 정부에 조회하여 정범(正犯)을 조사해 밝혀서 조약에 비추어 처벌해주기 바랍니다」라고 하였습니다.

살펴보니 귀국 경무관 이경순(李敬順) 등이 조약을 어기고 경계를 넘어 칼을 들고 흉악한 짓을 벌인 일에 대해서는 과거 귀국의 조회를 받았고, 이미 변계경무관 이(李)와 유(兪) 두 사람을 해직하고 소환하여 친목을 구하였습니다. 그런데 현재 길림장군이 보내온 문서에 따르면 도리어 공계창을 때려죽이고 공광심 가옥의 문과 창을 파괴한 일이 있었습니다. 응당 조회하니 정범을 조사해 잡아들여 처벌해서 경계한다는 것을 보여주어 백성들의 생명을 중시하고 사단을 막기를 바랍니다』라고 하였습니다.

이를 살펴보니 공계창의 피살이 청국 경계 내에서 발생했으며 또 범인이 누구인지를 지명한 바가 없어 쉽게 조사해 밝히기 어려우나, 살인 사건은 본래 몹시 중요하고 교섭 사건이 심상하지 않으니 이를 내버려 두고 불문에 붙일 수 없습니다. 대안(對岸)의 청국 관원과 문서를 주고받아 조사하고 그 상황을 보고하도록 이에 훈령하니 살펴보고 처리하는 것이 좋겠습니다.

광무 5년 12월 16일

의정부찬정외부대신임시서리농상공부대신 민종묵

종성군수 강창로 좌하

18 변계경무서 경찰이 강을 건너 청국인을 살상하고 가옥을 파괴한 행위에 대한 정황을 조사하여 보고하라는 훈령

광무 5년 12월 27일 기안

훈령 제1호

금년 10월에 청국공사의 조회를 받아보니, "경무관 이경순(李敬順) 등이 강을 건너 일을 일으켰으니 청컨대 조사해 금지하기 바랍니다"라고 하였기에 해당 경무관 등은 이미 해직해 소환하였습니다. 이달에 해당 공사의 조회를 또 접수하니 "해당 경무관 등이 강을 건널 때 상인 공계창(孔繼昌)이 돌에 맞아 두개골에 상처를 입어 죽었고, 공광심의 거주 가옥이 파괴된 일로 정범을 조사해 잡아들여 처벌하기 바랍니다"라고 하였기에 종성군수에게 지시하여 조사해 보고하도록 하였습니다.

이번에 해당 공사의 조회를 다시 받아보니, 「길림성의 자문에 따르면, "그곳 안원보(安遠堡)의 선화사(善化社), 덕화사(德化社), 상화사(上化社), 숭화사(崇化社) 등[7]의 보사(堡社) 백성들이 떠들썩하게 보고하기를, 음력 8월 달에 마침 한국 병사들이 강을 건널 때 사람들을 내몰아 가옥을 훼손하고 재물을 빼앗은 것이 한번이 아니어서 무산성 일대를 가득 채웠고, 또 강제로 벼를 베고 총을 쏘아 단련과 전민(佃民)을 공격한 사실 등이 있었다"라고 하였습니다.

아울러 서신으로 말한 바에 따르면, "작년에 한인이 난리를 틈타 경계를 넘어 노략질을 하고 불에 태웠고 아울러 여러 청국 사람을 죽였습니다. 지금 다시 조약을 위반하여 경계를 넘어가 병사를 풀어 어지럽히고 해를 입혀서 우리 백성들이 오랫동안 기만과 능멸을 받아 형세상 장차 격렬한 일을 만들 것이므로, 귀 대신에게 조회하니 사실을 조사하여 금지하도록 하고 난리의 근원을 막아주기 바랍니다"라고 하였습니다.

이를 살펴보니 변경 백성이 경계를 넘어 일을 일으켰으니 이미 조약을 위반한 것입니다. 하물며 해당 병사들이 종종 소요를 일으킨 정황은 비단 우리나라의 인정상으로도 감당하기 어려

7 모두 안원보(安遠堡) 소속으로 무산 대안 지역에 해당된다.

울 뿐만 아니라, 모름지기 귀국 군율에서도 필시 배척하는 바입니다. 만약 서둘러 막고 다스리지 않으면 필시 분쟁의 단서를 낳아 이웃과의 교류를 돈독히 하는 뜻이 아닐 것이므로 이에 엄히 조사해 주기 바랍니다」라고 하였습니다.

이에 훈령하니, 병졸이 강을 건너 무리를 구타하고 사람을 결박하고 가옥을 훼손하고 재물을 빼앗는 등의 일과 인민이 난리를 틈타 경계를 넘어 불태우고 살상한 제반 정황을 일일이 조사해 밝히고 신속하게 보고하기 바랍니다.

광무 5년 12월 27일

의정부찬정외부대신임시서리농상공부대신 민종묵

회령군수 김하련 좌하

19 진위대가 강을 건너 소요를 일으키는 것을 단속해달라는 보고

보고서 제3호

이달 24일 하오 6시에 무산분서(茂山分署) 총순(總巡) 전호석(全浩錫)의 보고를 받았는데 그 안에서, 「무산분서의 대안 간도(間島) 상화사(上化社)에 사는 백성 황용주(黃龍珠)가 긴급히 아뢰기를, "어제 초저녁에 무산 북면(北面) 주대(駐隊) 하사(下士) 이진근(李鎭根)은 김광흡(金光洽)이 자신의 처부(妻父) 허치백(許致伯)이 청국인 송운경(宋雲慶)에게 마필을 빼앗겼다고 와서 부탁하는 것을 그대로 믿었습니다. 즉 김광흡은 병정 김정흡(金丁洽)의 동생입니다. 병정 김정흡, 백남철(白南喆), 최만경(崔萬京), 박기영(朴己永), 임병섭(林丙涉), 이치갑(李致甲) 등 6명을 데리고 광대암(廣大巖)에 도착하였습니다. 이진근과 박기영은 강을 건너지 않고 김정흡, 백남철, 임병섭, 최만경, 이치갑 등 5명의 병사를 지시해 보냈습니다. 저들의 땅으로 건너가서 청국인 송운경을 붙잡아 조사하는 자리에서 소위 상화사 청국회의(淸國會議) 상병(上兵) 20여 명이 무수히 총을 쏘고 한국 병사를 난타하여 하사는 중상을 입고 병정 김정흡, 최만경, 백남철, 박기영은 결박되어 붙잡혀갔기에 이에 보고합니다"라고 하였기에 이에 보고합니다」라고 하였습니다.

진위대 병사가 멋대로 강을 넘어 쉽게 소요를 일으키는 것이 참으로 걱정스럽더니, 다음날 오후 10시에 회령 주대 정위(正尉) 성창기(成暢基), 참위(參尉) 홍언식(洪彦植) 두 사람이 본 변계경무서에 와서, 무산 주대 하사 이진근이 병정 4명을 이끌고 강을 건너 초소를 순찰하다가 하사는 청국 병사에게 총을 맞아 왼쪽 다리에 골절상을 입었고 병정 4명은 청국인에게 결박되어 어디로 갔는지 알 수 없다고 하였습니다. 일이 이역(異域)과 관계되어 찾아 돌아올 방법이 없었습니다.

본서가 이미 교섭 사무를 겸하고 있어서 순검을 파송하여 회령 대안 계사처(稽查處)에 머물고 있는 청국 무관 유덕승(劉德勝)에게 오기를 요청하여 좋은 말로 꾸며서 병사들을 돌려보내는 방책을 도모하였습니다. 즉 군대와 경찰 사이에는 일이 혹 의심스러운 점이 없으므로 어제 오전 8시에 즉시 순검을 파견하여 초빙하니 청국 무관이 순검을 따라서 본 변계경무서에 왔습니다. 그래서 귀측과 우리의 교섭이 하나같이 규칙을 따라야 하며 양국의 경계에서 상호 다투고 심지어는 병정을 결박해 가는 것은 우호를 해친다는 뜻으로 말을 할 때에 성창기 역시 와서 포박된 병정을 석방해야 할 사유를 말하였습니다. 이어 잠시 자신의 부대를 둘러보기를 청하라 하고 성창기가 먼저 갔으며, 유덕승이 곧 부대로 향하겠다고 말하므로 순검 두 명을 정해 길을 인도하도록 하였습니다.

얼마 시간이 지나지 않아 순검 한 사람이 와서 고하기를, 잠시 부대의 상황을 관찰하니 겉으로는 연회를 베푼다고 하나 내심 청국 무관을 포박할 모양이라 하였습니다. 청국 무관이 앞서 본서의 요청으로 왔다가 저 군대에게 결박을 당하는 것은 교섭의 도리상 이웃과의 화목한 의리를 손상시키고 또 교린과 남을 접대하는 도리가 아닙니다. 게다가 외국인으로 입경한 자를 모든 일에서 보호하는 것은 법규에 나타나 있고 공법(公法)에 본래 있는데, 군 관리가 위태로우면 군대가 적을 만난듯이 병사를 움직이는 것은 당연하니, 듣기에 몹시 놀라워 즉시 부대에 가서 그렇지 않다는 뜻을 간절하게 말하였습니다. 그러자 저들이 우리 병사를 결박했으니 우리도 청국 관리를 결박하여 피차 인질로 삼아 저들이 석방하면 우리도 석방하겠다고 하였습니다. 청국 무관을 묶어서 때리고 구류하고 종내 들어주지 않고 말하기를, "오늘 이 일은 대대장의 명령을 따른 것이다"라고 하였습니다.

일이 양국 경계와 관계되어 사단을 일으키면 반드시 후회할 것이기에 급히 종성진위대 참령(參領) 김원계(金元桂)에게 조회하였습니다. 곧바로 회답을 받아보니, 그 안에서 "강을 경계로 하며 이웃나라와 접하는 곳에서 피차 경계를 넘는 것을 멀리서 살피기 어려워서 탐지하고자 하였습니다. 따라서 연변(沿邊) 부근에 있는 청국 관리가 공정하게 처리하면 일이 바로잡힐 것입니다. 회령 주대의 위관(尉官)에게 알려서 강 건너편의 유덕승을 초청한 후 그 사유를 묻고 타일러서 못하게 말린다면, 본 참령이 즉시 대면해 공정하게 처리하여 우호적으로 조처할 만한 일인데, 일에 착오가 있어서 결박되어 구타당하며 구류당하는 데 이르렀습니다. 듣기에 부끄러움을 이기지 못하여 당장 해당 중대에 지시하여 청국인을 풀어주게 하였으니, 후회막급입니다"라고 하였습니다.

당일 오후 5시경에 유덕승이 병정 2명을 거느리고 말을 타고 건너편 세관으로 돌아가므로 본서로 맞아들여 몹시 정성스럽게 대접하고 전송하였습니다. 병사들이 월강(越江)으로 인한 소요가 한두 번이 아니고 잇따라 청국 관리가 글로서 그 금지를 요청하므로 누차 참령에게 조회했으나 종내 고치지 않고 다시 이런 일이 있었습니다. 한결같이 이와 같으면 빈번히 생기는 변경의 다툼으로 결국 이웃과의 돈독함을 업신여겨서 필시 교섭 사무에 지장이 있을 수 있습니다. 이에 보고하니 살펴보고 원수부에 조회하여 해당 참령에게 엄히 훈령하여 각 주대를 단속하게 하여 전과 같이 멋대로 하는 일이 없게 하고 지금부터 우호를 지켜갈 수 있기를 바랍니다.

광무 6년 2월 27일

함경북도교계관 채현식

외부대신 각하

20 변계경무서 교계관의 지시를 따르지 않는 무산군수에 대해 조치를 취해 달라는 보고

보고서 제4호

본 변계경무서가 청국과 러시아와 영토를 서로 접하여 교섭 사무가 날로 빈번한데, 혹 관계가 있는 군에 훈령하여 적절히 살펴보면 대부분이 순종하지만, 무산군에서는 청국과 경계 대안(對岸)이 가장 길게 이어지고 군민 또한 다수가 청국의 근심에 들어가므로 그 훈령하는 절차가 다른 군들에 비할 수 없습니다. 무산군수 지창한(池昌翰)은 원래의 훈령을 오히려 물리치며 말하기를, "계자장정(啓字章程)이 무슨 근거이며 교계관의 훈령이 무슨 말이오?"라며 말에 가리는 것이 없었습니다. 살펴보건대 강토를 지키는 처지에 지시를 준수하지 않고 격식을 멸시하고자 하면 교섭 사무에 낭패가 있을 것입니다. 이에 보고하니 살펴보고 불법을 자행하는 해당 군수는 특별히 내부에 조회하여 신속하게 경계하는 법률을 적용하게 해서 각 군에 지시하여 교섭을 편하게 하기를 바랍니다.

광무 6년 3월 16일

함경북도교계관 채현식

외부대신 각하

지령

이미 계자장정이 있으니 각 지방관은 마땅히 따르고 어김이 없어야 하거늘 이같이 법을 어지럽히는 것이 몹시 놀랍습니다. 이 지령에 따라 훈령하고 보고를 기다려 즉시 보고하여 밝히는 것이 좋겠음. 6월 11일.

21 변계경무관 등이 경계를 넘어가 청국인을 때려죽였다는 청국 측의 주장은 사실과 다르다는 보고

보고서 제1호

작년 음력 12월 16일에 도착한 제1호 훈령 내에서, 〈청국공사의 조회를 받아보니, 『길림장군부도통(吉林將軍副都統)의 공문에서, 「혼춘부도통(琿春副都統)의 자문(咨文)에 따르면, "남강(南岡) 단련국(團練局)이 올린 것에 따르면, 8월 23일에 공가소과(孔家燒鍋, 소주양조장)의 화상(華商) 공광심(孔廣心)이 말하기를, 삼가 저는 봉천(奉天) 수암주(岫巖州) 사람으로 숙부 공계창(孔繼昌)과 함께 남강으로 옮겨와 살고 있었습니다. 이달 초순에 러시아 관리가 부대를 이끌고 남강에 왔다가 22일에 서강(西岡)을 거쳐 돌아갈 때 한국 경무관이 기회를 틈타 칼을 들고 청국 영토의 한국 백성 남녀 수백을 내쫓아 억지로 소를 올리게 하고, 공광심의 빈방에서 어느 날 8간 방문의 창을 모두 찢어 태웠고, 공광심의 숙부 공계창이 돌로 머리 부위 몇 곳을 맞아 죽었습니다. 억울하게 죄를 뒤집어쓰고 이를 풀어낼 수 없으니 조사하여 대책을 강구해주기 바랍니다"라는 등의 내용이 왔습니다.

살펴보니 한국 경무관이 여러 차례 강을 건너 소요를 일으키고 해를 입힌 것은 이미 조약을 위반한 것인데, 이번에 틈을 타서 마침내 흉악한 짓을 벌이고 청국 경계 내에 거주하는 한국 백성을 내쫓아서 상인 공계창이 돌에 맞아 죽었다는 말을 들었습니다. 거듭해서 학대를 당한 것으로 이치에 맞는 것이 없습니다. 이에 자문하니 한국 정부에 조회하여 정범(正犯)을 조사해 밝혀서 조약에 비추어 처벌하기 바랍니다」라고 하였습니다.

살펴보니 귀국 경무관 이경순(李敬順) 등이 조약을 어기고 경계를 넘어 칼을 들고 흉악한 짓을 벌인 일에 대해서는 과거 귀국의 조회를 받았고, 이미 이(李)와 유(兪) 두 사람을 해직하고 소환하여 친목을 두루 밝혔습니다. 그런데 현재 길림장군이 보내온 문서에 따르면 도리어 공계창을 때려죽이고 공광심 가옥의 문과 창을 파괴한 일이 있었습니다. 이에 조회하니 정범을 조사해 잡아들여 처벌해서 경계한다는 것을 보여주어 백성들의 생명을 중시하고 사단을 막기 바랍니다』라고 하였습니다.

이를 살펴보니 공계창의 피살이 청국 경계 내에서 발생했으며 또 범인이 누구인지를 지명한 바가 없어 쉽게 조사해 밝히기 어려우나, 살인 사건은 본래 몹시 중요하고 교섭 사건이 심상하지 않으니 이를 내버려 두고 불문에 붙일 수 없습니다. 대안(對岸)의 청국 관원과 문서를 주고받아 조사하고 그 상황을 보고하도록 이에 훈령하니 살펴보고 처리하는 것이 좋겠습니다〉라고 하였습니다.

삼가 훈령을 받들어 일일이 거론하며 종성군 대안의 청국 관원에게 공문을 베껴 조회하였더니, 금년 음력 1월 26일에 화룡욕독리(和龍峪督理) 섭함분(葉含芬)의 조복(照覆)에서 공계창이 앞서 가다가 저지되어 돌에 맞아 죽었다는 말이 들리기도 했습니다. 그러나 해당 경무관 이경순이 작년 음력 6월 5일에 변계경무서에서 출발하여 동월 25일에 경무서로 돌아갔고, 그 조카 공광심이 단련국에다 한 말에는 그 숙부 공계창이 8월 22일에 죽었다고 하였으니, 이(李)의 행적과 공(孔)이 죽은 월일이 부합하지 않아 몹시 의아하였습니다. 1월 29일에 이치를 들어 다시 조회하였고, 음력 2월 5일자 해당 관원의 조복에서 번잡한 것을 빼고 요점만 뽑아보니, 공계창이 사망한 안건은 작년 6월 22일에 일어난 사망 사건과 관련되는 것이 확실하고 이는 사람들이 공지하는 바라고 하였습니다. 이쪽에서 보낸 조회와 저쪽에서 보내온 문서 원본을 일일이 첨부해 올립니다.

공계창의 죽음이 실로 6월 22일이며 원인은 돌로 때렸다고 말하는 것입니다. 이경순의 행차가 8월 22일에는 없었으니 우리가 죽였다고 하는 것은 필시 잘못입니다. 해당 공광심이 단련국에다 말하기를 숙부 공계창이 8월 22일에 돌에 맞아 죽었다고 하였습니다. 청국 관원이 재차 조복하기를, '8월'이라 말한 날짜는 직접 베껴 쓴 것이 잘못한 것으로 앞서 보낸 공문이 실수였음을 알 수 있다고 말하였으나, 숙부가 죽은 일자는 조카가 억울함을 품었던 기억보다 먼저가 아니므로 '8월 일'은 8월입니다. 지금 청국 관리가 6월이라고 지칭한 것은 아마 바람소리에 따라 돛을 내거는 것과 같을 뿐더러, 결국 종성군 조회의 잘못과 상문 원래의 착오라고 말하는 것은 이치상 타당성이 없습니다. 그 처결은 비록 명확히 밝혀 처분하겠습니다. 그러나 훈령이 내려진 가운데 조사해 보고하는 것을 조금도 늦출 수 없는데, 들었던 청나라의 규례에는 묵은 해에 그믐부터 공무를 폐했다가 신정 보름 이후에 집무를 보고 하물며 해당 관원이 훈춘에 며칠 갔다가 관서로 돌아왔으므로 여러 번 문서를 왕복할 때에 거행함이 지체되기에 이르렀으니 참으로 황송함을 이기지 못하겠습니다. 이에 연유를 보고하니 살펴주기를 엎드려 바랍니다.

광무 6년 3월 17일

함경북도 종성군수 강창로

의정부찬정외부대신임시서리농상공부대신 각하

조회등본

대한국 함경북도 종성군수 강(姜)이 조회하는 일입니다.

의정부찬정외부대신임시서리농상공부대신 민(閔)의 훈령에 따르면, 〈청국공사의 조회를 받아보니 『길림장군 부도통(吉林將軍副都統)의 공문에서, 「혼춘부도통(琿春副都統)의 자문(咨文)에 따르면, "남강(南岡) 단련국(團練局)이 올린 것에 따르면 8월 23일에 공가소과(孔家燒鍋, 소주양조장)의 화상(華商) 공광심(孔廣心)이 말하기를, 삼가 저는 봉천(奉天) 수암주(岫巖州) 사람으로 숙부 공계창(孔繼昌)과 함께 남강으로 옮겨와 살고 있었습니다. 이달 초순에 러시아 관리가 부대를 이끌고 남강에 왔다가 22일에 서강(西岡)을 거쳐 돌아갈 때 한국 경무관이 기회를 틈타 칼을 들고 청국 영토의 한국 백성 남녀 수백을 내쫓아 억지로 소송하게 하였는데, 어리석게도 공광심의 빈방에서 어느 날 8간 방문의 창을 모두 찢어 태웠고, 공광심의 숙부 공계창을 돌로 머리 부위 몇 곳을 때려 죽였습니다. 억울한 죄를 뒤집어쓰고 이를 풀어낼 수 없으니 조사하여 대책을 마련해주기 바랍니다"라는 등의 내용이 왔습니다.

살펴보니 한국 경무관이 여러 차례 강을 건너 소요를 일으키고 해를 입힌 것은 이미 조약을 위반한 것인데, 이번에 틈을 타서 마침내 흉악한 짓을 벌이고 청국 경계 내에 거주하는 한국 백성을 내쫓아서 상인 공계창이 돌에 맞아 죽기에 이르렀습니다. 거듭해서 학대를 당한 것으로 이치에 맞는 것이 없습니다. 이에 자문하니 한국 정부에 조회하여 정범(正犯)을 조사해 밝혀서 조약에 비추어 처벌해주기 바랍니다」라고 하였습니다.

살펴보니 귀국 경무관 이경순(李敬順) 등이 조약을 어기고 경계를 넘어 칼을 들고 흉악한 짓을 벌인 일에 대해서는 과거 귀국의 조회를 받았고, 이미 이(李)와 유(兪) 두 사람을 해직하고 소환하여 친목을 두루 밝혔습니다. 그런데 현재 길림장군이 보내온 문서에 따르면 도리어 공계창을 때려죽이고 공광심 가옥의 문과 창을 파괴한 일이 있었습니다. 응당 조회하니 정범을 조사해 잡아들여 처벌해서 경계한다는 것을 보여주어 백성들의 생명을 중시하고 사단을 막기를 바랍니다』라고 하였습니다.

이를 살펴보니 공계창의 피살이 청국 경계 내에서 발생했으며 또 범인이 누구인지를 지명한 바가 없어 쉽게 조사해 밝히기 어려우나, 살인 사건은 본래 몹시 중요하고 교섭 사건이 심상하지 않으니 이를 내버려 두고 불문에 붙일 수 없습니다. 대안(對岸)의 청국 관원과 문서를 주고받아 조사하고 그 상황을 보고하도록 이에 훈령하니 살펴보고 처리하는 것이 좋겠습니다〉라고 하였습니다.

해당 공계창의 성명은 지금 겨우 처음 들었고 또 남강은 7, 8십 리 밖에 떨어져 있어 이 일의 전말을 상세히 알 수 없습니다. 여기서 공계창이 돌에 맞아 목숨을 잃고 공광심의 집 문과 창이 박살나고 불태워졌는지 여부를 신속히 회답하기 바랍니다.

광무 6년 1월 29일

대청국독리화룡욕무간사의오품정대후선부경청 섭

조복

대청국독리화룡욕무간사의오품정대후선부경청(大淸國督理和龍峪撫墾事宜伍品頂戴候選府經廳) 섭(葉)이 조복하는 일입니다.

살펴보건대 광서(光緖) 27년 12월 20일 귀 조회 내에서, 원문을 가져와 서술을 생략하는 외에 말미에 말하기를, "해당 공계창의 성명은 지금 겨우 처음 들었고, 또 남강은 7, 8십 리 밖에 떨어져 있어 이 일의 전말을 상세히 알 수 없습니다. 여기서 공계창이 돌에 맞아 목숨을 잃고 공광심의 집 문과 창이 박살나고 불태워졌는지 여부를 신속히 회답하기 바랍니다" 라고 하였습니다.

이에 의거해 살펴보니 공계창이 돌에 맞아 목숨을 잃었고 공광심의 집 창문을 태우고 찢은 등의 안건은 초간계(招墾界) 내의 일이고 단련국(團練局)이 사실을 보고한 것입니다. 초간국(招墾)과 월간(越墾)의 각 소속은 의례 권한을 넘는 간섭을 막습니다. 이에 외국과 교섭하는 살인 사건은 상세히 조사해 밝혀 진실을 드러내어 그에 의거해 회답해야 한다고 관문을 보냈습니다. 이미 광서 27년 12월 21일에 특별히 원문을 초록하여 단련국에게 조사해 밝히도록 요청하는 공문이 있었습니다. 다시 금년 정월 17일에 파견 군인 장경태(張景泰), 유전충(劉全忠) 등에게 지시하여 초간계의 공가소과(孔家燒鍋)에 가서 심문하고 돌아오도록 하였습니다. 공광심의 말에 따르면, "당시 한국 경무관 이경순(李敬順)이 서양식 칼을 손에 지니고 순병을 지휘해 청국 경계에서 소작하며 살아가는 수백 명을 내쫓아 전부 저의 집 빈방 내에 머물렀습니다. 어느 날 밤에 8간 방의 창문을 불태우고 찢기에 저의 숙부 공계창이 앞으로 가서 막다가 돌에 맞아 죽었습니다. 억울함을 가진 채 사실을 탐문하였고, 지금 조사해 신문을 받으니 사실에 의거하여 밝힙니다"라는 등의 내용으로 회답이 왔습니다. 독리(督理)인 제가 전후의 상황과 말을 상세하게 조사해보니 모두 서로 부합하고 조금도 이의가 없습니다. 글을 갖추어 조복하니 귀 군수는 번거롭지만 살펴보고 보고하기 바랍니다. 조복입니다.

대한국 종성군수 강

광서 28년 1월 26일

조회등본

대한국 함경북도 종성군수 강(姜)이 조회하는 일입니다.

살펴보건대 광무 6년 음력 1월 29일에 접수한 귀 조복에서 원문을 가져와 서술을 생략하는 외에 말미에서 말하기를, "독리(督理)인 제가 전후의 상황과 말을 상세하게 조사해보니 모두 서로 부합하고 조금도 다른 뜻이 없어 글을 갖추어 조복하니, 귀 군수는 번거롭지만 살펴보고 보고하기 바랍니다"라고 하였습니다.

공광심(孔廣心)이 이미 단련국(團練局)에 올린 바에 따르면, 원문에서 번잡한 것을 빼고 요점을 뽑으니 작년 8월 22일에 숙부 공계창(孔繼昌)이 돌에 맞아 목숨을 잃었다는 등의 내용이었습니다. 이에 따라 살펴보니 해당 경무관 이경순(李敬順)은 이해 6월 초5일에 변계경무서에서 일정을 시작해서 서강(西岡)을 거쳐 동월 25일에 경무서로 돌아왔고, 이후로는 갔다가 돌아온 일이 절대 없었습니다. 6월과 8월이 날이 오래되었고 달이 바뀌었으니 먼저 돌아간 이경순이 어찌 후일에 사망한 공계창을 알겠습니까? 이 일을 헤아려 살펴보건대 방착원예(方鑿圓枘)[8]입니다. 이에 우리 외부대신의 공문에 따라 즉시 보고하고자 하니 이(李)가 가고 저 공(孔)이 사망한 일자가 서로 부합하지 않는 점에 대해 다시 신속히 상세하게 회답하기 바랍니다.

광무 6년 음력 1월 29일

대청국독리화룡욕무간사의오품정대후선부경청 섭

조복

대청국독리화룡욕무간사의오품정대후선부경청(大淸國督理和龍峪撫墾事宜伍品頂戴候選府經廳) 섭(葉)이 조복하는 일입니다.

금년 1월 30일에 접수한 귀 군의 조회 내에서, 「살펴보건대 광무 6년 음력 1월 29일 귀 조복에서 원문을 가져와 서술을 생략하는 외에 말미에서 말하기를, "독리(督理)인 제가 전후의 상황과 말을 상세하게 조사해보니 모두 서로 부합하고 조금도 다른 뜻이 없어 글을 갖추어 조

8 둥근 초꼬지를 네모난 구멍에 끼워도 맞지 않음을 말하는데, 생각이 다름을 강조하는 뜻이다.

복하니 귀 군수는 번거롭지만 살펴보고 보고하기 바랍니다"라고 하였습니다. 공광심(孔廣心)이 이미 단련국(團練局)에 올린 바에 따르면, 원문에서 번잡한 것을 빼고 요점을 뽑으니 작년 8월 22일에 숙부 공계창(孔繼昌)이 돌에 맞아 목숨을 잃었다는 등의 내용이었습니다. 이에 의거하여 살펴보니 해당 경무관 이경순(李敬順)은 이해 6월 초5일에 변계경무서에서 일정을 시작해서 서강(西崗)을 거쳐 동월 25일에 경무서로 돌아왔고, 이후로는 갔다가 돌아온 일이 절대 없었습니다. 6월과 8월이 날이 오래되었고 달이 바뀌었으니 먼저 돌아간 이경순이 어찌 후일에 사망한 공계창을 알겠습니까? 이 일을 헤아려 살펴보건대 방착원예(方鑿圓枘)입니다. 이에 우리 외부대신의 공문을 받들어 즉시 보고하고자 하니 이(李)가 가고 저 공(孔)이 사망한 일자가 서로 부합하지 않는 점에 대해 다시 신속히 상세하게 회답하기 바랍니다」라고 하였습니다.

이에 의거해 살펴보니 공계창이 사망한 안건은 작년 6월 22일의 피살 사건과 관계되며 사람들이 확실하게 공지하는 바입니다. 이에 파견 관리가 왕복하여 상세히 조사해서 의심되고 다른 점이 없도록 하였습니다. 월일이 서로 부합하지 않는 것에 대해서는 상세히 조사하였습니다. 작년 12월 20일 접수한 귀 공문 내에서 "'8월'이라 적은 날짜는 베껴서 쓴 것이 스스로 그르친 것인지 여부는 상문(上文)의 원래가 실수였음을 알 수 있다"라고 하였습니다.

이에 앞서의 공문에 따라 조복하니 귀 군수는 번거롭지만 살펴 시행하기 바랍니다. 이는 조복입니다.

대한국 함경북도 종성군수 강

대청(大淸) 광서 28년 2월 5일

22 진위대 병사들이 무산 대안으로 넘어가 청국인을 노략질한 일이 없으며 강 건너에서 저들의 공격에 대응 사격한 것에 불과하다는 보고

보고서 제1호

과거 받든 제1호 훈령에서, 『금년 10월에 청국공사의 조회를 받아보니, "경무관 이경순(李敬順) 등이 강을 건너 일을 일으켰으니 청컨대 조사해 금지하기 바랍니다"라고 하였으므로 해당 경무관 등은 이미 해직해 소환하였고, 이달에 해당 공사의 조회를 또 접수하니 "해당 경무관 등이 강을 건널 때 상인 공계창(孔繼昌)이 돌에 맞아 두개골을 상처 입어 죽게 되었고, 공광심(孔廣心)의 거주 가옥이 파괴된 일로 정범을 조사해 잡아들여 처벌하기 바랍니다"라고 하였기에 종성군수에게 지시하여 조사해 보고하도록 하였습니다.

이번에 해당 공사의 조회를 다시 받아보니, 「길림성의 자문에 따르면, "그곳 안원보(安遠堡)의 선화사(善化社), 덕화사(德化社), 상화사(上化社), 숭화사(崇化社) 등의 보사(堡社) 백성들이 어지럽게 보고하기를, 음력 8월 달에 마침 한국 병사들이 강을 건널 때 사람들을 내몰아 줄로 묶고 가옥을 훼손하고 재물을 빼앗은 것이 한 번이 아니어서 무산성 일대를 가득 채웠고, 또 강제로 벼를 베고 총을 쏘아 단련과 전민(佃民)을 공격한 사실 등이 있다"라고 하였습니다. 아울러 서신으로 말한 바에 따르면, "작년에 한인이 난리를 틈타 경계를 넘어 노략질을 하고 불에 태웠고 아울러 여러 청국 사람을 죽였습니다. 지금 다시 조약을 위반하여 경계를 넘어가 병사를 풀어 어지럽히고 해를 입혀서 우리 백성들이 오랫동안 기만과 능멸을 받아 형세상 장차 격렬한 일을 만들 것이므로, 귀 대신에게 조회하니 사실을 조사하여 금지하도록 하고 난리의 근원을 막아주기 바랍니다"라고 하였습니다. 이를 살펴보니 변경 백성이 경계를 넘어가 일을 일으켰으니 이미 조약을 위반한 것입니다. 하물며 해당 병사들의 행위가 종종 소요를 일으킨 정황은 비단 우리나라의 인정상으로도 감당하기 어려울 뿐만 아니라, 모름지기 귀국 군율에서도 필시 배척하는 바입니다. 만약 서둘러 막고 다스리지 않으면 필시 사단을 낳아 이웃과의 교류를 돈독히 하는 뜻이 아닐 것이므로 이에 엄히 조사해 주기 바랍니다」라고 하였습니다.

이에 훈령하니, 병졸이 강을 건너 무리를 구타하고 사람을 결박하고 가옥을 훼손하고 재물을 빼앗는 등의 일과 인민이 난리를 틈타 경계를 넘어 불태우고 살상한 제반 정황을 일일이 조사해 밝히고 신속하게 보고하기 바랍니다』라고 하였습니다.

경무관이 강을 건너 일을 일으킨 안건은 이미 종성군에서 조사해 보고하였으므로 번거롭게 더할 필요가 없습니다. 한병(韓兵)이 강을 건너 작폐하는 일과 같은 경우에는 일이 양국에 관련되어 감히 소홀히 할 수 없어서 본 군수가 급히 무산 일대 상하 지방에 가서 연강(沿江)을 두루 조사하고 백성을 불러 사정을 물어보니, 작년 음력 8월 달에 무산성 북쪽 노덕(鹵德) 땅에 청국인 수백 명이 공문도 없이 개인 총기를 휴대하고 갑자기 곳곳에 불쑥 돌진하니 사람마다 모두 도망해 숨었습니다. 농가가 수확할 때를 놓치고 재산이 모두 약탈되어 연변의 백성들 사정이 대부분 몸 붙여 살 곳이 없게 되었습니다. 주참(駐站)의 직분을 지니고서 태연히 볼 수 없어서 급히 무리를 데리고 강을 사이에 두고 대적하였는데, 인명의 살해는 전혀 없었고 적비(賊匪)의 약탈은 다행히 면하였습니다. 두만강 물줄기는 본래 남북을 나누어 땅을 접하는 양 경계는 각기 피아를 나누니 우리가 건너다 볼 수 없고 저들이 감히 진구(秦求)[9]하지 못합니다. 만약 우연히 적경(賊警)이 있으면 단지 굳건히 지킬 뿐이고 무리를 이끌고 강을 건너서 무리를 구타하고 사람들을 결박하는 행위 및 가옥을 훼손하고 재물을 빼앗는 등의 폐단은 처음부터 없었음은 모든 눈이 지켜본 바이고 6군이 모두 알고 있습니다.

강제로 벼를 베게 한 일에 있어서는 위민위농(爲民爲農)은 모두 지방관이 맡은 바의 일이고 그 곡식을 베는 것은 진위대의 관할이 아닙니다. 다만 연강의 많은 백성이 먹을 것을 필요로 하여 강을 건너 농사를 지으니 이에 의지하여 살아가는 원천이 되었습니다. 작년 가을 수확기에 청비(淸匪)의 노략질 때문에 가로막혀 낫을 들 수 없고 몸을 던져 도망하다가 다행히 무산주대(駐隊)에서 비적을 격파한 후에 그 틈을 이용해서 강을 건너가서 각기 벼를 베어 청한(淸韓) 양국 간의 전주(田主)와 소작인이 각자 전례에 따라 평균적으로 나누었을 따름이었고, 처음부터 병졸이 강을 건너 강제로 베게 한 적이 없었습니다.

또 청비의 됨됨이가 성질이 이리처럼 사납고 마음은 살무사처럼 악랄하여 어지러이 솟은 산과 빽빽한 산림에서 출몰이 무상하고 한낮과 캄캄한 밤에 인명 살해와 약탈이 성행합니다. 그 형세를 보니 꼬리가 커져 몸통이 흔들릴 염려가 없지 않아서 무산군의 주대에서 예비책으로 물길을 따라 초소를 순찰하였는데, 먼저 청비가 우리가 강을 순찰하는 것을 보고 서로 다투어 총을 쏘았으니 총알이 비오듯하여 형세가 부엉이가 날개를 펼치듯 하였습니다. 우리를 향하는 적을 앉아서 기다릴 수는 없어서 물을 사이에 두고 대응 사격을 하였습니다. 모여든 무리와 전민(佃民)을 공격하는 등의 일은 애초부터 없었으며, 이는 노소의 많은 사람들이 한결같이 동일하게 말하였습니다.

인민들이 난리를 틈타 경계를 넘어 불태우고 살상하는 등의 정황에 대해서는 따로 연변 각군을 염탐하니, 청국과 한국에게 강약이 현격히 달라 청국을 호랑이처럼 두려워하고 도적을

9 진나라의 끝없는 요구라는 뜻이다. 전국 시대에 6국이 진나라의 요구에 수응하다 못해 이런 말이 나왔다.

만나면 곧 피하니 어느 겨를에 불태우고 살상하는 등의 일에 생각이 미치겠습니까. 이것은 청국인이 조그만 단서를 빙자하여 문제를 키운 것입니다. 이에 보고하니 살펴주기 바랍니다.

광무 6년 3월 22일

함경북도 회령군수 김하련

의정부찬정외부대신 각하

지령

도착했음. 6월 11일.

23 두만강의 관설 도선 설치에 따른 수세 문제의 처리 방향을 지시해달라는 보고

보고 제5호

화룡욕(和龍峪) 청국 독리(督理) 섭함분(葉含芬)의 조회를 접수하니, 그 안에서 "연강(沿江) 각 나루터에 배를 배치하는 사안입니다. 진원보(鎭遠堡), 수원보(綏遠堡), 영원보(寧遠堡), 안원보(安遠堡) 소속 각사(各社)에 대개 관도(官渡)를 설치해야 할 곳을 살펴서 각기 도선(渡船) 1호를 설치하고 그 나머지 연강 각지에는 사설 도선을 허락하지 않아 몰래 넘어가는 폐단을 막습니다. 이곳 백성들이 아침저녁으로 강을 건너는 것은 고르지 않습니다. 선호(船戶)는 돈을 받을 수 없고 단지 가을이 지난 다음에 곡식을 거두어 먹고살 수 있게 합니다. 먼 곳을 왕래하는 행인은 참작해 값을 받지만 억지로 요구할 수는 없습니다. 도선하는 곳을 설치하고 별도로 그 목록을 글의 말미에 첨부함과 아울러 도선장정(渡船章程)을 참작해 만들었습니다. 글을 갖추어 조회하니 번거롭겠지만 귀 교계관은 살펴보고 연강 각 군이 일체를 준수해 아래에 열거한 것을 시행하도록 지시해주기 바랍니다.

1. 안원보 소속 선화(善化), 덕화(德化), 상화(上化), 산계(山溪) 4사(社)의 각 나루터에 도선 1호를

설치함.

1. 진원보 소속 백석뢰(白石磊), 대두천(大肚川), 파리등(玻璃燈), 권하사(圈河沙), 초봉(草峰) 5곳의 각 나루터에 도선 1호를 설치함.
1. 수원보 소속 백옥(白玉), 백학(白鶴), 대월(對越), 대양(對揚), 무공(茂功), 무덕(茂德) 6사의 각 나루터에 도선 1호를 설치함.
1. 영원보 소속 개문(開文), 광풍(光風), 광종(光宗), 제청(霽晴), 제하(霽霞), 월랑(月朗) 6사의 각 나루터에 도선 1호를 설치함.

이상 각사(各社)의 나루터에 모두 21척의 도선을 설치하고 그 나머지 사설 도선 처소는 피차 조사하여 금지하도록 힘쓰기 바랍니다"라고 하였습니다.

가만히 살펴보니 이 안건은 과거에 비록 강가에 배치한 예가 있었을지라도 근래에는 경부(京部)에서 파원이 세금을 거두고 있습니다. 교섭 사무라 생각하여 갑자기 마음대로 허락할 수 없을 뿐더러 이치상 혹 구애됨이 있거나 나루터가 만약 급하게 필요하지 않다면 오로지 값을 받는 것으로만 하는 것은 도리어 강을 건너가는 근심을 만들 수 있으므로, 그 편리함 여부를 논의하여 신속히 보고하도록 앞서 6진과 연강 각 군수에게 훈령하였습니다. 이에 보고하니 살펴보고 본 경무서로 이속(移屬)시켜 이웃나라와의 교린을 돈독히 하게 할 뜻으로 특별히 지령해주기 바랍니다.

광무 6년 5월 18일

함경북도교계관 채현식

외부대신 각하

지령

청국 관원이 말한 관선 설치는 단지 저들의 강가만 다닐 수 있을 뿐 우리나라의 선행(船行)과는 무관하며, 선세(船稅)는 통신원(通信院)의 주관에 속하나 당당한 정세(正稅)는 원래 정해진 장정이 있으니 이속하는 문제는 갑자기 논의하기 곤란함. 6월 19일.

24 청국 관원이 군사를 대동해 우리 경계를 경유하여 지나가는 행위는 교섭상 필요하므로 조처해달라는 보고

보고 제6호

화룡욕(和龍峪) 독리(督理) 섭함분(葉含芬)의 조회를 접수하니, 그 안에서 무산 대안(對岸) 등지에 변경을 조사할 일이 있어서 초소를 순찰할 작정으로 우리 경계를 경유하겠다고 하였습니다. 그래서 교섭에 있어서 얼른 허가하지 않고 미루는 것은 어려운 점이 있습니다. 이번 행차가 우리 경계를 침범하는 것이 아니고 대개 가깝게 경유할 뿐더러, 각국을 막론하고 관원이 공무로 병정을 대동하고 총기를 들고 경계를 지나더라도 문서를 내주어 호송하는 것은 장정에 소상히 실려 있고, 우리나라 관원이 다른 나라에 갈 때에도 총검을 들고 몸을 보호하는 장비를 갖추는 것 역시 근거로 삼을 만한 예가 많습니다.

통행을 허가하여 지체됨이 없도록 할 일로 사실을 들어 종성진위대 참령(參領)에게 조회했더니, 곧바로 받아본 회답에서 번거로운 것을 없애고 요점을 뽑아보면 "청국 관원이 이미 사변(査邊)을 말하였으니 우리 영토에서 무언가 조사할 단서가 있어서 저것을 버리고 이것을 취한 것입니다. 일찍이 외국인이 지름길을 따라 마음대로 넘어온 까닭에 원수부에 보고하니, 그 지령 내에서 '원래 나라의 법이 있으니 각 분참(分站)에 각별히 지시하여 조금도 서로 넘어가서 싸움의 발단을 만들지 않게 하라'라고 하였고, 또 청국 관원과 정한 약속에서도 '양국 군인이 공문을 지니고 왕래할 때 각기 사복을 갖추고 살펴보는 데 구애받지 않는다'라고 하였습니다. 근래 연변이 조금 안정되어 외국 말과 외국 복장을 한 사람이 강을 건너 소요를 일으킬 수 없게 되었는데, 갑자기 이런 일이 생긴다면 어찌 변경 백성이 의아하여 놀라 두려워 할 단서가 되지 않겠습니까. 여기와 저기를 경유하는 사안은 진위대에서 마음대로 허락할 수 없기에 이에 회답하니 살펴본 후 귀 변계경무서에서 외부에 보고하여 원수부의 조처를 요청할 필요가 있습니다"라고 하였습니다.

연강의 계엄에 있어서는 조금도 이상한 것이 없으나, 영토를 접하여 서로 교섭하는 데 있어서는 돈독함을 잃는 것일 뿐만 아니라, 본 경무서의 사무는 월도(越島)를 전담하는데 이후 순검을 파견할 때 칼을 차고 갔다가 돌아오는 것이 가로막힐 우려가 없지 않습니다. 일이 혹 이렇게 되면 비적을 금지하고 도적을 잡는 방책은 쓸데없이 허명을 지키는 것이 되고, 백성을 보호하고 변경을 안정시키는 계책은 전혀 실효가 없게 됩니다. 이에 보고하니, 원수부에 조회하여 한국과 청국 사이에 금석지약(金石之約)을 정하고 변계경무서와 진위대 사이에 서로 맞지 않는 폐단이 없이 교린의 도리를 보존하게 하기를 바랍니다.

광무 6년 6월 2일

함경북도교계관 채현식

외부대신 각하

25 간도 일대에서 청국 관리가 치발을 강제하고 과도한 세금을 거두는 행위를 금지해달라는 보고

보고서 제7호

진수혼춘지방부도통장상화령(鎭守琿春地方副都統獎賞花翎) 춘(春)의 조회를 받았는데, 그 안에서 말하기를 『우리 흠명진수길림등처지방장군(欽命鎭守吉林等處地方將軍) 장(張)과 부도통(副都統) 성(成)의 자문에 따르건대, 「혼춘 소속 화룡욕(和龍峪)의 보고에 의하면, "월간(越墾) 연강 일대 지역은 한국과 이어져 겨우 강 하나를 사이에 두고 있는데, 광서(光緖) 16년(1890)에 청국 내에서 개간 토지를 조사해 불하를 받은 한민(韓民)은 일체 치발(薙髮)하도록 두루 지시하고 이미 우리나라의 판도(版圖)에 귀속시켰습니다. 어찌하여 지금 전쟁 피해가 발생한 후에 도리어 서로 축발(蓄髮)한단 말입니까? 강 남쪽을 향한 한국 백성과 비교하면 참으로 옳고 그름과 겉과 속을 숨기는 것이 간사해졌으니, 만약 방법을 강구하여 다스리지 않는다면 조사해 간사한 자를 제거하여 선량한 자를 편안하게 할 방법이 없을 뿐만 아니라 또 중국과 한국의 변민 사이에 미치는 해가 끝이 없을 것입니다"라고 하였습니다. 길림장군의 지시를 받들어야 하는데, 무릇 우리 판도에 예속된 월간한민(越墾韓民)은 응당 나라의 제도를 준수하여 일률적으로 치발해야 변계(邊界)를 깨끗이 하여 자세히 조사하는 데에 편하게 될 것입니다. 이후 강 남쪽에서 온 한국 백성이 월간(越墾) 및 무역에서 가옥을 임대로 빌리는 것은 허용하되 사적으로 가옥을 짓는 것은 허용하지 않는 것이 장정에 부합합니다」라고 하였습니다. 이에 의거하여 우리 화룡욕 월간국(越墾局) 섭(葉) 총리(總理)에게 지시하고 아울러 소속된 관원에게 효유해 처리하도록 하였습니다. 글을 갖추어 조회하니, 귀 교계관(交界官)은 번거롭지만 살펴보아 각부에 전달하여 인민에게 효유하여 일체를 알게 하도록 하는 것이 좋겠습니다』라고 하였습니다.

과거 경진년(庚辰年, 1880)과 신사년(辛巳年, 1881) 사이에 청국에서 초간국(招墾局)을 설치하고 땅을 빌려 백성을 기른다[借地養民]고 하였습니다. 그래서 우리 백성들이 먹는 것을 하늘로 여기는 근심을 참지 못하여 풍문을 듣고 호응한 자가 수만 명이었습니다. 친척과 떨어지고 분묘를 버리고 노소를 데리고 첩첩이 흘러들어갔습니다. 경인년(庚寅年, 1890)까지 10년 사이에 연강 상하 내외의 우리 백성으로 이사하여 살아가는 자가 10 중 8, 9이고, 청국 백성으로 불러와 사는 자는 100에 1~3에 지나지 않습니다. 전야(田野)를 크게 열고 마을이 번성하였는데, 갑자기 치발하라는 명령을 내리고 특히 한국 장정을 향갑(鄉甲)으로 정하여 장부에 모두 넣었으니 이것은 백성들을 속여 땅을 넓힌[拓地] 것입니다. 토지가 있으면 세금이 있음은 각국의 법규인즉 토지의 결수에 따라 세금을 거두는 것은 그러할 수 있지만, 호를 편제하고 머리를 깎는[編戶薙髮] 것은 또 무슨 까닭입니까. 이후 여러 해 동안에 강제 명령이 사연히 이완되어 우리 백성이 조금씩 머리를 기르고 우리의 의관을 하니 완전히 대한의 적자(赤子)입니다. 지금 해당 아문에서 다시 치발하여 판도 내로 혼입하여 우리 백성을 함께 관할하려 하니 반드시 적확한 공문이 있어야 합니다. 단지 화룡욕 독리의 보고에 의거하고 길림장군의 지시를 받들었다고 하고서 백성들을 어지럽히는 단서를 만들었습니다.

내강(內江) 등지에는 당초부터 각종 물목에 대해 수세 조치가 없었고, 연강 일대에서만 수세하여 어류, 소금, 쌀, 조, 포목과 사철(沙鐵), 그릇, 목재 등에 대해 세금을 거두어들이는 것이 거의 무한정이었습니다. 저들과 우리의 변계 백성을 막론하고 내지로 미곡을 무역할 때는 세관을 지나지 않을 도리가 없고, 소를 빼앗고 인민을 가두어 변경 백성들이 원망하며 떠들고 있습니다. 그래서 대면하여 상의하거나 글로 조회해도 미봉에 그칠 뿐만 아니라 종내 실효가 없어서 억누를 방법이 없습니다. 그리고 각국 백성이 우리 내지에 와서 사는 것에 대해 말하더라도, 가옥을 건축하고 농사를 짓는데 곧 자기 나라의 옷을 입을 뿐이고 억지로 장발하여 한복을 입으라고 하지 않습니다. 생각하건대 이곳 변경에서 유독 치발의 제재를 당하고 전에 없던 세금을 억울하게 징수당하니 수만의 백성이 흩어질 마음을 품고 있습니다. 참으로 걱정이 되어 이에 사실을 들어 보고하니, 살펴보고 청국공사관에 조회한 후 별도로 규칙을 만들어 내려보내서 변경을 편안히 하고 백성을 보호할 수 있게 하기를 바랍니다.
광무 6년 6월 5일

함경북도교계관 채현식

외부대신 각하

지령 제7호

이미 청국공사에게 공문을 보내어 길림성에 자문해달라고 하였으니 조복(照覆)을 기다려 다시 훈령하겠음. 7월 16일.

26 변계경무서 교계관 김병약을 기복하도록 지시해달라는 보고

보고서 제8호

본도 교계관(交界官) 김병약(金炳若)이 기복(起復)하라는 명령을 비록 전보로 통지한 것을 받들었으나, 공문이 내려오기 전에는 업무를 보기 몹시 어렵습니다. 현재 변계경무서의 업무가 날로 분주하여 한 사람이 혼자 주관하는 것은 형세상 할 수 없어 일이 몹시 안타깝고 답답합니다. 이에 보고하니 살펴보고 신속하게 훈령하여 경무서의 업무를 함께 주관하는 데 구애됨이 없도록 하기 바랍니다.
광무 6년 6월 5일

함경북도교계관 채현식

외부대신 각하

27 변계 백성을 조사하도록 시찰 이범윤을 파견한다는 훈령

광무 6년 6월 20일 기안

훈령 제6호

내부대신의 조회에서 "한국과 청국의 변계(邊界)인 길림(吉林) · 토문(土們) · 흑룡(黑龍) 이북 등지에 흘러들어 사는 우리나라 백성이 거의 수만 호(戶)인데, 이번에 대황제폐하께서 기로사(耆老社)에 들어가신 후 조정 관리 4품으로 70세 이상, 사서인(士庶人)으로 80세 이상인 사람을 특별히 가자(加資)하라는 처분이 있었습니다. 해당 변계에 사는 백성 지용규(池龍奎) 등이 그곳의 백성 나이 80세 이상인 자는 함께 은택을 입기를 청원하였기에, 우리 내부에서 그곳에 사는 백성의 인구 다소 및 외로움과 고통을 살펴 위로하고 그중 가장 합당한 노인을 일체 조사하기 위해 종3품 이범윤(李範允)을 특별히 시찰(視察)로 임명하여 파견하여 보냈습니다. 이곳은 한국과 청국의 변계이므로 해당 관원이 순찰 조사할 때 외교상 간섭이 없지 않을 것입니다. 이에 조회하니, 살펴본 후 교계관(交界官)에게 훈령하여 처리하게 하기를 바랍니다"라고 하였습니다.

이에 의거하여, 훈령하니 해당 관원이 청국 변계에 가서 사는 우리나라 백성을 조사할 때에 방해되는 단서가 없도록 방법을 마련해 처리하고 그 형편을 보고하기 바랍니다.

광무 6년 6월 20일

의정부찬정외부대신임시서리철도원총재 유기환

함경북도교계관 채현식 · 경흥감리 변정상

28 간도시찰 이범윤의 파견에 따른 준비 사항 보고

보고 제9호

금년 6월 20일자 제6호 훈령에서 「내부대신의 조회를 받아보니, "한국과 청국의 변계(邊界)인

길림(吉林)·토문(土們)·흑룡(黑龍) 이북 등지에 흘러들어 사는 우리나라 백성이 거의 수만 호(戶)인데 이번에 대황제폐하께서 기로사(耆老社)에 들어가신 후 조정 관리 4품으로 70세 이상, 사서인(士庶人)으로 80세 이상인 사람을 특별히 가자(加資)하라는 처분이 있었습니다. 해당 변계에 사는 백성 지용규(池龍奎) 등이 그곳의 백성 나이 80세 이상인 자는 함께 은택을 입기를 청원하였기에 우리 내부에서 그곳에 사는 백성의 인구 다소 외로움과 고통을 살펴 위로하고 그중 가장 합당한 노인을 일체 조사하기 위해 종3품 이범윤(李範允)을 특별히 시찰(視察)로 임명하여 파견하여 보냈습니다. 이곳은 한국과 청국의 변계이므로 해당 관원이 순찰 조사할 때 외교상 간섭이 없지 않을 것입니다. 이에 조회하니, 살펴본 후 교계관(交界官)에게 훈령하여 처리하게 하기를 바랍니다"라는 내용이었습니다. 이에 의거하여 훈령하니 해당 관원이 청나라 변계에 가서 우리 백성을 조사할 때 장애가 없도록 조처하고 형편을 보고하기 바랍니다」라는 내용이었습니다. 시찰 일행이 간도 등지에 가서 우리 백성을 조성하는 것은 삼가 칙명(勅命)을 받든 것입니다. 연도의 각 초소에 공문을 보내어 급히 지시하여 장애가 없도록 하며, 각별히 보호하여 영구히 화목을 닦을 뜻으로 또한 혼춘부도통아문(琿春副都統衙門)과 화룡욕독리(和龍峪督理)에게 글을 갖추어 조회하고 통역 1인을 미리 별도로 파견하였기에 이에 보고합니다.

광무 6년 7월 29일

함경북도교계관 채현식

외부대신 각하

지령 제8호

알았음. 10월 24일.

29 간도시찰 이범윤의 간도 파견에 대해 혼춘아문 등에서 상부의 지시가 없어 허락할 수 없다고 전해왔다는 보고

보고 제10호

시찰 일행이 간도로 앞서 들어갈 때에 혼춘아문과 독리처(督理處)에 조회한 사유는 이미 보고하였습니다. 받아본 혼춘부도통아문의 조복(照覆) 내에서 『귀 교계관의 조회에서 「우리 외부의 지시를 받아보니, "삼가 칙명을 받아, 이번에 길림 · 토문 · 흑룡 이남 등지로 흘러들어 사는 우리 백성이 거의 수만 호에 이르러 백성의 인구 다소 및 외로움과 고통을 순찰하여 위로하고 그 가운데 자급(資級)을 올려주기에 합당한 노인을 조사하여 조정이 아끼는 마음을 보여주고자 종3품 이범윤을 특별히 시찰로 임명하여 파송합니다"라는 내용이었습니다. 이에 의거하여 살펴보니 북쪽을 염려하는 성념(聖念)이 이와 같이 간절하니 삼가 받들어 두 손 모아 비는 마음을 이기지 못하겠으며, 이웃나라와의 돈독함을 위해 누가 감사하며 찬탄하지 않겠습니까? 해당 관리가 한민(韓民)이 개간한 곳에 가서 조사할 때 연도 각 초소에 공문을 보내어 지시를 전하여 장애가 없도록 하며, 각별히 보호하여 더욱더 화목함을 지키어 혹 불화스러운 일이 없게 하기 바라며 삼가 조복(照覆)을 기다리겠습니다」라는 내용이었습니다. 이를 살펴보니 귀국 사신이 경계를 넘어 백성을 어루만지는 것은 은덕을 보여주는 것입니다. 그러나 본 부도통(副都統)은 아직 상부의 분명한 공문을 받들지 못하여 솔선하여 따르기 어려워서 이미 상세한 것을 요청했습니다. 우리 군서(軍署)의 회답 지시가 도착하는 날이 되어 다시 살펴 처리할 것이니, 잠시 정지함으로써 나라의 교제와 우의를 돈독히 하기 바랍니다. 이에 따라 회답하니 살펴 시행하기 바랍니다』라고 하였습니다.

독리처의 조복 내에서는 "귀국 위원 이범윤이 앞서 월간지(越墾地)에 와서 흘러들어가 사는 한민(韓民)을 순찰하겠다는 내용으로, 응당 귀국 외부에서 공문을 보내어 길림장군이 저희에게 공문을 보내어야 이를 가지고 보호할 수 있습니다. 이것은 곧 이웃나라와의 사신 왕래에 정해진 장정(章程)으로서, 변계관이 피차 왕래하는 통상의 형편과는 비교할 수 없습니다. 이에 앞서의 내용에 의거하여 저 독리(督理)는 아직 분명한 공문을 받지 못하여 비추어 허락하기 어려우며, 군헌(軍憲)에 보고하여 지시를 기다렸다가 다시 조회하겠습니다. 아울러 글을 갖추어 조복합니다"라는 내용이었습니다. 이에 베껴서 보내니 본 보고에 비추어 살펴주기를 바랍니다.

광무 6년 8월 24일

함경북도교계관 채현식

외부대신 각하

지령 제9호

알았음. 10월 24일.

30 한국 백성에 대한 치발역복 조치를 잠시 중지하도록 요청했다는 보고

보고 제11호

월간민(越墾民)의 치발(薙髮) 문제는 이미 보고하여 현재 지령을 받았으며, 혼춘부도통의 조복을 받아보니 그 안에 「귀 교계관의 조회에서 "경계를 건너 거주하는 한민의 치발에 관한 문제는 과거에 이미 다시 조회하였으나 아직 회답을 받지 못하여 몹시 걱정스러우며, 현재 들으니 화룡욕(和龍峪) 섭(葉) 독리(督理)가 길림장군의 지시로 각사(各社)에 고시하고 장차 치발하겠다고 말하여 변경 백성을 놀라게 하였으니 이 무슨 까닭으로 억지로 치발하는 급박한 조치를 합니까. 지난번 귀 아문의 조회에 따라 우리 외부에 보고하였으나 아직 회답을 받지 못하였는데, 응당 우리 황성에 주재하는 귀 공사관과 논의하여야 합니다. 가부간 재결(裁決)이 아직 있지 않아서 그러한 것입니다. 양국 정부가 상호 타당함을 취하여 적확한 공문이 있은 연후에야 치(薙)나 불치(不薙)하여도 늦지 않을 것입니다. 다만 군헌(軍憲)의 지시로 강제로 치발과 역복(易服)을 거행하여 이웃나라와의 화목함을 손상시킬까 걱정됩니다. 이에 거듭하여 조회하니, 귀 부도통은 번거롭지만 살펴 시행하여 독리국(督理局)에 지시를 전하여 특별히 잠시 치발을 정지하고 즉시 조복(照覆)해주기를 바랍니다"라고 하였습니다. 첫 조회에 의거하여 이미 상세한 것을 전달한 문안이 있으나 아직 회답문서를 받지 못하였습니다. 지금 앞서의 내용에 따라 우리 군서(軍署)에 보고함과 아울러 우리 화룡욕 독리에게 지시하여 잠시 정지하도록 하였으며, 이에 상응하여 조복합니다」라고 하였기에 살펴주기 바랍니다.

광무 6년 8월 24일

함경북도교계관 채현식

외부대신 각하

지령 第10호

전에 이미 주경청국공사(駐京淸國公使)에게 공문을 보내어 길림 혼춘아문(琿春衙門)에 자문을 전달하여 억지로 치발하지 못하게 하였거니와 이후의 형편을 수시로 보고할 것. 10월 24일.

31 무산과 회령 대안 지역에서 청비의 한인 약탈 행위에 따른 군사 조치 필요성 보고

보고 第11호

현재 받은 무산의 상강분서(上江分署) 총순(總巡) 안수익(安壽益)의 보고에서, "음력 8월 10일 상오 10시에 월변(越邊) 산성령(山城嶺) 위에서 대포 소리가 함께 청비(淸匪) 수백 명이 대안의 차대곡촌(砟大曲村)으로 돌입하여 무수히 총을 쏘며 마을을 돌아다니며 구타하고 협박하여 장정들을 결박하여 어디를 향해 갔는지 알 수 없고, 남은 백성은 놀라 도망하여 흩어지는 고로 먼저 급히 보고합니다"라고 하였습니다. 계속해서 받은 해당 분서의 보고에서, "총순이 직접 간도(間島)에 가서 해당 동네가 소요를 겪은 형편을 살펴보니, 총에 맞은 자 7명 가운데 이재실(李才實)은 그 자리에서 죽었고, 장석리(張錫利) · 최용손(崔龍孫)은 흉부에 총알을 맞아 목숨이 경각에 달려 있고, 그 나머지 4명도 또한 총을 맞아 놀라고 전율하여 위태로운 상태에 있고, 포박되어 잡혀간 자 41명 가운데 김병섭(金秉燮) · 이언식(李彥植) · 엄홍세(嚴弘世) 등 3명은 중간에 풀려나 돌아왔으나 모두 정신줄을 놓아 말을 하지 못하고, 기타 우마와 재산, 도망한 노소와 부녀는 모름지기 어느 곳에 사는지, 어느 골짜기에서 굶어죽었는지를 알지 못하였습니다. 해당 동네가 텅 비어 있으므로 잠시 상세히 물어보지 못하였으나, 풀려 돌아온 김병섭의 말을 대략 들으니 비도가 유동(柳洞) 옆 맹가동(孟哥洞) 청국인 움막에 모여들고 그 세가 점점 커져 장차 연강 상하에 그렇지 않은 곳이 없을 모양이라고 운운하였습니다. 일이 이미 여기에 이르고 보니 아침저녁으로 두렵고 걱정되어 사실에 의거하여 보고합니다"라는 내용이었습니다.

이에 의거하여 살펴보니, 비도의 약탈이 현재 과거와 같지 않아 아직까지 이번의 형세와 같은 적이 없었으니 몹시 심대한 재난입니다. 적비(賊匪)를 막고 백성을 보호할 방책이 전혀 없는 이때에, 다시 회령 대안 등지에 비도가 혹 수백 수십 명씩 무리를 만들어 현재 모모(某某) 마을을 이루고 닭과 곡식을 달라고 독촉하고 병기를 바치도록 독촉한 것이 몇 차례인지 알지 못할 정도여서, 백성들이 모두 놀라워하고 있었습니다. 사로잡힌 조기정(曺基貞) 삼부자와 소위 패두(牌頭) 한 명이 돌아다니다가 서내동(西乃洞) 옆 사승포(四昇浦) 장암(獐岩)에 도착해보니 그 소굴은 곧 무산과 회령 양 경계가 서로 만나는 곳이라 말하였습니다. 조가(曺哥)의 두 자식을 가두어 인질로 삼고 기정과 패두 두 명을 석방해주면서 말하기를, 청국 돈 5천 냥과 육혈포 5자루를 기한을 정하여 와서 바치면 두 자식은 응당 풀어주겠지만 만약 바치지 않으면 그곳에 사는 백성은 곧 우리들이 조처하는 여부에 달려 있을 것이라 하였습니다. 무산간도에서 잡아간 38명을 종내 풀어주지 않고 말하기를, 양은(洋銀) 2만 개, 쾌창 50자루, 탄환 1자루에 300개, 동포자(銅砲子) 2만 개, 양약(洋葯) 2백 포를 바쳐 목숨을 구하라고 운운하였습니다.

들으니 몹시 놀라워 우선 전보로 보고하였더니, 근일 장마로 물이 불어 전신주가 넘어져 통신할 수 없어서 전보문을 돌려보내었으니 일이 몹시 황망하며, 이미 비도를 토벌하겠다는 뜻으로 혼춘부도통과 화룡욕 독리처에 글을 갖추어 조회하였습니다.

현재 받아본 독리 섭(葉)의 회답문에서, "호비(鬍匪)의 소요로 민생을 해치고 멋대로 약탈하니 실로 한스럽습니다. 토벌해 없애지 않으면 도로가 경색될 것입니다. 군헌(軍憲)에 보고하여 신속하게 군대를 파견할 것을 청하였으니, 회동하여 가서 토벌하여 유민(莠民)을 제거하고 양민을 편안하게 해야 합니다"라는 등의 말이 있었으나 아직 깊이 믿을 수 없습니다. 호비가 더욱더 창궐해도 토벌할 방책이 없으면 건너가 사는 약한 백성이 큰 방 안에 있는 제비가 아니며, 독 안의 쥐가 아니겠습니까? 이에 보고하니, 살펴보고 원수부(元帥府)에 조회하여 파병해 내쫓으라는 뜻으로 종성진위대 참령에게 지시하여 백성을 구해내고 변경을 안정되게 하기를 바랍니다.

광무 6년 9월 27일

함경북도교계관 채현식

외부대신 각하

지령 第11호

보고에 따라 군무국(軍務局)에 공문을 보냈으니 종성진위대에 지시를 전하여 파병해 토벌할 것. 10월 24일.

32 시찰 이범윤의 월계 방침을 청 지방관이 수용하지 않았다는 보고

보고 第12호

화룡욕독리(和龍峪督理) 섭(葉)의 조회 내에서 〈금년 8월 19일 군독헌(軍督憲)의 편지를 받드니, 그 안에서 교섭총국(交涉總局)이 기안해 올리는 바 『헌태(憲台)께서 내려주신 것을 삼가 받듭니다. 화룡욕(和龍峪) 무간총리(撫墾總理) 섭함분(葉含芬)이 아뢴 것에 따르면, 「광서(光緖) 28년(1902) 6월 29일 한국 경무관 채(蔡)의 조회에서, 현재 받은 외부(外部)의 지시에 "삼가 칙명(勅命)을 받들어 이번에 길림 · 토문 · 흑룡 이남 등지로 흘러들어 사는 우리 백성이 거의 수만 호에 이르러 인구의 다소 및 외로움과 고통을 살펴보고 위로함으로써 조정이 아끼는 마음을 보여주고자 종3품 이범윤을 특별히 시찰로 정하여 파송한다"라는 내용이었습니다. 이를 살펴보니, 한국 위원 이범윤이 월간지(越墾地)에 와서 흘러들어 사는 한민을 순찰하는 일로서 응당 그 나라의 외부에서 공문을 보내어 헌태(憲台)가 저희 관서에 지시하여야 의거해 보호할 수 있습니다. 이는 곧 이웃나라와의 사신 왕래에 정해진 장정(章程)으로서 변계관이 피차 왕래하는 통상의 형편과는 비교할 수 없습니다. 이에 앞서의 내용에 의거하여, 독리(督理)인 제가 아직 분명한 공문을 받지 못하여 비추어 허락하기 어려우며 부헌(副憲)에게 보고하지 않고 곧 월계한다면 이웃나라와의 화목함을 잃게 될 것이니 응당 출사(出使) 한국대신에게 서둘러 자문을 보내도록 요청하여 해당 정부에 전달하여 조약에 의거하여 저지해주십시오」라는 내용으로 본 군(軍) 장(將) 부도통에게 도착하였습니다. 이에 의거하여 출사 한국대신에게 자문(咨文)하고 혼춘부도통이 살펴봄과 아울러 서둘러 찰칙(札飭)하니 편지가 해당 총리에게 도착하면 즉시 의거해 시행할 것이 요구됩니다』라고 하였는 바, 이를 받들어 글을 갖추어 조회합니다〉라고 하였습니다. 이에 베껴서 보고하니 살펴주기 바랍니다.

광무 6년 9월 27일

함경북도교계관 채현식

외부대신 각하

지령 第12호

이미 청국공사에게 공문을 보냈으나, 그 회답에서 청국 관리가 강을 건너는 것을 한국 군관이 허락하지 않았으므로 한국 관리 역시 월계함이 타당하지 않다고 하였음. 본 외부에서도 역시 어찌해야 할지 알 수 없으니 해당 위원과 논의해 처리할 것. 10월 24일.

33 무산 · 회령 대안의 비도를 토벌하기 위해 양국 변경의 군사를 동원하자는 혼춘부도통의 공문이 있었다는 보고

보고 第13호

무산 · 회령 대안 등지에 비도(匪徒)가 치성하여 사람을 다치게 하고 재산을 빼앗으며 사람을 묶고 재물을 토색하는 폐단을 원수부에 이조(移照)하여 병사를 내어 내쫓게 해달라는 뜻으로, 지난달 27일 사실에 의거하여 보고하였습니다.

지금 받은 혼춘부도통의 조복 내의 말미에서, "이에 의거하여 살펴보니 우리 길림 변경 일대가 땅이 넓어 도적이 봉기하고, 혼춘 소속은 더욱더 산이 깊고 숲이 빽빽하여 사통팔달 모든 곳이 길입니다. 비록 토벌하라고 누차 여러 곳에 지시했지만 여기서 사로잡으면 저기서 숨어버려 불꽃처럼 더욱 치성하였고, 근래에는 관군을 파견하여 우리 경내에서 적도와 교전을 거듭하여 사로잡아 베고 군진에서 죽인 자가 부지기수였습니다. 그러나 부상을 당한 관병이 또한 적지 않으니, 지금 다시 각 부대에 엄히 지시하여 월간 경계 내에 신속하게 가서 토벌해 정리하고 비류(匪類)를 모두 없애기를 힘써 기약하여 민생을 구하기를 바랄 뿐입니다. 이를 조회하니, 귀 교계관은 살펴보고 연변 각 부대에 지시하여 각기 접계(接界) 지방에서 힘을 합쳐 방어하여 소요를 면하는 것이 좋겠습니다. 이에 조회합니다"라고 하였습니다. 이에 보고하니 살펴주기를 바랍니다.

광무 6년 10월 11일

함경북도교계관 채현식

외부대신 각하

34 월간한민에 대한 치발 조치는 과거 청국에 입적한 자에 한정한다고 하니 청국 호적에서 벗어나도록 도모하라는 훈령

광무 년 월 일 기안

훈령 第13호

청국공사의 조회를 받아보니, 「과거 받은 귀 조회는 혼춘 등지의 월간한민을 치발(薙髮)하는 문제에 관한 자문으로, 이에 의거하여 길림장군에게 전달한 것이 문서로 있습니다. 그 회답에 따르면, "한국 백성이 월간한 지 여러 해가 되어 이미 치발입적(薙髮入籍)하고 더불어 관리로 나가는 자도 있었습니다. 근년에 길림성이 다단하여 해당 백성들이 다시 축발(蓄髮)하는 자가 있어서 이 때문에 치발하게 하여 조사에 편리하게 하였으며, 미치발(未薙髮)한 자에게 강제로 명령하여 치발하게 하는 것은 아닙니다"라고 하였습니다. 살펴보니 해당 백성들이 종전에 이미 치발하여 호적에 속하기를 원하였으므로 이번에 명령한 것은 이미 치발하고도 다시 축발하는 자를 가리켜 말한 것입니다」라고 하였습니다. 이를 살펴보니 이미 입적한 자 외에는 감히 일률로 억지로 치발할 수 없을 것입니다. 이에 훈령하니, 백성들에게 효유하여 청국 호적에서 벗어나도록 힘써 도모하는 것이 좋겠습니다.

광무 6년 10월 29일

의정부찬정외부대신임시서리궁내부특진관 조병식

함경북도교계관 최남륭 좌하

35 임지에 도착했다는 교계관의 보고

보고 제1호

본관이 당일 임지에 도착하였기에 이에 보고합니다.

광무 6년 11월 6일

함경북도교계관 최남륭

외부대신 각하

지령

알았음. 12월 13일.

36 무산 · 회령 대안의 한인들이 청비에게 피해를 입었으며, 진위대와 경무서가 공동으로 군사 조치를 취할 필요가 있다는 보고

보고 제2호

이번 8월 10일 무산 대안(對岸) 덕화사(德化社) 차대곡부(硨大曲部)의 백성들이 비적들에게 약탈을 당하여 인명이 손상되고 재물과 가축을 잃어버린 사건을 전임 관리가 재임할 당시에 사실에 의거하여 보고하였습니다. 삼가 받아든 지령에서, "보고에 의거하여 군무국(軍務局)에 공문을 보냈으니 마땅히 종성진위대에 지시를 전하여 파병해서 적을 막고 토벌할 것"이라고 하였습니다.

현재까지 몇 개월이 지났지만 지금 진위대에서 파병해 비적을 토벌하는 움직임이 없어 몹시 애가 타고 답답합니다. 이에 청국 관리에게 글을 갖추어 조회한 것이 비일비재하였습니다. 결박되어 잡혀간 백성 41명을 먼저 풀어서 돌려보냈고, 약탈당한 재산과 가축 가운데 소 12마리, 말 2마리는 추후에 찾아 돌아왔으니, 백성들을 보호하고 변경을 편안히 하는 처지로서는 실로 다행이었습니다. 이번 변경의 소요를 살펴보니 이미 본관이 변계경무서에 도착하기 전에 발생하였습니다. 사정을 탐문해보니 놀라움을 이기지 못하여 그곳에 직접 가서 노소(老少)의 주민들을 어루만져주고 그 거처를 편안하게 하였습니다. 그중 이재실(李才實)이 결국 목숨을 잃기에 이른 것은 몹시 참혹하여 부조를 보내고 장사를 도왔습니다. 백성들이 이미 돌아왔으니 약탈당해 흩어진 재산을 생각하지 않을 수 없습니다. 여러 백성을 모아놓고 잃어버린 재물을 일일이 조사해보니, 1동(洞) 77가(家) 남녀의 의복 · 포목 · 은화 · 유기 등 각종 살림살이는 번거로워 기재할 수 없습니다만, 우선 41명이 인질로 잡혀 있을 때 강제로 거두어 간 은 1,045원, 손가락지 85쌍, 한국 돈 1,120여 냥은 다시 청국 관리에게 조회하여 처리하였습니다.

진위대가 파병하는 안건에 대해서는 번번이 일이 생길 때마다 외부에 보고해 전달하고 파병하는 것이 여러 날이 걸려 항상 미치지 못할까 우려됩니다. 지금 이후로는 만약 변경에서 적의 침입이 있으면 진위대와 변계경무소가 함께 기회를 보아 병사를 사용할 뜻으로 군무국에 이조(移照)하여 종성진위대 참령에게 엄격하고 분명하게 공문을 보낸 후 일이 있을 때마다 서로 호응하도록 별도 규정을 정하는 것이 공평할 듯하기에, 이에 보고하니 살펴주기 바랍니다.

광무 6년 11월 24일

함경북도교계관 최남륭

외부대신 각하

37 청국 호적에 편입된 한인에게 치발 조치가 진행되는 만큼 청국 호적에서 벗어나도록 한민에게 권유했다는 보고

보고 제3호

삼가 받은 훈령 내에서, 『청국공사의 조회를 받아보니, 「과거 받은 귀 조회를 받으니, 혼춘 등지 월간한민(越懇韓民)의 치발(薙髮)에 관한 것으로서 이를 길림장군에 전달하였는데, 그 회답에서 말하기를 "이런 종류의 유민은 월간한 지 여러 해가 되어 오랫동안 치발하고 편적(編籍)하여 양곡을 받았으며 아울러 입적(入籍)하고 관리로 나간 자도 있습니다. 근년에 길림성에 일이 다단하여 해당 백성들 가운데 다시 축발(蓄髮)하는 자가 있어서 이 때문에 치발하게 하여 조사에 편리하게 하였으며, 결코 미치발(未薙髮)한 자에 대해 강제로 명령한 것이 아닙니다"라고 하였습니다. 살펴보니 해당 백성들이 종전에 이미 치발하여 호적에 속하기를 희망한 지 여러 해가 되어, 그 습관이 서로 편안하고, 조금도 강제가 없었습니다. 이번에 명령한 치발은 곧 이미 치발하고도 다시 축발한 자를 가리켰음을 알 수 있다고 말하니, 원래 안업(安業)하는 뜻에서 나온 것입니다」라고 하였습니다. 이를 살펴보니 이미 입적한 자 외에는 필시 일률로 치발할 수 없을 것입니다. 이에 훈령하니 백성들에게 효유하여 청국 호적에서 벗어나도록 힘써 도모하는 것이 좋겠습니다.』라고 하였습니다.

지금 변계 대안의 각지에 계속 치발하여 청국 옷을 입은 자는 10여 호에 지나지 않고 모두 한적(韓籍)에 복구한 자이므로 훈령의 뜻을 가가호호 효유하여 각기 분수를 지키고 즐거이 산업에 종사하게 하였고, 아울러 각사(各社)의 일을 잘 아는 자에게 훈령을 알리도록 지시하였습니다. 이에 보고하니 살펴주기 바랍니다.

광무 6년 11월 24일

함경북도교계관 최남륭

외부대신 각하

38 월간한민의 안정을 도모할 방책을 담은 소장을 올린다는 보고

보고 제4호

본관이 경무서에 도착한 지 여러 달에 상하강(上下江) 분서(分署)의 상황을 살펴보기 위해 차례로 순찰하는 길에 각 대안 변민의 외로움과 고통을 상세히 탐문하였습니다. 청국 관리가 각종 세금을 거두는 것이 끝이 없고 비적의 갑작스러운 약탈이 끊이지 않아 하루도 없는 날이 없는데, 우리 백성들이 속수무책으로 당하고 있으니 오리가 닭 무리에 들어가 있는 것 같고 새우와 고래가 싸우는 바다와 같습니다. 호구의 다소는 한국인이 10 중 8, 9이오나 형세의 강약은 청국인이 1당 천, 백으로 우리 백성이 의지할 것이 없음을 업신여겨 협박해 멸시하기를 조금도 꺼리는 바가 없습니다. 고향을 생각하는 마음이 절실하나 먹고사는 문제와 관계되어 모욕을 참고 받으면서 고통이 골수에 사무친 지 오래되었습니다. 이를 막을 방법을 생각하되 아직 마땅한 좋은 묘책을 얻지 못하여 늘 마음속으로 그 하나를 생각하는 중에 연강 각 군 대안 거주민들의 연명 소장을 접하였습니다. 그 안에는 대체로 하나하나 조목마다 이치가 있고 많은 백성들의 말마다 이상한 것이 없었습니다. 시세를 적절히 고려하여 과연 민원에 부합하게 된다면 어찌 단지 민생의 이익만 되겠습니까. 또한 장차 국가의 공용이 될 것입니다. 일이 신중함과 관계되어 진실로 자세히 듣고 심리하기 어려우나 이미 백성을 편안하게 하는 책임과 관계되어 또한 민원을 허투루 내버려둘 수 없기에, 원 소장을 끝에 첨부하여 이에 보고하니 살펴보고 별도로 울타리를 튼튼히 할 방도를 도모하기 바랍니다.

광무 6년 12월 31일

함경북도교계관 최남륭

외부대신 각하

39 러시아가 압록강과 두만강의 삼림 채벌을 개시함에 따라 변경 각 군이 협조하라는 훈령

광무 7년 3월 7일 기안

훈령 제1호

귀 관하 두만강변 소유 삼림은 러시아공사와 합동(合同)한 지 이미 여러 해가 되었습니다. 현재 러시아공사의 조회를 받아보니, "삼림회사 사원들이 그곳에 도착하여 막 공역(工役)을 시작하였습니다. 그곳 지방관에게 지시하여 해당 사원들을 각별히 도와주고 예를 두텁게 하여 대우하기 바랍니다"라고 하였습니다.

이에 훈령하니 살펴보고 무산군수에게 지시를 전하여 해당 회사원이 각 지방에 도착하면 마땅히 일이 일어나지 않도록 하는 것이 좋겠습니다.

광무 7년 3월 7일

의정부찬정외부대신서리육군부장 이도재

함경북도관찰사 서정규

40 한인 포수가 무산 대안에서 사망한 사건의 처리 보고

보고 제5호

지난 3월 19일에 받은 무산군수 지창한(池昌翰)의 보고 내에서, 「본 군 하면(下面) 백성 김치봉(金致奉)과 김자관(金子官) 등이 마침 아뢰기를, "치봉의 형 김기봉(金基奉)과 김자관의 오촌 숙부인 김용락(金容洛) 등은 사포(私砲)로서, 두만강 북안의 휘풍동(揮風洞)에 사냥을 갔습니다. 여러 날이 되어도 돌아오지 않아 마음에 의혹이 들어 뒤를 쫓아 청국인 생화복(生化福)의 방 앞에 이르렀습니다. 생화복과 떠돌아다니는 몇 사람이 사발을 들고서 방 내부를 청소하였으나 혈흔이 땅을 적셨고, 그 떠돌아다니는 몇 사람이 길을 닦는다면서 그 방에서 50여 보의 거리에 물이 빠진 곳을 평토한 모양이어서 충분히 의혹이 들었습니다. 그 까닭을 힐문하니, 생화복이 답하기를 도로에 나무를 끌고가기 위해 치도할 필요가 있었다고 하는 언사가 몹시 수상하였습니다. 의혹이 더욱 심하여 그 물이 빠진 곳을 파보니 과연 본인들의 형과 숙부의 시신이 있었는데, 두개골이 파쇄되고 온몸 상하의 상흔으로 보아 분명히 그 자리에서 절명한 것이었습니다. 곧바로 대안의 우리 한인 촌민을 불러 생화복, 마금탁(馬金鐸), 그리고 이름을 알지 못하는 이가(李哥)를 결박하고 시신을 운반해 각기 본인의 집 뒤에 두고 해당 호적(鬍賊) 3명을 잡아서 관문에 도착하였으니, 엎드려 바라건대 법으로 처치해주십시요"라는 내용이었습니다. 곧 생화복 등 3명의 흉범을 수차례 신문하니 생화복이 정범임을 자복하였고, 마가와 이가는 횡설수설하고 꾸며내어 벗어나려 하였으니, 이는 흉악한 마음이 뱃속에 있는 것이 둘이자 하나였습니다. 두 자루의 양총(洋銃)이 하등 보물이 된다고 사람 죽이기를 가볍게 하였으니, 이들이 호적이 아니면 누구를 가리켜 호적이라 하겠습니까? 진실로 법에 의거하여 포살해야겠지만 일이 변안(邊案)과 관계되므로, 상강분서(上江分署) 총순(總巡) 안수익(安壽益)을 불러와서 해당 범인 3명을 합동 신문한 후 취조한 진술서를 끝에 첨부하여 보고하니 살펴보고 심판하기를 바랍니다」라는 내용이었습니다.

이에 따라 살펴보니 해당 호적이 무산군 관정(官庭)에서 자복한 공초가 몹시 적확하나, 인명을 중시하고 살인사건을 신중하게 처리하기 위해 다시 진술을 받았습니다. 생화복은 말로 신문하니 이실직고하였고, 마가와 이가 등은 오직 법률에 의거해 처분하기를 바란다는 첫 번째 진술과 두 번째 진술이 조목마다 서로 부합하였습니다. 그리고 또한 그 자리에서 살인사건이 일어난 기색으로 말하더라도 물로 피를 씻어냈지만 없애지 못한 흔적은 천라지망에 물샐 틈이 없고, 시신을 옮겨 땅에 묻은 것이 자연스럽게 드러난 흔적은 실로 신이 보더라도 숨길 수 없습니다. 그리고 저들 무리가 사람을 죽이고 재산을 빼앗는 행위가 종종 있는 일이라 하지만, 살인이 일어난 것이 심하였고 심지어 한 구덩이에서 두 시신을 수색해 찾아냈으니 어찌 이같이 몹시 잔혹한 일이 있겠습니까? 이들 호적들의 패륜적인 죄는 결코 잠시라도 인간세상에 있도록 하기 어렵습니다.

오호라, 저 생화복은 비적의 수괴이자 호적의 주창자입니다. 잇따라 드러나 잡아들였으니 응당 법률에 따라 처리해야 합니다. 죽여 없애어 원한을 갚는 데 있어서 피차간 차이가 없지만, 일이 변안에 관계되어 먼저 저들의 법에 비추어 안건을 마무리하는 것이 사리에 맞습니다. 그래서 이미 3월 23일에 연집강(烟集岡) 조종한(趙宗翰) 아문에 서둘러 조회하였고, 동월 28일 회답문을 보내왔습니다. 해당 안건 가운데 마가와 이가 두 놈은 저들의 법정으로 잡아 넘기고, 생화복 호적 한 놈은 해당 군으로 잡아 보내어 2명이 변을 당한 곳 근처에서 죽은 자의 가족이 함께 보는 중에 즉시 원한을 갚게 하였습니다. 원 조회와 저들의 회답 및 비도들의 공초를 작성하여 보고하니 살펴주기 바랍니다.

광무 7년 4월 10일

함경북도교계관 김병약 · 최남륭

외부대신 각하

조회초(照會草)

조회하는 일입니다.

접수한 무산군수 지창한(池昌翰)의 보고 내에서 「본 군 하면(下面) 백성 김치봉(金致奉)이 아뢰기를, "김치봉의 형 김기봉(金基奉)은 사포(私砲)로서, 두만강 북안의 휘풍동(揮風洞)에 사냥하러 갔습니다. 여러 날이 되어도 돌아오지 않아 마음에 의혹이 들어 뒤를 쫓아 청국인 생화복(生化福)의 방 앞에 이르렀습니다. 생화복과 떠돌아다니는 몇 사람이 사발을 들고서 방 내부를 청소하였으나 혈흔이 지면을 덮었고, 그 떠돌아다니는 몇 사람이 길을 닦는다면서 그 방에서 50여 보의 거리에 물이 불어난 땅을 평평히 하는 모양이어서 충분히 의혹이 들었습니다. 그 까닭을 힐문하니, 생화복이 답하기를 도로에 나무를 끌고가기 위하여 치도할 필요가 있었다고 하는 언사가 몹시 수상하였습니다. 의혹이 더욱 심하여 그 물이 빠진 곳을 파보니 과연 본인들의 형과 숙부의 시신이 있었는데, 두개골이 파쇄되고 온몸 상하의 상흔으로 보아 분명히 그 자리에서 절명한 것이었습니다. 곧바로 대안의 우리 한인 촌민을 불러 생화복, 마금탁(馬金鐸)과 이름을 알지 못하는 이가(李哥)를 결박하고 시신을 운반하여 각기 자신의 집 뒤에 두고 해당 호적(鬍賊) 3명을 잡아서 관문에 도착하였으니, 엎드려 바라건대 법으로 처치해주기 바랍니다"라는 내용이었습니다.

곧 생화복 등 3명의 흉범을 수차례 신문하니 생화복이 정범임을 자복하였고, 마가와 이가는 횡설수설하고 꾸며내어 벗어나려 하였으니, 이는 흉악한 마음이 뱃속에 있는 것이 둘이자 하나였습니다. 두 자루의 양총(洋銃)이 하등 보물이 된다고 인명 죽이기를 가볍게 하였으니, 이들이 호적이 아니면 누구를 가리켜 호적이라 하겠습니까? 실로 법에 의거하여 포살해야겠지만 일이 변안(邊案)과 관계되므로, 상강분서 총순 안수익(安壽益)을 불러와서 해당 범인 3명을 합동 신문한 후 취조한 진술서를 끝에 첨부해 보고하니 살펴보고 심판하기를 바랍니다」라는 내용이었습니다.

이에 따라 살펴보니 해당 호비가 무산군 관아에서 자복한 공초가 몹시 적확하나, 인명을 중시하고 살인사건을 신중하게 처리하기 위해 다시 진술을 받았습니다. 생화복은 말로 신문하니 이실직고하였고, 마가와 이가 등은 오직 법에 의거해 처분하기를 바란다는 첫 번째 진술과 두 번째 진술이 조목마다 서로 부합하였습니다. 그리고 또한 그 자리에서 살인사건이 일어난 기색으로 말하더라도 물로 피를 씻어냈지만 없애지 못한 흔적은 천라지망에 물 샐 틈이 없고 시신을 옮겨 땅에 묻은 것이 자연스럽게 드러난 흔적은 실로 신이 보더라도 숨길 수 없습니다.

막 법에 따라 처리하려 할 때 무산군수 지(池)의 보고를 접하니, 그 안에서 「본 군 백성 김자관(金子寬)이 아뢰기를, "소인의 5촌 숙부 김용락(金容洛)이 노덕(滷德) 대안에 살며 포수를 업으로 하는데, 이달 초 9일에 사냥을 하러 휘풍동 등지에 갔다가 여러 날이 되어도 돌아오지 않고 생사를 알지 못했습니다. 소인의 집안 사람들이 흔적을 따라 휘풍동 생화복의 집 근처를 탐문하니, 그 동네 이(李) 포수라는 자가 그 움막에서 뛰어나왔는데 달아나는 것처럼 빨랐습니다. 뒤쫓아 붙잡고는 그 상황을 물어보니 숨을 헐떡이며 길에서 이 움막 앞 50보 떨어진, 물이 빠진 곳을 덮었다고 하였습니다. 그는 곧 앞의 호적 이가로서, 가서 파보니 과연 시체가 있었고 온몸 상하에 상처 흔적이 없는 곳이 없고 두개골이 파쇄되었습니다. 분명히 그 자리에서 목숨을 잃어버린 것이 확실하고 의심이 없을뿐더러 시신의 머리와 발에 덮은 것이 없었습니다. 분명 이는 술로 유인해 먹이고 취하기를 기다렸다가 때려 죽인 것입니다. 이윽고 생화복 방 앞의 마른 풀을 두는 방에 불이 나서 탄환이 천둥처럼 발사되었는데 양총 두 자루가 그 속에서 드러났습니다. 그중 하나는 김기봉의 총이고, 다른 하나는 소인의 삼촌 김용락의 총이었습니다. 이를 미루어 생각하건대 생화복이 호적이라는 것은 확실하고 의심할 것이 없었습니다. 두 포수가 일시에 피살되었는데 또한 한두 사람이 할 수 있는 바가 아닙니다. 근처 청국인의 집이 검은색이 아니면 호(鬍)가 아니라며 만나기만 하면 타살하나 여전히 원수를 갚지 못하고 있습니다. 도리어 의관이 깨끗한 자들은 대개 도망하였고, 단지 이 포수를 잡아 원수로서 원수를 쓰러뜨린 것으로 어찌 꾸짖고 잠시라도 참을 수 있겠습니까? 곧바로 총으로 쏘아 죽여 소인의 숙부를 파낸 곳에 매장하고 본가로 돌아왔습니다. 이 총 두 자루를 출두해 바칩니다"라는 등의 내용을 가져왔습니다.

삼가 살펴보건대 생화복이 몽둥이 하나로 두 명을 죽인 것이 확실하고 의심이 없으며, 마금탁(馬金鐸)과 이 포수의 아들이 종범입니다. 곧 뚜렷한 증거인 총 두 자루를 출두해서 한꺼번에 바쳤습니다. 이에 급히 보고하니 살펴 처리하고 청국 관리에게 조회를 전달하였습니다. 3, 4, 5도구 등지에서 농호(農戶) 무리라 빙자하는 호적들을 일제히 초멸하여 양계의 양호(良戶)가 생업에 편안해질 수 있게 되기를 바랍니다」라는 내용이었습니다.

삼가 살인한 자를 조사하니 한 번도 심한데 두 번에 이르렀습니다. 해당 흉범들이 범한 것을 살펴보면, 비도라 하는 것이 오히려 헐하고 호비(鬍匪)라 칭해도 가볍습니다. 세상 천하에 어찌 변괴가 이같이 혹심하고 잔악합니까. 전후 3차에 걸쳐 자복한 진술로 그 정황을 살펴보면서 머리를 들어 쳐다보았습니다. 비록 사람의 모습을 갖추었으나 마음속에 품고있는 것은 곧 짐승의 성질입니다. 진실로 이 호적의 악한 죄를 처벌하는 데 있어서 잠깐이라도 시간을 지체할 수 없는 인간 세상의 물건입니다. 법률을 두 시신이 비명횡사한 곳에다 적용하지 않는다면 필시 두 혼이 구천에서 억울함을 울부짖을 것입니다.

오호라, 저 적호(賊鬍) 생화복은 비도의 수괴이고 적도의 우두머리이자 호적의 주창자입니다. 양계 강변 거리에서 크게 모인 백성들이 해당 진술 내용을 듣고 읽었는데 신속히 법에 따라 처벌하도록 즉시 보고할 일입니다. 생각하건대 귀국과 우리나라 사이에 틈이 없어야 합니다. 말없이 일을 처리하면 이웃과의 정의를 손상하기에 잠시 옥에 가두었습니다. 마금탁의 경우는 단지 생화복의 빈 농막을 지키고 있었을 뿐이라 말한 것은 필시 실마리가 있을 것이니 자복하지 않은 것을 토해낼 것입니다. 이른바 이 포수 아들은 진술 중에 법을 어긴 것이 없어서 용서할 수 있습니다. 도망친 아비의 흉악한 정적이 저절로 드러나 결국 목숨을 잃었으니 이 아들의 죄를 감할 만하다고 말할 수 있습니다. 아울러 마비(馬匪)와 함께 부근 섭관(葉舘)에 압송하여 귀 아문에 넘기니 이치에 따라 처리하기 바랍니다. 삼수군과 변계경무서가 전후로 거두어들인 세 호적의 진술을 베껴서 첨부하였습니다. 글을 갖추어 조회합니다. 귀 독판은 번거롭지만 살펴서 압송한 두 호비를 무겁게 처단하고 즉시 회답해주기 바랍니다.

무산군봉초기(茂山郡捧招記)

계묘년(癸卯年, 1903) 2월 18일, 청국 호적(鬍賊) 생화복(生化福), 나이 54세

금번 김 포수의 사망사건은 제가 북강(北江)의 왕귀산(王貴山), 유덕승(劉德勝)과 함께 힘을 합쳐 소인의 집 방안에서 흉악한 짓을 하였고, 집 근처 물이 빠진 곳에다 흙을 덮어 시신을 숨겼습니다. 지금 정적이 탄로난 곳을 파내어 호적의 흉악한 범죄라는 지목을 숨기기 어렵습니다. 오직 법에 의거하여 일을 처리하여 빨리 저의 생명으로 갚기를 바라고 바랍니다.

동일, 청 호적 마금탁(馬金鐸), 나이 54세

저는 생화복의 움막을 지키고 있었습니다. 비록 흉악한 행위와 관련이 없으나 또한 어찌 알지 못하는 것을 발명하겠습니까? 다만 법에 따르기를 바랍니다.

동일, 청 호적 이(李) 포수 아들, 나이 26세

저는 이웃에 살면서 해당 움막을 지키고 있었는데, 비록 흉악한 행위와는 관련이 없으나 또한 어찌 알지 못하는 것을 발명하겠습니까? 다만 법에 따르기를 바랍니다.

경무서봉초기(警務署捧招記)

2월 23일, 청 호적 생화복

이달 초9일에 북강 삼도구 거주 왕귀산, 유덕승 두 사람이 하고 있는 일이 많아서 소인의 움막에 와서 머물렀습니다. 조금 지나 김 포수가 들어왔는데 소지한 양총이 참으로 날카로웠습니다. 소인이 왕, 유 두 사람과 흉심을 함께 일으켜 목숨을 빼앗고 총을 빼앗고자 했습니다. 소인이 나무 몽둥이를 잡고 왕과 유가 나무 망치를 들고서 각기 난타하여 그 자리에서 살인하였고, 왕과 유는 총을 들고서 곧바로 도주하였습니다. 저는 흔적을 없애고 곧바로 농막에서 50보 떨어진, 물이 빠진 제언 아래에 덮었습니다. 제3일 후 김 포수의 동생이 형의 종적을 탐문할 때 은밀히 흔적을 파묻었으나 덮기 어려운 땅에서 저절로 드러나 무산군에 압송되어 진술을 올리고 정범의 지목을 받았습니다. 또 경무서 뜰에서 이치에 의거하여 신문하는 가운데 범한 것을 자백하였습니다. 이미 아뢴 것은 감추기 어렵고 살인 정범의 죄는 법률을

적용하여야 하며, 다만 법에 의거하여 처치하기를 기다릴 뿐입니다.

동일, 청 호적 마금탁

저는 곡식 무역을 맡아 출타하여 여러 날을 보내고 움막에 돌아오니, 생화복이 와서 부탁하기를 '내가 쌀을 빻으러 출타해야 하니 네가 잠시 나의 농막을 지켜달라'라고 하여 부탁에 따라 생화복의 농막에 와서 지켜주었습니다. 그런데 잠시 뒤 한국인 마을에서 시친(屍親)이 와서 생화복의 가족을 힐책하였고, 시신이 드러난 곳에 땅을 파니 비로소 보게 되었는데 부상의 흔적이 얼굴에 두루 퍼져 있었으며 과연 맞아 죽었습니다. 시친 등이 말하기를, '너 역시 호적과 같은 무리이다'라고 하였습니다. 잡혀가 기다렸다가 무산군에 진술을 올렸고, 경무서 뜰에 도착하여 엄한 심문을 받기에 이르렀습니다. 비록 몽둥이로 사람을 죽이는 세상에서도 실로 생화복의 집 살인사건의 자취에 어두우며, 사람을 상해한 정범의 지목을 생화복이 자복하는 말에서 처음 들었을 뿐이니, 이를 조치하기 바랍니다.

동일, 청 호적 이 포수 아들

저는 생화복과 이웃에 거주하며 땔나무 만드는 것을 업으로 하고 있습니다. 하루는 집에 있는 어떤 한민 수십 명이 생화복의 집에 와서 농막의 주인을 포박해 50보 정도를 가서 땅을 파서 시신이 나오자, 이웃 집이 살인했다고 의기양양하게 말했습니다. 어떤 모르는 사람이 소인을 포박하여 이런 지경에 이르렀으며 지금 어찌 모른다고 진술하여 벗어날 수 있겠습니까? 다만 살인의 정범으로 지목받았는데 생화복의 자복에서 처음 들었을 뿐입니다. 이 외에는 다른 범한 것이 없으니 법으로 조치하기 바랍니다.

동일, 청 호적 생화복 재신문

저는 앞서 진술 중에서 살인하고 빼앗은 총을 왕과 유가 가지고 갔다고 무고하였으나, 지금 한 시신으로 인해 다시 앞서 덮어둔 물이 마른 곳을 파내었으니 어찌 감히 모든 정적을 숨기겠습니까? 두 사람이 살인하였는데 이를 숨겨 한 사람이 살인한 것으로 하였고 총 두 자루를 빼앗고는 한 자루는 왕과 유가 가져갔다고 진술하였습니다. 왕과 유는 형체가 없으며 이 포수와 친근하므로 혹 요행을 바랄 뜻으로 한결같이 변명하였습니다. 두 시신이 하나의 구덩이

안에서 나왔고 두 총이 저의 집 마른 풀 창고에서 발견되었으나, 이가는 거듭 김씨 가족의 복수로 대살(代殺)을 당하였습니다. 지금 생각해보니 화를 왕과 유에게 전가하고 힘을 모아 살인할 계획을 하였다고 무고해 진술한 것이 드러났으니, 자연히 그 계획이 허탕으로 돌아갔습니다. 두 살인 정범은 제가 누구라고 지목하지 않았으며, 스스로 범한 바를 돌아보고 법이 몹시 엄중하여 오직 속히 죽기를 바라며 다른 진술할 것이 없습니다.

동일, 청 호적 마금탁 재신문

제가 생화복의 집과 이웃에 거주하는데 생화복이 살인한 두 시신과 총 두 자루가 지금 비록 남김 없이 탄로났으나, 제가 이런 변괴에 이르는 데 전혀 자초지종을 모르니 어찌 알지 못하는 사람이 이실직고하겠습니까? 생화복이 간절히 부탁하여 그의 집을 잠시 지켰고 시신을 파낼 때 생가(生哥)와 함께 포박되었을 뿐이며, 다른 진술할 말은 없습니다. 오직 법에 따라 조처하기 바랄 뿐입니다.

동일, 청 호적 이름을 모르는 이 포수 아들 재신문

제가 듣고 본 바는 이미 전후의 진술 중에 알았을 것입니다. 우리 아버지가 집을 떠난 지 여러 날에 무슨 마음을 먹고 무슨 일을 조처하겠습니까? 전연 알지 못하니 수많은 진술이 무슨 같고 다름이 있겠습니까? 삼가 법으로 조처하기를 기다릴 뿐이며 다시 진술할 말이 없습니다.

청국 관리의 조복(淸官照覆)

조복하는 일입니다.

살펴보건대 귀 교계관의 조회에 따르면, "호비 생화복이 양총을 빼앗기를 도모하여 김기봉, 김용락 두 사람을 구타해 죽이고 시신을 내버리고 흔적을 없앴으며 전후로 조사하여 해당 범인들의 원 진술을 초록하고 사건의 증인 마금탁, 이 포수를 섭관(葉館)에 압송해 넘겨주고 조사해 밝혀 처단하기를 바랍니다"라고 하였습니다.

이에 따라 본 독판도(督辦道)가 살펴보니, 생화복이 어느 곳 백성인지 비록 종내 조사할 길이 없을지라도 김기봉 등의 양총을 빼앗고자 결국 뜻을 일으켜 살인하고 시신을 버려 흔적을 없앴습니다. 이미 귀 교계관이 신문하여 받은 확실한 진술은 그림처럼 역력하니, 참으로 억울한 바가 없을 것입니다. 우리나라 형률을 살펴보면, 재물을 도모하고 목숨을 해치는 경우는 의례껏 참형으로 처결해야 합니다. 생화복 이 자는 즉시 사형을 집행하여 흉포함을 경계하고 구천에 떠도는 혼을 위로해야 할 것입니다. 마금탁과 이 포수 두 사람은, 진술에 따르면 모두 그 내용을 모르며 끝까지 함께 모의하여 더욱 공을 기울인 사정이 있었는지 여부를 모르겠습니다. 범인이 도착하기를 기다려 다시 신문해야 할 것입니다. 당초 진술을 보관함과 아울러 조복하니, 귀 교계관은 번거롭지만 살펴 시행하기 바랍니다.

광서 29년 2월 28일

41 청국으로부터 고간도를 되돌려받을 수 있도록 조처해달라는 청원서를 보고

보고 제6호

현재 접수한 종성 군민 김명희(金明禧) 등의 고소 안에서, "무릇 하늘의 분야(分野)는 별로 헤아릴 수 있으며, 땅의 경계는 산수에 의지하여 기준으로 삼는 것이 만세불변이라고 말합니다. 살펴보니 지금 우리 북변 백두산비 토문 경계를 마무리하지 못한 것이 실로 중대하나 정부의 처분에 달려 있습니다. 저희 백성들의 얕은 의견으로는 감히 말하는 것이 길게 끌지 못합니다. 우리 본 군의 서남쪽 수 리에 강 흐름이 갈라진 사이에 지면 한 폭이 있으니, 이름을 고간도(古間島)라고 합니다. 종성 백성의 개간이 몇백 년이나 오래되었는지 알지 못하며, 감영이 확인한 토지가 거의 50결이 될 정도로 많습니다. 물길의 형세는 그 동쪽은 작고 서쪽은 크니 분명히 하늘이 만들어준 우리 강토이고, 지리의 구별로는 위로 비옥하고 아래로 기름져서 족히 백성들이 생업을 이룰 수 있다고 말할 만합니다. 이곳은 청국의 광제욕(光霽峪)이 세관을 설치한 곳과 서로 붙어 있어서, 지난 경인년(庚寅年, 1890)에 그 서쪽 지역에 개간해 살아가는 한국 백성을 청국 관원이 강제로 치발(薙髮)하게 하고 이른바 신도(新島) 각 동의 토지를 헤아려 쪼개어 치발한 자에게 골고루 나누어주었습니다. 또한 동쪽으로 건너서는 본 간도의 전 지역을 강점하여 국자가(局子街)의 사찰과 선방(船房) 등에 마음대로 붙이고는 이른바 공전(公田)이라

하고, 병사를 풀어 내몰아 막아서 한국 백성들로 하여금 가까이 오지 못하게 하였습니다. 그 당시 인(仁)이 허약하고 포악함이 강하여 감히 우리 땅 우리 농토라고 말하지 못하고 앉아서 빼앗긴 지가 지금 10여 년이 되었습니다. 그동안 늘 잊지 않았으나 연변 백성 수백 호의 생활이 진실로 막심하여 도리어 그 땅을 도지(賭地)로 사들여 해마다 5천 금을 납부하고 고가로 경작하고 있습니다. 근래 도지로 지급한 돈을 총계하면 또 부지기수입니다. 백성들의 생활이 어찌 곤란하지 않으며 나라에 어찌 손해됨이 없겠습니까. 이 또한 저희들이 항상 탄식하며 억울해한 것이었는데, 다행히 우리 조정이 북쪽을 돌아보며 멀리 불러주어 특별히 교계관(交界官)을 설치해 진무하니 변민들은 스스로 다시 소생하는 때라고 말합니다. 고간도는 당연히 되돌려받을 수 있는 때이므로 이에 일제히 소리를 내어 호소하니, 살펴보고 특별히 이런 사실을 들어 외부에 보고하여 청국공사에게 공문을 전달하여 한번 판별을 거쳐서 장차 고간도를 종성군이 되돌려주어 잔민들로 하여금 의지해 살아갈 수 있게 되기를 천만번 엎드려 바랍니다"라는 내용이었습니다.

이에 의거하여 살펴보니 일이 땅의 경계와 관계되고 또 이웃 외국과 관련이 있어서 모두 백성들의 소장에서 말한 대로 허락할 수는 없기에, 본 관원이 직접 가서 그곳의 정형을 심사하였습니다. 두만강 일대는 종성군 남쪽 향산(香山) 하탄(下灘)까지 직류하고 거기서 갈라져 제비꼬리처럼 되어 하나는 동으로 하나는 서로 양쪽이 함께 북으로 수삼 리 흘러가 다시 하나의 물줄기가 되며, 그 사이에 있는 지역을 고간도(古間島)라고 말합니다. 동서의 도랑이 일반적으로 크지만 땅이 서쪽으로 기울어 여름 장마철에 물이 불어날 때에는 서쪽 물줄기가 동쪽 물줄기보다 많으니 이는 강역의 경계가 확실한 증거입니다.[10] 대개 그 땅을 논하건대 지금까지 개간을 시작하지 않았으면 한국이나 청국이나 누가 주인이 되는지 말하기 어렵습니다. 최초 개간에 노력한 자가 우리 백성이고 그 후 멋대로 폭행하고 약탈한 자가 저들 관원이니, 세계 공법 중 비어 있는 땅은 개간자가 주인이 된다는 논리에 따른다면 본래부터 우리 땅입니다. 그리고 토지의 품질을 살펴보면 모두 무성한 비옥한 땅이며, 장부를 살펴보니 또한 징험할 문헌이 있었습니다. 이에 보고하니 살펴보고 북쪽 지방 백성의 형편을 특별히 마음 아파하여 서쪽 물줄기의 형편이 경계의 끝임을 거론하고 청국공사에게 조회를 전달하여 담판하고 장

10 이 내용은 『종성지(鍾城誌)』(1927)에 나오는 '고간도설(古間島說)'과 동일하다.

차 고간도 토지를 돌려받을 수 있기를 엎드려 바랍니다.

광무 7년 5월 10일

함경북도교계관 김병약

외부대신 각하

42 한인이 설치한 사설 도선을 조사해 보고하라는 훈령

광무 7년 8월 8일 기안

훈령 제1호

서울 주재 청국공사의 조회를 받아보니, 『봉천과 길림 두 성(省) 변경에서 근년에 때때로 한국인이 경계를 넘어 사단을 일으키므로 귀 외부에 조회로 조사해 금지해달라는 공문을 보낸 적이 있었습니다. 다시 여러 차례 길림장군의 자문을 받은 것에 따르면, 「화룡욕(和龍峪) 관할 관원이 와서 아뢰기를, "금년 봄에 안원(安遠) 각 보(堡)의 백성이 여러 차례 한국 군대와 순검으로부터 고통을 당하자 떠들썩하게 와서 호소하였는데, 생화보(生化甫)와 이옥정(李玉廷)이 사로잡혀 죽은 사안과 같은 일이 많이 일어났습니다. 한국 변계관(邊界官)에게 조회하여 조사해 금지해달라고 하였으나 끝내는 내버려두고 처리하지 않았습니다. 강을 연 후 한국인이 갑자기 또 도문강에다 사적으로 교량 세 곳을 건설하였기에 철거를 지시하도록 조회해 요청하였으나, 한국 관리는 말을 꾸며 책임을 전가하였을 뿐만 아니라 들어주지 않고 핑계를 댔습니다. 우리나라가 과거에 설치한 도선에서 일하는 사공 윤순약(尹旬若)과 한개(韓介)를 잡아갔는데, 형구도 없이 고문과 구타를 하였고 선박의 왕래를 허락하지 않았습니다. 그리고 한인 2명이 순검의 복장을 하지도 않고서 엄공칠(嚴公七)의 집에서 소란을 피우기에 파견 관리가 조사해서 대동해 돌아왔습니다. 총순(總巡) 송의식(宋義植)이 보내온 공문에서는 파견 관리에게 잡혀간 자를 당장 돌려보내라 하였습니다. 김(金) 경무관은 조사해 살펴보지도 않고 강경한 말로 꾸몄고 여러 사람을 보내어 엄공칠을 잡아갔습니다. 현재 안원, 수원(綏遠), 영원(寧遠) 등의 보에서 한국 관리가 향약을 멋대로 설치하고 토지를 약탈하고 양식을 빼앗고 여러 많은 소요와 해를 끼쳤습니다. 또 파견된 관원이 월경하여 장정을 조사해 징세하는 일이 있었습니다"라는 내용으로 요청한 바가 절실하였습니다. 귀 외부에 조회하니 즉시 훈령을 내려 교량을 부수고 조약에 비추어 경계를 넘어 사단을 일으키는 행위를 금지해주기 바랍니다」라는 내용이 왔습니다.

본 대신이 변경을 살펴보니 모두 상업을 위한 항구처럼 되어 실로 내지와 차이가 없어졌습니다. 곧 우리나라의 허락을 받지도 않고 마음대로 직접 관리를 파견하였습니다. 조약을 맺었음에도 몰래 변경을 넘어오고 아울러 사단을 일으키는 것은 백성들로 하여금 안업할 수 없게 하는 일입니다. 모두 조약 12관에 실려 있는 것과 부합하지 않습니다. 하물며 도문강은 양국 경계의 땅으로 우리나라가 과거에 도선장을 설치한 지 여러 해가 되었고 왕래가 편리하였습니다. 또 비적들을 살펴보니, 지금 한인이 사적으로 다리를 건설하여 몰래 경계를 넘는 자들에게 아무런 제한도 없어서 도둑들이 쉽게 들어오므로 치안에 방해가 됩니다. 조약에서 피차 금지한다는 뜻을 크게 잃은 것입니다. 한국 변계관이 일방적으로 편들어 종용하여 조약을 준수하지 않았습니다. 심지어 뱃사공을 잡아 때리고, 우리 선박의 운행을 가로막았으니 더욱 더 도리가 아닙니다. 그 다리는 우리 경계와 관련되어 우리 권한이 미치므로 단연코 불문에 붙일 수 없습니다. 만약 다시 늦추어 부수지 않는다면 우리나라는 즉시 사람을 파견하여 철폐할 것입니다. 이에 특별히 먼저 조회해 요청하니, 귀 대신은 신속하게 훈령하여 건조한 교량을 즉시 한꺼번에 철거하고 아울러 조약을 어긴 각 관리는 미리 불러들이고 조약에 비추어 경계를 넘어 사단을 일으키는 행위를 금지하여 이웃나라와의 우의를 온전히 하는 것이 실로 몹시 필요합니다』라는 내용이었습니다.

이를 살펴보니 양국 변민이 마음대로 강을 건널 수 없음에도 도문강에 무슨 연유로 다리를 놓아 몰래 넘어가려는 자로 하여금 아무런 제한이 없게 하였습니까. 이옥정의 안건은 일이 신중한데, 어찌하여 신속하게 처리하지 않아 여기에 이르렀는지 몹시 의혹이 있습니다. 이에 훈령하니 조사하여 처리하고 어떤 형편인지를 일체 보고하는 것이 좋겠습니다.

광무 7년 8월 8일

의정부찬정외부대신 이도재

함경북도교계관 김병약 좌하

43 청국에서 주장하는 변경의 여러 사건은 사실에 부합하지 않으니 실재를 살펴 청국과 교섭해 처리해달라는 보고

보고 第7호

금년 8월 31일에 삼가 받아본 제1호 훈령 내에서, 〈서울 주재 청국공사의 조회를 받아보니, 『봉천과 길림 두 성(省) 변경에서 근년에 때때로 한국인이 경계를 넘어 일을 일으키므로 귀 외부에 조회로 조사해 금지해달라는 공문을 보낸 적이 있었습니다. 다시 여러 차례 길림장군의 자문을 받은 것에 따르면, 「화룡욕(和龍峪) 관할 관원이 와서 아뢰기를, "금년 봄에 안원(安遠) 각 보(堡)의 백성이 여러 차례 한국 군대와 순검으로부터 고통을 당하자 떠들썩하게 와서 호소하였는데, 생화보(生化甫)와 이옥정(李玉廷)이 사로잡혀 죽은 사안과 같은 일이 많이 일어났습니다. 한국 변계관(邊界官)에게 조회하여 조사해 금지해달라고 하였으나 끝내는 내버려두고 처리하지 않았습니다. 강을 연 후 한국인이 갑자기 또 도문강에다 사적으로 교량 세 곳을 건설하였기에 철거를 지시하도록 조회해 요청하였으나, 한국 관리는 말을 꾸며 책임을 전가하였을 뿐만 아니라 들어주지 않고 핑계를 댔습니다. 우리나라가 일찍이 나루터를 설치하고서 필요한 사공 윤순약(尹旬若)과 한개(韓介)를 잡아갔는데, 형구도 없이 고문과 구타를 하였고 선박의 왕래를 허락하지 않았습니다. 그리고 한인 2명이 순검의 복장을 하지도 않고서 엄공칠(嚴公七)의 집에서 소란을 피우기에 파견 관리가 조사해서 대동해 돌아왔습니다. 총순(總巡) 송의식(宋義植)이 보내온 공문에서는 파견 관리에게 잡혀간 자를 당장 돌려보내라 하였습니다. 김(金) 경무관은 조사해 살펴보지도 않고 강경한 말로 꾸몄고 여러 사람을 보내어 엄공칠을 잡아갔습니다. 현재 안원, 수원(綏遠), 영원(寧遠) 등의 보에서 한국 관리가 향약을 멋대로 설치하고 토지를 약탈하고 양식을 빼앗거나 여러 많은 소요와 해를 끼쳤습니다. 또 파견된 관원이 월경하여 장정을 조사해 징세하는 일이 있었습니다"라는 내용으로 요청한 바가 절실하였습니다. 귀 외부에 조회하니 즉시 훈령을 내려 교량을 부수고 조약에 비추어 경계를 넘어 사단을 일으키는 행위를 금지해주기 바랍니다」라는 내용이 왔습니다.

본 대신이 변경을 살펴보니 모두 상업을 위한 항구처럼 되어 실로 내지와 차이가 없어졌습니다. 곧 우리나라의 허락을 받지도 않고 마음대로 직접 관리를 파견하였습니다. 조약을 맺었음에도 몰래 변경을 넘어오고 아울러 사단을 일으키는 것은 백성들로 하여금 안업할 수 없게 하는 일입니다. 모두 조약 12관에 실려 있는 것과 부합하지 않습니다. 하물며 도문강은 양국 경계의 땅으로, 우리나라가 과거에 도선장을 설치한 지 여러 해가 되었고 왕래가 편리하였습니다. 또 비적들을 살펴보니, 지금 한인이 사적으로 다리를 건설하여 몰래 경계를 넘는 자들에게 아무런 제한도 없어서 도둑들이 쉽게 들어오므로 치안에 방해가 됩니다. 조약에서 피차 금지한다는 뜻을 크게 잃은 것입니다. 한국 변계관이 일방적으로 편들어 종용하여 조약을 준수하지 않았습니다. 심지어 뱃사공을 잡아 때리고, 우리 선박의 운행을 가로막았으니 더욱더 도리가 아닙니다. 그 다리는 우리 경계와 관련되어 우리 권한이 미치므로 단연코 불문에 붙일 수 없습니다. 만약 다시 늦추어 부수지 않는다면 우리나라는 즉시 사람을 파견하여 철폐할 것입니다. 이에 특별히 먼저 조회해 요청하니, 귀 대신은 신속하게 훈령하여 건조한 교량을 즉시 한꺼번에 철거하고 아울러 조약을 어긴 각 관리는 미리 불러들이고 조약에 비추어 경계를 넘어 사단을 일으키는 행위를 금지하여 이웃나라와의 우의를 온전히 하는 것이 실로 몹시 필요합니다』라는 내용이었습니다.

이를 살펴보니 양국 변민이 마음대로 강을 건널 수 없음에도, 도문강에 무슨 연유로 다리를 놓아 몰래 넘어가려는 자로 하여금 아무런 제한이 없게 하였습니까. 이옥정의 안건은 일이 신중한데, 어찌하여 신속하게 처리하지 않아 여기에 이르렀는지 몹시 의혹이 있습니다. 이에 훈령하니 조사하여 서둘러 해당 다리를 철거하고 어떤 형편인지를 일체 보고하는 것이 좋겠습니다〉라는 내용이었습니다.

지금까지 변계의 형편은 두 나라 사이에 하나의 물줄기가 있어서 본래 경계를 서로 접한다고 말할 수 있습니다. 황무지를 쫓아 일찍이 강을 건너 살아가는 자는 부엌이 이웃집만큼 서로 붙어 있고 일가친척이 동포의 정의로 이어져 있어서, 제사를 지내고 친척을 만나고 어물을 사고 소금을 운반하는 일로 수시로 왕래합니다. 이뿐만 아니라 지금까지 이곳은 여러 차례 풍년이 들지 못해, 부모가 자식의 빈한함을 돌볼 때에는 자식이 부모 집에 남은 양식을 옮겨가고 동생이 형의 굶주림을 구할 때는 형이 동생 집의 곡식을 운반하여 아침에 갔다가 저녁에 돌아오며 수레와 말로 옮김으로써 일대의 두만강이 곧 문지방이 되었습니다. 모든 백성이 잡거하면서 일가처럼 같이 보아 가로막는 것이 없었습니다. 곧 배를 풀어놓아 건너가는 것을 걱정하는 일이 없어진 것이 점차 예사로운 일이 된 지 지금 십수 년이 되었습니다. 육로 통상으로 호시(互市)할 때 강을 반으로 나누어 교대로 배를 펼쳐놓은 것에는 비유할 수 없지만, 근자에 청국 당국에서 강을 나눈 예전의 관례를 이유로 나루터를 나누어 펼쳐놓고 각 선박을 관도(官渡)라고 칭하여 이쪽이나 저쪽에서 금지함이 이미 없었습니다. 그런데 지금 공식적으로 금지하려는 것은 이를 혼자서 전담하려는 욕심에 지나지 않습니다.

또한 종성군 관아의 서쪽 부근에 두만강이 분류하여 사이에 하나의 섬이 생겼으니 토지가 40여 결이 됩니다. 우리 백성들이 먼저 개간하여 경작한 지 몇십 년이 되었는지 모릅니다. 그런데 지난 경인년(庚寅年, 1890)에 청국이 도민(島民)을 치발할 때, 관서와 세관을 종성군 대안에 옮겨 세우고 두 물줄기가 갈라지는 사이에 있는 우리 백성들이 개간한 토지를 이유없이 빼앗았습니다. 청국 세력의 압박으로 잃어버리게 되고 도리어 도지(賭地)를 사서 경작하게 되었습니다. 봄에 씨뿌리고 가을에 수확할 때 남여노소가 아침저녁으로 왕래하고 몸을 굽혀 등에 메고 데리고 다니면서 항상 바지를 걷어올리고 물길을 건너는 것을 염려하여 많은 백성들이 다리를 설치하는 데 논의를 모았습니다. 이것이 곧 강을 반으로 나눈 작은 농교(農橋)로서, 추수 뒤에는 즉시 철거하여 십여 년 동안 금지한 적이 없었습니다. 그런데 청국 선박의 뱃사공 윤순약, 엄공칠, 한윤중(韓允中) 등은 본래 우리나라의 월간자(越墾者)로서, 청국 세력에 아첨하고 우리나라 사람을 벌레처럼 싫어하여 강을 나누지 않고 모든 나루터를 관장하는 이익을 꾀하려고 한국 뱃사공들이 선박을 펼쳐놓는 것을 막고 강을 반으로 나누어 운영하는 농교를 불태워 없애서 많은 백성이 분주히 와서 호소하지 않는 날이 거의 없었습니다. 이에 이들을 잡아와서 타이르려고 순검을 보냈으나 피고 3인이 순검을 난타하고 모두 도망한 까닭에 기한을 정하여 잡아들이도록 하였습니다. 파견된 순검에게 잡혀왔고, 대략 한국을 배반하고 청국에 협잡질을 일삼은 죄로 태벌(笞罰)을 가하였습니다. 한국 병정과 순검이 변계를 어지럽힌다며 분분히 와서 소장을 제출한 일은 양국의 변계 관리가 이미 서로 조회하였고, 본 경무서에서 한가롭게 순검을 보낸 일은 없었습니다. 더구나 백성을 보호하는데 있어서이겠습니까. 혹 일이 있어서 순검을 파견하더라도 도리어 몸을 아낄까 염려하는데, 어느 겨를에 사적으로 경계를 넘어 일을 일으키겠습니까. 심지어 한국 관리가 향약을 마음대로 설치하여 그들의 땅에서 양식을 빼앗거나 여러 많은 소요와 해를 끼치거나 또 파견 관리가 월경하여 징세했다고 하지만, 저들의 땅에서 양식을 빼앗는 것은 고사하고 변민이 양식을 사서 돌아오는 길에 방어하는 초소에 붙잡히면 각 초소에 조회하여 해당 백성을 풀어줄 것을 요청할 뿐이었습니다.

청국 관리가 향약 갑장(甲長)과 패두(牌頭)를 다수 설치하고 또한 회성(會城)을 세워 여러 곳의 관아와 초소에 들어가는 곡식, 닭, 돼지, 청국산 간장과 소금, 땔감 석탄, 나물 등 허다하게 입으로 말하고 손으로 가리키는 물품을 강제로 바치라고 하고, 혹은 얼마의 값을 지급하더라도 그 거두어간 것의 10분의 1 값에도 차지 않으니 우리 백성들의 고통과 수모를 이루 다 말할 수 없습니다. 또한 아무런 장정에도 없는 세금 항목을 만들어 진출구(進出口)를 막론하고 원가의 많고 적음을 계산하지 않으며, 비록 내지의 앞집에서 뒷집으로 빌려준 물건일지라도 다수의 힘센 일꾼들을 보내어 만날 때마다 세금을 토색하는데, 물건 원가의 10배를 훨씬 넘겼습니다. 육로세칙(陸路稅則)은 아직 논의해 정할 뜻이 없고 한청의약(韓清議約) 속에 논의한 초안이 있었으나, 이름 없는 세금을 새로 만들어 양국 경계를 어지럽히는 것은 결코 온당치 않습니다. 백성을 보호하고 변계를 편안히 하는 책임을 지면서 실로 입을 다물고 있을 수 없으나, 그대로 내버려두어 묻지 않던 중이었습니다. 향약과 갑장은 본래 우리가 임명한 것이 아닌데도 우리나라 사람을 치우쳐 임명하여 노예같이 부리고, 여러 곳에 설치된 회성에 각 관아가 사용할 물품을 우리나라 사람에게 강제로 배정해 넘치도록 거두어들였고, 비적을 막아 백성들을 편안하게 하는 것이라고 하나 실은 비용을 만들기 위해 백성들을 어지럽히는 것입니다.

이러한 여러 폐단을 일체 혁파하라는 뜻으로 여러 차례 청국 관아에 조회해 그 회답이 있었는데, 겉으로는 받아들이나 속으로는 어기려는 뜻으로 회성을 철폐하지 않고 세금 항목 이외의 것을 거두어들이며, 향약 · 갑장을 계속해서 우리 백성들로 임명하여 억지로 치발하고 마을을 침학하여 가혹하게 거두어가는 것이 전일보다 더욱더 넘쳤습니다. 그런데도 오히려 우리 한국이 향약을 마음대로 설치하여 양식을 빼앗고 징세한다는 등의 말로 속여 보고하였습니다. 심지어 서울 주재 공관에 자문을 전하여 엄금하도록 훈령하라고 요청하는 지경에 이르렀으니, 이는 소위 가슴과 등을 채찍질하는 형벌보다 심한 것입니다.

청비(清匪) 생화복과 이옥정에게 잡혀가 피살된 사건은 한국인 김기봉(金基奉)과 김용락(金容洛)이 소지한 두 자루의 양총을 탐내어 두 명을 죽이고 숨겨 매장하여 흔적을 없애려다가 흉악한 흔적이 저절로 드러난 일입니다. 두 자루 총은 생화복의 집 곡초 무더기 속에서 찾았고, 두 시신은 생화복의 집 앞 한 웅덩이에서 파내었습니다. 이옥정은 그 사건에서 이(李) 포수를 안내한 자인데 그 자리에서 체포하지 못하였습니다. 다만 생화복, 이옥정의 아들 및 마금탁을 먼저 무산군에서 곧바로 공초를 받아 보고하고 본 경무서로 압송하여 재차 직접 문초를 받았고, 재차 받은 공술에서도 정범임을 자복하여 첫 번째 진술과 두 번째 진술에 조금도 착오가 없었습니다. 그 범죄를 살펴보면, 생화복은 비적의 수괴이자 비류의 주창자입니다. 사형으로 두 시신이 비명횡사한 근처에서 처벌하지 않으면 두 원혼이 구천에서 필히 원망하겠기에, 죄의 주종을 구별하여 주범 호적 생화복은 경무서 옥에 가두고 포수 이옥정의 아들과 마금탁을 부근 청국 관아에 압송해 넘겨주겠다는 내용으로 연집강(烟集岡) 조종한(趙宗翰) 아문에 글을 갖추어 조회하였습니다. 그 회답에서 "이에 의거하여 본 독판도(督辦道)가 모두 그 내용을 모르며 끝까지 함께 모의하여 더욱 공을 기울인 사정이 있었는지 여부를 모르겠습니다. 살펴보니 생화복이 어느 곳 백성인지 비록 종내 조사할 길이 없을지라도 다만 김기봉 등의 양총을 빼앗고자 결국 살의를 내어 죽이고 시신을 버려 흔적을 없앴습니다. 이미 귀 교계관이 신문하여 받은 확실한 진술이 그림처럼 뚜렷하니, 참으로 억울함이 없을 것입니다. 우리나라의 형률을 살펴보면, 재물을 도모하고 목숨을 해치는 경우에는 응당 참수해야 합니다. 생화복 이자는 즉시 사형을 집행하여 흉포함을 경계하고 구천의 떠도는 혼을 위로해야 할 것입니다. 마금탁, 이 포수 두 사람은, 진술에 따르면 모두 사실 관계를 알 수 없습니다. 결국 공모와 가공의 상황을 살펴야 합니다. 응당 범인이 도착하기를 기다려 다시 신문해 처단해야 할 것입니다. 당초 진술한 것을 책으로 보관함과 아울러 조복하니 귀 교계관은 번거롭지만 살펴서 시행하기 바랍니다"라는 내용이었습니다.

조복에 의거하여 사형에 처하기 위해 호적 생화복은 무산군으로 돌려보내어 즉시 두 시신이 목숨을 잃은 장소 근처의 강변에서 처형하여 사람들을 경계하였고, 다음으로 호적 마, 이 두 범인은 부근 청국 관리에게 압송한 후 4월 10일에 사실에 의거하여 본부에 보고하였습니다. 그런데 지금까지 몇 달이 지났고, 비록 지령을 받지 못했으나 필시 원본 문서가 있을 것이므로 다시 상세히 하여 살펴보면 더욱 분명히 헤아릴 수 있습니다. 그리고 양국 변경 관리가 서로 공문을 왕복하여 형률을 확정하고 이미 안건을 판결한 것을 도리어 이치에 맞지 않는다고 말하는 것은 개탄할 일입니다. 더욱이 관리가 되어 간도 백성과 관계되는 폐단을 어찌 조용히 쳐다보기만 하면서 무고한 백성들로 하여금 무한한 고통을 참고 받아들이게 하겠습니까? 비도가 약탈했다는 호소가 있으면 파견하여 조사해서 막아냈고, 사로잡혔다는 호소가 있으면 조회하여 석방해냈고, 토색하여 거두는 폐단이 있으면 논리로 조회하여 따졌고, 억지로 치발하는 조치가 있으면 직접 가서 공정히 처리하여 제반의 일을 대체로 그들이 멋대로 하고자 하는 것을 막은 것인데, 한국 관리가 백성을 보호한다고 말하는 것을 미워하여 걸핏하면 조약을 어겼다고 칭하는 것입니다. 거짓으로 얽어 꾸며 양국을 번거롭게 하는 것은 이웃나라 간의 교린을 스스로 멸시하고 우애를 손상시키는 뜻입니다.

훈령을 받은 상황에서 즉시 다리를 철수할 겨를은 없으나 종성 도전(島田)을 왕래하는 하나의 작은 농교(農橋) 외에 또 저들의 쪽에 큰 지류가 있어서 이번 농교의 유무가 강을 가로막는 손익과는 아마 무관할 것입니다. 철거 여부는 삼가 다시 논의해 처분하기를 기다리겠습니다.

또 살펴보니 본 관리의 직분은 황무지를 개간한 변민의 생명과 재산을 보호하는 것인데, 번번이 우리 백성은 청국 관리가 많은 세금을 부과해 거두는 고통을 받고 비도가 수시로 창궐하여 가산이 파산되므로 비록 파견하여 금지할 것을 여간한 조회로 따져도 아직 저들이 스스로 금지하는 것을 보지 못하였습니다. 만약 방관하여 막을 방법을 알지 못하여 변계의 중요한 땅에서 한갓 교섭이라는 허명을 지키고 다시는 금지할 실적이 없게 되어 수만의 백성이 반드시 짓밟히게 될 것입니다. 이에 사실을 모아 보고하니 살펴보고 특별히 여러 건을 청국 공관에 조회해 따져서 조목마다 타결하여 변경 사람들이 안도하게 해주기를 바랍니다.

광무 7년 9월 1일

함경북도교계관 최남륭 · 김병약

외부대신 각하

44 삼수군 유하목을 둘러싸고 청비 회성포(會城砲)의 행패를 조치해달라는 보고

보고서 제5호

현재 접수한 삼수군수 이민중(李敏重)의 보고서 내에서, 「음력 7월 16일 오시(午時)경에 받은 본 군 신농사(新農社) 풍헌(風憲) 이완대(李完大)의 보고서와 해사(該社)에 사는 백성 이종형(李鍾瀅)의 등소(等訴) 내에서, "본 신농사는 청국 대안에 위치하는데, 근일 청국인 목두(木頭) 무리가 유하목(流下木)[11]을 잃어버렸다고 칭하고 또한 돈 몇천 냥을 징수하고자 그 무리 100여 명이 비적을 불러모아 무리를 이루어 그 세력을 믿고 있습니다. 물이 빠지기를 기다렸다가 공격해서 강제로 징수하기 위해 현재 준비 중입니다. 이미 이런 기미를 알고도 죽음을 기다릴 수 없으므로, 감히 이를 급히 아뢰니 특별히 포수를 보내고 병사를 뽑아서 긴급한 위험을 구해주기 바랍니다"라고 하였습니다. 소위 목두 무리는 곧 적비의 잔당입니다. 회성포수(會城砲手)의 설치를 빙자하여 사람을 모으고 세력을 떨치는 것은 극히 흉악한 생각입니다. 해당 백성이 소탕될 우려가 비단 목전의 걱정만이 아니고 저들 비적이 맹렬히 일어나는 습속이 무소부지에 이를까 염려되는 까닭에 본 포계(砲契)의 포수 50명을 뽑아서 변계에 보내어 방어하고 계속해서 진위대 주대(駐隊)에 알려 군사를 출동하여 협력해서 불우한 일에 미리 대비할 것을 도모하였으나, 장차 후일의 근심에 대한 염려가 없지 않을뿐더러 근일 농호(農胡) 무리의 흉계가 많습니다. 적비와 결탁하고서는 회성관포(會城官砲)라고 칭탁하고 그들에게 양식을 주며 오로지 약탈을 일삼고 있습니다. 특별히 외부에 전보하여 외부에서 청국공사에게 조회하여 소위 연변의 회성포(會城砲) 명색을 모두 철거한다면 비적들이 모인 곳이 다소 멀지만 반드시 변계를 깨끗이 청소하는 날이 있을 것이니, 이를 전달해 보고하기를 엎드려 바랍니다」라는 내용이었습니다.

이를 살펴보니 삼수군의 보고에서 말한 회성포는 비록 우리나라가 금지할 수 있는 일은 아니나, 청비가 변계를 넘어 침략하는 폐단은 본래 해를 이어서 항상 있는 근심입니다. 해당 비도가 침략하는 고통이 근일 더욱 심하여 삼수군의 보고가 이와 같은데 백성들의 형편을 말하고 생각하자니 몹시 걱정됩니다. 이에 보고하니 살펴보고 이를 청국공사에게 조회하여 엄금하여 그치게 하기를 바랍니다.

광무 7년 9월 23일

함경남도관찰사 서정순

의정부찬정외부대신육군부장 이도재 각하

11 내륙의 산지에서 벌목한 뒤 강으로 옮겨 하류로 떠내려 보내는 나무를 말한다.

지령 제5호

보고한 것에 의거하여 청국공사에게 조회하여 조사해 처리할 것을 청하였더니, 받아본 회답에서, "응당 조회에 의거하여 봉천 길림장군에게 서둘러 처리할 것을 요청하였습니다. 다만 양국 교계 지방이 광활하여 명칭이 복잡하고 뒤섞이는데 단지 '해사(該社)'라고만 말하였으니 우리 대안, 곧 우리 길림 소속 13도구(道溝) 등지에 있는지 여부를 지시해 말해주십시오. 그래야 조사하여 지명을 알고 비로소 자문하여 조사해서 살펴 처벌하도록 지시할 수 있습니다"라고 하였습니다. 이번 귀 보고 중에 해당 지명을 분명히 가리키지 않았습니다. 일이 소홀하여 비추어 처리하기 어렵습니다. 삼수군에 신속하게 지시하여 조사해 다시 보고할 것. 10월 13일.

45 치발 조치, 호구 편제, 사포 설치 등에 대한 청국 관원의 주장은 사실과 다르며, 간도 경계를 획정해야 한다는 간도시찰의 보고

보고 제1호

본 시찰이 간도에 머문 지 해를 넘기는 동안 청국 관원이 여러 가지로 자행하는 학대와 우리 백성이 받는 일종의 핍박은 일일이 거론하기 어렵습니다. 현재 『황성신문』에 실린 '청사조복(淸使照覆)'[12]이라는 구절을 보니, 모두 청국공사가 간도 청국 관원의 거짓 문서와 무고한 보고

12 『황성신문』 1903년 9월 10일자 잡보 '淸使照覆' 기사를 말함. "外部에셔 北墾島에 派駐管理事로 淸公使 許台身氏에게 照會聲明하얏더니 照覆內에 韓民이 越墾我國邊地흠으로 從前 屢請貴國刷還이더니 韓淸條約 第十三欵內에 載有邊民이 已經越墾者난 聽其安業하야 俾保生命財産之語하고 幷無所以派員越界管理之 明文이오 邊界가 又與商阜로 不同흔 則 自應我自任保護之事오 況該地난 我國土著이 倍蓰韓民ᄒᆞ기로 向由我地方官管理하야 一切 其爲我轄地則 幷非閒曠은 可知어늘 近來 貴國官弁及兵民이 騖利侵權하며 越界生事하야 傷害生命하며 占奪財産ᄒᆞ야 種種 擾害가 層出疊見이기로 本大臣이 査照該省來文ᄒᆞ야 屢請査辦에 示禁有案ᄒᆞ되 該視察 李範允이 尤屬任意妄爲에 不守成約ᄒᆞ고 擅自設約編丁하며 拿犯科稅 故로 照請撤還하얏고 我國官員이 遇有干涉韓民事件이면 無不循約흘 意로 照會貴國하야 沿邊官弁이 審理하되 或由將軍하야 咨達本大臣이면 照請貴外部하야 飭行査辦則 實無法外虐待之處어늘 何得但 憑該視察一面之詞ᄒᆞ고 借端蹤界에 至於薙髮一欵하야난 業經入籍者난 編籍爲民이 由來已久니 斷無勒令薙髮之事라 摠之 此事가 關涉疆圉하니 斷難輕率允行이라 本大臣只可據情咨達ᄒᆞ야 邊省大吏가 飭行地方官ᄒᆞ야 査照貴照

에 속아서 이치를 따지지 않은 말을 하여 감히 우리 정부를 현혹한 것입니다.

저들이 조회하기를, 간도 청국 토착민이 우리 백성보다 몇 배나 많고 우리 한국의 변민이 저들의 재산과 생명을 빼앗았다고 하였습니다. 대개 우리 백성이 들어가 개간한 것을 조사하면, 현재 3만여 호가 되고 동서강(東西江) 청국인 호수를 상세히 조사하면 지타소(芝他所) 소관 1,002호와 화룡욕(和龍峪) 소관 112호, 합계 청국 호수가 1,114호이므로, 토착민이 배나 많다는 것은 억지스러운 말임은 곧바로 보입니다. 소위 청국 관원이 비도를 불러모아 관병을 빙자하고 몽둥이를 들고 멋대로 돌아다니며 목숨을 상하게 하고 재산을 빼앗지 않는 곳이 없습니다. 지난 8월에는 무산 대안 간도 한민 42명을 살육하고 남아 있던 수많은 재산을 약탈하였으니 이 또한 확실한 증거입니다. 해당 청국공사가 조복하여 운운한 것은 적반하장이라고 할 수 있고, 아가사창(我歌查唱)[13]입니다.

저들이 또 말하기를, 시찰이 마음대로 향약을 설치하고 장정을 편제하며 범죄자를 잡아들이고 세금을 부과했다고 하였습니다. 대개 호적(鬍賊)이 번성하여 저들의 초소를 범하는 지경이므로 지타소(芝他所) 청국 관원 정광제(程光第)가 실로 스스로 안위를 지키려는 계책을 내어 한국인으로 하여금 사포(私砲)를 설치하여 적을 방어하게 한 청국 관원의 문서가 있으니, 실로 본 시찰이 멋대로 사포를 설치한 것이 아닙니다. 사포가 일제히 일어나도 둘러싸서 격파할 수 없고 청국과 러시아의 경계에서 혹 망동하여 분쟁의 단서가 될까 걱정되므로 본인이 각기 두령을 내어 단속하고 가로막은 것입니다. 정광제가 교체되고 대신한 진가(陳哥)가 마음대로 장정세칙(章程稅則)을 칭하고 수많은 무명잡세를 강제로 토색하여 우리 백성의 재물을 약탈하였습니다. 그래서 본 시찰이 세금 관련 장정이 없다고 논박하였으나, 청국 관원이 사납고 완고한 자세를 고치지 않아 이렇게 청국공사가 기만하는 조회를 보내기에 이르렀습니다.

저들이 또 말하기를, 우리 백성이 이미 치발하고 호적에 들어갔으며 강제로 치발하게 한 적은 없다고 했습니다. 대개 우리 백성이 들어가 개간한 것이 지난 무진년(戊辰, 1868)부터 시작되어 지금까지 36년이 되었습니다. 지난 경인년(庚寅年, 1890)에 청국 관원 섭연갑(葉聯甲)이 길

各節ᄒᆞ야 遇事妥善辦理ᄒᆞ야 以符條約安業之意오 派員一節은 應族兩國陸章議定ᄒᆞ야 派員勘界에 如何界限을 指定ᄒᆞ고 通商口岸에 量設官吏난 彼時酌量ᄒᆞ야 照交涉通例에 商定辦法이오 現在에난 不必汲汲也라 ᄒᆞ얏더라"

13 내가 부를 노래를 사돈이 부른다는 것으로, 자기가 할 말을 도리어 상대방이 먼저 한다는 뜻이다.

림에서 파견되어 와서 비로소 화룡욕 관아를 종성 대안에 설치하고, 병사를 풀어 몽둥이를 들고서 멋대로 마을을 돌아다니며 강제로 치발하고자 하므로 우리 백성들이 놀라 도망해 숨어서 집과 땅을 버려두고 되돌아 강을 건넜습니다. 잡혀서 강제로 치발된 자가 수백이 되지 않지만, 매번 명절이나 기일을 맞아 번번이 강을 사이에 두고 통곡하고 되돌아가니 이 어찌 강제 치발이 아니겠습니까? 실로 해당 청국 관원이 거짓으로 가짜 호적을 만들어 저들 나라에 등록한 것을 자랑하려는 속셈입니다. 청국공사의 회답은 실로 생떼를 쓰는 것입니다.

강계(疆界)에 대해 말한다면, 과거 숙종 임진년(壬辰年, 1712) 강희 51년에 오랄총관(烏喇摠管) 목극등(穆克登)이 명을 받들고 와서 나라의 경계를 정할 때 정계비를 백두산 분수령 위에 세우고 돌무더기와 나무 무더기를 쌓아 토문강을 경계로 삼았습니다. 쌓아둔 위에서 자란 나무가 이미 아름드리이고 분수령 머리의 비가 닳아 없어지지 않았습니다. 청국이 우리와 개시(開市)한 지 180년 동안 종성과 회령에서 철수해 되돌아가는 청국 짐바리의 운반을 두만강 3백 리를 건너 하반령(下畔嶺)까지 하면 청국 관원이 한국의 경계가 여기에 그친다고 말하였습니다. 매번 한국인으로 하여금 짐을 나르게 하고는 고개에 이르러 돌아왔으니, 해당 간도(墾島)가 한국 땅이라는 것이 확실합니다. 그럼에도 해당 청국공사가 저들 나라가 관장하는 땅이라고 억지로 칭하며 파원감계(派員勘界)하여 어떤 경계를 지정했다고 말하니, 이는 실로 사리가 막힌 생떼입니다.

간도를 설사 저들의 땅이라고 하더라고 우리 백성을 우리가 다스림[我理我民]은 세계 만국 통행의 예입니다. 삼가 『공법회통(公法會通)』 제380장을 살펴보면, '본국은 마땅히 자기 백성이 타국에 있는 자를 보호해야 하는 경우가 두 가지가 있다. 타국이 규례를 어기고 학대하는 것이 첫째이고, 타인으로부터 모욕을 받고 손해를 입었으나 보호받지 못하는 경우가 둘째이다. 여기에 한 가지만이 있더라도 본국은 타국을 향해 배상을 요구하고 아울러 법을 적용하여 장래의 일을 방지할 수 있다'라는 문구가 있습니다. 공법에 의거하더라도 우리 백성을 관리하고 보호하는 것이 진실로 규례인데, 하물며 우리 백성을 우리 땅에서 관리하고 보호하여 저들의 불법 학대를 막는 것에 누가 감히 이의를 달 수 있겠습니까?

간도의 모습은 본인이 직접 경험하고 눈으로 본 것이므로 이에 감히 조사해 보고합니다. 또 청국 관원 법외의 학대와 무명잡세를 토색한 것을 좌개하여 보고하니, 상세히 살펴보고 청국공사와 더불어 낱낱이 논박하여 후일 해당 청국공사가 사실을 잘 알지 못하고서 거짓으로 조회하는 폐단을 막기 바랍니다. 따로 황제폐하께 아뢰어 일을 잘 아는 관원을 파견하도록 지시하여 신속히 감계하여 과거 타결되지 않은 경계 문제를 영구히 타결하고, 신속히 파병해 주둔하여 간도에 이미 설치된 사포(私砲)와 더불어 의지하여 호비(鬍匪)의 침탈을 막고 변민의 안정된 생활을 보장할 수 있도록 삼가 처분을 기다립니다.

광무 7년 음력 8월 23일

함북간도시찰 이범윤

외부대신 각하

청국 관원이 금년 봄부터 침학한 각 건을 아래에 열거함[淸員自今春後侵虐各件左開].

1. 간도 전(田) 매일경(每日耕)의 결전(結錢)을 의례히 2냥 2전으로 정한 외에 8냥씩 더하여 억지로 거두어갔음.
1. 양전을 고친다고 칭하고 병사를 59사(社)에 풀어서 누락된 토지를 집총하여 명색이 없는 돈을 억지로 토색한 것이 매사(每社)에 혹 1만 1천여 냥씩 혹 7, 8천 냥씩이었음.
1. 도전(度田)이라고 칭하고 매일경에 2부(負) 5속(束)씩 추가로 징수하였음.
1. 경자년(庚子年, 1900) 난리 후로 소위 지방호주(地房戶主)[14]의 집조(執照)가 옮겨지지 않았다고 하고 한민에게 억지로 빼앗은 돈이 10여만 냥이었음.
1. 간도 지방의 시장에서 물건마다 세금을 거두어들이고 또 돈을 빌릴 때마다 매 냥(兩)에 5분(分)씩 한국인에게 강제로 빼앗은 돈이 80여만 냥이었음.
1. 청국 관원이 각지로 왕래하는 것과 운반, 수레 빌리는 값을 한국인에게 강제로 배정하여 매호당 엽전 30냥씩 강제로 거두었음.
1. 검우부(檢牛簿)라고 칭하고 수소와 암소 1마리당 엽전 60냥씩, 송아지 1마리당 30냥씩 강제로 거두었고, 만약 뿔이 뾰족하거나 털의 색이 작은 차이가 있고 병으로 죽으면 몰래 팔아 세금을 탈루한다고 하고 소 시세에 따라 엽전 156냥을 늑징하였음.
1. 검저부(檢猪簿)라고 칭하고 크거나 작거나 어린 돼지를 막론하고 매두에 목지세(牧地稅)로

14 관청 소유의 토지에 거주하는 호주를 말한다.

엽전 6전씩, 돼지를 파는 세금으로 7전씩, 돼지가 혹 스스로 죽어 감소하면 몰래 팔아 세금을 탈루했다고 말하고 돼지 시세에 따라 늑징하였음.

1. 어염세가 매근에 엽전 6전씩이었음.
1. 계세(鷄稅)가 큰 것은 한 마리에 엽전 6푼씩, 작은 것은 3푼씩이었음.
1. 가옥을 새로 건조할 때 지세(地稅)가 8간에 엽전 15냥, 6간에 7냥씩이었음.
1. 전토 매매세가 시가에 따라 10분의 1 조례에 따라 강제로 거두어갔음.
1. 주민의 실수로 불이 난 집에 강제 벌금이 15냥씩이었음.
1. 민간의 부부 사이에 만약 떠들썩한 싸움이 있으면 25냥씩을 강제로 벌금으로 거두고, 관병이 밤중에 재난이 닥친 민간에 들어가서 남편과 아내가 서로 다투는 것을 가지고 해당 벌금을 강제로 징수하였음.
1. 보리와 조 사이의 매매세는 매석에 엽전 3냥씩이었음.
1. 민간의 대소상(大小祥)과 혼인한 집안을 뒤쫓아 찾아내서 필시 돼지와 닭을 잡았을 것이라 하여 으레 엽전 7, 8냥씩을 징수하였음.
1. 청국인 1명이 청국인의 집에 불이 나던 중에 불에 타 죽었으나 한국인의 행위라고 억지로 고집하여 시신 검사에 들어간 비용이라 칭하고 한국 돈 8,889냥 6전을 억지로 거두었음.

여타의 술과 초목, 삼베, 무명, 나무 등 여러 물종은 당초 정한 세금도 없이 걸핏하면 마음대로 세금을 외치면서 조금이라도 욕심에 차지 않으면 몽둥이로 때리고 묶어가서 번번이 해당 물건을 빼앗으며, 위에서 말한 잡세와 무명의 강제 토색이 장정에 실려 있다고 칭합니다. 탐학하는 폐단이 날로 심하여 백성들이 안접하지 못하는 까닭에 감히 적어 보고하니 상세히 조사하여 살펴주기를 바랍니다.

46 왕복 문서에서 한국의 국호에 '대(大)' 자를 쓰지 않은 청국 관원에 대해 항의해달라는 간도시찰의 보고

보고 제2호

본 시찰이 간도에 머문 지 해를 넘기는 동안 간도의 청국 관원과 서신 왕복이 비일비재하나 저들 조회의 겉봉투와 안쪽에 '대한(大韓)'이라는 글자를 항상 써왔는데, 이달 17일 지타소(芝他所)의 청국 관원 진가(陳哥)가 겉봉투와 안쪽에 '대청(大淸)' 자를 쓰고 우리 한국 국호 위에는 '대(大)' 자를 쓰지 않았습니다. 또 그 안에서 말한 뜻이 오만함을 담고 있으므로 본 시찰이 회답하여 구절마다 논박하였고, 당시의 조복한 문서를 초록하여 보고하니 살펴본 후 서울 주재 청국공사에게 조회를 넘겨 국호 위에 '대' 자를 쓰지 않은 이유를 통렬하게 논박하여 청국 관원이 당당한 상대국을 소홀히 하는 습관을 경계하기를 엎드려 바랍니다.

광무 7년 10월 14일(광무 7년 음력 8월 24일)

함북간도시찰 이범윤

외부대신 각하

47 살인사건으로 청국 관아에 잡힌 한국인 관련 보고

보고 제8호

이달 15일 오후 4점(點)에 삼가 받은 전훈(電訓) 내에서, 경흥(慶興)의 김규열(金圭悅)이 살인사건에 관련되어 청국 땅 대뢰자(大磊子)에 갇혀 있으니 법에 따라 찾아 돌아와서 자세히 살펴보고 외부에 보고하라고 하였습니다. 일이 변계에 관계되고 안건은 사람의 목숨과 관련되어 그 거행을 잠시도 늦출 수 없으나, 청국인 상만유(桑萬有), 남귀흥(藍貴興)이 목숨을 잃은 사건의 피고 김창구(金昌九), 장우영(張友永), 전기언(田基彦), 이명필(李明必), 김규필(金圭弼) 등은 경흥에서 살아가는 원적호(原籍戶)입니다. 경흥에서 가까운 대안에서 일어났으므로 이미 8월 초순에 경흥감리 황우영(黃祐永)이 우리 백성이 옥에 있는 화룡욕(和龍峪) 청국 초소에 직접 가서 이치에 의거하여 담판하여 다섯 백성을 풀어 돌아온 후 다시 어떤 상황은 없으며, 전훈 내의 김규열은 아마 피고 가운데 김규필의 바뀐 이름인지 모르겠습니다. 일이 이미 경흥감리와 관련되므로 본관이 이 일에 대해 다시 거듭해서 살펴볼 방도가 없습니다. 이에 보고하니 살펴주기를 바랍니다.

광무 7년 10월 16일

함경북도교계관 김병약 · 최남륭

외부대신 각하

지령 제2호

알았음.

48 삼수 일대에서 청국 목비와 충돌한 사건에 대한 보고

보고서 제6호

금년 9월 23일에 도착한 삼수군수 이민중(李敏重)의 보고서 내에서 대략 말하기를, "본 군 대안에서 청국인들이 적당과 결탁하여 세력을 의지하여 회성관포(會城官砲)를 설치하고 약탈을 일삼으니, 특별히 외부에 전보하여 외부에서 청국공사에게 조회하여 소위 회성포 명색을 모두 철거하게 하기를 바랍니다"라고 하였습니다. 그때 관찰부에서 청비가 침략하는 우환에 대해 조회하여 금지할 뜻으로 외부에 보고하였습니다. 그때 받은 제5호 지령 내에서, 「보고에 따라 청국공사에게 조회하여 조사해 처리할 것을 청하였더니, 받아본 회답에서 "응당 조회에 의거하여 봉천 길림장군에게 서둘러 처리할 것을 요청하였습니다. 다만 양국 교계 지방이 광활하여 명칭이 복잡하고 뒤섞이는데 단지 '해사(該社)'라고만 말해서 우리 대안, 곧 우리 길림 소속 12도구(道溝) 등지에 있는지 여부를 지시해 말해주시기 바랍니다. 그래야 실재 지명을 조사하고 비로소 자문하여 조사하여 처벌할 수 있습니다"라고 하였습니다. 이번 귀 보고 중에 해당 지명을 분명히 가리키지 않았습니다. 일이 소홀하여 비추어 처리하기 어렵습니다. 삼수군에 신속하게 지시하여 조사해 다시 보고할 일입니다」라고 하였습니다.

즉시 해당 군에 신속하게 지시하였더니, 받아본 해당 군수의 보고서 내에서 「소위 회성포가 머무르고 있는 곳의 지명은 길림 소속의 신설 임강현(臨江縣)으로 본래 통화현 구역의 16도구 장생보(長生堡) 내시궁(內矢弓)이며 즉 본 군 인차외사(仁遮外社)의 대안 대동사(大東社)로서, 대개 이곳은 청비의 침략이 날로 심합니다」라고 하였습니다.

지난 양력 9월 17일에 발송한 해당 군수의 보고서에서는, 「음력 7월 22일 오시경에 출동한 본 진위대의 위관(尉官) 김상열(金商說)의 조회에 따르면, "어제 초저녁에 청비와 밤새도록 교전하여 우리 병사는 하나도 부상을 입지 않았고, 저들 비적의 부상은 밤중이라 상세히 알지 못하였는데 해가 밝은 후에 보니 저들 비적은 숲 기슭에 은둔하고 있었습니다. 성화와 같이 갑산군의 중대와 운총(雲寵)의 진위 주대(駐隊)에게 병사를 청하여 지원해주기 바랍니다"라고 말하기에, 이에 즉시 양 부대에 지원을 요청하였습니다. 동월 25일 오시경에 운총 진위 주대 위관이 병사 30명을 이끌고 본 군에 급히 도착하여 계속해서 나난(羅暖) 요충지로 출발하였습니다」라는 내용이었습니다.

양력 9월 22일에 발송한 해당 군수의 보고서 내에서, 「음력 7월 27일 술시경에 정탐 순교(巡校) 이학근(李學根)이 돌아와 보고한 것을 들어보니, 청비가 우리 병사와 강을 사이에 두고 교전하다가 청비 15명이 비밀리에 몰래 건너와서 우리나라 사람 1명이 총에 맞아 죽었고 약탈당한 물건을 다 적을 수 없으며, 출동한 포병이 갑자기 전후로 위압을 당하고 지원을 요청한 병사가 제때에 도착하지 않아 적은 수로 대적하기 어려워 부득이 철수하여 돌아왔습니다. 음력 8월 2일 술시경에 정탐 순교 천만억(千萬億)이 돌아와 보고한 것을 들어보니, 병사들이 철수하여 돌아온 후 청비들이 신농사(新農社) 등지에 횡행하자 어지럽게 흩어진 백성들이 목숨을 보전하려는 임기응변으로 청비의 유하목(流下木)을 짊어지고 180리 아래로 운반하는 일을 맡기로 약속하고 소를 잡아 후대하고 지금 방금 돌아와 모였는데, 만약 다시 출동하여 교전한다면 후환이 없지 않을 것이므로 괴로워하며 철수를 요청하므로 갑산과 운총 양 군대가 민원에 따라 부득이 모두 철수하여 돌아왔습니다」라는 내용이었습니다.

양력 10월 15일에 발송한 해당 군수의 보고서 내에서, 「음력 8월 24일 자시경에 청비 50여 명이 뒷산 기슭 어두운 곳을 통해 성을 넘어 진위대 주둔지를 둘러싸고 양총을 난사하므로, 진위대 병사가 사방으로 흩어져 달아났습니다. 회룡총(回龍銃) 34자루, 무기고에 있던 총환과 우리나라 사람 3명, 소 4마리, 또 거두어 놓은 공전(公錢)인 일본 은화 103원, 순전(純錢) 180여 냥을 모두 약탈해 갔으며, 특별히 원수부와 내부에 전보로 요청하여 다시 몇 소대를 파견하여 변민을 보호해주기 바랍니다」라고 하였습니다.

양력 10월 23일에 발송한 해당 군수의 보고서 내에서, 「청비 등이 내시궁에 주둔하자 두려운 마음을 가진 우리 백성들이 밤에는 산에 올라가고 낮에는 농막에 돌아와 울부짖는 모습이 참혹하여 차마 말할 수 없습니다. 적을 토벌하고 백성을 보호해달라는 뜻으로 연일 진위대와 군에 읍소하는 까닭에, 본 진위대 주대의 위관 김명산(金命山)과 갑산에 출주(出駐)한 위관 최희석(崔喜錫)이 각기 1소대를, 산포(山砲) 두령 성세일(成世逸)이 산포 73명을 이끌고 함께 변경으로 가서 음력 9월 4일 청비와 더불어 종일 교전하였습니다. 산포 김재련(金在連)이 왼손에 총을 맞았으나 오히려 죽음을 무릅쓰고 전력을 기울여 전투하여 병포(兵砲) 10여 명을 위급한 상황에서 구하고는 왼쪽 다리에 또 중상을 입었으며, 청비는 총을 맞아 죽은 자가 17명이었습니다. 저들 쪽에서 파수하는 대안에 불러모은 도당이 날로 증가하여 연강 일대의 우리 백성이 놀라고 두려워하여 어지럽게 흩어지고, 출동한 진위대 병사는 숙식할 곳이 없어서 산포와 더불어 함께 본 읍으로 돌아와 성을 방어하였습니다」라는 내용이었습니다.

이를 살펴보니 청비들이 양국의 우호를 생각하지 않고 연달아 침략하여 결국 해당 군 변계가 공허해지게 되었으니 극히 개탄스럽습니다. 해당 군의 보고에 따라 전보와 공문으로 계속해서 원수부와 군부와 내부에 보고하였으며, 소위 회성포가 주둔한 곳의 지명에 대해서는 이를 조사한 해당 군의 보고가 지금 방금 도착하였습니다. 이에 보고하오니 살펴보고 즉시 청국공사에게 조회하여 청비가 침략하는 폐단을 엄히 금지하여 중지하게 하고, 저들 청비가 빼앗아간 우리 백성 3명, 회룡총 34자루, 공전 일본 은화 103원, 엽전 185냥, 소 4마리를 모두 즉시 돌려주게 하기를 바랍니다.

광무 7년 11월 7일

함경남도관찰사 서정순

의정부찬정외부대신서리궁내부특진관 이하영 각하

지령 第7호

보고한 것은 알았음. 이에 의거하여 청국공사에게 공문을 보낼 것임. 24일.

49 무산 대안 간도민을 둘러싼 청국 군사와의 충돌을 보고하며 이들을 방어하기 위해 무기를 보내달라는 변계경무서의 요청

보고 第9호

무산군 대안 간도 거주민 수천, 수백의 호구가 청국 관리의 징수를 가혹하게 받고 호비(鬍匪)의 약탈을 감당하기 어려워 그 주거지에서 살지 못하는 까닭에, 혹 순검을 파견하여 금지하거나 혹 공문 조회에 의거하여 돌려받은 것이 1년 내에 한두 번에 그친 것이 아니었습니다. 호비의 수괴가 욕심이 채워지지 않음을 오랫동안 불만해오더니, 금번 음력 8월 20일 이후로 그곳 근처 황무지를 차지하여 살아가는 청국인 장서유(張瑞有), 강기순(江起順), 양덕승(楊德勝), 조유산(曺裕山) 등이 감히 함부로 덤빌 계획과 싸울 뜻을 내어 도당을 불러모아 관병을 사칭하고 이유도 없이 출병하여 오로지 부녀의 겁박과 백성들의 재산 약탈을 일삼는 것에 여지가 없습니다. 또 군사를 지휘하여 싸우겠다는 뜻으로 무산 진위대 분주대(分駐隊)로 격문을 보내오므로 일이 급박하여 진위대는 출병하고 무산군 또한 포수를 이끌고 요충지를 견고히 지켰습니다. 우리는 강을 건널 수 없고 저들은 경계를 넘어 들어올 수 없어서 서로 지키며 마주본 지 달포가 지나자, 흉악한 저 호적(鬍賊)이 먼저 강을 사이에 두고 사격하므로 형세가 부득이하여 군포(郡砲)와 진위대 병사가 또 맞서 총을 쏠 때 저들 무리가 혹 죽거나 부상입은 자가 부지기수인 수십 명이고 우리 백성이 총에 맞아 죽은 자는 단지 사포(私砲) 한붕혁(韓鵬赫) 한 사람이 있을 뿐입니다.

이들 청비가 스스로 대적하지 못함을 생각하고 9월 20일 후에 다소 달아나는 모양이 있었으나, 아직 남아 있는 악독한 마음을 풀지 못한 자가 있어서인지 한국인 간호(墾戶)의 움막과 곳간에 일제히 불을 지르고 소재한 집기들을 보이는 대로 약탈하였습니다. 이에 따라 촌락이 적막하여 남여노소가 잠시라도 시일을 지체하기 어려워 모두 강을 건너 무산군 등지로 피난하였고, 무수한 호비가 민가가 모두 빈 것을 틈타 저들의 소굴로 만들었습니다. 다시 근처 연안에 왕래하며 소리를 지르면서 저녁 한밤중에 무산군과 진위대를 초멸하겠다 하였는데, 방어 계책은 오직 소굴을 파괴하는 것뿐입니다. 군수와 진위대 관리가 서로 논의하고 화를 피한 간민(墾民)들을 불러모아 각 집안의 주인들로 하여금 몇몇 가옥을 불태워 청비들로 하여

금 하나도 머물 곳이 없게 하니, 저들이 어찌할 바를 모르고 각기 흩어져 돌아갔습니다.

상강분서(上江分署) 총순(總巡) 안수익(安壽益)이 근심을 연달아 보고하였는데, 본 경무서가 해당 대안과 거리가 수백 리나 떨어져 있고 수중에 사용할 무기가 없어서 얼마의 도움이라도 줄 겨를이 없이 공연히 일단의 마음을 쓰고 있었습니다. 가만히 엎드려 생각하건대 본관의 직책이 변민을 보호하는 책임을 지고 있으나 변민이 무너져 흩어진다는 보고를 듣고서 멀리 그 모습을 생각하면 근심하고 애통해할 뿐이었습니다. 그러던 중에 전투의 승패도 아직 생각하지 못하는데 백성이 짓밟히는 것이 실로 우려스럽고 두려워서 화해를 요구하여 여러 번 세작(細作)을 보내고 공식 조회를 보내어 대세를 설명하였더니, 저들 또한 화약(和約)을 청하고 병사를 거두겠다는 뜻으로 사적인 서신과 공식 조회를 보내온 것이 한두 번이 아니었습니다.

음력 9월 26일에 본관 등이 진위대 참령 서정규(徐廷圭)와 함께 각 부대의 위관을 거느리고 무산군수 지창한(池昌翰), 종성군수 주철준(朱哲濬)과 함께 종성 대안 강변으로 가니, 청국 동불사(銅佛寺)에 와서 주둔하는 통령(統領) 능유기(凌維琪), 연길청(延吉廳) 이사(理事) 진작언(陳作彦), 분방(分防) 장조기(張兆麒)가 일제히 나와서 회동 담판하였습니다. 청국 관원이 말하기를, 현재 무산 대안에서 서로 다투는 사안은 가만히 생각하건대 군사 대 군사로서 양쪽이 서로 살상하여 피차일반입니다. 모두 중지하도록 하여 두터운 우의를 회복하자고 말하였습니다. 이에 본관 등은 여러 군대 지휘관과 함께 또한 화호(和好)하여 이웃나라와의 교의를 더욱 두텁게 하겠다는 뜻으로 말을 하고 자리를 파해 해산하였으니 백성들에게 크게 다행입니다.

상강분서가 마침 해당 군의 강변 양영(梁永)[15] 옛 터전에 있었는데, 갑자기 이런 변을 당함에 저들의 어지러운 총알이 비처럼 쏟아져내리고 문의 벽을 꿰뚫으나 빈손에 든 작은 칼로는 감히 몸을 내어 적에 맞서려는 생각을 하지 못하고, 단지 얼굴을 숨겨 총알을 피하여 번에 든 여러 순검이 겨우 사상을 면하였습니다. 그러나 이때에 이르러 우리가 총기를 가지게 된다면 스스로 호위할 방책이 있으므로 필시 갑작스러운 재난에 이르는 지경은 없을 것입니다.

실로 금번 전투의 형편을 말하면, 저들 병사가 명분도 없이 출동하여 일을 이루지 못하자 형세를 헤아려 도주하고 화호(和好)를 요청하고 철수하였습니다. 비록 일시 다행이지만, 저들의 예측할 수 없는 점은 견양(犬羊)의 성질입니다. 지금 비록 잠시 물러났으나 만약 다시 침범하

15 무산군 소재 양영보(梁永堡)를 말한다.

는 날에 한번 전투에 진위대 병사를 격파하고 채차 전투에 군포(郡砲)를 죽인다면 다음은 누구겠습니까? 치떨리는 근심이 아침저녁으로 임박함에 비록 의기와 충심이 있더라도 빈 손으로 어찌하겠습니까? 가만히 곤경에 처해질 것은 필연의 형세입니다. 그때를 당하면 후회해도 소용이 없을 것입니다. 만약 순검 2백 명으로 각기 예리한 총기를 지니고 예기치 못한 일에 대비하면, 적들이 스스로 낙담할 것이고 백성들은 편안하게 살아가 변경이 안정될 것입니다. 일의 형편이 이러한데 위험에 빠진 상태에서 임기응변책이 없을 수 없습니다. 순검이 총을 드는 것이 비록 확실한 예가 없으나 이미 누차의 보고에서 청구한 것은 진실로 그 까닭이 있어서였습니다. 각지의 변민이 사는 곳이 가루처럼 사라진 것을 들으니 몹시 불쌍하여 본관이 이달 17일에 해당 지역에 직접 가서 마을을 순찰하여 위무하였으나, 거주할 집이 없고 먹을 곡식이 없어서 차가운 겨울에 울부짖지만 편안히 할 방책이 없었습니다. 살려달라는 소리가 무릇 마음에 닿아 목이 메어 말하기 어려웠습니다. 각 동 백성과 부녀자들이 잡혀가고, 가산 집기를 약탈당하고, 가옥과 곳간이 불태워진 것이 얼마인지를 일일이 구별해 항목을 정리하여 청국 관리에게 조회하고 또한 성책을 만들어 올립니다. 이에 보고하니 살펴보고 특별히 청국공사에게 조회를 전달하여 대안의 청국 무관으로 하여금 다시 병사를 지휘하여 행패하는 일이 없도록 지시하고, 간민(墾民)이 잃어버린 물건들을 일일이 돌려받게 하며, 원수부에 조회를 넘겨 총기 200자루를 속히 내려주어 뜻밖의 환난에 대비할 수 있게 하기를 바랍니다.

광무 7년 11월 23일

함경북도교계관 김병약 · 최남륭

외부대신 각하

50 월계하여 사단을 일으키는 행위를 중단하라는 훈령

광무 7년 11월 25일 기안

훈령 제8호

과거 후창군과 삼수군에서 청비(淸匪)가 소란을 일으켜 성을 침범하고 사람을 죽인 일로 원수부에 조회하였더니, 이미 지방대에 전달해 지시했다고 하였고, 서울 주재 청국공사관에 공문을 보내어 금지하게 하였습니다.

현재 받은 해당 청국공사관의 회답에서, 『중력(中曆) 9월 23일에 받은 귀 대신의 제30호 조회는, 「후창, 삼수 등의 군에서 목상(木商)과 지회포용(地會砲勇)이 사람을 잡아가고 각종 물건을 빼앗는 일이 있었으며, 또 삼수군에서는 비도가 성을 침범하여 총탄을 탈취하고 인명을 살상하는 일이 있었으니, 봉천성에 자문하여 법을 시행하여 비도를 토벌하여 백성을 구하기를 바랍니다」라는 등의 내용이었습니다. 본 대신이 살펴보니 비도가 멋대로 불법 행위를 저지르면 우리 측 군관이 직접 처벌해야 하고 결코 덮어두어 내버려둘 수 없는데, 상민이 서로 싸우는 문제에 있어서는 그 속에 혹 다른 사정이 있을 것이니 명확히 조사해 살펴서 공평하게 논의해 처리해야 합니다. 현재 이미 그 조회에 의거하여 봉천장군에게 자문하여 분별해 살펴서 처리하도록 요청하였습니다. 생각하건대 근년에 귀국인 역시 무리를 이끌고 경계를 넘어서 생명을 죽이고 재산을 빼앗는 일이 있었는데 그 모습이 비류(匪類)와 같고 한번으로도 만족하지 않았습니다. 또 병포(兵捕)에 속한 자가 많아 누차 조회하여 살펴보고 금지할 것을 요청하였으나 지금까지도 금지되는 것을 본 적이 없습니다. 양국의 땅이 서로 이어져 있어서 이치상 각기 강계(疆界)를 지켜야 합니다. 혹 비적의 불법 행위가 있다면 응당 각자의 처리로 돌리고, 만약 월경하여 난입하는 일이 있어서 과연 비도와 확실히 관계된다면 피차의 그곳을 지키는 군관이 총기를 사용하여 몰아서 없애고, 혹시 비도가 체포를 거부하는 일이 있으면 죽임은 물론이고 체포한 자에 대해서는 곧 본국으로 돌려보내어 처벌해야 하고, 장사하는 백성이 우연히 경쟁하는 경우라면 비도 무리와는 같지 않으므로 단연코 여기에 비추어 처리할 수 없습니다. 또 온전히 교계관원이 있으므로 피차가 그 이유를 조사해서 사실에 의거하여 논의해 공정하게 처리하여 사리에 따라 공평함을 가지도록 하는 데 힘써야 서로 편안하고 무사할 수 있습니다. 이 때문에 본 대신 또한 깊이 바라건대, 귀 대신이 각 관찰사에게 공문을 보내어 소속 군관에게 훈령하여, 만약 일이 있으면 반드시 사실을 확인하여 논의해 처리하는 데 힘써야 하고 아울러 병포를 엄히 단속하기를 바라며 절대로 경계를 넘어 일을 키우지 말아 변경 분쟁을 줄여서 이웃과의 우의를 생각하기 바랍니다』라는 내용이었습니다.

계속해서 받은 해당 공관의 회답문에서 중력 10월 1일에 우리 외무부의 전보를 받았는데 그 안에서, 「길림장군이 아뢰기를 한국 병사가 한국 백성을 지휘하여 연길청 소속 숭화(崇化), 선화(善化)[16] 등 각 사(社)의 벼를 약탈하였습니다. 간민(墾民)으로서 잡혀간 4인 가운데, 숙언명(宿彦明)은 이미 목숨을 잃었고, 조풍화(曹風和)와 여배고(呂培告)는 병으로 석방되어 돌아왔고, 장운각(蔣雲閣)은 아직 생사를 알지 못하며, 나머지는 모두 도망하여 흩어졌습니다. 또 불시에 병사를 보내어 강을 건너 상화(尙化), 덕화(德化) 등의 사(社)를 염탐하였으며, 또 우심산(牛心山) 일대를 한국 병사가 점거해 초소를 설치하였으며, 그 통령(統領)이 우리 군 지휘관에게 보낸 서신에 전쟁하여 월간지를 찾아 돌려받겠다는 말이 있었으니 조사해 금지하도록 조회하기 바랍니다」라고 하였습니다.

또 초 2일에 받은 계속된 전보에서, 「지난번에 길림장군의 공문에 따르면, "9월 11일과 15일에 한국 병사가 강을 건너 월간한민(越墾韓民)을 규합하여 우리 군사들을 공격하고 우리 가옥을 불태우고 아울러 강을 마주보고 해자에 몸을 숨기고 우리 병사가 왕래하면 즉시 창을 들고 공격했습니다"라는 내용이었습니다. 한국 병사가 누차 강을 건너 간민(墾民)을 규합하여 공격하고 불지르니 실로 이치에 맞는 것이 전혀 없습니다. 바라건대 한국 외부를 향하여 사실대로 따져서 한국 병사가 경계를 넘을 수 없도록 지시하여 일을 키우지 말도록 해주기 바랍니다」라는 내용이었습니다.

본 대신이 살펴보니 길림 변경은 일찍이 도문강을 경계로 삼았는데, 근년에 귀국 병사들이 여러 차례 경계를 넘어 일을 만들기에 여러 차례 조회하여 조사해 금지할 것을 요청하였으나 사람을 사로잡고 물건을 약탈하는 일이 거듭해서 일어났습니다. 대개 군관과 병정이 소요를 일으킨 것에서 시작하여 심지어 간민을 규합하여 우리 병대를 공격하고 우리 가옥을 불태우고 또 병사를 파견하여 강을 건너 마을의 각 지방을 염탐하고, 아울러 우심산 일대에다 초소를 설치하고 해당 군관의 편지 중에 무기를 들어 월간지를 되찾겠다는 말이 있으니 더욱더 이상합니다. 중국과 한국은 수백 년간 맺어온 정의가 평소 돈독한데 이런 행동은 본디 귀 정부의 뜻에서 나온 것이 아닙니다. 해당 군관이 예의의 가르침을 알지 못하고 성질대로 소요를 일으켜 쉽게 변경의 분쟁을 열었습니다. 귀 대신에게 조회하니, 우리 외무부가 전보한 각 조항을 살펴서 즉시 대황제께 상주하여 특별히 연변 일대의 군관에게 칙령으로 병사들을 단속하여 절대로 경계를 넘어 소요를 일으켜 변경 분쟁을 열지 않게 명령하기 바라며, 회답을

16 안원보(安遠堡) 소속으로 무산간도 지역이다.

기다려 우리 정부에게 전달할 수 있게 해주기 바랍니다』라는 내용이었습니다.
이를 살펴보니 양국의 강역이 서로 접하여 인민들이 금지를 무릅쓰고 아침저녁으로 왕래가 이어지고 있습니다. 그러므로 우리부터 삼가 변계를 지켜 조금도 실수하는 일이 없어야 청비를 금지하는 사안을 청국공사관에 말할 수 있습니다. 그럼에도 지금 도리어 우리 백성이 범법하여 저들의 땅을 시끄럽게 하여 청국공사관이 따지는 조회가 이와 같이 정중한데, 만약 이것이 그치지 않는다면 변방의 분쟁을 필시 우리가 먼저 열게 될 것입니다. 작은 관심이 그치지 않을 뿐더러 이후 청비 관련 사안을 어찌 논박하여 금지하기를 청하겠습니까. 무지한 변경 백성이 망령되게 사단을 일으키면 나라 간의 교제가 쉽게 어지러워질 것입니다. 말과 생각이 여기에 미치니 저도 모르게 크게 놀랍니다.
이에 훈령하니 살펴보아 이번에 강을 건너 시끄럽게 한 일이 어느 군의 어떤 백성의 행위인지 각별히 더욱 조사해 밝혀서 주범과 종범을 구분하여 엄히 처벌하고, 관하 연변 각 군에 신속하게 지시하여 각기 강계를 지키면서 조금도 강을 넘어 어지럽히지 말게 하며, 이 훈령을 마을 곳곳에 게시하여 대소 민인으로 하여금 더욱 경계하게 함이 좋겠습니다.
광무 7년 11월 25일

의정부찬정외부대신서리궁내부특진관 이하영

함경남도관찰사 서정순

51 변경에서 강을 건너 소요를 일으킨 원인을 상세히 보고하라는 훈령

광무 7년 12월 9일 기안

훈령 제3호

한국과 청국의 경계에 병사와 백성이 소요를 일으킨 일에 대한 귀 제9호 보고는 알았습니다. 우리 관리가 청국 관원과 회동 담판하여 변계가 잠시 시끄러웠으나 다시 조용해졌으니 나라의 교제를 위해 몹시 다행입니다. 그러나 처음에 무릅쓰고 강을 건너 일을 일으키지 않았다면 어찌 격문을 보내어 싸우는 지경에 이르렀겠으며, 최초에 소요가 일어났을 때 어찌 보고하지 않고 지금에야 이런 보고를 하는지 놀랍습니다. 소요가 일어난 원인을 전혀 거론하지 않고 모호하고 소략함이 심하니 어떻게 잘 알고서 청국 관리가 따지는 것에 응대하겠습니까? 몹시 개탄스럽습니다. 공문이 도착하는 즉시 소요가 일어난 전말과 왕복한 공문을 상세히 기록하여 속히 보고하고, 순검이 총을 드는 문제는 다시 보고를 기다려 그곳의 형편을 살핀 다음 응당 조처할 것이니 살펴 처리하는 것이 좋겠습니다.

광무 7년 12월 9일

의정부찬정외부대신서리궁내부특진관 이하영

함경북도교계관 최남륭 · 김병약 좌하

52 변경에서 강을 건너 소요를 일으킨 원인을 상세히 보고하라는 훈령

광무 7년 12월 9일 기안

훈령 제4호

한국과 청국의 경계에 병사와 백성이 소요를 일으킨 일로 이제 막 회답 전보를 받았습니다. 이것은 변계의 급무이자 외교의 중대 사안이므로, 귀 관찰사가 지방관으로서 의당 보고해야 하거늘 여전히 한 글자의 보고도 없다가 전보로 탐지한 것을 보고서야 간략하게 회답하였으니 몹시 개탄스럽습니다. 이에 훈령하니, 어느 군 어느 변계에서 무슨 연유로 소요가 일어났고, 어느 부대와 어느 군관이 어떻게 전투하다가 결국 어떻게 강화했는지, 소요가 일어난 전말과 왕복한 공문을 소상히 기록하여 속히 보고하는 것이 좋겠습니다.

광무 7년 12월 9일

의정부찬정외부대신서리궁내부특진관 이하영

함경북도관찰사 이윤재 각하

53 무산간도에서 청국 병사가 간도 한인들에 가한 각종 피해 내역을 보고

보고 제1호

지난 음력 9월 초에 청국 관원 양덕승(楊德勝)이 이유도 없이 병사 40여 명을 데리고 무산 대안 간도에 주둔하여 분쟁의 발단을 열어 소요를 일으켰습니다. 형세를 보아 강을 넘고자 하므로 무산군 사포(私砲)와 진위 주대 병사가 강안을 사이에 두고 대치하는 중에 청국 병사의 약탈이 귀에 들리는 것마다 놀랍고 참혹하였습니다. 3, 4백 리 다소 먼 땅을 계속해서 정탐하였더니 동월 21일에 무산간도의 선덕(宣德)·용포(龍浦)·덕화(德化) 3사(社)에서 백성들의 보고가 계속해서 왔는데, 거주민의 가옥, 곡물, 가축, 의복 등의 집물이 모두 청국 병사에 의해 불태워지고 약탈되어 백성들이 뿔뿔이 흩어졌다고 하였습니다. 본원(本員)이 억울하고 답답한 마음을 이기지 못하여 즉시 갖추어 종성진위대 참령 서정규(徐廷圭)에게 조회했더니, 해당 참령은 청국 관원에게 공문을 보내어 까닭없이 분쟁의 단서를 열었다고 힐책하였으나, 청국 관원이 스스로 이치에 어긋남을 알고 누차 화호(和好)를 희망해서 동월 26일 청국 관원이 서 참령과 만나 타결하여 청국의 병비(兵匪)는 물러나 돌아갔습니다.

무산간도 거주민의 가옥이 불타고 약탈된 정황을 조사하고자 했으나, 마침 병에 걸려서 위원 이승호(李昇鎬)를 대신 파견하여 그곳에 가서 상세히 조사하게 했습니다. 이달 22일에 해당 조사원 이승호의 조사 보고서에 의하면, 「이달 초 4일에 무산간도의 덕화사 작대곡촌(雀臺谷村)에 도착하여 일일이 조사하니 가옥이 완전히 사라져 백성들이 대개 바깥에서 거처하며 지금 혹심한 추위에 참혹하고 측은한 모습을 차마 보지 못하겠습니다. 집이 불에 탄 백성들을 불러모아 관리사(管理使)의 위로하는 고시를 널리 알리고 소요 경과를 사실에 따라 보고하겠다고 말하니, 민영국(閔永國), 김원오(金元吳), 마홍덕(馬弘德), 이병철(李秉哲) 등 20여 명이 울며 고하기를 "지금 얼어 죽을 지경에 이르러 어찌 속이고 숨기는 일이 있겠습니까. 음력 9월 11일 저녁에 청국 관원 양덕승(楊德勝)이 40여 명의 병사를 이끌고 본 덕화사에 와서 유숙하고 다음날 소위 관병(官兵)이 민가의 닭, 돼지와 의복과 포목, 여자의 가락지와 땋은 머리 등 각종 물건을 약탈하여 갔으며, 동월 17일 저녁 무렵에 청국 병사가 무산군 사포와 강안에서 서로 전투하다가 물러갈 때 억하심사로 민가에 불을 놓고 의복과 집물 등을 약탈하고 장독을 때려 부수고 곡물을 마당 밖으로 흩뿌렸다"라고 말하였습니다.

조사차 덕화사의 유동(柳洞), 연동(淵洞), 신흥동(新興洞) 세 곳에 도착하니, 거주민 김규은(金規殷), 박태회(朴泰會), 김태협(金泰協), 이회근(李晦根), 김수홍(金守弘), 오응현(吳應鉉), 권기현(權基鉉) 등 50여 명이 고하기를 "9월 17일 청국 병사가 물러갈 때 학대와 약탈을 이기지 못하여 노소를 이끌고 데리고 사방으로 흩어져 목숨을 구하였더니, 상하촌(上下村)에 주둔한 청국 병사가 움막과 밭에 불을 놓고 닭, 돼지와 집에 있는 집기를 모두 빼앗았습니다"라고 말하였습니다.

이달 初5일에 조사차 노덕(滷德)에 도착하여 흩어진 백성을 불러와서 불타고 약탈된 정황을 상세히 조사하니, 그곳에 사는 허격(許激) 등 40여 명이 고하기를 "이곳 60여 호에 청국 백성이 먼저 손을 써서 불을 놓았는데 마침 바람이 강하게 불어 곳곳이 불타올라 청국인 움막 5곳 역시 불에 탔으며, 17일 저녁에 이르러 청국 병사가 다시 와서 차례로 밭의 곡식 더미에 불을 놓아 남녀노소가 일시에 흩어져서 도로에서 울부짖는 가운데 들판에 풀어둔 소 14마리와 말 4필을 모두 약탈해 갔습니다"라고 말하였습니다.

동월 初8일에 조사차 용포사(龍浦社)에 도착하니 사람 그림자가 완전히 끊어지고 닭 울음과 개 짓는 소리가 전혀 나지 않았습니다. 저녁에 독소촌(篤所村)에 도착하여 흩어졌던 백성들을 불러모아 고시문을 알리고 용포사가 불에 탄 정황을 사실에 의거하여 바로 고하겠다고 하니, 각 마을에 거주하는 방병교(方柄敎), 안병화(安丙化), 방병식(方丙植) 등 50여 명이 울면서 고하기를 "9월 12일에 청국 병사가 용포사에 와서 주둔하며 산 가축과 의복을 약탈한 것이 무수하므로 저희들이 집을 버리고 도망해 숨었더니, 동월 16일에 청국 병사가 무산군 사포대병과 강 언덕을 사이에 두고 전투하다가 물러갈 때 무슨 원망의 뜻을 가졌는지 방자하게 악독한 짓을 자행하여 거주민의 가옥과 곳간마다 불을 놓고 손을 써서 파괴하고 약탈해가서 남은 것은 모두 재가 되었으며 청국인의 움막 12곳 또한 불에 탔습니다. 난리를 맞아 분주히 흩어져서 어떤 모양으로 쓸어버렸는지 모르며, 남녀 거주민이 강을 건너 도망간 산에서는 통곡하는 소리가 서로 들렸습니다"라고 하였습니다.

동월 初9일에 조사차 선덕사(宣德社) 한두 곳에 도착하여 흩어진 백성을 불러모아 불에 타고 약탈당한 정황을 바로 고하겠다고 하니, 선덕사 거주 주정묵(朱貞默), 이세일(李世一), 이춘근(李春根), 채방덕(蔡邦德), 최홍악(崔弘岳) 등 100여 명이 울면서 고하기를 "당초 한국과 청국 군사가 맞설 때 청국 병사 40여 명이 한국인의 가옥을 빼앗아 의지하여 몸을 숨겼는데, 탄환을 비와 같이 쏘므로 무산군 사포가 곧바로 백성들의 집을 향해 대안에서 총을 쏘아 불이 일어나 타버린 것이 일곱 집이고, 날이 저물어 청국 병사가 물러갈 때 가는 곳마다 불을 놓아 곡물과 집안에 둔 각종 집기가 모두 불에 타서 남은 것이 없으며 청국인의 집 5곳 또한 불에 타서 일사(一社)가 아무것도 없이 비었으며 연기와 화염이 하늘에 가득 차고 대낮에 빛이 사라졌습니다"라는 등의 말이었습니다」

살펴보건대, 이번 무산간도의 덕화, 용포, 선덕 3사의 한국 백성이 가혹하게 청국의 소요를 겪었으며, 청국 병사가 퇴각할 때 악독한 짓을 자행하여 불을 놓은 한국인의 집이 240호, 연소된 집이 114호로, 가옥을 살 때 들인 돈이 모두 10,543냥이고, 불에 탄 곡물 등 각종 집기는 시가에 따라 합한 것이 89,138냥 8전 3푼으로 이상 도합 99,681냥 8전 3푼입니다. 또한 불을 놓을 때 청국인의 움막 또한 불에 타서 지명할 수 없는 것이 19호이고, 훼손된 집이 3호이며, 손해를 입은 곡물은 현재 청국인에게 없으므로 값을 마음대로 정할 수 없습니다.

대개 청국 관원의 이유 없는 군사 충돌은 세계 공법에도 없는 일이며, 한국인 부녀를 약탈하고 한국인 집과 물건을 불에 태우니 이름은 비록 관병이나 실은 향마적입니다. 화를 입은 수천 명이 분주히 달아나 통곡함에 본원(本員)이 원통하고 답답함을 이기지 못하였습니다. 구호하여 편안히 할 방법이 없어 그곳에서 가까운 3사의 다소 안정된 백성을 불러 타일러서 가진 것이 있든 없든 서로 도와주고 환난상구(患難相救)의 예로서 곡식 600석을 모아 우선 가장 피해가 심한 백성에게 나누어주어 당장의 위급함을 구하여 잠시 살도록 하였습니다. 빈사에 빠진 백성들이 토굴과 바위굴에서 추위와 배고픔을 호소하는 참혹한 모습은 일일이 말하기 어려우며, 겨울을 지나는 동안 살 곳과 먹을 것, 봄이 되어 집을 지을 좋은 방안이 없습니다.

불에 타고 약탈당한 하나하나의 항목을 파원이 조사한 문건에 따라 별도로 두 책자로 작성하여 보고에 첨부하였으니, 상세히 살펴본 후 즉시 서울 주재 청국공사에게 조회를 보내어 장정에 의거하여 논박하여 이유 없이 분쟁의 단서를 여는 폐단을 막고, 불에 타고 약탈당한 각 건은 보고서에 제시된 값 그대로 의거하여 일일이 배상하여 해 간도의 피해 입은 백성을 보호하기를 천만번 엎드려 바랍니다.

광무 6년 음력 11월 2일

간도관리 이범윤

외부대신 각하

54 무산 대안 지역에서 한인들이 잡혀가 조사중이라는 보고

보고 제10호

무산 대안의 각 사(社) 각 동민의 가옥과 곳간이 불태워지고 우마와 집물의 약탈 및 부녀의 강간과 강제로 포박되어 잡혀간 것은 이미 먼저 조사한 바에 의거해 적어 성책해 올렸습니다. 여러 차례 청국 관리에게 조회하고, 권임(權任), 통변(通辯), 순검 등을 다수 파견하여 일마다 따져서 처리하고, 가옥과 곳간 및 소소한 물건은 아직 모든 규모를 의논하지 못하였습니다. 다만 당초 잃어버린 우마 54마리 중에 소 34마리와 말 8마리를 먼저 찾아 돌아와서 해당 주인에게 나누어주게 하였더니, 집집마다 기뻐하는 것이 과거 잃어버리지 않았을 때보다 오히려 나았습니다. 소 8마리와 말 4필을 아직 찾지 못하였습니다. 김여청(金汝淸)과 허진언(許珍彦) 두 부녀자 가운데 먼저 부인 김씨를 돌려보냈고 허씨 부인은 현재 종적을 추적하고 있어서 모두 돌아오기를 기약할 뿐입니다. 다시 각 해당 관아의 청국 관리에게 조회해 따졌고, 또한 권임 2명, 순검 2명을 파견하여 여전히 저쪽 지역에 머물며 각지를 수색 · 탐문하여 이후의 형편을 계속해서 보고할 계획입니다. 이에 보고하니 살펴주기 바랍니다.

광무 7년 12월 31일

함경북도교계관 최남륭 · 김병약

외부대신 각하

55 월계하여 소요를 일으키는 행위를 중지하고 우리 백성의 피해 상황을 조사하도록 지시했다는 보고

보고서 제1호

삼수군의 변경 소요 정황은 과거에 이미 연달아 급히 보고하였으며, 현재 청국 임강현(臨江縣) 판리(辦理)의 조회를 베껴서 올립니다. 대개 살펴보니, 이번 변경 소요의 근본 원인은 작년 음력 7월 5일에 청국인의 유하목(流下木) 몇 주가 강물에 떠내려오는 것을 삼수군의 소농과 사민(社民)이 건져내어 모두 땔감으로 사용했는데 청국인들이 와서 그 나무의 본래 숫자를 독촉하면서 다분히 멋대로 나쁜 행동을 한 데서 비롯되었습니다. 해당 백성들이 진위대 주대(駐隊)에다 급히 말하자, 주대에서 파병하여 산포(山砲)와 더불어 소농의 사(社)에 모여 청국인들을 불러와서 강화하고 타결하였습니다. 그 후 후창군 주대는 삼수의 주대가 저들에게 약함을 보인 것에 분개하여 청국인 목두(木頭) 무리 10명을 잡아가니, 청국인들이 이를 계기로 삼수에 대해 원망을 품고서 삼수의 진위대 관리를 잡아가서 인질로 삼을 듯이 하면서 '후창 주대 역시 우리 청국인을 반드시 풀어주라'라고 하였고, 결국 적비와 결탁하여 몰래 삼수 주대를 습격하였습니다. 마침 주대 지휘관이 부재하였는데, 이에 주대 서기 한정리(韓廷履)를 대신 잡아가고 군물도 약탈하여 갔습니다. 해당 주대에서 군물을 찾아 돌려받고자 도강해 못된 일을 하여 인명을 살해하고 점포와 기름집을 불에 태우며 소, 노새, 말을 약탈하여 양국 변경의 분쟁이 크게 일어나게 되었습니다. 말과 생각이 여기에 미치니 몹시 개탄스러우며, 이번에 해당 관리의 조회가 이와 같으므로 화의 근원을 불러온 자를 엄히 조사하여 처벌하였습니다. 만약 약탈한 사람과 가축이 있으면 즉시 돌려주고 다시는 경계를 넘어 일을 키우지 말라는 뜻으로 북청 진위대에 방금 조회하고 삼수군에 훈령을 내렸습니다. 또 우리나라 인민이 피살되고 우리 백성의 재산이 빼앗긴 것을 조사하여 인명과 물건의 수를 소상히 열거하여, 갑산군수 이근풍(李根豐)과 청국 파견 관리 등과 날짜를 잡아 회동하여 담판하고 강화하라는 뜻으로 삼수군에 훈령하였습니다. 이런 뜻으로 말을 꾸며 청국 임강현에 조복하였으며, 조복의 원본을 또한 베껴서 올립니다. 이에 보고하오니 살펴주기 바랍니다.

광무 8년 1월 2일

함경남도관찰사 서정순

의정부찬정외부대신서리궁내부특진관 이하영 각하

지령 제2호

보고한 말에 따라 소요가 일어난 전말을 알았음. 16일.

56 무산 대안에서 진위대와 무산군 군사들이 청국 병사와 충돌한 원인 및 그동안의 피해 상황을 보고하며, 양국 관리들이 회의하여 병사를 철수하고 화해를 했다는 보고

보고 제11호

무산군 연안의 변계 소요 안건은 이미 여러 차례 보고하였습니다. 삼가 제3호 훈령을 받들었더니, 그 안에서 "한국과 청국의 경계에 병사와 백성이 소요를 일으킨 일에 대한 귀 제9호 보고는 알았습니다. 우리 관리가 청국 관원과 회동 담판하여 변계가 잠시 시끄러웠으나 다시 조용해졌으니 나라의 교제를 위해 몹시 다행입니다. 그러나 처음에 무릅쓰고 강을 건너 일을 일으키지 않았다면 어찌 격문을 보내어 싸우는 지경에 이르렀겠으며, 최초에 소요가 일어났을 때 어찌 보고하지 않고 지금에야 이런 보고를 하는지 놀랍습니다. 소요가 일어난 원인을 전혀 거론하지 않고 모호하고 소략함이 심하니 어떻게 잘 알고서 청국 관리가 따지는 것에 응대하겠습니까? 몹시 개탄스럽습니다. 공문이 도착하는 즉시 소요가 일어난 전말과 왕복한 공문을 상세히 기록하여 속히 보고하고, 순검이 총을 잡는 문제는 다시 보고를 기다려 그곳의 형편을 살핀 다음 응당 처리할 것이니 살펴 처리하는 것이 좋겠습니다"라는 내용이었습니다.

훈령이 이와 같이 정중하니 조사 보고를 더욱더 신중하게 해야 합니다. 무산이 수백 리 떨어져 있고 일이 진위대 병사와 관련되어 순사를 파견하여 조사해 탐문한 것이 상세하지 않은 것은 아니지만, 이미 해당 군수가 포군을 이끌고 적을 막은 사실보다 중요한 것은 없습니다. 무산군수 지창한(池昌翰)의 원 보고서에 당초에 소요가 일어나고 전투한 전말이 하나도 빠짐없이 소상히 갖추어 실려 있기에 아래에 적어 보고합니다. 순검이 총을 드는 문제에 있어서는, 해당 지방으로 건너가 살고 있는 우리 백성은 거의 몇만이며 모두 몰락한 잔호(殘戶)로서 먹을 것을 구하기 위해 나라를 버리고 친척을 떠나 구구하게 살길을 찾아간 것입니다. 이들을 끼고 살아가는 청국인은 비적의 무리가 아님이 없어서 개미 무리 보듯이 학대하고 가산은 닭장과 다름이 없이 되었습니다. 여기에다 끝이 없는 가렴주구에 죽고 싶어도 죽지 못하고 수시로 달려와서 호소하니 몹시 불쌍합니다. 매번 비도를 경계하고 백성을 보호하는 처지에 단지 단도만 가지고는 위엄을 보이며 몸을 지킬 수 없을 뿐더러, 문득 급한 날에는 또한 손을 쓰기 어려우니 총기를 청구한 것은 이 때문입니다. 이에 사실을 들어 보고하니, 살펴보고 특별히 백성을 보호하고 변경을 안정되게 할 방책으로 총기 200자루를 내려주어 보관했다가 필요한 때를 대비할 수 있기를 바랍니다.

광무 8년 1월 5일

함경북도교계관 최남륭 · 김병약

외부대신 각하

좌개(左開)

무산군수 보고 내에서 청비가 분쟁을 일으킨 전말[茂山郡守報告內淸匪起釁顚末]

제1은, 본 군 주재 진위대 주대(駐隊)의 병사 1인이 강을 건너 도망하기에 주대에서 체포하려고 추적자 병정 이화일(李化日), 김희철(金希哲), 최희봉(崔希鳳)을 보냈으나, 소위 청국 관리 양덕승(楊德勝), 강기순(江起順)이 병사를 동원하여 총을 쏘는 형세가 마치 사냥하는 매와 같았습니다. 외투와 담요를 잡아 내던지고 강으로 빠져 총알을 피하였습니다. 이는 음력 8월 18일의 일입니다.

제2는, 청국 연총(練總)[17] 장서유(張瑞有)가 정말 관리라면 당연히 관리의 품행이 있어야 합니다. 설령 무지한 병사와 백성들이 강을 건너 벼를 수확한 일이 있었더라도 진위대와 군에 공문을 보내어 이치에 따라 온전하게 돌려주게 해야 합니다. 그런데 어찌하여 미리 말도 없이 회용(會勇) 숙언명(宿彦明)과 장운각(蔣雲閣)을 부추겨서 곧바로 진위대를 향하여 일언반구도 없이 총을 쏘아 죽이는지 모르겠습니다. 농민 윤실혁(尹實赫)과 장만석(蔣萬石), 김여삼(金汝三) 등 세 명을 무고히 잡아갔고 그 생사를 알지 못합니다. 이는 음력 8월 22일의 일입니다.

제3은, 청국 연총 조유산(曺裕山)이 진위대와 본 군에 조회하여 말하기를 날을 정해 대장기를

17 지역 자치조직인 단련의 지휘관을 말한다. 압록강과 두만강 일대의 단련은 청일전쟁과 의화단사건을 거치면서 각각 시기에 북간도와 서간도 일대에 조직되었다. 특히 러시아의 만주 점령으로 청의 지방 군사와 행정이 붕괴되고 1902년 말에 이것이 복구될 때까지 유지되었다. 1903년에 이르면 청 지방행정을 보조하는 역할을 하였다. 이 단련에는 조선인도 편제되었는데, 1903년 말 이범윤이 간도에서 사포대를 조직할 때 이 단련에 참여했던 한인들을 묶어낸 결과이기도 하였다.

붙잡자고 하였으니, 이는 음력 9월 초 2일의 일입니다.

제4는, 양덕승, 강기순이 중대장 김중현(金重鉉)에게 조회한 중에서, 한국 관리를 가리켜 '충이왜추(蟲爾倭酋)'[18]라 말하고 거친 말과 패악스러운 입에 담을 수 없는 욕을 하였으며 심지어 총으로 자웅을 겨루자고 하였습니다. 만약 굽혀서 화의를 요청하지 않으면 군대를 동원하여 죄를 묻겠겠다고 하였으니, 이는 음력 9월 초 5일입니다.

제5는, 중대장 김중현이 대대장의 명령에 따라 글로 화의를 요청하니 답을 하지 않을 뿐만 아니라 이를 가지고 간 통사 이원여(李元汝)를 묶어 때리고 가두었으니, 이는 음력 9월 초8일의 일입니다.

제6은, 통사 이원여의 친척이 이원여의 생사를 탐문하려고 강변으로 갔는데 저들이 갑자기 총을 난사하므로 혹 나무를 부여잡거나 물속에 들어가 화를 면하였으니, 이는 음력 9월 11일의 일입니다.

제7은, 소대장 이병하(李秉河)가 초소를 순찰하며 강변에 이르렀더니, 조유산이 화해하는 척하고 불러 앞에 가까이 오기를 요구하고는 갑자기 총을 난사하므로 해당 관원이 몸을 날려 물이 불어난 곳으로 떨어져 몸은 비록 보전하였으나 여전히 겁이 나서 헐떡였으니, 이는 음력 9월 14일의 일입니다.

제8은, 진위대 병사가 말라버린 방죽과 마을을 순찰하였는데, 갑자기 난사되는 총에 맞아 비록 부상을 입지는 않았으나 복장이 손상된 자가 많으니, 이는 음력 9월 15일의 일입니다.

제9는, 내지 연강 상하의 천여 호 촌락이 음력 8월 이후로 저들이 총을 마구 쏘는 것에 맞아 집이 온전한 벽이 없어 벌집과 같고 남녀노소 거의 만 명이 물고기가 놀라고 쥐가 도망하여 숨은 듯이 풍찬노숙하니, 이는 음력 9월 16일의 일입니다.

제10은, 한국인 황윤세(黃允世), 허진언(許辰彦), 김여천(金汝天)의 처를 멀리 결박해 갔고, 무릇 간호(墾戶)인 부녀자를 마치 자신의 물건인듯 여겨 닥치는 곳마다 겁을 주는 것이 부지기수였습니다. 이런 일이 지난겨울부터 금년 가을에 이르기까지 하루도 없는 날이 없었습니다.

제11은, 진위대 병사 이진성(李振成)을 저들의 진영으로 꾀어 들여서 연강 상하 지형이 험한지 여부, 크고 작은 도로가 어디서부터 어디에 이르는지, 여울이 어디가 깊고 얕은지를 세밀하게

---

18 '벌레 같은 왜구'라는 뜻이다.

그림을 그리게 하고 진위대와 군(郡)의 허실을 남김없이 상세히 탐문하였습니다. 확실히 성을 함락시켜 도륙할 계획이 있음이니, 이는 음력 8월 중순 동안의 일입니다.

제12는, 양덕승, 강기순 무리가 세무기관을 설치했다고 말하고 토목용 돌, 땔감과 쌀, 생선, 염장, 조청, 계란, 닭, 돼지, 소를 집집마다 토색하여 한국 간호(墾戶) 수만의 백성이 가혹하게 독을 받아 울부짖음이 하늘을 찌르니, 이는 여름부터 가을까지의 일입니다.

위 무산군수의 보고 중 12조의 안건은 모두 변민이 지탱하기 어려운 괴로움과 관계됩니다. 지금 진위대와 무산군 사이에서 많은 백성들의 위태로움에 눈을 감고 가만히 앉아서 볼 수 없어서 진위대가 병사를 움직이고 군이 포군을 통솔하여 험한 길을 따라 적을 막는 것이 점차 그만두고자 해도 할 수 없게 되었습니다. 우선 가옥과 곳간이 불에 타고 각종 재물과 가축, 집물 등이 약탈되고 노소의 부녀자가 겁탈당하고 묶여 잡혀갔습니다. 무명의 병사처럼 백성이 먼저 도탄에 빠졌으니 마치 변경 관리가 백성을 보호하는 직책이 아닌 듯하였습니다. 그래서 병사를 거두어들여 백성을 편안히 하자는 뜻으로 일변 진위대 참령에게 공문을 보내고 청국 관리에게 논리적으로 조회하였습니다. 그랬더니 저들 또한 화호(和好)를 원하여 그날에 종성군 대안에 회동하기로 약속하였습니다. 음력 9월 26일에 진위대와 경무서 지휘관이 약속을 이행하려고 가니 청국 관원 역시 나오므로 서로 담판하였습니다. 저들 관원이 말하기를, 무산에서 서로 싸운 문제는 가만히 생각하건대 군사 대 군사로서 설령 피차간에 살상이 있더라도 전투 중에는 일반적인 경우이니 모두 중지하는 것으로 돌리고, 백성을 보호하는 데 힘쓰고 두터운 우의를 회복하자고 하였습니다. 각기 서로 병사를 거두어 말을 마치고 자리를 떠나면서 빼앗긴 우마 몇 마리를 먼저 찾았고, 포박된 두 부녀자 가운데 한 명이 먼저 왔으며. 다른 한 부녀자는 방금 돌려달라고 요구하였습니다. 병사를 거두어들인 후 이웃나라와 교제를 과거와 같이 하면 몹시 다행이겠습니다.

57 무산 대안 지역에서 양국 병민이 충돌한 이후 처리 상황의 보고

보고서 제1호

본 관찰부 관하 무산군 대안의 비도 소요에서 전투한 전말과 강화한 담초(談草)는 이미 급히 보고하였습니다. 현재 받은 무산군수 지창한(池昌翰)의 보고서 내에서, "본 군 대안이 소요를 겪은 안건은 지난번에 양국 문무 관리가 회동하여 타결하였습니다. 그 후 지금 음력 11월 13일 길림통곤(吉林統閫) 호전갑(胡殿甲)이 진위대 서리참령 반돈식(潘敦植)과 재차 이루어진 담판(談辦)에서, 반(潘)은 말이 날카로운 반면에 호(胡)는 말을 더듬거려서 조목조목마다 이치에 굴복하고 구구절절 사과하였습니다. 간호(墾戶)에 대한 수백 수천의 무명잡세를 혁파하며, 소위 변경 비도의 12회성(會城)을 한꺼번에 철폐하였습니다. 우선 소대장 김원흥(金元興)을 파견하여 저들의 지휘관에 대해 강을 건너 초소를 순찰하게 하고, 피차 타결하며 상호 고시를 교환하였기에 담초와 고시문을 베껴서 첨부합니다. 지금 이후로 우리 백성이 거주하는 곳까지는 움직이는 것은 순초(巡哨)이고 멈추어 있는 것은 주참(駐站)입니다. 간호 수만의 환호하는 소리가 우레와 같으며 반 정위(正尉)의 한마디 말이 천 개의 화살보다 무거우나 기회를 알고 때에 순응하여 시작을 잘하면 유민을 거두어들일 수 있고 옛 강역을 회복할 수 있습니다. 이를 감당할 수 있음을 알고서 임시로 대처하는 것은 오직 정부의 처분에 달려 있으므로, 이에 급히 보고하니 살펴보고 서둘러 서울의 부서에 보고하여 기회를 잃지 않기를 바랍니다"라는 내용이었습니다.

동 길림통곤 호전갑과 진위대 서리참령 반돈식의 담판초(談辦草)와 호전갑의 고시문을 함께 등본하여 보고하니 살펴주기 바랍니다.

광무 8년 1월 20일

함경북도관찰사 이윤재

의정부찬정외부대신서리궁내부특진관 이하영 각하

지령 제10호

보고를 다 알았음. 반돈식의 담판이 조목마다 타당하고 우리 백성이 거처하는 곳에 순초와 주참 역시 마땅하나, 일이 변계의 군무(軍務)에 속한 것이니 마땅히 해당 진위대에서 원수부에 보고하여 해당 부의 처분이 있을 것임. 6월 1일.

58 한청 양국 간 충돌을 일삼고 있는 관리사 이범윤의 조치에 대한 보고

보고 第31호

이달 27일에 받은 청국 길강군(吉强軍) 마보각대(馬步各隊) 통령(統領) 호전갑(胡殿甲), 연길청(延吉廳) 이사(理事) 진작언(陳作彦)이 도장을 찍은 조회 내에서, 「광서 29년 9월 27일에 저희 관청과 우리 전(前) 길안영(吉安營) 능(凌) 통령이 귀 교계관, 서(徐) 참령 그리고 각 군수를 우리 경계 내의 장(張) 분방서(分防署)에서 만나 공동으로 논의하였습니다. 또 11월 15일에 귀 교계관 및 반(潘) 서리참령(署理參領)을 회령에서 만난 후 앞서의 논의를 거듭 말하고 공법을 연구해 밝혔으니, 지금과 후일에 서로 편안하고 무사하여 양국 변계의 변민이 평화의 복을 함께 누릴 것입니다. 그런데 뜻밖에도 시찰사(視察使) 이범윤(李範允)이 외국 병사가 붙어 있는 것을 기회로 지휘를 받지도 않고 러시아인 구곶[句串]을 고용하였습니다. 러시아를 따르던 한국인이 11월 19일에 경계를 넘어 우리 지역의 향약 한득신(韓得信)을 종성으로 붙잡아가서 불법으로 고문해 때렸습니다. 또한 틈을 타서 강을 건너 장 분방서의 조세를 징수하는 고용인 김덕일(金德一)을 붙잡아 간 후, 월간계(越墾界)의 각 간호(墾戶)에게 전달해 알리기를 "중국에 조세를 납부하지 말고 시찰사의 징수를 기다리라"라고 하였습니다. 임원 180여 명을 두루 파견하여 우리 관서의 경내에서 호구를 편적 조사하였고, 호에 따라 재물을 거두어들여 매호에 한국 돈 6조(吊) 600문(文)을 강제로 의연(義捐)하게 한 것이 십수만 조로서 속도가 빠른 총 500자루를 구매하였고, 우리 간호의 장정 1,000명을 강제로 보내어 포수로 삼아 병영을 편제해 설치하였으며, 정해진 날짜에 강을 건너 다스리겠다고 말하였습니다. 현재 저희 통령과 저희 관아가 이러한 상황을 조사하여 알았는데, 시찰사가 발급한 호구표, 훈령, 각 임원의 도장을 찍은 문서 등의 증거를 압수하였습니다. 찾아서 밝혀낸 임원으로 가장 두드러진 자는 성문석(成文錫), 강사언(姜仕彦), 박문수(朴文秀), 김극렬(金克烈), 지문준(池文俊) 등과 같은 30여 명으로 대개 우리나라의 간민입니다. 해당 시찰사가 이와 같이 망령된 행위에 대해 귀 교계관은 생각하건대 필시 그 실정이나 소문을 알 것입니다. 이러한 일이 무슨 조약을 준수하고 무슨 공법을 따르는 것인지 알지 못하겠습니다. 분명하게 회답하여 저의 의혹을 풀어주기 바랍니다. 살펴보니 조약 제12관에 '변민이 이미 월간한 자는 안업을 허락한다'라고 하였습니다. 또 공법에는 '외국 인민이 국내에 기거하면서 이미 입적한 자는 즉시 본국 관할로 돌린다'라고 하였습니다. 현재 월간한민(越墾韓民)은 우리의 판적(版籍)으로 들어와 우리의 농토에 씨앗을 뿌리며 우리에게 조세를 납부하니 중국 백성이 된 지 오래되었습니다. 조약과 공법에 비추어보건대, 우리나라의 관할로 돌려야 하며 시찰사가 건너와 관할할 수 있는 바가 아닙니다. 조약 제2관에 영사관은 반드시 주재국의 비준 문서를 받아서 일을 볼 수 있으며, 또 공법에도 영사관이 다른 나라에 주재할 때는 반드시 화약(和約)하고 행차를 허락받아야 비로소 나아갈 수 있습니다. 현재 시찰사 이범윤은 영사관이 아닙니다. 북간도(北墾島)는 중국이 관할하는 지역으로 통상항구가 아닙니다. 피차 육로장정이 정해지지 않았음에도 경계를 넘어 관할하고 있는데, 화약으로 그 통행을 허락한 것이 아니고, 또 우리나라 정부의 비준 문서를 받은 것도 아닙니다. 우리 통령과 우리 관청으로서는 결단코 그의 도강을 내버려둘 수 없습니다. 만약 과연 시찰사가 교섭할 공적인 일이나 서로 왕래하여 친분을 맺고 회견할 일이 있어서 우리 변계에 들어오면 우리나라는 당연히 손님의 예로 대우하여 더욱더 보호에 뜻을 둘 것입니다. 그렇지 않다면 결코 손님의 예로 상대할 수 없습니다. 혹 시찰사가 완고하고 야만스럽게 과거의 잘못을 고치지 않고 강을 건너 관리(管理)할 것을 고집한다면, 잘못은 귀국에게 있으며 우리나라가 이해하지 않는다고 의심하지 말기 바랍니다. 또한 공법을 살펴보니, 외국 인민이 국내에 있으면서 모반 및 국내의 국정을 범하는 자는 일을 일으킨 나라에서 처벌하도록 되어 있는데, 현재 월간한민 성문석 등이 중국 내에서 재물을 거두어들여 병사를 모으고 몰래 반역을 도모하고 조세를 납부하는 것을 막은 것은 중국의 국정을 어기는 것이니, 응당 중국에서 조사해 잡아들여 처벌해야 합니다. 우리나라의 상부 관헌에 보고해 밝힘과 아울러 응당 글을 갖추어 귀 교계관에게 조회해 요청하니 조사하기를 바랍니다. 시찰사의 행동이 어찌 조약과 공법을 준수하는 것이겠습니까? 회답하고 판별하여 시행해주기 바랍니다」라는 내용이었습니다.

대체로 이 양국 변계의 상황은 지난 음력 9월 3일에 무산 대안에서 병사를 철수하고 회판(會辦)한 후, 다시 11월 15일에 호(胡) 통령이 또 나오므로, 본관 등이 진위대 참령서리 반돈식과 함께 회령군에서 만나 백성을 보호하고 변경을 안정시키는 뜻으로 담판하였습니다. 잡세의 강제 징수와 가결(加結)해 조세를 징수하는 것을 모두 혁파하고, 각 회(會)에서 쓰고자 백성들에게 거두어들이는 항목은 이전과 같이 가혹하게 배정할 수 없고, 곡식 무역을 위한 출입을 금지하는 일이 없게 하니, 변경이 평화로워지고 많은 사람들의 마음이 다소 안정되었습니다. 그런데 관리(管理) 이범윤이 여전히 종성군에 머물면서 처음에는 수개월 이래로 간도민을 불러모아 군대를 설치한다 하고 각 마을에 훈령을 보내어 병포(兵砲)를 다수 뽑아 매일 조련하고, 영장(領長) · 부장(副長) · 참리(參理) · 참무(參務) · 총무 · 검찰을 임명해 여러 연안과 마을에 각기 맡은 임무를 만들어 두었습니다. 또한 순교 · 서기 · 사동(使僮) · 용예(勇隸) 등의 명목을 설치하고 급료를 만들어 먼저 4개월간의 비용이라고 말하고는 간도민 매호에 한국 돈 6냥 5전씩 훈령을 내려 배정해 거두어들이도록 독려하였습니다. 여러 백성들에게 당부하는 말을 하여 관리한다고 소리치고, 조만간에 포군을 이끌고 도강하여 일을 맡는다고 하였습니다. 청국에 역을 지고 과거에 치발한 한국인 등을 잡아들여 강을 건너와서 청국에 아부하고 한국을 배반한 죄로 처벌하여 엄히 곤장을 때리고 옥에 가두었습니다. 갑작스러운 이러한 제반 조처는 모두 '우리 백성은 우리가 다스린다[我理我民]'라는 간절한 뜻에서 나온 것인데, 이런저런 일들이 청국인을 다시 격동시켰습니다.

오호라, 저 청국 관원이 병사들을 파견하여 관리가 임명한 사람들을 있는 대로 잡아들이니, 간도의 모든 마을에서 번번이 놀라워할 뿐더러 부녀자가 산을 기어서 넘어 달아나고 노소가 강을 건너 울부짖으며 많은 마을이 비어 있고 많은 백성들이 떠돌아다니며 사는 모습을 차마 볼 수 없습니다. 붙잡혀간 영장 · 부장 · 각임(各任) 40여 명은 혹독한 심문에 생사를 알 수 없습니다. 백성들의 사정이 여기에 이르러서는 진무할 방법이 없습니다. 직분과 관련되어 송구함이 앞서서 통변과 순검을 파견하여 효유하여 금지하였으며, 혹 이치를 들어 조회해 따져서 백성들을 풀어달라고 하였으나 언제 백성들이 정착할지 알 수 없습니다. 청국 관원이 따지는 논박에 이와 같이 애가 타고 답답하며, 백성들의 호소가 번거롭게 날마다 답지하고 있습니다.

가만히 엎드려 생각하건대, 관리의 행위는 진실로 누에가 뽕나무를 조금씩 먹듯이 차츰차츰 할 시도이나 청국 관원이 강경책을 쓰는 것은 치장지세(鴟張持勢)[19]를 미리 대비하는 것입니다. 지금 당장의 견해로는 관리의 정성스러운 힘이 하루아침에 와해되고 변방의 분쟁이 커져가는 것이 더욱더 심해질 것은 형세상 필연적입니다. 변경의 직책으로서 이웃나라로부터 업신

19 부엉이가 날개를 활짝 편 것처럼 형세가 군세고 거침이 없는 모양을 뜻한다.

여김을 받았는데, 그 치욕을 돌려줄 곳이 없을 뿐만 아니라 필시 장차 막기 어렵다는 후회가 있을 것입니다. 항상 청국 관리가 관리를 들어서 따지며 조회하는 상황을 맞아 본직은 관리와는 권한이 각기 달라서 가부간 회답을 하는 데 있어서 어둡습니다. 변경의 근심을 말하고 생각하니 우선 송구합니다. 이에 사실에 의거하여 보고하니 살펴주기 바랍니다.

광무 8년 1월 30일

함경북도교계관 최남륭 · 김병약

외부대신 각하

지령 제1호

이(李) 관리의 일은 이미 내부에 조회했으니 반드시 조처가 있을 것이고, 귀원(貴員)은 교계에서 마땅히 할 일만 착실하게 처리할 것. 3월 25일.

59 청국 병사들에게 잡혀가 고초를 당한 한인들에 대한 보고

보고 제3호

지난 11월 27일에 삼가 국휼(國恤)[20] 반포를 받들고 도민(島民)들이 상복을 입게 하였습니다. 이달 4일에 지타소(芝他所) 청국 관리 진작언(陣作彥)과 청국 통령(統領) 호전갑(胡殿甲)이 군사 4, 5백 명을 각 사(社)에 파병해 풀어놓아 한민 30여 명을 묶어 가두고 몽둥이로 때리고 불로 낙인을 찍고 호적을 찾아 빼앗고 재산을 약탈하였고, 트집을 잡고 말하는 것은 '비록 한민이지만 경작해 먹고사는 곳은 청국 땅인데 어찌 한국 의복을 입을 수 있는가'라고 하여 흰 갓을 쓴 자를 만나면 반드시 찢으며, 또 도민(島民) 12명을 잡아들여 억지로 치발하여 내쫓으며 말하기를 '나머지 간민(墾民)을 차제에 치발하겠다'라고 하였는데, 이러한 여러 위협에 백성들이 무서워하고 있습니다. 대개 강제로 치발하는 문제는 절대 거론하지 않는다는 뜻으로 이미 청

20 1904년 명헌태후의 승하를 뜻한다.

국공사와 합의가 있었으나, 청국 관원이 현재 행패를 부리는 사나운 행동은 실로 불법이며 비적의 수괴 같은 행동입니다. 또 우리가 우리 백성을 보호하는 것은 세계의 공법(公法)입니다. 청국 관원 진가(陣哥)가 서로 엇갈리는 말을 제기하며 말하기를, '서울 주재 청국공사의 문서가 있은 다음에야 간도관리의 주차(駐箚)를 허락하여 서로 우호를 이룰 수 있다'라고 하였습니다. 현재 이러한 방해가 있으므로 위 항의 연유를 이에 보고하니, 상세하게 살펴본 후에 즉시 청국공사에게 조회를 넘겨 장정에 따라 조사 · 처리하여 청국 관원이 도민(島民)이 옷을 입는 행위를 가로막고 강제로 치발하였으며 호적에서 빼는 불법 행위를 비난하고, 아울러 청국공사의 문서를 구해 즉시 내려주어 본 관리사로 하여금 어려움 없이 주차하여 도민이 도마에 올라가는 화를 피할 수 있도록 엎드려 처분을 기다립니다.

광무 7년 음력 12월 16일

북간도관리 이범윤

외부대신 각하

청국 관원에게 포박되어 갇혀 있는 한민 강제 치발자 성명[淸員縛囚韓民勒薙人姓名]

강인홍(姜仁弘), 박만수(朴萬秀), 김두경(金斗庚), 정부권(鄭富權), 강우석(康禹錫), 장전순(張全順), 김자천(金子天), 임복록(林福祿), 이병일(李秉一), 강용구(姜龍九), 전호석(全浩錫), 김치선(金致善)

60 러시아 관리의 비판이 부당하다는 간도시찰의 보고

보고 제4호

본 관원이 주재하는 곳이 러시아의 주참(駐站)과 거리가 멀지 않으나 별도로 교섭이 없었습니다. 러시아 관리 곽미살이(郭未薩爾)[21]가 대체로 흡족하지 않은 마음을 품고 업신여기며 가로

21 코미사르(Commissioner)로, 러시아의 국경사무관을 뜻한다. 1900년 의화단사건으로 러시아가 만주를 점령함에 따라 코미사르는 두만강과 압록강 일대에서 한청 양 국민 간의 충돌에도 개입하였다. 1901년 11월에 러시아 포셋 주재 국경사무관 유진 스미르노프(Eugene Smirnov)가 서울에 왔다. 그런데 그의 관직명은 기록에 따라 다양하게 번역하고 있다. 파블로프 주한러시아공사는 그를 '남우수리주 국경위원회에 소속된 러시아의 5등관'이라 표현하였다(『러시아국립해군성문서Ⅲ』, 국사편찬위원회). 그러다 러일전쟁 중에는 그를

막는 일이 있음을 이미 헤아려 생각하였으므로, 음력 10월 초에 본 관리(管理)가 간도(墾島)에 주차(駐箚)하여 우리 백성들을 보호할 뜻으로 곽미살이에게 조회하였습니다. 러시아의 회답에서 말하기를 '관리(管理)라는 관직을 둔다는 것을 서울 주재 러시아공사에게 들은 바가 없다'라고 하였으니, 거의 가로막아 방해하려는 뜻이 첫째입니다. 한국인이면서 러시아인으로 변한 이경화(李京化)라는 자가 소를 매매하는 장사를 하러 간도(墾島)에 왕래하며 본 관원에게 왔는데, 러시아 관리가 무슨 시기하는 단서가 있었는지 이경화를 잡아 가두었으니, 이것은 시기하여 이기려는 것으로 두 번째입니다. 이번 달 초에 러시아 장교가 무산에서 종성군에 도착하여 자랑스럽게 말하기를 '이(李) 관리가 몹시 기력이 있으나 염비(苒匪)가 많은 곳에서 머물려 하는가'라고 하였으니, 이것은 속이고 미혹하는 계책으로 세 번째입니다.

지금 신문에 실린 것을 보니 '자초외병(自招外兵)'[22]이라는 제목 아래에 러시아공사가 외부에 조회하기를, 북간도(北墾島) 관리가 러시아 관리에게 병사를 요청했다는 등의 말이 있는데, 대개 본인이 러시아와 서로 가로막는 처지에서 정녕 저들 병사의 보호를 요청할 까닭이 있겠습니까? 이는 필시 본인이 '주차보호오민(駐箚保護吾民)'이라는 글자를 저들이 '보호병'이라고 거짓으로 말한 것으로 본 관원으로서는 어찌 두렵고 황송하지 않겠습니까. 연유를 이에 보고하니 살펴본 후 '청병(請兵)' 등의 말을 러시아공사에게 따지는 조회를 보내어 외국인의 의심을 풀어주기를 엎드려 바랍니다.

광무 7년 음력 12월 17일

북간도관리 이범윤

외부대신 각하

'국경수비대장'으로 표현하고 있다. "남강지구[간도]에서 조선정부군[충의대]을 지휘하는 이범윤은 우리의 국경수비대장 스미르노프의 관할하에 놓여 있다"라고 하였다. 1908년 4월 당시에는 '남우수리지방 국경행정관'으로 되어 있다(박종효 편역, 『러시아국립문서보관소 소장 한국관련 문서요약집』, 한국국제교류재단, 2002, 401쪽). 당시 국경행정관은 노보키예프스코예(Novokievskoe, 1936년 Kraskino로 개칭, 당시에는 'Ianchikhe'로 불림. 조선 기록에는 煙秋, 延秋, 烟秋)에 상주하는 내무성 관리였으나, 외무성의 요청으로 경흥영사도 겸직하고 있었다. 일본 측에서는 1901년 말 당시 그를 '러시아령 포셋 주재 사무관', 'Commissioner Eugene Smirnof', '러시아 경계원(境界員)'이라 불렀다(『주한일본공사관기록』, 국사편찬위원회).

22 『황성신문』 1904년 1월 18일자 잡보 '自招外兵' 기사를 말한다. "俄公使巴禹路厚氏가 高未薩爾報告를 據하야 外部에 照會하되 間島管理李範允이가 當初에난 俄人과 相持하더니 今에난 俄國의 保護兵을 請하얏다하니 何以措處오 흔지라 外部에셔 內部로 移照하기를 該管理가 自意로 外兵을 招入코져하니 不可仍寘라 하얏더라"

61 백두산정계비에 의거하여 강계를 획정해달라는 보고

보고 제5호

관북에 있는 백두산은 대한 강산의 조종(祖宗)입니다. 동쪽으로 떨어지는 한 산맥이 분수령에서 동쪽으로 장산령(長山嶺)이 되고 곧바로 달려 선춘령이 되니 '태성(兌城)-혼춘(琿春)'의 맥은 그 옆으로 떨어진 지맥입니다. 백두산 큰 연못에서 90여 리의 돌무더기와 흙무더기를 지나서 물이 나와 발원하여 토문강이라 하니 동으로 700여 리를 흘러 송화강 하류와 합하여 흑룡강으로 흘러들어갑니다. 조금 내계(內界)를 향하여 여러 강의 원류를 거슬러 올라가면 하반령(下畔嶺)에서 나와 작은 지명인 토문자수(土門子水)와 합하고, 200여 리에 있는 협심자(夾心子)에 이르러 온성으로 흘러 이후수(伊後水)에서 물이 모입니다. 두만강의 원류는 다른 물갈래가 있으니 이름하여 서두수(西豆水)라 합니다. 무산 내지에서 흘러나와 회령, 종성, 온성 4군의 대안을 거쳐서 이후수와 합류하는 것으로 두만강과 토문강은 서로 700여 리가 떨어져 있어서 이름을 혼동할 수 없습니다. 백두산 분수령 정계비에 '동위토문서위압록(東爲土門西爲鴨綠)'이라고 새긴 글자가 아직도 완연하니 이것은 한청 양국의 만고불변의 계분(界分)이요. 또한 청국 광서 무자년(戊子年, 1888)에 중간(重刊)된 『여지도(輿地圖)』에 단지 길림만 싣고 혼동강(混同江) 이남의 태성, 혼춘 등지의 경계를 전부 누락하였습니다. 혼동강은 곧 토문강의 한 이름으로, 즉 이것은 토문 이남이 우리 한국의 강역이라는 확실한 증거가 아니겠습니까. 또한 청국 여도(輿圖)의 가장자리에 '한국 지방이 동서 2천 리요, 남북 4천 리'라고 하였는데, 이는 청국 역시 토문 이하 산천이 우리 한국의 경계가 됨을 확실히 알고 있다는 뜻입니다. 이를 전제로 할 때에만 남북 4천 리가 됩니다.

무릇 북간도(北墾島)는 우리의 선대 성인들이 일어나 나라를 시작한 땅이고 산천이 어지럽게 수놓고 토양이 비옥하니 이는 곧 하늘이 내려준 땅입니다. 그곳에 거주하는 우리 백성들은 현재 3만 호가 되고 청국인은 수천여 호가 되지만 우리 백성들로 하여금 도리어 압제를 받게 하여 내몰아 부리고 마치 짐승처럼 학대하니 어찌 한심하지 않겠습니까. 국초에 여진족의 마을을 파괴해 없애고 한청 양국이 이 땅에 대해 유민의 거주를 금지하도록 약속한 것은, 오나라와 초나라 뽕나무를 다투는 단서[23]와 같은 일이 있을까 염려하여 결국 우(虞)나라 사람과 예(芮)나라 사람 간에 한전(閑田)의 약속[24]을 한 것처럼 하였습니다. 그런데 뜻하지 않게 청국인이 먼저 점거하여 우리 백성을 박해하고 러시아인에게 1,000여 리의 땅을 할양하기에 이르렀으니, 이는 우리가 옛 경계를 서둘러 조사하지 못한 까닭입니다. 현재 간도민이 이미 우리 호적으로 편입되고 가옥 · 토지 · 부동산 등의 장부가 모두 우리 정부와 연관되고 관리(管理)를 설치한 것을 외국이 모두 듣고 아는 바이니, 이때에 이르러 감계 문제를 하루도 지체할 수 없는데 하물며 서울 주재 청국공사가 먼저 감계를 요청하겠습니까? 옛 사람이 말하기를, 한 번 수고롭지 않으면 영원히 편안하지 않고 먼저 그어 자르지 않으면 나중에 반드시 어긋남이 생겨난다고 하였으니, 이는 곧 금일의 급선무이자 부합하는 말입니다. 과거 감계할 때에는 도로에 익숙하고 해당 지도에 밝은 자가 3명이 있었습니다. 엎드려 바라건대 상세하게 정형을 살펴본 후 이 기회를 잃지 말고 황제폐하에게 아뢰어 별도로 일을 조사할 관원을 파견해서 청국 관리와 함께 땅의 경계를 오랫동안 조사하여 과거 헤아리지 못한 의심스러운 사안을 마무리지어 선황제의 터전인 강토를 복구하기를 천만번 바라며, 엎드려 처분을 기다립니다.

광무 7년 음력 12월 17일

북간도관리 이범윤 보고

외부대신 각하

---

23 국경 분쟁을 의미한다. 전국시대 때 초나라 변방의 비량씨(卑梁氏)의 딸과 오나라 변방의 여자가 뽕나무를 가지고 다투어 마침내 두 나라 사이에 전쟁이 일어나게 된 고사를 말한다. 『사기』 '오태백세가(吳太白世家)'에 나온다.

24 우나라 사람과 예나라 사람이 서로 경쟁하는 중에 문왕이 다스리는 땅에서는 상하간 서로 양보하는 모습을 보고 자신들이 다투던 그 땅을 한전으로 만들기로 했다는 고사를 말한다. 『설원(說苑)』 군도편(君道篇)에 나온다.

62 삼수군과 갑산군에서 공문이 오지 않아 청국 관리와 논의하지 못했는데, 이는 우체부가 사적인 일로 업무를 처리하지 않았기 때문이라는 보고

보고서 제3호

금년 1월 18일에 나온 삼수군수 이민중(李敏重)의 보고서를 받으니, 그 안에서 "과거 임강현 조회에 따라 변경 상황을 회의해 타협한 일을 보고한 바 있었습니다. 들으니 북청우체사가 중간 사무를 폐지하여 지령이 필시 중간에서 막혔을 것입니다. 청국 관리가 상경하는 길에 소농리(小農里)에 도착하여 5백여 리를 약속에 따라 일부러 찾아왔지만, 한국 관리는 당초 경계를 넘지 않겠다고 하고 면임(面任)을 공갈하였습니다. 나난사(羅暖社) 풍헌의 보고가 음력 11월 27일에 도착하였으므로 손님을 맞아 대접하기 위해 이목(耳目)을 보냈고, 28일에 본 군에 머물고 있는 김(金) 정위(正尉)와 함께 강변 나난사에 나갔습니다. 외국 관리가 이미 먼 길을 지나왔으므로 먼저 날씨를 물어보니, 청국 관리가 곧장 담판을 요청하기에 군수는 삼수와 갑산 변경의 일로 화의를 논의해 타결할 때 어떤 관리의 주장을 정부에 보고하고 지령을 기다려 거행하기 위해 이미 관찰부에 보고하였지만 아직 지령을 받들지 못하여 담판할 수 없다는 뜻으로 답하고는, 군수는 당일로 관청으로 돌아왔습니다. 청국 무민부(撫民府)와 임강현의 조회를 단단하게 싸매고 발이 빠른 자를 정하여 보고하니, 살펴보고 외국인과의 회판(會辦)에 대해 즉시 지시하여 힐책을 받는 데 이르지 않게 하기를 바랍니다"라는 내용이었습니다.

이를 살펴보니 지난번에 청국 임강현 조회를 접수하여 갑산군수 이근풍(李根豐)과 삼수군수 이민중을 회판관(會辦官)으로 정하여 청국 파차관(派差官)과 날짜를 약속해 회판하라는 뜻으로 해당 두 군에 훈령하였고 또한 외부에 보고하였습니다. 지금 해당 무민부와 임강현의 조회와 삼수군수의 보고를 보니, 청국 관리들이 양력 1월 13일로 날을 정하고 4백여 리를 왔으나 갑산과 삼수 두 군수를 회판관으로 임명하는 질품서에 대한 지령과 훈령이 아직 도착하지 않아서 부득이 그날의 회판을 할수 없었다고 합니다. 일이 양국 교섭에 관계되어 몹시 놀랍습니다. 해당 공문이 지체된 곡절을 즉시 북청우체사에 전보로 물어보니, 해당 우체사가 전보로 답한 중에서 이달 2일 아침에 진위대의 비사(鄙司)가 우체부 한가(韓哥)를 난타해 잡아들인 까닭에 우체부가 호소하며 정신을 놓고는 곧 업무를 폐하였고 지금 14일부터 비로소 각지에 발송했다고 합니다. 그 일자를 계산하면 회판관을 임명하는 공문을 본 관찰부에서 1월 5일에 발송하였고 함흥에서 북청까지 190리의 길에 이틀이 지났으니 응당 해당 우체사에 도착해야 하나 14일이 되어서야 비로소 발송되었습니다. 진위대가 우체부를 잡아 가둔 것은 무슨 사단 때문인지 알지 못하나 곧 사적인 일입니다. 해당 우체사가 사적인 일로 공적인 업무를 폐하여 사무가 정체된 것이 12일이나 되어 공문이 중간에 지체되어 회판 날짜를 넘겼습니다. 이는 별도로 경계를 보이지 않을 수 없기에 방금 통신원에 의견을 덧붙여 보고하였습니다. 변경의 사무는 다시 약속한 날에 회판하라는 뜻으로 갑산과 삼수 두 군수에게 급히 지시하였고, 청국 무민부와 임강현의 조회 및 본 관찰부의 조복을 함께 베껴서 첨부하여 이에 보고하니 살펴주기 바랍니다.

광무 8년 2월 3일

함경남도관찰사 서정순

의정부찬정외부대신서리 이지용 각하

지령 제22호

보고는 알았는 바, 공문이 지체되어 회판이 연기된 것은 몹시 놀랍습니다. 우체부에게 경계를 보이는 것은 이미 통신원에 보고하였으니 상당한 처분이 있어야 할 것이며, 이후의 상황을 계속해서 신속히 보고할 것. 6월 3일.

63 삼수군에서 한청 양국 간의 소요에 대하여 양국 지방 관리가 합의 타결한 내용을 보고

보고서 제3호

삼수군 변경 소요에 관한 일로 갑산과 삼수 두 군수로 하여금 청국 관리와 모여서 처리하도록 한 연유는 앞서 이미 급히 보고하였습니다. 음력 계묘년(癸卯年) 1903년 12월 10일에 갑산군수 이근풍(李根豐)과 삼수군수 이민중(李敏重), 출주(出駐)해 있는 대관(隊官) 조기설(趙基卨)·김사직(金思稷)이 청국 관리 무민부(撫民府) 손장청(孫長青), 임강현 오광국(吳光國)과 회동 담판한 후, 우리 관원의 수석인 갑산군수의 보고서가 지금 막 도착하였습니다. 아울러 청국 관리의 조회와 피아의 약서(約書)와 문답기, 우리 백성이 무술년 이후 죽고 약탈된 내용을 담은 성책을 함께 베껴서 올립니다.

아마 금번에 모여서 처리할 때에는 다만 계묘년 이래 양국 경계에서 죽이고 약탈한 것만 조사하여 보상하기로 피아가 약속하였고, 이후 각기 강계를 지켜서 양국 간 교의를 돈독히 하여 백성을 편안히 할 일로 책을 만들고 날인하였습니다. 양국 변민이 다소 편안히 생활할 수 있게 되었으나, 우리 백성이 근년 이래로 죽고 약탈당한 것은 배상받을 수 없으니 심히 통탄스럽습니다.

해당 군의 보고를 보니, 삼수진위대가 빼앗긴 총과 탄환 가운데 총 30자루와 탄환 1천 발은 본래 물건을 찾아서 돌려받았고, 총 4자루와 탄환 8천 발은 총 1자루당 은 32원, 탄환은 1발당 3전씩으로 계산해 찾아 돌려받기로 약정하였습니다. 청국 백성이 빼앗긴 소, 나귀, 말 가운데 소 60마리는 본래대로 돌려보냈고, 그 나머지 65마리는 1마리당 정가 61냥 5전씩으로 계산해 합 4천 냥을 잡아먹거나 은닉하여 팔아먹은 자에게 값을 징수해 돌려보내기로 약정하였습니다. 진휼 곡식 30석은 우리 백성이 거두어들인 것으로 보내주었습니다. 위의 여러 조항은 이미 타결하여 다시 논의할 만한 것이 없고 피살된 우리 백성 14명과 빼앗긴 평전(平錢) 5천 냥, 엽총 10자루와 피살된 청국인 18명 및 불태워진 가옥과 기름집 합 52곳의 배상은 양국 정부의 판단을 기다리는 것으로 약속을 정했습니다. 청국 관리의 약서 가운데 죽은 자는 1명당 화평은(華平銀) 300냥, 불태워진 가옥 17곳은 모두 200간으로 1간당 은 40냥씩, 작은 움막 40곳 모두 244간으로 1간당 은 20냥씩을 불쌍히 여겨 지급한다고 말하였으니, 오직 처리 지시를 삼가 기다립니다.

이번 우리 경계 내의 분쟁이 처음에는 삼수의 소농사(小農社) 백성 이영식(李永植)이 청국인의 유하목(流下木)을 건져내어 취한 데서 시작되었고, 결국 화에 이른 것은 실로 운총 진위대가 경계를 넘어 소란을 피운 데서 비롯되었습니다. 이영식은 본래 거처를 옮기며 살아가는[移寓] 백성으로 곧 온 집안이 도망하여 간 곳을 알지 못합니다. 진위대 관리 최병혁(崔丙赫)이 병사를 풀어서 살육한 것과 포령(砲領) 연진헌(延振憲)이 흉악한 짓을 돕고 직접 실행한 것은 청국 관리의 약서 중에 증거가 있으니 별도로 처벌하지 않을 수 없으므로, 포령 연진헌은 우선 해당 군의 옥에 엄히 가두고 아울러 최병혁이 범한 죄는 처결을 기다리고 있습니다. 그 나머지 청국 백성의 소, 나귀, 말과 곡식을 약탈한 자로 병사는 진위대에서 처벌하고 백성은 군에서 처벌한다는 뜻으로 전에 이미 해당 진위대에 조회하고 또한 해당 군에 지시하였습니다. 이에 보고하며, 청국 관리와의 약서에서 공문 왕복의 기한을 음력 1월 25일로 잡았으니 살펴보고 신속히 판결하여 지령하기 바랍니다.

광무 8년 2월 18일

함경남도관찰사 서정순

의정부찬정외부대신서리헌병사령관육군참장 이지용 합하

지령 제21호

귀 전임 관찰사 서정순의 제3호 보고서에 의거하여 삼수군 변경 소요의 일로 해당 군수와 진위대 관리 및 청국 관리가 담판하여 피아 백성의 피살과 약탈에 대한 배상을 신속하게 판결해달라고 하였는 바, 모두 살펴보고 알았으며 이미 별도로 훈령하였으니 살펴보고 처리할 것.

6월 6일.

64 간도에 흉년이 들어 북간도의 곡식을 가져올 수 있도록 해달라는 보고

질품서 제1호

삼가 생각하건대 본도는 토지가 척박하여 농사가 풍요롭지 않아 풍년이 든 해라도 겨우 1년을 넘기기가 어려워서 남도 각 항구의 쌀과 북군(北郡) 간도(間島)의 쌀을 다수 무역해와서 생활에 보태고 있습니다. 그런데 작년과 금년 두 해는 거듭해서 흉년을 만나 9월과 10월 밭에서 벼를 거두어들이는 때에도 오히려 기근을 이기지 못하고 유리하여 곤경이 계속되는 무리가 도로에 끊어지지 않았습니다. 봄과 여름에 먹기 어려운 것이 하물며 다시 어떠하겠습니까? 누르스름한 빛깔이 얼굴에 가득하고 살려달라고 호소하는 모습이 눈에 가득하고 마음을 아프게 하는데 감히 일일이 말할 수 없습니다. 지금 선박의 운행이 두절되어 남쪽의 쌀이 오지 않고 무역해 운반해오는 것은 오직 북간도(北間島)의 쌀뿐인데, 종성군 대안 간도에 주둔하는 청국 병관(兵官)이 무슨 혐의와 틈을 보아서인지 방곡이 몹시 꼼꼼하여 무산, 회령, 종성, 온성, 경원, 경흥의 대안 간도 등지에서 비록 한 말 한 되도 우리 백성들로 하여금 무역해 옮길 수 없게 하였습니다. 심지어는 방곡 전에 무역하여 보관해 둔 것도 운반할 수 없게 해서 한 성 안 수만의 백성들로 하여금 모두 굶어죽을 지경에서 벗어나지 못하게 하였습니다. 백성의 형편을 말하고 생각하면 황급함을 이기지 못하겠으므로, 이에 어리석음을 무릅쓰고 질품하니 살펴보고 서둘러 청국영사관에 조회하여 북간도의 방곡을 풀어주어 구황할 수 있게 하기를 바랍니다.

광무 8년 4월 3일

함경북도관찰사 이윤재

의정부찬정외부대신서리헌병사령관육군참장 이지용 각하

지령 제9호

간도(墾島)도 우리나라의 변경 땅이거늘 청국 관원이 그들의 경계라고 자칭하고 종종 일을 일으켜 경계 지역이 몹시 시끄러운 모양으로 이는 강토에 중대한 문제이다. 곧 정부에서 정계(定界)할 것이며, 방곡의 해제는 청국공사에게 조회했으니 판별을 기다릴 것.

65 삼수군의 변경 소요에 대해 서둘러 지령해달라는 보고

보고서 제9호

삼수군 변경 소요의 일로 계묘년(癸卯年, 1903) 12월 10일에 갑산군수 이근풍(李根豐)과 삼수군수 이민중(李敏重)과 출주(出駐)한 진위대 지휘관 조기설(趙基卨) · 김사직(金思稷)이 청국 관리 무민부 손장청(孫長淸), 임강현 오광국(吳光國)과 회동 담판하였습니다. 여기서 피살된 우리 백성

14명과 빼앗긴 평전 5천 냥과 엽총 10자루, 피살된 청국인 18명, 1명당 화평은 3백 냥, 불태워진 큰 움막 17곳 합 200간 1간당 은 40냥, 작은 움막 40곳 합 244간 1간당 은 20냥의 배상은 양국 정부의 판결을 기다리기로 피아 양국 관리가 정약하고, 문서를 만들어 공문 왕복을 음력 1월 25일에 하기로 하였습니다. 서둘러 판결하여 지령해달라는 뜻으로 전에 이미 보고하였지만, 아직도 어떠한 지시도 없어 청국 관리가 교섭상 신뢰를 잃은 것이라며 계속 힐책하고 있습니다. 군의 보고가 이와 같아 보고하니 살펴보고 속히 판결 · 지령하여 청국 관리가 다시 따지는 일이 없게 하기를 바랍니다.

광무 8년 4월 8일

함경남도관찰사 서정순

의정부찬정외부대신서리의정부참정 조병식 합하

지령 제23호

알았음. 다시 위원을 정하여 상세히 조사하여 보고하도록 전에 이미 지시가 있었음. 6월 3일.

66 청비와의 충돌은 궁여지책이며 나라가 시작된 간도 땅을 되찾기 위해 파원감계할 필요가 있다는 보고

보고 제5호

현재 간도의 청비가 더욱 창궐하여 생명과 재산을 살상 · 약탈하고 우리 백성이 국상에 성복(成服)하는 것을 가로막아 흰 갓을 쓴 자를 보면 곧바로 잡아 가두고 재산을 빼앗아 백성들이 어육이 되어 보호받기 어려운 모습은 이미 지난번 보고에서 다 말했습니다. 제가 글을 갖추어 조회하여 청국 관원에게 누차 따졌으나, 청국 관원이 조회 서신을 보내지 않고 알지 못하는 듯이 하고 법외의 학대를 더욱더 멋대로 하였습니다.

작년 음력 12월 21일에 종성진위대 온성 주둔 부위(副尉) 최제강(崔齊岡)이 호비(鬍匪)의 내습을 받아 잡혀갔고, 해당 부위가 대동한 병사 1명은 총환을 맞아 죽었습니다. 해당 부위와 진위대 병사 6명은 지타소(芝他所) 청국 공관에 갇혔다가, 올해 음력 1월 26일(3월 12일)에 최 부위는 목숨 걸고 벗어나 돌아왔으나 빼앗긴 군기와 복장은 아직 돌려받지 못하였습니다. 청비가 더욱 치성하여 무산, 회령, 종성, 온성 연강의 언덕 아래위로 무리를 불러모아 주둔하며 강변의 통행을 금지해 끊고, 마을로 사람을 보내어 돌아다니며 부녀자를 겁탈하고 재산을 빼앗으니 비도가 가는 곳마다 닭, 돼지 등 살아 있는 가축을 모두 잡아먹어 남아 있는 것이 없었습니다. 심지어 무리를 모아 강을 건너서 종성군 땅인 동관(潼關), 삼봉(三峯), 방원(防垣), 학포(鶴浦) 등지를 거리낌 없이 빼앗아 행려가 끊어졌습니다. 청국 관원이 번번이 '관군이 아니라 호비(鬍匪)이다'라고 말하여 제멋대로 하는 악한 행동을 도와주었습니다. 간도의 포민(砲民)이 압제받는 것이 극심하여 분노로 죽음을 결심하는 마음으로 비도와 쟁투를 벌였으나 형세상 금지하여 막기 어려웠습니다.

대개 간도는 당당한 우리 한국 선왕이 터전을 시작해 다스려야 할 땅이나, 정부의 조치가 직무에 게을리하고 구습을 버리지 못하여 즉시 경계를 살피지 않아서 수십만 대한의 적자로 하여금 호비의 말썽을 계속 받게 하여 극히 곤란한 지경으로 내모니, 정녕 한심하지 않겠습니까? 대개 청비의 학대가 몹시 악독하고 넘침에 하늘에서 이들을 모두 없애버리는 것을 자초하고 있습니다. 우리 백성들의 형세가 궁하고 원망이 하늘을 찔러 필시 죽음을 무릅쓰고 서로 다투는 분쟁이 있을 것이므로 이유를 이에 감히 보고하오니, 살펴본 후 청국공사에게 조회를 넘겨 해당 청국 관원이 비도를 내버려두어 약탈하는 습관을 엄히 따지고 서둘러 파원감계(派員勘界)하여 우리 한국이 발상한 터전인 땅을 회복하기를 천만번 바랍니다.

광무 8년 음력 2월 28일

간도관리 이범윤

외부대신 각하

지령 제1호

보고에 따라 정부에 공문을 보낼 것임. 6월 6일.

67 무산 대안과 내지에서 청비가 인명을 살상하였으니 이에 대응하기 위해 탄환을 내려달라는 보고

보고서 제4호

금년 음력 3월 초2일 신시(申時)에 도착한 관하 무산군수 지창한(池昌翰)의 보고서 내에서, 「음력 2월 21일 미시(未時)경에 무산군 무계사(武溪社)의 대안 사초막(莎草幕) 등지에 소위 쥬쓰예라는 청국인이 병비(兵匪) 30여 명을 거느리고 와서 머물며 소요를 일으켰습니다. 관리(管理)의 병정이 초소를 순찰하다가 마침 그곳에 도착하였는데, 피차 전투하여 병사는 전혀 부상이 없었고 비도는 총환을 맞고 죽은 자가 대략 6, 7명이고 나머지는 패주하였다고 해당 사임(社任)이 보고하였습니다.

26일 하오 11시에 거듭 접한 무계사 풍헌 허홍(許紅)의 급보 내에서는, "지난번에 싸워 패퇴했던 비도가 돌아가 그 무리 기병과 보병 수백 명을 모아 먼저 관리의 병사에 대적하다가 역시 5명이 총에 맞아 죽었고 형세가 대적하기 어려운지 역시 물러나 돌아갔습니다. 이후 그곳 부근 함박동(咸朴洞)에 가서 한국인 2명을 포살하고 7명을 포박해 갔습니다. 그 놀람과 두려움은 비단 이번 변란을 겪은 도민(島民)만 아니라 한 줄기 얕은 강을 두고 치떨리는 원한을 품은 것을 생각하지 않을 수 없어서 내지 거주민도 난리를 만나기만 하면 산골짜기로 서둘러 도망하였습니다"라고 하였습니다.

또 28일 상오 6시경에 받은 무계사 부임(部任) 최윤범(崔允凡)이 직접 쓴 서신 안에서, "이달 27일 하오 1시에 비도 무리 수백천 명이 관리사의 병사를 포위 · 공격하였는데, 병사의 생사가 얼마인지는 이역(異域)이기 때문에 본 것이 없어서 수를 헤아리기 어려우나, 도민 남녀가 총환을 맞아 죽고 물에 빠져 죽은 것을 계산해 보면 수십 명 아래가 아니고, 적도 무리 중 수십 명은 강 안에 나란히 서서 본부 내지를 향해 총을 쏘았습니다. 살고 있는 백성들이 물고기가 놀라고 쥐가 도망하듯이 산골짜기로 달아나 가옥이 모두 비고 닭과 개가 그 울음을 그치니, 갑작스러운 근심이 아주 가까이에 있고 빈사에 빠진 목숨이 시일을 보장할 수 없습니다"라는 내용이었습니다.

가만히 생각하건대 본 군은 누차 비도의 소요를 겪어 백성들의 기겁이 그치지 않는데 또 이번 일로 인한 고통이 저에게 있는 듯하며, 3천여 호의 수만 백성들이 조석지간에도 목숨을 지키지 못하여 마치 바늘방석에 앉아 있는 듯하였습니다. 우선 사포(私砲)를 소집하여 수모를 막고 위엄을 드러낼 계획이나, 군부가 내려주어 이미 받은 탄환은 지난가을 두 번의 전투에서 모두 사용하여 남은 것이 없습니다. 다시 청구하였지만 아직 보내준 것이 없어서 화포나 총은 있으나 탄환이 없으니 어찌하겠습니까? 조처할 계책이 없이 단지 큰 변을 기다릴 뿐이기에 이에 보고하오니 우선 군부에 전보하여 회룡총(回龍銃) 탄환 2만 발을 밤을 새워 내려보내 주기를 바랍니다」라는 내용이었습니다.

같은 시각에 도착한 무산군수 지창한의 보고서 내에서는 「본 군 무계사 대안에서 충의대(忠義隊)가 청비와 전투한 정황은 이미 급히 보고하였으며, 당일 오후 4시경에 정탐 순교 김경환(金景煥)의 급한 보고 내에서 "호당(鬍黨) 천백이 얕은 여울을 지나 곧바로 무계사와 상하사(上下社)땅을 도륙하여 민간에 난입해 무수히 포를 쏘고 집집마다 불을 질러 화염이 하늘을 덮었고, 총에 맞아 죽은 자가 얼마인지 알 수 없으나 지금 본 바로는 100여 곳 마을의 남여노소가 모두 죽었을 것이라 생각됩니다. 연강의 거주민이 겁을 먹고 노인을 부축하고 어린아이를 데리고 산골짜기로 흩어져 도망하는 모습을 차마 볼 수 없습니다"라고 하였습니다.

호당이 강을 건너 사람을 해치고 불을 지른 것이 몹시 놀라워 사포를 불러모아 막 대적하려고 하나 지금 일의 형편으로 연강 일대는 모두 도륙될 뿐이므로, 이에 보고하니 군부에 전보하여 회룡총 탄환 2만 발을 즉시 내려보내 주기 바랍니다」라는 내용이었습니다.

호당 천백이 내지로 넘어와 인명을 포살하고 가옥에 불지르는 것에 놀라움을 금치 못하여 즉시 전보해야겠으나, 전선의 단절로 통신할 수 없습니다. 이에 보고하니 살펴보고 처분하기를 바랍니다.

광무 8년 4월 18일

함경북도관찰사 이윤재

의정부찬정외부대신 박제순 각하

지령 제11호

보고 내용을 알았습니다. 비도 무리가 강을 건너 살인하고 가옥에 불을 지른 행위는 몹시 놀랍습니다. 탄환 청구의 건은 군부에 직보할 것. 6월 2일.

68 무산간도에서 이범윤이 이끄는 사포대의 움직임이 도리어 간도 한인들에게 피해를 입혔다는 보고

보고 제13호

상강분서(上江分署) 총순(摠巡) 안수익(安壽益)의 계속되는 급한 보고를 받았는데, 그 안에서 말하기를 「관리(管理)의 사포(私砲) 등이 계속해서 올라와 무산간도에 건너가 머물자 백성들이 대개 말하기를 "관리가 종성군에 와서 머문 지 4년 동안에 강을 앞에 두고 간도를 바라보며 '땅을 얻고 건너가 다스리겠다[得地越理]'라고 말했으나 하나도 성취한 효과가 없음을 보았고, 헛되이 청국인의 가슴에 쌓인 것이 더해져 피해를 입은 백성들이 이미 보호받기 어렵습니다. 이에 더하여 사포가 양국이 신뢰할 문서도 없이 갑자기 와서 머물면서 우리들로 하여금 잘못도 없이 화의 기운을 자초했다면서 마을마다 막고 집집마다 살지 못하게 되었습니다"라고 하였습니다.

포군들이 함락동(咸樂洞)의 청국인 기만인(紀萬仁)의 집에 찾아 들어갔는데, 청국 군관 주여집(周汝楫)이 지휘하는 20명의 병사와 함께 와서 머문 일로 음력 2월 21일에 서로 교전하여 해당 군관이 곧바로 패하여 돌아갔고, 23일에는 간도 산계사(山溪社)[25]의 사초덕(沙草德)으로 옮겨 전투하여 청국 병사가 사방으로 흩어져 도주하였습니다. 사포들이 스스로 이겼다고 말하고 간도 동경덕(東境德)에 주둔하였으나, 28일에 이르러 청국 병사가 갑자기 나타나 그 무방비한 자들을 공격하니, 누른 실이 섞인[斜襍] 약한 총포를 가지고서 많고 사나운 병사를 어찌 맞설 수 있겠습니까. 적에 맞서서 나가지 못하고 무기를 버리고 도망하여 흩어질 때 혹 강을 건너 멈추고 혹은 산을 넘어 도망하므로, 청국 병사가 간도를 두루 돌아다니며 마구 때리고 한민을 만나면 포살하고 한옥을 보면 불을 질렀습니다. 승세를 틈타 강을 건너 무산 내지(內地) 무계사(茂溪社)까지 깊이 들어와서 즐비한 촌락에 백주에 멋대로 불을 놓아 계속해서 34호를

---

25 무산 대안의 간도에 소재한다.

태우고 또한 총을 쏘기까지 하니, 남녀노소가 놀라 올라간 산에서 불에 타는 것을 보고 하늘을 보고 곡을 할 뿐이었습니다. 청국 병사는 다시 간도 각지로 돌아가 동경덕, 나리전(羅里田), 방천항(防川項), 곽장봉(郭獐峯), 차대곡(砳大曲), 자미내(者味乃), 함박동(咸朴洞) 위아래, 광포(廣浦) 좌우 등 주위 수백 리의 지역을 다 불태워 잇닿아 있는 마을에서 불탄 것이 447호입니다. 연강 내외에서 갑자기 혹독한 재해를 맞은 백성이 집도 없고 먹을 것도 없이 노인을 부축하고 어린이를 데리고서 길에 나와 있는 모습은 차마 볼 수 없습니다」라는 내용이었습니다.

이에 따라 살펴보건대, 사포 등이 마음대로 강을 건너간 것은 백성을 구하려는 노력에 안일하여 아무런 문제도 없는 곳에서 사단을 만든 것입니다. 이미 변경과 관련되므로 몹시 놀라워 실로 시일을 지체하며 편안히 앉아 있을 수 없어서 형편을 살펴보기 위해 본관이 직접 무산에 가서 각지를 두루 살펴보았습니다. 청국 무리가 아직도 각 마을에 진을 치고 있어서 곳곳을 조사할 방도가 전혀 없었고, 우선 약간의 견문을 얻어들었습니다. 강 좌우로 불이 난 가옥이 481호이고, 총환에 맞아 죽은 자가 평민이 9인이고 사포가 2명입니다. 몇만의 백성이 갑자기 이런 변을 당하여 달리 살아갈 방책이 없어 방황하는 모습은 차마 보고 들을 수 없으며, 그 외 집에 있던 각종 물건들과 곡식, 우마(牛馬) 등은 이루 헤아릴 수 없습니다. 조용해지기를 기다린 후 다시 조사하여 책을 만들어 추가적으로 보고할 계획입니다.

저들 관원이 항상 말하기를 "땅이 청국 경계이나 개간하여 곡식을 키운 한국인에게 도리어 침탈의 화를 받는다"라고 하여, 한국으로 내쫓아서 각기 원적으로 돌리려는 뜻으로 점차 온갖 악행을 마음대로 저질러 가혹하게 학대하여 결국 몇만의 거주민으로 하여금 살지 못하게 하였습니다. 또 방곡을 명령해 쌀 한 톨도 무역해 운반할 수 없게 하였습니다. 비단 연강 근처의 백성뿐만 아니라 길주 이북 전 지역이 갑자기 혹독한 흉년을 만나, 은연중에 서로 말하기를 "한국에 머물면서 굶어죽는 것보다는 청국에 들어가 치발하고 배를 채우는 것이 낫다"라고 하여 짐을 짊어진 무리가 계속해서 이어져 끊임없습니다. 각자의 사정을 생각면 물이 아래로 흐르는 듯한 형세를 어찌 가로막아 돌아오게 할 수 있겠습니까.

또 청국 병사로 말하더라도 서로 총을 쏘아 저절로 승패가 있거늘 간도를 돌아다니며 불을 지른 것도 불의에 속하는데, 심지어 경계를 넘어 내지로 들어와 즐비한 촌락에 불을 질러 토탄에 빠지게 하였으니 이 무슨 올빼미같이 사나운 마음입니까. 북쪽을 개척한 이래 내지에 처음 있는 변괴라 할 수 있습니다. 그러므로 피아의 형편이 각기 서로 양보 없는 마음을 품고서 곧 원수가 되었으니, 목하 가혹하게 받은 피해는 잠시 내버려둔다 해도 풍파가 어느 지경에 이르러 그칠지 모르겠습니다.

현재의 변경 상황을 총론하자면, 관리가 강을 사이에 두고 마주보고 앉아서 항상 굳세게 강역을 회복하려는 것을 보여주고자 하는데, 수많은 조처와 계획이 대체로 실로 '득지(得地)'에서 나왔으니 나라의 경영을 생각하면 실로 다행이지만, 사계(査界)와 정계(定界)는 필시 양국이 법에 의거하여 귀결되지 한 관리의 기묘한 계책으로 할 수 있는 것이 아닙니다. 청국 관리가 스스로 두만강 일대를 그 경계로 간주하고 있으므로 각기 의당 서로 지켜야 하는데도, 양정부가 공포한 믿을 만한 문서도 없으면서 일개 관리가 마음대로 넘어가고자 한 것은 핍박이 아니면 무엇이고 모멸이 아니면 무엇입니까. 이에 따라 경계하고 엄하게 함을 대개 평상시보다 배나 많이 하고 강역의 범위 밖은 조금의 땅이라도 넘어가지 못하게 하였습니다. 여러 분쟁이 일어나는 것이 모두 여기에서 나와 화가 간도민에게 옮겨가고 피해가 변경에 미치므로, 일이 생길 때마다 마치 월나라가 진나라 보듯이 하였습니다.

간도의 현재 형세는 법으로 경계를 정하기 전에는 '우리가 우리 백성을 다스리기[我理我民]'가 몹시 어렵습니다. 이러한 때를 맞아 아무것도 없는 데서 일을 만들어 공연히 위급한 백성들로 하여금 커다란 위험을 맞게 하였습니다. 가만히 생각하건대, 백성을 근심하는 정사가 도리어 백성을 어지럽히는 화가 되었으니 어찌 황송하고 놀랍지 않겠습니까. 일이 변경의 위급함에 관계되어 이치상 한결같이 침묵하며 방관할 수 없을 뿐더러 일에 임하여 고하지 않는 것 또한 후회되므로, 이에 먼저 사실을 모아 보고하니 살펴주기 바랍니다.

광무 8년 4월 25일

함경북도교계관 최남륭 · 김병약

외부대신 각하

지령 제2호

변경 백성이 입은 화는 참으로 불쌍하고 관리가 만든 일은 실로 어그러진 행위입니다. 보고한 각 항목은 모두 정부 및 내부에 조회하였으니 마땅히 조처가 있을 것임. 6월 23일.

69 삼수사건에 대해 청국 관리와 회의한 결과에 대한 훈령

광무 8년 4월 30일 기안

훈령 제10호

귀 제3호 보고에 따라 삼수와 갑산 양 군수가 청국 관리와 회판(會辦)한 일은 모두 살펴보고 알았습니다. 진위대 지휘관과 포령(砲領)은 이미 원수부에서 조사해 징치하였으나 배상 문제는 정부에 조회해 판결을 요청하였고, 그 회답을 받아보니 "갑산과 삼수 양군에서 우리 백성이 피살·약탈당한 것이 근년 이래에 없던 해가 없는데, 금번 회판할 때에 어찌하여 단지 계묘년(癸卯年, 1903) 양국 경계의 피살과 약탈 배상 문제만으로 약정하였는지 몹시 개탄스럽다"라는 내용이었습니다. 이에 훈령하니, 살펴본 후 관하의 곧고 명석한 군수를 택하여 그곳 인민이 지금까지 입은 피해 내역을 상세히 조사해 보고하여 서울 주재 청국공사와 교섭해 처리할 수 있도록 함이 좋겠습니다.

광무 8년 4월 30일

외부대신 이하영

함경남도관찰사 이헌경 각하

70 강계에서 러시아 병사와 청국 향마적이 민간을 약탈했다는 보고

보고서 제4호

지난번 장진군수서리 함흥군수 이교영(李喬永)의 보고서에 따라, 러시아 병사가 청비(淸匪)와 무리를 이루어 강계에서 장진으로 간 듯한 연유는 이미 급히 보고하였습니다. 계속해서 받은 해당 서리군수의 보고서 내에서, "장진군 향장 장운현(張雲鉉)의 보고를 받아보니, 그 안에서 러시아 병사 100여 명이 청국 향마적(响馬賊) 100여 명, 동비(東匪) 200명이 함께 무리를 이루어 음력 3월 14일에 강계 전천면(前川面)에 도착하였는데 강계 병포(兵砲)의 방어에 막히어 전진하지 못하고 3일 동안 머물다가 민가 4호에 불을 지르고 민간의 돈, 곡식, 소 등의 물건을 탈취하고 17일에 물러나 적유령을 넘어 희천 경계로 갔다고 하였습니다"라는 내용이었습니다. 상황을 신속히 탐문하여 급히 보고하라는 뜻으로 해당 군수에게 급히 지시하였고, 이에 보고하니 살펴주기 바랍니다.

광무 8년 5월 17일

함경남도관찰사 이헌경

의정부찬정외부대신 이하영 각하

지령 제18호

보고한 것은 알았는바, 러시아와 청국의 동병비(東兵匪)가 점점 만연하여 결국 불을 지르고 재산을 탈취하는 지경에 이르렀으니 몹시 놀랍습니다. 이런 이유를 원수부에 갖추어 보고하며 사후의 형편을 또한 신속히 보고할 것. 6월 1일.

71 경흥과 회령 등지에서 러시아군이 도로를 닦고 있음을 보고

보고 제14호

러시아군의 장교와 병사가 해로로 경성(鏡城)에 출동하고 혹 1, 2백 명, 혹 3, 4백 명이 곧바로 경흥 대안으로부터 연이어 와서 남북 각 군에 머물고 있는 형편은 이미 보고하였습니다. 이달 25일 러시아 관리가 기병 50명을 거느리고 경흥군에 와서 '치도(治道)'라 칭하며, 길 하나는 연해하여 경성으로 직통하고 다른 길은 경원, 온성, 종성을 거쳐 행영을 우회하여 당일에 회령에 도착할 수 있습니다. 매일 장정 4, 5백 명씩 밤낮을 가리지 않고 날을 잡아 길을 닦고 있습니다. 회령에서 길 하나는 서쪽으로 무산까지 치도하여 장차 갑산 등지와 통하고 다른 길은 남쪽으로 부령까지 치도하여 경성에 이른다 합니다. 이에 보고하니 살펴주기 바랍니다.

광무 8년 6월 30일

함경북도교계관 최남륭 · 김병약

외부대신 각하

지령 제3호

알았음. 10월 7일.

72 삼수 · 갑산 사건에 대한 배상 문제로 양국 지방관 사이에 담판이 있었다는 보고

보고서 제23호

과거 제10호 훈령을 받았는데, 그 안에서 「귀 제3호 보고에 따라 삼수와 갑산 양 군수가 청국 관리와 회판(會辦)한 일은 모두 살펴보고 알았습니다. 진위대 지휘관과 포령(砲領)은 이미 원수부에서 조사해 징치하였으나 배상 문제는 정부의 판결을 조회해 요청하였습니다. 그 회답을 받아보니 "갑산과 삼수 양군에서 우리 백성이 피살 · 약탈당한 것이 근년 이래로 없던 해가 없는데 금번 회판할 때에 어찌하여 단지 계묘년(癸卯年, 1903) 양국 경계의 피살과 약탈 배상 문제만으로 약정하였는지 몹시 개탄스럽다"라는 내용이었습니다. 이에 훈령하니, 살펴본 후 관하의 곧고 명석한 군수를 택하여 그곳 인민이 지금까지 입은 피해 내역을 상세히 조사해 보고하여 서울 주재 청국공사와 교섭해 처리하게 함이 좋겠습니다」라는 내용이었습니다. 이에 삼수군수 이민중(李敏重)을 선정하여 상세히 조사해 보고하라고 하였더니, 현재 받아본 해당 군수의 보고서 내에서 "삼가 훈령을 받들어 근년 이래 삼수와 갑산 양군에서 청비로부터의 피살(被殺) · 피소(被燒) · 피략(被掠)을 일일이 구별 · 성책하여 두 건씩 수정해 올립니다. 작년 겨울 변경의 소요에 청국인 배상 · 휼은 조항[淸民賠償卹銀事款]으로 양국 관원이 회동 · 담판할 때 배상 문제는 정부의 처분을 기다려 정리 · 교환한다는 뜻으로 청국 관리와 약속하였고, 이미 그 연유를 정부에 말했습니다. 그러나 아직 분명한 지시를 받지 못하여 그 배상 지급을 거절하여 임강현의 조회 공문이 여러 차례 번거롭게 하고, 해당 현의 파견관 유영지(劉永芝)가 본 군 대안 월변에 계속 머물며 교환을 독촉하는 것에 여지가 없었습니다. 특별히 이

전보에 의거하여 조속히 판별하여 변계의 읍으로 하여금 청국 관리가 곤경스럽게 하는 상황에서 벗어날 수 있도록 하기를 엎드려 바랍니다"라는 내용이었습니다. 해당 성책 각 1건씩을 첨부하여 올리고 이에 보고하오니 살펴보고 신속하게 판별하고 지령하기를 바랍니다.

광무 8년 7월 5일

함경남도관찰사 이헌경

의정부찬정외부대신 이하영 각하

지령 제43호

보고한 말은 모두 알았는 바, 응당 정부에 조회할 것이니 다시 지령을 기다릴 것. 7월 14일.

조회

대청국주파판리임강현설치사의겸절제마보연군남령오품함보용현정당(大淸國奏派辦理臨江縣設治事宜兼節制馬步練軍藍翎伍品銜補用縣正堂) 오(吳)가 조회합니다.

살펴보건대 우리 관할 장생보(長生保) 향약 왕환(王環)이 말하기를, "한인이 군대를 이끌고 강을 건너 둘러싸고 회용(會勇)을 때려 부상 입히고 움막을 불태워 남녀 다수의 목숨을 빼앗고, 농우, 나귀, 말, 재물, 비단 등의 물건을 약탈해 갔습니다"라는 내용이었습니다. 우리 현에서는 백성을 편안히 하도록 지시를 내리고 아울러 파병해 조사하여 탄압할 것을 지시하였습니다. 그 후 일면 글을 갖추어 조회하기를, "귀국은 번거롭지만 분쟁을 일으킨 실정을 조사하도록 지시하여 진실로 병사와 백성에게 엄금하여 다시는 월계하여 백성을 어지럽히지 말도록 하고 아울러 분명하게 회답하기 바랍니다"라는 문서가 있었습니다.

금일 오랫동안 아직 회답을 받지 못하였습니다. 이에 광서 29년 10월 14일에 친병대(親兵隊) 초관(哨官) 왕보산(王寶山)이 말하기를, "지시를 받들어 장생보와 경생보(慶生保) 등지에 가서 조사하였더니, 16도구에서 19도구까지 백 여리나 떨어진 사이에서 한국 병사에 의해 노귀(盧貴)와 곽춘괴(郭春魁) 등 47가(家)의 움막과 기름집 52곳이 불태워지고, 대소남녀 21명이 죽음을 당했는데 모두 시신이 있어 증명할 수 있습니다. 아직 남녀 40여 명은 생사를 알지 못하는

데, 조사해 보니 간 곳이 없으므로 한국인에게 잡혀간 것이 아닌지 확실히 가리키기는 어렵습니다. 또 농우 125두, 노새와 말 33마리를 약탈당했고, 약탈해간 의복 장식과 재물 명목은 번다하여 일시에 확실한 숫자를 조사하기 어려웠습니다. 장생보는 모두 불에 타버렸고 남아 있는 얼마 안되는 민호는 휑하니 비었고 몇몇 집의 곤란한 모습은 참혹하여 듣기 어렵습니다"라는 내용으로 이치에 맞게 문서를 작성해서 아뢰어 왔습니다.

이에 의거하여 해당 초관으로 하여금 병사를 이끌고 잠시 그곳에 주둔하여 우리 백성들에게 엄히 약속을 하여 다시는 분쟁의 단서를 허락하지 않고 일체 한민을 보호하도록 했습니다. 이 안건을 살펴보니 분쟁이 일어난 원인은 화인(華人)의 목식(木植)에 물이 차올라 한국 경계에서 잃어버렸는데 한국인들이 마음대로 끌어올려 자기 것으로 삼은 데 있습니다. 나무 뗏목을 찾았으나 종내 머리를 숙이고 인정해 돌려주지 않고 감히 혐의를 두고 군대를 끌어들여 와서 무리를 이끌어 총기를 가지고 경계를 넘어 공격하여, 백성들의 가옥을 불태우고 민용(民勇)을 부상입히고 남녀 다수의 인명을 죽이고 사람과 가축을 끌고가 아직도 간 곳을 모릅니다. 이러한 참혹한 상황을 만나니 불쌍하고 애처롭습니다. 귀 관할 병사들은 조금도 관에 보고하여 조사해 처리하지 않았습니다. 번번이 감히 무리를 불러모으고 총기로 분쟁하니 참으로 대담하게 망령된 행위를 한 것으로 인정과 법으로 용서하기 어렵습니다.

양국 교섭을 살펴보면 대체로 피차가 서로 편안한 것을 최고로 여깁니다. 서로 편안하면 오나라와 월나라가 형제가 되며, 편안하지 않으면 같은 집안에서도 싸움을 합니다. 그리고 중국과 한국은 3백여 년 동안 이웃나라로서 우호를 교류하여 양국이 평화로웠을 따름이고, 지방관이 이를 보는 데 있어서도 대체로 어떤 경계도 어그러짐이 없었습니다. 중국에 있는 백성은 마땅히 중국의 법으로 엄히 다스려야 합니다. 만약 한국인 중에 장정을 살펴보지도 않고 망령된 일을 한다면 반드시 법을 다 적용해 처벌하여 서로 편안하기를 기약할 뿐입니다.

이 안건에서 잃어버린 재물은 이미 확실한 수가 없고 끝내 조사해 살펴볼 방도도 없습니다. 다만 잃어버린 남녀노소의 인구가 40여 명이나 되고, 약탈당한 농우와 노새, 말이 158마리가 됩니다. 백성들이 도탄에 빠졌으니 살기를 도모할 방도가 없습니다. 이 때문에 청접(淸摺)을 갖추어 파견 관리 덕괴(德魁) · 유영지(劉永芝), 한국 통사(通詞) 김덕승(金德勝)을 보내어 글을 갖추어 조회하니, 귀측은 번거롭지만 화를 불러온 주범을 엄히 조사하여 무겁게 처결하여 완악한 백성들을 경계하여 후일의 분쟁을 막기를 바랍니다. 아울러 병사와 백성들에게 간절히 지령하여 억류된 우리나라의 남녀 인구와 농우, 노새와 말을 조단(照單)의 숫자대로 지나가는 현에 이송한다면 받도록 지시하는 데 편할 것입니다. 바라건대 왜곡해 감싸지 말기 바랍니다. 아울러 모든 병사와 백성들이 이후 월계하여 사단을 일으키지 않도록 엄금하여 나라 간의 교제를 돈독히 하고 대국을 편안히 하면 피차가 몹시 다행이겠습니다. 그 몇몇 사람과 우마가 대체로 한국 경계에 억류되고 은닉되었는지 모르겠습니다. 모름지기 다른 곳으로 도망했는지, 또는 생사 유무를 명백하게 회답하기를 두루 바랍니다. 곧 해당 파견 관리 등에게 주어 글을 가지고 현에 돌아와 증빙 삼아 해당 관할 영사관에게 보고하도록 하여 조사 처리가 참으로 지연되지 않기를 몹시 바랍니다.

계점(計粘) **청접일구**(淸摺一扣)

대한국 함흥도(咸興道) 서(徐)
파차관(派差官) 덕규(德奎), 유영지(劉永芝)
한국 통사(通事) 김덕승(金德勝)

계개(計開)

경생보(慶生保) 16도구 간구자(干溝子)
송명전(宋明展) 와포(窩舖) 1곳 노소 부녀 4구(노파 2구, 손녀 2구) 남정(男丁) 2명[손자 1명, 고공(雇工) 1명]
곽춘괴(郭春魁) 와포 1곳, 소 2마리, 말 1필
왕지경(王志經) 와포 1곳, 소 5마리, 말 2필
소덕성(邵德盛) 와포 1곳, 소 4마리, 말 1필

장생보(長生保) 16도구에서 19도구까지
노귀(盧貴) 와포 1곳, 소 15마리, 말 2필, 사람 남여 9명 중 공인 5명
법진기(法振起) 와포 1곳, 말 2필
조득금(趙得金) 와포 1곳, 소 1마리, 말 1필

왕환(王煥) 와포 1곳, 소 14마리, 사람 1명 공인

유사승(劉思升) 와포 1곳

장합(臧合) 와포 1곳, 남인 1명

왕개선(王開先) 와포 1곳

이무성(李茂盛) 와포 1곳, 소 2마리

서계분(徐桂芬) 와포 1곳

소옥산(蘇玉山) 와포 2곳, 소 3마리, 말 1필

양흥조(楊興助) 와포 1곳

추희령(鄒喜令) 와포 1곳, 소 1마리

마점오(馬占鰲) 와포 1곳, 말 1필

후영리(侯永利) 와포 1곳, 소 5마리

유승희(劉升希) 와포 2곳

왕원양(王元陽) 와포 1곳, 소 12마리, 말 1필

반귀준(潘貴俊) 와포 1곳, 소 3마리, 노새 1두

우상운(于祥雲) 와포 1곳, 소 9마리, 말 2필, 노새 1두

진사파(陳思坡) 와포 1곳, 소 1마리

장낙우(張洛雨) 와포 1곳, 소 3마리

반귀(潘貴) 와포 1곳

우덕(于德) 와포 1곳

양지(楊志) 와포 1곳, 기름집 1곳

시승(施昇) 와포 1곳

왕홍(王洪) 와포 1곳, 소 2마리, 말 1필, 공인 1명

왕건복(王建福) 와포 1곳, 소 3마리, 말 3필, 공인 1명

대동유(戴東裕) 와포 1곳

필중강(畢中江) 와포 1곳, 소 1마리, 말 1필

법금(法金) 와포 1곳, 소 1마리, 말 2필

동입문(董立文) 와포 1곳, 소 10마리, 말 2필

노성덕(盧成德) 와포 1곳, 소 1마리

장요선(張耀先) 와포 1곳

궁전(宮殿) 와포 1곳, 소 2마리, 말 1필

손경(孫慶) 와포 1곳, 소 2마리, 공인 1명

장홍덕(張洪德) 와포 1곳, 소 7마리, 말 1필

총수방(叢守方) 와포 2곳, 소 3마리, 말 1필

허조(許調) 와포 2곳, 소 5마리, 말 1필, 공인 1명

이향산(李香山) 와포 1곳

공조청(孔兆淸) 와포 1곳, 소 8마리, 말 3필

양수청(楊守淸) 와포 1곳

적덕합(翟德合) 와포 1곳

노낙사(盧洛四) 와포 1곳

유사항(劉思恒) 와포 1곳

이상 장생보에서 경생보에 이르는 100여 리가 모두 불에 타버리고 아직도 텅 비어 있으며, 여러 집안의 생계가 막연하여 도탄이 심합니다.

조복 제1호

현재 귀 조회에 따라 조사해 알았는데, 그사이에 또다시 귀 조회가 있었습니다. 저희 관찰부가 아직 접수하지 않았는데 아마 중간에 서신을 잃어버린 듯하니 몹시 의심스럽습니다.
가만히 생각하건대 중국과 한국은 땅이 서로 이어져 있으니 응당 각기 강계를 지키고, 뜻밖에 비도가 불법 행위를 하면 각자의 판결로 돌려야 합니다. 만약 월경해 함부로 들어와서 확실히 비도와 관계된다면 피차의 현지 무관들이 무기를 사용해 쫓아 없애고, 비도가 체포를 거부하면 격살해도 무방합니다. 구금된 자는 곧 본국으로 돌려보내어 사실에 맞게 처벌하도록 해야 합니다. 상민(商民)의 경우 혹시 다툼이 있다면, 비도 무리와는 같지 않으므로 결코 그에 비추어 처리하지 않습니다. 또 교계관원이 있어서 피차 이유를 조사해 밝히고 사실에 의거해 논의하여 공정하게 처결합니다. 진실에 부합하고 공평하게 처리하는 데 힘쓴다면 저

절로 서로 평안하고 무사할 수 있습니다.

이번에 우리나라의 무지한 병사와 백성들이 3백여 년 이웃나라와의 우호를 생각하지 않고, 중앙정부와 지방 관찰사를 경유하지 않은 채 함부로 변계를 넘어서 인명을 죽이고 백성들의 와포(窩舖)와 기름집을 불지르고 소, 노새, 말을 빼앗아갔습니다. 이와 같이 생각이 여기에 미치니 몹시 놀랍습니다. 이번에 화를 일으킨 주범 가운데 병사는 우리나라 원수부에서 막 검사하여 처벌하였고, 백성은 저희 관찰부가 지방 군수에게 각별히 지시하여 또한 사실을 조사해 밝혀 처벌하도록 하였습니다. 그래서 병사와 백성들이 다시는 경계를 넘어 분쟁을 일으키지 않도록 엄히 금지하였습니다.

지금 귀 조회를 받고서 다시 지방 군수에게 지시하고 지방의 진위대에게 조회하기를, 과연 귀국인 남녀와 경작용 소, 나귀, 말 가운데 억류되어 있는 것은 일일이 단자(單子)에 비추어 조사해 이송하게 하였습니다. 또 귀국에서 보이지 않는 사람과 소, 말이 우리나라 경계에 억류되거나 은닉되어 있다면, 모름지기 다른 곳으로 달아난 것과 관계됩니다. 생사 여부와 사실 유무를 상세히 조사해 밝혀준다면 이후 조회를 전하는 데 편하겠습니다.

지난번에 우리가 관할하는 삼수군수 이민중(李敏重)이 보고하기를, "근래 청국인이 계속해서 강을 건너 침략하는 일이 있습니다. 정유년(丁酉年, 1897)에는 청국인 유패진(劉珮珍) 등이 삼수성에 돌입하여 당시 군수 유완수(柳完秀)에게 부상을 입혀 죽였고, 관아에 있던 녹용 2대(對), 은화 350원, 준마 1필과 민가의 돈 수만 냥을 약탈하였습니다. 무술년(戊戌年, 1898)에는 청국인 손양한(孫良翰) 등이 삼수군 운총(雲寵) 등지를 범월하여 20명을 죽이고 연강 상하 촌락의 소와 말, 돈을 약탈하였는데, 확실한 숫자는 조사하기 어렵습니다. 또 청국인 양재법(楊梓法), 김강발(金姜發) 등이 운총 등지를 범월해 병정 3명과 평민 7명을 포살하고 민가 30여 호를 불태웠습니다. 기해년(己亥年, 1899)에는 청국인 백운산(白雲山), 노귀(盧貴) 등이 갑산군에 돌입해 전 온성부사 김우봉(金佑鳳)과 군리(郡吏) 3명을 체포해 갔고, 금은 1만여 냥을 약탈했고, 결국에는 포살하고 동인사(同仁社) 민가 50여 호를 불태웠습니다. 경자년(庚子年, 1900)에는 청국인 고전(高全), 노귀, 왕환(王環) 등이 삼수군 성을 범월하여 병정 5명을 포살하고 재산을 빼앗고 가옥을 불태웠으나 그 숫자는 확실히 알지 못합니다. 또 나난사(羅暖社)로 들어가 관아 건물과 민가 10여 호를 불태웠고 우리나라 사람 2명을 포박해 갔습니다. 두루 민가 40여 호를 찾아 돈 1만 4천여 냥을 약탈하였습니다. 신축년(辛丑年, 1901)에는 청국인 노귀, 곽가(霍哥) 등이 혜산보(惠山堡)를 범월하여 민가 70여 호를 불태웠고, 우마와 재산을 모두 빼앗아 갔는데 그 숫자는 확실히 알기 어렵습니다. 금년 4월 7일에 청국인 서경발(徐慶發) 등이 혜산 백성 김명록(金明錄), 염명진(廉明辰), 최원식(崔元植) 등 15명을 잡아가 난타하여 돈 4천여 냥을 강제로 토색하고 조총 10자루를 강제로 빼앗았습니다. 또 5월에 동인사 백성 유원(劉元)이 물 속에서 찾은 것을 건져냈는데, 이를 청국인의 유하목(流下木)이라 생각하고 곧바로 강변에 던졌는데, 청국인 서경발 등이 훔쳐갔다고 칭하고는 돈 7백여 냥을 강제로 거두어 갔습니다. 또 7월에 물이 넘칠 때 소농사(小農社)에 거주하는 백성들이 나무가 깊은 물 위로 흘러가는 것을 보고 주인이 없다고 말하므로 죽음을 무릅쓰고 건져 땔감으로 하였고 이 때문에 분쟁이 일어났습니다. 또 서경발이 목두(木頭) 무리를 움직여 각기 총창을 지니고 거듭해서 침탈하였습니다. 삼수군에서 병포(兵砲)에게 지시하여 금지하도록 효유하였으나, 저들이 종내 듣지 않고 장차 싸우려고 하였습니다. 변경에서 분쟁을 일으킬까 염려하여 병포를 불러 돌려보낸 후 서경발 등이 우리 백성 김일언(金日彦)을 포살하고 남녀를 구타하고 돈 7천여 냥을 약탈하였습니다. 또 8월 24일 새벽에 위 서경발 등 50여 명이 몰래 삼수 읍성에 들어와 총으로 병정 1명을 죽이고 병정과 포사 2명을 부상입혔고, 회룡총 50자루와 탄환 1만여 발, 소와 말 4필을 약탈하고 서기 한정리(韓廷履)와 촌민 2명을 포박해 갔고, 영사(營舍)와 관아 건물을 때려 부수었고, 관아에 있던 은 5냥 6전쭝, 은화 27원, 웅담 1냥 2전 3푼쭝, 의복 5건, 공화(公貨) 818냥 9전 1푼과 백성들의 돈 3천여 냥을 모두 빼앗아갔습니다. 인차외사(仁遮外社) 김만순(金萬淳)의 아들과 최석문(崔石文)도 포살되었습니다. 강변 각지의 민간 재산이 연일 약탈된 수는 아직 정확히 알지 못하며, 다시 확실히 조사해 헤아려 올릴 계획입니다. 변경 소요를 거친 후부터 연강의 거주민들이 죽거나 흩어져 상하 2백여 리가 아득하고 인적이 없는 듯하여 참혹함이 말할 수 없을 정도입니다"라는 내용이었습니다.

이를 살펴보니 양국은 본래 우의가 돈독하고 순치 관계로서 서로 의지하였으나, 뜻밖에 양국 변경의 무지한 무리들이 서로 부상을 입히고 죽이고 약탈하여 변경의 분쟁을 열었으니 놀라움과 탄식을 이기지 못하겠습니다. 지금 귀 조회가 지닌 뜻이 어디에 있는지 알겠습니다. 귀측에서는 위 항목의 소요를 일으킨 무리들을 엄히 파악하여 비호함이 없이 무겁게 처벌하기 바랍니다. 그리고 들으니 귀측의 경계인 16도구 내시궁(內矢弓) 등지에 비류가 숨어 있는 곳이 많아 종종 분란을 일으켜서 화가 양국 변계의 양민들에게 미치니 역시 엄히 조사해 토벌하여 변경 분쟁을 영구히 사라지게 하기 바랍니다. 우리 정부는 지금 우리 경계에서 약탈된 사람과 재산을 조사하고 있는데 다시 정확히 헤아려 조회할 것이며, 아울러 귀측은 사후 우리 조회를 기다린 후 일체 지시하여 우리나라의 전후로 약탈된 사람, 가축, 돈 숫자를 적은 단자(單子)대로 이송하기를 간절히 바랍니다. 그리고 변민을 엄히 단속하여 경계를 넘어 소요를 일으키지 않도록 하여 나라의 교제를 돈독히 하고 변민을 보호함이 실로 요구됩니다.

광무 8년 1월 1일

대한국 함경남도관찰사 종1품숭록대부 훈3등 서

대청국주파관리임강현설치사의겸절제마보연군남령오품함보용현정당 오 각하

73 간도관리사 이범윤의 사포대 활동으로 인한 충돌로 백성들이 피해를 입어 양국 관리가 회동해 조약을 만들었으며, 이후 간도에서 자국 백성을 다스릴 수 있도록 청국공사와 협의해달라는 보고

보고 第15호

변계 상황은 이미 여러 차례 보고했습니다. 간도시찰이 종성군에 온 지 지금 3년으로 항상 청국 관리가 힘으로 막아 처음에는 강 가까이로 조금도 향한 적이 없으나, 성취할 계책을 기도하여 지난해 섣달부터 사포(私砲)를 불러모아 군장을 사 입혀 '충의(忠義)' 두 자로 부대의 호칭을 삼고 총을 메고 형세를 도와 장차 강을 건너 공무를 처리할 듯이 날마다 성명하며 수많은 계책을 시도하였습니다.

오호라, 저 청국 관리 등이 이 때문에 혐의를 가지고 강하게 대처하여 간도민 중에서 은밀히 사포에 참여한 자 수십백 명을 찾아 잡아가 몽둥이로 때려 가두기를 마치 원수처럼 하였습니다. 변경 각지로 병사들을 파견하여 날마다 기세를 올리고 지키며 떠나지 않고 이를 방비(防匪)라고 칭하고 강을 막고 배를 철수하였습니다. 또한 방곡하게 하면서 훔친 양식을 가져갈 수 없다고 하니, 시찰 관리와 간도민이 조처할 바가 없고 맞설 방법이 없었습니다. 시찰이 종성군을 떠나 회령군에서 와서 머무르고 거느린 사포는 무산 등지로 가서 머물러 기다리라는 뜻으로 지시하였으나, 들여보낸 자가 자의로 총을 들고 강을 건너 청국과 교전하다가 불

행히도 패배하여 도망해 숨었습니다. 어리석은 청국 병사가 화를 즐기듯 하여 결국 평민 10여 명이 피살되고 500여 가옥이 불탔으며, 수천 명 백성들이 양식이 떨어지고 무수한 집안의 각종 집물, 포목, 양식, 돈, 우마 등이 불태워지며 약탈되는 변란이었습니다. 청국 관리의 그치지 않는 독기가 오히려 한층 더 심하여 간도민에게 화가 옮겨가 제반 학대를 일일이 말할 수 없을 정도입니다. 심지어는 전쟁을 하자는 뜻으로 진위대에게 격문을 전달하고 치장지세(鴟張持勢)의 모습이 한 가지가 아닙니다. 만약 진위대로 하여금 적과 적으로서 대적하게 하면 방법이 없지는 않을 듯하되, 전쟁을 시작하는 날에 무고하게 먼저 죽는 자는 간도민 수만의 백성일 뿐입니다.

현재 외국인의 왕래가 언뜻언뜻 보이는데 어찌 다른 정황이 있겠습니까. 또 방곡령을 늦추는 안건을 가장 긴급하게 먼저 해야 할 이유는, 작년 가을 흉년으로 길주 이북 함경도 전 지역의 백성 가운데 간도(墾島)를 통해 곡식을 구하지 않는 자가 없기 때문입니다. 연강 6군의 여러 집 가운데 건너가 농사 짓는 백성이 아닌 자가 없어 궁핍한 여름이 어렵게 이어지는 형편과 가을이 되어도 기쁘지 않고 부족해 원망하여 곳곳에서 살려달라고 소리지르고 있는 것이 가장 큰 걱정입니다. 변경을 지키는 각 관리가 무너져버린 백성을 좌시하기 어려워 여러 차례 회의하여 강화(講和)를 만들어내는 것이 더 좋다고 보고 청국 관리에게 이치에 따라 조회하였습니다. 항상 회답에서 말하기를, '각자 각 경계를 지킨다[各守各界]'라고 하였고, 한국인으로 월간한 자는 이미 중국 판적(版籍)에 입적했다고 하였고, 양식의 출구(出口)를 허락하지 않는 것은 나라의 금령에 실려 있다고 하였고, 도문(圖們) 일대에서 경계를 몰래 넘는 것을 엄금한다고 하였고, 의지하는 말은 한청의약 가운데 제 몇 관에 나오는 것이라고 하였으며, 관리(管理)가 간도민을 구하여 관장하는 것은 이미 정부의 인준 공식 합의가 없으니 오히려 분쟁을 야기하는 것으로 법외의 일이라고 하였습니다. 현재의 국면과 부합하지 않은 말이 항상 거슬렸으나, 백성을 보호하고 변경을 안정시키는 책임을 지고서 백성들의 고통과 기근과 변경 소요와 변경의 위기를 그저 앉아서 볼 수 없으므로, 저들이 따지는 것을 생각하지 않고 기어이 방곡을 풀어서 시국을 편안하게 기약하는 것이 상책입니다. 그래서 강한 말과 온화한 조회로 저들과 겨우 서로 만났습니다. 저들이 "말과 일이 어긋나면 불화하는 것만 못하니 조약을 잘 만들고 연명으로 도장을 찍자"라고 요청을 하였고, 여러 날을 끌다가 끝내 물리치기 어려워 상호 담론하여 만든 것이 20여 조항이 되었습니다. 그러나 말이 계속 핍박함이 많아 사태를

악화시킬까 우려되어 연일 번거롭게 다루어 겨우 12개 조건으로 서로 약속하되 아직도 타결하지 않은 구절이 있습니다. 모인 변경 관리가 한결같이 입을 다물고 침묵한 것은 대개 부득이한 고식책에서 나왔습니다.

청국 관리가 시종 염두에 두고 있는 협의가 모두 시찰(視察)에게서 나왔고 조약 중의 이야기가 전적으로 시찰에 대해서였습니다. 대개 이 청국 관리가 사사건건 힐책하는 것은 그 땅을 차지해서 간도민을 전적으로 관리하는 하나의 큰 계획에서 벗어나지 않습니다. 참으로 관리가 틈을 타서 법을 적용한 협의에서 말미암았으니, 이것을 서둘러 해결하지 않으면 변경의 위급함이 편안한 날이 없을 뿐더러 간도민이 어육이 되는 것이 눈앞에 있을 것입니다. 지금 현재의 급무가 오직 감계에 있으나, 잠시 먼저 서울 주재 청국공사에게 조회하여 청국 관원으로 하여금 북간도관리(北墾島管理)가 우리 백성을 우리가 다스리는 것[我理我民]을 승인하게 하심이 시의에 부합합니다. 청국 관리와 서로 약속한 한 부를 올립니다. 이에 보고하니 살펴주기 바랍니다.

광무 8년 7월 20일

함경북도교계관 최남륭 · 김병약

외부대신 각하

74 삼수군 대안에 비도가 출몰했다는 보고

보고서 제4호

현재 받은 삼수군수 이민중(李敏重)의 보고서 내에서, 「음력 12월 초8일 유시(酉時)경에 받아본 나난사(羅暖社) 풍헌 고영심(高永深)의 보고에서, "적비 25명이 각기 총기를 들고 서대령(西大嶺) 길을 거쳐 나난사 건너편 접후리(接後里)에 도착하여 점심을 달라고 요구하고 계속해서 내시궁(內矢弓)으로 올라갔습니다"라는 내용이었습니다. 상황을 정탐하기 위해 순교를 파견하였습니다. 동월 12일 신시(辛時)경에 받은 신태준(申泰俊)이 올린 보고에서, "적비 27명이 인차외사(仁遮外社) 건너편 내시궁에 와서 모여 있다가 혜산(惠山) 건너편 등지로 올라갔으며, 어제 해가 질 즈음에 내시궁에 인접한 왕가동(王哥洞)으로 돌아왔습니다. 내시궁은 적비 서경발(徐慶

發) 무리의 소굴로서 서적(徐賊)의 잔당과 호응해서 형세를 유지합니다. 여기에 더해 작년 가을에 혜산 건너편 등지에서 피살되고 불태워진 일이 있었는데, 농호(農胡)의 잔당이 협잡하며 따라다니는 것이 드러난 모습입니다"라고 하였습니다. 이들 비도가 모여들어 세를 믿고 의지할 우려가 적지 않으므로 방어하고 동태를 파악하는 등의 사항을 연변 각 마을에 각별하게 지시하였으며, 읍 근처의 포수를 20명으로 한정하여 불러모아 진위 주대(駐隊)와 함께 잠시 협의하여 수성하였고, 이후의 상황은 정탐하는 대로 수시로 급히 보고할 계획입니다」라는 내용이었습니다. 산포(山砲)를 단속하여 각별하게 지키며 또한 임강현에 조회하여 단속하게 하고 이후의 형편을 계속해서 신속히 보고하라는 뜻으로 해당 군에 지시하였고, 이에 보고하니 살펴주기 바랍니다.

광무 9년 1월 28일

함경남도관찰사 이헌경

의정부찬정외부대신 이하영 각하

지령 제5호

비도가 모여드는 것은 우려가 적지 않습니다. 법을 적용하여 제거하고 그 상황을 살펴 보고함이 좋겠음. 2월 13일.

75 진위대가 철수한 삼수군의 산포수에게 비도를 방어하기 위해 정부 예산으로 급료를 지급해달라는 보고

보고서 제7호

현재 받은 삼수군수 이민중(李敏重)의 보고서 내에서, "적비 25명이 본 군 건너편 내시궁(內矢弓)에 주둔하므로 계포(契砲)를 불러모아 20명을 한정하여 주대(駐隊)와 함께 협의하여 성을 지킨 사정은 이미 급히 보고한 바 있습니다. 이들 비도의 상황을 더욱 정탐하니, 갑작스럽게 위아래로 오르내리고 모이고 흩어짐이 무상하며, 서경발(徐慶發)의 잔당은 내시궁에 주둔하고 있었는데 현재 적비와 결탁하여 호응할 모양입니다. 작년 혜산군 건너편에서 피살되고 방화되며 약탈당한 청국인 잔당이 역시 무리를 불러모아 폭군 걸왕을 돕는 듯한 형세가 없지 않습니다. 마침 변경의 우려가 가볍지 않은 가운데 청국 임강현에서 파견한 유영지(劉永芝)를 지금 해당 현에서 소환한다고 말한 적이 있는데, 변계에서 적을 방어함이 더욱 답답합니다. 하물며 또 본 군에 주둔한 주대를 함께 폐지하고 철수해 돌아가서 또한 허약한 틈을 타서 약한 것을 멸시할 우려가 없지 않습니다.

가만히 생각하건대 변경을 방어하고 백성을 보호하는 방책은 포수를 뽑아 방수하는 것보다 중요한 것이 없습니다. 그러나 급료가 없는 군사에게 억지로 책임을 지우기 어려습니다. 견고한 방어는 군량을 마련한 후의 일이지만 군(郡)의 힘으로는 결코 군량을 마련할 방안이 없습니다. 이에 감히 사실에 의거하여 보고하니, 내부와 군부에 전보하여 본 군 현존의 계포 가운데 100명의 군사를 한하여 예산을 헤아려 급료를 마련하여 뜻밖의 일에 대비하여 변경의 고을을 힘입어 보호할 수 있으면 다행이겠습니다"라는 내용이었습니다.

이를 살펴보니 근래 청비의 출몰이 무상한데 갑산과 삼수 양군으로 출동한 주대가 지금 폐지하여 철수하였으므로, 방어할 방안은 오직 산포(山砲)뿐입니다. 특별히 더욱 단속하여 혹 소홀함이 없도록 하라는 뜻으로 해당 군에 지시하였으나, 급료가 없는 군사가 오랫동안 번을 서는 상황에서 형세상 억지로 책임을 지우기 어려울 뿐더러 작은 고을의 힘으로는 군량을 마련할 방도가 없어서 보고가 이와 같았습니다. 형세상 조처한 후에야 포군이 어버이를 봉양하고 변민은 그에 의지하여 보전할 수 있습니다. 이에 보고하니 살펴보아 특별히 읍세와 백성들의 상황을 살펴서 산포 100명을 한정하여 급료를 예산으로 떼어 내려주어 뜻밖의 일에 대비하게 하기를 바랍니다.

광무 9년 2월 8일

함경남도관찰사 이헌경

의정부찬정외부대신 이하영 각하

지령 제8호

포군을 뽑아 대비하여 국방을 공고하게 함이 몹시 아름다우나, 별도로 마련하는 문제는 군부와 탁지부 양부에 관련되는 일임. 21일.

76 삼수·갑산의 연변에서 청인이 벌목하고 있다는 보고

보고서 제18호

현재 접수한 갑산군수서리 삼수군수 이민중(李敏重)의 보고서 내에서, "지난 계묘년(癸卯年, 1903) 8월 5일에 청국 서경발(徐慶發) 등이 삼수성을 공격하고 총기를 빼앗는 재난을 갑자기 만나고 연변의 청국 백성은 한국 군사가 불태우고 약탈하는 화를 뒤따라 당하였고, 동년 12월에 이미 양국의 논의를 거쳐 소 60마리의 대전(代錢) 4천 냥을 그 총환을 돌려보내기를 기다려 상호 교환해 정리한다는 뜻으로 굳게 약속하였습니다. 총환을 돌려받기 전에 임강현에서 계속해서 소 값을 돌려달라고 독촉하는 조회가 있었고, 당시 서(徐) 관찰사가 정무를 볼 때 소 값을 조사한 단자를 보내라는 지시를 받들었습니다. 소 값을 되돌려 주는 일은 갑산 땅과 혜산 등지에 해당될 뿐입니다. 그 총환을 돌려받지 못하여 진위 주대가 미루었기 때문에 단지 32마리의 소 값만 주고 그 나머지 소 값은 임강현이 여러 차례 돌려주기를 독촉하는 조회를 받았으나, 그저 외부와 관찰부의 조처를 기다리고 있다는 뜻으로 막아 발뺌하여 아직도 지급을 거절하고 있습니다. 작년 여름 주대로부터 청국인의 소 값 4천 냥을 혜산 백성들에게 거두어 그중에서 당겨 사용하고 혜산 백성들에게 맡겨둔 것은 단지 소 28마리였습니다. 그리고 주대가 폐지됨에 따라 소 값 4천 냥을 떼어낼 겨를도 없이 당시 부대의 관리가 각기 흩어졌습니다. 지금 임강현 파차(派差) 유영지(劉永芝)가 임강현의 조회를 가지고 와서 소 값을 독촉하였습니다. 사리를 따진다면 소와 총환의 돈을 상호 교환하기로 약속했으나 총환은 하나도 돌려보내지 않고서 단지 그 소 값만을 독촉하는 것은 분명히 약속을 어기는 것입니다. 저들의 형편을 자세히 살펴보면 소와 돈 사이에 만약 한결같이 지급을 거부하면 필시 당장 변경의 분란에 이르게 될 것이므로, 노심초사한 끝에 변경의 소요를 타결하고자 하여 28마리는 혜산 백성들에게 지시하여 부득이 먼저 유영지에게 전달한 후 영수증을 받아 후일의 증거 자료로 삼았습니다. 돈은 총환이 돌아오기를 기다려 정리하는 것으로 굳게 약속하였으나, 주대가 거둔 소 값 4천 냥은 수대로 되돌려준 후에야 혜산 백성들에게 재차 징수하는 억울함이 없을 것입니다. 이에 사실에 의거해 보고하니, 이런 이유를 들어 특별히 군부에게 전보하여 위 4천 냥의 돈을 당시 진위대 병관(兵官)에게 독촉하여 변정을 안정되게 하기 바라며, 임강현 조회를 등본해서 올립니다"라는 내용이었습니다.

이를 살펴보니 지난 계묘년 9월에 청비가 경계를 범하여 살인하고 약탈한 후 우리나라 병사와 백성이 강을 건너 불태우고 위협한 일로, 동년 12월에 이르러 갑산군수 이근풍(李根豐), 삼수군수 이민중(李敏重)과 출주대관(出駐隊官) 조기설(趙基卨)·김사직(金思稷)이 청국 관리 무민부겸이사(撫民府兼理事) 손장청(孫長靑), 판리임강현설치사의(辦理臨江縣設治事宜) 오광국(吳光國)과 더불어 회동 담판할 때에 삼수대가 빼앗긴 총과 탄환 중 총 30자루와 탄환 1천 발은 본물로 돌려받고 총 4자루와 탄환 8천 발은 총은 1자루당 대전 32원, 총환은 1발당 대전 3전씩 돌려받도록 약정하였으며, 청국인이 빼앗긴 소·노새·말 가운데 소 60마리는 본물로 돌려보내고 그 나머지 65마리는 1마리당 정가 61냥 5전씩 합 대전 4천 냥을 혹 잡아먹거나 혹 숨겨 팔아먹은 자에게 값을 징수하여 돌려주도록 약정하였고, 진휼미 30석은 우리 백성들이 취하여 온 것으로 돌려 보내며, 우리 백성들로 피살된 14명과 빼앗긴 평전 5천 냥과 엽총 10자루와 청국인으로 피살된 18명과 불단 와포와 기름집 합 52곳 가운데 대와(大窩) 17곳 모두 200간, 소와(小窩) 40곳 모두 244간으로 그 배상은 양국 정부의 조처를 기다리도록 약정하였습니다. 당시 관찰사 서정순이 이유를 갖추어 보고하였으나 아직도 조치 여하를 받들지 못하였습니다. 작년 4월 30일 나온 외부의 훈령 내에서, "배상 문제는 의정부에 조회해 요청하였고, 그 회답을 받아보니, '갑산·삼수 양군에서 우리 백성이 피살·약탈당한 것이 근년 이래에 없는 해가 없는데 금번 회판할 때에 어찌하여 단지 계묘년 양국 경계의 피살과 약탈 배상 문제만 들어서 약정하였는가'라고 하였고, 연래의 피해 각종 안건을 상세히 조사해 보고하라"라는 내용이었습니다.

당시 관찰사 이헌경(李軒卿)이 삼수군은 정유년(丁酉年, 1897) 이후, 갑산군은 무술년(戊戌年, 1898) 이후 피해 각 안건을 조사해 장부를 만들어 보고하였으나 아직도 조처 여하를 받지 못하였습니다. 지금 해당 군수의 보고를 보니, 소 60마리 가운데 혜산 백성에게 임치한 28마리를 총환을 돌려받기를 기다리지 않고 먼저 내준 것이 비록 경거망동이나 실로 청국 관리가 조회하여 독촉하기 때문으로 변경의 분란이 있을까 염려하여 그리하였으며, 소 값 4천 냥의 경우에는 총환을 돌려받는 날에 응당 돌려주어야 하나 당시 부대 지휘관이 이 돈을 당겨

쓰고 마련하지 못한 것이 몹시 근거가 없으므로 독촉해 되찾아 내려보내라는 뜻으로 군부에 보고하였습니다. 대체로 이 안건은 이미 3년이 되었고 정약한 날짜가 또한 해를 넘겼으나 아직도 어떤 잘잘못을 따지지 않고 독촉을 받게 되었으니 국체와 공법에 있어 모두 답답하고 한스럽습니다. 과거 한청 양국 관리의 조약서와 갑산 · 삼수 양군이 연래로 피살되고 약탈당한 내용의 성책을 다시 베껴 보고하며, 금번 청국 관리의 조회를 또한 베껴서 올립니다. 이에 보고하니 살펴보신 후 교섭을 타결하도록 서둘러 지시를 내어 신속하게 조처하여 변경의 분쟁을 영구히 막게 하되, 이번에 베껴서 보낸 보고와 약서 중에 소위 청국 관리의 약서 제11조 끝에 '이후 연강의 잡목은 화상(華商)의 재산에서 나왔는데 만약 한국 백성이 건져내어 취하는 일이 있으면 일체 엄히 조처한다'라고 운운한 것은 대개 공법이 아닙니다. 연강 잡목은 우리나라의 삼림입니다. 그 벌채가 비록 청국 재산이나 어찌 처음부터 인허도 없이 임의로 채벌하였겠습니까. 무릇 청국인이 벌목하여 아래로 흘려보내는 것은 이치상 당연히 금해야 할 것입니다. 청국공사와 교섭을 하여 별도로 약장을 정하여 마음대로 벌채하지 못하게 하고, 만약 몰래 베어 흘려보내면 우리 관민이 건져내어 가져가는 것을 금지하게 하되, 이것은 국권상 크게 관계가 있으니 서둘러 타협하여 지시를 내려주기 바랍니다.

광무 9년 5월 6일

함경남도관찰사 신기선

외부대신 이하영 각하

지령 제20호

응당 그 나라 공사와 더불어 장정에 따라 처리할 것임. 20일.

77 삼수사건에 대한 한청 양국 간 배상 협의를 적절히 산정해 처리하라는 훈령

광무9년 5월 24일 기안

훈령 제22호

귀 제18호 보고는 모두 알았는 바, 인명과 가옥 등 응당 배상할 조항은 정부에 조회해 처리할 것이며, 해당 부대가 이미 거두어들인 소 값은 또한 군부에 조회를 전하여 돌려받을 것입니다. 산정 금액이 부합하지 않는 것이 많으니 낱낱이 조사해 밝히고, 남은 액수를 해당 백성들에게 환급하고 다시 정부의 훈령을 기다려 해당 각 군에 지시를 전달하여 넘겨줄 배상액을 상호 교환하게 해야 합니다. 청국과의 약서(約書) 제11조 내에 연강의 잡목 운운한 것은 필시 청국 경계 내의 산출물을 뜻하므로 우리나라에서 나는 목재와는 관련이 없습니다. 별도로 부근 각 군에 지시하여 우리 경계 내의 삼림을 몰래 채벌하거나 건져내어 취하는 자가 있으면 엄히 금지하도록 하는 것이 좋겠습니다.

광무 9년 5월 24일

외부대신 이하영

함경남도관찰사 신기선 각하

78 일진회원 3천여 명이 함북에서 일본 군 수송에 복무하고 있다는 보고

보고서 제2호

현재 동맹국의 북진군 수송 업무가 몹시 커서 인민이 곤란을 겪는 중에 13부 일진회 지부 총회장 이용구(李容九) 씨와 경성 일진회 평의원 여러 사람들 및 함경남북도 각 군 회장이 회원 3천여 명을 모아 경성군 수성(輸城)에서 부령군 청진(淸津), 장항(獐項) 등지의 100여 리에 걸쳐 수송 업무를 자원해 맡아 동양의 대세를 위해 힘써 도모하여 우리 한국의 의무를 드러내는 까닭에 이에 보고하오니 살펴주기 바랍니다.

광무 9년 8월 1일

경성군수 심헌택

의정부찬정외부대신 각하

지령 제1호

이런 아득한 일에 직면하여 질서를 유지하는 데 기약할 것. 10월 12일.

79 삼수사건에 대한 처리가 3년이 지났음에도 아직 처리되지 않아 과거 공문을 첨부한다는 보고

보고서 제22호

계묘년(癸卯年, 1903) 9월 2일 삼수와 갑산 양군의 변경 분쟁으로 청국인이 한국인에 의해 죽고 약탈되고 불태워진 것과 정유년(丁酉年, 1897) 이후 한국인이 청국인에 의해 죽고 약탈당하고 불태워진 일로 안을 갖추어 누차 보고하였으나 처결을 받지 못하였습니다. 금년 5월 4일에 청국 관리가 독촉한다는 해당 군의 급한 보고가 있었으므로, 옛 문안을 베껴 첨부하여 의정부와 외부에 상세히 보고하였습니다. 외부의 지령 내에서 해당 나라 공사와 장정에 비추어 처리할 일이라 하였으나 또한 어떤 처리 지시도 받들지 못하였습니다. 지금 또 갑산군수 이승현(李承鉉)의 보고를 보니, 청국 군대 방대(幇帶) 왕온정(王韞亭) 등이 글로 배상을 독촉하되, 만약 끝내 떠넘기고 미루면 거느린 군사들이 핍박하고 토벌할 것이라고 하였습니다. 이 안건을 생각하건대 이미 3년이 지났으나 아직도 처리하지 않아 밖으로는 이웃나라의 공갈을 받고 안으로는 변경 백성들에게 두려움을 불러일으킵니다. 국체와 관련된 일이 답답하고 한심하여 군수의 보고와 청국 관리의 서신을 베껴서 첨부하였습니다. 이에 보고하니 살펴보고 교섭해 타결하여 신속하게 조처할 수 있도록 서둘러 지시를 내려주어서 변경의 분쟁을 영구히 막을 수 있기를 바랍니다.

광무 9년 8월 7일

함경남도관찰사 신기선

외부대신 이하영 각하

갑산군수 이승현(李承鉉) 보고서

지난 계묘년 가을 삼수와 갑산 양군의 변경 분쟁으로 소요가 일어났을 때에 당시 한국과 청국 여러 관리가 회동해 담판하였습니다. 한인이 청국인에 의해 피살되고 가옥이 불태워지고 재산을 빼앗기고 청국인이 한국인에 의해 피살되고 가옥이 불태워지는 등의 사건은 모두 정부에 보고하여 판결을 기다리게 하였고, 청국인이 빼앗아간 한국 병사의 총 34자루와 탄환 9천 발과 한인이 빼앗아온 청국인의 소, 말, 노새 125마리는 상호 교환한다는 뜻으로 담판해 약속할 때에 남아 있는 소 60마리는 같은 색으로 보내게 하고 아직 조사하지 않은 소와 말 65마리는 대전 4천 냥으로 교환하기로 약속하였습니다. 소 대전 4천 냥은 주대(駐隊)에서 군물 교환을 위해 이미 보고하고 사용하였는데, 주대가 철폐되어 철수해 돌아갔고 남아 있는 소 60마리는 서리삼수군수가 이미 청국인에게 보냈으나 군물인 총환은 하나도 찾아 돌려받지 못했습니다. 그런데 지금 청국 임강현 친병대(親兵隊) 방대(幫帶) 왕온정(王韞亭)과 왕보산(王寶山) 등이 삼수 건너편 저들의 땅 경생보(慶生保)에 와서 당일 보내어 도착한 서찰 내에서 "청국인이 한국 병사에 의해 불태워지고 약탈된 이재민들에 대한 휼관은(恤欵銀) 28,095냥을 송부하여 총환과 교환하고 만약 종내 지연하고 불응한다면 아마 서경발(徐慶發)이 군사를 이끌고 와서 핍박해 토벌하여 사단을 일으킬 것입니다"라는 등의 말이 있었습니다. 이에 답하기를, 휼관의 교환은 아직 정부의 조처가 없어 이를 기다리고 있으며, 서경발과 관련해서는 귀 임강현 친병대가 엄히 단속해 금지하여 양 변계민을 보호하고 이웃나라와의 우의를 더욱 돈독히 하자고 왕온정 등에게 회답 편지하였습니다. 그러나 청비의 모습이 수시로 출몰하여 변방 백성들의 두려움이 여전하므로, 동 서찰 원본을 첨부해 동봉하고 당초 변경의 일을 담판한 사유를 함께 보고하니 살펴주기 바랍니다.

광무 9년 7월 26일

임강현 친병대(親兵隊) 방대(幇帶) 왕온정(王韞亭) 서신

갑산군수 대인 각하께 삼가 아룁니다.

계묘년 변경 분쟁으로 귀국이 경생보와 장생보 두 보에 대해 배상하기로 논의해 정했습니다. 귀 병사에 의해 불타고 약탈된 이재민의 휼관(卹款)은 은 28,095냥이나 지금까지 1년이 지나 누차 독촉하여도 결국 약속을 어기고 응하지 않았습니다. 서명한 도장은 근거할 수 있습니다. 일이 또 진휼과 관계되니 어찌 임의로 지연할 수 있겠습니까? 오랫동안 우리 백성에게 누를 끼치고 있고 머물 곳과 먹을 것이 둘 다 부족합니다. 마땅히 조약문에 비추어 휼은을 교부함으로써 총환을 돌려보낼 수 있도록 하여 오랫동안 현안이 되지 않도록 하기 바랍니다.

사람들이 범한 것으로 마음이 풀리지 않았고 백성들의 원망이 점점 깊어져 결국 뜻밖의 환란을 만들어냈습니다. 만약 끝내 뒤로 미루고 응하지 않으면 서경발이 군사를 이끌고 와서 핍박해 토벌하여 사단을 일으켜 이웃나라와의 정의를 잃을까 걱정됩니다. 삼가 불가하다고 생각합니다. 혹 보내주는지 여부를 신속하게 회답하기 바랍니다.

6월 20일

지령 제25호

보고한 것은 모두 알았는 바, 해를 넘겨서 안건이 아직도 진행되니 변경 정사가 답답함. 청국 공사와 장정에 의거하여 타결해야 하나, 삼수와 갑산 양군의 계묘년 9월의 피해 청국안은 당연히 정부에서 배상을 조처해야 함에도 의정부의 업무가 다단하여 여기에 미치지 못하였음. 정유년 이후 피해 한국안은 역시 배상을 요구해야 하는데, 계묘년 12월에 한국과 청국의 지방관과 무관이 체결한 약서(約書)에 광서 29년 8월 이전은 피차 조속히 조회한다는 문구가 있음. 두루 몇 마디 말을 담기를 거절할 수 있으니 또한 거론하기 어려움. 이에 의거하여 다시 정부에 조회하였거니와, 외국의 힐책이 꼬리를 문다고 하니 모름지기 해당 군에 지시를 전달하여 잘 교섭해 잠시 독촉을 늦추어 소요가 생기지 않도록 하고 정부의 처분을 기다릴 것. 20일.

80 3년이나 지난 삼수사건에 대한 처리 방향에 대해 지시해달라는 보고

보고서 第23호

삼수와 갑산 양군의 계묘년 변경 소요 당시 청국인 휼관(卹款) 건으로 금년 5월 3일에 갑산군수가 급히 보고하였고, 8월 7일에 다시 갑산군수가 급히 보고하였습니다. 지금 해당 갑산군수 이승현(李承鉉)의 보고서 안에서, "청국 관리 왕보산(王寶山)이 전해준 공식 서찰의 뜻은 휼관 문제로 음력 7월 6일 혜산에 모이기로 약속한 것이었고, 군수가 질병으로 직접 갈 수 없어서 별도로 향원(鄕員)과 서기를 정하여 대신 담판케 하고 휼관은 아직 정부의 지시가 없다는 것으로 회답하여 보냈으나, 필시 분쟁을 야기할 염려가 있어서 참으로 근심되어 왕보산의 공식 서찰을 베껴 보고합니다"라는 등의 내용이었습니다.

이를 살펴보니 해당 안건의 지연이 이미 3년을 넘었습니다. 지금 청국 관리가 글로 독촉하다가 다시 면회로 독촉하였습니다. 군에서 무슨 말로 답변하여 다시 간신히 버티기를 도모하겠습니까? 국체에 있어서 한탄스럽고 변경에서 백성들을 돌보아주는 것이 더욱 우려되어 청국 관리의 서신을 베껴 첨부해 보고합니다. 살펴보고 신속하게 교섭하여 타결해 회답할 수 있기를 바랍니다.

광무 9년 8월 21일

함경남도관찰사 신기선

외부대신 이하영 각하

지령 第26호

이미 전의 지령이 있었는 바, 변경 소요 안건은 모두 신중한 일입니다. 해당 군수가 병으로 직접 가지 못한 것이 상황에 의해 그렇게 되었으나, 다만 서기를 파견해 대신 처리하게 한 것은 소홀함을 면치 못했으니 엄한 말로 비판하여 다시 그르치는 일이 없도록 할 것. 31일.

청국인 왕보산(王寶山) 서찰 등본[淸人王寶山書札謄本]

삼가 이공(李公) 대인 각하께 아룁니다.

홀관 안건과 관련해 정해진 약장에는 도장을 찍어서 역력히 증빙할 수 있습니다. 누차 재촉하였으나 몹시 주저하고 응하지 않아 이 안건은 오랫동안 해소되지 않은 상태가 되었고, 무시되어 사리에 어긋나게 되었습니다. 본래는 직접 대인의 행차를 기다려 손을 잡고 마음을 말하려 했으나, 인마를 준비하는 데 겨를도 없고 수도 많고 잡다하여 아마 많은 백성들을 번거롭게 할 것입니다. 마침 빠른 서신을 왕래하게 되어 헛되어 종이와 먹을 썼습니다. 감히 각하께 바라니 먼길을 행차하는 수고로움을 꺼리지 않고 혜산에 임하여 서로 얼굴을 맞대고 속마음을 이야기하도록 각별히 결정해주기 바랍니다. 삼가 살펴 헤아려 대인의 행차가 서둘러 임하기 바라며 발걸음을 아끼지 마십시오. 그저 서서 기다립니다. 편안하기를 바랍니다. 7월 초6일로 기약합니다.

을사(乙巳, 1905) 6월 29일

친병대(親兵隊) 방대(幇帶) 왕보산(王寶山) 돈수(頓首)

81 삼수사건에 대한 처리가 3년이 지났음에도 아직 처리되지 않아 과거 공문을 첨부한다는 보고

보고서 第25호

현재 받은 갑산군수 이승현(李承鉉)의 보고서 내에서, 「청국 임강현 파견 관리 왕보산(王寶山) 등이 계묘년 홀관 문제로 근래 회판(會辦)을 요청하여 군수는 일본 군대의 요청에 따라 북청으로 나갔고 향원(鄕員) 김경준(金景俊)과 한해붕(韓海鵬)을 대신 보냈더니, 돌아와 보고한 중에서 "청국 관리 왕보산, 유영지(劉永芝)가 관병 45명을 이끌고 혜산으로 건너왔는 바, 대접한 쌀과 닭, 돼지를 해당 사(社)에서 마련하였고, 그 비용은 5백여 냥이었습니다. 청국 관리가 군수와 마주해 담판하기를 요구하여 음력 8월 초순에 관청으로 돌아온 후 다시 논의하기로 약정하였고, 왕보산은 즉시 임강현으로 갔고 유영지는 저들의 변경에 머무르고 있습니다"라고 하였습니다.

계속해서 받은 혜산 풍헌 박언석(朴彦錫)의 보고 내에서 "청비 서경발(徐慶發)이 무리 10여 명을 데리고 각기 무기를 들고 본사 송봉리(松峯里)로 건너와서, 금년 5월에 청국인 2명을 한국 포수가 계양포(界陽浦)에서 포살했다고 힐책하고는 두민(頭民) 7명을 잡아서 강을 건넜습니다. 잡아간 이들을 난타하면서 포영장(砲領長) 채인권(蔡仁權)을 대면한 후에야 풀어주겠다고 하여 동 채인권이 즉시 건너갔습니다. 서경발의 글 중에 청국인 살해자는 한국 포수 김낙윤(金洛允), 김성용(金成用), 윤정봉(尹正奉) 3명으로 잡아 보내기를 요구하였습니다. 잡혀간 7명의 친족들은 김낙윤과 윤정봉을 그곳으로 잡아 보냈는데 말로 심문하니 이실직고하였습니다. 채인권과 7명의 백성을 풀어 돌려보낼 때에 서경발의 말이 금번에 청국인을 죽일 때에 빼앗긴 은 17냥쭝, 소 3마리, 은전 170원, 서양 화폐 4장, 백목 4필, 금 6냥쭝을 8월 7일 내로 돌려보내라 하였습니다. 해당 범인들의 친족들에게 나누어 징수해 보내야 변경의 분쟁이 커지는 지경에 이르지 않을 것입니다"라는 내용이었습니다.

계양포의 청국인 2명이 포살된 안건은 군수가 부임하기 전에 과연 있었던 변괴입니다. 위에서 말한 김낙윤, 김성용, 윤정봉 3인이 참으로 살해하고 약탈한 일이 있었다면 죽어도 애석함이 없겠지만 혹시 애매한 점이 있다면 일이 억울하게 되므로 별도로 서기를 파견하여 근본 원인을 조사였습니다. 군수가 관청에 부임하기 전에 유향(留鄕)이 변경 근처의 산포를 선발해서 지키게 하였습니다」라는 내용이었습니다.

이를 살펴보니 흉범 세 놈이 이웃나라 사람을 멋대로 살해하고 약탈하여 이같이 변경의 분쟁에 이른 것이 몹시 통탄스럽습니다. 김낙윤, 윤정봉은 이미 민간에서 잡아 보냈고, 도망한 김성용은 잡아들일 것을 기약하여 엄밀히 조사해 보고하여 법에 따라 처결하게 하고 약탈한 물건들은 조사해 거두어 돌려주라는 뜻으로 해당 군에 지시하였습니다.

계묘년(癸卯年, 1903) 훌관 문제는 금년 5월 이후부터 누차 해당 군수의 급한 보고에 따라 세 차례 의정부와 외부에 보고하였으나 아직도 조처 여하를 받들지 못하였습니다. 지금 청국 관리가 글로 독촉하다가 면회를 재촉하니 군에서 또 무슨 말로 담판하여 다시 지연을 도모하겠습니까. 나라의 체면이 민망합니다. 변경의 분쟁과 관련되어 몹시 우려됩니다. 이에 다시 보고하니 살펴보고 서둘러 교섭해 타결하고 회답하기를 바랍니다.

광무 9년 9월 11일

함경남도관찰사 신기선

외부대신 이하영 각하

지령 제27호

계양의 살인사건이 아직 분명하지 않을뿐더러 김낙윤 등이 실로 이런 범행을 했더라도 본래 우리의 법을 적용합니다. 응당 한국 관리가 저들의 힐책을 비판해야 함에도 서비(徐匪)가 총기를 들고 강을 건너와 멋대로 백성을 잡아간 것은 몹시 불법입니다. 도착하는 즉시 해당 군에 지시를 전하여 본 안건의 근본 원인을 낱낱이 조사해 밝히고 아울러 청국 관리에게 알려 김낙윤, 윤정봉 두 사람을 잡아 돌려보내도록 하여 우리나라 법률에 비추어 조처하게 해야 합니다. 계묘년 흘관은 아직 정부의 조처가 없으니 또한 해당 군수에게 지시하여 청국 무관과 날짜가 되면 회동하여 마음을 다해 타협하게 해야 합니다. 19일.

82 일진회원이 북진군 수송대에 참여하는 동안 홍수로 인명 피해가 있었다는 보고

보고서 제3호

13부 일진회 지부 총회장 이용구(李容九) 씨가 회원 3천여 명을 모아 대일본 북진군 수송대에 응역(應役)한 것은 이미 보고하였으며, 이번 큰 비로 물이 범람할 때에 물에 빠져 죽은 자가 3명이고 병사자가 3명이고, 철차(鐵車)에 압사된 자가 1명입니다. 이에 보고하니 살펴주기를 바랍니다.

광무 9년 9월 10일

경성군수 심헌택

의정부찬정외부대신 각하

III

『평안남북도래거안』 번역문

1 강변에 적개신군영(敵愾新軍營) 병사 2,500명이 주둔하고 있다는 보고

보고서 제1호

1896년 4월 초 청국 측 강변 일대에 여러 명의 청국 병사가 무수히 출몰했다는 소문이 무성하여 정탐해서 보고하라고 소관 각 군에 지시했습니다. 그런데 4월 12일 도착한 초산군수의 보고를 보니, 「초산군 동부 운해천(雲海川) 저편의 청국 병사 한 명이 방목(榜目)을 가지고 와서 남문에 게시했습니다. 그 내용을 살펴보니, "우리 적개신군영(敵愾新軍營)이 상유(上諭)를 들어 재가하신 대로 강변 일대에 주둔하여 강계에서 의주성까지 총 89개의 군영진(軍領鎭)을 방어하여 변경을 지키고 인민을 보호하여 편안하게 하려고 한다. 너희 초산군의 상인과 농민, 백성들은 그렇게 알고 안심하라"라는 내용이었습니다. 이를 보고합니다」라고 했습니다. 또 같은 날 도착한 강계부 관하 겸군수(兼郡守)의 보고에 「만포채장(滿浦寨將) 김경찬(金京贊)의 보고를 받았습니다. 강변 위아래에 청국 병사가 주둔했다고 하여 그 사유를 정탐했습니다. 심양(瀋陽)에서 따로 통령(統領)을 정하여 병사 2,500명을 데리고 초산군의 강 건너편 차구(車溝)부터 강계군의 강 건너편 통구(通溝)까지 병사 500명씩 배치하여 방어한다고 합니다. 이어서 도착한 김경찬의 보고에는 청국 병사 200여 명이 철수했다고 했습니다. 그 이유를 상세히 조사하니, "우리 적개신군은 강변 일대의 지방을 살피며 민심을 보살폈다. 그래서 이 지방을 두루 경계하고 살피며 민심을 어루만지고자 우리 병력이 파견된 것이다. 임무를 완료한 200여 명의 병력은 지금 먼저 철수했다"라고 했습니다. 그 사유를 보고합니다」라고 했습니다. 먼저 등보(謄報)하며 이후의 상황은 계속 정탐하여 신속하게 보고하겠습니다. 살펴주기를 바랍니다.

건양 원년 4월 28일

강계부관찰사서리강계군겸임참서관 홍재기

외부대신 이완용 각하

2 주둔하던 청국 병사가 모두 철수했다는 보고

보고서 제2호

강 저편 일대에 청국 병사가 와서 주둔한 사정과 200명의 청국 군병이 먼저 철수한 사정은 4월 28일에 이미 보고했습니다. 5월 25일 강계부 관하 겸군수(兼郡守)의 보고에 "본 군 만포채장(滿浦寨將) 김경찬(金京贊)의 보고를 받았습니다. 저편에 주둔했던 청국 병사가 모두 철수했다고 합니다. 그 연유를 보고합니다"라고 했습니다. 또 같은 날 초산군수의 보고에도 "초산군 강 건너편에 주둔했던 청국 병사가 모두 철수했습니다"라고 했습니다. 이에 등보(謄報)하니 살펴주기를 바랍니다.

건양 원년 5월 26일

강계부관찰사서리강계군겸임참서관 홍재기

외부대신 이완용 각하

3 동변병비도(東邊兵備道)에서 이전대로 세금을 징수할 것을 통보하고 양국 상민에게 집조(執照) 사용을 지시할 것을 요청해왔다는 보고

보고서 제1호

1896년 10월 25일 동변병비도(東邊兵備道)에서 "이전대로 세금을 징수하겠습니다"라고 조회해왔습니다. 이에 대해 "함부로 결정할 수 없습니다"라는 뜻으로 조복(照覆)했고, 해당 조회 및 조복은 모두 등상(謄上)했습니다. 그런데 며칠 후 동변병비도 파원(派員) 장국균(章國均)이 직접 의주군에 왔기에 그 사유를 물으니, "앞으로 두 나라의 상민(商民)이 왕래할 때 집조(執照)로 증빙하게 하고 각각 고시를 게시하여 상민들에게 밝히 알리는 것이 좋겠습니다"라고 했습니다. 그러나 우리나라가 청국과 지금까지 통상장정을 체결한 일이 없고 사안이 중대하기에 곧바로 보고하오니 살펴주기를 바랍니다.

건양 원년 10월 31일

의주군수 윤석기

외부대신 이완용 각하

4 외부 지령에 따라 동변병비도(東邊兵備道)와 주고받은 문서를 반환했다는 보고

보고서 제2호

도착한 지령 제1호를 보니 『의주군의 제1호 보고서에 따르면 「10월 25일 동변병비도(東邊兵備道)에서 "이전대로 세금을 징수하겠습니다"라고 조회해왔습니다. 그래서 "함부로 결정할 수 없습니다"라는 뜻으로 조복(照覆)했고, 이 조회 및 조복을 모두 등상(謄上)했습니다. 그런데 며칠 후 동변병비도 파원(派員) 장국균(章國均)이 직접 의주군에 왔기에 그 이유를 물으니, "앞으로 두 나라의 상민(商民)이 왕래할 때 집조(執照)로 증빙하게 하고 각각 고시를 게시하여 상민들에게 밝히 알리는 것이 좋겠습니다"라고 했습니다. 그러나 우리나라가 청국과 지금까지 통상장정을 체결한 일이 없을뿐더러 사안이 중대하기에 감히 곧바로 보고합니다. 살펴서 처리해주기 바랍니다」라고 했습니다. 이를 조사해보니 청국과 조약을 아직 맺지 않아서 공문을 주고받는 것이 어려울 뿐만 아니라, 통상규칙은 사안이 매우 중요하여 양국 정부가 협의한 후에야 시행할 수 있으니 의주군수가 동변병비도와 함부로 문서를 주고받을 일이 아닙니다. 따라서 보내온 조회를 동변병비도에 반환하고 의주군수의 조복도 되돌려 받되 신속히 처리하고 이후 상황을 상세히 보고하기 바랍니다. 이번 의주군 보고 중에서 이미 말하기를 「청국과 지금까지 통상장정을 체결한 일이 없을뿐더러 사안이 중대합니다」라고 했으면서도 이 사안을 먼저 보고하고 훈령을 기다려 처리하지 않고 급하게 조복을 보낸 것은 일의 격식에 맞지 않습니다. 그 조복도 격식과 내용 면에서 규례에 어두운 점이 많이 있어 매우 개탄스럽습니다.』라고 했습니다. 이를 받들어 말을 잘하는 통역을 동변병비도아문에 보내어 주고받은 공문은 서로 돌려주고 양국 정부가 상세장정(商稅章程)을 협의한 후에 다시 공문으로 교섭하자고 설득해서, 동변병비도아문이 조회를 수거했고 조복을 돌려줬습니다. 이 조복을 올려보내니 살펴주기를 바랍니다.

건양 원년 12월 28일

의주군수 윤석기

외부대신 이완용 각하

조회등서(照會謄書)

상대화령염운사함독리동변병비도겸전영익장관리중강세무우결즉보도경(賞戴花翎鹽運使銜督理東邊兵備道兼全營翼長管理中江稅務遇缺卽補道景)이 조회합니다. 황제의 명을 받고 총리각국사무아문이 보낸 자문(咨文)에 근거해 군독부당(軍督部堂)[26]에서 조회를 보내왔습니다. 총리각국사무아문의 자문에 따르면 「1896년 3월 21일 본 아문에서 황제에게 답하여 아뢰기를 "조선의 인삼세는 이전 1883년 북양대신(北洋大臣) 이홍장(李鴻章)의 상주에 따라 매 100냥당 15냥씩 거뒀고, 1885년에는 100냥당 10냥으로 감액했습니다. 1888년에는 조선에서 세금이 무겁다고 하면서 상납을 미룬 채 예부(禮部)에 자문을 보내 아뢰어 황은(皇恩)을 입어 세금을 면제받았습니다. 그러나 현재 조선의 상황은 이전과는 다릅니다. 비록 이전의 금액대로 징수하기 어렵더라도 또한 전부 면제할 수도 없습니다. 지금 다른 나라에게 트집을 잡히기에 이르렀고 하물며 일본과도 의논하여 조약을 맺었습니다. 또한 장차 홍삼에 세금을 징수하는 것은 응당 동일한 법률에 따라 조사하여 징수해서 감추는 폐단을 막아야 합니다. 이후 이 나라 항구에 들어오는 소가죽과 나가는 비단 등에 이전의 장정에 따라 세금을 거두는 것 외에, 홍삼은 100냥마다 은 5냥을 거두는 것은 많은 금액이 아닙니다. 이 나라의 상품은 또한 이 때문에 정체되지는 않았고 다만 변통하는 중에 있습니다. 그대로 체휼(體恤)하는 뜻을 보이기 바랍니다"라고 아뢰고 의논한 대로 하라는 유지(諭旨)를 받듭니다」라고 했습니다. 도사(道査)로 옮겨가서 중강세무는 구련성(九連城)에 담당 관청을 설치하고 세금을 징수했습니다. 그러나 근래 난리가 일어나서 이곳의 시전(市廛)은 열 중 한 곳도 남지 않았습니다. 현재 귀국의 상인은 모두 사하(沙河) 지역으로 가서 무역을 하고 있습니다. 만약 구련성에 그대로 징수 기관을 설치하면 상인들이 이전만큼 충분하지 않아 세금이 부족할까 두렵습니다. 그래서 사하에 징수 기

26 성경장군(盛京將軍)을 말한다.

관을 설치하고 임시로 업무를 시행하여 항구에 나가고 들어오는 화물에 대해서 이전의 장정대로 처리하기 바랍니다. 홍삼은 이미 100냥당 은 5냥으로 확실히 장정을 정했으니 속히 이를 준수하여 징수 기관에 가서 세금을 납부하기 바랍니다. 위원이 사하진(沙河鎭)으로 가서 징수 기관을 설치해 조사해서 징수하고 이를 밝히 보여 설득하는 것 외에 적당한 글을 갖추어 귀 부윤에게 조회합니다. 살펴보고 상민(商民)들에게 보여주어 밝히 설득하여, 징수 기관에 가서 세금을 납부하고 몰래 화물을 옮겨 세금을 탈루하여 처벌을 받는 일이 없도록 해주기 바라며, 이를 조회합니다.

이렇게 조선국 의주부윤에 조회함.

1896년 9월 16일

조복

종2품 의주군수 윤(석기)이 조복합니다. 1896년 9월 19일 귀 아문의 조회를 받았습니다.『황제의 명을 받고 총리각국사무아문이 보낸 자문(咨文)에 근거해 군독부당(軍督部堂)에서 조회를 보내왔습니다. 총리각국사무아문의 자문에 따르면「1896년 3월 21일 본 아문에서 황제에게 답하여 아뢰기를 "조선의 인삼세는 이전 1883년 북양대신(北洋大臣) 이홍장(李鴻章)의 상주에 따라 매 100냥당 15냥씩 거뒀고, 1885년에는 100냥당 10냥으로 감액했습니다. 1888년에는 조선에서 세금이 무겁다고 하면서 상납을 미룬 채 예부(禮部)에 자문을 보내 아뢰어 황은(皇恩)을 입어 세금을 면제받았습니다. 그러나 현재 조선의 상황은 이전과는 다릅니다. 비록 이전의 금액대로 징수하기 어렵더라도 또한 전부 면제할 수도 없습니다. 지금 다른 나라에게 트집을 잡히기에 이르렀고 하물며 일본과도 의논하여 조약을 맺었습니다. 또한 장차 홍삼에 세금을 징수하는 것은 응당 동일한 법률에 따라 조사하여 징수해서 감추는 폐단을 막아야 합니다. 이후 이 나라 항구에 들어오는 소가죽과 나가는 비단 등에 이전의 장정에 따라 세금을 거두는 것 외에, 홍삼은 100냥마다 은 5냥을 거두는 것은 많은 금액이 아닙니다. 이 나라의 상품은 또한 이 때문에 정체되지는 않았고 다만 변통하는 중에 있습니다. 그대로 체휼(體恤)하는 뜻을 보이기 바랍니다"라고 아뢰고 의논한 대로 하라는 유지(諭旨)를 받듭니다」라고 했습니다. 도사(道査)로 옮겨가서 중강세무는 구련성(九連城)에 담당 관청을 설치하고 세금을 징수했습니다. 그러나 근래 난리가 일어나서 이곳의 시전(市廛)은 열 중 한 곳도 남지 않았습니다. 현재 귀국의 상인은 모두 사하(沙河) 지역으로 가서 무역을 하고 있습니다. 만약 구련성에 그대로 징수 기관을 설치하면 상인들이 이전만큼 충분하지 않아 세금이 부족할까 두렵습니다. 그래서 사하에 징수 기관을 설치하고 임시로 업무를 시행하여 항구에 나가고 들어오는 화물에 대해서 이전의 장정대로 처리하기 바랍니다. 홍삼은 이미 100냥당 은 5냥으로 확실히 장정을 정했으니 속히 이를 준수하여 징수 기관에 가서 세금을 납부하기 바랍니다. 위원이 사하진(沙河鎭)으로 가서 징수 기관을 설치해 조사해서 징수하고 이를 밝히 보여 설득하는 것 외에, 적당한 글을 갖추어 귀 부윤에게 조회합니다. 살펴보고 상민(商民)들에게 보여주어 밝히 설득하여, 징수 기관에 가서 세금을 납부하고 몰래 화물을 옮겨 세금을 탈루하여 처벌을 받는 일이 없도록 해주기 바라며, 이를 조회합니다』라는 내용이었습니다. 이를 조사해보니 본국은 군란을 겪은 이후로 상인들이 다니지 않고 있고 화물도 멈췄습니다. 지금 이전대로 세금을 징수하겠다는 조회를 받고 은혜를 감사하는 마음이 참으로 깊었습니다. 그러나 감히 저희 군에서 멋대로 처리할 수 없으니 조회의 내용을 정부에 보고하고 지휘를 기다려서 다시 조회하겠으며, 이 일을 조복합니다.

이렇게 동변병비도 조복함.

1896년 9월 28일

조복등서(照覆謄書)

종2품 의주군수 윤(석기)이 조복합니다. 1896년 10월 25일 귀 아문의 조회를 받았습니다. 이를 조사하니 본국은 군란을 겪은 이후 상인들이 다니지 않고 화물도 멈췄습니다. 지금 이전대로 세금을 징수하겠다는 조회를 받고 은혜를 감사하는 마음이 참으로 깊었습니다. 그러나 감히 저희 군에서 멋대로 처리할 수 없으니 조회의 내용을 정부에 보고하고 지휘를 기다려서 다시 조회하겠으며, 이 일을 조복합니다.

이렇게 동변병비도 조복함.

1896년 9월 28일

5 비도의 상황을 조사한 결과를 아뢰며 그에 대비하기 위해 강계군에서 포군(砲軍)을 배치하여 방비를 강화시켰다는 보고

보고서 제1호

강계군수 윤충구(尹忠求)가 1897월 3월 22일 따로 급히 보고한 제22호 보고서를 보니, 「비도(匪徒)의 정세와 민포(民砲)를 배치한 것은 이미 사실대로 보고했습니다. 그런데 강북(江北)의 비류(匪類)가 계속 소동을 일으켜 강변의 백성들이 안심하지 못하고 밤낮으로 걱정하고 있었습니다. 그런데 지난달에 받은 고산채장(高山寨將) 김여문(金汝文)의 고목(告目)[27]에 따르면, 강계군 건너편에 머물던 비도 수백 명이 자성군 건너편 서대령(西大嶺) 등지로 모두 이동해서 합세하여 일을 꾸민다고 합니다. 또 이번 달 7일에 받은 자성군수의 편지에 따르면, 강북의 비도 수천 명이 모여서 날뛰는 형세가 분명히 앞으로 소동을 일으킨 후에야 그칠 것 같다고 합니다. 들은 이야기만으로는 믿을 수 없어 이승엽(李承燁)이라는 영리한 자를 따로 보내 정탐하도록 했습니다. 이승엽이 오늘 보내온 보고에 따르면 "곧바로 자성군 중강(中江) 건너편에 가서 탕하(湯河) 등지까지 두루 다니며 상세히 조사했습니다. 이 무리의 우두머리 유인석(柳麟錫), 최문환(崔文煥), 신익수(申益洙) 등이 각자 수천여 명의 무리를 이끌고 그 위세가 창궐합니다"라고 했고, 모든 곳에서 정탐한 보고가 서로 들어맞습니다. 강계군은 강변에 있는 모든 고을 중에서 가장 중요한 곳인 데다가 이미 작년에 비도들과 다툼이 있었습니다. 비도들이 매우 탐내는 곳이어서 매번 틈을 타서 침범할 우려가 있었습니다. 그러나 지난겨울에 강계군에서 각 면의 백성들에게 비도들의 일을 알려 각자 민포 50명을 얼음이 녹기 전에 배치했습니다. 그래서 비도들도 엄중한 방어에 겁을 먹고 감히 강을 건너 침범하지 못하고 서령으로 옮겨 모인 것입니다. 지금 얼음이 곧 녹으려고 하는데 50명의 포료(砲料)는 아직 준비되지 않아 어쩔 수 없이 해산하도록 했습니다. 이전의 일은 지나갔더라도 장차 올 환난을 앞으로 어떻게 할 것입니까. 말과 생각이 여기에 미치니 저도 모르게 낙심합니다만, 나라를 위하고 백성을 보호할 방책이 전혀 없습니다. 포군을 배치하여 오래 지키는 방법을 계산하면, 50명의 요

27 낮은 신분의 사람이 양반에게 보내는 문서이다.

포(料布)를 매년 15,000여 냥 한도로 마련하여 좋은 포군 200명을 먼저 차출하고, 본 군 사람 중에서 덕망과 지용(智勇)을 갖춘 자를 선택해 장관(將官)으로 임명하고, 매년 4번 교대하여 50명씩 돌아가며 방어하면 50명의 요포로 충분히 200명의 유능한 포군을 세웠다가, 만약 일이 있으면 200명을 동시에 모아 함께 힘을 내어 싸우고 지키게 하면 일은 반으로 줄이고 효과는 배로 거둘 수 있으니, 이것이 어찌 좋은 방책이 아니겠습니까. 일의 형세를 말씀드리면, 15,000여 금(金)의 군비(軍費)를 마련하기 어려워 1,000여 리 변방의 요충지를 내버려두었다가 만약 일이 없으면 다행이겠지만, 혹 문제가 발생하면 적령(荻嶺) 이북은 수습하기 어렵습니다. 제 한 몸의 낭패는 돌아볼 필요가 없으나 나라와 백성을 위하는 도리에 있어 수토(守土)의 직분을 맡은 자로서 애가 타고 답답하지 않겠습니까. 포군 장졸(將卒)을 배치하는 비용을 좌개(左開)로 보고하고, 자성군수의 편지 내용과 채장 및 정탐 이승엽의 고목을 등상(謄上)하니, 이 지역의 상황과 형편을 특히 살펴서 이 뜻을 내부, 탁지부, 군부에 전보(轉報)하여 매년 15,692냥씩을 획하(劃下)해주어 포군을 배치하게 되면 변방의 방위가 아마도 마땅하게 될 것입니다. 이에 감히 얕은 의견으로 보고하니 헤아려 조처해주기를 바랍니다」라고 했습니다. 비도들이 이처럼 창궐하니 마땅히 군사를 보내 급히 소탕해야 합니다. 그러나 강변의 여러 군들은 병력이 적고 군세가 약하여 토벌하는 것을 갑자기 의논하기 어렵지만 방어를 강화하는 것은 소홀히 할 수 없습니다. 강계, 자성, 후창의 세 군에 따로 지시하여 세 군이 함께 호응하여 구원하도록 하고 포군을 배치하여 밤낮으로 순찰하여 엄히 방어하도록 했습니다. 이는 변경 지역의 급무에 관계되기에 문서로 보고하니 살펴주기 바랍니다.

건양 2년 4월 6일

평안북도관찰사서리정주군수 홍순욱

의정부찬정외부대신 이완용 각하

좌개(左開)

– 포군 장졸을 배치하는 비용

720냥. 영장(領將) 2명의 12개월 급료. 매달 각 사람당 30냥씩.

12,000냥. 포군 50명의 12개월 급료. 매달 각 사람당 20냥씩.

2,000냥. 포군 200명의 의복비.

216냥. 나무 2,160속(束) 값. 바람이 센 6개월 동안.

108냥. 나무 1,080속 값. 바람이 약한 6개월 동안.

건물 4곳 중 1곳은 장관방(將官房), 3곳은 포군방(砲軍房).

72냥. 12개월 등유 값. 매달 6냥씩. 건물 4곳에 사용.

36냥. 12개월 물 값. 매달 3냥씩.

40냥. 건물 대자리 값. 봄 · 가을 치. 건물 4곳에 사용.

합계 15,192냥.

– 불항(不恒) 비용

500냥. 1년 동안 시험 삼아 총을 발사하는 때 및 강변을 순찰할 때의 탄환 값.

총합 15,692냥.

고산채장 김여문 고목(음력 1월)

이번 달 14일에 강북에서 넘어온 사람이 전한 내용을 들었습니다. 그 다음 날인 15일 아침에 직접 강 저쪽 편으로 가보니 소위 비도 수백 명이 모두 출발했습니다. 그래서 정탐하기 위해 우리 측 관문의 가게로 들어가니, 비도들 중 이름을 알 수 없는 조씨 성을 가진 사람이 말하기를, 그들의 대장 유인석과 신익수가 병력을 모으라는 명령을 내렸고, 방금 자성군 건너편 서대령으로 갔다고 합니다. 또 호남에서 따라온 군사 3,111명과 춘천의 괴수 최문환이 이끄는 군사 1,800여 명과 동도(東徒) 괴수 이양희(李陽希)가 이끄는 군사 수천 명이 모여서 계책을 꾸미고 있습니다. 서대령은 중원의 교화가 미치지 못하는 곳입니다. 수십 년 전에 붉은 옷을 입은 향마적(响馬賊) 수천 명이 있었으며 무적의 병사라고 불렸습니다. 그래서 (비도들이) 마적들과 짜고 힘을 합하여 넘어올 것이라고 말했습니다. 그들의 말을 그대로 믿을 수 없으나 서대령에 모인 강변의 각 사람이 모두 들어서 알고 있습니다. 그래서 먼저 빨리 보고하고 다시 상세히 조사하여 보고하겠습니다. 운운.

자성군수 편지 내용(2월 7일)

강북 비도들의 상황을 조사하니 오합지졸의 무리들이 수천 명이 넘었습니다. 우두머리 세 명은 세 곳에 나누어 주둔하면서 혹은 갑산(甲山)으로 가고 혹은 강계(江界)로 와서 상응하며 군대를 출발했다고 합니다. 그 시기는 아직 정확히 알지 못합니다. 그 창궐한 형세를 보니 장차 반드시 출군하여 온 후에야 멈출 것이니 정말 작은 근심이 아닙니다. 만약 그들이 침범한다면 변경을 수비하는 직분을 맡은 자로서 어찌 난리를 당하여 구차하게 목숨을 도모하겠습니까. 어려운 일을 아직 당하지 않은 상황에서는 재능을 보여드릴 수가 없습니다만, 비록 외딴 성에서 적은 군사를 이끌고 있지만 마땅히 힘을 내어 성을 등지고 싸우겠습니다. 그러나 그들의 형세가 크기에 먼저 공격할 수는 없습니다. 이치를 들어서 설득하되 물러나지 않으면 마땅히 군사로 대비할 것입니다. 자성군은 백성이 가난하고 고을이 피폐하여 훈련된 병사가 없고 쌓아둔 전곡도 없으니 어찌 방어를 거론하겠습니까. 개탄할 따름입니다. 강계, 자성, 후창의 세 고을은 다리가 세 개 달린 솥처럼 서로 인접해 있어서 만약 문제가 발생하면 비록 늦은 밤이라도 급하게 전신을 보내 서로 통지하도록 비밀리에 방책을 세우는 것이 좋겠습니다.

강계군이 정탐을 위해 따로 파견한 이승엽이 자성군에서 보내온 고목(2월 2일)

곧바로 자성군에 가서 비도들의 상황을 탐문했더니, 그 땅의 노일령(老一嶺)과 육도구(六道口) 등지에 있는 우두머리 신익주, 최참봉 등 4, 5명이 무리들을 모아 서대령으로 간다고 합니다. 그래서 상세히 조사하기 위해 강 북쪽에 있는 그들 근처로 갑니다. 운운.

정탐을 위해 따로 파견한 이승엽이 돌아와서 올린 서품(書稟)

이번 달 5일 곧바로 자성군의 중강 건너편 이도동(二道洞) 쪽에 가서 비도들이 떠나고 머무른 형편을 상세히 조사했습니다. 괴수 최문한(崔文翰), 송철준(宋哲俊) 두 명이 지금 탕하(湯河)에 머무른다고 하여, 그 다음날인 6일 140리를 쫓아 탕하로 가니 최문한과 송철준 두 명은 소위 '한(韓) 오위장(伍衛將)' 집에 정말로 머무르고 있었습니다. 다행히 그곳에 살고 있는 우리나라 사람 최봉학(崔奉學)을 만났는데 이 사람은 소인과 허물없는 절친이며 이곳의 일을 잘 알고 있습니다. 그래서 그 비도들의 상황을 은밀히 물으니, 최봉학이 말하길 "우두머리 최문한, 송철준은 잠시 한씨 집에 머무르고 있으며, 그 외에 유인석(柳麟錫), 신익수(申益洙), 이면후(李勉厚), 이치영(李致永), 노제한(盧齊漢), 민영호(閔永浩), 김진사(金進士) 등 일곱 명이 모두 우두머리로서 각각 무리를 이끌고 각처에 나뉘어 있습니다. 우리 인가(人家)들은 의례히 옷과 음식을 바치며 근심하지 않고 있습니다. 또 왕노수(王老叟)와 결탁하여 탕하에서 서대령까지 200여 리 사이에 흩어져 있는 군사가 2,000여 명이 됩니다. 이 땅에 살고 있는 우리나라 사람들 중 그 위세를 따르는 자가 적지 않으니 흉악한 상황을 헤아리기 어렵습니다. 신익수와 노제한 등 모든 우두머리들은 1월 14일 군대를 보내 강계 지역을 침범한다 운운했으며, 최문한은 갑산 지역을 침범하려 한다고 합니다. 오직 유인석 한 사람이 가볍게 행동할 상황이 아니라면서 군사 출병을 강하게 반대하여 잠시 시행하지 못했지만, 조만간 강을 넘어 침범해올 것은 결코 막을 수 없습니다. 직접 본 바와 비교하면 그들의 형세가 창궐하고 장대하여 음모가 작지 않습니다. 그중 두려워할 만한 자는 왕노수로, 청국 사람이며 갑산 건너편 밖의 시궁지(矢弓地)에 살고 있습니다. 노제한이라는 자는 본래 의주 사람으로 탕하 해룡청(海龍淸)에 옮겨 산 지 지금으로 20여 년이 되었습니다. 왕노수와 노제한 두 사람은 본래 이 지방의 세력 있는 갑부로, 비도들과 함께 은밀히 계책을 꾸미고 있습니다. 운운"이라고 했습니다. 최봉학이 전한 말과 상황을 비교해보니 더 조사할 길이 없습니다. 비록 앞으로 닥칠 일을 미리 헤아릴 수 없으나 지금 들은 바가 이와 같아서 길을 되돌아 나왔습니다. 한마디 말로 전부 아뢸 수 없어 글로 써서 아뢰니 헤아려주기 바랍니다.

6 삼수군을 공격한 비도에 대한 조사 내용을 후창군이 보고

보고서 제2호

후창군수 신명균(申明均)이 4월 2일에 보낸 제27호 보고서를 보니 「음력 2월 그믐날 미시(未時)에 보내 당일 묘시(卯時)에 도착한 후창군 소관 연성면(蓮城面) 집강(執綱) 김태홍(金太弘)의 긴급 보고에 "연성면이 삼수군과 경계를 접하고 있습니다. 전하는 소식에 우리나라 사람 최문한(崔文漢) 등 60명이 음력 2월 22일 삼수군으로 넘어와서 의병을 자칭하면서 청국 사람들과 합세하여 군수를 핍박하여 살해하고 삼수군에 모였다는 이야기를 여러 사람이 똑같이 전했습니다. 비록 제 관할이 아니지만 이는 큰 변란이기에 연유를 긴급히 보고합니다"라고 했습니다. 이를 듣고 놀라움과 당황함을 이기지 못해 일의 전말을 자세히 조사해오도록 서기(書記) 한병수(韓秉洙)를 즉시 파견하고 상황을 급히 보고하니 살펴주기 바랍니다」라고 했습니다. 그리고 강계군수 윤충구(尹忠求)가 이번 달 5일에 보낸 보고서를 연이어 받았습니다. 그에 따르면 「강계군이 지난겨울에 방수포수(防守砲手)를 배치하여 방어하게 했는데 그 요포(料布)가 이미 소진되었습니다. 다시 계속 마련할 방책이 없어 양력 3월 23일에 포군 50명을 해산하여 내보낸 것은 전에 이미 보고했습니다. 4월 2일 신시(辛時)쯤에 강계군 종남면(從南面) 집강 전필웅(田弼雄)의 보고와 종남면 성장리(成章里) 직고개령(直古介嶺)을 방어하는 영장(領將) 신시헌(申是憲), 김송만(金松萬)의 고목(告目)을 보니 "함경도 갑산 등지에서 나온 종서면 주민 전제완(田齊完)이 전하는 말에 따르면, 그가 행상을 하기 위해 갑산군 동점(銅店)에 갔다가 지난달 24일 구리를 싣고 갑산 고을 남문 밖 이인수(李仁守) 집에 머물렀다고 합니다. 그때 갑산군의 남녀노소가 서로 부축하고 이끌며 짐을 등에 지며 어깨에 메고 끊임없이 성문을 나섰다고 합니다. 전제완이 그 이유를 물으니, 이번 달 22일 밤에 비도(匪徒) 수백 명이 무리를 이뤄 삼수군에 돌입해서 군수 유완수(柳完秀)를 총살하여 남문에 그 목을 걸고 군(郡)을 빼앗아 점거했다가 오늘 밤에서 내일 아침 사이에 본 군에 들어간다고 했다고 합니다. 군수는 일이 갑자기 일어나 대비할 수가 없어 향장(鄕長)과 수교(首校)를 데리고 북청군으로 향했다고 들었답니다. 전제완은 놀라고 겁이 나서 짐을 꾸릴 것을 재촉하여 급히 귀환했습니다"라고 했습니다. 한편으로는 정탐하고 한편으로는 전제완을 불러서 상세히 조사했는데, 전제완의 진술에 따르면 작년 함흥부에서 난리를 일으킨 최문환이 비도들을 모아 이 변란을 일으켰다고 합니다. 또 후창군 향장 남한륜(南漢倫)이 지난달 그믐날 강계군 향장에게 보낸 개인 서신에 따르면, 비도 수백 명이 지난달 22일 밤에 삼수군에 돌입하여 군수의 목을 베고 군을 빼앗아 점거했다고 하여 사람을 보내 탐문하니 정말 들은 대로였습니다. 종남면 집강의 보고와 영장의 고목, 종서면 주민 전제완의 진술과 후창군 향장의 서신 내용을 등서하여 관찰사에게 올립니다. 삼수군수가 이러한 참화를 겪은 것이 매우 경악스러우며, 이러한 때를 당하여 포군을 징발해 수비를 강화하는 것을 조금도 늦출 수 없습니다. 포군을 위한 군량과 비용은 논의할 겨를이 없어 우선 강계군의 공전(公錢) 중에서 끌어와 계산했으며, 각 면의 포군들을 급히 채우도록 명령을 내려서 지금 모집하여 엄히 방비하도록 했습니다. 소위 비도들은 작년에 본 군에서 패배를 당한 후에 강북 지역으로 도망쳐서, 강계군을 미워하며 한을 품고 있습니다. 그래서 그 악독함을 마땅히 더욱 고려해야 합니다. 삼수군에서 강계군까지의 거리는 4, 5백 리를 넘지 않으며 비도들이 어디에서 어디로 가는지는 헤아리기 어렵기에, 비도들의 동정과 강계군의 보완(保完) 여부를 계속 정탐하겠습니다. 요충지를 지켜서 변란을 미리 막는 것은 조금도 소홀히 할 수 없는 일이므로, 이 사실을 경성의 각 부(部)에 전보(轉報)하여 따로 조처해서 이 변경의 요충지를 엄히 수비하여 보전하도록 해주기를 바랍니다」라고 했습니다. 비도들이 이 지역에 모인 것이 실로 심복(心腹)의 근심입니다. 강계, 자성, 후창 등 각 군에 수차례 지시하여 주야로 순찰하여 더욱 엄히 방어하도록 했는데, 마침내 북도(北道)를 침범하기에 이르러 너무나 놀라운 행동을 저질렀으니 정말로 분을 이길 수가 없습니다. 그곳에 모인 비도들이 합세하여 침범할 우려가 있으니 변경의 각 군에 추가로 지시하여 따로 방책을 시행하여 엄히 방비하게 하고, 강계군 종남면 집강의 보고와 영장의 고목 및 전제완의 진술과 후창군 향장의 서신을 따로 등서하여 올립니다. 사안이 변경에 관계되어 소홀할 수 없기에 긴급히 보고하니 헤아려주기 바랍니다.

건양 2년 4월 14일

평안북도관찰사서리정주군수 홍순욱

의정부찬정외부대신 이완용 각하

종남면 집강의 보고서 내용

이번 달 2일 신시쯤에 종남면 성장리 직고개를 수비하는 영장 신시헌, 김송만의 보고를 보니, "지금 함경도 갑산군 등지에서 나온 종서면 주민 전제완이 전하는 말을 들으니, 지난달 24일에 갑산점(甲山店)에서 구리를 사서 돌아가는 길에 갑산 남문 밖 이인수 집에 머물렀는데, 갑산군에서 도주하는 남녀노소의 말이 이번 22일 밤에 비도 수백 명이 무리를 지어 삼수군에 난입해 군수를 효수하고 군을 빼앗아 점거했다가 오늘 아침에 본 군으로 들어간다고 하여, 전제완은 짐 꾸리기를 재촉해 돌아왔다고 합니다"라고 하여, 들은 대로 사실을 보고합니다.

종남면 직고개를 수비하는 영장의 고목 내용(후창군 왕래길)

본월 2일 신시쯤에 종서면 주민 전제완이 전하는 말을 들으니, 그가 행상을 하기 위해 갑산점에 가서 구리를 사서 돌아오는 길에 갑산 남문 밖 이인수 집에 머물렀는데, 밤이 깊은데도 성 안의 남녀노소가 모두 남문으로 나가면서 말하길 "오늘 22일 밤에 소위 비도 수백 명이 삼수군에 돌입하여 군수를 효수하고 오늘 내일 사이에 본 군으로 들어간다고 합니다"라고 하여, 전제완 일행은 짐을 가지고 도망쳐왔다고 합니다. 그때 그 군수와 향장, 수교는 잠시 피신하여 성 안이 텅 비었다고 하여 연유를 들은 대로 보고합니다.

종서면 주민 전제완의 진술 내용

제가 행상을 하기 위해 갑산점에 가서 구리를 사서 돌아오는 길에 지난달 24일에 갑산 남문 밖 이인수 집에 머물렀습니다. 그런데 밤이 깊어진 후에 성 안의 남녀노소가 갑자기 소동을 일으키며 남문 밖으로 황급히 나가기에 그 경위를 물었습니다. 여러 사람들이 답하기를 "이번 달 22일 밤에 최문환이라는 자가 무리를 지어 삼수군에 돌입하여 군수 유완수(柳完秀)를 총살하여 남문 밖에 걸고 군을 점거했다가 오늘내일 사이 본 군에 들어갈 것입니다"라고 했습니다. 그래서 우리들은 화를 피해 목숨을 구하고자 했습니다. 갑산군수는 향장, 수교와 북청군으로 피했다고 하고 성 안은 텅 비었기에 제가 나그네 행색으로 두려움이 없지 않아 황급히 짐을 꾸려 지금 이미 돌아왔습니다. 삼수군이 군수를 잃고 피해를 당한 것은 정말로 들은 것이고, 갑산군 사람들이 도주한 것은 분명히 목격한 것입니다.

후창군 향장 남한륜이 강계군 향장에게 보낸 서신 내용

후창군 주민들이 삼수군에 갔다가 돌아와서 전하는 말을 들으니, 비도들이 무리를 이루고 군사를 이끌어 이번 22일 밤에 삼수군 성 안으로 섞여 들어가 군수 유완수를 결박하고 효수했다고 합니다. 그래서 지난밤에 사람을 시켜 탐문하니 정말로 그 말대로였습니다. 그러나 혹 근거 없는 내용인지 걱정되기에, 지금 다시 관리를 삼수군에 보내 조사하게 했습니다. 그가 돌아오기를 기다려 감영에 보고하겠다고 했습니다.

7 관찰부의 지령 및 장진군의 요청에 따라 비도를 퇴치하기 위해 포군을 동원한 비용을 공전 중에서 처리한 것을 승인해달라는 보고

보고서 제3호

강계군수 윤충구(尹忠求)가 4월 6일 보고한 제37호 보고서를 보니, 「도착한 비훈(祕訓)에 "관동(關東)의 비도(匪徒)가 강북으로 쫓겨나서 끝내 돌아오지 않고 무리를 지어서 장차 국경을 넘어오려고 한다고 하니 밤낮으로 근심이 이보다 더할 수 없습니다. 그 흔적을 성실한 사람으로 하여금 정탐하여 속히 보고하게 하고, 강계군은 보호해야 할 요충지이니 따로 방책을 시행하기 바랍니다. 이미 배치한 포병과 함께 서로 협력하여 각별히 적을 방어하여 감히 국경을 침범할 틈이 없게 하기 바랍니다"라고 하였습니다. 삼수와 갑산 두 군의 방어에 실패한 연유는 4월 5일에 들은 내용대로 이미 문서를 갖춰 보고했습니다. 그날 도착한 장진군수 조정윤(趙鼎允)의 조회를 보니 "삼수군과 갑산군의 사변을 정탐하기 위해 사람을 보냈습니다. 지금 보고서를 받아보니 소위 최문환(崔文煥) 및 이름이 알려지지 않은 이(李) 진사(進士)가 그 무리 수백 명을 몰래 데리고 삼수군에서 소란을 일으킨 후에 장진군 중평장(中坪場)으로 이주했다가 갑산군으로 옮겨서 대장장이를 불러 총을 고친다고 합니다. 그 흉악한 계획을 헤아리기 어렵습니다. 장진군의 미약한 형세로는 적을 방어하기에 어려움이 있습니다. 기회가 있을 때 구원해줄 곳은 오로지 강계군뿐입니다"라고 합니다. 비록 다른 도에 속하지만 가까이 접해 있기 때문에 소식을 듣는 대로 서로 연락하고 협력하여 각각 직임의 책무를 다하고 함께 구원하도록 하자는 뜻으로 글을 지어 조복(照覆)했습니다. 변경의 근심이 있는 곳이 삼수군과 갑산군만이 아닙니다. 현재 크게 걱정되는 것은 강계군 건너편 강북 등지에 모인 비도들입니다. 작년에 싸워 패배시켰기에 우리를 미워하는 터라, 조만간 침범해올 것임을 알 수 있습니다. 연변(沿邊) 백성들의 삶에 소동이 끊이지 않아 모두 짐을 등에 짊어지고 도망갈 준비를 하고 있으니 이는 공연히 놀래켜 함부로 움직일 일이 아닙니다. 그 무리들의 움직임과 행동이 정말로 들은 바와 같으며 그 무리들의 위세가 이미 이와 같다면 각처의 방비를 조금도 소홀히 할 수 없습니다. 따라서 군 안팎 마을의 각 면에서 포군(砲軍)들을 모아 읍과 촌이 협력하여 한편으로는 성을 지키고 한편으로는 연변의 요충지와 험한 고개들을 엄히 방비하게 했습니다. 포군들의 식비는 사안이 급박하기에 획하(劃下)해주기를 청할 겨를이 없어 강계군의 공전(公錢) 중에서 우선 이관하여 계산했습니다. 공전을 멋대로 옮겨 쓰는 것이 매우 황송하지만 이때를 당하여 군량을 조달하려면 다른 도리가 없었기에 어쩔 수 없이 옮겨 썼습니다. 일이 지나간 후에 성을 지킨 포군과 각처를 방어한 포정(砲丁)의 수 및 소모한 식량을 상세히 문서를 갖춰 보고하겠으니, 특별히 변방 고을의 이러한 상황을 헤아리어 실상대로 경부(京部)에 전보(轉報)하여 따로 처분을 내려주기를 바랍니다」라고 했습니다. 그 방비를 견고하게 하도록 따로 변경의 각 군에 훈칙을 내렸으며 이미 보고하니 헤아려주기를 바랍니다.

건양 2년 4월 21일

평안북도관찰사서리정주군수 홍순욱

의정부찬정외부대신 이완용 각하

8 비도에 대처하기 위해 후창군과 강계군이 협력하여 포군을 배치해 방어하고자 하니 이를 지원해달라는 보고

보고서 제4호

당일 도착한 후창군수 신명균(申明均)의 제46호 보고서를 보니 「제23호 비훈(祕訓)에 "지금 들으니 관동의 비도(匪徒)가 강북으로 쫓겨나서 끝내 돌아오지 않고 무리를 지어서 장차 국경을 넘어오려고 한다고 합니다. 밤낮으로 근심이 이보다 더할 수 없습니다. 그 흔적을 성실한 사람으로 하여금 정탐하여 속히 보고하게 하기 바랍니다. 후창군은 보호해야 할 요충지이니 실제 상황이 들은 것과 같다면 따로 방책을 시행하여 이미 배치한 포정(砲丁)과 함께 서로 협력하여 감히 국경을 침범할 틈이 없게 하기 바랍니다"라고 하였습니다. 관동에서 패배한 비도들이 삼수군을 침범한 것은 이미 보고했습니다. 상황을 탐지해오도록 서기를 보냈으나 아직 돌아오지 않았기 때문에 돌아오는 것을 기다려 즉시 보고하겠습니다. 이미 배치한 포정 35명 및 민간의 포군으로 입구를 막아 지킨 연유를 보고하오니 살펴주기를 바랍니다」

라고 했습니다. 또 동시에 도착한 제48호 보고서를 보니 「후창군 연성면(蓮城面) 집강 김태홍(金太弘)이 음력 3월 9일 오시(午時)에 작성하여 보내서 당일 미시(未時)에 도착한 보고를 보니 "음력 3월 8일에 비도 수십 명이 본 면의 마밭에 와서 백성의 재산을 약탈했기에 그 연유를 보고합니다"라고 하기에, 백성을 보호할 포수(砲手) 및 민간 포수를 뽑아서 영장(領將) 이경보(李京甫), 박근상(朴根尙)으로 하여금 포군을 이끌고 요충지에 가도록 하고 그 연유를 보고하오니 살펴주기를 바랍니다」라고 했습니다. 이어서 도착한 강계군수 윤충구(尹忠求)의 제41호 보고서에 「4월 11일 미시에 만들어 보낸 후창군수 신명균의 조회에 "신창군 연성면 집강 김태홍의 보고에 따르면 비도 수십 명이 본 면에 와서 백성들의 재산을 빼앗았다고 합니다. 보호할 포수와 민간 포수를 요충지에 보냅니다. 변경이 위험할 경우에는 각 군의 포수가 함께 협력하여 방어하도록 이미 군부의 훈령이 있었으니 이에 병력을 보내주실 것을 요청합니다. 강계군의 포수를 곧바로 보내주어서 함께 힘을 합하여 비도를 토벌하기를 바랍니다"라고 했습니다. 또 개인적인 서신이 있어 그 내용을 보니 "사안이 긴급하여 미약한 군세로는 방어하기 어렵습니다"라고 했습니다. 비도들이 삼수군과 갑산군에서 소란을 일으킨 것을 들은 이후로 그 근심이 밤낮으로 그치지 않는 때에 이 구원 요청을 보니, 나라에 큰 근심이 닥친 상황에서 기회가 있을 때 구해주는 것을 조금도 소홀히 할 수 없습니다. 또한 연강(沿江)의 모든 군이 모두 가난하고 작은 고을이어서 그 방어를 감당하기 어려울까 근심하는 중에 처음으로 후창군이 이 같은 비도의 난리를 만났으니, 만약 방어에 실패하면 모두 감당하기 어려운 재난을 당할 것입니다. 따라서 함께 돕지 않을 수 없습니다. 강계군을 방어하는 포군 중 정예병 50명을 전(前) 주사 김익현(金翊鉉)과 전(前) 주사 김풍(金灃)이 통솔하도록 하여 화약 30근과 납탄 3,000개를 나눠주고 파견했으며 적을 헤아린 뒤에 나아가고 이기겠다고 판단한 뒤에 교전하라는 내용으로 각별히 지시했습니다. 후창군에 보내 돕게 한 포군의 식량은 후창군에서 마련해 지급하도록 조복(照覆)했습니다. 강계군과 다른 군을 비교한다면 강계군은 심복(心腹)이며 다른 군은 수족(手足)입니다. 지금 수족이 아프면 반드시 심복에도 우환이 이를 것이니 각 면의 포군을 선발하여 연강의 모든 험한 고개를 방어하도록 엄히 지시했고 그 내역을 보고합니다. 헤아린 후 경부(京部)에 전달하여 보고하여 포군을 배치할 방법을 즉시 조처해주기를 바랍니다」라고 했습니다. 이에 다시 변경에 있는 각 군에 지시하여 포군을 배치하여 방어하는 절차를 더욱 엄히 하도록 했으며 이어서 보고하니 헤아려주기를 바랍니다.

건양 2년 4월 22일

평안북도관찰사서리정주군수 홍순욱

의정부찬정외부대신 이완용 각하

9 비도에 대한 각 군의 정탐 내용 및 방어 계획을 보고

보고서 第5號

後昌군수 신명균(申明均)이 4월 12일 술시(戌時)에 보고한 제49호 보고서를 받았습니다. 「음력 3월 11일 사시(巳時)에 보내서 당일 술시(戌時)에 도착한 부성면(富盛面) 집강 주대규(朱大奎)의 보고에 "비도(匪徒) 31명이 조총(鳥銃) 28자루를 가지고 무창면(茂昌面) 대라동(大羅洞)으로 가서 그 마을 주민 김하태(金河台)의 집에 머물렀습니다. 지금은 무창면 대라동 건너편 진창호(陳倉胡)의 막사에 있으며 밤낮없이 출몰하고 있어 언제 들이닥칠지 헤아리기 어렵기에 사정을 보고합니다"라고 했습니다. 이에 포군(砲軍)으로 하여금 요충지를 엄히 방어하게 했고 비도들이 출몰하는 모습을 샅샅이 탐지해오도록 사람을 보냈고 그 연유를 보고하오니 살펴주기를 바랍니다」라고 했습니다. 이어서 도착한 강계군수 윤충구(尹忠求)의 4월 16일 제42호 보고서를 받았습니다. 「함경남도 삼수군에 비도 최문환(崔文煥)이 무리를 이끌고 쳐들어와서 군수를 해친 일과 갑산군이 방어에 실패한 일은 들은 대로 4월 6일에 이미 보고했습니다. 그리고 후창군수 신명균의 조회(照會)에 따라 강계군 방수포수(防守砲手) 중 50명에게 무기와 탄약을 들려 보내 도와주도록 한 일도 4월 13일에 역시 보고했습니다. 그런데 비도들이 소동을 벌인 일에 대해 들은 내용을 당일 함경남도 장진군수 조정윤(趙鼎允)이 모두 적어서 조회를 보내왔는데, 그 말이 장황할 뿐만 아니라 앞뒤 이야기가 일치하지 않습니다. 그러나 이것은 장진군에서 상황을 정탐하여 조회한 것이므로 이 조회를 낱낱이 등서(謄書)하여 올려 보냅니다. 지금 비도들이 꾸미고 있는 흉악한 계략을 예측하기 어렵고, 혹시 성동격서(聲東擊西)할 우려가 없지 않습니다. 성 안의 수비와 고개와 강변의 방비를 엄히 하도록 했습니다. 삼수군과 갑산군 및 강북 등지로 정탐을 보낸 강계군의 순교(巡校)가 돌아와 보고하면 그 내용대로 다시 보고하겠습니다. 먼저 들은 바를 보고하오니 헤아려주기 바랍니다」라고 했습니다. 첨부한 장진군수 조회의 등본(謄本)을 확인했습니다. 「음력 3월 7일 장진군 청산령(青山嶺)의 방수순교(防守巡校) 정치성(鄭治星)의 고목(告目)에 "비도들이 갑산군에서 북청군 병정에게 쫓겨나서 갑산군의 간령(間嶺)으로 갔습니다. 비도들의 두목인 이름을 알지 못하는 이(李) 진사(進士)가 최문환(崔文煥)을 총으로 쏴 죽였습니다. 원래 삼수군 중평장(中坪場)에서 이 진사가 최문환에게 중평장과 삼수군을 공격하여 빼앗자고 말했고, 최문환은 무죄한 백성을 어떻게 총으로 쏴 죽일 수 있냐고 답했다고 합니다. 이에 이 진사는 이놈과 함께 다니다가는 매번 패배할 것이라고 했고, 내간령(內間嶺)에 이르러서 이 진사가 한번 호령을 내자 청국 사람이 최문환을 쏴 죽이고 이 진사는 즉시 강을 건넜습니다. 북청군 병정은 삼수군을 지키고 삼수군의 포군은 갑산군을 지킨다고 합니다"라고 했습니다. 같은 시간에 도착한 청산령 탐후(探候) 임호정(林昊楨)의 고목을 보니, "단천점(端川店)에서 돌아오는 길이던 박정모(朴正模) 제(弟)를 만나 비도에 대해 물어보았습니다. 비도들은 지난달 28일에 중평장으로 옮겨갔다가 그믐날에 갑산군으로 옮겼다고 합니다. 그날 밤에 북청군 병정 100명이 오니 비도가 두려워하여 내간령으로 물러갔습니다. 이 진사가 청국인들을 불러 말하기를 당초에 최문환이 자신의 생각을 듣지 않다가 이렇게 지게 된 것이라고 했습니다. 최문환을 쏴 죽인 후에는 무리가 흩어지고 이 진사는 청국인들을 이끌고 강변으로 도주했습니다. 원래 이 진사가 청국인 20명에게 각 사람당 100냥씩 주기로 약속하고 데리고 다닌 것입니다. 그런데 청국인들로 하여금 중평장 및 운총(雲寵)을 약탈하게 하려고 하니 최문환이 따르지 않아서 상황을 운총에 몰래 써서 알려줬는데 그 글이 청국인들에게 잘못 전해져 그 뜻이 탄로나서 자중자적(自中自賊)이 되었다고 합니다"라고 했습니다. 이어서 도착한 월변탐후(越邊探候) 백낙주(白樂柱)의 녹고(錄告)를 보니 "비도의 우두머리 최문환이 군사 31명을 이끌고 탕해(蕩海)에서 왔습니다. 지난달 23일 밤에 삼수군에 돌입하여 군수를 결박하고 죄를 물었다가 24일 오후에 쏴 죽였습니다. 비도의 우두머리 이 진사가 봉황성(鳳凰城)으로부터 창후재(昌厚在)에 와서 청국인 승(承) 포수(砲手) 집에 머무르다가, 청군(清軍) 29명을 얻어 지난달 25일 밤에 곧바로 삼수군으로 가서 최문환과 함께 중평장에 며칠 머무른 후에 갑산군으로 갔습니다"라고 했습니다. 그런데 이번 6일에 탐문하니 북청군 병정 100명이 갑산군에 도착하여 비도들이 물러났다고 하며, 최문환을 쏴 죽인 후 도주한 비도 31명은 이번 7일 밤에 창후재를 지났다고 합니다. 북청군 병정은 삼수군에 있어 그쪽 청국인들에게 글을 보내기를 이 진사를 잡아보내라고 했다고 합니다. 혹은 비도가 청국인 수백 명과 함께 모의하여 강계군, 의주군 경계로 강을 건넌다고 했습니다. 고개의 모든 요충지를 엄밀히 수비하기를 바랍니다」라고 했습니다. 비도의 출몰이 밤낮을 가리지 않아 실로 변경의 백성들에게 갑작스런 근심이 되고 있습니다. 그래서 포군을 편성하여 험한 고개들을 긴밀하게 수비하도록 하고 방법을 시행하여 엄중히 국경을 지키도록 연이어 훈령했습니다. 이를 보고하니 헤아려주기 바랍니다.

건양 2년 4월 30일

평안북도관찰사서리정주군수 홍순욱

의정부찬정외부대신 이완용 각하

10 삼수군에서 비도가 일으킨 난리에 대한 후창군의 조사 결과 보고

보고서 제6호

후창군수 신명균(申明均)이 지난달 15일에 보낸 제51호 보고서를 받았습니다. 「삼수군에서 난리를 일으킨 비도(匪徒)들의 상황을 정탐하기 위해 서기 한병수(韓秉洙)를 건양 2년 4월 2일 묘시(卯時)에 파견했습니다. 당일 술시(戌時) 즈음에 한병수가 보낸 회신 보고를 보니 "삼수군으로 급히 가서 비도들의 상황을 살폈습니다. 소란의 원인을 조사해서 그 기록을 지금 올립니다"라고 했습니다. 그 조사해온 기록을 베껴서 첨부해 보고하니 사조(查照)해주길 바랍니다」라고 했습니다. 첨부한 조사 기록에 따르면 「삼수군 연변(沿邊) 각처에서 마적[响匪]이 우리 땅을 침범하여 소와 말을 약탈할 뿐만 아니라 과부를 묶어가는 일도 계속 일어났습니다. 이 일로 백성들의 소장이 사방에서 왔습니다. 그래서 음력 3월 12일에 삼수군수가 변경을 살펴 금칙(禁飭)하기 위해 출발하여 어면사(魚面社) 등지에 도착해서 유하(流下) 목비(木匪)[28]들의 두목 3명을 숙소에 잡아들여 엄하게 곤장을 쳐서 위엄을 보였고, 다시는 문제를 일으키지 않겠다는 다짐을 받고 풀어줬습니다. 이후 양산사(陽山社) 구파리(舊坡里)로 돌아오니 마적 시가(時哥)가 행차소(行次所)에 스스로 나타나서 통역관을 시켜 말하길 "조선인 홀아비와 과부를 짝지

28 나무를 베거나 훔쳐가는 도적이다.

어주는 것이 예의에 어떤 문제가 있길래 이렇게 엄하게 곤장을 쳐서 위협하는가?"라고 했습니다. 그래서 그를 잡아서 "우리 백성을 처벌하는 것이 너와 무슨 관계가 있길래 이렇게 시비를 하는가?"라고 답했습니다. 그리고 먼저 우리 백성에게 행패를 부린 괴수 고만흥(高萬興)을 잡아오라고 힐책했더니, 그가 잡아오겠다고 하여 기한을 주고 석방했습니다. 그러나 끝내 돌아오지 않았습니다. 그 다음날 출발할 때 마적 10여 명이 각자 총을 들고 말 머리를 몰아와서 군수의 소매를 강제로 잡고 칼을 휘두르고 총을 쏘았는데 조금도 거리낌이 없었습니다. 인솔한 포정(砲丁)과 하인들이 일시에 모여서 그 오랑캐들을 때려서 내쫓고, 20리를 가서 작은 농촌 마을에서 머물렀습니다. 그런데 밤 5경(更)이 되자 마적 50여 명이 불시에 쳐들어와서 조총을 어지럽게 쏴대고 군수를 구타했습니다. 또 군수 일행이 가지고 있던 물건을 빼앗아간 것이 1,000여 냥이 되었고, 근처 백성들의 물건을 빼앗아간 것이 또 500여 냥이었습니다. 이때 부상당한 포정 2명은 사경을 헤매며 핍박을 당한 후 밤이 되어 관아로 돌아왔습니다. 그런데 22일 새벽에 비도 40명이 동헌으로 쳐들어와 총을 쏘고 칼을 휘둘러 건물의 벽을 때려 부수고 군수를 묶어서 매달았으며 관속(官屬)들을 구타하여 거의 죽을 지경에 이른 자가 4명이었습니다. 어느덧 해가 뜨자 군수를 사령방(使令房)에 잡아 가두고 그들은 장청(將廳)에 모였습니다. 당일 오시(午時) 쯤에 군수를 폐문루(閉門樓) 아래에 잡아와서 총으로 쏴 죽이고 그 머리를 내걸었습니다. 또 군고(軍庫)를 부수고 군수품과 화약을 빼앗아갔으며 남은 화약은 물을 적셔놨습니다. 23일 해지기 전에 이름을 알지 못하는 이(李) 진사(進士)라고 하는 자가 마적 28명을 데리고 작청(作廳)[29]으로 좇아와서 비도들과 합세했다가, 25일 아침을 먹은 후 모두 떠나 중평장(仲平場)으로 갔습니다. 빼앗은 물건은 백성들에게 운반시키고 그간의 식비는 빼앗은 관아 물품 중에서 처리했다고 합니다. 26일 비도 40명과 마적 20명이 읍에 돌아와서 좌수(座首), 중군(中軍), 예방(禮房), 향소(鄕所)를 잡아가서 1,200냥을 받아간 뒤 돌려보내고 28일 중평에서 갑산군으로 갔습니다. 그때는 갑산군수 자리가 비어 있었기 때문에 거리낌없이 입성하여 며칠 동안 머물렀습니다. 북청군에서 부대 100명을 보내서 갑산군수 및 부장(副將) 이지효(李志孝)를 한밤에 들여보내자 비도들이 낌새를 알고 혜산(惠山) 등지로 도주했습니다. 그래서 하간령(河澗嶺)으로 좇아가서 4명을 체포했습니다. 비도 중 이 진사라고 하는 자

29 관아에서 아전들이 일을 보던 곳이다.

는 무슨 사단이 있었는지 마적들을 몰래 사주하여 최문환(崔文煥) 및 군관 2명을 쏴죽이고 행장(行裝)을 수습하여 급히 도주했습니다. 갑산군에서 도망치는 길에 중군(中軍) 및 관청의 감색(監色)[30]과 사(社)의 풍헌(風憲)[31]을 잡아가서 모두 강의 북쪽으로 넘어갔습니다. 4,000냥을 거둬서 낸 뒤에야 돌려받았다고 합니다. 그 후 각자 흩어져서 도주하여 어디로 갔는지를 알지 못합니다. 북청군의 부대는 음력 3월 초3일에 삼수군에 와서 이전처럼 안도하도록 각 사(社)에 문서를 발송했고 농호(農胡)들을 불러 다시는 변경을 소란스럽게 하지 않도록 약속을 받기 위해 장교와 통역을 파견했으며 아직 돌아오지 않았다고 합니다. 원래 최문환 등 40명은 삼수군 건너편 청국인 왕노수(王老守)의 집에 머무르고 있었습니다. 그런데 음력 2월 22일에 강을 넘어와서 난리를 일으킨 뒤, 왕씨[王胡]가 그 비도들의 형세가 불리한 것을 듣고 화가 미칠 것을 염려하여 약을 먹고 자살했다고 합니다. 왕씨의 조카가 숙부의 죽음을 한스러워하여 비도들에게 복수하려고 했는데, 비도들이 도망쳐서 다시 넘어온 틈을 타 이 진사의 조카를 잡아서 병대가 주둔하고 있는 곳에 보냈습니다. 병대에서 전후로 체포한 사람이 5명이라고 합니다」라고 했습니다. 변경에 관계된 일을 소홀히 할 수 없기에 등본(謄本)을 낱낱이 보고하니 헤아려주기 바랍니다.

건양 2년 5월 18일

평안북도관찰사서리정주군수 홍순욱

의정부찬정외부대신 이완용 각하

11 통화현에 살고 있는 우리나라 백성과 중국 관군이 잡아온 비도를 심문한 내용을 보고

보고서 제1호

본월 3일에 도착한 관하 강계군수 윤충구(尹忠求)의 지난달 25일 보낸 제2호 보고서를 보았

30 지방 관청의 감관(監官)과 색리(色吏)를 합쳐 부르는 말이다.

31 조선시대 향소직(鄕所職)의 하나로, 면리 단위의 일을 맡아 보았다.

습니다. "연강(沿江) 일대의 비도(匪徒)들이 난리를 일으켰기 때문에 포군(砲軍)을 뽑아 보내어 돕게 했습니다. 엄히 수비하여 변방의 근심을 그치게 할 것임은 이전 관찰부에 이미 보고했습니다. 이번 달 15일에 강계군 건너편 통화현(通化縣) 소관 강북령(江北嶺) 내 오도(五道), 육도(六道), 칠도(七道) 3개 동(洞)에 사는 우리 백성 김이호(金利浩), 김이규(金利奎), 송인숙(宋仁淑), 배용운(裴龍雲) 및 소묘동(小廟洞)에 사는 우리 백성 오치경(吳致京), 안봉일(安鳳一), 그리고 통화현 관병(官兵)으로 용운(龍雲)이라는 이름을 가진 자가, 비도의 우두머리 중 신익수(申益秀)의 부대 휘하 영관(領官) 조명호(趙銘鎬)와 삼수군에서 폭동을 일으킨 소위 좌군장(左軍將) 이치영(李致永) 휘하 중군(中軍) 겸 서기 이용광(李容光)을 잡아왔습니다. 그리고 이치영이 위조해서 사용한 각목인(刻木印), 첩자(帖子), 분대군안답인책자(分隊軍案踏印冊子), 민가에 있는 개인의 총포를 거두는 것에 관한 전령(傳令), 그 지방에 사는 민호(民戶)를 성책하여 거두는 것에 관한 전령, 중군 이용광이 사용한 각목인 및 행군 날짜를 정한 개인 서신 1통, 좌우 초십장(哨什長)의 수기(手旗) 2장을 압수하여 바쳤습니다. 흉악한 적도들이 선후군장(先後軍將)을 자칭하고 도장을 파고 첩을 만들어 사용하고 민호를 수탈하며 조총을 모았습니다. 일이 매우 놀랍고 흉악하여 법에 비췄을 때 용서하기 어렵습니다. 조명호와 이용광을 잡아들여 전후에 난리를 일으킨 것을 엄히 조사하여 진술을 받은 후에 그 진술한 내용을 별지에 베껴서 올립니다. 조명호는 혹 조정호(趙貞鎬)라고도 하며, 이용광의 이름은 광(光) 자를 혹 광(廣) 자로 쓰기도 합니다. 그래서 이름이 같고 다른 것을 더욱 헤아리기 어렵습니다. 죄인을 잡아온 김이호 등에게는 비도의 우두머리 이치영 등을 잡아오면 크게 시상하겠다고 타이르고 지시하여 보냈습니다. 조명호와 이용광은 저지른 범행이 중차대해서 군에서 재판하여 처리할 수 없습니다. 따로 순교(巡校)와 사령(使令)을 정해 결박하고 수갑을 채워 관찰부로 보냈습니다. 압수한 목인, 첩자와 전령, 개인 서신, 군안책자(軍案冊子)도 모두 함께 봉하여 올려보냅니다. 헤아린 후 법대로 처리해주길 바랍니다"라고 했습니다. 조명호와 이용광 두 놈의 행적은 강계군수가 올린 봉초기(捧招記)를 통해 확인했으나 의례히 전달해 올릴 수 없어 모두 관찰부 재판정에 잡아들여 샅샅이 조사했습니다. 그들이 진술한 내용이 강계군수가 올린 봉초기와 별반 다르지 않고 동일했습니다. 진술한 내용을 책자로 꾸며 기록하여 올려보냅니다. 목인 2과(顆), 목첩자(木帖字) 1개, 깃발 2장, 전령 3장, 개인 서신 1장, 군안책자 1권은 법부에 봉상(捧上)했습니다. 나머지 우두머리들을 체포하도록 부근의 각 군에 엄히 지시했습니다. 두 놈을 체포한 김이호 등을 시상하는 것은 처분하는 것을 기다려 시행하겠습니다. 이용광은 이름이 용광(容光)이 아니라 동익(東翼)입니다. 철산군 선사면(宣沙面) 장평리(長平里)에서 나고 자랐습니다. 일찍이 진사(進士)라고 해서 모든 기록을 살펴봤는데 부친은 유학(幼學)인 죽호(竹護)이며, 조부는 학생(學生)인 서조(瑞朝), 증조부는 문과(文科)에 합격한 우중(寓中), 외조부는 학생인 문원백(文元珀)인 것을 확인했습니다. 조명호는 충청도 목천군 사람이라고 합니다만 증빙할 수 있는 기록은 찾지 못했습니다. 이 두 놈이 말하기를 어쩔 수 없이 비도의 무리들을 따랐다고 하면서 각자 정장(呈狀)했습니다. 받아서 살피도록 베껴서 올려보냈습니다. 그러나 죽을 고비에서 살 길을 찾기 위한 계책으로 정장한 것이니, 잘하려다 도리어 안 되는 꼴이며 간사한 꾀와 거짓이 많은 것이 더욱 심합니다. 이 두 놈이 저지른 죄가 이미 가볍지 않아서 관찰부에서 스스로 재판하여 처리할 수 없습니다. 모두 칼을 채워 엄히 가두어놓고 보고합니다. 살펴주기를 바랍니다.

건양 2년 7월 9일

평안북도관찰사 서상우

의정부찬정외부대신서리의정부찬정 조병직 각하

조명호(趙銘鎬) 초사(招辭)

저는 나이가 36세이며 본래 경성 사람이었다가 충청도 목천군으로 옮겨 살았습니다. 재작년 겨울에 제가 충주 강령(江嶺)의 처부(妻父) 김재근(金在根) 집에 가서 약재를 사려고 했는데, 소위 의병장 신익수(申益秀)의 파수꾼에게 붙잡혀 끝내 도망가지 못했습니다. 신익수의 말이, "평안북도 강계군 땅이 청국과 가깝고 사람들이 총을 잘 쏜다고 하니, 곧 강계군으로 가서 좋은 총을 많이 구하고 군물(軍物)을 빼앗아서 크게 군위(軍威)를 떨치면 가는 곳마다 무적일 것이다"라고 했습니다. 이곳으로 오는 길에 행인을 잡아서 부대를 채우거나 말을 빼앗아 타거나 팔면서 작년 6월에 강계군 적유령(狄踰嶺) 안의 화경(化京), 전천(前川) 등지에 모두 도착했습니다. 그러나 강계군 포군들에게 패배하고 위원군 건너편 강북 등지로 도주했습니다. 소위 도원수(都元帥) 충청도 제천군 사람 유인석(柳麟錫), 좌군대장(左軍大將) 경기 용인군 사람 이치영(李致永), 후군대장(後軍大將) 충청도 제천군 사람 최문환(崔文煥), 전군대장(前軍大將) 강원도 평강군 사람 신익수 등이 함께 모의하여 군대를 이끌고 함경도에 갔을 때, 최문환은 전군장(前軍將)으로 병사를 이끌고 먼저 출발했고 이치영은 좌군장(左軍將)으로 청국인 수십 명을 이끌고 그 후에 출발했습니다. 저는 후군장 신익수의 영관(領官)으로 영내(嶺內) 칠도동(七道洞)에 머물렀습니다. 이용광은 이치영의 중군(中軍) 겸 서기로서 이치영과 함께 갔다가 최문환이 삼수군수를 위협하여 살해하고 재물과 군기(軍器)를 약탈했을 때 이치영과 같이 갑산군으로 이주했습니다. 이치영은 모의를 해도 뜻이 맞지 않고 계책을 내도 받아들이지 않는 것을 미워하여 최문환을 쏴죽인 후 갑산군에 머무르면서 재물을 빼앗고 소동을 일으켰습니다. 그러나 북청군의 병정 100명이 갑산군에 온다는 소식을 듣고 도주하여, 후창군 등지를 지나서 팔도동(八道洞)으로 돌아갔습니다. 유인석, 신익수 등은 최문환이 죽고 이치영이 패주한 소식을 듣고 어디론가 도망쳤습니다. 이치영은 본 동에 주둔한 채 각 동에 명령을 내려 그곳에 사는 조선인들 집에 있는 조총을 강제로 거두었고, 저도 또한 머무르면서 풀려나지 못한 채 힘써 수행하면서 백성의 총을 거두지 못한 일로 그곳의 좌상(座上)[32]을 태형으로 처벌하기도 했습니다. 그 후 목숨을 도모하기 위해 틈을 타서 도망치는 길에 통화현 관병에게 잡혀서 강계군에 갇혔다가 지금은 관찰부에 갇혀 있습니다. 이런 지경에 이르니 어찌 함부로 입을 놀려 말을 만들어내겠습니까. 그저 처분을 기다립니다.

이용광(李容光) 초사(招辭)

제가 지금 나이가 26세이며 이전에 용천(龍川)에서 살다가 지금은 철산(鐵山) 선사면(宣沙面) 장평리(長坪里)에 옮겨 살고 있었습니다. 강계군, 후창군, 자성군의 건너편 팔도동(八道洞) 각처에 많은 백성들이 이주하여 집을 짓고 농사를 지으며 살고 있는데 땅은 비옥하고 곡식이 흔하다고 하기에 작년 11월에 그 땅에 갔습니다. 그곳에는 유인석(柳麟錫)이라는 자가 먼저 와서 이치영(李治英)의 집에 머무르면서 가르치는 것을 업으로 삼고 있었습니다. 그 사람의 그릇과 학문이 평범한 사람과 다르다고 하기에 유인석을 가서 보고 제자가 되기를 자원하여 며칠 동안 배우고 잠시 본가에 돌아왔습니다. 그리고 올해 1월에 다시 유인석에게 가보니 유인석

32 여러 사람 중에서 제일 나이가 많거나 높은 자리에 있는 사람을 지칭하는 말이다.

이 이치영, 최문환(崔文煥) 등과 병사를 이끌고 함경도 삼수군, 갑산군 등지에 가서 군물(軍物)을 빼앗고 군병(軍兵)을 확충했습니다. 기강을 자로잡고 의를 세운다는 뜻으로 군약(軍約)을 정했고 장비도 갖췄습니다. 유인석이 도원수(都元帥)가 되고 최문환이 전군장(前軍將)이 되어 병사 40여 명을 이끌고 먼저 함경도로 향했고, 이치영이 좌군장(左軍將)이 되어 병사 몇몇을 이끌고 따라가서 합세하라고 하고 각각 약속을 정했습니다. 저는 서기가 되어 일해야만 했습니다. 우둔하고 어리석은 저인지라 물러나고자 했으나 그러지 못하고 도망치고자 했으나 겨를이 없어 결국 그들을 따라 삼수군으로 갔습니다. 그런데 최문환이 2월 22일 밤에 군수를 살해하여 그 의복과 탕건을 빼앗아 입고 군물을 빼앗았으며, 삼수군 중평장(中坪場)으로 이동하여 군의 좌수(座首)와 중군(中軍)을 잡아들여 300냥을 빼앗았습니다. 또 삼수군에서 저장해 놓은 금 6냥쭝을 조사해서 빼앗았는데 그 가격이 1,200냥이었습니다. 또 갑산군 김온성(金溫城)의 집에 가서 3,000냥을 빼앗고 좌군장 이치영과 함께 만나서 갑산군으로 옮겼습니다. 그런데 최문환이 데리고 다니는 병사에게 매일 지급하는 급료를 반으로 줄이려고 하여 이미 병사들의 마음을 잃었을 뿐만 아니라, 그 무리들끼리 서로 다투고 시기하여 최문환이 이치영에게 살해당했습니다. 최문환이 죽은 뒤에 그가 이끌던 병사들은 빼앗은 군물 중 사용할 수 있는 것들은 가지고 도망쳤으며 부서진 것들은 버렸습니다. 이치영도 사용할 수 있는 것들을 택하여 가지고 도망치면서, 도중에 후창군 연성면(蓮城面)에 들어가서 백성들의 재산을 약탈했습니다. 그리고 다시 팔도동에 가서 민가에 있는 조총을 수습하여 소동을 일으켰으나, 통화현에서 이치영을 체포하고 민간에서 빼앗은 총은 도로 백성들에게 돌려주었습니다. 그 후 이치영은 틈을 타서 도망치고 저는 강북에서 사는 조선인 김이호(金利浩), 김이규(金利奎), 송인숙(宋仁淑), 배용운(裵龍雲) 등에게 붙잡혀서 강계군에 구금되었다가 지금 관찰부에 갇히게 되었습니다. 조명호는 삼수군, 갑산군에서 난리를 일으켰을 때에는 함께 가지 않았으나 후군장(後軍將) 신익수 부대 휘하의 영관(領官)이었습니다. 이번에 찾은 물건 중 목인(木印) 2과(顆)와 첩자(帖字) 1개는 전군장 최문환이 사용하던 것이고, 조금 작은 것은 도영장(都領將) 송철두(宋哲斗)가 사용하던 것입니다. 깃발 2장은 좌군장 이치영이 데리고 있는 군대 중 10대(隊)의 표기(標旗)입니다. 전령(傳令) 및 개인 서신 중 창의소(倡義所), 강의소(剛義所)라고 쓴 것은 따로 만든 명칭으로, 창의소의 일은 이치영이 주관하고 강의소의 일은 최문환이 생전에 주관했습니다. 군안성책(軍案成冊) 중 중복해서 들어가 있는 이름은 부대를 정리하면서 문안을 수정할 때

바꿔서 기입했기 때문입니다. 제 이름은 원래 동익(東翼)인데 비도의 무리들에게 잡혀서 이름을 바꾼 것이며, 이것은 정말로 기꺼이 따른 게 아닙니다. 그저 너그러이 용서해하여 목숨을 살려주시길 바랄 뿐입니다.

죄인 조명호(趙銘鎬) 원정(原情)

제가 목천군에 살면서 의술로 먹고 살았습니다. 그러다가 병신년(1896) 2월에 약재가 부족했습니다. 충주 안에 처가가 있었는데 장인어른이 약재를 매매했기 때문에 거기로 갔다가 의병 후군(後軍) 신익수(申益秀)의 파수병에게 잡혔습니다. 그들이 저를 일본인의 첩자라고 하면서 고문을 해서 거의 죽을 지경이 되었습니다. 이 소식을 장인어른이 듣고 와서 보호해줘서 죽음은 면했습니다. 그러나 저를 끝내 가둬놓고 말하길 "너는 의술을 안다고 하니 우리 군대에 있으면서 아픈 병졸들을 치료해라"라고 하여, 목숨을 보존하기 위해 의병 군대를 따라갔습니다. 6월이 되어 의병들이 압록강을 건너 북경(北京)에 들어갔을 때, 구조를 요청하고자 저도 따라갔습니다. 도망치려고 했으나 파수가 삼엄하여 벗어나지 못했습니다. 회인군 경계의 통구(通溝)에 도착해서 주둔했는데 후군장이 휘하의 친한 사람 5, 6명과 함께 천진으로 가버렸습니다. 이때 고향으로 도망가려고 했으나 말이 통하지 않아서 혹 가는 도중에 다시 잡힐까 두려워 통구의 우리나라 사람 집에서 지냈습니다. 이번 봄 3월에 들으니 유의암(柳毅菴, 유인석)이 심양에서 통화현 나춘구(羅闈溝)에 와서 병졸들을 해산시키고 빈 땅에서 농사를 짓고 책을 읽고 있다고 하여 가서 보니, 이때 전군(前軍) 최문환(崔文煥)이 죽고 좌군(左軍) 역시 퇴각하자 각 군의 장수들이 서로 의논하여 말하길 "때를 기다렸다가 움직이는 것이 낫겠다"라고 하고 누구는 심양, 천진, 북경, 산동에 들어가고 누구는 통화현, 회인군에 들어갔습니다. 저와 같은 사람들은 의지할 곳이 없어 통구로 돌아가던 도중에, 원래 우리나라 사람이었으나 지금은 청국 사람이 된 자에게 붙잡혔습니다. 저를 붙잡은 자들은 보상을 받기 위해 저를 강계군에 넘겼고, 지금은 묶여서 여기까지 이르게 되었습니다. 백성을 자식처럼 바라보는 은혜로 목숨을 살려주시길 엎드려 빕니다. 그러면 살아서는 목이 떨어져도 은혜를 갚을 것이고 죽어서는 영혼으로라도 보은할 것입니다.

죄인 이용광(李容光) 원정(原情)

제가 용천군에 살다가 사람이 없는 곳을 골라 은거하기 위해 병신년(丙申年, 1896) 11월에 강계군 건너편에 가봤습니다. 거기서 들으니 남로(南路)의 선비가 제자 10여 명을 이끌고 통화현의 대라준구(大羅闍溝)에 와서 학문을 일으킨다고 하기에 가서 봤습니다. 선생의 성은 유(柳)이며 이름은 인석(麟錫)이고 호는 의암(毅菴)인데, 저에게 말하길 "지금 이 땅은 은거하여 농사짓고 책을 읽을 만한 곳이니 너도 열심히 해라"라고 해서, 며칠 후 집에 돌아갔다가 올해 1월 20일 후에 통화현의 의암이 사는 곳에 돌아와서 수학하려 했습니다. 그런데 그때 (유인석이) 사람을 모아서 먼저 최문환(崔文煥)에게 함경도로 가라고 했고, 또 이치영(李治英)을 시켜 뒤에서 호응하라고 했으며, 저에게는 이치영을 따르라고 했습니다. 이에 저는 불응하면서 "저는 일개 서생으로 종군하는 것은 무익할 뿐이니 감히 따를 수 없습니다"라고 말했습니다. 그러자 유인석이 노하여 말하길 "네가 따르지 않겠다고 하니 필경 정탐꾼일 것이다. 명령을 어기는 자는 베겠다"라고 했습니다. 그래서 어쩔 수 없이 그들을 따라가서 글을 쓰라고 하면 받아썼습니다. 그런데 앞선 부대는 어지럽고 뒤에서 응하는 부대는 퇴각하여 각 군의 장수들이 서로 상의하기를 "가을을 기다렸다가 다시 도모하는 것이 낫겠다"라고 하며 해산했습니다. 저는 도망쳐서 집으로 돌아가는 도중이었는데, 우리나라 사람으로서 통화현에서 살고 있는 자들이 근거 없이 떠도는 말을 하기를 "이 군대 사람을 잡아서 강계군에 보내면 반드시 상이 있을 것이다"라고 하고 무리를 지어 저를 잡아서 강계군에 보냈습니다. 저는 어쩔 수 없이 강계군에서 수개월 동안 종군한 죄에 대해 강계부(江界府)에 항복하는 글을 올려, 공을 세워 죄를 면하고자 했습니다. 부디 죄를 용서해주시기를 바랍니다. 아, 사람을 해치는 것은 좋지 않은 일이고 사람을 구하는 것은 좋은 일임은 고금을 통틀어 똑같습니다. 진의 무안(武安)[33]과 초의 백왕(伯王)[34]은 항복한 자를 죽였으나 어떤 복을 더 얻었다고 듣지 못했습니다. 관직을 바치며 죽을죄를 용서해달라고 한 곽분양(郭汾陽)[35]은 자손이 창성하고 복록(福祿)이 계속 이

33 무안군(武安君)의 작위를 받은 진나라 장수 백기(白起)를 말한다.

34 초패왕(楚霸王) 항우(項羽)를 말한다.

35 분양(汾陽)은 곽자의(郭子儀)의 봉호(封號)이다. 곽자의는 이백(李白)의 천거로 관직에 발탁되었는데, 이후에 이백이 반란에 연루되자 자신의 관직을 내놓으며 그를 구명하였다.

어졌습니다. 또 사람을 적대하는 것으로 말해도, 이익으로 유도하면 그 마음을 상세히 알 수 있어 상대의 계략을 미리 알아채서 역이용할 수 있습니다. 그래서 병법에서는 말하기를 "간첩이 쓰이지 않는 곳이 없다.[無所不用間]"라고 했고, 또 말하기를 "명철한 임금과 현명한 장수가 군사를 움직여 적을 이기고 공을 이루는 것이 다른 사람들보다 나은 것은 먼저 적진의 상황을 알았기 때문이다. 먼저 아는 것은 귀신에게서 얻을 수 없으며, 옛일에서 알 수 있는 것도 아니며, 헤아려서 증명해낼 수 있는 것도 아니며, 반드시 사람에게 적의 상황을 알아내는 것이다"라고 했습니다. 저는 비록 어리석고 둔하지만 그들의 군대에 수개월간 있어서 그 정황을 대략 알고 있습니다. 밝게 살피어 버려진 저를 거둬주시면 죽을힘을 내어 견마(犬馬)의 노력을 다하겠습니다.

삼가 두 번 절하며 엎드려 시 한 가락을 같이 드립니다

매여 있는 어린 나무들은(在紲之中年少子)
비록 줄에 매여 굽었더라도 모두 올곧습니다.(雖曲從繩皆直木)
전쟁의 무서움을 감당하지 못해 조심했던 것은(不堪戰慄若淵臨)
단단한 쇠가 단련을 겪으면 부드럽게 되고(太剛經鍊則柔金)
별자리가 도리어 밝은 달을 돕는 뜻입니다.(点宿猶助明月意)
원컨대 높으신 분께 하잘 것 없는 말씀을 드리고 싶으니(願言相國蒭言納)
작은 물줄기나마 큰 강에 보태려는 마음입니다.(細流亦補大河心)
인민을 편안히 하려는 것은 고금이 같습니다.(安使人民似古今)

12 통화현에 살고 있는 우리나라 백성이 이치영의 수급(首級)을 회수하고 비도 잔당을 잡아온 것에 대한 보고

보고서 제4호

이번 달 17일에 도착한 관하 강계군수 이창렴(李昌濂)의 제129호 보고서를 보았습니다. "강북 각 구(溝)의 비도(匪徒)들이 어지럽게 모였다가 틈을 타서 변경을 침범하여 도처에서 폐단을 일으킨 것을 이루 다 말할 수 있겠습니까. 작년 5, 6월 사이에 충청남도[湖左]의 비도 잔당이 강계군에 들어왔다가 격퇴된 후에 압록강을 건너 도망쳤고, 백성의 재산을 약탈하고 변경에서 소요를 일으켰습니다. 전(前) 군수가 재임했을 때인 음력 1897년 1월에 비도의 우두머리 최문환(崔文煥)과 이치영(李致永) 두 놈이 각자 군사를 이끌고 삼수군으로 갔습니다. 2월 22일이 되어 삼수군에 돌입하여 군수를 살해하고 갑산군으로 옮겨가 살았습니다. 이치영이라는 놈이 권리를 다투다가 최문환을 쏴죽이고, 지나는 길에 갑산군의 김온성(金穩城) 집에 들어가서 4,000냥을 빼앗았습니다. 그리고 후창군에 도착하여 백성의 재산을 약탈하고 변경에서 모여 지냈습니다. 그래서 후창군수가 강계군에 지원을 요청하여 영장(領將) 2명을 따로 정하고 50명의 포군(砲軍)을 선별하여 보내서 여러 날 방어한 것은 전 군수가 이미 보고했습니다. 음력 5월이 되어 강북에 임시로 정착해 살던 김이호(金利浩) 등이 소위 비도의 우두머리인 신익수(申益秀) 휘하 영관(領官) 조명호(趙銘鎬)와 이치영의 휘하 중군(中軍) 겸 서기 이용광(李容光)을 잡아왔습니다. 두 놈은 관찰부로 보냈고 이미 지령을 받았습니다. 이치영이라는 놈은 이전부터 악한 마음을 품고 강계군에서 악독한 짓을 저지르고 무리를 불러모았으며 백성의 총을 모아서 장차 반드시 습격해올 것이었습니다. 그곳에서 임시로 정착해 살던 백성 심정하(沈正河), 함태경(咸泰璟), 오치경(吳致京), 이지상(李枝祥) 등이 강계군에 고소하고 관찰부에도 진정을 올렸습니다. 이치영 등이 원수를 맺은 것이 한층 더 심하여 함태경이 삭발하는 지경에 이르렀습니다. 그 백성들이 관찰부의 지령을 첨부하여 강계군 및 자성군에 고소했으므로 이들 패악한 놈들을 금칙(禁飭)했으나 멈추지 않기에 체포해 올리도록 통화현에 문서를 보냈습니다. 그런데 그에 대한 회답에 이치영을 이미 참수했다고 했으며, 강북 유민 김계홍(金啓弘) 등이 이치영의 수급(首級)을 지금 바쳤고 이치영의 집에 있는 김재성(金才成), 박영관(朴永官), 김병원(金丙元) 세 놈도 잡아왔습니다. 이치영이 변경에서 악행을 저지르고 두 나라 사이에 근심을 끼친 것이 오래되었으나 함부로 죽이는 것은 법을 어기는 것에 가깝고, 반면 폐단을 없앤 것은 또한 다행이라고 할 수 있습니다. 김계홍 등 5명은 상을 주어서 치하하는 뜻을 보였고, 잡아온 김재성, 박영관, 김병원은 거듭 심문하여 진술을 받아냈습니다. 죄인을 잡아온 김계홍도 또한 진술을 받아내어 따로 기록을 만들어 동봉해 올립니다. 세 명의 죄인과 한 개의 수급은 감히 함부로 처리할 수 없어 따로 순교 2명을 정해 엄히 지시해 올려보냈고, 소위 이치영이 사용한 각목인(刻木印)도 또한 견고하게 봉하여 올려보냈습니다. 헤아려 처분하기를 바랍니다"라는 내용이었습니다. 잡아 올린 김재성, 박영관, 김병원 세 놈의 행적은 비록 강계군수의 봉초기(捧招記)를 통해 확인했으나 의례히 전달하여 보고할 수 없기에 모두 관찰부 재판정에 잡아들여 샅샅이 조사했습니다. 이곳에서의 진술도 강계군수가 받아낸 진술과 모두 동일하기에, 그 봉초기를 별지에 등본하여 올립니다. 김계홍, 심정하, 함태경, 오치경, 이지상 등 다섯 명은 비도 우두머리의 수급을 베어서 바쳤고 잔당 세 명을 잡아 올렸으니, 이로써 변방의 일이 조금 편안해졌고 그 뜻이 또한 가상합니다. 만약 이들에게 따로 포상하지 않는다면 뭇사람의 마음을 격려할 수 없을 것이어서 처분을 생각하고 있습니다. 이치영의 수급은 군사를 보내 적을 섬멸한 것과는 다르니, 이는 수급을 바칠 일이 아닙니다. 그런데 강계군수가 경솔하게 관찰부에 올렸으니 이는 잘못된 일입니다. 이미 전달해 보낸 수급은 야외에 둘 수 없어서 임시로 구덩이를 파서 넣어두고 거적을 덮고 봉표(封標)를 세워두었으며, 순검으로 하여금 지키게 했습니다. 지시해주기를 기다려 거행하겠습니다. 김재성, 박영관, 김병원 등은 자세히 힐문해도 평문(平問)[36]에 그칠 뿐입니다. 생각해보면 비도와 관계된 자는 죄의 경중에 차이가 있으니 다른 죄수와 똑같이 대할 수 없으며, 사건이 가볍지 않으니 이른 무리는 반드시 경성의 감옥에 가두고 자세히 조사하는 것이 사리에 맞을 것입니다. 그러나 감히 곧바로 올려보낼 수 없어 잠시 칼을 채우고 엄히 가두고 보고합니다. 이전에 수감된 비도 죄인 조명호, 이용광과 함께 모두 올려보내는 것을 허락하여 법에 비추어 처리하게 해주기 바랍니다. 목인(木印) 1과(顆)는 단단히 봉하여 법부에 올려보내니 살펴주기 바랍니다.

광무 원년 11월 22일

평안북도관찰사 서상우

의정부찬정외부대신 민종묵 각하

36 조선시대에 형구를 써서 고문하지 않고 그냥 죄인을 심문하던 것을 말한다.

13 향마적(响馬賊)을 피해 청국인이 조선으로 피난해오고 있는 상황에서 방비를 강화한 것에 대한 보고

보고서 제1호

1월 22일에 자성군수 김채영(金埰榮)이 보낸 제181호 보고서를 오늘 받았습니다. 「오늘 오시(午時)쯤에 말을 탄 청국인 5명이 자성군에 왔습니다. 통사(通事)를 시켜서 상황을 물었더니, 통화현 관병이라고 하면서 갖고 있던 공문을 내주었습니다. 그 내용은 "탕하(湯河) 등지에 향마적(响馬賊) 400여 명이 무리를 이루고 도처에 다니면서 백성의 재산을 약탈하고 소와 돼지를 잡아서 크게 민폐를 끼쳤습니다. 그래서 연변의 백성들이 모두 조선 땅에 도망쳐 숨었으니 어찌 큰 난리가 아니겠습니까. 길림의 병사 700명, 심양의 병사 500명, 통화현 지방병 300명이 힘을 합하여 토벌하기 위해 지금 통화현에 모였습니다. 연변의 삼수군, 자성군, 후창군 등지에 도망쳐 흩어진 적당(賊黨)을 정탐할 일입니다"라는 것이었습니다. 이 관병들은 삼수군, 갑산군 등지로 갔습니다. 강 맞은편에서 마적을 피해 강을 건너와서 산속에 숨은 청국인들이 그 수가 적지 않은 것은 형세상 불가피한 것입니다. 화를 피해 도망쳐온 자들이 처음에는 문제를 일으키지 않았습니다. 그런데 통화현 탕하는 연변에서 200리도 떨어지지 않은 곳이며 두 나라 주민들의 수를 헤아리기 어렵습니다. 만약 뜻밖의 사건이 발생하면 그 곤란하게 쫓기는 자들이 남김없이 넘어오고 나서야 그칠 것입니다. 이와 같은 땅에서는 장차 뜻밖의 재난을 피할 수 없으며 입술이 없어지면 이도 시리게 되는 것[脣齒之寒]과 다르지 않습니다. 변경의 백성들이 여기저기서 원망하며 떠들고 있습니다. 국경에서 연변까지의 거리가 300리에 가까운데 일대의 방비가 현재 사라져서 우려에 대비할 방책이 없습니다. 민정(民丁) 중에서 포군(砲軍)을 징집하도록 먼저 조처했으며, 지금 방어를 강화하여 백성들을 편안히 살게 하라는 뜻으로 연변의 각 면에 다시 신칙(申飭)했습니다. 이러한 사정을 먼저 보고합니다」라는 내용이었습니다. 상황에 맞게 방어하도록 지령을 보냈기에 보고하니 살펴주기 바랍니다.

광무 2년 2월 11일 묘시(卯時)

평안북도관찰사 서상우

의정부찬정외부대신 조병식 각하

14 삼수군, 갑산군 등지에서 활동하고 있는 향마적(响馬賊)을 격퇴하고 방비를 강화한 상황을 보고

보고서 제6호

도착한 관하 자성군수 김채영(金埰榮)의 제99호 보고서를 확인했습니다. 「어제 유시(酉時) 쯤에 청국인 기마관병 4명이 보병 10명을 데리고 성 아래에 왔습니다. 그래서 통역관을 시켜서 상황을 물었습니다. 그들이 답을 하기를 "삼수군, 갑산군 등지의 변방에서의 소란이 아직 그치지 않았습니다. 그래서 통화현이 지휘하여 책실(册室) 1인, 수교(首校) 1인, 유리(由吏) 1인, 연장(鍊長) 1인이 병정 10명을 이끌고 그곳에 갔습니다"라고 하고는 오늘 아침에 출발했습니다. 이어서 자성군 여연면(閭延面) 집강(執綱) 김정현(金正鉉)의 보고에 "강 건너편 모아산(帽兒山) 등지에 삼수군에서 국경을 넘어와서 떠돌고 있는 향마적(响馬賊) 수십 명이 밤을 틈타 넘어와서 부유한 백성의 집에 돌입하여 재산을 약탈했습니다. 그래서 즉시 민정(民丁)을 동원하여 지난 겨울 작통(作統)했을 때 준비해둔 총을 각 사람에게 지급하고 적당과 맞서 싸웠습니다. 그들 중 한 명은 총에 맞아 부상을 입었고 나머지는 쫓겨서 강을 건너 도망갔습니다"라고 했습니다. 여연면은 자성군에서 150리 떨어진 곳으로, 위로는 삼수군과의 경계가 200리를 넘지 않습니다. 적들이 흩어졌다가 때때로 뭉치니 그 모습이 의심스럽습니다. 들은 내용이 매우 놀라워서 순교를 먼저 파견해 조사하게 했습니다. 이어서 군수가 막 출발하려고 할 때에 돌아온 순교의 보고를 받았는데, "적당이 이미 쫓겨났고 한 명이 총에 맞아 부상을 입었으며 우리 백성은 한 명도 재산을 빼앗긴 사람이 없습니다. 적들은 흩어지기도 하고 모이기도 하여 잠시 움직임이 없습니다"라고 했습니다. 군수가 직접 다니는 것은 잠시 정지했고, 따로 여연면 집강 및 각 리의 기찰통장(譏察統長)들에게 지시하여 밤낮으로 돌아가면서 지키고 각별히 열심히 방비하도록 했습니다. 이 적당들이 비록 쥐나 개처럼 몰래 물건을 훔치고 있으므로[鼠竊狗偸] 변경의 중요한 지역에서 조금도 방심할 수 없습니다. 따라서 하루걸러 순교를 보내 각별히 단속하고 이후 상황을 계속 정탐하여 속히 보고할 것임을 이에 감히 보고합니다. 살펴주기를 바랍니다」라고 했습니다. 따로 자성군에 지시하여 각별히 단속하도록 지령을 보냈습니다. 이를 보고하니 살펴주기 바랍니다.

광무 2년 8월 13일

평안북도관찰사 박봉빈

외부대신임시서리의정부찬정농상공부대신 이도재 각하

15 평안북도 각처에 들어와서 재산을 훔치고 목재를 베어가는 청국 유민(莠民)을 통제하기 위해 위원을 파견한다는 훈령의 기안

훈령 제4호

평안북도 소관 연변 각 지역에 청국의 유민(莠民)이 수시로 몰래 넘어와서 물건을 훔쳐서 청국의 지방으로 가지고 가면, 청국의 지방 관리가 세금을 징수합니다. 이것 때문에 민생이 해를 입으며 국권에 손해가 생기니 사소한 일이 아닙니다. 반드시 조사하여 금지해야 합니다. 따로 위원을 파견했으니 보좌원 1인을 대동시켜 두루 조사하게 하기 바랍니다. 응당 행해야 할 일은 다음에 적어놨습니다. 이에 훈령하니 해당 위원이 도착한 날에 귀 관찰사와 각 지방관이 특별히 예의를 갖추어 상대하기 바랍니다. 그리고 응당 처리해야 할 사무를 협의하여 좋게 처리하도록 각 군에 훈령을 전달해 시행하고, 거행한 상황을 계속 보고하기 바랍니다.
광무 3년 3월 7일

의정부찬정외부대신 박제순

평안북도관찰사 조민희 각하

별지

1. 내지(內地)의 재산을 청국 지역에 몰래 운반하지 못하게 할 것.
1. 나무를 베어가는 것을 일절 금지하되 이미 몰래 베어 산 아래나 강변에 쌓아놓은 것은 나무의 현재 가격을 계산하여 그 값을 징수하고 상당한 벌금을 거두며, 받아낸 금액을 보고할 것.
1. 비류(匪類)가 금지령을 따르지 않고 모여서 소란을 일으키면 해당 지방관이 힘을 합해 제압

하고, 위험할 경우에는 편의에 따라 사냥꾼을 고용할 것.

1. 우리나라 사람이 청국 사람을 유인하여 뇌물을 받고 목재를 베어가도록 허가했을 때에는 위원이 해당 지방관에게 알려서 즉시 잡아가두고 보고할 것.

1. 해당 위원이 잠시 머무르는 곳은 옛 진보(鎭堡)의 관청 건물을 편의대로 빌려 쓸 것.

16 외부의 훈령을 따르지 않고 도리어 훈령을 갖고 간 사람을 구금한 이유를 빨리 보고하고 훈령대로 처리하라는 훈령의 기안

훈령

평안북도 소관 연변 각지에 청국 유민(莠民)이 재산을 훔쳐서 청국으로 가지고 가는 것을 모두 철저히 금지하도록 따로 위원을 파견하여 보좌원 1인과 함께 가서 두루 조사하게 했고, 또 평안북도관찰부에 따로 훈령을 보냈습니다. 그런데 지금 그 파원의 보고에 따르면 "올해 4월 2일에 외부의 훈령을 사람을 시켜 보냈더니 관찰사가 공문을 가지고 간 사람을 감옥서에 가뒀다가 4월 9일에야 비로소 석방했으나 외부 훈령은 각 군에 전달하여 지시하지 않았습니다"라고 했습니다. 긴급한 공문을 변발처럼 취급하여 전달하지 않는 것은 무슨 까닭입니까. 공문을 가지고 간 사람을 오랫동안 가둔 것은 더욱 뜻밖의 일입니다. 다시 훈령하니 이전의 훈령 내용에 따라 속히 처리하고, 거행하지 않은 이유를 먼저 보고하기 바랍니다.

광무 3년 6월 8일

의정부찬정외부대신 박제순

평안북도관찰사 조민희 각하

17 청국인이 후창군을 침범하여 백성을 괴롭히고 있으므로 청국영사관을 통해 이를 금지해달라고 요청하는 보고

보고서 제1호

후창군 폐단의 가장 큰 원인은 청국인들의 침략입니다. 이 폐단을 금지해달라는 각 면 집강들이 요청하는 보고와 백성들의 호소가 쌓여 축(軸)으로 헤아릴 지경이 되었습니다. 그러나 황폐한 고을의 미약한 힘으로는 감당할 수 없는 일입니다. 목비(木匪) 수백 명이 무리를 지어 백성들의 재물을 약탈합니다. 소위 향적(响賊)의 무리는 원래 정해진 거처가 없어 수백 명이 무리를 이루어 끊임없이 출몰합니다. 그래서 연변의 백성들이 흩어져 달아날 생각을 품고 있습니다. 백성을 다스리는 수령이 된 자로서 어찌 안일하게 볼 수 있겠습니까. 외부에서 청국영사에 지조(知照)해서 청국 통화현에 지시하여 금지하게 해달라는 뜻으로 보고합니다. 살펴주기를 바랍니다.

광무 3년 6월 9일

평안북도후창군수 이규진

외부대신0 각하

18 외부의 훈령을 갖고 온 김례(金澧)를 잠시 구금했다가 석방한 일을 해명하는 보고

보고서 제7호

도착한 제7호 훈령을 보니 「평안북도 소관 연변 각지에 청국 유민(莠民)이 재산을 훔쳐서 청국으로 가지고 가는 것을 모두 철저히 금지하도록 따로 위원을 파견하여 보좌원 1인과 함께 가서 두루 조사하게 했고, 또 평안북도관찰부에 따로 훈령을 보냈습니다. 그런데 지금 그 파원의 보고에 따르면 "올해 4월 2일에 외부의 훈령을 사람을 시켜 보냈더니 관찰사가 공문을 가지고 간 사람을 감옥서에 가뒀다가 4월 9일에야 비로소 석방했으나 외부 훈령은 각 군에 전달하여 지시하지 않았습니다"라고 했습니다. 긴급한 공문을 변발처럼 취급하여 전달하지 않는 것은 무슨 까닭입니까. 공문을 가지고 간 사람을 오랫동안 가둔 것은 더욱 뜻밖의 일입니다. 다시 훈령하니 이전의 훈령 내용에 따라 속히 처리하고, 거행하지 않은 이유를 먼저 보고하기 바랍니다」라고 했습니다. 올해 4월 2일에 보낸 외부 훈령은 연변의 각 군에 신속히 지시했습니다. 이때 훈령을 갖고 도착한 자는 관하 강계군에 사는 김례(金澧)라는 사람인데, 이자가 그사이에 민사(民事)에 관계된 일이 있어 막 소환하려고 할 때에 마침 관찰부에 와 있었기에 재판을 위해 질문하기 위해 잠시 가두었다가 곧 석방했습니다. 위원을 잡아가둔 일은 애초에 없었습니다. 그런데 지금 엄히 꾸짖는 훈령을 받으니 거행함에 있어 참으로 송구하고 민망합니다. 이에 사실대로 보고하니 살펴주기 바랍니다.

광무 3년 6월 21일

평안북도관찰사 조민희

의정부찬정외부대신 박제순 각하

19 창성군 창주면에 청국 비류(匪類)가 쳐들어와 사람을 살해하고 재물을 빼앗아갔으니, 이를 청국영사관에 조회해 조처하도록 해달라는 보고

보고서 제1호

평안북도관찰사의 훈령을 받고 군수서리가 벽동군의 호구를 조사했습니다. 그리고 이번 달 30일에 귀환하는 길에 창성군 창주면(昌州面) 성외리(城外里)에 도착해서 창주면 집강 이원초(李元楚)의 보고를 받았습니다. 그에 따르면 「음력 7월 25일에 창주면 서상리(西上里) 존위(尊位) 김명한(金明漢)과 동장(洞長) 최순덕(崔淳德), 제1통 통수(統首) 김천수(金天守), 제2통 통수 임현옥(林玄玉), 제3통 통수 박상집(朴尙楫), 제4통 통수 이학엽(李鶴燁), 제5통 통수 노종혁(盧宗赫), 성외리 존위 임대현(林大鉉), 동장 겸 제1통 통수 김재신(金在信), 제2통 통수 한창섭(韓昌涉) 등의 연명 수본(手本)을 받았습니다. "음력 7월 24일 2경(更)쯤 밤에 청국인 16, 7명이 각자 총칼을 들고 성외리 민가에 돌입하여 옷장을 부수고 재물을 약탈했습니다. 총을 난사하여 총알에 맞은 자가 2명인데, 그중 서상리 김석복(金石福)은 그날 밤에 사망했고 성외리 강득현(康得

鉉)은 아직 생사를 알 수 없습니다"라는 내용이었습니다.

이어서 서상리 주민 김기현(金基鉉)의 발괄[白活]에 따르면, "7월 24일 밤에 청국 비류(匪類)들이 성외리에 난입하여 재물을 약탈할 때 스무 살인 제 장남 석복이가 총알에 맞아 사망했으며, 비류들은 통나무배를 타고 압록강을 따라 내려갔습니다. 죄인을 좇아가서 살인자를 죽이겠습니다"라고 했습니다.

성외리 주민 지운진(池雲珍)의 발괄에 따르면, "제 집이 서상리에 있는데 성외리 이지원(李之元)의 집을 빌려 살면서 장사를 하며 먹고 살았습니다. 그런데 7월 24일 밤에 임대현(林大鉉)의 집에 가서 앉았을 때에 청국인 3, 4명이 불을 지르고 뛰어들어와서 안뜰에 들어온 것 같다가 곧 나갔습니다. 조금 뒤 근처 허과(許鍋)의 집에서 어떤 물건이 부서지는 소리가 들리더니 청국인 4명이 다시 임대현의 집에 와서 장롱을 부수고 돈과 명주양목(明紬洋木) 3승(升), 유기(鍮器)의 등 물건을 남김 없이 가져갔습니다. 겁이 나서 도망치다가 제 가게에 돌아와보니 장롱문이 박살나 있어서 물건들을 점검해보니 은화 1원(元), 백목(白木) 3필(疋), 양목 20척(尺), 청달리(青達里) 28척, 허리띠 10조(條), 주머니끈 40조, 놋양푼 1좌(坐), 엽전 37냥을 청국인이 빼앗아갔습니다"라고 했습니다.

성외리 김백년(金百年)의 발괄에 따르면, "7월 24일 밤에 청국인들이 각자 총칼을 들고 불을 지르고 방에 들어와서 방에 있던 도끼로 장롱을 부수고 은화 41원, 은반지 1쌍, 엽전 10냥, 무명치마 1차(次), 월자(月子)[37] 3꼭지를 모두 빼앗아갔습니다」라고 했습니다.

성외리 임대현의 발괄에 따르면, "7월 24일 밤에 청국인들이 집에 돌입하여 엽전 45냥, 명주 20척, 양목 20척 3승 1필, 유기 7종(種)을 빼앗아갔습니다"라고 했습니다.

성외리 전만흥(田萬興)의 발괄에 따르면, "7월 24일 밤에 청국인 4명이 문 앞에 도착하여 2명은 문 밖에 있고 2명은 방 안에 들어와서 총칼로 위협하고 사람을 죽였습니다. 그리고 여자의 반지 2쌍을 빼앗고 위협하여 장롱을 열어서 은화 2원, 엽전 10냥, 유기 3종, 월자 3꼭지, 무명 1필, 은장도 1병(柄)을 빼앗아갔습니다"라고 했습니다.

성외리 문상호(文尙浩)의 발괄에 따르면, "제가 창주면 사창리에 살면서 성외리의 주성찬(朱成贊) 집에서 장사를 했습니다. 할 일이 있어 집에 돌아가던 중 7월 24일 밤에 청국인들이 가게

37 예전에, 여자들이 머리숱이 많아 보이도록 덧넣었던 가짜 머리이다.

를 때려 부쉈다는 급한 소식을 듣고 가서 보니 잃어버린 물건이 양목(洋木) 1필, 청달리(靑達里) 1필, 엽전 12냥이었습니다"라고 했습니다.

성외리 허과의 발괄에 따르면, "제 집이 길가에 있어 여객(茹客)으로 먹고 살면서 오가는 손님을 맞았습니다. 그런데 7월 24일 밤에 청국인들이 무리를 지어 난입하여 집을 뒤지고 장롱을 부숴서 빼앗은 물건이 은화 168원, 모시 1필, 웅담 1부(部), 백동담뱃대 7개, 은장도 1병, 은귀걸이 1개, 엽전 2냥입니다"라고 했습니다.

성외리 홍기범(洪基範)의 발괄에 따르면, "청국인들이 소동을 일으킨 밤에 장롱이 부숴지고 은반지 3쌍, 은패물 1기(機), 은화 3원, 엽전 4냥, 월자 1쌍, 녹달리(綠達里) 6척을 전부 빼앗겼습니다"라고 했습니다.

성외리 이조이(李召史)의 발괄에 따르면, "7월 24일 밤에 청국인들에게 빼앗긴 엽전이 40냥이 됩니다"라고 했습니다.

성외리 주성찬(朱成贊)의 발괄에 따르면, "그날 밤 소동으로 잃어버린 물건이 은반지 1쌍, 엽전 5냥입니다"라고 했습니다.

성외리 김재신의 발괄에 따르면, "잃어버린 엽전이 3냥이 됩니다"라고 했습니다.

성외리 이재학(李在鶴)의 발괄에 따르면, "7월 24일 밤에 청국인들이 각자 총칼을 들고 총을 쏘고 소란을 피울 때에 빼앗긴 물건이 은패물 1기(機), 월자 1쌍, 은반지 1쌍, 명주 1필, 엽전 4냥, 실 5타래, 청달리 18필, 회자포(回字布) 3척, 백목(白木) 20척, 총전(總氈) 1건입니다"라고 했습니다.

성외리 임관주(林官柱)의 발괄에 따르면, "청국인들이 약탈한 곳에서 잃어버린 물건은 엽전 5냥, 회자포 3척, 포 30척입니다"라고 했습니다.

총에 맞은 강득현의 집에서 빼앗긴 물건은 그 사람의 진술을 들으니 엽전이 310냥이 된다고 합니다」라고 했습니다.

사망한 김석복의 시신을 먼저 직접 조사해보니 몸 뒤편 오른쪽 겨드랑이 아래에 총에 맞은 자리가 하나 있으며 둘레가 1촌 1푼입니다. 총알이 몸 앞편 왼쪽 겨드랑이 위를 관통했으며 둘레가 1촌 3푼이고 피가 흘러나왔습니다. 또 부상당한 강득현의 총에 맞은 자리를 상세히 조사했습니다. 왼쪽 가슴 위에 둘레 1촌, 깊이 4푼이었으나, 총알을 손으로 꺼냈고 몸 안쪽 조직이 그대로 있어 호흡을 편하게 하고 있었습니다. 적당한 약물로 잘 치료하도록 강득현의 친속들에게 지시했습니다. 재물을 잃은 집을 살펴보면 장롱이 부서지거나 물건을 약탈당했습니다. 13호 민가가 침략당하는 소란을 겪은 것은 매우 드문 경우입니다. 저희 군은 압록강의 일대이며 홍구(鴻溝)를 반으로 나누는 요충지입니다. 스스로 보호하는 포수를 없앤 이후로는 경계 신호를 울리리라고 믿을 수 있는 자들은 민정(民丁)뿐입니다. 민정은 손에 작은 무기도 없는 병사입니다. 이러한 뜻밖의 사건이 방비가 없는 곳에서 나타났습니다. 맨손의 민정이 무기를 가진 비류를 어떻게 막을 수 있겠습니까. 갑자기 일어난 난리에 살해당하고 재물을 빼앗긴 것은 생각해보면 일어날 수밖에 없는 일이었습니다. 그 악한 비류들은 지금 각국이 수호조약을 맺었음에도 법을 따르지 않았습니다. 항구를 개방하지도 않았는데 침범해 들어와서 약탈하는 것도 매우 용서하기 어려운데, 하물며 총으로 사람을 죽이는 것은 어떤 죄에 해당되겠습니까. 그들이 뗏목을 타고 도망쳐서 토벌하지 못했습니다. 강을 여기저기 다니고 있어서, 변경의 사건이 어떤 땅에서 또 일어날지 알 수가 없습니다. 후환이 없지 않기에 방어할 대책을 두 배로 단속하여 경내(境內)의 연안 및 각 방(坊)에 고시했습니다. 비류들의 사는 곳과 이름은 확인하지 못했으나 순교(巡校)와 사령(使令)을 사방에 보내서 조사하도록 했습니다. 이러한 상황을 평안북도관찰사에게 모두 보고했습니다. 사망한 김석복의 시체는 잠시 땅을 파서 보관해두었으며 처분을 기다립니다. 이에 보고하니 살펴보고 청국영사관에 조회해서 이 비류들을 모두 체포하여 백성들의 재물을 받아내고 법에 따라 처리해서 연읍(沿邑) 백성들을 보호해주길 바랍니다.

광무 3년 8월 31일

평안북도창성군수 유예렬

외부대신 각하

20 농상공부 지시에 따라 러시아 회사에 허가한 삼림을 지키려고 하는데, 외부에서 파견한 위원이 현지인과 짜고 함부로 벌목을 허가하고 있다는 보고

보고서 제10호

전에 도착한 제4호 외부 훈령을 받았습니다. 그에 따라 우리나라 사람과 청국 사람의 벌목을 모두 금지하고, 뇌물을 받고 벌목을 허락한 자는 해당 위원이 해당 지방관에게 조회하여 즉시 체포한 후 보고하도록 연변 각 군에 지시했습니다. 그런데 지금 도착한 농상공부 제12호 훈령을 확인했습니다. 〈지금 외부대신 박제순(朴齊純)의 조회를 보니 『1895년 러시아인과 삼림 계약을 맺고 두만강 상류 오른쪽 무산(茂山)과 울릉도 및 압록강 변계(邊界)에서 벌목과 양목(養木)의 권리를 허가했습니다. 1898년 8월 러시아 전임공사 마주녕(馬丢寧)이 두만강 근처 한국인의 자의 벌목을 지방관이 금지하지 못하는 것에 대해 문의해왔습니다. 그래서 서북 변계 지방은 깊은 산과 험한 계곡이 길게 이어져서 크고 작은 벌목꾼들이 난입하기 때문에 지방관이 일일이 통제할 수 없다고 조복(照覆)했습니다. 그런데 지난달 러시아공사 덕밀특(德密特)의 조회를 보니 「외부대신의 전보에 따르면 "울릉도와 두만강, 압록강 등지의 삼림을 기르고 벌목할 수 있는 권리를 대한제국 정부가 이미 러시아 회사에 허가했습니다. 그런데 이 지역을 지킬 방법이 없어서 일본인 및 청국인이 삼림을 모두 베어버릴 상황입니다. 이런 사실을 빨리 한국 정부에 알리기 바랍니다"라고 했습니다. 이 뜻에 따라 조회(照會)합니다. 지방관에게 지시하여 그 삼림을 지킬 방책을 실시하고 회답을 주기 바랍니다」라고 했습니다. 그리고 오늘 러시아공사가 외부에 사람을 보내 어떤 방책을 실시할지 문의했습니다. 따라서 조회하니 각 지방관에게 지시하여 그 삼림을 지킬 방법을 따로 마련하여 문제가 발생하지 않도록 하기 바랍니다』라고 했습니다. 이 사건을 상세히 조사했습니다. 국내 삼림은 우리 정부의 허가가 없으면 외국인이 멋대로 벌목할 수 없습니다. 각 지방관에게 엄격히 지시하여 국경 안의 삼림을 철저하게 관리하되 우리나라 사람이나 다른 나라 사람을 막론하고 몰래 나무를 베어 파는 폐단을 금지해서 문제가 생기는 것을 막고 상황을 빨리 보고 하도록 훈령합니다. 그대로 시행하기 바랍니다〉라는 내용이었습니다. 이를 압록강변에 있는 각 지방관에게 일일이 등칙(謄飭)했습니다. 그런데 들은 내용에 따르면, 파견된 해당 위원이 강계군에 사는 김풍(金灃)이란 사람과 짜고 순사(巡査)라고 하면서 각 군을 두루 다니다가 삼림을 만나자 그곳을 지킬 생각을 하지 않고 감히 자기 잇속을 차리려고 하여 쉽게 벌목을 허락하거나 혹 값을 받고 몰래 팔거나 혹 세금을 받고 목재의 운반을 허락하는 경우가 허다하다고 합니다. 핑계를 대고 문제를 일으키는 일이 종종 있어서 듣고 매우 놀랐습니다. 해당 각 군에 훈칙하여 뇌물을 받는 자가 몇 명인지를 조사해서 다시 보고할 계획입니다. 우선 살핀 후 해당 위원을 즉시 소환하여 삼림을 지키길 바랍니다.

광무 3년 9월 4일

평안북도관찰사 조민희

의정부찬정외부대신 박제순 각하

제음(題音)

위원을 파견한 것은 몰래 벌목하는 것을 엄금하기 위함입니다. 만약 이미 벌목한 자가 있으면 벌금을 징수하도록 했는데, 귀부(貴府)에서 각 군에 지시하지 않아서 관찰사가 교체되는 사이에 목비(木匪)가 모두 돌아왔습니다. 파견한 위원이 비록 진심으로 복무하려고 해도 계획을 실시할 수가 없습니다. 세금을 받고 운수를 허락한다는 것은 필시 이미 벌목한 사람에게 징벌하는 것을 가리키는 것인데, 이는 확실히 법에 따라 시행해야 합니다. 값을 받고 몰래 판매하는 폐단이 정말로 있으면 마땅히 일일이 확실히 조사해야 합니다. 그런데 관찰부의 목세(木稅) 파견원은 무슨 명목인지 각 군에 머무르면서 삼림을 몰래 판매하다가 본부(本部) 파원이 내려간 후에 이윤을 얻지 못하게 된 것을 유감으로 여기고 음해하고 모함했으니 참으로 개탄스럽습니다. 모두 차례대로 조사할 일입니다. 28일

21 창성군 창주면에 청국 비류(匪類)가 쳐들어와 사람을 살해하고 재물을 빼앗아간 사건에 대한 관찰부의 보고

보고서 제11호

이번 달 6일에 도착한 관하 창성군수 유풍렬(柳灃烈)의 제171호 보고서를 받았습니다. 그 내용에 따르면 『제가 벽동군수를 대신하여 벽동군 호구 조사를 실시하고 이번 30일에 귀환했습니다. 돌아오는 길에 창성군 창주면(昌洲面) 성외리(城外里)에 도착했을 때 창주면 집강 이완초(李完楚)의 보고를 받았습니다. 「음력 7월 25일에 창주면 서상리(西上里) 존위(尊位) 김명한(金明漢)과 동장(洞長) 최순덕(崔淳德), 제1통 통수(統首) 김천수(金天守), 제2통 통수 임현옥(林玄玉), 제3통 통수 박상집(朴尙楫), 제4통 통수 이학엽(李鶴燁), 제5통 통수 노종혁(盧宗赫), 성외리 존위

임대현(林大鉉), 동장 겸 제1통 통수 김재신(金在信), 제2통 통수 한창섭(韓昌涉) 등의 수본(手本)을 받았습니다. "음력 7월 24일 2경(更)쯤 밤에 청국인 16, 7명이 각자 총칼을 들고 성외리 민가에 돌입하여 옷장을 부수고 재물을 약탈했습니다. 총을 난사하여 총알에 맞은 자가 2명이었으며, 서상리 김석복(金石福)은 그날 밤에 사망했고 성외리 강득현(康得鉉)은 아직 생사를 알 수 없습니다"라는 내용이었습니다.

이어서 서상리 주민 김기현(金基鉉)의 발괄[白活]에 따르면, "7월 24일 밤에 청국 비류(匪類)들이 성외리에 난입하여 재물을 약탈할 때 스무 살인 제 장남 석복이가 총알에 맞아 사망했으며, 비류들은 통나무배를 타고 압록강을 따라 내려갔습니다. 죄인을 좇아가서 살인자를 죽이겠습니다"라고 했습니다.

성외리 주민 지운진(池雲珍)의 발괄에 따르면, "제 집이 서상리에 있는데 성외리 이지원(李之元)의 집을 빌려 살면서 장사를 하며 먹고 살았습니다. 그런데 7월 24일 밤에 임대현(林大鉉)의 집에 가서 앉았을 때에 청국인 3, 4명이 불을 지르고 뛰어들어와서 안뜰에 들어온 것 같다가 곧 나갔습니다. 조금 뒤 근처 허과(許鈛)의 집에서 어떤 물건이 부서지는 소리가 들리더니 청국인 4명이 다시 임대현의 집에 와서 장롱을 부수고 돈과 명주양목(明紬洋木) 3승(升), 유기(鍮器) 등의 물건을 남김 없이 가져갔습니다. 겁이 나서 도망치다가 제 가게에 돌아와보니 장롱문이 박살나 있어서 물건들을 점검해보니 은화 1원(元), 백목(白木) 3필(疋), 양목 20척(尺), 청달리(靑達里) 28척, 허리띠 10조(條), 주머니끈 40조, 놋양푼 1좌(坐), 엽전 37냥을 청국인이 빼앗아갔습니다"라고 했습니다.

성외리 김백년(金百年)의 발괄에 따르면, "7월 24일 밤에 청국인들이 각자 총칼을 들고 불을 지르고 방에 들어와서 방에 있던 도끼로 장롱을 부수고 은화 41원, 은반지 1쌍, 엽전 10냥, 무명치마 1차(次), 월자(月子) 3꼭지를 모두 빼앗아갔습니다」라고 했습니다.

성외리 임대현의 발괄에 따르면, "7월 24일 밤에 청국인들이 집에 돌입하여 엽전 45냥, 명주 20척, 양목 20척 3승 1필, 유기 7종(種)을 빼앗아갔습니다"라고 했습니다.

성외리 전만흥(田萬興)의 발괄에 따르면, "7월 24일 밤에 청국인 4명이 문 앞에 도착하여 2명은 문 밖에 있고 2명은 방 안에 들어와서 총칼로 위협하고 사람을 죽였습니다. 그리고 여자의 반지 2쌍을 빼앗고 위협하여 장롱을 열어서 은화 2원, 엽전 10냥, 유기 3종, 월자 3꼭지, 무명 1필, 은장도 1병(柄)을 빼앗아갔습니다"라고 했습니다.

성외리 문상호(文尙浩)의 발괄에 따르면, "제가 창주면 사창리에 살면서 성외리의 주성찬(朱成贊) 집에서 장사를 했습니다. 할 일이 있어 집에 돌아가던 중 7월 24일 밤에 청국인들이 가게를 때려 부쉈다는 급한 소식을 듣고 가서 보니 잃어버린 물건이 양목(洋木) 1필, 청달리(靑達里) 1필, 엽전 12냥이었습니다"라고 했습니다.

성외리 허과의 발괄에 따르면, "제 집이 길가에 있어 여객(茹客)으로 먹고 살면서 오가는 손님을 맞았습니다. 그런데 7월 24일 밤에 청국인들이 무리를 지어 난입하여 집을 뒤지고 장롱을 부숴서 빼앗은 물건이 은화 168원, 모시 1필, 웅담 1부(部), 백동담뱃대 7개, 은장도 1병, 은귀걸이 1개, 엽전 2냥입니다"라고 했습니다.

성외리 홍기범(洪基範)의 발괄에 따르면, "청국인들이 소동을 일으킨 밤에 장롱이 부숴지고 은반지 3쌍, 은패물 1기(機), 은화 3원, 엽전 4냥, 월자 1쌍, 녹달리(綠達里) 6척을 전부 빼앗겼습니다"라고 했습니다.

성외리 이조이(李召史)의 발괄에 따르면, "7월 24일 밤에 청국인들에게 빼앗긴 엽전이 40냥이 됩니다"라고 했습니다.

성외리 주성찬(朱成贊)의 발괄에 따르면, "그날 밤 소동으로 잃어버린 물건이 은반지 1쌍, 엽전 5냥입니다"라고 했습니다.

성외리 김재신의 발괄에 따르면, "잃어버린 엽전이 3냥이 됩니다"라고 했습니다.

성외리 이재학(李在鶴)의 발괄에 따르면, "7월 24일 밤에 청국인들이 각자 총칼을 들고 총을 쏘고 소란을 피울 때에 빼앗긴 물건이 은패물 1기(機), 월자 1쌍, 은반지 1쌍, 명주 1필, 엽전 4냥, 실 5타래, 청달리 18필, 회자포(回字布) 3척, 백목(白木) 20척, 총전(總氈) 1건입니다"라고 했습니다.

성외리 임관주(林官柱)의 발괄에 따르면, "청국인들이 약탈한 곳에서 잃어버린 물건은 엽전 5냥, 회자포 3척, 포 30척입니다"라고 했습니다.

총에 맞은 강득현의 집에서 빼앗긴 물건은 그 사람의 진술을 들으니 엽전이 310냥이 된다고 합니다」라고 했습니다.

사망한 김석복의 시신을 먼저 직접 조사해보니 몸 뒤편 오른쪽 겨드랑이 아래에 총에 맞은 자리가 하나 있으며 둘레가 1촌 1푼입니다. 총알이 몸 앞편 왼쪽 겨드랑이 위를 관통했으며 둘레가 1촌 3푼이고 피가 흘러나왔습니다. 또 부상당한 강득현의 총에 맞은 자리를 상세히 조사했습니다. 왼쪽 가슴 위에 둘레 1촌, 깊이 4푼이었으나, 총알을 손으로 꺼냈고 몸 안쪽 조직이 그대로 있어 호흡을 편하게 하고 있었습니다. 적당한 약물로 잘 치료하도록 강득현의 친속들에게 지시했습니다. 또 재물을 잃어버린 집을 살펴보니 장롱이 부서지고 재물을 약탈당한 것이 열세 집이었습니다. 쳐들어와서 소란을 일으키는 것은 드문 일입니다. 저희 군은 압록강의 일대이며 홍구(鴻溝)를 반으로 나누는 요충지입니다. 스스로 보호하는 포수를 없앤 이후로는 경계 신호를 울리리라고 믿을 수 있는 자들은 민정(民丁)뿐입니다. 민정은 손에 작은 무기도 없는 병사입니다. 이러한 뜻밖의 사건이 방비가 없는 곳에서 나타났습니다. 맨손의 민정이 무기를 가진 비류를 어떻게 막을 수 있겠습니까. 갑자기 일어난 난리에 살해당하고 재물을 빼앗긴 것은 생각해보면 일어날 수밖에 없는 일이었습니다. 그 악한 비류들은 지금 각국이 수호조약을 맺었음에도 법을 따르지 않았습니다. 항구를 개방하지도 않았는데 침범해 들어와서 약탈하는 것도 매우 용서하기 어려운데, 하물며 총으로 사람을 죽이는 것은 어떤 죄에 해당되겠습니까. 그들이 뗏목을 타고 도망쳐서 토벌하지 못했습니다. 강을 여기저기 다니고 있어서, 변경의 사건이 어떤 땅에서 또 일어날지 알 수가 없습니다. 후환이 없지 않기에 방어할 대책을 두 배로 단속하여 경내(境內)의 연안 및 각 방(坊)에 고시했습니다. 비류들의 사는 곳과 이름은 확인하지 못했으나 순교(巡校)와 사령(使令)을 사방에 보내서 조사하도록 했습니다. 이번의 약탈과 살인은 외국의 비류들이 저지른 것이어서 보통의 폭력사건과는 다릅니다. 그래서 사안이 시급하여 격식을 갖춘 문서는 만들지 못했으나 검안(檢案) 보고서 1건은 처분을 기다려 거행할 계획입니다. 사망한 김석복의 시체는 잠시 땅을 파서 보관해두었으며 처분을 기다립니다. 이에 보고하니, 살펴보고 경부(京部)에 전보(轉報)해서 이 청국 비류들을 모두 체포하여 백성들의 재물을 받아내고 법에 따라 처리해서 여러 백성들을 보호해 주시기 바랍니다.』라고 했습니다. 백성의 재물을 약탈한 일을 들으니 매우 놀랍고 사람의 목숨을 해친 것은 더욱 경악스럽습니다. 이 일은 구타 · 치사사건과 달리 도적에 의해 피해를 입은 것이니 검험(檢驗)은 여러 번 진행했으나 별로 필요가 없습니다. 살해당한 김석복의 시신은 파내도록 지시했고 부상당한 강득현은 더 치료하도록 했습니다. 비도들은 방책을 실시하여 기한 안에 체포하도록 지령을 보냈습니다. 변방의 관문을 지킬 방책을 갖춰 내부와 군부에 보고했습니다. 이에 보고하니, 살펴보고 청국공사관에 이조(移照)해서 이 비도들을 체포하여 백성들의 재산을 돌려 받고 법에 따라 처리하기 바랍니다.

광무 3년 9월 7일

평안북도관찰사 조민희

의정부찬정외부대신 박제순 각하

제음(題音)

청국의 비도(匪徒)가 종종 국경을 침범하여 사람을 살해하기에 이르렀으니 매우 놀랍습니다. 이전에 삼수군, 갑산군 등지의 비도가 난리를 일으킨 일이 있기에 경성 주재 영국공사에게 조회하여 청국 의약(議約) 전권대신에게 전달하게 하여 상의하고, 우리나라 수토관(守土官)에게 맡겨서 무기를 사용해서 비류(匪類)들을 쫓아내게 했습니다. 따로 방리(防里)에 지시하여 방비에 힘쓰게 하고 또 침범하면 남기지 말고 쓰러뜨리라고 하는 것이 좋겠습니다. 28일

22 용천군에 와서 불법으로 석탄을 채굴하는 청국인을 돌려보냈다는 보고

보고서 제13호

지금 제9호 훈령을 받았습니다.「평안북도의 제8호 보고서를 보니 "청국인 수백 명이 용천군에서 며칠 만에 건물[屋]을 세우고 탄광을 파서 공사(公私) 토지를 채굴하고 있습니다"라고 했습니다. 그래서 외부대신이 경성 주재 영국공사에게 지조(知照)하여 "청국인들이 용천군에서 건물을 세우고 채굴을 하는 것은 모두 불법입니다. 마땅히 빨리 순검을 파견하여 금지해야 합니다. 그런데 지금 청국과 우리나라 사이에 아직 조약이 체결되지 않아서 우리나라에 있는 청국 상민들은 영국공사의 보호를 받고 있어 청국 사람들도 동일하게 취급을 받고 있습니다. 그들에게 먼저 널리 알리고 설득하여 잘못을 알고 돌이키도록 해주기 바랍니다"라고 했습니다. 그랬더니 그 답변에 "중국의약전권대신(中國議約全權大臣) 서수붕(徐壽朋)에게 전달하여 논의했습니다. 이미 직접 대면하여 동의를 얻고 북경의 총서(總署)에 전보를 보냈습니다. 이 내용은 성경장군(盛京將軍)에게 전달되고 동변도(東邊道) 파원(派員) 및 대병(帶兵)에게 곧바로

지시되었습니다. 그들이 용천 지방에 가서 그 청국인들을 압송하여 돌려보내고 근처의 한국 관리에게 알려서 편하게 국경을 넘도록 할 것입니다"라고 했습니다. 이에 훈령하니 용천군수에게 지시하여, 청국의 관원과 병사들이 오기를 기다려서 협력하여 체포해 돌려보내기 바랍니다. 다만 청국 관원과 병사들이 언제 올지 알 수 없으므로, 먼저 순검을 파견하여 이 훈령 내용을 모두 알리고 설득하여 그들이 빨리 스스로 귀국하도록 하는 것이 옳겠습니다」라고 했습니다. 이 뜻을 받들어 용천군에 있는 청국인 수백 명을 청국 관원과 병사들이 오기를 기다려 협력하여 체포해 돌려보내도록 용천군수에게 지시했습니다. 또 훈령의 내용을 모두 알리고 설득하여 그들이 빨리 스스로 귀국하도록 순검을 먼저 파견했습니다. 그런데 지금 용천군수 유봉근(柳鳳根)의 보고서를 보니 「관찰부 순검이 가지고 온 훈령을 받들어 용천군에 왕래하는 청국인들에게 빨리 돌아가도록 단속하라고 순검을 보냈습니다. 그런데 관찰부 순검 김창호(金昌浩)의 보고를 받아보니 "청국인들을 하나하나 설득하니 그들이 스스로 먼저 돌아갔습니다"라고 했습니다. 이에 보고하니 살피기를 바랍니다」라고 했습니다. 그들이 지금 비록 돌아갔으나 강 하나를 사이에 두고 맞닿아 있는 곳이기에 다시 와서 침탈할 우려가 있으므로 보이는 대로 금지하도록 지령을 보냈습니다. 이에 보고하니 살펴주기를 바랍니다.

광무 3년 10월 10일

평안북도관찰사 조민희

의정부찬정외부대신 박제순 각하

제음(題音)

이후에 청국의 유민(莠民)이 또 국경을 넘어 문제를 일으키면 장정을 어긴 것만이 아니라 곧 교화를 방해하는 무리입니다. 조처를 하지 않으면 그대로 내버려두는 것입니다. 순검과 순교 등을 파견하여 잡아서 국경 밖으로 쫓아내어 사건이 계속 일어나지 못하게 하는 것이 옳습니다. 25일

23 회인현 청비(淸匪)가 계속 국경을 침범해 조선인을 살해하고 재산을 빼앗은 것을 보고

보고서 제7호

관하 강계군수 이창렴(李昌濂)의 제111호 보고서를 받았습니다. 『음력 5월 20일 사시(巳時)쯤에 강계군 문옥면(文玉面) 집강 김봉무(金鳳武)의 보고를 받아보니 「문옥면의 송삼(松三), 삼강(三江) 건너편 언덕은 청국 회인현(懷仁縣) 상화보사하토(祥和保沙下土)입니다. 그런데 그곳에 근래에 힘센 무리인 유영강(劉永剛) 등이 6, 7십 명을 이끌고 와서 수개월 동안 상민들의 뗏목을 빼앗거나 행인들의 주머니를 빼앗았습니다. 어젯밤 3경쯤에는 적당(賊黨) 30여 명이 각자 총과 칼을 들고 송삼(松三) 등지로 와서 전곡과 의복 등 물건을 집집마다 빼앗고 주민 10명을 묶어갔습니다」라고 했습니다. 그래서 우선 회인현 아문에 이조(移照)하여 처리해줄 것을 요청했고, 따로 관원을 보내 일의 전말을 상세히 조사한 후에 사실대로 관찰부에 보고하도록 했습니다. 그랬더니 어제 미시(未時)쯤에 도착한 문옥면 집강의 보고를 보니 「자성군 목재상 황국명(黃國明)의 칭원(稱冤)[38]을 들어보니 "제가 목재로 뗏목 하나를 만들어 군인 4명을 데리고 지난 8일 밤에 뗏목을 타고 하류로 내려가서 사하토에 도착했습니다. 그런데 그 지방의 도적 두목 유영강, 동윤태(董允泰), 최수군(崔守君) 등이 그 무리를 이끌고 총을 쏘고 칼을 휘두르며 와서 뗏목을 빼앗았습니다. 저희들이 뗏목을 버리고 도망갈 때 군인 김봉빈(金奉彬)은 총을 맞아 사망하여 물에 떨어졌습니다. 그 후 여러 날 수색하여 지금 찾았는데 오른쪽 겨드랑이 아래 총알 구멍이 한 곳 있었습니다. 이를 관원에게 보고하고 회인현에 전달하여 법에 따라 목숨을 보상해주십시오"라고 했습니다. 사실대로 보고하니 헤아려서 처분해주기 바랍니다」라고 했습니다. 그래서 다음달 15일 회동하여 함께 검험(檢驗)하자고 우선 회인현에 조회했습니다. 이에 보고하니 살피신 후 청국영사관에 전달하여 유영강 등 도적들의 악행과 김봉빈이 살해당한 사건을 법에 따라 처리하도록 해주기 바랍니다』라는 내용이었습니다. 청비(淸匪)가 국경을 침범하여 사람을 살해한 것이 매우 놀라웠습니다. 따로 수비할 포수를 파견하

38 원통한 일을 호소하는 것을 말한다.

여 조금의 우려도 남기지 않도록 지령을 보냈습니다. 이 청비들이 이렇게 창궐하여 백성의 재산을 계속 빼앗고 사람을 살해하고 있으니, 이 변경의 근심이 작지 않습니다. 따로 계책을 시행하여 그들을 잡아서 심문하고 목숨을 보상하는 형전(刑典)을 시행해야만 변방 고을의 백성들을 지킬 수 있습니다. 청국영사관에 전조(轉照)하여 청비 유영강 등을 토벌하도록 하고, 김봉빈 살해사건은 그 지역 군수가 회동하여 검험해 보고하기를 기다려 다시 전보(轉報)하겠습니다. 이를 먼저 보고하니 살펴주기를 바랍니다.

광무 4년 7월 3일

평안북도관찰사 조민희

의정부찬정외부대신 박제순 각하

24 자성군에서 목비(木匪)와 결탁해서 행패를 부리고 목재를 빼앗아간 통화현 도적이 도리어 한국 군대를 무소(誣訴)하여 논쟁이 벌어진 상황에 대한 보고

보고서 제10호

관하 자성군수 박항래(朴恒來)의 제123호 보고서를 받았습니다. 「자성군 북쪽의 여연면(閭延面), 장토면(長土面), 자하면(慈下面), 삼흥면(三興面) 4면은 청국 통화현, 회인현과 인접하고 있고, 사이에 강 하나가 있으며 그 이름은 호강(胡江)입니다. 이 강이 남북의 경계를 나누고 있습니다. 청국 백성은 억세고 거칠며 우리 백성은 힘이 없고 약하여, 그들이 거리낌 없이 국경을 넘어 침략하며 행패를 부리는 것이 이전부터 관습이 되었습니다. 우리 백성이 곤란해지고 관은 통제할 수가 없어, 삼림을 함부로 베고 인삼을 몰래 캐가는 지경이 되어도 금지할 수 없었습니다. 군수가 부임한 이후 청국 사람들이 불법을 저지른 것과 몰래 나무를 베고 인삼을 캐가는 것을 확실히 금지하기 위해 네 달 동안 변경 지역에 여러 번 지시해서, 아편과 술을 몰래 팔고 재산을 빼앗고 사람을 구타하는 폐단을 엄히 금지시켰습니다. 그러나 목비(木匪)들이 행패를 부리는 것은 막기 어려워서 관인(官人)을 파견하고 민정(民丁)을 6, 7회 보냈으나 도리어 목비들이 때려서 쫓아냈습니다. 청국 관원들에게 6차례 조회를 했으나 그들은 양국의 공법

(公法)을 따르지 않아서 놀랍고 화나는 것을 이기지 못하겠으며, 중요한 강변 지역을 나누어 지키는데도 목재를 운반하지 못하고 있습니다. 그런데 통화현 삼도구(三道溝)에 사는 사나운 청국인 손조상(孫兆祥)이 목비들과 결탁하고 포용(砲勇)을 개인적으로 데리고 다니면서, 3, 4백 명이 일제히 상륙하여 깃발을 세우고 총을 쏘며 민정을 죽이고 쫓아냈고 순교와 차사를 포위하여 협박하고 목재로 만든 뗏목 30여 개를 가지고 갔습니다. 그리고 연민(沿民) 이관인(李官仁), 김은수(金股守) 등 13명에게서 노목(撈木) 1,218편(片)을 빼앗아갔습니다. 이 일로 통화현에 조회했을 때 교활한 손조상이 그 죄를 가리려고 어떻게 통화현에 무소(誣訴)했는지 통화현이 진상을 조사하려고 병서역(兵書役) 3명을 보내 본 군에 도착했습니다. 그래서 손조상과 모두를 관정(官庭)으로 불러서 자성군 각처에서 목비들이 행패를 부린 일과 손조상이 목비들과 결탁하고 사적으로 포용을 보내서 경계를 침범해 분쟁을 일으키고 목재를 빼앗아 가져간 것을 자세히 설명했습니다. 그 병서역들은 확실히 손조상이 불법으로 무소한 상황을 알게 되었고 손조상도 그 죄를 하나하나 자백하고 인정했습니다. 병서역들이 가지고 온 손조상의 소안(訴案) 및 통화현이 심양에 보고한 초건(草件)을 살펴봤습니다. 손조상의 소안 중에 "한국이 병사 백수십 명을 통화현 백마랑(白馬浪) 소우도구(小牛道溝) 강균석(姜鈞石) 등에게 보내서 청국인 벌목꾼 두목과 분쟁을 일으켰다"라는 내용이 있었습니다. 통화현의 보고 내용 중에는 "주한출사대신(駐韓出使大臣)에게 자문(咨文)을 보내, 한국 정부에 조회하여 한국의 병사를 통솔하는 관원에게 지시하도록 하여 청국 땅에서 병력을 운용하여 분쟁을 일으키지 말도록 해주기 바랍니다"라는 내용이 있었습니다. 그 통화현 관원 진장(陳璋)이 손조상의 무소만을 듣고 보고하여, 그 출사공사(出使公使)에게 요청하여 우리나라 정부에게 조회했는데 그 내용이 서로 매우 다릅니다. 본 군에 무슨 백수십 명의 병사가 있으며 어떻게 국경을 넘어 분쟁을 일으키겠습니까. 우리 지역에서 문제를 일으키는 목비들도 오히려 금지하지 못해서 여러 번 통화현에 조회해서 구구하게 힘을 빌렸는데, 어떻게 그 땅에서 병사를 운용하겠습니까. 본 군뿐만 아니라 연강(沿江)의 각 군 중에서 한 곳도 병사를 기르지 못했음은 외부와 관찰부에서 잘 알고 계십니다. 그러니까 청국공사의 조회가 왔더라도 정부에서는 절대 믿지 못할 것입니다. 그러나 청국 관민이 이미 무소하고 무보했으니 어쩔 수 없이 사실을 보고해야 해서 이에 실상을 보고합니다. 살피고 외부에 전보(轉報)하여 무소를 당하지 않게 해주고, 청국인들이 국경을 넘어 폐단을 일으키는 것을 엄히 금지하게 해주기 바랍니다」라는 내용이었습니다.

소위 손조상은 어떤 자이길래 고의로 약장(約章)을 위반하고 국경을 침범하여 나무를 벤 것도 이미 죄를 범한 것인데, 포수를 이끌고 상륙하여 민정을 죽이고 쫓아내며 나무를 빼앗아 간 것은 얼마나 위법한 행동입니까. 자성군수가 민정을 보내서 힘을 다해 금지하려고 했는데도, 통화현 관원은 손조상의 무소만을 믿고 그 출주공사(出駐公使)에게 무보하여 우리 정부에게 조회한 것은 매우 근거가 없습니다. 이에 보고하니, 살펴보고 청관(淸館)에 전조(轉照)하여 다시 국경을 침범해 목재를 베어가는 폐단이 없도록 해주기를 바랍니다.

광무 4년 7월 21일

평안북도관찰사 조민희

의정부찬정외부대신 박제순 각하

25 지방대가 훈령에 따라 러시아인을 보호하며 여비를 지급하고 삼화항으로 호송한다는 보고

보고서 제12호

관하 의주군수 이창권(李昌權)의 제176호 보고서를 받았습니다. 「당일 도착한 비훈(祕訓)을 직접 받아보니 "청국 구역에서 비도들이 창궐하여 공사(公私) 간에 청국 땅에서 사는 사람들이 피난하여 살려고 하고 있다. 서양 및 아시아 각국 사람이 만약 국경에 도착하면 즉시 보호하고 위문한 뒤 삼화항으로 호송하고, 거행한 내용을 계속 보고해서 전보(轉報)하도록 하라"라고 하였습니다. 이를 각별히 거행하여 곧바로 보고하겠습니다. 그런데 당일 신시(申時)쯤에 러시아인 56명이 청국 심양 지방에서 나왔다고 해서, 그 이유를 물으니 피난하기 위해 나왔다고 했습니다. 그래서 위문하고 여관을 정하여 머무르게 하고 따로 보호했습니다. 그런데 본 군에 주둔하고 있는 황주지방대(黃州地方隊) 대대장서리 박선빈(朴善斌)이 알려오기를 "칙령에 따라 전훈(電訓)이 내려왔는데 의주군 상납전 중 900냥을 즉시 획출(劃出)하여 러시아인에게 내어주어서 여비로 삼도록 하고 순교 1명이 삼화항까지 호송하도록 하라고 하셨다"라고 했습니다. 그래서 900냥을 마련해서 지방대에 보냈고, 지방대에서 러시아인들에게 내주었습니다. 러시아인들은 하룻밤 머무른 뒤 출발하여 삼화항으로 떠났습니다」라는 내용이었습니다. 이 일행이 7월 23일에 용천군에 도착하여 숙박했고, 같은 달 25일에 선천군을 지나 곽산군에 도착해 숙박했습니다. 26일에 정주군에서 점심을 먹고 다음 역참으로 출발했다고 합니다. 이와 같이 해당 각 군 군수들의 보고가 있었기에 그 상황을 보고하니 살펴주기 바랍니다.
광무 4년 8월 1일

평안북도관찰사 조민희

의정부찬정외부대신 박제순 각하

26 청국 회양현 도적 유영강(劉永剛)의 무리에게 살해당한 김봉빈(金鳳彬)의 시체를 검험한 결과를 보고

보고서 제14호

관하 강계군수 이창렴(李昌濂)의 제111호 보고서를 받고, 강계군 문옥면 건너편 온화보(蘊和保)에서 김봉빈(金奉彬)이 살해된 사건의 문서[命案]는, 군수가 회동하여 검험한 뒤 보고하는 것을 기다려 다시 전보(轉報)할 것임을 지난 7월 3일에 이미 보고했습니다. 오늘 강계군수가 보고한 검안이 도착하여 하나하나 살펴봤습니다. 사망자가 총에 맞고 물에 떨어진 것은 동료들이 목격했을 뿐만이 아닙니다. 오른쪽 겨드랑이 아래 총알에 맞은 구멍이 있고, 폐 부위에서 납탄을 꺼낸 것은 여러 사람들이 확실히 진술한 것이고 검안한 내용도 정확합니다. 실인(實因)이 총에 맞아 죽은 것임은 의심할 바가 없습니다. 따라서 시체는 내보내서 매장했습니다. 사망자 김봉빈은 40여 세의 가난한 사람으로 봄부터 여름까지 집안 숙부의 격군(格軍)이 되어 뗏목에 몸을 맡겨 살았습니다. 해질 무렵에 강을 내려오다가 강적(强賊)들에게 사살되어 강물에 시신이 떠내려갔습니다. 그 정황이 참혹하여 고혼을 위로하지 않을 수 없습니다. 그 유영강(劉永剛)은 무리를 모아 나루터를 장악하고 사람을 죽이고 목재를 빼앗아갔습니다. 이는 문에 구멍을 내서 도둑질하는 일에 비할 수가 없습니다. 그 정황을 생각하면 만번 죽여도 오히려 가벼우기에 회동하여 작성한 검안과 별지를 등상(謄上)합니다. 청국 관리가 검험한 기록은 모두 첨부하여 하나는 법부에 보냈고 외부에도 보고하니, 살펴본 후 청국영사에게 전조(轉照)하여 유영강을 법에 따라 처벌하게 해주기를 바랍니다.

광무 4년 8월 15일

평안북도관찰사서리영변군수 정주묵

의정부찬정외부대신 박제순 각하

강계군 문옥면 건너편 온화보에서 사망한 김봉민 시신 회검안

보고서 제135호

강계군 문옥면 건너편 온화보에서 사망한 김봉빈의 시신을 회검(會檢)하기 위해 음력 6월 20일에 군을 떠난 것은 이미 보고했습니다. 당일 검험에 참여해야 할 사람들을 데리고 북쪽으로 70리 떨어진 시상면(時上面) 사평(沙坪)에서 점심을 먹고 50리를 가서 외귀방(外貴坊) 건창(乾倉)에서 숙박했습니다. 그 다음날인 21일에 50리를 가서 문옥면 문악동(文岳洞) 입구에서 점심을 먹고 통역에게 청국 관원이 나와 있는지 여부를 조사하게 했습니다. 그의 말이 회인현 지사를 대신하여 차구문(岔溝門) 순검 왕준(王濬)이 회인현 형리(刑吏) 4명과 오작(仵作) 2명을 데리고 나와서 만포진(滿浦鎭) 건너편 양이토란가막(洋伊土蘭哥幕)에 머무르고 있다고 했습니다. 그래서 22일 식사 후에 군수가 각 사람을 인솔하고 5리쯤 가서 압록강 강변에 이르렀습니다. 인장은 데리고 온 강계군 향장 김봉훈(金鳳塤)에게 맡기고, 배를 타고 강을 건너서 청국의 마전동(麻田洞) 입구에 있는 김봉빈의 시체가 떠내려온 곳에 도착했습니다. 그리고 청국 관원과 함께 한곳에 모여앉아 여러 사람들을 상대로 검험을 했습니다.

경자년(庚子年, 1900) 6월 22일에 문옥면 집강 유학으로 나이 30세인 김봉무(金鳳武)가 아뢰었습니다. 『"지금 김봉빈이 사망한 일에 네가 이미 소장(訴狀)을 내고 또 사건을 조사했으니 당초에 사망한 원인과 상황이 어땠는지를 너는 상세히 알 것이다. 전후에 들은 것과 본 것을 일일이 아뢰라"라고 추문(推問)하시기에, 「제가 맡은 구역 안 연강(沿江)의 송삼(松三), 삼강(三江) 등지에서 청국 쪽 사하토(沙下土)에 모여 있는 적당 유영강(劉永剛) 무리가 목재와 물건들을 빼앗고 종종 행패를 부려서 항상 걱정이었습니다. 지난달 19일 미시(未時)쯤에 자성군 목재상 황국명(黃國明)이 칭원(稱冤)하기를 "제가 목재로 뗏목 한 개를 만들어 군인 세 명을 데리고 지난 8일 강을 내려갈 때에 사하토 지방에 도착했는데 그 지역 적당 유영강 등이 지나가는 뗏목을 번번이 빼앗는다는 이야기를 들었습니다. 그래서 밤을 틈타서 몰래 내려가는데 유영강이 정말로 무리 수십 명을 데리고 와서 뗏목을 빼앗았습니다. 저희는 뗏목을 포기하고 흩어져 도망쳤는데 군인 중에서 안주에서 온 제 외오촌조카 김봉빈이 총에 맞아 죽어서 강물에 떨어졌습니다. 여러 날을 찾아서 시신을 건져 상세히 조사했습니다. 오른쪽 겨드랑이 아래에 총알 구멍 한 곳이 있어서 관청에 보고하니, 검험하셔서 법에 따라 살인한 사람을 죽여주십시오"라고 했습니다. 사람이 사망했다고 하니 매우 놀라워서 황국명과 함께 압록강을 건너 시체를 살펴봤습니다. 오른쪽 겨드랑이 아래에 총알의 흔적이 분명히 있었습니다. 이러한 사실을 보고했고, 시체는 구덩이를 파서 보관했습니다. 이 외에는 아뢸 말이 없으니 헤아려 시행해주십시오」라고 했습니다.』

같은 날 강북 온화보 좌상(座上) 한량이며 나이 42세인 김문길(金文吉)이 아뢰었습니다. 『"지금 김봉빈이 사망했는데, 김봉빈이 어느 지방에서 사망했든지 간에 그 시체가 네 관할 지역에 떠내려왔고 네 관할 지역에 묻혔다. 그러니 사망한 곡절과 상처 유무를 분명히 듣고 보았을 것이다. 당초 김봉빈이 무슨 일로 어떤 사람들과 싸우다가 죽어서 그 지방에 떠내려왔으며, 누가 언제 시신을 수습해서 이 땅에 구덩이를 파서 묻었는지 지금까지 듣고 본 것을 남김없이 말하라"라고 추문하시기에, 「제가 강북을 다니면서 살다가 이제 나이가 되어 좌상으로 거행하고 있었습니다. 지난달 19일에 문옥면 문악동 주민 김일주(金一柱)가 와서 저에게 말하길 "앞 강가에 목재가 떠내려왔으니 함께 가서 건져내면 좋겠습니다"라고 했습니다. 그래서 제가 김일주와 함께 강변으로 나가서 보니, 김일주가 말한 건져내면 좋을 물건이 목재가 아니라 사망한 사람이어서 제가 김일주를 책망했습니다. 그러자 김일주의 말이 "제가 사실대로 말하면 좌상께서 반드시 인정하시지 않을 것이기에 일부러 속였습니다. 하지만 좌상이 되셔서 어떻게 건져서 묻어주지 않으시겠습니까. 이미 여기에 도착하셨으니 힘을 합하여 묻어주는 것이 이치에 맞습니다"라고 했습니다. 그래서 통조선(通槽船) 뱃놈 김성호(金成浩)를 불러서 함께 시신을 수습하려고 할 때에 문옥면 집강 김봉무가 또 넘어와서 시체를 조사했습니다. 오른쪽 겨드랑이 아래에 총알 자국이 있는 것은 저도 목도했습니다. 당초 사하토 지방에서 유영강에게 총살을 당한 것은 황국명이 말한 것을 들었을 뿐이며, 처음부터 목격하지는 못했습니다. 이 외에는 아뢸 말이 없습니다. 헤아려서 시행해주십시오」라고 했습니다.』

같은 날 사망자의 친척인 한량이며 나이 45세인 황국명이 아뢰었습니다. 『"이번에 사망한 김봉빈이 너와는 숙질 사이고 또 네가 김봉빈의 고용주라고 했다. 당초에 총을 맞고 강물로 떨어진 일과 끝내 시신을 수습해서 땅에 묻은 곡절을 하나도 남김 없이 처음부터 끝까지 상세히 설명하고 나이가 몇 살이고 옷차림이 어떠하며 흉터가 있었는지 아니었는지를 일일이 말하라"라고 추문하셨습니다. 그래서 「봄부터 경영하여 목재를 사서 뗏목을 만들어서 원문항(元文恒), 이수원(李守元) 및 외오촌조카 김봉빈를 격군으로 정하여 강을 내려가게 했습니다. 저는 따로 볼 일이 있어 뭍길로 따라갔습니다. 지난달 9일에 문옥면 송삼 등지에 도착했는데, 격군 원문항 등이 비틀거리면서 와서 울면서 저에게 말하기를 "어젯밤에 사하토의 적당 유영강, 동윤태(董允泰), 최수근(崔守勤) 등이 무리를 많이 데리고 총을 쏘며 와서 뗏목을 빼앗아갔습니다. 그래서 저희들이 모두 뗏목을 버리고 도망갈 때에 김봉빈이 총을 맞아 죽고 물에 떨어져 떠내려갔습니다"라고 했습니다. 잃어버린 뗏목은 말할 필요도 없고, 물에 떨어진 봉빈이를 흐르는 강물 속에서 수십 일 동안 찾으며 문악동 입구에 도착했습니다. 거기서 통조선 뱃놈 김성호의 말이 "멀리 보이는 강 건너편 물이 모이는 곳에 사람 같기도 하고 나무 같기도 것이 있습니다. 그대도 나와 함께 가서 보는 것이 좋겠습니다"라고 했습니다. 그래서 김성호와 함께 강을 건너가서 보니 정말로 김봉빈의 시신이었습니다. 그때 김성호는 김일주를 시켜서 좌상을 불러오게 했고 저는 압록강을 도로 건너서 면소(面所)에 아뢴 후에 집강 김봉무와 함께 강을 건너가서 시체를 조사했습니다. 그때 오른쪽 겨드랑이 아래에 총알 자국을 집강도 목격했습니다. 이 일을 집강이 관찰부에 보고했으며, 살인자들에게 속히 사형을 집행하실 것을 기다리고 있습니다. 나이는 43세이며 옷은 백목(白木)으로 만든 홑저고리와 바지를 입었습니다. 흉터는 처음부터 몰랐습니다. 헤아려서 시행해주십시오」라고 했습니다.』

같은 날 오작이며 나이 47세인 이시휘(李時輝)가 아뢰었습니다. "이번에 사망한 김봉빈의 시체를 검험할 때 수치를 증감하여 잘못된 내용을 기록하여 보고했다가 뒤에 밝혀졌습니다. 드릴 말씀이 없으며 죄를 인정합니다."

같은 날 사망한 김봉빈의 시체가 떠내려온 곳을 조사했습니다. 시체는 문옥면 문악동 건너편 마전동 위편의 구덩이가 만들어진 곳에 있었습니다. 사방을 측량하니 동쪽으로는 강에 닿아 있는 큰 바위까지 108척 4촌이며, 서쪽으로는 작은 수풀까지 51척 3촌, 남쪽으로는 압록강변까지 34척, 북쪽으로는 산기슭까지 5척 2촌이었습니다. 구덩이를 만들어 흙을 덮은 곳은, 흙의 높이는 2척 3촌이며 둘레는 18척, 지름은 6척이었습이다. 이어서 구덩이를 파게 하여 시체를 강기슭 평평한 곳에 설치한 판자 위에 두고 하나씩 옷을 벗겼습니다. 백목으로 만든 홑저고리 하나를 벗겼으며 다음에 백목 홑바지 하나를 입고 있었습니다. 시체를 살펴보니 앞면에는 전신 상하에 피부와 살이 모두 남김없이 부패했습니다. 키는 3척 8촌이고 좌우의 갈비뼈가 가지런히 빽빽하게 있었습니다. 그런데 오른쪽 갈빗대에는 총에 맞아서 뼈가 부러진 곳이 없었지만 복부 안에는 장이 상했고 폐가 문드러져 물에 절반이나 차 있었는데 폐 위에 화약이 뿜어진 흔적이 있고 그 색깔이 그때에 어두운 자줏빛이 되어 변하지 않았습니다. 그래서 역정(役丁)을 시켜서 강물을 빼내고 오물을 제거한 후에 다시 양국의 오작을 시켜서 변질되고 남은 약간의 내장을 손으로 문질러봤더니 과연 한 개의 납탄이 폐 안에 있었습니다. 끄집어내서 세척한 후 무게를 재보니 무게는 1전(戔) 1푼(分)이고 둘레는 1촌 2푼이고 지름은 3푼 5리였습니다. 형태는 상수리나무 씨앗 같았습니다. 그리고 정수리부터 발톱까지 모두 온전했고, 두 팔은 펴져 있고 두 손은 미세하게 쥐어져 있었습니다. 머리 뒤편 머리카락 경계부터 발톱 경계까지 피부와 살은 모두 남김없이 사라졌고 뼈와 관절은 모두 온전했습니다. 그런데 그때 조사한 집강과 매장한 모든 사람이 다 오른쪽 세 번째 늑골의 피부와 뼈가 서로 붙어 있는 사이에 총알 구멍이 있다고 했습니다. 또 납탄을 폐 안에서 찾았으니 납탄이 오른쪽 세 번째 늑골의 피부와 뼈가 붙어 있는 사이를 따라 폐엽으로 들어간 것이 눈으로 본 듯이 분명했습니다. 사인은 총에 맞아 죽은 것이 확실했습니다.

같은 날 정범이며 나이가 45세인 청국인 유영강이 아뢰었습니다. 「"이번에 목재상 황명국의 격군 김봉빈이 사망한 사건이 일어났다. 그런데 네가 도적의 우두머리로 무리를 사하토에 모아 피아 영토 사이에서 목재를 빼앗고 물건을 훔쳐서 일부러 행패를 부렸다. 그리고 지난달 8일 저녁에 황국명의 뗏목을 빼앗으려고 그 무리를 이끌고 조총을 어지럽게 쏴서 마침내 김봉빈을 죽게 했다. 무리를 모아 물건을 훔쳐도 원래 용서할 수 없는데, 하물며 사람을 죽인 자는 어떻겠는가. 계속 백성의 재산을 빼앗은 일과 당시 총을 난사하여 사람을 상하게 한 행위를 하나하나 정직하게 고하여 양국의 옥안(獄案)을 바로잡게 하라"라고 추문하셨습니다. 그래서 "제가 내지(內地)의 백성으로 이 땅에 와서 농사를 지으며 먹고 살았습니다. 그런데 올해 봄에 한국인들이 노목(撈木)[39]으로 먹고 사는 것을 많이 보고 나쁜 마음이 일어났습니다.

39 나무를 베어 뗏목을 만들어 하류로 보낸 뒤에 그 나무를 건져서 목재로 파는 것을 말한다.

그래서 동윤태, 최수근과 함께 수십 명 병사들을 모아 목재를 빼앗고 백성들의 재산을 훔쳤습니다. 지난달 8일 저녁에 강 입구를 장악한 병사들이 보고하기를 강 위에 뗏목 하나가 소리없이 내려와서 지나갈 것이라고 하여 저희들이 무리 약간을 데리고 하늘을 향해 총을 쏘고 소리만 크게 질렀는데 무리 중 누군가가 사람을 향해 총을 쐈는지 이 김봉빈이 사망했습니다. 총을 쏜 사람이 누구이든 간에 제가 무리의 우두머리로서 지시를 내렸으니 어찌 절도하고 살인한 죄를 면하겠습니까. 다만 엎드려 보고를 드리고 관청의 처치를 기다립니다"라고 했습니다.」

같은 날 증인 한량 47세 원문항(元文恒), 41세 이수원(李守元)이 아뢰었습니다. 『"너희들이 모두 황국명의 노꾼이 되어 죽은 김봉빈과 뗏목을 타고 내려가다가, 유영강 등이 약탈했을 때 너희 둘은 도망가서 살고 김봉빈은 총을 맞고 죽었다고 했다. 이것이 무슨 이야기인가. 어두운 밤에 물결이 치는데 그들은 많고 우리는 적어서 맞서 싸울 수 있는 상황이 아니었을 뿐더러 적도들이 한 줄로 늘어서 있어서 뗏목을 향해 어지럽게 총을 쏘고 있던 때에 죽느냐 사느냐는 각자 똑같았을 텐데 두 명은 살고 한 명은 죽은 것은 필시 그 까닭이 있다. 적들이 총을 쏘고 뗏목을 빼앗은 일과 너희들은 살고 김봉빈은 죽은 경위를 숨기지 말고 정직하게 말하라"라고 추문하셨습니다. 그래서 「저희가 모두 가난한 백성으로 고용이 되어 황국명의 노꾼으로 들어가서 뗏목을 타고 문옥면 송삼 건너편 사하토 지방으로 갔습니다. 그런데 그 지방의 적당 유영강 등이 중요한 나루터를 장악하고 강을 건너는 뗏목이 나타나는 대로 빼앗아갔습니다. 그래서 우리들은 감히 내려가지 못하고 며칠 머물다가 지난달 8일에 어두워졌을 때를 틈타 내려갔습니다. 그러나 그때 적도들이 따로 보초병을 뒀었는지 갑자기 한 무리의 강도들이 강기슭으로 달려나와서 크게 소리치길 "너희들은 빨리 뗏목을 놓고 가라. 안 그러면 모조리 죽일 것이다"라고 하며 조총을 어지럽게 쐈습니다. 고함소리와 총소리가 온 강을 시끄럽게 했습니다. 이때 저희들이 정신이 날아가 버려서 뗏목을 포기하고 같이 작은 통나무 위에 올라가서 남쪽 기슭으로 기어가고 있을 때 문득 옆에 있던 김봉빈을 보니 애처로운 소리를 내며 몸을 날려 물에 떨어졌습니다. 그래서 저희들이 총에 맞고 물에 떨어진 것을 알았습니다. 그러나 뒤쪽 편에서는 총성이 끊이지 않았고 밤이 어둡고 물이 험해서 도울 수가 없었고 목숨을 건져 기슭에 올라갔습니다. 다음날 아침에 뗏목 주인 황국명이 육로로 송삼에 왔다는 이야기를 듣고 급히 가서 상황을 보고했습니다. 그 후 시체를 10여 일 동안 찾았으니 끝내 찾지 못했습니다. 저희들 두 사람은 귀신에 놀라서 겁이 난 건지 식사도 제대로 못하고 걷는 것도 잘 못해서 옥동(玉洞)에 머물렀습니다. 황국명 한 사람만 문악동 입구에 갔는데 지난달 19일에 문악동 건너편에서 비로소 시신을 찾았다는 이야기를 들었습니다. 그러나 시신을 찾아내고 묻은 것은 저희들이 애초에 보지 못했습니다. 헤아려서 시행해주십시오」라고 했습니다.』

같은 날 사련(詞連) 한량 38세 김성호가 아뢰었습니다. 「"이번 김봉빈 사망 사건에 너는 문악동 뱃사람으로 일찍 배를 몰다가 처음으로 김봉빈의 시신을 보고 마전동 위쪽에 정박하고 시신을 건져냈다고 했다. 김봉빈이 사망한 경위와 상처가 있었는지 여부를 반드시 듣고 봤을 것이다. 듣고 본 대로 하나하나 정직하게 이야기하라"라고 추문하셨습니다. 그래서 말씀드리길 "저는 뱃사람으로 먹고 살았습니다. 지난달 19일 이른 아침에 나루터로 나가서 농사꾼들이 강을 건너는 것을 기다렸습니다. 그런데 갑자기 강 건너편 여울에 어떤 것이 있었는데 사람 같기도 하고 나무 같기도 한 것이 계속 떠다니고 있었습니다. 그래서 동 주민 김일주와 함께 강을 건너려고 할 때에 마침 뗏목 주인 황국명이 김봉빈의 시신을 찾아서 왔습니다. 그래서 함께 강을 건너서 급하게 가서 보니 황국명의 말이 정말 김봉빈의 시신이라고 했습니다. 제가 김일주를 시켜서 좌상을 오게 하고 건져내어 묻어주려고 할 때에, 황국명이 다시 강을 건너가서 본 면 집강을 불러와서 시체를 조사했습니다. 오른쪽 겨드랑이 아래에 총알 구멍 한 곳이 있었습니다. 이후 구덩이를 파서 묻어주고 마쳤습니다. 이 외에는 달리 드릴 말씀이 없습니다. 헤아려서 시행해주십시오"라고 했습니다.」

같은 날 사련 한량 30세 김일주가 아뢰었습니다. 「"너와 뱃사람 김성호가 김봉빈의 시체를 건져냈고 좌상을 불러올 때에 목재라고 전했다. 비록 길 위의 시체라도 이웃에게 알리는 것이 법이다. 그런데 사실을 말하지 않고 목재라고 전한 것은 왜인가? 시신을 건질 때에 반드시 상처의 유무를 봤을 것이다. 황국명을 만났을 때 반드시 사건의 원인이 무엇인지를 들었을 것이다. 듣고 본 것을 하나도 빼지 말고 샅샅이 정직하게 말해라"라고 추문하셨습니다. 그래서 말씀드리길 "제가 본래 농사로 먹고살다가 집은 가난하고 밭이 없어서 강북 마전동에서 김매어 개간을 하고 풀을 베기 위해 강을 건너려고 했습니다. 지난달 19일 이른 아침에 나루터로 나가서 뱃사공을 불렀는데, 뱃사공 김성호의 말이 건너편 물이 들어간 곳에 사람 같기도 하고 나무 같기도 한 것이 있어서 물을 따라 출렁이고 있다고 했습니다. 이렇게 이야기하고 있을 때 뗏목 주인 황국명이 마침 왔습니다. 저희들이 모두 황국명이 나무를 잃었을 때 김봉빈이 사망한 사건을 들었습니다. 그래서 강 건너편에 떠밀려온 것이 있다고 말했고, 함께 배를 타고 급히 강을 건너가서 보니 정말로 김봉빈의 시체였습니다. 저희들 세 명의 힘으로는 묻어줄 수가 없었을 뿐만 아니라, 시체가 마을 안에 있어서 이 마을의 좌상을 부르지 않으면 안됐습니다. 그래서 제가 좌상에게 가서 조용히 이야기했습니다. 그런데 생각해보니 강북은 한국인과 중국인이 섞여 사는 곳이어서 무슨 일이든지 청국인들을 통하지 않고서는 후에 반드시 말이 나오는 것을 저도 평소에 들어서 알고 있었습니다. 만약 사실대로 이야기하면 좌상이 반드시 수긍하지 않을 거라고 생각하고, 좌상을 불러오기 위해서 목재라고 한 것입니다. 김봉빈이 유영강의 총에 맞아 죽은 것은 황국명을 만나기 전에 이미 들어서 알고 있었습니다. 상처는 오른쪽 겨드랑이 아래에 총알 구멍이 있는 것을 저희들 모두가 분명히 봤습니다. 헤아려서 시행해주시기 바랍니다"라고 했습니다.」

같은 날 정범 청국인 유영강을 다시 추문했습니다. 「"너의 지난번 진술에서 그날 밤 목재를 빼앗고 사람을 해친 일은 대략 들었다. 옛날부터 물건을 훔치는 무리들은 통행세를 강제로 받거나 숨긴 물건을 찾아내는 식으로 도둑질을 했지, 사람을 죽일 필요는 없었다. 그런데 너희들은 그렇지 않고 어두운 밤에 총을 쏴서 강물 위에서 사람을 죽였으니 이는 얼마나 어그러진 부류이고 얼마나 악한 마음인가. 그동안의 흉악한 행동을 다시 상세히 진술해서 국법이 펴지게 하라"라고 추문하셔서, 말씀드리길 "제가 저지른 죄는 이미 이전의 공초에서 다 말씀드렸습니다. 다시 아뢸 말이 없습니다. 제가 이 성명(聖明)한 때에 본래 양민이었으나 도적이 된 지 오래여서 스스로 돌아보면 저지른 죄가 만번 죽여도 오히려 가볍습니다. 하물며 목재를 훔치고 사람을 살해한 것은 제가 주동하고 지시한 것이므로 제가 다시 무엇을 밝히겠습니까. 다만 엎드려 법대로 처리해주시길 바랄 뿐입니다"라고 했습니다.」

같은 날 서기 40세 송사윤(宋士允), 감고(監考) 43세 황관항(黃官恒), 순교 41세 김경준(金京俊), 집강 34세 김봉무(金鳳武) 등이 아뢰었습니다. "이번에 죽은 김봉빈의 시신을 검사했을 때 저희들이 모두 검사에 참여할 사람으로서 따라가서 살펴봤습니다. 총에 맞아 죽은 것이 맞습니다"라고 했습니다.

같은 날 집강 34세 김봉무가 아뢰었습니다. "이번에 마전동에서 사망한 김봉빈의 시체를 검사한 후 제가 시신을 맡기고 잘 지키라고 한 것은 만약 뜻밖의 일이 일어나면 제가 추궁을 당할 것이기 때문임은 각 사람이 진술한 내용과 같습니다"라고 했습니다.

이와 같이 여러 사람들이 진술했습니다. 대저 살인은 팔형(八刑) 중 으뜸이고 강도는 육범(六凡)의 첫 번째입니다. 이 사건은 한 사람이 두 죄를 저지른 것인데 두 죄가 모두 용서 없이 사형해야 할 것들입니다. 따라서 처벌하는 날에 살인죄로 처벌한다면 강도죄에 대한 처벌은 시행할 여지가 없으며, 강도죄로 처벌한다면 살인죄에 대한 처벌은 시행할 수 없습니다. 그러므로 이 사건은 죽어도 죄가 남는다고 할 수 있습니다. 게다가 물가에 세운 산채에 거점을 만들어 살고 있으니 도적의 무리들이고 사람의 재산을 빼앗았으니 위문(衛門)의 적입니다. 여러 흉악한 적들이 미시(未時)에 밤이 어두울 때 총을 쏜 곳에 강물이 목메어 오열했습니다. 정범이 이미 자백했고 사인이 이렇게 정확하니 사건의 진상은 더 밝힐 것이 없습니다만, 청국과 우리나라가 함께 모여 검사할 때에 인명과 관계된 사건이기에 더욱 신중했습니다. 김봉빈의 시체를 규례에 따라 검사하기 시작했습니다. 전신의 위아래에 다른 상처는 없었는데 피부와 살이 모두 썩어서 남은 것이 없고 다만 유골만 있었습니다. 두 늑골이 제대로 빽빽하게 서 있어서 총알 구멍은 찾지 못했습니다. 그때 검사하던 문옥면 집강과 참관한 마전동 좌상의 말이 오른쪽 겨드랑이 아래 세 번째 늑골 정도에 총알 구멍이 있다고 했습니다. 또 왼쪽 늑골에는 총알이 관통한 흔적이 없다고 했습니다. 복부를 자세히 살펴보니 내장이 썩어서 물이 되어버렸는데 폐엽은 일부는 파랗고 일부는 보라색이어서 화약 기운이 뿌려져 흡착된 흔적과 같았습니다. 그래서 더러운 부분을 물로 씻어내고 손으로 폐엽을 만져보니 정말로 납탄 한 개가 그 안에 남아 있었습니다. 무게는 1전 1푼이고 둘레는 1촌 2푼, 지름은 3푼 5리였습니다. 그 광경을 상상하고 이치를 참고해보니 그때 총알이 오른쪽 세 번째 늑골의 뼈와 피부가 붙어 있는 사이로 들어가서 폐에 박힌 것이 분명합니다. 그래서 사인은 총에 맞아 죽은 것으로 기록했습니다. 강계군에 올릴 주자호(宙字號) 시장(屍帳)에 도장을 찍어 3건을 만들어 1건은 강계군에 올리고, 1건은 사망자의 가족에게 내어주고, 1건은 첨부하여 관찰사에게 올립니다. 이 김봉빈은 수년 간 고향을 떠나 상황이 이미 괴로웠고 10일 동안 뗏목을 타서 심장이 먼저 썩었는데, 밤이 되어 도적을 만났는데 밤은 너무나 깊고 도적은 너무나 많아서 총을 피해 통나무에 올랐더니 수없이 총알이 날라오고 통나무는 마구 흔들렸습니다. 급하게 남쪽 기슭을 향하는데 몇 리 정도 떨어져 있었고 고개를 돌려서 본 북쪽의 도적들은 군대처럼 무섭게 보였습니다. 총소리를 듣고 몸을 날려 물로 떨어진 것은 패배한 군대의 장군과 같고, 어두운 밤에 뛰어든 것은 달을 바라보며 지은 문장과 같습니다. 그 상황을 돌이켜보면 매우 슬프고 그 죽음을 말하면 원통합니다. 그 유영강은 애초에 인성과 천리가 없고 짐승의 마음을 가진 자입니다. 목재를 빼앗고 물건을 훔친 것도 용서할 수 없는데 사람을 노략질하고 상하게 한 것이 어찌 이렇게 심합니까. 요란하게 만든 진술은 허물을 숨기려고 꾸민 것인데, 유영강의 모든 진술은 진짜가 확실합니다. 그 마음의 자취를 생각하고 그 죄를 논하면, 한스럽게도 사람의 목숨은 두 개가 아니어서 법을 이중으로 실시할 수 없을 뿐입니다. 또 증인과 범인의 진술이 모두 맞아떨어지므로 정범은 유영강으로 확정했습니다. 황국명은 사망자와 외오촌숙질 사이여서 시친(屍親)으로 기록했습니다. 집강 김봉무와 좌상 김문길은 하나는 소장(訴狀)을 낸 자이고 하나는 동임(洞任)으로 요청을 받고 와서 참관한 자입니다. 따라서 임장(任掌)[40]으로 써넣었습니다. 원문항, 이수원은 모두 황국명의 노꾼으로 뗏목을 빼앗기고 김봉빈이 총에 맞았을 때 처음부터 끝까지 목격한 사람들입니다. 따라서 간증(看證)으로 기록했습니다. 김성호, 김일주는 시신을 건져내서 힘을 합해 묻어주고 황국명을 만나기 전에 일의 경위를 들어서 안 사람입니다. 그래서 사련(詞連)으로 기록했습니다. 시체는 전례대로 마땅히 원래 구덩이에 도로 넣어놔야 하지만 청국 관리가 시체를 맡기를 거부하여 곧바로 사망자의 가족에게 내줘서 강을 건너 매장하도록 했습니다. 그래서 어쩔 수없이 문악동 입구에 구덩이를 파고 잠시 묻어두도록 하고 면임에게 지키도록 했습니다. 정범 유영강은 청국 백성이기에 잡아오지 못했고 심문해야 할 나머지 사람들은 농번기에 감옥에 가둬놓는 것이 불쌍하여 잠시 석방하는 것을 허락했습니다. 정범 및 심문해야 할 각 사람을 마땅히 세 번 추문해야 하지만, 해가 저물고 길이 멀어서 청국 관리가 철수하여 돌아갔기에 정범은 두 번 진술을 받고 그쳤습니다. 간증, 사련은 군옥(郡獄)에 남는 곳이 없을뿐더러 따로 물어볼 내용이 없고 관례대로 추문할 필요가 없어 처음 진술만 받고 그쳤습니다. 사건 현장 근처에 사는 사람들의 경우, 김봉빈이 사하토 지방에서 죽어서 마전동에 묻혔는데 이 두 곳이 모두 사람이 없는 곳이었기 때문에 잡아서 추문할 사람이 없었습니다. 군수가 사건을 검사한 것을 회인현에 조회한 후 청국 관리의 검험 기록을 별지에 등상(謄上)합니다. 강을 건너 돌아와 향장 김봉훈에게 맡긴

40 서울 및 지방의 동리에서 호적 및 기타 공공 사무를 맡아보던 사역(使役)을 통틀어 이르던 말이다. 지방의 경우 면임(面任), 이임(里任), 감고(監考) 등이 있다.

인장을 되찾아서 복귀했습니다. 이에 보고하니 살펴보고 처리해주기 바랍니다.

광무 4년 7월 18일 오시(午時)

회검관강계군수 이창렴

관찰사 각하

경자 6월 22일 피관검시맥록(彼官檢屍脈錄)

이미 죽은 한국인 김봉빈을 검사했습니다. 나이를 물으니 43세 정도였고 신장은 3척 8촌, 허리둘레는 1척이었습니다. 몸의 앞면을 보니 얼굴이 길었고 피부와 살은 모두 썩어서 남은 것이 없었습니다. 두 팔은 펴져 있고 두 손은 약간 쥐어져 있었습니다. 가슴은 높았고 배는 평평했으며, 오른쪽 늑골에 총상 흔적이 있는데 세 번째 늑골 사이를 통해서 총알이 들어갔기에 늑골은 상하지 않았습니다. 뱃속에서 납탄 한 개가 나왔습니다. 두 다리는 펴져 있었습니다. 몸의 뒷면을 보니 머리털이 자라는 경계는 벗겨져 있었고 전신의 피부와 살이 썩어서 남아 있는 것이 없었습니다. 늑골은 서로 이어져 있었습니다. 전신을 상세히 검사했으나 별다른 상처는 없었습니다. 살아 있을 때 다른 사람이 쏜 총에 맞아서 사망하여 물에 떨어진 것이 맞습니다.

27 의화군 폭동에 대비한 한국군의 병력 배치에 대해 청국 군대가 질의한 것과 그에 대한 답변 내용을 보고

보고서 제18호

관하 초산군수 이광하(李匡夏)의 제58호 보고서를 받았습니다. 「요즘 강북의 상황을 살피니 7월 15일 이후로 통화현, 회인현 지방에서도 계엄이 철저하여 두 나라 사람들이 임의로 왕래하지 못합니다. 장삿길은 아예 끊겼고 소금배도 위아래로 다니지 못합니다. 의화단이 만주 지역을 두루 다니면서 서학교당(西學教堂)을 사방에서 불태우고 교사와 교인 들을 모두 죽였습니다. 지금까지 본 군 건너편 차구(岔溝) 등지에도 의화단 수십 명이 여전히 남아 있습니다.

7월 25일 회인현관 및 육군 도단장(都團長)이 서신을 보내서 묻기를 "귀국 연강 지역의 각 성에 모두 병사가 있는데, 이것이 귀국의 군대인지 외국의 군대인지 알려달라"라고 했습니다. 이는 필시 우리를 외국 병사라고 의심한 때문입니다. 그래서 "한국과 청국은 원래 서로 돕고 의존하는 나라지만 이런 일이 있을 때에는 힘이 약하여 구하기는 어렵습니다. 그러나 우리 황제폐하께서 깊이 근심하여 편하지 못하여 빨리 해결되어 무사해지기를 바라시며, 연강의 각 성에 모두 병사가 있는 것은 귀국에 문제가 발생했을 때 향마적당(响馬賊黨)이 약탈을 하기 위해 국경을 침범하는 폐단이 있기 때문에 특별히 병사와 장교를 파견하여 엄히 방어해 우려가 없도록 하고 우리 국경을 견고히 지킨 것일 뿐 다른 의도는 없습니다. 외국의 군대는 애초에 우리 국경에 간여한 바가 없고 또 12개 각 나라가 각각 그 군대를 이끌고 천진과 태고 사이에 주둔하면서 이미 수차례 전쟁이 서로 이기고 져서 다른 데 생각이 미칠 수 없습니다. 어느 겨를에 우리 영토를 대신 지키고 있겠습니까. 우리나라는 임오년(1882) 이후로 군대들이 용맹하고 날래져서 일본과 서양의 병제(兵制)를 따라서 행하고 있습니다. 따라서 군인의 복장이 일본이나 서양과 같으니 그렇게 알기 바랍니다"라고 답변했습니다. 이번 달 3일 이후로는 서로 왕래가 없어 소식도 전혀 없었습니다. 전해 듣기로는 만주병 20,000명이 천진으로 향했고 곳곳에서 민병을 모집 중이라고 합니다. 강북에서 떠도는 유민들은 그 지방의 계엄 때문에 농도(籠島)와 같은 상황을 만들거나 침략할 우려는 없다고 합니다. 이 난리의 때를 당하여 본 군의 성에 외적이 침략할 우려뿐만 아니라, 내지의 절도에도 틈을 타서 널리 자행될 폐단이 있을 것 같습니다. 그래서 성 안팎의 백성들에게 모두 지시하여 10집을 1통으로 만드는 법을 시행하고 밤낮으로 수상한 사람들을 순찰했습니다. 해대(海隊) 병사 20명은 성 안의 훈련청(訓鍊廳) 건물에 계속 주둔하게 했습니다. 강북의 상황은 계속 빨리 보고할 계획입니다」라는 내용이었습니다. 이에 등보(謄報)하니 살피길 바랍니다.

광무 4년 8월 27일

평안북도관찰사서리영변군수 정주묵

의정부찬정외부대신 박제순 각하

28 평안북도를 유람하던 일본인 2명과 간도 지역에 살면서 기독교에 입교한 한국인과 청국인이 의화단에게 살해되었다는 보고

보고서 제19호

관하 자성군수 박항래(朴恒來)의 제164호 보고서를 받았습니다. 「음력 6월 초에 일본인 원전등일랑(原田藤一郎), 창전무평(蒼田武平), 중전신송(中田新松)이 통역 김병현(金炳賢)을 데리고 본군을 지나갔습니다. 그래서 통행증 유무와 어디로 가고 있는지를 물으니 원전은 평안북도 유람 통행증을 갖고 있었고 창전과 중전은 경기도 및 황해도 통행증만 가지고 원전을 따라서 여기까지 왔다가 앞으로 인천에 있는 일본인 거류지로 간다고 했습니다. 경계를 넘은 것을 책망하고 즉시 돌아가라고 지시했는데, 며칠 후 원전이 읍내에 왔다고 해서 왜 다시 왔는지를 물어보니 창전과 중전은 수로를 따라갔고 원전은 육로로 돌아간다고 했습니다. 음력 이번 달 5일에 그 통역 김병현이 와서 고하기를 "창전, 중전이 본 군의 중강 건너편 채금(採金)하는 곳에 머물렀다가 그저께 본 군 장토면(長土面) 장성리(長城里) 강변에 도착하여 청국 병사에게 체포되어갔고, 저는 다행히 피신해서 왔습니다"라고 했습니다. 따라서 즉시 청국 단련장(團鍊將) 진만인(陳萬仁)에게 조회해서 석방하여 돌려보내줄 것을 요청했더니, 이미 통화현으로 압송했다고 답변해왔습니다. 통역은 잠시 본 군에 머물러 일본인의 생사거취의 소식을 기다리고 있었습니다. 그런데 지금 통화현에서 살던 우리 백성 김기홍(金己弘)이 전하는 이야기를 들으니, 그 일본인 두 명이 이미 의화단 비도들에게 살해되었고, 또 국경을 넘어간 우리 백성 중에서 예수교에 들어간 사람 백여 명과 청국인으로서 입교한 사람 수백 명도 모두 살해되었다고 합니다. 매우 놀랍고 참혹하여 이에 보고하니 전보(轉報)해주기 바랍니다」라고 했습니다. 이에 보고하니 살펴주기 바랍니다.

광무 4년 8월 29일

평안북도관찰사서리영변군수 정주묵

의정부찬정외부대신 박제순 각하

29 의화단에 한국인이 살해당한 사건 및 그 후속 처리에 관한 보고

보고서 제20호

관하 초산군수 이광하(李匡夏)의 보고를 받았습니다. 「청국 통화현, 회인현의 계엄이 철저하여 두 나라 백성들이 왕래하지 못하고 장삿길도 끊어졌으며 차구(岔溝) 등지에 의화단 수십 명이 남아 있는 상황은 이미 보고했습니다. 8월 11일 오시(午時)쯤에 정탐한 순교 이지수(李之洙)의 보고를 받아보니 "본월 10일 미시(未時)쯤에 청국인 45명이 혹은 붉은색과 노란색이 들어간 옷을 입거나 혹은 푸른색, 검은색, 흰색이 들어간 옷을 입고 차구에서 넘어와서 운해천(雲海遷) 포구의 옛 파수언(把守堰)에 모였다가 돌아갔습니다. 그래서 그곳에 가보니 한국 사람 몇 명의 수급(首級)이 제방의 소나무에 매달려 있었습니다. 이를 보고합니다"라고 했습니다. 강 북쪽에 떠돌며 사는 한국인이 비록 많다고 하지만 비도에게 살해당한 것은 매우 놀랍고 참혹합니다. 다시 조사하게 하니 의화단 비도 몇 명이 강계군 건너편에 가서 한국인 몇 사람을 잡아와서 목을 베었다고 합니다. 몸은 어디에 있는지 또 찾아보니 시체는 어디에 있는지 알 수 없고, 수급이 걸려 있는 제방에 나무패가 하나 서 있는데 "깊은 물이 서로 화합하여 기르고 익히며 용감한 자들이 모여 승리를 얻는다. 고려 연강(沿江) 일대에서 우물과 강을 만나서 산약(散藥)을 주고 신권(神拳)을 보이며 활불(活佛)이 밝히 살폈다. 그런데 일본에게 고용되는 것을 꺼리지 않으므로 그곳에 가서 법을 바로잡고 밝히 경계하여 보인다"[41]라고 했습니다. 이를 베껴 보고하여 살피도록 했습니다. 군의 건너편 강북의 상황이 민병을 모집해 항구를 엄히 단속하고 오고가는 것을 금지하여 침략할 위험은 없습니다. 이 의화단 무리들이 며칠 후에 돌아오겠다고 하지만 지금까지 그대로 머물러 있습니다. 이에 보고하니 살펴주기 바랍니다」라고 했습니다. 이어서 자성군수 박항래(朴恒來)의 제170호 보고서를 받았습니다. "본군의 북서쪽 건너편에는 한줄기 강이 있어서 청국 통화현과 회인현의 경계가 되고 있습니다. 이때를 당하여 경비가 시급하기에 정탐하고 계엄하는 것을 소홀히 할 수 없습니다. 출주병(出

41 "瀜和保練 勇緝獲劉 高麗沿江一帶 逢井遇河 散藥送交 神拳現經 活佛審明 實被日本僱遣不諱 就地正法 以昭炯戒 特示"

駐兵)이 순찰하는 연로(沿路)에서 청국인들이 바라보고 의심하면서 서양인과 일본인이 장차 넘어올 것이라고 하는 거짓 소문을 전하며 소동을 일으켜 위아래 나루터에서 배들을 철거하고 통행을 막았습니다. 그리고 멀고 가까운 요충지에 병사를 나누어 보내 굳게 지키니, 변경의 백성들 중에서 강을 넘어가 농사를 짓는 자가 장차 추수를 할 수가 없게 되어 매우 불쌍합니다. 또 우리 백성 중에서 강을 넘어가 그 땅에서 사는 자들이 수만 명인데, 기독교에 입교한 자들은 모두 학살당했습니다. 나머지 농민들은 남자는 머리를 깎고 여자는 머리를 묶어 강제로 청국인들의 모습이 되었습니다. 재산이 조금 많은 자는 모두 약탈당했습니다. 식구가 많은 자는 도망쳐오지 못하고 홀로 사는 자는 여럿 밤을 틈타 넘어왔습니다. 그 상황을 생각하면 매우 놀랍고 참혹합니다. 그러나 이는 청국의 통화현, 회인현의 관리가 약속을 어기고 해를 끼친 것이 아니라 의화단 비도들이 저지른 것입니다. 형세상 금지하기 어렵기에 구호(救護)를 했습니다. 우리 경내에서 강을 접한 지역에는 계속 비밀리에 지시하여 겉으로는 편안함을 보이면서 안으로는 은밀히 조사하여 헛된 소문에 놀란 사람들을 다스리도록 했습니다. 이러한 연유를 먼저 보고하니 살펴주기를 바랍니다"라고 했습니다. 이를 등보(謄報)하니 살펴주기 바랍니다.

광무 4년 9월 17일

평안북도관찰사서리영변군수 정주묵

의정부찬정외부대신 박제순 각하

30 한국인 병정 박승재가 마적단 괴수 손양한을 쏴 죽인 사건에 대한 보고

보고서 제23호

관하 후창군수 이규진(李圭珍)의 제158호 보고서를 받았습니다. 『11월 27일 오시(午時)쯤에 갑자기 포성(砲聲)이 군(郡) 아랫마을에서 세 번 들려서 조사하도록 했습니다. 본 군 연성면(蓮城面) 건너편 창우현(昌于峴)의 청국인 손양한(孫良漢)이 종인(從人) 15명, 짐말 2필, 나귀 1필, 노새 1필을 데리고 자성군을 지나가고 있었는데, 출동한 삼소대(三小隊) 병정 박승재(朴承在)가 손양한과 종인 1명을 쏴 죽였습니다. 나머지 14명은 물건을 버리고 도망쳤다고 합니다. 청국인 2명이 갑자기 죽었다는 소식을 듣고 매우 놀라서 군수가 아속(衙屬)을 데리고 즉시 시체가 있는 곳에 가서 시체 2구를 조사했습니다. 손양한은 목 가운데와 항문 위에 각 한 곳씩 총에 맞았고, 군인은 머리가 깨져서 총알 구멍을 조사할 수 없었습니다. 그래서 병정 박승재가 청국인을 쏴 죽인 내역을 상세히 조사하고자 소대장 박승준(朴勝俊)에게 조회했습니다. 그 조복을 받아서 보니 「우리 소대 병정 박승재의 보고에 따르면 "제가 수년간 군인으로 있으면서 지난 1898년 봄에 갑산군 운총(雲寵)으로 나가서 주둔했을 때 향적(响賊)의 우두머리 손양한이 병사를 이끌고 와 전투를 했습니다. 그때 제 이종사촌 김상규(金尙奎), 매부 김병호(金丙浩), 동료 염학룡(廉學龍) 3명이 총에 맞아 사망했으나, 그때에는 복수하지 못해서 원통함을 품고 살아온 지 3년이 되었습니다. 또 손양한은 삼수군에서 유(柳) 군수를 총살한 후 그 머리를 베고 나팔, 총, 탄약, 안경, 환도, 의복 등의 물건을 빼앗아가서 사용했으며, 삼수군 군민 중 많은 사람들이 죽고 다친 것도 손양한 때문입니다. 이렇게 강한 도적을 한번 만나서 복수를 하려고 했는데 다행히 하늘이 환히 내려다보고 있고 신명께서 다행히 만나게 해주셔서 의외로 손양한이 통화현에서 군대를 이끌고 입성하여 갖고 있는 무기를 쥐고 호령하며 주둔한 (한국) 군대를 무시하기에, 옛날의 감정과 지금의 분노가 한꺼번에 일어나 눈에서는 불이 나고 거친 간담이 갑자기 거듭 격분되어 만난 곳에서 총을 두 차례 발사하여 죽였습니다. 손양한이 이끈 군대 중 갑산군의 김온성(金穩城)을 잡아가서 태워 죽인 사나운 도적 이붕(貳棚)이 갑자기 거리로 나와서 저를 향해 총을 쐈습니다. 다행히 총에 맞지 않아서 또 이붕을 죽였습니다. 제가 군인의 몸이 되어 보고를 하지 않고 도적을 죽인 것은 군법을 스스로 어긴 것이나, 손양한의 머리를 대대에 올려 보내서 전투에서 사망한 동료의 원혼을 위로하면 죽어도 여한이 없겠습니다"라고 했습니다. 군인이 보고하지 않고 사람을 죽인 죄는 용서하기 어렵지만 손양한은 한국과 청국 사이의 국경 지역에서 유명한 도적 우두머리로서, 삼수군 운총 지역에서 난리를 일으킨 후 국고의 수많은 군물(軍物)을 빼앗아갔습니다. 그리고 김온성, 의봉(儀鳳)에게 재물을 빼앗으려고 이붕이 사람을 잡아가서 태워죽인 것과, 그 외 연강 일대에서도 허다한 침략을 일삼은 것은 증거가 확실합니다. 따라서 막 글을 갖춰 조회를 하려고 한 때에 귀 조회를 받았습니다. 박승재가 2명을 쏴 죽인 연유와 도적들이 말, 짐, 기계 등 물품 내역을 좌개(左開)와 같이 조복합니다」라고 했습니다. 아, 그 손양한의 행동은 비단 그 부대의 조회 내용뿐만 아니라, 군수가 부임한 초에 변경 백성들을 약탈하고 괴롭힌 폐단을 종종 현장에서 적발하여 포군을 시켜 징벌하고자 했습니다. 그런데 군민 모두가 말하기를, "이놈들은 힘세고 악독하기로 이전부터 유명했습니다. 근래에는 향약의 임원이 이들 때문에 강변 100여 리에 스스로 포군을 배치했으나, 그 세력을 당하기 어렵습니다. 지금 만약 분노한 그들을 만난다면 우리들은 살 수가 없습니다"라고 했습니다. 그래서 강북의 민정(民情)을 생각하지 않을 수 없어 울분을 억누르며 참고 넘기고 있습니다. 오늘 오랜 원수가 서로 만나서 이 군인이 복수를 하여 한순간에 죽였습니다. 그래서 본 군의 강변 지역은 다소 조용해졌습니다. 그러나 손양한이 살해당했기에 강을 사이에 둔 남북의 백성들의 마음이 비록 풀렸다고 하더라도 어찌 소요가 일어나지 않겠습니까. 화물며 중대장 한희렬(韓熙烈)은 본대(本隊)에서 지금 소대장 최광근(崔光根)을 교체해서 보냈습니다. 이 추운 계절을 당하여 향군(鄉軍)의 상황을 생각하면 해이해질까 염려하지 않을 수 없습니다. 신설한 토병(土兵)은 아직 다 모집하지 못했고 애초에 훈련되어 있지도 않습니다. 그런데 손양한 무리들의 수는 매우 많기 때문에 지금 얼음이 얼면 강을 건너 노략질해올 것인데, 이를 막기 어려워 모두 흩어져버릴까 두렵습니다. 수령의 몸으로서 진실로 황송하고 민망함을 이기지 못하겠습니다. 손양한과 군인의 시체는 목책으로 견고하게 가려 두도록 했고 그들이 갖고 있던 물건은 각별히 간수하도록 했습니다. 박승재는 그 부대에서 잘 가둬 두었으며 압수한 물건들은 좌개와 같이 보고합니다』라고 했습니다.

이어서 후창군수의 보고를 또 받았는데 "손양한의 잔당이 격분하여 무리를 모아 장차 강을 건너 행패를 부리려고 하여 군민들이 모두 짐을 꾸리고 있습니다"라고 했습니다. 이를 조사하니 손양한은 본래 유명한 향적으로 서북 지방의 양쪽 강변에 출몰하면서 관리를 죽이고 민간을 약탈하여 악행을 쌓은 것이 오래되었습니다. 지금 북청군의 병사가 스스로 총을 쏴서 죽인 것은 비록 사적으로 복수를 한 죄를 면할 수는 없으나, 의분(義憤)에서 나온 행동이기에 용서할 여지가 있습니다. 다시 조사해보니 작년 9월에 손양한 등이 총을 갖고 국경을 넘어 방자히 행패를 부린 일로 이미 외부에 보고하여 영국공사에게 지조(知照)해서 서수붕(徐壽朋) 공사에게 전달하여 상의하도록 한 일이 있습니다. 그때 서수붕 공사의 조복에 "마적들은 모두 도망친 도둑의 무리들이며 법을 따르지 않는 자들입니다. 관부에서도 훈계하고 설득할 방법이 없습니다. 생각하건대 귀국 변경의 수토관에게 맡겨서 무기를 사용해 힘을 다해 없애는 것이 좋겠습니다"라고 했습니다. 이 병정이 손을 쓴 것은 확실하니 문안을 갖춰 공사에게 조회하여 성경장군(盛京將軍)에게 전조(轉照)하여 이 무리들이 모인 곳에 군대를 파병해 조사하여 체포하거나 설득하여 해산하도록 하여, 국경을 넘어 폐단을 일으키는 일이 없게 하기를 바랍니다.

광무 4년 12월 13일

평안북도관찰사 이도재

의정부찬정외부대신 박제순 각하

후창군수 보고서 좌개

대전문총(大前門銃) 1자루

탄환 852발

화약 1갑

동화모(銅火冒) 4갑

말짐과 등짐 18짝

말 2필

노새 1필

나귀 1필

31 벌목 금지를 명분으로 한국 군대가 청국 영토 안에서 청국인과 전투를 벌인 것에 항의하는 청국 출사대신의 조회에 근거해 평안북도 지방관을 힐책하는 훈령의 기안

훈령 제1호

경성 주재 청국 출사대신(出使大臣) 서수붕(徐壽朋)의 조회를 보니, 〈성경장군(盛京將軍)의 자문(咨文)에, 『통화현(通化縣) 지현(知縣) 진장(陳璋)이 설명하기를, 「한국 평안북도 후창군수, 자성군수가 조회하기를 "중국의 목재상들이 몰래 국경을 넘어 나무를 벌목하고 있으니, 군대를 파견하여 금지시키고 세금을 징수하고 벌목을 금지하게 해주십시오"라고 했습니다. 그대로 엄히 금령을 내려 변경에 있는 우리 백성들을 효유하여 국경을 넘어 벌목하지 못하게 했습니다. 아울러 근처 향패(鄕牌)들에게 지시하여 엄히 조사해서 규약을 정하고 사람을 파견하여 통화현 경내에서 벌목꾼들을 찾아서 체포하고 살펴 처벌하게 했습니다. 그러나 변경 지역은 넓은 곳곳에 이어져 있어 밤낮 시시각각 막을 수가 없습니다. 하물며 그곳에서 벌목을 하는 우리 백성들을 이전에 이미 넘어간 자가 아니면 보호하기 어렵습니다. 뒤에서는 금지하기 어렵고 앞에서는 만류할 수가 없습니다. 여러 번 한국의 문서를 받았으나 처리할 방법이 없습니다. 청컨대 출사대신에게 자문을 보내주기 바랍니다」라고 했습니다. 헤아려서 처리해주기를 자문합니다』라고 했습니다. 이를 지금 조사하여 처리하고 있습니다. 또 성경장군의 자문을 받아보니, 「통화현 지현이 아뢰기를 "이전에 한국 후창군, 자성군 군수의 문서를 여러 번 받았습니다. 우리 백성들이 그쪽으로 넘어가서 몰래 벌목하면서 세금을 납부하는 것을 거부하고 있으니 군사를 파견해서 체포하라는 내용이었습니다. 제가 병력이 없는 말단의 관직이라는 점은 논외로 하더라도, 어떻게 자주(自主)하는 이웃나라에서 감히 군사를 움직인다는 말입니까. 곧바로 변경의 우리 백성에게 몰래 한국에 넘어가서 벌목하지 말도록 엄히 금지했고, 아울러 그곳의 향패에게 지시하여 엄히 조사하여 규약을 정하고 사람을 보내 수시로 찾아서 체포하도록 했습니다. 한편 한국의 군수에게 회신을 보냈고 아울러 이 상황에 대해 상세히 자문을 보내주길 요청했으나 아직 비답을 받지 못했습니다. 이에 광서(光緖) 26년(1905) 5월 13일 조회에 근거해 한국에서 벌목한 우리 백성들에게 지시하여 한국의 장정(章程)에 따라 납세하도록 했습니다. 그런데 지금 한국이 목세(木稅)를 갑자기 올려서 우리 백성들이 불복하여 계문을 올리고 싸우기에 이르렀습니다. 지금 한국은 병사 백수십 명을 통화현 백마랑(白馬浪) 소우도구(小牛道溝) 강조석(姜釣石) 등지에서 움직여서 목공들과 싸우고 있습니다. 탄압하고 인정해주지 않아서 목공들도 향민들의 병력과 함께 움직이고 있으며 지금 아직 해산하지 않고 있습니다"라고 했습니다. 제가 즉시 서기와 병력을 신속히 파견하여 그곳에 가서 탄압을 받고 있는 우리 백성들에게 권유하여 경거망동하지 말도록 권유했고, 또 한국 병사들에게 권유하고 명령하여 자기 나라로 돌아가라고 했습니다. 이후 공문으로 논의할 수 있으나 사안이 잠잠해지지 않아 일을 예측할 수가 없었습니다. 제가 가만히 한국이 목세를 징수하는 것을 조사하니 필시 장정이 있습니다. 세금을 내지 않는 것을 자세히 조사하고 경내

각 포구에 응당 뜻을 더하여 방어하고 살피게 했습니다. 당시 방책이 나오지 않아 이 일이 있은 후 세금이 누락된 것 때문에 다툼이 발생하여 이웃나라에서 군사를 움직인 것 같습니다. 이 일에 방법이 없어 조사하도록 자문을 보냅니다」라고 했습니다. 자문으로 조사하여 처리해달라는 요청이 본 대신에게 왔기에 양국 변경의 백성들이 피차 왕래하는 것을 조사했습니다. 도적들이 아침저녁으로 국경을 넘어 나무를 도벌한 것은 응당 금지해야 할 일입니다. 만약 값을 내서 사고 규례에 비춰 세금을 냈으면 법을 어겼다고 할 수 없습니다. 통화현이 상세히 아뢴 정황을 살펴보니, 한국에서 목세를 증액했는데 우리 백성들이 우연히 몰래 벌목하고 세금을 누락하여 한국 관리가 마침내 도벌한 죄를 처벌하려고 군대를 파견해 국경을 넘어 체포하려고 하여 마침내 조약을 위반하게 된 것입니다. 응당 귀 대신에게 평안도 각 군수에게 엄히 지시하여 이후에는 군대를 파병해 국경을 넘어 다툼을 일으키지 않도록 해주기 바랍니다. 만약 국경을 넘어 나무를 도벌한 우리 백성이 한국 영토 안에서 체포되면 구금하되 능욕하고 학대하지 않는 규례에 비춰 인근의 중국 지방관에게 보내서 처벌하고 총괄하게 하기 바랍니다. 양국 변경은 서로 맞닿아 있어 땔나무를 하면서 작은 사고가 일어나서 번거로운 사건들을 면하기 어렵습니다. 변경을 지킴에 있어서 중요한 것은 관리들이 서로 화평하며 일이 있으면 그 정황을 살펴서 피차 자세히 상의하여 저어되거나 분쟁이 일어나지 않도록 하는 것입니다. 청컨대 해당 현에 전칙(轉飭)하여 상세히 조사해서 엄금하고 서로 조회하도록 해주기 바랍니다. 살피어 처리해주기 바랍니다.〉 라고 했습니다. 청국인들이 국경을 넘어 도벌하는 것은 비록 매우 놀랍지만 엄히 금지하여 막으면 될 일인데 어찌 군대를 파병해 강을 건너서 문제를 일으킵니까. 각 지방관의 처사가 타당하지 않습니다. 군대의 파병은 지방관이 스스로 처리할 문제가 아니므로, 무슨 이유에선지는 모르겠으나 도적을 막기 위해서건 벌목을 금지하기 위해서건 상관없이 우리 병사는 결코 청국 지방으로 들어가 다툼을 일으켜 화평을 잃게 하면 안 됩니다. 이에 훈령하니 즉시 각 군에 나누어 지시하여, 청국의 토비(土匪)가 우리 국경을 넘어오면 힘을 다해 방어하고 나무를 도벌하는 자도 해당 지방관에게 문서를 보내 징벌하되 우리 병사가 함부로 강을 건너지 못하게 하며, 상황을 계속 보고하기 바랍니다.

광무 5년 1월 20일

의정부찬정외부대신 박제순

평안북도관찰사 이도재 각하

32 목비(木匪) 손조상(孫兆祥)이 통화현에 거짓 고소를 올린 일에 대한 보고

보고서 제1호

경성 주재 청국 출사대신(出使大臣)의 조회에 따라 전에 도착한 제1호 훈령을 관하 자성군, 후창군에 훈칙했습니다. 자성군수 박항래(朴恒來)의 제35호 보고서를 지금 받아보니 「작년 음력 1월 군수가 새로 부임한 후 국경을 넘어 몰래 벌목하는 목비(木匪)를 모두 쫓아내려고 했으나 그들이 모두 교화 밖의 유랑민들이라 무리를 지어 완강히 저항하여 금지할 수 없었습니다. 그쪽 현(縣)에 여러 번 조회하여 관원을 파견받아 본 군의 관인과 함께 여러번 물러나라고 지시했으나 도리어 그 무리들에 의해 쫓겨났습니다. 그래서 민정(民丁)을 파견해서 강변의 중요한 곳을 점거하고 나무를 운반하는 것을 막기에 이르렀습니다. 그러자 그들 300여 명이 총을 쏘고 몽둥이를 휘두르며 목재 30여 부(桴)를 운반해갔습니다. 두목이 되어 난동을 일으킨 자는 통화현 자생보(滋生堡) 삼도구(三道溝)에 사는 사나운 오랑캐 손조상(孫兆祥)입니다. 나머지는 모두 해남(海南)의 폭도들입니다. 통화현 지현 진장(陳璋)에게 문서를 보내 손조상을 체포하여 처벌하고 그 나무에 대한 세금을 받아내도록 요청했는데, 교활한 손조상이 그 죄를 가리려고 통화현에 거짓으로 진술하여 한국이 군사 백수십 명을 이끌고 백마랑(白馬浪) 소우도구(小牛道溝) 강조석(姜釣石) 등지에서 목공들과 싸웠다고 했습니다. 그래서 그 현관(縣官) 진장이 그 거짓 고소를 받고 주한공사에게 전보(轉報)했다고 합니다. 이 소식을 듣고 매우 놀랍고 분하여서 음력 5월 28일에 그들 관민이 거짓으로 고소하고 거짓으로 보고한 상황을 이미 긴급히 보고했습니다. 그랬더니 그 지령에 "보고의 내용은 확인했습니다. 몰래 국경을 넘어 벌목하여 강제로 포구를 나서서 그 형세가 힘을 다해도 금지할 수 없는데, 그들이 도리어 거짓으로 고소하니 이것이 어찌 교섭의 당연한 도리이겠습니까. 마땅히 이 내용을 외부에 보고해서 청관(淸館)에 조회를 전달하여 다시 몰래 벌목하는 일이 없도록 하게 할 것입니다"라고 하였습니다. 지금 경성 주재 청국공사의 조회에 따른 외부 제1호 훈령에 근거한 제10호 훈령을 받아보니, 작년 5월에 통화현 지현 진장이 손조상의 거짓 고소를 치우쳐 듣고 전달하여 보고한 일에 관한 것이었습니다. 대체로 자성군이 엄히 방어한 이후로 작년 여름까지 한 번도 병사를 모집한 적이 없으며, 청국인이 몰래 벌목한 폐단을 말하자면 십수 년 전부터 강변의 각 군에 좋은 목재들이 빽빽이 자란 것을 남김없이 베어버렸으니 만약 이를 배상하면 만억(萬億)을 헤아릴 것입니다. 목비들이 소란을 일으켜서 통화현이 거짓으로 보고한 정황을 작년 5월에 이미 보고했습니다. 이에 사실대로 보고합니다」라고 했습니다. 이를 조사해보니 위 내용을 작년 7월 21일 전 관찰사 재임 시 자성군 보고에 따라 이미 전달해 보고했습니다. 자성군 장토(長土), 서해(西海) 지역이 통화현 접경 지역입니다. 사이에 큰 강이 있어서 영토를 구분하고 있는데 그들이 백마랑 소우도구 강조석 등지에서 현에 속한 자라고 말하면서 그 뜻을 밝히지 않았습니다. 1894년 이후로 작년 6월 이전까지 강변의 각 군에서 이미 국경의 방비를 철수시키고 또 순찰도 없앴는데 무슨 군사를 움직여서 국경을 넘어 문제를 일으켰다는 것입니까. 소위 손조상이 일부러 약장(約章)을 어기고 국경을 넘어 나무를 베고 도리어 통화현에 거짓으로 고소하여 이웃나라와 분쟁을 일으켰으니, 그 습속이 정말 놀랍습니다. 이에 보고하니 살펴서 청관에 전달해 조회하여 따라 처벌해주기를 바랍니다.

광무 5년 4월 1일

평안북도관찰사 이도재

의정부찬정외부대신 박제순 각하

33 청국인 도적 왕무충(王懋忠)이 청국 영토 안에서 살고 있는 우리 유민을 괴롭힌 사건에 대한 조사 결과를 알리는 조회

조회

평안북도 서쪽 강변 일대의 군에서 먹고살 길이 없는 빈민들이 여러 해 떠돌다가 청국의 통화현, 회인현, 관전현 등지에 정착하여, 황무지를 개간해서 먹고사는 자의 호수(戶數)는 수만 이하로 내려가지 않습니다. 이들은 원적(原籍)이 우리나라에 있어서 편리한 대로 왕래하며 국경을 무시했습니다. 또 우리나라에서 망명한 유민들이 그 사이에 섞여 살고 있는데, 지금 들으니 회인현 통구의 포구에 사는 단련장(團練長) 왕무충(王懋忠)이 갑자기 우리 백성들을 관할하겠다고 하면서 호적을 조작하고 사람을 모아서 병사로 만들고 매호당 돈 4냥, 콩과 조 1말씩 강제로 거뒀습니다. 또 병사를 파견해서 위협하고 물건을 빼앗아 백성들의 원망이 치솟은 상황을 제가 변경을 순찰할 때 목격했습니다. 이에 마음이 정말 놀랍고 당황하여 그 연유를 조사했습니다. 왕무충은 원래 향비(响匪)였다가 겉으로는 귀순했으나 속은 여전한 자입니다. 변경에서 웅거하고 있다가 돈을 갖고 병사를 모집해서 스스로 병력을 운용하여 옛 습속을 고치지 못했습니다. 우리나라에서 망명한 유민(莠民) 이성지(李性之), 임병수(林炳洙) 등이 그 부하가 되어 따라다니며 악행을 도와서 유민들의 청원을 사칭하고 봉황성 도태(道台)에게 가서 고소하여 왕무충에게 변경을 총괄하는 직함을 임명해줄 것을 도모하여, 감히 이렇게 공법에 없는 학정을 감행했습니다. 그래서 이전에 관원을 파견하여 가서 설득하고 돌이키도록 했으나 완고하여 반성하지 않고 계속 동변도(東邊道)의 공문을 갖고 있다고 사칭하고 자신들의 말을 들으라면서 우리 백성들을 속박하는 것이 너무나 심했습니다. 무릇 한청약장(韓淸約章) 제1관(款)에 말하길 "양국의 상민인(商民人)들이 피차 섞여 살면서 모두 보호하고 이익을 우대한다"라고 했으며, 제5관 제1항에 "한국인으로서 생명과 재산이 중국에 있는 자가 중국인에게 피해를 입었으면 중국 관리가 중국의 법률에 비춰서 심판하고, 중국인으로서 생명과 재산이 한국에 있는 자가 한국인에게 피해를 입었으면 한국 관리가 한국의 법률에 비춰서 심판한다"라고 했습니다. 또 제3항에 "양국 백성들이 혹 자기 나라의 법률을 어기고 사사로이 상대 나라의 지방에 도주한 자는, 본국 관원이 지조(知照)하면 응당 조사한 뒤 본국으로 압송하여 징벌하여 숨지 못하게 한다"라고 했으며, 제12관에 "변경의 백성으로 이미 국경을 넘어 개간한 자는 편안하게 살고 있는 점을 고려하고 생명과 재산을 보호하도록 하되, 이후에 만약 몰래 국경을 넘는 자가 있으면 피차 모두 금지하여 문제가 발생하지 않도록 한다"라고 했습니다. 지금 이 왕무충은 어리석고 미련한 중국인이라 공법조약을 알지 못하고 거리낌 없이 멋대로 행하여 우리 백성으로 중국에서 섞여 살고 있는 자들에게 가혹하게 재산을 뜯어냈고, 우리 백성으로 법률을 어긴 자들 중 숨어 있던 자들을 불러내어 함께 악행을 저질렀습니다. 우리 백성으로 국경을 넘어 개간한 자들에게 행패를 부리고 위협하여 생업을 유지하지 못하게 했습니다. 그 행동을 살펴 보면 약장(約章)을 크게 위반한 것일 뿐만 아니라 공법으로도 용납하기 어렵습니다. 이에 조회하니 헤아려서 청국공사서리에게 전조(轉照)하여 동변도에 문서를 보내 지조해서 빨리 왕무충이 갖고 있는 총변(總邊)의 이름을 거두고 체포하여 징벌케 하며, 병사로 소집한 우리 백성들은 즉시 해산시키고 중국 쪽으로 편입한 호구는 우리 호적으로 다시 돌리며 거둬간 돈과 곡식을 정해진 대로 배상하여 우리 백성에게 다시 나눠주고, 망명죄인 이성지, 임병수 등을 약장대로 체포하여 보내 법률에 비춰 엄히 처리해서 변경에 문제가 없게 해주기 바랍니다.

광무 5년 4월 14일

찰변사겸관서진위제대대사령관육군부장 이도재

의정부찬정외부대신 박제순 각하

34 왕무충의 범죄를 입증하는 한국인의 고소장과 증빙 문서를 전달한다는 조회

조회 제1호

강북의 유민(流民)들을 청국인 왕무충(王懋忠)이 호적을 편제하여 병력을 모집하며 돈과 곡식을 거두는 등 멋대로 침범하고 학대하여 백성들의 원망이 높습니다. 청국공사에게 지조(知照)하여 동변도태(東邊道台)에게 공문을 보내는 일로 이미 조회를 보냈습니다. 그런데 강북 5면의 유민들이 보내온 소장을 보니, 정말 호적을 편제해 병사를 모집하고 세금을 함부로 거두었을 뿐만 아니라 왕무충의 공문과 소위 우리 백성이라고 하는 위원이 왕무충의 명령을 빙자하여 백성을 위협하는 공문도 확인했습니다. 무릇 이 문서들은 확실히 증거가 있으니 외교상 담판을 해야 합니다. 모두 첨부하여 조회하니 헤아려서 청국공사에게 공문을 속히 보내어 동변도태에게 요청을 전달하도록 빨리 조처하기를 바랍니다.

광무 5년 4월 26일

찰변사겸관서진위제대대사령관육군부장 이도재

의정부찬정외부대신 박제순 각하

재(再)

강북에서 온 문서 9장은 담판 후 돌려보내주기를 재차 바랍니다.

35 청국인 왕무충의 처리에 대한 청국공사의 의견에 관한 조복

조복 제2호

청국인 왕무충(王懋忠)이 중국 영토 안에서 유랑하다가 정착한 우리 백성들의 호구를 편제하여 병사를 모으고 돈과 곡식을 빼앗은 일로 청국의 대리공사에게 지조(知照)했고, 그 조복을 받았습니다. 청국공사에게 청국의 동변도태(東邊道台)에게 보낸 공문을 첨부해서 이미 조복했는데 이어서 귀 제2호 내문(來文)을 받고서 갖고 있는 증거 서류를 모두 첨부하여 청국공사에게 문서를 보냈습니다. 그리고 그 조복도 받았습니다. "무릇 양국은 이미 조약을 정한 이후 응당 어떻게 처리할지를 요약하면, 각각 조약을 어기지 않으면 양국 사이에 말도 없고 의혹도 없다는 것입니다. 하물며 동변도에서 아직 자복(咨覆)을 보내오지 않았기에 본 대리대신은 거리가 멀리 떨어져 있는 관계로 이 일을 알지 못합니다. 이를 조사해서 밝힌 후에 혹시 조약과 관련해서 위반한 부분이 있는지 확인한 후 동변도에 지조하여 다시 처리하도록 하겠습니다. 이성지(李姓之) 등이 만약 범인이 맞다면 응당 지조하여 체포해 귀국시키도록 하겠습니다. 한국 호적을 없애버린 것에 대해서는 한국 백성들을 풀어서 돌려보내겠습니다. 귀 대신은 한국 백성들을 귀국시키는 것을 원합니까? 우리나라의 변경에 머물면서 이익을 꾀하는 것을 원하지 않는 것인지 명확하지 않습니다. 원하지 않는 것이 맞다면 동변도에 지조할 문서에 귀 외부에서 보낸 원문을 초록할 것인데 그 내역을 확실히 설명하기가 어렵습니다. 왕무충의 경우 그가 향마적의 잔당인지 아닌지, 오히려 관리로 임명되어 파견된 것은 아닌지 모두 알기 어렵습니다. 왕무충의 인신(印信)과 고시(告示)를 검사했는데 그 모양이 적합하지 않아서 아마도 위조인 것 같습니다. 그러나 동변도의 자복을 받지 못했기에 본 대리대신은 짐작대로 따를 수 없고, 급하게 방법을 정하기도 어렵습니다. 그 서류 9장은 글자와 문구가 제대로 되어있지 않습니다. 소위 세금을 가혹하게 징수했다는 왕당(王唐) 및 왕관(王官)은 주로 우리 영토에서 살고 있는 한국인들의 말에서 나온 것인데, 내문에 적힌 내용과 같았습니다. 또 한국인이 도망하여 학대를 도왔다고 한 것은, 종합해보면 모두 왕무충이 불법을 저질렀다는 내용이었습니다. 동변도에서 사실을 조사하여 지조하기를 기다려서, 만약 귀 조회의 내용과 같다면 본 대리대신은 결코 치우치지 않고 자문을 통해 동변도에 무겁게 처벌할 것을 요청하여 징계하고 장차 화평조약을 돈독히 할 것입니다"라고 했습니다. 이에 따라 해당 서류 9장을 따로 엮어 조복합니다. 살펴주기를 바랍니다.

광무 5년 5월 28일

의정부찬정외부대신 박제순

찰변사겸관서진위제대대사령관육군부장 이도재 각하

36 청국 영토 안에서 사는 한국인에게 청국인이 행패를 부리는 것을 지방관이 책임지고 금지하라는 훈령의 기안

훈령 제5호

평안북도 창성군민 김춘경(金春景) 등의 소장을 받았습니다. 그 내용에 따르면, "최근 청북(淸北) 강변에 흩어져 있는 청국인들이 그 사납고 포악함을 믿고 우리 국경을 침범하여 술과 기름을 멋대로 실어와서 값을 높여 강제로 팔았습니다. 염선(鹽船)을 널리 정박해서 곡식과 무역하는 데 조금도 거리낌이 없었습니다. 숲속으로 들어가 나무를 베는 것도 당연한 듯이 행동했습니다. 우리 백성을 대할 때에는 항상 압제하여 온갖 폐단이 일어났습니다. 이 때문에 강변의 백성들이 풍년이어도 즐거운 날을 보지 못하고 집에만 있으면서 안도하지 못합니다. 이처럼 패악한 습속을 만약 따로 금지하지 않으면 강변의 백성들은 장차 살아가지 못할 것 같습니다"라고 했습니다. 이를 조사하니 청국의 유민(莠民)들을 몰래 국경을 넘어 우리 백성을 괴롭히는 것이 이번 일만이 아니었습니다. 연이어 있는 각 지방이 모두 비슷하여 매우 놀랍고 통탄스럽습니다. 이전에 이런 일로 여러 번 경성 주재 청국공사에게 행문(行文)했습니다. 그러나 길이 멀어서 청국공사가 자기 나라 백성들을 보살피기 어려웠습니다. 변경 백성들의 상황을 생각하면 매우 안타깝고 불쌍합니다. 그러나 한청조약 제12관에 "변경의 백성들 중 이미 국경을 넘어 개간을 하고 있는 자는 그 생업을 존중하되, 이후 만약 몰래 넘어가는 자가 있으면 피차 모두 금지한다"라고 명백히 실려 있습니다. 피차 백성들 중 이미 국경을 넘어 살고 있는 자는 스스로 편한 대로 살 수 있도록 해야 합니다. 청국의 유민들이 출몰하여 행패를 부리는 것은 소재 지방관이 법을 시행해서 엄금해야 하는데, 어찌 보고도 못 본 체하여 이렇게 소장이 올라오게 만들었습니까. 정말 이해할 수 없습니다. 이에 훈령하니 살펴보고 신속히 연변의 각 군에 엄히 지시하여 따로 금지하도록 하고 거행한 상황을 수시로 보고하기 바랍니다.

광무 5년 5월 28일

의정부찬정외부대신 박제순

평안북도관찰사 이도재 각하

37 청국인 왕무충(王懋忠) 이주 이후 수하였던 한국인들이 러시아 군대를 속여 그 위세를 빙자해 행패를 부리고 있으니 이를 처리해달라는 조회

조회 제3호

청국인 왕무충(王懋忠)이라는 자가 강북 유민(流民)들의 대상으로 호구를 편제하고 병사를 모집하며 돈과 곡식을 거둬서 멋대로 침학한 일로 여러 번 조회했습니다. 동변도(東邊道)에서 보낸 공문을 첨부한 귀 조복을 받고 동변도에 보냈습니다. 그러자 동변도에서 회인현에 행문하여, 이미 조사해 처리했으며 지금 왕무충은 다른 곳으로 옮겨 살고 있고 한국 백성들에게 관여하지 않고 있습니다. 유민 중 이성지(李盛芝), 임병수(林炳秀)라는 자는 전에 왕무충에게 붙어서 그를 따르고 도와 우리 백성들을 학대한 것이 더 심했습니다. 지금 왕무충이 물러나서 그들의 형세가 고립되어 의지할 데가 없었는데, 스스로 범죄한 것을 돌아보고 처벌을 피할 길이 없자 감히 도주할 계획을 품고 통화현에 주둔한 러시아 군대에 투신하여 유민들을 관할하는 곳이 없다고 거짓으로 이야기했습니다. 그리고 그들을 관할하는 관리로 정하겠다는 뜻으로 통역에게 뇌물을 주고 인준을 받아내고는, 러시아에 투항한 향비(响匪) 50명을 대동하고 러시아 옷으로 갈아입고 유민들에게 명령을 전하여 혹은 러시아 병영이 혹은 한국 병영이 다스린다고 하면서 병전(兵錢)과 연비(烟費)를 핑계로 집마다 배정하여 돈을 거뒀고 칼을 휘두르며 총을 쏘고 강북을 횡행하는 것이 왕무충에게 기댈 때보다 더 심합니다. 그래서 유민들이 분함을 호소하며 소장을 냈습니다. 변경을 살피는 직책에 있기에 더욱 불쌍하고 딱할 뿐이니, 이 수만 호의 유민들을 위하여 마땅히 본국에서 관청을 설치해 관할해야 합니다. 왕무충이 멋대로 관할한다고 한 것도 또한 부당한데, 어찌 러시아 군대가 관여한다는 말입니까. 이는 다른 것이 아니라 소위 임병수, 이성지 두 놈이 이미 죽을죄를 저지르고 용서받을 길이 없자, 러시아인들에게 유민들의 청원이라고 거짓으로 말하여 이렇게 공례(公例)에 없는 일을 저지른 것입니다. 이것을 만약 지금 러시아 군대에 설명하지 않으면 이 수만 호의 유민들이 임병수와 이성지라는 도적의 손에서 피해를 입게 되어 반드시 흩어져버릴 것입니다. 유민들이 올린 임병수와 이성지의 소위 전령 2장을 첨부하여 조회하니, 헤아린 후 러시아공사에게 지조해서 통화현 주둔 부대의 러시아 군인에게 문서를 보내어 두 도적이 속인 것을 설명하고 즉시 체포해서 한국 관리에게 보내도록 하여 법에 비춰 처리하기를 바랍니다.

광무 5년 11월 22일

찰변사겸관서진위제대대사령관육군부장 이도재

의정부찬정외부대신임시서리의정부찬정농상공부대신 민종묵 각하

38 한국 땅으로 넘어온 청국 유민을 보호한 자성군수에 대해 봉천장군이 보내온 치사의 뜻을 전달하는 훈령의 기안

훈령 제1호

경성 주재 청국공사의 조회를 받아보니 「봉천장군(奉天將軍)의 자문을 보니, 동변도(東邊道)에서 인용한 통화현의 보고에 따르면 "우리나라 강 위쪽의 자홍(滋洪), 영경(榮慶) 등의 보(保)의 백성들 1,000여 호가 도적들의 난리를 피해서 귀국 자성군에 도피했습니다. 군수 박항래(朴恒來)가 이들을 받아서 머무르게 하고 설관(設館)하여 특별히 위무한 것이 수개월이 넘습니다. 집과 몸과 생명을 의뢰해서 보전했기에 청국인들이 매우 감격하여 이미 박 군수를 위해 비석을 세워서 그 덕을 칭송했습니다. 이를 치사(致謝)하기를 요청합니다"라고 했습니다. 박 군수가 이번에 피난한 청국 백성들을 위무하면서 자기 백성처럼 대하여 이웃나라와의 우의를 돈독히 한 것을 조회를 통해 치사하는 것이 합당하며, 청컨대 박 군수에게 지조를 전달하게 해주기 바랍니다. 그리고 현재 봉천은 점차 평정되어가고 있으니 유민들을 보호하고 빨리 고향으로 돌려보내도록 해주기 바랍니다」라고 했습니다. 이에 따라 훈령하니, 즉시 해당 군에 훈

령을 전달해 청국공사가 보내온 봉천장군의 치사의 뜻을 전달하게 하고 청국 인민을 이전대로 보호하여 귀국하도록 하며 상황을 보고하기를 바랍니다.

광무 6년 1월 30일

의정부찬정외부대신임시서리의정부찬정 박제순

평안북도관찰사 이도재 각하

39 한국 병사가 이성지를 체포하기 위해 청국과 한국 사이의 국경을 넘은 것에 대한 러시아공사의 항의를 전달하는 조회

조회 제1호

본국 유민(莠民) 이성지(李盛芝), 임병수(林炳秀)의 일로 전(前) 찰변사(察邊使)의 내문을 받아서 경성 주재 러시아공사에게 조회했습니다. 이어서 그 공사의 조복을 받았습니다. 「올해 1월 6일 한국 부위(副尉) 김병도(金秉道)가 봉천에 와서 말하길 "이성지가 이전에 부윤을 살해하고 죄를 저질렀으니 즉시 체포해서 보내주길 바랍니다"라고 했습니다. 또 초산대(楚山隊)의 한국 병사가 청국 경계를 넘어 이성지의 가솔을 모두 체포하여 잡아죽이라고 소리쳤습니다. 이성지의 상황을 조사해보면 확실히 무고를 당한 것이 분명하며, 한국 병사들의 행위는 명백히 불법에 속한 것입니다. 청컨대 즉시 지시해서 이성지의 가솔을 석방하고 아울러 귀국 사관 및 병정에게 지시해서 다시 멋대로 경계를 넘어 조약을 위반하는 폐단이 없게 하기를 바랍니다. 이번 안건을 신중하게 살펴서 부위 김병도가 왜 봉천으로 가서 이성지를 체포하려고 하는지, 혹시 귀 정부가 오로지 이 일을 위해 파견했는지 여부를 상세히 회답해주기 바랍니다」라고 했습니다. 이성지 등의 죄상을 나열하여 다시 조회했으나, 우리 병사가 강을 건너 이성지의 가솔을 체포한 것은 해명하지 않을 수 없습니다. 이에 조회하니 헤아려서 이 사실을 소상히 조사하여 곧바로 조복해주기 바랍니다.

광무 6년 4월 11일

의정부찬정외부대신임시서리철도원총재 유기환

검찰사겸사령관육군참장 민영철 각하

40 국경을 넘어오려는 다수의 러시아 및 청국 관원의 입국을 만류하고 소수의 청국 관원에게 호조를 발급했다는 보고

보고 제4호

관하 자성군수 박항래(朴恒來)의 제53호 보고서를 받아보니 「4월 15일 사시(巳時)쯤에 여연면(閭延面) 집강 이준갑(李准甲)의 보고를 받았습니다. "러시아 관원 마(馬) 통령(統領)이 만포(滿浦)로 내려가기 위해 국경을 넘어오려고 했습니다. 이를 감히 함부로 허가하기 어렵기에 두 번 세 번 힘써 막았고 그 군대와 함께 온 청국 관원 장(張) 통령에게 여러 번 간청하여 국경을 넘지 못하게 했습니다. 당일 이른 아침에 러시아 병사 400여 명이 모아산(帽兒山)으로부터 초두구(初頭溝)를 거쳐 곧바로 통화현으로 들어갔고, 300여 명은 후군이 모두 도착하기를 기다려 그쪽 강변을 따라 통구(通溝)로 내려갔습니다. 청국 관원 장 통령은 마병(馬兵) 5명, 통사(通辭) 1명을 데리고 군아(郡衙)로 빨리 가서 청국 백성들을 도와준 일에 대한 감사의 뜻을 표하겠다고 하면서 먼저 명첩(名帖)을 제출하기에 이를 첨부하여 올립니다"라고 했습니다. 청국 관원 장점원(張占元) 통령이 마병 5명을 데리고 군청에 와서 비적들을 토벌하고 백성들을 위무하는 일에 대해 이야기했고, 강계군 만포(滿浦) 등지로 향하여 통구로 넘어간다고 했습니다. 그래서 호조(護照)를 발급했으며 이 관원의 명첩을 첨부하여 보고합니다」라고 했습니다. 이 관원의 명첩을 모두 등록하여 보고하니 살펴주기를 바랍니다.

광무 6년 5월 3일

평안북도관찰사 민경호

의정부찬정외부대신임시서리철도원총재 유기환 각하

통령아군목무청자통승마보각영화령삼품정기보용도사 장점원[42]

42 이 부분은 첨지(籤紙)로 표기되어 있다.

41 한국 부위 김병도가 국경을 넘어 이성지의 가솔을 체포한 일로 러시아공사의 힐문을 받았으나 이 일을 조사할 길이 없다는 조복

조복 제1호

귀 제1호 조회를 받아보니 『본국 유민(莠民) 이성지(李盛芝), 임병수(林丙秀)의 일로 전(前) 찰변사(察邊使)의 내문을 받아서 경성 주재 러시아공사에게 조회했습니다. 이어서 그 공사의 조복을 받았습니다. 「올해 1월 6일 한국 부위(副尉) 김병도(金秉道)가 봉천에 와서 말하길 "이성지가 이전에 부윤을 살해하고 죄를 저질렀으니 즉시 체포해서 보내주길 바랍니다"라고 했습니다. 또 초산대(楚山隊)의 한국 병사가 청국 경계를 넘어 이성지의 가솔을 모두 체포하여 잡아 죽이라고 소리쳤습니다. 이성지의 상황을 조사해보면 확실히 무고를 당한 것이 분명하며, 한국 병사들의 행위는 명백히 불법에 속한 것입니다. 청컨대 즉시 지시해서 이성지의 가솔을 석방하고 아울러 귀국 사관 및 병정에게 지시해서 다시 멋대로 경계를 넘어 조약을 위반하는 폐단이 없게 하기를 바랍니다. 이번 안건을 신중하게 살펴서 부위 김병도가 왜 봉천으로 가서 이성지를 체포하려고 하는지, 혹시 귀 정부가 오로지 이 일을 위해 파견했는지 여부를 상세히 회답해주기 바랍니다」라고 했습니다. 이성지 등의 죄상을 나열하여 다시 조회했으나, 우리 병사가 강을 건너 이성지의 가솔을 체포한 것은 해명하지 않을 수 없습니다. 이에 조회하니 헤아려서 이 사실을 소상히 조사하여 곧바로 조복해주기 바랍니다』라고 했습니다. 이 일은 본부에서 간여할 바가 아닙니다. 몇 년 전에 강릉과 의주 양대(兩隊)의 검찰사(檢察使) 이학균(李學均)이 대동하고 내려간 위관(尉官) 김병도에게 청국과의 국경에 관한 일을 맡기고 파견했다고 합니다. 그 가솔을 체포한 사실은 확실히 조사할 길이 없으므로 이에 조복하니 헤아려주기를 바랍니다.

광무 6년 6월 11일

검찰사겸사령관육군참장 민영철

의정부찬정외부대신임시서리철도원총재 유기환 각하

42 압록강 북쪽 지역에 관리를 파견해 그곳의 백성을 보호해달라는 소장(訴狀)을 전달한다는 보고

보고 제7호

압록강 건너편은 한국과 청국의 경계이며 원래 비어 있는 땅입니다. 우리 백성 중 거기에 살고 있는 자들의 수를 셀 수 없을 정도인데, 근래에 청국의 비도들이 창궐하고 러시아 병사가 주둔하여 유랑하며 사는 백성들의 상황이 곤궁하여 돌아갈 곳이 없는 것 같이 되었습니다. 전 관찰사가 찰변사(察邊使)를 겸하여 마음을 다하여 백성들을 보살펴서 귀화시키려고 했으나 일을 마치지 못했습니다. 그런데 갑자기 벼슬을 내놓고 돌아가고, 본 관찰사가 이번 봄에 부임한 후 즉시 변경의 상황에 익숙하여 잘 처리할 수 있는 사람을 보내서 그 유민들을 위로하고 편안히 살게 했습니다. 지금 강북 사람 홍성륜(洪成倫) 등이 연명(聯名)으로 올린 소장(訴狀)을 보니 "저희들은 모두 본국의 가난한 백성으로 농사만 지으면서 먹고살다가 모두 강북에서 개간이 허락된 후 노인과 아이들을 데리고 산과 골짜기 사이의 빈 땅으로 가서 수년 동안 밭을 갈았습니다. 땅이 비옥하고 농사가 풍년이어서 다행히 기아를 면하게 되었으나, 멀리 떨어진 땅에서 외롭게 살면서 상종하는 사람은 말갈(靺鞨)이며 들리는 말은 결설(鴂舌)입니다.[43] 맑은 밤에 걷고 서성이면 다만 집 생각이 간절하고, 좋은 시절을 만날 때마다 조상의 무덤을 두고 온 한이 배나 더합니다. 남쪽 나라에서 온 새가 남쪽 가지에 앉는 꿈이 길고, 오래된 무덤을 보며 죽을 때 제가 살던 언덕으로 머리를 돌리는 여우를 생각합니다. 어떤 사람의 상황이 이보다 더 불쌍하겠습니까. 삼가 생각해보면 우리 대황제폐하께서 수십 년 이래 특별히 위원을 파견하여 그 상황을 도와서 품으시고, 그 폐단을 살펴서 바로잡으셨습니다. 그런데 위임받은 자가 그 덕스러운 뜻을 따르지 않고 탐욕만을 일삼아서 호세(戶稅)를 거둬서 자기를 배불리고 임첩(任帖)을 강제하여 토색에 충당하여, 침범하고 빼앗는 일이 계속 일어나서 백성들은 감히 살아갈 수 없게 되었습니다. 게다가 우리나라 유민(莠民)들이 비도(匪徒)들에게

43 말갈은 북방의 부족 이름이다. 결설은 때까치의 소리로, 들리는 말이 결설이라는 것은 모르는 사람 사이에서 알아들을 수 없는 말을 들으며 외롭게 지낸다는 의미이다.

붙어서 보정(保正)으로 임명되어 각 동(洞)에서 멋대로 행하려고 했으며 돈과 곡식을 가혹하게 거둬서 일어난 폐단이 한둘이 아니라고 합니다. 이 수만 명의 생명이 누굴 믿고 누굴 의지하겠습니까. 이를 상부에 보고하고 또 황제폐하께 아뢰게 하여 조정에서 특별히 공정하고 청렴한 사람을 선발하여 관리로 임명해서 강북 지역을 안정시키고 살피게 하여 평범한 백성들을 보호하는 황제의 뜻을 널리 알리게 하기 바랍니다. 그래서 아비가 아들을 부르고 남편이 아내에게 알려서 모두 귀화하여 호적을 조정해 편제하는 것도 가만히 서서 기다리기만 하면 되고, 국고에 반드시 많은 세금을 더할 수도 있을 것입니다. 관리를 선발하고 급료를 주는 것은 호전(戶錢) 중에서 구획(區劃)하여 마련하는 것이 합당합니다"라고 했습니다. 이를 근거하여 강북의 유민들을 조사해보니, 교화하고 길러야 할 사람입니다. 고향 땅을 떠나 낯선 곳으로 이주한 것이 어찌 기꺼운 마음으로 한 것이겠습니까. 그러나 혹은 중요한 세금을 피하거나 혹은 개간의 작은 이익을 구하려고 하다가 형세가 급박해져 떠돌면서 욕되게 살고 있으니, 이미 지방관의 보호가 없고 법령의 시행이 없어서 비류(匪類)들에게 수 차례 어려움을 당하며 나쁜 사람들에게 여러 번 괴롭힘을 당합니다. 억울함을 품어도 어디에 호소하며, 분을 품어도 어느 곳에서 풀 수 있겠습니까. 백성들의 상황을 생각하면 매우 참혹합니다. 지금 관리를 두어 백성들을 안정시켜달라는 요청은 그 합당한 사유가 있습니다. 관리를 두는 경비를 유민들에게 거둔 호전(戶錢) 중에서 지출하면 국고에 조금도 손해가 없고, 생명을 보호하는 일에 실제로 이익이 있을 겁니다. 이에 보고하니 살피고 의논한 후 아뢰어 재가를 받아 실시해서 백성들의 바람에 부응해주기 바랍니다.

광무 6년 6월 29일

평안북도관찰사 민경호

의정부찬정외부대신임시서리외부협판 최영하 각하

43 일본인 무세웅태랑(武藏雄太郞)과 청국인이 한국인을 무기로 위협하며 목재를 빼앗은 사건에 대한 지령을 내려달라는 보고

보고 제9호

관하 창성군수 이민긍(李敏兢)의 제135호 보고서를 보니 "자성군 백성 정시흥(鄭時興), 김서봉(金瑞鳳), 의주군 백성 김원석(金元石), 주승원(朱承元), 이승근(李承根) 등이 구매하여 하류로 운반하려 했던 목재 893장(丈)을, 일본인 무세웅태랑(武藏雄太郞)이 청국인 인부 진과생(陳果生)과 이마유(李馬有) 등을 데리고 총을 쏘며 빼앗은 상황이 남김없이 드러났습니다. 그래서 이 일본인 및 청국인들은 모두 잡아가두고 목재 및 싣고 있던 물건들은 좌개(左開)로 보고합니다"라고 했습니다. 이를 조사하니 총을 쏘고 나무를 빼앗아서 자호(字號)를 고쳐 찍은 것을 그 청국인 인부들이 여러 번 진술했고 일본인도 이에 승복하여 의심할 바가 전혀 없습니다. 우리 백성이 원통하게 재산을 잃은 것은 확실한 증거가 있지만, 일이 3국 백성 간 소송에 관계되었기에 급하게 내어주기 어려운 점이 있습니다. 이 목재는 잠시 압류해두고 외부에 보고할 것을 기다려 조처하겠습니다. 이 일본인 및 청국인들이 갖고 있던 다른 물건들은 일일이 돌려준 뒤 담판하여 보낼 것을 지시하도록 지령을 보냈습니다. 창성군의 보고서를 별지에 등록하여 올리며, 이에 보고하니 살펴서 지령해주기 바랍니다.

광무 6년 7월 18일

평안북도관찰사 민경호

의정부찬정외부대신임시서리궁내부특진관 유기환 각하

창성군수 보고서 등본

본월 6일 술시(戌時)쯤에 자성군 백성 정시흥, 김서봉 등이 연명하여 소장을 올렸습니다. "산적과 수적들이 세상에 혹 있지만 이처럼 심한 자들은 듣지 못했습니다. 저희들은 원래 장사로 먹고 살았습니다. 자성군 충의사(忠義社)에서 수리하기 위한 목재를 매 장(丈)당 8냥 5전으로 가격을 정해서, 뗏목으로 만든 209장은 김서봉이 사들였고, 105장은 정시흥이 뗏목으로 만들어 의주로 내려가다가 초산군에 도착했는데, 갑자기 청국인 10여 명이 각각 총을 들고 크게 소리를 질러 배를 멈추라고 했습니다. 그래서 무슨 일인지 알 수 없어 정신없이 방황할 때에 도적들이 각각 작은 배를 타고 연이어 총을 쏴서 그 형세를 감당할 수가 없어 건너편에 정박했습니다. 배에다 그들의 도장을 찍고 그들의 깃발을 세우고, 자성군 공문과 장기(掌記)를 빼앗아갔습니다. 그래서 분함을 이기지 못해서 초산부사(楚山府使)에게 가서 아뢰어 건너편 통구아문에 이조(移照)하도록 요청하였는데, 아직 문서가 전달되지 못했던 때에 도적들이 출발했습니다. 그래서 그 따르는 무리들을 탐문해보니 청국인 7명은 모두 적비(賊匪)의 잔당이고 그중 삭발한 1명은 일본인이라고도 하고 청국인이라고도 했습니다. 그 뒤를 급히 따라가보니 도적 무리들이 막 본 경(境) 운두포(雲頭浦)에 정박했습니다. 위 내용을 헤아리고 도적 무리들을 체포해서 처벌하고 저희들의 물건을 찾아주어 억울함을 풀어주기 바랍니다"라고 했습니다.

의주 백성 김원석(金元石) 등의 소장에는 "저희가 5월 초에 강계 시하면(柴下面) 건너편으로 가서 청국인 우두머리 사씨(史氏)에게 판목(板木) 260장, 왕문광(王文廣)에게 35장, 합계 303장을 각 장당 13냥 5전씩 주고 사서 뗏목을 엮어서 내려갔습니다. 그렇게 초산군에 이르렀는데 소위 일본인 1명과 청비(淸匪) 7, 8명이 갑자기 총을 쏘며 아무 이유 없이 빼앗아갔습니다. 어찌 이와 같은 향적(响賊)들이 있을 수 있습니까. 그 무기가 두려워 빼앗긴 물건을 찾아오지 못하고 다시 강계군 건너편으로 가서 원래 목재를 판매한 청국인 2명을 데리고 와서 대질하여 처리하려고 하는 사이에 도적들은 이미 강을 타고 내려갔습니다. 원통함을 이기지 못하여 밤새 뒤따라가니 창성군에 이르러 따라잡았습니다. 이 도적들을 법률에 의해 처벌해서 목재를 찾아주기 바랍니다"라고 했습니다.

의주 백성 주승원(朱承元) 등의 소장에는 「제가 4월에 강계 문옥면(文玉面)에 가보니 그곳에 사는 최준곤(崔俊坤)이 와서 저에게 말하기를 "의주에 가서 목재를 사고 싶다. 수로를 따라서 내려가면 피차 편할 것이다"라고 했습니다. 그래서 각자 돈을 내어 강계 송삼리(松森里)의 임순명(林淳明)에게 판목 218장을 각 장당 9냥 5전씩 값을 정해주고 사서 뗏목을 엮었습니다. 그때 최준곤 부친의 시신을 모신 관과 그의 70세 된 노모를 함께 뗏목 위에 태우고 내려갔습니다. 초산군 운해천포(雲海遷浦)를 지날 때에 갑자기 청비 8, 9명과 일본인 1명이 각각 총을 가지고 쳐들어와 물건을 빼앗았습니다. 내주지 않으려고 했으나 총을 쏘고 구타하니 형세가 어쩔 수 없었습니다. 건너편 통구의 포구에 정박하여 장기(掌記)를 빼앗겼는데 그들은 깃발을 다시 세우고 그들의 인장을 다시 새겼습니다. 몰래 물건을 훔치는 것도 법에 의해 처벌을 받는데 대낮에 빼앗겼으니 어찌 억울하지 않겠습니까. 하물며 장례를 치르려는 시체가 모욕을 당했으니 노모도 낙담했습니다. 이런 흉악한 도적들의 살을 가르고 피를 마신다고 하더라도 한이 풀리지 않을 것이어서 초산부사에게 가서 소장을 제출하여 억울함을 풀고 처벌하게 하려고 했습니다. 그때 도적이 출발했기에 밤을 지새고 쫓아갔더니 도적들이 창성군에 있었습니다. 밝은 정치 아래 도적들을 찾아서 죄를 묻고 악행을 징벌하며 제 물건들을 내주어서 떠돌이 상인의 억울함을 풀어주기 바랍니다」라고 했습니다.

의주 백성 이성근(李成根)의 소장에는 「수년 전에 강계 등지에 가서 올해 5월까지 자성군에 살던 김인섭(金仁涉)이 "자성읍 충의사(忠義社)의 구폐판목(捄弊板木) 61장을 팔고 싶다"라고 했습니다. 그래서 제가 고향에 돌아가기 위해 김인섭에게 값을 주고 샀고, 자성군 공문과 장기를 모두 갖고서 인부를 고용해서 내려가다가 초산군 건너편 통구 포구를 지날 때에 어떤 일본인 1명과 청비 10여 명이 도적 무리를 이루고 대낮에 총을 쏘며 들이닥쳐 물건을 빼앗았습니다. 저는 우매하여 공문을 보여주면 혹시 빼앗긴 물건을 찾을 방법이 있을까 생각하여 공문을 보여줬으나, 도적들은 그 공문마저 빼앗았습니다. 그래서 방황하고 있을 때 자성군, 의주군 등지에서 살고 있는 사람들의 뗏목도 모두 빼앗겼습니다. 그래서 초산군에 가서 호소하여 건너편 통구 포구의 아문에게 이조(移照)하도록 요청했으나, 아직 문서가 도착하지 않았는데 도적들이 출발했습니다. 그래서 뒤를 좇아 여기에 이르렀으며, 도적들이 지금 창성군에 있습니다. 비록 다른 나라라고 하지만 마땅히 각국에서 통상할 때에 도적의 죄를 저질렀으니 어찌 처벌이 없겠습니까. 분명히 조사하여 재판해서 처벌해주고, 판목과 구매대금을 일일이 받아내 주기 바랍니다」라고 했습니다.

수로의 적비(賊匪)가 백성의 재산을 약탈하여 백성들이 소장을 제출하기에 이르렀으니 멋대로 행하는 것을 내버려둘 수 없습니다. 군수가 본 군의 분참대(分站隊)에 조회하여 해당 부대 병정 10명, 본 군 포사(砲士) 5명, 교졸(校卒) 4명 등을 함께 파견하여 좇아 체포하게 했습니다. 그랬더니 이 병정과 포사와 교졸들이 돌아와서 보고하기를 "당일 새벽에 출발해서 운두리(雲頭里) 건너편 삼채동(三寨洞) 포구에 갔습니다. 청국인의 뗏목이 30척가량 정박해 있었고 인부가 4, 5백 명에 가까웠습니다. 다른 뗏목은 전혀 움직이지 않았는데 그중 4척의 뗏목 위에 일본인과 청국인들이 먼저 상륙하여 총을 쏘며 사방으로 도망쳤습니다. 그 뒤를 좇아 포박하였는데 청국인 10여 명은 도망쳐서 잡지 못했고, 다만 청국인 2명과 일본인 1명만 체포했습니다"라고 했습니다. 군수와 부위(副尉) 정순종(鄭順鍾)이 정청(政廳)에 모여서 그 일본인과 청국인 3명을 불러서 청국 말을 할 수 있는 사람을 통해 강에 떠내려 오던 목재를 빼앗은 정황을 심문하게 했습니다.

청국인 진과생(陳果生)의 진술에 「우리들은 천진에 10여 년 살다가 회인현으로 와서 연관(烟館)을 세우고 상업에 종사했습니다. 그런데 올해 5월 24일에 우리들의 집에서 부음(訃音)이 있다는 소식을 듣고 돌아가려고 할 때에 27일이 되자 이름을 알지 못하는 일본인 통사(通詞)와 우리 중 임가(任哥)가 와서 저에게 말하기를 "너희들 집으로 가고 싶으면 일본인이 내려가는 뗏목을 타고 함께 사하자(沙河子)로 가자"라고 했습니다. 그래서 우리들은 작은 통나무를 타고 내려가는 뗏목으로 들어가니 일본인과 우리들 8, 9명이 그중에 먼저 있었습니다. 우리들 중 정가(鄭哥)가 큰 총을 쏘고 일본인이 작은 총을 쏴서 한국인들의 뗏목을 빼앗았습니다. 일본인이 일본 글자를 배에 찍고 일본 깃발을 배에 세우고, 우리 지방인 삼채동 포구에 정박하여 유숙했습니다. 그리고 오늘 아침 새벽에 병정과 관차(官差)가 건너와서 저희들을 포박했습니다. 우리들 중 정가 등은 스스로 범한 죄를 알고 총을 가지고 있다가 낌새를 보고 먼저 도주했으며, 우리 3명은 체포되었습니다. 그리고 지금 일본인은 자신이 한 행동을 저희들에게 떠넘기려 하고 있습니다」라고 했습니다. 청국인 이마유(李馬有)의 진술에 「우리들은 홀아비로서 관전현(寬甸縣) 투티팅 지방에서 거주하면서 산동(山東) 누에를 기르는 것을 업으로 삼고 있습니다. 누에 농사가 잘 안 되면 혹 고용살이를 하기도 합니다. 6월 1일에 일본 통사와 우리들 중 임가가 와서 우리들에게 말하기를 "품삯 6냥에 강을 내려가는 뗏목의 인부로 함께 사하자로 가자"라고 했습니다. 우리들은 다만 인부였을 뿐이며, 뗏목에서 사건이 일어난 원인은 처음부터 알지 못합니다」라고 했습니다.

일본인 무세웅태랑이 필담으로 진술한 내용에 「올해 2월 하순에 회인현 청국인 이준당(李駿堂)이 목재 값을 은화로 주고 목재를 구매했습니다. 그러나 물이 불어나 1,500그루의 나무가 유실되었습니다. 이후 통구에 이르러서 청국인들이 말하기를 "우리가 나누어 나무를 살 때에 도장이 찍힌 목재가 있었는데, 한국인들이 뺏아가서 지금 강을 따라 내려갔다"라고 했습니다. 그래서 되찾아오기 위해 비록 저는 확실히 알지 못했으나 청국인들이 한 말을 믿었을 뿐입니다. 저는 비록 564그루라고 확실히 알지 못했으나 청국인들이 전하는 말을 들었습니다」라고 했습니다.

원고 정시홍 등의 진술에 「저희들의 진술은 이미 소장에 말씀드렸습니다. 저희들은 강에 띄워 내려보내는 나무 895장을 값을 주고 샀으며, 각각 장기도 있어 원래 있던 곳에서 갖고 온 것입니다. 그런데 일본인이 오늘 "청국인 이준당이 돈을 주고 샀다"라고 했습니다. 그러나 소위 이준당이 도망쳤기 때문에 남에게 책임을 떠넘긴 것입니다. 또 일본인이 말하기를 "나는 확실히 알지 못하지만 564그루라고 청국인들이 전하는 말을 들었습니다"라고 했습니다. 그런데 그가 이전에 그 값을 주고 목재를 샀고 그가 목재를 묶어 뗏목을 만들었습니다. 895장을 564그루로 확실하게 숫자를 이야기하여 글로 썼으며, 또 확실히 알지 못하며 청국인의 말을 전해들었다고 하는 것이 어찌 핑계대는 것이 아니겠습니까. 하나를 미루어 생각해보면 나머지 세 가지 일도 알 수 있습니다. 청국인들에 대해 말하더라도 정말로 은화를 내고 나무를 팔았다면 왜 나와서 변명하지 않고 도망간다는 말입니까. 청국인과 일본인이 무리를 지어 공모해서 수로를 막고 지나가는 상인들을 위협하여 약탈했습니다. 그들은 모두 도적의 무리들입니다. 법률에 따라 처벌하고 목재를 내주기 바랍니다」라고 했습니다.

진과생은 부음을 듣고 집으로 간다고 하면서 어떤 근심으로 방도가 없다고 하였고 그 길로 가지 않았는지 알 수 없으나 총을 쏘고 물건을 빼앗은 것이 이미 목격되었으며, 함께 뗏목을 타고 같이 수로를 내려간 자들과 속셈이 같지 않았다면 상황이 어찌 이렇게 되었겠습니까. 작당하여 공모한 것을 해명하고 싶겠지만 정가 등이 스스로 범죄를 저지른 것을 알고 도주해서 일본인이 우리들에게 죄를 뒤집어씌우려고 한다고 말한 것이 어찌 사실대로 자백한 것이겠습니까. 청국인과 일본인이 서로 짠 것은 둘러대기 어렵습니다. 이마유는 은화 6냥을 탐하여 뗏목 인부로 길을 갔던 자로서 혹 정세 때문에 어쩔 수 없었을 수도 있지만, 어찌 배 안의 사람들이 모두 적국(敵國)이라는 혐의를 면할 수 있겠습니까. 다만 진위를 헤아리기 어렵습니다. 무세웅태랑은 비록 호조(護照)는 명확하지만 다만 청국을 여행하기 위한 호조일 뿐이며 목재 거래를 위해 발급된 것은 아닙니다. 그가 목재를 사서 스스로 뗏목을 만들었는데 500인지 800인지를 자세히 모르고 800여 장을 500여 장으로 진술했으니, 목재의 수가 어떻게 두 배나 차이가 날 수 있겠습니까. 또 어떤 상업 규칙이 목재의 매매에 처음부터 장기가 없고 장부도 없으며 다만 청국인들에게 전해들은 이야기만 전해들었다고 말하고 있으니, 일의 이치에 합당하다고 누가 말하겠습니까. 또 원고의 공문과 장기를 빼앗은 것은 얼마나 간교한 행동입니까. 모든 사안에서 도둑질한 흔적을 감출 수가 없습니다. 정시홍은 목재를 무역해서 판매하는 장소가 확실하고 또 895장으로 재판정에서 진술했습니다. 지금 이 목재에 대해 서로 소송하는 것이 상인과 도적 사이에서 벌어진 것인데, 원고는 895장이라고 했고 일본인은 564그루라고 했습니다. 양측의 주장이 서로 달라서 실제 개수를 조사해야 했습니다. 군수가 직접 뗏목이 정박한 성남포(城南浦)에 가서 수를 세고 살펴보니 사부(四符) 목재가 모두 893장이었습니다. 자호(字號)로 말하면 자호의 위에 일본인이 겹쳐서 자호를 찍었는데, 수면에 떠오른 나무에만 겹쳐 찍었을 뿐이고 물 아래 잠겨 있는 나무에는 겹쳐 찍지 못했습니다. 목재의 실제 개수가 서로 다른 것과 자호를 겹쳐 찍은 것이, 상인인지 도적인지의 정황을 저절로 보여줍니다. 다만 사안이 세 나라와 관계되어 제 재량으로 처리할 수 없습니다. 이 유하목(流下木) 및 싣고 있던 물건을 좌개와 같이 맡아두었습니다. 청국인 진과생, 이마유와 일본인 무세웅태랑은 모두 잡아두었으며 원고 정시홍, 김서봉, 김원석, 주승원, 이성근 등은 잠시 보증인을 세워두고 석방했으며, 목재는 지키고 있습니다. 이에 보고하니 살펴서 특별히 처분을 내려주기 바랍니다.

광무 6년 7월 7일

좌개(左開)

유하목(流下木) 893장(丈)

은화 20전(錢) 3냥(兩) 2전(戔) 8푼(分)

은화 10전 4냥 7푼

일본어 번역문 1장

호조(護照) 1장

청국호조(清國護照) 1장

붉은 도장이 찍힌 서양 문서 1장

대가방(大家房) 1건

소가방(小家房) 1건

곰가죽으로 만든 담요 1입(立)

검은색 단배자 1건

흰색 목면 깃저고리 1건

외투 1건

푸른색 목면 깃저고리 1건

푸른색 서양목면 큰 쾌자 6건

붉은색 목면 옷과 개가죽 깃저고리 1건

백양목단삼 6건

서양 붉은색 적삼 1건

돈보따리 1건

푸른색 목면 베개 2건

서양 큰 수건 1건

잡색 목면 깃저고리 1건

푸른색 목면 바지 2건

반베[斑布] 비단 깃저고리 1벌

푸른색 목면 적삼 2벌

목면 양말 6거리(巨里)

검은색 신발 1거리

그림이 그려진 포대기 2건

흰색 면 허리띠 2건

검은색 목면 허리띠 1건

푸른색 목면 포대기 2건

검은색 비단 저고리 2건

푸른색 털옷과 이부자리 1건

자색 털 깃저고리 1건

붉은색 털옷과 이부자리 1건

붉은색 목면 옷과 요 1건

흰색 털 깃저고리 1건

붉은색 그림이 그려진 담요 1건

목면으로 만든 배를 가리는 옷 1건

붉은색 목면 수건 1건

정교하게 만든 비단 큰 쾌자 2건

검은색 비단 배자 1건

노란색 비단으로 만든 딱딱한 다리 보호대 1건

푸른색 목면 포대기 1건

흰색 목면 가방 1건

흰색 목면 포대기 1건

크고 작은 빗 각 1건

목면 깃저고리 1건

일본 깃발 5입

노루가죽 1건

개가죽 4건

지갑 1건

작은 지갑 2개

구리로 만든 큰 통 1개

구리 솥 1좌(坐)

쇠로 만든 풍로 1좌

자호(字號)가 새겨진 망적(芒赤) 1개(망적판)

칼 1개

중간 크기 밥그릇 1개

작은 크기 밥그릇 1개

술통 1개

유리병 1개

양철 온수통 1개

크고 작은 광주리 각 1개

44 압록강 건너편의 백성을 관할하기 위해 파견된 관리사무 서상무가 비적에게 납치되고 조병흡이 익사한 경위에 대한 보고

보고 第13호

9월 26일에 도착한 후창군수 이재식(李載植)의 第170호 보고서를 보니 "본 군 건너편에서 유랑하며 살고 있는 백성의 관리사무 서상무(徐相懋)가 그 종인(從人)들을 데리고 강을 건너 그곳의 팔도동(八道洞)으로 갔습니다. 동 입구에서 머무르지 않고 깊은 계곡으로 40리 들어가서 개인 집을 관청의 건물들로 정했고 촌민들을 각 임반(任班)으로 차출했습니다. 음력 8월 2일 새벽에 관리사무와 종인 김교명(金敎明) 등이 향적(响賊)들에게 잡혀갔고 받아온 황제 폐하의 칙령과 도장은 관리를 맡은 종인 명공진(明公振)이 가지고 도망쳤습니다. 향적들이 관리사무와 김교명을 잡아가두고 토물(土物) 2,000개, 원보(元寶) 50괴(塊), 아연(鴉烟) 100냥쭝, 화약 100근, 보릿가루 100말, 총알 500개를 며칠 안에 갖추어 납부한 후에야 석방해주겠다고 했습니다. 종인 강규희(姜圭熙)가 개인적인 서신으로 읍(邑)에서 지급을 도와달라고 요청한 바 있습니다. 그러나 읍에서는 도와줄 여력이 없었기에 갇힌 관리사무와 종인 김교명을 즉시 돌려받지 못한 것이 매우 근심스럽고 민망합니다. 관리사무가 향적들에게 잡혔을 때 팔도동 주민 최경칠(崔京七)이 총에 맞아 죽었고 지금 이미 시신이 드러난 것을 그 동민이 알려왔기에 연유를 보고합니다"라고 했습니다. 따로 방책을 실시하여 잡혀간 사무와 종인은 돌려받도록 하고 사망한 최가는 친속에게 알려서 시신을 수습해 검사하고 매장하도록 지령을 보냈습니다.

이어서 받은 후창군수의 第181호 보고서에 『음력 8월 13일에 관리사무의 종인 강규희가 사람을 시켜 보낸 글에 「팔도동 주민 조병흡(趙秉洽)이 떠도는 말을 하기를 "이번에 온 관리(管理)는 칙명을 받았다고 거짓으로 말하면서 고집하기를 그치지 않아 탈계(奪界)하려고 왔습니다"라고 하며 몰래 향적을 불러 관리를 잡아갔습니다. 그래서 칠도동(七道洞)과 팔도동의 주민들이 조병흡 4부자를 결박해서 본 읍으로 이송하기 위해 지금 강머리에 도착했습니다. 교졸(校卒)을 보내 잡아들여 조사해서 처벌해주기 바랍니다」라고 했습니다. 이에 따라 순교(巡校)를 정해 보냈더니, 그 순교가 돌아와 보고하기를「조병흡은 그 동민들의 사설 포군을 시켜 인솔하도록 하여 같은 나룻배를 타고 강을 건너다가 도중에 스스로 물에 빠졌습니다. 그래서 조병흡의 아비 조명팔(趙明八) 및 그 형 조병필(趙秉必), 조병락(趙秉洛)과 두민(頭民) 이시흥(李時興)과 같은 배를 탄 사설 포군 최한성(崔汗成), 김이봉(金已鳳), 관리의 하인 한승운(韓承雲) 등 7명을 모두 대령했습니다」라고 했습니다. 일일이 잡아들여서 조병흡이 처음에 도적을 불러들여 관리를 잡아간 일과 끝내 왜 익사했는지 연유를 샅샅이 조사했습니다. 이시흥의 진술에「최병흡이 경성에서 내려와 소리쳐 했던 말이 "관리가 내려왔으나 진짜가 아니라 가짜다"라고 했습니다. 그리고 관리가 국경에 도착한 후 백성들이 모두 와서 뵈었는데 그들 4부자는 곧 한 동의 두민으로 여러 차례 관리의 소환 명령이 있었으나 일체 나타나지 않다가 8월 1일에 조명팔이 체포되자 2일 새벽에 향적들이 관리를 잡아갔다고 했습니다. 그러니 최병흡이 죄에 대한 처벌을 피하기 어렵기에 스스로 익사한 것이라고 생각됩니다」라고 했습니다. 조명팔 등의 진술에는「제 아들 최병흡이 관리보다 먼저 경성에서 내려와서 애초에 관리가 차출되었다는 보도를 한 신문이 없었다고 말했습니다. 이곳에 살고 있는 청국인이 제 아들을 지목해서 관리를 사주하여 그 땅을 빼앗으라고 하면서 제 아들을 몰래 해치려고 했습니다. 그래서 비록 관리의 소환 명령이 있었으나 주저하면서 나가지 못하고 있던 때에 잡아오라는 명령이 내려졌습니다. 이에 나아가서 사죄한 후 사유를 갖춰 아뢰니 안민(安民)을 차출하여 살피고 공문을 만들었습니다. 그래서 열심히 거행하고 있었는데 8월 2일이 되자 관리가 향적들에게 잡혀갔습니다. 그러자 동민들이 사설 포군을 시켜서 저희 4부자를 결박하여 끌고 나갔습니다. 최병흡은 먼저 강머리로 나갔고 제가 뒤에 강머리에 도착했는데 제 아들 최병필과 최병락이 동생 병흡이 스스로 익사하는 것을 보고 강물을 바라보며 통곡했습니다. 비록 따라서 빠져죽고 싶은 마음이지만 결박되어 있어 그러지 못했습니다. 제 아들이 도적을 불러서 관리를 잡아갔다는 말은 정말 애매합니다」라고 했습니다.

최한성, 김이봉, 한승운 등의 진술에는「저희가 조병흡과 함께 뗏목을 타고 강을 건널 때에 조병흡이 무심히 앉아 있다가 강 중간에 이르러 물결이 거칠게 일어나자 갑자기 빠져 죽었습니다. 그래서 구하지 못했습니다」라고 했습니다. 조병흡이 도적을 불렀는지 여부와 익사한 연유는, 당사자가 사망하여 조사할 방법이 없습니다. 조가들은 조병흡의 시체를 건져내도록 지시하여 보냈으며 조병흡과 같은 배를 타고 강을 건넌 최한성, 김이봉, 한승운 등은 모두 칼을 채워서 가뒀습니다』라고 했습니다.

또 후창군수의 제182호 보고서를 받아보니 "관리사무 서상무는 향적들에게 잡혀간 후로 소식이 없어서 음력 8월 13일에 관리사무의 종인 강규희와 명공진이 돌아왔기에 칙명과 도장을 수습해두었는지 여부를 상세히 물었더니, 팔도동의 믿을 만한 사람에게 숨겨두었다고 했습니다. 그래서 향장(鄕長)과 서기를 보내서 도로 받아오려고 했습니다. 그런데 명공진만 그 숨겨둔 곳을 알고 있는데, 그가 직접 가서 찾지 않으면 도로 받아오기 어렵다고 하면서 2일 동안 쉰 후 함께 가겠다고 하더니 14일 밤 사이에 어디론가 도주했습니다"라고 했습니다.

이를 살펴보니, 관리사무의 파견은 이전에 경부(京部)의 훈시가 없었고 또 관보에도 게재되어 있지 않았습니다. 조회를 살펴보니 관장(官章)은 없었으나 인본(印本)이 있었습니다. 막중한 명령을 받은 관리를 함부로 잡아가며 무고한 백성을 쏴 죽인 것은 듣기에 매우 경악스럽습니다. 따로 방법을 실시하여 도로 데리고 오도록 하고, 조병흡이 익사한 연유를 상세히 조사해서 다시 보고하도록 지령을 보냈습니다. 청국인 비적들이 창궐한 것에 대해서는 다른 나라 땅에서 일어난 일이라 관찰부에서 함부로 처리하기 어렵습니다. 이에 보고하니 살펴보기 바랍니다.

광무 6년 10월 5일

평안북도관찰사 민경호

의정부찬정외부대신임시서리외부협판 최영하 각하

45 서상무가 도적의 소굴에서 탈출해서 돌아왔다는 보고

보고 제14호

강북 지역을 유랑하면서 살고 있는 백성들을 관리하기 위해 와서 머물고 있던 관리사무 서상무(徐相懋)와 종인(從人) 김교명(金教明) 등이 향적(响賊)들에게 잡혀간 연유는 이미 보고했습니다. 지금 후창군수 이재식(李載植)이 다시 보낸 보고서를 받아보니 "9월 21일 밤중에 서상무가 도적 소굴에서 도망쳐서 강을 건너 우리 땅 부성면(富盛面) 포평리(葡坪里)에 왔습니다"라고 했습니다. 이에 보고하니 살펴보기 바랍니다.

광무 6년 10월 10일

평안북도관찰사 민경호

의정부찬정외부대신임시서리외부협판 최영하 각하

46 청국이 압록강 북쪽의 행정구역을 개편한 내용에 대한 보고

보고 第15호

대청흠명이품정기상기화령서리동변병비도겸중강세무감독후보도덕(大清欽命二品頂戴賞戴花翎署理東邊兵備道兼中江稅務監督候補道德)이 음력 9월 1일에 보내온 조회에 『광서(光緒) 28년(1902) 8월 24일에 받은 성경장군(盛京將軍) 증기(增祺)와 봉천부윤(奉天府尹) 옥회(玉會)의 함찰(銜札)에, 「이전에 논의한 대로, "봉천부의 상황을 자세히 살피고 옛 제도를 빨리 변통하여 토지를 측량하고 관리를 추가하여 자급(資級)에 따라 나누어 통치하게 했습니다. 청도(清盜)의 원안(源案) 안 흥경(興京)의 무민동지(撫民同知)가 소속된 통화현의 경내는 넓이가 약 600~700리이며 길이는 300여 리로 동남쪽은 조선과 다만 압록강 한줄기를 경계선으로 삼고 있습니다. 지방관은 때때로 역량이 미치지 못하는 형세입니다. 모아산(帽兒山) 지방에 임강현을 추가로 설치하고 지현(知縣)과 전리(典吏)를 각 1명씩 두고, 홍석립(紅石砬) 동쪽은 모두 임강현 통치에 속하게 할 예정입니다. 옛날에 설치한 모아산은 팔도강(八道江)으로 옮겨서 그대로 통화현 관할로 귀속할 예정입니다. 아울러 회인현 통구 지방에는 집안현을 추가로 설치하고 지현과 전리를 각 1명씩 둘 예정입니다. 옛날에 설치한 통구순검은 분구문(岔溝門)으로 옮겨서 집안현 관할로 귀속할 계획입니다. 통화현에 속한 자생보(滋生保) 등 6개의 보, 회인현에 속한 상화보(祥和保) 등 5개의 보 등은 나누어서 현의 통치에 속하게 하겠습니다"라고 상주하여 승인을 받고, 정무처(政務處)에서 회동하여 이부(吏部)에서 속히 의논하여 주문(奏文)을 발표했습니다. 이를 받든 정무처의 자문에 따라, 토지를 측량하고 관리를 추가하는 사안은 이미 의논을 거쳐 6월 15일에 재차 상주하여 받은 뜻에 따라 의논한 내용대로 자문을 보냈습니다. 그리고 이전에 근처에 파견된 적이 있던 남령(藍翎) 5품함(品銜)으로 봉천에 남아 있던 보용지현(補用知縣)

오광국(吳光國)을 임강현에 보내서 다스리게 했습니다. 그리고 남령 5품함 후보지현(候補知縣) 황석경(黃錫庚)을 집안현에 보내서 다스리게 했습니다. 관할 안에서 호구(戶口), 기민(旗民), 사송(詞訟), 명도(命盜) 등의 각 안건을 샅샅이 조사하여, 지량(地糧)을 응당 징수하도록 했습니다. 한국인들이 국경을 넘어 개간하는 사건은 모두 해당 관원들을 통해 조사하고 신속히 헤아려서 아뢰어 처리하고 따로 지시하도록 문서를 내렸습니다. 새로 설치한 임강현, 집안현을 살펴보니 조선과 강 하나를 사이에 두고 있어 이후 변경에서 교섭하는 사건이 없을 수 없습니다. 응당 먼저 조회를 보내서 일의 처리를 편하게 하고 조약에 비추어 처리하되 한국 주재 대신에게 자문을 보내서 조사하게 하는 것을 제외하면, 해당 지방에 서찰을 보내서 한국 변경의 관리에게 조회하여 조사하도록 하는 것이 합당합니다」라고 했습니다. 이에 맞는 문안을 갖추어 조회합니다.』라고 했습니다. 이 내용을 살펴보니 한국인들이 국경을 넘어 개간하는 사건은 모두 각 해당 관원들을 통해 조사하고 신속히 헤아려서 아뢰어 처리한다라고 했습니다만, 이 일은 양국 조약과 관련된 것입니다. 이에 등록하여 보고하니 살펴보고 지령해주기 바랍니다.

광무 6년 10월 24일

평안북도관찰사 민경호

의정부찬정외부대신임시서리외부협판 최영하 각하

47 청비(淸匪)가 연강 지역의 우리 백성을 납치해서 돈을 받아간 사건이 있었으니 청국과 교섭하여 대응책을 마련할 것을 요청한 조회

조회 제2호

강계대대장서리육군참령(江界大隊長署理陸軍參領) 권용철(權用哲)의 보고서에 「지금 올해 6월 17일에 보낸 자성군 분주(分駐) 소대장 이교상(李敎相)의 보고에 "이번 달 15일 새벽에 청비(淸匪) 10여 명이 각자 무기를 들고 군에서 30리 떨어진 자하동(慈下洞) 입구 오태봉(吳泰封)의 집에 들이닥쳐서 시위하고 소리를 지르며 오태봉의 아들인 아홉 살 아이를 잡아갔습니다. 지금은 초두동(初頭洞)에 주둔하여 은 500냥을 토색했다고 합니다. 변경에 주둔한 직분으로서 근심과 안타까움을 이기지 못하여 보고합니다"라고 했습니다. 잡혀간 우리 백성을 방책을 시행해서 되찾아오도록 지령을 보냈습니다. 이에 등록하여 보고합니다」라고 되어 있습니다.

이어서 받은 그 참령의 보고서에 「지금 자성군 분주 중대장 이대규(李大珪)의 보고서를 보니, 본 군 자하동 입구의 오태봉의 아들과 여연면(閭延面) 주민 이지홍(李芝弘)이 청비들에게 잡혀가서 돌아오지 못한 연유는 보고한 바 있습니다. 여연면 집강(執綱) 이준갑(李准甲)의 보고에 "이지홍의 동생 이지수(李芝守)가 가산을 다 팔아서 간신히 500냥을 마련하여 도적의 우두머리에게 가서 주고 음력 7월 28일에 석방되어 데리고 왔습니다"라고 했습니다.

이어서 자하동의 기찰(譏察) 백준명(白俊明)의 보고에 "오태봉의 아들이 잡혀간 것이 지금 다섯 달이 되었습니다. 오태봉이 집과 땅을 팔아서 원보(元寶) 6괴(塊)를 마련하고 석방해줄 것을 요청하니, 추가로 4괴를 더 요구하기에 어찌할 방법이 없어 다시 10개를 마련해서 주고 석방되어 음력 8월 27일에 집으로 돌아왔습니다"라고 했습니다. 이에 보고합니다」라는 내용이었습니다.

이를 살펴보니 청비들의 약탈을 증거하는 문서는 이 안건에 그치지 않습니다. 이를 방비하려고 하면 땅이 너무나 트여 있고, 쫓아가서 토벌하려고 하면 국경의 한계가 있어 함부로 건너갈 수가 없습니다. 그 도둑들이 탐욕을 부려 멋대로 굴며 거리낌 없이 재산을 약탈하다가 마침내 사람을 끌고 가서 포로로 대하면서 방자하게 돈을 뜯어내고 있습니다. 녹림(綠林)들의 폭행은 이치로 책망할 수 없고 마땅히 토벌해야 하지만, 사이에 있는 강이 방해가 되어 변경에서 분란이 발생할 우려가 있어도 군대를 이끌고 건너갈 수 없고 한편 법을 시행하려고 해도 이웃나라에까지 미치지 못합니다. 그들이 계속 욕심을 부리면 우리가 이를 꺾어야 합니다. 이번에 오태봉의 아들과 이지홍이 유괴된 것은 확실한 증거가 있습니다. 그 도둑들이 청국에 있고 그 땅이 또한 청국이므로 소탕하는 것은 원래 청국 정부의 일입니다. 그러나 수년간 강변을 경계하면서 청국의 관리가 도둑들을 쫓아서 잡는 것을 한 번도 본 적이 없으며, 연강 지역의 우리 백성만 피해를 당하고 있습니다. 공법으로 헤아려보면 마땅히 경성 주재 청국공사에게 조회하여 납치된 두 사람이 손해를 당한 금액을 즉각 상환하게 해야 합니다. 또 그 도적들을 청국 정부에서 만약 힘써 소탕하지 않아 연강 지역 우리 백성들의 생명과 재산이 그 도적들에게 피해를 당하게 되면 그 값을 계산하여 모두 상환하게 할 계약을 세워서, 변경 지역의 우려를 그치게 하고 연강 지역의 백성들을 편안하게 해주는 것이 실로 사의(事宜)

에 맞습니다. 이에 조회하니 헤아려주기 바랍니다.

광무 6년 11월 5일

검찰사겸관서사령관육군참장 민영철

의정부찬정외부대신임시서리궁내부특진관 조병식 각하

48 청국 집안현에서 보내온 조회 중 압록강 북쪽에 사는 한국인을 자신들이 관할하겠다는 내용에 대한 보고

보고 第6號

관하 강계군수 권용철(權用哲)의 보고를 받아보니, 「청국 집안현의 조회를 받았습니다. "본국 장군의 조회를 받아 보니, 본국의 통구 지방에 집안현을 새로 설치하고 이 지방에서 이전부터 처리해오던 모든 사무를 집안현에서 처리하게 했습니다. 이곳과 귀국의 변경 지역은 강 하나를 사이에 두고 있으며, 이전부터 귀국의 백성들이 강을 건너 집안현에서 개간을 해왔으니, 귀국의 백성 또한 우리 백성과 마찬가지로 마땅히 법률을 지켜야 합니다. 이후 교섭할 사건이 있으면 공무를 받든 관원이 국경을 넘을 때 피차 먼저 조회하여 조사하도록 하고 각각 조약을 지켜 오해를 남기지 않는 것이 도리에 맞겠습니다. 한국과 청국은 본래 동문(同文)에 속하고 영토는 각각이지만 원래는 둘이 아닙니다. 집안현이 변경의 업무를 처리하는 것은 원래 화목을 돈독히 하고 이웃과 우호를 다지기 위함이며, 귀국 또한 같은 마음일 것입니다. 이를 위해 문안을 갖춰 귀국에서 지방의 사무를 처리하는 지방관에게 조회합니다. 청컨대 살펴서 시행하기 바랍니다"라고 했습니다. 조회의 내용을 자세히 살펴보니 국경을 넘어 개간하고 교섭하는 일과 공무를 받든 관원이 국경을 넘을 때 먼저 조회하여 오해가 없게 하자는 주장은 비록 이웃나라와의 우호를 말하고 있지만, 이 백성들도 마땅히 법률을 지켜야 한다는 말은 한국인들을 자신들이 전관(專管)하겠다는 뜻인 듯하여 그 의도를 알 수 없습니다. 이에 내부에 곧바로 보고하고 등록하여 보고합니다」라고 했습니다. 이에 등록하여 보고하니 살펴보기 바랍니다.

광무 7년 2월 14일

평안북도관찰사 민경호

의정부찬정외부대신 조병식 각하

49 백마산성 근처에 있는 목재를 러시아인과 청비가 불법으로 벌목하지 못하도록 하라는 훈령

훈령 제5호

이번 달 24일 귀 전보에 따라 러시아인과 청비(淸匪)들이 백마산성(白馬山城)의 나무를 벤 일로 이미 전보를 통해 지시했습니다. 이를 살펴보니 이 산성의 나무는 모두 출입이 금지된 중지(重地)에서 수백 년간 길러져왔고, 또 원래 내륙에 속해 있어 압록강 · 두만강의 삼림과는 거리가 매우 멀어서 러시아인과 체결한 삼림합동(森林合同) 안에 들어 있지 않습니다. 그런데 외국인이 감히 국경을 넘어 불법으로 벌목하고자 하니 매우 경악스럽습니다. 이에 훈령하니 살펴서 법을 시행하여 방지하되 부근의 각 군에 엄히 훈칙(訓飭)하여 모두 금지하게 하고 이후 상황을 즉시 보고하기를 바랍니다.

광무 7년 4월 27일

의정부찬정외부대신 이도재

평안남도관찰사 민영철 각하

50 서상무가 청국 영토 안에서 축성한 사실이 없다는 보고

보고 제14호

이전에 전보로 보내신 훈령을 받고 관리 서상무(徐相懋)가 청국 영토로 넘어가 성을 건축했는지 여부를 상세히 조사하여 보고하도록 서상무가 살고 있는 강계군에 신속히 훈령했습니다. 지금 도착한 강계군수 권용철(權用哲)의 보고를 받아보니 "훈령을 받고 곧바로 관인(官人)을 파견해서 양국 경계를 상세히 조사해보니 서상무는 처음부터 성을 건축한 일이 없습니다"라고 했습니다. 이에 보고하니 살펴주기 바랍니다.

광무 7년 5월 5일

평안북도관찰사 민형식

의정부찬정외부대신육군부장 이도재 각하

51 자성군에서 러시아인과 청국 향적(嚮賊)에게 피해를 입은 건에 관한 보고

보고서 제25호

관하 자성군 건너편에 러시아인 150명이 와서 머무르고 있는 연유는 이미 자성군수 서리 후창군수 이재식(李載植)의 보고에 근거해서 지난달 21일에 등록해서 보고했습니다. 지금 후창군수의 제114호 보고서를 다시 받았습니다. "러시아인 150명이 자성군에 와서 목재상이 벌목하는 것을 멋대로 방해하고 강에 흘려 내려보내지 못하게 했고, 변경에 소란을 일으켜 백성들이 모두 두려워하게 만들었다고 자성군 향장이 보고했습니다. 그래서 변경의 백성들을 진정시키고 어루만지기 위해 자성군에 갈 계획을 세운 연유는 6월 9일에 이미 보고했습니다. 그 다음날 자성군 강변으로 출발하여 러시아인들의 형적을 조사했습니다. 그들은 목재의 무역을 요구했으나 잠시 왔다가 곧 떠나서 조금도 백성들에게 폐를 끼치지 않았다고 합니다. 그렇게 변경의 백성들을 설득하고 돌아오는 길에, 본 군 연성면(蓮城面)에 사는 농민 4명이 연성면 건너편에 볼 일이 있어 갔다가 향적(嚮賊)들에게 체포되었으며, 도적들의 수는 단지 18명이지만 고립되어 있고 미약한 백성들의 힘으로는 구제하기 어렵다는 이야기를 들었습니다. 그래서 포사(砲士) 20명을 데리고 우리 백성들을 귀환시키기 위해 곧바로 연성면 연평리(蓮坪里)까지 200여 리를 갈 것입니다"라고 했습니다. 향적들의 상황을 계속 조사해서 보고하도록 지령을 보냈습니다. 이에 보고하니 살펴보기 바랍니다.

광무 7년 7월 2일

평안북도관찰사 민형식

의정부찬정외부대신육군부장 이도재 각하

지령 제21호

보고는 확인했으며 이후 상황을 계속해서 보고할 것. 27일.

52 후창군수가 우리 백성들을 잡아간 청국 향적(嚮賊)을 토벌하고 백성을 되찾아온 일에 대한 보고

보고서 제30호

관하 후창군수 이재식(李載植)의 보고에 따라, 후창군 연성면(蓮城面)에 사는 농민 4명이 할 일이 있어 연성면 건너편으로 갔다가 향적에게 잡힌 사연은 이미 등록하여 보고했습니다. 지금 이 군수가 다시 올린 보고를 보니 "군수가 그 동리에 속히 가서 도적들의 상황을 정탐했습니다. 그들은 먼저 농민 4명을 잡은 것 외에 강북 팔도동(八道洞) 주민 조명수(趙明守), 이재범(李在凡) 형제와 마을 여성 2명 등 총 5명을 또 잡아갔습니다. 그리고 그 재산을 빼앗고 그 몸을 거꾸로 매달고 구타한 것이 매우 심하여 조금이라도 구하는 것이 늦으면 살아 돌아오지 못할 것이라고 합니다. 그 친족들이 울면서 도움을 요청했으나 찾아올 방법이 전혀 없습니다. 게다가 그 무리는 그 소굴에 깊이 들어갔기 때문에, 만약 계속 법을 굳게 지키기만 하고 비책(祕策)을 사용하지 않으면 무고한 백성들이 죽음을 피하기 어려울 것입니다. 그래서 청국인 포용(砲勇)을 시켜서 스스로 도적의 무리에 투신하여 거짓으로 같은 무리가 된 후 도적들을 유인하여 나루터에 나오게 하고, 포사(砲士)들을 압록강 강어귀에 매복시켰다가 날짜를 약속하고 도적들을 기다리게 했습니다. 포용들의 속임수에 빠져서 도적들이 깊은 밤 강변에 수백 명이 모여 어렵지 않게 총을 쏘았으며 국경을 침범하려고 했기에, 강을 사이에 두고 교전하여 적의 우두머리와 따르는 무리들을 쏴 죽인 것이 반이 넘고 나머지는 도망쳤습니다. 체포된 우리 백성 9명은 모두 쇄환했으며, 김덕권(金德權)이라는 한 사람은 옆구리에 총을 맞았으나 살갗만 다쳤고 뼈는 부러지지 않아 죽지 않을 것 같으며, 나머지도 비록 죽음은 면했지만 오랫동안 도적의 소굴에서 곤란을 겪어 그 모습이 거의 죽을 지경이었습니다. 그래서 각 사람에게 20냥씩 나눠주어 위로하고 달래주었고, 강변 4개 면의 놀란 백성들을 일일이 진정시키고 달랜 뒤 그날 귀환했습니다"라고 했습니다. 이를 조사하니 그 군수가 도적들과 교전한 것은 제멋대로 행한 것이지만, 강을 사이에 두고 적을 죽이고 물리쳐서 우리 백성들을 쇄환한 것과 도적들이 도망간 것은 매우 다행입니다. 한 부를 의정부 내부에 보고하며 다시 보고하니 살펴보기를 바랍니다.

광무 7년 7월 14일

평안북도관찰사 민형식

의정부찬정외부대신육군부장 이도재 각하

지령 제26호

도적들을 죽이고 우리 백성들이 생환했으니 군수의 용감함이 매우 훌륭함. 27일.

53 용천군에 러시아인과 청국인이 들어와 철로를 만들면서 여러 가지 문제를 일으켰다는 보고

보고서 제6호 원본

본 군 용암포(龍巖浦)에 러시아인과 청국인이 오고가는 일은 전 군수가 재직할 때 여러 번 보고했습니다. 제가 이번 달 13일 부임하여 그 다음날 그곳에 가서 여러 상황을 샅샅이 조사했습니다. 러시아인이 앞서 구매한 땅에 18좌(坐)의 막(幕)을 설치했습니다. 그런데 삼림감리가 왔을 때 회사의 건축 터를 함께 측량하여 조차(租借)한 개인 소유 전답 및 관향(管餉) 전답 중에도 러시아인이 2좌의 막을 설치했습니다. 청국인들이 설치한 막은 128좌입니다. 지금 그곳에 살고 있는 러시아인들은 70여 명이며, 청국인은 1,300여 명입니다. 그런데 오고가는 인원이 매일 달라서 그 수를 일정하게 지정하기 어렵습니다. 러시아인과 청국인이 지금 하고 있는 일은 땅을 파고 기와를 구우며 나무를 베고 철을 제련하는 것으로, 모두 건물을 지을 계획입니다. 또 그곳에 있는 산과 언덕에서 흙을 파내어 철로를 설치하고 기차에 흙을 가득 실어서 움푹 들어간 곳에 옮겨 놓았습니다. 산과 언덕을 파낼 때에 많은 무덤이 훼손되어 다른 곳에 옮기게 되니 그 시체가 안타까우며 백성들이 원통함을 호소하고 있습니다. 또 전답으로 말하면, 그 불쌍한 촌민들이 밭 갈고 씨를 뿌려 힘들게 농사를 짓는데, 러시아인과 청국인이 조획(租劃)되었다고 핑계를 대면서 재배하고 있는 곡식을 뽑아버리고 막을 설치하고 무수한 말들을 풀어놓아 그 곡식을 먹게 했습니다. 또 강에 떠내려 보낸 목재와 기와 등의 물품을 농토에 쌓아놓으니 어찌 곡식이 상하지 않았겠습니까. 벼가 파랗게 자란 논에 지금은 흙이 붉게 드러났으니 한 달 안에 먹을 음식을 거둘 수 있었는데, 이 땅의 불쌍한 백성들은 추수를 기대하기 어렵습니다. 따라서 모두 의심스러운 마음을 품고 있으며 사방으로 흩어질 것을 피하기 어려운 지경입니다. 지방의 수령으로서 백성들을 보살피는 자리에 있으면서 진정 민망하고 다급한 마음을 이기기 어렵습니다. 공토(公土)와 사토(私土)를 막론하고 빌린 전답이 며칠 갈이이며 몇 석인지 그 실수(實數)를 다시 상세히 조사하여 책으로 갖춰 보고하겠습니다. 러시아인들과 청국인들이 그 땅에 순포청(巡捕廳)을 설치하여 인부들 중에서 성실하게 복무하지 않은 자들을 마구 잡아가두고 멋대로 매질을 하고 있다고 합니다. 근처에 살고 있는 백성들이 혹 연루되는 폐단이 없지 않습니다. 이 또한 불쌍한 일입니다. 본 군 경내에는 수륙 간에 전선(電線)은 설치하지 않았습니다. 또 미국 군함 1척이 이전에 청국 대동구(大東溝)에 도착하여 정박했으며 함장 및 미국인 여러 명이 이 포구에 도착하여 형편을 살핀 후 돌아갔다고 들었습니다. 이에 보고하니 살펴보기를 바랍니다.

광무 7년 8월 15일

평안북도용천군수 이경직

외부대신 각하

지령 제10호

도착한 보고는 확인했음. 그곳에서 러시아인과 청국인이 막을 설치하고 무덤을 훼손하며 말을 풀어 곡식을 먹게 한 폐해가 분명함. 삼림감리가 지정한 경계 밖이라면 그 사원(社員)에게 논박하여 처리하고, 경계 안이라도 외부와 경성 주재 러시아공사와의 조차 교섭이 타결되지 않았으니 법을 실시하여 금지할 것임. 인부를 저들이 직접 다스리는 것은 조약에 어긋나니 장정에 따라 처리할 것. 9월 2일.

54 변경을 지키는 일에 소홀하다는 청국 관리의 힐문이 있었으니 단속을 강화하라는 훈령의 기안

훈령 제39호

경성 주재 청국공사의 조회를 받았습니다. 「이전에 받은 귀 내문(來文)에서 말하신 서상무(徐相懋) 등이 팔도구(八道溝)에서 비적들에게 잡혀간 사안은 조사하여 처리하도록 문서를 보냈습니다. 그리고 봉천부[奉省]에서 조사한 바에 따르면 서상무 등은 이미 지방군[練勇]이 쫓아가서 구조했다고 합니다. 선후의 조회와 조복은 문서에 있습니다. 지금 또 봉천장군이 보내온 문서를 보니 "이 사안에 대해 여러 번 명령을 내려 엄히 금지하도록 했고, 이미 통화현에서 정범(正犯) 왕원립(王元立) 1명을 붙잡아서 사실을 심문하고 법에 비추어 효수하여 분명한 경계를 보였습니다. 또 달아난 도적을 엄히 체포하도록 했습니다"라고 했습니다. 본 대신이 두 나라 변경 지역에서 계속 발생하고 있는 작은 사건들을 조사해보니, 모두 막기는 어렵습니다. 피차 사건을 만나면 진상을 확인하고 처리 방법을 강구하여 일이 일어나지 않기를 바랍니다. 이 때문에 우리 전 출사대신 서수붕(徐壽朋)과 귀 전 외부대신 박제순이 원래 피차 모두 죄인을 비호하지 말자고 말한 적이 있습니다. 이 사안을 여러 번 엄히 지시하여 범인을 체포했으니, 비록 피해자가 지목하여 증거하지 못하더라도 계속 심문하면 참형에 처하는 중죄임을 밝힐 수 있을 것입니다. 우리 관원들이 변경에서 교섭을 할 때 모든 일을 적절하게 처리했습니다. 그러나 귀국의 군사와 백성들은 국경을 건너 문제를 일으켜서 심지어 목숨을 잃고 재물을 속여서 빼앗는 지경에 이르렀습니다. 이전에 여러 번 조회해서 조사하여 금지하도록 요청했으나 아직 답변을 받지 못해 어떻게 처리하였는지 알지 못합니다. 또 소요가 발생하는 것이 날마다 심해지고 조금도 멈추지 않습니다. 이는 분명 변경 지역의 관리들이 힘써 임무를 수행하지 않았기 때문이며, 이웃나라와 화목하게 지내고 변경 지역을 편안하게 하는 도리는 아닌 듯합니다. 이에 특별히 문서를 기록하여 귀 대신에게 조회하여 요청합니다. 번거롭겠지만 살펴보고 강변의 관리들에게 모두 지시해서 이 사안을 처리할 때 반드시 힘써 조사하고 방법을 강구하여 금지하며 조금도 치우지지 말고 공정하게 처리하여, 간악한 도둑들을 경계하고 선량한 사람들이 평안해지도록 해주기 바랍니다」라고 했습니다. 이를 조사하니 두 나라 변경 지역이 서로 맞닿아 있어 피차 백성들의 왕래가 끊이지 않습니다. 그래서 혹 불법이 발생하면 두 나라 관원이 모두 조약 내용에 따라 성실하게 처리하며, 자기 나라 백성들을 비호해서 문제를 일으켜 두 나라 사이의 화목을 잃는 일이 없도록 했습니다. 최근 우리 백성이 국경을 넘어 침략하는 일이 종종 있었으나 지방관이 살살이 조사할 수 없어서 외국 공사가 조회를 보내 힐문하기에 이르렀습니다. 이것이 어찌 우방과의 화목을 지키는 도리이겠습니까. 이번에 청국 관원이 처리한 방법은 이처럼 적절한데, 우리 백성이 법을 어긴 것을 우리 지방관은 태만하여 금지하지 못하고 책망을 자초하면 어찌 실망스럽지 않겠습니까. 이에 특별히 훈령하니 즉시 관하의 각 군에 나누어 지시하여 청국의 토비(土匪)가 우리 국경을 넘으면 힘을 당해 방어하며 우리 백성이 강을 건너면서 핑계를 대는 폐단을 모두 엄히 금지하여, 양국 국경의 문제가 발생하지 않게 하는 것이 옳습니다.

광무 7년 10월 26일

의정부찬정외부대신임시서리궁내부특진관 이하영

평안북도관찰사서리태천군수 조정윤 좌하

55 청비가 후창군 백성을 잡아갔고, 적비(賊匪)가 성을 침범해 사람을 죽이고 있다는 보고

보고서 第44호

관하 후창군수 이재식(李載植)이 올해 10월 19일에 보고한 제186호, 제187호 보고서를 차례로 받았습니다. 후창군 무창면(茂昌面) 주민 이규풍(李圭豐), 김영흘(金永屹), 김경선(金京先), 김병옥(金丙玉), 원동이(元同伊) 등 5명이 청비(淸匪)들에게 잡혔고, 함경남도 삼수군 경내에서 적비들이 성을 침범하여 사람을 죽이기에 이르렀다고 했습니다. 지금 변경을 방어하는 것이 매우 중요하니 그 진퇴를 헤아려서 힘써 병사들과 백성들을 안도하게 하고 결코 함부로 움직여서 문제를 일으키지 말도록 지령을 보냈습니다. 해당 군의 보고서 2건을 별지에 등록하여 첨부해 보고합니다. 살펴보기 바랍니다.

광무 7년 10월 31일

평안북도관찰사서리태천군수 조정윤

의정부찬정외부대신임시서리궁내부특진관 이하영 각하

지령 제40호

이 내용을 원수부 및 청국공사관에 행문(行文)하니 지실(知悉)할 것. 11월 9일.

후창군보고서 제186호

10월 19일 보고함.
음력 8월 28일에 군수가 관청에 돌아왔습니다. 이어서 도착한 무창면(茂昌面) 집강 이병두(李炳斗)의 긴급 보고에 따르면, "청국인 목재상들이 그 땅에 모인 청국인 포용(砲勇)들과 함께 움직여서 먼저 함경도 삼수군에서 소란을 일으킨 후 농민 47명을 잡아갔고 압록강의 표목(漂木)을 건져갔으며, 무창면에 이르러서 이규풍(李圭豐), 김영흘(金永屹), 김경선(金京先), 김병옥(金丙玉), 원동이(元同伊) 5명을 그들이 모인 곳으로 잡아가서 포박하여 심하게 때려서 먼저 아편 90냥쭝을 빼앗고 이어서 은표(銀票) 200냥쭝을 받아냈습니다. 심하게 때리고 재물을 빼앗아서 목숨이 위험합니다"라고 했습니다. 그래서 그들을 데려오고자 포사(砲士) 30명을 데리고 무창면으로 간 연유를 보고합니다. 운운.

같은 날 보고서 제187호

군수가 포사를 데리고 무창면으로 간 연유는 이미 긴급히 보고했습니다. 당일 오시(午時)에 부성면(富盛面) 두지동(杜芝洞) 포구에 도착하여 청국 쪽의 동정을 정탐할 때에, 올해 10월 15일 진시(辰時)에 만들어 보내서 당일 오시에 도착한 함경남도 삼수군수 이민중(李敏重)의 조회에 "본 군 건너편의 비적 50여 명이 몰래 국경을 넘어 회룡총(回龍銃) 34자루와 무기고에 있는 탄환을 모두 가져갔습니다. 또 성 안에서 충돌하여 그 도적 1명이 총에 맞았고, 우리 병사 이창선(李昌先)이 총에 맞아 사망했고 산포(山砲) 김창서(金昌瑞)와 병정(兵丁) 박병훈(朴炳薰)은 총에 맞아서 지금 위험한 지경이며, 비적들은 다시 강을 건너갔습니다. 흉악한 비적들이 장차 귀군(貴郡) 경내를 노리고 있습니다"라고 했습니다. 이렇게 피아가 충돌한 때에 또 이 조회를 보고 신속하고도 엄하게 경계하는 것을 조금도 늦출 수 없습니다. 우리 백성들을 데려오고자 즉시 무창면으로 간 연유를 이에 보고합니다. 운운.

56 군수가 포사(砲士)를 데리고 청비(淸匪)를 위협해 물러나게 하고 잡혀간 한국인을 구출했다는 보고

보고서 第47호

후창군수 이재식(李載植)의 보고서를 받고, 후창군 무창면(茂昌面) 주민 이규풍(李圭豐), 김영흘(金永屹), 김경선(金京先), 김병옥(金丙玉), 원동이(元同伊) 등 5명이 청비(淸匪)들에게 잡힌 상황은 이미 보고했습니다. 지금 이재식의 보고서를 다시 받아보니, "군수가 포사(砲士)를 이끌고 연변(沿邊)으로 나아가 주둔하여 크게 소리치며 병력의 위세를 보였습니다. 이어서 고시(告示)를 붙여 법도를 갖춰 설명하니 그 청비들이 변경에서 유혈 사태가 일어날 것을 두려워하고 항거하기 어려운 것을 알아서 몰래 도망쳤습니다. 그래서 잡혀간 5명 및 잠시 잡힌 연성면(蓮城面) 주민 남성로(南省老) 등을 일일이 쇄환(刷還)했습니다. 이 땅의 만주 사람인 지극검(遲克儉)과 청국인 여러 명을 불러서 타일러 경계하여 다시는 문제를 일으키지 않도록 했습니다. 또 연성면과 무창면에서 빼앗아간 백성들의 물건을 그 수효대로 받아내서 돌려주도록 다짐을 받았습니다. 연변(沿邊)에 흩어져 사는 백성들도 모두 돌아오게 하여 정착시키도록 한 후 보고합니다"라고 했습니다. 이를 살펴보니, 이 군수가 법도를 베풀어 변경의 직무를 수행하며 청비들의 기세를 꺾고 잡혀간 우리 백성들을 되찾아온 것이 매우 가상합니다. 이에 보고하니 살펴보기를 바랍니다.

광무 7년 11월 14일

평안북도관찰사서리태천군수 조정윤

의정부찬정외부대신임시서리궁내부특진관 이하영 각하

지령 제43호

확인했음. 23일.

57 청국공사관에서 한국인의 국경 침범 및 행패에 대해 항의해왔으니 이를 금지하라는 훈령의 기안

훈령 제45호

지난번에 후창군, 삼수군 등지에서 청비(淸匪)들이 소동을 일으켜 성을 공격하고 사람을 죽인 일로 원수부에 지조(知照)하여 이미 지방대에 전칙(轉飭)했습니다. 그리고 경성 주재 청국공사관에 행문(行文)하여 금지하도록 했습니다. 그런데 지금 이 공사관이 보내온 회답을 받았습니다. 「중력(中曆) 9월 23일에 귀 대신의 제30호 조회를 받았습니다. "후창군, 삼수군에서 목재상 및 지회(地會)의 포용(砲勇)이 사람을 잡아가고 물건을 빼앗았습니다. 삼수군에 비도(匪徒)들이 있어 성을 공격하고 재물을 빼앗으며 총으로 사람을 죽였습니다. 봉천부[奉省]에 자문을 보내 법을 시행하여 청비들을 소탕하고 백성들을 구해주기를 바랍니다"라고 했습니다. 본대신이 비도들이 방자하게 불법을 행한 것을 살펴보고, 우리 관원들은 마땅하게 징벌했으며 결코 비호하지 않았습니다. 상인들이 싸운 일에 대해서는 그중에 혹 다른 사정이 있으면 마땅히 명확하게 조사하여 공평하게 논하여 처리했습니다. 지금 이미 조회에 근거해 봉천장군에게 자문을 보내 분별하여 살피고 처리하기를 요청했습니다. 생각해보면 근년에 귀국의 사람들이 때때로 무리를 이끌고 국경을 넘어 사람을 죽이고 재물을 빼앗는 모습이 비도와 같은 자들이 적지 않습니다. 또 병포(兵捕)에 속한 자도 많습니다. 여러 번 조회하여 조사해 금지하도록 요청했으나 지금까지 그치지 않고 있습니다. 양국의 국경 지역은 이어져 있어 마땅히 각각 귀국하여 처벌받아야 하며, 만약 비적들이 불법을 행한다면 마땅히 각각 해당되는 나라가 담당하여 처리해야 합니다. 만약 국경을 넘어 난입하는 일이 일어나고 비도가 확실하다면 피차 수토관(守土官)이 무기를 사용해 쫓아내고, 혹 비도 사이에 체포에 저항하는 일이 있으면 죽이는 것은 물론이며, 체포된 자들은 마땅히 교환하여 본국에서 확실히 처벌해야 합니다. 상인들이 서로 싸우는 일이 있으면 비도의 무리들과는 다르므로 결코 동일하게 처리할 수 없습니다. 국경 지역의 관원들이 피차 연유를 조사하여 사실에 근거해 논의해 처리하고 공정히 처단하여 도리에 힘쓰고 공평함을 지킨다면 저절로 서로 화목하여 무사하게 될 것입니다. 이것이 본 대신이 또한 깊이 바라는 바입니다. 귀 대신께서는 각 관찰사에게 행문하여 소속 관원들에게 훈령하게 하여 일이 발생하면 반드시 사실을 확인하고 함께 논의하여 처리하게 하기 바랍니다. 또한 병포를 엄히 단속하여 일체 국경을 넘어 문제를 일으키는 일이 없도록 하여 변방의 우려를 줄이고 이웃나라와의 우의를 돌아보기 바랍니다」라고 했습니다.

이어서 청국공사관에서 보낸 문서를 받아보니 「중력(中曆) 10월 1일에 우리 외무부(外務部)의 전보를 받았습니다. 그에 따르면 "길림장군(吉林將軍)이 보고하기를, 한국 군대가 한국 백성들을 이끌고 연길청(延吉廳) 소속 숭화사(崇化社), 선화사(善化社) 등의 곡식을 개간하는 백성들 4명을 잡아갔는데, 숙언명(宿彦明)은 이미 사망했고 조풍화(曺風和)와 여배고(呂培告)는 병 때문에 석방되어 장운각(蔣雲閣)에 돌아왔지만 아직 생사 여부를 알 수 없습니다. 나머지는 모두 도망했습니다. 또 갑자기 병사를 파견해 강을 건너 상화사(尙化社), 덕화사(德化社) 등에 갑자기 와서 몰래 살피고 또 우심산(牛心山) 일대를 한국 병사가 점거하고 관문을 설치했습니다. 한국 군대의 지휘관이 보낸 문서 중에는 월간(越墾)한 땅을 찾으려고 한다는 말도 있었습니다"라고 했습니다. 이를 조사하여 엄금해주기 바랍니다. 또 2일에 이어서 받은 전보에는 "길림장군이 보낸 문서에 따르면 9월 11일, 15일에 한국 병사가 강을 건너서 국경을 넘어 개간하고 있던 한국인들을 규합하여 우리 군대를 공격하고 우리 건물들을 불태웠습니다. 아울러 강을 마주하여 도랑을 파고 우리 병사들이 왕래하면 총을 쏘며 공격했다고 합니다. 한국 병사가 여러 번 강을 건너 개척민들을 규합해 우리 병사와 건물들을 공격하고 훼손한 것은 정말 이치에 맞지 않습니다. 한국 외부에서 사실대로 밝히고 한국 병사들에게 힘써 지시하여 다시 국경을 넘어 문제를 일으키는 일이 없도록 해주기 바랍니다"라고 했습니다. 본 대신이 살펴보니 길림성 변경에서는 이전에 도문강(圖們江)을 경계로 삼았는데, 근년에 귀국의 병포들이 여러 차례 국경을 넘어 소동을 일으켜서 이전에 조회를 보내 조사하여 금지하도록 요청했습니다. 그러나 사람을 포로로 잡고 물건을 빼앗는 일이 계속 일어나고 있습니다. 이는 모두 한국 군대의 병관(兵官)과 병정들이 일으킨 소요입니다. 심지어 개간민들을 규합하여 우리 군대를 공격하고 우리 건물을 불태우기에 이르렀습니다. 또 군대를 파병하여 강을 건너 지방의 촌사(村社)에 갑자기 와서 몰래 살피고 우심산 일대에 관을 설치했으며, 그 지휘관이 보내온 문서 중에는 개전하여 땅을 빼앗겠다는 말까지 있었으니 더욱 견디기 어렵습니다. 중국과 한국 사이에 수백 년 교류해온 우의는 원래 돈독하기에 이러한 행동들은 분명히 귀 정부의 뜻에서 나오지는 않았을 것이며, 해당 부대의 지휘관이 예교(禮敎)를 알지 못하고 타고난 성질에 따라 소란을 일으켜 변경에 문제를 야기한 것입니다. 따라서 귀 대신에게 조회로 요청하니, 우리 외무부 전보의 내용을 살펴보고 즉시 대황제(大皇帝)께 주문(奏聞)하여 특별히 강변 일대의 관원들에게 칙령을 내려서 병포를 단속하여 결코 국경을 넘어 소요를 일으켜 불화의 계기를 만들지 않도록 하고, 조복을 보내주어 우리 정부에게 전보를 보낼 수 있게 해주기 바랍니다」라고 했습니다. 이를 살펴보니, 양국 영토가 붙어 있어 백성들이 법을 어기고 왕래하는 것이 밤낮으로 계속되고 있습니다. 우리 편에서 각별히 국경을 지켜서 조금의 실수가 없어야 청비(淸匪)를 금지하는 일에 대해 청국의 관원들에게 할 말이 있을 것입니다. 그런데 지금은 도리어 우리 백성들이 법을 어기고 그 땅에서 문제를 일으켜서 청국공사관에서 조회로 이처럼 심각하게 힐문을 하고 있습니다. 이 일이 멈춰지지 않으면 필경 우리가 먼저 변경의 충돌을 일으킨 것이니 말단의 염려와 생각이 멈추지 않을 것입니다. 또 이후에 청비들의 일을 어떻게 논박하여 금지하도록 요청할 수 있겠습니까. 무지한 변경의 백성들이 함부로 문제를 일으키면 국가 간의 외교에 큰 문제를 일으키니, 말과 생각이 이에 이르니 놀랍고 두렵습니다. 이에 훈령하니 헤아리어 이번에 강을 건너 문제를 일으킨 것이 어느 군의 어느 백성의 행동과 관련된 것인지 따로 조사하여 수범(首犯)과 종범(從犯)을 나누어 엄히 징계하고, 관하의 강변 각 군에 빨리 지시하여 각각 국경을 지켜 혹시라도 강을 건너서 문제를 일으키는 일이 없도록 하며, 이 훈령 내용을 방곡(坊曲)에 게시하여 여러 백성들이 더욱 경각심을 갖게 하는 게 옳습니다.

광무 7년 11월 25일

의정부찬정외부대신임시서리궁내부특진관 이하영

평안북도관찰사서리태천군수 조정윤 좌하

58 청국인이 한국 영토인 용천군 황초평을 함부로 침범하고 있으니 조사위원을 파견하여 도로 찾아오라는 훈령의 기안

훈령 제1호

용천군(龍川郡) 서쪽 편의 신도강(薪島江) 황초평(黃草坪)은 원래 우리 땅입니다. 그런데 최근 청국의 불법적인 무리들이 자기들의 소유라고 하면서 그 섬의 갈대풀을 마구 베어서 원래 거뒀던 공세(公稅)를 수년간 거두지 못하고 있습니다. 게다가 막중한 국가의 영토를 상실하는 것이 한편으로 안타깝습니다. 그래서 경성 주재 청국공사와 여러 번 교섭했으나 진실로 경계를 조사하지 않으면 판명하기 어렵기 때문에 따로 위원을 정했습니다. 이에 훈령하니 살펴본 후 그곳에 가서 부근의 청국 관리와 회동하여 조사해서 그 섬의 갈대밭을 찾아오도록 하고 수년간의 세금을 모두 받아내는 것이 옳습니다.

광무 8년 5월 14일

외부대신 이하영

평안북도용천황초평사감위원 김상학 좌하

59 황초평 조사를 위해 파견한 위원에게 협조하라는 훈령의 기안

훈령 제29호

귀 군 부근 신도강(薪島江) 황초평(黃草坪)을 조사할 일로 전 위원 김상학(金相鶴)을 그곳에 파송해서 청국 관원과 회동하여 논의해 처리하게 했으며, 이에 훈령하니 헤아리어 이 위원이 군에 도착하면 모든 일을 잘 수행할 수 있도록 지켜주고 통역[舌人] 1명과 사령 2명을 따로 지시해 파송하여 조사하는 업무에 충분히 편의를 제공하는 것이 옳습니다.

광무 8년 5월 14일

외부대신 이하영

용천군수 이경직 좌하

60 포사(砲士)의 힘으로 청비(淸匪)를 쫓아보낼 수 있었으나 현재 무기가 부족하다는 보고

보고서 제56호

관하 초산군수 윤석천(尹錫天)의 제47호 보고에 "음력 3월 1일 초산군 충의사(忠義社)의 원(原) 모젤총[毛瑟銃] 47자루[柄]와 탄환 1,560발(發)을 러시아 병사에게 빼앗겼고, 충의사에 보관해 둔 총 38자루와 사원(社員) 및 병에 걸려 나간 포사(砲士)의 총 15자루와 탄환 3,116발만 간신히 보존하고 있습니다. 그래서 12일 러시아 병사가 모두 떠난 후 일일이 포사들에게 나눠주어서 불우한 사태에 대비하게 했습니다. 13일 진시(辰時)쯤에 러시아 병사를 따라갔던 청비(淸匪) 7명이 백성의 재산을 빼앗고 본 군 백면(栢面), 고중면(古中面), 남면(南面), 동면(東面) 등에서 돌아와 성 남문 밖을 통해 곧바로 신도장(新島場)으로 향했습니다. 그래서 포사와 민정(民丁)을 파견하여 뒤를 밟아 습격하니, 청비들이 놀라서 위원군 서하포구(西下浦口)로 도주하여 나룻배를 타고 강을 건너려다가 소위 대인(大人)이라는 자가 총알을 맞고 왼쪽 팔이 부러져서 갈팔질팡하고 멀리 달아나지 못했습니다. 그래서 이 비도들이 탄 배 2척을 그 자리에서 불태우고 뱃놈인 청비 허천덕(許天德)을 생포했습니다. 러시아 병사에게 살해당한 본 군 분주대(分駐隊) 참교(參校) 봉태요(奉泰堯)의 동생 봉태주(奉泰周)가 형의 복수를 하고자 하여 같은 날 신시(申時)쯤에 남천(南川)에서 허천덕을 사살했습니다. 아, 허천덕이 비류들과 같은 무리로서 뇌물을 받고 열흘 넘게 배를 몰다가 끝내 목숨을 잃었으니 스스로 자초한 것이고 불쌍히 여길 필요가 없습니다. 14일에 무수한 청비들이 분구문(岔溝門)에서 강을 건너 국경을 넘었다고 하여 포사들을 보냈습니다. 그 청비들이 포사들에게 겁을 먹고 감히 나타나지 못한다고 하여, 이 포구에 오고가는 배 3척의 통행을 금지하도록 분구문 순정청(巡政廳)에 조회했습니다. 그러자 그 아문(衙門)에서 이 배 3척을 관병을 시켜 보내왔기에 즉시 불태우고, 러시아 병사가 와서 거주했을 때 행패를 사주하고 스스로 앞잡이가 된 분구문에 사는 청비 김기관(金起管)을 잡아오도록 15일에 포사를 파견했습니다. 순정청에서 김기관의 아비를 체포하여 잡아왔기에 군옥(郡獄)에 가둬서 처분을 거행하기를 기다리도록 했습니다. 24일 판상면(板上面) 집강의 보고에 따라 무기장재(武器掌財) 이병교(李秉敎)에게 포사를 데리고 남면으로 가도록 지시했습니다. 그랬더니 청비 14명을 남면 대암회(大巖回)에서 만나서 8명을 사살했습니다. 본 군의 분주대에 남아 있는 총이 9자루밖에 안 되어 병정 9명이 총을 가지고 와서 1명을 사살했고 5명은 산 위로 도망쳐서 모두 죽이지 못했습니다. 청비들이 갖고 온 기라총(錤羅銃) 8자루는 중대에 나눠주어 조금이나마 보호에 도움이 되게 했다고 합니다. 미약한 포사들이 적과 조우하여 교전하는 상황에서 용감하게 몸을 날려 먼저 나가서 적을 죽인 것은 충의사의 명성이 과장된 것이 아님을 보여준 것이니, 산포(山砲)의 막강함을 이로써 확인할 수 있습니다. 4차례 출주(出駐)하여 강변 지역에 위엄을 떨치고 주민들을 안심시켰으니 눈앞의 큰 행복이라고 할 수 있습니다. 그러나 충의사에 남아 있는 총 53자루 중 파손되어 쓸 수 없는 것이 5자루이며 남아 있는 탄환 또한 1,300발에 불과합니다. 이번에 청비들이 갑자기 나타나서 미리 준비할 수가 없었습니다. 굽어살핀 후 원수부에 전보(轉報)하여 총과 탄환을 넉넉히 내려주도록 해주기를 바랍니다"라고 했습니다. 이 군에 수감되어 있는 청비 김기관의 아비에 대한 처벌은 엎드려 처분을 기다립니다. 총과 탄환은 군의 보고에 따라 지급하여 방어에 대비하게 해주기 바라는 뜻으로 원수부에 보고했고, 이에 보고하니 살펴보기 바랍니다.

광무 8년 5월 28일

평안북도관찰사 이용관

외부대신 이하영 각하

지령 제63호

도착한 보고는 확인했으며, 청비들이 약탈을 하는 것은 놀라지 않을 수 없으며 산포들이 용맹을 떨친 것은 너무나 가상함. 방어하는 계책은 응당 원수부의 처리에 따라(이하 누락).

6월 14일.

61 러시아 병사와 청국 비적이 침범해와서 포사(砲士)와 민포(民砲)를 동원해 지키게 했다는 보고

보고서 제60호

당일 도착한 관하 초산군수 윤석천(尹錫天)이 지난달 29일에 만들어 보낸 제52호 보고서를 보니 "본 군에 와서 주둔하고 있는 러시아 병사가 4월 26일에 동남면(東南面), 고중면(古中面) 등지에서 위원군 경내로 갔던 연유는 이미 보고했습니다. 이 러시아 병사는 근래 함경도 장진군에서 강계군으로 유입되어 강계군 대대병(大隊兵)과 강계군 종남면(從南面)에서 교전했습니다. 진위대 병사는 퇴각하여 성 안으로 들어오고 러시아 병사는 동북문(東北門)을 포위하여 공격했습니다. 위원군 분주소대장(分駐小隊長) 정민화(鄭敏和)의 보고가 강계대대 중대장 이대규(李大珪)의 본 군 출주소(出駐所)에 와서, 당일 오시(午時)쯤에 이대규가 병사를 이끌고 출발해서 위원군으로 갔습니다. 이에 보고합니다"라고 했습니다.

같은 날 보낸 제58호 보고서에 「음력 4월 7일 오시쯤에 도원면(桃源面), 송상면(松上面) 등의 집강의 보고를 보니 "지난달쯤 러시아 병사를 따라 간 청비(淸匪)의 잔당이 희천군 경계에서 돌아와 우리 경계를 침범했습니다"라고 했습니다. 본 군의 한위사(捍衛社) 무기장재(武器掌財) 이병교(李秉敎)에게 포사(砲士) 23명을 데리고 동면(東面) 가막령(哥幕嶺) 아래에 나가 주둔하도록 했습니다. 송도약(松桃藥) 등 세 면의 예비포사두령 김남순(金南淳) 및 본사(本社) 좌사법(左司法) 전(前) 위원(委員) 김기순(金夔淳)에게 민포(民砲)를 데리고 희천군과 맞닿아 있는 도원면 극성령(極星嶺) 및 유두령(柳頭嶺)을 지키게 했습니다. 비도들이 이를 듣고 멀리 함경도 장진군 경계로 달아났습니다. 그래서 즉시 철수해서 돌아왔습니다. 백성의 상황과 고을의 형세에 있어 크게 다행입니다. 그런데 포사(砲社)에 본래 예산이 없어서 전후의 출주비(出駐費)를 출주한 면의 공납 중에서 나용(挪用)했습니다. 들어간 실제 금액는 해당 면의 보고를 기다려 다시 보고하겠습니다. 이를 살펴보고 원수부에 전보(轉報)해주기 바랍니다」라고 했습니다.

같은 달 31일에 보낸 제59호 보고서에는 「음력 4월 17일 유시(酉時)쯤에 위원군 한위사 사법 음자열(陰子悅)의 보고를 받아보니 "러시아 병사와 청비 400여 명이 강계군에서 둘로 나뉘어 파견되어 한편은 강계군 백령(白嶺)에서 삼갈령(三葛嶺)을 넘어 만포벌등(滿浦伐登)을 지나 위원군 경계 고산(高山) 등지에 도착했고, 다른 한편은 강계군 종남면에서 황청령(黃淸嶺)을 건너 시천장(時川場)을 지나 위원군 경계 어뢰방(漁雷坊) 연봉리(延鳳里)에 도착했습니다. 갑자기 우리 백성들을 만나 총을 쏴서 혹은 말을 빼앗고 혹은 짐을 빼앗아서 재산을 약탈하고 건물을 불태워서 지나는 곳마다 황폐해져서 장차 남쪽으로 도망치는 것을 면하기 어렵게 되었습니다"라고 했습니다. 즉시 본 군 한위사 좌사총(左社摠) 전 의관(議官) 이병익(李秉翼), 무기장재 이병교에게 지시해 포사 20명, 민포 50명을 데리고 앙토리(央土里) 고개를 지키게 했고, 우사총(右社摠) 전 주사(主事) 이희증(李熙曾), 우기사(右記事) 이택빈(李宅彬)으로 하여금 포사 30명, 민포 50명을 데리고 앙토리 신도포(新島浦)에 나가 주둔하도록 했습니다. 군수는 팔군사장(八郡社長) 종2품 이택규(李澤奎), 문부장재(文簿掌財) 함회영(咸會英)과 함께 군 창고에 있는 총과 탄환을 일일이 성내 및 강변에 있는 민호(民戶)에 나눠주어서 한편으로는 강구(江口)를 수비하게 하고 한편으로는 고을을 엄히 방어하게 했습니다. 이에 보고합니다」라고 했습니다. 이후의 상황은 계속 보고하도록 지령을 보냈습니다. 이에 등록하여 보고하니 살펴주기 바랍니다.
광무 8년 6월 14일

평안북도관찰사 이용관

외부대신 이하영 각하

지령 제67호

보고 내용은 확인했음. 계속 보고할 것. 30일.

62 러시아 비적과 청국 비적의 침입 및 한국의 방어책에 대한 자성군, 초산군, 위원군, 후창군의 보고

보고서 제62호

당일 도착한 관하 자성군수 구장회(具章會)의 보고서 3건과 초산군수 윤석천(尹錫天)의 보고서 1도(度), 위원군수 신우균(申祐均)의 보고서 1도와 후창군수 이재식(李載植)의 보고서 2도를 일

일이 등록하여 별지에 첨부하여 보고하니 살펴주기 바랍니다.

광무 8년 6월 26일

평안북도관찰사 이용관

외부대신 이하영 각하

지령 제73호

각 군의 보고를 확인했음. 8월 15일.

자성군 보고서 제60호 등본

지난달 27일 사시(巳時)에 보내온 후창군수의 조회를 받았습니다. 「음력 4월 9일에 도착한 후창군 칠평면(七坪面) 집강의 보고에 "러시아 비적 800명이 장진군 경내로 왔습니다"라고 했습니다. 당일 오시(午時)에 병사와 포군(砲軍)을 데리고 후창군 부남면(富南面)에 출동했습니다. 그런데 당일 진시(辰時)에 직고개(直古介) 존위의 보고에 "러시아 비적 수백 명이 고개를 넘어 본 군 경내에 왔습니다"라고 했습니다. 그 비적들의 소식이 진실인지 거짓인지도 알 수 없고 우리 병력이 약한 것도 염려되니 자성군의 병사와 포군을 즉시 보내주어 이웃 고을의 백성들을 구해주기 바랍니다」라는 내용이었습니다. 비적들이 이웃 고을을 침범한 것을 그냥 볼 수 없으며 또 본 군을 침범할 우려도 있으니 사포(社砲) 및 민포(民砲) 70명을 사총(社總) 김상박(金尙珀)으로 하여금 지휘하게 하여 후창군 접경 지역인 본 군 이평면(梨坪面) 진송리(榛松里)에서 수비하게 했습니다. 또 본 군에 주둔하고 있는 중대장은 후창대(厚昌隊)의 보고에 따라 병정 50여 명을 인솔하여 후창군 접경 지역의 입구에 가서 수비했습니다. 그랬더니 29일 해시(亥時)에 본 군 삼풍면(三豐面) 집강 김창욱(金昌旭)의 보고를 보니, 비도들이 장진군에서 사낭봉(沙囊峯) 및 아득애(阿得崖) 두 길을 지나 강계군을 침범했다는 전문(傳聞)이 있었습니다. 사람을 시켜 탐지해보니 "비도들이 두 길로 갈라져 강계군 동문과 북문 밖에 주둔하고 있으며, 지나는 길에 부녀자 및 소와 말을 약탈하고 있습니다"라고 했습니다. 본 군에 주둔하고 있는 중대장이 이 소식을 듣고 이평면에서 병정을 이끌고 곧바로 삼풍면에서 강계군과 접하고 있는 마전령(麻田嶺)에 가서 그곳을 수비하고 있고, 사총에게도 사포와 각 면의 민포 150명을 데리고 마전령을 방어하도록 지시했습니다. 그랬더니 30일 오시에 사총이 긴급히 보고하기를 "지시에 따라 포사(砲士)를 데리고 고개 위 및 역수동(逆水洞) 입구에 가서 수비했습니다. 그리고 사람을 시켜 정탐하니 비도들이 강계군 대대병(大隊兵)에게 쫓겨나서 어제 미시(未時)에 강계군 이서면(吏西面) 정포(淀浦)로 물러나 진을 치고 있으며 본 군과는 1령(嶺) 10리(里) 정도만 떨어진 거리에 있습니다. 높은 곳에 올라가 살펴보니 비도들이 민가에 불을 질러서 연기가 하늘로 치솟고 있습니다"라고 했습니다. 6월 1일에 이어서 같은 사총의 보고를 받아 보니 "비도들이 말을 몰아 고개 아래로 향했다가 고개 위에 수비병이 있는 것을 알고 감히 본 군을 침범하지 못하고 종포(從浦)에서 하평(下坪)을 지나 만포(滿浦) 지역으로 나갔습니다"라고 했습니다. 그러나 비도들의 거취가 동에 번쩍 서에 번쩍 하여 마음을 놓을 수 없습니다. 포군은 계속 수비하게 하고 따로 정탐하여 계속 보고하도록 하겠으며, 연유를 이에 보고합니다.
광무 8년 6월 1일

자성군 보고서 제61호 등본

이전에 러시아 비적들이 영토를 침범하여 사총 김상박으로 하여금 포군 150명을 인솔해서 마전령 위에 가서 방어하도록 한 연유는 이미 긴급히 보고했습니다. 비도들의 행방이 명확하지 않아 염려가 되기 때문에 정탐하도록 순교(巡校)를 강계군 지역에 파송했더니 돌아온 보고에 따르면 "그 비도들이 이미 대대병에 의해 쫓겨나서 이서면 정포진(淀浦鎭)으로 물러나 주둔해 있다가 만포 지역으로 가서 압록강을 건넜습니다. 지나가는 곳마다 재산을 약탈하고 건물을 불태우고 부녀자들을 겁탈하고 사람을 죽이거나 다치게 하는 등 허다한 못된 행실을 저질렀으니 매우 놀랍고 참혹합니다"라고 했습니다. 본 군은 산이 험하고 길이 좁아서 이미 방어하여 그들이 침범하지 못했으므로, 백성과 고을에 큰 다행입니다. 지금은 비도들이 멀리 주둔해 있고 변경은 조금 조용합니다. 수비하는 포병은 모두 철수시키며 이에 보고합니다.
광무 8년 6월 4일

자성군 보고서 第62호 등본

음력 4월 20일 해시(亥時)에 보내서 당일 도착한 본 군 여연면(閭延面) 집강 박형률(朴亨律)의 보고를 받았습니다. "뜻밖에 러시아 병사가 청국 탕하(湯河)에서 이도동(二道洞)을 지나와서 선두 50명은 이미 임강현에 도착했고 수백 명이 뒤이어 고개 아래에 있습니다"라고 했습니다. 이후 상황을 계속 탐지하여 긴급히 보고하도록 문안을 만들어 지시했습니다. 임강현은 본 군 여연면 맞은편 언덕이므로 국경을 수비함에 있어서 경계하지 않을 수 없습니다. 사총(社總) 김상박으로 하여금 사포 50명을 데리고 그쪽 연안(沿岸)에 출주(出駐)하게 했더니, 다시 여연면 집강이 보고해오기를 "러시아 병사 3명이 임강현에 와서 하룻밤 머물고 다시 탕하로 돌아갔습니다"라고 했습니다. 러시아 병사들이 나타났다가 다시 돌아가는 것은 그 뜻을 알기 어렵지만 시급히 경계할 것은 잠시 없어졌기에 포병들은 그날 소환했으며 이에 보고합니다.
광무 8년 6월 7일

초산군 보고서 第63호 등본

음력 4월 19일에 비도들이 강계군 고산리(高山里)에서 청국 통구 포구로 건나가서 서구령(西九嶺)을 넘어 위원군 건너편 덕순천(德順泉)에 도착하여 자개동(者介洞)을 통해 본 군 신도포(新島浦) 건너편 장동(長洞)에 도착해서 영토를 침범하려고 했습니다. 그래서 출동한 포사들이 합세하여 요로(要路)에 흩어져서 엄히 수비하게 했습니다. 그러자 비도들이 놀라고 겁을 먹어 황망히 돌이켜서 황분령(荒坌嶺) 및 흥류령(興流嶺)을 넘어 괘팔령(掛八嶺)을 통해 멀리 회인현에 주둔했습니다. 이 어려운 때를 당해서 여러 날 출동시키는 것이 매우 어려워서, 포사 10명을 앙포(央浦)와 운포(雲浦)에서 오게 하여 살펴보게 했고 각처에 출동한 포사는 21일에 잠시 철수시켰습니다. 이에 보고합니다.
광무 8년 6월 9일

위원군 보고서 第72호 등본

적비(賊匪)가 애전령(艾田嶺)을 넘어 강계군을 거쳐 적유령(狄踰嶺)을 지나 희천군으로 향한 연유는 이미 정탐하여 보고했습니다. 이 비적들이 희천군에서 안주군으로 향하여 일본 군 진영과 접전을 벌였다가 패배하여 함경도 장진군으로 돌아와서 사랑령(舍廊嶺)을 넘어 음력 4월 13일에 강계군 성 밖을 포위한 채 수일간 주둔하고 있다고 합니다. 각 좁은 통로에서 총을 쏘며 수비하자 이 비적들이 강계군 성에서 한 무리는 삼갈령(三葛嶺)을 넘어 만포벌등(滿浦伐登)과 고산리(高山里) 등지를 오고갔으며, 다른 한 무리는 황청령(黃淸嶺)을 넘어 연봉리(延鳳里)로 갔습니다. 고산리와 연봉리는 본 군의 접경 지역이기에 사포와 민포를 출동시켜 요로를 수비하게 했습니다. 그러자 17일, 18일에 돌아와 압록강을 건너 황성(皇城) 등지에서 본 군 건너편 덕순천(德順泉)으로 내려왔다고 했습니다. 그래서 병력을 강변 각처의 도적들이 지나갈 길에 배치시켰더니, 두 무리로 나누어 한 무리는 대노인령(大老人嶺)을 넘고 한 무리는 소노인령(小老人嶺)을 넘어 고개 안으로 멀리 주둔했다고 합니다. 그래서 수비 병력을 철수시켰으며 전후 출동 비용은 출동한 면(面)의 공납 중에서 나용(挪用)했습니다. 들어간 실제 금액은 해당 각 면의 보고를 기다려서 다시 보고할 생각입니다. 이에 보고합니다.
광무 8년 6월 11일

후창군 보고서 第69호 등본

본 군이 변경 구석에 치우쳐 있어서 청국과 강 하나를 사이에 두고 살고 있습니다. 서로 밥 짓는 연기가 오고가며 개 짖는 소리와 닭 우는 소리가 서로 들릴 정도여서 같은 이웃과 다름이 없습니다. 그런데 피차 영토에 협곡이 험하고 깊어서 향적(响賊)이 숨어 있지 않은 곳이 없으며, 변경의 분쟁이 하루도 끊이지 않아서 변경의 백성들이 편안히 안심할 수가 없습니다. 관리 된 자로서 마음을 놓을 수 있겠습니까. 이렇게 간신히 백성들을 지키고 있는 때에 고을의 운이 없어서 그런 것인지 지난겨울에 군수가 강계군수서리를 겸임하여 강계군 업무를 보고 있을 때에 11월 17일 밤에 이르러 동헌(東軒)의 정당(政堂)과 수십 간의 대청(大廳)이 갑자기 불에 타버렸습니다. 어찌 백성과 고을의 불행이 아니겠습니까. 지금 백성과 고을의 형세를 돌아보면 관청 건물을 다시 세우는 것은 정말 어렵습니다. 그러나 공사 간의 체모와 규례를 생각하면 막중한 정당을 형세 때문에 헐어버리는 것은 법에 비추어봐도 정말 어렵습니다. 불에 탄 재목들과 서까래를 주워 모으고 부족한 재목은 백성들로부터 약간 거두어 옛 터에 그대로 건축하면 몇 개월 지나지 않아 완공할 수 있을 것입니다. 그런데 본 군에 주둔하고 있는 하사(下士) 최익삼(崔益三)이 러시아 비적들이 침범하는 것을 두려워하여 압록강에서 뗏목이 다니는 것을 금지하고, 부대의 지시를 받들어서 본 군 하산면(河山面) 죽전동(竹田洞) 포구에 출주하여 청국인들을 강제로 잡아들이고 무고히 구타했습니다. 병사들을 시켜서 강을 건너다가 병정이 청국인들에게 붙잡혀서 구타당하여 중상을 입고 총 2자루도 잃어버렸습니다. 병정은 목숨을 부지하지 못했으며 청국인들은 매일 수가 늘어나 분쟁이 장차 점점 커질 것이라고 합니다. 군수와 대관(隊官)이 모두 죽전동 포구로 가서 잡혀간 병정을 쇄환하고 최익삼이 빼앗아간 물건은 압수하여 그 수대로 해당 청국인들에게 돌려주었습니다. 그리고 흩어져 돌아가도록 잘 설득했는데, 완고한 그 청국인들의 해괴한 행동이 작지 않아서 군수가 청국인 관리가 있는 임강현에 급히 가서 화약(和約)을 설명한 후 병정이 잃어버린 총을 되찾아서 본대(本隊)에 준 것이 오래되지 않았습니다. 그런데 러시아 비적 800여 명이 각각 말을 타고 병기를 들고 음력 4월 8일에 영원군, 맹산군 등지로부터 장진군으로 왔다는, 장진군 접경 지역의 본 군 소관 칠평면(七坪面) 집강의 긴급 보고가 있었습니다. 혹 지체되면 영토를 잃을 것이 걱정되어 출주하는 상황을 보고할 겨를이 없어 보고하지 못하고, 장진과 본 군 사이의 좁은 통로로 속히 가서 일본 병사와 한국 병포(兵砲) 수천 명이 각처의 요로를 굳게 지키고 있는 것처럼 꾸미고 사방에 정탐을 보냈습니다. 정탐의 보고에 따르면 완고한 러시아 비적들이 먼저 희천군과 강계군의 상류 지역을 먼저 약탈하여 재물을 빼앗고 사람을 죽이며 집을 불태우는 것을 일삼아서 영변군이나 맹산군 및 장진군에서 지나는 곳마다 피해를 당한 사람들의 수를 세기가 어렵습니다. 길 옆에 있는 백성들의 가옥과 재산은 모두 불타버려서 불길이 수일간 그치지 않았습니다. 목숨을 구하기 위해 도망쳐서 숲속에 숨은 외로운 백성들은 생사를 오가면서 하늘에 배고프다고 울부짖으며 자식과 어머니가 서로를 잃어버렸다고 합니다. 그 도적들이 풍문을 듣고 스스로 위축되어 다행히 본 군을 침범하지 않고 강계군 성 밖으로 가서 하룻밤 주둔했다가 감히 성을 침범하지 못하고 강계군 이서면(吏西面) 지역에 가서 장차 청국 영토로 건너가려 한다는 정탐 군교의 회고(回告)가 두 세 차례 있었습니다. 촌락에 오랫동안 주둔하여 민폐가 없지 않았기에 따로 농민들을 설득하여 때를 따라 농사를 권했고 당일 귀환했습니다. 이 비적들이 어디로 갔는지를 계속 정탐해보니, 장진군에서 러시아 비적과 같은 무리인 청비(淸匪) 10명도 각각 병기를 들고 말을 타고 좁은 골짜기에서 종적을 감추고 도망쳐서 몰래 본 군의 후지령(厚地嶺)을 건넜다고 했습니다. 그래서 사총 한제형(韓齊炯)으로 하여금 병포 20명을 이끌고 추적하기 위하여 연성면(蓮城面) 쌍남리(雙南里)로 가도록 했습니다. 도적들이 추적을 뿌리쳐서 체포하지 못했는데 청비 6명이 쫓기던 길에 만난 연변(沿邊)의 백성들을 구타하였고, 본 군 부성면(富盛面)에 이르러서 청국 팔도동(八道洞)으로 건너갔다고 합니다. 국경을 침범해서 비적들을 토벌하는 것이 법에 근거해 보면 함부로 처리하기 어렵기에, 이 무리들을 급히 체포해야 하고 놓치면 안 된다는 뜻을 먼저 청국 임강현에 조회했습니다. 공연히 겁을 먹은 각 면의 백성들은 잘 설득하여 농사에 힘쓰게 했습니다. 본 군의 포사청(砲士廳)에 있는 탄환 5,000발은 임인년(壬寅年, 1902)에 경부(京部)로부터 획하(劃下)받은 것인데, 이미 다 사용하여 남은 것이 없습니다. 변경의 쉴 틈 없는 마을에서 이와 같이 미비한 것은 한심한 일입니다. 원수부에 전보(轉報)하여 모젤총[毛瑟銃] 탄환 5,000발을 획하해주도록 해서 변경의 방어에 대비하게 해주기 바라는 뜻으로 이에 보고합니다.

광무 8년 5월 30일

후창군 보고서 제73호 등본

러시아 비적 중 같은 무리인 청비 10여 명이 장진군으로부터 연성면 등지로 가서 몰래 본 군 후지령을 건너간 것을 추적하여 체포하고자 사총 한제형과 병포를 파견한 연유는 이미 보고했습니다. 지금 그들의 회고에 따르면 "사방으로 흩어진 적들을 추적하여 체포하려고 하여 연성면 신창덕(新倉德)에 이르러 어둑해진 때에 접전을 했습니다. 이 비적들을 쏴 죽이지는 못했으나 그중 2명의 비적이 총탄에 맞아 다리가 부러져서 부상자들을 등에 지고 청국 영토인 팔도동으로 도주했습니다. 그래서 청국 임강현의 담당 관리인 경생보(慶生保) 연장(鍊長) 임보신(任輔臣)에게 연락을 보냈고 6명의 비적들을 임강현으로 잡아왔습니다"라고 했습니다. 이에 보고합니다.

광무 8년 6월 3일

63 후창군에 러시아 비적이 침범하여 백성이 흩어져 방비가 어렵다는 보고

보고서 제63호

당일 도착한 관하 후창군수 이재식(李載植)이 본월 11일에 작성해 보낸 제79호 보고서를 보니 「러시아 비적이 강계군 고산방(高山坊)에 머물고 있다는 정탐 군교의 보고가 있어서 다시 조사해보니 청국 영토로 넘어갔다고 했습니다. 그런데 당일 오시(午時)에 도착한 본 군 하산면(河山面) 요망장(瞭望將), 강상진(姜尙珍) 등의 긴급 보고를 보니 "러시아 비적 수천 명이 갈해(渴海) 등지에서 연변(沿邊)으로 나와서 후창군 옆 자성군 건너편 임강현에 오고자 먼저 6명의 러시아 비적을 보내서 군량과 마초(馬草)를 다수 독촉하여 준비했습니다. 그래서 그 지방의 강좌우편 백성들이 피해를 당할까 두려워 이 농번기에 흩어져 떠돌고 있습니다"라고 했습니다. 이어서 그 비적들이 오고가는 상황을 살피도록 그날 군교를 보내 조사하도록 했습니다. 이 비적들은 고산방을 떠난 부류가 아니라 다른 무리였습니다. 이때 불의의 사태가 일어날 우려가 열에 아홉이어서 매우 불안했으나, 따로 농민들을 설득해서 때를 맞춰 밭을 갈고 파종하게 했고 요망장에게 엄히 지시하여 입구를 막아 지키고 각별히 살피도록 하였습니다. 이러한 연유를 이에 치보(馳報)합니다」라고 했습니다.

또 같은 달 12일 보내온 제80호 보고서에 「러시아 비적 1,000여 명이 자성군 건너편 임강현에 도착한 연유는 이미 치보했습니다. 음력 4월 29일 오시에 보내서 당일 유시(酉時)에 도착한 본 군 소관 진목면(眞木面) 집강 한정규(韓貞奎)의 보고에 "러시아 비적 수천 명이 음력 4월 28일에 장진군에 도착할 것이라고 러시아 비적 5명이 먼저 이 고을에 와서 전하고 식량과 마초를 준비하라고 독촉했습니다. 그래서 이미 두려워진 백성들이 사방으로 흩어져 도망쳤다는 정탐인의 보고가 있었습니다. 이에 먼저 긴급히 보고합니다"라고 했습니다. 그 사나운 러시아 비적 수천 명이 장진군에 도착했다가 본 군을 침범한 것은 장진군과 본 군이 가장 가깝게 맞닿아 있기 때문이니 어찌 가까운 곳은 버리고 먼 곳은 취한다는 말입니까. 그 무리들이 만약 본 군을 약탈할 뜻을 갖고 있으면 지나갈 고개 남쪽의 세 면은 먼저 피해를 당할 것이라고 합니다. 모두 풍문 때문에 도주하여 수백 리 안에 살고 있는 사람들이 한 사람도 없다고 하니 어찌 한심하지 않겠습니까. 수천 명의 비적은 남면(南面) 쪽에서 지금 장진군에 도착했고 또 1,000여 명의 비적이 북쪽에서 와서 임강현에 머무르고 있다고 합니다. 이들이 만약 국경을 넘을 마음을 갖고 있으면 얼마 안 가서 침범해올 것이며 이에 맞춰 각처에서 봉기하는 비적들의 수가 매우 많을 것입니다. 이렇게 되면 미약한 군의 힘으로 어떻게 막을 수 있겠습니까. 두려운 마음이 일어나 재난을 당할까 두려워 도망친 사람들을 억지로 붙잡아둘 수 없으니, 고을의 마을들이 빈 것은 형세상 당연합니다. 군수는 국명을 받드는 관리의 몸이 되어 비록 총과 창에 의해 죽는 상황 중에라도 감히 함부로 피할 수 없기에 우선 경계를 방어하고자 포군을 이끌고 즉시 출주(出駐)했습니다. 형세가 어쩔 수 없어서 병사를 데려가지만 이미 백성들이 흩어졌으니 병사들의 양식과 말에게 먹일 풀을 거둘 길이 없어 군수는 사방이 막힌 상황에 처해 있습니다. 법에 따르면 위험을 피하면 안 되기에 홀로 빈 성을 지키다가 위험을 무릅쓰고 장진군과 본 군의 경계인 칠평면(七坪面)에 나와 출주했습니다. 그 비적들의 강력한 위세와, 고을과 백성의 곤란의 상황을 생각하면 정말 마음이 서늘하고 등골이 오싹해지는 것을 이길 수 없습니다. 이러한 연유를 먼저 긴급히 보고합니다」라고 했습니다. 농민들이 흩어진 것은 매우 안타까우니 위무하고 설득하여 안정시키도록 하며, 러시아 비적들의 상황은 계속 조사하여 시급히 보고하도록 지령을 보냈습니다. 이에 등록하여 보고하니 살펴주기 바랍니다.

광무 8년 6월 27일

평안북도관찰사 이용관

외부대신 이하영 각하

64 러시아 비적이 침범한 강계군과 장진군 백성이 후창군에 흘러들어왔으나 구휼할 방도가 없다는 보고

보고서 第64호

관하 후창군수 이재식(李載植)의 第81호 보고서를 받았습니다. "러시아 비적 천여 명이 장진군에 와서 장차 국경을 침범하려는 우려가 있어서 백성들이 모두 미리 겁을 먹고 흩어졌다고 합니다. 그래서 민심을 진정시키고 위무하고자 장진군 접경 지역인 본 군 칠평면(七坪面)으로 나가서 널리 사람을 보내 비적들의 종적을 정탐했습니다. 그 수는 200여 명이고 각자 말을 타고 무기를 지니고 강계군으로 가서 사랑봉(舍郎峰)으로 길을 열었다고 합니다. 그 듣고 본 바가 본 군의 경계를 침범할 것 같지는 않아서 당일 귀환했습니다. 그리고 자성군 건너편 임강현에 러시아 비적들이 와서 머무르고 있다는 정탐 군교의 회고(回告)를 들었습니다. 6명의 비적들이 잠시 왔다가 곧 갔다고 하여 이제 급한 걱정은 없지만, 두 차례 도적들의 침입으로 미리 겁을 먹고 놀라 흩어진 백성들이 밭 갈고 씨를 뿌릴 때를 놓쳐서 장차 가을에 추수할 것이 없게 되었습니다. 흩어진 백성들을 지금 비록 불러서 돌아오게 했으나 안심하고 정착한 자는 백 명 중 한두 명도 안 되고 제대로 보전하지 못하는 자가 열 명 중 여덟아홉입니다. 고을의 형세가 황폐하고 백성들의 상황이 적막하고 쓸쓸한데 도적들에 대한 근심은 더욱 많은 때에 어찌 날마다 우려가 없겠습니까. 강계군과 장진군의 백성들로 위험을 피해 본 군에 온 사람들이 곤란에 처한 사람들끼리 서로 의지하고 있습니다. 살 곳이 없어 배회하는 모습은 차마 다 말할 수 없어 잠시나마 자리잡고 살게 했습니다. 이때 길에서 방황하는 백성들의 상황이 정말 너무나 마음이 아팠습니다. 그 연유를 보고합니다"라고 했습니다. 이어서 도착한 후창군수의 제84호 보고서를 받았습니다. "러시아 비적들이 이웃 고을인 장진군과 강계군 지역을 여러 차례 침략했으나 후창군은 침범하지 않아 큰 다행이라고 말할 수 있습니다. 그러나 이 때문에 많은 집들이 뿔뿔이 흩어지고 사람들이 살기 어려워서 두 고을에서 도망쳐 흩어져서 본 군에 와서 살게 된 자들을 일일이 돌아보고 보호한 연유는 이미 상세히 보고했습니다. 본 군의 백성들은 풍문을 듣고 스스로 겁을 먹어서 한 명의 비적도 만나지 않았는데 놀라서 도망치기를 물고기들이 아침에 이끼 위에서 뛰어오르는 것과 같이 하다가, 마침내 돌아와 모이기는 까마귀들이 저녁 수풀에 모이는 것과 다름이 없었습니다. 이 같은 때여서 농사를 제 시기에 맞출 수 없었습니다. 그래서 산과 들의 농토는 모두 쑥대밭이 되었고 공연히 겁먹은 민심은 헛된 소문을 듣고 매번 의심을 품고 농사 또한 그 때를 잃었습니다. 이러니 어찌 추수를 바랄 수 있겠습니까. 하물며 장진군과 강계군의 불쌍한 백성들은 군수도 없는 나머지 이미 의뢰할 곳이 없어 다 같이 죽게 될 것을 절박하게 탄식하고 있습니다. 비적들의 난리를 당하여 도망쳤으나 혹은 손해를 입고 집이 불타거나 또 재산을 빼앗겨서 이미 도망한 사람들 중 돌아갈 사람이 없고 불타버린 집도 다시 지을 사람이 없으며 도둑맞을 근심까지 있습니다. 목숨을 구한 자는 입을 것과 먹을 것이 없어 배고픔과 추위를 호소하면서 도로에서 방황하고 있으니, 우물에 빠진 아기와 도랑에 구르고 있는 사람들을 본 사람이라면 어찌 불쌍히 여기고 탄식하지 않겠습니까. 갈 바를 알지 못하고 여름이 되도록 정처 없이 떠돌아 다니면서 본 군에 와서 먹을 것을 구하고 있으니 원망스러운 목소리가 하늘에 가득 차고 울부짖는 모습이 땅에 우뚝 솟아서 차마 눈을 씻고 자세히 바라볼 수가 없습니다. 본 군에 온 사람을 구제할 방책이 비록 없지만 지켜보기만 할 수도 없어서 따로 구휼하도록 했습니다. 그러나 미약한 고을의 형세로는 널리 베풀 방법이 없습니다. 비유하면 나무 하나로는 기울어진 큰 집을 지탱할 수 없는 것과 같습니다. 두 고을의 백성들의 상황을 말하면 공교롭게 수령이 없어서 위로는 보호해줄 관원이 없고 아래로는 러시아 병사와 청국 비적에게 빈번히 놀라서 농사를 지을 수가 없었고 갑자기 낭패를 당하여 창졸간에 놀라 흩어지게 되었습니다. 수백 리 길에 남아 있는 민가가 하나도 없어서 오고가는 사람이 갑자기 끊어졌으니 백성의 상황을 생각하면 저도 모르게 눈물이 흐릅니다. 본 군이 그 사이에 위치했으니 어찌 이웃 고을이 비어버린 상황에서 우리 고을에 화가 미칠 것에 대한 우려가 없겠습니까. 이는 이웃 군수가 관할할 문제가 아니지만 어느 군의 백성이나 모두 다 우리 백성인데 관리가 어찌 차별을 할 수 있겠습니까. 상황을 알고도 고하지 않으면 그 형세를 임금께 아뢰기 어려울뿐더러, 장진군과 강계군이 이미 두 차례 비적들의 침략에 놀랐는데 또 수천 명의 러시아 비적들이 자성군 건너편에서 오고 있다고 하니 이미 놀란 본 군과 두 군의 백성들이 안심하고 먹고살 수가 없어서 불안하게 시간만 지나고 있습니다. 이 무리들이 이 고을을 침범해서 약탈할 때에 죽은 사람이 수백 명이며 겁탈한 부녀자와 빼앗은 재산은 다 셀 수도 없습니다. 듣고 본 것이 지극히 민망하고 절박합니다. 이에 실상을 모아서 우러러 보고합니다. 내부에 전보(轉報)해서 강계군과 장진군, 본 군의 백성들이 편안히 정착해서 살게 해주기 바랍니다"라고 했습니다. 바야흐로 농사를 지어야 하는 때에 백성들이 떠돌아다니는 것이 매우 불쌍하고 민망합니다. 따로 위로하고 편안하게 하여 정착하여 살게 하도록 지령을 보내며, 이에 보고하니 살펴주기 바랍니다.

광무 8년 7월 9일

평안북도관찰사 이용관

외부대신 이하영 각하

65 러시아 비적과 병사의 침범 및 그 대응책에 대한 강계군, 벽동군, 초산군의 보고

보고서 제65호

당일 도착한 관하 강계군수서리 위원군수 신우균(申祐均)의 제49호 보고서와 벽동군수 구범서(具範書)의 제61호 보고서와 초산군수 윤석천(尹錫天)의 제67호 보고서와 제69호 보고서를 별지에 등록하여 올리며 이에 보고하니 살펴주기 바랍니다.
광무 8년 7월 12일

평안북도관찰사 이용관

외부대신 이하영 각하

강계군 보고서 제49호 등본

음력 5월 4일 미시(未時)쯤에 러시아 비적 200여 명이 장진군에서 본 군 종남면(從南面) 사랑봉(舍廊峯)을 넘어 북성(北城) 아래에 곧바로 이르렀기에 문을 닫고 들이지 않았습니다. 곡식과 마초(馬草), 소고기 등 각종 물건을 넉넉히 주어서 북천(北川) 건너편 여단하(厲壇下)로 퇴진하게 했습니다. 그런데 5일 진시(辰時)쯤에 그 흉악한 러시아 비적들이 다시 북천을 건너서 몰래 다방동(多芳洞)으로 들어와 주산(主山)을 점거하고 총을 쏘며 싸움을 시작할 때 진위대에서 대포 3문을 연이어 쏘니, 러시아 비적들이 후퇴하여 종서면(從西面)으로 향하여 황청령(黃淸嶺)을 건넜고 시상면(時上面), 외방면(外坊面), 문옥면(文玉面)을 지나쳐서 압록강을 건너갔습니다. 그런데 지나간 곳에서 인명은 비록 해를 입지 않았으나 재산을 빼앗긴 것은 이전의 비적들과 다름이 없다고 합니다. 세 차례 병화(兵火)로 백성들의 상황이 너무나 참혹하며 농사도 큰 낭패를 보아서 매우 근심스럽고 민망합니다. 전후에 피해를 입은 인명, 빼앗긴 재산과 소와 말, 불태워진 건물은 러시아 비적들의 소요가 계속 일어나서 해당 면의 보고가 모두 모이지 않았기에 아직 책자로 만들어 올려보내지 못했습니다. 이에 보고합니다.
광무 8년 6월 25일

벽동군 보고서 제61호 등본

지금 초산군 한위사(捍衛社)의 통신을 보니 러시아 병사 200여 기(騎)가 강계대(江界隊)와 교전하고 패배하여 강을 건너 물길을 따라 분구(岔溝)로 향했다고 합니다. 이 분구는 초산군의 하류 지역이며 본 군의 상류 지역이고, 건너편 임강현의 나루터입니다. 만약 러시아 병사가 여기에 도착해서 북쪽이 남쪽으로 향하면, 벽동군이 아니면 초산군이고 초산군이 아니면 벽동군일 수밖에 없는 형세입니다. 일이 이렇게 되면 노여움을 다른 곳에서 화풀이하여[怒室色市] 강계대에 대한 미움을 여기에 옮겨 보복할 것입니다. 앉아서 곤란을 당하는 것보다는 대비하여 굳세게 막아내는 것이 낫습니다. 초산군의 사포(社砲)들이 신도포(新島浦)에 출주(出駐)한 전례에 따라 본사(本社)에 입번(入番)한 포사(砲士) 30명과 군 근처에서 쉬고 있던 포사 20명을 먼저 편제하여 지금 북면 소파포(小坡浦)와 평하면(平下面)의 대파포(大坡浦)에 보내서 방어하게 했습니다. 이에 보고합니다.
광무 8년 6월 26일

초산군 보고서 제67호 등본

당일 오시(午時)쯤에 도착한 위원군 한위사 사법(司法) 음자열(陰子悅)의 보고서를 받았습니다. "음력 5월 4일 미시 쯤에 러시아 비적 200여 명이 장진군 사랑봉에서 넘어와서 곧바로 강계군으로 가서 성 안으로 들어가려고 했습니다. 그래서 우리나라의 법률상 다른 나라의 군대를 들일 수 없다고 설득하고, 만약 요청하는 게 있으면 요구에 따라 보상을 제공하겠다고 하면서 최대한 들어오지 못하게 했습니다. 그러자 북천 건너편 여단하로 물러나서 주둔했기에 곡식과 마초, 소고기 등을 일일이 제공했습니다. 그런데 5일 진시쯤에 러시아 비적들이 북천으로 돌아와서 다방동에 올라 주산을 점거하고 교전했습니다. 우리 병사가 대포를 연이어 쏴서 비도 2명이 포탄을 맞고 즉사했고 나머지는 사방으로 도망쳐서 황청령을 넘어서 갔습니다. 우리 병사가 뒤를 좇아 공격하여 황청동 관문에서 다시 교전하여 2명의 비적들과 1필의 말을 쏴 죽였고, 붙잡혔던 위원군의 순교 김연수(金連洙)는 다행히 피신하여 돌아왔습니다. 그의 말을 들어보니 선봉군 20여 명이 지나간 땅에서 위협하고 약탈한 것이 비할 데가 없어서 백성들이 모두 도망쳐 흩어졌다고 합니다"라고 했습니다. 비도들이 모이는 것이 끝이지 않아 듣기에 매우 놀랍고 해괴합니다. 본 군의 사포에게 지시하여 위원군 서하면(西下面)의 중요한 도로에서 수비하도록 했습니다. 이에 보고합니다.

광무 8년 6월 21일

초산군 보고서 제69호 등본

음력 5월 5일 진시쯤에 러시아 비적들이 강계대병(江界隊兵)과 교전한 상황은 보고했습니다. 같은 달 10일 신시(申時) 쯤에 본 군 운해천리(雲海川里) 도통수(都統首) 김하용(金河容)의 보고에 "러시아 병사 100여 기가 당일 미시쯤에 위원군 건너편 느릅나무 숲에서 본 리 건너편 분구 어귀에 와서 주둔했습니다. 또 무수한 청비들이 합세하여 함께 도착했습니다"라고 했습니다. 그래서 즉시 본 군 한위사 좌사법(左司法) 김기순(金夔淳), 장재(掌財) 함회영(咸會英)에게 명령을 내려 입번한 포사 50명과 민포(民砲) 50명을 데리고 중대(中隊) 병정 30명과 함께 앙토리(央土里) 신도포(新島浦) 및 운해천(雲海川)으로 나누어 주둔하게 했습니다. 청비들의 군세를 가볍게 볼 수 없어서 팔군사장(八郡社長) 종2품 이택규(李澤奎)가 위원군 포사와 민포를 불러서 위원군과 초산군 경계의 서하포구(西下浦口)로 출주하게 했습니다. 군수는 좌사총(左社摠) 이병익(李秉翼), 우사총(右社摠) 이희증(李熙曾), 기사(記事) 이택빈(李宅彬)과 군고(軍庫)에 보관된 조총(鳥銃)을 성 안의 백성들과 순교(巡校), 서기(書記), 사령(使令) 들에게 나눠주어서 중요한 도로를 지키게 했습니다. 본사의 모젤총[毛瑟銃] 47자루는 전에 이미 러시아 병사들에게 빼앗겼고 5자루는 파손되어 사용할 수 없습니다. 탄환은 여러 번 출추하여 거의 다 떨어져 남은 것이 없습니다. 굽어살펴 주도록 후에 경부(京部)에 전보(轉報)해주기 바랍니다.

광무 8년 6월 24일

66 러시아 비적에게 쫓긴 청국 포용(砲勇)이 한국 자성군으로 피해왔기에 보호하고 있다는 보고

보고서 제1호

음력 본월 16일에 작성하여 보내고 20일에 도착한 본 군 장토면(長土面) 장성리(長城里) 요망장(瞭望將) 송병능(宋秉能)의 보고를 받았습니다. "러시아 비적 200여 명이 청국 팔도강(八道江)에서 본 리 건너편 위사하(葦沙河)로 나와서, 그곳의 회성국(會盛局) 포용(砲勇) 40여 명이 피난하여 본동으로 건너왔습니다. 이 러시아 비적들이 포용들의 뒤를 좇고 있는 것 같습니다"라고 했습니다. 만일의 사태에 대비하는 일에 감히 소홀할 수 없기에 사총(社總)으로 하여금 포사(砲士) 20명을 인솔하고 장성리로 보내서 민포(民砲)와 함께 방어하게 했습니다. 그리고 장성리로 넘어온 청국인 40여 명은 임장(任掌)에게 따로 지시하여 각별히 보호하게 했습니다. 이에 보고하니 살펴주기 바랍니다.

광무 8년 8월 1일

평안북도자성군수 구장회

외부대신 각하

지령 제1호

힘써 방비하여 백성들이 편안히 살게 할 것. 29일.

67 청국인 포용(砲勇)을 뒤쫓아온 러시아 비적은 포사(砲士)를 동원해 격퇴했으며 포용은 무사히 귀국했다는 보고

보고서 제87호

관하 자성군수 구장회(具章會)의 제95호 보고서를 받았습니다. 「음력 이번 달 16일에 작성하여 보내서 20일에 도착한 본 군 장토면(長土面) 장성리(長城里) 요망장(瞭望將) 송병능(宋秉能)의 보고에 "러시아 비적 200여 명이 청국 팔도강(八道江)에서 본 리 건너편 위사하(葦沙河)로 나왔습니다. 그리고 그곳의 회성국(會盛局) 포용(砲勇) 40여 명이 재난을 피해서 본 동에 건너왔습니다. 그런데 그 러시아 비적들이 포용들의 뒤를 좇고 있는 것 같습니다"라고 했습니다. 만일의 사태에 대비함에 있어서 감히 소홀할 수 없어 사총(社總)으로 하여금 포사(砲士) 20명을 데리고 장성리에 가서 민포(民砲)와 함께 방어하게 했습니다. 그리고 장성리에 건너온 청국인 40여 명은 따로 임장(任掌)에게 지시하여 각별히 보호하도록 했습니다」라는 내용이었습니다.

이어서 도착한 제96호 보고서를 받았습니다. 「본 군 장토면 건너편 위사하에 와서 주둔하고 있는 러시아 비적들을 방어하기 위해 포사를 파송한 연유는 이미 보고했습니다. 당일 도착한 장토면 장성리 요망장 송병능의 긴급 보고에 "음력 이번 달 23일 신시(申時)쯤에 건너편 비도들이 말을 타고 무기를 들고 위아래로 줄을 서서 강을 사이에 두고 총을 쏘고 배들을 협박해 강을 건너려고 할 때에, 사총 김상백(金尙伯)이 포사들을 데리고 언덕을 의지하여 엄히 방어했습니다. 그러자 그 비적들은 끝내 감히 강을 건너지 못하고 물러나 이도동(二道洞)으로 들어갔고 노인령(老仁嶺)을 넘어 갔습니다. 장성리에 온 포용들은 건너편으로 돌아갔습니다"라고 했습니다. 출동한 포사들은 즉시 귀환했고 이후 상황을 계속 긴급히 보고하도록 장토면에 지시했습니다」라고 했습니다. 이후 상황을 계속 탐지하여 긴급히 보고하도록 지령을 보냈습니다. 이에 보고합니다. 살펴주기 바랍니다.

광무 8년 8월 30일

평안북도관찰사 이용관

외부대신 이하영

지령 제85호

따로 더 철저히 방비하여 백성들이 편안히 살게 하고 이후 상황을 계속 정탐하여 긴급히 보고할 것. 9월 18일.

68 한국 변경의 백성이 청국을 침범해 폐단을 일으켰다고 힐문한 청국 관원의 조회를 전달한다는 보고

보고서 제9호

청국 동변병비도겸중강세무감독(東邊兵備道兼中江稅務監督) 장(張)의 조회를 받았습니다. 우리나라 변경의 백성들이 국경을 넘어 폐단을 일으키고 재물을 약탈해가고 있다고 했습니다. 따라서 연변(沿邊)의 각 군에 엄히 지시하여 변경의 백성들이 감히 법을 어기지 못하도록 했습니다. 지금 거짓으로 꾸며 약탈했다고 하는 자는 현재 어느 지방에 살고 있는지 알 수가 없습니다. 그래서 즉시 각 군에 명령을 내려 조사하여 징벌하도록 했습니다. 청국 관원의 조회를 별지에 등록하고 이에 보고합니다. 살펴주기 바랍니다.

광무 9년 5월 6일

평안북도관찰사 이근풍

외부대신 이하영 각하

별지

흠명이품정재특수분순동변병비도겸중강세무감독(欽命二品頂戴特授分巡東邊兵備道兼中江稅務監督) 장(張)이 조회합니다. 광서(光緒) 31년(1905) 1월 20일 관전현(寬甸縣)에서 요청하기를 『광서 30년(1904) 12월 26일 우리 현 노고립자(老古砬子) 영전하구(永甸河口) 백부장(百夫長) 곽전(郭殿)이 아뢰기를 「올해 12월 17일 오전에 한국인 3인이 왔는데, 그중 한 명이 신분을 숨기고 일본인을 가장하여 집집마다 다니면서 돼지를 거둬갔습니다. 이들은 주성복(周成福) 집으로 가서 그 집 남자들이 외출한 것을 보고 각 건물을 다니면서 양전(洋錢) 10원(元), 연토(煙土) 4냥, 대연창(大煙槍) 1지(支), 협파도(夾把刀) 1파(把)를 급히 빼앗아갔습니다. 이들은 물건을 가지고 돌아가서 국경 지역에 이르러 동신발(東辛發)의 집에서 돼지 한 마리를 가져갔습니다. 또 묘씨(苗氏) 성을 가진 집에 이르러 돼지 한 마리를 가져갔습니다. 갈 때 두 집의 닭들을 모두 가지고 한국으로 돌아갔습니다. 20일이 되자 또 한국인 1명이 일본인을 가장하고 신분증을 가지고 왔는데, 거기에는 "급히 한국에 가려고 한다"라고 적혀 있었습니다. 저는 듣고 감히 나가지 않았기에 독수(毒手)를 만나지 않았습니다. 엎드려 생각하면 연강(沿江)의 백성들 중 여러 번 한국의 비적들에게 강제로 피해를 당한 자가 일일이 셀 수 없습니다. 만약 아뢰어 법을 시행하여 징벌하도록 청하지 않으면 습관이 번져나갈까 정말 두렵습니다. 이것은 사리에 어두워 함부로 행하는 것을 헤아리지 못했기 때문이니 문서를 보내는 것이 이치에 맞습니다. 이에 사실에 근거해서 밝히 아뢰니, 승낙하여 사실에 따라 결정해주기를 바랍니다」라고 했습니다. 이를 조사해보니 관전현의 연강 일대는 한국과 강 하나를 사이에 두고 있어, 중국과 한국이 서로 대함에 있어 마땅히 각자 약장(約章)을 지켜서 서로 평화를 기약해야 할 것입니다. 지금 한국 백성이 국경을 넘어 술책을 써서 문제를 일으키고 재물을 약탈해가며 심지어 일본인이라고 속이고 재물을 거둬 빼앗아서 불특정한 중국인들이 피해를 입었습니다. 또 일본인들도 원하는 바가 아닐 것입니다. 마땅히 엄금하도록 조회하여 국가간의 친교를 돈독히 하고 감춰진 근심을 편안하게 해야 합니다. 아뢰어 비답을 받아 보여주고 정자경찰국(靖字警察局) 순장(巡長) 유문성(劉文盛)에게 지시하여 수시로 통제해주기 바랍니다. 또 문장을 갖춰 상세히 요청하여 조사해서 처분을 내려주기를 청하고, 한국 관원들에게 조회하여 살펴서 금지하도록 해주기 바랍니다』라고 했습니다. 이를 조사하니 귀국의 백성들이 국경을 넘어 술책을 써서 문제를 일으킨 것은 확실히 공법을 위반한 것입니다. 이에 귀 도(道)에 조회하니, 조사하고 엄금하여 변경의 백성들이 국경을 건너 소요를 일으키지 않고 약장을 준수하도록 하며, 약탈해간 재물은 조사하여 반환하도록 해주기를 조회합니다.

광서 31년 1월 28일

지령 제10호

변경의 유민(莠民)들이 국가간 교제의 중요함을 생각하지 않고 국경을 넘어 소요를 일으키는 폐단이 점점 커졌으니 매우 통탄스러움. 귀 부(府)에서 강변의 군민(郡民)들에게 지시하여 이전의 악습을 따르지 말고 피차 서로 평화를 지키도록 방법을 먼저 강구하여 실시할 것. 23일.

69 한국 변경의 백성들이 청국을 침범해 폐단을 일으켰다고 힐문한 청국공사의 조회를 전달한다는 훈령의 기안

훈령 제49호

우리나라의 추한 백성들이 국경을 넘어 소요를 일으키는 것을 금지하는 일로 전후에 지칙(指飭)을 내린 것은 다시 말할 필요가 없을 것입니다. 지금 경성 주재 청국공사의 조회를 받았습니다. 「우리 봉천장군(奉天將軍)의 내문(來文)에 "회인현 군악보(羣樂堡), 항친보(恒親堡), 홍석립자(紅石砬子) 등의 장소에 때때로 한국의 비적들이 국경을 넘어 소요를 일으키는 일이 있습니다. 조사하고 신문하기를 기다려 다시 상세히 상달하겠습니다만, 청컨대 먼저 한국 정부에 조회하여 확실하게 금지하도록 해주기 바랍니다"라고 했습니다. 이에 따라 본 대신이 국경을 넘어 소요를 일으키는 일을 조사해보니, 여러 번 조회를 보내 조사하여 금지해주기를 요청했던 것을 문서로 확인했습니다. 지금 봉천성과 회인현 등의 지방에서 다시 이전과 같은 상황을 보고해왔으니, 다시 귀 대신에게 조회해야 하는 상황입니다. 강변의 관원들에게 훈령해서 사실을 확인하고 조사하여 금지시켜서 변경을 평안히 하고 이웃나라와의 우의를 돈독하게 해주기 바랍니다」라고 했습니다. 변경 지역의 비민(匪民)들이 국헌(國憲)의 중요함을 생각하지 않고 종종 국경을 넘어 소요를 일으켜 국제 문제가 발생하기에 이르렀으니 분함을 이길 수 없습니다. 귀 부(府)에서 빨리 강변의 각 군에 지시하여 그 범인들을 조사해서 잡아들이고 법대로 처벌하여 두 나라가 피차 편안하게 하고 즉시 신속하게 보고하기를 바랍니다.

광무 9년 8월 14일

외부대신 이하영

평안북도관찰사 이근풍 각하

70 러시아인 및 청국인 비적이 자성군에 침입해 재물을 약탈하고 한국인을 잡아갔다는 보고

보고서 제53호

관하 자성군수 윤동한(尹東翰)의 보고서를 받았습니다. 「어제 미시(未時)에 작성하여 보내서 당일 유시(酉時)쯤에 도착한 본 군 여연면(閭延面) 집강 박형률(朴亨律)의 보고서에 "본 면 건너편 임강현 등지에 러시아인 100여 명과 양대(洋隊) 청국 병사 100여 명이 어제 유시쯤에 초두동(初頭洞)에서 나와 러시아인 40명이 양대 청국 병사 20여 명을 이끌고 강변으로 나와서 재빠르게 도항했다고 합니다. 그러나 끝내 이 보고를 청종(聽從)하지 않았다가 러시아인 1명과 청국 병사 2명이 뗏목을 타고 건너와서 우리나라 사람 10여 명을 잡아서 무수히 때렸습니다. 이어서 러시아인 60여 명이 또 건너와서 창평동(倉坪洞), 사전동(沙田洞), 자작등동(自作登洞) 백성들의 큰 소 12척(隻)과 백미 20여 두(斗)와 집에 있던 집물 수천 냥어치를 모두 빼앗아가는 길에 소중강회인(小中江會人) 윤용운(尹龍云)을 잡아다가 강을 건넜습니다. 그래서 우리 백성인 통사(通辭) 김광추(金光秋), 두민(頭民) 우세영(禹世永)이 해당 통령(統領)에게 말하여 회인을 풀어주도록 하기 위해 지금 교섭 중입니다. 그리고 본 면의 백성들이 짐을 지고 도망해버린 연유를 시급히 보고합니다"라고 했습니다. 이를 조사해보니 지금 병포(兵砲)는 이미 철수했고 이 비도들은 이처럼 노략질을 했으니 그 방어가 정말 근심이 되고 민망하며 특별히 소홀할까 우려가 됩니다. 만약 긴급한 경계를 당하면 육로를 통해 계속 신속히 보고하겠습니다」라고 했습니다. 이를 조사해보니 러시아와 청국의 비적들이 우리 국경을 침범하여 백성들을 잡고 재물을 약탈하는 것이 듣기에 매우 놀랍고 해괴합니다. 엄히 경계하여 수비할 것을 강계대(江界隊)에 보고하여 요청해서 더욱 철저히 경계하고 살피게 했습니다. 이후 상황을 계속 정탐하여 신속하게 보고하도록 해당 군에 지령을 보냈고 이에 등록하여 보고합니다. 살펴주기 바랍니다.
광무 9년 8월 24일

평안북도관찰사 이근풍

외부대신 이하영 각하

지령 제57호

외비(外匪)가 국경을 넘어 소요를 일으키는 것은 듣기에 매우 놀랍고 개탄스러움. 방어할 계책을 먼저 마련하여 주민들이 안도하게 할 것. 28일.

71 러시아 및 청국 비적이 국경을 침범하여 백성들이 도주했다는 보고

보고서 제60호

관하 초산군수 조응현(趙應顯)의 제68호 보고서를 받았습니다. 「이번 달 9일 유시(酉時)쯤에 본 군 수비대에게 탐문하니 러시아 병사 500여 명이 강계군 만포(滿浦)에서 강을 건너 위원군 10리쯤에 왔다고 합니다. 그리고 해시(亥時)쯤에 또 일본 병사에게 탐보(探報)하니 청비(清匪)가 모두 900여 명이라고 했습니다. 더 정탐하고자 교졸(校卒)을 보냈고 수비대에서 방어를 위해 일본 병사 12인을 내보냈습니다. 놀라서 겁을 먹은 백성들이 아직 마음을 진정시키지 못한 때에 또 이런 이야기가 나와서 백성들이 분주하게 도주했습니다. 정말로 불쌍하고 민망합니다」라고 했습니다.
이어서 강계군수 서정규(徐廷圭)의 제138호 보고서를 받았습니다. 「본 군 문옥면(文玉面) 집강 박시혁(朴時赫)의 보고를 받았는데 "러시아 비적 300명이 음력 8월 6일 오시(午時)쯤에 고지동(古之洞)에서 축거우현(丑巨于峴)을 넘어서 황성(皇城) 통구(通溝)에 도착했다가 그 다음날인 7일 사시(巳時)쯤에 개지동(介之洞)으로 옮겨갔습니다"라고 했습니다. 이에 보고합니다」라는 내용이었습니다. 이후 상황을 계속 탐지하여 신속히 보고하도록 지령을 보냈습니다. 이에 보고하니 살펴주기 바랍니다.
광무 9년 9월 14일

평안북도관찰사 이근풍

외부대신 이하영 각하

지령 第63호

상황을 탐지하여 계속 보고할 것. 20일.

72 러시아 병사가 국경을 침범해 일본인을 죽이고 그 재산을 빼앗아간 것에 대한 보고

보고서 第64호

관하 강계군수 서정규(徐廷圭)의 제139호 보고서를 받았습니다. 「러시아 병사 300여 명이 강북 고지동(古之洞)에서 축거우현(丑巨于峴)을 넘어 황성(皇城)에 왔다가 개지동(介之洞)으로 간 연유는 이미 보고했습이다. 음력 8월 11일 문옥면(文玉面) 집강 박시혁(朴時赫)의 보고에 "어제 러시아 병사 100여 명이 시하면(時下面) 상단동(上端洞) 건너편으로 뗏목을 타고 강을 건너기 위해 말을 타고 강변에 왔습니다. 어디로 가는지는 아직 알지 못합니다"라고 했습니다. 같은 날 이어서 도착한 문옥면 집강의 보고에 "러시아 병사 100여 명이 각기 말을 타고 시하면 상단동에서 넘어왔습니다"라고 했습니다. 동시에 도착한 시하면 집강 홍준렬(洪俊烈)의 보고에 "시하면 상단동 동구(洞口)로 러시아 병사 1,000여 명이 강을 건넜습니다. 산에 올라 바라보니 나머지 무리 수백 명은 강 저쪽 편에 모여 강을 건너겠다고 소리치고 있습니다"라고 했습니다. 12일 곡하방(曲河坊) 신성리(新成里) 존위 정덕순(鄭德淳)의 고목(告目)에 "러시아 병사 100여 명이 당일 술시(戌時)쯤에 본 면 서창참(西倉站)에서 신성리 성조동(成造洞)으로 이동했습니다"라고 했습니다. 같은 날 고산방(高山坊) 영외리(嶺外里) 존위 조석환(趙錫煥)의 고목에 "지난 밤 2경쯤에 러시아 병마군(兵馬軍) 2명이 건너와서 일본인이 있는지 여부를 상세히 탐문한 후 신대관(申大官) 집에 머물고서 오늘 아침에 1명은 벌등(伐登) 지역으로 올라갔고 1명은 위원군 지역으로 내려갔습니다. 황성에 있는 러시아 병사는 그 수를 알 수 없으며 벌등 상단동 포구를 통해 건너와서 여러 곳의 산에 올라갔습니다"라고 했습니다. 그래서 부대와 군(郡)이 상의하여 부대에서는 하류 지역에 병사를 파견하여 고산방으로 가도록 했고, 군에서는 곡하방 신성리에 정탐을 따로 파견했습니다. 그 정탐의 회고(回告)에 따르면 "신성리에 머물렀던 러시아 병사의 실제 수효는 98명인데 각자 말을 탔습니다. 12일 신성리에서 40리 떨어진 종서면(從西面) 황청동(黃淸洞) 고개를 건너서 고을에서 20리 떨어진 황청동 구하평(口下坪)에 도착했습니다. 거기서 잠시 말에 풀을 먹인 후 65명은 고을에서 50리 떨어진 종서면 이현참(梨峴站)으로 올라갔고 33명은 종남면(從南面)으로 갔다가 돌이켜 이현참으로 갔습니다"라고 했습니다. 그러나 이후의 걱정이 없지 않기에 우선 성을 지켰고 이에 보고합니다」라고 했습니다.

동시에 도착한 제140호 보고서를 받았습니다. 「러시아 병사 98명이 종서면 황청동 구하평에서 이현참으로 올라간 연유는 이미 보고했습니다. 음력 8월 13일 미시(未時)쯤에 정탐하도록 보낸 군교(軍校)의 회고에 "종서면 하평(下坪)에서 이현참으로 올라간 러시아 병사가 같은 날 이른 아침에 이령(梨嶺)을 넘는 길에 자성군에서 온 일본인 2명을 만나서 그들이 타고 있던 말 2필 및 본 군의 짐말 2필 등 합계 4필을 모두 빼앗아갔습니다. 본 군의 마부 1명은 총을 맞고 거의 죽게 되었고 일본인 2명 중 1명은 잡혔고 1명은 도망쳤습니다. 러시아 병사가 계속 마전령(麻田嶺)을 넘어서 자성군으로 갔습니다"라고 했습니다. 이어서 받은 종서면 집강 전경호(田經虎)의 보고를 보니, 러시아 병사가 국경을 넘은 것과 일본인이 체포된 것과 말들을 빼앗긴 것이 정탐한 군교의 보고와 모두 같았기에 사실대로 보고합니다. 이번 러시아 병사들이 지나가는 길에 있는 문옥면, 시상면(時上面), 시하면, 곡하방, 이서면(吏西面)에서 소와 말과 재산들을 많이 빼앗겼을 것 같습니다. 이를 조사해서 책자로 만들어 보고하도록 해당 각 면에 명령을 내렸습니다. 이에 보고합니다」라고 했습니다. 엄격히 경계하고 수비하도록 각별히 단속하여 소홀함이 없도록 했고, 이후 상황은 계속 탐지하여 긴급히 보고하도록 지령을 보냈습니다. 이에 보고하니 살펴주기 바랍니다.

광무 9년 9월 20일

평안북도관찰사 이근풍

외부대신임시서리중추원의장 민종묵 각하

지령 제67호

연변(沿邊)의 해당 군에 따로 지시하여 엄히 단속하게 하고, 상황을 계속 긴급히 보고할 것. 25일.

73 러시아 병사와 청비의 동향을 전하고 비적을 방어하기 위해 주민에게 무기를 나누어줄 것을 제안하는 보고

보고서 제65호

관하 초산군수 조응현(趙應顯)의 제72호 보고서를 받았습니다. 「러시아 비적들이 강을 건너 위원군으로 간 연유를 본 군에 주둔하고 있던 일본 수비대에 듣고, 또 앙토리(央土里) 신도장(新島場) 좌상(座上) 함홍관(咸鴻觀)의 보고를 받아 이미 연이어 보고했습니다. 강계군에 분주(分駐)했던 일본인을 전송하던 인부 김봉익(金奉益)이 당일 사시(巳時)쯤에 본 군 주둔 수비대에 도착했기에, 그를 불러서 러시아 비적들의 진퇴를 물었습니다. 그의 진술에 따르면 "음력 8월 11일에 수백여 명의 말을 탄 러시아 병사가 기병 및 보병으로 구성된 청비(清匪) 100여 명과 함께 강을 건너 강계군 만포(滿浦) 지역 건너편으로 왔습니다. 문옥면(文玉面) 시청장(時清場)을 지나서 여주원(旅周院)에 와서 머물렀는데 그때 한국인으로서 단발을 한 사람 4명을 만나는 대로 죽였습니다. 12일에 마동(麻洞) 땅을 지나서 허실이령(許實伊嶺)을 넘었습니다. 해당 면임(面任)의 등보(登報)뿐만 아니라 정탐한 군교의 회고(回告)도 있고, 일본인도 통지를 하였습니다"라고 했기에 이를 보고합니다. 그리고 일본 부대가 출병해서 위원군 파발령(擺撥嶺)에 흩어져 작전을 하게 된 일로 초산군의 주민들이 짐을 꾸리고 어쩔 줄 몰라 갈팡지팡하는 모습은 정말 화살 앞의 새와 같았습니다. 서로 돕고 끌면서 도망치는 것은 목숨을 구하기 위한 것이었습니다. 손에 무기도 없는 자들에게 차마 타일러서 금지할 수 없습니다. 각자 알아서 행동하도록 맡겨두었으니 정말 민망하고 한탄스럽습니다. 본 군이 연변(沿邊)에 위치하여 러시아 비적만 출몰하는 것이 아니라 청비도 갑자기 침략하여, 무기도 없는 백성들은 방어할 수가 없습니다. 특별히 일의 상황을 살펴서 강계군 진위대가 가지고 돌아온 서양총 20자루와 탄환을 갖추어 내려서 성 내외의 장정들에게 주어 비적들을 방어하는 계책으로 대비하게 하는 것이 삼가 어떨지 모르겠습니다. 엎드려 처분을 기다리며 이에 보고합니다」라고 했습니다. 엄격히 경계하고 수비하도록 따로 단속하여 소홀함이 없도록 했으며 이후의 상황은 계속 탐지하여 긴급히 보고하도록 지령을 보냈습니다. 강계대가 돌아오면 총과 탄환은 즉시 내려줄 것을 허락해주도록 군부(軍部)에 보고했고, 등록하여 보고하니 살펴주기 바랍니다.

광무 9년 9월 22일

평안북도관찰사 이근풍

외부대신임시서리중추원의장 민종묵 각하

지령 제68호

외비(外匪)가 국경을 넘어 소요를 일으켜서 사람을 해치기에 이르렀으니 듣기에 매우 놀랍고 개탄스러움. 준비할 방책은 마땅히 정부에서 강구하여 정하겠으나 상황에 따라 대응하는 방책은 오로지 지방에 달려 있음. 연변의 각 군에 속히 지시하여 따로 헤아려서 다시 근심이 없게 할 것. 29일.

74 러시아 병사가 침입하고 일본 군이 이에 맞서 출병한 상황에 대한 보고

보고서 제70호

관하 자성군수 윤동한(尹東翰)의 보고서 제131호와 제132호를 차례대로 받았습니다. 비적들이 창궐하여 동에 번쩍 서에 번쩍 하며 백성들의 재산을 빼앗았다고 했습니다. 백성들의 상황을 생각하면 매우 안타깝습니다. 그래서 깨달아 알게 하여 백성들을 안심시켰고 변경 지역을 엄격히 경계하도록 지령을 보냈습니다. 이 두 보고서를 등록한 문서를 이에 보고합니다. 살펴주기 바랍니다.
광무 9년 10월 3일

평안북도관찰사 이근풍

외부대신임시서리중추원찬의 박용화 각하

지령 제73호

보고 내용은 확인했으며 변경 백성들의 상황이 매우 불쌍함. 나누어 지시하여 방어하고 위무할 방책을 속히 힘써 강구하고 상황을 차례대로 보고할 것. 10월 6일.

보고서 第131호 등본

음력 이번 달 11일 미시(未時)에 작성하여 보내어 해시(亥時)에 도착한 본 군 자하면(慈下面) 집강 이승주(李承胄)의 보고를 받았습니다. "본 면 자하포(慈下浦) 건너편 청국 삼두동(三頭洞)에 나온 어떤 군병 200여 명이 일본 군 기병이라고 하면서 당일 오시(午時)쯤에 대수지태(大水地台)에 주둔했습니다. 그러자 그 지방에 사는 청국인들이 노인과 아이들을 서로 돕고 끌며 재난을 피해 넘어왔습니다. 그래서 자하면 백성들도 놀라고 겁을 먹어 도망갔습니다"라고 했습니다.

이어서 받은 본 군 삼흥면(三興面) 집강 강희석(姜禧錫)의 보고에 "본 면 조아포(照牙浦) 건너편 수피동(水皮洞)에 나온 러시아 병사 200여 명이 이번 달 11일 신시(申時)쯤에 하석동(下石洞)으로 올라갔습니다"라고 했습니다. 본 군의 지형을 지도로 그리기 위해 와서 머물고 있던 일본인은 모두 도주했습니다. 변경의 중요한 지역에 갑자기 놀라운 보고가 들이닥쳤으니 병포(兵砲)를 단속하여 방비하게 했습니다. 병포들이 모두 철수한 후에 변경의 방비는 더할 수 없이 소홀해졌습니다. 지금 병화(兵火)에 소홀할 수 없어서 건너편의 상황을 상세히 정탐하고자 순교(巡校) 김상달(金尙達)을 파견하여 그 다음날인 12일에 회고(回告)를 받았습니다. "자하포 건너편 대수지태에 와서 주둔하고 있던 일본 기병 200여 명이 러시아 병사들이 올라온다는 이야기를 전해 듣고 즉시 행군하되 큰 길을 버리고 칠십이거등자(七十二巨登子)의 작은 길을 따라 화피전자(花皮甸子)로 내려갔다가, 저녁이 되자 돌아와서 건너편에 있는 청국인들의 오두막에 주둔했습니다. 러시아 병사 200여 명이 화피전자에서 칠십이거등자로 올라오자, 일본 기병대는 초두동(初頭洞) 상현(上峴)으로 올라가서 모두 복병을 했습니다. 그리고 러시아 병사들이 초두동 어귀에 도착한 것을 보고 일제히 사격하여 러시아 병사 3명이 총알을 맞고 다쳤고 나머지는 대수지태로 물러났습니다. 군병 2명이 말을 끌고 건너와서 강기슭을 습격하여 우리 쪽에 있던 청국인들의 뗏목을 빼앗아서 강을 건너 돌아갔습니다. 포구 쪽에 가서 머무르고 있던 일본 양향부(糧餉部) 통역인 한국인 김이수(金已守)가 말을 빼앗아 달려갔고 일본 기병은 모두 초두동으로 진입했다고 합니다. 13일 오시쯤에 모두 넘어와 잃어버린 말을 돌려받겠다면서 위협하는 말을 하고 자하면 백성 신수호(申守浩)를 잡아가서 고을 아래 10리쯤 되는 옹성(甕城)의 민가에 와서 주둔하고 재산을 약탈하고 밭의 곡식을 말에게 먹였습니다. 그리고 하룻밤을 머물고 그 다음날인 14일 이른 아침에 곧바로 호례동(浩禮洞)에 들어가 장토호(長土湖) 물가를 지나 청국 임강현으로 향해 갔습니다"라고 했습니다. 이어서 강계군에서 러시아 병사 100여 명이 각자 말을 타고 마전령(麻田嶺)을 넘어서 어제 해시(亥時)쯤에 아문(衙門)에 도착해서 공궤(供饋)할 음식을 빼앗았습니다. 그리고 각자 무기를 들고 일본인의 자취를 찾았으며 말을 밭에 풀었으며 집집마다 두루 다니면서 재산을 빼앗다가 보관해둔 일본인들의 봇짐을 찾아냈습니다. 이것은 지형을 그린 지도와 일본인들이 묶어놓은 짐이었습니다. 중요한 물건은 가져가고 나머지 중요하지 않은 것은 모두 불태웠으며, 맡겨두었던 짐에는 도장이 찍혀 와서 머물고 있던 일본인들의 거주한 종적을 상세히 알 수 있어 숨김없이 드러났으니 조련하는 것에 큰 손해가 있었습니다. 그러나 물건을 이미 보관해놓고 밤을 틈타 도망친 것을 전혀 알지 못했다고 철저하게 이야기했습니다. 그러자 그들의 병력이 비록 강했지만 어디로 갔는지를 알지 못하니 어찌 감히 찾겠습니까. 이번에 어떤 시체를 성 안으로 메고 들어왔기 때문에 통사(通辭)를 통해 그 정황을 물으니, 이번에 러시아 병사가 강계군으로 오는 길에 이서면 지역에 도착해서 일본인을 만나서 말을 빼앗겼습니다. 그리고 본 군 삼풍면에 와서 약을 먹고 자살하여 지금 시체를 메고 왔다고 합니다. 그래서 러시아인들이 이 땅에 묻고 당일 유시(酉時)쯤에 모두 먼저 갔던 청국 임강현 등지로 향해 갔으나 러시아 병사가 동에 번쩍 서에 번쩍 하면서 계속 노략질하여 백성들이 모두 도망쳤습니다. 게다가 길을 가던 일본인이 갑자기 피해를 당하고 맡겨둔 짐도 빼앗겼습니다. 백성의 상황을 생각하면 재산을 빼앗긴 것이 정말로 불쌍합니다. 국가간의 관계를 생각하면 사람을 해치고 물건을 빼앗은 것이 참으로 탐탁지 않습니다. 이 보고의 놀라우며 시급한 것이 다른 보고와는 다릅니다. 잠시도 지체하지 않을 수 없어서 곧바로 긴급히 보고합니다. 외국 병사들이 창궐하여 비용과 시간을 허비하면서 멈추기를 기다리고 있으면서 지금 내용을 갖춰 보고하고 있어 매우 송구스럽습니다. 그 연유를 이에 보고합니다.

광무 9년 9월 12일

보고서 제132호 등본

본 군에 러시아 병사가 지나간 연유는 이미 긴급히 보고했습니다. 이어서 각 면 집강들의 보고를 연이어 받았습니다. "지금 러시아 병사 수백여 명이 무기를 들고 각기 말을 타고 군의 영토로 들어와서 곡식이 자란 밭에 말을 풀고 다니는 곳마다 노략질을 해서 남녀노소가 서로 모여서 우왕좌왕하면서 짐을 지고 화를 피해 산에 올라서 수풀에 몸을 숨겼습니다. 다행히 죽음은 면했으나 가족과 헤어진 고통을 감당할 수 없는데 자고 먹는 것도 힘들어져서 지금 겨우 도로 모였습니다. 이 불쌍한 백성들이 갑자기 약탈을 당하여 마침내 집과 재산을 잃어서, 지금 물고기가 물 위로 입을 빼끔거리는 듯 절박한 상황에서 모두 새처럼 놀라 흩어질 생각을 하고 있습니다. 그 상황을 생각하면 이전에 일본 군대의 요구에 응한 것만으로도 이미 살기 어려웠는데 또 러시아 병사가 와서 갑자기 재산을 노략했으니, 원래 형세가 매우 미약했는데 거기에 곤란이 더한 지경이 되었습니다. 그 어렵고 힘든 상황을 한번 돌아보면 참으로 대하고 있기 어렵습니다. 빼앗긴 물건들을 좌개(左開)로 갖춰 보고합니다. 이대로 보고하여 따로 처분을 내려서 백성들이 이전처럼 안도하게 해주기 바랍니다"라고 했습니다. 본 군이 피폐하고 미약한 것은 이미 잘 알고 계실 것입니다. 이번 병사들의 소요는 모든 곳에서 일어났습니다만 작은 고을이 수백 명의 병사에게 잔혹하게 겁탈과 노략을 당하여 한 고을의 백성들이 갑자기 살기 어려운 지경이 되었습니다. 그 상황을 돌아보면 정말로 불쌍합니다. 각 면에서 빼앗긴 재산을 이전의 보고에 따라서 좌개로 보고합니다.
광무 9년 9월 19일

좌개

자상면(慈上面) 김여찬(金汝贊)

소 1척(隻)

돼지 3구(口)

백미 20두(斗)

조 15두

산삼 4근(根)

의복, 그릇 등

백전(白錢) 200냥

김봉익(金鳳翊)

좁쌀 25두

백미 3두

의복, 그릇

백전 350냥

호례리(浩禮里) 40리 허씨 집의 물품들을 모두 빼앗아감.

소 7척

장토면(長土面) 호예리(湖芮里) 20리 30여 집의 물건들을 빼앗아감.

여정면(閭廷面) 소 11척

자하동(慈下洞) 어귀 45집의 물건들을 빼앗아감.

삼풍면(三豊面) 소 5척

읍내면(邑內面) 최경흘(崔京屹)

백미 8두

좁쌀 6두

이종헌(李宗軒)

백미 8되

좁쌀 7되

이기영(李基永)

당목(唐木) 1필(疋)

75 청국 비적이 국경을 침범해 백성들을 노략했다는 보고

보고서 제77호

관하 자성군수 윤동한(尹東翰)의 보고서 제147호와 강계군수 서정규(徐廷圭)의 보고서 제156

호를 동시에 받았습니다. 건너편 청비(淸匪)들이 각자 무기를 들고 우리 백성들을 잡아갔으며 재산과 소와 말을 모두 빼앗아가서 백성들이 놀라서 흩어졌다고 합니다. 두 보고서를 각각 별지에 등록하여 올립니다. 강변의 각 군에 있는 진위대와 포사(砲社)를 모두 이미 폐지했기에 북방에 있는 비도(匪徒)들이 방비가 없는 것을 보고 종종 국경을 넘어 백성들을 괴롭히는 폐단이 있습니다. 변경의 난리가 계속 보고되어왔습니다. 국경을 굳게 수비해야 하는 상황에서 이것이 어찌 작은 근심이겠습니까. 또한 가을이 거의 지나갔고 겨울이 멀지 않았는데 겨울에 얼음이 언 뒤에는 변경 지역의 비도들의 난리가 여러 차례 일어날 것입니다. 앞의 일을 생각하면 너무나 민망합니다. 이에 보고하니 살펴보고 우선 청국공사에게 조회하여 이 비도들의 난리를 즉시 금지하도록 하고 또 군부(軍部)에 조회하여 변경의 군들을 치밀하게 준비하는 방책을 따라 시행하게 해주기를 바랍니다.

광무 9년 10월 22일

평안북도관찰사 이근풍

외부대신 박제순 각하

지령 제79호

보고 내용을 조사해서 처리하여 대비하는 방책을 먼저 강구할 것. 10월 27일.

자성군수 윤동한 보고서 제147호 등본

음력 9월 6일 묘시(卯時)에 작성하여 보내서 당일 진시(辰時)에 도착한 본 군 장토면(長土面) 집강 전성윤(田聖潤)의 보고를 받았습니다. "이번 달 5일 야밤에 청비(淸匪) 40여 명이 각자 무기를 들고 청국 땅 착초구(錯草溝) 어귀에서 국경을 침범해 장토면 장성리(長城里)로 와서 총을 쏘고 칼을 휘둘러 사람들을 상하게 하고 집집마다 노략하여, 재산 및 농우(農牛) 2척(隻), 말 2필을 빼앗아갔고 마을 사람 23명을 모두 잡아갔습니다. 이때 구타당하여 부상을 당한 남녀가 절반이며 놀라고 겁을 먹은 자는 도망쳤습니다. 잡힌 자들은 아직까지 돌아오지 못했습니다"라고 했습니다. 지난번에 러시아인들의 소란 때에 재산을 약탈당했는데 이번 청비들의 난리로 또 약탈을 당했으니 참혹한 상황을 차마 볼 수가 없습니다. 군에서는 지킬 병사가 없고 변경은 수비를 할 수가 없었습니다. 그래서 어려움에 대비해야 함에도 너무나 소홀하여 우리 백성 수십 명이 잡혀가서 아직까지 돌아오지 못했으니 너무나 걱정되고 민망합니다. 이에 보고합니다.

광무 9년 10월 5일

강계군수 서정규 보고서 제156호 등본

이번 달 1일 문옥면(文玉面) 집강 박시혁(朴時赫)의 보고에 "청국 무뢰한 100여 명이 문옥면 건너편 강북 이곳저곳에서 계속 모였다가 흩어지고 있으며, 문옥면 백성들 10여 명을 결박해 잡아가서 가두고 구타했습니다. 다행히 풀려나 돌아왔지만 계속 함부로 날뛰면서 연강(沿江) 상하에서 뗏목을 타고 내려가는 상선에게 총을 쏘고 막아 거리낌 없이 토색해서 그 상인들이 호소하는 지경이 되었습니다. 변경의 백성들이 이 때문에 불안하고 상인들이 편하지 못합니다"라고 했습니다. 강변을 돌아다니며 살피고 진압하도록 주둔 부대에 조회했고 이에 보고합니다.

광무 9년 9월 16일

76 청국 비적이 한국인을 잡아다가 몸값을 요구하는 등 행패를 부린 사건에 대한 보고

보고서 제86호

관하 자성군수 윤동한(尹東翰)의 지난달 26일 보고서 제160호를 받았습니다. 『본 군 장토면(長土面) 장성리(長城里) 백성들이 청비(淸匪)에게 잡혀서 아직 풀려나지 못한 연유는 이미 보고했습니다. 적들의 상황을 정탐하고자 수순교(首巡校) 최경흘(崔京屹)을 이전에 파견했는데, 당일 돌아와서 보고를 하기를 「이 청비들이 우리 백성 21명을 잡아서 청국 땅에 삼차자(三次子)로 들어갔습니다. 그중 2명은 풀어주면서 말하기를 8,000금(金)을 마련해 보내면 19명은 즉시 풀어주겠다고 했습니다. 또 이 무리 중에서 신연국(申連國)이라는 자를 시켜서 글을 써서 보내기를 "금은(金銀)으로 내기 어려우면 살진 소 30척(隻)을 가져온 후에 데리고 가라"라고 하여 즉시 이놈을 데리고 왔습니다」라고 했습니다. 즉시 잡아들여 추궁하니 그가 진술하기를「저는 의주 사람으로 8년 전에 청국 땅으로 흘러들어가 남의 고공(雇工)이 되었습니다. 도적 무리에게 잡혀서 그 글을 받아왔다가 이 지경이 되었습니다. 이 비적들은 지금 삼차자 땅에 있는데 그 우두머리는 동씨(董氏) 성을 가진 사람이고 그 무리는 30여 명입니다. 같은 곳에 다른 무리가 또한 50여 명이 있습니다. 저는 본래 같은 무리가 아니고 노략질을 행한 적이 없습니다」라고 했습니다. 그 말을 듣고 용모를 보니 머리를 바짝 깎고 분장을 하고 횡설수설하는 것이 매우 흉악합니다. 이 교화를 거스른 악한 놈에게 법을 시행하여 경계를 보인 후에야 백성들을 숲속에서 데리고 올 수 있고 변방의 유혈 사태를 멈출 수 있겠기에 칼을 씌우고 감옥에 가뒀습니다. 잡혀간 백성들을 쇄환하지 못한 것이 매우 민망합니다. 게다가 변경의 백성들도 모두 움직여 소란하게 되어 장차 흩어지고 나서야 멈출 것입니다. 그러나 고을에는 수비병이 없어 문제에 대비할 방책이 없습니다. 장차 어떻게 해야겠습니까. 이에 보고하니 살펴본 후 상부(上部)에 전보(轉報)하여 특별히 방책을 실시하여 변경의 백성들이 안도하게 해주기 바랍니다』라고 했습니다. 이 비적들이 우리 백성들을 잡아가서 재물과 돈을 빼앗으려고 하는 것을 보니 매우 고통스럽습니다. 같은 무리인 신연국은 군옥(郡獄)에 가두고 다시 조처를 기다리도록 했고, 잡혀간 백성들은 방책을 실시하여 석방시키도록 했으며, 또 강계군 주둔 부대에 조회를 보내 더욱 엄히 경계시키도록 지령을 보냈습니다. 이에 보고하니 살펴보고 군옥에 수감된 신연국을 어떻게 조처할지를 지령해주기 바랍니다.

광무 9년 11월 14일

평안북도관찰사 이근풍

외부대신 박제순 각하

지령 제89호

이 비적들이 우리 백성을 가두고 재물을 요구하는 것이 매우 해괴하고 악함. 부근 청국 관리에게 문서를 보내 우리 백성을 구하도록 하며, 신가 놈은 본래 우리 백성인데 국적을 버리고 머리를 짧게 깎고 비적들의 무리에 들어간 것이 더욱 통탄스러움. 법부에 보고하여 법에 비춰 조처할 것. 12월 27일.

77 청국 비적이 국경을 침범해 백성의 재산을 약탈하고 사람을 잡아가서 몸값을 요구하고 있기에 남아 있는 포사(砲士)를 동원해 방비를 강화할 것을 제안하는 보고

보고서 제84호

관하 후창군수 이재식(李載植)의 제214호 보고서를 받았습니다. "홍의적(紅衣賊) 400여 명이 강 건너편에 모였는데, 그중 60여 명이 배를 타고 강을 건너서 우리 백성 23명을 잡아갔습니다. 1명은 때려죽이고 5명은 도적들이 부민(富民) 김병철(金丙喆)을 데리고 오라고 먼저 풀어줬습니다. 그 나머지 19명은 살아돌아오지 못해서 사람들이 겁을 먹고 뿔뿔이 흩어졌습니다" 라고 했습니다. 부근 진위대에 엄히 경계하도록 조회했으며, 이후 상황을 계속 긴급히 보고하도록 지령을 보냈습니다. 후창군의 보고 등본(謄本)을 별지에 첨부해 보고합니다. 살펴주기 바랍니다.

광무 9년 11월 8일

평안북도관찰사 이근풍

외부대신 박제순 각하

후창군수 보고서 제214호 등본

청국 임강현 조회에 따른 자성군수의 조회에 「임강현에서 조회하기를 "저희 현이 산이 많고 숲이 우거져서 본래 도적이 출몰하는 지역입니다. 지금 일이 많고 힘든데 객군(客軍)들이 현을 어렵게 만들어서 객군을 해산시켰습니다. 그러자 원래 있던 부대의 군인들이 흩어져서 비적에 합류한 사람이 참으로 많습니다. 노략질을 함부로 저지르고 도처에서 난동을 부렸습니다. 이번 달 21일 보고에 따르면, 임강현에 속한 삼분자(三岔子) 지방에 비도들 수백 명이 총을 들고 사람을 잡아들이고 노략했는데 소문이 전해지고 의심이 일어나 많은 무리가 틈을 타서 국경을 넘어 연강(沿江) 지역을 침략할 것이라는 이야기가 저희 현에 전해졌습니다. 이미 군대를 파견하여 무리들을 체포하도록 했고 또 통화현, 집안현, 유화현 등 이웃 봉지(封地)에 모두 통지하여 비적들을 방어하고 토벌하여 피해를 면하도록 했습니다. 한편 중국과 한국의 국경은 강 하나를 사이에 두고 얽혀 있어 입술과 이처럼 서로 의지하고 있습니다. 뜻하지 않게 우둔한 무리들이 난동을 부리면 각자 담당 구역을 구분하지 말고 먼저 알려서 방어에 편하게 해야만 비도들이 국경을 넘어 멋대로 소란을 피우는 것을 막을 수 있습니다. 이를 위해 귀 군수에게 조회하여 요청합니다. 살펴서 엄히 방비하고, 귀 강변 각 성(城)의 군수에게 모두 알려주십시오. 이에 조회하니 다시 살피고 시행해주기 바랍니다"라고 했습니다. 이를 등록하여 조회하니 헤아려주기 바랍니다」라는 내용이었습니다.

이어서 받은 자성군 변경 지역의 보고에 따르면 "음력 9월 5일 야밤에 홍의적 400여 명이 장토면(長土面) 장성리(長城里) 건너편에 모였습니다. 그중 60여 명이 배를 타고 강을 건너서 장성리 부민(富民) 김병철 집에 쳐들어가서 소와 집안 물건을 모두 빼앗고도 오히려 부족해서 인가에 흩어져 들어가 손에 잡히는 대로 빼앗아서 그 수를 알 수 없습니다. 그리고 마을의 주민 23명을 잡아갔는데, 1명은 난타당하여 도적의 소굴에서 죽었기에 도적의 우두머리가 5명을 풀어주면서 말하기를 김병철을 잡아오되 만약 잡아오지 못하면 잡아온 19명을 죽이겠다고 했습니다. 김병철은 그날 밤에 도망쳐서 잡을 방법이 없었으니 갇힌 19명이 어떻게 살아돌아올 수 있겠습니까. 도적놈들이 지금까지 모여서 흩어지지 않고 있습니다. 강변 위아래에서 안타까운 목숨들은 이미 도망쳤고 그 길이 끊어지지 않고 있습니다"라고 했습니다. 본 군 연변(沿邊) 300여 리에 향적(响賊)이나 목비(木匪)나 러시아인 패잔병이 도처에서 행패를 부리지 않는 때가 없으니 고을과 마을이 들끓고 있습니다. 이전에는 병포(兵砲)가 변경을 지키고 있었기 때문에 연변의 백성들이 근근이 안전을 유지해왔습니다. 그러나 지금은 병포를 혁파했기 때문에 비적들이 일으킨 난리를 어떻게 막겠습니까. 실제로 방어할 대책이 없어 오랫동안 소홀하던 중에 임강현의 조회가 위와 같이 있었고 자성군 변경의 보고가 이와 같았습니다. 연변의 백성들이 이 소식을 듣고 모두 겁을 먹어 노인들은 부축하고 아이들은 업고서 어디로 갈지를 모르고 있습니다. 지방을 다스리는 수령이 된 자로서 어찌 황송하고 민망하지 않겠습니다. 이 일을 당하여 큰 강을 두려워하지 않고 배를 타고 국경을 침범하는 것은, 이후 얼음이 어는 때에는 그 행패가 계속 이어져 끊이지 않을 것입니다. 그러나 고을에는 조금의 병사도 없어서 방어할 길이 없고 변경 백성들이 살 수가 없습니다. 병포는 비록 없어졌으나 50명의 산포계(山砲契)는 아직 명단이 있으니, 만약 급한 문제가 발생하면 포안(砲案)에 따라서 성실하게 일할 자를 선발하여 방어하는 것이 어떠할지 군부(軍部)에 보고해서 따로 방책을 내어 변경의 백성들이 살 수 있게 해주기 바랍니다.
광무 9년 10월 16일

지령 第86호

국경을 넘어 소란을 일으키는 것은 참으로 놀랍고 한탄스러움. 군부를 통해 조처하겠으니 따로 방책을 실시하여 잡혀간 백성들을 우선 풀어주도록 하고 방어 대책을 따로 강구할 것. 11월 23일.

78 청국 비적에 대해서 임강현 관원과 협의한 내용을 올리니 청국공사에게 전달하여 협의해달라는 보고

보고서 第89호

관하 자성군수 윤동한(尹東翰)이 이번 달 9일에 작성해서 보낸 제169호 보고서를 받았습니다. 「변경을 순행(巡行)하기 위해 이번 달 3일에 군수가 출발한 연유는 이미 보고했습니다. 연변(沿邊)을 순행하여 장토면(長土面) 장성리(長城里)에 도착하니 이 마을의 주민들 중 비적들에게 잡혀간 자가 19명인데 그중 2명이 마침 탈출하여 돌아왔습니다. 그래서 그 형편을 물으니, "도적들은 현재 강기슭에서 200여 리 떨어진 곳인 청국 땅 삼차자(三次子)에 있습니다. 그 땅이 깊고 먼 산과 계곡이어서 애초에 인가가 없고 다만 본래 비적의 것이던 빈 막(幕)만 있었습니다. 비적들이 여기에 모여서 한편으로는 무리를 모아 노략질을 하고 한편으로는 산에 올라 동정을 살피다가, 갑자기 경보(警報)를 접하면 우리 백성들을 긴 밧줄로 하나로 묶어 산 위로 끌고 올라갔다가 밤을 틈타 막에 내려오는 것을 나날이 그치지 않았습니다. 주어서 먹게 한 것은 한 그릇의 죽이며 빼앗은 것은 많은 은과 금이었습니다. 이에 더하여 구타하고 조련(組鍊)하는 것이 날이 갈수록 더욱 심하여 모두 목숨이 위태롭습니다. 게다가 거친 옷을 입고 있어 귀신의 형상과 다를 바가 없고 배고픔과 추위가 뼈까지 이르러 간신히 살아 있는 상태입니다. 저희들 2명은 식사를 만들라는 요구를 받았기 때문에 틈을 타서 도망쳤습니다"라고 했습니다. 이들의 말을 듣고 광경을 생각하니 걱정과 애처로움을 견딜 수 없습니다. 화를 입은 백성들 집안의 사람들을 불러서 타일러 설득하고 위무하여 안정하게 했습니다. 이어서 여정면(閭廷面)으로 가서 강 건너편 임강현 관원에게 조회를 만들어 보냈고 따로 통변을 파견했습니다. 그랬더니 임강현 관원이 수행원 여러 명을 데리고 혼자서 말을 타고 건너왔습니다. 그래서 먼저 위문하고 또 국가간의 교의(交誼)를 이야기한 후 우리 백성들이 비적들에게 잡혀간 일의 전말을 이야기하고 법에 따라 힐문하고 우리 백성들을 쇄환할 것을 요구했습니다. 그러자 임강현 관원이 말하기를 "이 비적이 본래 서양 기병이었다가 탈영한 자로서 병기를 가지고 사방을 약탈하고 한국 백성들을 잡아가고 또 청국인들을 노략했습니다. 사유를 갖춰 심양부(瀋陽府)에 보고한 후 인근 현(縣) 및 각 연보(鍊堡)에 행문(行文)하여 병사를 움직이도록 했고, 또 임강현에서도 이미 장(張) 총순(總巡)을 파견하여 군사 200여 명을 데리고 함께 비적들을 습격하여 체포하도록 했습니다. 아직 어떤 회답은 없으나 도적들이 깊은 산에 숨어 있어 그 출몰이 일정하지 않으니 갑자기 토벌하기 어려울 뿐만 아니라 백성들을 데리고 돌아오는 것도 확실하지 않습니다"라고 했습니다. 일의 상황을 생각하면 우리 백성을 찾아오는 방법이 지금 매우 절박하지만 도적들이 다른 나라의 영토에 있고 일이 외교에 관계되는 것이어서 방책이 없습니다. 임강현의 군대와 관원이 이미 가서 공격했다고 하지만 군무(郡務)상 오랫동안 변경에 머물러 있을 수도 없어 그들의 회답을 받고 임강현 관원과 이후 양국의 국경에 대한 교섭을 함께 논의하자는 뜻으로 협약을 고쳐 정한 후 돌아왔습니다. 지나는 길에 더욱 엄히 단속하여 변경을 굳게 지켜서 후환이 없도록 했습니다. 또한 비적들의 소요를 겪은 변경의 백성들을 일일이 타일러 안심하고 일에 종사하게 하도록 했습니다. 군수는 당일 귀환했기에 이에 보고하니, 살펴본 후 경부(京部)에 전보(轉報)해서 청국공사에게 이조(移照)하여 비적들을 토벌하고 백성들을 데리고 오게 해주기 바랍니다」라고 했습니다. 잡혀간 백성들 중 2명이 도망쳐 돌아온 것은 다행이지만 나머지 사람들이 돌아오지 못한 것이 너무나 안타깝습니다. 따로 방책을 실시하여 모두 데리고 오도록 지령을 보냈고 이에 보고하니 살펴주기 바랍니다.

광무 9년 11월 23일

평안북도관찰사 이근풍

외부대신 박제순 각하

지령 第92호

임강현 관원에게 다시 조회로 재촉하여 속히 우리 백성들을 구해서 돌아오게 하도록 할 것. 12월 28일.

79 국경을 침범해 재산을 빼앗고 사람을 잡아가는 청국 비적을 막기 위해 포정(砲丁)을 모집하겠다는 보고

보고서 第93호

관하 자성군수 윤동한(尹東翰)이 올해 11월 19일 작성해서 보낸 제175호 보고서를 받았습니다. 「본 군 장토면(長土面) 건너편 적들의 침입은 이미 여러 번 보고했습니다. 장토면 집강 전성윤(田聖潤)의 보고에 따르면 "장토면 장성리(長城里) 주민들이 청국 땅 삼차자(三車子)의 도적들에게 잡혀갔습니다. 갑자기 토색을 당하고 가혹하게 구타를 당하여 1명이 사망했다는 것을 들으니 매우 놀랍고 참혹합니다. 잡혀간 우리 백성을 되찾아오기 위해 4,000여 냥을 거둬서 도적들에게 보냈고, 우리 백성 10명이 돌아오던 도중에 1명은 구타를 당해서 부상을 입어서 결국 죽었고 9명은 지금 돌아오고 있으나 아직 6명이 돌아오지 않았습니다"라고 했습니다. 그곳이 다른 나라 땅이고 도적들이 이미 우리 백성들을 가두고 있었기에 백성들의 상황을 생각하면 밤낮으로 걱정입니다. 따로 구해줄 수 있는 방책 한 가지를 실시하여 6명을 데리고 올 수 있도록 하겠습니다. 장토면의 주민들이 여러 번 비적들에게 피해를 당해 안도하기 어렵습니다. 그래서 요충지를 견고하게 지키기 위해 성실히 일하는 사람인 송병능(宋秉能), 전치임(田致稔)을 민방장(民防將)으로 차출하여 포정(砲丁)을 모집하고 계속 방비하도록 했습니다. 그리고 강계군에 사람을 보내 화약을 사와서 10봉(封)을 먼저 보냈습니다. 저쪽 편 도적들의 상황은 계속 보고하겠습니다. 이에 보고합니다」라고 했습니다. 그 도적들이 재물을 빼앗고 백성을 잡아가고 심지어 1명을 죽이기에 이르렀습니다. 비적들이 창궐하는 것이 지극히 괴롭습니다. 포군을 모집하고 화약을 사오는 등의 일은 군부(軍部)에 전보(轉報)해서 허락을 받기 전에 함부로 의논할 수 없습니다. 강계대(江界隊)와 협의하여 따로 엄히 경계하도록 하며 잡혀간 6명은 즉시 방책을 실시해 데리고 오도록 지령을 보냈습니다. 이에 보고합니다. 살펴주기 바랍니다.

광무 9년 12월 2일

평안북도관찰사 이근풍

외부대신 박제순 각하

지령 제96호

청비에게 잡혀간 우리 백성이 아직 돌아오지 않고 죽은 자도 있으니 너무나 놀랍고 해괴함. 청국 관리에게 요청하여 우리 백성들이 즉시 돌아오도록 하며 변경을 견고히 방어하여 다시 문제가 일어나지 않도록 할 것. 12월 27일.

80 안동현의 철도 건설을 위해 창성군에서 인부를 모집했다는 보고

보고서 제100호

관하 창성군서리 편동군수 이택규(李澤奎)의 보고서를 받았습니다. 「의주수비대장 빈포금삼(彬浦金三)의 조회에 "이 사람은 안동현(安東縣) 경편철도(輕便鐵道) 공사에 참여할 인부 모집을 위해 그곳에 출장을 간 정당한 사람으로 인정됩니다. 편의를 제공해주기 바랍니다. 이에 조회합니다"라고 했습니다. 조회를 갖고 온 일본인 암영응작(巖永鷹作)이 말하길 "창성군 인부를 350명 모집하겠습니다"라고 했습니다. 그래서 백성들의 상황을 간절히 설명하고 재차 삼차 담판하여 창성군 인부의 수를 166명으로 줄여서 음력 11월 1일과 4일 두 차례로 나누어 의주대에 보내겠습니다」라고 했습니다. 이에 등록하여 보고합니다. 살펴주기 바랍니다.

광무 9년 12월 16일

평안북도관찰사 이근풍

외부대신서리외부협판 윤치호 각하

지령 제103호

확인했음. 12월 27일.

81 한국인을 잡아간 청국 비적도 모두 장(張) 통령(統領)의 지휘를 받고 있으며, 한국인 통사 신가(申哥)가 청국인과 짜고 몸값을 가로채 갔다는 보고

보고서 제3호

지금 도착한 관하 자성군수 윤동한(尹東翰)의 제178호 보고서를 받았습니다. 「광무 9년 12월 21일 도착한 본 군 장토면(長土面) 집강 계연(桂衍)의 보고에 "장토면 장성리(長城里) 백성이 청비(淸匪)에게 잡혔으며 아직까지 5명이 돌아오지 않았습니다. 3,000여 냥을 준비해서 통사와 차지(次知) 7, 8명을 시켜 삼분자(三岔子)에 있는 도적 소굴에 보내서 도적들의 상황을 자세히 탐문했습니다. 소위 적비(賊匪)도 장(張) 통령(統領)이 부리는 사람들이며, 관병도 장 통령의 명령을 받습니다. 비록 각자 다르지만 그 행적을 보면 같은 세력입니다. 또 위사하(葦沙河)의 순포장(巡捕長) 상집성(商集成)이라는 이름의 청국인도 도적을 방비하겠다고 하면서 그 땅에 있습니다. 그래서 함께 모의하여 은밀히 400원(元)을 보내고 5명을 쇄환하게 했습니다. 그러나 뒤이어 보낸 은전(銀錢) 78원, 화지포(花之布) 3필(疋), 서양 목면 1필, 흰 목면 2필, 동전 300여 냥을 팔도강(八道江)에 사는 우리나라 사람 안병운(安丙云)의 집에 맡겨뒀습니다. 그런데 예전에 임강현에서 구금되었던 통사 신가(申哥)가 도적의 소굴로 도로 들어가서 체포된 것을 원망하며, 청국인 서영정(徐永廷)을 사주하여 안씨 집에 돌입해서 방 안의 사람을 묶고 돈과 물건을 모두 빼앗아갔습니다. 집 주인이 잃어버린 물건도 수삼백 금(金)입니다. 그러한 내용을 임강현에 조회하여 서가 및 신가를 모두 잡아와서 잃어버린 물건을 받아내 주기 바랍니다"라고 했습니다. 장토면 주민 중 24명이 적비(賊匪)에게 잡혀갔는데 그중 22명이 돌아온 것은 천만다행이지만 2명이 중도에 사망한 것은 매우 참혹하고 불쌍합니다. 교활한 서가와 신가 두 놈이 돈과 재물을 약탈한 것이 또한 매우 놀랍습니다. 이를 임강현에 조회했으며 이에 보고합니다」라고 했습니다. 잡혀간 모든 백성 중 22명이 쇄환된 것은 매우 다행이지만 2명이 중도에 죽은 것과 서가와 신가 두 놈이 백성의 재산을 약탈한 것은 정말 통탄스럽습니다. 연변의 각 마을에 따로 지시하여 주둔 부대와 협의하여 각별히 엄히 경계하도록 지령을 보냈습니다. 이에 보고하니 살펴주기 바랍니다.

광무 10년 1월 10일

평안북도관찰사 이근풍

외부대신임시서리학부대신 이완용 각하

Ⅳ

대한제국기 간도 자료집 원문

咸鏡南北道來去案

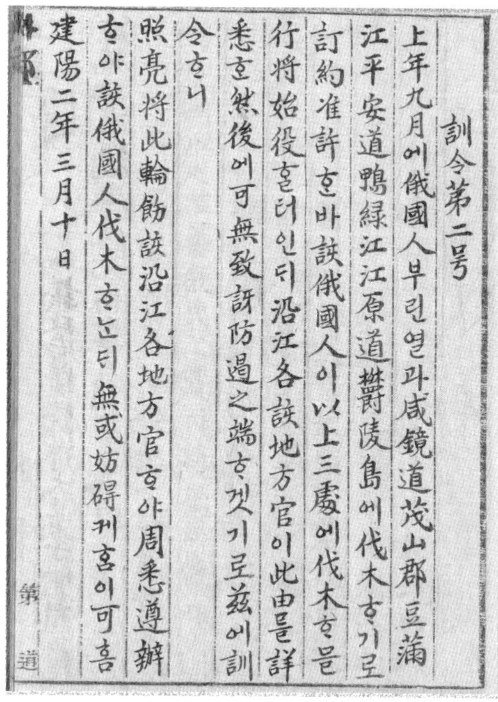

訓令第二号

上年九月에俄國人부린열과咸鏡道茂山郡豆滿江平安道鴨綠江江原道鬱陵島에伐木ᄒᆞ기로訂約准許ᄒᆞᆫ바該俄國人이以上三處에伐木ᄒᆞ믈行將始役ᄒᆞᆯ터인ᄃᆡ沿江各該地方官이此由를詳悉ᄒᆞᆫ然後에可無致訝防遏之端ᄒᆞ겟기로玆에訓令ᄒᆞᄂᆞ니

照亮將此輪飭該沿江各地方官ᄒᆞ야周悉遵辦ᄒᆞ야該俄國人伐木ᄒᆞᄂᆞᆫᄃᆡ無或妨碍케ᄒᆞᆷ이可ᄒᆞᆷ

建陽二年三月十日

①

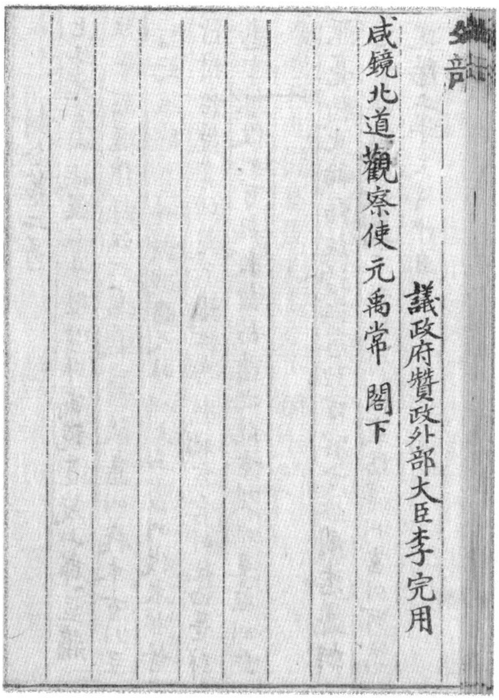

議政府贊政外部大臣李完用

咸鏡北道觀察使元禹常 閣下

②

함 1

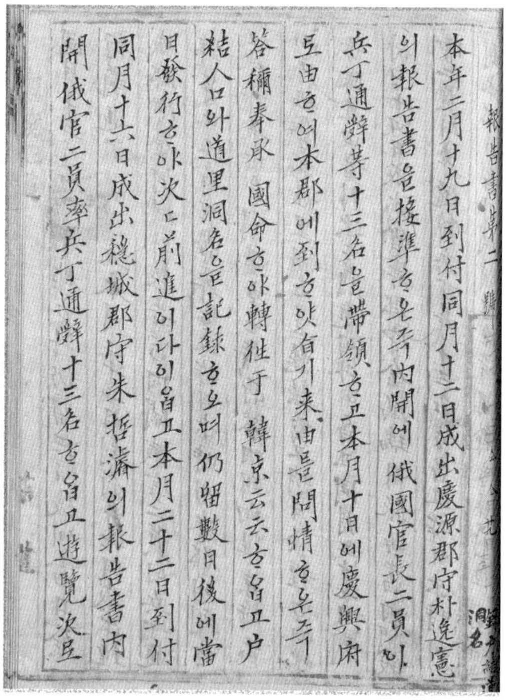

報告書第二號

本年二月十九日到付同月十二日成出慶源郡守朴進憲의報告書을接準ᄒᆞ온즉內開에俄國官長二員이兵丁通辯等十三名을帶領ᄒᆞ고本月十日에慶興府로由ᄒᆞ여本郡에到ᄒᆞ얏삽기來由를問情ᄒᆞ온즉答稱奉承 國命ᄒᆞ야轉往于 韓京云云ᄒᆞ옵고戶結人口와道里洞名을記錄ᄒᆞ오며仍留數日後에當日發行ᄒᆞ야次次前進이다ᄒᆞ얍고本月二十二日到付同月十六日成出穩城郡守朱哲濬의報告書內開俄官二員率兵丁通辯十三名ᄒᆞ옵고遊覽次로

①

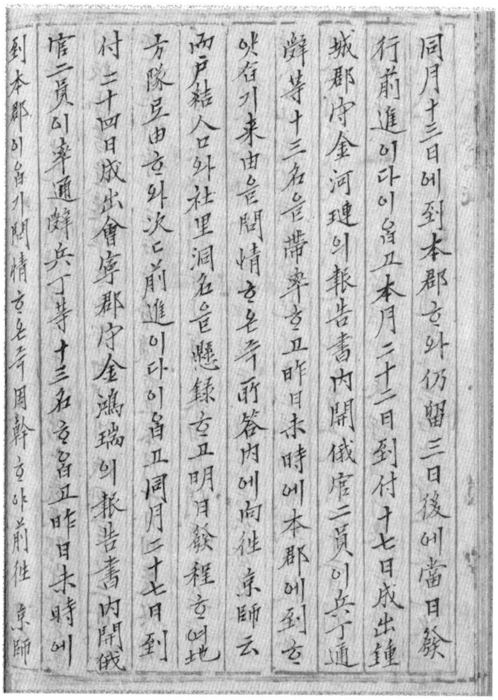

同月十三日에到本郡ᄒᆞ와仍留三日後에當日發行前進이다ᄒᆞ얍고本月二十二日到付十七日成出鍾城郡守金河璉의報告書內開俄官二員이兵丁通辯等十三名을帶率ᄒᆞ고昨日未時에本郡에到ᄒᆞ얏삽기來由을問情ᄒᆞ온즉所答內에向往京師云而戶結人口와社里洞名을懸錄ᄒᆞ고明日發程ᄒᆞ여地方隊로由ᄒᆞ와次次前進이다ᄒᆞ얍고同月二十七日到付二十四日成出會寧郡守金鴻瑞의報告書內開俄官二員이率通辯兵丁等十三名ᄒᆞ옵고昨日未時에到本郡이옵기問情ᄒᆞ온즉周幹ᄒᆞ야前往 京師

②

함 2

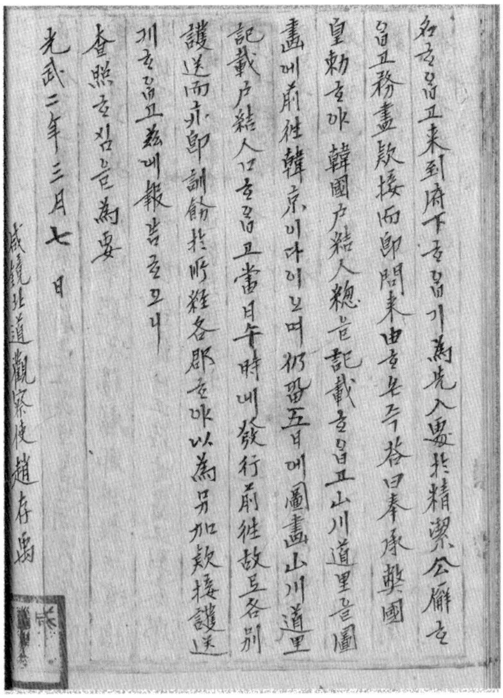

④

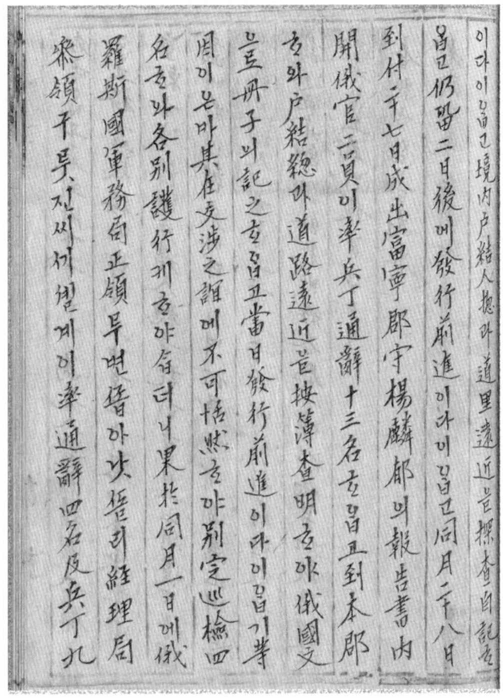

③

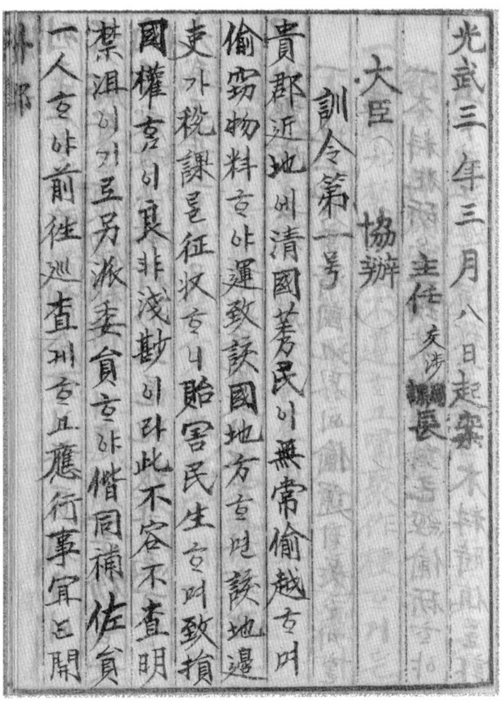

①　　함 3

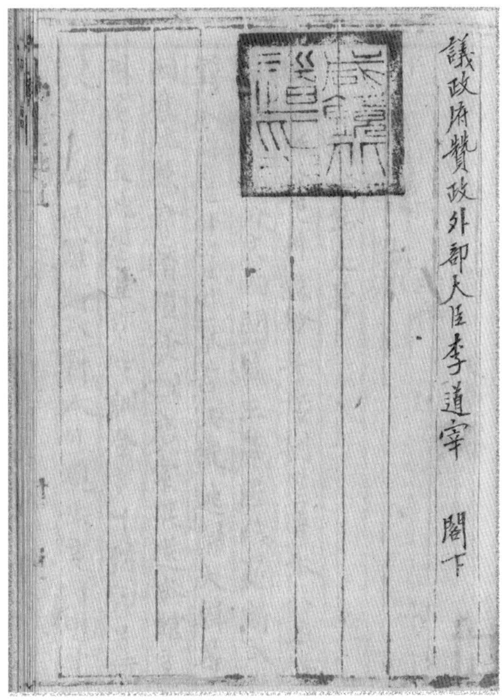

議政府贊政外部大臣李道宰 閣下

⑤

함 4

①

光武三年三月八日起案

主任 交涉局課長

大臣 協辦

訓令第一號

貴郡近地에清國莠民이無常偸越ᄒᆞ며偸
窃物料ᄒᆞ야運致該國地方ᄒᆞ면該地邊吏가
稅課를征收ᄒᆞ니貽害民生ᄒᆞ며致損國權
ᄒᆞᆷ이良非淺尠이라此不容不查明禁沮이
기로另派委員ᄒᆞ야偕同補佐員一人ᄒᆞ야前
往巡查케ᄒᆞ고應行事宜ᄂᆞᆫ開列于左ᄒᆞ야玆

外部

②

列于左ᄒᆞ야玆에訓令ᄒᆞ니該員到日에
貴郡守ᄂᆞᆫ優禮相待ᄒᆞ며應辦事務를妥
商善處ᄒᆞ고擧行形止를馳報가爲可
光武三年三月八日
議政府贊政外部大臣朴齊純
甲山郡守姜瓚熙座下
一內地土貨를清國地界에偸運치못ᄒᆞ게ᄒᆞᆯ
事
一木料犯斫은一切禁斷ᄒᆞ되已經偸斫ᄒᆞ야
山下或江邊에運致ᄒᆞᆫ者ᄂᆞᆫ木料時值를許

外部

②

에訓令ᄒᆞ니該員到日에
貴郡守ᄂᆞᆫ優禮相待ᄒᆞ며應辦事務를妥商
善處ᄒᆞ고擧行形止를馳報가爲可
光武三年三月七日
議政府贊政外部大臣朴齊純
三水郡守蔡圭昇座下
一內地土貨를清國地界에偸運치못ᄒᆞ게ᄒᆞᆯ
事
一木料犯斫은一切禁斷ᄒᆞ되已經偸斫ᄒᆞ야
山下或江邊에運致ᄒᆞᆫ者ᄂᆞᆫ木料時值를許

外部

③

量ᄒᆞ야價金을徵收ᄒᆞ고相當ᄒᆞᆫ罰款을責
納ᄒᆞ야捧額實數를報明ᄒᆞᆯ事
一匪類가禁令을不遵ᄒᆞ고嘯聚作梗ᄒᆞ거든
本郡守가協力彈壓ᄒᆞ고危險ᄒᆞᆫ境遇에
ᄂᆞᆫ便宜를從ᄒᆞ야獵夫를雇用ᄒᆞᆯ事
一我國人이清國人을誘引ᄒᆞ야受賂ᄒᆞ고木料
를許斫ᄒᆞᆫ者ᄂᆞᆫ該員이本郡守에게知照
ᄒᆞ야卽行捉囚ᄒᆞ고一面으로報明ᄒᆞᆯ事
一該委員의暫時留住之處ᄂᆞᆫ舊鎭堡公
廨를從便借用ᄒᆞᆯ事

第 道

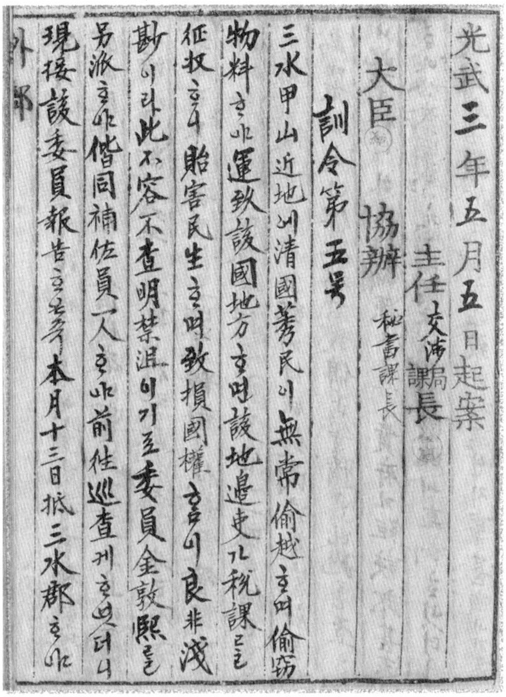
外部
光武三年五月五日起案
主任 交涉局長
秘書課長
大臣 協辦
訓令第五号
三水甲山近地에清國莠民이無常偸越ᄒᆞ며偸斫
物料ᄒᆞ야運致該國地方ᄒᆞ면該地邉吏가稅課를
征收ᄒᆞ니貽害民生ᄒᆞ며致損國權ᄒᆞ미良非淺
尠이라此不容不查明禁沮이기로委員金敦熙를
另派ᄒᆞ야偕同補佐員一人ᄒᆞ야前往巡查케ᄒᆞ엿더니
現接該委員報告ᄒᆞ온즉本月十三日抵三水郡ᄒᆞ야

①

함 5

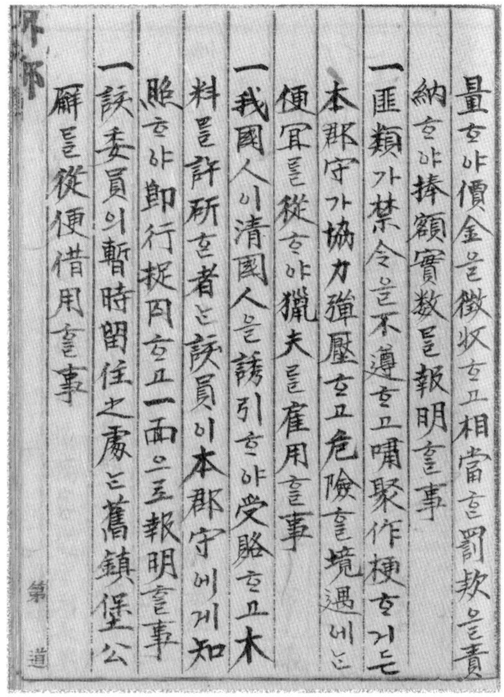
外部
量ᄒᆞ야價金을徵收ᄒᆞ고相當ᄒᆞᆫ罰款을責
納ᄒᆞ야捧額實数를報明ᄒᆞᆯ事
一匪類가禁令을不遵ᄒᆞ고嘯聚作梗ᄒᆞ거든
本郡守가協力彈壓ᄒᆞ고危險ᄒᆞᆫ境遇에ᄂᆞᆫ
便宜를從ᄒᆞ야獵夫를雇用ᄒᆞᆯ事
一我國人이清國人을誘引ᄒᆞ야受賂ᄒᆞ고木
料를許斫ᄒᆞᆫ者ᄂᆞᆫ該員이本郡守에게知
照ᄒᆞ야卽行捉囚ᄒᆞ고一面으로報明ᄒᆞᆯ事
一該委員의暫時留住之處ᄂᆞᆫ舊鎭堡公
廨를從便借用ᄒᆞᆯ事
第 道

③

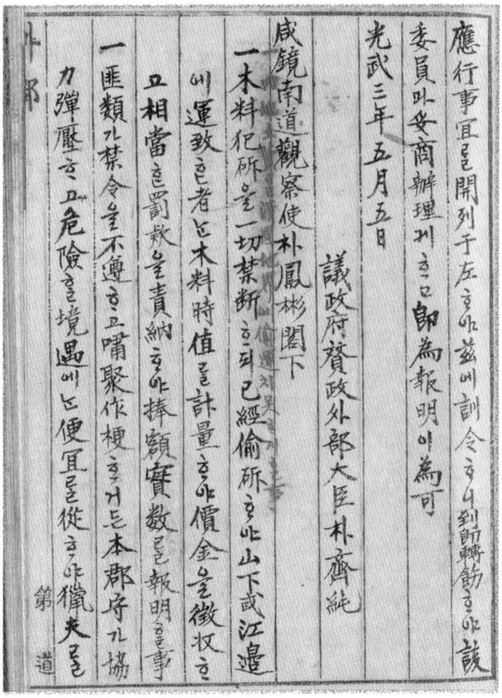
外部
應行事宜를開列于左ᄒᆞ야玆에訓令ᄒᆞ니到卽轉飭ᄒᆞ야該
委員과妥商辦理케ᄒᆞ고卽為報明이為可
光武三年五月五日
議政府贊政外部大臣朴齊純
咸鏡南道觀察使朴鳳彬閣下
一木料犯斫을一切禁斷ᄒᆞ되已經偸斫ᄒᆞ야山下或江邉
에運致ᄒᆞᆫ者ᄂᆞᆫ木料時值를計量ᄒᆞ야價金을徵收ᄒᆞ
고相當ᄒᆞᆫ罰款을責納ᄒᆞ야捧額實数를報明ᄒᆞᆯ事
一匪類가禁令을不遵ᄒᆞ고嘯聚作梗ᄒᆞ거든本郡守가協
力彈壓ᄒᆞ고危險ᄒᆞᆫ境遇에ᄂᆞᆫ便宜를從ᄒᆞ야獵夫를
第 道

③

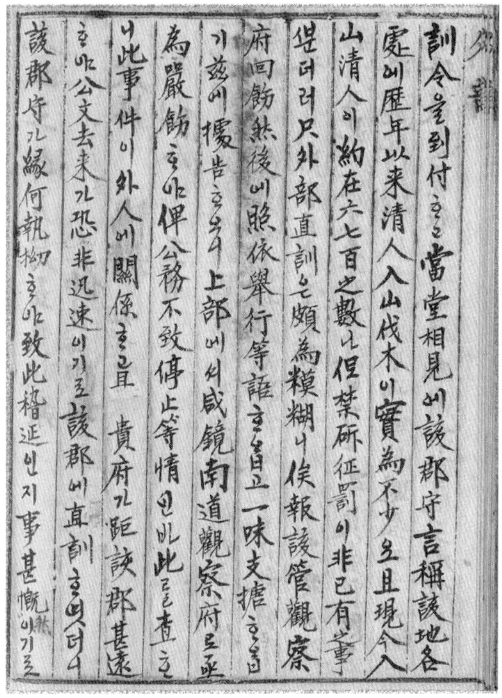
外部
訓令을到付ᄒᆞᆫ즉當堂相見에該郡守言稱該地各
處에歷年以來清人入山伐木이實為不少오且現今入
山清人이約在六七百之數나但禁斫征罰이非已有事
뿐더러只外部直訓은頗為糢糊니俟報該管觀察
府回飭然後에照依擧行等語ᄒᆞ옵고一味支捂ᄒᆞ옵
기玆에據告ᄒᆞ오니上部에셔咸鏡南道觀察府로亟
為嚴飭ᄒᆞ야俾公務不致停止等情인바此를查ᄒᆞ
니此事件이外人에關係ᄒᆞ고 貴府가距該郡甚遠
ᄒᆞ야公文去来가恐非迅速이기로該郡에直訓ᄒᆞ엿더니
該郡守가緣何執拗ᄒᆞ야致此稽延인지事甚慨然이기로

②

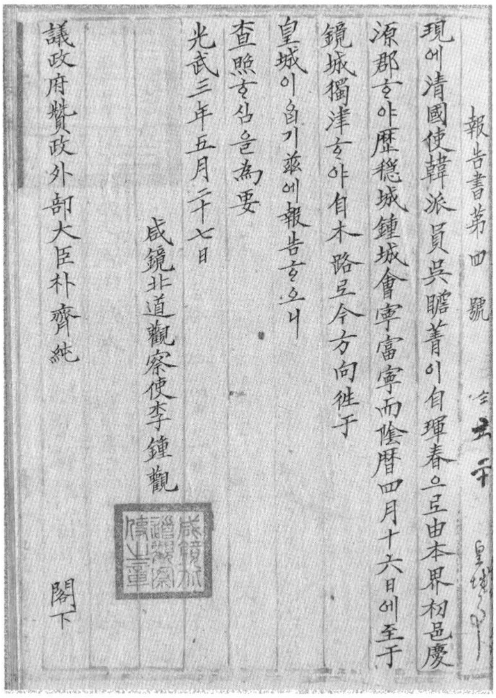
報告書第四號

現에清國使韓派員吳瞻菁이自琿春으로由本界初邑慶
源郡ᄒᆞ야歷穩城鍾城會寧富寧而陰曆四月十六日에至于
鏡城獨津ᄒᆞ야自木路로今方向往于
皇城이옵기玆에報告ᄒᆞ오니
査照ᄒᆞ심을爲要
光武三年五月二十七日
咸鏡北道觀察使李鍾觀
議政府贊政外部大臣朴齊純 閣下

① 함6

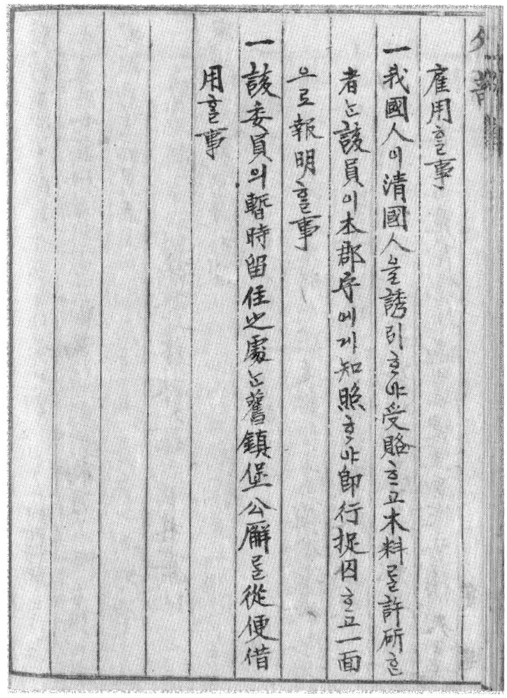
雇用ᄒᆞᆫ事
一我國人이清國人을誘引ᄒᆞ야受賂ᄒᆞ고木料를許斫ᄒᆞᆫ
者ᄂᆞᆫ該員이本郡守에게知照ᄒᆞ야卽行捉囚ᄒᆞ고一面
으로報明ᄒᆞᆯ事
一該委員의暫時留住之處ᄂᆞᆫ舊鎭堡公廨를從便借
用ᄒᆞᆯ事

④

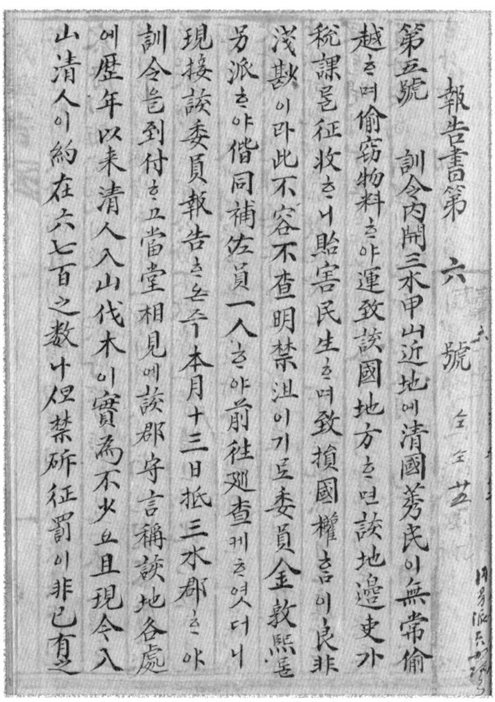
報告書第六號

第五號 訓令內開三水甲山近地에清國莠民이無常偸
越ᄒᆞ며偸竊物料ᄒᆞ야運致該國地方ᄒᆞ던該地邊吏가
稅課를征收ᄒᆞ니貽害民生ᄒᆞ며致損國權홈이良非
淺尠이라此不容不查明禁沮이기로委員金敎熙를
另派ᄒᆞ야偕同補佐員一人ᄒᆞ야前往廵查케ᄒᆞ엿더니
現接該委員報告ᄒᆞ온즉本月十三日抵三水郡ᄒᆞ야
訓令을到付ᄒᆞ고當堂相見에該郡守言稱該地各處
에歷年以來清人入山伐木이實爲不少ᄒᆞ고且現今入
山清人이約在六七百之數ᄒᆞ나但禁斫征罰이非已直之

① 함7

②

①

報告書第 六 號

三水郡守蔡奎昇에報告書를接准ᄒᆞ온즉內開卽接 外部
另派委員金敎熙에公札內開本郡境內流下清人一百三十七名에
罰款을每名에銀一兩二錢重式準捧ᄒᆞ옵고轉至厚昌ᄒᆞ여向往
義州이다이옵기玆에報告ᄒᆞ오니
查照ᄒᆞ시믈望흠
光武三年七月十八日
咸鏡南道觀察使 朴鳳彬
議政府贊政外部大臣朴齊純 閣下

함8

②

事샏더러只外部直訓은頗爲模糊니俟報該管觀
察府回飭然後에照依擧行等語로ᄒᆞ옵고一味支搪ᄒᆞ
옵기玆에據告ᄒᆞ오니上部에셔咸鏡南道觀察府로亟
爲嚴飭ᄒᆞ야俾公務不致停止等情인바此를査ᄒᆞ니此
事件이外人에關係ᄒᆞ고且貴府가距該郡甚遠ᄒᆞ야公
文去來가恐非迅速이기로該郡에直訓ᄒᆞ엿더니該郡守
가緣何執拗ᄒᆞ야致此稽延인지事甚慨然이기로應行事
宜를開列于左ᄒᆞ야玆에訓令ᄒᆞ니到卽轉飭ᄒᆞ야該委
員과妥商辦理케ᄒᆞ고卽爲報明이爲可等因此를奉
ᄒᆞ와卽爲翻飭이옵더니甲山郡守姜璨熙所報內開以

③

爲 外部派送員金敎熙外補佐員一人이持 外部直
訓ᄒᆞ옵고陰曆三月初二日에到于本郡而本郡境內는姑
無清人輩之木料伐斫이옵기向往三水界이다이오며三
水郡守蔡奎昇所報內開以爲 外部另派員이來到이
옵기已有所協議擧行이옵더니今伏承府飭ᄒᆞ와另加
協議辦理이다이옵기玆에報告ᄒᆞ오니
查照ᄒᆞ시믈望흠
光武三年六月十二日
咸鏡南道觀察使 朴鳳彬

④

議政府贊政外部大臣朴齊純 閣下

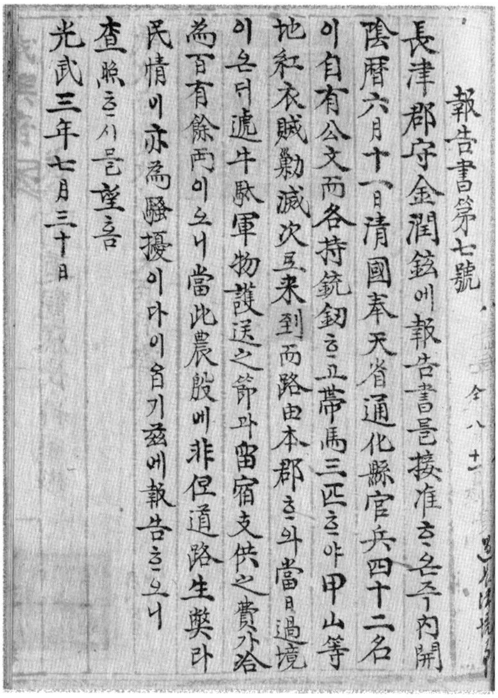
報告書第七號
長津郡守金潤鉉에 報告書를 接准ᄒᆞ온주 內開
陰曆六月十一日 清國奉天省通化縣官兵四十二名
이 自有公文而各持銃劍ᄒᆞ고 帶馬三匹ᄒᆞ야 甲山等
地紅衣賊勦滅次로 來到而路由本郡ᄒᆞ와 當日過境
이온ᄃᆡ 遠牛馱軍物護送之節과 留宿支供之費가 洽
爲百有餘兩이오ᄂᆡ 當此農殷에 非但道路生弊라
民情이 亦爲騷擾이다 이옵기 玆에 報告ᄒᆞ오니
查照ᄒᆞ시믈 望흠
光武三年七月三十日

① 함 9

閱

②

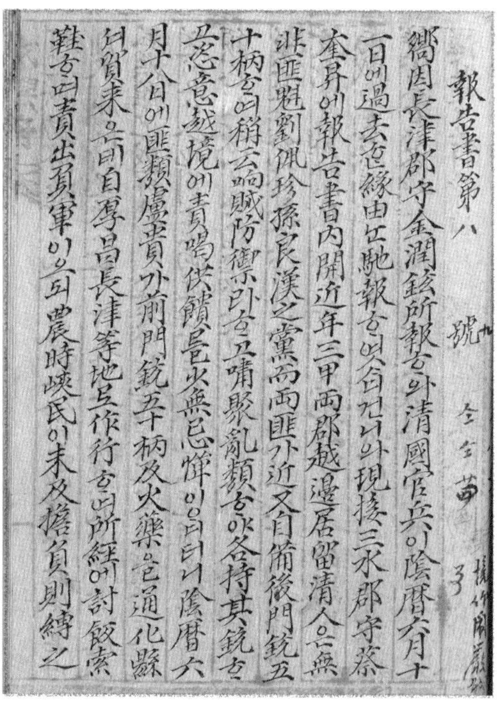
報告書第八號
鏡城長津郡守金潤鉉所報ᄒᆞ와 清國官兵이 陰曆六月十
一日에 過去ᄒᆞᆫ 緣由ᄂᆞᆫ 馳報ᄒᆞ엿ᄉᆞᆸ거니와 現接三水郡守蔡
奎昇에 報告書內開 近年三甲兩郡越邊居留清人은 無
非匪魁劉佩珍孫良漢之黨而兩匪가 近又自備後門銃五
十柄ᄒᆞ며 稱云賊防禦라ᄒᆞ고 嘯聚亂類ᄒᆞ야 各持其銃ᄒᆞ
고 恣意越境에 責喝供饋를 少無忌憚이옵더니 陰曆六
月十八日에 匪類盧貴가 前門銃五十柄及火藥을 通化縣
으로 貿來ᄒᆞ며 自厚昌長津等地로 作行ᄒᆞ며 所經에 討飯索
鞋ᄒᆞ며 責出負軍이오되 農時峽民이 未及擔負則縛之

① 함 10

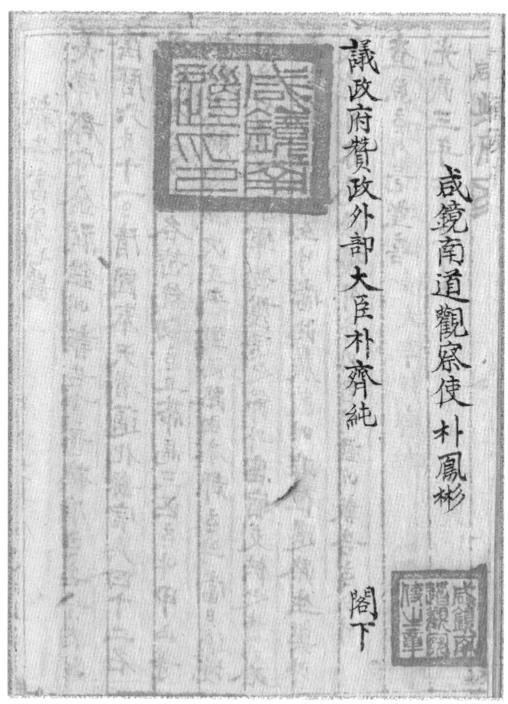
咸鏡南道觀察使 朴鳳彬
議政府贊政外部大臣朴齊純 閣下

②

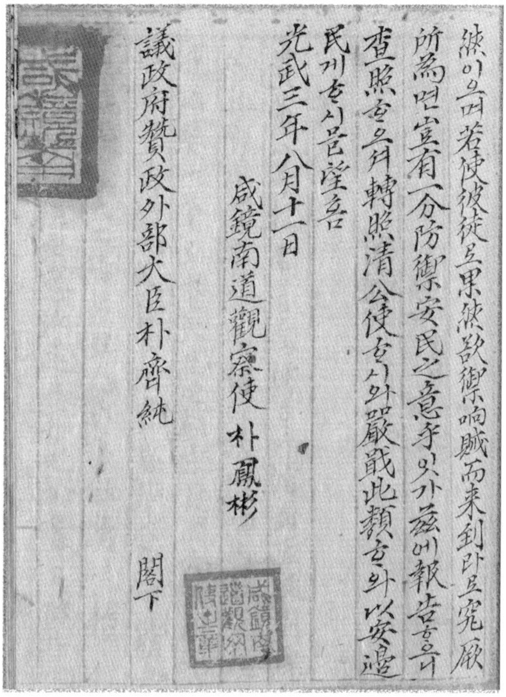
然이오며若使彼徒로果然欲禦响賊而来到라도究厥
所爲면豈有一分防禦安民之意乎잇가玆에報告ᄒᆞ오니
查照ᄒᆞ오셔轉照清公使ᄒᆞ시와嚴戢此類ᄒᆞ와以安邊
民케ᄒᆞ시믈望홈
光武三年八月十一日
咸鏡南道觀察使 朴鳳彬
議政府贊政外部大臣朴齊純 閣下

③

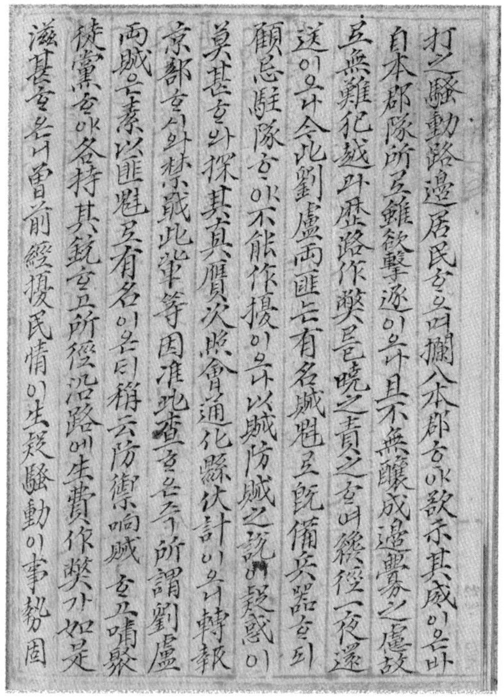
打之騷動路邊居民ᄒᆞ오며攔入本郡ᄒᆞ야欲示其威이온바
自本郡隊所로雖欲擊逐이오나且不無釀成邊釁之慮故
로無難犯越라歷路作獘邑曉之責之ᄒᆞ여纔經一夜還
送이오나今此劉盧兩匪는有名賊魁로旣備兵器ᄒᆞ되
顧忌駐隊ᄒᆞ야不能作擾이오나以賊防賊之說이疑惑이
莫甚ᄒᆞ와探其眞贋次照會通化縣伏計이오니轉報
京部ᄒᆞ시와禁戢此輩等因准此查ᄒᆞ온즉所謂劉盧
兩賊은素以匪魁로有名이온디稱云防禦响賊ᄒᆞ고嘯聚
徒黨ᄒᆞ야各持其銃ᄒᆞ고所經沿路에生費作獘가如是
滋甚ᄒᆞ오니曾前綏撫民情이生疑騷動이事勢固

②

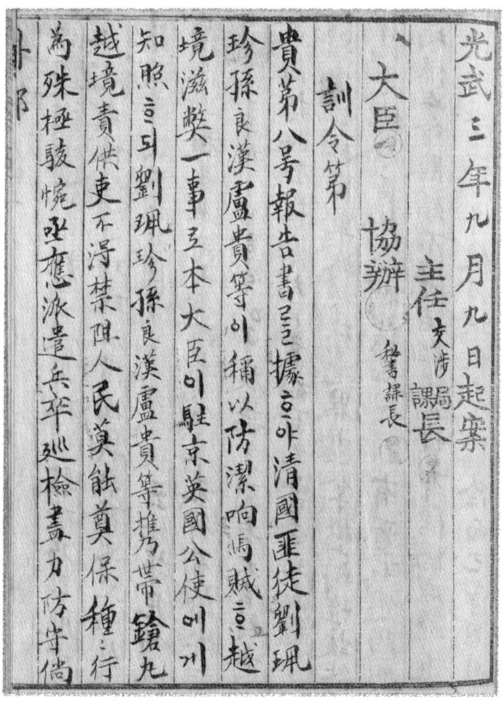
光武三年九月九日起案
主任 交涉局長 課長
大臣 協辦 秘書課長
訓令第
貴第八号報告書를據ᄒᆞ야清國匪徒劉珮
珍孫良漢盧貴等이稱以防禦响馬賊ᄒᆞ고越
境滋獘一事로本大臣이駐京英國公使에게
知照ᄒᆞ되劉珮珍孫良漢盧貴等携帶鎗九
越境責供吏不得禁阻人民莫能奠保種種行
爲殊極駭惋亟應派遣兵卒巡檢盡力防守倘

①

함 11

④

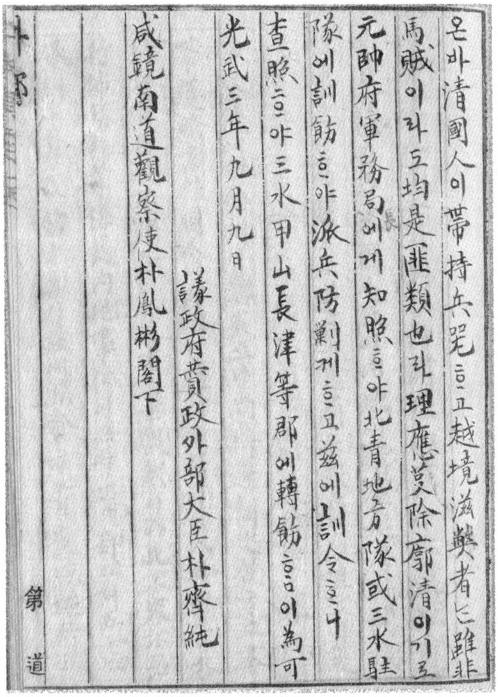
온바淸國人이帶持兵器ᄒᆞ고越境滋擾者ㅣ雖非
馬賊이라도均是匪類也라理應逐除鄭淸이기로
元帥府軍務局에게知照ᄒᆞ야北青地方隊或三水駐
隊에訓飭ᄒᆞ야派兵防剿케ᄒᆞ고玆에訓令ᄒᆞ니
查照ᄒᆞ야三水甲山長津等郡에轉飭ᄒᆞᆷ이爲可
光武三年九月九日
議政府贊政外部大臣朴齊純
咸鏡南道觀察使朴鳳彬閣下

③

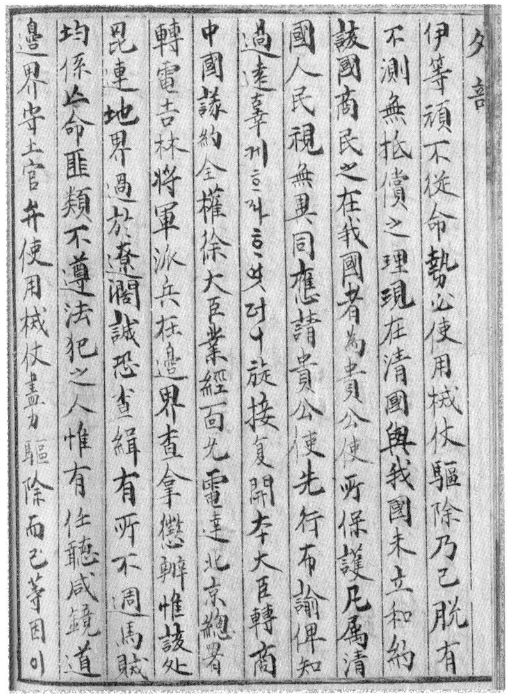
伊等頑不從命勢必使用械仗驅除乃已貺有
不測無抵償之理現在淸國與我國未立和約
該國商民之在我國者爲貴公使所保護凡屬淸
國人民視無異同應請貴公使先行布諭俾知
過違ᄒᆞ게ᄒᆞ자ᄒᆞ엿더니旋接復開本大臣轉商
中國該約全權徐大臣業經回允電達北京總署
轉電吉林將軍派兵在邊界查拿懲辦惟該处
毘連地界過於遼闊誠恐查緝有所不周馬賊
均係亡命匪類不遵法犯之人惟有任聽咸鏡道
邊界守土官弁使用械仗盡力驅除而已等因이

②

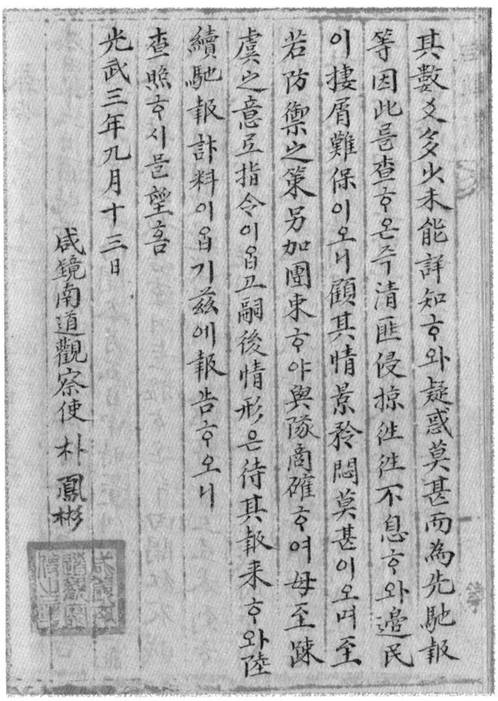
其數又多火未能詳知ᄒᆞ와疑惑莫甚而爲先馳報
等因이此를查ᄒᆞ온즉淸匪侵掠이往往不息ᄒᆞ와邊民
이捿屑難保이오니顧其情景矜悶莫甚이오며至
若防禦之策另加團束ᄒᆞ야與隊商確ᄒᆞ여毋至踈
虞之意로指令이ᄋᆞᆸ고嗣後情形은待其報來ᄒᆞ와陸
續馳報計料이ᄋᆞᆸ기玆에報告ᄒᆞ오니
查照ᄒᆞ시믈望ᄒᆞᆷ
光武三年九月十三日
咸鏡南道觀察使朴鳳彬

②

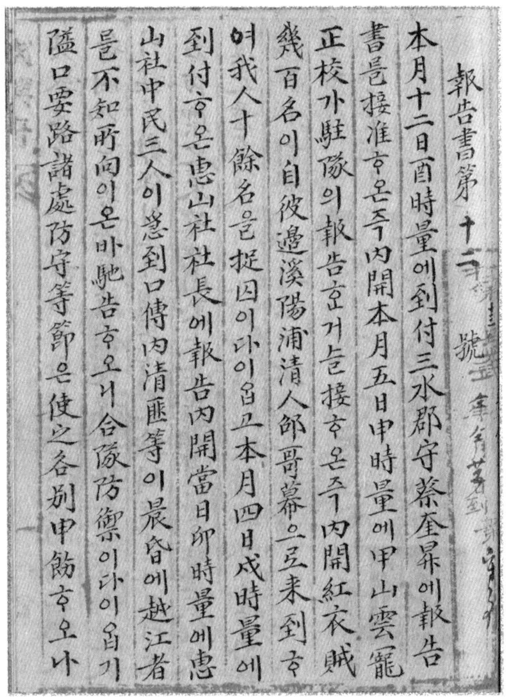
報告書第十二號
本月十二日酉時量에到付三水郡守蔡奎晃에報告
書를接准ᄒᆞ온즉內開本月五日申時量에甲山雲寵
正校가駐隊의報告ᄒᆞᆫ거ᄂᆞᆯ接ᄒᆞ온즉內開紅衣賊
幾百名이自彼邊溪陽浦淸人郞哥幕으로來到ᄒᆞ
여我人十餘名을捉囚이다이ᄋᆞᆸ고本月四日戌時量에
到付ᄒᆞ온惠山社社長에報告內開當日卯時量에惠
山社中民三人이急到口傳內淸匪等이晨昏에越江者
ᄅᆞᆯ不知所向이온바馳告ᄒᆞ오니合隊防禦이다이ᄋᆞᆸ기
隘口要路諸處防守等節은使之各別申飭ᄒᆞ오나

①

함 12

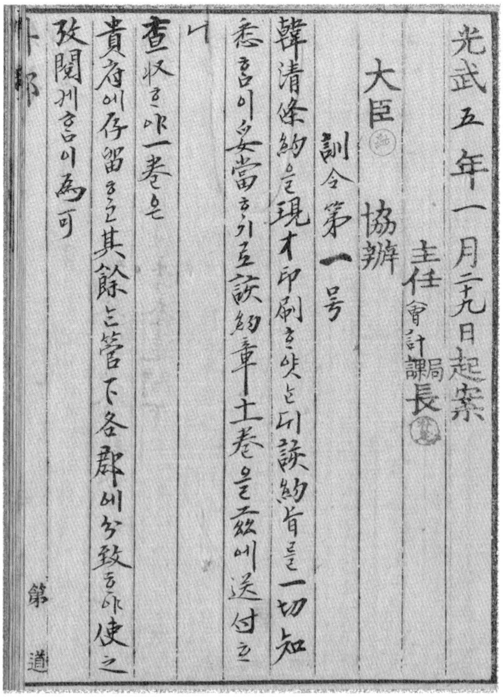
光武五年一月二十九日起案
主任 會計課長 局
大臣 協辦
訓令第一号
韓清條約을現今印刷ᄒᆞ얏ᄂᆞᆫ데該約旨를一切知
悉ᄒᆞᆷ이妥當ᄒᆞ기로該約章十五卷을玆에送付ᄒᆞ
니
査收ᄒᆞ야一卷은
貴府에存留ᄒᆞ고其餘ᄂᆞᆫ管下各郡에分致ᄒᆞ야使之
攷閱케ᄒᆞᆷ이爲可
第 道
外部

① 함 13

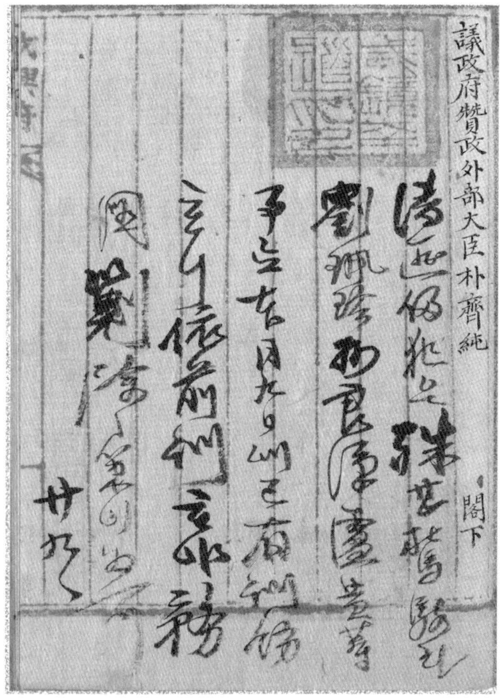
議政府贊政外部大臣朴齊純
閣下

③

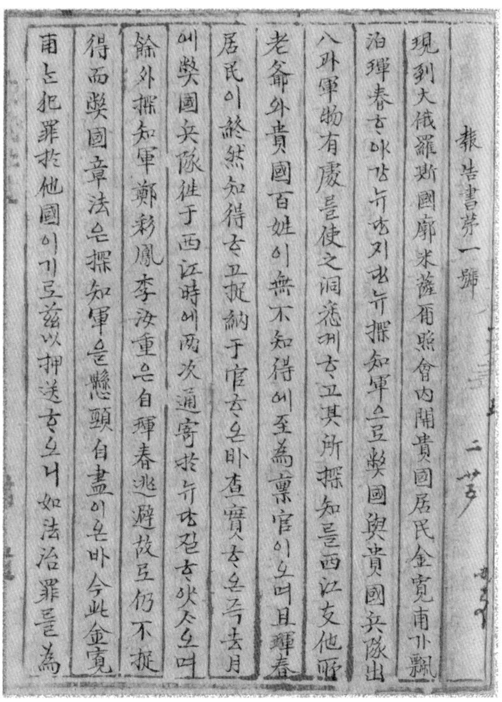
報告書第一號
現到大俄羅斯國廓米薩爾照會內開貴國居民金寬甫가飄
泊琿春ᄒᆞ야갑ᄂᆞᆫᄒᆞ지라ᄂᆞᆫ探知軍으로弊國與貴國兵隊出
入外軍物有處를使之詗懲케ᄒᆞ고其所探知를西江支他所
老爺와貴國百姓이無不知得에至爲稟官이오며且琿春
居民이終然知得ᄒᆞ고捉納于官ᄒᆞ온바査實ᄒᆞ온즉去月
에弊國兵隊徃于西江時에兩次通寄於ᄂᆞᆫᄒᆞ지라ᄒᆞ얏ᄉᆞ오며
餘外探知軍鄭彩鳳李海重은自琿春逃避故로仍不捉
得而弊國章法은探知軍을懸頭自盡이온바今此金寬
甫ᄂᆞᆫ犯罪於他國이기로玆以押送ᄒᆞ오니如法治罪를爲

① 함 14

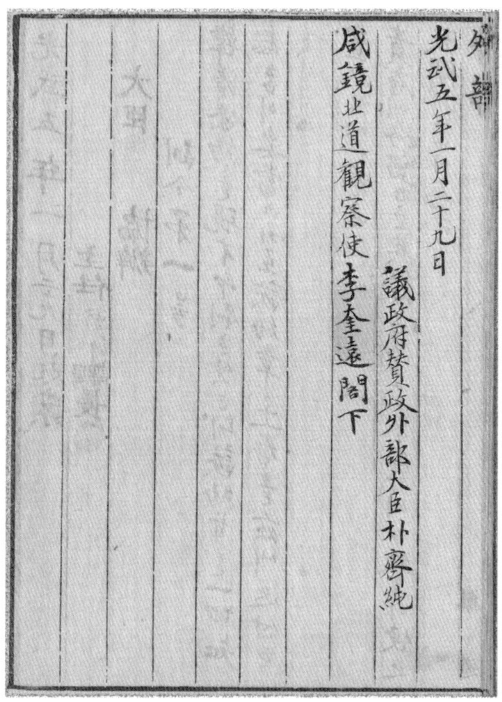
外部
光武五年一月二十九日
議政府贊政外部大臣朴齊純
咸鏡北道觀察使李奎遠閣下

②

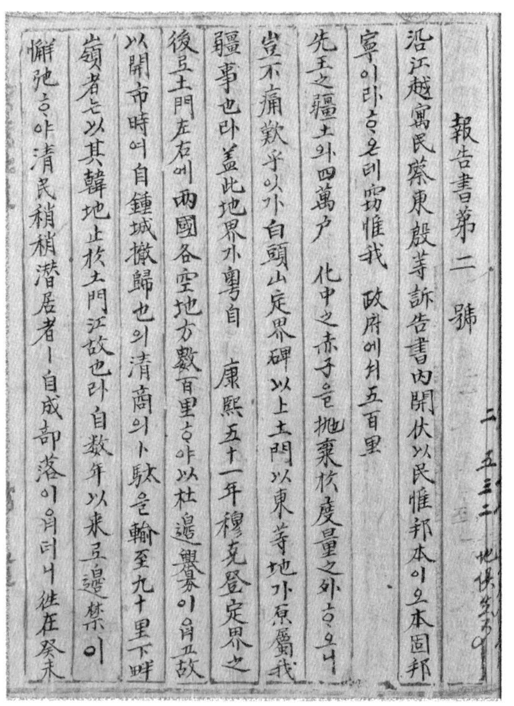
報告書第二號

沿江越寓民蔡東殷等訴告書內開伏以民惟邦本이오本固邦
寧이라ᄒᆞ온ᄃᆡ竊惟我 政府에서五百里
先王之疆土와四萬户 化中之赤子을抛棄於度量之外ᄒᆞ오니
豈不痛歎乎잇가自頭山定界碑以上土門以東等地가原屬我
疆事也라蓋此地界가粤自 康熙五十一年穆克登定界之
後로土門左右에兩國各空地方數百里ᄒᆞ야以杜邉釁이옵고故
以開市時에自鍾城撤歸也의清商의卜駄을輸至九十里下畔
嶺者ᄂᆞᆫ以其韓地止於土門江故也라自數年以來로邉禁이
懈弛ᄒᆞ야清民稍稍潛居者ㅣ自成部落이옵더니往在癸未

①

함 15

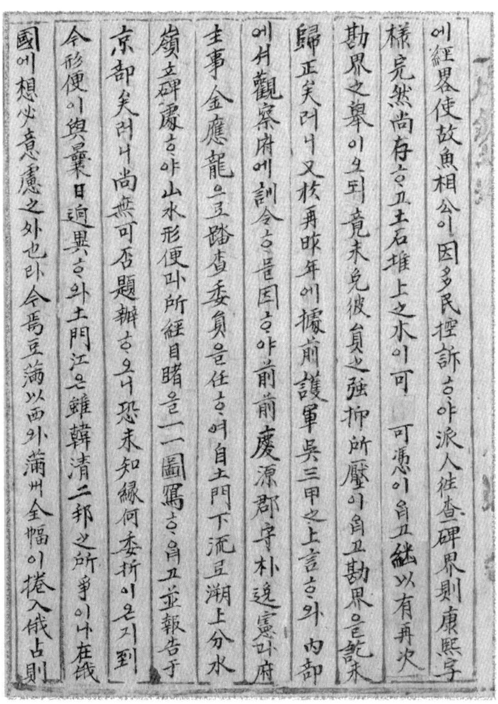
에經界使故魚相公이因多民控訴ᄒᆞ야派人往查碑界則康熙字
樣宛然尚存ᄒᆞ고土石堆上之水이可 可憑이옵고繼以有再次
勘界之擧이오되竟未免彼員之強抑所壓이옵고勘界은訖未
歸正矣러니又於再昨年에據前護軍吳三甲之上言ᄒᆞ와內部
에서觀察府에訓令ᄒᆞ옵因ᄒᆞ야前前慶源郡守朴逸憲과府
主事金應龍으로踏查委員을任ᄒᆞ여自土門下流로溯上分水
嶺立碑處ᄒᆞ야山水形便과所經目睹을一一圖寫ᄒᆞ옵고並報告于
京部矣러니尚無可否題辦ᄒᆞ오니恐未知緣何委折이온지到
今形便이與曩日逈異ᄒᆞ와土門江은雖韓清二邦之所爭이나在俄
國에想必意慮之外也라今焉로滿以西外滿州全幅이捲入俄占則

②

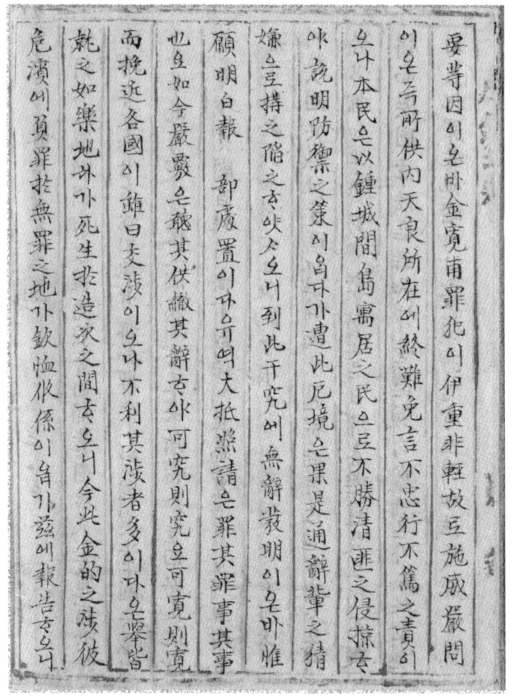
要害因이온바金寬甫罪犯이伊重非輕故로施威嚴問
이온즉所供內天良所在에終難免言不忠行不篤之責이
오나本民은以鍾城間島寓居之民으로不勝清匪之侵掠ᄒᆞ
야說明防禦之策이옵다가遭此厄境은果是通辭輩之猜
嫌으로搆之陷之ᄒᆞ얏ᄉᆞ오니到此干究에無辭發明이온바惟
願明白報 部處置이다유며大抵照請은罪其罪事其事
也오如今嚴覈은聽其供覈其辭ᄒᆞ야可究則究오可寬則寬
而挽近各國이雖曰交涉이오나不利其涉者多이다온擧皆
執之如樂地라가死生於造次之間ᄒᆞ오니今此金的之涉彼
危濱에負罪於無罪之地가欽恤依係이옵가茲에報告ᄒᆞ오니

②

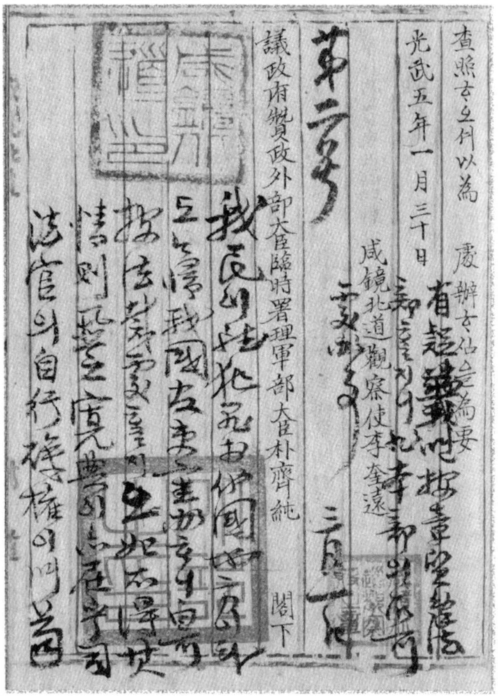
查照ᄒᆞ오신以為 處辦ᄒᆞ심을為要
光武五年一月三十日
咸鏡北道觀察使李奎遠
議政府贊政外部大臣臨時署理軍部大臣朴齊純 閣下

③

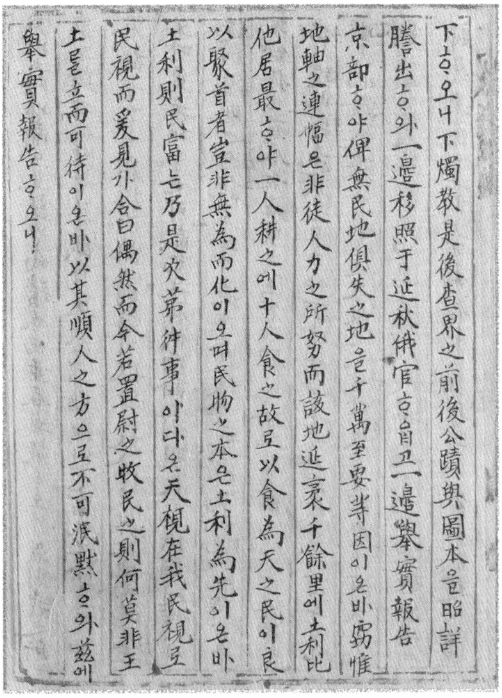
下ᄒᆞ오니下燭敎是後査界之前後公蹟與圖本을昭詳
謄出ᄒᆞ와一邊移照于延秋俄官ᄒᆞ옵고一邊擧實報告
京部ᄒᆞ야俾無民地俱失之地을千萬至要等因이온바竊惟
地軸之連幅은非徒人力之所努而該地延袤千餘里에土利比
他居最ᄒᆞ야一人耕之에十人食之故로以食爲天之民이良
以聚首者豈非無爲而化이오며民物之本은土利爲先이온바
土利則民富ᄂᆞᆫ乃是次第件事이다온天視在我民視로
民視而爰見가合曰偶然而今若置尉之牧民之則何莫非王
土를立而可待이온바以其順人之方으로不可泯黙ᄒᆞ와玆에
擧實報告ᄒᆞ오니

④

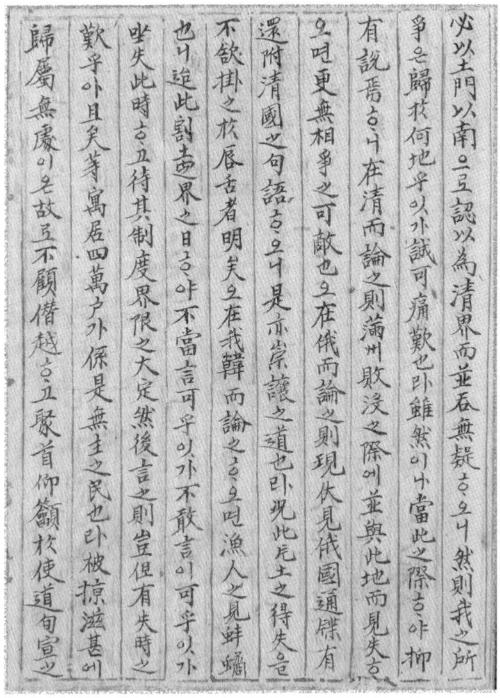
必以土門以南으로認以爲淸界而並呑無疑ᄒᆞ오니然則我之所
爭은歸於何地乎잇가誠可痛歎也라雖然이나當此之際ᄒᆞ야抑
有說焉ᄒᆞ니在淸而論之則滿州敗沒之際에並與此地而見失ᄒᆞ
오면更無相爭之可敵也오在俄而論之則現伏見俄國通牒有
還附淸國之句語ᄒᆞ오니是亦崇讓之道也라况此尺土之得失을
不欲掛之於唇舌者明矣오在我韓而論之ᄒᆞ오면漁人之見蚌鷸
也니迨此割畫界之日ᄒᆞ야不當言可乎잇가不敢言이可乎잇가
坐失此時ᄒᆞ고待其制度界限之大定然後言之則豈但有失時之
歎乎아且吳等寓居四萬戶가係是無主之民也라被掠滋甚에
歸屬無處이온故로不顧僭越ᄒᆞ고聚首仰籲於使道旬宣之

③

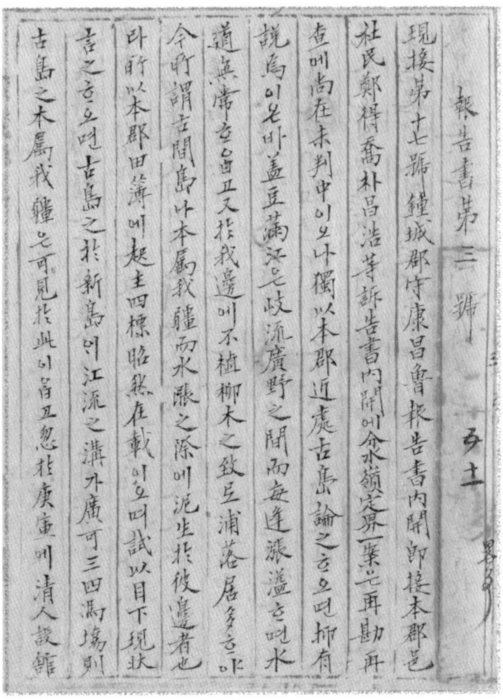
報告書第三號
現接第十七號鍾城郡守康昌會報告書內開卽接本郡邑
社民鄭得喬朴昌浩等訴告書內開에今承頒定界一案은再勘再
査에尙在未判中이오나獨以本郡近處古島論之ᄒᆞ오면抑有
說焉이온바蓋豆滿江은歧流廣野之間而每逢漲溢ᄒᆞ면水
道無常ᄒᆞ옵고又於我邊에不植柳木之致로浦落居多ᄒᆞ야
今所謂古間島나本屬我疆而水漲之際에泥生於彼邊者也
라所以本郡田簿에起主四標昭然在載이오며試以目下現狀
言之ᄒᆞ오면古島之於新島에江流之溝가廣可三四馮場則
古島之本屬我疆은可見於此이옵고忽於庚寅에淸人設舘

① 함 16

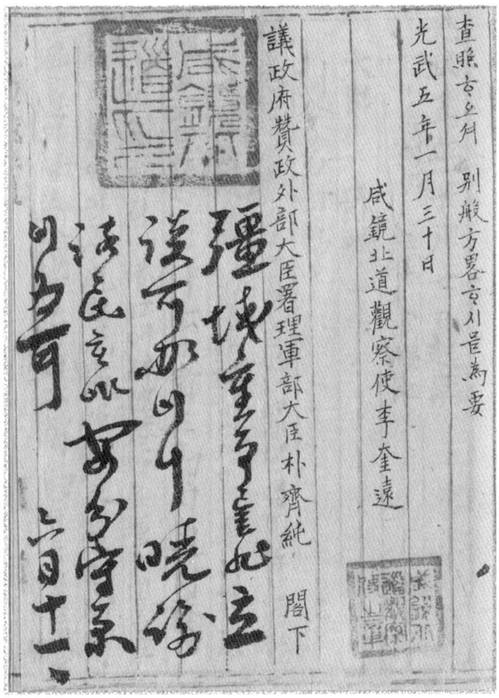
査照ᄒᆞ오셔 別般方畧ᄒᆞ시믈爲要
光武五年一月三十日
咸鏡北道觀察使李奎遠
議政府贊政外部大臣署理軍部大臣朴齊純 閤下

⑤

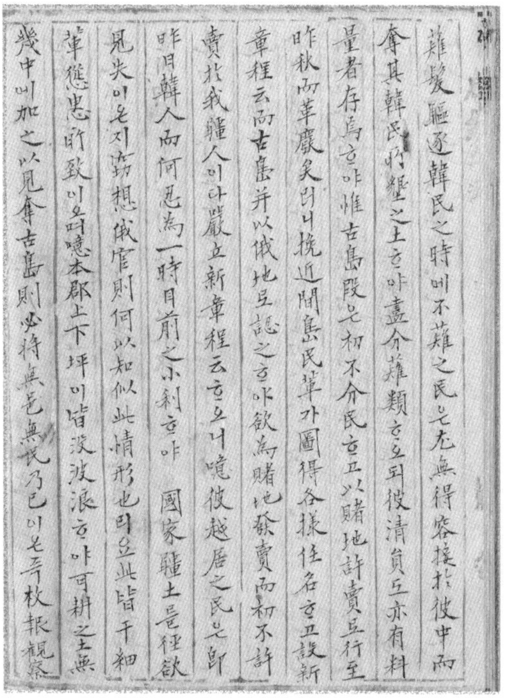
薙髮驅逐韓民之時에不薙之民은尤無得容接於彼中而
奪其韓民所墾之土하야盡今薙類하오되彼淸員도亦有料
量者存焉하야惟古島段은初不介民하고以賭地許賣로行至
昨秋而革廢矣러니挽近間島民輩가圖得各樣任名하고設新
章程云而古島并以俄地로認之하야欲爲賭地發賣而初不許
賣於我疆人이다嚴立新章程云하오니噫彼越居之民은卽
昨日韓人而何忍爲一時目前之小利하야 國家疆土를徑欲
見失이온지揣想俄官則何以知似此情形也리오此皆千細
輩懲患所致이오며噫本郡上下坪이皆汲波浪하야可耕之土無
幾中에加之以見奪古島則必將無邑無民乃已이온즉枚報觀察

②

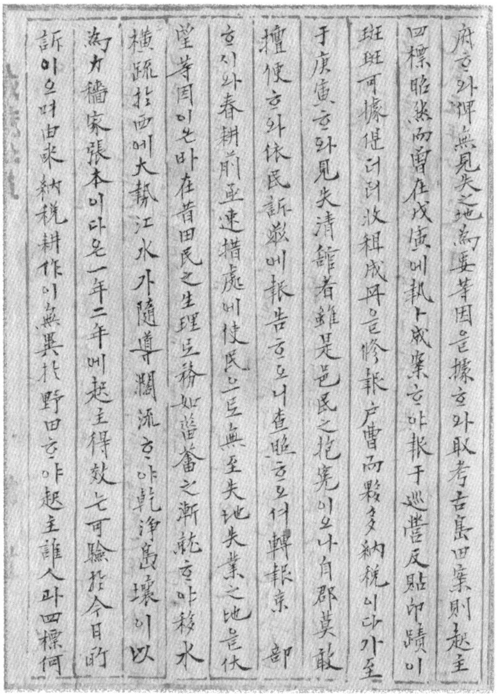
府하와俾無見失之地爲要等因을據하와取考古島田案則起主
四標昭然而曾在戊寅에執卜成案하야報于巡營反貼印蹟이
斑斑可據但리더收租成冊을修報戶曹而數多納稅이다가至
于庚寅하와見失淸館者雖是邑民之抱冤이오나自郡莫敢
擅便하와依民訴狀에報告하오니查照하오셔轉報京　部
하시와春耕前에亟速措處에使民으로無至失地失業之地을伏
望等因이온바在昔田民之生理로務如耆畜之漸就하야移水
橫跡於西에大勢江水가隨導闊流하야乾淨島壤이以
爲力穡家張本이다온一年二年에起主得效는可驗於今日所
訴이오며由來納稅耕作이無異於野田하야起主誰人과四標何

③

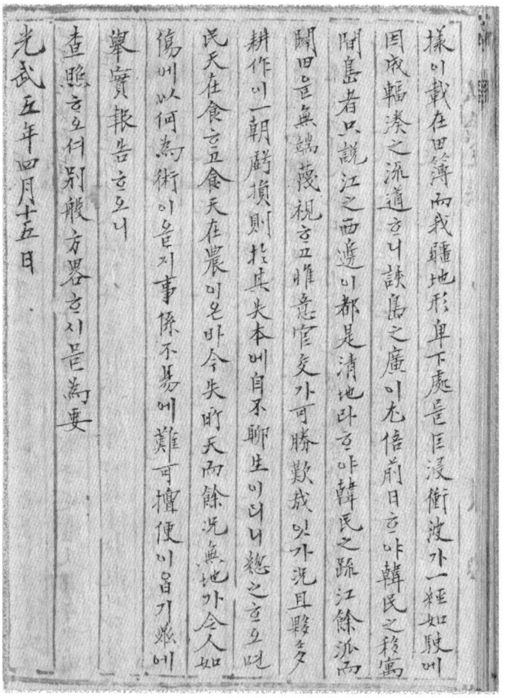
樣이載在田簿而我疆地形卑下處를巨浸衝波가一經如駛에
因成輻湊之流道하니該島之廣이尤倍前日하야韓民之移寓
間島者只譏江之西邊이都是淸地라하야韓民之跡江餘派而
闢田을無端蔑視하고非意官吏가可勝歎哉잇가況且數多
耕作이一朝虧損則於其失本에自不聊生이되니總之하오면
民天在食하고食天在農이온바今失所天而餘況無地가令人如
傷에以何爲術이온지事係不易에難可擅便이옵기玆에
舉實報告하오니
查照하오셔別般方畧하시믈爲要
光武五年四月十五日

④

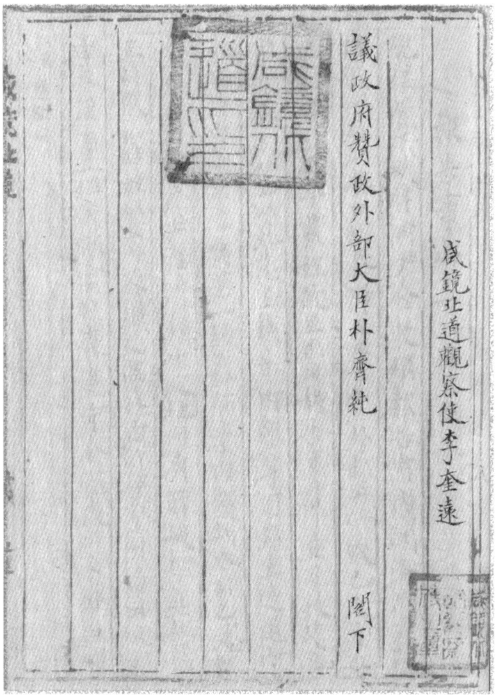
咸鏡北道觀察使李奎遠
議政府贊政外部大臣朴齊純 閣下

⑤

함 17

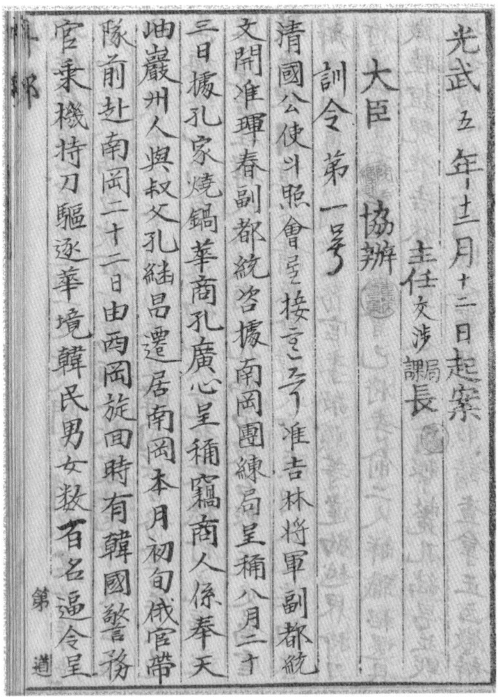
光武五年十二月十二日起案
主任 交涉課長
大臣 協辦
訓令第一号
清國公使의照會를接ᄒᆞᆫ즉准吉林將軍副都統
文開准琿春副都統咨據南岡團練局呈稱八月二十
三日據孔家燒鍋華商孔廣心呈稱竊商人係奉天
岫巖州人與叔父孔繼昌遷居南岡本月初旬俄官帶
隊前赴南岡二十二日由西岡旋回時有韓國警務
官秉機持刀驅逐華境韓民男女數百名逼令呈
外部 第 道

①

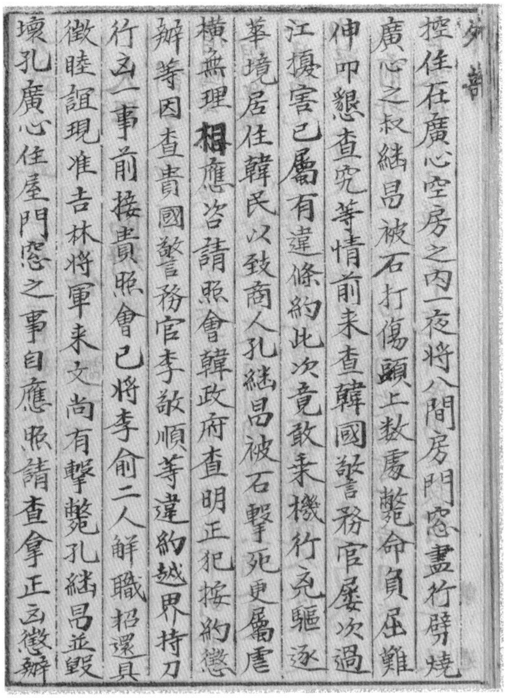
控住在廣心空房之內一夜將八間房門窓盡行劈燒
廣心之叔繼昌被石打傷頭上數處斃命負屈難
伸叩懇查究等情前來查韓國警務官屢次過
江擾害已屬有違條約此次竟敢秉機行兇驅逐
華境居住韓民以致商人孔繼昌被石擊死更屬兇
橫無理相應咨請照會韓政府查明正犯按約懲
辦等因查貴國警務官李敬順等違約越界持刀
行兇一事前接貴照會已將李俞二人解職招還足
徵睦誼現准吉林將軍來文尚有擊斃孔繼昌並毀
壞孔廣心住屋門窓之事自應照請查拿正兇懲辦

②

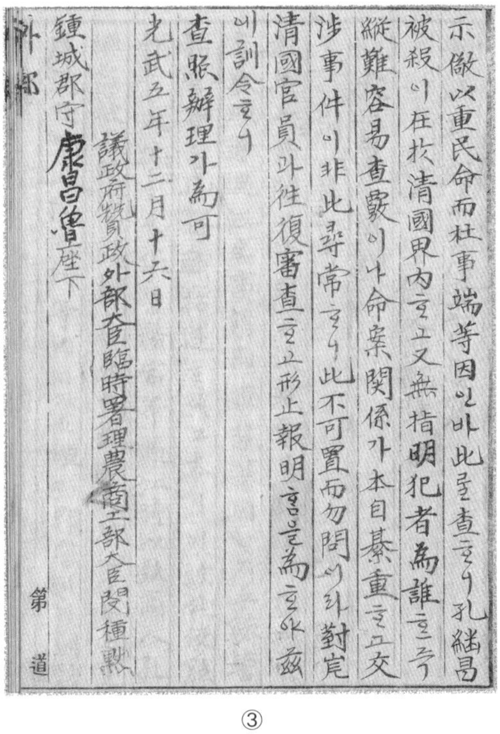
示儆以重民命而杜事端等因인바此를查ᄒᆞ니孔繼昌
被殺이在於清國界內ᄒᆞ고又無指明犯者爲誰ᄒᆞᆫ즉
縱難容易查覈이나命案關係가本自綦重ᄒᆞ고交
涉事件이非比尋常ᄒᆞ니此不可置而勿問이라對岸
清國官員과往復審查ᄒᆞ고形止報明ᄒᆞᆷ을爲ᄒᆞ야玆
에訓令ᄒᆞ니
查照辦理가爲可
光武五年十二月十六日
議政府贊政外部大臣臨時署理農商工部大臣閔種默
鍾城郡守康昌曾座下
外部 第 道

③

④

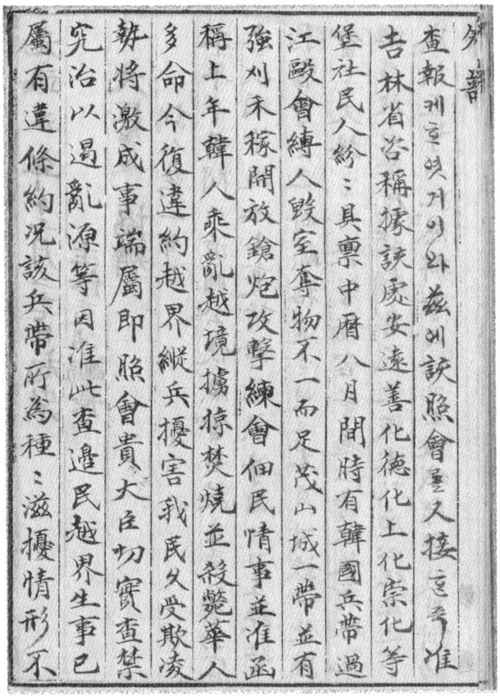
查報케ᄒᆞ얏거니와玆에該照會를又接ᄒᆞᆫ즉准
吉林省咨稱據該處安遠善化德化上化宗化等
堡社民人紛紛具稟中曆八月間時有韓國兵帶過
江毆會縛人毁室奪物不一而足茂山城一帶並有
强刈禾稼開放鎗炮攻擊練會佃民情事並准函
稱上年韓人乘亂越境擄掠焚燒並殺斃華人
多命今復違約越界縱兵擾害我民久受欺凌
勢將激成事端屬即照會貴大臣切實查禁已
究治以遏亂源等因准此查邊民越界生事已
屬有違條約況該兵帶所爲種種滋擾情形不

②

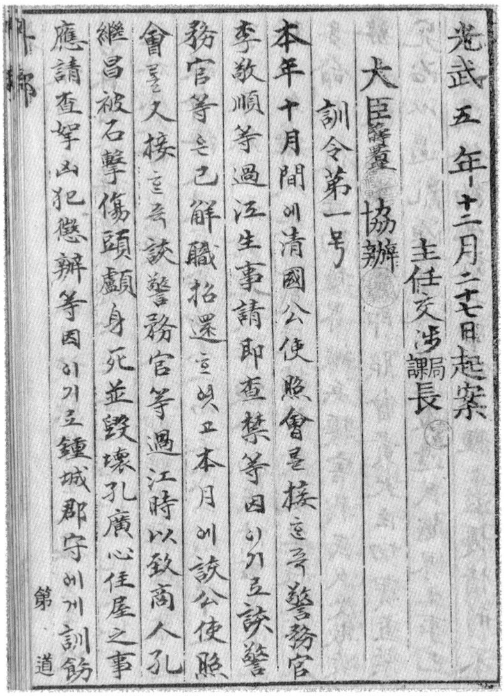
光武五年十二月二十七日起案
主任交涉課長
大臣 協辦
訓令第一号
本年十月間에淸國公使照會를接ᄒᆞᆫ즉警務官
李敬順等過江生事請即查禁等因이기로該警
務官等은已解職招還ᄒᆞ얏고本月에該公使照
會를又接ᄒᆞᆫ즉該警務官等過江時以致商人孔
繼昌被石擊傷頭顱身死並毁壞孔廣心住屋之事
應請查拏凶犯懲辦等因이기로鍾城郡守에게訓飭
外部 第 道

①

함 18

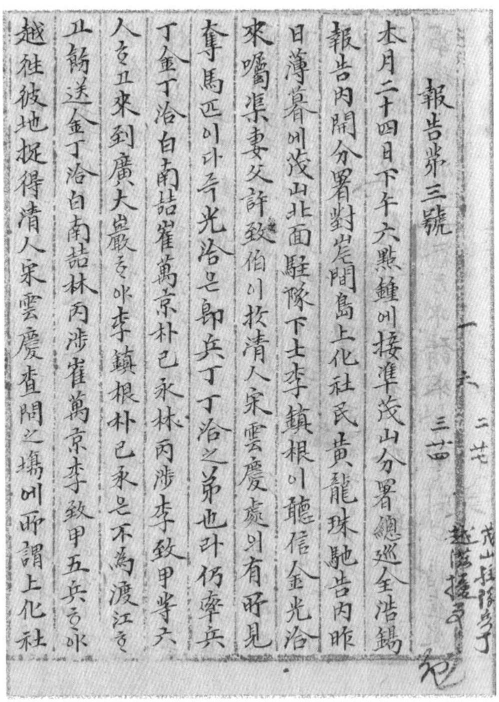
報告第三號
本月二十四日下午六點鍾에接准茂山分署總巡金浩錫
報告內開分署對岸間島上化社民黃龍珠馳告內昨
日薄暮에茂山北面駐隊下士李鎭根이聽信金光洽
來囑渠妻父許致伯이拕淸人宋雲慶處와有所見
奪馬匹이라ᄒᆞ고光洽은即兵丁丁洽之弟也라仍率兵
丁金丁洽白南喆崔萬京朴已永林丙涉李致甲等六
人ᄒᆞ고來到廣大嵒嚴ᄒᆞ야李鎭根朴已永은不爲渡江ᄒᆞ
고飭送金丁洽白南喆林丙涉崔萬京李致甲五兵ᄒᆞ야
越往彼地捉得淸人宋雲慶查問之場에所謂上化社

①

함 19

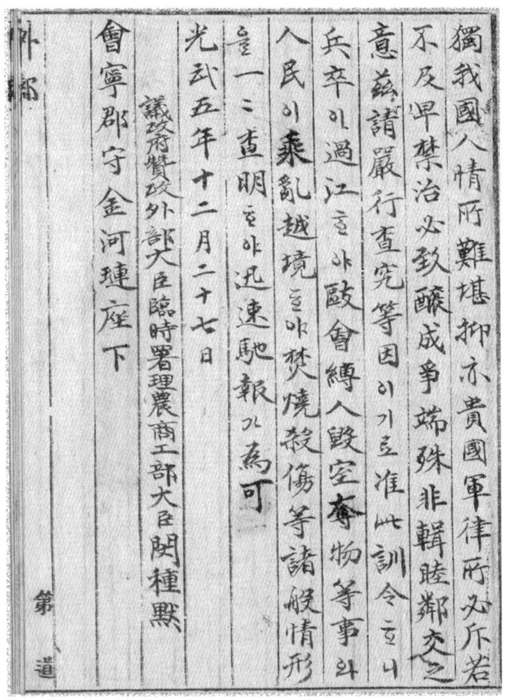
獨我國人情所難堪抑亦貴國軍律所必斥若
不及早禁治必致釀成爭端殊非輯睦鄰交之
意玆請嚴行查究等因이기로准此訓令ᄒᆞ니
兵卒이過江ᄒᆞ야毆會縛人毁室奪物等事와
人民이乘亂越境ᄒᆞ야焚燒殺傷等諸般情形
을一一查明ᄒᆞ야迅速馳報ᄒᆞᆷ이爲可
光武五年十二月二十七日
議政府贊政外部大臣臨時署理農商工部大臣閔種默
會寧郡守金河璉座下
外部 第 道

③

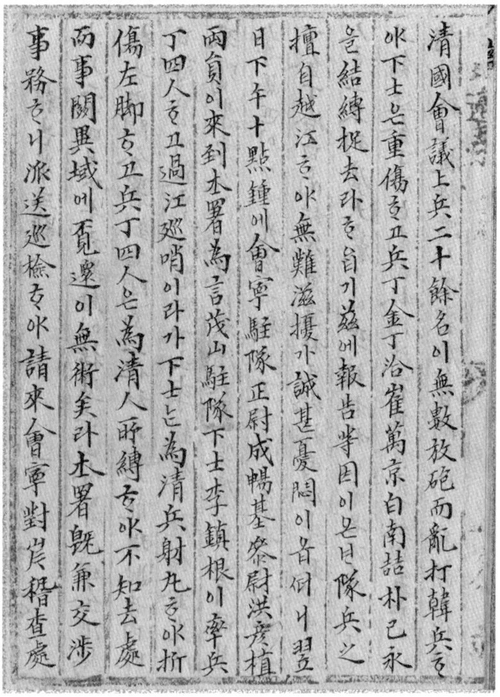
清國會議上兵二十餘名이無數放砲而亂打韓兵ᄒᆞ
야下士은重傷ᄒᆞ고兵丁金丁洽崔萬京白南喆朴己永
을結縛捉去라ᄒᆞᆸ기玆에報告等因이온바隊兵之
擅自越江ᄒᆞ야無難滋擾가誠甚憂悶이옵더니翌
日下午十點鍾에會寧駐隊正尉成暢基叅尉洪庚植
兩員이來到本署爲言茂山駐隊下士李鎭根이率兵
丁四人ᄒᆞ고過江巡哨이라가下士ᄂᆞᆫ爲清兵射丸ᄒᆞ야折
傷左脚ᄒᆞ고兵丁四人은爲清人所縛ᄒᆞ야不知去處
兩事關異域에覔還이無術矣라本署旣兼交涉
事務ᄒᆞ니派送巡檢ᄒᆞ야請來會寧對岸稽查處

②

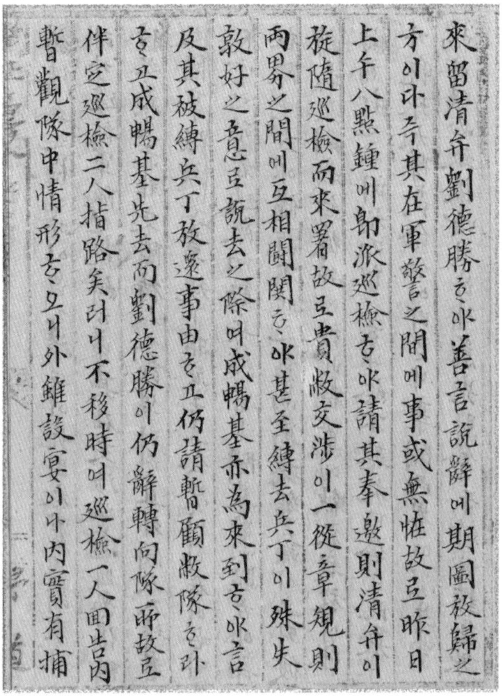
來留清弁劉德勝ᄒᆞ야善言說辭에期圖放歸之
方이온즉其在軍警之間에事或無恠故로昨日
上午八點鍾에即派巡檢ᄒᆞ야請其奉邀則清弁이
旋隨巡檢而來署故로貴敝交涉이一從章規則
兩界之間에互相關閡ᄒᆞ야甚至縛去兵丁이殊失
敦好之意로說去之際여成暢基亦爲來到ᄒᆞ야言
及其被縛兵丁放還事由ᄒᆞ고仍請暫顧敝隊ᄒᆞ라
ᄒᆞ고成暢基先去而劉德勝이仍辭轉向隊所故로
伴送巡檢二人指路矣러니不移時여巡檢一人回告內
暫觀隊中情形ᄒᆞ오니外雖設宴이나內實有捕

③

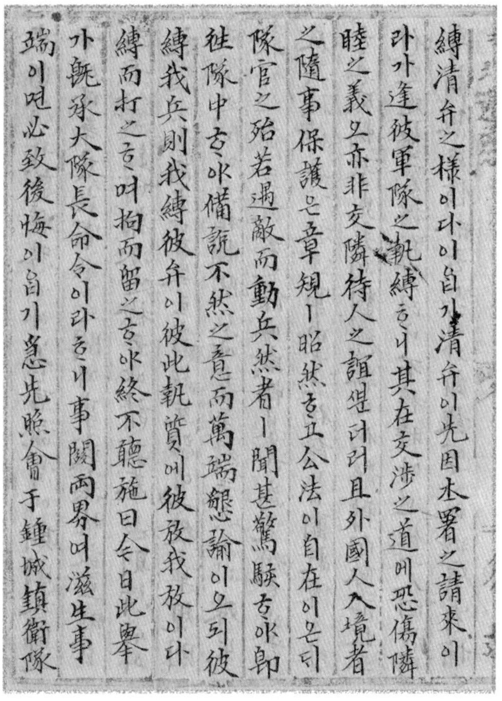
縛清弁之樣이다이옵기清弁이先因本署之請來이
라가逢彼軍隊之執縛ᄒᆞ니其在交涉之道에恐傷隣
睦之義오亦非交隣待人之誼ᄲᅮᆫ더러且外國人入境者
之隨事保護은章規ㅣ昭然ᄒᆞ고公法이自在이온딕
隊官之殆若遇敵而動兵然者ㅣ聞甚驚駭ᄒᆞ야即
往隊中ᄒᆞ야備說不然之意而萬端懇諭이오되彼
縛我兵則我縛彼弁이彼此執質에彼放我放이다
縛而打之ᄒᆞ여拘而留之ᄒᆞ야終不聽施曰今日此擧
가旣承大隊長命令이라ᄒᆞ니事關兩界여滋生事
端이면必致後悔이옵기急先照會于鍾城鎭衛隊

④

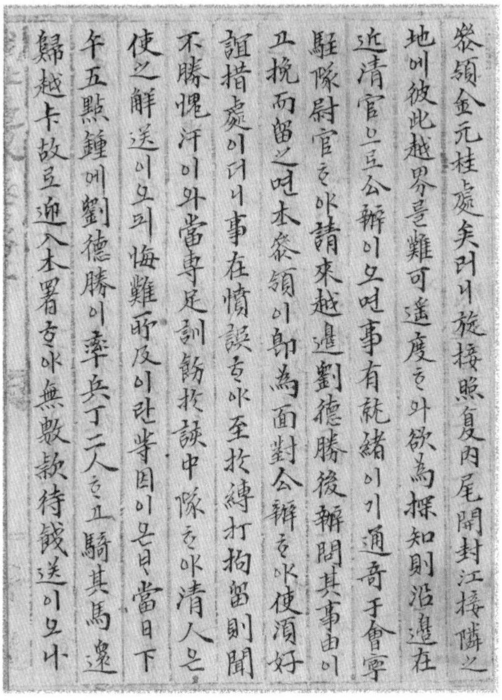
叅領金元桂處矣러니旋接照覆內尾開封江接隣之
地에彼此越界를難可遙度ᄒᆞ와欲爲探知則沿邊在
近清官으로公辦이오면事有就緒이기通奇于會寧
駐隊尉官ᄒᆞ야請來越邊劉德勝後辦問其事由이
고挽而留之면本叅領이即爲面對公辦ᄒᆞ야使須好
誼措處이더니事在憤誤ᄒᆞ야至於縛打拘留則聞
不勝愧汗이와當專足訓飭於該中隊ᄒᆞ야清人은
使之解送이오되悔難所及이란等因이온ᄇᆡ當日下
午五點鍾에劉德勝이率兵丁二人ᄒᆞ고騎其馬還
歸越卞故로迎入本署ᄒᆞ야無數款待餞送이오나

⑤

함 20

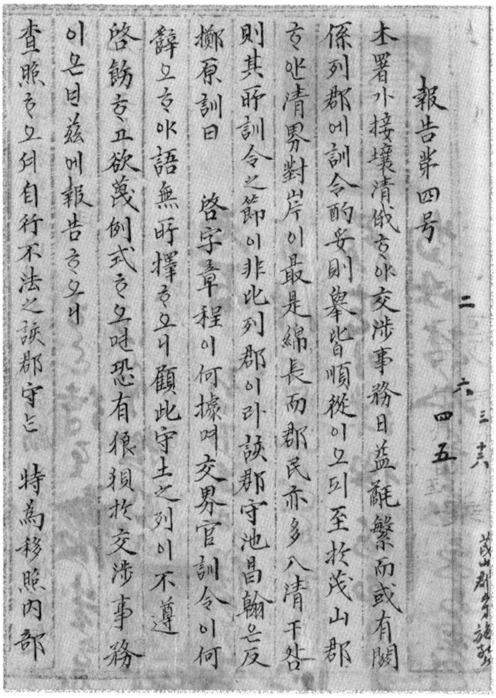
報告第四号
本署가接壤淸俄ᄒᆞ야交涉事務日益龐繁而或有關
係列郡에訓令酌妥則舉皆順從이오되至於茂山郡
ᄒᆞ야ᄂᆞᆫ淸界對岸이最是綿長而郡民亦多入淸干咎
則其所訓令之節이非比列郡이라該郡守池昌翰은反
擲原訓曰　咨守章程이何據며交界官訓令이何
辭오ᄒᆞ야語無所擇ᄒᆞ오니顧此守土之列이不遵
咨飭ᄒᆞ고欲蔑例式ᄒᆞ오니恐有損於交涉事務
이온目玆에報告ᄒᆞ오니
查照ᄒᆞ오셔自行不法之該郡守ᄂᆞᆫ　特爲移照內部

①

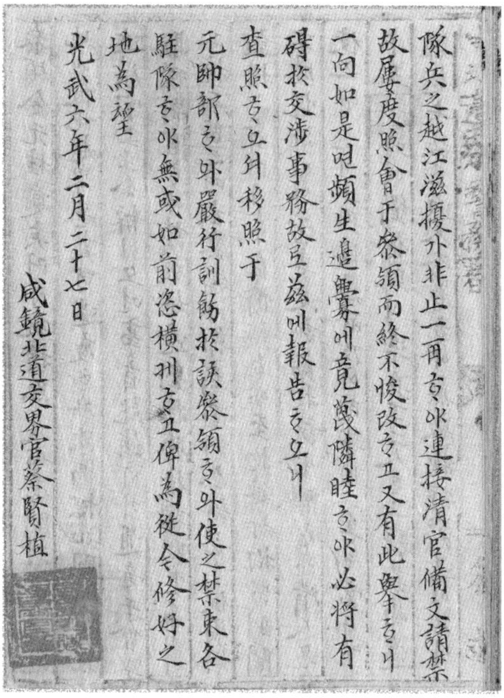
隊兵之越江滋擾가非止一再ᄒᆞ야連接淸官備文請禁
故屢度照會于參領而終不悛改ᄒᆞ고又有此擧ᄒᆞ니
一向如是면頻生邊釁에竟蔑隣睦ᄒᆞ야必將有
碍於交涉事務故로玆에報告ᄒᆞ오니
查照ᄒᆞ오셔移照于
元帥部ᄒᆞ와嚴行訓飭於該參領ᄒᆞ와使之禁束各
駐隊ᄒᆞ야無或如前恣橫케ᄒᆞ고俾爲從令修好之
地爲望
光武六年二月二十七日
咸鏡北道交界官蔡賢植

⑥

함 21

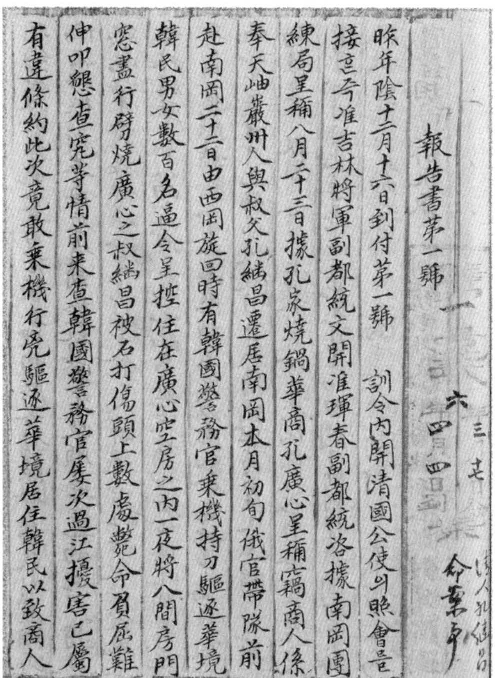
報告書第一號
昨年陰十二月十六日到付第一號　訓令內開淸國公使의照會을
接ᄒᆞ즉准吉林將軍副都統文開准琿春副都統咨據南岡團
練局呈稱八月二十三日據孔家燒鍋華商孔廣心呈稱竊商人係
奉天岫巖州人與叔父孔緒昌遷居南岡本月初旬俄官帶隊前
赴南岡二十二日由西岡旋回時有韓國警務官秉機持刀驅逐華境
韓民男女數百名逼令呈控住在廣心空房之內一夜將八間房門
窓盡行劈燒廣心之叔緒昌被石打傷頭上數處幾命負屈難
伸叩懇查究等情前來查韓國警務官屢次過江擾害已屬
有違條約此次竟敢乘機行兇驅逐華境居住韓民以致商人

①

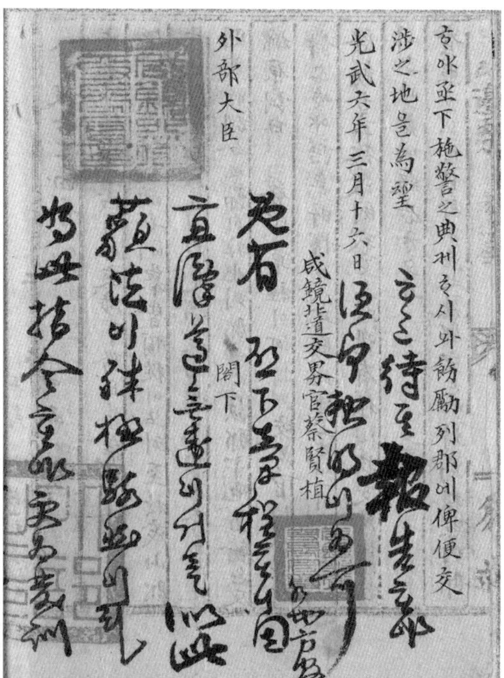
ᄒᆞ야丞下施警之典케ᄒᆞ시와飭勵列郡에俾便交
涉之地을爲望
光武六年三月十六日
咸鏡北道交界官蔡賢植
外部大臣　閣下

②

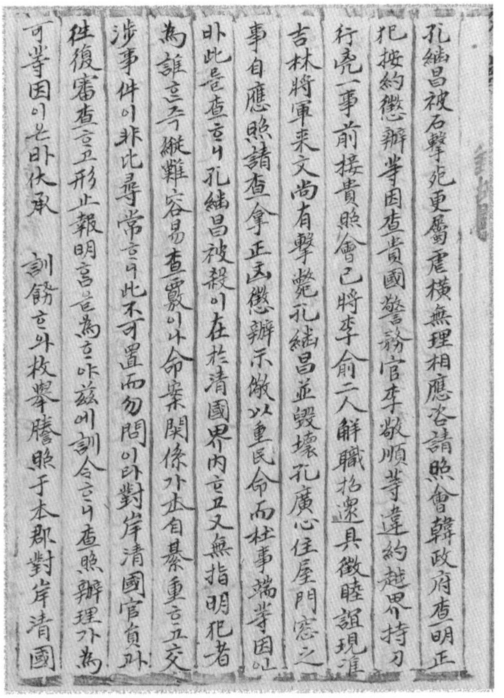

孔繼昌被石擊死更屬虐橫無理相應咨請照會韓政府查明正
犯按約懲辦並因查貴國警務官李敬順等違約越界持刀
行兇一事前接貴照會已將李俞二人解職拘逮具徵睦誼現准
吉林將軍來文尚有擊斃孔繼昌並毀壞孔廣心住屋門窗之
事自應照請查拿正兇懲辦示儆以重民命而杜事端等因이
바此를查ᄒᆞ온즉孔繼昌被殺이在於清國界內ᄒᆞ고又無指明犯者
爲誰ᄒᆞ온즉縱難容易查覈이나命案關係가本自綦重ᄒᆞ고交
涉事件이非比尋常ᄒᆞ오니此不可置而勿問이라對岸清國官員과
往復審查ᄒᆞ고形止報明ᄒᆞᆷ을爲ᄒᆞ야玆에訓令ᄒᆞ니查照辦理가爲
可等因이온바伏承
訓飭ᄒᆞ와枚擧謄照于本郡對岸清國

②

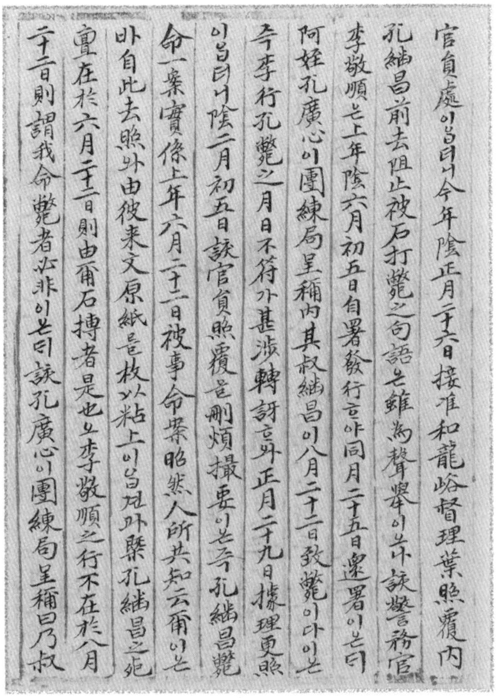

官員處이옵더니今年陰正月二十六日接准和龍峪督理葉照覆內
孔繼昌前去阻止被石打斃之句語은雖爲聲擧이오나該警務官
李敬順은上年陰六月初五日自署發行ᄒᆞ야同月二十五日還署이온되
阿姪孔廣心이團練局呈稱內其叔繼昌이八月二十二日致斃이라이온
즉李行孔斃之月日不符가甚涉轉訝ᄒᆞ와正月二十九日據理更照
이옵더니陰二月初五日該官員照覆ᄒᆞᆫ刪煩撮要이온즉孔繼昌斃
命一案實係上年六月二十二日被事命案昭然人所共知云爾이온
바自此去照外由彼来文原紙를枚以粘上이옵거와槩孔繼昌之死
實在於六月二十二日則由甭石搏者是也오李敬順之行不在於八月
二十二日則謂我命斃者必非이온되該孔廣心이團練局呈稱曰乃叔

③

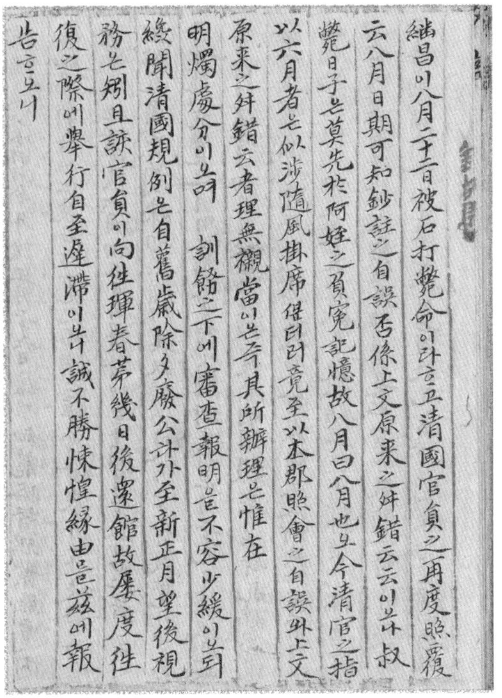

繼昌이八月二十二日被石打斃命이라ᄒᆞ고清國官員之一再度照覆
云八月日期可知鈔謄之自誤否係上文原来之殊錯云云이오나叔
斃日子은莫先於阿姪之覓冤記憶故八月曰八月也오今清官之指
以六月者은似涉隨風掛席이옵더니竟至以本郡照會之自誤外上文
原来之殊錯云者理無襯當이온즉其所辦理은惟在
明燭處分이오며 訓飭之下에審查報明을不容少緩이온되
緣關清國規例은自舊歲除夕廢公하가至新正月望後視
務은矧且該官員이向往琿春第幾日後還館故屢度往
復之際에擧行自至遲滯이오니誠不勝悚惶緣由를玆에報
告ᄒᆞ오니

④

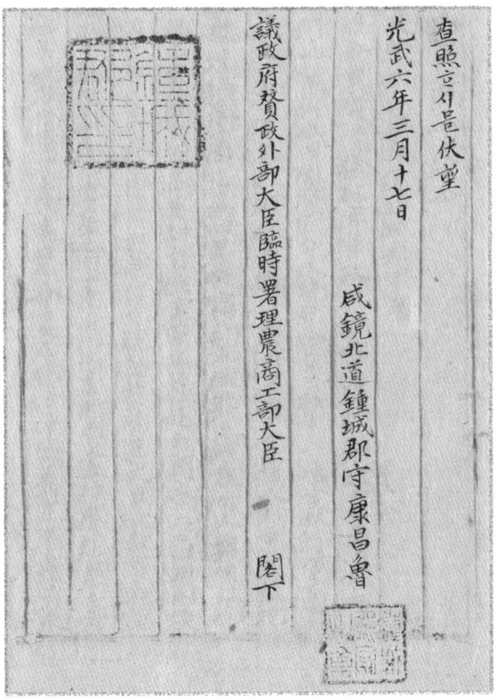

查照ᄒᆞ시믈伏望
光武六年三月十七日
咸鏡北道鍾城郡守康昌魯
議政府贊政外部大臣臨時署理農商工部大臣 閣下

⑤

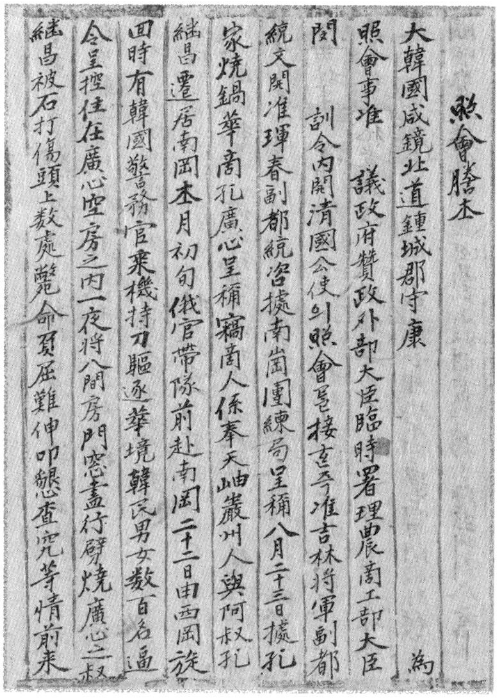
照會謄本
大韓國咸鏡北道鍾城郡守康　為
照會事准　議政府贊政外部大臣臨時署理農商工部大臣
訓令內開清國公使의照會를接ᄒᆞᆫ즉准吉林將軍副都
統文開准琿春副都統咨據南崗團練局呈稱八月二十三日據孔
家燒鍋華商孔廣心呈稱竊商人係奉天岫巖州人與阿叔孔
繼昌遷居南岡本月初旬俄官帶隊前赴南岡二十二日由西岡旋
回時有韓國警務官乘機持刀驅逐華境韓民男女數百名逼
令呈控住在廣心空房之內一夜將八間房門窗盡付劈燒廣心之叔
繼昌被石打傷頭上數處斃命冤屈難伸叩懇查究等情前來

⑥

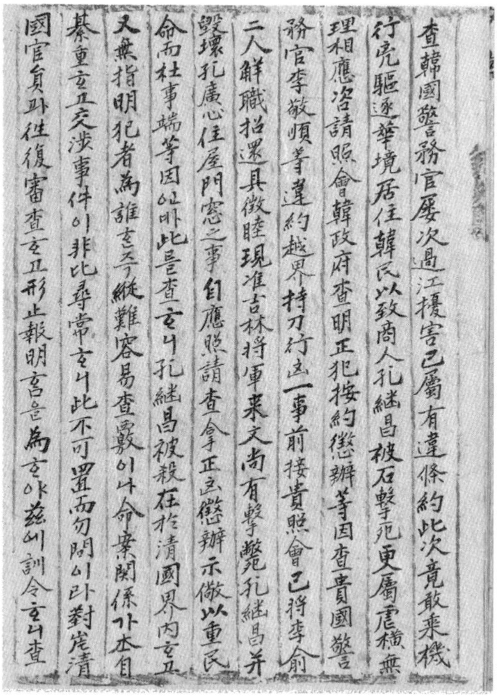
查韓國警務官屢次過江擾害已屬有違條約此次竟敢乘機
行兇驅逐華境居住韓民以致商人孔繼昌被石擊死更屬蠻橫無
理相應咨請照會韓政府查明正犯按約懲辦等因查貴國警
務官李敬順等違約越界持刀行兇一事前接貴照會已將李俞
二人鮮職拏還具徵睦現准吉林將軍來文尚有擊斃孔繼昌并
毀壞孔廣心住屋門窗之事自應照請查拏正兇懲辦示儆以重民
命而杜事端等因이바此를查ᄒᆞ니孔繼昌被殺在於清國界內ᄒᆞ고
又無指明犯者為誰ᄒᆞᆫ즉縱難容易查覈이나命案關係가本自
綦重ᄒᆞ고交涉事件이非比尋常ᄒᆞ니此不可置而勿問이라對彼清
國官員과往復審查ᄒᆞ고形止報明ᄒᆞᆷ을為ᄒᆞ야玆에訓令ᄒᆞ니查

⑦

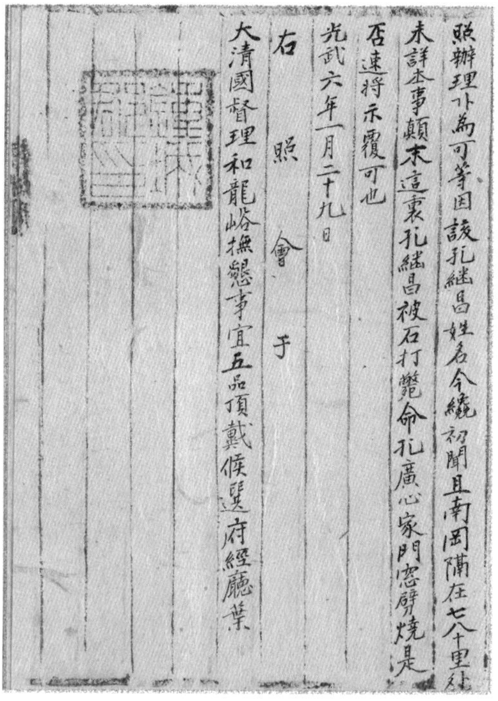
照辦理가為可等因該孔繼昌姓名今纔初聞且南岡隔在七八十里外
未詳本事顛末這裏孔繼昌被石打斃命孔廣心家門窗劈燒是
否速將示覆可也
光武六年一月二十九日
右　照　會　于
大清國督理和龍峪撫懇事宜五品頂戴候選府經廳葉

⑧

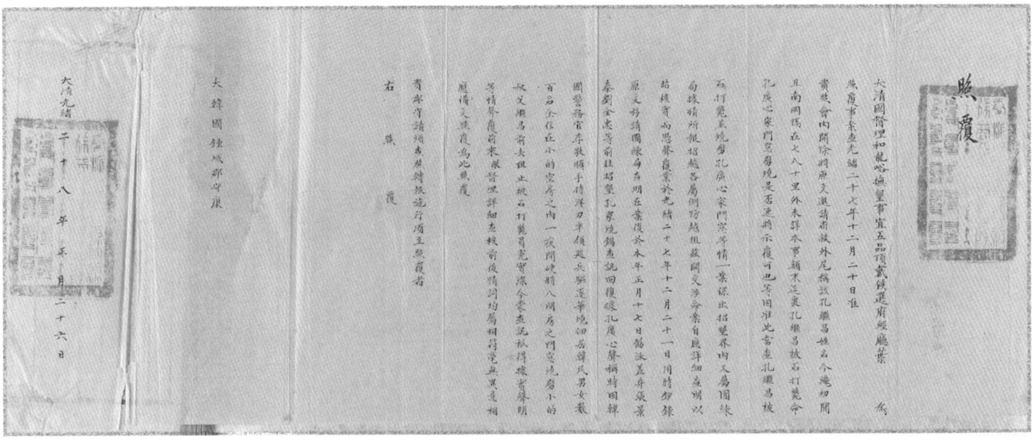
照覆
大清國督理和龍峪撫墾事宜五品頂戴候選府經廳葉　為
照覆事案查光緒二十七年十二月二十日准
貴照會內開除將原文邀請省敘外尾稱該孔繼昌姓名今幾切開
且南岡隔在七八十里外未詳本事願求送寔孔繼昌被石打斃命
孔廣心家門窓壞是否速將示覆可也等因准此當查孔繼昌被
石打斃並燒毀孔廣心家門窓等情一案係出招墾界內又屬國辣
局據情所報招越各屬例防越組蘇岡交涉命案自應詳細查明以
昭核實而懲暴徒業於光緒二十七年十二月二十一日用特鈔錄
原文移請國練局查明在案復於本年正月十七日飭派差弁張景
泰劉金忠等前往招墾孔家燒錫查訖回復據孔廣心聲稱時同韓
國警務官李敬順手持洋刀率領巡兵驅逐華境佃居韓民男女數
百名全住在小的窰房之內一夜間硬將八間房之門窓燒毀小的
叔父繼昌前去阻止被石打斃冒充曾孫今蒙查訖祇得據實聲明
等情暨覆前來職督理詳細查核前後情詞均屬相符毫無異是相
應備文照覆為此照覆
貴郡守請煩查照轉報施行須至照覆者
右　照　覆
大韓國鍾城郡守康
大清光緒二十八年正月二十六日

⑨

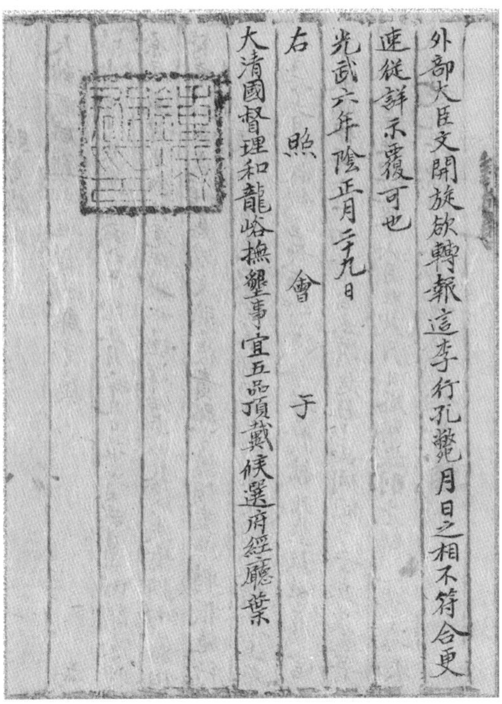
外部大臣文開旋欲轉報這李行孔斃月日之相不符合更
速從詳示覆可也
光武六年陰正月二十九日
右　照　會　于
大清國督理和龍峪撫墾事宜五品頂戴候選府經廳葉

⑪

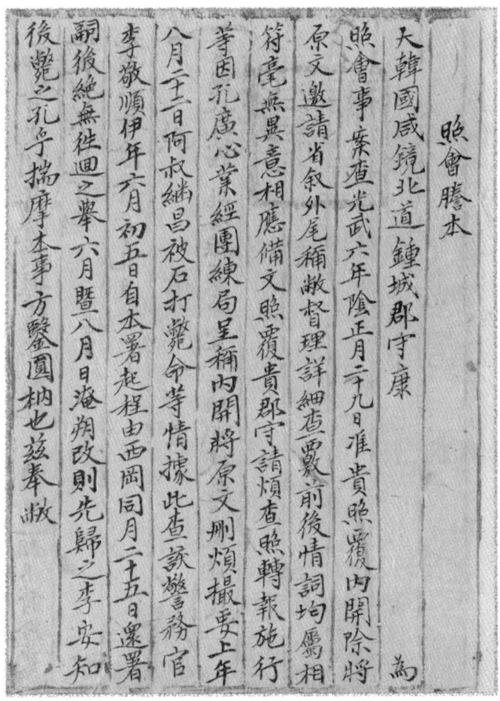
照會謄本
大韓國咸鏡北道鍾城郡守康　為
照會事案查光武六年陰正月二十九日准貴照覆內開除將
原文邀請省叙外尾稱㪽督理詳細查覈前後情詞均屬相
符毫無異意相應備文照覆貴郡守請煩查照轉報施行
等因孔廣心業經團練局呈稱內開將原文删煩撮要上年
八月二十一日阿叔繼昌被石打斃命等情據此查該警務官
李敬順伊年六月初五日自本署起程由西岡同月二十五日還署
嗣後絕無徃迴之擧六月暨八月日淹殉改則先歸之李安知
後斃之孔乎揣摩本事方鑿圓枘也玆奉㪽

⑩

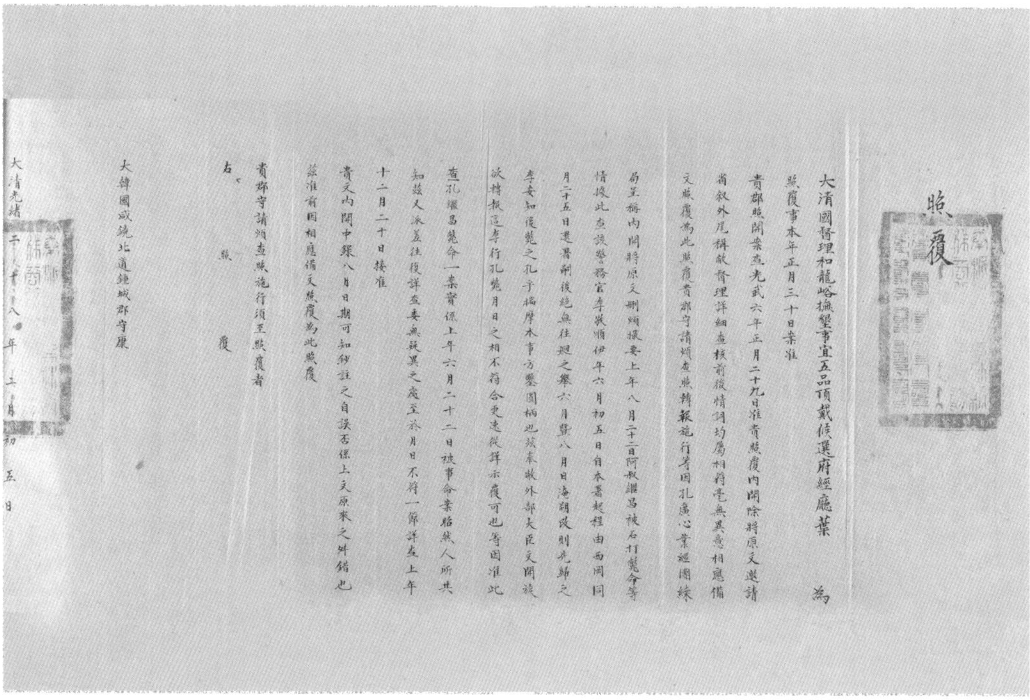

照覆

大清國督理和龍峪撫墾事宜五品頂戴候選府經廳葉 為

照覆事本年正月三十日案准

貴郡照開案查光武六年正月二十九日准貴照覆內開除將原文逕請

尙叙外茂稱敢督理詳細查核前後情詞均屬相符毫無異意相應備

文照覆爲此照覆貴郡守請煩查照轉報施行等因孔廣心業經圈綠

局呈稱內開將原文刪煩摄要上年八月二十二日阿叔繼昌被石打斃命等

情據此查該警務官李範順伊年六月初五日自本署起程由西岡同

月二十五日還署嗣後絶無往返之舉六月暨八月日海關段則兆歸之

李安知後斃之孔子福摩木事方墾圓柄也該本敝外部大臣文開旋

欲轉報逕李行孔斃月日之相不符合更速從詳示覆可也等因准此

查孔繼昌斃命一案實係上年六月二十二日被事命案賠然人所共

知茲又派差往復詳查委無疑異之處至於月日不符一節詳查上年

十二月二十日接准

貴文內開中錄八月日期可知鈔謄之自誤否係上文原來之舛錯也

茲准前因相應備文照覆爲此照覆

貴郡守請煩查照施行須至照覆者

右

照

覆

大韓國咸鏡北道鍾城郡守康

大清光緒二十八年十二月初五日

⑫

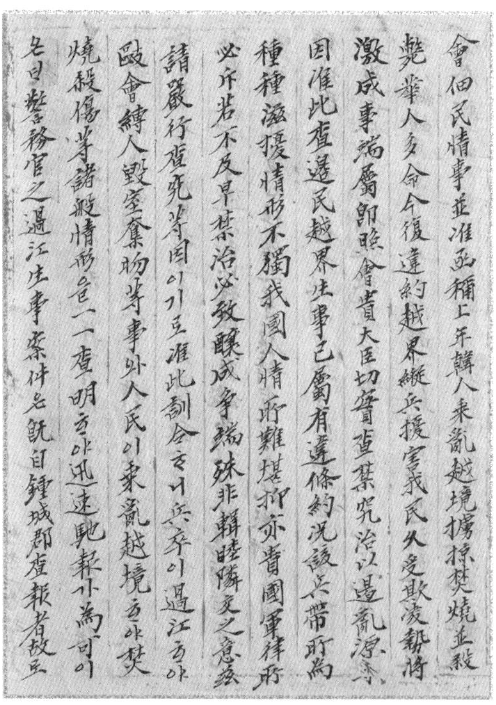

會佃民情事並准函稱上年韓人乘亂越境擄掠焚燒並殺

斃華人多命今復違約越界縱兵援害我民久受欺凌勢將

激成事端屬卽照會貴大臣切實查禁究治以遏亂源等

因准此查邊民越界生事已屬有違條約況該兵帶所爲

種種滋擾情形不獨我國人情所難堪抑亦貴國軍律所

必斥若不及早禁治必致釀成爭端殊非輯睦隣交之意茲

請嚴行查究等因이기로准此訓令ᄒ오니兵卒이過江ᄒ야

毆會縛人毁室奪物等事와人民이乘亂越境ᄒ야焚

燒殺傷等諸般情形을一一查明ᄒ야迅速馳報ᄒ미爲可이

名曰警務官之過江生事案件은旣自鍾城郡查報者故로

②

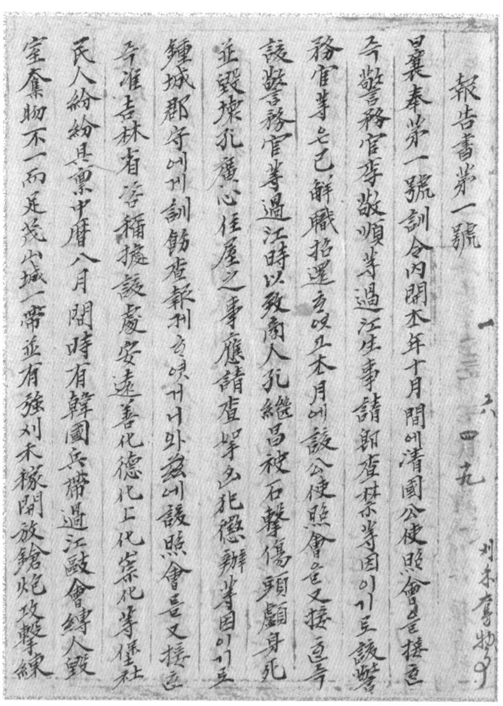

報告書第一號

昌襄奉第一號訓令內開本年十月間에清國公使照會을接ᄒ온

즉警務官李範順等過江生事請卽查禁等因이기로該警

務官等은已解職招還ᄒ얏고本月에該公使照會을又接ᄒ온

즉該警務官等過江時以致商人孔繼昌被石擊傷頭顱身死

並毁壞孔廣心住屋之事應請查明懲辦等因이기로

鍾城郡守에게訓飭查報케ᄒ얏더니外衙에該照會을又接ᄒ온

즉准吉林省咨稱據該處安遠善化德化上化崇化等保社

民人紛紛具稟中曆八月間時有韓國兵帶過江毆會縛人毁

室奪物不一而延茂以城一帶並有強刈禾稼開放鎗炮攻擊練

①

함 22

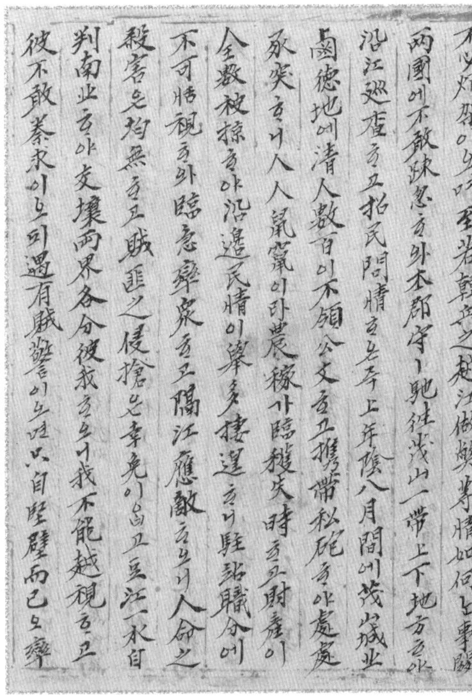
不必煩架이오며 至若韓兵之越江做弊等情如何ㅎ事關
兩國에不敢踈忽ㅎ와 本郡守ㅣ馳往茂山一帶上下地方ㅎ야
沿江巡査ㅎ고 招民問情ㅎ온즉 上年陰八月間에茂山城北
函德地에清人數百이不領公文ㅎ고携帶私砲ㅎ야處處
豕突ㅎ니人人鼠竄이라農稼가臨穫失時ㅎ고財產이
全數被掠ㅎ야沿邊民情이擧多棲遑ㅎ니駐紮職分에
不可恬視ㅎ와臨急鎮衆ㅎ고隔江應敵ㅎ오니人命之
殺害ㅎ은幸無ㅎ고賊匪之侵搶은幸免이옵고豆江一水로自
判南北ㅎ야交壤兩界各分彼我ㅎ오니我不能越視ㅎ고
彼不敢恭求이오며過有賊警이오면只自堅壁而已오寧

③

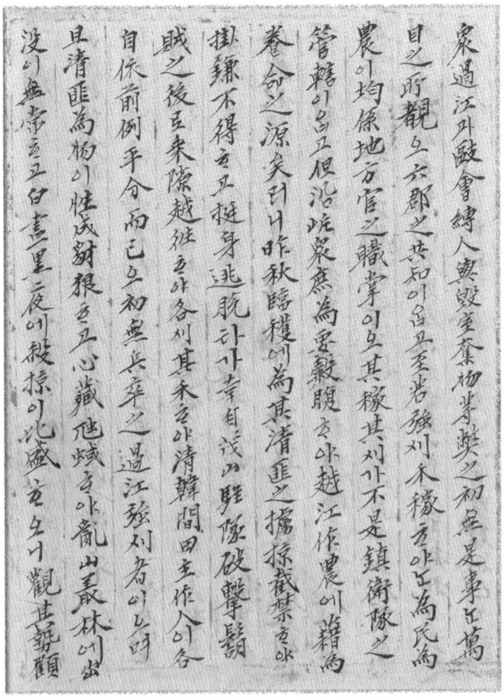
衆過江ㅎ야毆會縛人ㅎ고毀室奪物等弊之初에無是事ㅎ고萬
目之所覩오六郡之共知이옵고至若殘刈禾稼ㅎ야亡爲民爲
農이均係地方官之職掌이오其稼其刈가不足鎮衛隊之
管轄이옵고但沿岸衆庶爲要穀腹ㅎ야越江作農에籍爲
養命之源矣러니昨秋臨穫에爲其清匪之擄掠截禁ㅎ야
掛鎌不得ㅎ고挺身逃脫ㅎ다가幸有茂山駐隊砲擊驅
賊之後로未隊越往ㅎ야各刈其禾ㅎ야清韓間田主作人이各
自依前例平分而已오初無兵卒之過江殘刈者이오며
且清匪爲物이性成豺狼ㅎ고心藏虺蜮ㅎ야亂山叢林에出
沒이無常ㅎ고白晝黑夜에殺掠이比盛ㅎ오니觀其韓顧

④

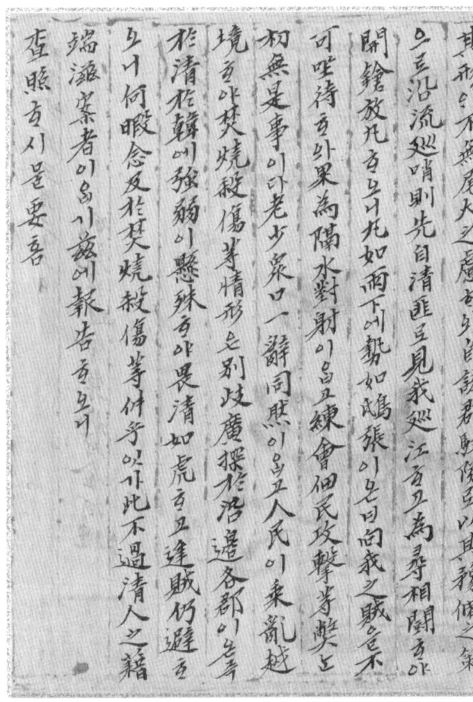
其形이不無尾大之慮ㅎ와自該郡駐隊로以其稼備之策
으로沿流巡哨則先自清匪로見我巡江ㅎ고爲尋相鬪ㅎ야
開鎗放丸ㅎ오니丸如雨下에勢如鴟張이온日的我之賊은不
可坐待ㅎ와果爲隔水對射이옵고練會佃民攻擊等弊는
初無是事이다老少衆口一辭同然이옵고人民이來亂越
境ㅎ야焚燒殺傷等情形은別歧廣探於沿邊各郡이온즉
於清於韓에强弱이懸殊ㅎ야畏清如虎ㅎ고逢賊仍避ㅎ
오니何暇念及於焚燒殺傷等件乎잇가此不過清人之藉
端濫案者이옵기玆에報告ㅎ오니
査照ㅎ시믈要홈

⑤

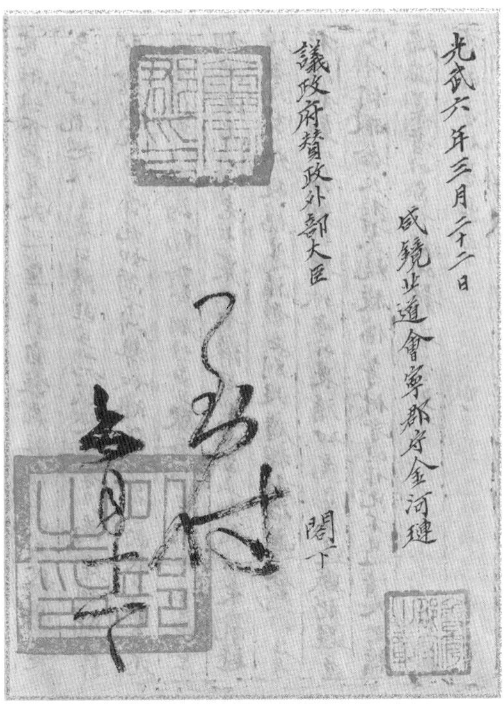
光武六年三月二十二日
咸鏡北道會寧郡府金河璉
議政府贊政外部大臣 閣下

⑥

함 23

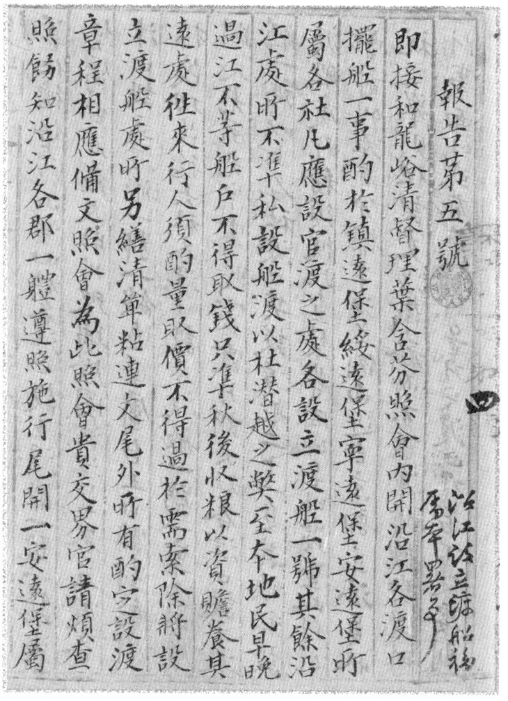
報告第五號
即接和龍峪清督理葉佘芬照會內開沿江各渡口擺船一事酌於鎮遠堡綏遠堡寧遠堡安遠堡所屬各社凡應設官渡之處各設立渡船一隻其餘沿江處所不准私設船渡以杜潛越之弊至本地民早晚過江不索船戶不得取錢只準秋後收粮以資贍養其遠處往來行人須酌量取價不得過於需索除將設立渡船處所另繕清單粘連文尾外所有酌定設渡章程相應備文照會為此照會貴交界官請煩查照飭知沿江各郡一體遵照施行尾開一安遠堡屬

①

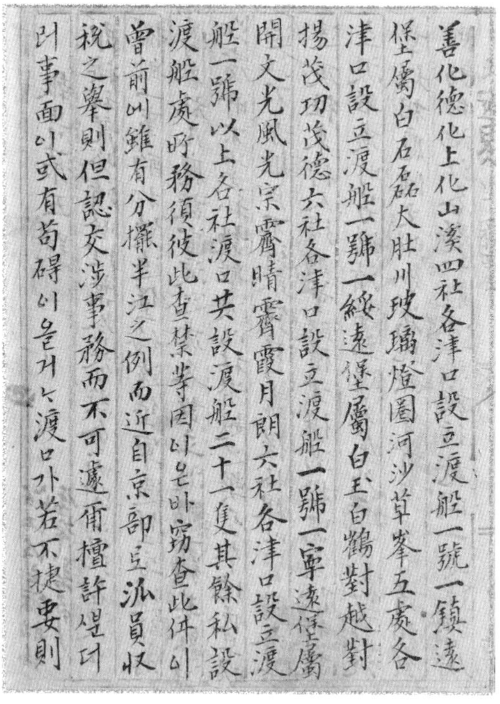
善化德化上化山溪四社各津口設立渡船一號一鎮遠堡屬白石砬大肚川玻璃燈圈河沙草峯五處各津口設立渡船一隻一綏遠堡屬白玉白鶴對越對揚茂功茂德六社各津口設立渡船一隻一寧遠堡屬開文光風光宗霽晴霽霞月朗六社各津口設立渡船一隻以上各社渡口共設渡船二十一隻其餘私設渡船處所務須彼此查禁等因이온바窃查此件이曾前에雖有分擺半江之例而近自京部로派員收稅之擧則但認交涉事務而不可遽爾擅許벗더러事面이或有苟碍이옵거니渡口가若不捷要則

②

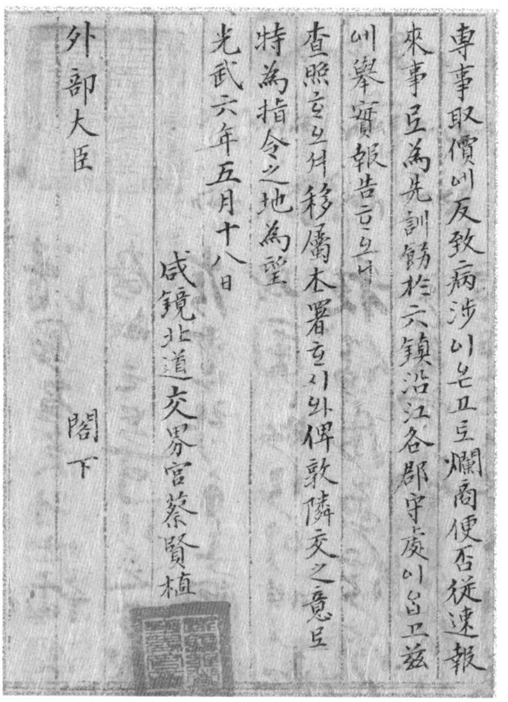
專事取價에反致病涉이온고로瀾商便否從速報來事로為先訓飭於六鎮沿江各郡守處이옵고玆에擧實報告하오니
查照하오신後移屬本署하시와俾敦隣交之意로特為指令之地為望

光武六年五月十八日

咸鏡北道交界官蔡賢植

外部大臣 閣下

③

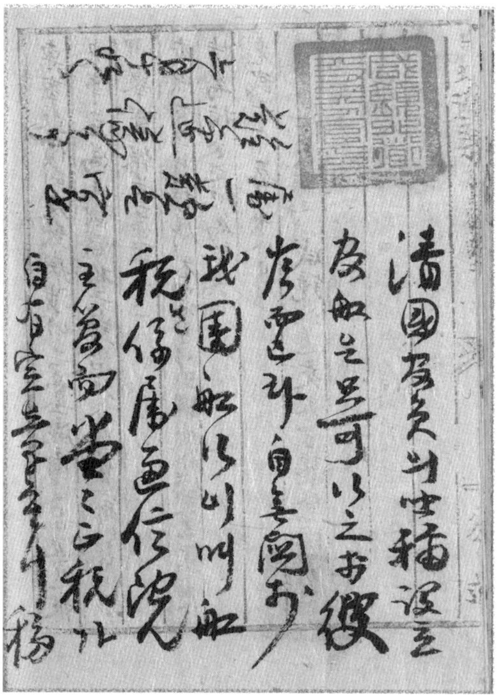

④

함 24

①

報告第六號

接準和龍峪督理葉合芬照請內槩에 於茂山對岸等
地에 有查邊事ᄒᆞ야 方擬巡哨之行而假途我界故其
在交涉之道에 有難靳許ᄂᆞᆫ 此行이 既非侵入犯境이오
蓋緣取近假途ᄒᆞᆯ더러 毋論諸各國ᄒᆞ고 官員이 因公帶
同兵丁持械過境이라도 給照護送은 昭載章規ᄒᆞ고 我
國官員도 若有他國之行則荷銃帶釼ᄒᆞ야 以備防身之
物은 亦多可援之例ᄒᆞ니 使之放行ᄒᆞ야 無令阻滯ᄒᆞᆫ事
로 據實照會于鍾隊參領이옵더니 即接回照內刪繁撮
要尾開 清員이 既云查邊則我地에 有何可查之端而

②

捨彼取此이며 曾以外國人從捷擅越之由로 報 元
帥府指令內開에 原有 國界ᄒᆞ니 另飭各分站ᄒᆞ야
毋至互越滋釁이라ᄒᆞ얏고 且與清員으로 有所定約內
至於兩國軍人持公文來往ᄒᆞ야도 各具私服ᄒᆞ야 毋碍
觀瞻이라ᄒᆞᆫ바 挽近沿邊이 稍安ᄒᆞ야 異言異服之人이
不得越江滋擾之餘에 猝有此擧則亦豈無邊民疑
訝驚懼之端乎아 於斯於彼에 假途一款은 自隊로 萬
難擅許이기 茲에 照復ᄒᆞ오니 照亮後自貴署로 報
外部ᄒᆞ야 照請 元帥府措辦爲要等因인바 沿江
戒嚴은 容或無怪이오나 接壤交涉에 似有失和ᄒᆞᆯ더

③

러 本署事務ᄂᆞᆫ 專管越墾則日後巡檢派遣佩刀往
回에 或不無寅緣攔阻之慮矣라 事或至此면 禁匪
戢盜之方이 徒擁虛名이오 保民靖邊之策이 專無
實效이온바 茲에 報告ᄒᆞ오니
查照ᄒᆞ오셔 移照 元帥府ᄒᆞ시와 韓清之際에 安定
金石之約而警隊之間에 無或圭角之弊ᄒᆞ야 俾存交隣
之誼을 爲望

光武六年六月二日

咸鏡北道邊界官蔡賢植

④

外部 大臣

閣下

함 25

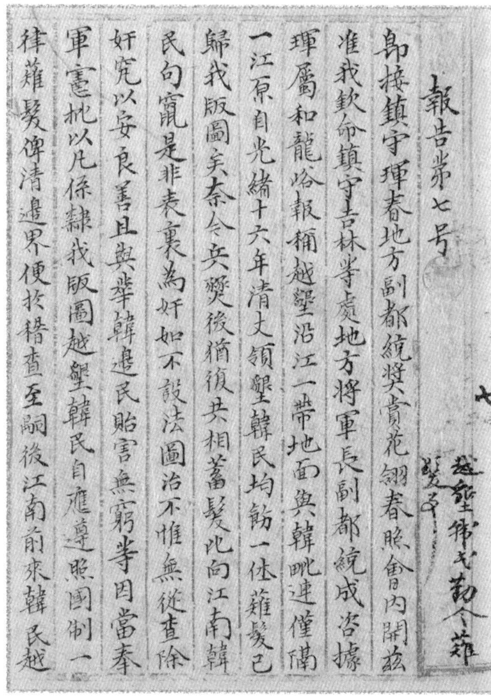

報告第七号

鳥接鎭守琿春地方副都統奬賞花翎春 照會內開茲
准我欽命鎭守吉林等處地方將軍長副都統成咨據
琿屬和龍峪報稱越墾沿江一帶地面與韓毗連僅隔
一江原自光緖十六年淸丈領墾韓民均飭一体薙髮已
歸我版圖矣奈今兵燹後猶復共相蓄髮此向江南韓
民句竄是非表裏爲奸如不設法圖治不惟無從查除
奸究以安良善且與華韓邊民貽害無窮等因當奉
軍憲批以凡係隸我版圖越墾韓民自應遵照國制一
律薙髮俾淸邊界便於稽查至嗣後江南前來韓民越

①

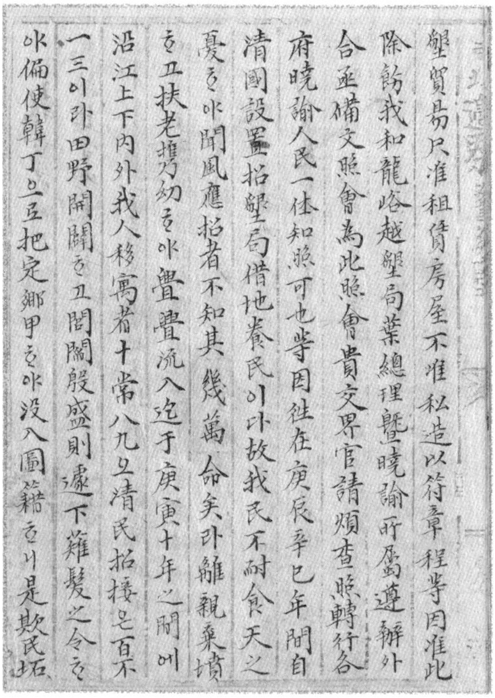

墾貿易只准租賃房屋不准私造以符章程等因准此
除飭我和龍峪越墾局葉總理暨曉諭所屬遵辦外
合亟備文照會爲此照會貴交界官請煩查照轉行各
府曉諭人民一体知照可也等因往在庚辰辛巳年間自
淸國設置招墾局借地養民이라故我民不耐食天之
憂ᄒ야聞風應招者不知其幾萬命矣라離親棄墳
ᄒ고扶老攜幼ᄒ야疊疊流入迄于庚寅十年之間에
沿江上下內外我人移寓者十常八九오淸民招接은百不
一三이라田野開闢ᄒ고閭閻殷盛則遽下薙髮之令ᄒ
야偏使韓丁으로把定鄕甲ᄒ야没入圖籍ᄒ니是欺民招

②

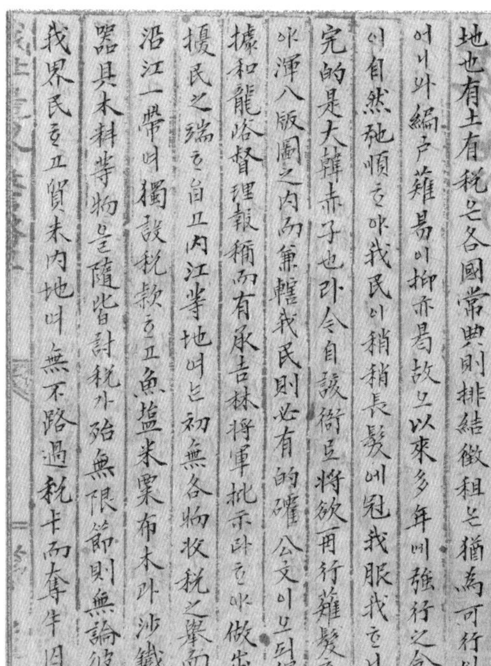

地也有土有稅은各國常典이라排結徵租는猶爲可行이
어니와編戶薙易이抑亦易故오以來多年에强行之令
이自然弛順ᄒ야我民이稍稍長髮에冠我服我ᄒ니
完的是大韓赤子也라今自該衙로將欲再行薙髮ᄒ
야渾入版圖之內而兼轄我民則必有的確公文이오되但
據和龍峪督理報稱而有承吉林將軍批示라ᄒ야做出
擾民之端ᄒ읍고內江等地에는初無各物收稅之擧而
沿江一帶에獨設稅款ᄒ고魚鹽米粟布木과沙鐵
器具木料等物을隨皆討稅가殆無限節則無論彼
我界民ᄒ고貿來內地에無不路過稅卡而奪牛因

③

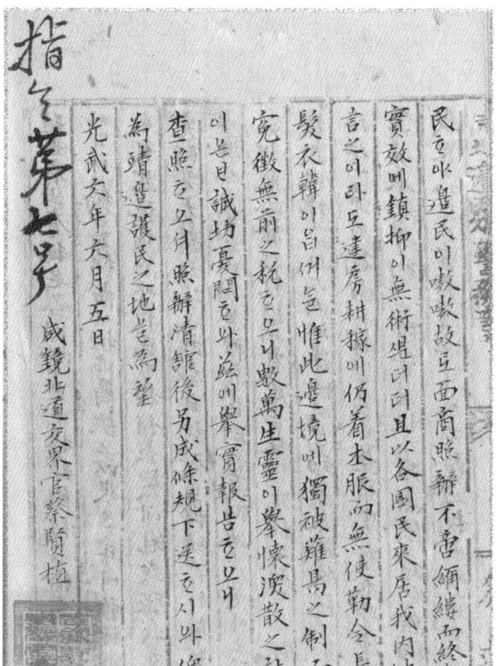

民ᄒ야邊民이嗷嗷故로面商照辦不啻縷縷而終無
實效에鎭抑이無術셔더니且以各國民來居我內地
言之이라도建房耕稼에仍着本服而無使勒令長
髮衣韓이읍거늘惟此邊境에獨被薙易之制而
究徵無前之稅ᄒ오니數萬生靈이擧懷渙散之計
이옵기誠切憂悶ᄒ와玆에擧實報告ᄒ오니
查照ᄒ오시고照辦淸館後另成條規下送ᄒ시와俾
爲靖邊護民之地를爲望
光武六年六月五日
咸鏡北道交界官蔡賢植

指令第七号

④

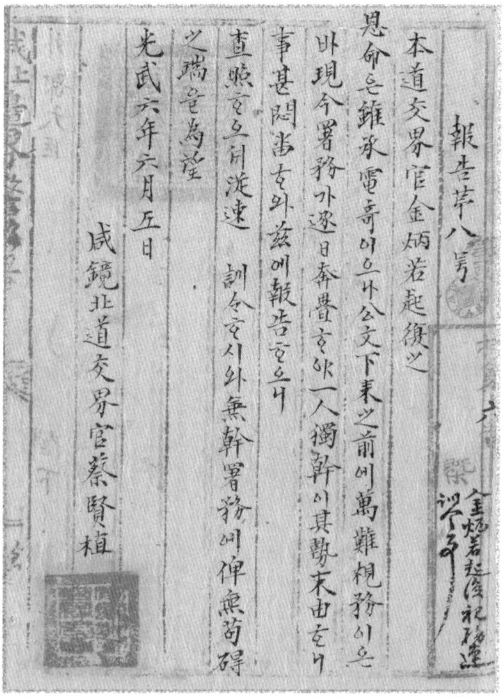
報告第八號
本道交界官金炳若起復之
恩命은雖承電寄이오나公文下來之前에萬難視務이온
바現今署務가逐日奔疊ᄒᆞ와一人獨幹이其勢末由ᄒᆞ오니
事甚悶迫ᄒᆞ와玆에報告ᄒᆞ오니
直照ᄒᆞ오신後速 訓令ᄒᆞ시와無幹署務에俾無苟碍
之端을爲望
光武六年六月五日
咸鏡北道交界官蔡賢植

① 함 26

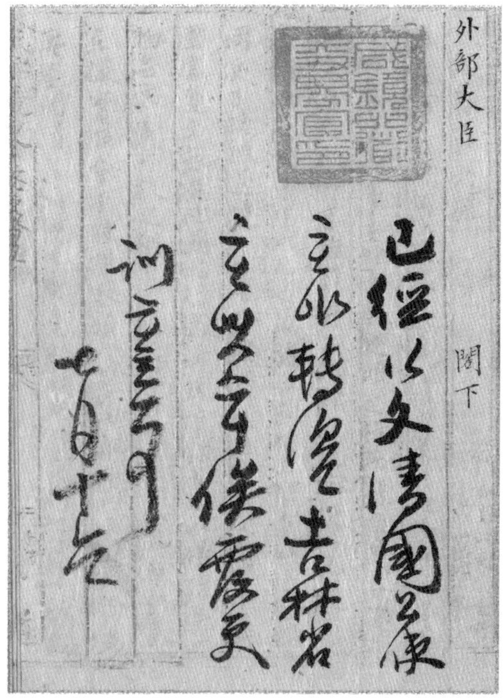
外部大臣 閣下

⑤

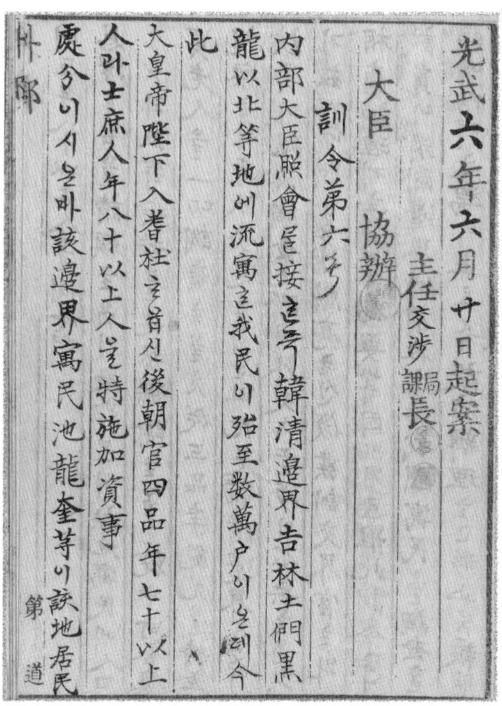
光武六年六月卄日起案
主任交涉課長
大臣 協辦
訓令第六號
內部大臣照會를接ᄒᆞᆫ즉韓淸邊界吉林土們黑
龍以北等地에流寓ᄒᆞᆫ我民이殆至數萬戶이온則今
此
大皇帝陛下入耆社ᄒᆞ읍신後朝官四品年七十以上
人과士庶人年八十以上人을特施加資事
處分이시온바該邊界寓民池龍奎等이該地居民
外部 第 道

① 함 27

外部大臣 閣下

②

함 28

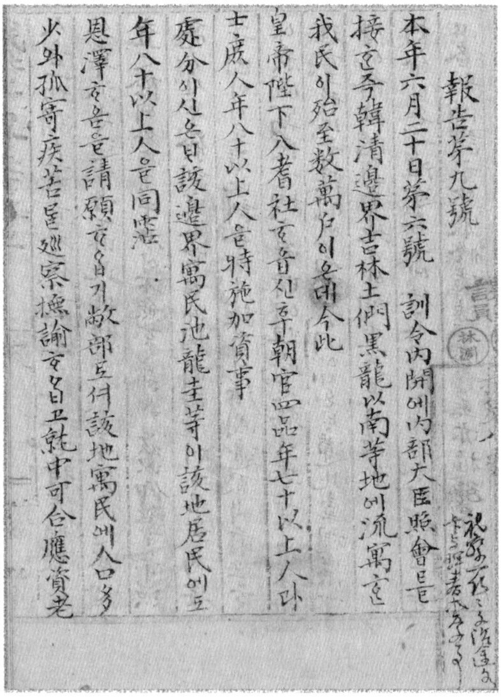
報告第九號
本年六月二十日第六號 訓令內開에內部大臣照會를接ᄒᆞᆫ즉韓淸邊界吉林土們黑龍以南等地에流寓ᄒᆞᆫ
我民이殆至數萬戶이온대今此
皇帝陛下入耆社ᄒᆞ옵신후朝官四品年七十以上人과
士庶人年八十以上人을特施加資事
處分이시온바該邊界寓民池龍圭等이該地居民에도
年八十以上人을同霑
恩澤ᄒᆞ음을請願ᄒᆞ옵기敝部로付該地寓民에人口多
少外孤寄疾苦를巡察撫諭ᄒᆞ옵고就中可合應資老

①

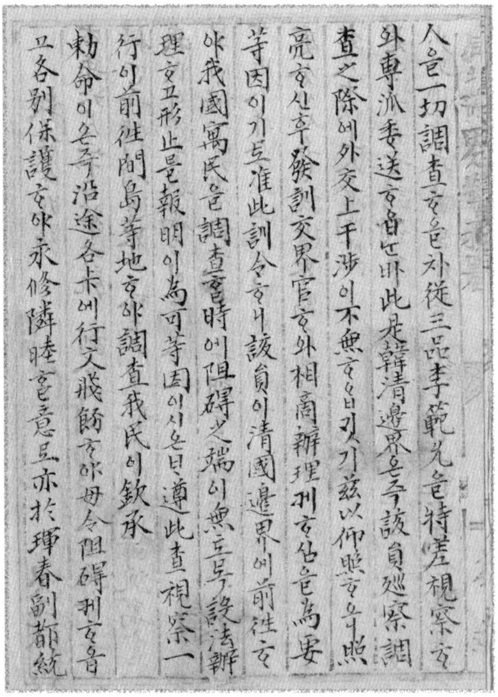
人을一切調査ᄒᆞ올次從三品李範允을特差視察ᄒᆞ
와專派委送ᄒᆞ옵ᄂᆞᆫ바此是韓淸邊界온즉該員이巡察調
査之際에外交上干涉이不無ᄒᆞ옵기玆以仰照ᄒᆞ오니照
亮ᄒᆞ신후發訓交界官ᄒᆞ와相商辦理케ᄒᆞ심을爲要
等因이기로准此訓令ᄒᆞ니該員이淸國邊界에前往ᄒᆞ
야我國寓民을調査ᄒᆞᆯ時에阻碍之端이無ᄒᆞ도록設法辦
理ᄒᆞ고形止를報明이爲可等因이시온바遵此査視察一
行이前往間島等地ᄒᆞ야調査我民이欽承
勅命이온즉沿途各卡에行文飭ᄒᆞ야毋令阻碍케ᄒᆞ음
고各別保護ᄒᆞ야永修隣睦ᄒᆞᆫ意로亦於琿春副都統

②

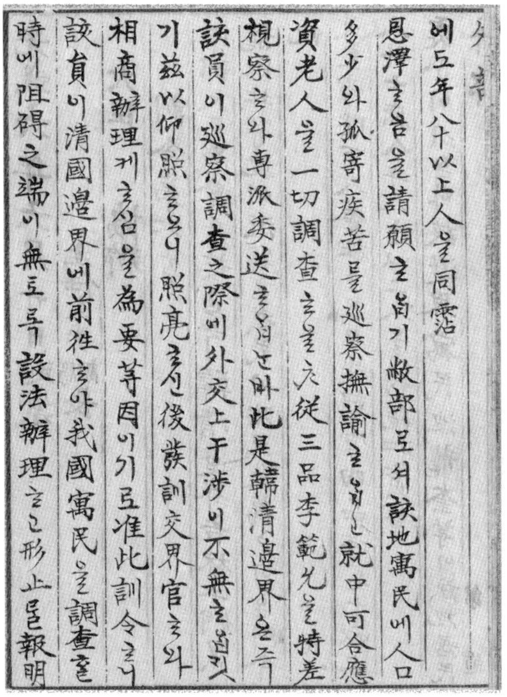
에도年八十以上人을同霑
恩澤ᄒᆞ음을請願ᄒᆞ옵기敝部로셔該地寓民에人口
多少와孤寄疾苦를巡察撫諭ᄒᆞ옵고就中可合應
資老人을一切調査ᄒᆞ올次從三品李範允을特差
視察ᄒᆞ와專派委送ᄒᆞ옵ᄂᆞᆫ바此是韓淸邊界온즉
該員이巡察調査之際에外交上干涉이不無ᄒᆞ옵기
玆以仰照ᄒᆞ오니照亮ᄒᆞ신後發訓交界官ᄒᆞ와
相商辦理케ᄒᆞ심을爲要等因이기로准此訓令ᄒᆞ니
該員이淸國邊界에前往ᄒᆞ야我國寓民을調査ᄒᆞᆯ
時에阻碍之端이無ᄒᆞ도록設法辦理ᄒᆞ고形止를報明

②

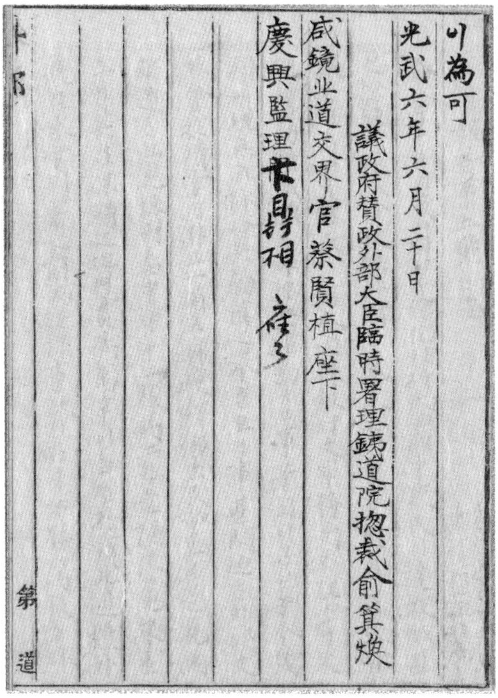
이爲可
光武六年六月二十日
議政府贊政外部大臣臨時署理鐵道院總裁俞箕煥
咸鏡北道交界官蔡賢植座下
慶興監理[illegible]相

③

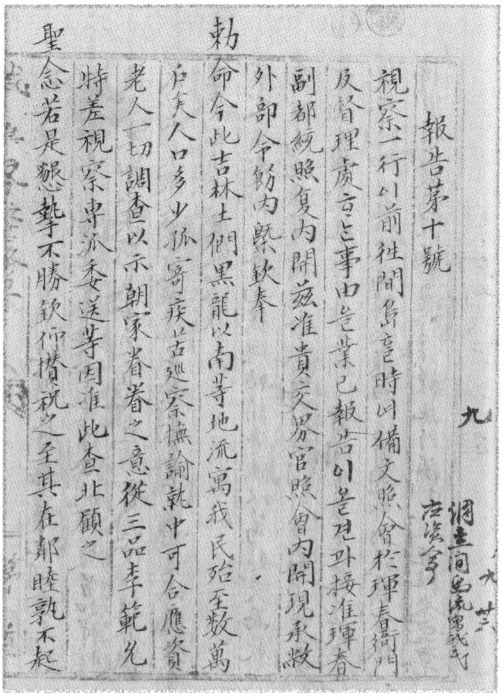
報告第十號

視察一行이前往間島흘時에備文照會於琿春衙門及督理處흔事由은業已報告이온바接准琿春副都統照復內開玆准貴交界官照會內開現承外部令飭內開欽奉

勅

命令此吉林土們黑龍以南等地流寓我民殆至數萬戶夫人口多少孤寄疾苦巡察撫諭孰中可合應資老人一切調查以示朝家眷眷之意從三品李範允特差視察專派委送等因准此査北顧之

聖念若是懇摯不勝欽仰攢祝之至其在鄰睦孰不起

①

함 29

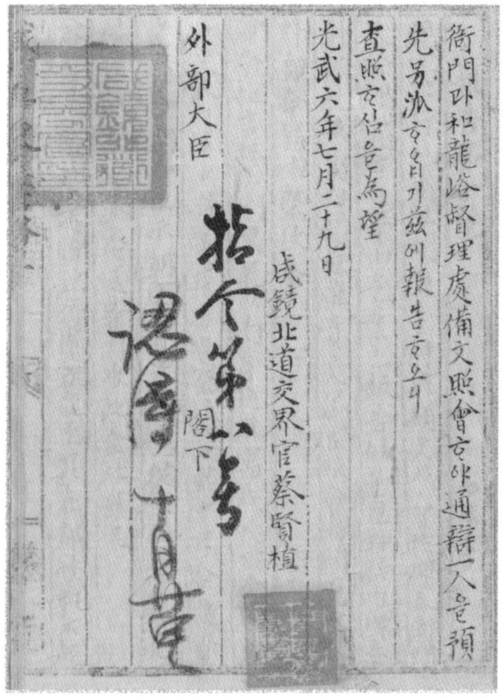
衙門과和龍峪督理處備文照會호야通辯一人을預先另派호오니茲에報告호오니

査照호신을爲望

光武六年七月二十九日

咸鏡北道交界官蔡賢植

外部大臣 閣下

③

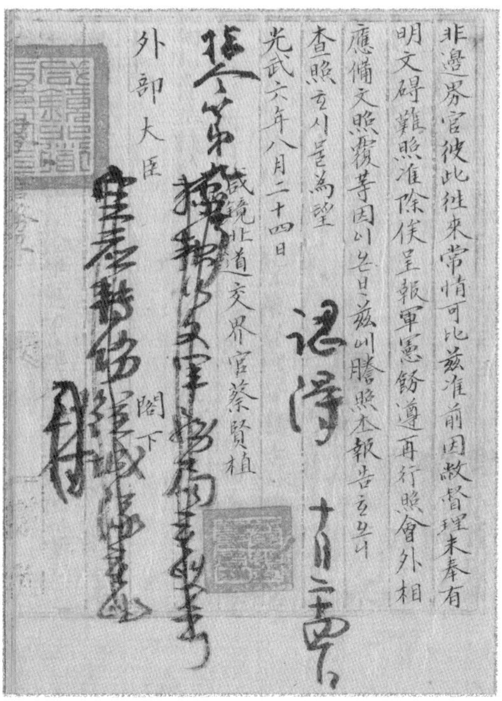
非邊界官彼此往來常情可比玆准前因敎督理來奉有明文碍難照准除俟呈報軍憲飭遵再行照會外相應備文照覆等因이온바玆에謄照本報告호오니

査照호시믈爲望

光武六年八月二十四日

咸鏡北道交界官蔡賢植

外部大臣 閣下

③

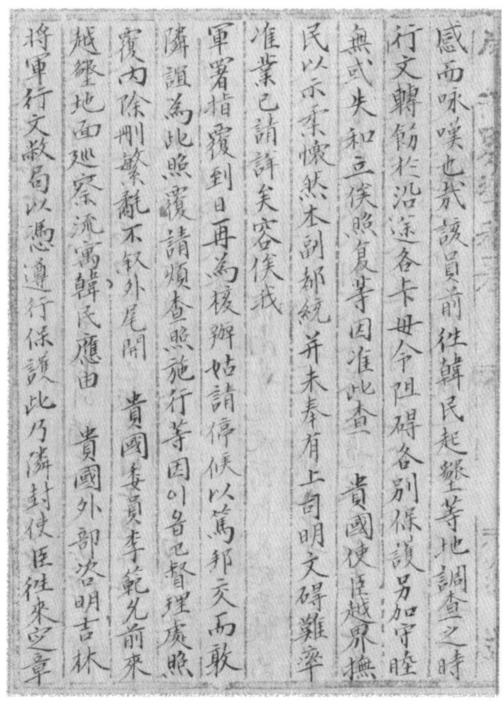
感而咏嘆也哉該員前往韓民起墾等地調查之時行文轉飭於沿途各卡毋令阻碍各別保護另加守睦無或失和云俟照覆等因准此查 貴國使臣越界撫民以示柔懷然本副都統并未奉有上司明文碍難率准業已請詳矣容俟我軍署指覆到日再爲核辦姑請停候以篤邦交而敦隣誼爲此照覆請煩查照施行等因이옵고督理處照覆內除刪繁亂不叙外尾開 貴國委員李範允前來越墾地面巡察流寓韓民應由 貴國外部咨明吉林將軍行文敎局以憑遵行保護此乃滿封使臣往來定章

②

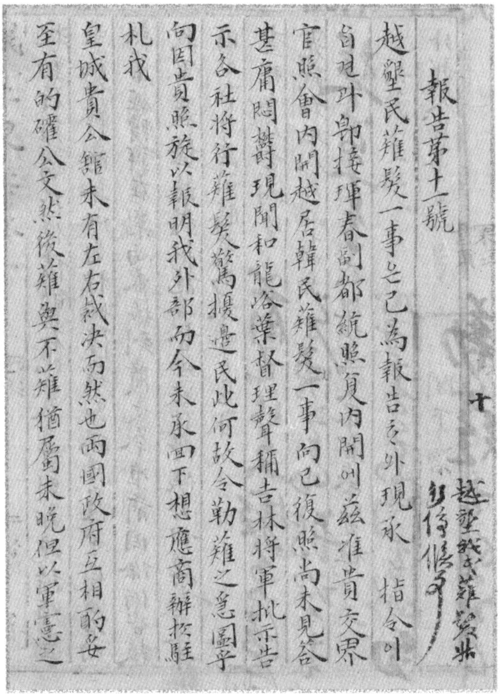

① 함 30

④

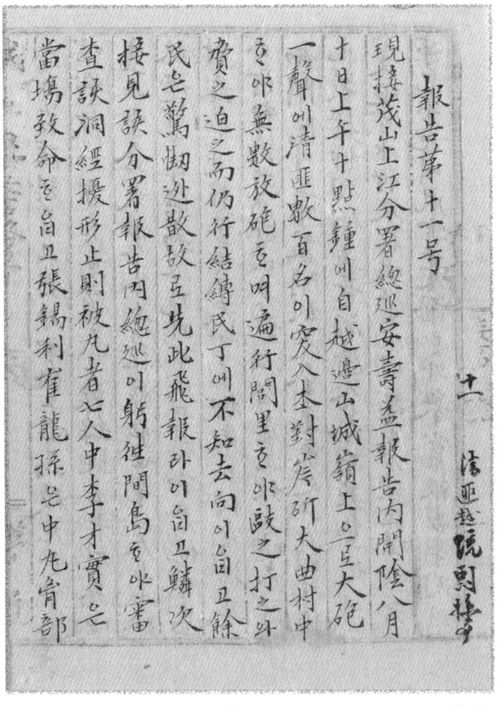

① 함 31

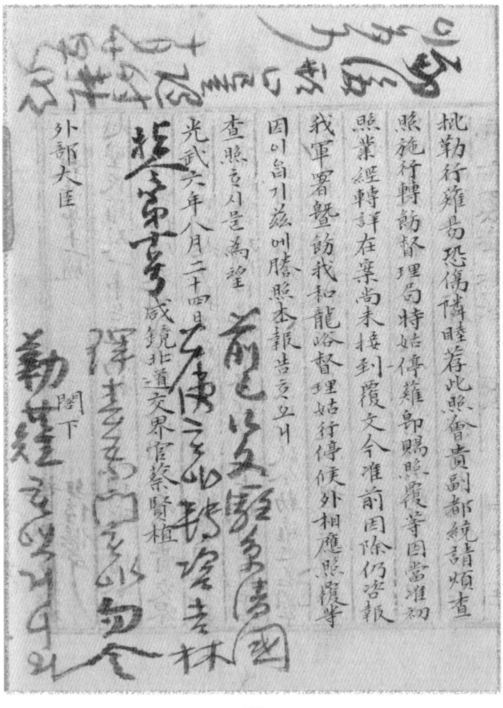

②

에命在頃刻ᄒᆞ고其外四人도亦爲被死ᄒᆞ야驚
噓戰慄에方在危濱ᄒᆞ고被縛捉去者至爲四
十一人中金秉燮李彦植嚴弘世等三人은中路
放還이오나俱爲落魄에不成言語而其他牛馬
財産與逃躲之老少夫女ᄂᆞᆫ抑未知何處棲屑
이오何窒餓殍인지以其該洞空虛之致로姑未詳
細問聞이오나略聞放還人金秉燮之口言則匪徒
屯聚於柳洞側孟哥洞淸人幕而其勢熖이
蔓延ᄒᆞ야將及於沿江上下에無處不然之様云云
事已至此에夙宵憂懼ᄒᆞ와擧實報告等因이

②

온바准此查匪徒之搶掠이非今伊前而未有若今
番之勢大禍酷이라戢匪保民之策이專沒方略之際
에又於會寧對岸等地匪徒가或數百或數十名式
成羣聚黨ᄒᆞ야現形於某某村落而鷄豕之責供矣
器之督納이不知幾次故로民皆驚騷이다이옵니
執捉曺基貞三父子及所謂牌頭一名而去轉到西ᄀ
洞側四外浦緯嵓巖云而此窟은即茂會兩界交接之
處也라曺哥二子을拘留爲質而基貞牌頭二人을放
送日淸國錢五千兩及六穴鏡五柄討期來納則二子는
當爲解送이어니와若不准納이면該地居民은定在

③

我們措處掌內이다이오며茂山間島의的縛去ᄒᆞᆫ三
十八人을終不放解ᄒᆞ고聲言洋銀二萬塊快槍五
十杆具丸每杆三百箇銅砲子二萬箇洋葯二百包
准納贖命云云이라ᄒᆞ오니聞甚驚駭ᄒᆞ와爲先
電告이옵더니近日潦漲에電桿이顚倒ᄒᆞ야不
得通信이다還送電文ᄒᆞ오니事甚悶措ᄒᆞ오
며業已剿匪之意로備文照會於琿春副都統
及和龍峪督理處이옵더니現准督理葉回文內槩
鬍匪擾害民生肆行搶掠實堪痛恨未經剿除以
致道途梗塞呈報軍憲請迅速派隊前來會同前

④

往剿捕除莠安良等語이오나未足深信而鬍匪
之去益猖獗에仍無剿滅之機筭이오면越寓殘
氓이孰非處堂之燕이며甕中之鱉乎아茲에報告
ᄒᆞ오니
查照ᄒᆞ오셔移照元帥府ᄒᆞ시와發兵驅逐之意로
飛飭鍾隊參領處ᄒᆞ야俾爲濟民靖邊之地爲
望
光武六年九月二十七日
咸鏡北道邊界官蔡賢植

⑤

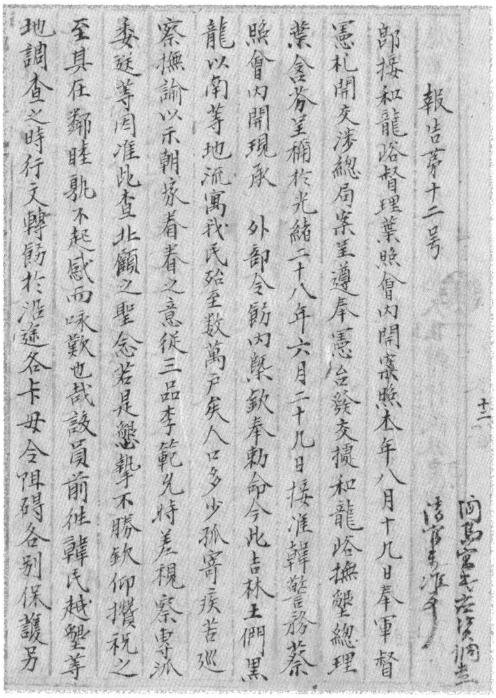
報告第十二号
部接和龍峪督理葉照會内開案照本年八月十九日奉軍督
憲札開交涉總局案呈遵奉憲台發交擬和龍峪撫墾總理
葉會芬呈稱於光緒二十八年六月二十九日接准韓鎣務蔡
照會内開現承 外部令飭内𨶹欽奉勅命今此吉林土們黑
龍以南等地流寓我民殆至數萬戶矣人口多少孤寄疾苦巡
察撫諭以示朝家眷眷之意從三品李範允特差視察字派
委延等因准此查北顧之聖念若是懇摯不勝欽仰攢祝之
至其在鄰睦孰不起感而詠歎也哉該員前往韓民越墾等
地調查之時行文轉飭於沿途各卡毋令阻碍各別保護另

①

함 32

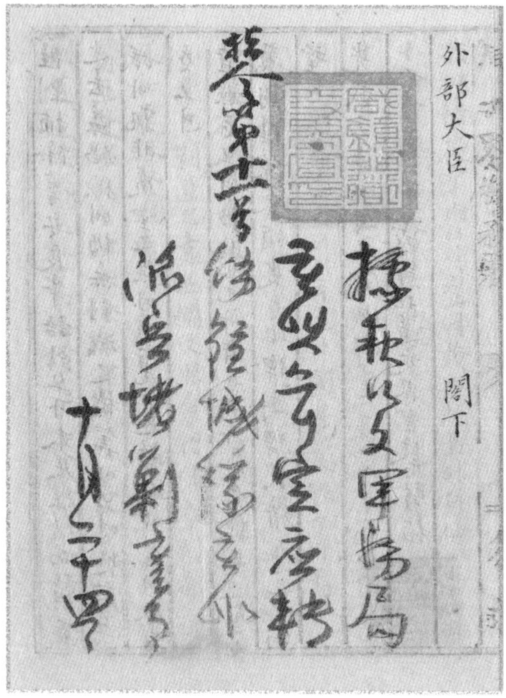
外部大臣 閣下

⑥

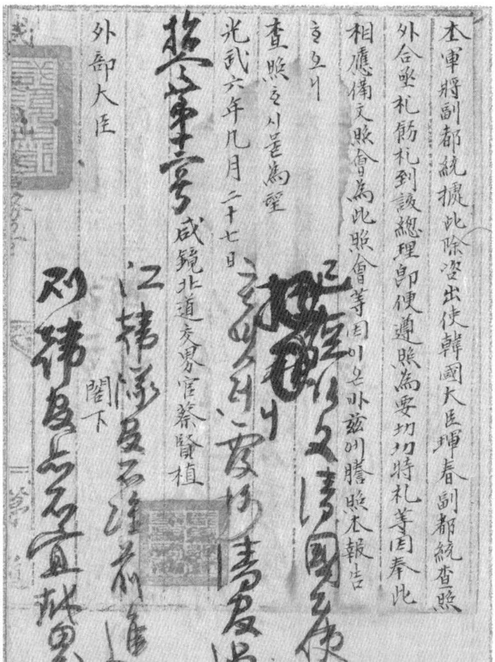
本軍將副都統擬此除咨出使韓國大臣埏春副都統查照
外合亟札飭札到該總理即便遵照為要切切特札等因奉此
相應備文照會為此照會等因이온바玆에謄照本報告
查照ᄒᆞ시ᄆᆞᆯ爲望
光武六年九月二十七日
咸鏡北道交界官蔡賢植
外部大臣 閣下

③

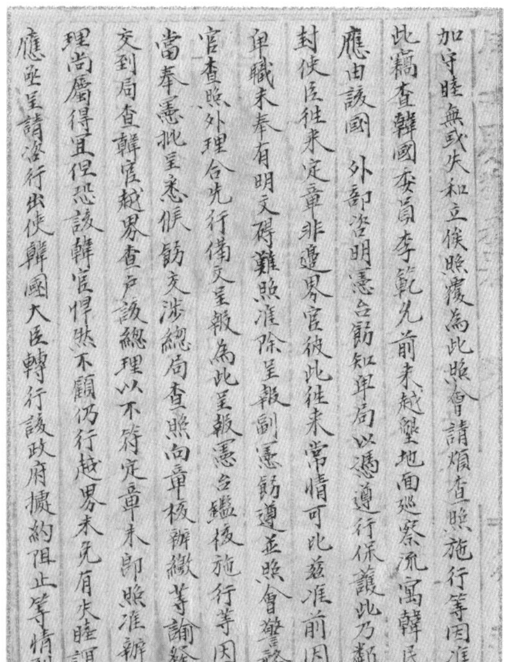
加守睦無或失和立候照覆為此照會請煩查照施行等因准
此竊查韓國委員李範允前來越墾地面巡察流寓韓民
應由該國 外部咨明憲台飭知卑局以憑遵行保護此乃鄰
封使臣往來定章非邊界官彼此往來常情可比茲准前因
卑職未奉有明文礙難照准除呈報副憲飭遵並照會鎣務
官查照外理合先行備文呈報為此呈報憲台鑑核施行等因
當奉憲批呈悉候飭交涉總局查照向章核辦繳等諭發
交到局查韓官越界查戶該總理以不符定章未即照准辦
理尚屬得宜但恐該韓官悍然不顧仍行越界未免有失睦誼
應並呈請咨行出使韓國大臣轉行該政府據約阻止等情到

②

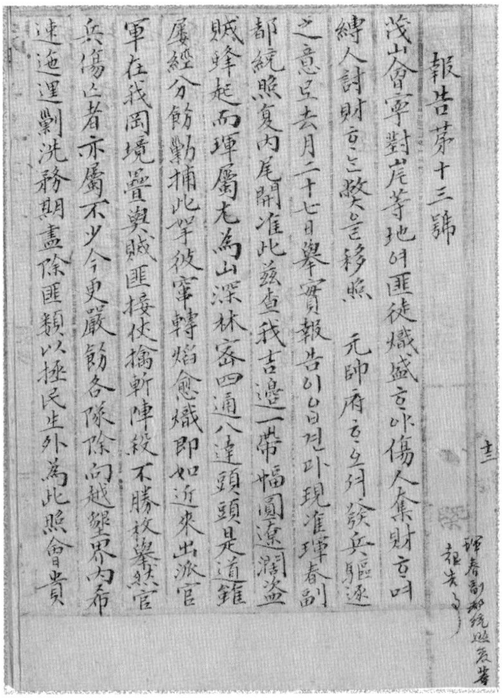

報告第十三號
茂山會寧對岸等地에匪徒熾盛ᄒᆞ야傷人奪財ᄒᆞ며
縛人討財ᄒᆞᄂᆞᆫ數가ᄂᆞᆫ移照 元帥府ᄒᆞ오며發兵驅逐
之意로去月二十七日擧實報告이오며現准琿春副
部統照覆內開准此玆查我吉邊一帶幅員遼闊盜
賊蜂起而琿屬尤爲山深林密四通八達頭頭是道雖
屢經分飭勤捕此竿彼竄轉熖愈熾卽如近來出派官
軍在我岡境疊與賊匪接仗擒斬陣殺不勝枚擧然官
兵傷亡者亦屬不少今更嚴飭各隊除向越墾界內希
速迤運剿洗務期盡除匪類以援民生外爲此照會貴

① 함 33

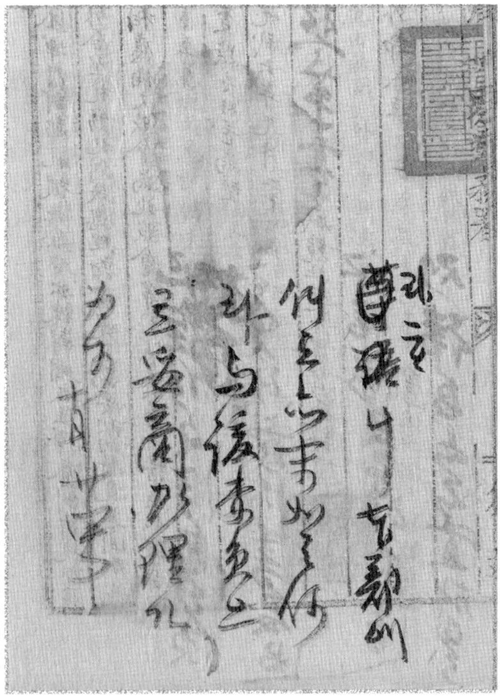

④

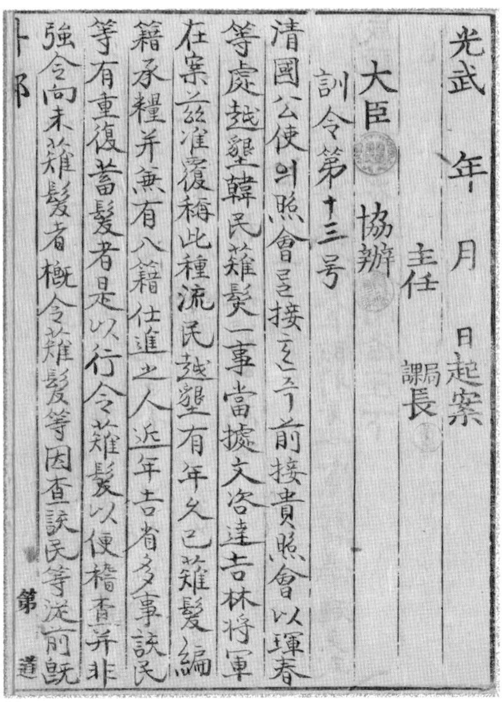

光武 年 月 日起案
大臣 協辦 主任 局長 課長
訓令第十三号
清國公使의照會를接ᄒᆞᆫ즉前接貴照會以琿春
等處越墾韓民薙髮一事當據文咨達吉林將軍
在案玆准覆稱此種流民越墾有年久已薙髮編
籍承糧并無有入籍仕進之人近年吉省多事誑民
等有重復蓄髮者是以行令薙髮以便稽查并非
強令向未薙髮者概令薙髮等因查誑民等從前既
外部 第 號

① 함 34

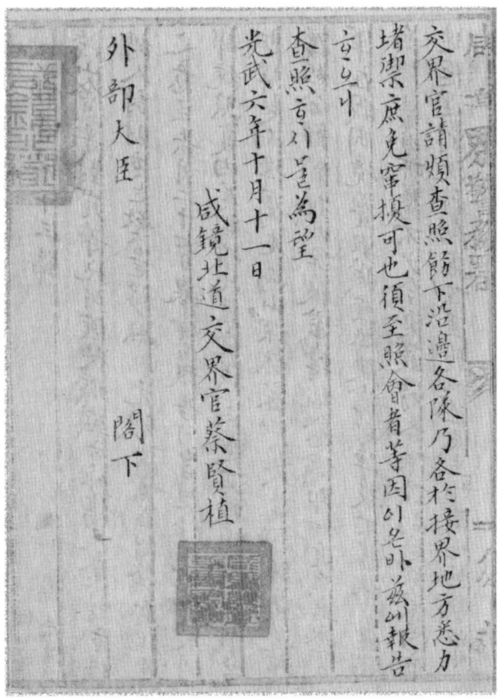

交界官請煩查照飭下沿邊各隊乃各於接界地方悉力
堵禦庶免竄擾可也須至照會者等因이온바玆에報告
ᄒᆞ오니
查照ᄒᆞ시믈爲望
光武六年十月十一日
咸鏡北道交界官蔡賢植
外部大臣 閣下

②

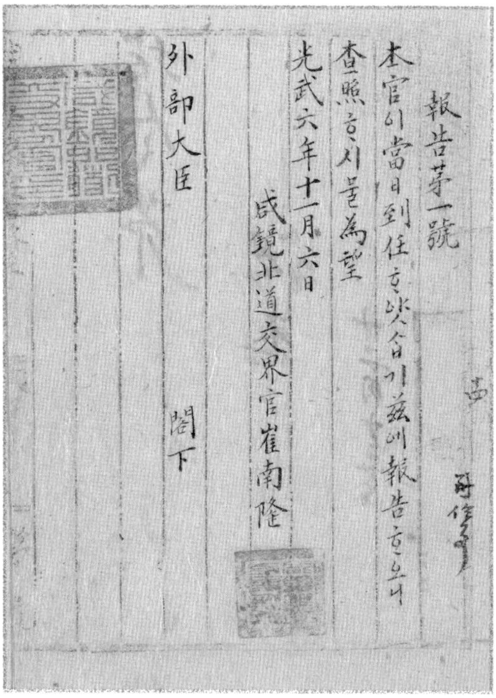
報告第一號
本官이 當日到任ᄒᆞ얏ᄉᆞᆸ기 玆에 報告ᄒᆞ오니
査照ᄒᆞ시믈 爲望
光武六年十一月六日
咸鏡北道交界官 崔南隆
外部大臣 閣下

① 함 35

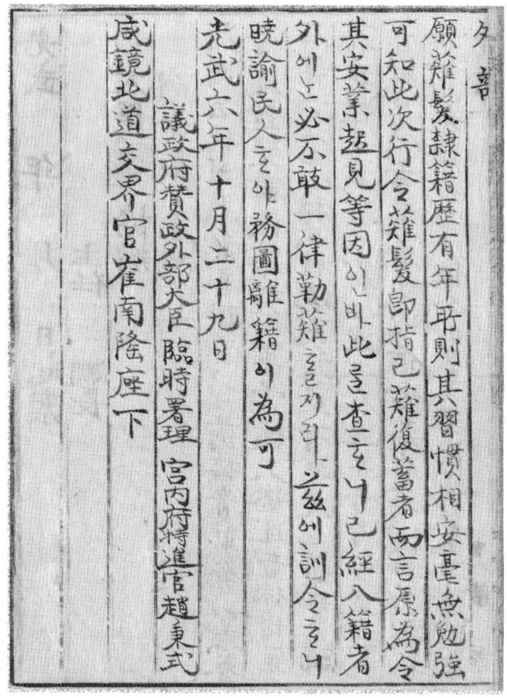
外部
願雜髮隸籍歷有年所則其習慣相安毫無勉強
可知此次行令薙髮卽指已薙復蓄者而言原爲令
其安業起見等因인바 此를 査ᄒᆞᆫ즉 已經入籍者
外에ᄂᆞᆫ 必不敢一律勒薙ᄒᆞᆯ지라 玆에 訓令ᄒᆞ니
曉諭民人ᄒᆞ야 務圖離籍이 爲可
光武六年十月二十九日
議政府贊政外部大臣臨時署理 宮內府特進官 趙秉式
咸鏡北道交界官 崔南隆 座下

②

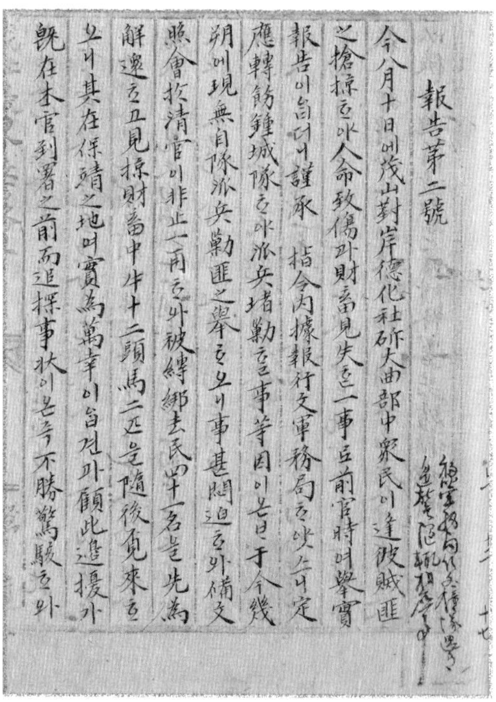
報告第二號
今八月十日에 茂山對岸德化社砳大田部中衆民이 逢彼賊匪
之搶掠ᄒᆞ와 人命致傷과 財畜見失ᄒᆞᆫ 一事로 前官時에 擧實
報告이옵더니 謹承 指令內據報行文軍務局ᄒᆞ얏스니 定
應轉飭鍾城隊ᄒᆞ와 派兵堵勒ᄒᆞᆯ 事等因이옵던바 于今幾
朔에 現無自隊派兵勒匪之擧ᄒᆞ오니 事甚悶迫ᄒᆞ와 備文
照會於淸官이 非止一再ᄒᆞ와 被縛鄕民四十名은 先爲
解還ᄒᆞ고 見掠財畜中牛十二頭馬二匹은 隨後覔來ᄒᆞ
오니 其在保靖之地에 實爲萬幸이옵거니와 顧此邊擾가
旣在本官到署之前而追探事狀이 ᄉᆞᆯ온즉 不勝驚駭ᄒᆞ와

① 함 36

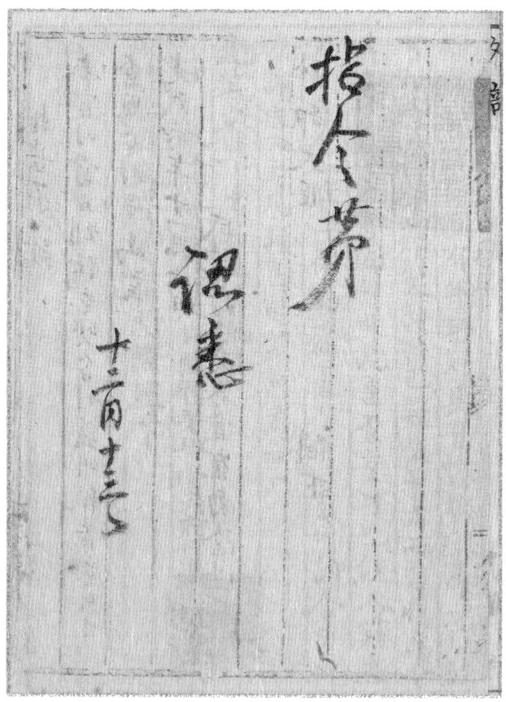
外部
指令第 號
認悉
十一月十二日

②

躬往該地에 撫諭老少居民後에 俾奠厥居케ᄒᆞ오며 就中
李才實段은 竟至橫命이 尤極惨然ᄒᆞ와 致賻助葬ᄒᆞ
오며 人民이 旣已回還則 逢掠蕩財을 不可不念故로 聚會
諸民ᄒᆞ고 見失物項을 一一調査이온즉 一洞七十七家 男女
衣服布木銀貨鍮器等各項汁物은 煩不能記載이옵
거니와 爲先四十一民 執贓時勒徵條曰 銀一千四十五元 指
環八十五雙 韓錢一千一百二十餘兩이옵기 更爲照辦於清
官ᄒᆞ오며 至若自隊派兵一款ᄒᆞ와는 輒當事生之時ᄒᆞ와
報
部轉派之間이 徒費曠日에 每患不及이온 且從今
以後는 遇有邊警之日에 隊署共確相機用兵ᄒᆞᆯ 意로

②

移照軍務局ᄒᆞ시와 嚴明行文于鍾隊叅領後 隨輒相
應케 另定規程이 似合公允이옵기 玆에 報告ᄒᆞ오니
查照ᄒᆞ시믈 爲望
光武六年十一月二十四日
咸鏡北道交界官 崔南隆
外部大臣 閣下

③

함 37

十六

報告第三號
謹承 訓令內開 清國公使의 照會를 接ᄒᆞᆫ즉 前接
貴照會以琿春等處越墾韓民薙髮一事 當據文咨
達吉林將軍在案 玆准覆稱 此種流民越墾有年
久已薙髮編籍承粮 幷兼有入籍仕進之人 近年吉
省多事 該民等有重復蓄髮者 是以行令薙髮 以使
稽查 并非強令向未薙髮者 概令薙髮等因 查該民
等從前既願薙髮隸籍 歷有年所 則其習慣相安 毫
無勉強可知 此次行令薙髮 卽指已薙復蓄者而言 原
爲令其安業起見等因이온바 此를 查ᄒᆞ니 已經入籍者外

①

에는 必不敢一律勒薙ᄒᆞᆯ지라 玆에 訓令ᄒᆞ니 曉諭民人
ᄒᆞ야 務圖離籍이 爲可等因이온바 現今邊界對岸各
處에 仍薙衣清者 不過是幾十戶이옵고 皆是復舊而
籍韓者이옵기 訓令內辭意를 家諭戶說ᄒᆞ와 各守
樂業케ᄒᆞ옵고 亦另佈訓飭於各社解事人處ᄒᆞ옵기
玆에 報告ᄒᆞ오니
查照ᄒᆞ시믈 爲望
光武六年十一月二十四日
咸鏡北道交界官 崔南隆

②

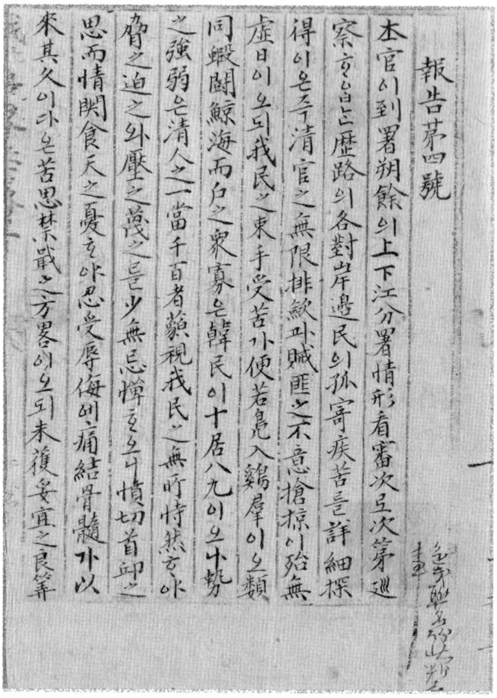

報告第四號

本官이到署朔餘의上下江分署情形看審次로次第巡察ᄒᆞ온즉歷路의各對岸邊民의孤寄疾苦를詳細探得이온즉淸官之無限排斂과賊匪之不意搶掠이殆無虛日이오되我民之束手受苦ᄒᆞ야使若鳥入籠牢이오類同蝦鬪鯨海而戶之衆寡ᄂᆞᆫ韓民이十居八九이오ᄂᆞᆫ勢之强弱ᄋᆞᆫ淸人之一當千百者藐視我民之無所恃然ᄒᆞ야脅之迫之外壓之蔑之를少無忌憚ᄒᆞ오니憤切首戶之思而情關食天之憂ᄒᆞ야忍受辱侮에痛結骨髓ᄒᆞ니以來其久이ᄒᆞ온苦思禁戢之方畧이오되未獲妥宜之良策

① 함 38

外部大臣 閣下

③

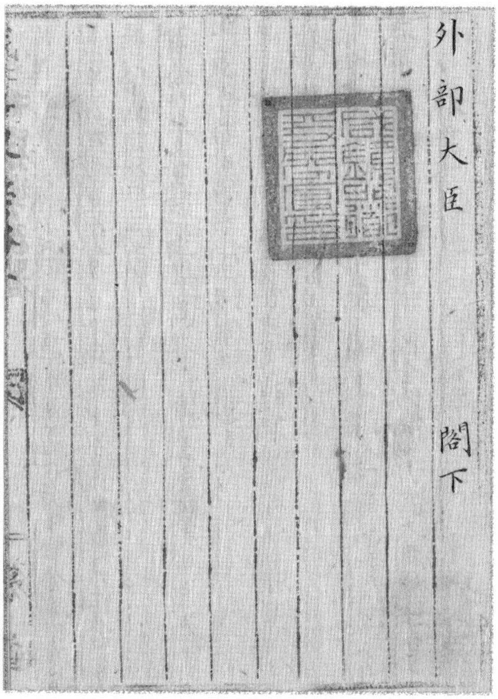

外部大臣 閣下

③

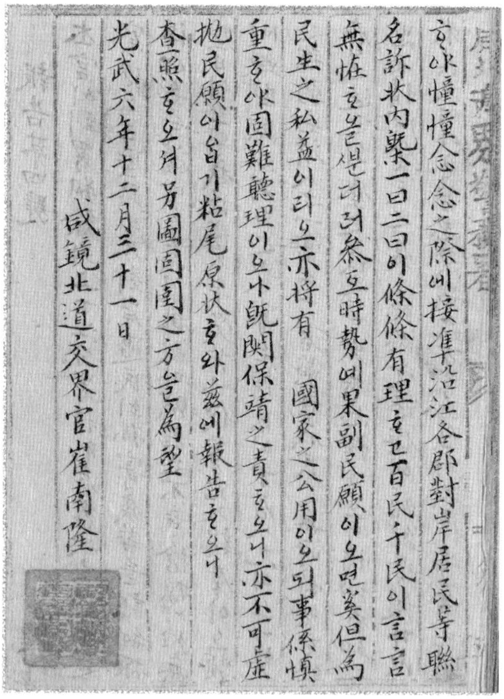

ᄒᆞ야憧憧念念之際에接准沿江各郡對岸居民等聯名訴狀內槩一曰二曰이條條有理ᄒᆞ고百民千民이言言無怙ᄒᆞ온바더러參互時勢에果副民願이오면奚但爲民生之私益이리오亦將有 國家之公用이오되事係愼重ᄒᆞ야固難聽理이오나旣關保靖之責ᄒᆞ오니亦不可虛抛民願이옵기粘尾原狀ᄒᆞ와玆에報告ᄒᆞ오니

査照ᄒᆞ오심을另圖固圍之方을爲望

光武六年十二月三十一日

咸鏡北道交界官崔南隆

②

함 39

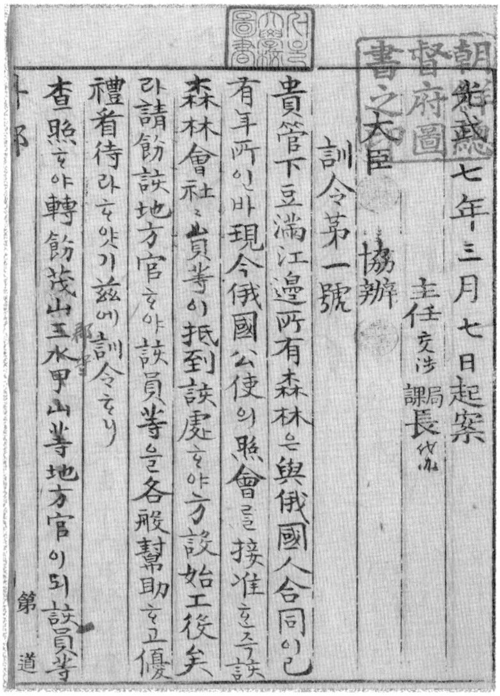
光武七年三月七日起案
主任 交涉局課長
協辦
訓令第一號
貴管下豆滿江邊所有森林은與俄國人合同이已
有年所인바現今俄國公使의照會를接准ᄒᆞᆫ즉該
森林會社員等이抵到該處ᄒᆞ야方設始工役矣
라請飭該地方官ᄒᆞ야該員等을各般幫助ᄒᆞ고優
禮看待라ᄒᆞ얏기玆에訓令ᄒᆞ니
査照ᄒᆞ야轉飭茂山三水甲山等地方官이되該員等

①

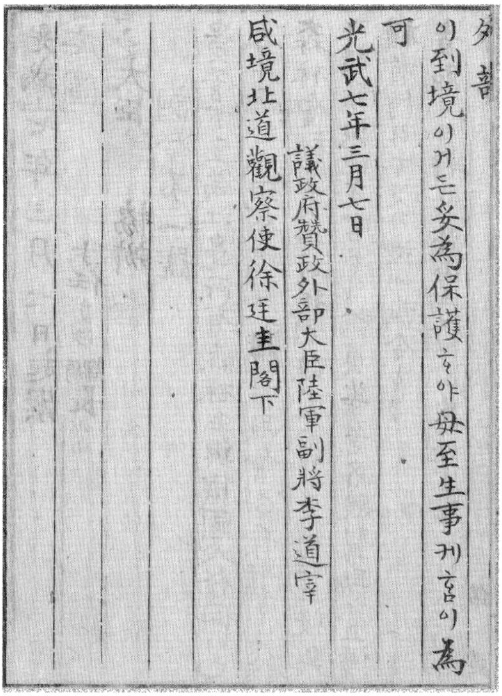
이到境이거든妥爲保護ᄒᆞ야毋至生事케ᄒᆞᆷ이爲
可
光武七年三月七日
議政府贊政外部大臣陸軍副將李道宰
咸鏡北道觀察使徐廷圭閣下

②

함 40

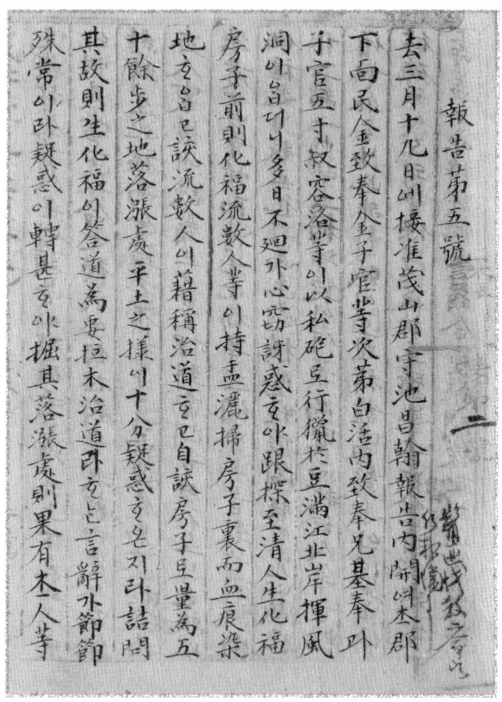
報告第五號
去三月十九日에接准茂山郡守池昌翰報告內開에本郡
下面民金致奉金子官等次第白活內致奉兄基奉과
子官五寸叔容洛等이以私砲로行獵於豆滿江北岸揮風
洞이옵더니多日不廻가心窃訝惑ᄒᆞ야跟探至清人生化福
房子前則化福流數人等이持盂灑掃房子裏而血痕染
地ᄒᆞ옵고該流數人이籍稱治道ᄒᆞ고自該房子로量爲五
十餘步之地落漲處平土之樣이十分疑惑ᄒᆞ온지라詰問
其故則生化福이答道爲要拉木治道라ᄒᆞᄂᆞᆫ言辭가節節
殊常이라疑惑이轉甚ᄒᆞ야掘其落漲處則果有本人等

①

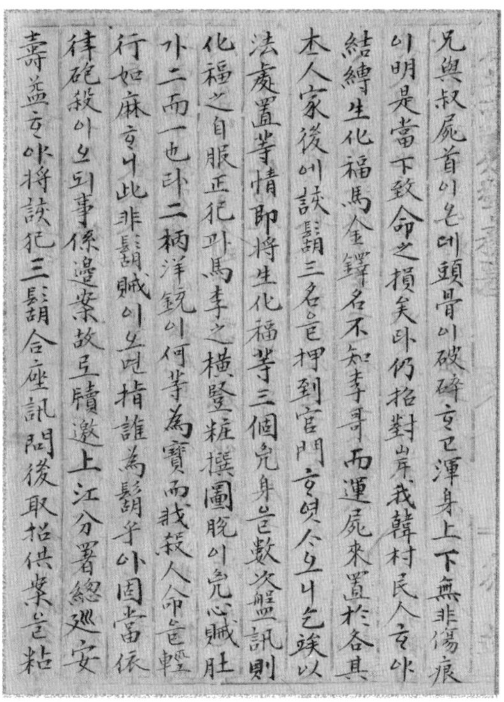
兄與叔屍首이온데頭骨이破碎ᄒᆞ고渾身上下無非傷痕
이明是當下致命之損矣라仍招對岸我韓村民人ᄒᆞ야
結縛生化福馬金鐸名不知李哥而運屍來置於各其
本人家後에該鬍三名을押到官門ᄒᆞ엿ᄉᆞ오니乞誒以
法處置等情卽將生化福等三個兇身을數次盤訊則
化福之自服正犯과馬李之橫竪粧撰圖脫이兇心賊肚
가二而一也라二柄洋銃이何等爲寶而我殺人命을輕
行如麻ᄒᆞ니此非鬍賊이오면指誰爲鬍乎아固當依
律砲殺이오되事係邊案故로牘邀上江分署總巡安
壽益ᄒᆞ야將該犯三鬍胡合座訊問後取招供案을粘

②

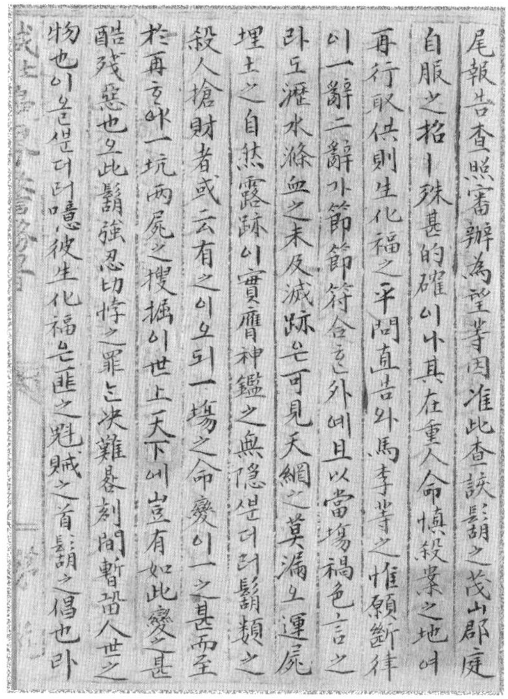
尾報告査照審辦為望等因准此査該鬍之茂山郡庭
自服之招ㅣ殊甚的確이나其在重人命愼殺案之地에
再行取供則生化福之平問直告와馬李等之惟願斷律
이一辭二辭가節節符合ᄒᆞᆫ外에且以當場禍色言之
라도灑水滌血之未及滅跡은可見天網之莫漏오運屍
埋土之自然露跡이實賴神鑑之無隱뿐더러鬍類之
殺人搶財者或云有之이오되一場之命變이一之甚而至
於再ᄒᆞ야一坑兩屍之搜掘이世上天下에豈有如此變之甚
酷残惡也오此鬍強忍切悖之罪는決難晷刻間暫留人世之
物也이올뿐더러噫彼生化福은匪之魁賊之首鬍之倡也라

③

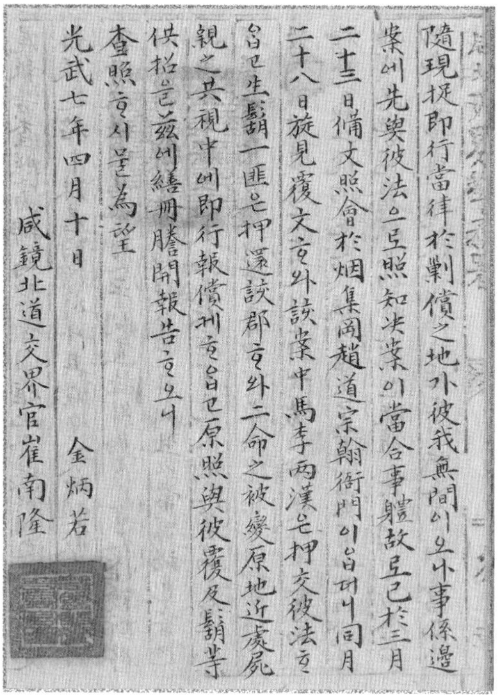
隨現捉即行當律於剿償之地가彼我無間이오나事係邊
案에先與彼法으로照知決案이當合事軆故로已於三月
二十三日備文照會於烟集岡趙道宗翰衙門이옵더니同月
二十八日旋見覆文ᄒᆞ外該案中馬李兩漢은押交彼法ᄒᆞ
옵고生鬍一匪은押還該郡ᄒᆞ와二命之被變原地近處屍
親之共視中에即行報償케ᄒᆞ옵고原照與彼覆及鬍等
供招은玆에繕冊謄開報告ᄒᆞ오니
査照ᄒᆞ시믈為望
光武七年四月十日
金炳若
咸鏡北道交界官崔南隆

④

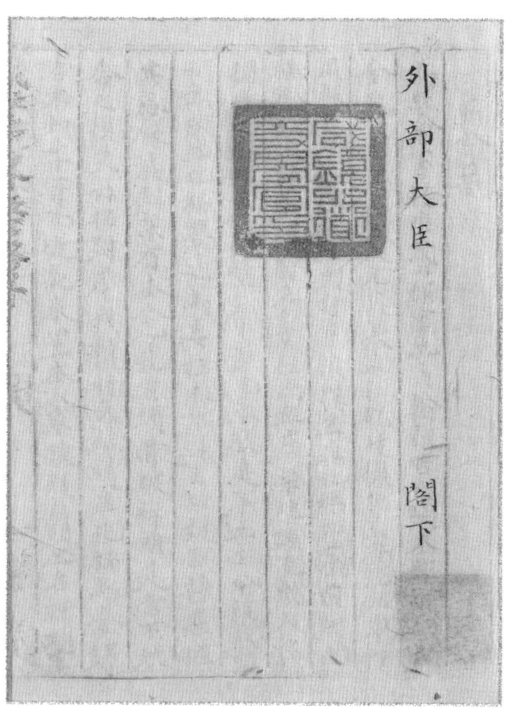
外部大臣
閣下

⑤

⑥

照會草
為照會事接准茂山郡守池昌翰報告內開本郡下面民
金致奉白活內本人兄基奉以私砲行獵於豆滿江北岸揮
風洞數日不迴故心窃訝惑跟探至生化福房子前則化
福流數人持盃灑掃房子裡而血痕染地該流數人藉
稱治道而該房子量五十步地落漲處平土十分疑惑詰
問其故生化福答道為要拉木治道云故疑惑轉甚掘
其落漲處則果有本人兄屍首頭骨破碎明是當下致
命之損矣仍招對岸我韓村民結縛生化福馬金鐸
名不知李哥而運屍來置本人家後該鬍三名押到官

⑦

門包妖以法處置等情即將生化福等三個兇身數次
盤訊則化福之自服正犯輸款馬李之橫竪推撰亂脫
兇心賊肚二而一也一柄洋銃何等為寶而戕殺人命輕
於如麻此非鬍賊指誰為鬍乎固當依律砲殺事係
邊案故牘邀上江分署總巡安壽益將該犯三鬍合
座訊問後該犯三鬍取招供案粘尾報告查照審辦
為望等因准此查該鬍之茂山郡庭自服之招殊甚的
確其在重人命慎殺案之地而行取供則生化福之平問
直告馬李等之唯願斷律一辭二辭節節符合外
且以當場稽色言之瀝水滌血之未及滅痕可見天網之

⑧

之莫漏運屍埋土之自然露跡實賴神鑑之無隱方行
處律之際又接茂山郡守池報告內開即接本郡民金子寬白
活內本民五寸叔容洛寓居淘德對岸砲手為業於本月
初九日行獵次前往揮風洞等地多日不迴莫知生死本民
諸族跟探揮風洞生化福房子近地則該洞李砲手者躍
出該窩飛似逃走趕追揪住問其情形則喘喘道打埋
此窩前五十步落漲處便是前以李鬍而往掘之則果
有屍體渾身上下無非傷痕頭骨破碎當下致命的確
無疑外屍首跣足無襪則明是以酒誘飲待其醉倒打
殺者也仍即衝火生化福房前藁草垛則彈丸雷發而

⑨

洋銃二柄露出其中一是金基奉銃一是本民叔容洛銃
也推此揣之生化福之鬍賊確鑿無疑二砲手一時殺亦
非一二人所可行則該近清戶莫黑匪鬍逢輒打殺猶未
雪讐衣清戴清之漢盡頻逃躲只提李砲手以讐剠讐
何可啓刻可忍乎仍即砲殺埋于本民叔摠得處而屍首
尋還本家本銃二柄現納等情前來窃查生化福之一
棒兩殺的確無疑馬金鐸李砲手子之為其隨從便是
泥獸之跡本銃二柄一并現納玆以馳報查照處辨外轉照
清官三四五道滿等地以稽稱農戶之衆鬍賊一齊勒
滅使兩界良戶俾便生業為望等因窃查殺人者一

⑩

之甚而至於再挨以該犯所犯曰匪爲歇稱鬍猶輕世上
天下豈有如此變之甚酷殘悪也以其前後三次自服之
供察情究景戴頭橫目雖具人形抱心截肚即一獸
性苟論此鬍強忍凶悪之罪決難晷刻暫留人世之物
也一律不施於二屍橫命之近地雙魂想必啾寃於九原
噫彼賊鬍生化福匪之魁賊之首鬍之倡也當於兩界江
邊通衢大會衆民聽讀該供情節亟施當律於即報之
地想應貴敝無間不言處事傷損隣誼姑爲牢囚至
若馬金鐸只守生家空庄云者必有苗脉吞吐不服所
謂李砲手子供內無犯法有可恕外遁之犯跡自露

⑪

竟至致命非不曰是子之滅罪并與馬匪而押付附近葉
館以便轉交貴衙門從理處辦前後郡署問所捧三鬍
供案謄本粘尾相應備文照會爲此照會貴督辦請煩
查照押付二鬍從重處斷即示照覆施行須至照會者
光武七年三月二十三日 云云 烟集岡趙道台衙門
茂山郡捧招記
癸卯二月十八日清鬍生化福年五十四
今此金砲手命案小的與北江王貴山劉德勝并力行兇於
小的房子內奄土匿屍於家近落漲處今於情跡綻露極
所難掩 鬍賊兇犯之目焉逭惟以法從事亟償小的性命

⑫

伏望伏望
同日清鬍馬金鐸年五十四
小的既守生化福窩則雖無干於行兇亦何可以不知發
明乎惟望以法從事
同日清鬍李砲手子年二十六
小的既居比隣亦守該窩雖無干於行兇亦何可以不知
發明乎惟望以法從事
警務署捧招記
二月二十三日清鬍生化福年
小的今月初九日北江三道溝居王貴山劉德勝二人有甚

⑬

所幹來留本幕少頃金砲手入來所持之洋槍真利器
也小的與王劉二人兇心并起詐欲傷命奪槍小的持棒木
王劉持木椎各行亂打立見殺人王劉荷銃旋逝小的詐
將滅跡即地緊埋於庄近五十步落漲處壚下矣第三
日後金砲手弟跟探兄踪之際隱埋形跡自綻於難掩
之地被捉押付茂山郡納供以正犯之目入於署庭從理
訊問之下所犯自現既供難吞殺人正犯之罪焉逭當
律只俟依法處置
同日清鬍馬金鐸年
小的貿穀所幹出他曠費幾日還幕則生化福來囑吾

⑭

當要春未出他而暫借守吾庄依囑來守生家庄上須
臾自韓村屍親來詰生家掘土出屍之塲始為叅見傷痕
過面果是被打致命屍親等聲言汝亦一類鬍賊捉
待茂郡納招押到署庭至承嚴問雖死杖下實昧生家
殺人之情跡而傷人正犯之目始聞於生化福自服之辭而已以
此處置
同日清鬍李砲手子年
小的與生化福居在比隣而為業樵柴一日在家何許韓
民數十名來鬧生家縛去幕主至五十步許掘土出屍揚
言隣家殺人有何不知執縛小的以至此境今何可以不知

⑮

納供得脫乎惟殺人正犯之目始聞於生化福之自服而
已此外無他所犯以法處置
同日再推清鬍生化福年
小的前招中殺人所奪之銃以王劉持去誣告而今因一屍
又為掘得於前埋漲落之處則何敢隱諱始終情跡二
人之殺諱之以一人之殺二銃之奪一柄以王劉持去呑吐者
王劉則無影李砲手親近故或慮僥倖之計一直抵賴
矣二屍掘出於一坑之內二銃覓得於小的家藁草垛中
而李哥仍被金族之復讎代殺則到今思之嫁禍王劉
現為誣供并力殺人之計自然落空矣二殺正犯非小的

⑯

指誰為目自顧所犯三尺莫嚴惟願速死更無他供
同日再推清鬍馬金鐸
小的與生哥居在一隣而生家殺人之一屍二屍一銃二銃今
雖綻露無餘小的則至於此變全昧始終何敢直供於不
知不覺之人乎因生哥之懇囑暫守生家掘屍之時與
生哥并為被縛而已外他無辭可供只望以法從事
同日再推清鬍名不知李砲手子年
小的所聞所見已悉於前後招中家父之離家多日何以
諗悉何以處事全然不知則千招萬供有何異同伏俟以法
處置而已更無可供之辭

⑰

清官照覆
為照覆事案准貴交界官照會以鬍匪生化福因謀奪洋
銃將金基奉金容洛二人毆傷身死棄屍滅跡先後查獲
抄錄該犯等原供將案証馬金鐸李炮手押送葉館轉
交請查照處斷等因准此本督辦道查生化福究係何處
民人雖無從查察惟謀奪金基奉等洋銃竟敢起意殺
死棄屍滅跡既經貴交界官訊取確供歷歷如繪諒無冤
抑按照敝國刑律係屬圖財害命例應斬決應將生化福一
犯即行正法以儆兇暴而慰幽魂其馬金鐸李炮手二人
據供並不知情究竟有無同謀加功情事應俟將犯解到

⑱

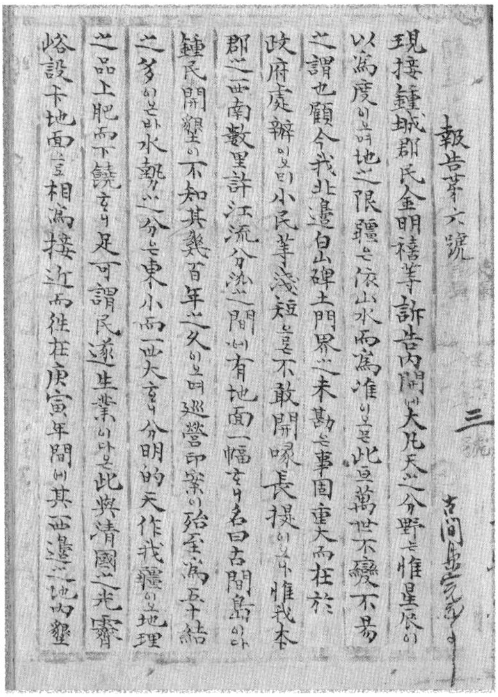

報告第六號

三號

古間島完

現接鍾城郡民金明禧等訴告內開에 大凡天之分野는 惟星辰이오
以爲度이오며 地之限疆은 依山水而爲准이오니 此亘萬世不變不易
之謂也 顧今我北邊白山碑土門界之未勘은 事固重大而在於
政府處辦이오며 小民等淺短으로 不敢開喙長提이오나 惟我本
郡之西南數里許江流分派之間에 有地面一幅하니 名曰古間島이라
鍾民開墾이 不知其幾百年之久이오며 巡營印案이 殆至爲五千結
之多이온바 水勢之分은 東小而西大하니 分明的天作我疆이오 地理
之品上肥而下饒하니 足可謂民遂生業이다온 此與清國之光霽
峪設卡地面으로 相爲接近而往在庚寅年間에 其西邊之地內墾

①

함 41

再行訊斷除將原供存卷外相應照覆爲此照會貴交
界官請煩查照施行須至照會者
光緒二十九年二月二十八日

⑲

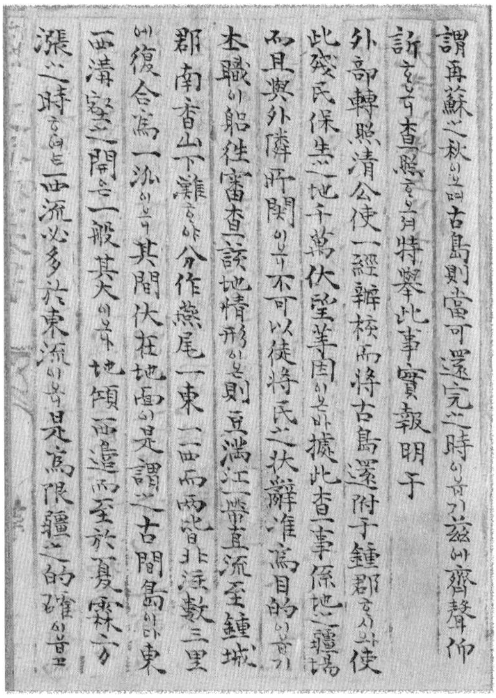

謂再蘇之秋이오며 古島則當可還完之時이옵기 玆에 齊聲仰
訴하오니 查照하오셔 特擧此事實報明于
外部轉照清公使一經辨核而將古島還附于鍾郡하시와 使
此殘民保生之地千萬伏望等因이온바 據此查事係地之疆埸
而且與外隣所關이온즉 不可以徒將民之狀辭準爲目的이옵기
本職이 船往審查該地情形이온則 豆滿江一帶直流至鍾城
郡南香山下灘하야 分作燕尾一東一西而兩皆北注數三里
에 復合爲一派이온즉 其間伏在地面이 是謂之古間島이라 東
西溝壑之間은 一般其大이온즉 地傾西邊而至於夏霖方
漲之時하오면 西流必多於東流이온즉 是爲限疆之的確이옵

③

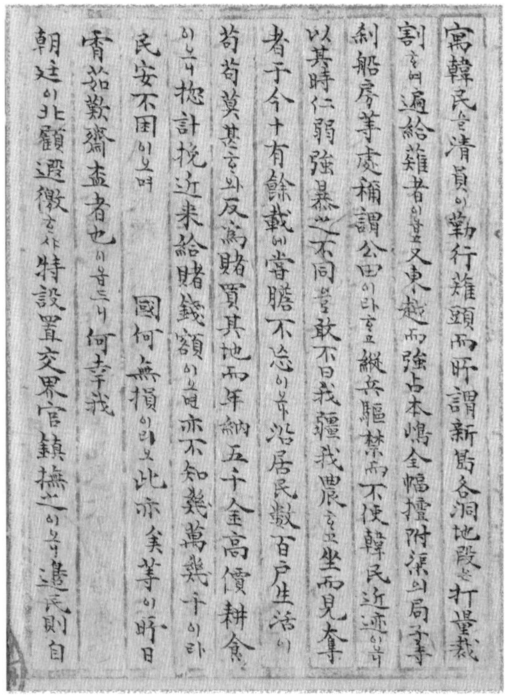

寓韓民을 清員이 勒行薙頭而所謂新舊各洞地段은 打量裁
割하며 遍給薙者이옵고 又東越而強占本島全幅擅附渠의 局子等
剎船房等處稱謂公田이라하고 縱兵驅禁而不使韓民近迹이옵
以其時仁弱強暴之不同을 敢不日我疆我農하고 坐而見奪
者于今十有餘載에 嘗膽不忘이옵 沿居民數百戶生活이
茍茍莫甚하와 反爲賭買其地而年納五千金高價耕食
이온 摠計挽近来給賭錢額이 亦不知幾萬幾千이라
民安不困이오며 國何無損이리오 此亦矣等이 昕日
宵茹歎齎盡者也이옵드니 何幸我
朝廷이 北顧遐徼하샤 特設置交界官鎭撫之이옵 邊民則自

②

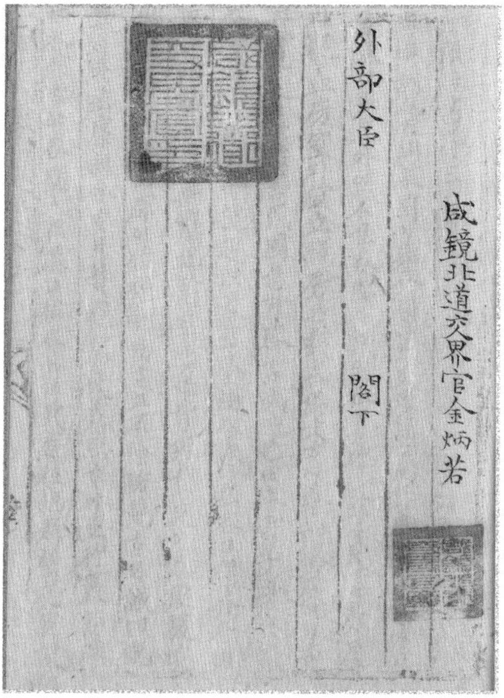
咸鏡北道交界官金炳若
閣下
外部大臣

⑤

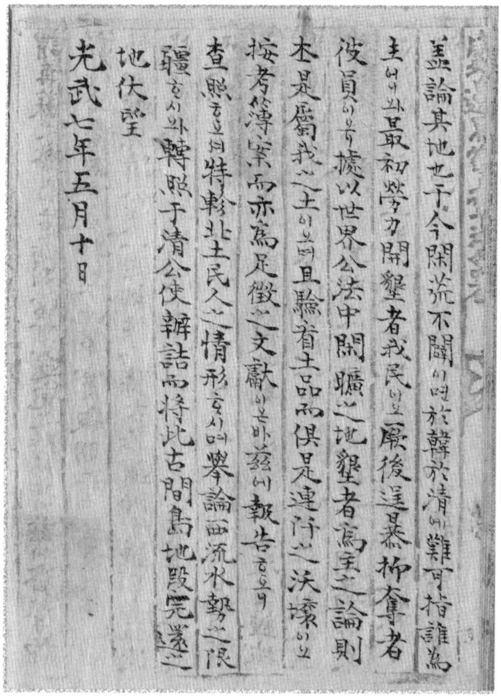
蓋論其地也于今開荒不關이면於韓於清에難可指誰爲
主어니와最初勞力開墾者我民이오厥後逞恭柳奪者
彼員이오니據以世界公法中開曠之地墾者爲主之論則
本是屬我之土이오며且驗省土品而俱是連阡之沃壤이오
按考簿案而亦爲足徵之文獻이온바玆에報告ᄒᆞ오니
査照ᄒᆞ오셔特彰北土民人之情形ᄒᆞ시며擧論而流水勢之限
疆ᄒᆞ시와轉照于清公使辨詰而將此古間島地段完遂之
地伏望
光武七年五月十日

④

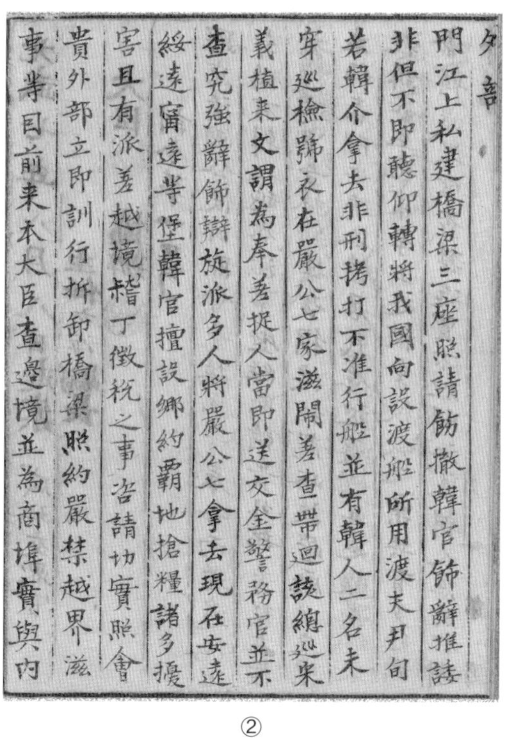
夕音
門江上私建橋梁三座照請飭撤韓官飾辭推諉
非但不即聽仰轉將我國向設渡船所用渡夫尹句
若韓介拿去非刑拷打不准行船並有韓人二名未
穿巡檢號衣在嚴公七家滋鬧差查帶迴該總巡來
義植來文謂為奉差捉人當即送交全警務官並不
查究強辭飾辯旋派多人將嚴公七拿去現在安遠
綏遠甯遠等堡韓官擅設鄉約霸地搶糧諸多擾
害且有派差越境稽丁徵稅之事咨請切實照會
貴外部立即訓行拆卸橋梁照約嚴禁越界滋
事等因前來本大臣查邊境並為商埠實與內

②

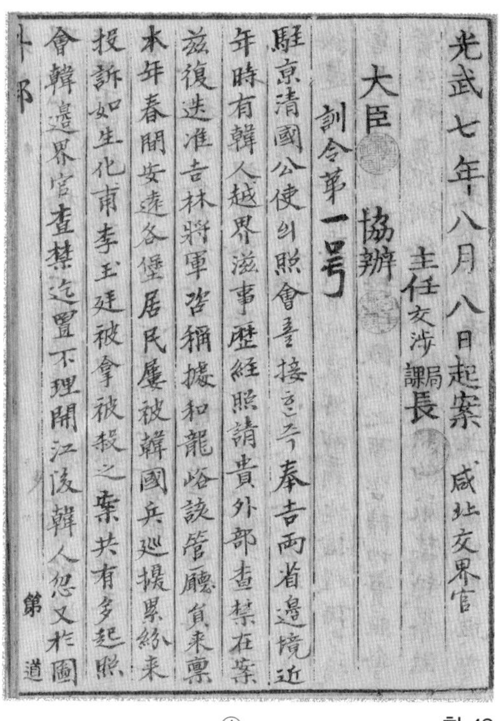
光武七年八月八日起案 咸北交界官
主任 交涉局課長
大臣 協辦
訓令第一號
駐京清國公使의照會를接ᄒᆞᆫ즉奉吉兩省邊境近
年時有韓人越界滋事歷經照請貴外部查禁在案
茲復迭准吉林將軍咨稱據和龍峪該管廳員來禀
本年春間安遠各堡居民屢被韓國兵巡提累紛來
投訴如生化東李玉廷被拿被殺之案共有多起照
會韓邊界官查禁迄置不理開江後韓人恕又於圖
外部 第 道

①

함 42

④

並將違約各官于以撤警照約禁止越界滋事以
全睦誼實為切要盼切見復等因인바此를查ᄒᆞ니
兩國邊民이毋得任便過江이거늘圖門江上에緣何
建橋ᄒᆞ야使潛越者로漫無防限케ᄒᆞ며李玉廷案
情은事係愼重이라何不迅辦ᄒᆞ야拖至于今인지
殊堪訝惑이기로玆에訓令ᄒᆞ니
查照遵辦ᄒᆞ고如何形止를一切報明이為可
光武七年八月八日
議政府贊政外部大臣李道宰
咸鏡北道交界官金炳若座下

③

地無異乃不由我國允許擅自派差設約即屬潛
越邊界蒐之滋生事端使民不能安業均與條約
第十二款所載不合況圖門江乃兩國交界之地
我國向設渡船有年以便往來且查匪類今韓人
私自建橋以致潛越者漫無限制實小容易闌入
有妨治平大失條約彼此禁止之意韓邊界官偏
袒縱容不遵條約甚至拘拷渡夫阻我行船尤非
情理該橋蒐涉我界乃我權力所及斷難置之不問
如再延不拆卸我國即當派人撤廢玆特先行照請
貴大臣迅為訓行務將所造橋梁立即一律拆去

②

檢號衣在嚴公七家滋鬧差查帶回該總巡宋義植來
文謂為奉差捉人當即送交金警務官並不查究強辭
飾辯旋派多人將嚴公七拿去現在安遠綏遠寧遠等
堡韓官擅設鄕約霸地搶粮諸多擾害且有派差越境
稽丁徵稅之事咨請切實照會貴外部立即訓行拆卸橋
梁照約嚴禁越界滋事等因前來本大臣查邊境並為
商埠實與內地無異乃不由我國允許擅自派差設約即
屬潛越邊界蒐之滋生事端使民不能安業均與條約
第十二款所載不合況圖門江乃兩國交界之地我國向
設渡船有年以便往來且查匪類今韓人私自建橋以致潛

①

報告第七號
今八月三十一日에謹承第一號　訓令內開駐京淸國公使
의照會를接ᄒᆞ온즉奉吉兩省邊境近年時有韓人越界
滋事歷經照請貴外部查禁在案玆復送准吉林將軍
咨稱撫和龍峪該官廳負來稟本年春間安遠各堡居
民屢被韓國兵巡擾累紛來投訴如生化甫李玉廷被拿
被殺之案共有多起照會韓邊界官查禁迄置不理聞
江後韓人忽又於圖門江上私建橋梁三座照請飭撤韓官
飾詐推諉非但不即聽仰轉將我國向設渡船所用渡夫尹
旬若韓介拿去非刑拷打不准行船並有韓人二名未穿巡

함 43

越者漫無限制宵小容易闌入有妨治平大失條約彼此禁
止之意韓邊界官偏袒縱容不遵條約甚至拘拷渡夫阻我
行船尤非情理該橋無涉我界仍我權力所及斷難置之不
問如再延不拆卽我國卽當派人撤廢玆特先行照請貴大
臣迅爲訓行務將所造橋梁立卽一律拆去並將違約各官予
以撤警照約禁止越界滋生事端以全睦誼實爲切要盼切
見覆等因인바此를査ᄒᆞ니兩國邊民이毋得任便過江이
거ᄂᆞᆯ圖門江上에緣何建橋ᄒᆞ야使潛越者로蕩無防限케ᄒᆞ
며李玉廷案情은事係慎重이라何不迅辨ᄒᆞ야拖至于今
인지殊甚訝惑이기로玆에訓令ᄒᆞ니査照ᄒᆞ야亟撤該

二

③

橋ᄒᆞ고如何形止ᄅᆞᆯ一切報明이爲可等因이시온바自來
邊界情形이라間一水而素稱接壤이오從荒土而曾所越寓
者ㅣ鼎竈相沿於比隣之內ᄒᆞ고苽葛綿絡於同胞之誼ᄒᆞ
야祭祖會親과買魚運塩을隨處還貿에無時往來ᄲᅮᆫ
더러年來此土가屢爲不豐ᄒᆞ야父恤子貧에子輸父家
之餘糧ᄒᆞ고弟救兄飢며兄運弟家之陳粟ᄒᆞ야朝往暮
歸ᄒᆞ며車運馬駄며一帶豆江이便作門閾이오萬姓雜
處가視同一家ᄒᆞ야所以無禁仍擺渡船使無病涉에
漸成例事가迨及十數年이온즉非可與陸路通商互
市時半江交擺로比論이오되近自清局으로依其半江

④

龍例ᄒᆞ야分擺渡口ᄒᆞ고各具各船에相稱曰官渡라ᄒᆞ
야已無彼禁此禁이ᄋᆞᆸ더니今欲公禁이此不過獨全獨
管之慾이오며且鍾城郡衙西近에豆江이分流ᄒᆞ야間成
一島ᄒᆞ니田可四十餘結矣라我民이先墾耕作이나不知爲
幾十年이옵더니庚寅年自清國薙髮島民之時에舘卡
을移建於該郡對岸至近ᄒᆞ고二水中分處所在我墾之
田을無難占奪則清勢所壓에從以見失反爲賭買耕作
ᄒᆞᄋᆞᆸᄂᆞᆫ故로春耕秋穫之間에老少男女朝暮往來傴僂
提携每患褰涉之致로多民詢議建橋ᄒᆞ니此則半江
一小農橋而秋後卽撤便成十餘年來早無禁之事온ᄃᆡ

三

⑤

清船渡夫尹順若嚴共七韓允中等은本以我人越墾者
也로狐媚清勢蜮射我人ᄒᆞ야欲圖全江完渡之利而禁
擺韓渡船戶燒毀半江農橋이라多民奔訴가殆無虛日
이ᄋᆞᆸ기拿引曉飭次派遣巡檢則被告三人이亂打巡檢
ᄒᆞ고俱爲逃躲故로期要詗捉ᄒᆞ와派送巡檢에使之搜得
ᄒᆞ야畧行笞罰訓에以懲昔韓挾清之罪이오며屢被韓國
兵巡擾界紛來投訴事은兩國邊官이已有相照之擧
而本署에初無汗漫派檢ᄲᅮᆫ더러保民之地며或有因
事派檢이라도猶患惜身이온ᄃᆡ奚暇에私自越界滋事
이오며至於韓官擅設鄉約覇地搶粮諸多擾害且

⑥

有派差越境稽丁徵稅之事ᄒᆞ야는霸地搶粮은姑舍
ᄒᆞ고邊民買粮田路에執捉防卡ᄒᆞ면照請各卡ᄒᆞ야期
圖詃民放還之方이오며自淸官으로多設鄕約甲長牌
頭ᄒᆞ고亦立會城ᄒᆞ야諸處館卡所入黍糧鷄猪淸
土醬塩油柴草炭菜藿許多口呼手指之物을勒
討責供ᄒᆞ며或有如干本價之給이라도不滿其所捧
之十分一價ᄒᆞ니我民之困苦受侮를何可盡言이오
며亦設無章之稅款ᄒᆞ야不問進出口ᄒᆞ고不計原價
多少而雖內地前家後屋借貸之物이라도多派勇役에
逢輒討稅ᄒᆞ오되洽過本物原價之十倍ᄒᆞ오니陸路稅
四

⑦

則姑無妥定之意로有所論稿於韓淸議約之中而刱設
無名之稅ᄒᆞ야兩界騷擾가萬不穩當이온바其在保民
靖邊之責에實不可含默而置之勿問이온즉鄕約甲長
은本非我任인데偏差我人ᄒᆞ야使如奴隷ᄒᆞ고多設會
城에凡各館用供億等物을勒排濫斂於我人而名雖防
匪安民이나實爲生貴擾民이옵기諸般爲弊之端은一
切撤革之意로屢度詰照於淸館則非不有覆而專事
陽奉陰違之計ᄒᆞ야不罷會城ᄒᆞ며不撤稅款之外에
鄕約甲長을仍差我民而勒雜ᄒᆞ야侵虐坊曲에苛斂
이猶浮於前日而反以我韓之擅設鄕約搶糧徵稅等說

⑧

瞞報에以至轉咨於駐京公館ᄒᆞ야照請訓行嚴禁之
境者此所謂鞭脊鞭背之甚이오며淸匪生化福李玉
廷被拿被殺事段은流涎於韓民金基奉金容洛等
所持二柄洋銃之利寶ᄒᆞ야戕殺二命에匿埋滅跡이라
가免贓이自露ᄒᆞ야二銃을搜得於生鬍家穀草垛中
ᄒᆞ고二屍를掘出於生鬍家門前一坑內而玉廷은即
案內李砲手之名字이옵더니當場失捉에只以生化福
玉廷子及馬金鐸先自茂山郡捧查招成報押上本署
故又捧查招ᄒᆞ고再推之供에도自服正犯之目ᄒᆞ야一
辭二辭가毫無差錯이라究其所犯ᄒᆞ면生化福은匪
五

⑨

之魁賊之首鬍之倡也라一律을不施於二屍橫命之近
地ᄒᆞ면雙魂이想必啾寃於九原이기區別罪之首從ᄒᆞ
야首鬍生化福은牢囚署獄ᄒᆞ고李砲手玉廷之子及馬
金鐸을押付附近淸館ᄒᆞ야以便轉交ᄒᆞ는事로備文
照會于烟集岡趙宗翰衙門이옵더니旋接回覆內槩
准此本督辦道查生化福究係何處民人雖無從查案
惟謀奪金基奉等洋銃竟敢起意殺死棄屍滅跡
旣經貴交界官訊取確供歷歷如繪諒無寃抑按照
敝國刑律係屬圖財害命例應斬決應將生化福一
犯即行正法以儆兇暴而慰幽魂其馬金鐸李砲手

⑩

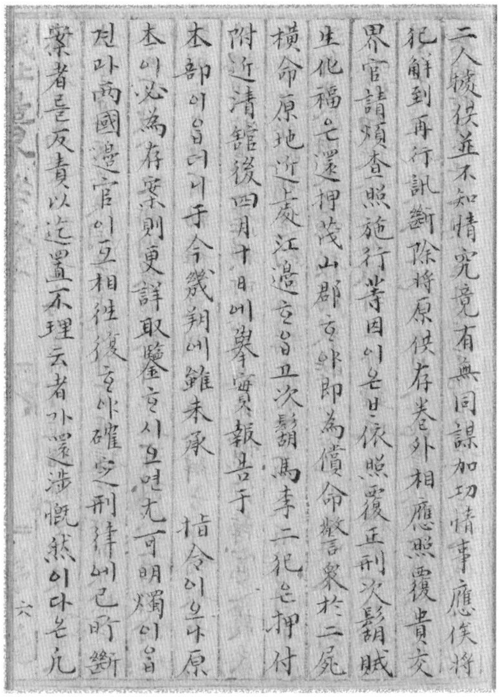

二人據供並不知情究竟有無同謀加功情事應俟將
犯解到再行訊斷除將原供存卷外相應照覆貴交
界官請煩査照施行等因이온바依照覆正刑次影翻賊
生化福은還押茂山郡ᄒᆞ야卽爲償命警衆於二兇
橫命原地近處江邊ᄒᆞᆸ고次影翻馬李二犯은押付
附近清館後四月十日에擧實報告于
本部이옵더니于今幾朔에雖未承 指令이오나原
本이必為存案則更詳取鑑ᄒᆞ시오면尤可明燭이옵
건마兩國邊官이互相往復ᄒᆞ야確定刑律에已爲斷
案者를反責以逗遛不理云者가還涉慨然이다온凡

⑪

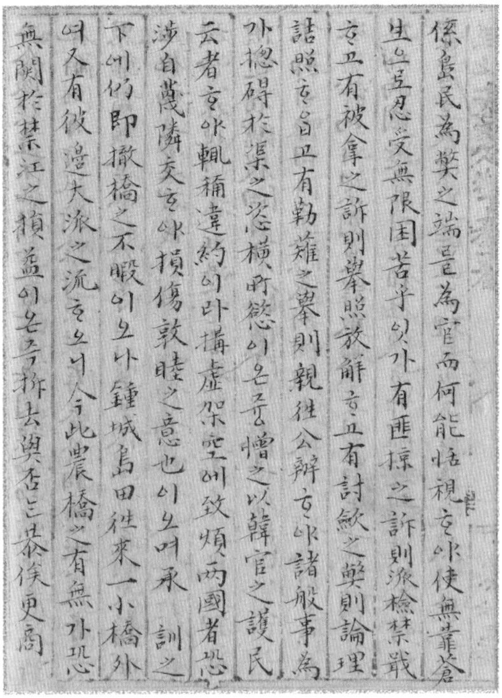

係島民為弊之端을為官而何能恬視ᄒᆞ야使無藿蒼
生으로忍受無限困苦乎잇가有匪掠之訴則派撿禁戢
ᄒᆞ고有被拿之訴則擧照放解ᄒᆞ고有討歛之弊則論理
詰照ᄒᆞᆸ고有勒罹之擧則親往公辦ᄒᆞ야諸般事為
가揔碍於渠之恣橫所慾이온즉憎之以韓官之護民
云者ᄒᆞ야輒稱違約이라搆虛架空에致煩兩國者恐
涉自蔑隣交ᄒᆞ야損傷敦睦之意也이오며承 訓之
下에仍卽撤橋之不暇이오나鍾城島田往來一小橋外
에又有彼邊大派之流ᄒᆞ오니今此農橋之有無가恐
無関於禁江之損益이온즉撤去與否ᄂᆞᆫ恭俟更商

⑫

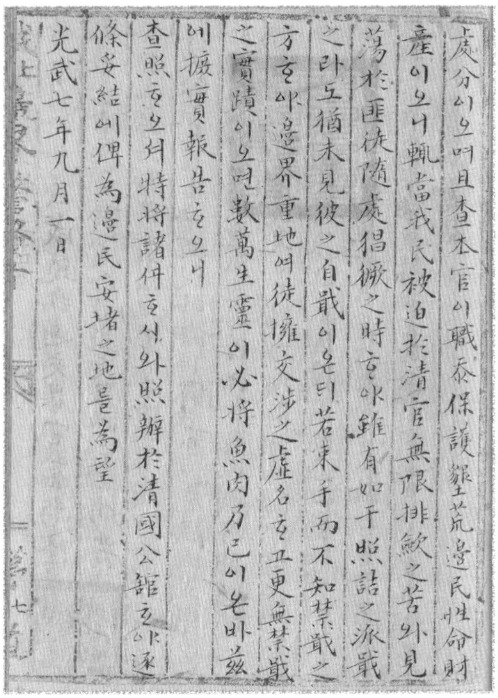

處分이오며且査本官이職忝保護鑿荒邊民性命財
産이오니輒當我民被迫於清官無限排歛之苦外見
蕩於匪徒隨處猖獗之時ᄒᆞ야雖有如干照詰之派戢
之라도猶未見彼之自戢이온ᄃᆡ若束手而不知禁戢之
方ᄒᆞ야邊界重地여徒擁交涉之虛名ᄒᆞ고更無禁戢
之實蹟이오면數萬生靈이必將魚肉乃已이온바玆
에據實報告ᄒᆞ오니
査照ᄒᆞ오셔特將諸件ᄒᆞ셔와照辦於清國公館ᄒᆞ야逐
條妥結에俾為邊民安堵之地를為望
光武七年九月一日

⑬

咸鏡北道交界官崔南隆
交界官金炳若
外部大臣 閣下

⑭

함 44

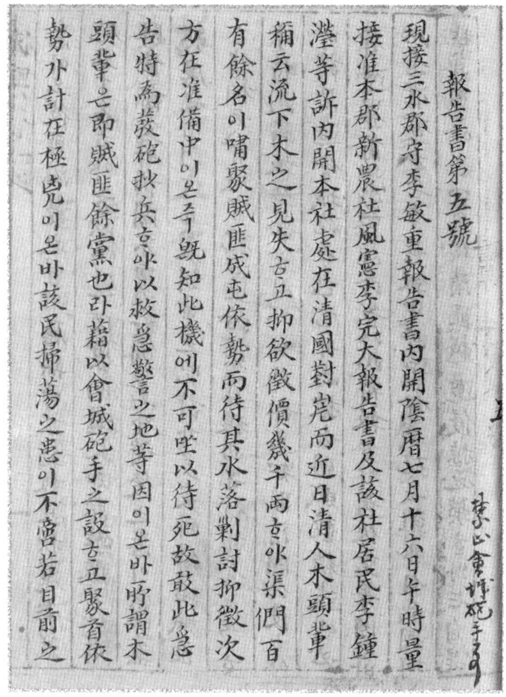
報告書第五號

現接三水郡守李敏重報告書內開陰曆七月十六日午時量
接准本郡新農社風憲李完大報告書及該社居民李鍾
瀅等訴內開本社處在清國對岸而近日清人木頭輩
稱云流下木之見失ᄒᆞ고 抑欲徵價幾千兩ᄒᆞ야 渠們百
有餘名이 嘯聚賊匪依勢而待其水落剿討抑徵次
方在准備中이온즉 旣知此機에 不可坐以待死故敢此急
告特為發砲救兵ᄒᆞ야 以救急警之地等因이온바 所謂木
頭輩은 即賊匪餘黨也라 藉以會城砲手之設ᄒᆞ고 聚黨依
勢가 計在極兇이온바 該民掃蕩之患이 不啻若目前之

①

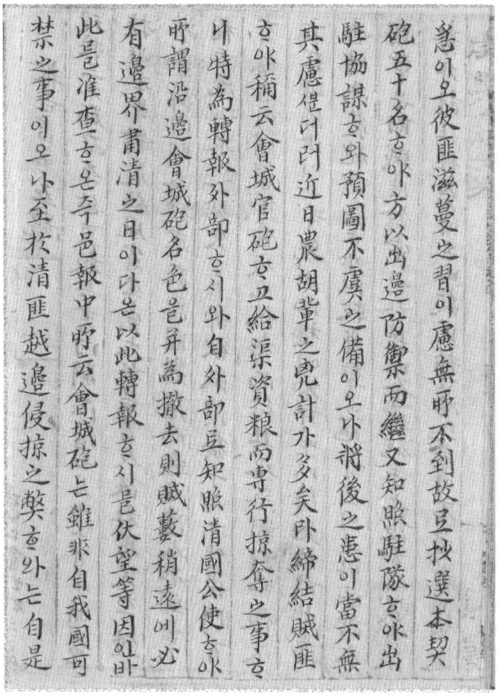
急이오 彼匪滋蔓之習이 慮無所不到故로 抄選本郡
砲五十名ᄒᆞ야 方以出邊防禦而繼又知照駐隊ᄒᆞ야 出
駐協謀ᄒᆞ와 預圖不虞之備이오나 將後之患이 當不無
其慮ᄒᆞ리니 近日農胡輩之兇計가 多矣라 締結賊匪
ᄒᆞ야 稱云會城官砲ᄒᆞ고 給渠資粮而專行掠奪之事ᄒᆞ
니 特為轉報外部ᄒᆞ시와 自外部로 知照清國公使ᄒᆞ야
所謂沿邊會城砲名色을 幷為撤去則賊藪稍遠에 必
有邊界肅清之日이다 온以此轉報ᄒᆞ시믈 伏望等因인바
此를 准查ᄒᆞ온즉 邑報中所云會城砲는 雖非自我國可
禁之事이오나 至於清匪越邊侵掠之弊ᄒᆞ와는 自是

②

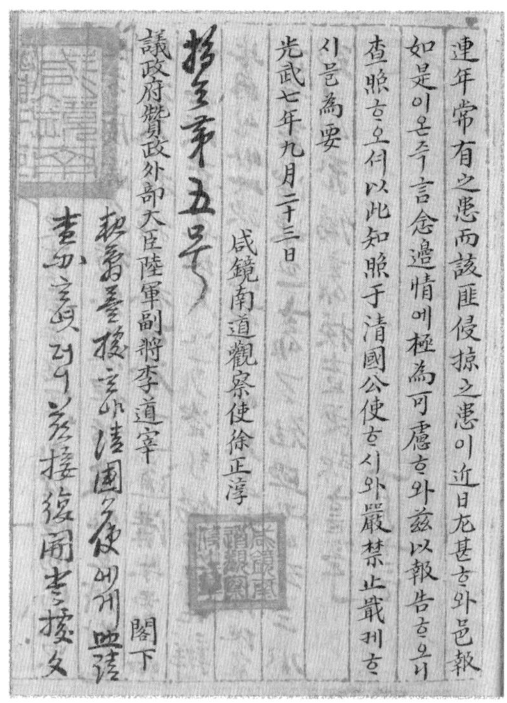
連年常有之患而該匪侵掠之患이 近日尤甚ᄒᆞ와 邑報
如是이온즉 言念邊情에 極為可慮ᄒᆞ와 玆以報告ᄒᆞ오니
查照ᄒᆞ오셔 以此知照于清國公使ᄒᆞ시와 嚴禁止戢케ᄒᆞ
시믈 為要

光武七年九月二十三日

咸鏡南道觀察使徐正淳

議政府贊政外部大臣陸軍副將李道宰 閣下

指令第五号
報告를 接ᄒᆞ야 清國公使에게 照請
查辦ᄒᆞ엿더니 玆接復開書擬文

③

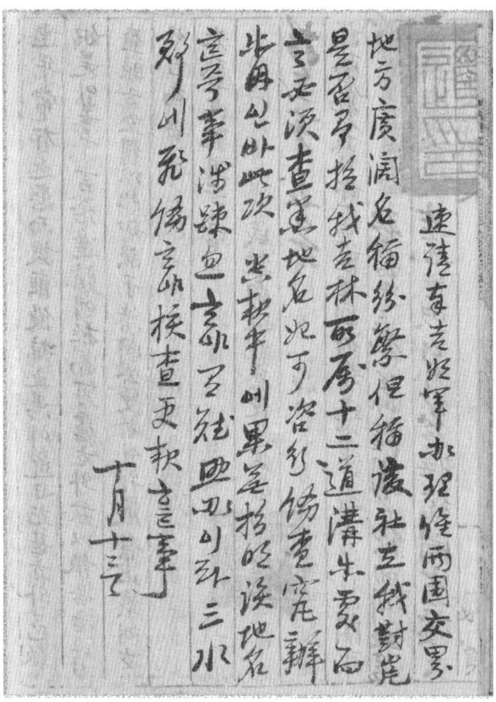
速請貴政府札理以維兩國交誼
地方廣濶名稱紛繁但稱後社在我對岸
是否即指我吉林所屬十二道溝先變而
言無從查究地名此可咨飭查究辦
此再ᄒᆞ신바 此次 照牒에 果是指明該地名
言之事詳細照覆ᄒᆞ시라 三水
郡에 飭ᄒᆞ야 核查更報ᄒᆞᆯ事

十月十三日

④

함 45

①

報告 第一號

本視察이住島經年에淸員之百般肆虐와吾民之一種見迫은實所目
格而有難枚擧은바現接 皇城新聞所記淸使照覆句語則沒是該淸使가見瞞
於該島淸員之虛文誣報而以辭不掩理之說로敢眩我 政府者오니彼照曰該島淸
人之土著이倍徙吾民ᄒᆞ고我韓升民이傷奪彼之財産生命云ᄒᆞ니盖我民之入墾調
查者은現爲三萬餘戶오討查東西江淸人戶則並他館所管一千二戶와和龍峪館所
管一百十二戶合淸戶爲一千一百十四戶則土著倍多之爲抑辯은可立見也오所謂淸員
이哺聚匪徒ᄒᆞ야藉稱官兵ᄒᆞ고荷棒肆行ᄒᆞ야傷命奪財無處無之而至有去八月
에殺掠茂山對岸島韓民四十二人ᄒᆞ고搶奪巨萬餘財ᄒᆞ니此亦確證也而該淸
使照覆云ᄃᆞ니可謂賊反荷杖이오我歆查唱也오며彼且曰視察이擅自設約

②

緇丁ᄒᆞ며帑祀科稅云ᄒᆞ니盖綵賊이滋蔵ᄒᆞ야至有伦彼館卡之境故로並
他所淸員程光第가實出自安自衛之計ᄒᆞ야使韓民으로設私砲防賊ᄒᆞ고淸員之
文憑이自在ᄒᆞ니實非本員之擅便設砲也오私砲齊起ᄒᆞ야牢不可破而淸俄
交界之地에恐或妄動生釁故로本員이各出頭領ᄒᆞ야以成操戢者也오며
程員替代陳哥가擅稱章程稅則ᄒᆞ고勒索百千無名雜稅ᄒᆞ야剝割吾民故로
本員이駁詰以稅章之所無而淸員이悍頑不悛ᄒᆞ야致此淸使之瞞照也오
며彼且曰吾民이業經薙髮入籍斷無勒薙之事云ᄒᆞ니盖我民入墾이始於
去戊辰而今爲三十六年久矣라去庚寅에淸員葉聯甲이派自吉林出來ᄒᆞ
야始設和龍峪館於鍾城對岸ᄒᆞ고縱兵荷棒而肆行閭里ᄒᆞ야勒欲薙髮
故로我民驚駭隱伏ᄒᆞ야抛棄家庄而還復過江ᄒᆞ고被執勒薙之人이不

③

滿數百而每當名節忌日에輒臨江痛哭而返ᄒᆞ니此豈非勒薙乎잇가實該
淸員이贋成虛籍ᄒᆞ야要欲誇藉於彼國之計也而淸使所覆은實是强辯
也오以疆界論之則往在
肅廟壬辰康熙五十一年에烏喇摠管穆克登이奉命來定國界ᄒᆞᆯ시立定界
碑於白頭山分水嶺上ᄒᆞ고築石堆木堆ᄒᆞ야以土門江爲界ᄒᆞ니築上之木이已扶
矣오嶺頭之碑不磨矣라淸國이與我開市百八十年에自鍾城會寧撤帰者淸
卜馱運은越豆滿江三百里至下畔嶺ᄒᆞ야淸員之說이韓界止此라ᄒᆞ야每使韓
民輸馱ᄒᆞ야及嶺而歸ᄒᆞ니該墾島爲韓地之確據也어ᄂᆞᆫ該淸使가强稱彼
國轄地而派員勘界에指定如何界限云ᄒᆞ니此實理窮强辨也오該島을設
謂彼地라도我理我民은世界萬國通行之例而謹按公法會通第三百八

④

十章에有日本國應保護已民之在彼國者有二彼國違例虐待一也被他人欺
陵損害不爲保護二也有一於此本國得向彼國討索賠補並請設法以防
將來之句ᄒᆞ오니據以公法이라도我民管理保護가誠是例也어든況於民我
地我에管理保護ᄒᆞ야以防彼人之不法虐待을誰敢有議乎잇가該島情
形은係是本員之躬覆目覩故玆敢查報ᄒᆞ오며且淸員之法外陵虐와討索
無名雜稅之節을左開報明ᄒᆞ오니詳細 下燭ᄒᆞ옵셔與淸公使로逐條
駁辨ᄒᆞ와以杜日後該淸使昧實誣照之弊ᄒᆞ옵고 另稟
天陛ᄒᆞ와飭派解幹官員ᄒᆞ야火速勘界ᄒᆞ와永安向日未決之界案ᄒᆞ
고速爲派兵駐紮ᄒᆞ야與該島之已設私砲로并爲援據ᄒᆞ야以防綵匪之
侵滋ᄒᆞ고以保邊民之安接을伏俟
處分事

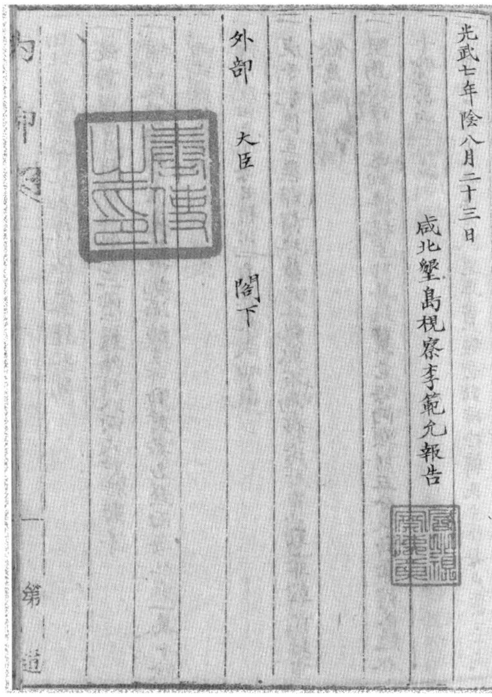

光武七年陰八月二十三日

咸北墾島視察李範允報告

外部 大臣 閣下

⑤

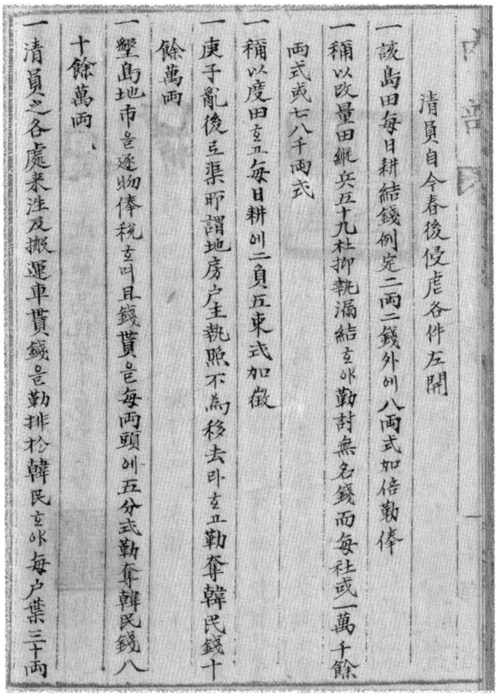

清員自今春後侵虐各件左開

一 該島田每日耕結錢例定二兩二錢外에八兩式加倍勒捧

一 稱以改量田畝兵丁九杜抑執漏結ᄒᆞ야勒討無名錢而每社或一萬千餘兩式或七八千兩式

一 稱以度田ᄒᆞ고每日耕에二負五束式加徵

一 庚子亂後로渠所謂地房戶主執照不爲移去라ᄒᆞ고勒奪韓民錢十餘萬兩

一 墾島地市을逐物俸稅ᄒᆞ며且錢貫은每兩頭에五分式勒奪韓民錢八十餘萬兩

一 清員之各處來往及搬運車貫錢을勒排於韓民ᄒᆞ야每戶葉三十兩

⑥

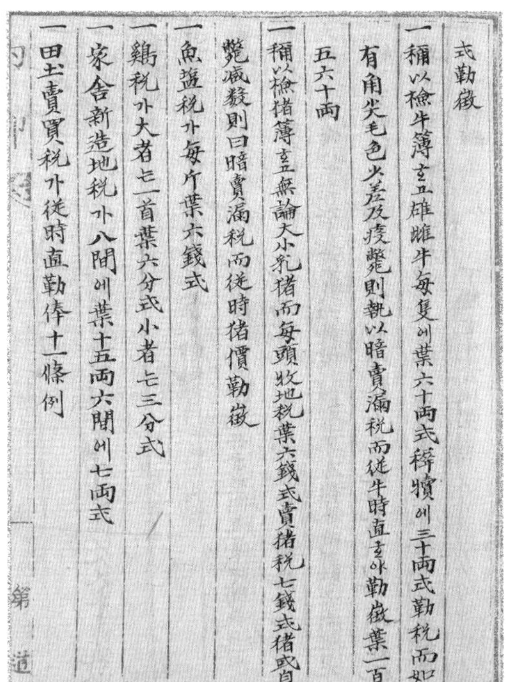

式勒徵

一 稱以檢牛簿ᄒᆞ고雄雌牛每隻에葉六十兩式稱贖에三十兩式勒稅而如有角尖毛色少差及疫斃則執以暗賣漏稅而從牛時直ᄒᆞ야勒徵葉一百五六十兩

一 稱以檢猪簿ᄒᆞ고無論大小豕猪而每頭收地稅葉六錢式賣猪稅七錢式猪或自斃或殺則曰暗賣漏稅而從時猪價勒徵

一 魚鹽稅가每斤葉六錢式

一 鷄稅가大者는一首葉六分式小者는三分式

一 家舍新造地稅가八間에葉十五兩六間에七兩式

一 田土賣買稅가從時直勒捧十一條例

⑦

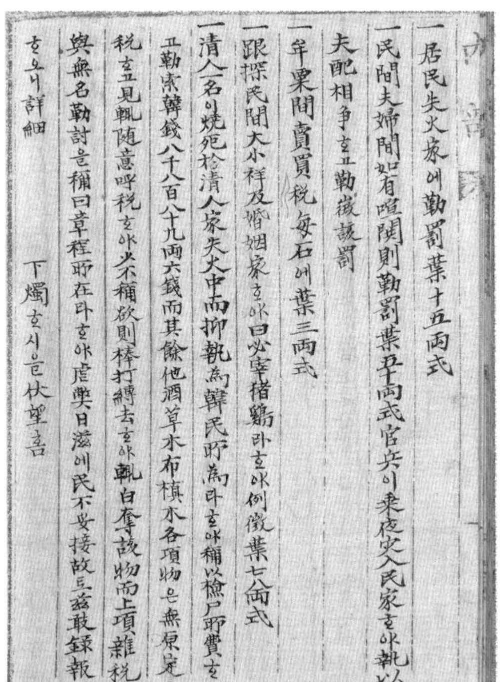

一 居民失火家에勒罰葉十五兩式

一 民間夫婦間如有喧鬨則勒罰葉五十兩式官兵이乘夜突入民家ᄒᆞ야執以夫配相爭ᄒᆞ고勒徵該罰

一 年粟間賣買稅每石에葉三兩式

一 跟探民間大小祥及婚姻家ᄒᆞ야曰必宰猪鷄라ᄒᆞ야例徵葉七兩式

一 清人名이燒死於清人家失火中而抑執爲韓民所爲라ᄒᆞ야稱以檢尸所費ᄒᆞ고勒索韓錢八千八百八十九兩六錢而其餘他酒草木布稹木各項物은無原定稅ᄒᆞ고見輒隨意呼稅ᄒᆞ야少不稱欲則棒打縛去ᄒᆞ야輒自奪該物而上項雜稅與無名勒討은稱曰章程所在라ᄒᆞ야虐斂日滋에民不安接故로玆敢錄報ᄒᆞ오니詳細 下燭ᄒᆞ시믈伏望흠

⑧

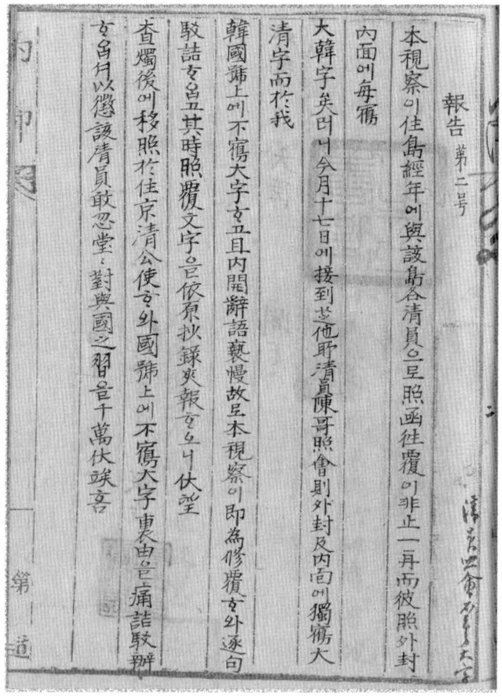

報告 第二号
本視察이住島經年에與該島各清員으로照函往覆이非止一再而彼照外封
內面에每寫
大韓字矣러니今月十七日에接到芝他耶清員陳哥照會則外封及內面에獨寫大
清字而於我
韓國號上에不寫大字ᄒᆞ고且內開辭語褻慢故로本視察이即為修覆ᄒᆞ와逐句
駁詰ᄒᆞᄋᆞᆸ고其時照覆文字ᄅᆞᆯ依原抄錄爽報ᄒᆞ오니伏望
查燭後에移照於住京清公使ᄒᆞ와外國號上에不寫大字裏由ᄅᆞᆯ痛詰駁辨
ᄒᆞᄋᆞᆸ시以懲該清員敢忽堂堂對與國之習을千萬伏俟喜

①

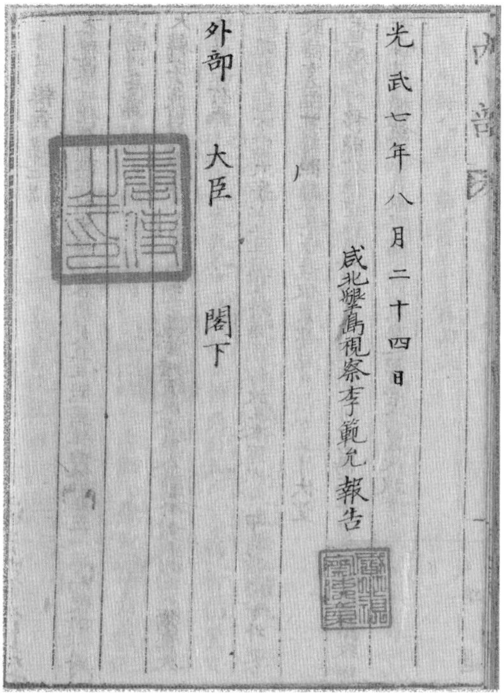

光武七年八月二十四日
咸北墾島視察李範允 報告
外部 大臣 閣下

②

함 46

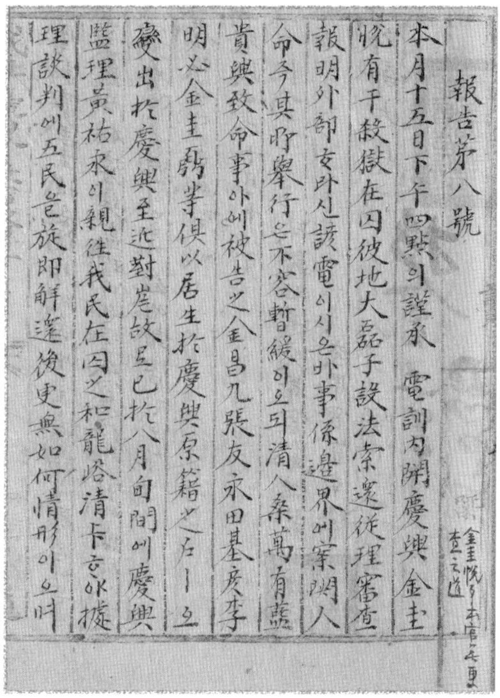

報告第八號
本月十五日下午四點의謹承 電訓內開慶興金圭
晥有千殺獄在囚彼地大磊子設法索還從理審查
報明外部ᄒᆞ라신該電이시온바事係邊界에案關人
命今其所擧行은不容暫緩이오되清人桑萬有藍
貴與致命事아에被告之金昌九張友永田基彥李
明必金圭彛等俱以居生於慶興原籍之人이오
變出於慶興至近對岸故로已於八月旬間에慶興
監理黃祐永이親往我民在囚之和龍峪清卡ᄒᆞ야據
理談判에五民을旋即解還後吏無如何情形이오며

①

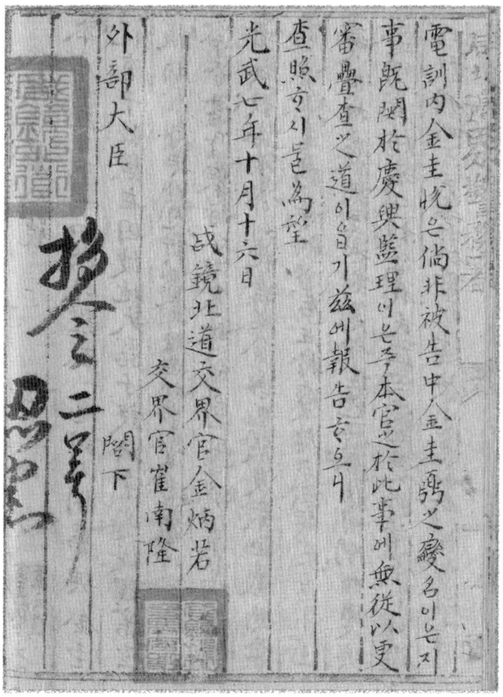

電訓內金圭晥은倘非被告中金圭彛之變名이온지
事既關於慶興監理이온즉本官之於此事에無從以更
審疊查之道이옵기玆에報告ᄒᆞ오니
查照ᄒᆞ시믈為望
光武七年十月十六日
咸鏡北道交界官金炳若
交界官崔南隆
外部大臣 閣下

②

함 47

함 48

報告書第六號

本年九月二十三日到付三水郡守李敏重報告書內에槩
稱本郡對岸淸人輩가締結賊黨ᄒᆞ야藉勢會城官砲之
設ᄒᆞ고專行掠奪ᄒᆞ오니特為轉報外部ᄒᆞ시와自外部로知
照淸國公使ᄒᆞ야所謂會城砲名色을幷為撤去케ᄒᆞ시믈
伏望等因인바其時에自府로以淸匪侵掠之患을照會
禁戢之意로修報于 部이옵더니第五號指令內開報辭
를據ᄒᆞ야淸國公使에게照請查辦ᄒᆞ엿더니玆接覆開當
據文速請奉吉將軍辦理惟兩國交界地方廣濶名稱
紛繁但稱該社在我對岸是否即指我吉林所屬十二道

①

溝等處而言必須查實地名始可咨行飭查究辦等因
인바此次貴報中에果無指的該地名ᄒᆞᆫ즉事涉躁急ᄒᆞ야
有難照辦이라三水郡에飛飭ᄒᆞ야核查更報ᄒᆞᆯ事等因
이온바即為翻飭于該郡이옵더니即接該郡守報告書內開
所謂會城砲之留屯地名은吉林所屬新設臨江縣本通化縣
區域十六道溝長生保內矢弓而即本郡仁遮外社對岸大東
社云矣라盖此淸匪侵掠이比日益甚ᄒᆞ외頃者陽九月十七日
出該郡守報告書內開陰七月二十五日午時量接准出駐
本隊尉官金商說照會內開昨日初昏與淸匪終夜交戰我
兵則一無被傷彼匪之傷昏夜中姑未詳知既明後彼匪隱屯

②

於林麓之中星火請兵于甲山中隊及雲寵駐隊以為應援
之地云矣仍即請援于兩隊矣同月二十五日午時量雲寵駐
隊尉官率兵三十名馳到本郡仍為發行于羅暖陀口等因
이옵고陽九月二十二日出該郡守報告書內開陰七月二十
七日戌時量現聞偵探巡校李學根回告內淸匪與我兵
陽江交戰이옵다가淸匪十五名이秘跡潛越我人一名은被
九郎襲掠奪之物을不可盡記出駐砲兵遠當前後靡
擊請援之兵이未及抵到數少難敵不得已撤還陰八月初
二日戌時量現聞偵探巡校千萬億回告內兵砲撤還之
後淸匪等이橫行於新農社等地潰散之民이以姑息保

③

命之計로淸匪流下不읃擔當遲下於一百八十里次定
約牢牛孚待今將還集而若更出駐交戰則不無後患
苦請退駐故甲雲兩隊가從民願不得已一幷撤還等因
이옵고陽十月十五日出該郡守報告書內開陰八月二十四
日子時量淸匪五十餘名이由後麓暗地越城繞圍隊所
亂放洋銃則隊兵이四散奔走回龍銃三十四柄與武庫
所在彈丸及我人三名牛隻四首又所捧公錢日圓一百三
元純錢一百八十餘兩幷為掠奪而去特為電請于
元帥府與內部更派幾小隊以保邊民之地等因이옵고陽十
月二十三日出該郡守報告書內開淸匪等이留屯於內矢弓

④

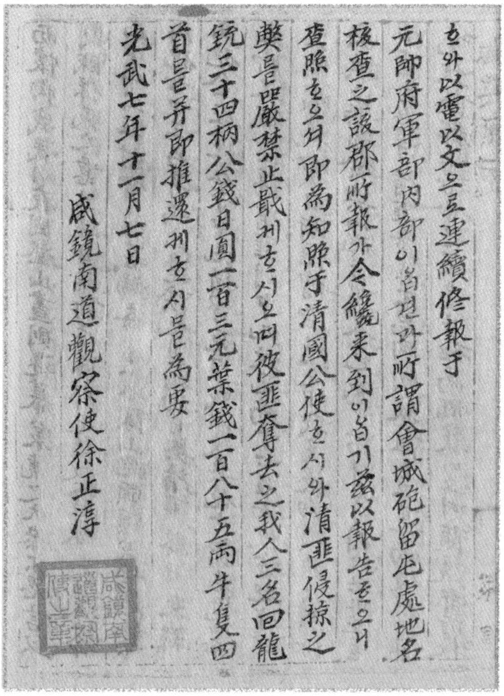

호와 以電以文으로 連續修報于
元帥府軍部內部이옵건와 所謂會城砲留屯處地名
核査之該郡所報가 今纔來到이옵기 玆以報告ᄒᆞ오니
査照ᄒᆞ오셔 即爲知照于清國公使ᄒᆞ시와 清匪侵掠之
弊를 嚴禁止戢케ᄒᆞ시오며 彼匪奪去之我人三名回龍
銃三十四柄公錢日圓一百三元葉錢一百八十五兩牛隻四
首를 并即推還케ᄒᆞ시믈 爲要
光武七年十一月七日
咸鏡南道觀察使徐正淳

⑥

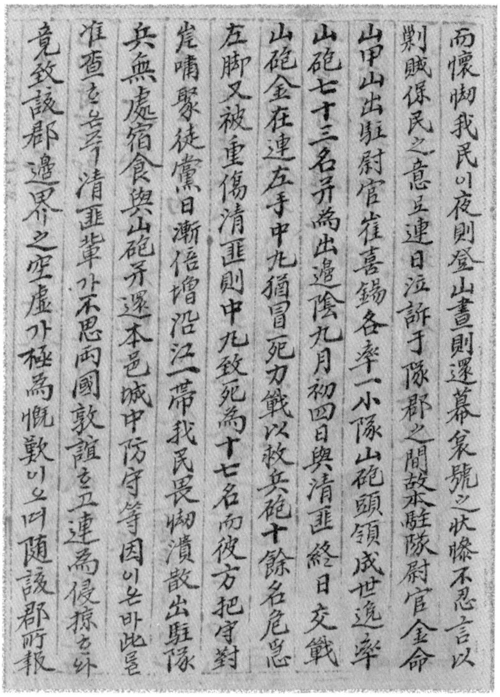

而懷恸我民이 夜則登山晝則還幕衆號之狀慘不忍言以
剿賊保民之意로 連日泣訴于隊郡之間故本駐隊尉官金命
山甲山出駐尉官崔喜錫各率一小隊山砲頭領成世逸率
山砲七十三名并爲出邊陰九月初四日與清匪終日交戰
山砲金在連左手中丸猶冒死力戰以救兵砲十餘名危急
左脚又被重傷清匪則中丸致死爲十七名而彼方把守對
岸哨聚徒黨日漸倍增沿江一帶我民畏恸潰散出駐隊
兵無處宿食與山砲并還本邑城中防守等因이온바 此를
准査ᄒᆞ온즉 清匪輩가 不思兩國敦誼ᄒᆞ고 連爲侵掠ᄒᆞ와
竟致該郡邊界之空虛가 極爲慨歎이오며 隨該郡所報

⑤

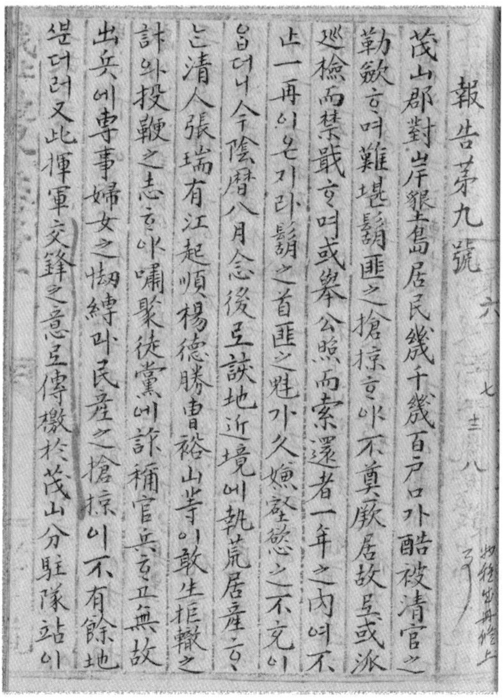

報告第九號
茂山郡對岸墾島居民幾千幾百戶口가 酷被清官之
勒歛ᄒᆞ며 難堪鬍匪之搶掠ᄒᆞ와 不奠厥居故로 或派
巡檢而禁戢ᄒᆞ며 或峯公照而索還者一年之内에 不
止一再이온거라 鬍匪之首匪之魁가 久懷婪慾之不充이
옵더니 今陰曆八月念後로 該地近境에 執荒居產ᄒᆞ
는 清人張瑞有江起順楊德勝曹裕山等이 敢生拒撤之
計와 投鞭之志ᄒᆞ와 嘯聚徒黨에 詐稱官兵ᄒᆞ고 無故
出兵에 專事婦女之恸縛과 民產之搶掠이 不有餘地
ᄲᅮᆫ더러 又此揮軍交鋒之意로 傳檄於茂山分駐隊站이

① 함 49

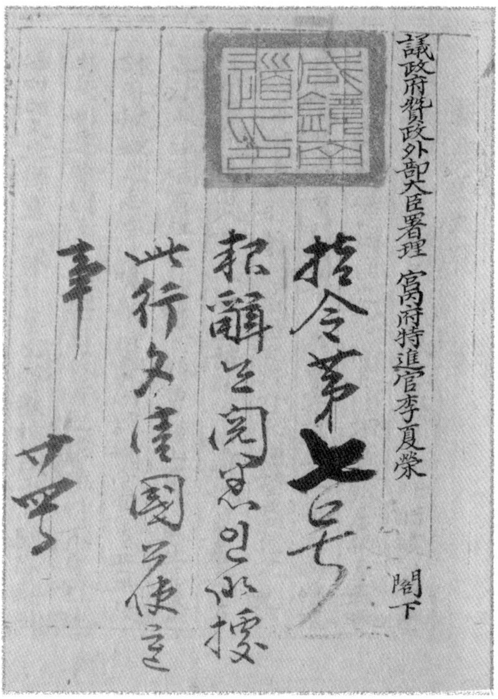

議政府贊政外部大臣署理 宮內府特進官李夏榮 閣下
指令第七号
報辭已閱悉이며 援
此行文清國公使
事
廿四

⑦

온故로事至急迫ᄒᆞ와隊以發兵ᄒᆞ고郡亦率砲ᄒᆞ야
緊守隘口에我不得過江ᄒᆞ고彼不能入境ᄒᆞ야相守相
敵이遽過朔餘에况彼鬍賊이先爲隔江射擊ᄒᆞ온
즉勢不獲已ᄒᆞ야郡砲與隊兵이亦爲應砲之際에
彼黨之或斃或傷은不知其幾十名이오我民之中九致
命ᄒᆞ온바有私砲韓鵬赫一人이온지라該賊이自度不
敵ᄒᆞ고至九月念後에稍有遁逃之樣而猶有餘毒之
不售者然ᄒᆞ야韓墾戶家幕穀垜를一齊衝火ᄒᆞ고
將在什物을逢輒掠奪ᄒᆞ니村落이蕭條에老幼男女
가難保時日ᄒᆞ야俱爲渡江에避亂於茂山郡等地이

②

온지라無數鬍匪가乘其民家之俱空ᄒᆞ야看作窩窟
ᄒᆞ고復爲來往近處沿岸ᄒᆞ야聲言暮夜深更에當爲
勦滅郡隊라ᄒᆞ오니防禦之策이惟在破窟이ᄋᆞᆸ기郡
守與隊官이互相爛議ᄒᆞ고招致避禍之墾民ᄒᆞ야各
使家主로燒燼幾坐家屋ᄒᆞ야使此淸匪로一無住
處케ᄒᆞ오니彼知無奈ᄒᆞ고各散各歸ᄒᆞ온지라上江
分署總巡安壽益이連報告悶ᄒᆞᄋᆞᆸᄂᆞᆫ바本署之於該
對岸地隔數百里之遠ᄒᆞ고手無可用之械ᄒᆞ야未遑一
臂之助ᄒᆞ고空費一段之神而竊伏念本官이職忝邊民
保護之責ᄒᆞ야徒聽邊民潰散之報ᄒᆞᄋᆞᆸ고遙想景狀

③

ᄒᆞ오면悶切恫己之歎이온즁兵之勝敗도猶未預料이
온데民之魚肉이實涉憂懼ᄒᆞ와爲要和解ᄒᆞ야屢縱
細作ᄒᆞ고或擧公照ᄒᆞ야備盡大勢이온즉彼員이亦順
請和約期會晤收兵之意로私書公照가不啻一再故로
陰九月二十六日에本官等與鎭隊叅領徐廷圭率各
隊尉官偕茂山郡守池昌翰鍾城郡守朱哲濬會往
鍾城對岸江邊則淸國銅佛寺來駐統領凌維琪延
吉廳理事陳作彦該分防張兆麒一齊出來ᄒᆞ야會
同談辦ᄒᆞᄋᆞᆸᄂᆞᆫᄃᆡ淸員曰現在茂山對岸交仗一案은窃
想以兵對兵兩相殺傷彼此一般均屬休案重修敦誼

④

云이ᄋᆞᆸ기本官等與諸隊官이亦爲和好益敦隣交
之意로言罷席散ᄒᆞ오니爲民萬幸이오며上江分署
가適在該郡江邊梁永舊基而猝當此變에彼之亂丸
이飛如雨下ᄒᆞ야穿破門壁이오되赤手尺刀로莫敢
生意於出身抵敵ᄒᆞ고只自掩面避丸ᄒᆞ야入番諸檢이
僅免傷命이오나迨此時也에我持銃械오면自有衛護
之方ᄒᆞ야必無急難之境이온지라苟論今番交仗情
形ᄒᆞ오면彼之兵出無名에事故不成ᄒᆞ야量勢而走ᄒᆞ
고聽和而撤ᄒᆞ니雖是一時之幸이오나彼不可測者ᄂᆞᆫ
犬羊之性也라今雖姑退나若當更犯之日에一戰而破

⑤

이沒策이라活我之聲이徒傷天良ᄒᆞ야哽塞難言이
온바各洞民婦女見集과汁物被掠家舍穀埬被燒幾
許을一一區別淸算ᄒᆞ야照會于淸官ᄒᆞᆸ고亦修成
冊上送ᄒᆞᆸ기玆에報告ᄒᆞ오니
査照ᄒᆞ오셔 特爲轉照于淸公使ᄒᆞ시와飭使對
岸淸弁으로更無揮兵行悖而鑿民見失物種을一
一還推케ᄒᆞ오며移照于 元帥府ᄒᆞᆸ셔銃械
二百柄을從速下送ᄒᆞ시와以備意外之患을爲
望
光武七年十一月二十三日

⑦

隊兵ᄒᆞ고再戰而殺郡砲ᄒᆞ면次者ᄂᆞᆫ誰也오齒寒之
患이迫在朝夕에雖義氣忠膽이라도奈赤手에何哉
잇고欽滕受困ᄂᆞᆫ必至之勢也라的當此時면悔難盰及
이오며若使巡檢二百名으로各持利械ᄒᆞ야以備不虞이
오면賊自膽落ᄒᆞ고民安耕鑿ᄒᆞ야邊境이晏然ᄒᆞ올지
니事勢如此에巡檢荷銃이雖無確例오나陷地危境에
不可無臨時制宜이ᄋᆞᆸ기已盰屢報請允가良有以也
이오며各處邊民之經刼捿屑이聞甚矜憐ᄒᆞ와本官
이於本月十七日躬往該地며巡察坊曲ᄒᆞ야使之撫諭이
오나居無其屋ᄒᆞ고食無其穀ᄒᆞ야號哭寒天에鎭安

⑥

光武七年十一月二十五日起案 咸鏡北
主任交涉局課長
大臣臨時署理 協辦
訓令第八號
彙以厚昌三水等郡의淸匪作鬧ᄒᆞ야犯域戕人ᄒᆞᆫ
事로 元帥府에知照ᄒᆞ야業已轉飭地方隊ᄒᆞ얏
고駐京淸國公館에行文ᄒᆞ야使之禁緝ᄒᆞ얏더니現
接該館復開中曆九月二十三日接到貴大臣第三十
號照會以厚昌三水等郡有木商及地會砲勇捉人
奪物又三水郡有匪徒犯域奪取鎗彈傷斃人命請
外部 第 遣

①

함 50

外部大臣 閣下
咸鏡北道交界官崔南隆
交界官金炳若

⑧

咨奉省設法剿匪救民等情本大臣查匪徒肆行不
法我處官弁自應懲治決不袒縱至商民爭鬧其中
或有别情則當明確查究公平論處現已據照咨請奉
天將軍分别察辦惟近年貴國之人亦時有率衆越
界斃命刦財形同匪徒不一而足且屬兵捕居多屢
次照請查禁至今未見即止兩國壤地毘連理應各
守疆界偶有匪賊不法則當各歸各辦若遇越境攔
入如果確係匪徒彼此守土官弁用械驅除倘匪徒
間有拒捕格殺勿論至拘獲者仍當交還本國協
懲處至商民偶有爭競則與匪衆不同斷不能

②

照此辦理又全在交界官員彼此查明緣故據實
商辦秉公處斷務得情理持平自可相安無事是
以本大臣亦深望貴大臣行文各觀察使訓飭所屬
官弁遇事務必認真商辦並請嚴束兵捕切勿越界
滋事庶消邊釁而顧隣誼等因이오繼接該館文
開中曆十月初一日接奉我外務部電開吉林將軍奏
韓兵帶領韓民搶掠延吉廳屬崇化善化等社禾稼將
墾民擄去四人嵌彥明己斃命曹風和呂培告回病故
回蔣雲閣未卜存亡餘皆逃散且不時派兵越江窺探
尚化德化等社又牛心山一帶有韓兵佔據設卡其

③

統領致管帶信有開仗索要越墾地面之言請照查
禁又於初二日接到續電頃准吉林將軍文稱九月十
一十五等日韓兵過江糾合越墾韓民攻我兵隊焚
我房屋並對江挖濠遇有我兵往來即行開槍攻擊
等因韓兵屢次過江糾合墾民攻打焚毁實屬無
理希向韓外部切實理論務飭韓兵不得越界勿
再滋事各等因本大臣查吉林邊境向以圖門江為
界近年貴國兵捕屢次越界滋事久經照請查禁
乃擄人搶物之事仍復層見迭出皆出自兵官兵丁
滋擾甚至糾合墾民攻我兵隊焚我房屋且派兵

④

越江窺探村社地方并設卡於牛心山一帶該兵官
函中有開仗索地之言尤堪駭異中韓數百年交
誼素敦此等舉動當非出自貴政府之意該兵官
不知禮教率性滋擾易開邊釁為此照請貴大臣
查照我外務部電開各節即日
奏聞
大皇帝特勅沿邊一帶官弁約束兵捕切勿越界滋擾
致啓釁端立俟見復以便電達我政府等因인바此
로查ᄒᆞ니兩國疆域이聯接ᄒᆞᆫ바人民의冒禁往來
가朝暮絡續인즉自我主恪守邊界ᄒᆞᆫ바毫無所失

⑤

⑥

이라야清匪禁戢一節을可以有辭于清官이어늘
今反我民이犯法ᄒᆞ야作閙彼地ᄒᆞ야清舘照詰야
若是鄭重ᄒᆞ니若此不已면邊釁을必自我先開ᄒᆞ
야末梢関念이靡所止届될터러嗣後清匪事案을
何以駁論請禁乎아無知邊民이妄滋事端ᄒᆞ면易
致國交上轇轕ᄒᆞ니言念及此에不覺警惕이라玆
에訓令ᄒᆞ니
照亮ᄒᆞ오付此次越江作閙가係是何郡何民所為
인지別加查核ᄒᆞ야分首從嚴行懲勵ᄒᆞ고飛飭管
下沿邊各郡ᄒᆞ야各守疆界에毋或過江起閙케ᄒᆞ

⑦

며將此訓辭ᄒᆞ야揭付坊曲ᄒᆞ야使大小民人으로
一倍警念케ᄒᆞᆷ이為可
光武七年十一月二十五日
議政府賛政外部大臣臨時署理宮府特進官李夏榮
咸鏡南道觀察使徐正淳閣下

함 51

①

光武七年十二月九日起案 咸北交界官
主任交涉課局長
大臣臨時署理 協辦
訓令第三号
韓清交界에兵民滋擾ᄒᆞᆫ事로貴第九号報告ᄂᆞᆫ
閱悉인바我官이與清員會同談辦ᄒᆞ야邊界가乍
閙旋靜ᄒᆞ니為國交甚幸이나初不冒越滋事ᄒᆞ면
豈至於傳檄交鋒이며最初起閙時에胡不報明ᄒᆞ고
今始有此報인지已是訝然이오起閙源委ᄅᆞᆯ全不
枚舉ᄒᆞ야糢糊踈略이莫此為甚ᄒᆞ니何以領會ᄒᆞ

②

야應對清舘之詰駁乎아萬〻慨歎이라到即起閙顛
末과往復文字를消詳開錄ᄒᆞ야火速報来이고巡檢搭
銃一事ᄂᆞᆫ更待所報ᄒᆞ야洞察該地形便ᄒᆞᆫ후當為辦理
ᄒᆞ리니照諒遵辦ᄒᆞᆷ이為可
光武七年十二月九日
議政府賛政外部大臣臨時署理宮府特進官李夏榮
咸鏡北道交界官崔南隆
金炳若 座下

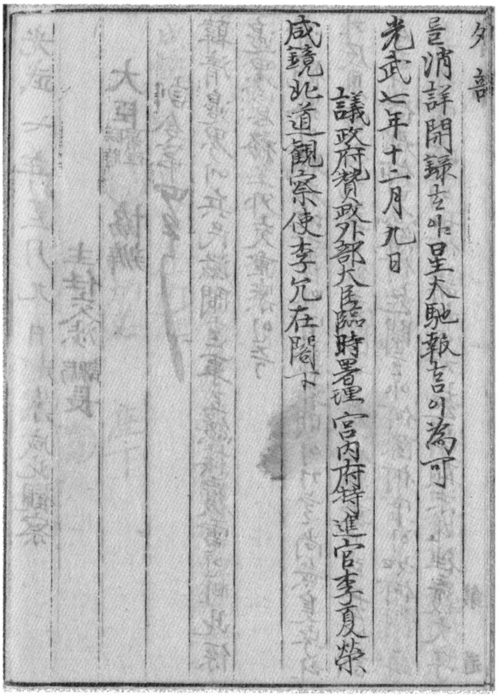

②

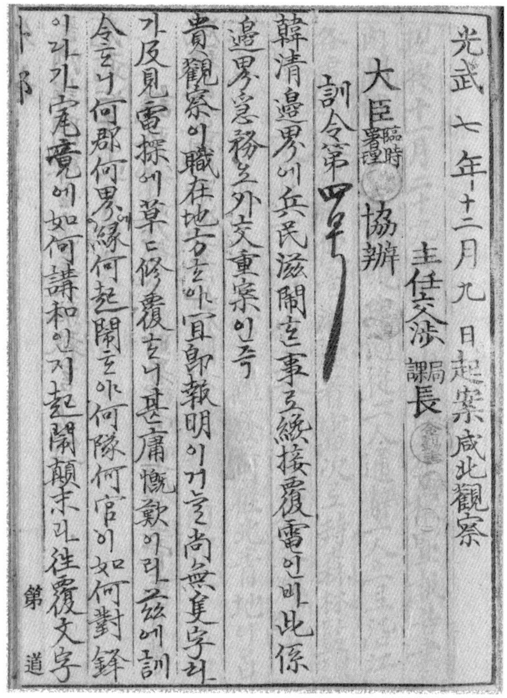

①

함 52

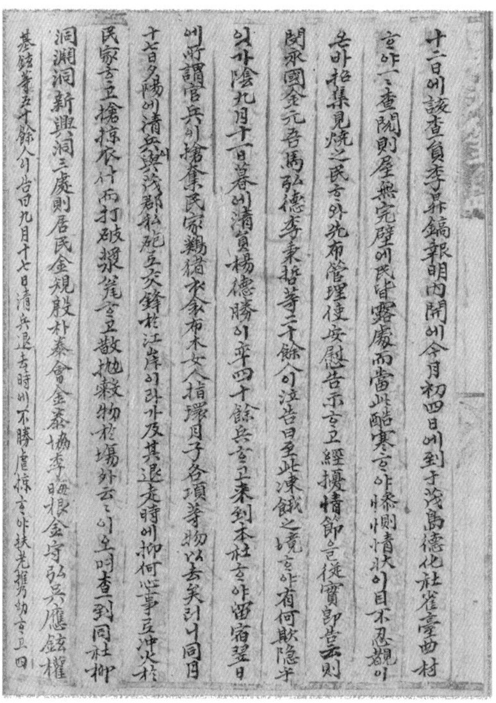

②

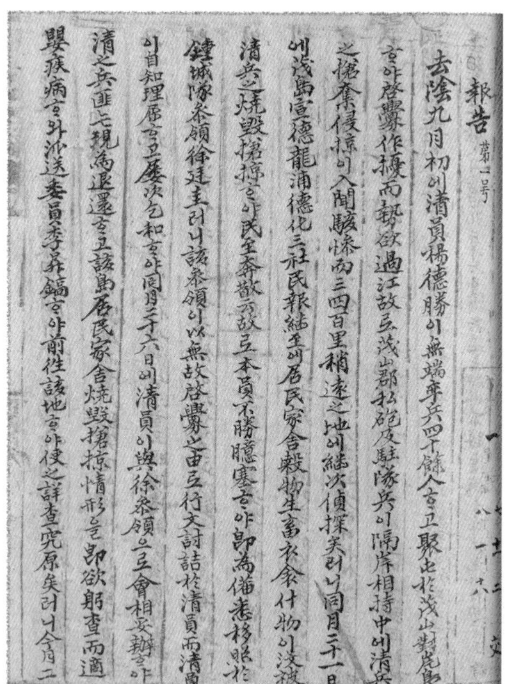

①

함 53

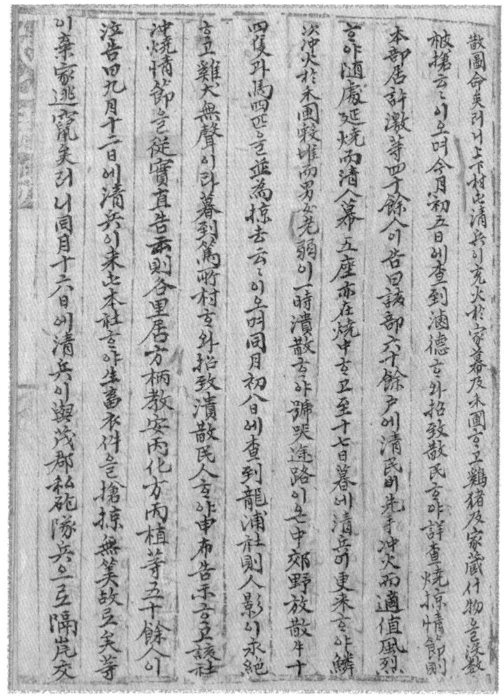

③

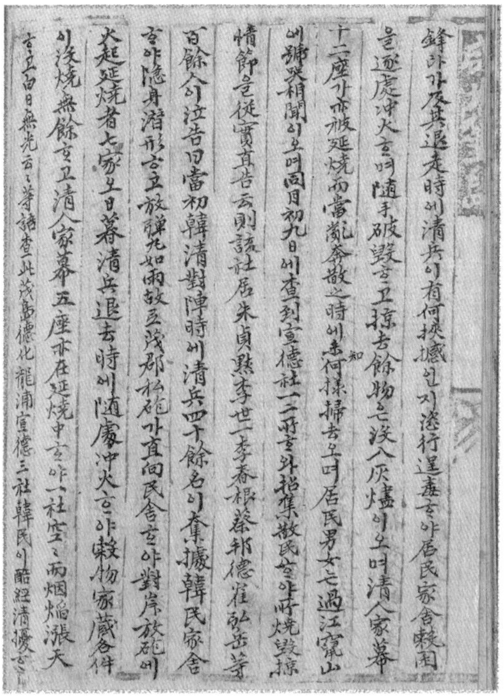

④

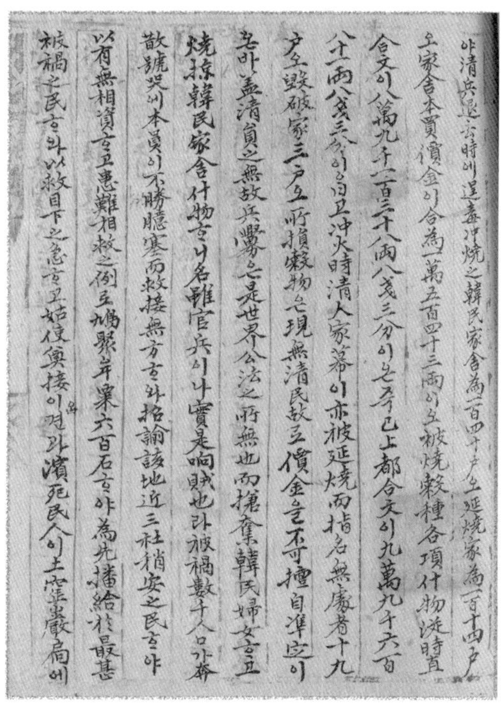

⑤

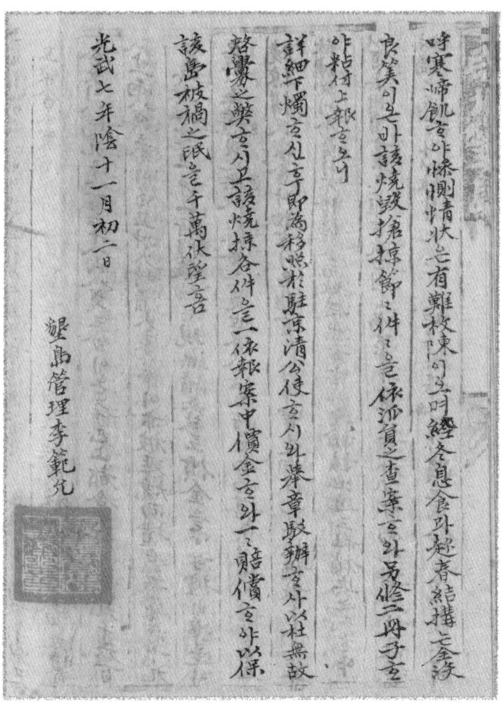

⑥

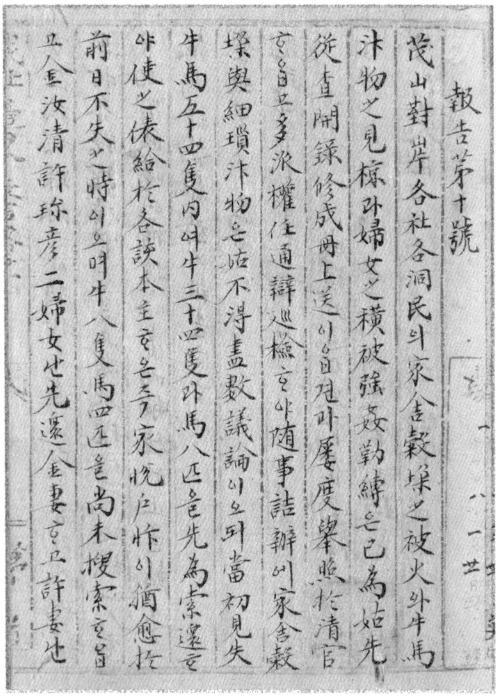
報告第十號

茂山對岸各社各洞民의家舍穀㯽之被火와牛馬

汁物之見掠과婦女之橫被強姦勒縛은已爲姑先

從查開錄修成冊上送이압거니와屢度擧照於清官

ᄒᆞ압고多派權任通辯巡檢ᄒᆞ야隨事詰辨에家舍穀

㯽與細瑣汁物은姑不得盡數議論이오되當初見失

牛馬五十四隻內에牛三十四隻과馬八匹은先爲索還ᄒᆞ

야使之依給於各該本主ᄒᆞ온즉家戶什이猶愈於

前日不失之時이오며牛八隻馬四匹은尚未搜索ᄒᆞ압

고且汝清許琭彥二婦女난先還全妻ᄒᆞ고許妻난

① 함 54

外部大臣 閣下

⑦

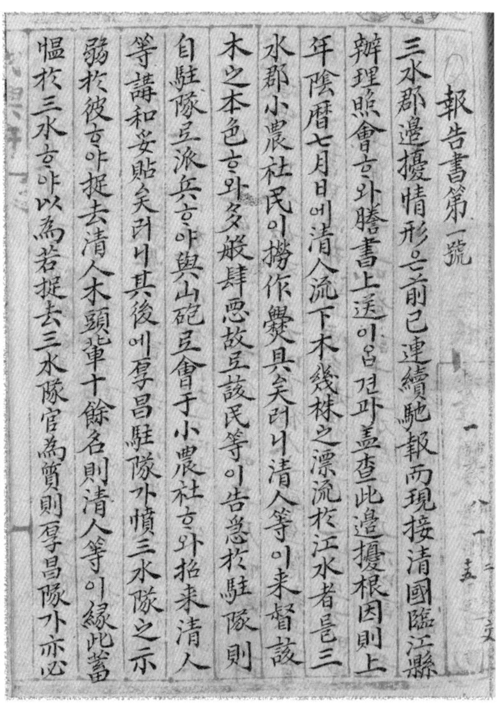
報告書第一號

三水郡邊擾情形은前已連續馳報而現接清國臨江縣

辦理照會ᄒᆞ와謄書上送이압거니와盡查此邊擾根因則上

年陰曆七月日에清人流下木幾株之漂流於江水者를三

水郡小農社民이攙作爨具矣러니清人等이來督該

木之本色ᄒᆞ와多般肆悪故로該民等이告急於駐隊則

自駐隊로派兵ᄒᆞ야與山砲로會于小農社ᄒᆞ와招來清人

等講和妥貼矣러니其後에厚昌駐隊가憤三水隊之示

弱於彼ᄒᆞ야捉去清人木頭革十餘名則清人等이緣此蓄

愠於三水ᄒᆞ야以爲若捉去三水隊官爲質則厚昌隊가亦必

① 함 55

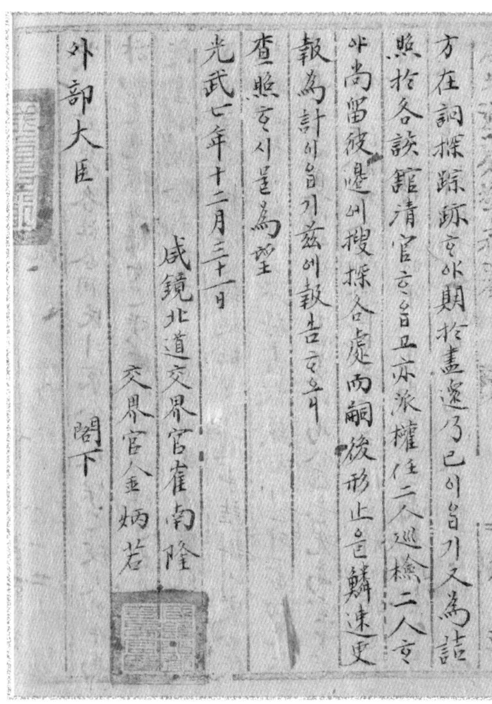
方在詗探蹤跡ᄒᆞ야期於盡還乃已이압기又爲詰

照於各該館清官ᄒᆞ압고亦派權任二人巡檢二人ᄒᆞ

야尚留彼邊에搜探各處而嗣後形止은續速更

報爲計이압기玆에報告ᄒᆞ오니

查照ᄒᆞ시믈爲望

光武七年十二月三十日

咸鏡北道交界官崔南隆

交界官金炳若

外部大臣 閣下

②

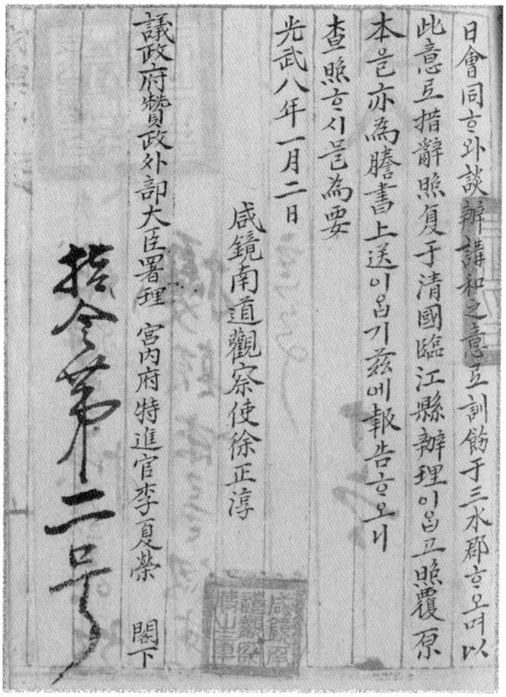
日會同ᄒᆞ와談辦講和之意로訓飭于三水郡ᄒᆞ오며以
此意로措辭照覆于清國臨江縣辦理이옵고照覆原
本은亦爲謄書上送이옵기玆에報告ᄒᆞ오니
查照ᄒᆞ시믈爲要
光武八年一月二日
咸鏡南道觀察使徐正淳
議政府贊政外部大臣署理 宮內府特進官李夏榮 閣下
指令第十二号

③

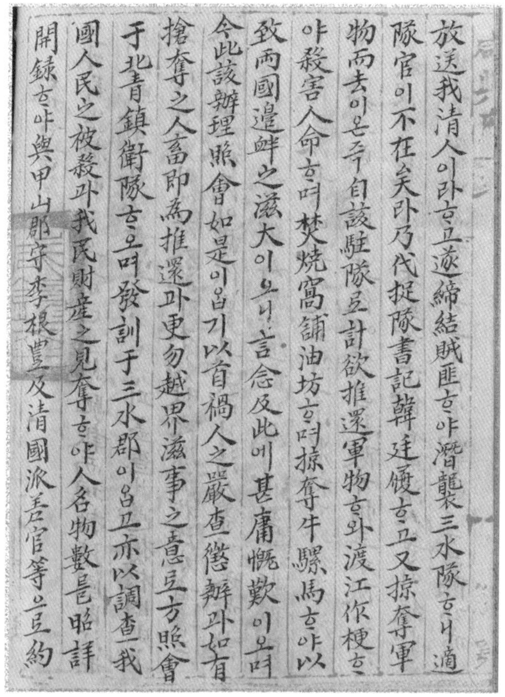
放送我清人이라ᄒᆞ고遂締結賊匪ᄒᆞ야潛襲三水隊ᄒᆞ니適
隊官이不在矣라乃代捉隊書記韓建俊ᄒᆞ고又掠奪軍
物而去이온즉自該駐隊로하欲推還軍物ᄒᆞ와渡江依棲ᄒᆞ
야殺害人命ᄒᆞ며焚燒高舖油坊ᄒᆞ며掠奪牛騾馬ᄒᆞ야以
致兩國邊衅之滋大이오니言念及此에甚庸慨歎이오며
今此該辦理照會如是이옵기以首禍人之嚴查懲辦과如有
搶奪之人畜卽爲推還과更勿越界滋事之意로方照會
于北青鎭衛隊ᄒᆞ오며發訓于三水郡이옵고亦以調查我
國人民之被殺과我民財產之見奪ᄒᆞ야人名物數ᄅᆞᆯ昭詳
開錄ᄒᆞ야與甲山郡守李根豊及清國派委官等으로約

②

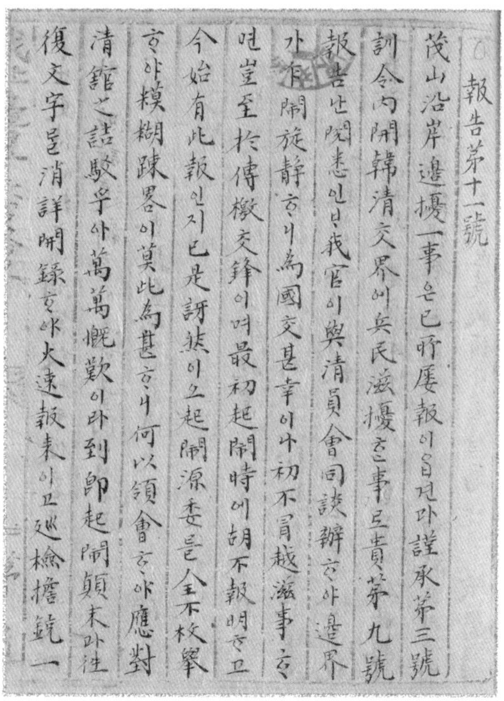
報告第十一號
茂山沿岸邊擾一事는已所屢報이옵거니와謹承第三號
訓令內開韓清交界에兵民滋擾ᄒᆞᆫ事로責第九號
報告也閱悉인바我官이與清員會同談辦ᄒᆞ야邊界
가亦閙旋靜ᄒᆞ니爲國交甚幸이나初不冒越滋事ᄒᆞ
연ᄃᆞᆯ至於傳檄交鋒이며最初起閙時에胡不報明ᄒᆞ고
今始有此報인지已是訝訝이오起閙源委ᄂᆞᆫ全不枚擧
ᄒᆞ야模糊疎畧이莫此爲甚ᄒᆞ니何以領會ᄒᆞ야應對
清舘之詰駁乎아萬萬慨歎이라到卽起閙顚末과往
復文字ᄅᆞᆯ消詳開錄ᄒᆞ야火速報來이고巡檢擔銃一

① 함 56

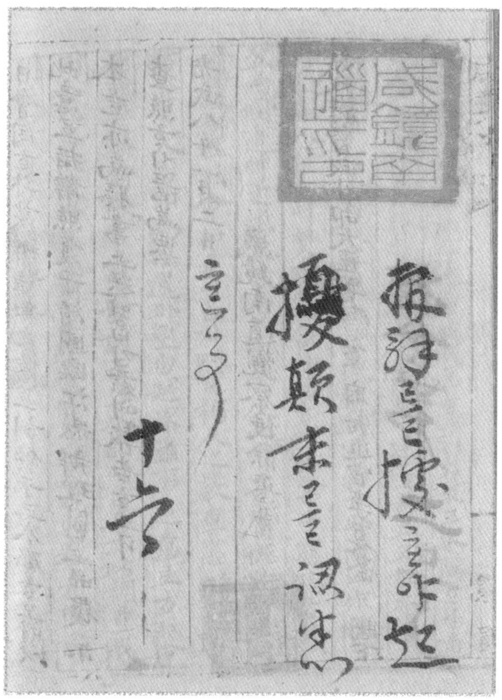

④

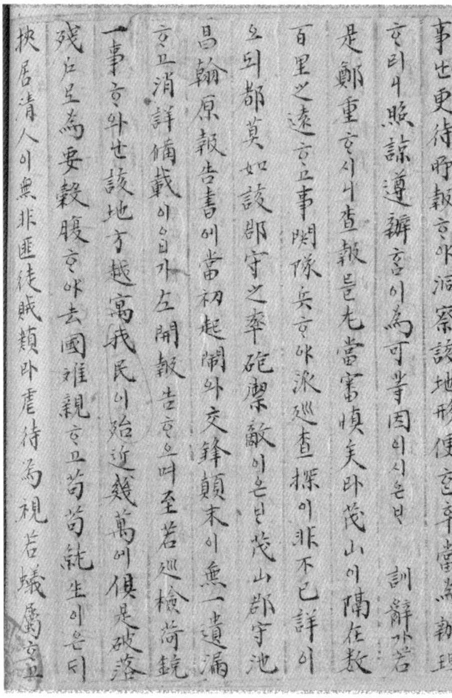
事也更待所報ᄒᆞ와洞察該地形便ᄒᆞᆫ후當爲辦理
ᄒᆞ리니照諒遵辦ᄒᆞ심이爲可等因이시온바　訓辭가若
是鄭重ᄒᆞ시니查報을尤當審愼矣라茂山이隔在数
百里之遠ᄒᆞ고事關隊兵ᄒᆞ와派巡查探이非不已詳이
오되都莫如該郡守之牽砲禦敵이온ᄇᆡ茂山郡守池
昌翰原報告書에當初起鬧와交鋒顚末이無一遺漏
ᄒᆞ고消詳備載이옵가左開報告ᄒᆞ오며至若巡檢荷銃
一事ᄒᆞ와也該地方越墾我民이殆近幾萬에俱是破落
殘户로爲要穀腹ᄒᆞ와去國離親ᄒᆞ고苟苟聊生이온ᄃᆡ
挾居清人이無非匪徒賊類라虐待爲視若蟻屬ᄒᆞ고

②

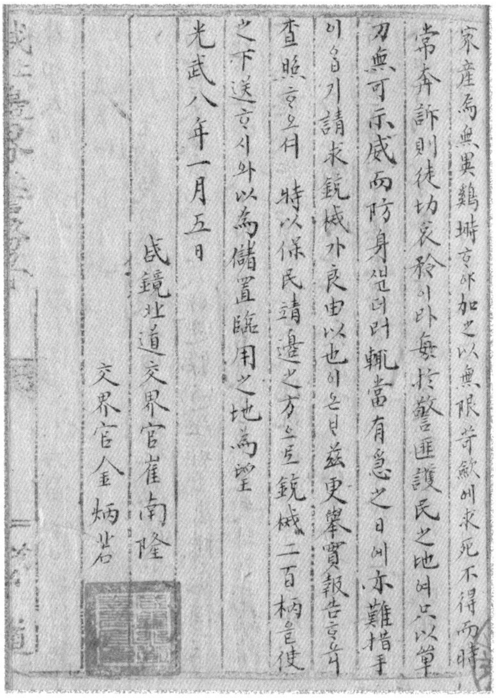
家産爲無異鷄埘ᄒᆞ와加之以無限苛歛에求死不得而時
常奔訴則徒切哀矜이라每於警匪護民之地에只以單
刀無可示威而防身ᄉᆞᆸ더니輒當有急之日에亦難措手
이옵기請求銃械가良由以也이온ᄇᆡ玆更擧實報告ᄒᆞ오니
查照ᄒᆞ오셔　特以保民靖邊之方으로銃械二百柄을使
之下送ᄒᆞ시와以爲備置臨用之地爲望
光武八年一月五日
咸鏡北道交界官崔南隆
交界官金炳若

③

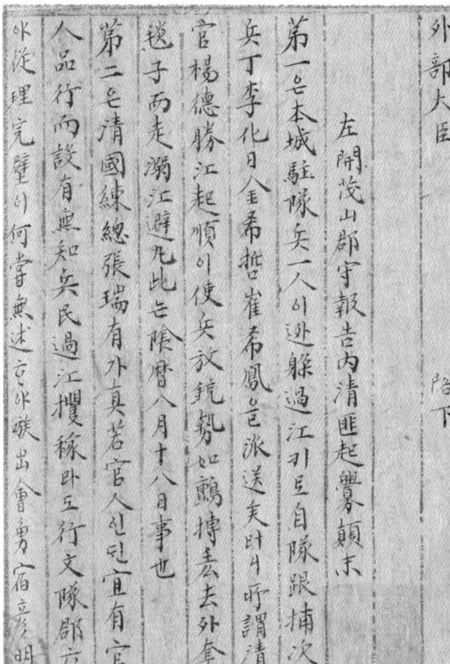
外部大臣　閣下
左開茂山郡守報告内清匪起釁顚末
第一은本城駐隊兵一人이逃躲過江ᄒᆞ기로自隊跟捕次
兵丁李化日金希哲崔希鳳을派送矣러니所謂清
官楊德勝江起順이使兵放銃勢如鷸搏拿去外套
褪子而走溯江避兇此은陰曆八月十八日事也
第二은清國練總張瑞有가其若官人이온ᄃᆡ宜有官
人品行而設有無知兵民過江攪稼라도行文隊郡ᄒᆞ
와從理完璧이何嘗無述ᄒᆞ와旋出會勇宿立彰明

④

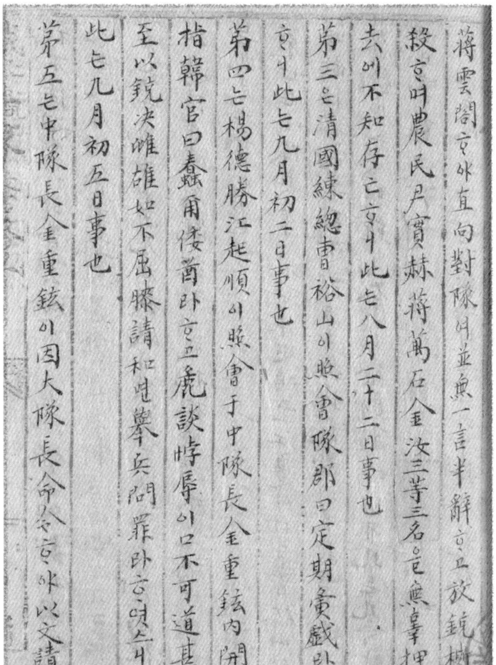
蔣雲閣ᄒᆞ와直向對隊며並無一言半辭ᄒᆞ고放銃擊
殺ᄒᆞ며農民尹實赫蔣萬石金汝三等三名을無辜押
去에不知存亡ᄒᆞ니此은八月二十二日事也
第三은清國練總曺裕山이照會隊郡曰定期會戲라
ᄒᆞ니此은九月初二日事也
第四은楊德勝江起順이照會于中隊長金重鉉内開
指韓官曰蠢爾倭酋라ᄒᆞ고麁談悖辱이口不可道甚
至以銃決雌雄如不屈膝請和면擧兵問罪라ᄒᆞ엿스니
此은九月初五日事也
第五은中隊長金重鉉이因大隊長命令ᄒᆞ와以文請

⑤

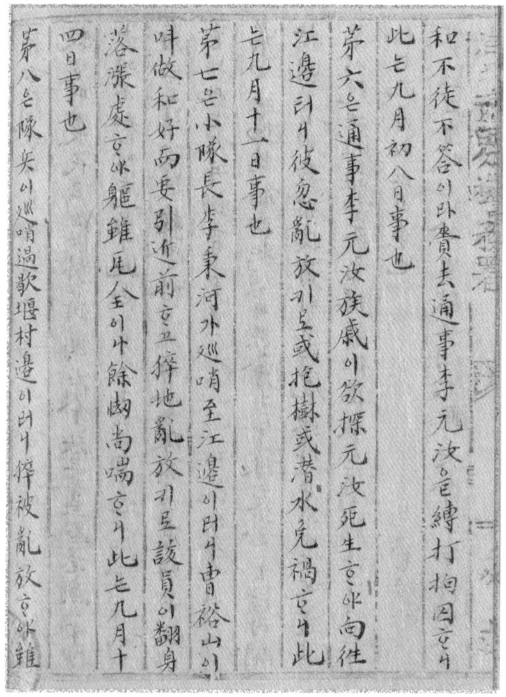
和不徒不答이라 賁去通事李元汝을 縛打拘囚ᄒᆞ니
此ᄂᆞᆫ九月初八日事也
第六은 通事李元汝 族戚이 欲探元汝死生ᄒᆞ야 向往
江邊이러니 彼忽亂放키로 或抱樹或潛水免禍ᄒᆞ니 此
ᄂᆞᆫ九月十一日事也
第七은 小隊長李東河가 巡哨至江邊이러니 曺裕山이
叫做和好而要引近前ᄒᆞ고 猝地亂放키로 該員이 翻身
落漲處ᄒᆞ야 軀雖瓦全이나 餘悸尚喘ᄒᆞ니 此ᄂᆞᆫ九月十
四日事也
第八은 隊兵이 巡哨過歡堰村邊이러니 猝被亂放ᄒᆞ야 雖

⑥

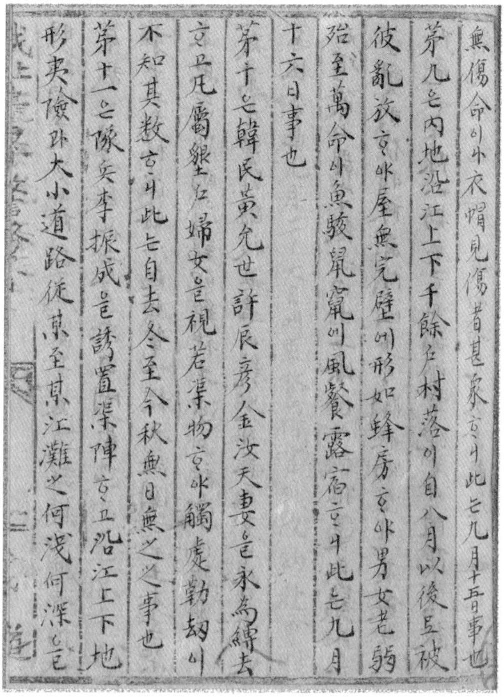
無傷命이나 衣帽見傷者甚衆ᄒᆞ니 此ᄂᆞᆫ九月十五日事也
第九은 內地沿江上下千餘戶村落이 自八月以後로 被
彼亂放ᄒᆞ야 屋無完壁에 形如蜂房ᄒᆞ야 男女老弱
殆至萬命이 魚駭鼠竄에 風餐露宿ᄒᆞ니 此ᄂᆞᆫ九月
十六日事也
第十은 韓民黃允世 許辰彦 金汝天 妻을 永爲縛去
ᄒᆞ고 凡屬甕缶 婦女을 視若棄物ᄒᆞ야 觸處勒劫이
不知其數ᄒᆞ니 此ᄂᆞᆫ自去冬至今秋無日無之之事也
第十一은 隊兵李振成을 誘置渠陣ᄒᆞ고 沿江上下地
形夷險과 大小道路 從東至東江灘之何淺何深을

⑦

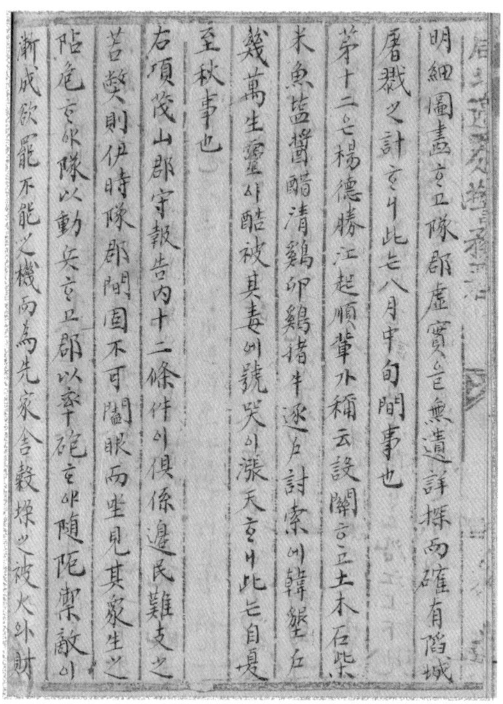
明細圖畫ᄒᆞ고 隊部虛實을 無遺詳探而確有陷城
屠戮之計ᄒᆞ니 此ᄂᆞᆫ八月中旬間事也
第十二ᄂᆞᆫ 楊德勝 江起順 輩가 稱云設關ᄒᆞ고 土木石柴
米魚塩醬醋清鷄卵鵝猪牛 逐戶討索에 韓甕缶
幾萬生靈사 酷被其毒에 號哭이 漲天ᄒᆞ니 此ᄂᆞᆫ自是
至秋事也
右項茂山郡守報告內十二條件이 俱係邊民難支之
苦弊則伊時隊部間 固不可闔眼而坐見其衆生之
陷危ᄒᆞ야 隊以動兵ᄒᆞ고 郡以峯砲ᄒᆞ야 隨陀禦敵이
漸成欲罷不能之機而爲先家舍穀埰之被火外財

⑧

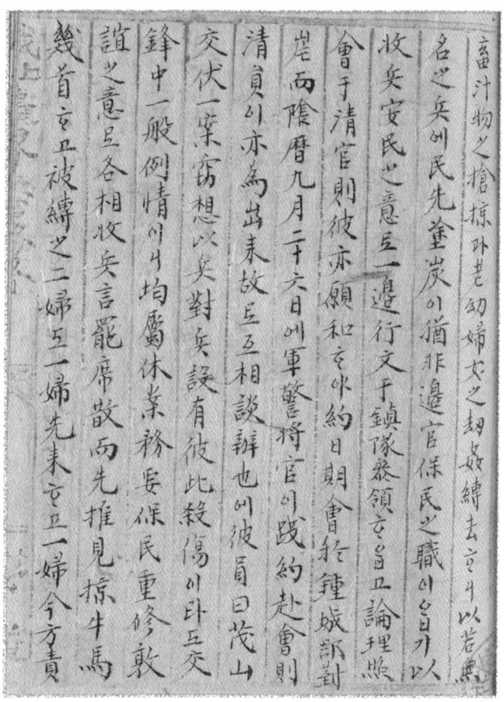
畜什物之搶掠과 老幼婦女之刼姦縛去ᄒᆞ니 以若無
名之兵에 民先塗炭이 猶非邊官保民之職이읍기 以
收兵安民之意로 一邊行文于鎭隊發領ᄒᆞ읍고 論理照
會于清官則彼亦願和ᄒᆞ야 約日期會於鍾城部尉
崖而陰曆九月二十六日에 軍警將官이 踐約赴會則
清員이 亦爲出來故로 互相談辯也에 彼員曰茂山
交伏一案窃想以兵對兵設有彼此殺傷이라도 交
鋒中一般例情이니 均屬休棠務要保民重修敦
誼之意로 各相收兵言罷席散而先推見掠牛馬
幾首ᄒᆞ고 被縛之二婦로 一婦先來ᄒᆞ고 一婦今方責

⑨

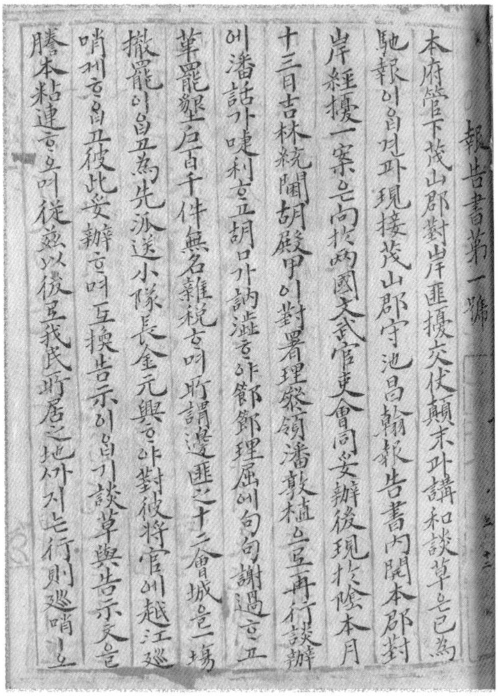

報告書第一號
本府管下茂山郡對岸匪擾交仗顚末과講和談草은已為
馳報이옵거니와現接茂山郡守池昌翰報告書內開本郡對
岸經擾一案은向於兩國文武官吏會同妥辦後現於陰本月
十三日吉林統領胡殿甲이對署理祭領潘敦植으로再行談辦
에潘話가唛利ㅎ고胡口가訥澁ㅎ야鄭理屈에句句詘遏ㅎ고
革罷渠居百千件無名雜稅ㅎ며所謂邊匪之十二會城邑一場
撤罷이옵고為先派送小隊長金元興ㅎ야對彼將官에越江巡
哨케ㅎ옵고彼此妥辦ㅎ며互換告示이옵기談草與告示文을
謄本粘連ㅎ오며從玆以後로我民所居之地에지는行則巡哨ㅎ오

①　　함 57

索ㅎ오나收矣後隣交如舊ㅎ爲民萬幸萬幸

⑩

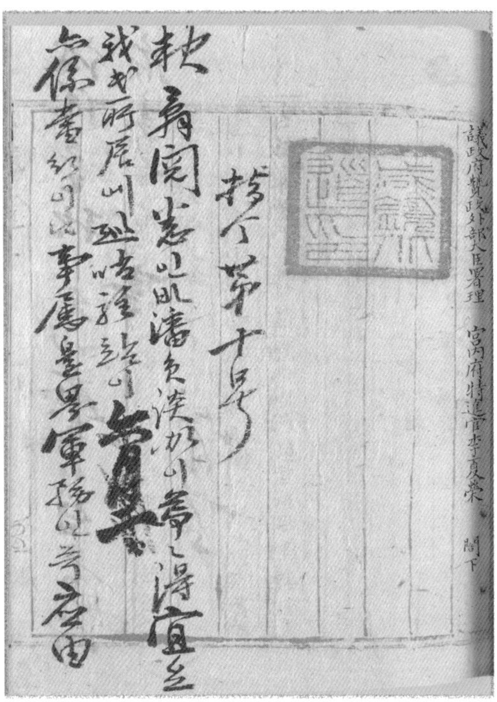

③

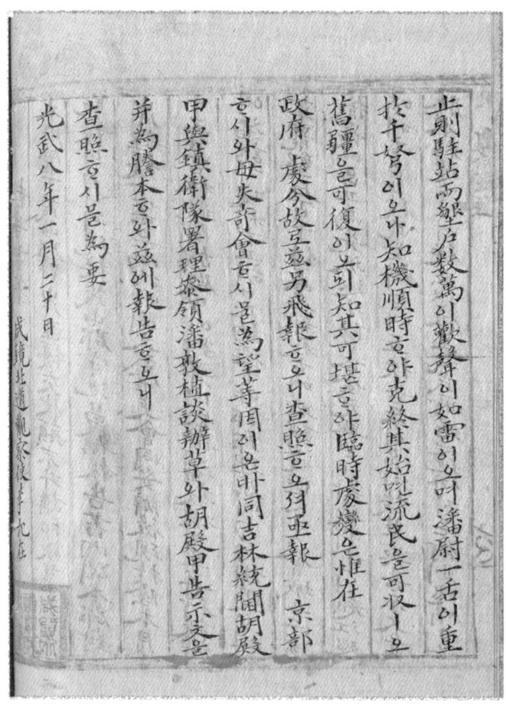

此則駐站兩渠居數萬이歡聲이如雷이오며潘尉一舌이重
於千符이오나知機順時ㅎ야克終其始ㅎ니流民을可收ㅣ오
舊疆을可復이라知其可堤ㅎ야臨時處變은惟在
政府處分故로玆에另飛報ㅎ오니查照ㅎ오셔亟報 京部
ㅎ시와毋失許會ㅎ시믈為望等因이온바同吉林統領胡殿
甲與鎭衛隊署理祭領潘敦植談辦草와胡殿甲告示文을
并為謄本ㅎ와玆에報告ㅎ오니
查照ㅎ시믈為要
光武八年一月二十日
咸鏡北道觀察使李允在
議政府贊政外部大臣署理 宮內府特進官李夏榮 閣下

②

報告第三十一號

本月二十七日에接准清國吉強軍馬步各隊統領胡殿甲延吉廳
理事陳作彦의交印된照會內開照得光緒二十九年九月二
十七日敝廳與敝前吉安營凌統領會晤貴交界官暨徐參領各
郡守於敝境張分防署公同開議復於十一月十五日會晤貴
交界官暨潘署理參領於會寧重申前議講明公法而今而
後可以相安無事兩界邊民共享和平之福不料視察使李範允
因外兵帶不受指使僱用俄人勾串隨俄韓民於十一月十九日越界
捉拏敝境鄉約韓得信至鍾城非刑拷打又東間過江捉拏張分
防署徵租人役全德一名傳知越墾界上各墾戶不交中國租賦聽

① 함58

候視察使徵收廣派任員一百八十餘名在敝廳境內編查一戶口按
戶斂財每戶勒捐韓錢六吊六百文共勒捐十數萬吊購買快槍
五百桿勒派我墾戶壯丁一千名為砲手編設兵營聲言定
期渡江管理現經敝統領敝廳查悉前情起獲視察使所
發戶口表訓令各任員印文証據訪明任員之最著者如成文錫
姜仕彦朴文秀金克烈池文俊等三十餘名皆係我國墾民
該視察使如此妄為貴交界官想必知情與聞此等事體未
識遵何條約循何公法尚祈明白照覆釋我訝惑查一條約第
十二款邊民已經越墾者聽其安業又公法外國人民寄居
國內已經入籍者即歸本國管轄現在越墾韓民入我版籍

②

種我地畝納我租賦久為中國之民按照約法應歸敝國
管理非視察使所可越管條約第二款領事官必須奉到
駐紮之國批准文憑方可視事又公法領事官駐紮他國必
須和約許行方能前往現在視察使李範允并非領事官
北墾島係中國轄境并非通商口岸彼此陸章未定越界
管理非和約所許行又未奉我國政府批准文憑敝統領敝
廳斷不能任其渡江如果視察使有交涉公事或通好會晤
入我邊界敝國當待以客禮加意保護否則決不能以客禮
相待倘視察使頑固野蠻不改前非堅欲過江管理則曲在
貴國莫怪敝國之不情也又查公法外國人民在國內謀反及

③

[illegible]

④

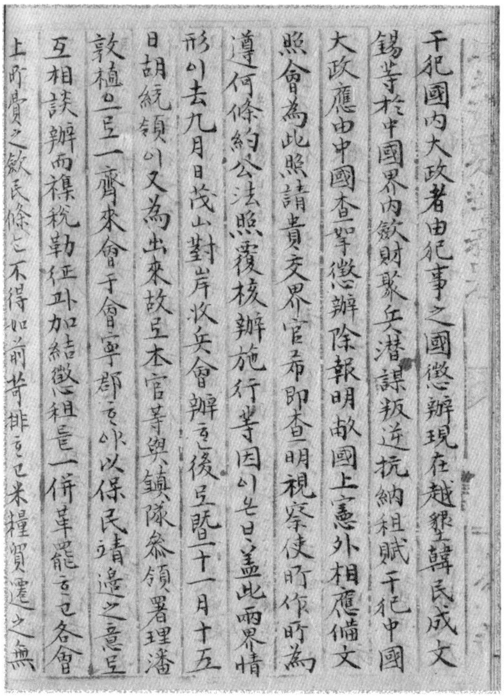
干犯國內大政者由犯事之國懲辦現在越墾韓民成文
錫等於中國界內斂財聚兵潛謀叛逆抗納租賦干犯中國
大政應由中國查拏懲辦除報明敝國上憲外相應備文
照會為此照請貴交界官希即查明視察使所作所為
遵何條約公法照覆核辦施行等因이온바盖此兩界情
形이去九月日茂山對岸收兵會辦ᄒᆞᆫ後로曁十一月十五
日胡統領이又為出來故로本官等與鎮隊叅領署理潘
敦植으로一齊來會于會寧郡ᄒᆞ야以保民靖邊之意로
互相談辦而稞稅勒征과加結懲租을一併革罷ᄒᆞ고各會
上所賞之斂民條ᄂᆞᆫ不得如前苛排ᄒᆞ고米糧貿遷之無

④

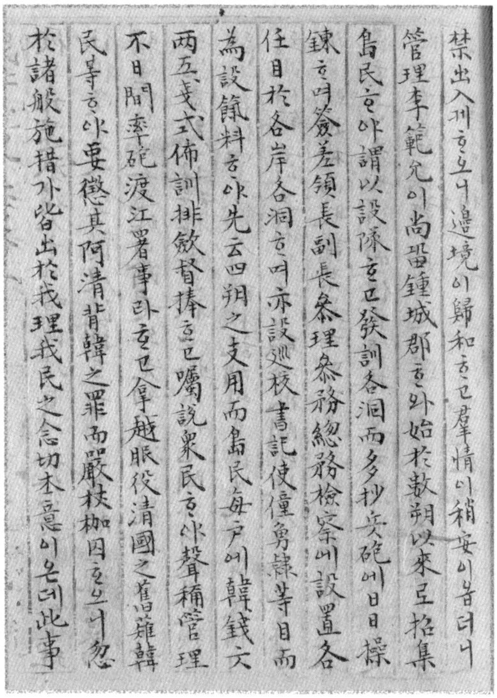
禁出入케ᄒᆞ오나邊境이歸和ᄒᆞ고羣情이稍安이옵더니
管理李範允이尚留鍾城郡ᄒᆞ와始於數朔以來로招集
島民ᄒᆞ야謂以設隊ᄒᆞ고發訓各洞而多抄兵砲에日日操
鍊ᄒᆞ며發差領長副長叅理叅務總務檢察에設置各
任目於各岸各洞ᄒᆞ며亦設巡校書記使僮勇隸等目而
為設餼料ᄒᆞ야先云四朔之支用而島民每戶에韓錢六
兩五戔式佈訓排斂督捧ᄒᆞ고囑說衆民ᄒᆞ야聲稱管理
不日間率砲渡江署事라ᄒᆞ고拿越眠役清國之舊薙韓
民等ᄒᆞ야要懲其阿清背韓之罪而嚴杖枷囚ᄒᆞ오니忽
於諸般施措가皆出於我理我民之念切本意이온데此事

⑤

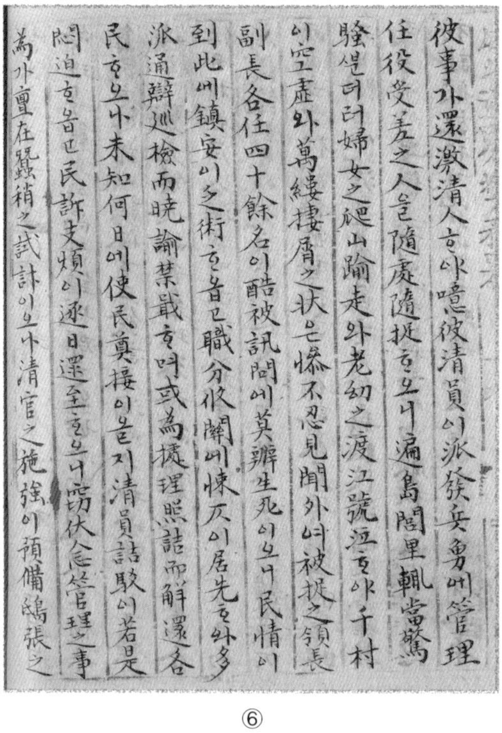
彼事가還激清人ᄒᆞ야噫彼清員이派發兵勇에管理
任役受差之人을隨處隨捉ᄒᆞ오니遍島閭里輒當驚
騷뿐더러婦女之爬山踰走와老幼之渡江號泣ᄒᆞ야千村
이空虛와萬縷悽屑之狀은慘不忍見聞外에被捉之領長
副長各任四十餘名이酷被訊問에莫辨生死이오니民情이
到此에鎮安이乏術ᄒᆞ옵고職分攸關에悚仄이居先ᄒᆞ와多
派通辯巡檢而曉諭禁戢ᄒᆞ며或為擄理照詰而解還各
民ᄒᆞ오나未知何日에使民奠接이올지清員詰駁이若是
悶迫ᄒᆞ옵고民訴支煩이逐日還至ᄒᆞ오니竊伏念管理之事
為가亶在躡捎之試詐이오나清官之施強이預備鴟張之

⑥

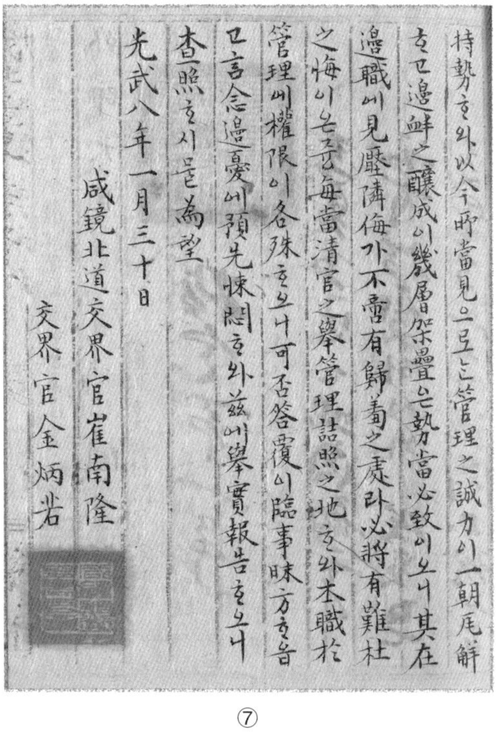
恃勢ᄒᆞ와以今所當見으로ᄂᆞᆫ管理之誠力이一朝瓦解
ᄒᆞ고邊釁之釀成이幾層架疊은勢當必致이오나其在
邊職에見歷噬悔가不啻有歸着之處라必將有難杜
之悔이온즉每當清官之舉管理詰照之地ᄒᆞ와本職於
管理에權限이各殊ᄒᆞ오나可否答覆이臨事昧方ᄒᆞ옵
고言念邊憂에預先悚悶ᄒᆞ와玆에擧實報告ᄒᆞ오니
查照ᄒᆞ시믈為望
光武八年一月三十日
咸鏡北道交界官崔南隆
交界官金炳若

⑦

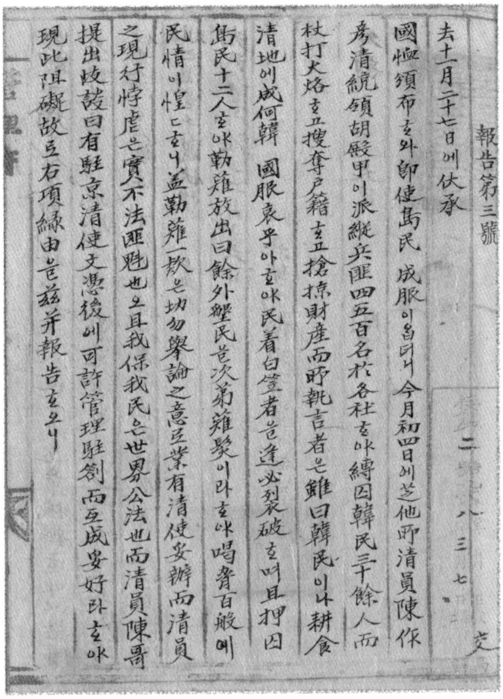

報告第三號
去十一月二十七日에伏承
國恤頒布ᄒᆞ와卽使島民 成服이옵더니今月初四日에芝他所清員陳作
彥淸統領胡殿甲이派縱兵匪四五百名於各社ᄒᆞ야縛囚韓民三千餘人而
杖打火烙ᄒᆞ고搜奪戶籍ᄒᆞ고搶掠財產而所執言者ᄂᆞᆫ雖曰韓民이나耕食
淸地에成何韓 國服哀乎아ᄒᆞ야民着白笠者ᄅᆞᆯ逢必裂破ᄒᆞ며且押囚
島民十二人ᄒᆞ야勒薙放出曰餘外墾民ᄋᆞᆯ次第薙髮이라ᄒᆞ야喝脅百般에
民情이惶ᄃᆞᄒᆞ니蓋勒薙一款ᄋᆞᆫ切勿擧論之意로業有清使妥辦而清員
之現行悖虐ᄋᆞᆫ實不法匪魁也오且我保我民ᄋᆞᆫ世界公法也而清員陳哥
提出做話曰有駐京清使文憑後에可許管理駐劄而互成妥好라ᄒᆞ야
現此阻礙故로右項緣由ᄅᆞᆯ玆幷報告ᄒᆞ오니

① 함 59

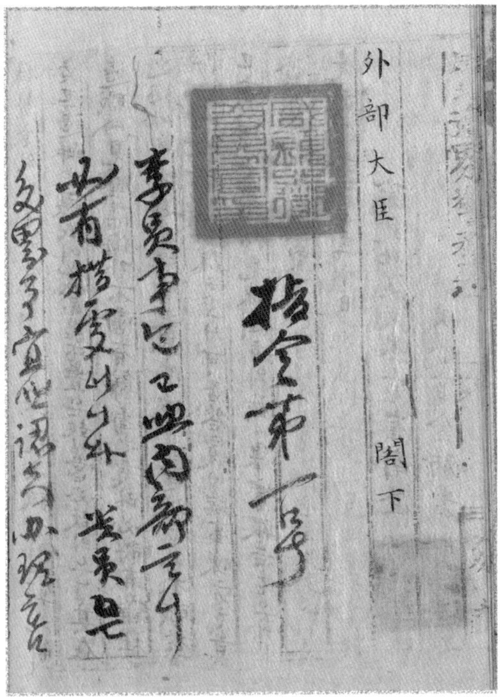

外部大臣 閣下
指令第一號

⑧

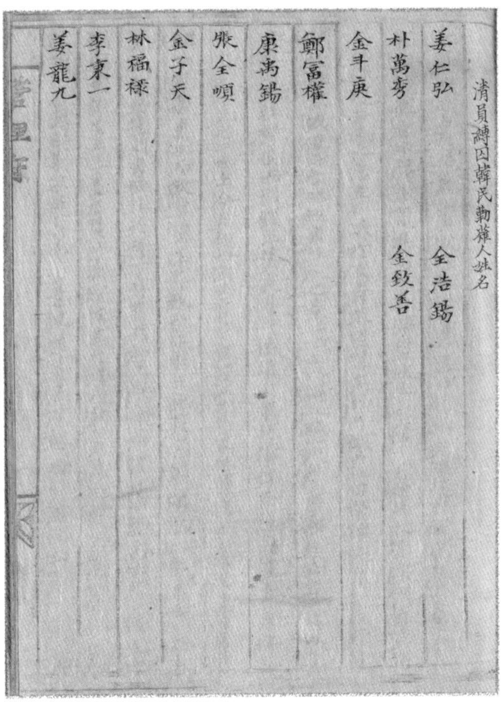

清員縛囚韓民勒薙人姓名
姜仁弘 金浩錫
朴萬秀 金致善
金斗庚
鄭富權
康禹錫
張全順
金子天
林福祿
李東一
姜龍九

③

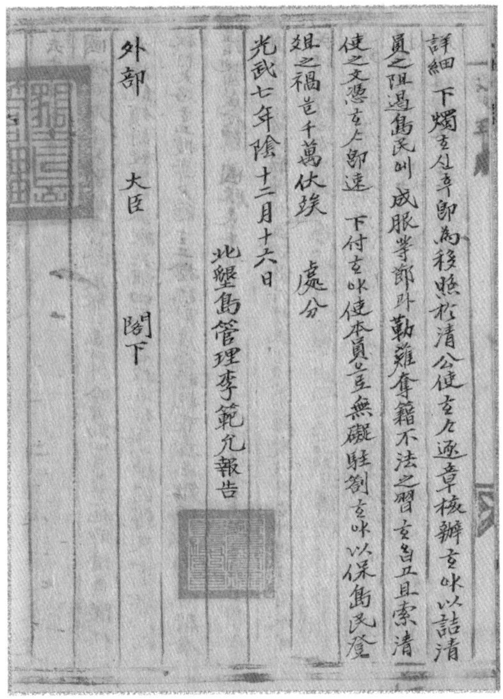

詳細 下燭ᄒᆞ신후卽爲移照於淸公使ᄒᆞᄉᆞ逐章核辦ᄒᆞ야以詰淸
員之阻遏島民에 成服等節과勒薙奪籍不法之習ᄒᆞ옵고且索淸
使之文憑ᄒᆞᄉᆞ卽速 下付ᄒᆞ야使本員으로無礙駐劄ᄒᆞ야以保島民於
俎之禍ᄅᆞᆯ千萬伏俟 處分
光武七年陰十二月十六日
北墾島管理李範允報告
外部 大臣 閣下

②

함 60

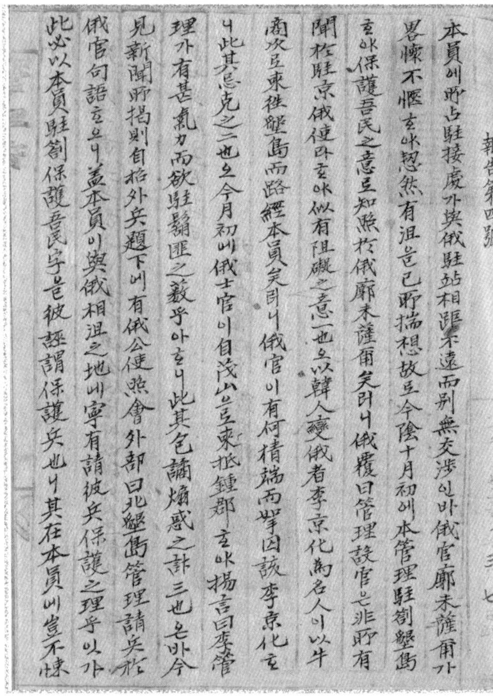
報告第四號
本員에所占駐接處가與俄駐站相距不遠而別無交涉이바俄官廓米薩爾가
思慷不愜하야忽然有沮은已所揣想故로今陰十月初에本管理駐劄墾島
하야保護吾民之意로知照於俄廓米薩爾矣러니俄覆曰管理設官은非所有
聞於駐京俄使라하야似有阻礙之意一也오以韓人變俄者李京化爲名人이以牛
商次로東徃墾島而路經本員矣러니俄官이有何情端而拏囚該李京化하
니此其忌克之二也오今月初에俄士官이自茂山로來抵鍾郡하야揚言曰李管
理가有甚氣力而欲駐騎匪之數乎아하니此其色譎熗惑之詐三也은바今
見新聞所揭則自稱外兵趣下에有俄公使照會外部曰北墾島管理請兵於
俄官句語하니蓋本員이與俄相沮之地에寧有請彼兵保護之理乎이가
此必以本員駐劄保護吾民字을彼誣謂保護兵也니其在本員에豈不悚

①

慄乎이가緣由를玆敢報明하오니
下燭하신후請兵筆說을照詰於俄公使하야以破外人之疑을伏俟
處分喜
光武七年陰十二月十七日
北墾島管理李範允報告
外部 大臣 閣下

②

함 61

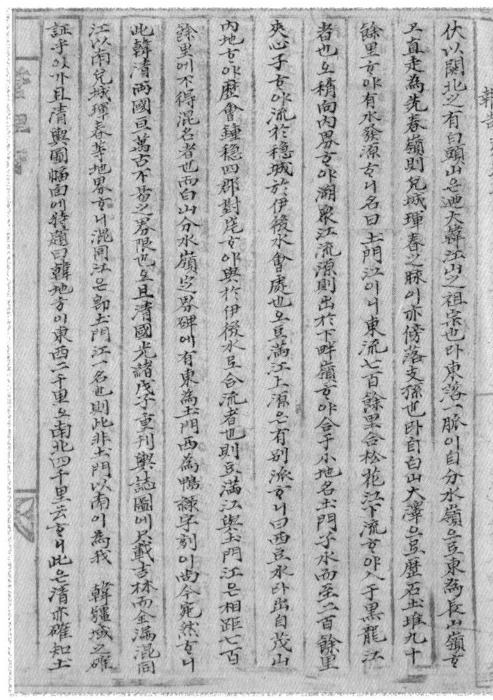
報告第五号
伏以關北之有白頭山은迺大韓江山之祖宗也라東落一脈이自分水嶺으로東爲長山嶺하
고直走爲先春嶺則先城穆春之脈이亦傍落支孫也라自白山大澤으로歷石土堆九十
餘里하야有水發源하니名曰土門江이니東流七百餘里合松花江下流하야入于黑龍江
者也오積南內界하야潮泉江流源則出於下畔嶺하야合于小地名土門子水而至二百餘里
央心子하야流於穩城於伊後水會處也오豆滿江上源은有別派하니曰西豆水라出自茂山
內地하야歷會鍾穩四郡對岸하야與於伊後水로合流者也則豆滿江與土門江은相距七百
餘里에不得混名者也而白山分水嶺之界碑에有東爲土門西爲鴨綠字刻이尚今宛然하니
此韓清兩國로萬古不易之界限也오且清國光緒戊子重刊輿誌圖에亦載吉林而全滿混同
江以南先城穆春等地界하니混同江은卽土門江一名也則此非土門以南이爲我 韓疆域之確
證乎이가且清輿圖幅面에特題曰韓地하이東西二千里오南北四千里云하니此은清亦確知土

①

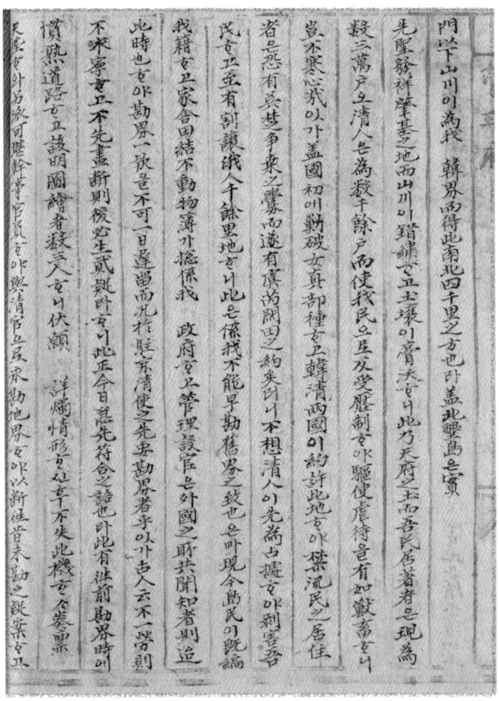
門以下山川이爲我 韓界而得此南北四千里之方也라蓋此墾島은實
先聖發祥肇基之地而山川이錯繡하고土壤이膏沃하니此乃天府之土而吾民居著者은現爲
數三萬戶오清人은爲數千餘戶而使我民으로反受壓制하야驅使虐待을有如畜하니
豈不寒心哉이가蓋國初에勅破女眞部種하고韓清兩國이約許此地하야禁流民之居住
者은恐有爭彼事來之釁而遂有廣荒閑田之約矣러니不想清人이先爲占據하야剝害吾
民하고至有剝蘇俄人千餘里地하니此은係我不能早勘舊界之致也은바現今島民이既編
我籍하고家舍田結不動物薄가摠係我 政府하고管理設官은外國之所共聞知者則迫
此時也하야勘界一款은不可一日遲留而況於駐京清使之先要勘界者乎이가古人云不一勞則
不永寧하고不先盡斷則後必生貳疑라하니此正今日急先符合之語也라此有往前勘界時에
慣熟道路하고該明圖繪者數三人하니伏願 詳燭情形하신후下失此機하야袞奏
天陛하고外另派同胆幹事官員하야與清官으로求勘地界하야以斷從前未勘之疑案하고

②

報告書第三號
本年一月十八日出三水郡守李敏重報告書內開向因臨
江縣照會ᄒᆞ와邊情會議妥和之事를有所報告이옵
더니聞北青郵遞司問廢事務이온즉指令이想必
中滯이옵고清官이上來歷路에到于小農里ᄒᆞ와五
百餘里을依約委來之地에韓官은初不出境云ᄒᆞ
고恐喝而往이ᄋᆞ羅暖社風憲報告가今陰曆十一月二十
七日來到이옵기延接次出送耳目ᄒᆞ옵고二十八日에與本郡留
駐金正尉로出往江邊羅暖社兩外國之官이既爲遠程來
到故로先問寒温則清官이仍請談辦故로郡守는答以三甲

①

함 62

邊事議和妥決時何官主張을轉報政府ᄒᆞ와待指令
舉行次已報觀察府姑未承指令則不可談辦之意로爲
答而郡守當日還官이옵고清國撫民府臨江縣照會를堅
封ᄒᆞ와玆에定急足報告ᄒᆞ오니查照ᄒᆞ오셔與外國人會
辦를即爲知委ᄒᆞ시와毋至見詰케ᄒᆞ시믈伏望等因이온바
此를准查ᄒᆞ온즉頃接清國臨江縣照會ᄒᆞ와以甲山郡守
李根豊三水郡守李敏重差定會辦官與清國派差官
約日會辦之意로發訓于該兩郡이옵고亦爲修報于 部
이옵더니今見該撫民府臨江縣照會與三水郡守報告則
清官等이以陽曆一月十三日로訂期ᄒᆞ고出來四百餘里而

②

甲山三水兩郡守則以會辦官差定事貿稟書指令與
訓令이未到之故로不得赴期會辦이오니事關兩國交
涉에不勝驚歎ᄒᆞ와該公文遲滯之委折을即爲電
問于北青郵遞司이온즉該司電答內開今月二日晩鎮
衛隊鄙司遞夫韓哥를亂打捉囚故遞夫等呼訴渙散
仍即廢務今十四日부터各處發送云ᄒᆞ오니考計日子則
會辦官差定之公文은自本府로發送於一月五日이온즉自
咸至北青一百九十里之路에過二個日則當爲到該司而至于
四日始爲發送ᄒᆞ오니鎮衛隊之捉囚遞夫은未知因何事
端而即私事也라該郵司가以私廢公ᄒᆞ와停滯事務가

③

以復
先皇肇基之疆土을千萬伏俟
處分事
光武七年陰十二月十七日
北墾島管理李範允報告
外部 大臣 閣下

③

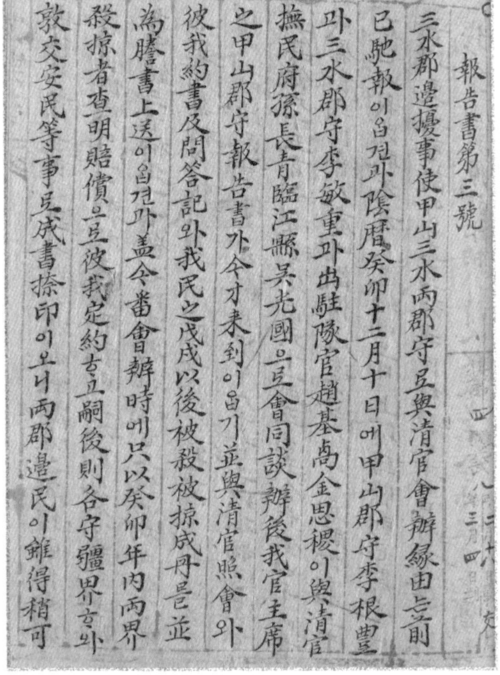
報告書第三號
三水郡邊擾事使甲山三水兩郡守로與清官會辦緣由는前
已馳報이옵거니와陰曆癸卯十二月十日에甲山郡守李根豊
과三水郡守李敏重과出駐隊官趙基禹金思稷이與清官
撫民府孫長青臨江縣吳光國으로會同談辦後我官主席
之甲山郡守報告書가今才來到이옵기並與清官照會와
彼我約書及問答記와我民之戊戌以後被殺被掠成冊을並
為謄書上送이옵거니와蓋今番會辦時에只以癸卯年內兩界
殺掠者查明賠償으로彼我定約하고嗣後則各守疆界하와
敦交安民等事로成書捺印이오나兩郡邊民이雖得稍可

① 함 63

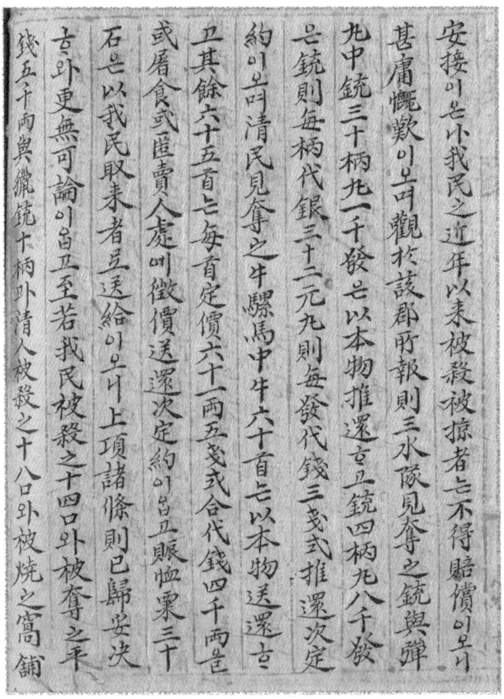
安接이온나我民之近年以來被殺被掠者는不得賠償이오니
甚庸慨歎이오며觀於該郡所報則三水隊見奪之鎗與彈
丸中鎗三十柄丸一千發은以本物推還하고鎗四柄丸八千發
은鎗則每柄代銀三十二元丸則每發代錢三戔式推還次定
約이오며清民見奪之牛騾馬中牛六十首는以本物送還하
고其餘六十五首는每首定價六十一兩五戔式合代錢四千兩을
武屠食或匿賣人處에徵價送還次定約이옵고賑恤粟三十
石은以我民取來者로送給이오나上項諸條則已歸妥決
하와更無可論이옵고至若我民被殺之十四口와被奪之牛
錢五千兩與鐵鎗十柄과清人被殺之十八口와被燒之窩舖

②

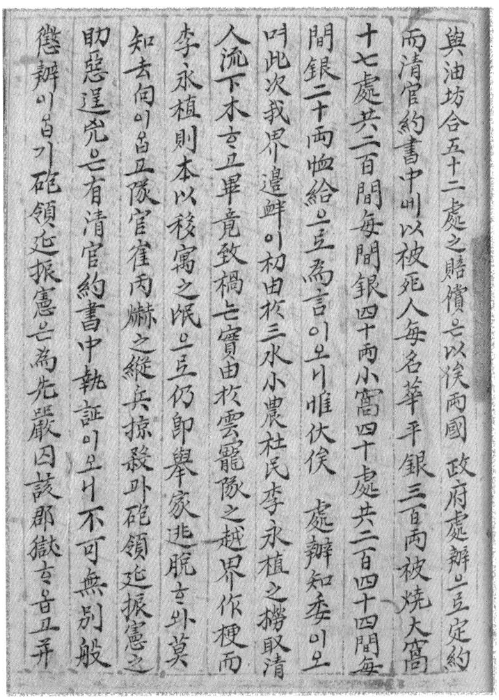
與油坊合五十二處之賠償은以俟兩國政府處辦으로定約
兩清官約書中에以被死人每名華平銀三百兩被燒大窩
十七處共二百間每間銀四十兩小窩四十處共二百四十四間每
間銀二十兩恤給으로為言이오니惟伏俟處辦知委이오
며此次我界邊釁이初由於三水小農社民李永植之擄取清
人流下木하고畢竟致禍는實由於雲寵隊之越界作梗而
李永植則本以移寓之氓으로仍即舉家逃脫하와莫
知去向이옵고隊官崔南赫之縱兵掠殺과砲領近振憲之
助惡逞兇은有清官約書中執證이오니不可無別般
懲辦이옵기砲領近振憲은為先嚴囚該郡獄하옵고并

③

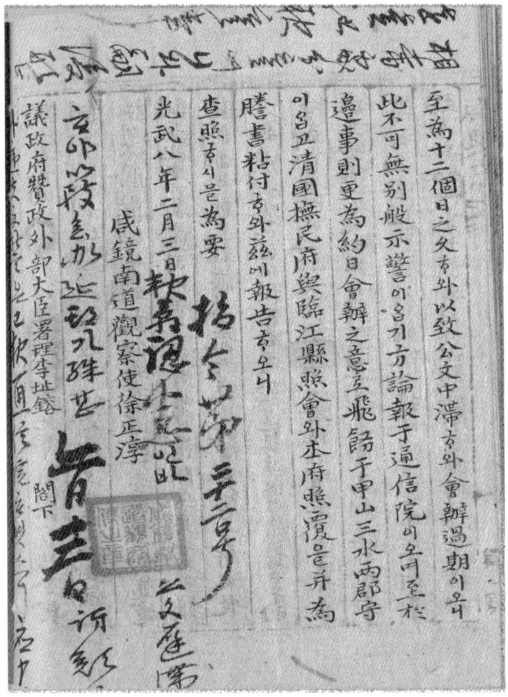
至為十二個日之久하와以致公文中滯하와會辦過期이온
此不可無別般示警이옵기方論報于通信院이오며至於
邊事則更為約日會辦之意로飛飭于甲山三水兩郡守
이옵고清國撫民府與臨江縣照會와本府照覆을并為
謄書粘付하와玆에報告하오니
查照하시믈為要
光武八年二月三日
咸鏡南道觀察使徐正淳
議政府贊政外部大臣署理李址鎔 閣下

④

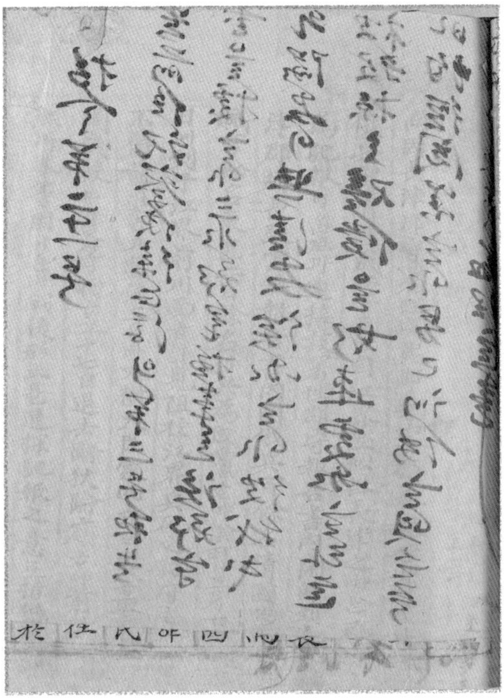

⑤

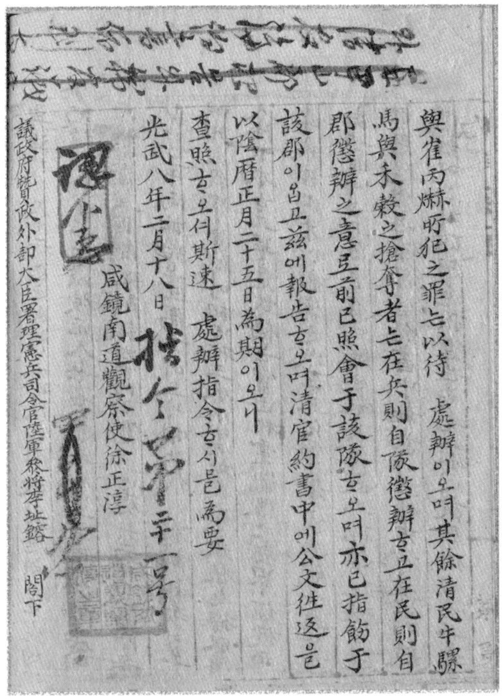

與崔丙爀所犯之罪는以待 處辨이오며其餘清民牛騾
馬與禾穀之搶奪者는在兵則自隊懲辨ᄒᆞ고在民則自
郡懲辨之意로前已照會于該隊ᄒᆞ오며亦已指飭于
該郡이ᄋᆞᆸ고玆에報告ᄒᆞ오며清官約書中에公文往返은
以陰曆正月二十五日爲期이오니
查照ᄒᆞ오셔斯速 處辨指令ᄒᆞ시믈爲要
光武八年二月十八日 咸鏡南道觀察使徐正淳
議政府贊政外部大臣署理憲兵司令官陸軍參將李址鎔 閣下

④

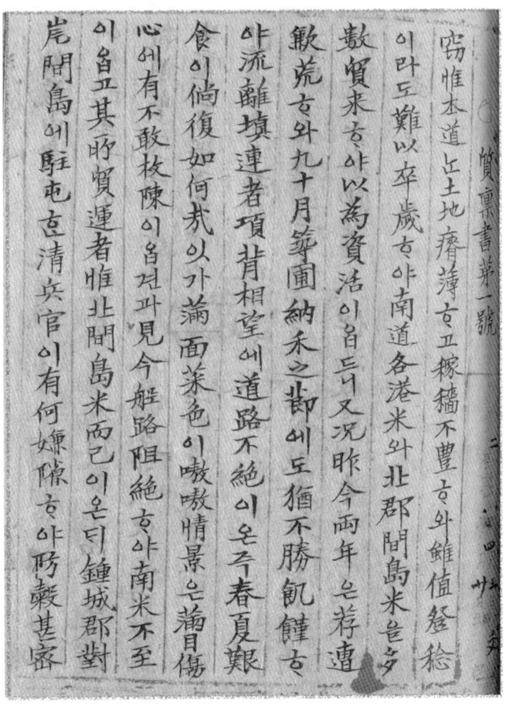

質稟書第一號
竊惟本道는土地瘠薄ᄒᆞ고稼穡不豊ᄒᆞ와雖値登稔
이라도難以卒歲ᄒᆞ야南道各港米와北郡間島米를多
數貿來ᄒᆞ야以爲資活이ᄋᆞᆸ드니又況昨今兩年은荐遭
歉荒ᄒᆞ와九十月等面納禾之節에도猶不勝飢饉ᄒᆞ
야流離塡連者項背相望에道路不絶이온즉春夏艱
食이倘復如何哉잇가滿面菜色이嗷嗷情景은觸目傷
心에有不敢枚陳이ᄋᆞᆸ건과見今船路阻絶ᄒᆞ야南米不至
이ᄋᆞᆸ고其所貿運者惟北間島米而已이온ᄃᆡ鍾城郡對
岸間島에駐屯ᄒᆞᆫ清兵官이有何嫌隙ᄒᆞ야防穀甚密

① 함 64

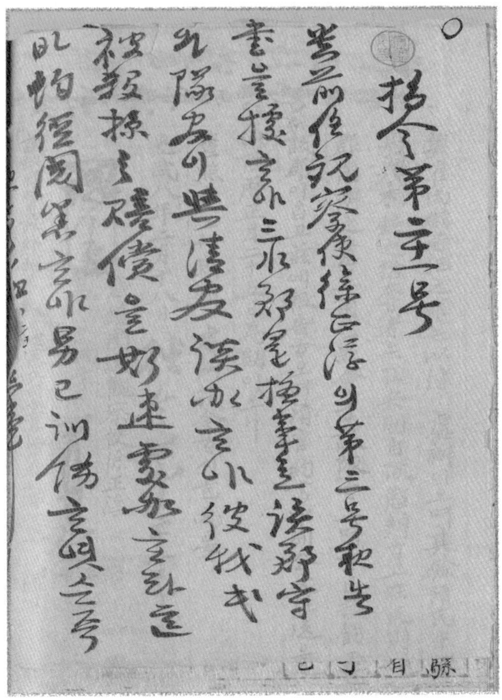

⑥

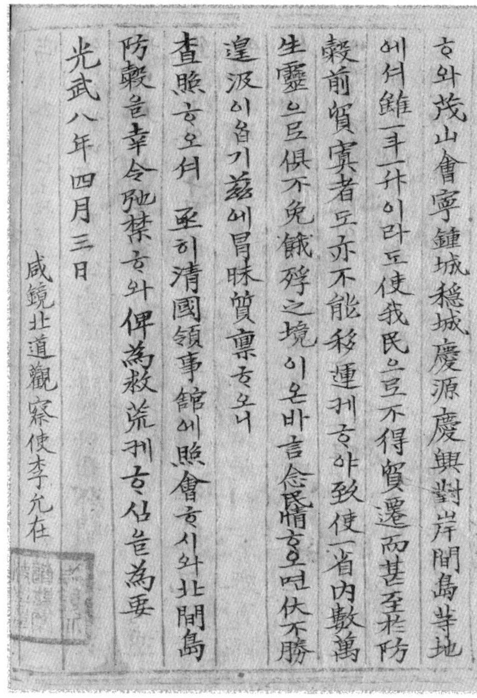
ᄒᆞ와茂山會寧鍾城穩城慶源慶興對岸間島等地
에付雖一手一升이라도使我民으로不得貿遷而甚至於防
穀前貿寘者도亦不能移運케ᄒᆞ야致使一省內數萬
生靈으로俱不免餓殍之境이온바言念民情ᄒᆞ오면伏不勝
遑汲이옵기玆에冒昧質稟ᄒᆞ오니
査照ᄒᆞ오셔 亟히淸國領事館에照會ᄒᆞ시와北間島
防穀을幸令弛禁ᄒᆞ와俾爲救荒케ᄒᆞ심을爲要
光武八年四月三日
咸鏡北道觀察使李允在

②

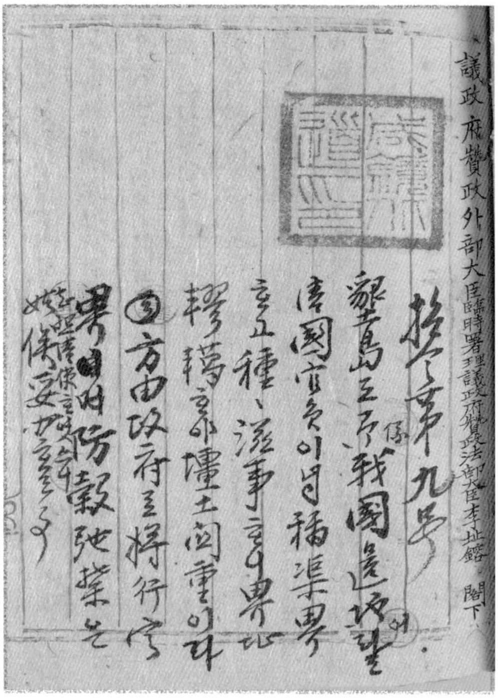
議政府贊政外部大臣臨時署理議政府贊政法部大臣李址鎔 閣下
指令第九號

③

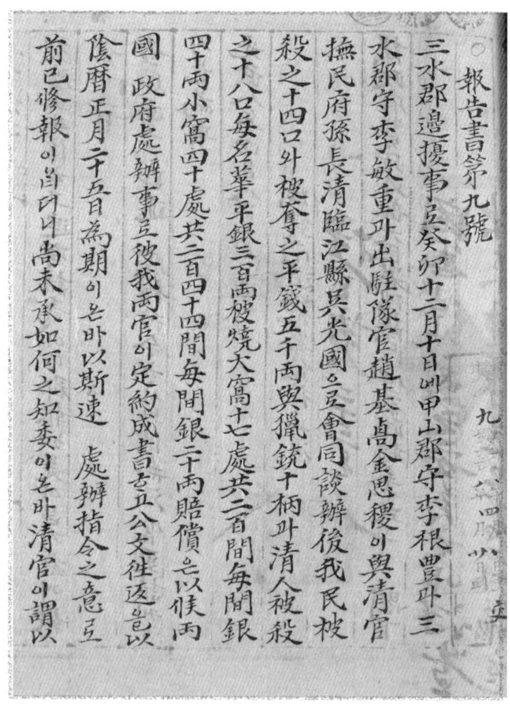
○報告書第九號
三水郡邊擾事로癸卯十二月十日에甲山郡守李根豊과三
水郡守李敏重과出駐隊官趙基禹金思稷이與淸官
撫民府孫長淸臨江縣吳光國으로會同談辦後我民被
殺之十四口外被奪之平錢五千兩與獵銃十柄과淸人被殺
之十八口每名葉平銀三百兩被燒大富十七處共二百間每間銀
四十兩小富四十處共二百四十四間每間銀二十兩賠償은以候兩
國 政府處辦事로彼我兩官이定約成書ᄒᆞ고公文往返을以
陰曆正月二十五日爲期이온바以斯速 處辦指令之意로
前已修報이옵더니尚未承如何之知委이온바淸官이謂以

①

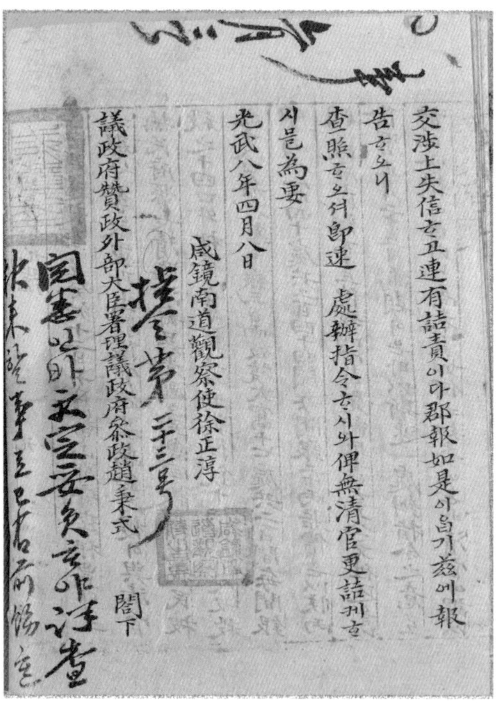
交涉上失信ᄒᆞ고連有詰責이다郡報如是이옵기玆에報
告ᄒᆞ오니
査照ᄒᆞ오셔卽速 處辦指令ᄒᆞ시와俾無淸官更詰케ᄒᆞ
시믈爲要
光武八年四月八日
咸鏡南道觀察使徐正淳
議政府贊政外部大臣署理議政府參政趙秉式 閣下
指令第二十三號

②

함 65

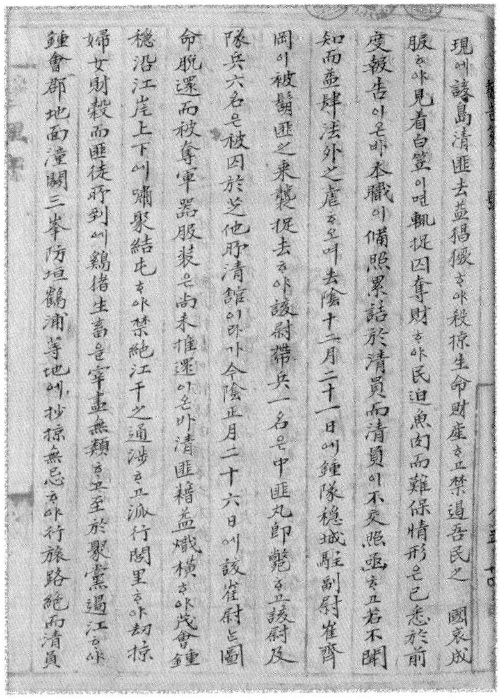
現에該島清匪去益猖獗ᄒᆞ야殺掠生命財産ᄒᆞ고禁遏吾民之 國哀成
服ᄒᆞ야見着白笠이면輒捉囚奪財ᄒᆞ야民迫魚肉而難保情形은已悉於前
度報告이온바本職이備照累詰於清員而清員이不爲照亟ᄒᆞ고若不聞
知而益肆法外之虐ᄒᆞ오며去陰十二月二十一日에鍾隊穩城駐副尉崔齊
岡이被鬍匪之來襲捉去ᄒᆞ야該尉帶兵一名은中匪丸卽斃ᄒᆞ고該尉及
隊兵六名은被囚於乏他所清舘이다가今陰正月二十六日에該崔尉는圖
命脫還而被奪軍器服裝은尚未推還이온바清匪猖益熾橫ᄒᆞ야茂會鍾
穩沿江崖上下에嘯聚結屯ᄒᆞ야禁絶江干之通涉ᄒᆞ고派行閭里ᄒᆞ야刧掠
婦女財穀而匪徒所到에鷄猪生畜을宰盡無類ᄒᆞ고至於聚黨過江ᄒᆞ야
鍾會郡地而潼關三峯防垣鶴浦等地에抄掠無忌ᄒᆞ야行旅路絶而清員

① 함 66

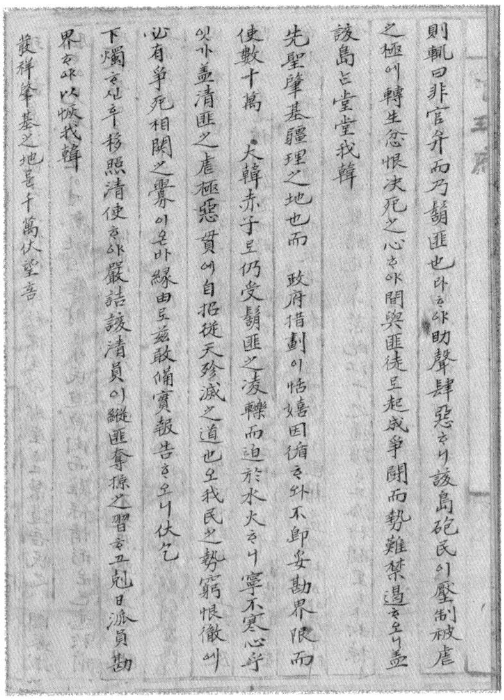
則輒曰非官弁而乃鬍匪也라ᄒᆞ야助聲肆惡ᄒᆞ니該島砲民이壓制被虐
之極에轉生忿恨決死之心ᄒᆞ야間與匪徒로起戚爭鬪而勢難禁遏ᄒᆞ오니盖
該島는堂堂我韓
先聖肇基疆理之地也而 政府措劃이恬嬉因循ᄒᆞ와不卽妥勘界限而
使數十萬 大韓赤子로仍受鬍匪之凌轢而迫於水火ᄒᆞ니寧不寒心乎
잇가盖清匪之虐極惡貫에自招從天殄滅之道也오我民之勢窮恨徹에
必有爭死相鬪之禦이온바緣由로玆敢備實報告ᄒᆞ오니伏乞
下燭ᄒᆞ신후移照清使ᄒᆞ와嚴詰該清員이縱匪奪掠之習ᄒᆞ고剋日派員勘
界ᄒᆞ야以恢我韓
發祥肇基之地를千萬伏望喜

②

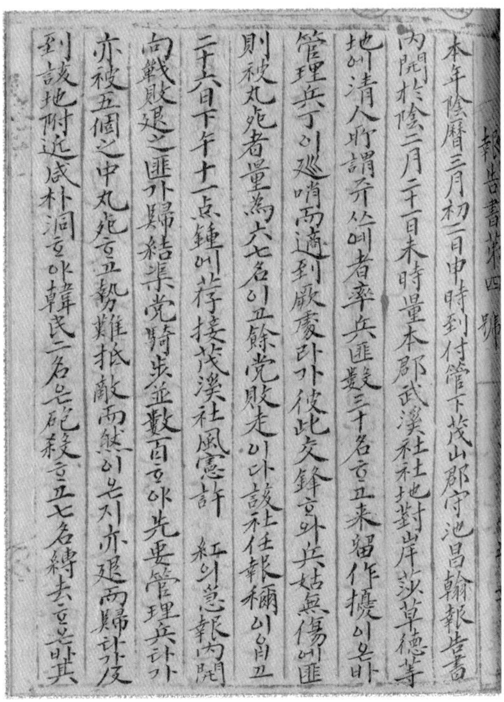
本年陰曆三月初二日申時到付管下茂山郡守池昌翰報告書
內開於陰二月二十一日未時量本郡武溪社社地對岸狄草德等
地에清人所謂弁丁쓰에者率兵匪數三十名ᄒᆞ고來留作擾이온바
管理兵丁이巡哨而適到厥處라가彼此交鋒ᄒᆞ와兵姑無傷에匪
則被丸死者量爲六七名이고餘黨敗走이다該社任報稱이옵고
二十六日下午十一点鍾에茂接茂溪社風憲許 紅이急報內開
向戰敗退之匪가歸結渠黨騎步並數百ᄒᆞ야先要管理兵ᄒᆞ가
亦被五個之中丸死ᄒᆞ고勢難抵敵而然이온지亦退而歸ᄒᆞ가及
到該地附近咸朴洞ᄒᆞ야韓民二名은砲殺ᄒᆞ고七名縛去ᄒᆞ온바其

① 함 67

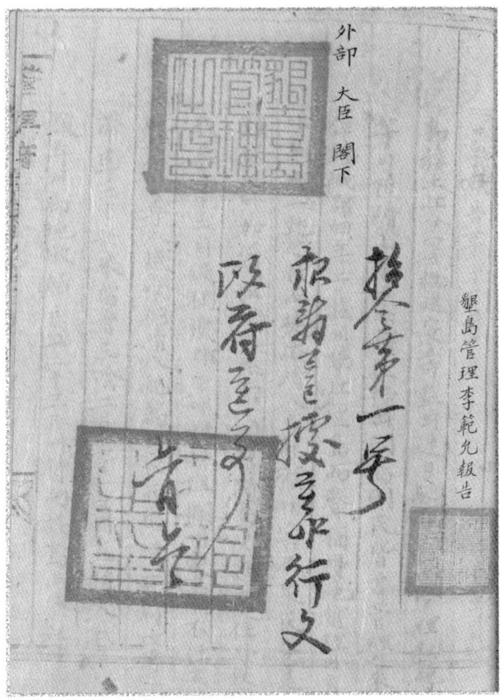
外部 大臣 閣下
墾島管理李範允報告
接第一號

③

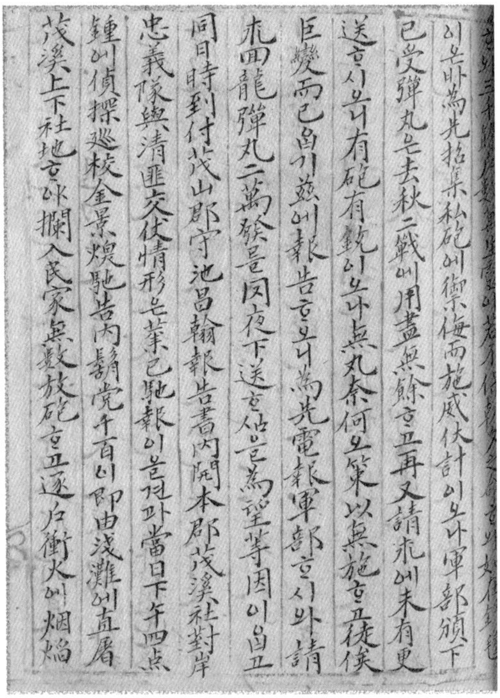
이온바爲先招集私砲에禦侮而施威伏計이오나軍部頒下
已受彈丸은去秋二戰에用盡無餘ᄒᆞ고再又請求에未有更
送ᄒᆞ시오니有砲有銃이오나無丸奈何오策以無施ᄒᆞ고徒俟
巨變而已옵기玆에報告ᄒᆞ오니爲先電報軍部ᄒᆞ시와請
求回龍彈丸二萬餘발을罔夜下送ᄒᆞ심을爲望等因이옵고
同日時到付茂山郡守池昌翰報告書內開本郡茂溪社對岸
忠義隊與淸匪交仗情形은業已馳報이온거와當日下午四点
鍾에偵探巡校金景煥馳告內鬍党千百이即由淺灘에直層
茂溪上下社地ᄒᆞ야攔入民家無數放砲ᄒᆞ고逐戶衝火에烟焰

③

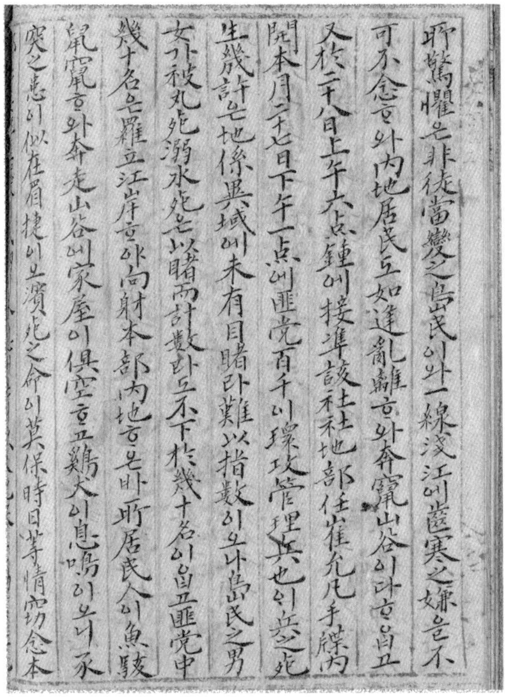
所驚懼은非徒當變之島民이와一線淺江에虛寒之嫌은不
可不念ᄒᆞ와內地居民도如逢亂離ᄒᆞ와奔竄山谷이다ᄒᆞ옵고
又於二十八日上午六点鍾에接準該社社地部任崔允凡手牒內
開本月二十七日下午一点에匪党百千이操攻管理兵也이온즉兵之死
生幾許은地係異域에未有目睹라難以指數이오나島民之男
女가被丸死溺水死은以睹而討數라도不下於幾十名이옵고匪党中
幾十名은羅立江岸ᄒᆞ야向射本部內地ᄒᆞ온바所居民人이魚駭
鼠竄ᄒᆞ와奔走山谷에家屋이俱空ᄒᆞ고鷄犬이息鳴이오니豕
突之患이似在眉捷이오濱死之命이莫保時日等情窃切念本

②

咸鏡北道觀察使李允在
議政府贊政外部大臣朴齊純 閣下

⑤

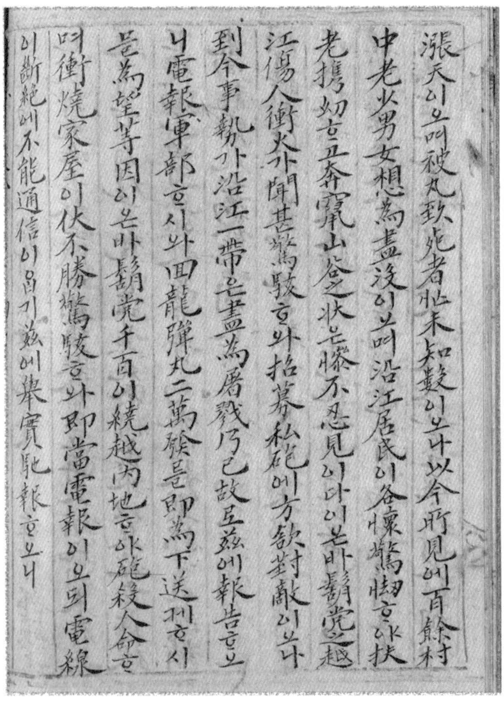
漲天이오며被丸致死者姑未知數이오나以今所見에百餘村
中老少男女想爲盡沒이오며沿江居民이各懷驚慟ᄒᆞ야扶
老携幼ᄒᆞ고奔竄山谷之狀은慘不忍見이다이온바鬍党之越
江傷人衝火가聞甚驚駭ᄒᆞ와招募私砲에方欲對敵이오나
到今事勢가沿江一帶은盡爲屠戮乃已故로玆에報告ᄒᆞ오
니電報軍部ᄒᆞ시와回龍彈丸二萬餘발을即爲下送케ᄒᆞ시
믈爲望等因이온바鬍党千百이繞越內地ᄒᆞ야砲殺人命ᄒᆞ
며衝燒家屋이伏不勝驚駭ᄒᆞ와即當電報이오되電線
이斷絶에不能通信이옵기玆에擧實馳報ᄒᆞ오니

④

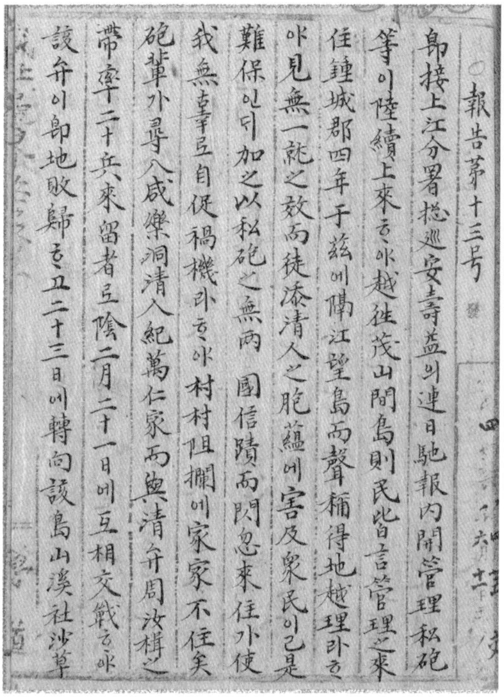
報告第十三号
即接上江分署摠巡安壽益의連日馳報內開管理私砲
等이陸續上來ᄒᆞ야越往茂山間島則民皆言管理之來
任鍾城郡四年于茲에傳江望島而聲稱得地越理라ᄒᆞ
야見無一就之效而徒滋清人之胞蘊에害及衆民이已是
難保인ᄃᆡ加之以私砲之無兩 國信蹟而閃忽來往ᄒᆞ야使
我無辜로自促禍機라ᄒᆞ야村村阻攔에家家不任矣
砲革ᄒᆞ尋八咸樂洞清人紀萬仁家而與清弁周汝楫之
滯率二十兵來留者로陰二月二十一日에互相交戰ᄒᆞ야
該弁이即地敗歸ᄒᆞ고二十三日에轉向該島山溪社沙草

①

함 68

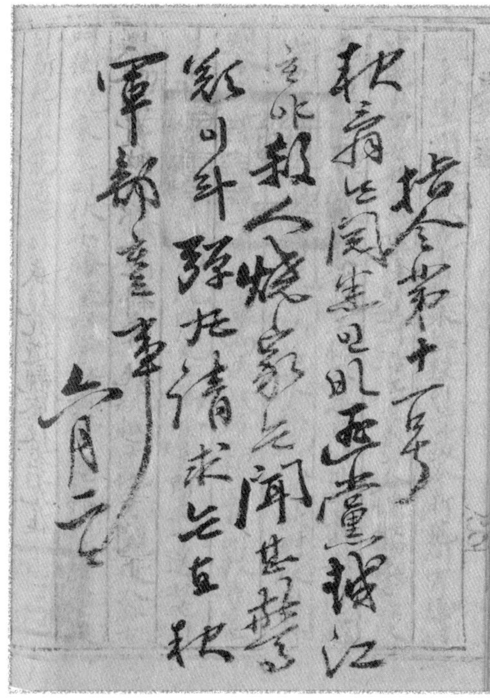
指令第十一号
[illegible]

⑥

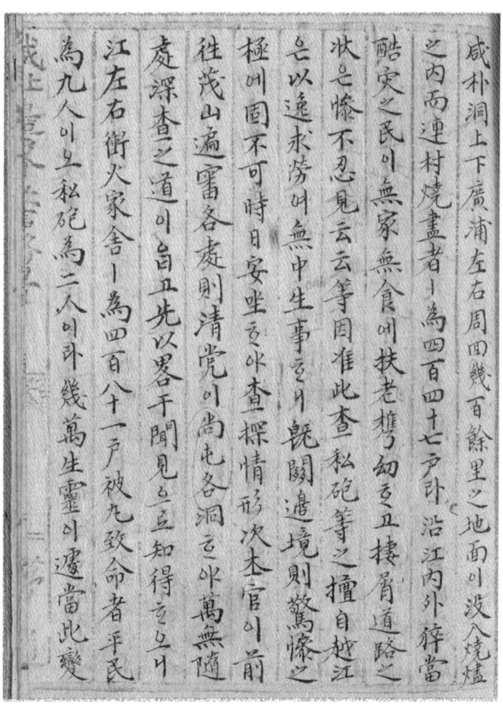
咸朴洞上下廣浦左右周回幾百餘里之地面이沒入燒燼
之內而連村燒盡者ㅣ爲四百四十七戶라沿江內外稱當
酷灾之民이無家無食에扶老携幼ᄒᆞ고棲屑道路之
狀은慘不忍見云云等因准此查私砲等之擅自越江
은以邊求勞ᄒᆞ며無中生事ᄒᆞ니既關邊境則驚慘之
極에固不可時日安坐ᄒᆞ야查探情形次本官이前
往茂山邊審各處則清党이尚屯各洞ᄒᆞ야萬無隨
處深查之道이옵고先以略干聞見으로知得ᄒᆞ오니
江左右衛火家舍ㅣ爲四百八十一戶被九致命者平民
爲九人이오私砲爲二人이라幾萬生靈이遭當此變

③

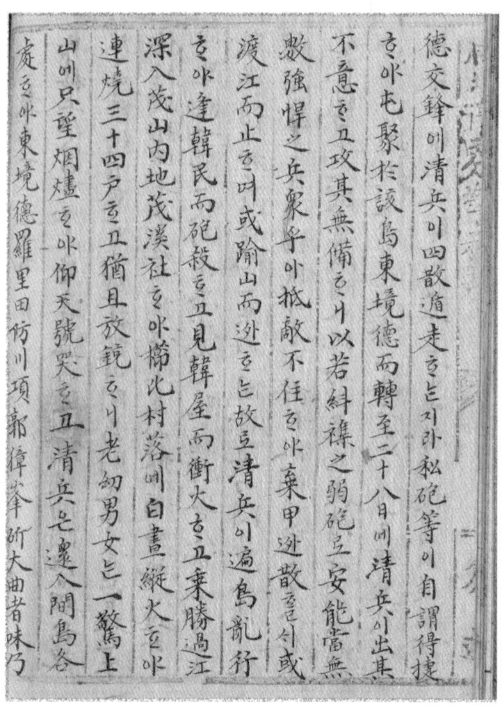
德交鋒에清兵이四散逃走ᄒᆞᄂᆞᆫ지라私砲等이自謂得捷
ᄒᆞ야屯聚於該島東境德而轉至二十八日에清兵이出其
不意ᄒᆞ고攻其無備ᄒᆞ니以若糾[illegible]之弱砲로安能當無
數強悍之兵衆乎아抵敵不住ᄒᆞ야棄甲逃散ᄒᆞ야或
渡江而止ᄒᆞ며或踰山而逃ᄒᆞᄂᆞᆫ故로清兵이遍島亂行
ᄒᆞ야逢韓民而砲殺ᄒᆞ고見韓屋而衝火ᄒᆞ고乘勝過江
深入茂山內地茂溪社ᄒᆞ야[illegible]北村落에白晝縱火ᄒᆞ야
連燒三十四戶ᄒᆞ고猶且放銃ᄒᆞ니老幼男女는一驚上
山에只望烟燼ᄒᆞ야仰天號哭ᄒᆞ고清兵은還入間島各
處ᄒᆞ야東境德羅里田防川項郭偉峯所大曲者味乃

②

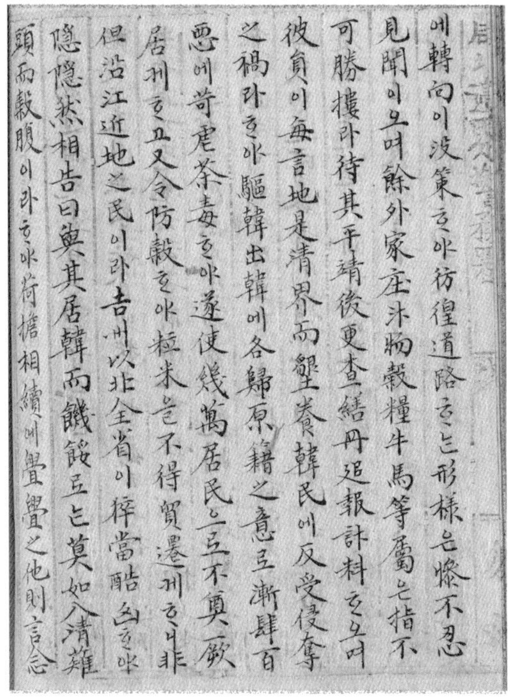

에轉向이波策ᄒᆞ야彷徨道路ᄒᆞᄂᆞᆫ形様은慘不忍
見聞이오며餘外家産汁物穀粮牛馬等屬은指不
可勝摟라待其平靖後更查結冊追報計料ᄒᆞ오며
彼員이每言地是清界而墾養韓民에反受侵奪
之禍라ᄒᆞ야驅韓出韓에各歸原籍之意로漸肆百
悪에苛虐荼毒每ᄒᆞ야遂使幾萬居民으로不奠厥
居케ᄒᆞ고又令防穀ᄒᆞ야粒米은不得貿遷케ᄒᆞ니非
但沿江近地之民이라吉州以北全省이猝當酷乏ᄒᆞ야
隱隱然相告曰與其居韓而饑餒로ᄂᆞᆫ莫如入清薙
頭而穀腹이라ᄒᆞ야荷擔相續에疊疊之他則言念

④

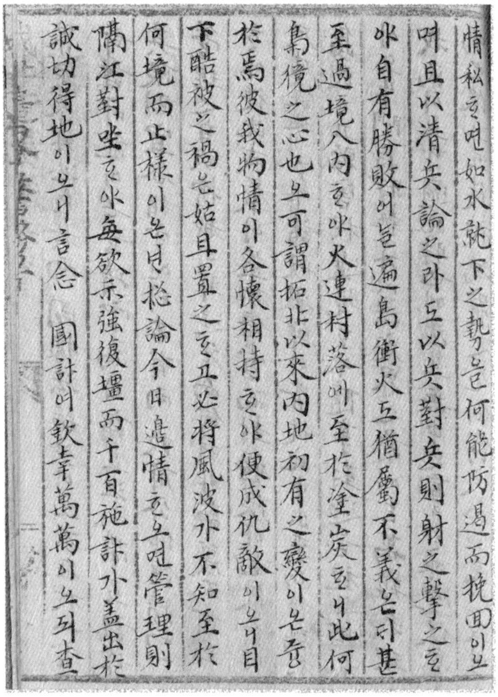

情私ᄒᆞ면如水就下之勢은何能防遏而挽回이오
며且以清兵論之라도以兵對兵則射之擊之ᄒᆞ
야自有勝敗어니와遍島衛兵도猶屬不義온뒤甚
至過境入内ᄒᆞ야大連村落에至於塗炭ᄒᆞ니此何
島境之心也오可謂拓北以來内地初有之變이온즉
於焉彼我物情이各懷相持ᄒᆞ야便成仇敵이오니目
下酷被之禍은姑且置之ᄒᆞ고必將風波가不知至於
何境而止様이온뎌揔論今日邊情ᄒᆞ오면管理則
隔江對坐ᄒᆞ야每欲示強復疆而千百施詐가蓋出於
誠切得地이오니言念 國計에欽幸萬萬이오되查

⑤

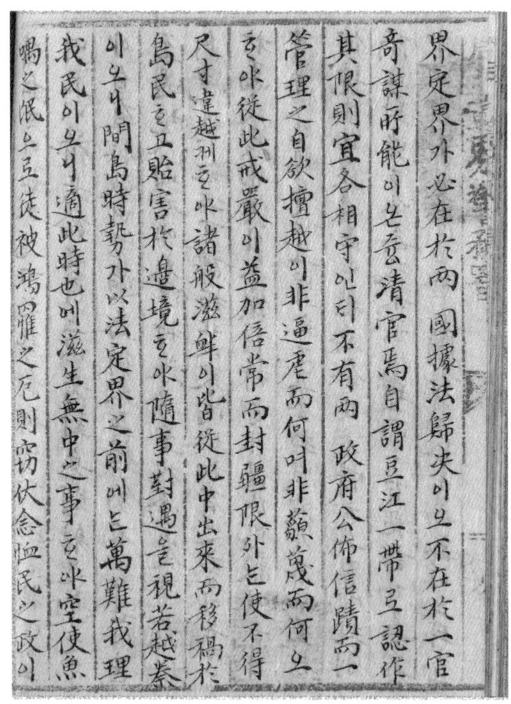

界定界가必在於兩 國據法歸決이오不在於一官
奇謀所能이온즉清官焉自謂豆江一帶로認作
其限則宜各相守인뒤不有兩 政府公佈信蹟而一
管理之自欲擅越이非逼虐而何며非藐蔑而何오
ᄒᆞ야從此戒嚴이益加倍常而封疆限外ᄂᆞᆫ使不得
尺寸違越케ᄒᆞ야諸般滋弊이皆從此中出來而移禍於
島民ᄒᆞ고貽害於邊境ᄒᆞ야隨事對遏은視若越秦
이오니間島時勢가以法定界之前에ᄂᆞᆫ萬難我理
我民이오니適此時也에滋生無中之事ᄒᆞ야空使魚
鳴之氓으로徒被鴻羅之厄則竊伏念恤民之政이

⑥

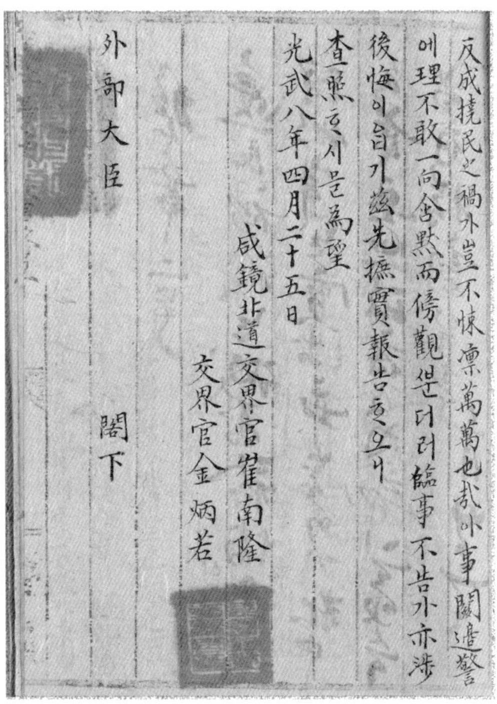

反成撓民之禍가豈不悚凛萬萬也哉아事關邊警
에理不敢一向含默而傍觀뿐더러臨事不告가亦涉
後悔이옵기玆先據實報告ᄒᆞ오니
查照ᄒᆞ시믈為望
光武八年四月二十五日
咸鏡北道交界官崔南隆
交界官金炳若
外部大臣 閣下

⑦

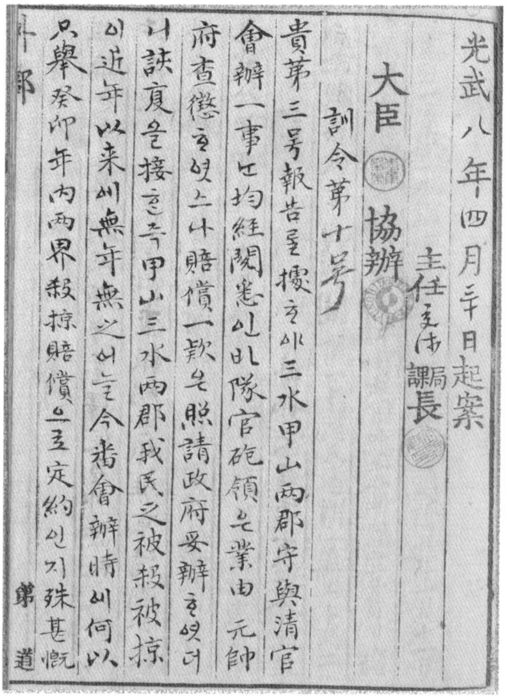
光武八年四月 日起案
主任 課長
大臣 協辦
訓令第十号
貴第三号報告를據ᄒᆞᆫ즉三水甲山兩郡守與清官
會辦一事ᄂᆞᆫ均經閱悉이며隊官砲領은業由 元帥
府查懲ᄒᆞ엿스나賠償一款은照請政府妥辦ᄒᆞ엿더
니該府를接ᄒᆞᆫ즉甲山三水兩郡我民之被殺被掠
이近年以来에無年無之어ᄂᆞᆯ今者會辦時에何以
只舉癸卯年内兩界殺掠賠償으로定約인지殊甚慨
外部
第 道

① 함 69

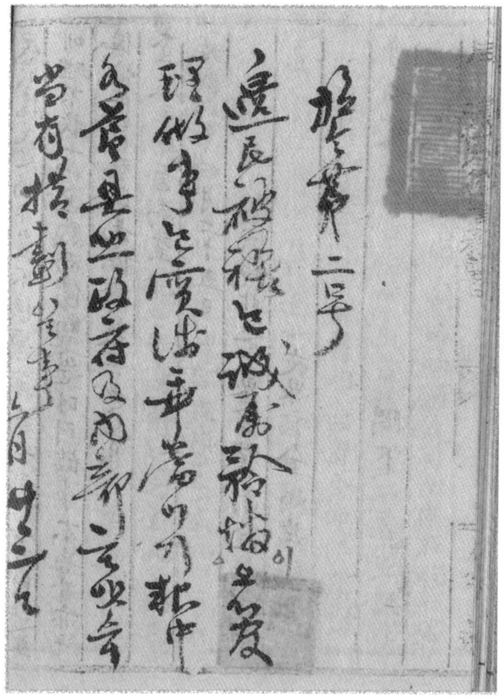

⑧

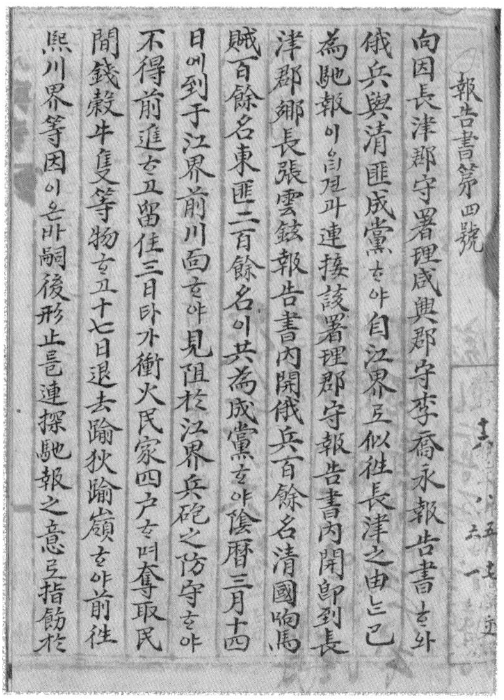
報告書第四號
向因長津郡守署理咸興郡守李喬永報告書ᄒᆞ외
俄兵與清匪成黨ᄒᆞ야自江界로似往長津之由ᄂᆞᆫ已
為馳報이온바連接該署理郡守報告書內開即到長
津郡鄉長張雲鉉報告書內開俄兵百餘名清國响馬
賊百餘名東匪二百餘名이共為成黨ᄒᆞ야陰曆三月十四
日에到于江界前川面ᄒᆞ야見阻於江界兵砲之防守ᄒᆞ야
不得前進ᄒᆞ고留住三日ᄒᆞ가衛火民家四戶ᄒᆞ며奪取民
間錢穀牛隻等物ᄒᆞ고十七日退去踰狄踰嶺ᄒᆞ야前往
熙川界等因이온바嗣後形止ᄂᆞᆫ連探馳報之意로指飭於

① 함 70

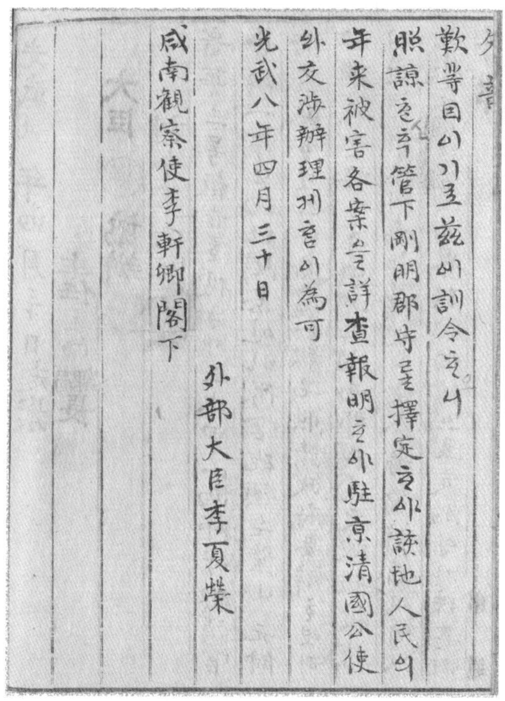
歎等因이기로玆에訓令ᄒᆞ니
照諒ᄒᆞ즉管下剛明郡守를擇定ᄒᆞ야該地人民의
年来被害各案을詳查報明ᄒᆞ야駐京清國公使
와交涉辦理케ᄒᆞᆷ이為可
光武八年四月三十日
咸南觀察使李軒卿閣下
外部大臣李夏榮

②

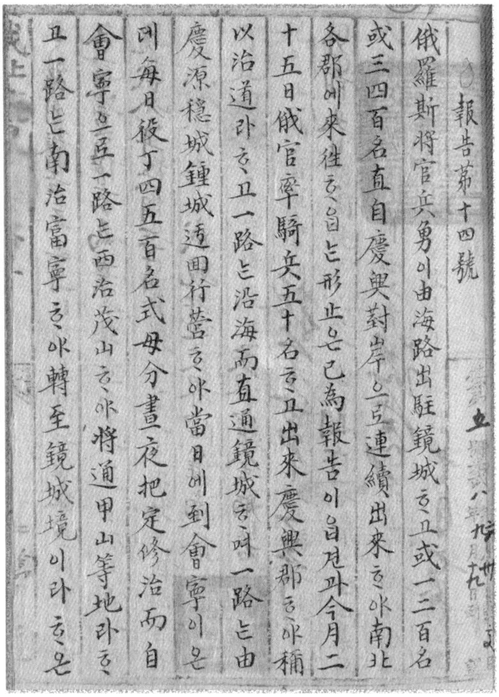
報告第十四號
俄羅斯将官兵勇이由海路出駐鏡城ᄒᆞ고或一二百名
或三四百名直自慶興對岸으로連續出來ᄒᆞ야南北
各郡에來往ᄒᆞᆸ는形止은已爲報告이ᄋᆞᆸ거니와今月二
十五日俄官率騎兵五十名ᄒᆞ고出來慶興郡ᄒᆞ야稱
以治道라ᄒᆞ고一路는沿海而直通鏡城ᄒᆞ며一路는由
慶源穩城鍾城透回行營ᄒᆞ야當日에到會寧이온
데每日役丁四五百名式毋分晝夜把定修治而自
會寧으로一路는西治茂山ᄒᆞ야将道甲山等地라ᄒᆞ
고一路는南治富寧ᄒᆞ야轉至鏡城境이라ᄒᆞ온

① 함 71

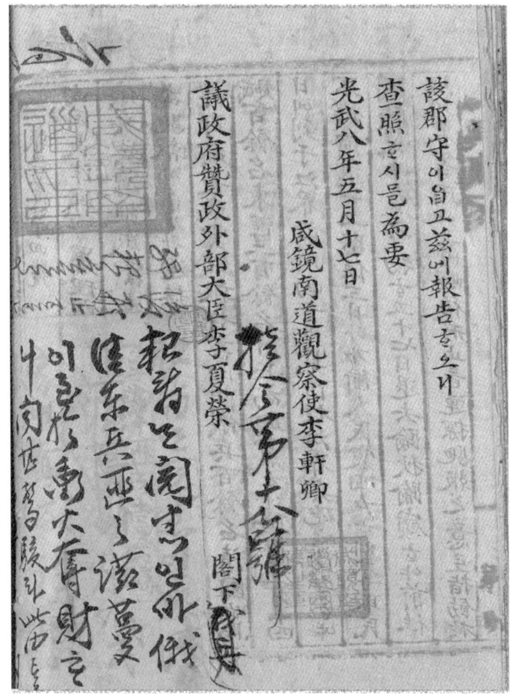
該郡守이ᄋᆞᆸ고玆에報告ᄒᆞ오니
查照ᄒᆞ시믈爲要
光武八年五月十七日
咸鏡南道觀察使李軒卿
議政府贊政外部大臣李夏榮 閣下

②

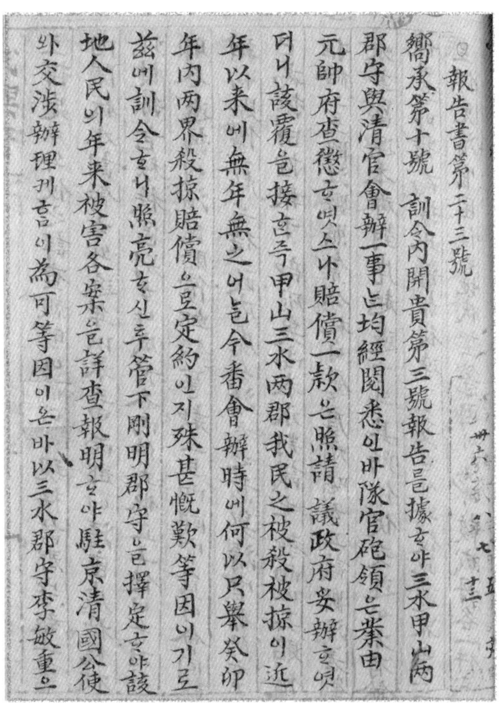
報告書第二十三號
嚮承第十號 訓令內開貴第三號報告를據ᄒᆞ야三水甲山兩
郡守與清官會辦一事는均經閱悉이바隊官砲領은業由
元帥府查懲ᄒᆞ엿스나賠償一款은照請 議政府妥辦ᄒᆞ엿
더니該覆을接ᄒᆞ즉甲山三水兩郡我民之被殺被掠이近
年以來에無年無之어늘今番會辦時에何以只擧癸卯
年内兩界殺掠賠償으로定約이지殊甚慨歎等因이기로
玆에訓令ᄒᆞ니照亮ᄒᆞ신후管下兩郡守를擇定ᄒᆞ야該
地人民의年來被害各案을詳查報明ᄒᆞ야駐京清國公使
와交涉辦理케흠이爲可等因이온바以三水郡守李敏重으

① 함 72

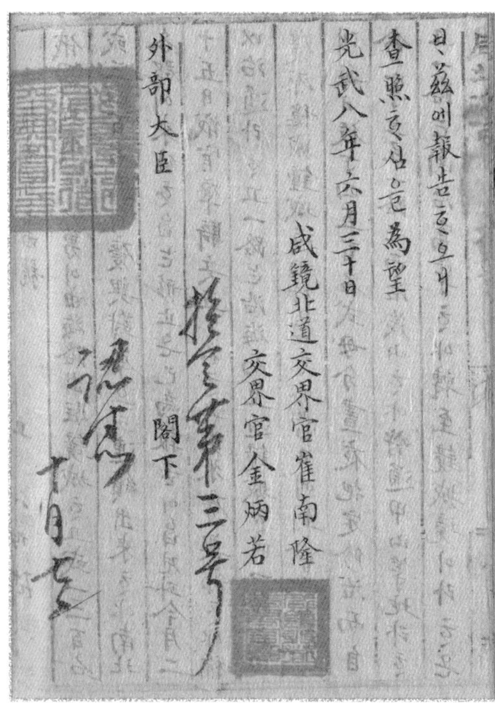
日玆에報告ᄒᆞ오니
查照ᄒᆞ심을爲望
光武八年六月三十日
咸鏡北道交界官崔南隆
交界官金炳若
外部大臣 閣下

②

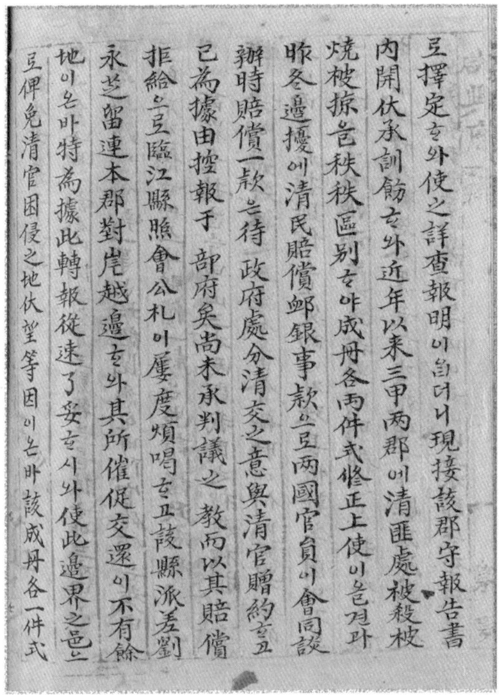
로擇定ᄒᆞ와使之詳查報明이옵더니現接該郡守報告書
內開伏承訓飭ᄒᆞ와近年以來三甲兩郡에清匪處被殺被
燒被掠은秩秩區別ᄒᆞ야成册各兩件式修正上使이옵견과
昨冬邊擾에清民賠償䘏銀事款으로兩國官員이會同談
辦時賠償一款은待 政府處分清交之意與清官贈約ᄒᆞ고
已為據由控報于 部府矣尚未承判議之 教而以其賠償
拒給으로臨江縣照會公札이屢度煩喝ᄒᆞ고該縣派差劉
永芝留連本郡對岸越邊ᄒᆞ와其所催促交還이不有餘
地이온바特為據此轉報從速了妥ᄒᆞ시와使此邊界之邑으
로俾免清官困侵之地伏望等因이온바該成册各一件式

②

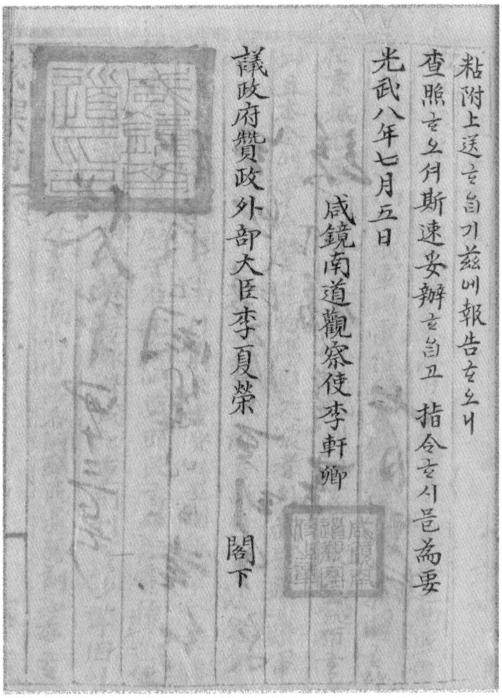
粘附上送ᄒᆞ옵기玆에報告ᄒᆞ오니
查照ᄒᆞ오셔斯速妥辦ᄒᆞ옵고 指令ᄒᆞ시믈為要
光武八年七月五日
咸鏡南道觀察使李軒卿
議政府贊政外部大臣李夏榮 閣下

③

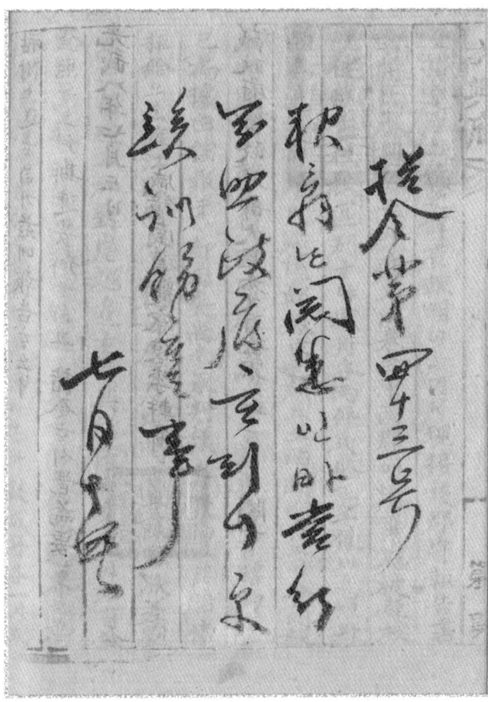
指令第四十三号

④

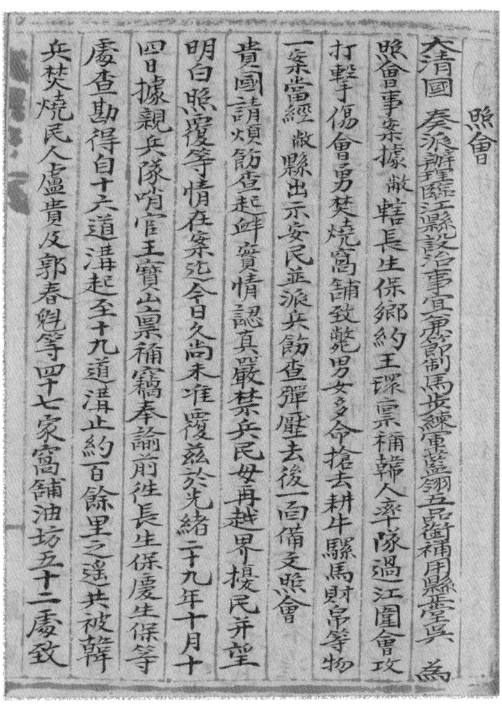
照會
大清國 奏派辦理臨江縣設治事宜兼節制馬步練軍藍翎五品銜補用縣正堂吳 為
照會事案據 敝 轄長生保鄉約王琛禀稱韓人率隊過江圍會攻
打擊傷會勇焚燒窩舖致斃男女多命搶去耕牛騾馬財帛等物
一案當經 敝縣出示安民並派兵飭查彈壓去後一面備文照會
貴國請煩飭查起釁實情認真嚴禁兵民毋再越界擾民并望
明白照覆等情在案迄今日久尚未准覆茲於光緒二十九年十月十
四日據親兵隊哨官王寶山禀稱竊奉諭前往長生保慶生保等
處查勘得自十六道溝起至十九道溝止約百餘里之遙共被韓
兵焚燒民人盧貴及郭春魁等四十七家窩舖油坊五十二處致

⑤

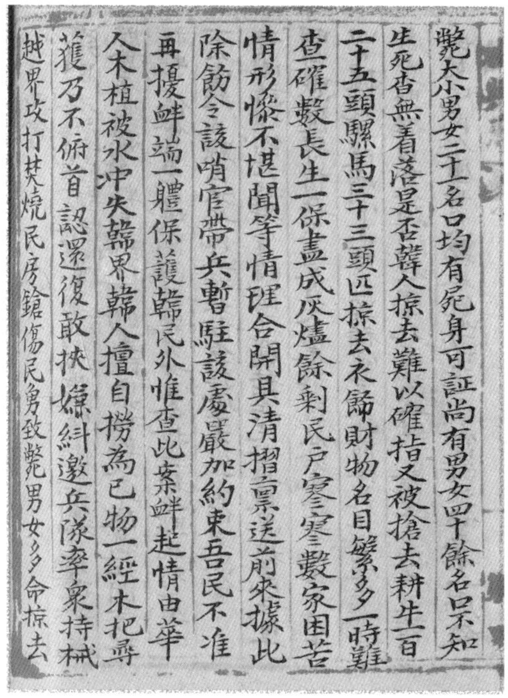
斃大小男女二十名口均有死身可証尚有男女四十餘名口不知
生死杳無着落是否韓人掠去難以確指又被搶去耕牛一百
二十五頭騾馬三十三頭匹掠去衣飾財物名目繁多一時難
查確數長生一保盡成灰燼餘剩民户寥寥數家困苦
情形慘不堪聞等情理合開具清摺稟送前來據此
除飭令該哨官帶兵暫駐該處嚴加約束吾民不准
再擾衅端一體保護韓民外惟查此案衅起情由華
人禾稙被水冲失韓界韓人擅自撈爲己物一經木把哥
獲乃不俯首認還復敢挾嫌糾邀兵隊率衆持械
越界攻打焚燒民房鎗傷民勇致斃男女多命掠去

⑥

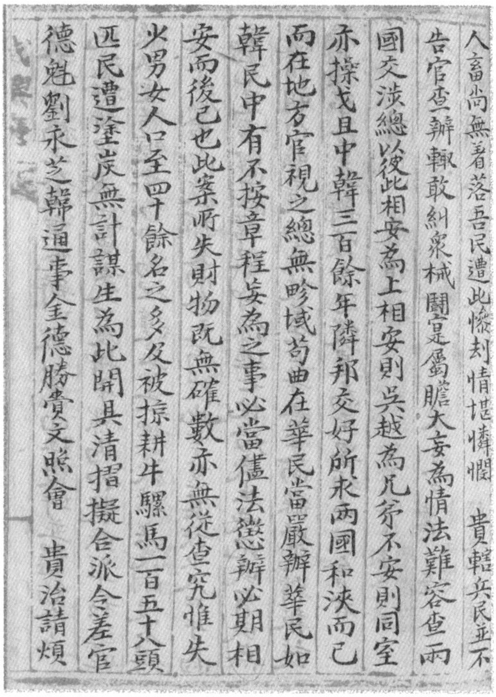
人畜尚無着落吾民遭此慘刼情堪憐憫 貴轄兵民並不
告官查辦輒敢糾衆械鬪足屬膽大妄爲情法難容查兩
國交涉總以彼此相安爲上相安則吳越爲兄弟不安則同室
亦操戈且中韓三百餘年隣邦交好所求兩國和浹而已
而在地方官視之總無畛域苟曲在華民當嚴辦華民如
韓民中有不按章程妄爲之事必當儘法懲辦必期相
安而後已也此案所失財物既無確數亦無從查究惟失
火男女人口至四十餘名之多及被掠耕牛騾馬一百五十八頭
匹民遭塗炭無計謀生爲此開具清摺擬合派令差官
德魁劉永芝韓通事金德勝賷文照會 貴治請煩

⑦

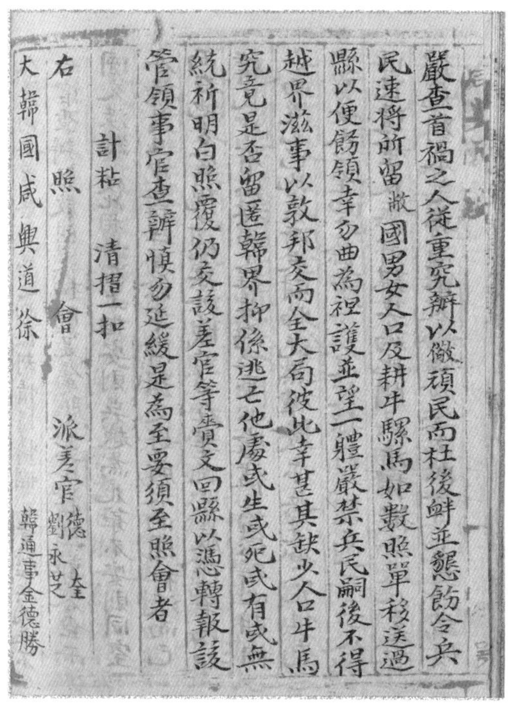
嚴查首禍之人從重究辦以儆頑民而杜後衅並懇飭令兵
民速將所留 敝國男女人口及耕牛騾馬如數照單移送過
縣以便飭領幸勿曲爲袒護並望一體嚴禁兵民嗣後不得
越界滋事以敦邦交而全大局彼此幸甚其缺少人口牛馬
究竟是否留匿韓界抑係逃亡他處或生或死或有或無
統祈明白照覆仍交該差官等賷文回縣以憑轉報該
管領事官查辦愼勿延緩是爲至要須至照會者
計粘 清摺一扣
右 照 會 派差官德全 劉永芝
大韓國咸興道 徐 韓通事金德勝

⑧

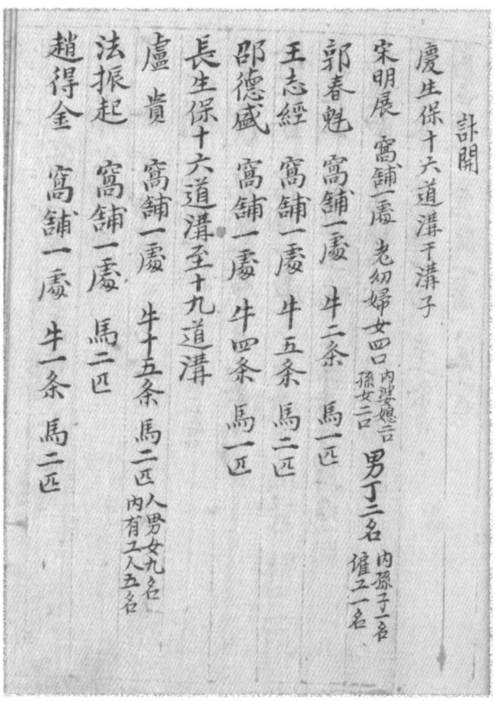
計開
慶生保十六道溝干溝子
宋明展 窩鋪一處 老幼婦女四口 內孫媳一口 孫女一口 男丁三名 內孫子一名 雇工一名
郭春魁 窩鋪一處 牛二条 馬一匹
王志經 窩鋪一處 牛五条 馬二匹
邵德威 窩鋪一處 牛四条 馬一匹
長生保十六道溝至十九道溝
盧貴 窩鋪一處 牛十五条 馬二匹 人男女九名 內有工人五名
法振起 窩鋪一處 馬二匹
趙得金 窩鋪一處 牛一条 馬二匹

⑨

王煥 窩鋪一處 牛十四条 人一名工人
劉思井窩鋪一處
臧合 窩鋪一處 男人一名
王開先窩鋪一處
李茂盛窩鋪一處 牛二条
徐桂芬窩鋪一處
蘇玉山 窩鋪二處 牛三条 馬一匹
楊興助 窩鋪一處
鄒喜令 窩鋪一處 牛一条
馬占鰲 窩鋪一處 馬一匹

⑩

侯永利 窩鋪一處 牛五条
劉升布 窩鋪二處
王元陽 窩鋪一處 牛十二条 馬一匹
潘貴俊 窩鋪一處 牛三条 騾子一頭
于祥雲 窩鋪一處 牛九条 馬二匹 騾子一頭
陳恩坡 窩鋪一處 牛一条
張洛雨 窩鋪一處 牛三条
潘貴 窩鋪一處
于德 窩鋪一處
楊志 窩鋪一處 油坊一處

⑪

施昇 窩鋪一處
王洪 窩鋪一處 牛二条 馬一匹 工人一名
王建福 窩鋪一處 牛三条 馬三匹 工人一名
戴東裕 窩鋪一處
畢中江 窩鋪一處 牛一条 馬一匹
法全 窩鋪一處 牛一条 馬二匹
董立文 窩鋪一處 牛十条 馬二匹
盧氏德 窩鋪一處 牛一条
張耀先 窩鋪一處
宮殿 窩鋪一處 牛二条 馬一匹

⑫

孫慶 窩鋪一處 牛二条 工人一名
張洪德 窩鋪一處 牛七条 馬一匹
叢守方 窩鋪二處 牛三条 馬一匹
許調 窩鋪二處 牛五条 馬一匹 工人一名
李香山 窩鋪一處
孔兆清 窩鋪一處 牛八条 馬三匹
楊守清 油坊一處
翟德合 窩鋪一處
盧洛四 窩鋪一處
劉恩恒 窩鋪一處

⑬

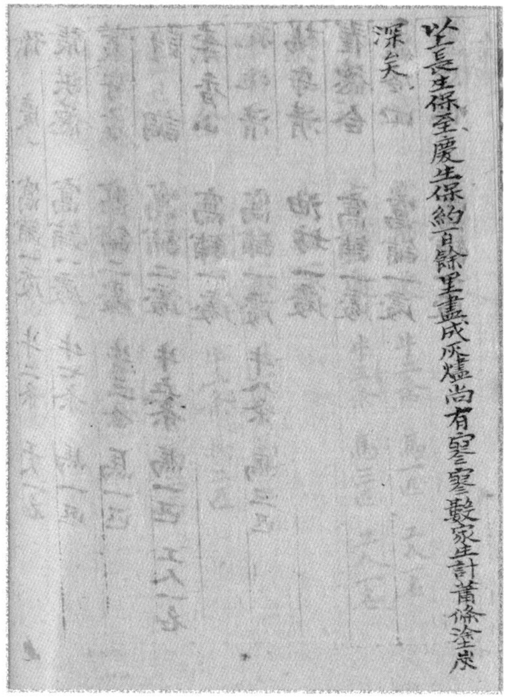
以上長生保至慶生保約百餘里盡成灰燼尚有雲雲數家生計蕭條塗炭深矣

⑭

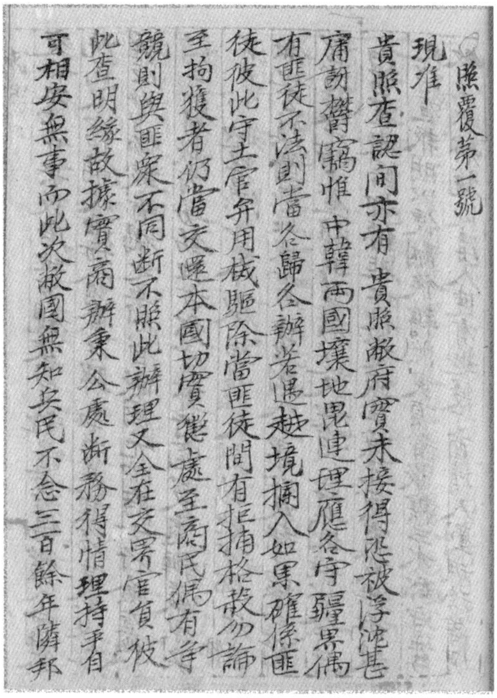
照覆第一號
現准
貴照查認問亦有 貴照敝府實未接得恐被浮泛甚
痛劾辯譌惟 中韓兩國壤地毘連理應各守疆界倘
有匪徒不法則當各歸各辦若遇越境擱入如果確係匪
徒彼此守土官弁用械驅除當匪徒間有拒捕格殺勿論
至拘獲者仍當交還本國切實懲處至商民偶有爭
競則與匪衆不同斷不照此辦理又全在交界官員彼
此查明緣故據實商辦秉公處斷務得情理持平自
可相安無事而此次敝國無知兵民不念三百餘年隣邦

⑮

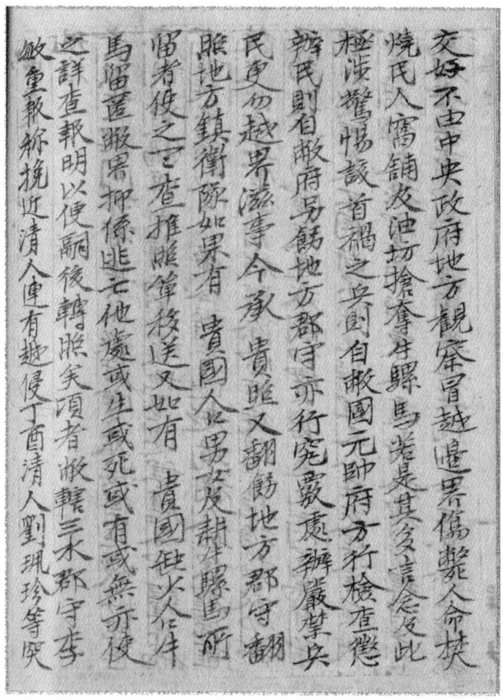
交好不由中央政府地方觀察官越遣界傷斃人命焚
燒民人廬舖及沿坊搶奪牛騾馬等是其多言念及此
極深驚惕誠首禍之兵則自敝國元帥府方行檢查懲
辦民則自敝府另飭地方郡守亦行究覈處辦嚴禁兵
民更勿越界滋事今承 貴照又飭地方郡守翻
照地方鎮衛隊如果有 貴國人口男女及耕牛騾馬所
留者使之一一查推照舊移送又如有 貴國鉄火人牛
馬留置搬界抑係逃亡他處或生或死或有或無亦使
之詳查報明以便嗣後轉照矣須者敝韓三水郡守李
敏重報稱挽近清人連有越侵丁酉清人劉珉珍等突

⑯

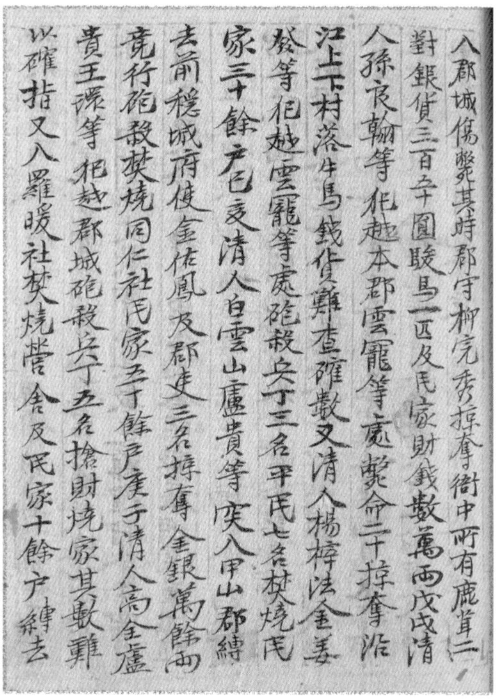
入郡城傷斃其時郡守柳完秀掠奪衙中所有鹿茸二
對銀貨三百平圓駿馬一匹及民家財錢數萬兩戊戌清
人孫良輸等犯越本郡雲寵等處斃命二十掠奪沿
江上下村落牛馬錢貨難查確數又清人楊梓法金善
裕等犯越雲寵等處砲殺兵丁三名平民七名焚燒民
家三十餘戶己亥清人白雲山盧貴等突入甲山郡縛
去前穩城府使金佐鳳及郡吏三名掠奪金銀萬餘兩
竟行砲殺焚燒同仁社民家五十餘戶庚子清人高全盧
貴王環等犯越郡城砲殺兵丁五名搶財燒家其數難
以確指又入羅暖社焚燒營舍及民家十餘戶縛去

⑰

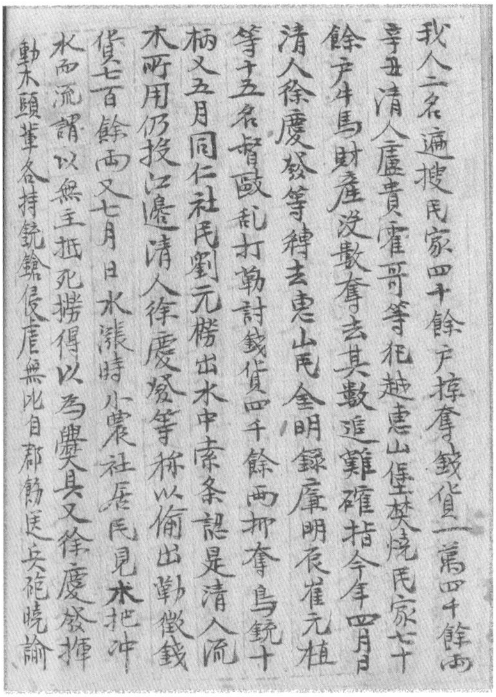
我人二名遍搜民家四千餘戶掠奪錢貨一萬四千餘兩
辛丑清人盧貴霍哥等犯越惠山堡焚燒民家七十
餘戶牛馬財産沒數奪去其數追難確指今年四月日
清人徐慶發等縛去惠山民金明錄崔明良崔元植
等十五名肯毆亂打勒討錢貨四千餘兩抑奪鳥銃十
柄又五月同仁社民劉元楞出水中索條認是清人流
木所用仍投江邊清人徐慶發等稱以偷出勒徵錢
貨七百餘兩又七月日水漲時小農社居民見木把沖
水而流謂以無主拯死撈得以爲爨具又徐慶發揮
動木頭輩各持銃鎗侵虐無比自郡飭廷兵砲曉諭

⑱

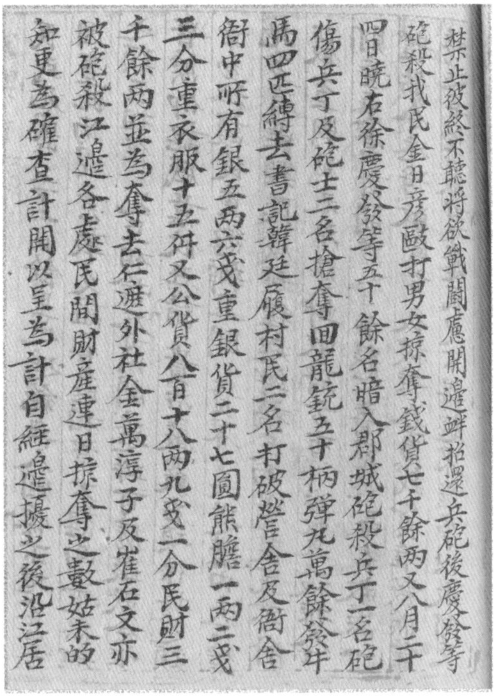
禁止彼終不聽將欲戰鬪慮開邊釁招還兵砲後慶發等
砲殺我民金日彦毆打男女掠奪錢貨七千餘兩又八月二十
四日曉右徐慶發等五十餘名暗入郡城砲殺兵丁一名砲
傷兵丁及砲士二名搶奪回龍銃五十柄彈丸萬餘發幷
馬四匹縛去書記韓廷履村民二名打破營舍及衙舍
衙中所有銀五兩六戔重銀貨二十七圓熊膽一兩二戔
三分重衣服十五件又公貨八百十八兩九戔一分民財三
千餘兩並爲奪去仁遮外社金萬淳子及崔石文亦
被砲殺江邊各處民間財産連日掠奪之數姑未的
知更爲確査計開以呈爲計自經邊擾之後沿江居

⑲

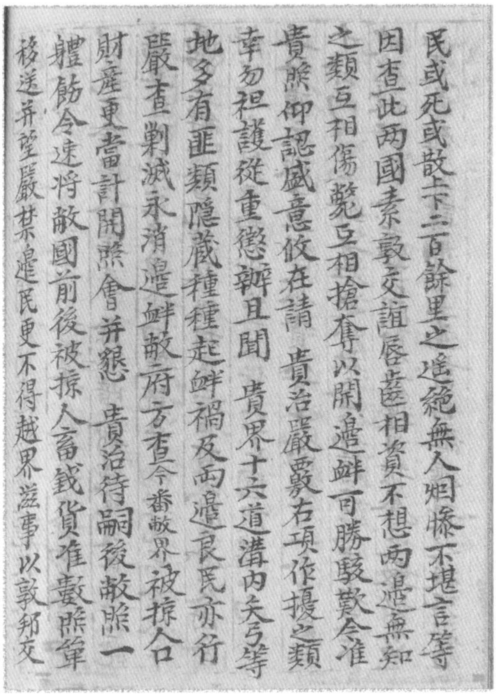
民或死或散上下二百餘里之遙絶無人烟慘不堪言等
因查此兩國素敦交誼唇齒相資不想兩邊無知
之類互相傷斃互相搶奪以開邊釁可勝駭歎今准
貴照仰認盛意攸在請 貴治嚴覈右項作擾之類
幸勿袒護從重懲辦且聞 貴界十六道溝內矢弓等
地多有匪類隱藏種種起釁禍及兩邊良民亦行
嚴查剿滅永消邊釁敝府方查今番敝界被掠合
財産更當計開照會并懇 貴治待嗣後敝照一
體飭令速將敝國前後被掠人畜錢貨准數照章
移送并望嚴禁邊民更不得越界滋事以敦邦交

⑳

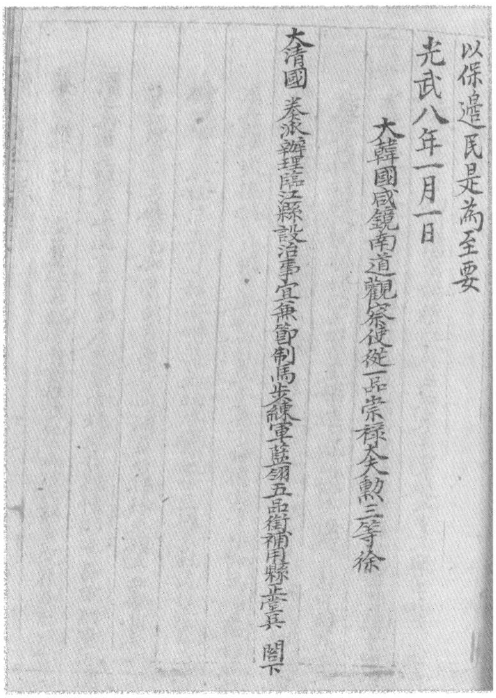
以保邊民是爲至要
光武八年一月一日
大韓國咸鏡南道觀察使從一品崇祿大夫勳三等徐
大淸國 奏派辦理臨江縣設治事宜兼節制馬步練軍藍翎五品銜補用縣正堂吳 閣下

㉑

함 73

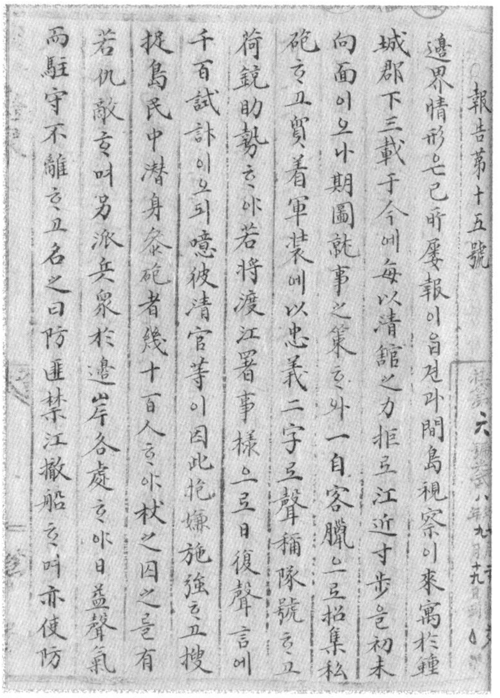
報告第十五號
邊界情形은已所屢報이읍거니와間島視察이來寓於鍾
城郡下三載于今에每以淸館之力拒로江近寸步을初未
向面이오나期圖就事之策ᄒᆞ와一自客臘으로招集私
砲ᄒᆞ고貿着軍裝에以忠義二字로聲稱隊號ᄒᆞ고
荷銃助勢ᄒᆞ야若將渡江署事樣으로日復聲言에
千百試計이오되噫彼淸官等이因此挹嫌施強ᄒᆞ고搜
捉島民中潛身參砲者幾十百人ᄒᆞ야杖之囚之을有
若仇敵ᄒᆞ며另派兵衆於邊岸各處ᄒᆞ야日益聲氣
而駐守不離ᄒᆞ고名之曰防匪禁江撤船ᄒᆞ며亦使防

①

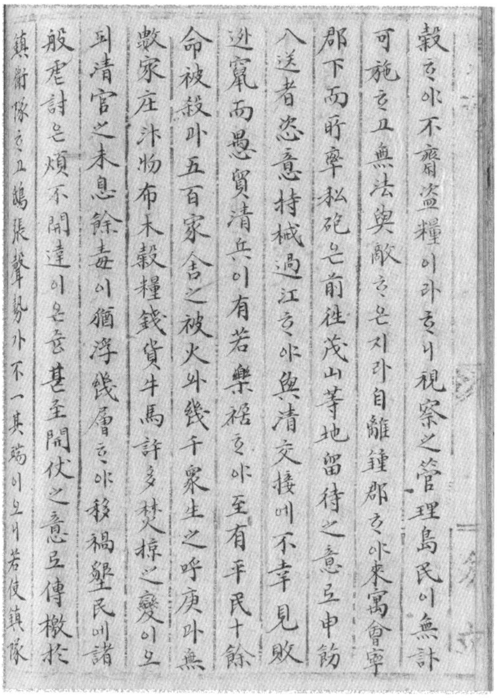
穀ᄒᆞ야不齎盜糧이라ᄒᆞ니視察之管理島民이無計
可施ᄒᆞ고無法與敵ᄒᆞ온지라自離鍾郡ᄒᆞ야來寓會寧
郡下而所率私砲은前往茂山等地留待之意로申飭
入送者恣意持械過江ᄒᆞ야與淸交接에不幸見敗
迸竄而愚貿淸兵이有若樂禍ᄒᆞ야至有平民十餘
命被殺과五百家舍之被火와幾千衆生之呼庚과無
數家庄汁物布木穀糧錢貨牛馬許多焚掠之變이오
되淸官之未息餘毒이猶浮幾層ᄒᆞ야移禍墾民에諸
般虐討은煩不開達이오며甚至開仗之意로傳檄於
鎭衛隊ᄒᆞ고鴟張聲勢가不一其端이오며若使鎭隊

②

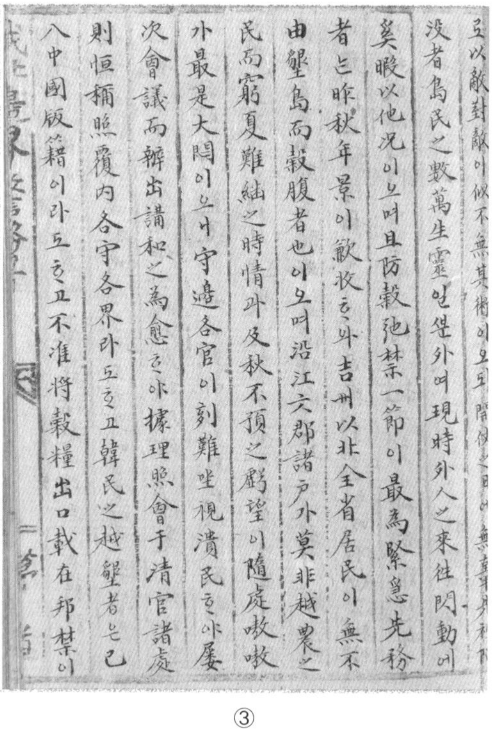
로以敵對敵이似不無其術이오되[illegible]
没者島民之數萬生靈이엇外며現時外人之來往閃動에
奚暇以他況이오며且防穀弛禁一節이最爲緊急先務
者ᄂᆞᆫ昨秋年景이歉收ᄒᆞ와吉州以北全省居民이無不
由墾島而穀腹者也이오며沿江六郡諸戶가莫非越農之
民而窮夏難繼之時情과及秋不預之觖望이隨處嗷嗷
가最是大悶이오나守邊各官이刻難坐視潰民ᄒᆞ야屢
次會議而辨出講和之爲愈ᄒᆞ야據理照會于淸官諸處
則恒稱照覆內各守各界라ᄒᆞ고韓民之越墾者ᄂᆞᆫ已
入中國版籍이라ᄒᆞ고不准將穀糧出口載在邦禁이

③

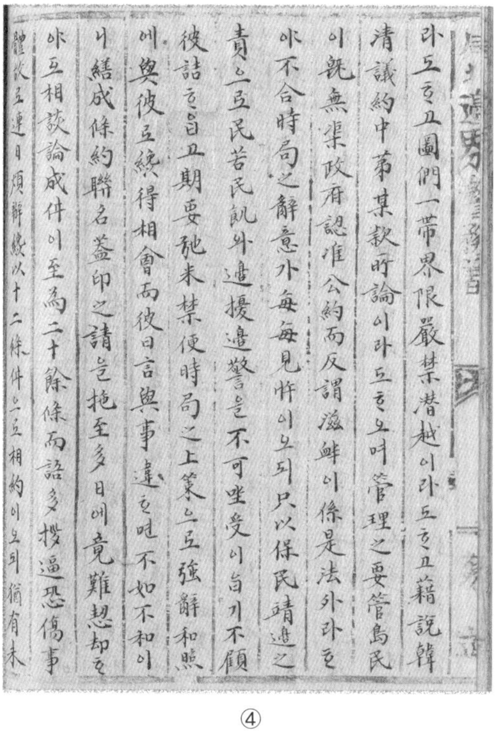
라ᄒᆞ고圖們一帶界限嚴禁潛越이라ᄒᆞ고藉說韓
淸議約中第某款所論이라ᄒᆞ오며管理之要管島民
이既無渠政府認准公約而反謂滋衅이係是法外라ᄒᆞ
야不合時局之辭意가每每見忤이오되只以保民靖邊之
責으로民苦民飢와邊擾邊警을不可坐受이읍기不顧
彼詰ᄒᆞ읍고期要弛米禁便時局之上策으로強辭和照
에與彼로續得相會而彼曰言與事違ᄒᆞ면不如不和이
니繕成條約聯名蓋印之請을拖至多日에竟難恝却ᄒᆞ
야互相談論成件이至爲二十餘條而語多操逼恐傷事
體故로連日頂辯縮以十二條件으로相約이오되猶有未

④

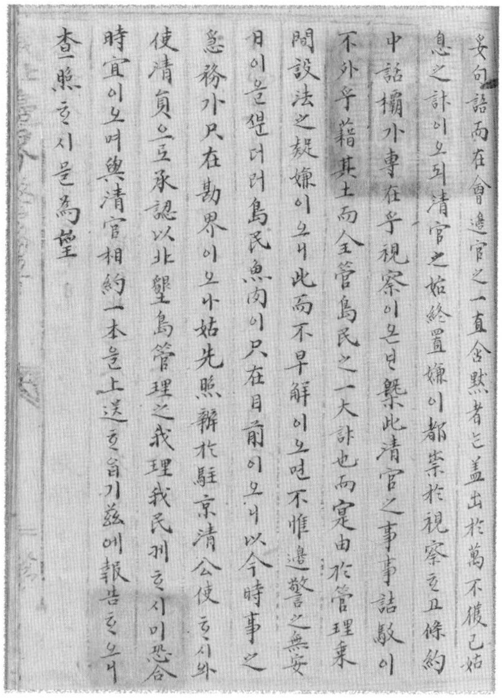
妥句語而在會邊官之一直含黙者는蓋出於萬不獲已姑
息之計이오되清官之始終置嫌이都崇於視察ᄒ고條約
中話欄가專在乎視察이온딕槩此清官之事事詰駁이
不外乎籍其土而全管島民之一大計也而寔由於管理秉
閫設法之疑嫌이오니此而不早解이오면不惟邊警之無安
日이올뿐더러島民魚肉이只在目前이오니以今時事之
急務가只在勘界이오나姑先照辦於駐京清公使ᄒ시와
使清員으로承認以非墾島管理之我理我民케ᄒ시미恐合
時宜이오며與清官相約一本을上送ᄒ옵기玆에報告ᄒ오니
查照ᄒ시믈為望

⑤

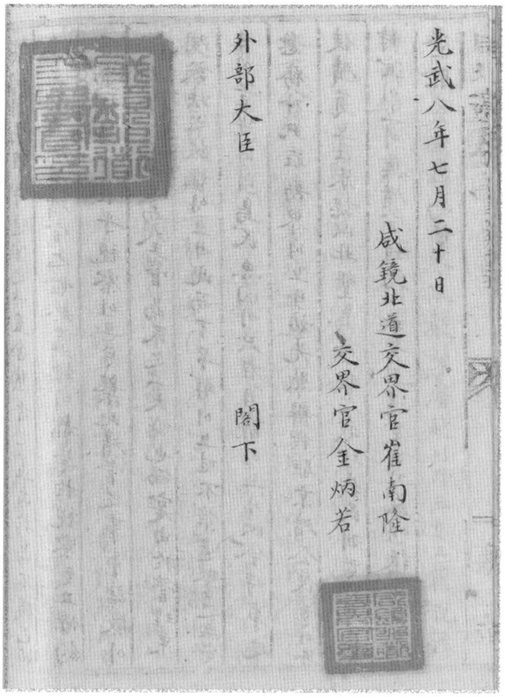
光武八年七月二十日
咸鏡北道交界官崔南隆
交界官金炳若
外部大臣 閣下

⑥

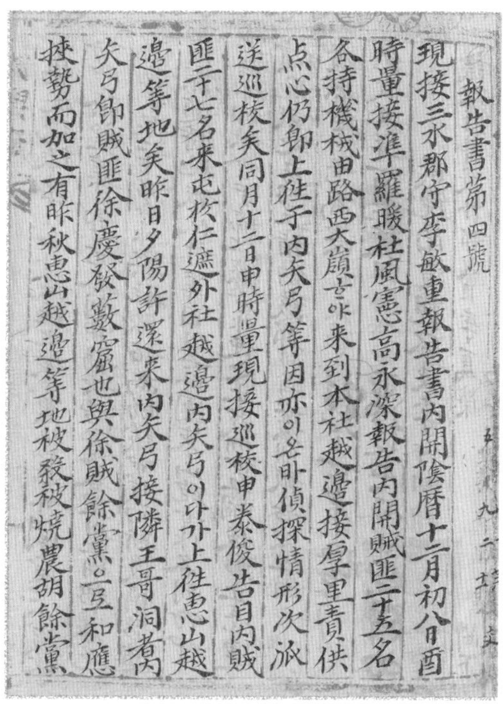
報告書第四號
現接三水郡守李敏重報告書內開陰曆十二月初八日酉
時量接準羅暖社風憲高永深報告內開賊匪二十五名
各持機械由路西大嶺ᄒ야来到本社越邊接厚里責供
点心仍卽上往于內矢弓等因亦이온바偵探情形次派
送巡校矣同月十二日申時量現接巡校申泰俊告目內賊
匪二十七名来屯於仁遮外社越邊內矢弓이다가上往惠山越
邊等地矣昨日夕陽許還来內矢弓接隣王哥洞耆內
矢弓卽賊匪徐慶發藪窟也與徐賊餘黨으로和應
挾勢而加之有昨秋惠山越邊等地被殺被燒農胡餘黨

①

함 74

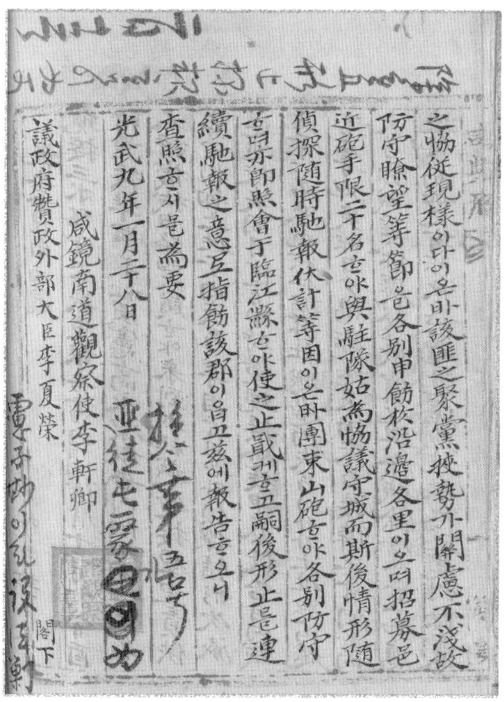
之協從現様이다이온바該匪之聚黨挾勢가關慮不淺故
防守瞭望等節은各別申飭於沿邊各里이오며招募邑
近砲手限二十名ᄒ야與駐隊姑為協議守城而斯後情形随
偵探随時馳報伏計等因이온바團束山砲ᄒ야各別防守
ᄒ며亦卽照會于臨江縣ᄒ야使之止戢케ᄒ고嗣後形止을連
續馳報之意로指飭該郡이옵고玆에報告ᄒ오니
查照ᄒ시믈為要
光武九年一月二十八日
咸鏡南道觀察使李軒卿
議政府贊政外部大臣李夏榮 閣下

②

함 75

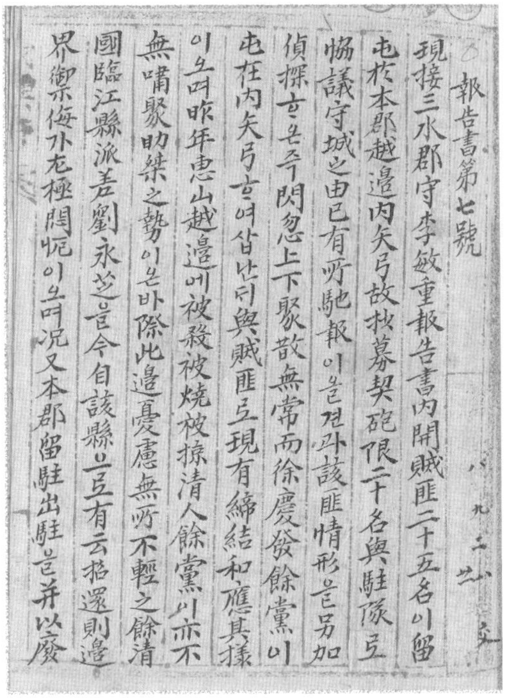
報告書第七號
現接三水郡守李敏重報告書內開賊匪二十五名이留
屯於本郡越邊內矢弓故抄募契砲限二十名與駐隊로
協議守城之由已有所馳報이온거니와該匪情形을另加
偵探ᄒᆞ온즉閃忽上下聚散無常而徐慶發餘黨이
屯在內矢弓ᄒᆞ여삽난ᄃᆡ與賊匪로現有締結和應其據
이오며昨年惠山越邊에被殺被燒被掠淸人餘黨이亦不
無嘯聚助桀之勢이온바際此邊憂慮無所不輕之餘淸
國臨江縣派差劉永芝을今自該縣으로有云捂還則邊
界禦侮가在極閒恦이오며況又本郡留駐出駐을并以廢

①

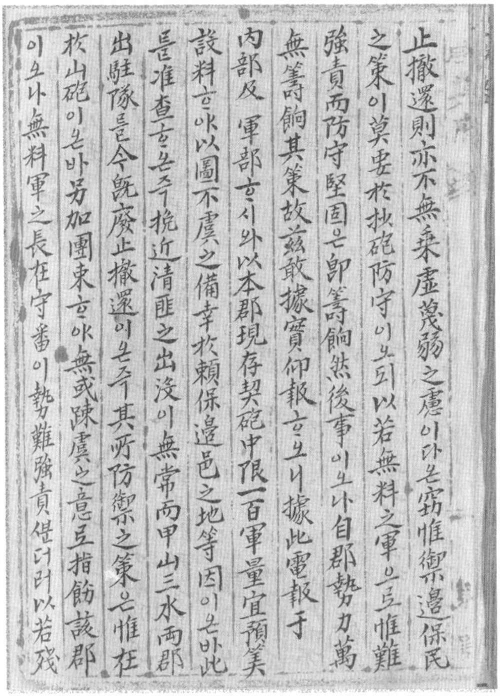
止撤還則亦不無乘虛蔑弱之慮이다온窮惟禦邊保民
之策이莫要於抄砲防守이오되以若無料之軍으로惟難
强責而防守堅固은卽籌餉然後事이오나自郡勢力萬
無籌餉其策故茲敢據實仰報ᄒᆞ오니據此電報于
內部及 軍部ᄒᆞ시와以本郡現存契砲中限一百軍量宜預美
設料ᄒᆞ야以圖不虞之備幸於賴保邊邑之地等因이온바此
邑准査ᄒᆞ온즉挽近淸匪之出沒이無常而甲山三水兩郡
出駐隊를今旣廢止撤還이온즉其所防禦之策은惟在
於山砲이온바另加團束ᄒᆞ야無或疎虞之意로指飭該郡
이오나無料軍之長在守番이勢難强責ᄒᆞᆸ더러以若殘

②

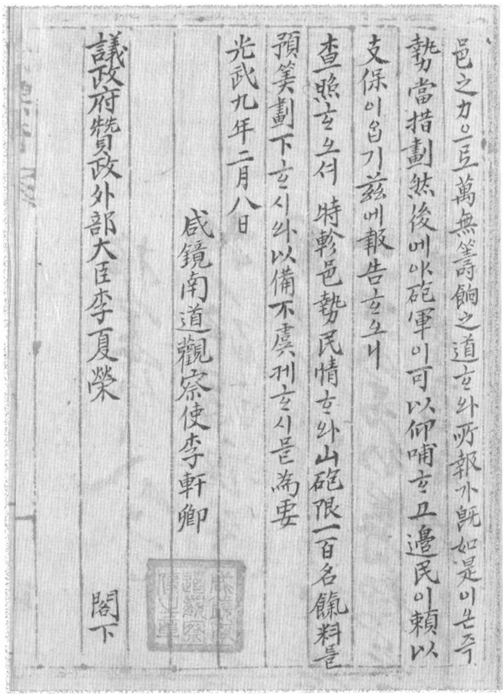
邑之力으로萬無籌餉之道ᄒᆞ와所報가旣如是이온즉
勢當措劃然後에야砲軍이可以仰哺ᄒᆞ고邊民이賴以
支保이옵기茲에報告ᄒᆞ오니
査照ᄒᆞ오셔 特軫邑勢民情ᄒᆞ와山砲限一百名餼料를
預美劃下ᄒᆞ시와以備不虞케ᄒᆞ시믈爲要
光武九年二月八日
咸鏡南道觀察使李軒卿
議政府贊政外部大臣李夏榮 閣下

③

④

함 76

報告書第十八號
現接甲山郡守署理三水郡守李敏重報告書內開往在癸卯八月日
奄遭清國徐慶敍等攻城奪械之患ᄒᆞ고沿邊清民則追逢韓弁
焚燒掠奪之禍ᄒᆞ야同年十二月日旣經兩國辦議而牛六十首及牛價
錢四千兩은待其銃丸送還互相交清之意牢成約議矣더니銃丸
未交前自臨江縣으로連有牛錢責還照會而其時徐觀察使道
座政時至承牛錢查推照單移送訓飭이오되牛錢還推事在於甲
山境惠山等地뿐더러以其銃丸未推로緣於駐隊靳持ᄒᆞ야只給牛隻
三十二首ᄒᆞ고其餘牛錢은旣經臨江縣屢度責還照會이온바何待
部府辦處之意防塞抵賴尚此拒給矣昨夏自駐隊로清民牛價四千

①

兩을責捧於惠山民處ᄒᆞ야從中推用ᄒᆞ고惠山民處任置은只以牛隻
二十八首而及夫廢隊ᄒᆞ야牛價四千兩未暇區劃ᄒᆞ고其時隊官이各
自分散而到今臨江縣派差劉永芝賫持該縣照會來促牛錢者
第論事理則錢牛銃丸은互相如約交還而銃丸則一不還送ᄒᆞ고但
責渠矣錢牛가明是背約이오되細觀彼人情形則牛與錢間若
使一向拒給이오면必致當場邊釁故苦心焦思에欲妥邊虞ᄒᆞ야二
十八首飭使惠山民ᄒᆞ야不得已姑先轉給劉永芝後受領証以
爲憑後之蹟而錢則待銃丸還來ᄒᆞ야以爲清交牢約이오나隊
推牛價四千兩如數還刷後可無惠山民爭徵之寃故玆以據實
仰報ᄒᆞ오니據此由特爲轉報軍部ᄒᆞ시와右錢四千兩責刷於伊時

②

駐隊兵官處ᄒᆞ야以爲妥當邊政케ᄒᆞ시오며臨江縣照會은謄本
上送等因이온바此를准查ᄒᆞ온즉去癸卯九月日에清匪犯境殺
掠後我國兵民이渡江焚刼事로至同年十二月日ᄒᆞ야甲山郡守
李根豊과三水郡守李敏重과出駐隊官趙基禹金思稷이與
清官撫民府兼理事孫長青辦理臨江縣設治事宜吳光國으
로會同談辦時에三水隊見奪之銃與彈丸中銃三十柄丸一千發
은以本物推還ᄒᆞ고銃四柄丸八千發은銃則每柄代錢三十二元丸則
每發代錢三戔式推還次定約이오며清民見奪之牛騾馬中牛六
十首은以本物還送ᄒᆞ고其餘六十五首은每首定價六十一兩五戔
式合代錢四千兩을或屠食或匿賣人處에徵價送還次定約이

③

蠲賑恤米三十石은以我民取來者로送給이오며至若我民被
殺十四口와被奪之平錢五千兩與獵銃十柄과清人被殺之十
八口와被燒之窩鋪與油坊合五十二處中에大窩十七處共二
百間小窩四十處共二百四十四間賠償은以俟兩國政府處
辦으로定約이온바其時에觀察使徐正淳이具由修報ᄒᆞ와尙
未承處辦之如何이옵고上年四月三十日出部訓令內槩賠償
一款은照請議政府ᄒᆞ엿더니該復을接ᄒᆞ온즉甲山三水兩郡
我民之被殺被掠이近年以來에無年無之어ᄂᆞᆫ令番會辦
時에何以只擧癸卯年內兩界殺掠賠償으로定約인지年
來被害各案을詳查報明等因이온바其時에觀察使

④

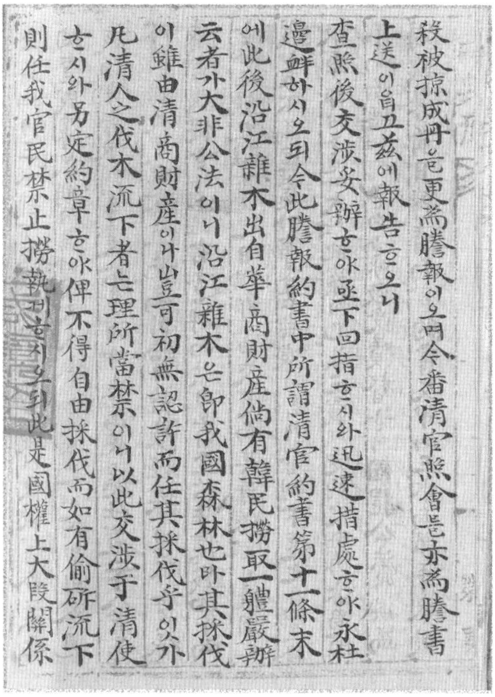
殺被掠成冊을更爲謄報이오며今番淸官照會을亦爲謄書
上送이옵고玆에報告ᄒᆞ오니
查照後交涉妥辦ᄒᆞ야亟下回指ᄒᆞ시와迅速措處ᄒᆞ야永杜
邊爭ᄒᆞ시오되今此謄報約書中所謂淸官約書第十一條末
에此後沿江雜木出自華商財産倘有韓民撈取一體嚴辦
云者가大非公法이니沿江雜木은卽我國森林也라其採伐
이雖由淸商財産이나豈可初無認許而任其採伐乎잇가
凡淸人之伐木流下者는理所當禁이니以此交涉于淸使
ᄒᆞ시와另定約章ᄒᆞ야俾不得自由採伐而如有偷斫流下
則任我官民禁止撈執케ᄒᆞ시오되此是國權上大段關係

⑥

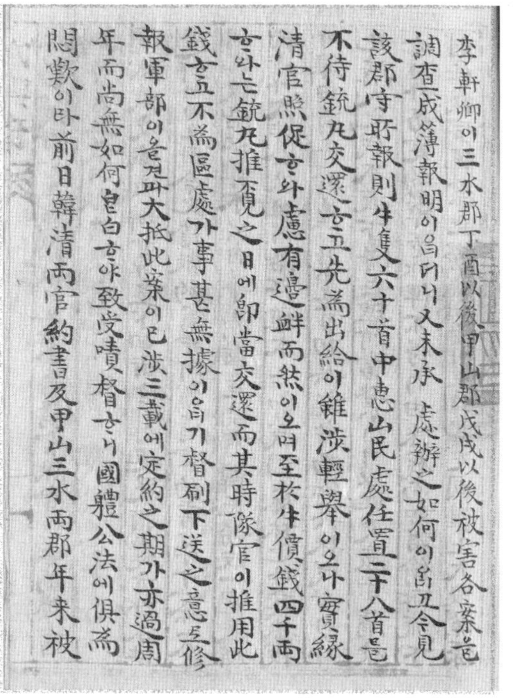
李軒卿이三水郡丁酉以後甲山郡戊戌以後被害各案을
調查成簿報明이옵더니又未承 處辦之如何이옵고今見
該郡守所報則牛隻六十首中惠山民處任置二十八首을
不待飭而交還ᄒᆞ고先爲出給이雖涉輕擧이오나實緣
淸官照促ᄒᆞ와慮有邊爭而然이오며至於牛價錢四千兩
ᄒᆞ와는飭而推覓之日에卽當交還而其時隊官이推用此
錢ᄒᆞ고不爲區處가事甚無據이옵기督刷下送之意로修
報軍部이옵거와大抵此案이已涉三載에定約之期가亦過周
年而尚無如何皂白ᄒᆞ야致受嘖督ᄒᆞ니國體公法에俱爲
悶歎이라前日韓淸兩官約書及甲山三水兩郡年來被

⑤

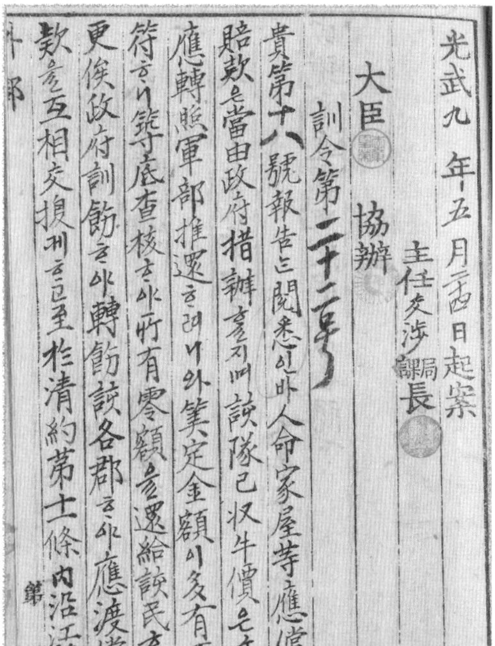
光武九年五月二十四日起案
主任交涉局長
大臣 協辦
訓令第二十二号
貴第十八號報告는閱悉인바人命家屋等應償
賠款은當由政府措辦ᄒᆞ지며該隊已收牛價은亦
應轉照軍部推還ᄒᆞ려니와筭定金額이多有不
符ᄒᆞ니第等底查核ᄒᆞ야所有零額을還給該民ᄒᆞ고
更候政府訓飭ᄒᆞ야轉飭該各郡ᄒᆞ야應渡償
款을互相交換케ᄒᆞ고至於淸約第十一條內沿江雜
第 道

① 함 77

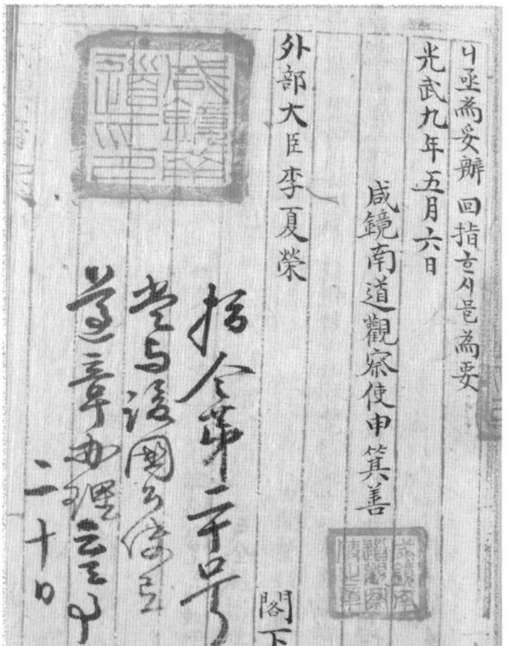
니亟爲妥辦回指ᄒᆞ시믈爲要
光武九年五月六日
咸鏡南道觀察使申箕善
外部大臣李夏榮 閣下
指令第二十号
二十日

⑦

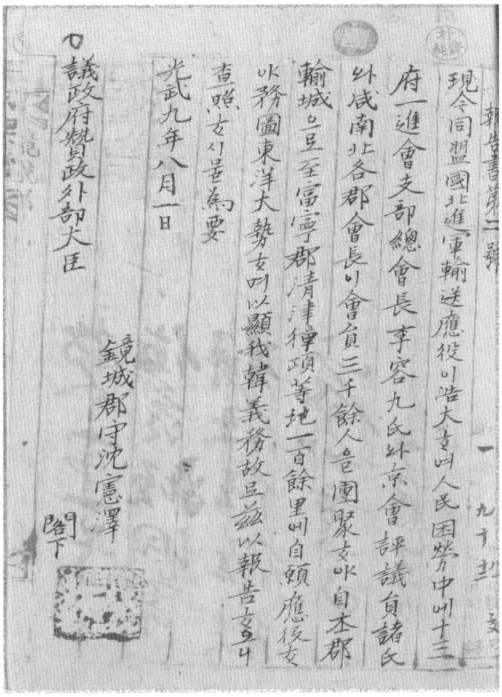
報告書第二號

現今同盟國이 進軍輸送應役이 浩大ᄒᆞ며 人民困弊中에 十三府一進會支部總會長 李容九氏와 京會評議員 諸氏外 咸南北各郡會長이 會員三千餘人을 團聚ᄒᆞ야 自本郡輸城으로 至富寧郡淸津獐項等地一百餘里에 自願應役ᄒᆞ야 務圖東洋大勢ᄒᆞ며 以顯我韓義務 故로 茲以報告ᄒᆞ오니 査照ᄒᆞ시믈 爲要

光武九年八月一日

鏡城郡守 沈憲澤

議政府贊政外部大臣 閣下

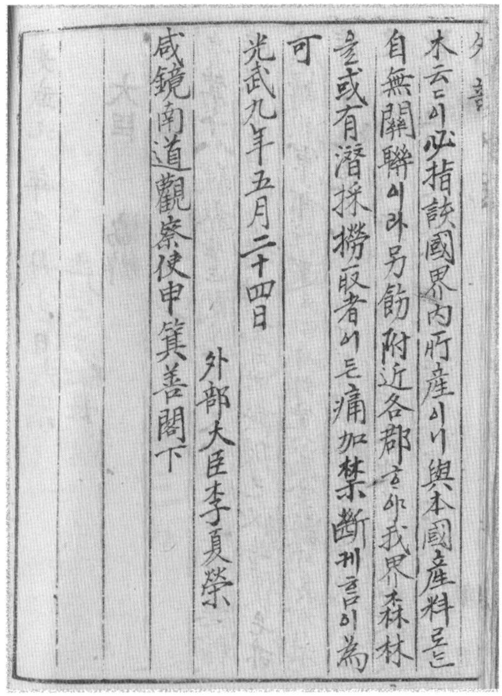
木云ᄂᆞᆫ 이 必指該國界內所産이니 與本國産料로ᄂᆞᆫ 自無關聯이라 另飭附近各郡ᄒᆞ야 我界森林을 或有潛採擄取者이ᄃᆞᆫ 痛加禁斷케 ᄒᆞᆷ이 爲可

光武九年五月二十四日

外部大臣 李夏榮

咸鏡南道觀察使 申箕善 閣下

① ② 함 78

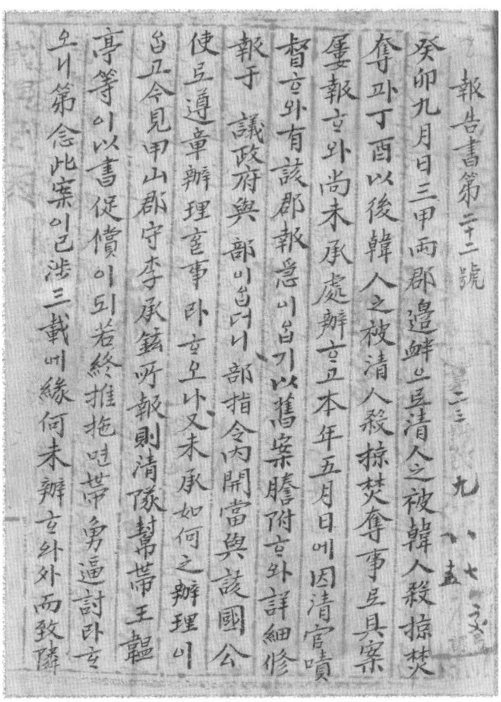
報告書第二十二號

癸卯九月日 三甲兩郡 邊民으로 淸人之被韓人殺掠焚奪과 丁酉以後 韓人之被淸人殺掠焚奪事로 具案屢報ᄒᆞ와 尙未承處辦ᄒᆞ고 本年五月日에 因淸官嘖督ᄒᆞ와 有該郡報意이옵기 以舊案謄附ᄒᆞ와 詳細修報于 議政府與 部이옵더니 部指令內開 當與該國公使로 遵章辦理홀事라ᄒᆞ오나 又未承如何之辦理이옵고 今見甲山郡守 李承鉉所報則 淸隊幇帶 王龍亭等이 以書促償이되 若終推拖면 帶勇逼討라ᄒᆞ오니 第念此案이 已涉三載에 緣何未辦ᄒᆞ와 外而致隣

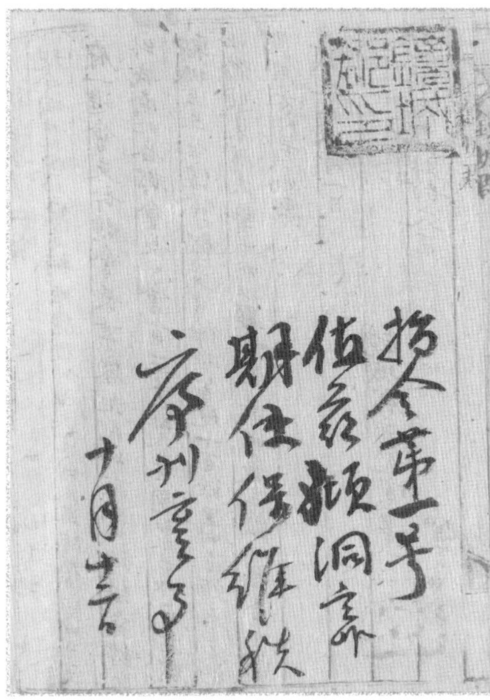

① ② 함 79

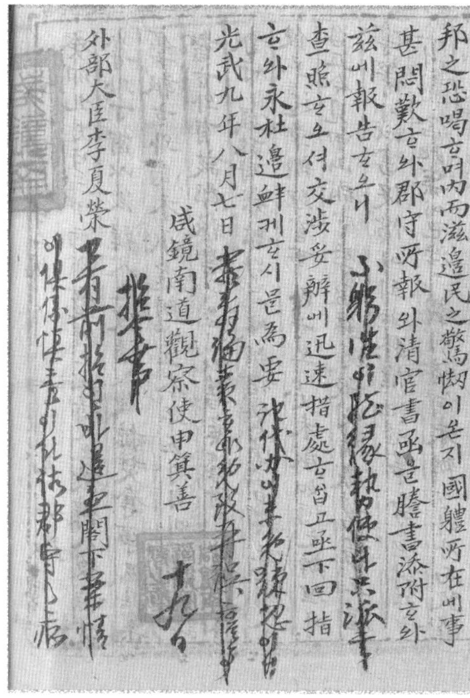
邦之恐喝ᄒᆞ며內而滋邊民之驚惕이온지國體所在에事
甚悶歎ᄒᆞ와郡守所報와淸官書函을謄書添附ᄒᆞ와
玆에報告ᄒᆞ오니
査照ᄒᆞ오셔交涉妥辦에迅速措處ᄒᆞ심고亟下回指
ᄒᆞ와永杜邊釁케ᄒᆞ시믈爲要
光武九年八月七日
咸鏡南道觀察使申箕善
外部大臣李夏榮 閣下

②

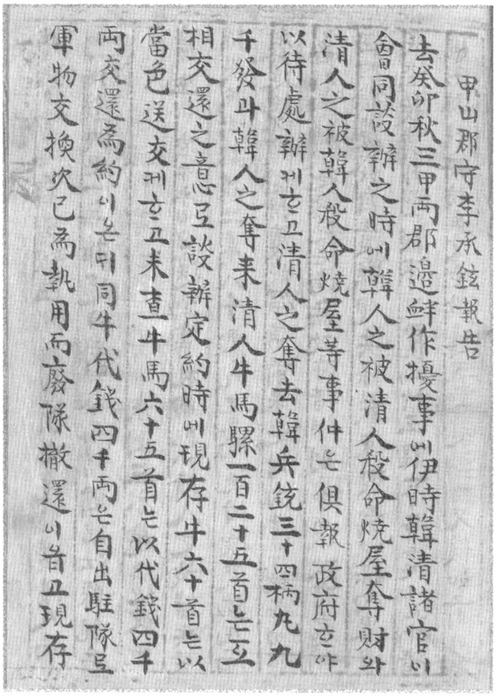
甲山郡守李承鉉報告
去癸卯秋三甲兩郡邊釁作擾事에伊時韓淸諸官이
會同設辦之時에韓人之被淸人殺命燒屋奪財와
淸人之被韓人殺命燒屋等事件은俱報政府ᄒᆞ야
以待處辦케ᄒᆞ고淸人之奪去韓兵銃三十四柄九九
千發과韓人之奪來淸人牛馬騾一百二十五首는互
相交還之意로設辦定約時에現存牛六十首는以
當色送交케ᄒᆞ고未査牛馬六十五首는以代錢四千
兩交還爲約이온디同牛代錢四千兩은自出駐隊로
軍物交換次已爲執用而廢隊撤還이옵고現存

③

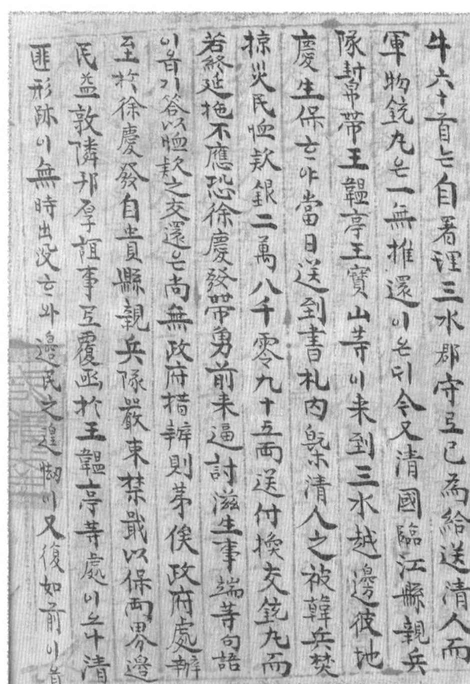
牛六十首는自署理三水郡守로已爲給送淸人而
軍物銃九은一無推還이온디今又淸國臨江縣親兵
隊封帶王韞亭王寶山等이來到三水越邊彼地
慶生保ᄒᆞ야當日送到書札內槩淸人之被韓兵焚
掠災民恤款銀二萬八千零九十五兩送付換交銃九而
若終延拖不應恐徐慶發帶勇前來逼討滋生事端等句語
이옵기玆以恤款之交還은尚無政府措辦則第俟政府處辦
至於徐慶發自責縣親兵隊嚴束禁戢以保兩界邊
民益敦隣邦之誼事로覆函於王韞亭等處이오나淸
匪形跡이無時出沒ᄒᆞ와邊民之遑惕이又復如前이옵

④

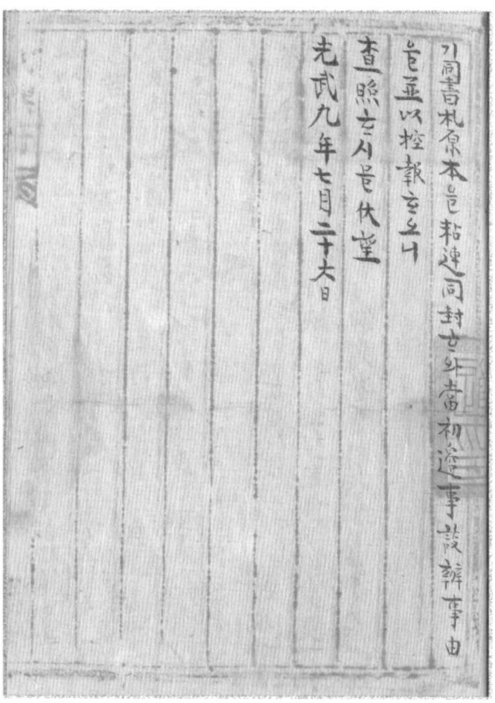
기同書札原本을粘連同封ᄒᆞ와當初邊事設辦事由
을並以控報ᄒᆞ오니
査照ᄒᆞ시믈伏望
光武九年七月二十六日

⑤

⑥

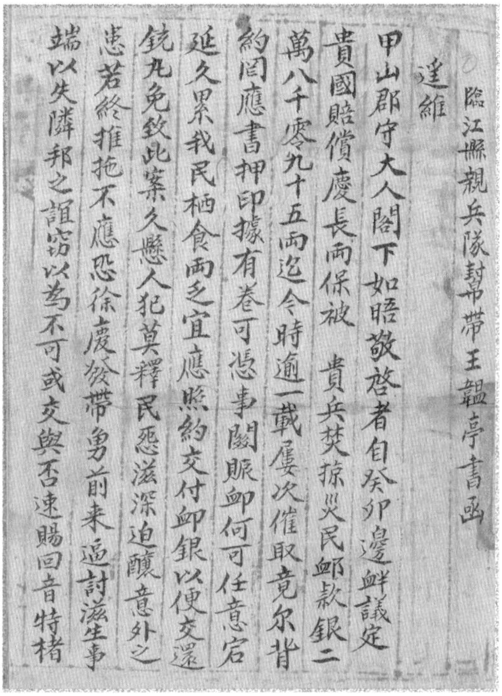

臨江縣親兵隊幫帶王韞亭書函
逕維
甲山郡守大人閣下如晤敬啓者自癸卯邊衅議定
貴國賠償慶長兩保被　貴兵焚掠災民卹款銀二
萬八千零九十五兩迄今時逾一載屢次催取竟尔背
約罔應書押印據有卷可憑事關賑卹何可任意宕
延久累我民栖食兩乏宜應照約交付卹銀以便交還
銃丸免致此案久懸人犯莫釋民怨滋深迫釀意外之
患若終推拖不應恐徐處發帶勇前来逼討滋生事
端以失隣邦之誼寔以爲不可或支與否速賜回音特楮

⑦

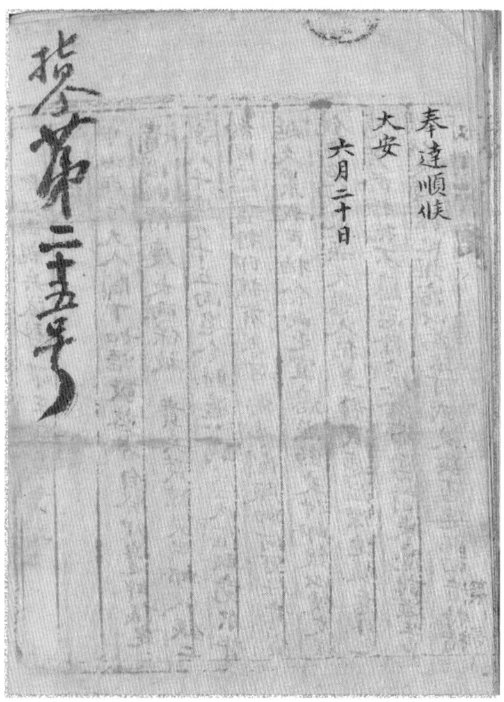

奉達順候
大安
六月二十日
指令第二十五号

⑧

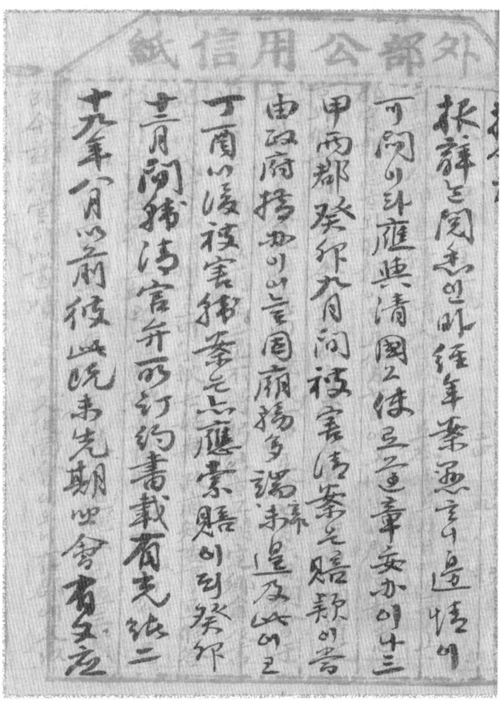

外部公信用紙

⑨

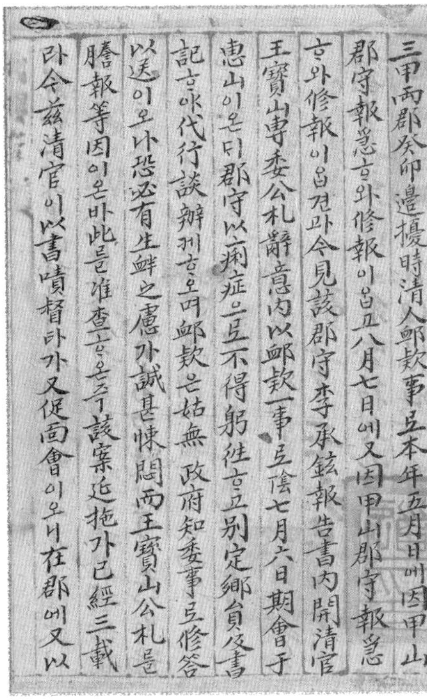
報告書第二十三號
三甲兩郡癸卯邊擾時淸人邮款事로本年五月日에因甲山
郡守報告ᄒᆞ와修報이옵고八月七日에又因甲山郡守報告
ᄒᆞ와修報이옵건ᄃᆡ今見該郡守李承鉉報告書內開淸官
王寶山專委公札辭意內以邮款一事로陰七月六日期會于
惠山이온ᄃᆡ郡守以痢症으로不得躬往ᄒᆞ고別定鄕員及書
記ᄒᆞ야代行談辦케ᄒᆞ오며邮款은姑無政府知委事로修答
以送이오나恐必有生衅之慮가誠甚悚悶而王寶山公札을
謄報等因이온바此를准查ᄒᆞ온즉該案延拖가已經三載
라今玆淸官이以書牘督ᄒᆞ가又促面會이오니在郡에又以

①

함 80

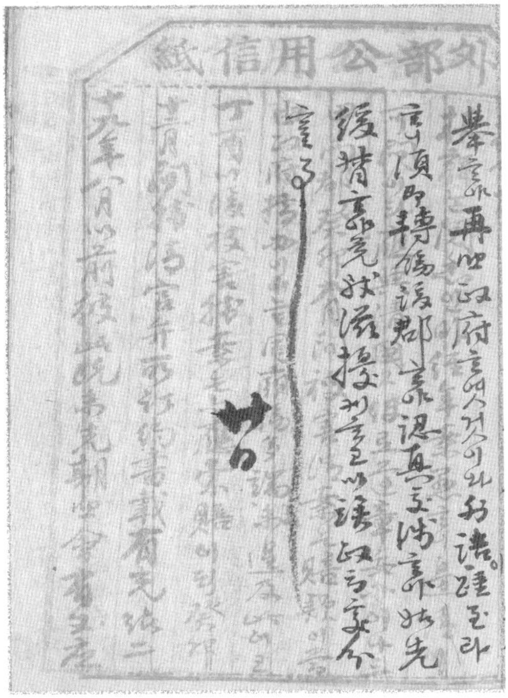
外部公用信紙

⑩

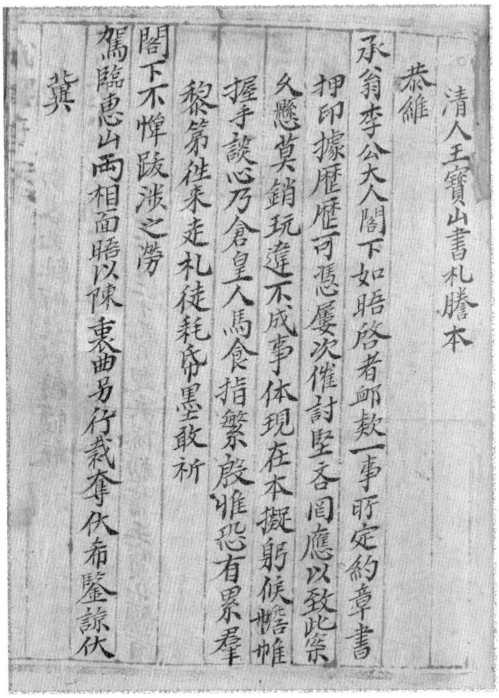
淸人王寶山書札謄本
恭維
承翁李公大人閣下如晤啓者邮款一事旣定約章書
押印據歷歷可憑屢次催討堅吝罔應以致此案
久懸莫銷玩違不成事体現在本擬躬候晤帷
握手談心乃倉皇入馬食指繁殷誰恐有累羣
黎第往來走札徒耗脣墨敢祈
閣下不憚跋涉之勞
駕臨惠山兩相面晤以陳衷曲另行裁奪伏希鑒諒伏
冀

③

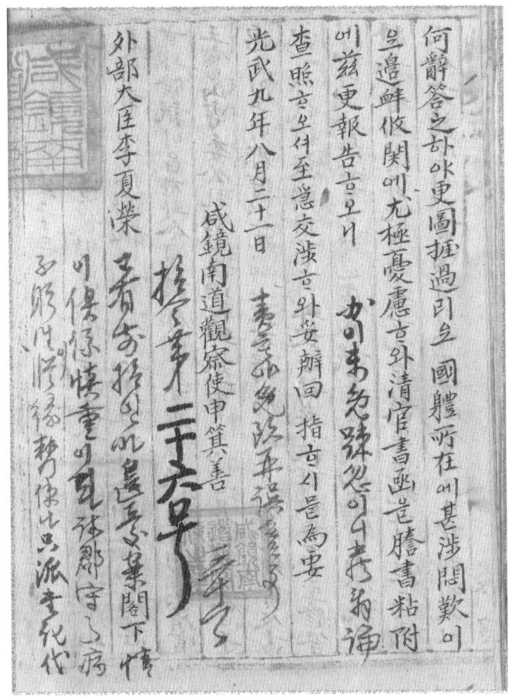
何辭答之ᄒᆞ야更圖措過리오國體所在에甚涉悶歎이
오邊衅攸關에尤極憂慮ᄒᆞ와淸官書函을謄書粘附
에玆更報告ᄒᆞ오니
查照ᄒᆞ오셔至急交涉ᄒᆞ와妥辦回指ᄒᆞ시믈爲要
光武九年八月二十一日
咸鏡南道觀察使申箕善
外部大臣李夏榮 閣下

②

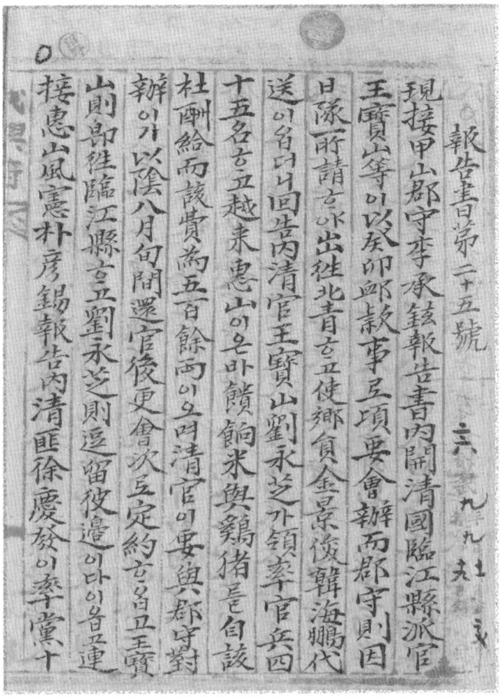
報告書第二十五號

現接甲山郡守李承鉉報告書內開淸國臨江縣派官
王寶山等이以癸卯郵款事로項要會辦而郡守則因
日隊所請ᄒᆞ야出往北靑ᄒᆞ고使鄕員金景俊韓海鵬代
送이옵더니回告內淸官王寶山劉永芝가領率官兵四
十五名ᄒᆞ고越來惠山이온바饋餉米與鷄猪를自該
社酬給而該費爲五百餘兩이오며淸官이要與郡守對
辦이기以陰八月旬間還官後更會次로定約ᄒᆞ옵고王寶
山則卽往臨江縣ᄒᆞ고劉永芝則逗留彼邊이다이옵고連
接惠山風憲朴彦錫報告內淸匪徐慶發이率黨十

① 함 81

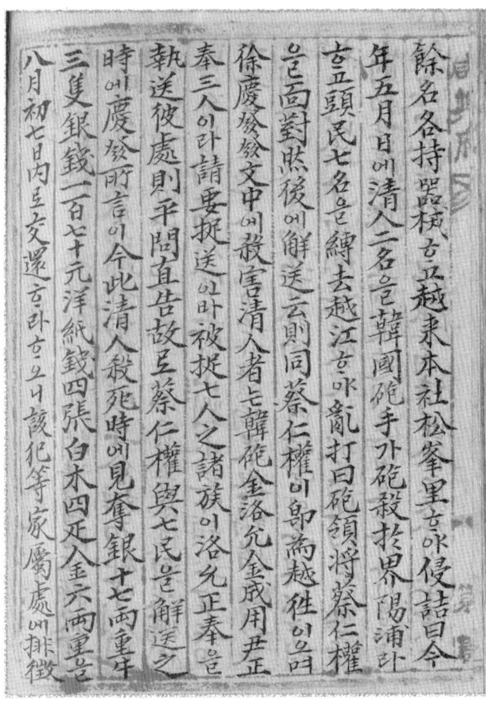
餘名各持器械ᄒᆞ고越來本社松峯里ᄒᆞ야侵詰曰今
年五月日에淸人二名을韓國砲手가砲殺於界陽浦라
ᄒᆞ고頭民七名을縛去越江ᄒᆞ야亂打曰砲領將蔡仁權
을面對照後에解送云則同蔡仁權이卽爲越往이오며
徐慶發發文中에殺害淸人者는韓砲金洛允金成用尹正
奉三人이라請要捉送이온바被捉七人之諸族이洛允正奉을
執送彼處則平問直告故로蔡仁權與七民을解送之
時에慶發所言이今此淸人殺死時에見奪銀十七兩重과
三隻銀錢一百七十元洋紙錢四張白木四疋人金六兩重을
八月初七日內로交還ᄒᆞ라ᄒᆞ오니該犯等家屬處에排徵

②

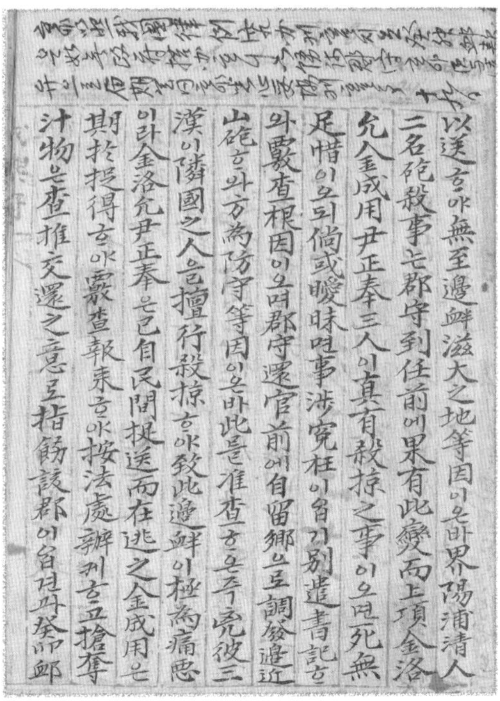
以送ᄒᆞ야無至邊釁滋大之地等因이온바界陽浦淸人
二名砲殺事는郡守到任前에果有此變而上項金洛
允金成用尹正奉三人이眞有殺掠之事이오면死無
足惜이오되倘或曖昧면事涉冤枉이옵기別遣書記ᄒᆞ고
와覈查根因이오며郡守還官前에自留鄕으로調發邊近
山砲ᄒᆞ고와方爲防守等因이온바此를准查ᄒᆞ온즉究彼三
漢이隣國之人을擅行殺掠ᄒᆞ야致此邊釁이極爲痛惡
이라金洛允尹正奉은已自民間捉送而在逃之金成用은
期於捉得ᄒᆞ야覈查報來ᄒᆞ야按法處辦케ᄒᆞ고搶奪
汁物은查推交還之意로指飭該郡이옵더니癸卯郵

③

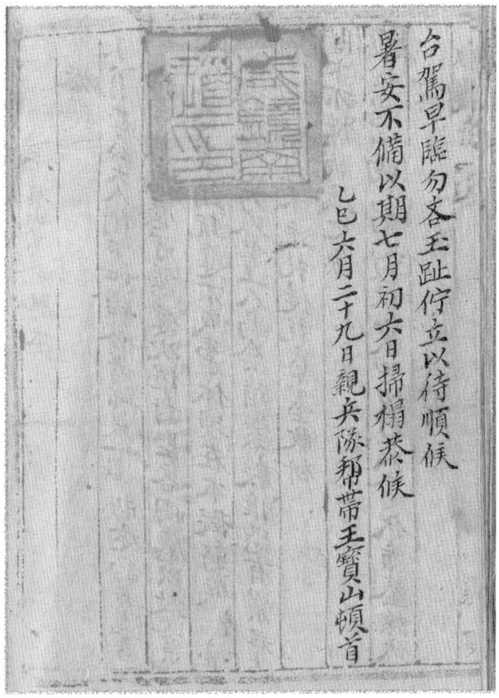
台駕早臨勿吝玉趾佇立以待順候
暑安不備以期七月初六日掃榻恭候
乙巳六月二十九日親兵隊都帶王寶山頓首

④

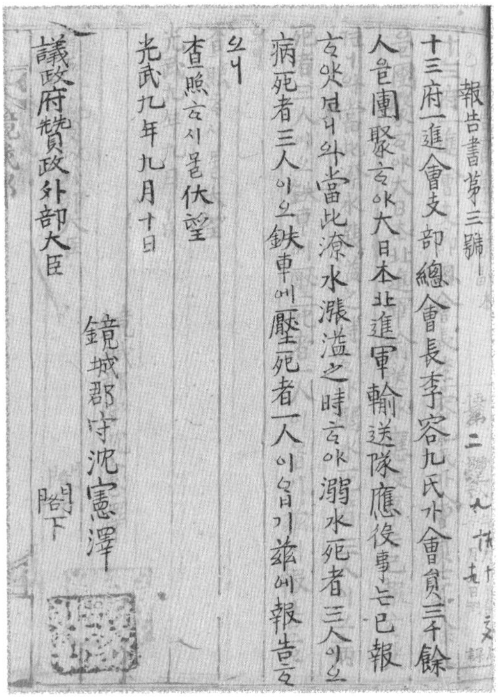

①　　함 82

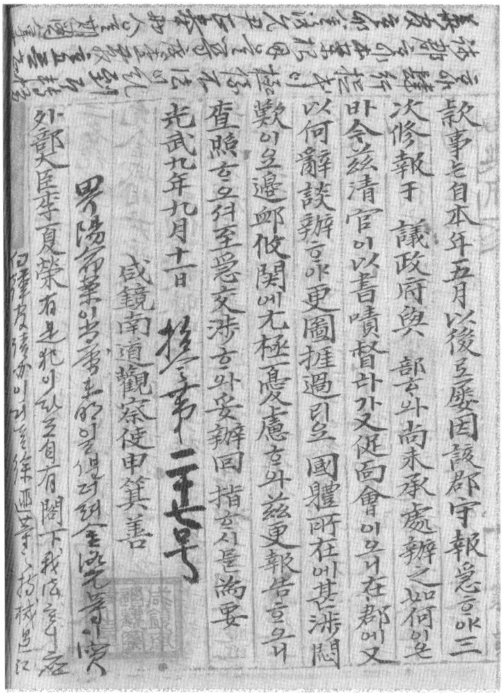

④

平安南北道來去案

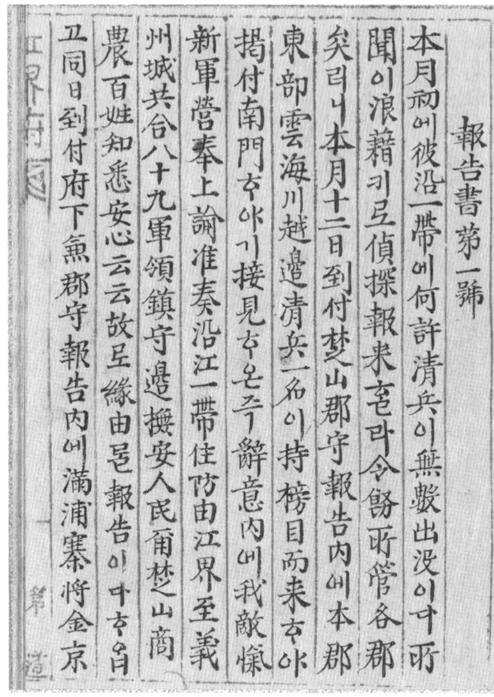

報告書第一號
本月初에彼沿一帶에何許清兵이無數出沒이ᄒᆞᆫ所
聞이浪藉키로偵探報來ᄒᆞᆯ라令飭所管各郡
矣러니本月十二日到付楚山郡守報告內에本郡
東部雲海川越邊清兵一名이持榜目而來ᄒᆞ야
揭付南門ᄒᆞ얏기接見ᄒᆞ온즉辭意內에我敵愾
新軍營奉上諭准奏沿江一帶住防由江界至義
州城共合八十九軍領鎭守邊撫安人民爾楚山商
農百姓知悉安心云云故로緣由를報告이ᄒᆞ옵
고同日到付府下兼郡守報告內에滿浦寨將金京

① 평1

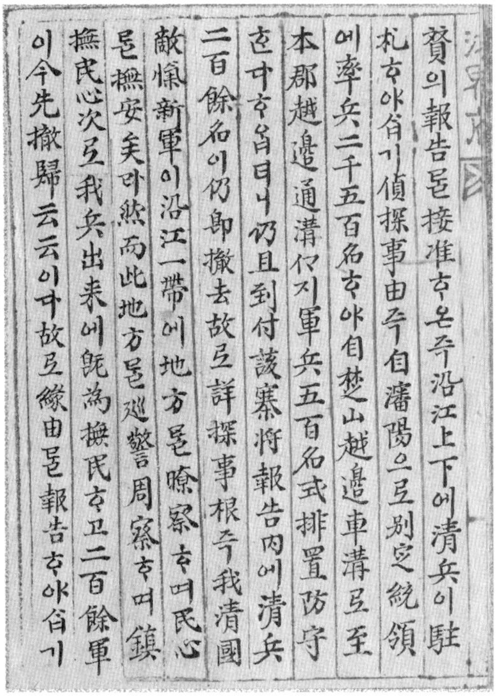

貟의報告를接准ᄒᆞ온즉沿江上下에清兵이駐
札ᄒᆞ야솝기偵探事由ᄒᆞᆫ즉自瀋陽으로別定統領
에率兵二千五百名ᄒᆞ야自楚山越邊車溝로至
本郡越邊通溝ᄭᆞ지軍兵五百名式排置防守
ᄒᆞᆫ다ᄒᆞ옵더니仍且到付該寨將報告內에清兵
二百餘名이仍即撤去故로詳探事根ᄒᆞᆫ즉我清國
敵愾新軍이沿江一帶에地方를喩察ᄒᆞ며民心
를撫安矣다然而此地方를巡警周察ᄒᆞ며鎭
撫民心次로我兵出來에旣為撫民ᄒᆞ고二百餘軍
이今先撤歸云云이다故로緣由를報告ᄒᆞ야솝기

②

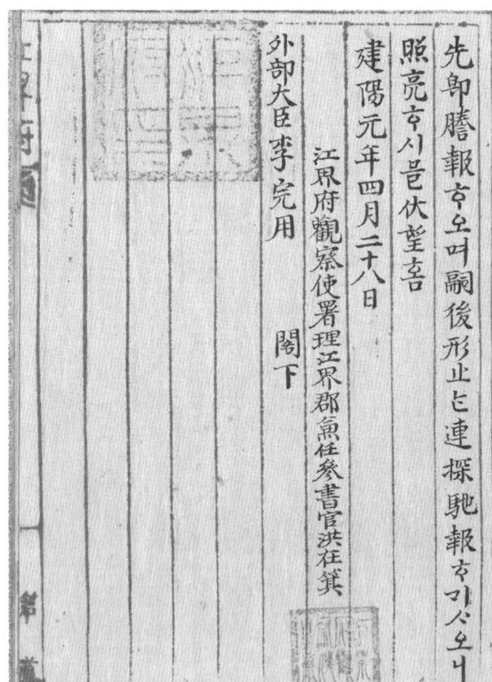

先即謄報ᄒᆞ오며嗣後形止ᄂᆞᆫ連探馳報ᄒᆞ기ᄉᆞ오니
照亮ᄒᆞ시믈伏望흠
建陽元年四月二十八日
江界府觀察使署理江界郡兼任參書官洪在箕
外部大臣李完用 閣下

③

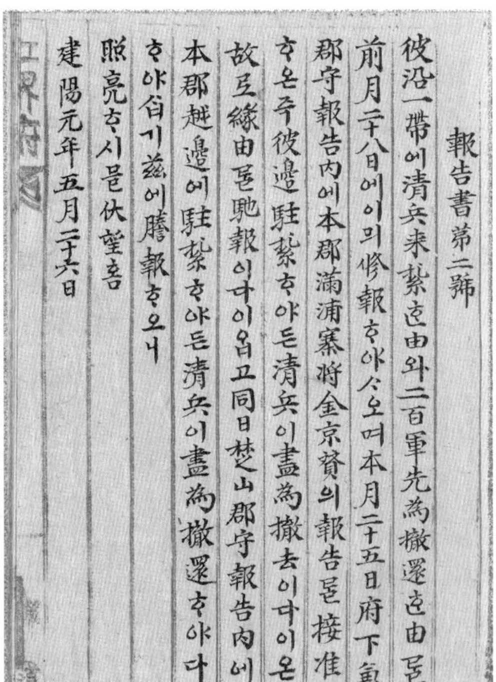

報告書第二號
彼沿一帶에清兵來紮ᄒᆞᆫ由와二百軍先為撤還ᄒᆞᆫ由를
前月二十八日에이믜修報ᄒᆞ야ᄉᆞ오며本月二十五日府下兼
郡守報告內에本郡滿浦寨將金京貟의報告를接准
ᄒᆞ온즉彼邊駐紮ᄒᆞ야든清兵이盡為撤去이다이온
故로緣由를馳報이다이옵고同日楚山郡守報告內에
本郡越邊에駐紮ᄒᆞ야든清兵이盡為撤還ᄒᆞ야다
ᄒᆞ야솝기玆에謄報ᄒᆞ오니
照亮ᄒᆞ시믈伏望흠
建陽元年五月二十六日

① 평2

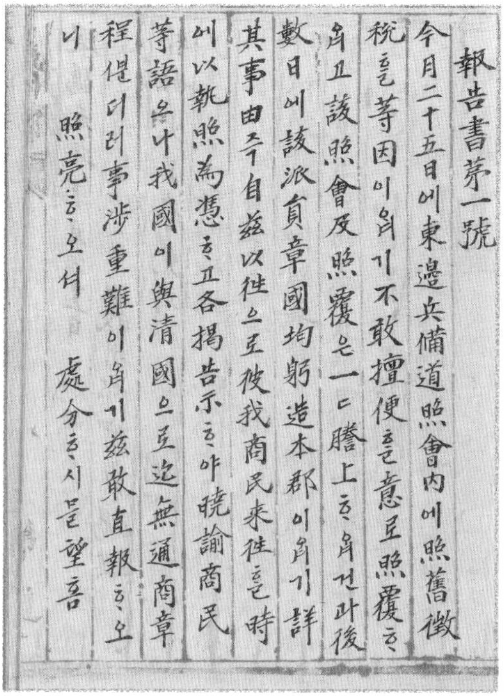

報告書第一號

今月二十五日에東邊兵備道照會內에照舊徵稅ᄒᆞᆫ等因이옵기不敢擅便ᄒᆞᆫ意로照覆ᄒᆞ옵고該照會及照覆은一一謄上ᄒᆞ옵던바後數日에該派員章國均躬造本郡이옵기詳其事由즉自玆以往으로彼我商民來往ᄒᆞᆫ時에以執照爲憑ᄒᆞ고各揭告示ᄒᆞ야曉諭商民等語온나我國이與清國으로迄無通商章程일더러事涉重難이옵기玆敢直報ᄒᆞ오니

照亮ᄒᆞ오셔　處分ᄒᆞ시믈望흠

① 평 3

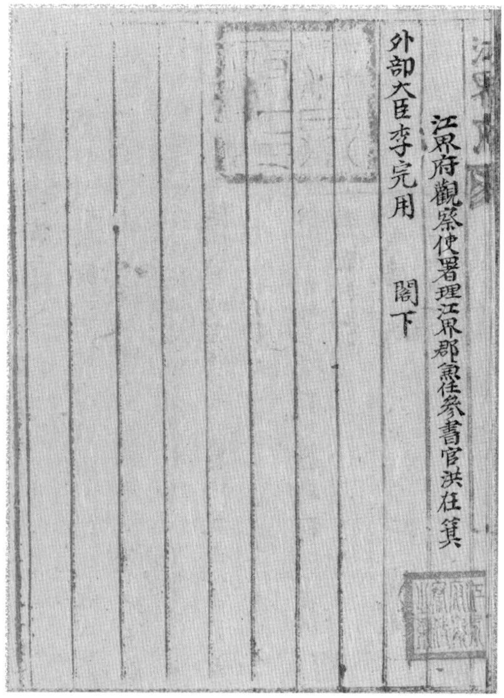

江界府觀察使署理江界郡守參書官洪在箕

外部大臣李完用　閣下

②

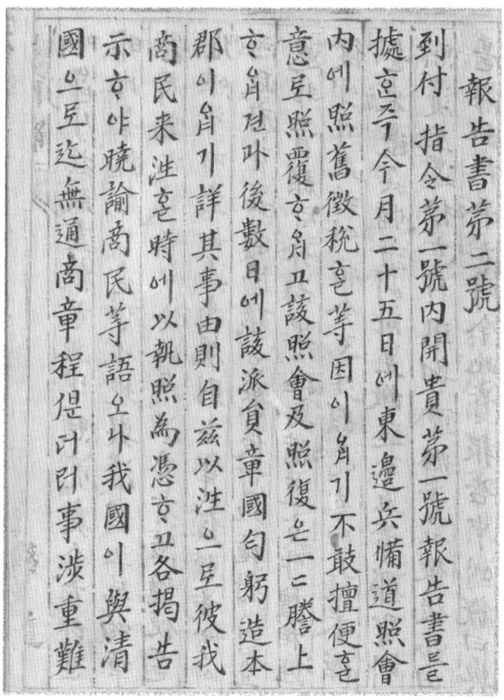

報告書第二號

到付　指令第一號內開貴第一號報告書를據ᄒᆞᆫ즉今月二十五日에東邊兵備道照會內에照舊徵稅ᄒᆞᆫ等因이옵기不敢擅便ᄒᆞᆫ意로照覆ᄒᆞ옵고該照會及照覆은一一謄上ᄒᆞ옵던바後數日에該派員章國均躬造本郡이옵기詳其事由則自玆以往으로彼我商民來往ᄒᆞᆫ時에以執照爲憑ᄒᆞ고各揭告示ᄒᆞ야曉諭商民等語오나我國이與清國으로迄無通商章程일더러事涉重難

① 평 4

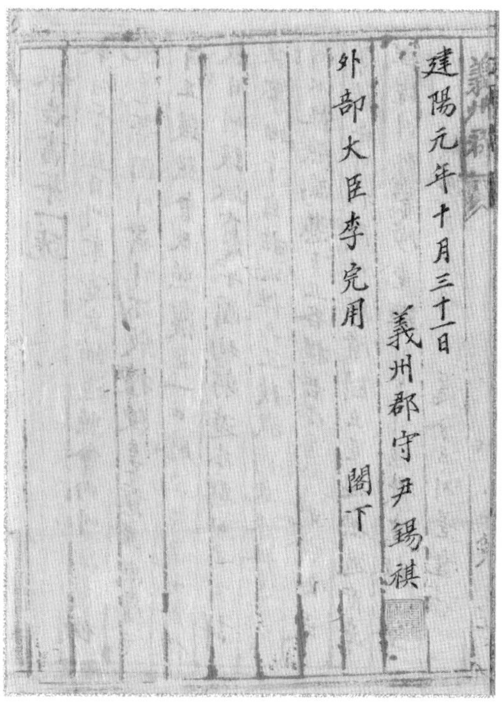

建陽元年十月三十一日

義州郡守尹錫祺

外部大臣李完用　閣下

②

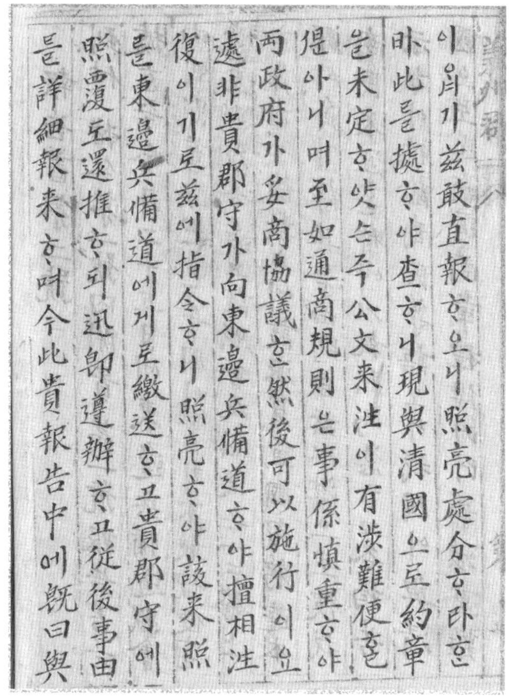
이옵기 玆敢直報ᄒᆞ오니 照亮處分ᄒᆞ라ᄒᆞ온
바 此를 據ᄒᆞ야 查ᄒᆞ니 現與淸國으로 約章
을 未定ᄒᆞ얏ᄂᆞᆫ즉 公文來往이 有涉難便ᄒᆞᆯ
뿐아니며 至如通商規則ᄂᆞᆫ 事係愼重ᄒᆞ야
兩政府가 妥商協議ᄒᆞᆫ 然後 可以施行이요
遠非貴郡守가 向東邊兵備道ᄒᆞ야 擅相往
復이기로 玆에 指令ᄒᆞ니 照亮ᄒᆞ야 該來照
를 東邊兵備道에게로 繳送ᄒᆞ고 貴郡守에
照覆도 還推ᄒᆞ되 迅卽遵辦ᄒᆞ고 從後事由
를 詳細報來ᄒᆞ며 今此貴報告中에 旣曰與

②

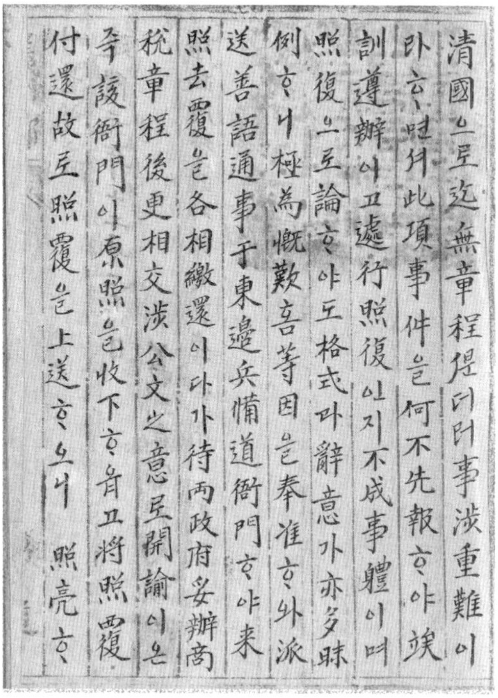
淸國으로 迄無章程ᄒᆞᆫ즉 事涉重難이
라ᄒᆞ면 此項事件을 何不先報ᄒᆞ야 竢
訓遵辦이고 遽行照覆이지 不成事體이며
照覆으로 論ᄒᆞ야도 格式과 辭意가 亦多昧
例ᄒᆞ니 極爲慨歎音等因을 奉准ᄒᆞ야 外派
送善語通事于東邊兵備道衙門ᄒᆞ야 來
照去覆을 各相繳還이다가 待兩政府妥辦商
稅章程後 更相交涉公文之意로 開諭이온
즉 該衙門이 原照을 收下ᄒᆞ얍고 將照覆
付還故로 照覆을 上送ᄒᆞ오니 照亮ᄒᆞ

③

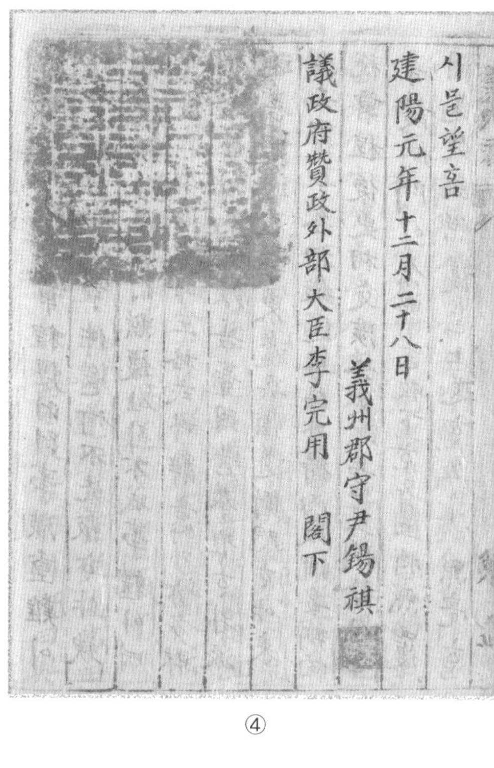
시믈望音
建陽元年十二月二十八日
義州郡守尹錫祺
議政府贊政外部大臣李完用 閣下

④

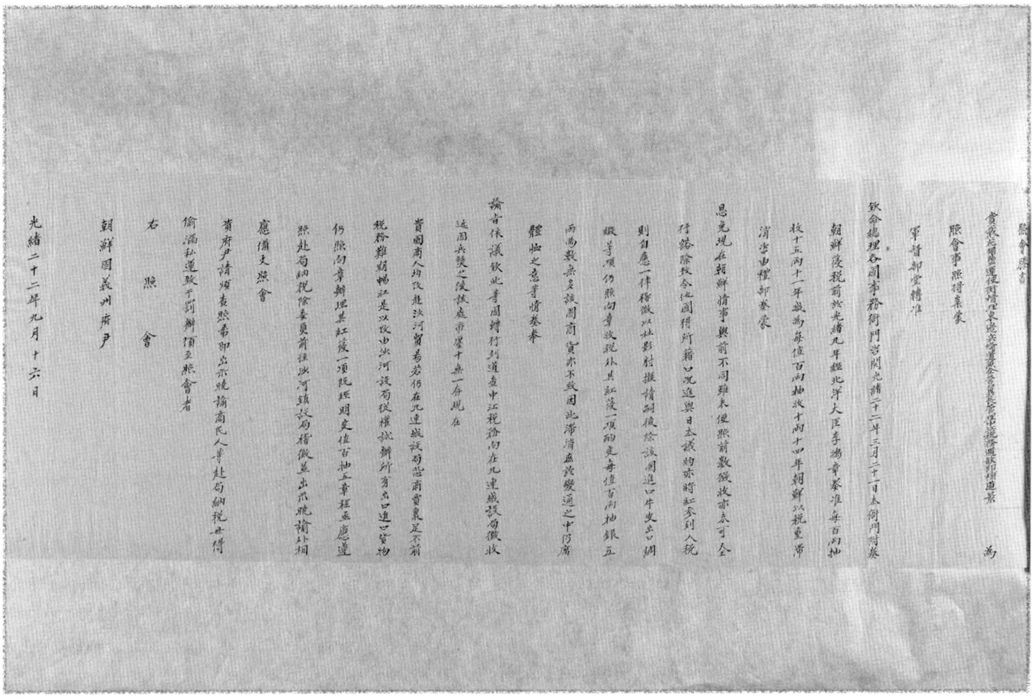

照會原書

賞戴花翎[illegible] 爲

照會事照得案蒙

軍督部堂轉准

欽命總理各國事務衙門咨開光緒二十二年三月二十一日本衙門附奏

朝鮮葠稅前於光緒九年經北洋大臣李鴻章奏准每百兩抽

收十五兩十一年減爲每值百兩抽收十兩十四年朝鮮以稅重滯

消咨由禮部奏蒙

恩免現在朝鮮情事與前不同雖未便照前數徵收亦未可全

行豁除致令他國得所藉口況近與日本議約亦將紅參列入稅

則自應一律稽徵以杜影射擬請嗣後除該國進口牛隻出口綢

緞等項仍照向章收稅外其紅葠一項酌定每值百兩抽銀五

兩爲數無多該國商賈亦不致因此滯消庶於變通之中仍寓

體恤之意等情奏奉

諭旨依議欽此等因轉行到道查中江稅務向在九連城設局徵收

近因兵燹之後該處市廛十無一存現在

貴國商人均改赴沙河貿易若仍在九連城設局恐商賈裹足不前

稅務難期暢旺是以改由沙河設局從權試辦所有出口進口貨物

仍照向章辦理其紅葠一項既經明定值百抽五章程亟應遵

照赴局納稅除委員前往沙河鎮設局稽徵並出示曉諭外相

應備文照會

貴府尹請煩查照希即出示曉諭商民人等赴局納稅毋得

偷漏私運致干罰辦須至照會者

右 照 會

朝鮮國義州府尹

光緒二十二年九月十六日

⑤

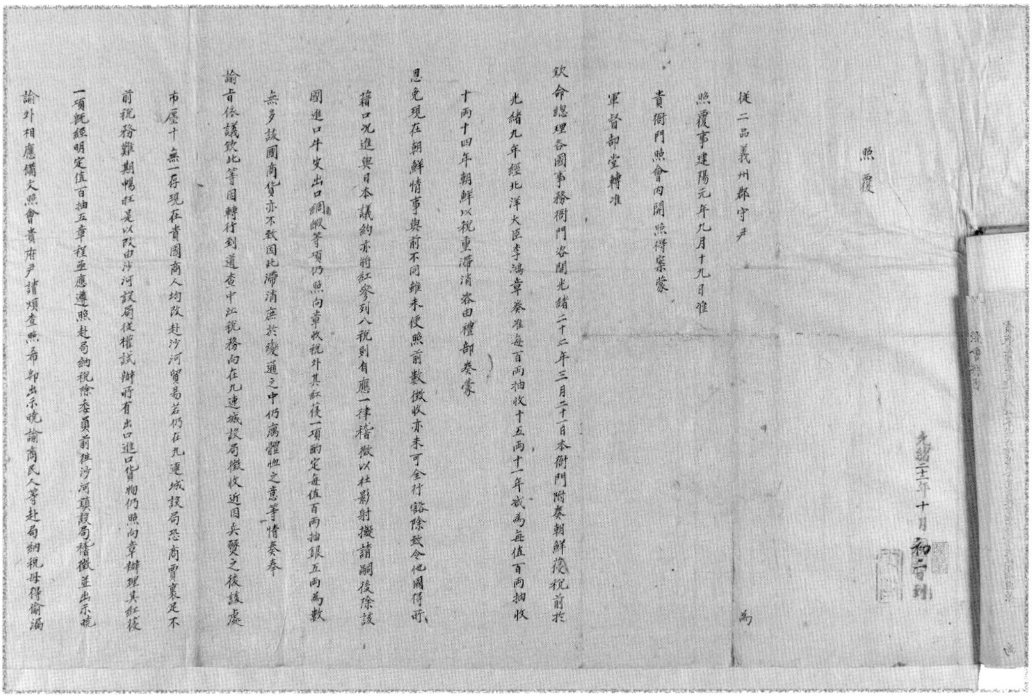

照覆

從二品義州郡守尹 爲

照覆事建陽元年九月十九日准

貴衙門照會內開照得案蒙

軍督部堂轉准

欽命總理各國事務衙門咨開光緒二十二年三月二十一日本衙門附奏朝鮮葠稅前於

光緒九年經北洋大臣李鴻章奏准每百兩抽收十五兩十一年減爲每值百兩抽收

十兩十四年朝鮮以稅重滯消咨由禮部奏蒙

恩免現在朝鮮情事與前不同雖未便照前數徵收亦未可全行豁除致令他國得所

藉口況近與日本議約亦將紅參列入稅則自應一律稽徵以杜影射擬請嗣後除該

國進口牛隻出口綢緞等項仍照向章收稅外其紅葠一項酌定每值百兩抽銀五兩爲數

無多該國商賈亦不致因此滯消庶於變通之中仍寓體恤之意等情奏奉

諭旨依議欽此等因轉行到道查中江稅務向在九連城設局徵收近因兵燹之後該處

市廛十無一存現在貴國商人均改赴沙河貿易若仍在九連城設局恐商賈裹足不

前稅務難期暢旺是以改由沙河設局從權試辦所有出口進口貨物仍照向章辦理其紅葠

一項既經明定值百抽五章程亟應遵照赴局納稅除委員前往沙河鎮設局稽徵並出示曉

諭外相應備文照會貴府尹請煩查照希即出示曉諭商民人等赴局納稅毋得偷漏

光緒二十二年十月初二日到

⑥

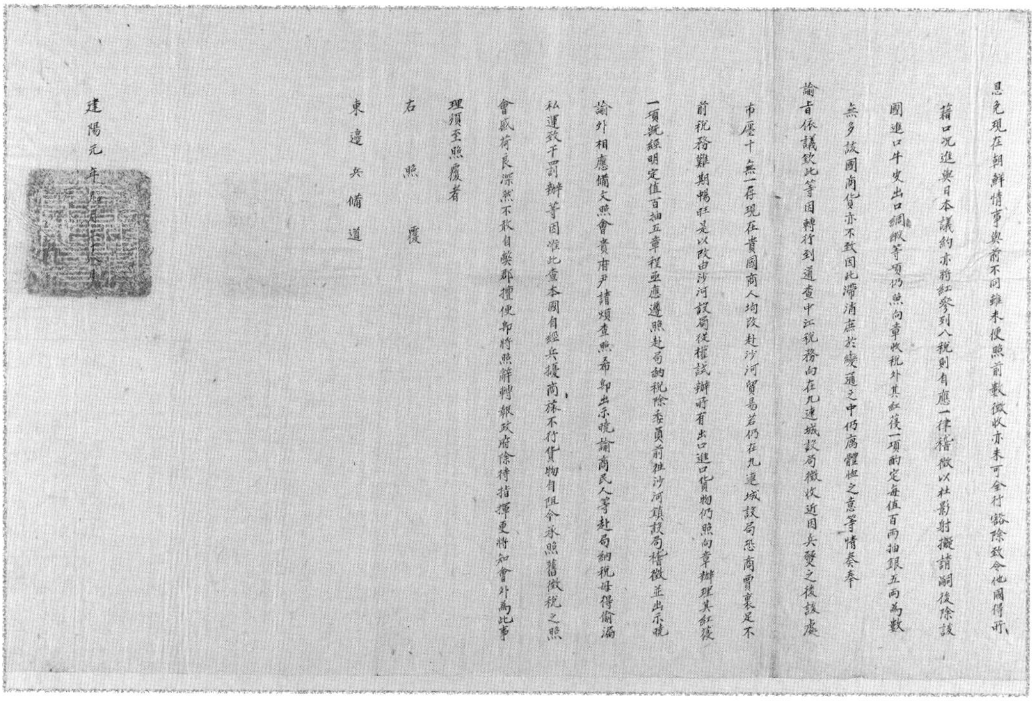
思免現在朝鮮情事與前不同雖未便照前數徵收亦未可全行豁除致令他國得所
藉口況近與日本議約亦將紅參列入稅則自應一律稽徵以杜影射擬請嗣後除該
國進口牛皮出口綢緞等項仍照向章收稅外其紅蔘一項酌定每值百兩抽銀五兩爲數
無多該國商貨亦不致因此滯消庶於變通之中仍寓體恤之意等情奏奉
諭旨依議欽此等因轉行到道查中江稅務向在九連城設局徵收近因兵燹之後該處
市廛十無一存現在貴國商人均改赴沙河貿易若仍在九連城設局恐商賈裹足不
前稅務難期暢旺是以改由沙河設局從權試辦所有出口進口貨物仍照向章辦理其紅蔘
一項既經明定值百抽五章程亟應遵照赴局納稅除委員前往沙河鎭設局稽徵並出示曉
諭外相應備文照會貴府尹請煩查照希即出示曉諭商民人等赴局納稅毋得偷漏
私運致干罰辦等因准此查本國自經兵擾商旅不行貨物自阻今承照舊徵稅之照
會感荷良深然不敢自槳郡擅便卽將照辭轉報政府除待指揮更將知會外爲此事
理須至照覆者
右 照 覆
東邊兵備道
建陽元年

⑦

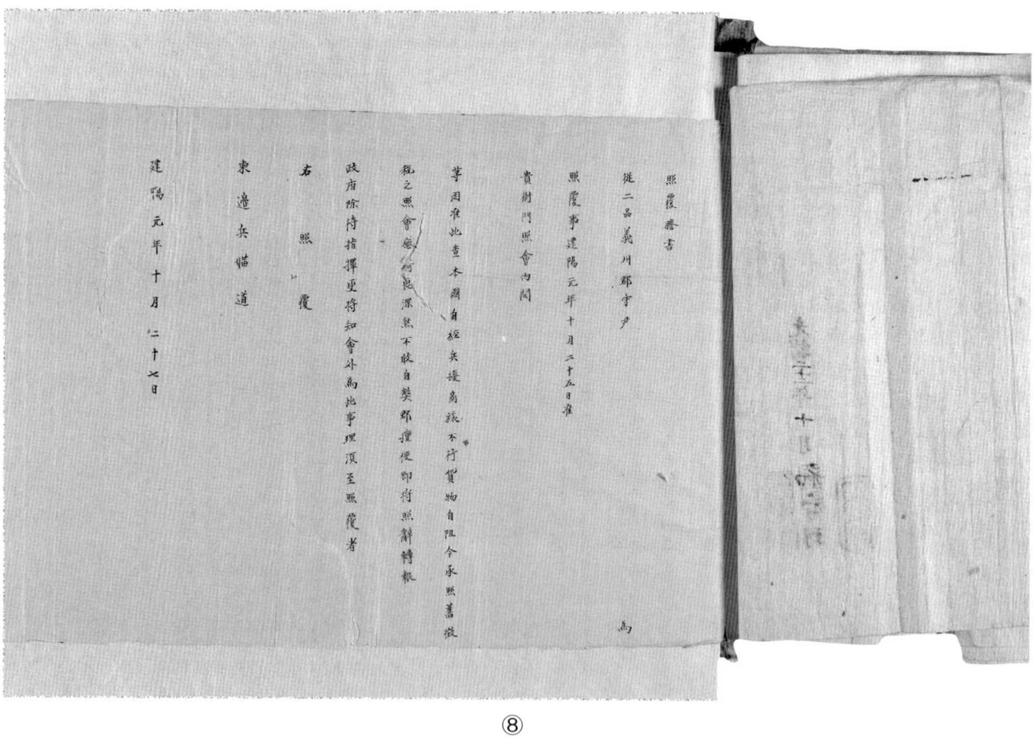
照覆稿書
從二品義州郡守尹　爲
照覆事建陽元年十月二十五日准
貴衙門照會內開
等因准此查本國自經兵擾商旅不行貨物自阻今承照舊徵
稅之照會感荷良深然不敢自槳郡擅便卽將照辭轉報
政府除待指揮更將知會外爲此事理須至照覆者
右 照 覆
東邊兵備道
建陽元年十月二十七日

⑧

평 5

報告書第一號

江界郡守尹忠求의去月二十二日專遞馳報ᄒᆞᆫ二十二號報告書
를接准ᄒᆞ온즉內開匪徒事機와民砲設置ᄒᆞᆫ意로已爲據
實修報이옵더니江北所在匪類ᄂᆞᆫ一向騷擾ᄒᆞ고邊上民庶ᄂᆞᆫ擧
皆疑懼에不能安堵ᄒᆞ와其所憂慮가晝宵憧憧이옵더니去月에
高山寨將金汝文의告目을接准ᄒᆞ온즉本郡越邊에逗留ᄒᆞ던匪
徒累百名이慈城越邊西大嶺等地로一齊向往ᄒᆞ야合勢做謀
ᄒᆞ다ᄒᆞ옵고今月七日에慈城郡守私書를接見ᄒᆞ온즉江北匪徒幾
千이嘯聚烏合ᄒᆞ야猖狂之勢가必將出來後乃已ᄒᆞ리라ᄒᆞ온바只
以傳言所聞으로不可准信ᄒᆞ와偵探次로擇其伶俐者ᄒᆞ야本郡

①

人李承燁을別遣ᄒᆞ얏삽더니今日回告內에直往慈城中江越邊
ᄒᆞ야湯河等地까지周行詳探則彼徒魁首柳麟錫崔文煥申益洙
等이各率數千餘黨ᄒᆞ야其勢가猖獗ᄒᆞ다ᄒᆞ온바諸處探報가符
合無異ᄒᆞ더러盖此本郡은沿邊列邑中第一要緊重處也오況與匪
徒로既有去年之嫌憾ᄒᆞ고以若大去處로果爲彼徒之貪窺ᄒᆞ야每有
乘釁侵犯之慮ㄴ昨冬에自本郡으로各面民人에게知彼之機ᄒᆞ고各自
出義ᄒᆞ야民砲五十名을解氷前設置이온바西彼匪徒도惕於嚴防
ᄒᆞ야不敢東渡에移會西嶺者良有以也라今則解氷이在迫ᄒᆞ고五
十名砲料도更未辦備ᄒᆞ야不得不令方解散伏計ᄒᆞ오니既往之事ᄂᆞᆫ
姑今保過ᄒᆞ엿거니와將來之患을其將何爲오言念及此에內覺寒

②

心이오니爲　國保民之策이萬無其道ᄒᆞ와設砲長守方畧을較
而美之則五十名料布를每年限一萬五千餘兩磨鍊ᄒᆞ야善砲二
百名을抄出ᄒᆞ고將官은以本土有風力智勇之人으로擇定ᄒᆞ야使
之領率ᄒᆞ고每年四等分番ᄒᆞ여五十名式輪回防禦則五十名料布
로能히二百名善砲를責立이다가若當有事면二百名이一齊來會
ᄒᆞ야戰與守間同心奮力則足可爲事半功倍이오니此豈非良策
乎잇가以事勢로言之ᄒᆞ오면一萬五千餘金軍費를難辦ᄒᆞ와千餘
里邊塞要衝을抛置ᄒᆞ야若無事則幸矣어니와慮或蹂躪면狄嶺
以北은難以收拾이오一身狼狽은不足顧恤이오니爲　國爲民之道에
爲其守土者寧不悶迫哉아設砲將卒所費를左開ᄒᆞ야擧實枚

③

報ᄒᆞ옵고慈城郡守私書辭意와寨將及偵探李承燁의告目을
謄上ᄒᆞ오니特軫此地事勢形便ᄒᆞ시와此意로內部度支部軍部에
轉報ᄒᆞ와每年一萬五千六百九十二兩式某樣劃下ᄒᆞ시와設立民砲
에以固邊圉가恐合事宜이온바玆敢以膚淺之意見으로擧實報
告ᄒᆞ오니照亮措處ᄒᆞ시믈望喜等因

左開

設砲將卒所費假量

錢七百二十兩 領將二人十二朔料每朔每人三十兩式
一萬二千兩 砲軍五十名十二朔料每朔每名二十兩式
二千兩 砲軍二百名兩等衣資

④

⑥

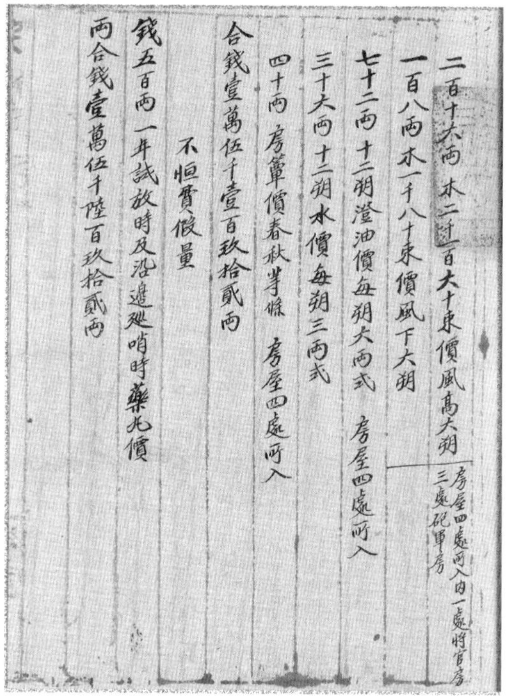

二百十六兩 木二千一百六十束價風高大朔 房屋四處所入內一處將官房三處砲軍房
一百八兩 木一千八十束價風下大朔
七十二兩 十二朔澄油價每朔六兩式 房屋四處所入
三十六兩 十二朔水價每朔三兩式
四十兩 房葦價春秋等條 房屋四處所入
合錢壹萬伍千壹百玖拾貳兩
不恒貫假量
錢五百兩 一年試放時及沿邊巡哨時藥丸價
兩合錢壹萬伍千陸百玖拾貳兩

⑤

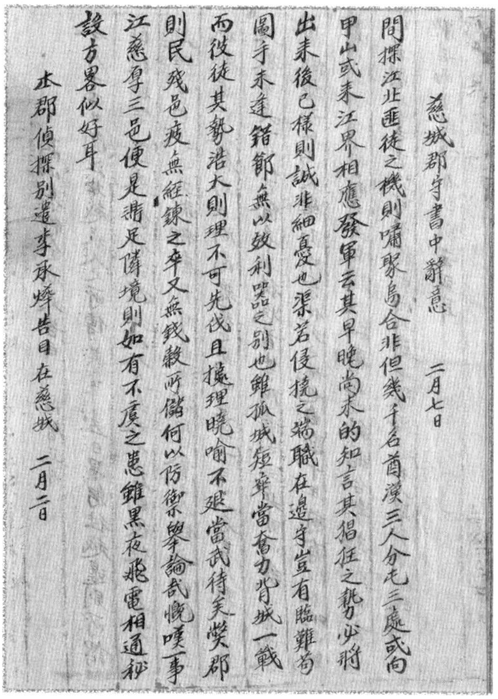

慈城郡守書中辭意 二月七日
聞探江北匪徒之機則嘯聚烏合非但幾千名著漢三人分屯三處或向
甲山或來江界相應發軍云其早晚尚未的知言其猖狂之勢必將
出來後已樣則誠非細憂也渠若侵撓之端職在邊守豈有臨難苟
圖乎未達錯節無以效利器之別也雖孤城短弊當奮力背城一戰
而彼徒其勢浩大則理不可先伐且擬理曉喻不延當武待矣弊郡
則民殘邑疲無經鍊之卒又無錢穀所儲何以防禦舉論哉慨嘆事
江慈厚三邑便是講足隣境則如有不虞之患雖黑夜飛電相通秘
設方畧似好耳
本郡偵探別遣李承烽告目在慈城 二月二日

⑧

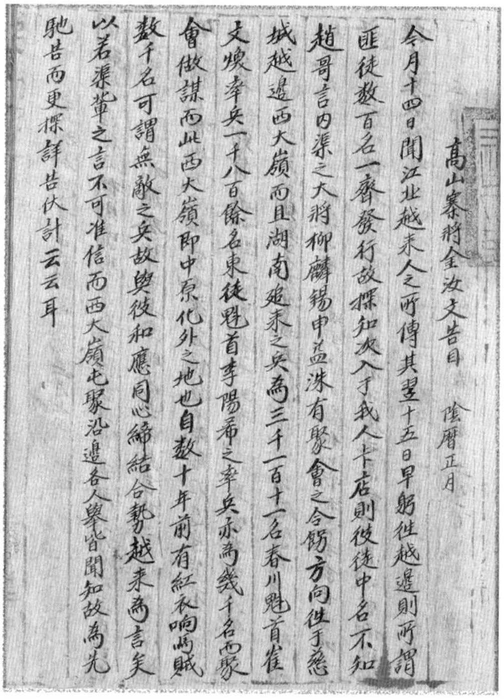

高山寨將金汝文告目 陰曆正月
今月十四日聞江北越來人之所傳其翌十五日早躬往越邊則所謂
匪徒數百名一齊發行故探知次入于我人卞店則彼徒中名不知
趙哥言內渠之大將柳麟錫申益洙有聚會之令飭方向往于慈
城越邊西大嶺而且湖南追來之兵爲三千一百十一名春川魁首崔
文煥率兵一千八百餘名東徒魁首李陽希之率兵亦爲幾千名而聚
會做謀而此西大嶺即中原化外之地也自數十年前有紅衣响馬賊
數千名可謂無敵之兵故與彼和應同心締結合勢越來爲言矣
以若渠輩之言不可准信而西大嶺屯聚沿邊各人輩皆聞知故爲先
馳告而更探詳告伏計云云耳

⑦

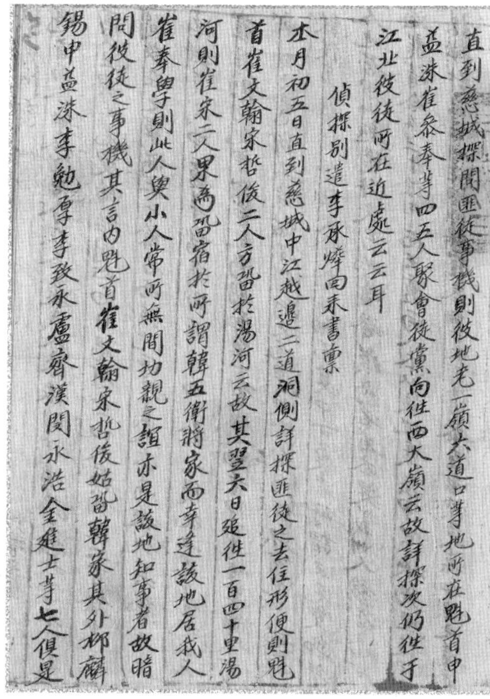
直到慈城探聞匪徒事機則彼地老一嶺大道口等地所在魁首中
孟淶崔參奉等四五人聚會徒黨向往西大嶺云故詳探次仍往于
江北彼徒所在近處云云耳
偵探別遣李承燁回來書稟
本月初五日直到慈城中江越邊二道洞側詳探匪徒之去住形便則魁
首崔文翰宋哲俊二人方留於湯河云故其翌六日追往一百四十里湯
河則崔宋二人果爲留宿於所謂韓五衛將家而幸逢該地居我人
崔奉學則此人與小人常所無間功親之誼亦是該地知事者故暗
問彼徒之事機其言內魁首崔文翰宋哲俊姑留韓家其外柳麟
錫中孟淶李勉厚李致永盧齊漢閔永浩金進士等七人俱是

⑨

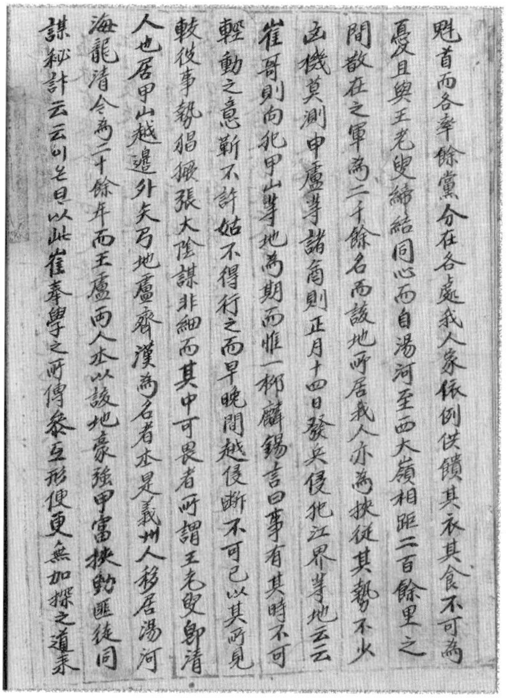
魁首而各率餘黨分在各處我人家依例供饋其衣其食不可爲
憂且與王老曳締結同心而自湯河至西大嶺相距二百餘里之
間散在之軍爲二千餘名而該地所居我人亦爲挾從其勢不少
凶機莫測中盧等諸商則正月十四日發兵侵犯江界等地云云
崔哥則向犯甲山等地爲期而惟一柳麟錫言曰事有其時不可
輕動之意靳不許姑不得行之而早晚間越侵斷不可已以其所見
較彼事勢倡擾張大陰謀非細而其中可畏者所謂王老曳卽清
人也居甲山越邊外矢弓地盧齊漢爲名者本是義州人移居湯河
海龍清令爲二十餘年而王盧兩人本以該地豪強甲富挾助匪徒同
謀秘計云云이온바以此崔奉學之所傳參互形便更無加探之道來

⑩

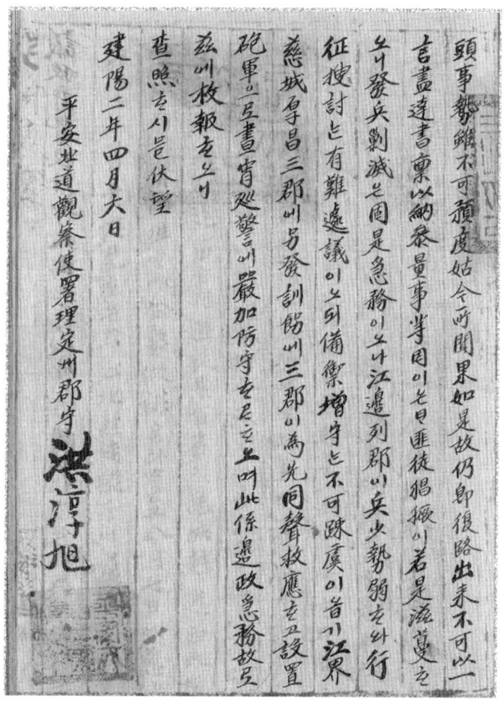
頭事勢雖不可預度姑令所聞果如是故仍卽復路出來不可以一
言盡達書稟以納參量事等因이온바匪徒猖獗이若是滋蔓ᄒᆞ
오니發兵剿滅은固是急務이오나江邊列郡이兵少勢弱ᄒᆞ와行
征搜討는有難遽議이오되備禦增守는不可踈虞이옵기江界
慈城厚昌三郡에另發訓飭에三郡이爲先同聲救應ᄒᆞ고設置
砲軍으로晝宵巡警에嚴加防守ᄒᆞ라ᄒᆞ오며此係邊政急務故로
茲에枚報ᄒᆞ오니
査照ᄒᆞ시믈伏望
建陽二年四月六日
平安北道觀察使署理定州郡守 洪淳旭

⑪

議政府贊政外部大臣李完用 閣下

⑫

평 6

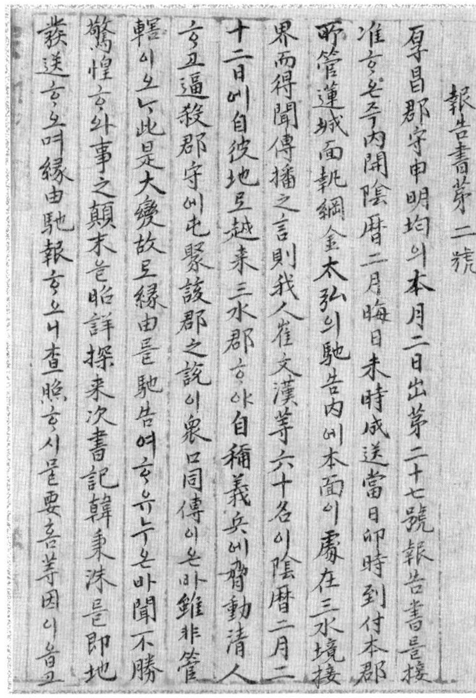
報告書第二號
厚昌郡守申明均의本月二日出第二十七號報告書를接
准ᄒᆞ온즉內開陰曆二月晦日未時成送當日卯時到付本郡
所管蓮城面執綱金太弘의馳告內에本面이處在三水境接
界而得聞傳播之言則我人崔文漢等六十名이陰曆二月二
十二日에自彼地로越來三水郡ᄒᆞ야自稱義兵에脅動淸人
ᄒᆞ고逼殺郡守에屯聚該郡之說이衆口同傳이온바雖非管
轄이오나此是大變故로緣由를馳告여ᄒᆞ얏ᄂᆞ온바聞不勝
驚惶ᄒᆞ와事之顚末을昭詳探來次書記韓秉洙를卽地
發送ᄒᆞ오며緣由馳報ᄒᆞ오니査照ᄒᆞ시믈要ᄒᆞᆷ等因이옵고

①

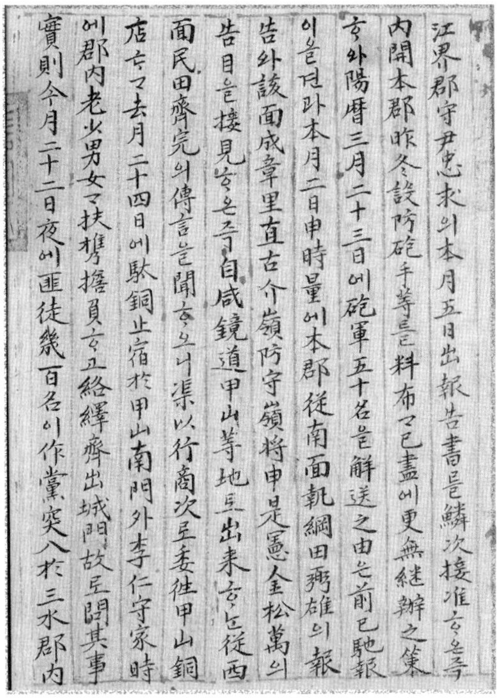
江界郡守尹忠求의本月五日出報告書를鱗次接准ᄒᆞ온즉
內開本郡昨冬設防砲手等은料布ᄀ已盡에更無繼辦之策
ᄒᆞ와陽曆三月二十三日에砲軍五十名을解送之由ᄂᆞᆫ前已馳報
이온던바本月二日申時量에本郡從南面執綱田鳳雄의報
告와該面成章里直古介嶺防守嶺將申是憲金松萬의
告目을接見ᄒᆞ온즉自咸鏡道甲山等地로出來ᄒᆞᄂᆞᆫ從西
面民田齊完의傳言을聞ᄒᆞ오니渠以行商次로委往甲山銅
店ᄒᆞᄀ去月二十四日에駄銅止宿於甲山南門外李仁守家時
에郡內老少男女ᄀ扶携擔負ᄒᆞ고絡繹齊出城門故로問其事
實則今月二十二日夜에匪徒幾百名이作黨突入於三水郡內

②

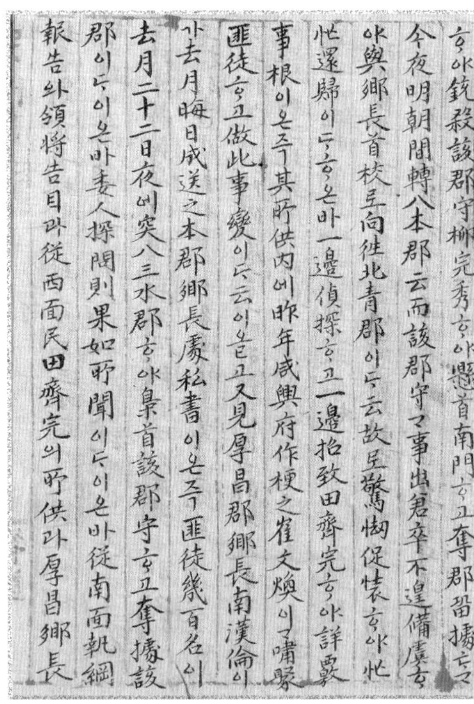
ᄒᆞ야銃殺該郡守柳完秀ᄒᆞ야懸首南門ᄒᆞ고奪郡留據ᄒᆞᄀ
今夜明朝間轉入本郡云而該郡守ᄀ事出倉卒不遑備虞ᄒᆞ
야與鄕長首校로向往北靑郡이다云故로驚㥘促裝ᄒᆞ야忙
忙還歸이다ᄒᆞ온바一邊偵探ᄒᆞ고一邊招致田齊完ᄒᆞ야詳覈
事根이온즉其所供內에昨年咸興府作梗之崔文煥이ᄀ嘯聚
匪徒ᄒᆞ고做此事變이다云이옵고又見厚昌郡鄕長南漢倫이
가去月晦日成送之本郡鄕長處私書이온즉匪徒幾百名이
去月二十二日夜에突入三水郡ᄒᆞ야梟首該郡守ᄒᆞ고奪據該
郡이다이온바委人探問則果如所聞이다이온바從南面執綱
報告와領將告目과從西面民田齊完의所供과厚昌郡鄕長

③

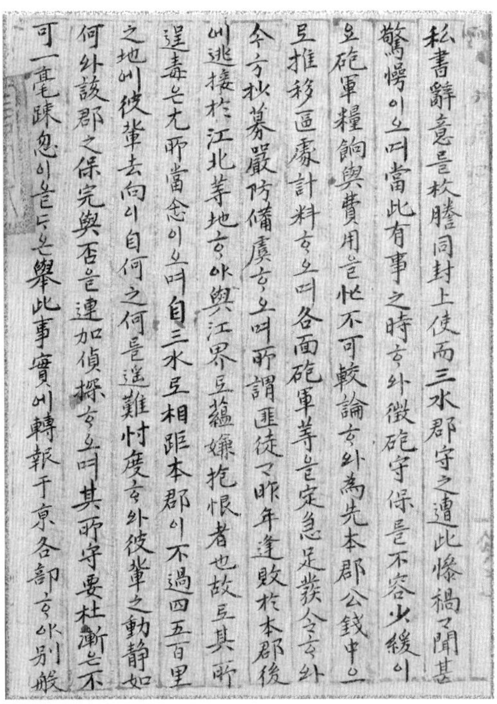
私書辭意를枚謄同封上使而三水郡守之遭此慘禍ᄀ聞甚
驚愕이오며當此有事之時ᄒᆞ와徵砲守保를不容少緩이
오砲軍糧餉與費用을忙不可較論ᄒᆞ와爲先本郡公錢中으
로推移區處計料ᄒᆞ오며各面砲軍等을定急足發令ᄒᆞ와
今方秋募嚴防備虞ᄒᆞ오며所謂匪徒ᄀ昨年逢敗於本郡後
에逃接於江北等地ᄒᆞ야與江界로蘊嫌抱恨者也故로其所
逞毒은尤所當念이오며自三水로相距本郡이不過四五百里
之地에彼輩去向이自何之何를遙難忖度ᄒᆞ와彼輩之動靜如
何와該郡之保完與否을連加偵探ᄒᆞ오며其所守要杜漸은不
可一毫疎忽이읍ᄂᆞ온擧此事實에轉報于京各部ᄒᆞ야別般

④

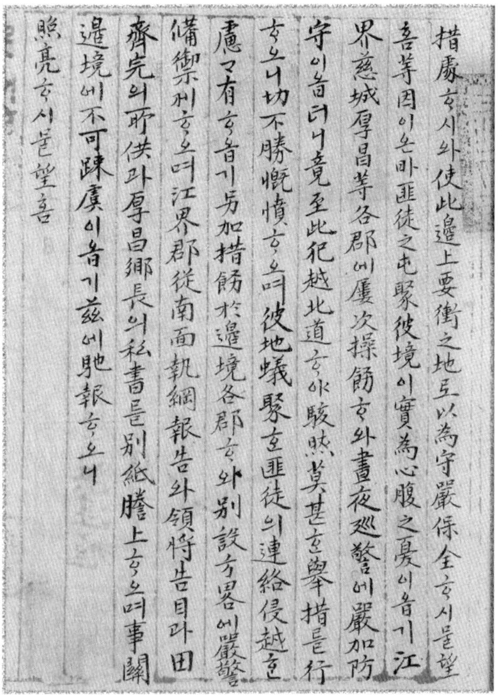

措處ᄒᆞ시와使此邊上要衝之地로以爲守嚴保全ᄒᆞ시믈望
音等因이온바匪徒之屯聚彼境이實爲心腹之憂이옵기江
界慈城厚昌等各郡에屢次操飭ᄒᆞ와晝夜巡警에嚴加防
守이옵더니竟至此犯越北道ᄒᆞ야駭然莫甚ᄒᆞ와擧措를行
ᄒᆞ오나功不勝慨憤ᄒᆞ오며彼地蟻聚ᄒᆞᆫ匪徒의連絡侵越ᄒᆞᆫ
慮ㅣ有ᄒᆞ옵기另加措飭於邊境各郡ᄒᆞ와別設方畧에嚴警
備禦케ᄒᆞ오며江界郡從南面執綱報告와領將告目과田
齊完의所供과厚昌鄕長의私書를別紙謄上ᄒᆞ오며事關
邊境에不可踈虞이옵기玆에馳報ᄒᆞ오니
照亮ᄒᆞ시믈望音

⑤

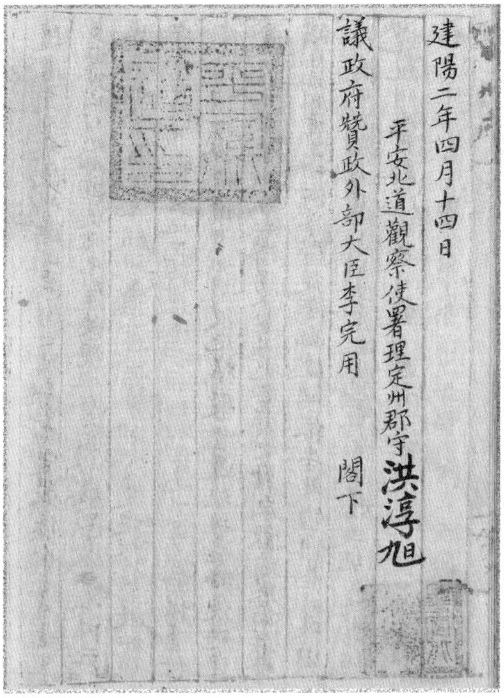

建陽二年四月十四日
平安北道觀察使署理定州郡守 洪淳旭
議政府贊政外部大臣李完用 閣下

⑥

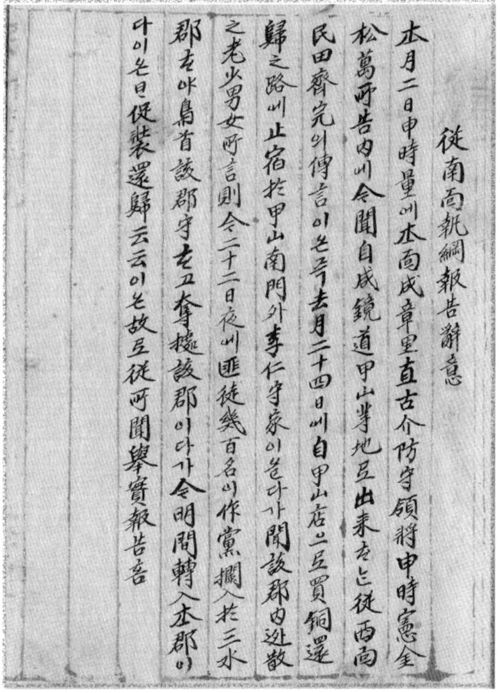

從南面執綱報告辭意
本月二日申時量에本面成章里直古介防守領將申時憲仝
松葛所告內에今聞自咸鏡道甲山峯地로出來ᄒᆞᄂᆞᆫ從西面
民田齊完의傳言이온즉去月二十四日에自甲山店으로買銅還
歸之路에止宿於甲山南門外李仁守家이옵다가聞該郡內逃散
之老少男女所言則今二十二日夜에匪徒幾百名이作黨攔入於三水
郡ᄒᆞ야梟首該郡守ᄒᆞ고奪據該郡이다가今明間轉入本郡이
다이온則從裝還歸云云이온故로從所聞擧實報告音

⑦

⑧

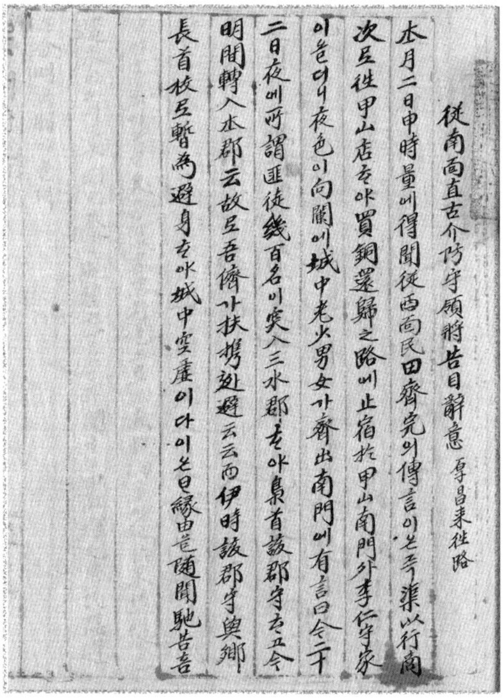
⑨

徙南面直古介防守領將告目辭意 厚昌來往路

本月二日申時量에得聞徙西面民田齊先의傳言이온즉渠以行商次로往甲山店ᄒ야買銅還歸之路에止宿於甲山南門外李仁守家이옵더니夜色이向闌에城中老少男女가齊出南門에有言曰今二十二日夜에所謂匪徒幾百名이突入三水郡ᄒ야梟首該郡守ᄒ고今明間轉入本郡云故로吾儕가扶携逃避云云而伊時該郡守與鄉長首校로暫為避身ᄒ야城中空虛이다이온바緣由를隨聞馳告喜

⑩

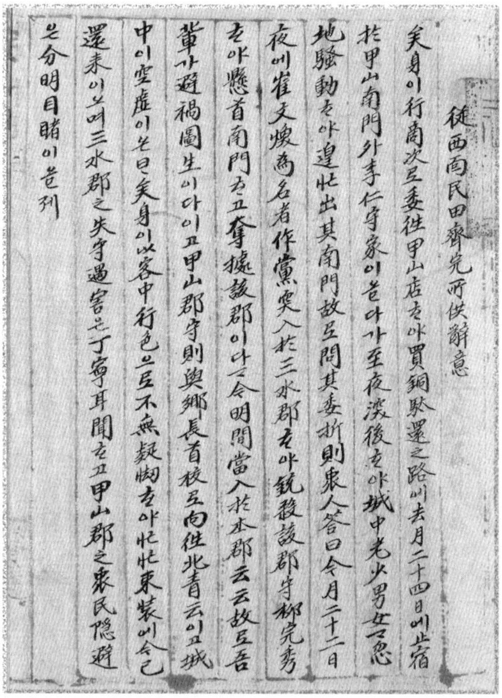
⑪

徙西面民田齊先所供辭意

矣身이行商次로委往甲山店ᄒ야買銅馱還之路에去月二十四日에止宿於甲山南門外李仁守家이옵다가至夜深後ᄒ야城中老少男女가忽地騷動ᄒ야遑忙出其南門故로問其委折則衆人答曰今月二十二日夜에崔文煥為名者作黨突入於三水郡ᄒ야銃殺該郡守柳完秀ᄒ야懸首南門ᄒ고奪據該郡이다今明間當入於本郡云云故로吾輩가避禍圖生이다이고甲山郡守則與鄉長首校로向往北青云이고城中이空虛이온바矣身이以客中行色으로不無疑懼ᄒ야忙忙束裝에今已還來이오며三水郡之失守過害은丁寧耳聞ᄒ고甲山郡之衆民隱避은分明目睹이옵고

⑫

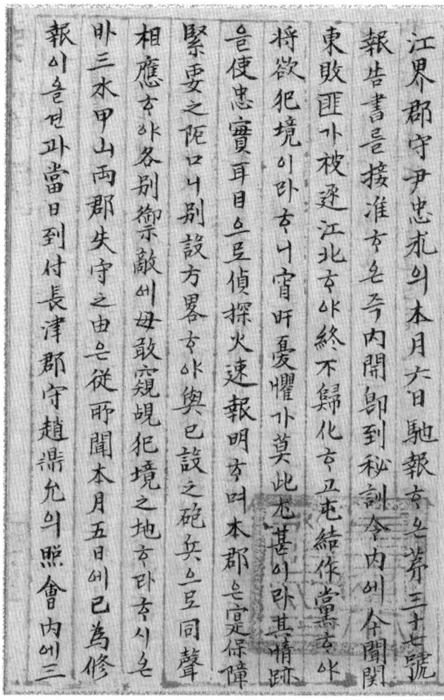

報告書第三號

江界郡守尹忠求의本月六日馳報ᄒᆞ온第三十七號

報告書를接准ᄒᆞ온즉內開卽到秘訓令內에今聞閔

東敗匪가被逐江北ᄒᆞ야終不歸化ᄒᆞ고屯結作黨ᄒᆞ야

將欲犯境이라ᄒᆞ니宵旰憂懼가莫此尤甚이라其情跡

을使忠實耳目으로偵探火速報明ᄒᆞ며本郡은寔保障

緊要之阨口니別設方畧ᄒᆞ야與已設之砲兵으로同聲

相應ᄒᆞ야各別禦敵에毋敢窺覘犯境之地ᄒᆞ라ᄒᆞ시온

바三水甲山兩郡失守之由은從所聞本月五日에已爲修

報이옵던과當日到付長津郡守趙湍允의照會內에三

①

평 7

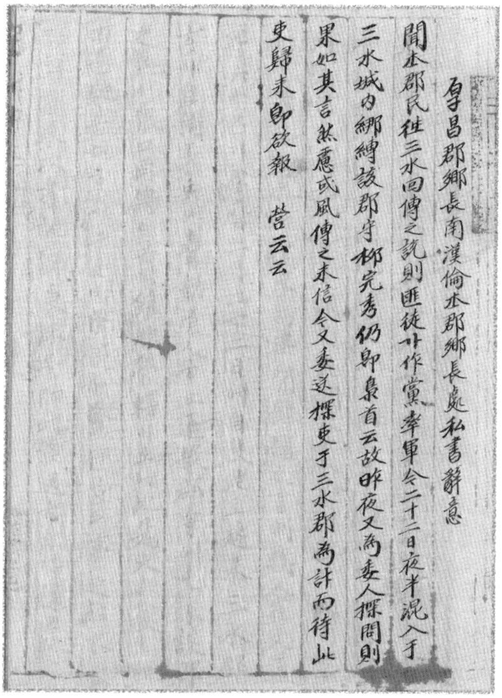

厚昌郡鄕長南漢倫本郡鄕長處私書辭意

聞本郡民往三水回傳之說則匪徒가作黨率軍今二十二日夜半混入于

三水城內綁縛該郡守柳完秀仍卽梟首云故昨夜又爲委人探問則

果如其言然慮或風傳之未信今又委送探吏于三水郡爲計而待此

吏歸來卽欲報 營云云

⑬

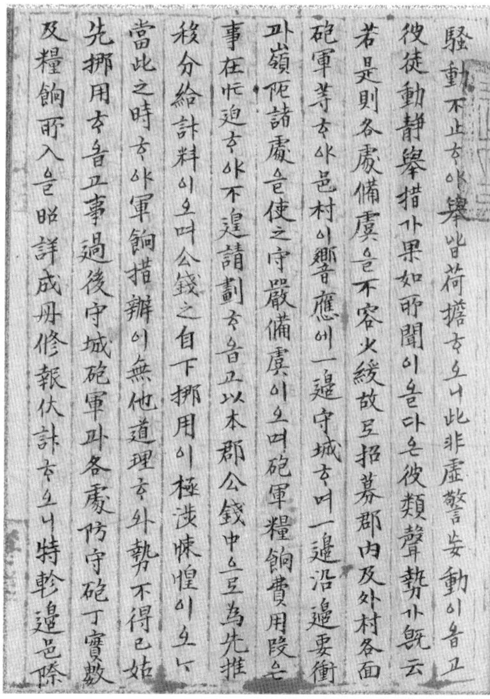

騷動不止ᄒᆞ야擧皆荷擔ᄒᆞ오니此非虛警妄動이옵고

彼徒動靜擧措가果如所聞이옵다온彼類聲勢가旣云

若是則各處備虞을不容少緩故로招募郡內及外村各面

砲軍等ᄒᆞ야邑村이響應에一邊守城ᄒᆞ며一邊沿邊要衝

과嶺阨諸處을使之守嚴備虞이오며砲軍糧餉費用段은

事在忙迫ᄒᆞ야不遑請劃ᄒᆞ옵고以本郡公錢中으로爲先推

移分給計料이오며公錢之自下挪用이極涉悚惶이오나

當此之時ᄒᆞ야軍餉措辦이無他道理ᄒᆞ와勢不得已姑

先挪用ᄒᆞ옵고事過後守城砲軍과各處防守砲丁實數

及糧餉所入을昭詳成冊修報伏計ᄒᆞ오니特軫邊邑際

③

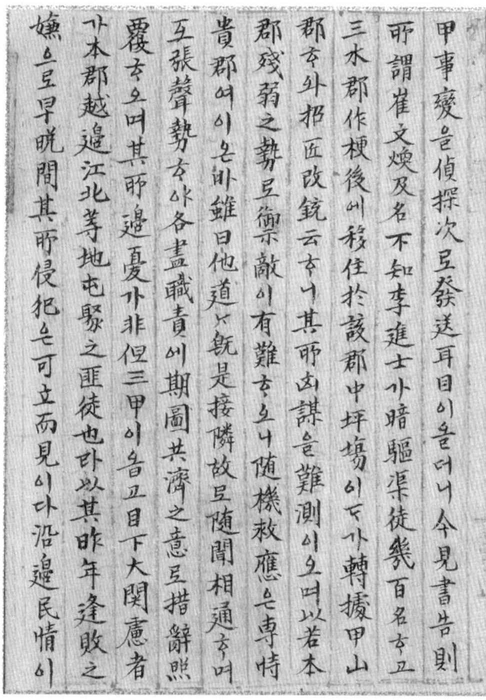

甲事變을偵探次로發送耳目이옵더니今見書告則

所謂崔文煥及名不知李進士가暗驅渠徒幾百名ᄒᆞ고

三水郡作梗後에移住於該郡中坪塲이ᄃᆞ가轉據甲山

郡ᄒᆞ와招匠改銃云ᄒᆞ니其所凶謀을難測이오며以若本

郡殘弱之勢로禦敵이有難ᄒᆞ오나隨機救應은專恃

貴郡여이온바雖曰他道ᄂᆞ既是接隣故로隨聞相通ᄒᆞ며

互張聲勢ᄒᆞ야各盡職責에期圖共濟之意로措辭照

覆ᄒᆞ오며其所邊憂가非但三甲이옵고目下大関慮者

가本郡越邊江北等地屯聚之匪徒也라以其昨年逢敗之

嫌으로早晩間其所侵犯은可立而見이다沿邊民情이

②

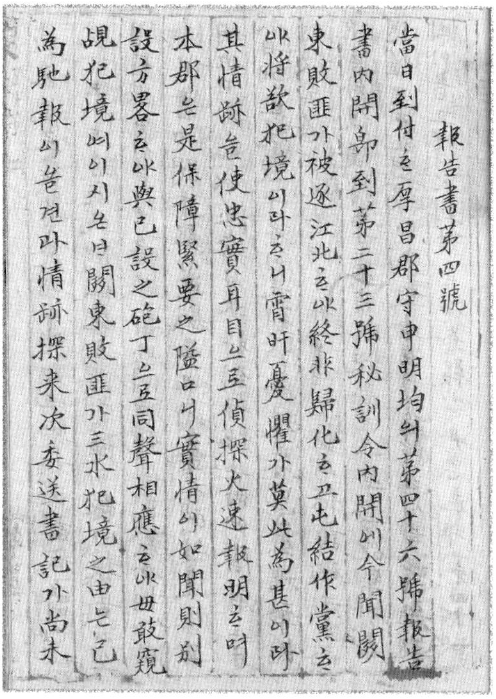

報告書第四號
當日到付ᄒᆞᆫ厚昌郡守申明均의第四十六號報告
書內開節到第二十三號秘訓令內開에今聞關
東賊匪가被逐江北ᄒᆞ야終非歸化ᄒᆞ고屯結作黨ᄒᆞ
야將欲犯境이라ᄒᆞ니宵旰憂懼가莫此爲甚이라
其情跡을使忠實耳目으로偵探火速報明ᄒᆞ며
本郡은是保障緊要之隘口니實情이如聞則別
設方略ᄒᆞ야與已設之砲丁으로同聲相應ᄒᆞ야毋敢窺
覘犯境케이시온日關東賊匪가三水犯境之由ᄂᆞᆫ已
爲馳報이온바情跡探來次委送書記가尚未

①

평 8

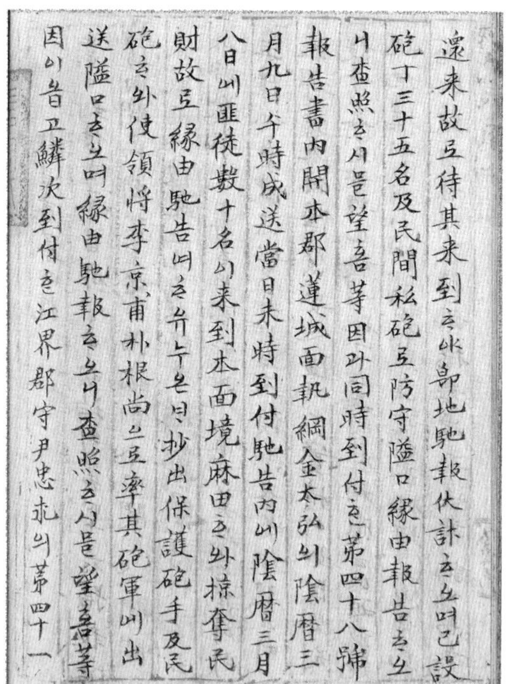

還來故로待其來到ᄒᆞ야卽地馳報伏計ᄒᆞ오며已設
砲丁三十五名及民間私砲로防守隘口緣由報告ᄒᆞ오
니查照ᄒᆞ시믈望喜等因과同時到付ᄒᆞᆫ第四十八號
報告書內開本郡蓮城面執綱金太弘의陰曆三
月九日午時成送當日未時到付馳告內에陰曆三月
八日에匪徒數十名이來到本面境麻田ᄒᆞ와掠奪民
財故로緣由馳告여ᄒᆞ弁누온日抄出保護砲手及民
砲ᄒᆞ와使領將李京甫朴根尚으로率其砲軍에出
送隘口ᄒᆞ오며緣由馳報ᄒᆞ오니查照ᄒᆞ시믈望喜等
因이옵고嗣次到付ᄒᆞᆫ江界郡守尹忠求의第四十一

②

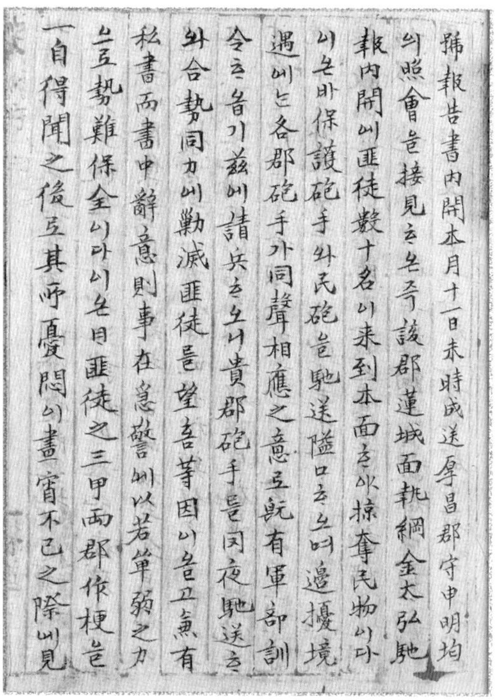

號報告書內開本月十一日未時成送厚昌郡守申明均
의照會을接見ᄒᆞ온즉該郡蓮城面執綱金太弘馳
報內開에匪徒數十名이來到本面ᄒᆞ야掠奪民物이다
니온바保護砲手와民砲을馳送隘口ᄒᆞ오며邊據境
遇에ᄂᆞᆫ各郡砲手가同聲相應之意로既有軍部訓
令ᄒᆞ옵기玆에請兵ᄒᆞ오니貴郡砲手를因夜馳送ᄒᆞ
와合勢同力에勦滅匪徒를望喜等因이옵고兼有
私書而書中辭意則事在急警에以若單弱之力
으로勢難保全이라이온日匪徒之三甲兩郡依棲을
一自得聞之後로其所憂悶이晝宵不已之際에見

③

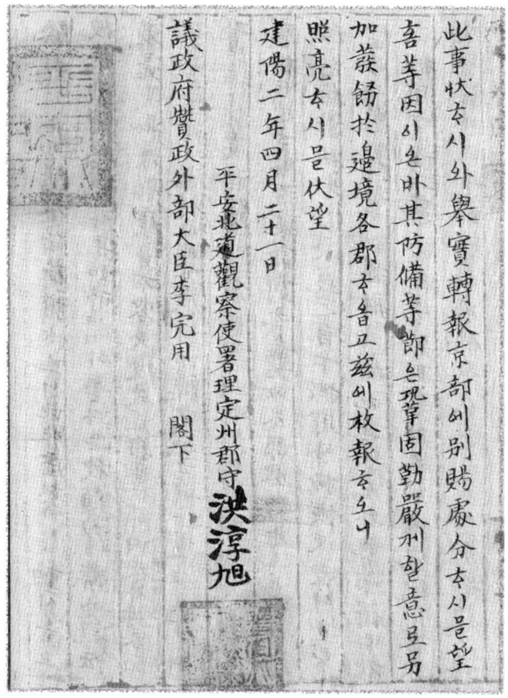

此事狀ᄒᆞ시와擧實轉報京部에別賜處分ᄒᆞ시믈望
喜等因이온바其防備等節은現方固勤嚴케ᄒᆞᆯ意로另
加嚴飭於邊境各郡ᄒᆞ옵고玆에枚報ᄒᆞ오니
照亮ᄒᆞ시믈伏望
建陽二年四月二十一日
平安北道觀察使署理定州郡守 洪淳旭
議政府贊政外部大臣李完用 閣下

④

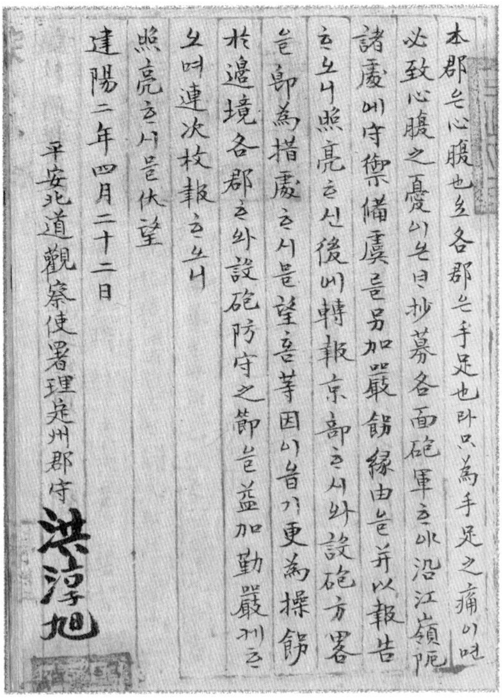
本郡은心腹也오各郡은手足也라ᄆᆞᆫ爲手足之痛이면
必致心腹之憂이온바抄募各面砲軍ᄒᆞ와沿江嶺阨
諸處에守禦備虞를另加嚴飭緣由을幷以報告
ᄒᆞ오니照亮ᄒᆞ신後에轉報京部ᄒᆞ시와設砲方略
을卽爲措處ᄒᆞ시믈望홈等因이옵기更爲操飭
於邊境各郡ᄒᆞ와設砲防守之節을益加勤嚴케ᄒᆞ
오며連次枚報ᄒᆞ오니
照亮ᄒᆞ시믈伏望
建陽二年四月二十二日
平安北道觀察使署理定州郡守 洪淳旭

⑤

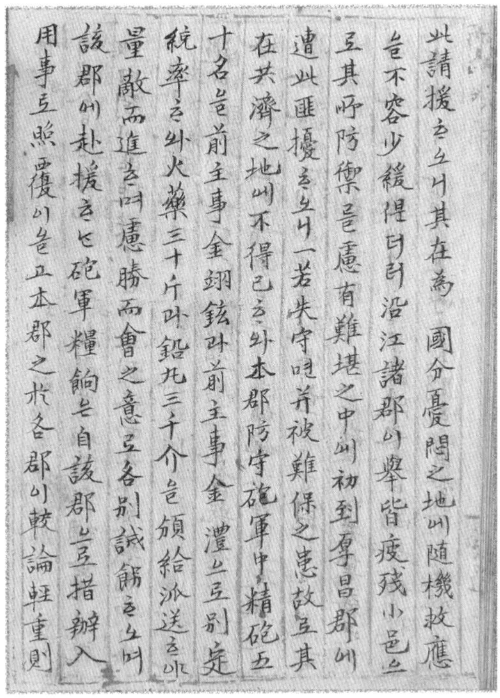
此請援ᄒᆞ오니其在爲 國分憂悶之地에隨機救應
을不容少緩이온더러沿江諸郡이擧皆疲殘小邑으
로其所防禦를慮有難堪之中에初到厚昌郡에
遣此匪擾ᄒᆞ오니一若失守면幷被難保之患故로其
在共濟之地에不得已ᄒᆞ와本郡防守砲軍中精砲五
十名을前主事金翊鉉과前主事金 澧으로別定
統率ᄒᆞ와火藥三十斤과鉛丸三千介을頒給派送ᄒᆞ와
量敵而進ᄒᆞ며慮勝而會之意로各別諭飭ᄒᆞ오며
該郡에赴援ᄒᆞᆫ砲軍糧餉은自該郡으로措辦入
用事로照覆이옵고本郡之於各郡이較論輕重則

④

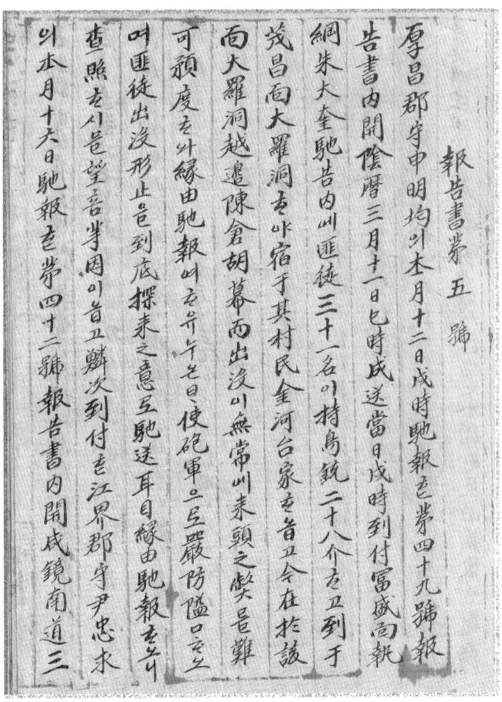
報告書第五號
厚昌郡守申明均의本月十二日戌時馳報ᄒᆞᆫ第四十九號報
告書內開陰曆三月十一日巳時成送當日戌時到付富盛面執
綱朱大奎馳告內에匪徒三十一名이持鳥銃二十八介ᄒᆞ고到于
茂昌面大羅洞ᄒᆞ야宿于其村民金河台家ᄒᆞ옵고今在於該
面大羅洞越邊陳倉胡幕而出沒이無常에來頭之弊를難
可預度ᄒᆞ와緣由馳報ᄒᆞ엿ᄂᆞ온日使砲軍으로嚴防隘口ᄒᆞ오
며匪徒出沒形止을到底探來之意로馳送耳目緣由馳報ᄒᆞ오니
査照ᄒᆞ시믈望홈等因이옵고鱗次到付ᄒᆞᆫ江界郡守尹忠求
의本月十六日馳報ᄒᆞᆫ第四十二號報告書內開咸鏡南道三

① 평9

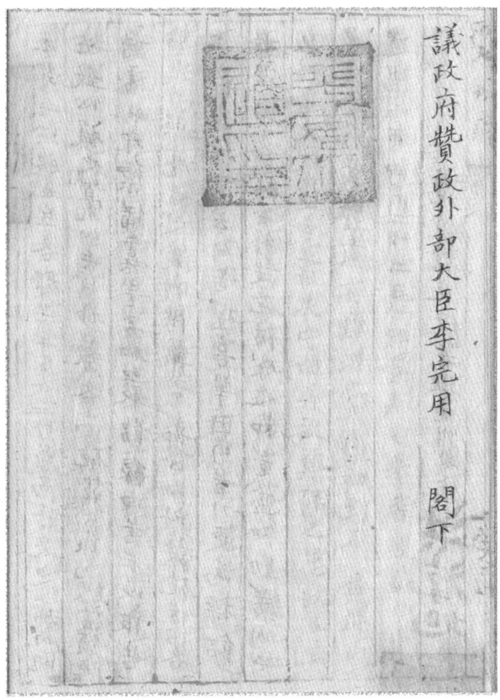
議政府贊政外部大臣李完用 閣下

⑥

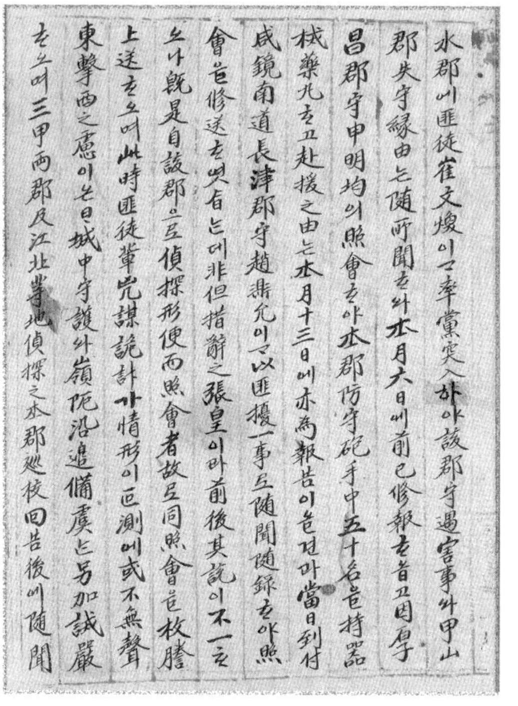

水郡에匪徒崔文煥이가率黨突入하야該郡守遇害事와甲山
郡失守緣由는隨所聞ᄒᆞ와本月六日에前已修報ᄒᆞ옵고因厚
昌郡守申明均의照會ᄒᆞ야本郡防守砲手中五十名을持器
械藥丸ᄒᆞ고赴援之由는本月十三日에亦爲報告이온ᄃᆡ마當日到付
咸鏡南道長津郡守趙鼎允이가以匪擾一事로隨聞隨錄ᄒᆞ야照
會을修送ᄒᆞ엿삽는ᄃᆡ非但措辭之張皇이라前後其說이不一ᄒᆞ
오나旣是自該郡으로偵探形便而照會者故로同照會을枚謄
上送ᄒᆞ오며此時匪徒輩兇謀詭計가情形이叵測에或不無聲
東擊西之慮이온바城中守護와嶺阨沿邊備禦ᄂᆞᆫ另加誡嚴
ᄒᆞ오며三甲兩郡及江北等地偵探之本郡巡校回告後에隨聞

②

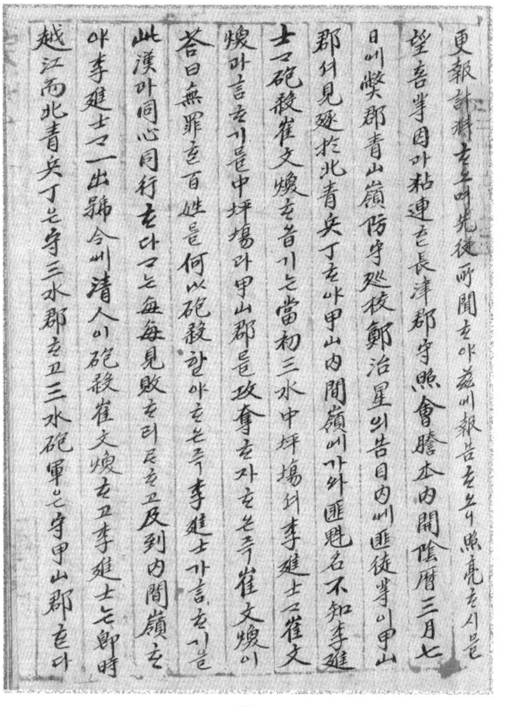

更報計料ᄒᆞ오며先後所聞ᄒᆞ야玆에報告ᄒᆞ오니照亮ᄒᆞ시믈
望喜半因마粘連ᄒᆞᆫ長津郡守照會謄本內開陰曆三月七
日에弊郡靑山嶺防守巡校鄭治星의告目內에匪徒半이甲山
郡서見逐於北靑兵丁ᄒᆞ야甲山內間嶺에가外匪魁名不知李延
士가砲殺崔文煥ᄒᆞᆫ바기ᄂᆞᆫ當初三水中坪場서李延士가崔文
煥마言ᄒᆞ기ᄅᆞᆯ中坪場마甲山郡을攻奪ᄒᆞ자ᄒᆞ온즉崔文煥이
答曰無罪ᄒᆞᆫ百姓을何以砲殺할야ᄒᆞ온즉李延士가言ᄒᆞ기ᄅᆞᆯ
此漢마同心同行ᄒᆞ다가ᄂᆞᆫ每每見敗ᄒᆞ리라ᄒᆞ고及到內間嶺ᄒᆞ
야李延士가一出號令에淸人이砲殺崔文煥ᄒᆞ고李延士ᄂᆞᆫ卽時
越江而北靑兵丁은守三水郡ᄒᆞ고三水砲軍은守甲山郡ᄒᆞᆫ다

③

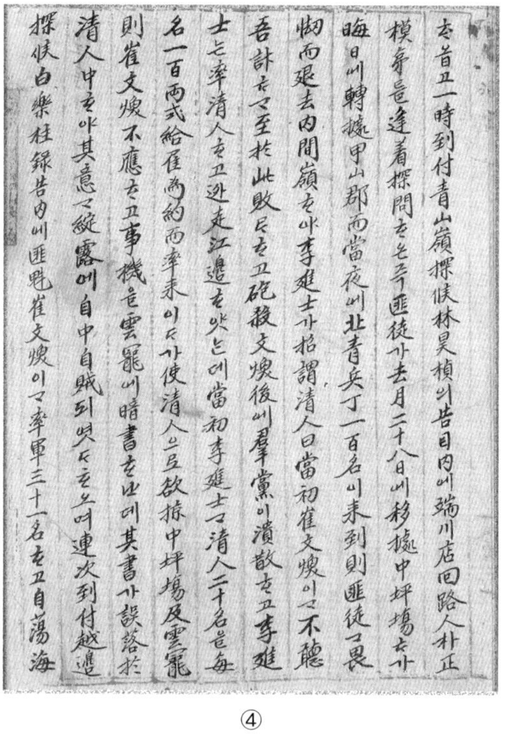

ᄒᆞ옵고一時到付靑山嶺探候林昊楨의告目內에端川店回路人朴正
模身을逢着探問ᄒᆞ온즉匪徒가去月二十八日에移據中坪場ᄒᆞ다가
晦日에轉據甲山郡而當夜에北靑兵丁一百名이來到則匪徒가畏
㤼而退去內間嶺ᄒᆞ야李延士가指謂淸人曰當初崔文煥이가不聽
吾計ᄒᆞ가至於此敗라ᄒᆞ고砲殺文煥後에羣黨이潰散ᄒᆞ고李延
士ᄂᆞᆫ率淸人ᄒᆞ고迯走江邊ᄒᆞ엿ᄂᆞᆫᄃᆡ當初李延士가淸人二十名을每
名一百兩式給雇爲約而率來이라가使淸人으로欲掠中坪場及雲寵
則崔文煥不應ᄒᆞ고事機을雲寵에暗書ᄒᆞ엿ᄃᆡ其書가誤落於
淸人中ᄒᆞ야其意가綻露에自中自賊되엿다ᄒᆞ오며連次到付越邊
探候白樂桂錄告內에匪魁崔文煥이가率軍三十一名ᄒᆞ고自蕩海

④

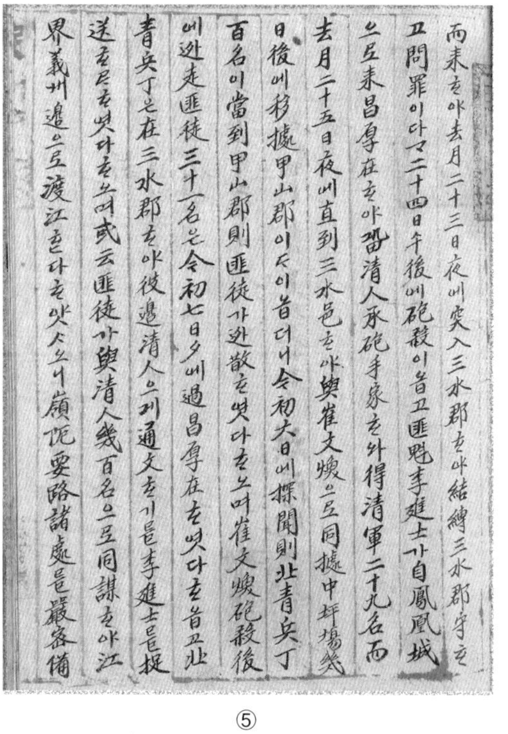

而來ᄒᆞ야去月二十三日夜에突入三水郡ᄒᆞ야結縛三水郡守ᄒᆞ
고問罪이다가二十四日午後에砲殺이옵고匪魁李延士가自鳳凰城
으로來昌厚在ᄒᆞ야留淸人承砲手家ᄒᆞ와得淸軍二十九名而
去月二十五日夜에直到三水邑ᄒᆞ야與崔文煥으로同據中坪場幾
日後에移據甲山郡이다이옵더니今初六日에探聞則北靑兵丁
百名이當到甲山郡則匪徒가迯散ᄒᆞ엿다ᄒᆞ오며崔文煥砲殺後
에迯走匪徒三十一名은今初七日夕에過昌厚在ᄒᆞ엿다ᄒᆞ옵고北
靑兵丁은在三水郡ᄒᆞ야彼邊淸人으게通文ᄒᆞ기를李延士를捉
送ᄒᆞ라ᄒᆞ엿다ᄒᆞ오며或云匪徒가與淸人幾百名으로同謀ᄒᆞ야江
界義州邊으로渡江ᄒᆞᆫ다ᄒᆞ옵ᄉᆞ오니嶺阨要路諸處를嚴密備

⑤

報告書第六號

厚昌郡守申明均의去月十五日出한第五十一號報告書를接
准하온즉內開三水作梗之匪徒形止探來次書記韓秉
洙를建陽二年四月二日卯時에已爲發送이옵더니當日戌
時量韓秉洙回告內에馳往于三水郡하와察其匪徒之形止
하오며採探事變之根因하와探來記를現納하온바
하와探來記를謄本하와粘後馳報하오니查照하시믈望홈
等因이오粘連한探來記內開三水沿邊各處에响匪等犯越我
地하와掠奪牛馬는姑捨하고寡婦縛奪之弊等接踵而起
則以此民訴還至故로陰曆三月十二日에三水郡守等察邊

① 평 10

御하시믈要喜等因이온바匪徒之出沒無常이實爲邊民之深
憂故로另東砲軍하와緊守嶺阨하고別設方略하와重嚴
關防之意로連次發訓하오며玆에報告하오니
照亮하시믈伏望
建陽二年四月三十日
平安北道觀察使署理定州郡守 洪淳旭
議政府贊政外部大臣李完用 閣下

⑥

際에夜至五更에响匪五十餘名이不時突入하와亂放鳥
銃에毆打官司하고奪去行中物件而至爲千餘兩이오奪取
近方民物이亦爲五百餘兩而如斯之際에砲丁被傷者二名이方在死
境而逢其逼迫하고當夜還官矣러니至二十二日曉頭하와
匪徒四十名이從來彼邊에突入東軒하와放銃揮刃에破碎房
壁하며縛懸官司하고毆打官屬하와幾至死境者四人이於
焉間에時已平明則捉囚官司于使令房渠等則屯聚于將
廳하고當日午時量에擧出官司于閉門樓下하고砲殺後
仍懸其首하고打破軍庫에奪取時用軍物火藥而餘存
火藥은仍卽灌水하고二十三日暮前에所謂名不知李進士

③

禁飭次發行하와到于魚面社等地하와流下木匪魁頭三
名을捉致宿所處하와施威嚴杖에更勿作弊之意로捧
侤解放하고回到陽山社舊坡里則响匪時哥等自現行次所
하고使通詞言曰朝鮮人物之鰥寡作配等有何久禮하와如
是嚴杖威逼云故擧致時胡而責曰我民推治等於汝何關하
와有此是非乎아爲先我民行悖魁首高萬興捉納之意詰
責則渠自捉納之意捧限放送矣終無影響故其翌日
發行之際에响匪十餘名이各持銃鎗하고趕到馬頭하와
旌執官袖하고遊刃放銃에必無忌憚하니所率砲丁與下
人等이一時驟至打逐厥胡等하고行到二十里小農里宿所之

②

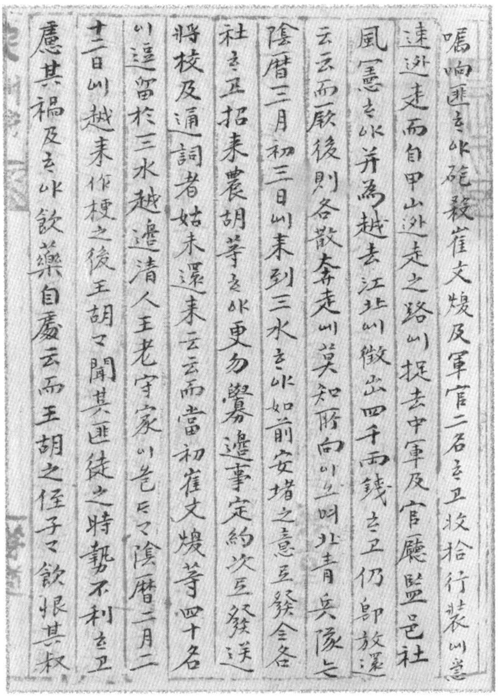
喝响匪ᄒᆞ와砲殺崔文煥及軍官二名ᄒᆞ고收拾行裝에逃
達逃走而自甲山逃走之路에捉去中軍及官廳監邑社
風憲ᄒᆞ와并爲越去江北에徵出四千兩錢ᄒᆞ고仍即放還
云云而厥後則各散奔走에莫知所向이오며北青兵隊는
陰曆三月初三日에來到三水ᄒᆞ와如前安堵之意로發令各
社ᄒᆞ고招來農胡等ᄒᆞ와更勿驚遑事定約次로發送
將校及通詞者姑未還來云云而當初崔文煥等四十名
이逗留於三水越邊淸人王老守家에이ᄃᆞ〻陰曆二月二
十二日에越來作梗之後王胡〻聞其匪徒之時勢不利ᄒᆞ고
慮其禍及ᄒᆞ와欲藥自處云而王胡之侄子〻欲報其叔

⑤

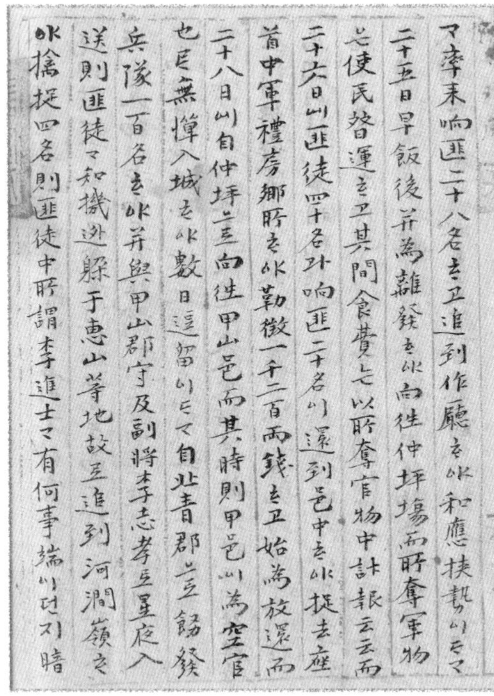
〻李末响匪二十八名ᄒᆞ고追到作廳ᄒᆞ와和應挾勢이ᄃᆞ〻
二十五日早飯後并爲離發ᄒᆞ와向往仲坪場而所奪軍物
은使民替運ᄒᆞ고其間食費ㄴ以所奪官物中計報云云而
二十六日에匪徒四十名과响匪二十名이還到邑中ᄒᆞ와捉去座
首中軍禮房鄕所ᄒᆞ와勒徵一千二百兩錢ᄒᆞ고始爲放還而
二十八日에自仲坪으로向往甲山邑而其時則甲邑이爲空官
也ㅣ오無憚入城ᄒᆞ와數日逗留이ᄃᆞ〻自北青郡으로餉發
兵隊一百名ᄒᆞ와并與甲山郡守及副將李志孝로星夜入
送則匪徒〻知機逃躱于惠山等地故로追到河淵嶺ᄒᆞ
와擒捉四名則匪徒中所謂李進士〻有何事端이던지暗

④

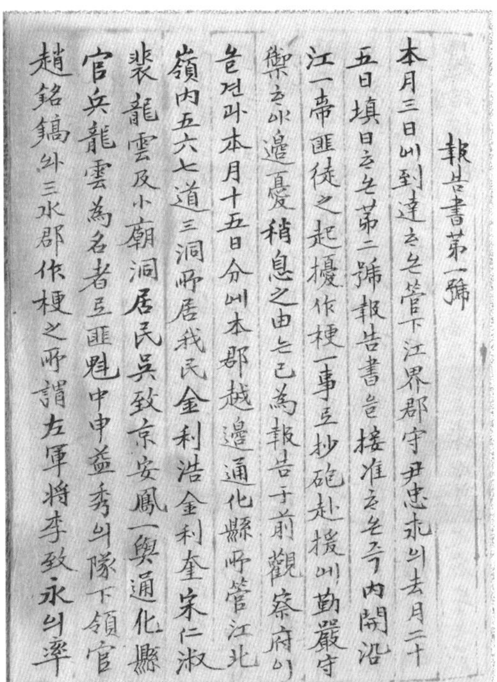
報告書第一號
本月三日에到達ᄒᆞ온管下江界郡守尹忠求의去月二十
五日塡日ᄒᆞ온第二號報告書를接准ᄒᆞ온즉內開沿
江一帶匪徒之起擾作梗一事로抄砲赴援에勤嚴守
禦ᄒᆞ와邊憂稍息之由는已爲報告于前觀察府이
온바本月十五日分에本郡越邊通化縣所管江北
嶺內五六七道三洞所居我民金利浩金利奎宋仁淑
裴龍雲及小廟洞居民吳致京安鳳一與通化縣
官兵龍雲爲名者로匪魁中申益秀의隊下領官
趙銘鎬와三水郡作梗之所謂左軍將李致永의率

① 평 11

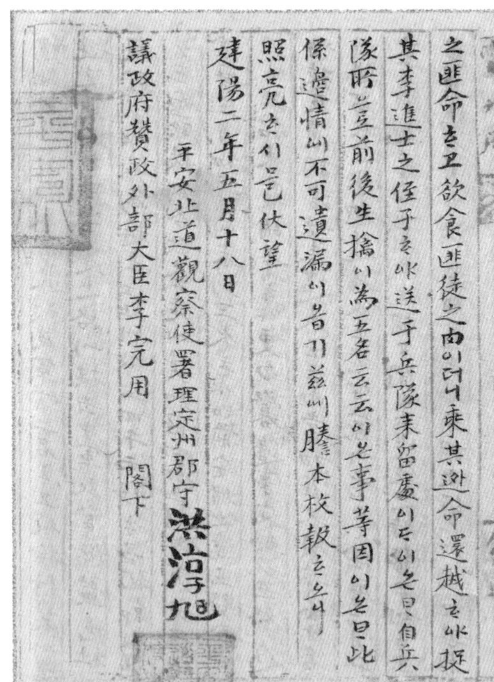
之匪命ᄒᆞ고欲食匪徒之肉이ᄃᆞㅣ乘其逃命還越ᄒᆞ와捉
其李進士之侄子ᄒᆞ와送于兵隊來留處이ᄃᆞ이온바自兵
隊所로前後生擒이爲五名云이온事等因이온바此
係邊情에不可遺漏이옵기玆에謄本枚報ᄒᆞ오니
照亮ᄒᆞ시믈伏望
建陽二年五月十八日
平安北道觀察使署理定州郡守 洪淳旭
議政府贊政外部大臣李完用 閣下

⑥

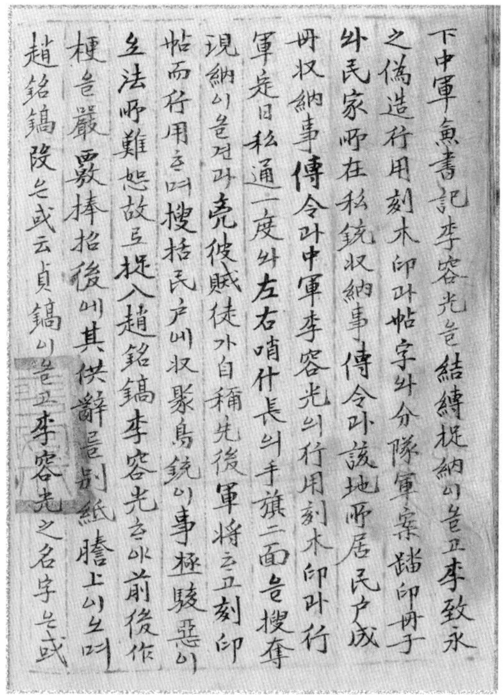
下中軍僉書記李容光을結縛捉納이올고李致永
之僞造行用刻木印과帖字와分隊軍案踏印冊子
와民家所在私銃收納事傳令과該地所居民戶成
冊收納事傳令과中軍李容光의行用刻木印과行
軍旌旗私通一度와左右哨什長의手旗二面을搜奪
現納이올건과堯彼賊徒가自稱先後軍將ᄒᆞ고刻印
帖而行用ᄒᆞ며摟括民戶에收聚鳥銃이事極駭惡이
오法所難恕故로捉入趙銘鎬李容光ᄒᆞ와前後作
梗을嚴覈捧招後에其供辭를別紙謄上이오며
趙銘鎬段은或云貞鎬이올고李容光之名字은或

②

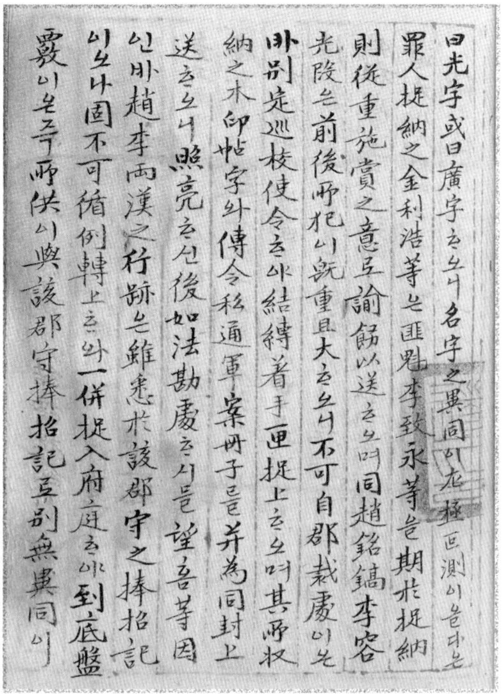
曰光宇或曰廣宇ᄒᆞ오니名字之異同이尤極叵測이올다은
罪人捉納之金利浩等은匪魁李致永等을期於捉納
則從重施賞之意로諭飭以送ᄒᆞ오며同趙銘鎬李容
光段은前後所犯이旣重且大ᄒᆞ오니不可自郡裁處이온
바別定巡校使令ᄒᆞ와結縛着手匣捉上ᄒᆞ오며其所收
納之木印帖字와傳令私通軍案冊子를幷爲同封上
送ᄒᆞ오니照亮ᄒᆞ신後如法勘處ᄒᆞ시믈望喜等因
인바趙李兩漢之行跡은雖悉於該郡守之捧招記
이오나固不可循例轉上ᄒᆞ와一倂捉入府庭ᄒᆞ와到底盤
覈이온즉所供이與該郡守捧招記로別無異同이

③

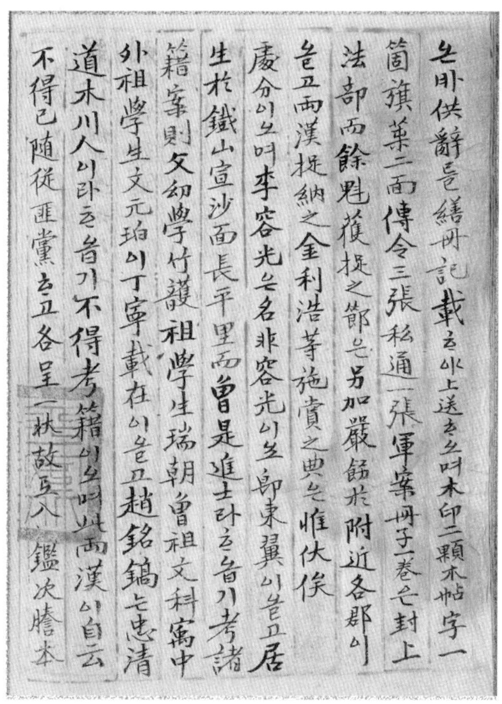
온바供辭를繕冊記載ᄒᆞ와上送ᄒᆞ오며木印二顆木帖字一
箇旗幟二面傳令三張私通一張軍案冊子一卷은封上
法部而餘魁獲捉之節은另加嚴飭於附近各郡이
올고兩漢捉納之金利浩等施賞之典은惟伏俟
處分이오며李容光은名非容光이오即東翼이올고居
生於鐵山宣沙面長平里而曾是進士라ᄒᆞ옵기考諸
籍案則文幼學竹䕶祖學生瑞朝曾祖文科寓中
外祖學生文元珀이丁寧載在이올고趙銘鎬는忠淸
道木川人이라ᄒᆞ옵기不得考籍이오며此兩漢이自云
不得已隨從匪黨ᄒᆞ고各呈一狀故로入鑑次謄本

④

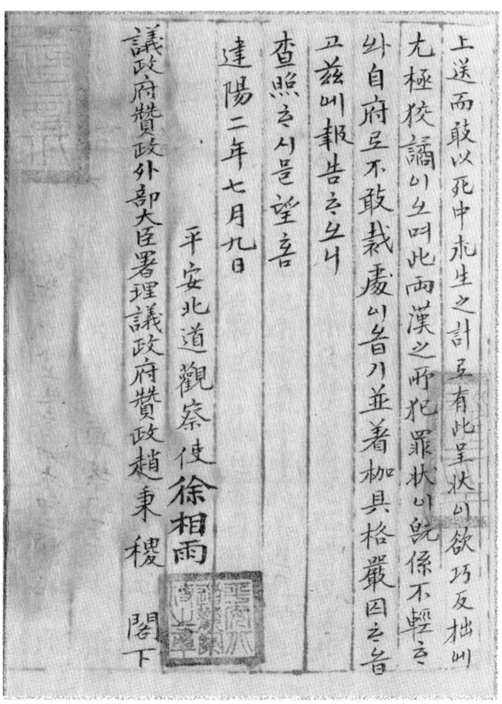
上送而敢以死中求生之計로有此呈狀이欲巧反拙에
尤極狡譎이오며此兩漢之所犯罪狀이旣係不輕ᄒᆞ
와自府로不敢裁處이옵기並着枷具格嚴囚ᄒᆞ옵
고玆에報告ᄒᆞ오니
查照ᄒᆞ시믈望喜
建陽二年七月九日
平安北道觀察使徐相雨
議政府贊政外部大臣署理議政府贊政趙秉稷 閣下

⑤

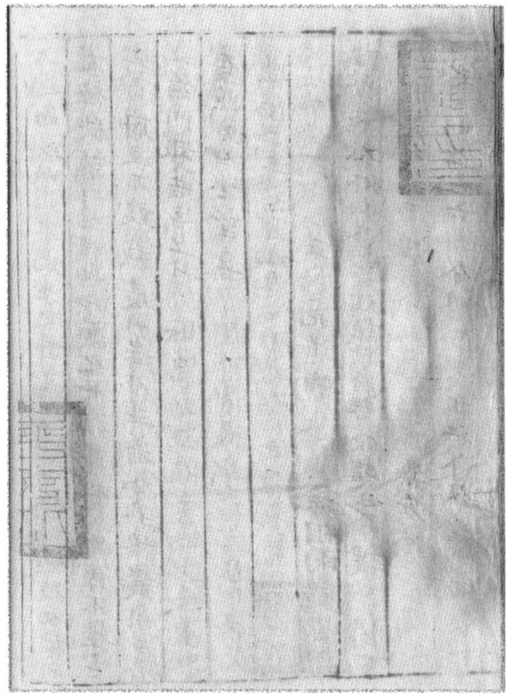

⑥

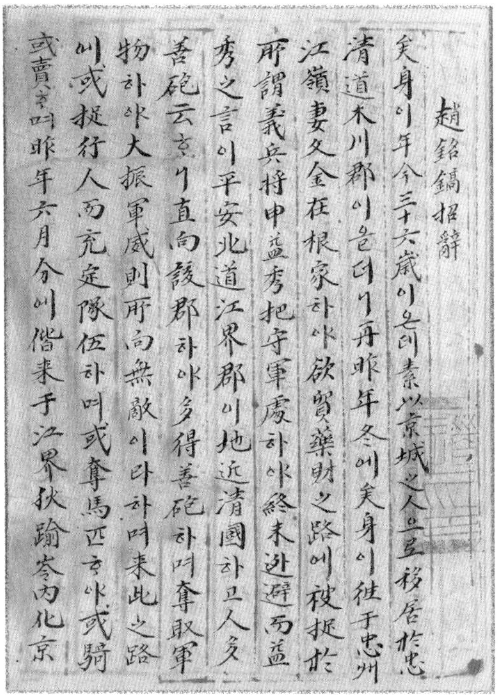

趙銘鎬招辭
矣身이年今三十六歲이온디素以京城之人으로移居於忠
清道木川郡이옵더니再昨年冬에矣身이往于忠州
江嶺妻父金在根家하야欲貿藥財之路에被捉於
所謂義兵將申益秀把守軍處하야終末逃避而益
秀之言이平安北道江界郡이地近清國하고人多
善砲云하기直向該郡하야多得善砲하며奪取軍
物하야大振軍威則所向無敵이라하며來此之路
에或捉行人而充定隊伍하며或奪馬匹하야或騎
或賣하며昨年六月分에偕來于江界狄踰嶺內化京

⑦

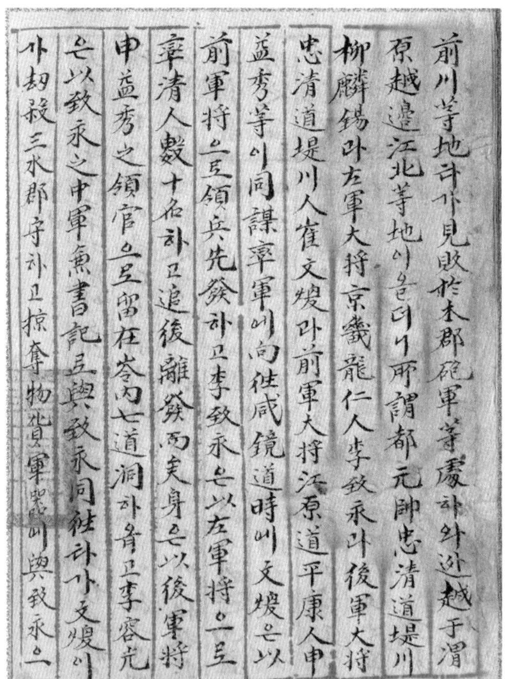

前川等地하다가見敗於本郡砲軍等處하와逃越于渭
原越邊江北等地이옵더니所謂都元帥忠清道堤川
柳麟錫이라左軍大將京畿龍仁人李致永이라後軍大將
忠清道堤川人崔文煥이라前軍大將江原道平康人申
益秀等이同謀率軍에向往咸鏡道時에文煥은以
前軍將으로領兵先發하고李致永은以左軍將으로
率清人數十名하고追後離發而矣身은以後軍將
申益秀之領官으로留在嶺內七道洞하옵고李容允
은以致永之中軍兼書記로與致永同往하다가文煥이
가劫殺三水郡守하고掠奪物貨軍器에與致永으

⑧

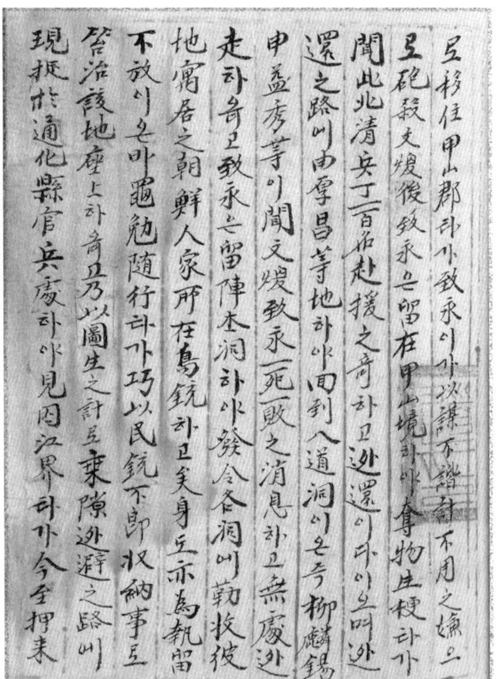

로移住甲山郡하다가致永이가以謀不諧하야不用之嫌으
로砲殺文煥後致永은留在甲山境하야奪物生梗하다가
聞此北清兵丁一百名赴援之奇하고逃還이다이오며逃
還之路에由厚昌等地하야間到入道洞이온즉柳麟錫
申益秀等이聞文煥致永一死一敗之消息하고無處逃
走하옵고致永은留陣本洞하야發令各洞에勒收彼
地寓居之朝鮮人家所在鳥銃하고矣身도亦爲執留
不放이온바黽勉隨行하다가巧以民銃不卽收納事로
啓治該地座上하옵고乃以圖生之計로乘隙逃避之路에
現捉於通化縣官兵處하야見囚江界하다가今至押來

⑨

府下之境하니 到此地頭에 何敢隱喙發明乎잇가 惟
俟處分事

⑩

李容先招辭
矣身이 年今二十六歲이온대 曾居龍川地이옵더니 今則
移居于鐵山宣沙面長坪里而江慈厚三邑越邊彼地
八道洞에 各處民人等이 許多移接하야 築室作農에
土膏穀賤하다하옵기 昨年十二月分에 委往該地則柳麟錫
爲名人이 曾已來留於李致永家하야 訓學爲業而人器
學文이 與允超異이다 故로 往見麟錫하고 自願爲弟子하
야 幾日受學後 暫來本家이옵더니 今年正月分又往麟錫
處則麟錫이 與李致永崔文煥等으로 率兵往于咸鏡道
三水甲山等地하야 奪取軍物添得軍兵하야 扶綱建義之

⑪

意로 約已定裝亦具하고 柳麟錫이 爲都元帥하야 崔文煥
으로 爲前軍將하야 率兵四十餘名하고 先向咸鏡道하고 李
致永으로 爲左軍將하야 率兵幾許하고 追往助勢하라하고 各
定約束하옵고 矣身으로 亦定書記하야 使之從行이온바 愚迷
矣身이 欲退不得하고 欲逃未暇하야 果與之隨往于三水郡
則崔文煥이가 二月二十二日夜에 殺害郡守하고 奪着衣服宕巾
하며 奪取軍物에 移住於該郡中坪場하야 捉入該郡座首中
軍하야 奪錢三百兩하고 又爲查奪該郡所儲之金六兩重
하야 價錢一千二百兩을 勒徵이옵고 又轉往于甲山金溫城
家하야 奪取三千兩錢하고 與左軍將李致永으로 相會移

⑫

住於甲山郡이옵더니 文煥이 所率軍兵之日給雇錢을 欲
爲減半出給하야 已失軍心이옵더니 渠輩가 爭權猜嫌하야
文煥이 爲致永之所殺而文煥死後에 所率軍兵이 所奪軍
物中可用者난 或持而逃躱하며 破傷者난 或爲棄擲하고
致永도 擇其可用者하야 持而逃還之路에 入于厚昌郡蓮城面
하야 掠奪民物하고 還接於八道洞하야 收拾民家所在之鳥
銃하며 有所生梗이다가 自通化縣으로 捉囚致永하고 所奪民
銃은 還推出給該民後에 致永은 乘隙逃躱하고 矣身은 被捉
於江北寓居之朝鮮人金利浩金利奎宋仁淑裴龍雲等處
見囚於江界郡이옵더니 今至押待府下之境이오며 趙銘鎬

⑬

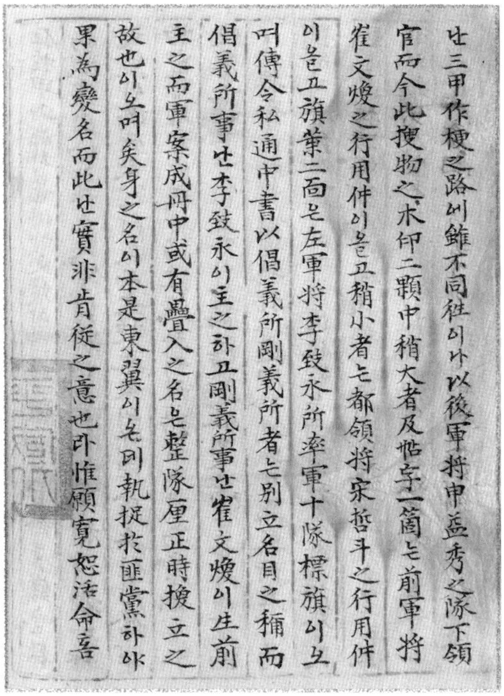
는三甲作梗之路에雖不同往이나以後軍將申益秀之隊下領
官而今此搜物之木印二顆中稍大者及帖字一箇는前軍將
崔文煥之行用件이읍고稍小者는都領將宋哲斗之行用件
이읍고旗葉二面은左軍將李致永所率軍十隊標旗이오
며傳令私通中書以倡義所剛義所者는別立名目之稱而
倡義所事는李致永이主之ᄒᆞ고剛義所事는崔文煥이生前
主之而軍案成冊中或有疊入之名은整隊厘正時換立之
故也이오며矣身之名이本是東翼이온ᄃᆡ執捉於匪黨ᄒᆞ야
果爲變名而此는實非肯從之意也라惟願寬恕活命事

⑭

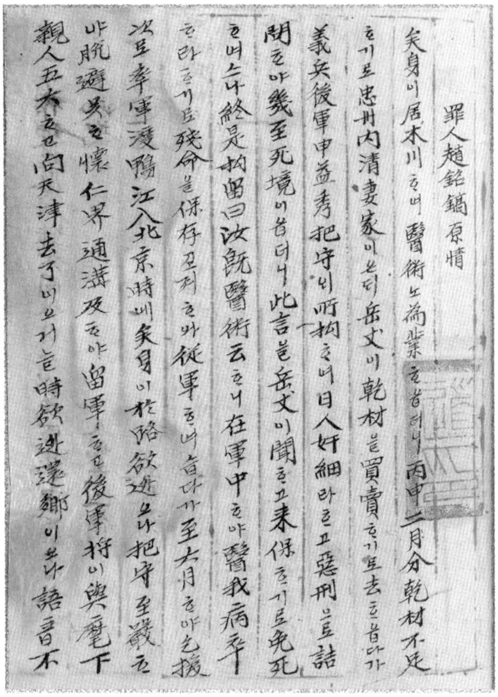
罪人趙銘鎬原情
矣身이居木川ᄒᆞ며醫術노爲業ᄒᆞ읍더니丙申二月分乾材不足
ᄒᆞ기로忠州內淸妻家이온ᄃᆡ岳丈이乾材을買賣ᄒᆞ기로去ᄒᆞ읍다가
義兵後軍申益秀把守의所拘ᄒᆞ며曰人奸細라ᄒᆞ고惡刑으로詰
問ᄒᆞ야幾至死境이읍더니此言을岳丈이聞ᄒᆞ고來保ᄒᆞ기로免死
ᄒᆞ며ᄉᆞ나終是拘留曰汝既醫術云ᄒᆞ니在軍中ᄒᆞ야醫我病卒
ᄒᆞ라ᄒᆞ기로殘命을保存코져ᄒᆞ와從軍ᄒᆞ며읍다가至六月ᄒᆞ야乞
次로率軍渡鴨江入北京時에矣身이於路欲逃오나把守至嚴ᄒᆞ
야脫避못ᄒᆞ懷仁界通溝及ᄒᆞ야留軍ᄒᆞ고後軍將이與麾下
親人五六ᄒᆞ고向天津去了이오리ᄒᆞ時欲逃還鄕이오나語音不

⑮

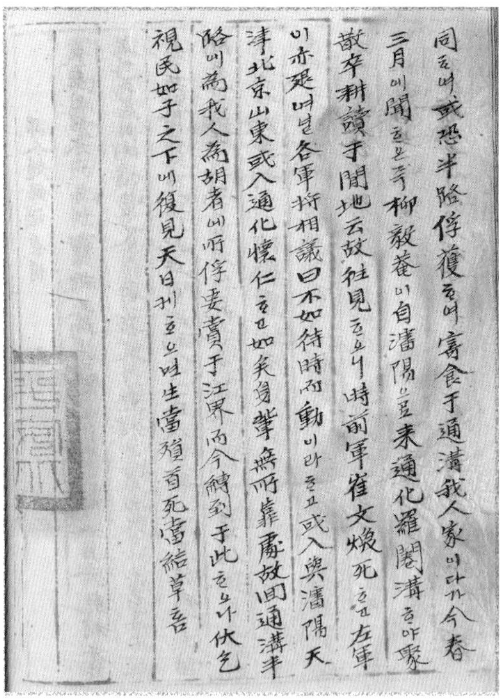
同ᄒᆞ며或恐半路停獲ᄒᆞ며寄食于通溝我人家이다가今春
三月에聞ᄒᆞ온즉柳毅菴이自瀋陽으로來通化羅閣溝ᄒᆞ야聚
徵卒耕讀于閒地云故往見ᄒᆞ오니時前軍崔文煥死ᄒᆞ고左軍
이亦延여ᄂᆞᆫ各軍將相議曰不如待時而動이라ᄒᆞ고或入與瀋陽天
津北京山東或入通化懷仁ᄒᆞ고如矣身輩無所歸處故留通溝半
路에爲我人爲胡者에所停妻賣于江界而今縛到于此ᄒᆞ오나伏乞
視民如子之下에復見天日케ᄒᆞ오면生當殞首死當結草事

⑯

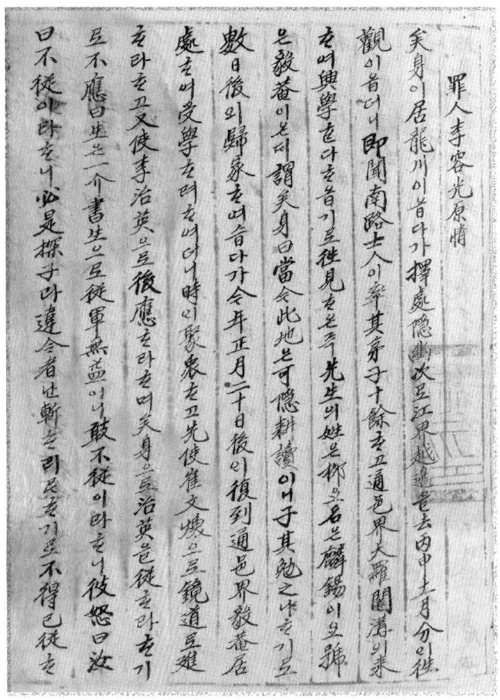
罪人李容光原情
矣身이居龍川이읍다가擇處隱遯次로江界越邊을去丙申十月分에往
觀이읍더니即聞南路士人이率其弟子十餘ᄒᆞ고通邑界大羅閣溝의來
ᄒᆞ여興學ᄒᆞ다ᄒᆞ읍기로往見ᄒᆞ온즉先生의姓은柳오名은麟錫이오號
은毅菴이온ᄃᆡ謂矣身曰當今此地는可隱耕讀이니子其勉之ᄒᆞ기로
數日後의歸家ᄒᆞ여읍다가今年正月二十日後의復到通邑界毅菴居
處ᄒᆞ여受學ᄒᆞ더ᄒᆞ여더니時의聚衆ᄒᆞ고先使崔文煥으로鏡道로避
ᄒᆞ라ᄒᆞ고又使李治英으로後應ᄒᆞ라ᄒᆞ며矣身으로治英을從ᄒᆞ라ᄒᆞ기
로不應曰生은一介書生으로從軍無益이니敢不從이라ᄒᆞ니彼怒曰汝
曰不從이라ᄒᆞ니必是探子라違令者는斬ᄒᆞ리라ᄒᆞ기로不得已從ᄒᆞ

⑰

며有所使之字則記ᄒᆞ옵다가前軍之亂ᄒᆞ고後應이退ᄒᆞ며各軍將
相議曰不如待秋後復圖라ᄒᆞ고解軍ᄒᆞ기로矣身이脫身還家之路에我
人居彼界者流言曰捉此軍中人ᄒᆞ야入于江界必有賞이라ᄒᆞ고作黨ᄒᆞ
여矣身을捉上江界이옵기矣身이不得已數月從軍之罪로江界府의
降書을呈ᄒᆞ와將功贖罪을發願이오니噫라從古來今의有言ᄒᆞ오되
陷人은不好事오救人은是好事라ᄒᆞ니秦武安楚伯王은殺降者而增何
福을求聞이오納官貰死郭汾陽은子孫昌盛福祿連綿流傳이오니
且以敵人으로論ᄒᆞ여도以利誘其情을詳悉ᄒᆞ고將討就討ᄒᆞ가시니
故兵法云無所不用間이라ᄒᆞ고又曰明君賢將所以動而勝人成功出
於衆者先知也先知者不可取于鬼神不可象于事不可驗于度必

⑱

取于人而知敵之情이라ᄒᆞ여시니矣身雖不敏이오나在彼軍數月의
畧知其情이오니伏乞明察之下에秉璣收錄ᄒᆞ오면出萬死之力ᄒᆞ와
效犬馬之勞音

謹再拜伏成言志一律秉呈

統希垂鑑

在綫之中年火子　雖曲從繩皆直木
不堪戰慄若淵臨　太剛經鍊則柔金
点宿猶昉明月意　願言相國芻言納
細流亦補大河心　安使人民似古今

⑲

報告書第四號

本月十七日到達ᄒᆞᆫ온管下江界郡守李昌濂의第一百二十九號報
告書를接准ᄒᆞᆫ온즉內開江北各溝匪徒之烏合蟻聚ᄒᆞ야窺覦侵邊
ᄒᆞ며到處作弊을可勝道哉아昨年五六月之間에湖左餘匪가轉
入本郡境이라가逢敗後에逃越鴨江ᄒᆞ야攘奪民財ᄒᆞ며騷擾邊
境이올다가前郡守在任時陰曆今年正月分에匪魁崔文煥과
李致永兩漢이各率軍兵ᄒᆞ고向往三水郡ᄒᆞ야至二月二十二日ᄒᆞ
와突入該郡에擅殺郡守ᄒᆞ옵고移住甲山이라가李致永爲名漢
이爭權爭利에砲殺崔文煥ᄒᆞ며歷路에入于甲山境居金穩
城家ᄒᆞ야勒奪四千兩錢ᄒᆞ고及到本道厚昌境ᄒᆞ야掠奪民

①

財ᄒᆞ며屯據邊隅ᄒᆞ야甚至有請援於本郡ᄒᆞ와別定領將
二人에選送五十砲軍ᄒᆞ야多日防守之由는前郡守가已爲報
明이오며至陰曆五月ᄒᆞ야江北流寓民金利浩等이所謂匪魁
申益秀의隊下領官趙銘鎬와李致永의率下中軍兼書記李
容光을有所捉納ᄒᆞ와兩漢을押上府下에已承指令이올건과
李致永爲名漢이蓄憾於前日ᄒᆞ며逞毒於本郡ᄒᆞ야嘯聚徒
黨ᄒᆞ며令收民銃ᄒᆞ야又將有生衅侵掠之擧이라該地流寓民
沈正河咸泰蓂吳致京李枝祥等이來訴本郡ᄒᆞ며徃呈府下
이온즉李致永等이其所作仇가一層加激ᄒᆞ야至有咸泰蓂削
髮之擧措이온즉厥民輩가枯連府指令ᄒᆞ야來訴于本郡及慈

②

평 12

報告書第一號

當日到達ᄒᆞ온一月二十二日出慈城郡守金球榮의第一百八十一號報告書를接准

ᄒᆞ온즉內開當日午時量에騎馬彼人五名이来到本郡이온바使通事로問情이온즉

乃是通化縣官兵也라所持公文入呈而內開에湯河等地에响馬賊徒四百餘名이成群作

黨ᄒᆞ야向頭到處에掠奪民財ᄒᆞ며屠牛殺猪에貽弊大端ᄒᆞ야沿邊民人이擧皆奔

竄于朝鮮地界ᄒᆞ니豈非大亂乎아吉林兵七百名瀋陽兵五百名通化本縣地方兵三

百名이合力勦滅次로今方屯聚于通化縣而沿邊三甲慈厚等地逃散之賊黨을

亦為偵探事等因을該官兵이欲向三甲等地이오며對岸彼人之避賊越来于沿邊山谷者其

數不些온勢所必至라避禍之類가姑無作梗이오나通化縣湯河가自沿邊으로不

過二百里之地에彼我居民이其數不億이온즉若當不意之變ᄒᆞ와其所困逐

①

평 13

城ᄒᆞ옵기로此等悖漢을飭禁而不止則捉送一事로修送文字

于通化縣이옵더니回文이未到에致永을已斬矣라江北流寓民金啓

弘等이現納致永之首級ᄒᆞ며致永家所在之金才成朴永官全

丙元三漢을亦為捉納이온바李致永之作弊於三邊之上ᄒᆞ며貽

憂於兩 國之間은厥維久矣라擅殺은雖近犯律이오나除弊는

亦是可幸이온바領納之金啓弘等五民은施賞示意ᄒᆞ옵고捉納之

金才成朴永官金丙元段은一問再問ᄒᆞ며初招更招이옵고罪人領

納之金啓弘處에亦為推招ᄒᆞ와別成件記에同封上送ᄒᆞ오며三

罪人一首級을不敢自下擅便ᄒᆞ와別定巡校二人에嚴飭押上이오

며所謂李致永之行用刻木印段도亦為堅封上送ᄒᆞ오니照亮

③

處分ᄒᆞ시믈望홈等因이온바押来之金才成朴永官金丙元三漢

行跡은雖悉於該郡守捧招記이오나固不可循例轉報ᄒᆞ와一

併捉入府庭ᄒᆞ야到底盤覈이온즉所供이一如該郡守捧招記

이옵기同捧招記를別紙謄上이옵거니와金啓弘沈正河咸泰奠吳

致京李枝祥等五民段은匪魁之一首級을斬納ᄒᆞ고餘黨之三

罪人을捉上ᄒᆞ니邊事가從以稍安이요其志가亦為嘉尚이라

此等之人을如不別加褒賞이면無以激鼓衆情이오니惟在

參量處分이오며李致永首級은其與發兵殲賊으로有異則此

非獻馘於長安이올거슬該郡守之徑送府下가已係失錯이오며旣

轉送之首級은有不可露置ᄒᆞ와姑為掘坎入置에皆盖封標ᄒᆞ

④

야使巡檢으로逢授守直ᄒᆞ야更待知委ᄒᆞ야擧行計料ᄒᆞ오며金才成朴永官

金丙元等은每每盤問에不過平問而止ᄒᆞ고且念事關匪徒者는與他

囚徒로視以一例則輕重이自別ᄒᆞ옵고事件이非細ᄒᆞ오니如此之類는必由京

獄ᄒᆞ야條條鉤覈이恐合事宜이오되不敢直為押上ᄒᆞ와姑為具格嚴囚

ᄒᆞ옵고茲에報告ᄒᆞ오니並與前囚匪徒罪人趙銘鎬李容光으로特許一體

押上ᄒᆞ시와照法處辦케ᄒᆞ시오며木印一顆는堅封上送于 法部ᄒᆞ오니

查照ᄒᆞ시믈望홈

光武元年十一月二十二日

平安北道觀察使 徐相雨

議政府贊政外部大臣閔種默 閣下

⑤

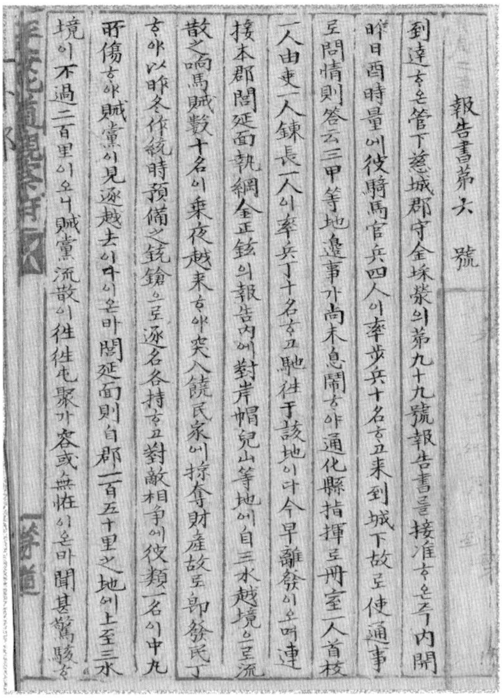

①

평 14

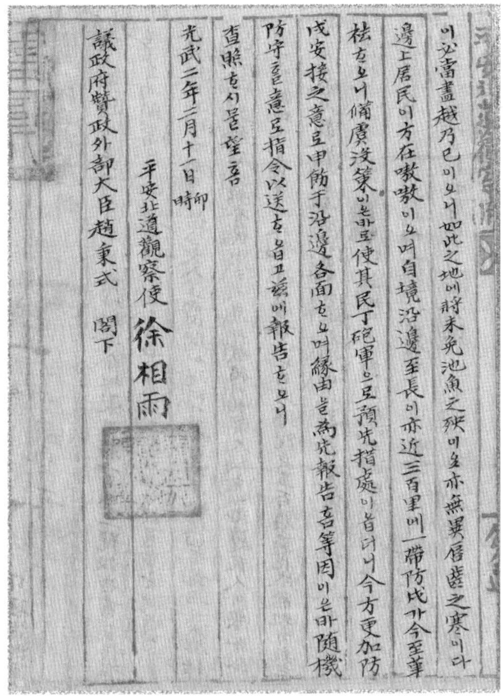

②

③

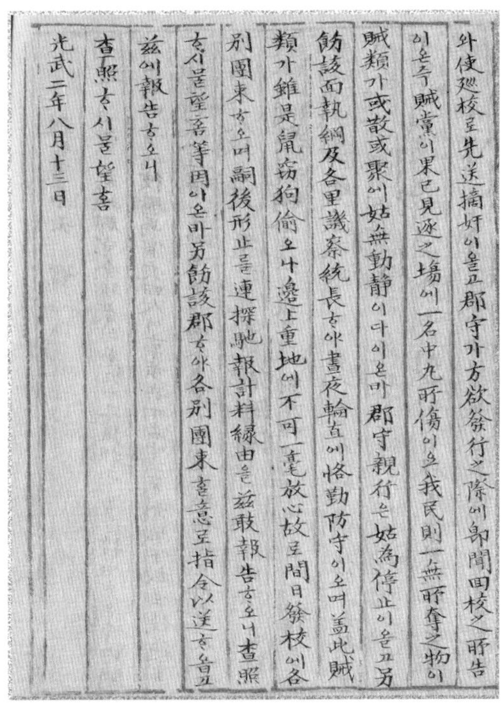

②

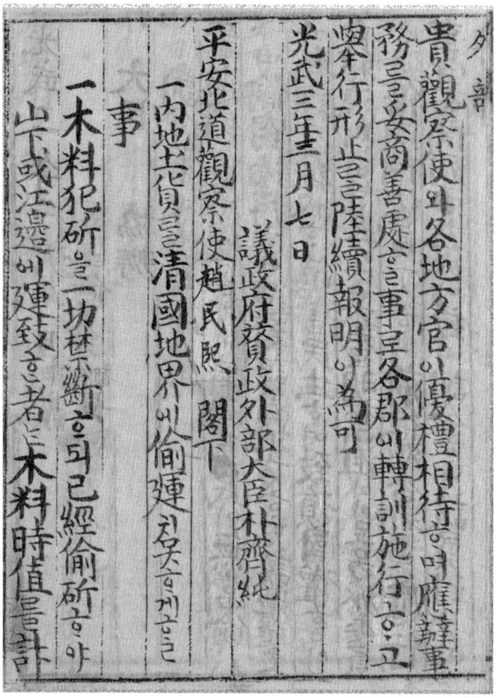

②

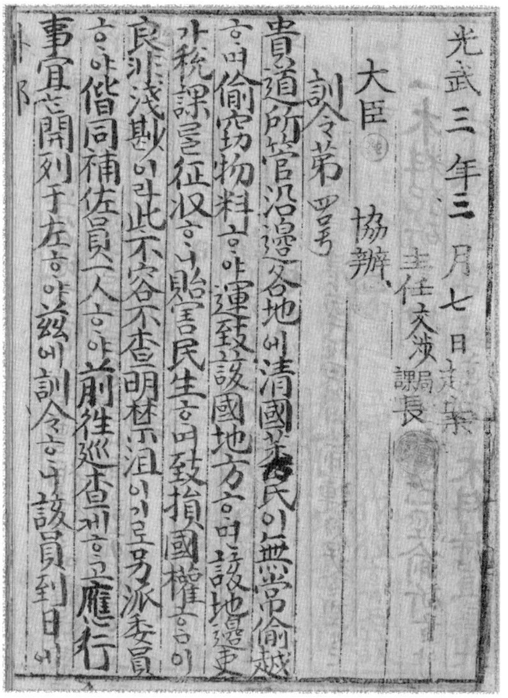

① 평 15

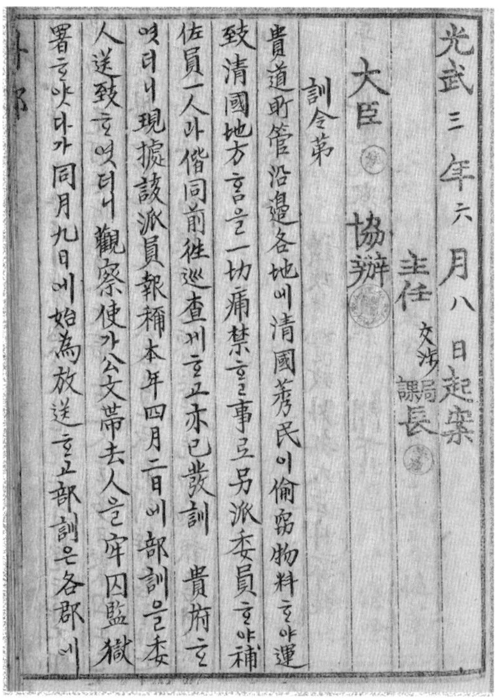

① 평 16

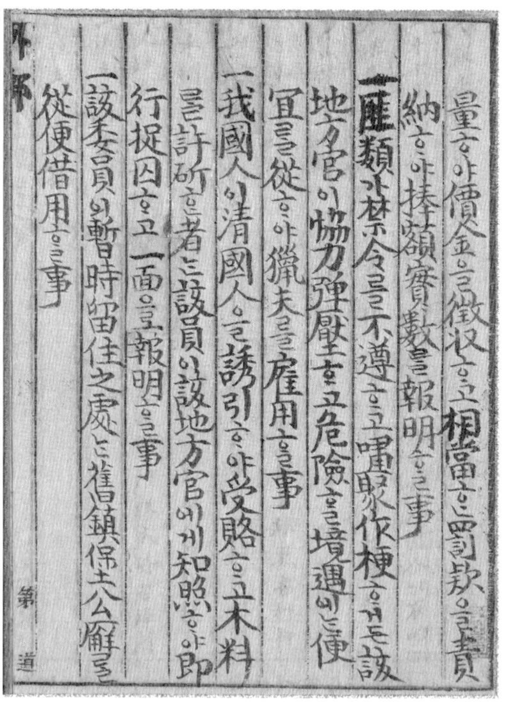

③

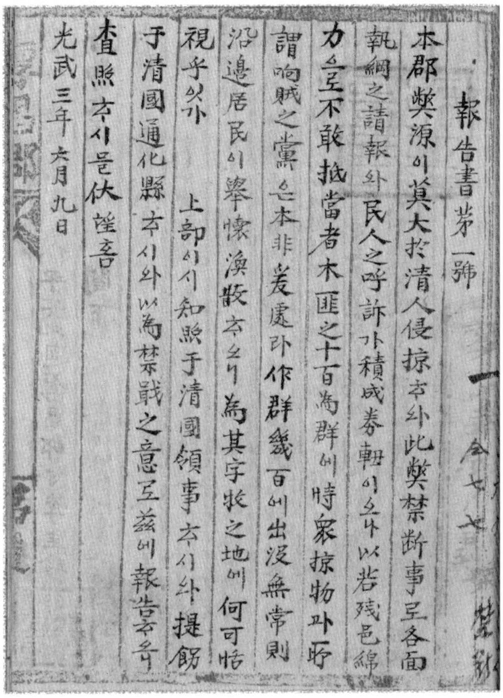
報告書第一號
本郡弊源이莫大於清人侵掠ᄒᆞ와此弊禁断事로各面執綱之請報와民人之呼訴가積成卷軸이오나以若殘邑綿力으로不敢抵當者ᄂᆞᆫ匪之十百為群에時衆掠物과所謂响賊之黨은本非爰處라作群幾百에出没無常則沿邊居民이擧懷渙散ᄒᆞ오니為其字牧之地에何可恬視乎잇가 上部에셔知照于清國領事ᄒᆞ시와提飭于清國通化縣ᄒᆞ시와以為禁戢之意로玆에報告ᄒᆞᆸ나니查照ᄒᆞ시믈伏望ᄒᆞᆷ
光武三年六月九日

① 평 17

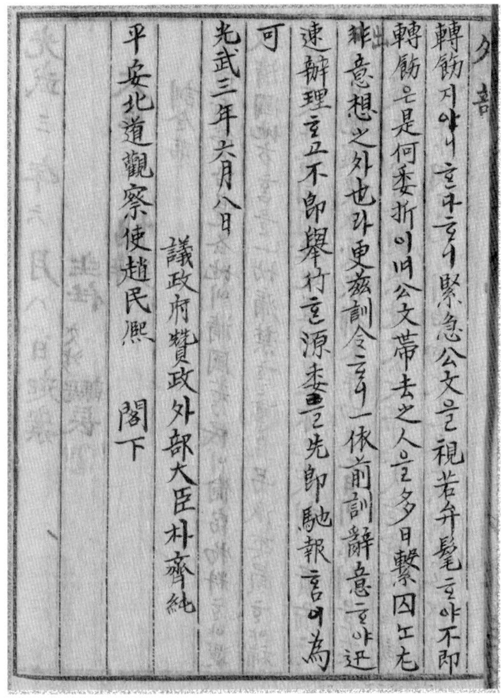
外部
轉飭지아니ᄒᆞ다ᄒᆞ니緊急公文을視若弁髦ᄒᆞ야不即轉飭은是何委折이며公文帶去之人을多日繫囚ᄒᆞᆫ尤非意想之外也라更玆訓令ᄒᆞ니一依前訓辭意ᄒᆞ야迅速辦理ᄒᆞ고不即擧行ᄒᆞᆫ源委를先即馳報ᄒᆞᆷ이為可
光武三年六月八日
議政府贊政外部大臣朴齊純
平安北道觀察使趙民熙 閣下

②

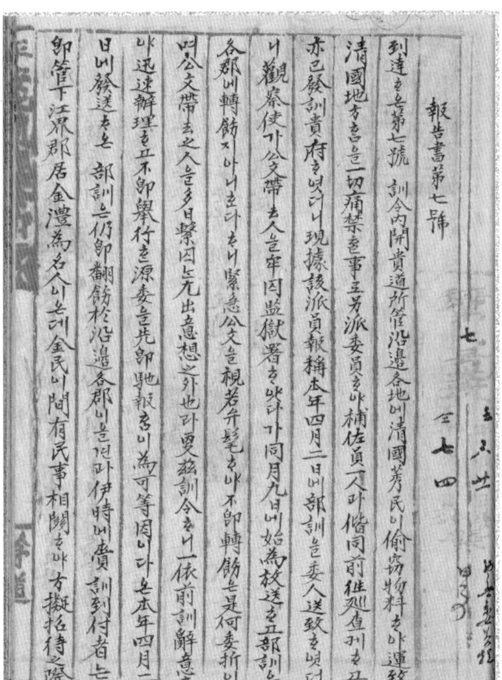
報告書第七號
到達ᄒᆞᆫ第七號 訓令內開貴道所管沿邊各地에清國莠民이偷竊物料ᄒᆞ야運致清國地方ᄒᆞᆷ을一切痛禁ᄒᆞᆯ事로另派委員ᄒᆞ야補佐員一人과偕同前往邏查ᄒᆞ고亦已發訓責府ᄒᆞ엿더니現據該派員報稱本年四月二日에部訓을委人送致ᄒᆞ엿더니觀察使가公文帶去人을牢囚監獄署ᄒᆞ엿다가同月九日에始為放送ᄒᆞ고部訓은各郡에轉飭지아니ᄒᆞ다ᄒᆞ니緊急公文을視若弁髦ᄒᆞ야不即轉飭은是何委折이며公文帶去之人을多日繫囚ᄒᆞᆫ尤出意想之外也라更玆訓令ᄒᆞ니一依前訓辭意ᄒᆞ야迅速辦理ᄒᆞ고不即擧行ᄒᆞᆫ源委를先即馳報ᄒᆞᆷ이為可等因이라ᄒᆞ온바本年四月二日에發送ᄒᆞᆫ 部訓은仍即翻飭於沿邊各郡이옵건바伊時에賫訓到付者ᄂᆞᆫ即管下江界郡居金灃為名人이온데金民이聞有民事相關ᄒᆞ야方擬拓待之際

① 평 18

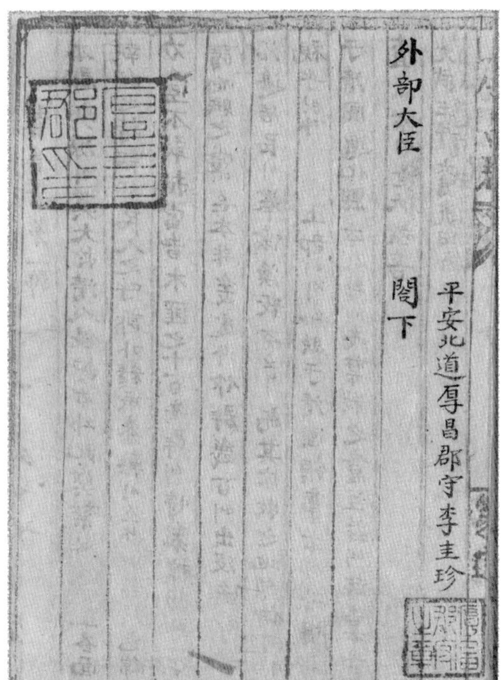
外部大臣 閣下
平安北道厚昌郡守李圭珍

②

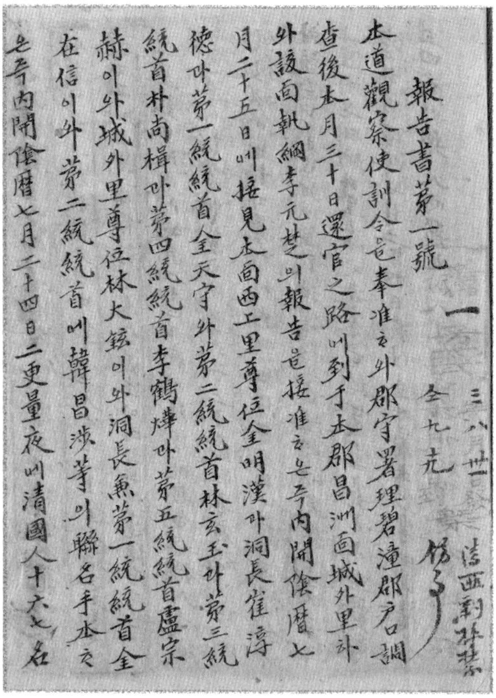

報告書第一號

本道觀察使訓令을奉准ᄒᆞ와郡守署理碧潼郡守調
査後本月三十日還官之路에到于本郡昌洲面城外里ᄒᆞ
外該面執綱李元楚의報告을接准ᄒᆞ온즉內開陰曆七
月二十五日에據見本面西上里尊位金明漢과洞長崔淳
德과第一統統首金天守와第二統統首林玄玉과第三統
統首朴尚楫과第四統統首李鶴煒과第五統統首盧宗
赫이와城外里尊位林大鉉이와洞長兼第一統統首金
在信이와第二統統首에韓昌涉等의聯名手本ᄒᆞ
온즉內開陰曆七月二十四日二更量夜에清國人十六七名

① 평 19

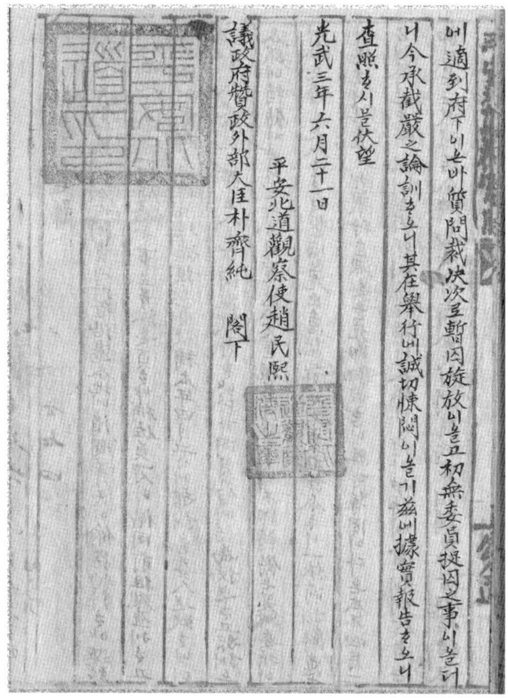

에適到府下이온바質問裁決次로暫因旋放이읍고初無妻貞捉囚之事이읍더
니今承截嚴之論訓ᄒᆞ오니其在舉行에誠切悚悶이읍기玆에據實報告ᄒᆞ오니
查照ᄒᆞ시믈伏望
光武三年六月二十一日
平安北道觀察使趙民熙
議政府贊政外部大臣朴齊純 閣下

②

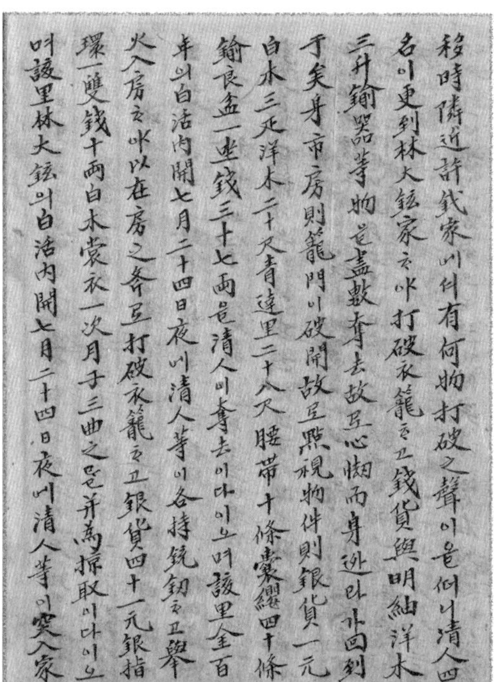

移時隣近許鉞家에서有何物打破之聲이읍더니清人四
名이更到林大鉉家ᄒᆞ와打破衣籠ᄒᆞ고錢貨與明紬洋木
三升鍮器等物을盡數奪去故로心惻而身逃ᄒᆞ가回到
于矣身市房則籠門이破開故로照視物件則銀貨一元
白木三疋洋木二十尺青達里二十八尺腰帶十條蒙纓四十條
鍮良盃一坐錢三十七兩을清人이奪去이다이오며該里金百
年의白活內開七月二十四日夜에清人等이各持銃劍ᄒᆞ고舉
火入房ᄒᆞ와以在房之各로打破衣籠ᄒᆞ고銀貨四十一元銀指
環一雙錢十兩白木裳衣一次月子三曲之物을并爲掠取이다이오
며該里林大鉉의白活內開七月二十四日夜에清人等이突入家

③

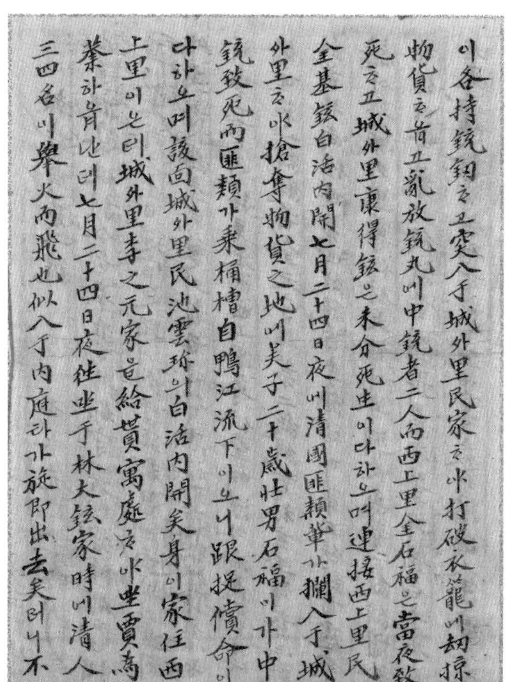

이各持銃劍ᄒᆞ고突入于城外里民家ᄒᆞ와打破衣籠에刼掠
物貨ᄒᆞ옵고亂放銃丸에中銃者二人而西上里金石福은當夜致
死ᄒᆞ고城外里東得鉉은未分死生이다ᄒᆞ오며連接西上里民
金基鉉白活內開七月二十四日夜에清國匪類輩가攔入于城
外里ᄒᆞ와搶奪物貨之地에矣子二十歲壯男石福이가中
銃致死而匪類가乘桶槽自鴨江流下이오니跟捉償命이
다ᄒᆞ오며該面城外里民池雲璘의白活內開矣身이家住西
上里이온더城外里李之元家을給貰寓處ᄒᆞ와坐賈爲
業ᄒᆞ읍더니七月二十四日夜往坐于林大鉉家時에清人
三四名이舉火而飛也似入于內庭ᄒᆞ가旋即出去矣더니不

②

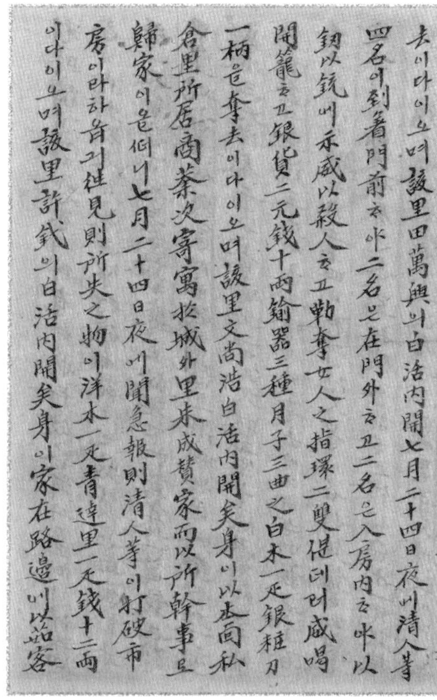

中ㅎ야錢四十五兩明紬二十尺洋木二十尺三升一疋鍮器七種奪
去이다이오며該里田萬興의白活內開七月二十四日夜에淸人等
四名이到着門前ㅎ야二名은在門外ㅎ고二名은入房內ㅎ야以
劍以銃에示威以殺人ㅎ고勒奪女人之指環二雙떠며喊喝
開籠ㅎ고銀貨二元錢十兩鍮器三種月子三曲之白木一疋銀粧刀
一柄을奪去이다이오며該里文尙浩白活內開矣身이以本面私
倉里所居商恭次寄寓於城外里朱成贊家而以所幹事로
歸家이옵더니七月二十四日夜에聞急報則淸人等이打破市
房이라하옵기徃見則所失之物이洋木一疋靑達里一疋錢十二兩
이다이오며該里許鉞의白活內開矣身이家在路邊에以茁客

④

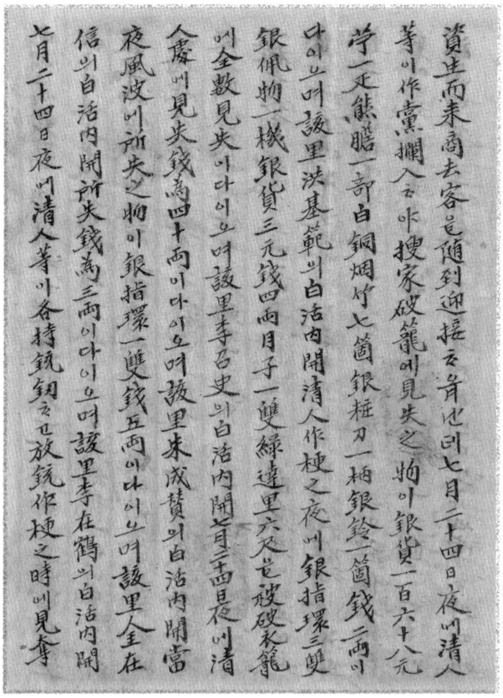

資生而來商去客을隨到迎接ㅎ옵더니七月二十四日夜에淸人
等이作黨攔入ㅎ야搜家破籠에見失之物이銀貨一百六十八元
斈一疋熊膽一部白銅烟竹七箇銀粧刀一柄銀鈴一箇錢二兩이
다이오며該里洪基範의白活內開淸人作梗之夜에銀指環三雙
銀佩物一機銀貨三元錢四兩月子一雙綠達里六尺을被破衣籠
에全數見失이다이오며該里李召史의白活內開七月二十四日夜에淸
人處에見失錢爲四十兩이다이오며該里朱成贊의白活內開當
夜風波에所失之物이銀指環一雙錢五兩이다이오며該里金在
信의白活內開所失錢爲三兩이다이오며該里李在鶴의白活內開
七月二十四日夜에淸人等이各持銃劍ㅎ고放銃作梗之時에見奪

⑤

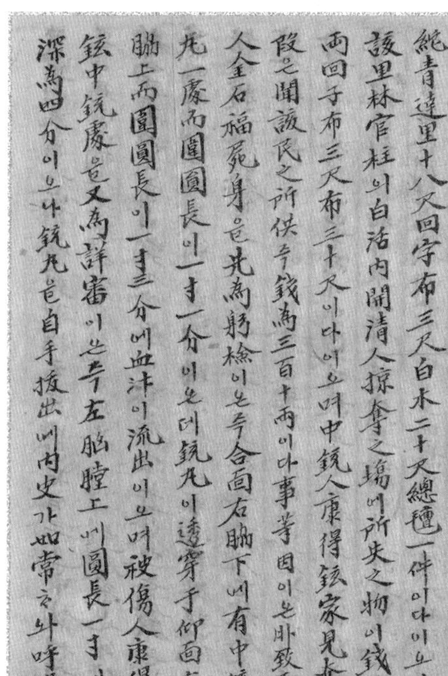

之物이銀佩物一機月子一雙銀指環一雙明紬一疋錢四兩綠五
純靑達里十八尺回字布三尺白木二十尺總纏一件이다이오며
該里林官柱의白活內開淸人掠奪之塲에所失之物이錢五
兩回子布三尺布三十尺이다이오며中銃人康得鉉家見奪
段은聞該民之所供ㅎ온즉錢爲三百十兩이다事等因이온바致死
人金石福屍身을先爲驗檢이온즉合面右脇下에有中銃
丸一處而圍圓長이一寸一分이온데銃丸이透穿于仰面左
脇上而圍圓長이一寸三分에血汁이流出이오며被傷人康得
鉉中銃處을又爲詳審이온즉左胎膛上에圍長一寸에
深爲四分이오나銃丸을自手拔出에內史가如常ㅎ와呼吸

⑥

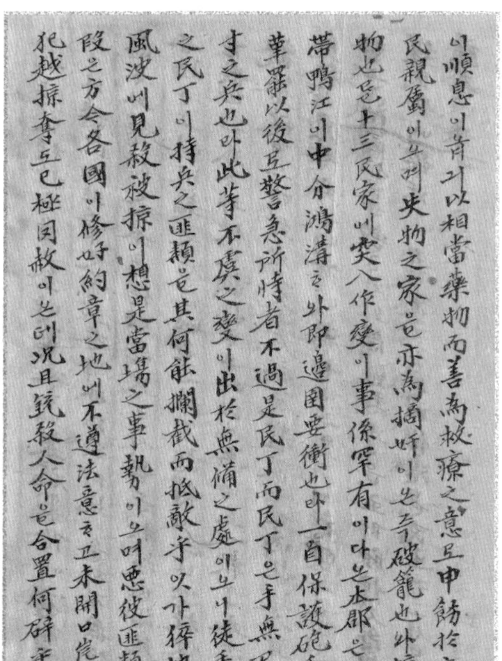

이順息이옵기以相當藥物而善爲救療之意로申飭於康
民親屬이오며失物之家을亦爲摘奸이온즉破籠也外掠
物也은十三民家에突入作變이事係罕有이다온本郡은一
帶鴨江이中分鴻溝ㅎ와即邊圉要衝也라一自保護砲手
革罷以後로警急所恃者不過是民丁而民丁은手無尺
寸之兵也라此等不虞之變이出於無備之處이오니徒手
之民丁이持兵之匪類을其何能攔截而抵敵乎잇가猝地
風波에見殺被掠이想是當塲之事勢이오며悪彼匪類
段은方今各國이修好約章之地에不遵法意ㅎ고未開口岸에
犯越掠奪도已極罔赦이온데況且銃殺人命을合置何辟乎

⑦

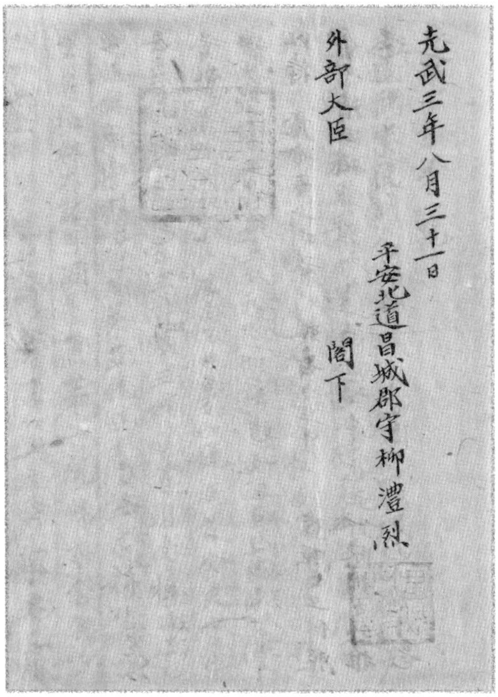

外部大臣 閣下

光武三年八月三十一日

平安北道昌城郡守柳澧烈

⑨

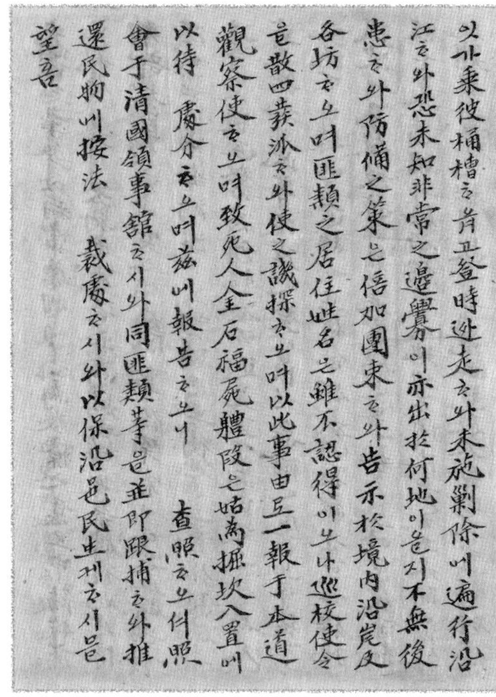

이가乘彼桶槽하고登時迯走하와未施剿除에適行沿江하와恐未知非常之邊釁이亦出於何地이온지不無後患하와防備之策은倍加團束하와告示於境內沿岸及各坊하오며匪類之居住姓名은雖不認得이오나巡校使令을散四搜派하와使之譏探하오며以此事由로一報于本道觀察使하오며致死人金石福屍體段은姑爲掘坎入置에以待 處分하오며茲에報告하오니 查照하오셔 仍照會于清國領事館하시와同匪類等을並即跟捕하와推還民物에接法 裁處하시와以保沿邑民生케하시믈望홈

⑧

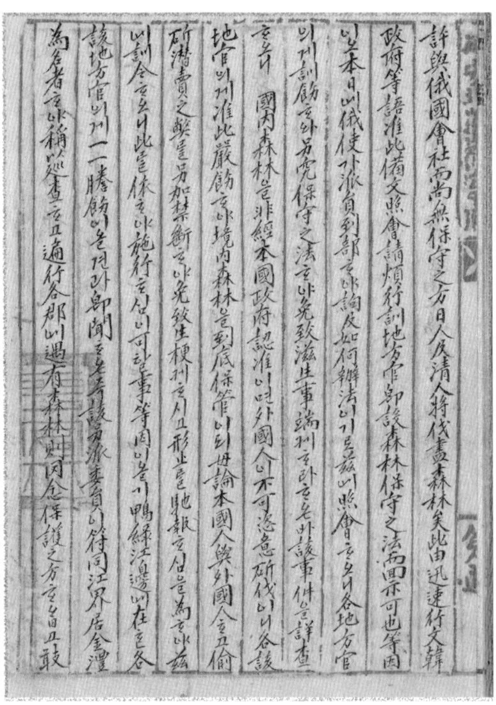

②

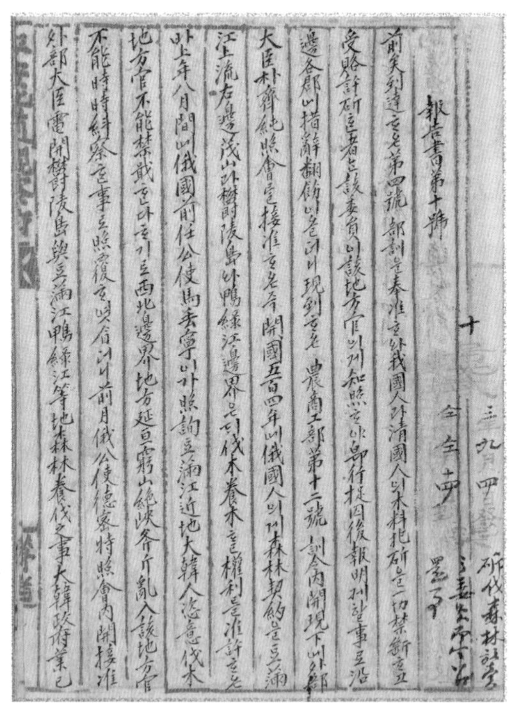

①

평 20

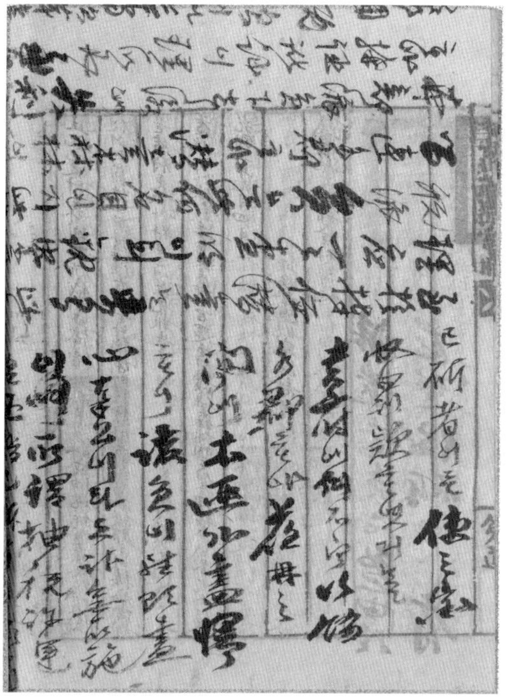

④

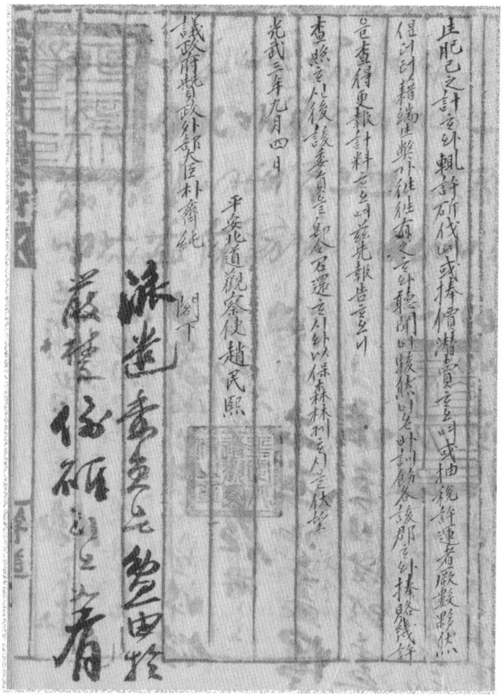

走肥己之計ᄒᆞ와輒許斫伐이며或捧價潛賣ᄒᆞ오며或抽稅許運者厥數夥然
但以藉端生弊가往往有之ᄒᆞ와聽聞이駭然이오바訓飭各該郡ᄒᆞ와捧賂錢許[illegible]
은査得更報ᄒᆞ올計料ᄒᆞ오며玆先報告ᄒᆞ오니
査照ᄒᆞ신後該委員을卽爲召還ᄒᆞ시와以保森林利權ᄒᆞ심을伏望
光武三年九月四日
平安北道觀察使趙民熙
議政府贊政外部大臣朴齊純 閣下

③

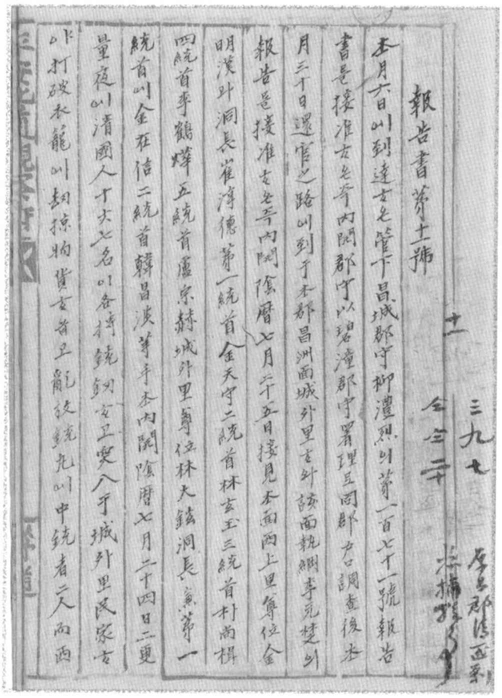

報告書第十號
本月六日에到達ᄒᆞ온管下昌城郡守柳瀅烈의第一百七十一號報告
書를接准ᄒᆞ온즉內開郡守以碧潼郡守署理로同郡에調査後本
月二十日還官之路에到于本郡昌洲面城外里ᄒᆞ야該面執綱李亮楚의
報告를接准ᄒᆞ온즉內開陰曆七月二十五日接見本面西上里尊位金
明漢과洞長崔淳德第一統首金天守二統首林玄玉三統首朴尙楫
四統首李鶴燁五統首盧宗赫城外里尊位林大鉉洞長兼第一
統首에金在信二統首韓昌洪等手本內開陰曆七月二十四日二更
量夜에淸國人十六七名이各持銃釰ᄒᆞ고突入于城外里民家ᄒᆞ
야打破衣籠에刦掠物貨ᄒᆞ옵고亂放銃丸에中銃者二人而西

①

평 21

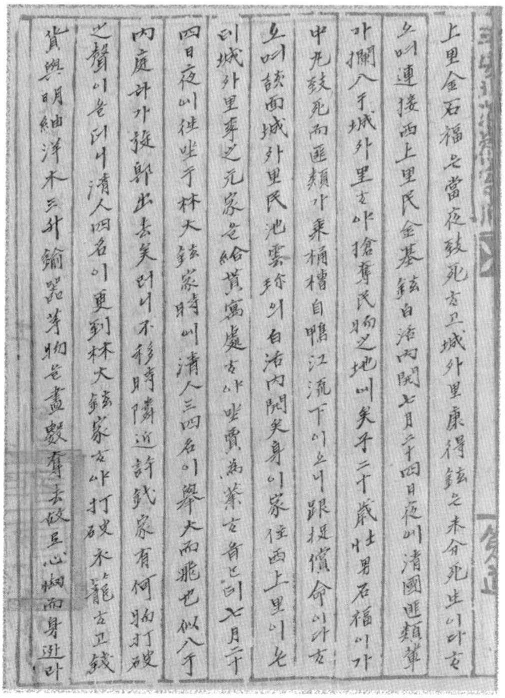

上里金石福은當夜致死ᄒᆞ고城外里康得鉉은未分死生이다ᄒᆞ
오며連接西上里民金基鉉白活內開七月二十四日夜에淸國匪類輩
가攔入于城外里ᄒᆞ야搶奪民物之地에矣子二十歲壯男石福이가
中丸致死而匪類가乘桶槽自鴨江流下이오니跟捉償命이다ᄒᆞ
오며該面城外里民池雲珎의白活內開矣身이家住西上里이온
ᄃᆡ城外里康等之兄家을給貰寓處ᄒᆞ야坐賈爲業ᄒᆞ옵더니七月二十
四日夜에往坐于林大鉉家時에淸人三四名이擧大而訛也似入于
內庭하가旋卽出去矣더니不移時隣近許鈌家有何物打破
之聲이옵더니淸人四名이更到林大鉉家ᄒᆞ야打破衣籠ᄒᆞ고錢
貨與明紬洋木三疋鍮器等物을盡數奪去故로心㥘而身逬라

②

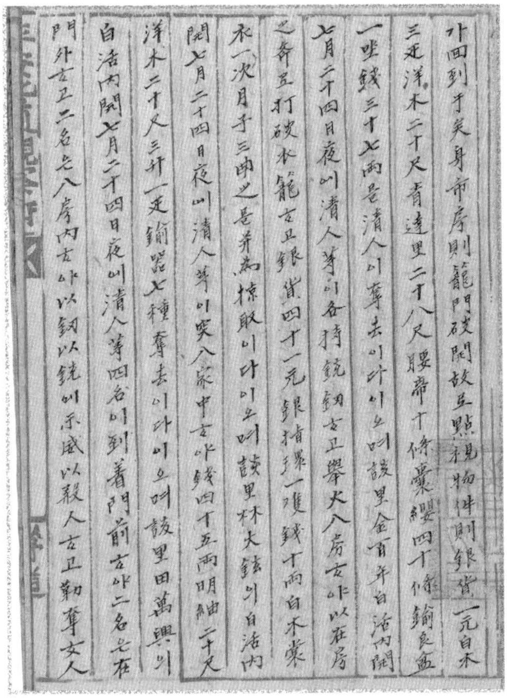

③

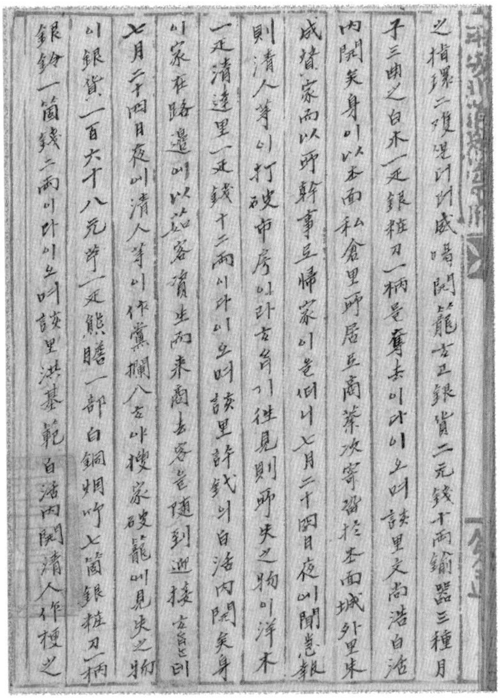

④

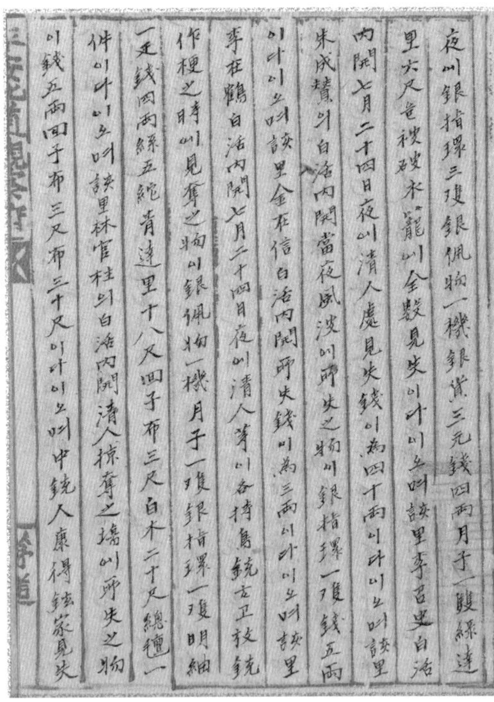

⑤

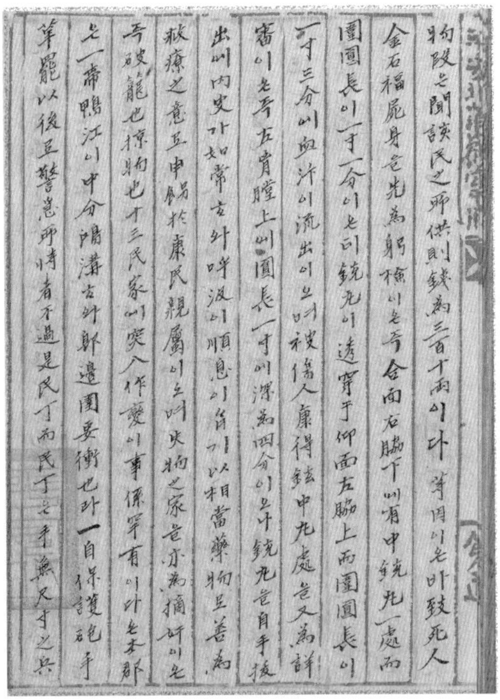

⑥

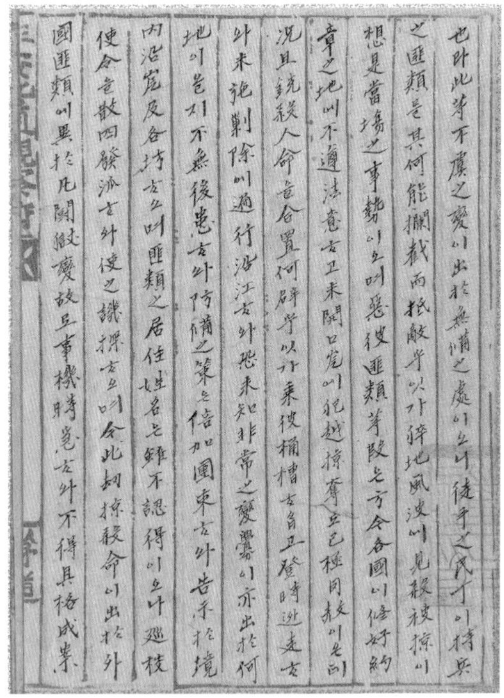

也라 此等不虞之變이 出於無備之處이오니 徒手之民丁이 持兵
之匪類를 其何能攔截而抵敵乎잇가 僻地風波에 見殺被掠이
想是當境之事勢이오며 惡彼匪類等段은 方今各國이 修好約
章之地에 不遵法意ᄒ고 未聞口寃에 犯越掠奪ᄒ오 已極罔赦이온
況且銃殺人命은 合置何辟乎잇가 乘彼桶槽ᄒ옵고 登時逃走ᄒ
와 未施剿除에 適行沿江ᄒ와 恐未知非常之變釁이 亦出於何
地이올지 不無後患ᄒ와 防備之策은 倍加團束ᄒ와 告示於境
內沿邊及各埠ᄒ오며 匪類之居住姓名은 雖不認得이오나 巡校
使令을 散四發派ᄒ와 使之譏探ᄒ오며 今此刼掠殺命이 出於外
國匪類에 異於凡關獄變故로 事機時急ᄒ와 不得具格成案

⑦

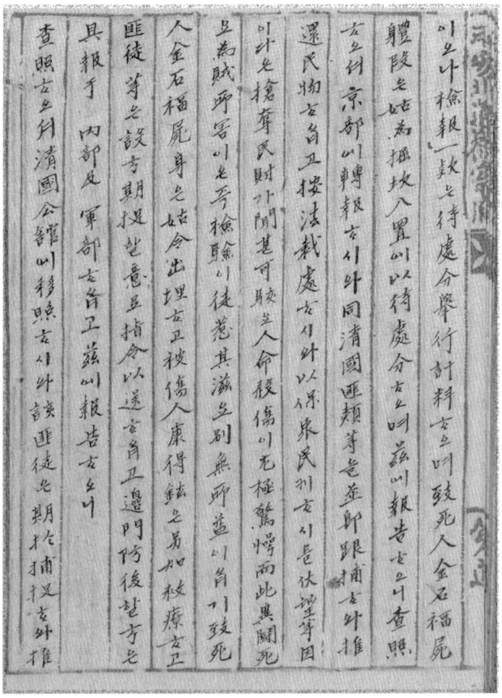

이오나 檢報一款은 待處分擧行計料ᄒ오며 致死人金石福屍
體段은 姑爲掘坎入置에 以待處分ᄒ오며 玆에 報告ᄒ오니 查照
ᄒ오시고 京部에 轉報ᄒ시와 同清國匪類等을 並卽跟捕ᄒ와 推
還民物ᄒ옵고 按法裁處ᄒ시와 以保邊民케ᄒ시믈 伏望等因
이라ᄂ 搶奪民財가 聞甚可駭오 人命殺傷이 尤極驚愕而 此異於鬪死
오 爲賊所害이ᄂ즉 檢驗이 徒惹其滋오 別無所益이옵기 致死
人金石福屍身은 姑令出埋ᄒ고 被傷人康得鉉은 另加救療ᄒ고
匪徒等은 設ᄒ期捉할意로 指令以送ᄒ옵고 邊門防後할方은
具報于 內部及 軍部ᄒ옵고 玆에 報告ᄒ오니
查照ᄒ오시와 淸國公館에 移照ᄒ시와 該匪徒은 期於捕捉ᄒ와 推

⑧

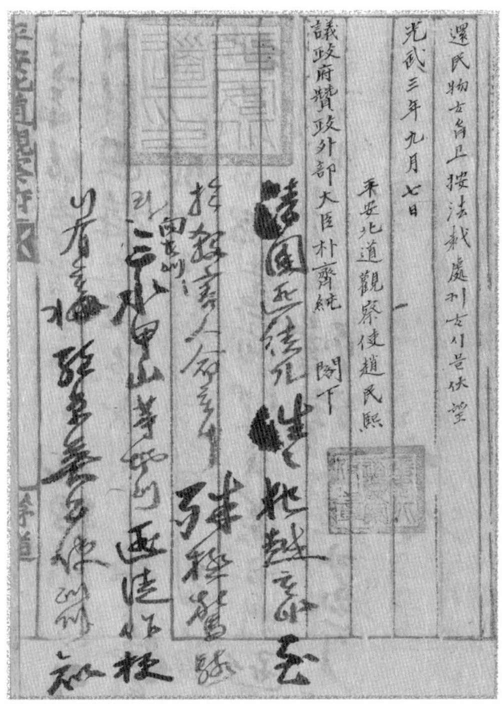

還民物ᄒ옵고 按法裁處케ᄒ시믈 伏望
光武三年九月七日
平安北道觀察使趙民熙
議政府贊政外部大臣朴齊純 閣下

⑨

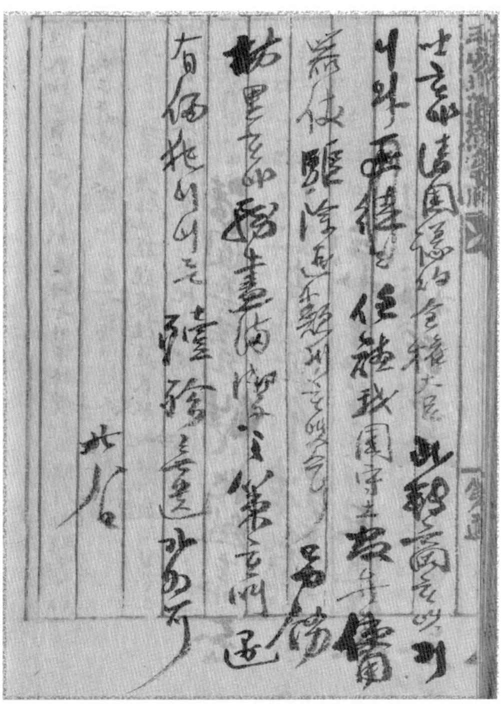

⑩

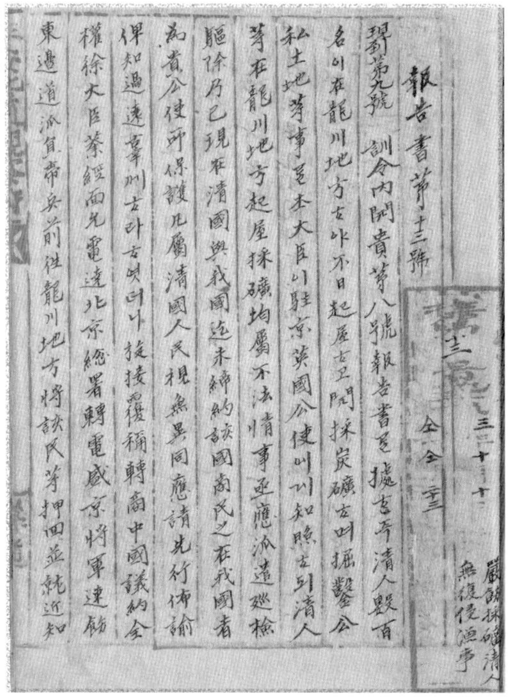

報告書第十三號

照第九號 訓令內開貴第八號報告書를據호즉清人數百
名이在龍川地方호야不日起屋호고闢採炭礦호며掘鑿公
私土地等事로本大臣이駐京英國公使에게知照호되清人
等在龍川地方起屋採礦均屬不法情事亟應派遣巡檢
驅除乃已現在清國與我國迄未締約該國商民之在我國者
爲貴公使所保護凡屬清國人民視無異同應請先行佈諭
俾知遵違章이라호엿더니旋接覆稱轉商中國議約全
權徐大臣簽經函允電達北京總署轉電盛京將軍速飭
東邊道派員帶兵前往龍川地方將該民等押回並飭近知

嚴飭採礦清人無復侵漁事

①

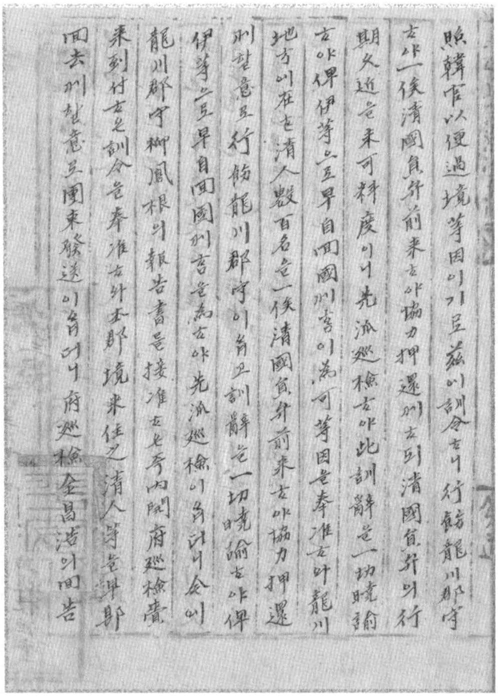

照韓官以便過境等因이기로茲에訓令호니行飭龍川郡守
호야一俟清國員弁前來호야協力押還케호되清國員弁의行
期久近은未可料度이니先派巡檢호야此訓辭를一切曉諭
호야俾伊等으로早自回國케홈이爲可等因을奉准호야龍川
地方에在호ᄂ清人數百名을一俟清國員弁前來호야協力押還
케할意로行飭龍川郡守이옵고訓辭를一切曉諭호야俾
伊等으로早自回國케홈을爲호야先派巡檢이옵더니今에
龍川郡守柳鳳根의報告書를接准호온즉內開府巡檢賫
來到付호온訓令을奉准호와本郡境來住之清人等을卑郡
回去케할意로團束發送이옵더니府巡檢金昌浩의回告

②

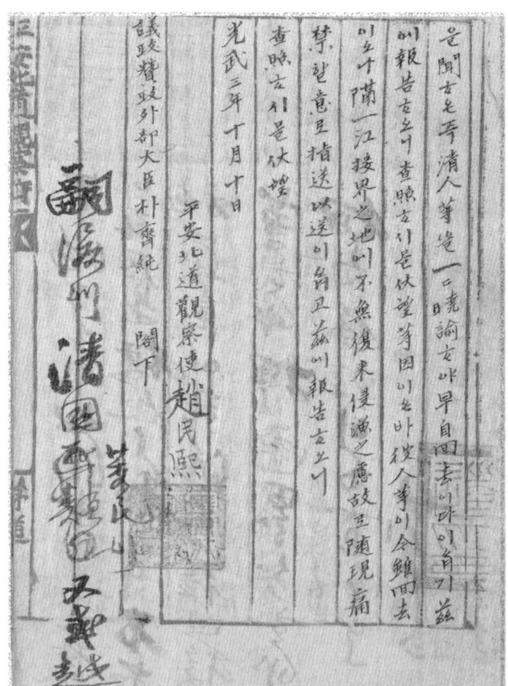

을聞호온즉清人等을一一曉諭호야早自回去이다이옵기茲
에報告호오니查照호시믈伏望等因이온바彼人等이今雖回去
이오나隔一江接界之地에不無復來侵漁之慮故로隨現痛
禁할意로指送以送이옵고茲에報告호오니
查照호시믈伏望
光武三年十月十日
平安北道觀察使趙民熙
議政府贊政外部大臣朴齊純 閣下

③

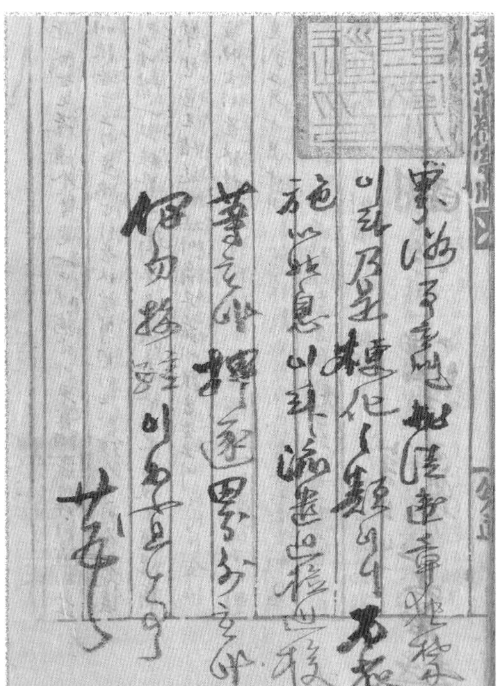

④

평 22

평 23

①

報告書第七號

卽接管下江界郡守李昌濂第一百十一號報告書則內開陰曆五月二十日巳時量에本郡文王面執綱金鳳武報告를接准ᄒᆞ온즉本面所管松三江對岸은卽清國懷仁縣祥和保沙下土而該地에近有一窠強人劉永剛等이率其黨與六七十名ᄒᆞ고來據月餘에或搶奪商民木筏ᄒᆞ며或奪取行人囊槖이옵더니昨夜三更量에賊黨三十餘名이各持銃刀ᄒᆞ고越來松三等地ᄒᆞ야錢穀衣服等物을計戶擄掠ᄒᆞ고縛去土民十人이다이온바爲先懷仁縣衙門에移照請勘ᄒᆞ읍고另送官人ᄒᆞ야詳探事根後에擧實報府伏計이옵더

②

니昨日未時量到付該面執綱報告內에慈城郡木商黃國明稱冤을聞ᄒᆞ온즉矣身이持木料一筏ᄒᆞ고率軍人四名이去初八日夜乘筏流下ᄒᆞ야到沙下土則該地賊首劉永剛黨允泰崔䓁君等이領其黨與ᄒᆞ고放銃揮刃에來奪木筏故로矣等이棄筏迸命之際에軍人金奉彬이가被銃身死ᄒᆞ야落在水中ᄒᆞ야多日搜覓에今才拯得而右腋下에有銃丸孔一處ᄒᆞ오니以此報官ᄒᆞ야轉照懷仁縣ᄒᆞ와接法償命等因이온바擧實報告ᄒᆞ오니照亮處分ᄒᆞ읍ᄉᆞ온바以來月十五日會同檢驗之意로爲先照會于懷仁縣ᄒᆞ고回玆에報告ᄒᆞ오니査照이시온轉照清國領事官ᄒᆞ시와劉永剛等賊習과金奉

③

彬之命案을接法處辦케ᄒᆞ시믈伏望等因이온바清匪犯境ᄒᆞ야殺害民人이聞極可駭이옵기另發保護砲手ᄒᆞ야殲殄無遺之意로指令以送이옵거니와盖此清匪가若此猖獗에刼掠民財也殺害人命也無變不作ᄒᆞ오니其爲邊患이實非細憂이다온此乃別設謀猶而執訊獲醜ᄒᆞ야施以償命之典然後에可保邊邑生靈이온즉轉照清國領事官ᄒᆞ시와清匪劉永剛等을期於勦除이시오며金奉彬命案은待該郡守會檢報告ᄒᆞ야更爲轉報計料ᄒᆞ오며玆先報告ᄒᆞ오니

査照ᄒᆞ시믈伏望

④

光武四年七月三日

平安北道觀察使趙民熙

議政府贊政外部大臣朴齊純 閣下

평 24

報告書第十號

管下慈城郡守朴恒来報告書第一百二十三號를接准ᄒᆞ온즉
內開本郡北間延長土慈下三與四面은卽清國通化懷仁兩縣接
界而間有一水ᄒᆞ니名曰胡江이라分南北彼我之境이온바彼民은頑
悍ᄒᆞ고我民은殘弱ᄒᆞ야其無憚冒越에侵掠村落가自来成習이
되民受其困ᄒᆞ고官不能制ᄒᆞ야至於濫伐森林ᄒᆞ고潛採蔘料
이되亦莫之禁矣라郡守莅任以後로清人之不法等情과偷斫
潛採等事를期欲痛禁ᄒᆞ야四朔之間에屢飭邊界ᄒᆞ야鴉烟
大酒之潛賣와奪財毆人之弊는爲先嚴杜이오나木匪起鬧
를勢難抵敵ᄒᆞ와派官人發民丁이已至六七次而反被木匪之

①

毆逐이옵고照會彼官이亦至六次이온바彼類之不遵兩國
公法이不勝駭憤ᄒᆞ와分守要沿에不得運木이옵더니通化
縣三道溝居頑胡孫兆祥이締結彼黨에私帶砲勇ᄒᆞ고三
四百名이一齊登陸ᄒᆞ야竪旗放砲에毆退民丁ᄒᆞ고圍廹枝差
而運去木料三千餘株이옵고勒奪沿民李官仁金殷守
等十三人處擋木一千二百十八株이옵기方以此事로照會通化
縣之際에狡彼孫兆祥이欲掩其罪ᄒᆞ야有何誣訴於通化
縣이옵던지自該縣으로另派兵書役三人ᄒᆞ와欲査誣實而到
本郡이옵기幷與孫兆祥而招入官庭ᄒᆞ야本境各處木匪之作
鬧事와孫兆祥之締結木匪而私發砲勇ᄒᆞ야越界生衅에

②

運木奪木等情을這這說明이온즉彼兵書役이確知其不
法誣訴之狀ᄒᆞ고孫胡도亦自服其罪而節節納款이온바兵
書役之所帶孫胡訴案及通化縣報瀋陽之草件을取閱
이온즉孫兆祥訴案中에有韓國이調兵百餘十人ᄒᆞ야在縣
屬白馬浪小牛道溝姜鈞石等處地方ᄒᆞ야與華民木把로
搆衅等語ᄒᆞ고通化縣報辭中에有沿村駐韓出使大臣ᄒᆞ
야照會韓國政府飭知韓國統兵之員ᄒᆞ야毋得在中土用
兵搆衅等句語이옵너彼通化縣官陳 璋이偏聽一民之誣訴
而報請其出使公使ᄒᆞ야照會我 政府가極涉狂㾐이오며
本郡에有何百餘十兵而越界搆衅乎이가木匪之在我境

③

滋擾者도猶不得禁止ᄒᆞ야屢照彼縣에匿匿借力이올거든
況用兵於彼地乎아非徒本郡이라沿江各郡之無一箇養兵
은 部府之所深燭이온즉縱有清使知照라도自 政府로必
不確信이오되旣見彼官民의誣訴誣報則不得不報明事
實故로玆敢擧實報告ᄒᆞ오니査照ᄒᆞ오셔轉報于 外部
ᄒᆞ시와獲免被誣케ᄒᆞ옵고淸人之冒越滋弊를亦使嚴防
ᄒᆞ시믈伏望等因이온바所謂孫兆祥은彼何人斯이온지故
違約章ᄒᆞ고犯越斫木도旣犯罪科이온데帶砲登陸ᄒᆞ
야毆退民丁ᄒᆞ고運木奪木은是何不軌이오所以該郡守
가發民丁盡力禁斷이옵거늘彼通化縣官이只信孫訴에

④

報告書第十三號

管下義州郡守李昌權의第一百七十六號報告書를接准ᄒᆞᆫ즉內開當日
到達ᄒᆞᆫ 秘訓을 親手奉讀ᄒᆞᆫ즉內槩清國區域內에匪警猖獗ᄒᆞ야
公私閭巷寓清地者ㅣ避亂圖生之際에泰西及亞洲各國人이若有到境
則隨卽庇護ᄒᆞ고護送三和港ᄒᆞ며擧行形止를連續報來ᄒᆞ야以
爲轉報ᄒᆞᆯ事等因을奉准ᄒᆞ와恪遵擧行이옵더니隨卽報明詳料이온바當
日申時量에俄國人五十六名이自清國瀋陽地方出來이옵기問其情由ᄒᆞᆫ
즉避亂次出來이라ᄒᆞ옵기仍卽勞問ᄒᆞ옵고擇定旅舍ᄒᆞ야使之安接
이옵고亦加庇護而本郡駐箚黃州地方隊大隊長署理朴善斌知委內
今自電局으로奉承

① 평 25

証報其出駐公使ᄒᆞ야欲爲照會我 政府ᄂᆞᆫ事甚無據
이옵기茲에報告ᄒᆞ오니
查照ᄒᆞ신후轉照清館ᄒᆞ시와更無犯境斫木之弊를伏望
光武四年七月二十一日
平安北道觀察使 趙民熙
議政府贊政外部大臣 朴齊純 閣下

⑤

報告書第十四號

管下江界郡守李昌濂의第一百十一號報告書를接准ᄒᆞᆫ즉內開該郡
所管文王面越邊蘊和保致死人金奉彬命案은待該郡守會
檢報告ᄒᆞ야更爲轉報計料之由ᄂᆞᆫ去七月三日에業已仰報이옵더
니當日到達ᄒᆞᆫ該郡守所報會檢案을一一考閱ᄒᆞᆫ즉死者之
被銃落水ᄂᆞᆫ非但有同們之目擊이라右腋下銃丸有痕이고肺葉
中鉛子搜出은衆口가丁寧ᄒᆞ고檢目이的確ᄒᆞ니實因之爲中丸致死
ᄂᆞᆫ斷然無疑故로屍身出埋而哀此死者金奉彬段은四十餘歲
一個窮夫라自春至夏에爲戚叔之格軍ᄒᆞ야寄跡於一槎ᄒᆞ다가乘昏
下津에被強賊之射殺ᄒᆞ야漂身於蒼波ᄒᆞ니其情이慘惻에孤魂

① 평 26

勅電訓이다本郡上納錢中九百兩을卽爲劃出에出給俄人ᄒᆞ야以作盤費
ᄒᆞ고巡校一名護送三和港이다ᄒᆞ옵기同錢九百兩을仍爲備送于地方隊
ᄒᆞ야自本隊로出給俄人이옵고俄人等은留宿一夜後離發前進ᄒᆞ야轉
向三和港事等因이옵고該一行이七月二十三日에到于龍川郡止宿ᄒᆞ옵고同月
二十五日에過宣川郡ᄒᆞ야抵到郭山郡止宿ᄒᆞ옵고二十六日에定州郡中火ᄒᆞ옵
고仍向前站이다有各該郡守所報이옵기形止을茲에報告ᄒᆞ오니
查照ᄒᆞ시믈伏望
光武四年八月一日
平安北道觀察使 趙民熙
議政府贊政外部大臣 朴齊純 閣下

②

江界郡文王面越邊蘊和保致死人金奉彬屍身會檢案

③

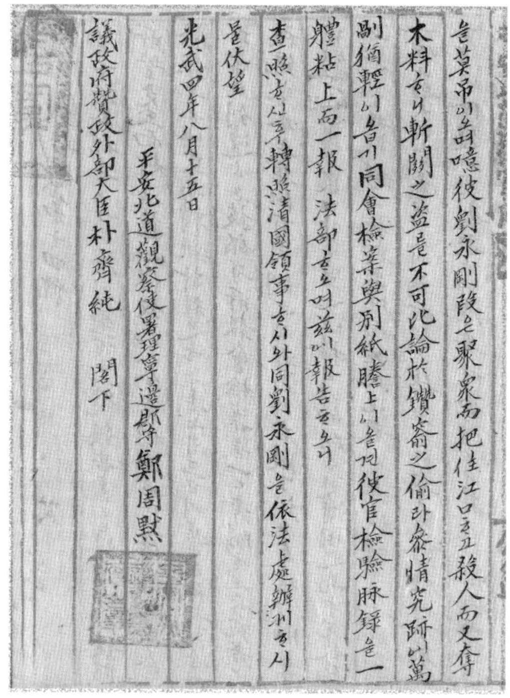
을莫弔이옵噫彼劉永剛段은聚衆而把住江口ᄒᆞ고殺人而又奪
木料ᄒᆞ니斬關之盜를不可比論於鑽窬之偷라參情究跡이萬
剮猶輕이옵기同會檢案與別紙謄上이옵고彼官檢驗脈錄을一
體粘上而一報 法部ᄒᆞ오며玆以報告ᄒᆞ오니
査照ᄒᆞ신후轉照淸國領事ᄒᆞ시와同劉永剛을依法處辦케ᄒᆞ시
믈伏望
光武四年八月十五日
平安北道觀察使署理寧邊郡守鄭周默
議政府贊政外部大臣朴齊純 閣下

②

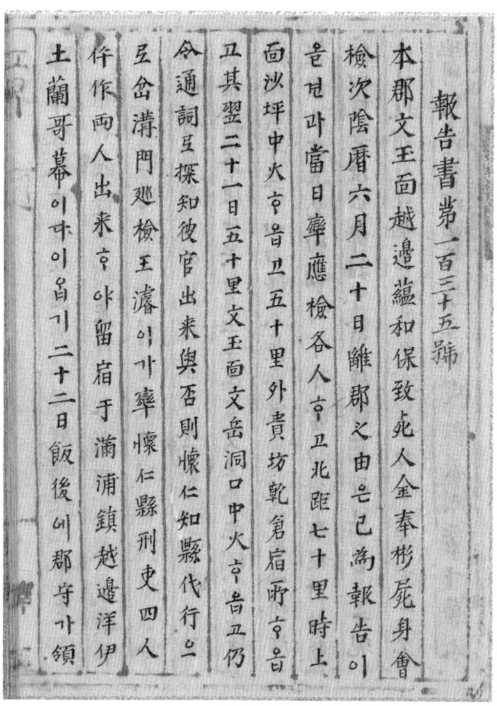
報告書第一百三十五號
本郡文王面越邊蘊和保致死人金奉彬屍身會
檢次陰曆六月二十日離郡之由은已爲報告이
온바과當日牽應檢各人ᄒᆞ고北距七十里時上
面沙坪中火ᄒᆞ옵고五十里外貴坊乾倉宿所ᄒᆞ옵
고其翌二十一日五十里文王面文岳洞口中火ᄒᆞ옵고仍
令通詞로探知彼官出來與否則懷仁知縣代行으
로岔溝門巡檢王濬이가率懷仁縣刑吏四人
仵作兩人出來ᄒᆞ야留宿于滿浦鎭越邊洋伊
土蘭哥幕이다이옵기二十二日飯後에郡守가領

⑤

④

帶率各人ᄒᆞ읍고出往五里許鴨綠江邊ᄒᆞ야
印章은祗授于領來이ᄃᆞᆫ本郡鄕長金鳳塤ᄒᆞ
읍고乘船過江ᄒᆞ야到彼麻田洞口致死人金
奉彬停屍處ᄒᆞ야與彼官으로會坐一處에對
象檢驗次庚子六月二十二日文玉面執綱幼學
金鳳武年三十四白等今此金鳳彬致死事아예汝
旣發狀ᄒᆞ고又爲摘奸ᄒᆞ니當初致死根因과形
症如何을汝必詳知ᄒᆞ리니前後所聞所見을一一現
告여推問이시누온ᄃᆞᆫ여矣身字內沿江松三三江等
地에彼邊汲下土屯聚之賊黨劉永剛輩가奪木

⑥

竊物에種種作梗故로常所憂悶이옵ᄃᆞ니去
月十九日未時量에慈城郡木商黃國明稱完內
에矣身이持木料一筏ᄒᆞ고率軍人三名而去初八
日流下之際에到得汲下土地方ᄒᆞ야聞該地賊黨
劉永剛等이過去木筏을番番奪取이ᄃᆞ故로乘夜暗下
之際에同永剛이가果率黨與幾十名ᄒᆞ고來奪木筏
故로矣等이抛棄木筏ᄒᆞ고四散迸命之際에軍人
中安州來矣身外五寸侄金奉彬이가被銃身死ᄒᆞ
야落在水中이온바多日搜覓에今才拯得而詳
審屍體則右腋下에果有銃丸孔一處ᄒᆞ오니報

⑦

官請檢에如法償命이ᄃᆞ이온바人命致死가聞
極驚駭ᄒᆞ와仍與黃國明으로渡鴨綠江ᄒᆞ야摘
奸屍體則右腋下에銃丸之痕이分明無疑이온바
擧實報告ᄒᆞ옵고屍體은作坎置之ᄒᆞ얏ᄉᆞ오며此外
에無他可供之辭이옵두相考施行이마ᄉᆞᆯ제
同日江北蘊和保座上關良金文吉年四十二白等今
此金奉彬之致死事아에奉彬이가致死於何處地
方이ᄃᆞᆫ지漂泊於汝矣字內ᄒᆞ고埋瘞於汝矣字內ᄒᆞ니
致死委折과傷損有無을必有聞見矣리니當初奉
彬이가以何事與何人으로爭鬪致命甚地方이며聞

⑧

何人拯何日ᄒᆞ야作坎埋瘞於此地인지從來聞見
을無隱直陳여推問이시누온ᄃᆞᆫ여矣身이流寓江
北今爲年所而以座上擧行이옵ᄃᆞᆫ다에去月十九
日에文玉面文岳洞民金一柱가來告矣身曰前江之
濱에有漂來木料ᄒᆞ니君吾同往ᄒᆞ야合力撈出爲好이
ᄃᆞ故로矣身이與一柱로同出江邊而視之則一柱所
謂撈出爲好之物이非木料요乃死人故로矣身이
向一柱而責之則一柱之言이吾若實說則君必不
肯이기로設計誑之ᄒᆞ니君爲座上之地에何不拯而
埋之乎아君旣到此ᄒᆞ니同力埋瘞가事理穩當云故

⑨

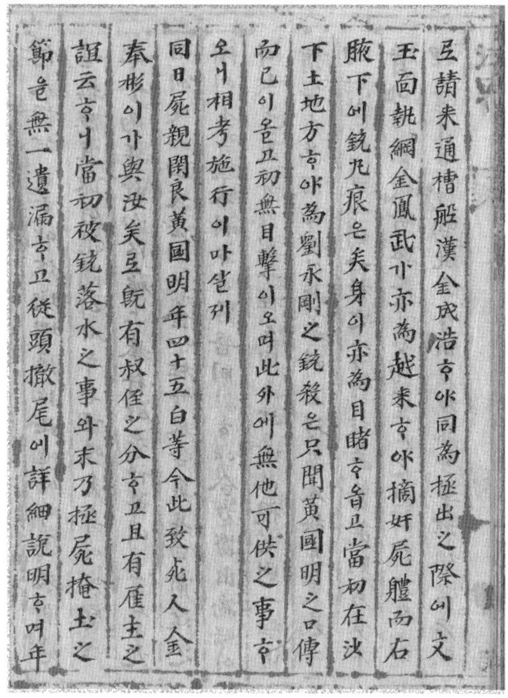
로請来通槽船漢金成浩ᄒᆞ야同為拯出之際에文
玉面執綱金鳳武가亦為越来ᄒᆞ야摘奸屍體而右
腋下에銃丸痕은矣身이亦為目睹ᄒᆞ옵고當初在沙
下土地方ᄒᆞ야為劉永剛之銃殺은只聞黄國明之口傳
而已이옵고初無目撃이오며此外에無他可供之事ᄒᆞ
오니相考施行이마샬커
同日屍親閑良黄國明年四十五白等今此致死人金
奉彬이가與汝矣로旣有叔侄之分ᄒᆞ고且有雇主之
誼云ᄒᆞ니當初被銃落水之事와末乃拯屍掩土之
節을無一遺漏ᄒᆞ고從頭撤尾에詳細說明ᄒᆞ며年

⑩

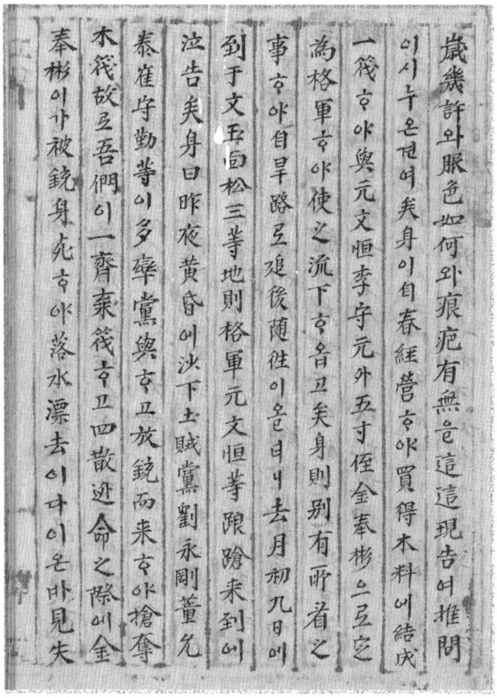
歲幾許와服色如何와痕疤有無을這這現告며推問
이시ᄂᆞ온뎌矣身이自春經營ᄒᆞ야買得木料에結成
一筏ᄒᆞ야與元文恒李守元外五寸侄金奉彬으로定
為格軍ᄒᆞ야使之流下ᄒᆞ옵고矣身則別有所着之
事ᄒᆞ야自旱路로追後隨往이옵더니去月初九日에
到于文玉面松三等地則格軍元文恒等踉蹌来到에
泣告矣身曰昨夜黄昏에沙下土賊黨劉永剛董允
泰崔守勤等이多率黨與ᄒᆞ고放銃而来ᄒᆞ야搶奪
木筏故로吾們이一齊棄筏ᄒᆞ고四散逃命之際에金
奉彬이가被銃身死ᄒᆞ야落水漂去이다이온바見失

⑪

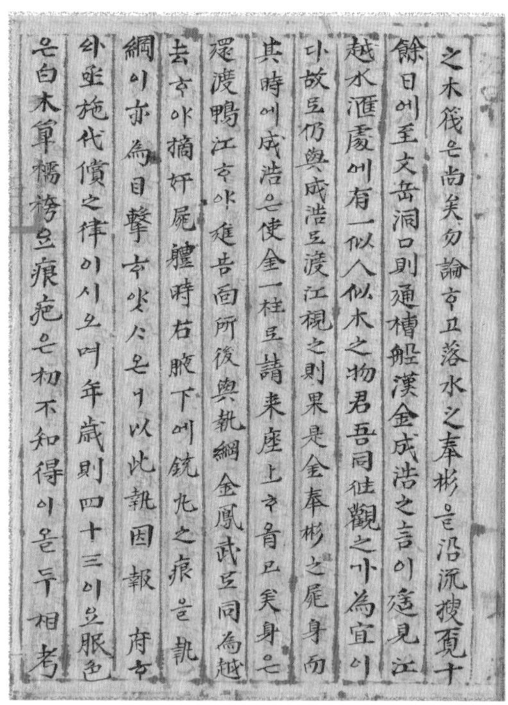
之木筏은尙矣勿論ᄒᆞ고落水之奉彬을沿流搜覔十
餘日에至文岳洞口則通槽船漢金成浩之言이適見江
越水涯處에有一似人似木之物君吾同往觀之가為宜이
다故로仍與成浩로渡江視之則果是金奉彬之屍身而
其時에成浩은使金一柱로請来座上ᄒᆞ옵고矣身은
還渡鴨江ᄒᆞ야進告面所後與執綱金鳳武로同為越
去ᄒᆞ야摘奸屍體時右腋下에銃丸之痕을執
綱이亦為目撃ᄒᆞ앗ᄉᆞ오니以此執因報 府ᄒᆞ
와並施代償之律이시오며年歲則四十三이오服色
은白木單襦袴오痕疤은初不知得이옵두相考

⑫

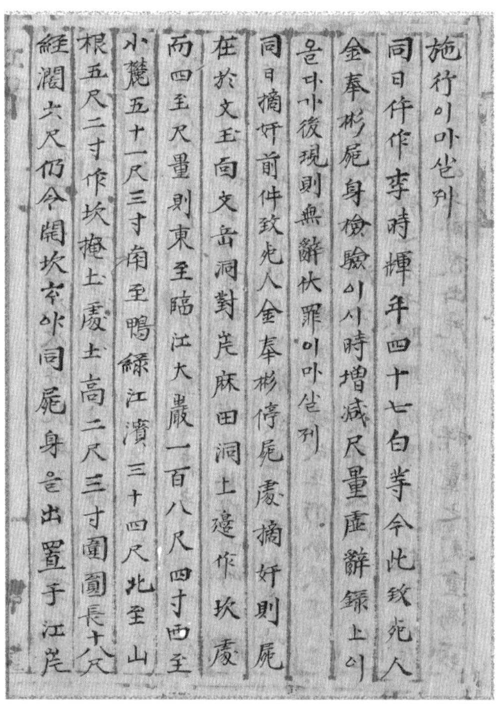
施行이마샬커
同日仵作李時輝年四十七白等今此致死人
金奉彬屍身檢驗이시時增減尺量虛辭錄上이
옵다가後現則無辭伏罪이마샬커
同日摘奸前件致死人金奉彬停屍處摘奸則屍
在於文玉面文岳洞對岸麻田洞上邊作坎處
而四至尺量則東至臨江大巖一百八尺四寸西至
小麓五十一尺三寸南至鴨綠江濱三十四尺北至山
根五尺二寸作坎掩土處土高二尺三寸圓圍長十八尺
經濶六尺仍令開坎ᄒᆞ야同屍身을出置于江岸

⑬

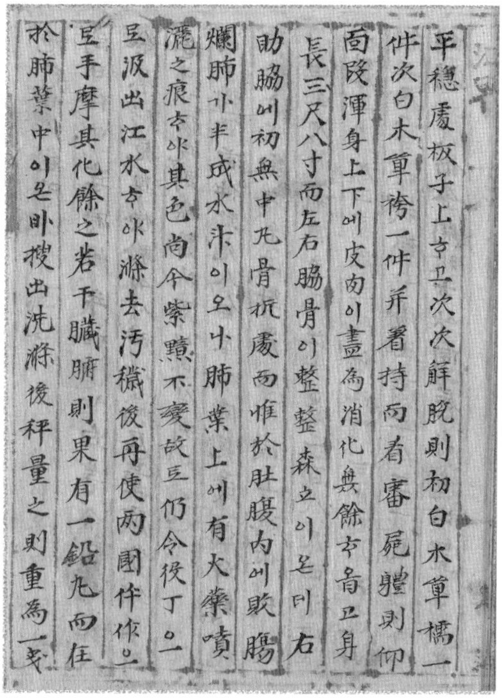

平穩處板子上ᄒᆞ고次次觧脫則初白木單襦一
件次白木單袴一件幷着持而看審屍體則仰
面段渾身上下에皮肉이盡爲消化無餘ᄒᆞ엿고身
長三尺八寸而左右脇骨이整整森立이온디右
肋脇에初無中丸骨折處而惟於肚腹內에敗腸
爛肺가半成水沫이오나肺葉上에有大藥噴
漉之痕ᄒᆞ야其色尚今紫黷不變故로仍令役丁으
로汲出江水ᄒᆞ야滌去汚穢後再使兩國仵作으
로手摩其化餘之若干臟腑則果有一鉛丸而在
於肺葉中이온바搜出洗滌後秤量之則重爲一戔

⑭

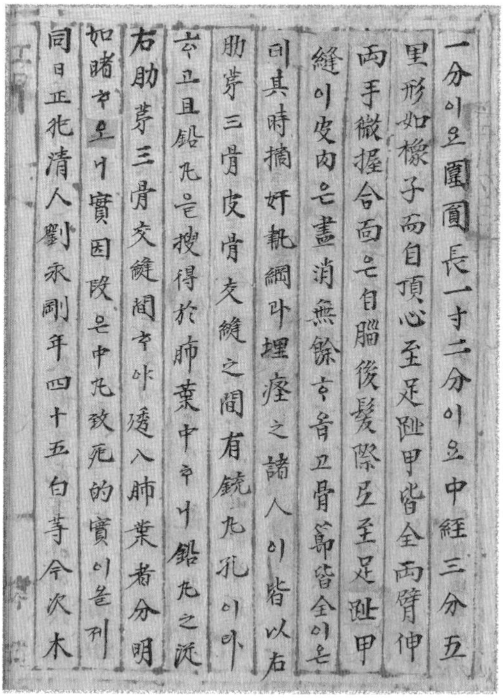

一分이요圍圓長一寸二分이요中經三分五
里形如橡子而自頂心至足趾甲皆全兩臂伸
兩手微握合面은自腦後髮際로至足趾甲
縫이皮肉은盡消無餘ᄒᆞ엿고骨節皆全이온
디其時摘奸執綱라埋瘞之諸人이皆以右
肋旁三骨皮骨交縫之間有銃丸孔이아
ᄒᆞ고且鉛丸은搜得於肺葉中ᄒᆞ니鉛丸之泚
右肋旁三骨交縫間ᄒᆞ야透入肺葉者分明
如睹ᄒᆞ오니實因段은中丸致死的實이올기
同日正犯清人劉永剛年四十五白等令次木

⑮

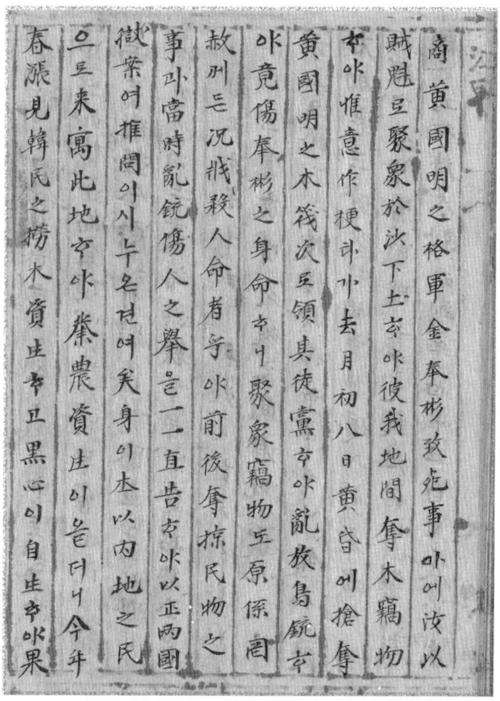

商黃國明之格軍金奉彬致死事아에汝以
賊魁로聚衆於汝下土ᄒᆞ야彼我地間奪木竊物
ᄒᆞ야惟意作梗타가去月初八日黃昏에搶奪
黃國明之木筏次로領其徒黨ᄒᆞ야亂放鳥銃ᄒᆞ
야竟傷奉彬之身命ᄒᆞ니聚衆竊物도原係罔
赦께든況戕殺人命者乎아前後奪掠民物之
事과當時亂銃傷人之擧을一一直告ᄒᆞ야以正兩國
獄案여推問이시누온던여矣身이本以內地之民
으로來寓此地ᄒᆞ야業農資生이올더니今年
春漲見韓民之撈木資生ᄒᆞ고黑心이自生ᄒᆞ야果

⑯

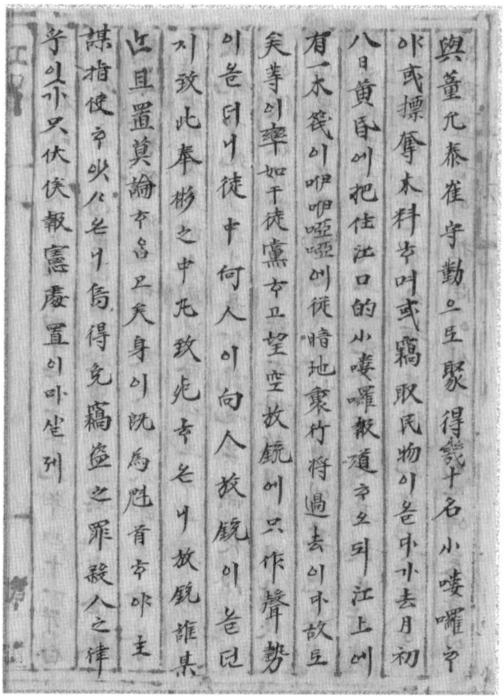

與董允泰崔守勤으로聚得幾十名小嘍囉ᄒᆞ
야或摽奪木料ᄒᆞ며或竊取民物이올다가去月初
八日黃昏에把住江口的小嘍囉散道ᄒᆞ오되江上에
有一木筏이咿咿啞啞에從暗地裏行將過去이다故로
矣等이率如干徒黨ᄒᆞ고望空放銃에只作聲勢
이올더니徒中何人이向人放銃이올던
지致此奉彬之中丸致死ᄒᆞ오니放銃誰某
는且置莫論ᄒᆞ옵고矣身이旣爲魁首ᄒᆞ야主
謀指使ᄒᆞ았시오니焉得免竊盜之罪殺人之律
乎잇가只伏俟報憲處置이마삽기

⑰

同日看證閑良元文恒年四十七李守元年四十一幷白
等汝等이俱爲黃國明之犍軍ᄒᆞ야與死者金奉
彬으로乘筏流下ᄒᆞ다가及夫劉永剛等搶奪
之時ᄒᆞ야汝矣兩人則逃命得生ᄒᆞ고奉彬則
被銃身死라ᄒᆞ니是何說也오黑夜滄波之
上에彼衆我寡ᄒᆞ야勢不相敵ᄒᆞᆸ더니賊徒가
一字見排之ᄒᆞ야向筏亂放之時에其死其生
이오無異同而兩生一死가오有其故ㅣ니賊漢
等放銃奪筏之事와爾生彼死之委折을
無隱直告ᄒᆞ여推問이시ᄂᆞ온ᄃᆞᆫ여矣等이

⑱

俱以貧寒之民으로爲其雇價ᄒᆞ야入於黃
國明之犍軍ᄒᆞ야乘其木筏ᄒᆞ고行到文王石
松三越邊沙下土地方則該地賊黨劉永剛等이截
住要津ᄒᆞ고過江木筏을隨現奪去이ᄆᆡ故
로矣等不敢流下ᄒᆞ고留連幾日ᄒᆞ다가至去月
初八日ᄒᆞ야乘昏暗下之際에彼賊徒別設瞭望
之軍이옵던지忽有一羣强人이走出江岸
ᄒᆞ야大呼曰爾等은伏留下木筏ᄒᆞ라不然則
오將盡劉乃已라ᄒᆞ며亂放鳥銃에人喊砲響
이攪攪一江이라是時矣等이神魂이飛越

⑲

ᄒᆞ야抛却木筏ᄒᆞ고同登小艜ᄒᆞ야爬向南岸
之際에閃見在傍之奉彬이가哀告一聲에
飜身落水故로矣等이認以被銃落水이ᄋᆞᆸ나
後邊砲響이不絶ᄒᆞ고夜黑水險ᄒᆞ야不能措
手ᄒᆞ고保命登岸而翌早에聞木主黃國明自
旱路來到松三ᄒᆞ고急往告由後覓屍十餘日에
終未拯得ᄒᆞᆸ고矣等兩人은驚㥘所祟이온지飮
食이頓減ᄒᆞ고行步不完ᄒᆞ와滯留王洞ᄒᆞ고國明
一人倶向往文岳洞口矣러니去月十九日에始聞拯屍
於文岳洞越邊이온나其拯出也埋瘞也은矣等이

⑳

初不目見이올두相考拖行이마ᄉᆞᆸ지
同日詞連閑良金成浩年三十八白等今次金
奉彬致死事에汝以文岳洞口船漢으로早朝行
船ᄒᆞ다가初見奉彬之屍身而泊在麻田洞上邊ᄒᆞ고
拯出屍身이라ᄒᆞ니奉彬致死委折과傷損與否을
오有聞見矣리니從聞見一一直說ᄒᆞ여推問이
시ᄂᆞ온ᄃᆞᆫ여矣身이以船漢으로資生이옵ᄃᆞᆫ
ᄃᆞ여去月十九日早朝에出往渡頭ᄒᆞ야以待農
人之濟江이옵더니忽見江越水涯處에有一物
이似人似木에漂漾不定故로與洞中民金一

㉑

柱로方欲渡江之際에適有木主黃國明이가搜覓
奉彬之屍身而來到故로仍與同渡ᄒᆞ야急往視之
則國明之言이果是奉彬之屍身이라ᄒᆞ옵기矣身
이使一柱로請來座上ᄒᆞ야拯出埋瘞之時에國明
이가還為過江ᄒᆞ야邀來本面執綱이온바摘奸
屍體則右腋下에有銃丸孔一處而仍為作坎
埋瘞而已이옵고此外無他可供之辭이옵두相
考施行이마삼제
同日詞連閑良金一柱年三十白等汝與船漢金
成浩로拯出金屍ᄒᆞ고請來座上時에詒以木

㉒

料라ᄒᆞ니雖路上僵屍라도申報隣佑은卽是法
也常也而不為實說ᄒᆞ고詒以木料은何也며拯屍之時
에必見傷損有無오遇黃之處에必聞事根如何니
所聞所見無一遺漏ᄒᆞ고寔寔直告에推問이시
누온던여矣身이本以業農之民으로家貧無田
ᄒᆞ야鋤墾於江北麻田洞ᄒᆞ고除草次欲為渡江
ᄒᆞ야去月十九日早朝여出往津頭ᄒᆞ야招招舟子
則舟子金成浩之言이越邊水灣處에有一似人似
木之物이隨水蕩漾이다如是問答之際에木主
黃國明이가適然來到而矣等이俱聞國明失木

㉓

時奉彬致死之事故로具言江越所泊之物ᄒᆞ
고同舟急渡ᄒᆞ야往而視之則果是奉彬之屍而矣等
三人이力單不能埋瘞俱더라屍在里內에該里座上을不
可不請ᄒᆞ야矣身이往于座上處而靜言思之則江北은彼
我雜居之處이온바毋論某事ᄒᆞ고不由清人則後必有
言은矣身이素所聞知者이온바果若實說則彼必不
肯이옵기期欲請來ᄒᆞ야詒以木料로거시오며金奉
彬之為劉永剛銃殺은遇黃之前에已為聞知이옵고
傷處段은右腋下에銃丸孔을矣等諸人이分明
目睹이옵두相考施行이마삼제

㉔

同日正犯清人劉永剛更推白等汝矣前招에伊夜奪木之
事와僞人之擧은畧聞其槩이거니와從古竊盜之類가
或索買路之錢ᄒᆞ며或為搜藏之擧者例皆奪貨之計오
不必殺人之心이거늘汝矣則不然ᄒᆞ야放銃於黑夜ᄒᆞ야殺人
於蒼波ᄒᆞ니是何戾種이며是何惡心고前後代究情節을更
為詳細直招ᄒᆞ야以伸 王章여推問이시누온전여矣身所
犯은已悉前招ᄒᆞ엿스오니更無可達之辭이옵건파矣身이
際此 聖明之時ᄒᆞ야落草入夥ᄒᆞ으니自顧罪犯에萬戮猶
輕이온더况奪取木物ᄒᆞ며戕殺人命이無非矣身之主謀
指使이오니矣身이更有何發明乎잇가只伏俟依法處置이마삼제

㉕

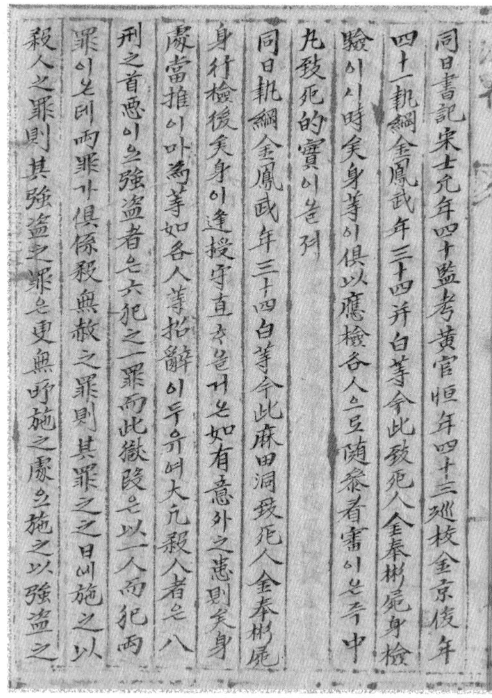
同日書記宋士允年四十監考黃官恒年四十三巡校金京俊年
四十一執綱金鳳武年三十四幷白等今此致死人金奉彬屍身檢
驗이시時矣身等이俱以應檢各人으로隨參看審이온즉中
丸致死的實이올지
同日執綱金鳳武年三十四白等今此麻田洞致死人金奉彬屍
身行檢後矣身이逢授守直ᄒᆞ올거온如有意外之患則矣身
處當推이마爲等如各人等招辭이두유여大凡殺人者은八
刑之首惡이으強盜者은六犯之一罪而此獄段은以一人而犯兩
罪이온데兩罪가俱係殺無赦之罪則其罪之之日에施之以
殺人之罪則其強盜之罪은更無所施之處으施之以強盜之

㉖

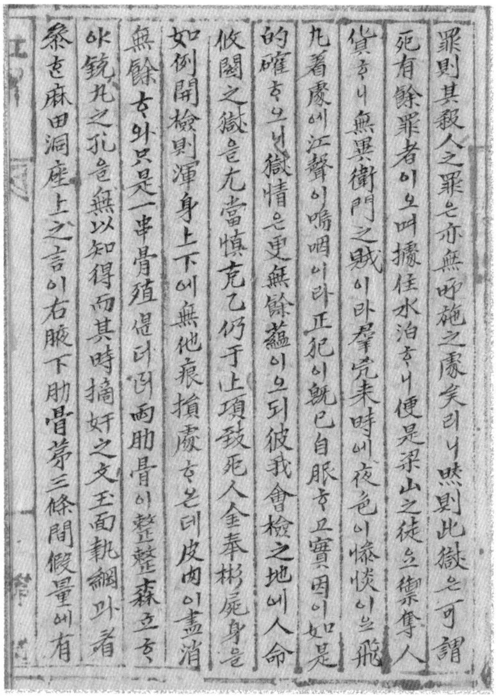
罪則其殺人之罪은亦無所施之處矣리니然則此獄은可謂
死有餘罪者이오며據住水泊ᄒᆞ니便是梁山之徒으禦奪人
貨ᄒᆞ니無異衛門之賊이라犁究来時에夜色이慘惔이으飛
丸着處에江聲이嗚咽이라正犯이既已自服ᄒᆞ고實因이如是
的確ᄒᆞ오니獄情은更無餘蘊이오되彼我會檢之地에人命
攸關之獄을尤當愼克乙仍于止項致死人金奉彬屍身을
如例開檢則渾身上下에無他痕損處ᄒᆞ온데皮肉이盡消
無餘ᄒᆞ외只是一串骨殖뿐더러兩肋骨이整整森立ᄒᆞ
야銃丸之孔을無以知得而其時摘奸之文王面執綱과着
參ᄒᆞᆫ麻田洞座上之言이右腋下肋骨第三條間假量에有

㉗

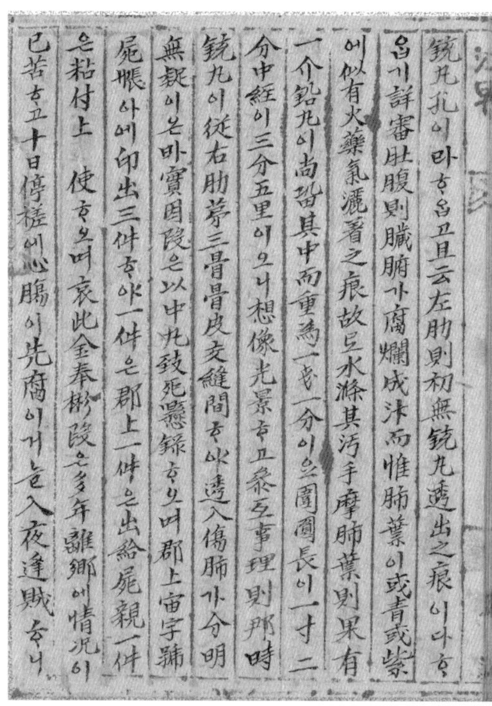
銃丸孔이라ᄒᆞ옵고且云左肋則初無銃丸透出之痕이다ᄒᆞ
옵기詳審肚腹則臟腑가腐爛成汁而惟肺葉이或青或紫
에似有火藥氣灑着之痕故로水滌其污手摩肺葉則果有
一介鉛丸이尚留其中而重爲一돈一分이오圍圓長이一寸二
分中經이三分五里이오니想像光景ᄒᆞ고參互事理則那時
銃丸이從右肋第三骨骨皮交縫間ᄒᆞ야透入傷肺가分明
無疑이온바實因段은以中丸致死懸錄ᄒᆞ오며郡上宙字號
屍帳아에印出三件ᄒᆞ야一件은郡上一件은出給屍親一件
은粘付上使ᄒᆞ오며哀此金奉彬段은多年離鄉에情況이
已苦ᄒᆞ고十日停揺에心膓이先腐이거늘入夜逢賊ᄒᆞ니

㉘

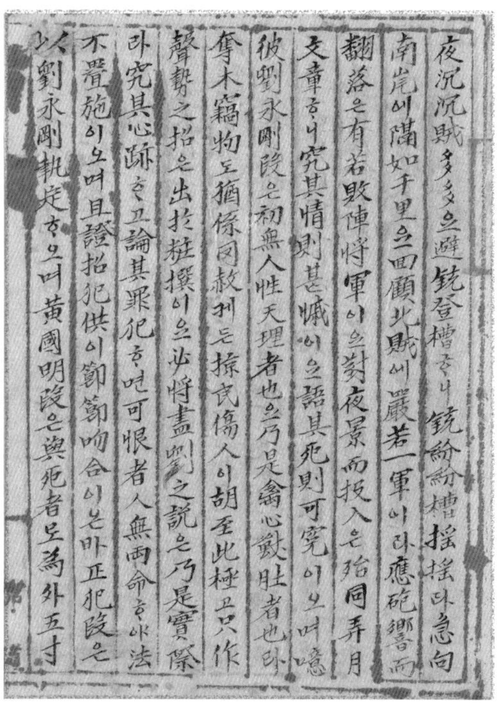
夜沉沉賊多多으避銃登槽ᄒᆞ니銃紛紛槽搖搖라急向
南岸에隔如千里으回顧北賊에嚴若一軍이라應砲響而
翻落은有若敗陣將軍이으對夜景而投入은殆同弄月
文章ᄒᆞ니究其情則甚憾이으語其死則可寃이오며噫
彼劉永剛段은初無人性天理者也으乃是禽心獸肚者也라
奪木竊物도猶係罔赦케든掠良傷人이胡至此極고只作
聲勢之招은出於粧撰이으必將盡劉之說은乃是實際
라究其心跡ᄒᆞ고論其罪犯ᄒᆞ면可恨者人無兩命ᄒᆞ야法
不疊施이오며且證招犯供이節節吻合이온바正犯段은
以人劉永剛執定ᄒᆞ오며黃國明段은與死者로爲外五寸

㉙

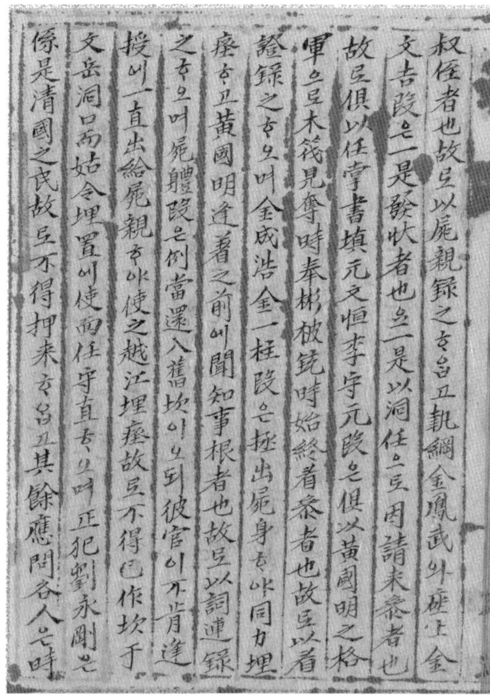

叔侄者也故로以屍親錄之ᄒᆞᄋᆞᆸ고執綱金鳳武와碰上金
文吉段은一是發狀者也오一是以洞任으로因請來參者也
故로俱以任掌書塡元文恒李守元段은俱以黃國明之格
軍으로木筏見奪時奉彬被銃時始終着參者也故로以着
證錄之ᄒᆞ오며金成浩金一柱段은拯出屍身ᄒᆞ야同力埋
瘞ᄒᆞ고黃國明逢着之前에聞知事根者也故로以詞連錄
之ᄒᆞ오며屍體段은例當還入舊坎이오되彼官이不肯逢
授에一直出給屍親ᄒᆞ야使之越江埋瘞故로不得已作坎于
文岳洞口而姑令埋置에使面任守直ᄒᆞ오며正犯劉永剛은
係是清國之民故로不得押來ᄒᆞᄋᆞᆸ고其餘應問各人은時

㉚

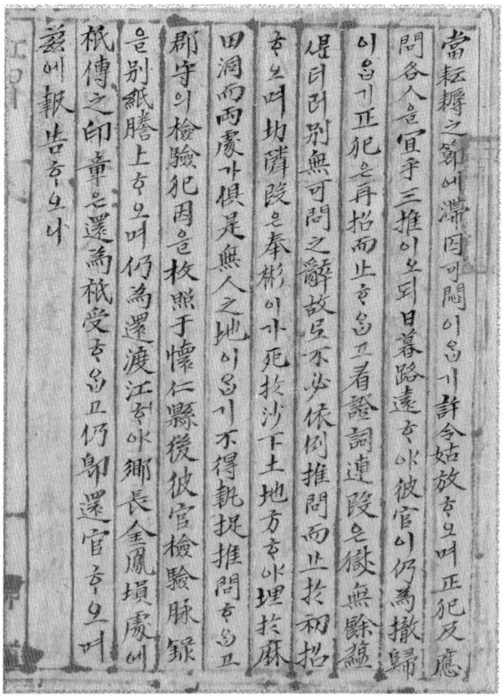

當耘耨之節에滯囚可悶이ᄋᆞᆸ기許令姑放ᄒᆞ오며正犯及應
問各人을宜乎三推이오되日暮路遠ᄒᆞ야彼官이仍爲撤歸
이ᄋᆞᆸ기正犯은再招而止ᄒᆞᄋᆞᆸ고看證詞連段은獄無餘蘊
생더러別無可問之辭故로不必依例推問而止於初招
ᄒᆞ오며坊隣段은奉彬이가死於沙下土地方ᄒᆞ야埋於麻
田洞而兩處가俱是無人之地이ᄋᆞᆸ기不得執捉推問ᄒᆞᄋᆞᆸ고
郡守의檢驗犯因을校照于懷仁縣後彼官檢驗脉錄
을別紙謄上ᄒᆞ오며仍爲還渡江ᄒᆞ야鄕長金鳳境處에
秖傳之印章은還爲秖受ᄒᆞᄋᆞᆸ고仍卽還官ᄒᆞ오며
玆에報告ᄒᆞ오니

㉛

查照處辦ᄒᆞ시믈伏望흠
光武四年七月十八日午時
會檢官江界郡守李昌濂
觀察使 閣下

㉜

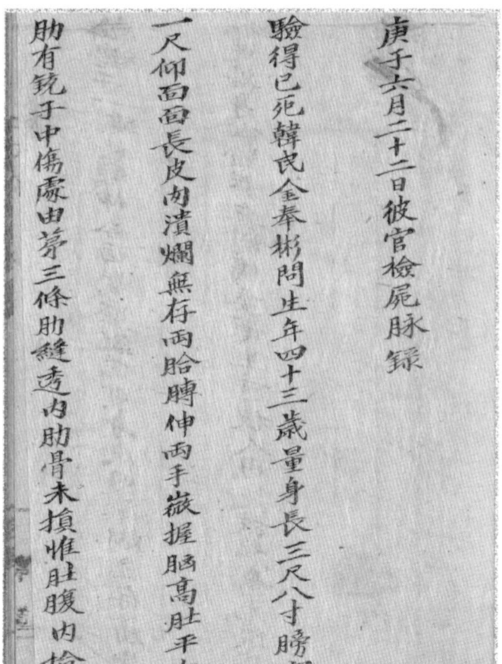

庚子六月二十二日彼官檢屍脉錄
驗得已死韓民金奉彬問生年四十三歲量身長三尺八寸膀寬
一尺仰面面長皮肉潰爛無存兩眙膊伸兩手嶶握腦高肚平右
肋有銃子中傷處由旁三條肋縫透內肋骨未損惟肚腹內檢

㉝

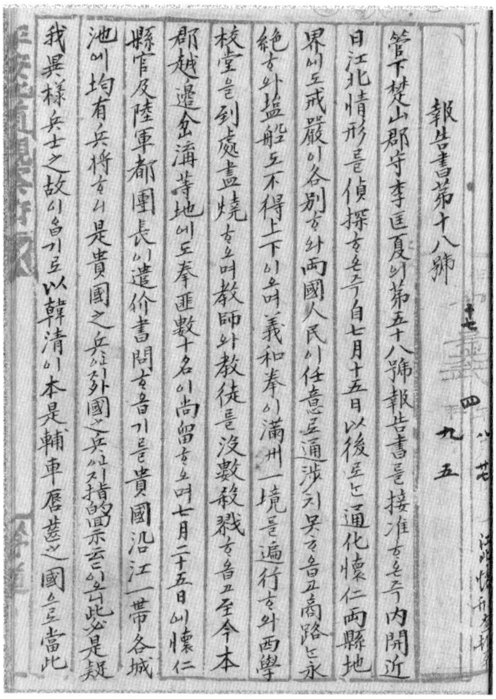
報告書第十八號
管下楚山郡守李匡夏의第五十八號報告書를接准ᄒᆞ온즉內開近日江北情形을偵探ᄒᆞ온즉自七月十五日以後로ᄂᆞᆫ通化懷仁兩縣地界에도戒嚴이各別ᄒᆞ와兩國人民이任意로通涉지못ᄒᆞᆸ고高路ᄂᆞᆫ永絶ᄒᆞ와鹽船도不得上下ᄒᆞ오며義和拳이滿州一境을遍行ᄒᆞ와西學校堂을到處盡燒ᄒᆞ오며敎師와敎徒를沒數殺戮ᄒᆞᆸ고至今本郡越邊岔滿等地에도奉匪數十名이尚留ᄒᆞ오며七月二十五日에懷仁縣官及陸軍都團長이遣价書問ᄒᆞᆸ기를貴國沿江一帶各城池에均有兵將ᄒᆞ니是貴國之兵乎아外國之兵乎아指的回示云이온바必是疑我異樣兵士之故이옵기로以韓淸이本是輔車脣齒之國으로當此

①

평 27

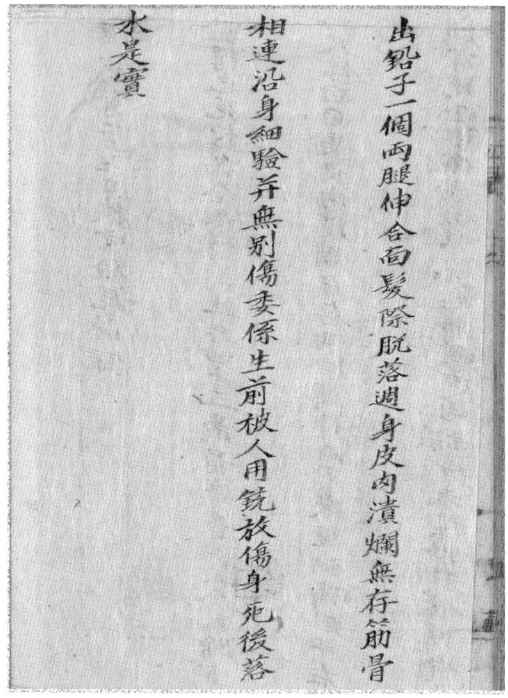
出鉛子一個兩腿伸合面髮際脫落遍身皮肉潰爛無存筋骨相連沿身細驗幷無別傷委係生前被人用銃放傷身死後落水是實

㉞

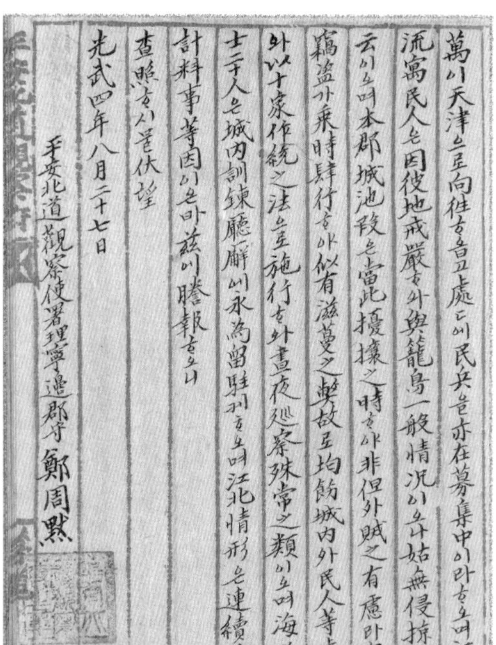
萬이天津으로向往ᄒᆞᆸ고處處에民兵을亦在募集中이라ᄒᆞ오며江北流寓民人은因彼地戒嚴ᄒᆞ와與龍島一般情況이오ᄂᆞ姑無侵掠之弊云이오며本郡城池段은當此擾攘之時ᄒᆞ야非但外賊之有慮라內地竊盜가乘時肆行ᄒᆞ야似有滋蔓之弊故로均飭城內外民人等處ᄒᆞ와以十家作統之法으로施行ᄒᆞ와晝夜巡察殊常之類이오며海隊兵士二千人은城內訓鍊廳廨에永爲留駐케ᄒᆞ오며江北情形은連續馳報計料事等因이온바玆에謄報ᄒᆞ오니
査照ᄒᆞ시믈伏望
光武四年八月二十七日
平安北道觀察使署理寧邊郡守鄭周默

③

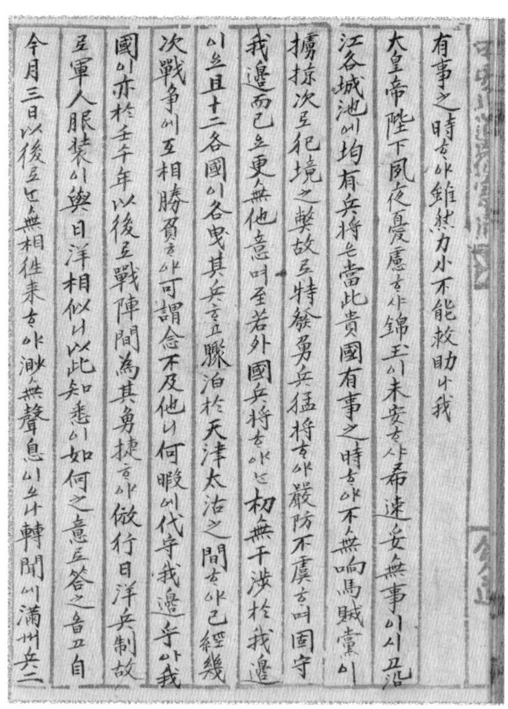
有事之時ᄒᆞ야雖然力小不能救助ᄂᆞ我
大皇帝陛下夙夜憂慮ᄒᆞ사錦玉이未安ᄒᆞ사希速安無事이시고沿江各城池에均有兵將은當此貴國有事之時ᄒᆞ야不無响馬賊黨이擄掠次로犯境之弊故로特發勇兵猛將ᄒᆞ야嚴防不虞ᄒᆞ며固守我邊而已오更無他意이며至若外國兵將ᄒᆞ야ᄂᆞᆫ初無干涉於我邊이오且十二各國이各曳其兵ᄒᆞ고駐泊於天津太沽之間ᄒᆞ야已經幾次戰爭에互相勝負ᄒᆞ야可謂念不及他ᄂᆞ何暇에代守我邊ᄒᆞ乎아我國이亦於壬午年以後로戰陣間爲其勇捷ᄒᆞ야倣行日洋兵制故로軍人服裝이與日洋相似ᄂᆞ以此知悉이如何之意로答之ᄒᆞᆸ고自今月三日以後로ᄂᆞᆫ無相往來ᄒᆞ야湫無聲息이오ᄂᆞ轉聞에滿州兵二

②

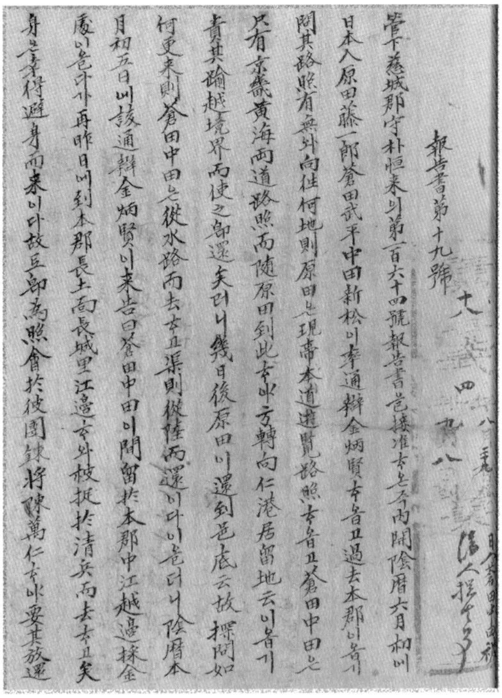
報告書第十九號
管下慈城郡守朴恒來의第一百六十四號報告書를接准호온즉内開陰曆六月初에
日本人原田藤一郎蒼田武平中田新松이本通辯金炳賢호옵고過去本郡이옵기
閱其路照有無外向往何地則原田은現帶本道護照호옵고蒼田中田은
只有京畿黃海兩道路照而隨原田到此호야方轉向仁港居留地云이옵기
責其踰越境界而使之卽還矣더니幾日後原田이還到邑底云故探問如
何更來則蒼田中田은從水路而去호고渠則從陸而還이다이옵더니陰曆本
月初五日에該通辯金炳賢이來告曰蒼田中田이閒留於本郡中江越邊採金
處이옵다가再昨日에到本郡長土面長城里江邊호야被捉於清兵而去호고矣
身은幸得避身而來이다故로卽爲照會於彼國統將陳萬仁호야要其放還

① 평 28

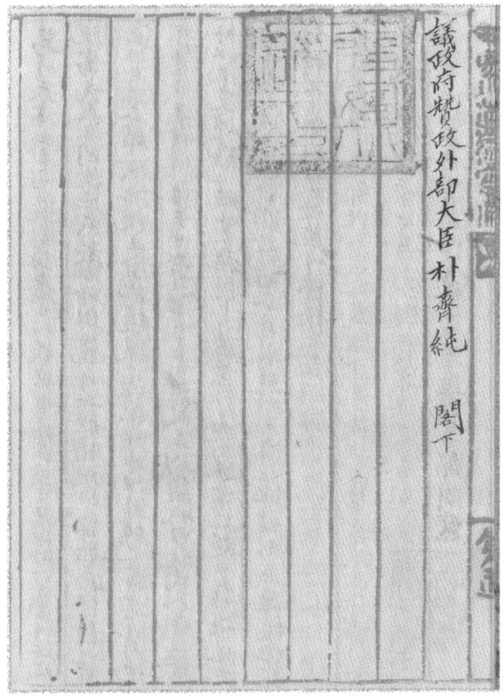
議政府贊政外部大臣朴齊純 閣下

④

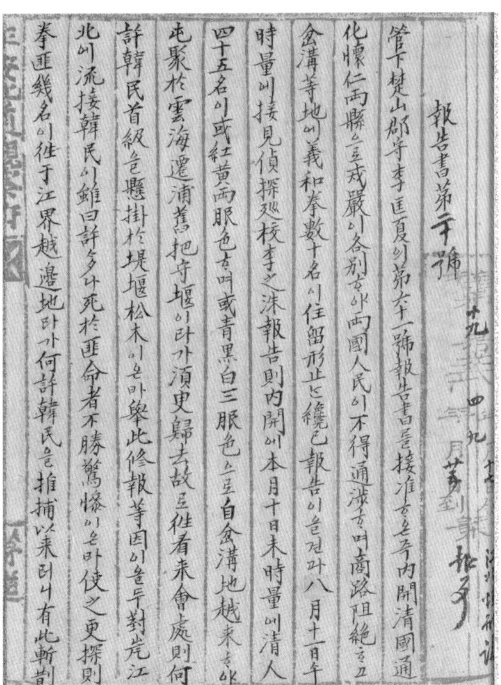
報告書第二十號
管下楚山郡守李匡夏의第二十一號報告書를接准호온즉内開清國通
化懷仁兩縣으로戒嚴이各別호야兩國人民이不得通涉호며南路阻絶호고
金溝等地에義和拳數十名이住留形止는纔已報告이온바八月十一日午
時量에接見偵探巡校李之洙報告則内開에本月十日未時量에清人
四十五名이或紅黃兩服色호며或青黑白三服色으로自金溝地越來호야
屯聚於雲海遷浦舊把守堰이라가須臾歸去故로往看來會處則何
許韓民首級을懸掛於堤堰松木이온바舉此修報等因이올두對岸江
北에流接韓民이雖曰許多나死於匪命者不勝驚懍이온바使之吏探則
拳匪幾名이往于江界越邊地라가何許韓民을捕以來더니有此斬首

① 평 29

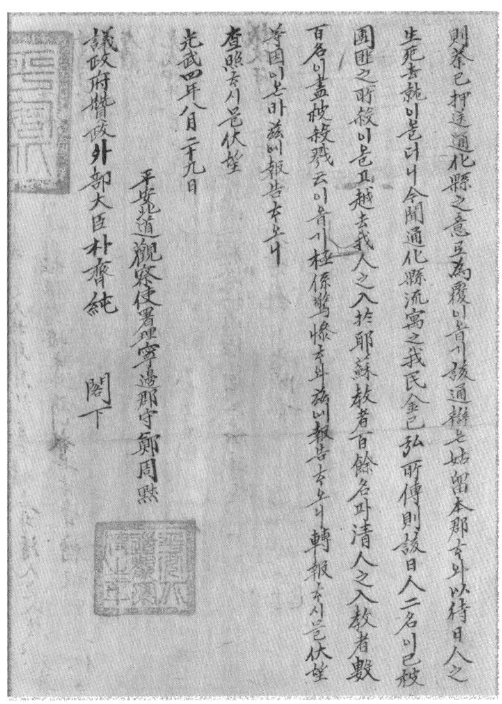
則茶已押送通化縣之意로爲覆이옵기該通辯은姑留本郡호와以待日人之
生死去就이옵더니今聞通化縣流寓之我民金己弘所傳則該日人二名이已被
團匪之所殺이옵고越去我人之入於耶蘇教者百餘名과清人之入教者數
百名이盡被殺戮云이옵기極係驚懍호와玆에報告호오니轉報호시옵伏望
等因이온바玆에報告호오니
査照호시옵伏望
光武四年八月二十九日
平安北道觀察使署理寧邊郡守鄭周默
議政府贊政外部大臣朴齊純 閣下

②

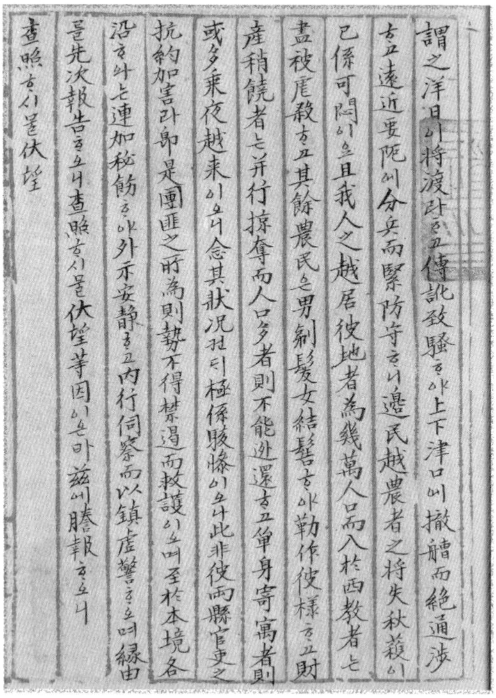
謂之洋日이將渡라ᄒᆞ고傳訛致騷ᄒᆞ야上下津口에撤艚而絶通涉
ᄒᆞ고遠近要阨에分兵而緊防守ᄒᆞ니邊民越農者之將失秋穫이
已係可悶이오且我人之越居彼地者爲幾萬人而入於西敎者ᄂᆞᆫ
盡被虐殺ᄒᆞ고其餘農民은男剃髮女結髻ᄒᆞ야勒作彼樣ᄒᆞ고財
産稍饒者ᄂᆞᆫ幷行掠奪而人口多者則不能逃還ᄒᆞ고單身寄寓者則
或多乘夜越來이오나念其狀況컨ᄃᆡ極係駭慘이오나此非彼兩縣官吏之
抗約加害라卽是團匪之所爲則勢不得禁遏而救護이오며至於本境各
沿ᄒᆞ와ᄂᆞᆫ連加秘飭ᄒᆞ야外示安靜ᄒᆞ고內行伺察而以鎭虛警ᄒᆞ오며緣由
를先次報告ᄒᆞ오니査照ᄒᆞ시믈伏望等因이온바玆에謄報ᄒᆞ오니
査照ᄒᆞ시믈伏望

③

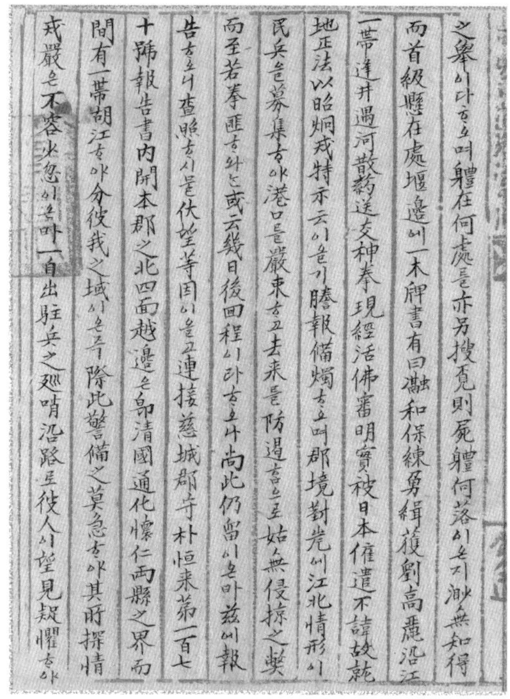
之衆이다ᄒᆞ오며軀在何處를亦另搜覓則屍體何落이온지渺無知得
而首級懸在處堰邊에一木牌書有曰滃和保練勇緝獲劉高鳶沿江
一帶達非過河散約送交神奉現經活佛審明實被日本僱遣不諱故就
地正法以昭炯戒特示云이옵기謄報備燭ᄒᆞ오며郡境對岸에江北情形이
民兵을募集ᄒᆞ야港口를嚴束ᄒᆞ고去來를防遏ᄒᆞ므로姑無侵掠之獘
而至若奉匪ᄒᆞ와ᄂᆞᆫ或云幾日後回程이라ᄒᆞ오나尙此仍留이온바玆에報
告ᄒᆞ오니査照ᄒᆞ시믈伏望等因이옵고連接慈城郡守朴恒來第一百七
十號報告書內開本郡之北四面越邊은卽淸國通化懷仁兩縣之界而
間有一帶胡江ᄒᆞ야分彼我之域이온즉隣此警備之莫急ᄒᆞ야其所探情
形嚴은不容少忽이온바一自出駐兵之廵哨沿路로彼人이望見疑懼ᄒᆞ야

②

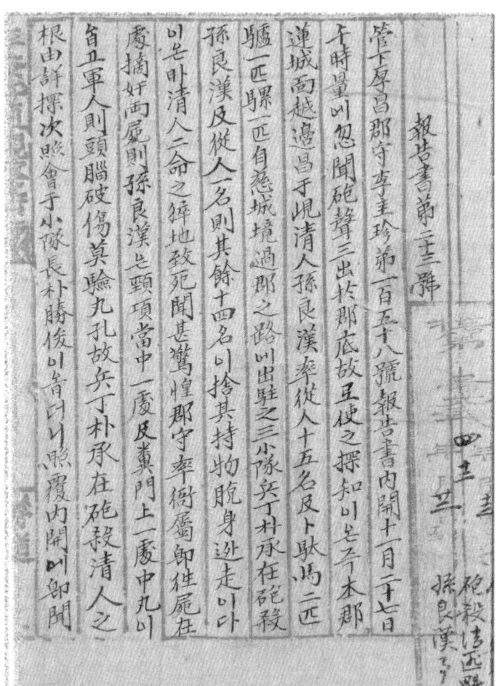
報告書第二十三號
管下厚昌郡守李圭珍第一百五十八號報告書內開十一月二十七日
午時量에忽聞砲聲三出於郡底故旦使之探知이온즉本郡
蓮城面越邊昌于峴淸人孫良漢率從人十五名及卜馱馬二匹
驢一匹騾一匹自慈城境過郡之路에出駐之三小隊兵丁朴承在砲殺
孫良漢及從人一名則其餘十四名이捨其持物脫身逃走이다
이온바淸人二命之猝地致死聞甚驚惶郡守率衙屬卽往屍在
處摘奸兩屍則孫良漢은頸項當中一處及菓門上一處中丸이
옵고軍人則頭腦破傷莫驗丸孔故兵丁朴承在砲殺淸人之
根由詳探次照會于小隊長朴勝俊이옵더니照覆內開에卽聞

砲殺淸匪 孫良漢事

①　　평 30

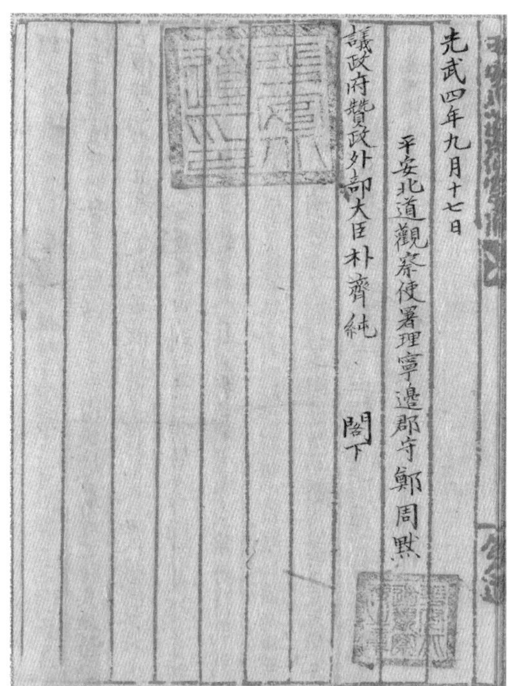
光武四年九月十七日
平安北道觀察使署理寧邊郡守鄭周默
議政府贊政外部大臣朴齊純 閣下

④

本小隊兵丁朴承在難告則以爲小人이以多年軍人으로往在戊
戌春出駐甲山雲寵時响賊魁首孫良漢이가率軍接戰也
에銃殺小人姨從金尚奎妹夫金丙浩同僚盧學龍三人而當
其時未得報讎하와含寃喫憤이今爲三載이오며又於三水
柳郡守邑銃殺後斬其首外囉叭銃鎗藥丸眼鏡環刀衾褥
等屬奪去仍用따該郡民之數多死傷이亦出於孫胡之所
爲則如此強賊을願一逢償讎터니何幸天日이孔昭하시고神遇
適會하와意外孫胡가自通化縣等地로率軍入城하와所持
兵器을撫而妄大하며出駐軍隊을視若尋常故로舊憾新
憤이一時幷發하고眼火麁膽이怨地層激하와逢場放銃二次

②

致斃則孫胡率軍中甲山郡金穩城捉去燒死之悍賊貳棚이
突出街上에向小人放銃이온바幸免未丸而又殺貳棚則小人
이身爲軍人하와不告殺賊이自犯軍制이오나孫胡首級을上送
大隊하와慰戰亡同僚寃魂이오며死無餘憾이며하두軍人之
不告殺命이罪難容貸이오나孫胡則渠以韓清兩界有名賊
魁로作變於三水雲寵後國庫軍物數多奪去와金穩城儀鳳
處欲奪財物次貳棚之捉去燒火와餘外沿江一帶許多侵掠은
鑿據的確故로方欲修照之際即到貴照이두朴承在의砲殺
二命之根由와賊類의馬卜器械各種을左開照覆等因이온바
噫彼孫良漢之所習此非但該隊之照辭郡守莅任之初侵漁邊

③

民之弊種種現發하와欲使砲軍而懲創則郡民咸曰此漢殘毒曾
所有名而近以鄉約之任據彼沿邊百餘里擅自設砲勢莫能當
而今若逢彼之怒將無居此之民이다云故로江北民情亦不可不
念抑鬱挨過矣今日雖手逢着往年積惡報償與同軍人而
一時送死則本境沿江如等一清이오나以一良漢之枚殺로隔
江之南北民人雖有快泄豈不搔擾乎況中隊長韓熙烈自本
隊로今送小隊長崔光根相換交去則當此寒節思鄉軍情
自不無解弛之慮而新設土兵尚未全募初無習藝이온며良漢
黨類其衆數多際此合氷犯越搶掠則恐難抵當擧懷渙散
字牧之地誠不勝悚悶이오며孫良漢軍人併兩屍木棚囹掩弃

④

與所在持物使之各別着守하고朴承在段은自該隊로堅囚故
封留物種을左開報告等因이오며連接該郡守所報內槩孫
魁餘黨이激憤嘯聚하와將欲過江滋鬧에郡民이擧皆荷
擔等因이온바準此查하오니孫良漢은素以有名响匪로出
沒西北兩邊하와戕殺長吏하며劫掠村閭가積惡이已久이
온즉今此北青兵之自下砲殺이雖未免私相報讎이오되出於
義憤에容有可原이오며丹查上年九月間에以孫良漢等携帶
銃砲越境肆悖一事로已爲報 部하와業經知照于英公使하
와轉商徐公使照覆內槩에馬賊均係亡命匪類不遵法紀之
人官府無從誠諭惟有任聽貴國邊界守土官弁使用器

⑤

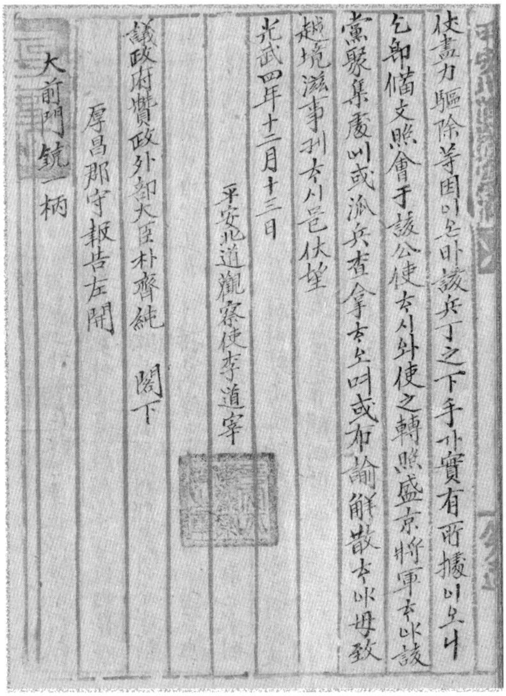
伕盡力驅除等因이온바該兵丁之下手가實有所據이오니
乞卽備文照會于該公使ㅎ시와使之轉照盛京將軍ㅎ야該
黨聚集處에或派兵查拿ㅎ오며或布諭解散ㅎ야毋致
越境滋事케ㅎ시믈伏望
光武四年十二月十三日
平安北道觀察使李道宰
議政府贊政外部大臣朴齊純 閣下
厚昌郡守報告左開
大前門銃一柄

⑥

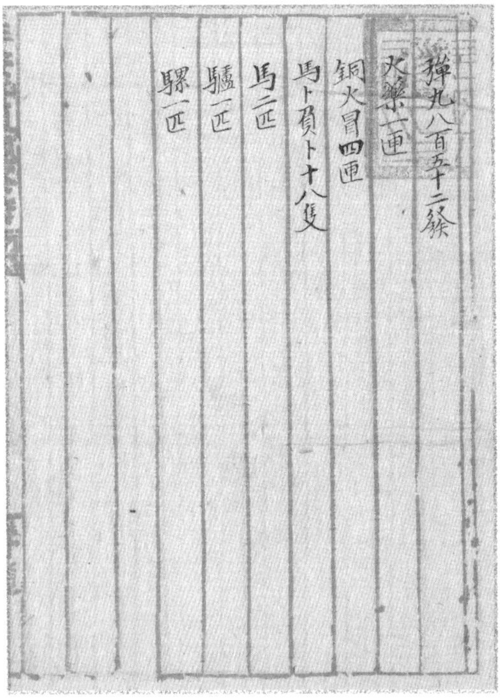
彈丸八百五十二發
火藥一匣
銅火冒四匣
馬卜負卜十八隻
馬二匹
驢一匹
騾一匹

⑦

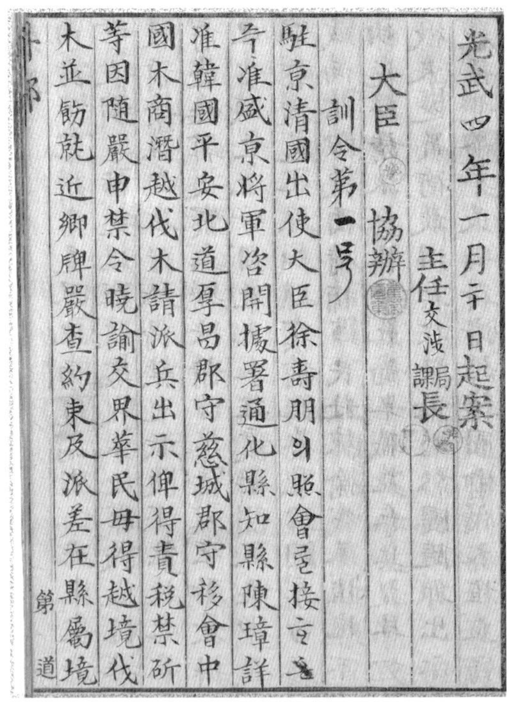
光武四年一月二十日起案 主任交涉課長 局長
大臣 協辦
訓令第一号
駐京清國出使大臣徐壽朋의照會를接ㅎ온즉
准盛京將軍咨開據署通化縣知縣陳璋詳
准韓國平安北道厚昌郡守慈城郡守移會中
國木商潛越伐木請派兵出示俾得責稅禁斫
等因隨嚴申禁令曉諭交界華民毋得越境伐
木並飭就近鄉牌嚴查約束及派差在縣屬境
第 道
外部

① 평 31

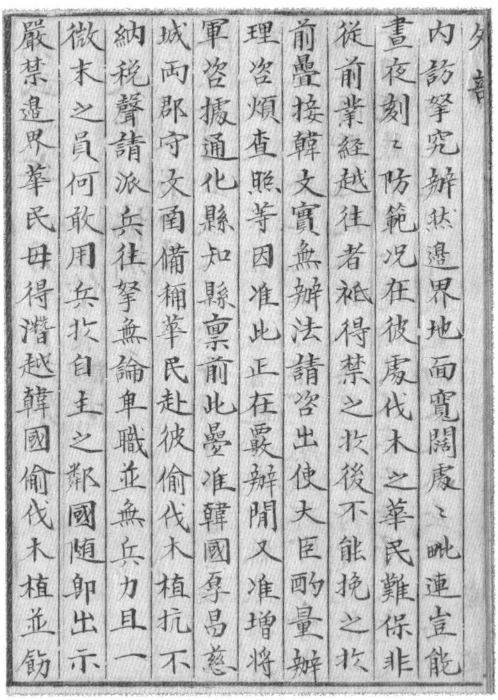
外部
內訪拏究辦然邊界地面寬闊處處毗連豈能
晝夜刻刻防範況在彼處伐木之華民難保非
從前業經越往者祇得禁之於後不能挽之於
前疊接韓文實無辦法請咨出使大臣酌量辦
理咨煩查照等因准此正在嚴辦間又准增將
軍咨據通化縣知縣稟前此疊准韓國厚昌慈
城兩郡守文函備稱華民赴彼偷伐木植抗不
納稅聲請派兵往拏無論卑職並無兵力且一
徹末之員何敢用兵於自主之鄰國隨卽出示
嚴禁邊界華民毋得潛越韓國偷伐木植並飭

②

外部

該處鄉牌嚴查約束及派差隨時訪拏一面函
復韓國郡守並將情形詳請咨行尚未奉批玆
於光緒二十六年五月十三日據會董呈華民
向在韓國辦木照韓國章程納稅今韓國驟增
木稅華民不服致啟爭端現在韓國調兵百餘
十人在縣屬白馬浪小牛道淸姜釣石等處地
方與木把搆衅經伊與鄉約力爲彈壓不准木把
動手現在尚未解散等情卑職刻卽選派妥書
兵役飛速前往該處彈壓向華民勸諭毋得妄
動再向韓兵勸令回國嗣後可以公文商辦能

第　道

③

外部

否寢息事難逆料卑職伏查韓國徵收木稅必有
章程其稽查偷漏自應於境內各口加意防察
乃當時計不出此事後因漏稅搆衅用兵鄰國
似乎無此辦法稟祈查覈咨行等情咨請查照
辦理前來本大臣查兩國邊民彼此往來匪伊
朝夕其越界盜伐木植者自在應禁之列如果
出價收買照例納稅亦不得謂之犯科按通化
縣詳稟情形自因韓國木稅加增華民偶爾偷
漏韓官遂欲科以盜伐之罪派兵越境捕拏殊
屬有違條約應請貴大臣嚴飭平安道各郡守

④

外部

等嗣後毋得派兵越境致肇衅端果係越境盜
伐樹木之華人在韓境被獲可照拘禁不凌虐
之例送交就近中國地方官懲辦總之兩國邊
界既相連接偶以樵採細故頻煩彙牘事所難
免要在守邊官吏和平相處遇事察其情僞彼
此熟商自不致齟齬生衅除覆請轉飭該縣仍
行詳查嚴禁外相應照會請煩查照辦理等因
인바清國民人의越界偷斫은雖甚駭惋이나
只可嚴行禁防이어ᄂᆞᆯ胡爲派兵過江ᄒᆞ야滋
生事端인지各地方官處事가未必妥當이오

第　道

⑤

外部

派兵一事ᄂᆞᆫ又非地方官의所可自辦이니未
知有何委折이나無論防匪與禁斫ᄒᆞ고我兵
이斷不可犯越清國地方ᄒᆞ야以致開衅失和
이기로玆에訓令ᄒᆞ니到卽分飭各官ᄒᆞ야清
國土匪가犯我邊界어든盡力防剿ᄒᆞ며盜伐
木植者ᄂᆞᆫ該地方官에게行文懲辦ᄒᆞ되我兵
毋仍藉端過江케ᄒᆞ며形止를陸續報明이
爲可
光武五年一月二十日
議政府贊政外部大臣朴齊純

⑥

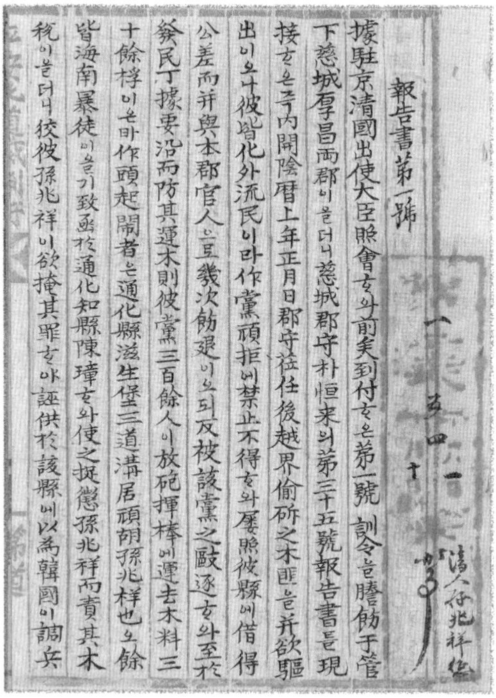

報告書第一號

據駐京清國出使大臣照會ᄒᆞ와前矣到付ᄒᆞ온第一號訓令을謄飭于管
下慈城厚昌兩郡이옵더니慈城郡守朴恒来의第三十五號報告書를現
接ᄒᆞ온즉內開陰曆上年正月日郡守莅任後越界偷斫之木匪을并欲驅
出이오나彼皆化外流民이라作黨頑拒에禁止不得ᄒᆞ와屢照彼縣에借得
公差而并與本郡官人으로幾次飭退이오되反被該黨之毆逐ᄒᆞ와至於
發民丁據要沿而防其運木則彼黨三百餘人이放砲揮棒에運去木料三
十餘桴이온바作頭起鬧者는通化縣滋生堡三道溝居頑胡孫兆祥也오餘
皆海南暴徒이옵기致函於通化知縣陳璋ᄒᆞ와使之捉懲孫兆祥而責其木
稅이옵더니狡彼孫兆祥이欲掩其罪ᄒᆞ야誣供於該縣에以爲韓國이調兵

① 평 32

平安北道觀察使李道宰閣下

第 道

⑦

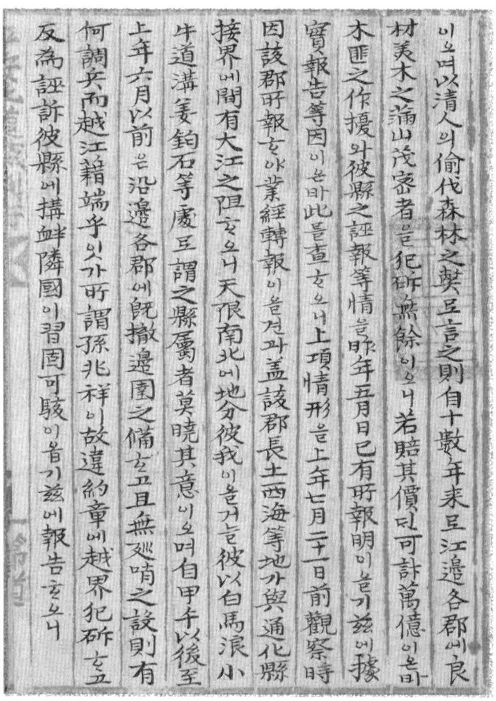

이오며以清人의偷伐森林之弊로言之則自十數年来로江邊各郡에良
材美木之蒲山茂密者을犯斫無餘이오니若賠其價더可計萬億이옵바
木匪之作擾와彼縣之誣報等情은昨年五月日已有所報明이옵기玆에據
實報告等因이온바此를查ᄒᆞ오니上項情形은上年七月二十一日前觀察時
因該郡所報ᄒᆞ야業經轉報이옵거니와盖該郡長土西海等地가與通化縣
接界에間有大江之阻ᄒᆞ오니天限南北에地分彼我이옵거늘彼以白馬浪小
牛道溝姜鈞石等處로謂之縣屬者莫曉其意이오며自甲午以後至
上年六月以前은沿邊各郡에既撤邊圍之備ᄒᆞ고且無廵哨之設則有
何調兵而越江藉端乎잇가所謂孫兆祥이故違約章에越界犯斫ᄒᆞ고
反為誣詐彼縣에搆釁隣國이習固可駭이옵기玆에報告ᄒᆞ오니

③

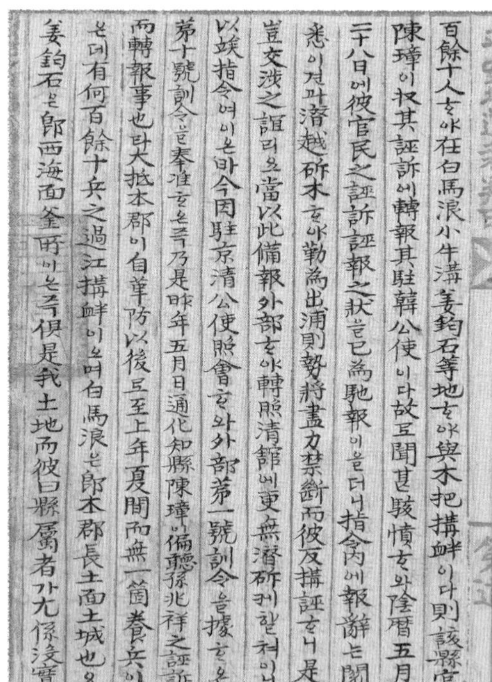

百餘十人ᄒᆞ야在白馬浪小牛溝姜鈞石等地ᄒᆞ야與木把搆釁이다則該縣官
陳璋이扠其誣詐에轉報其駐韓公使이다故로聞甚駭憤ᄒᆞ와陰曆五月
二十八日에彼官民之誣詐誣報之狀을已爲馳報이옵더니指令內에報辭는閱
悉이거니와濳越斫木ᄒᆞ야勒為出浦則努將盡力禁斷而彼反搆誣ᄒᆞ니是
豈交涉之誼리오當以此備報外部ᄒᆞ야轉照清館에更無濳斫케할쳐이니
以俟指令여이온바今因駐京清公使照會ᄒᆞ와外部第一號訓令을據ᄒᆞ온
第十號訓令을奉准ᄒᆞ온즉乃是昨年五月日通化知縣陳璋이偏聽孫兆祥之誣詐
而轉報事也라大抵本郡이自罷防以後로至上年夏間而無一箇養兵이
온데有何百餘十兵之過江搆釁이오며白馬浪은即本郡長土面土城也오
姜鈞石은即西海面釜所이온즉俱是我土地而彼曰縣屬者가尤係沒實

②

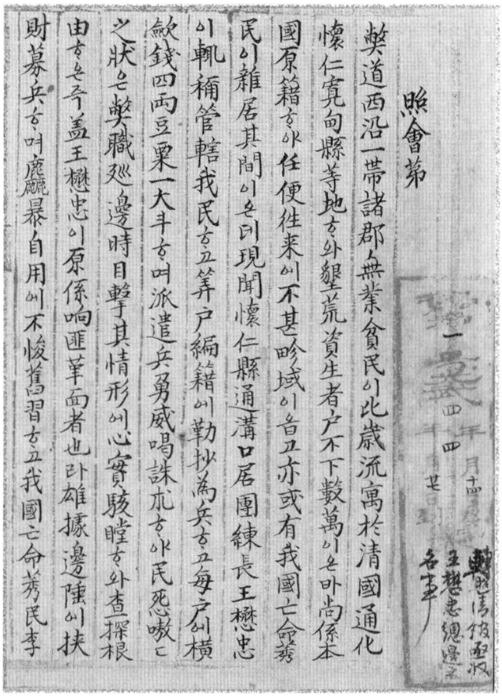

照會第

獘道西沿一帶諸郡無業貧民이此歲流寓於清國通化懷仁寛甸縣等地ᄒᆞ와墾荒資生者ㅣ不下數萬이온바尙係本國原籍ᄒᆞ야任便往来에不甚畛域이옵고亦或有我國亡命莠民이雜居其間이온딕現聞懷仁縣通溝口居團練長王懋忠이輒稱管轄我民ᄒᆞ고第戸編籍에勒抄爲兵ᄒᆞ고每戸에橫歛錢四兩豆粟一大斗ᄒᆞ며派遣兵勇威喝誅求ᄒᆞ야民怨嗷ㄷ之狀은獘職巡邊時目擊其情形에心實駭瞠ᄒᆞ와查探根由ᄒᆞ온즉盖王懋忠이原係响匪革面者也라雄據邊陲에挾財募兵ᄒᆞ며麁獷暴自用에不悛舊習ᄒᆞ고我國亡命莠民李

① 　　평 33

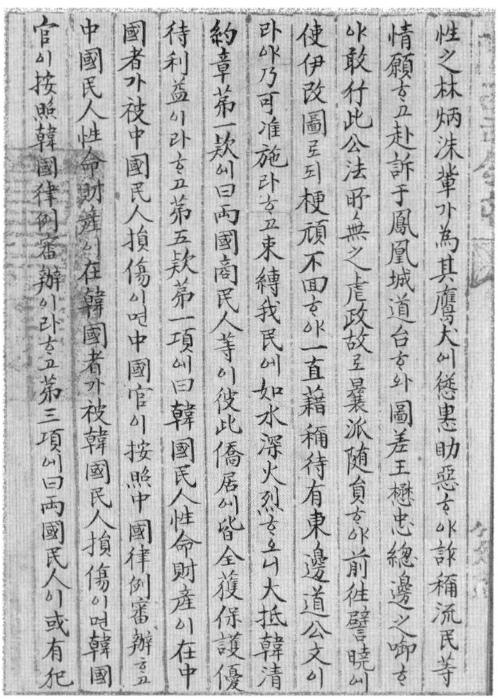

性之林炳洙輩가爲其鷹犬에慫恿助惡ᄒᆞ야詐稱流民等情願ᄒᆞ고赴訴于鳳凰城道台ᄒᆞ와圖差王懋忠總邊之啣ᄒᆞ야敢行此公法所無之虐政故로暴派隨員ᄒᆞ야前往譬曉에使伊改圖로되梗頑不回ᄒᆞ야一直藉稱待有東邊道公文이라야乃可准施라ᄒᆞ고束縛我民에如水深火烈ᄒᆞ오니大抵韓清約章第一款에曰兩國商民人等이彼此僑居에皆全獲保護優待利益이라ᄒᆞ고第五款第一項에曰韓國民人性命財産이在中國者가被中國民人損傷이면中國官이按照中國律例審辦ᄒᆞ고中國民人性命財産이在韓國者가被韓國民人損傷이면韓國官이按照韓國律例審辦이라ᄒᆞ고第三項에曰兩國民人이或有犯

②

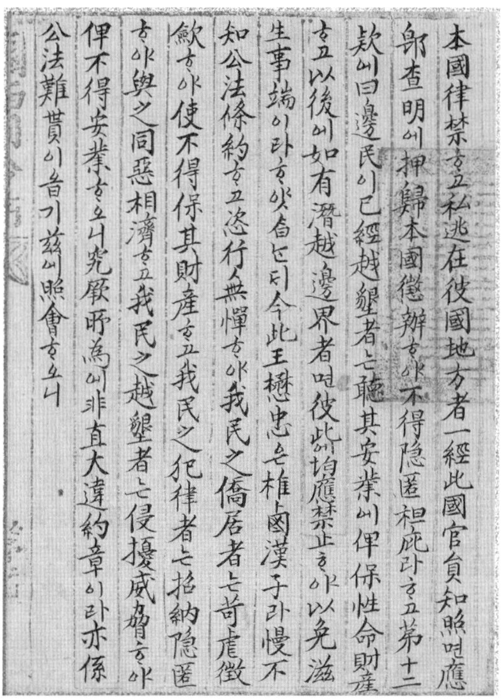

本國律禁ᄒᆞ고私逃在彼國地方者一經此國官員知照면應即查明에押歸本國懲辦ᄒᆞ야不得隱匿袒庇라ᄒᆞ고第十二款에曰邊民이已經越墾者는聽其安業에俾保性命財産ᄒᆞ고以後에如有潛越邊界者면彼此均應禁止ᄒᆞ야以免滋生事端이라ᄒᆞ얏삽ᄂᆞᆫ딕今此王懋忠은椎鹵漢子라慢不知公法條約ᄒᆞ고恣行無憚ᄒᆞ야我民之僑居者는苛虐徵歛ᄒᆞ야使不得保其財産ᄒᆞ고我民之犯律者는招納隱匿ᄒᆞ야與之同惡相濟ᄒᆞ고我民之越墾者는侵擾威脅ᄒᆞ야俾不得安業ᄒᆞ오니究厥所爲에非直大違約章이라亦係公法難貰이옵기玆에照會ᄒᆞ오니

③

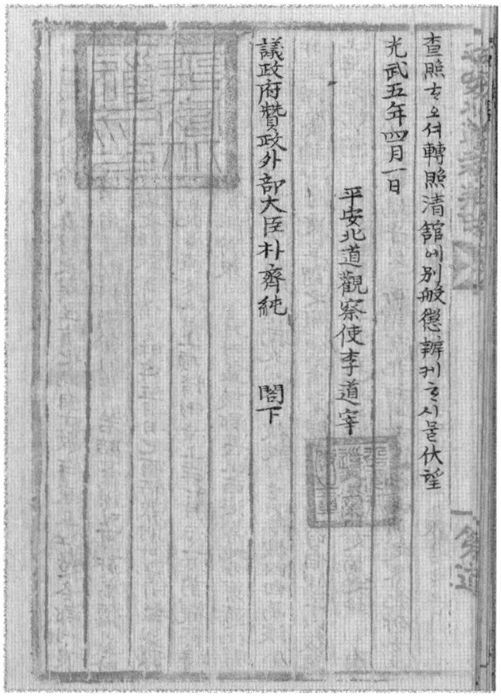

查照ᄒᆞ오셔轉照清館에別般懲辦케ᄒᆞ시믈伏望

光武五年四月一日

平安北道觀察使李道宰

議政府贊政外部大臣朴齊純 閣下

④

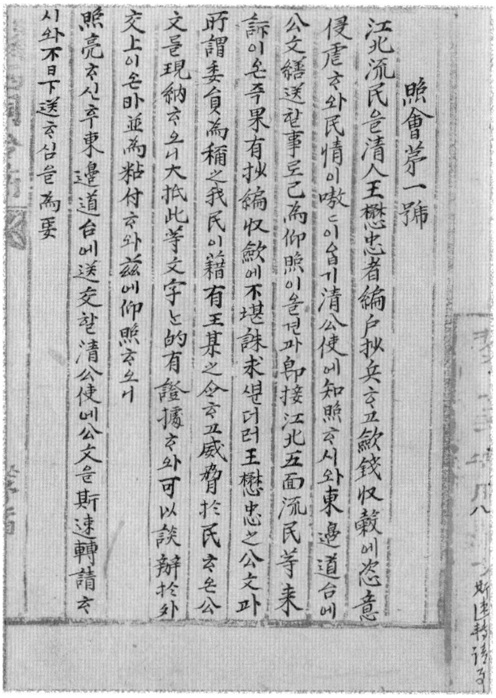

照會第一號
江北流民을清人王懋忠者編戶抄兵ᄒ고斂錢收穀에恣意
侵虐ᄒ오와民情이嗷ᄃ이옵기清公使에知照ᄒ시와東邊道台에
公文繕送ᄒᆯ事로已爲仰照이온ᄃ지라即接江北五面流民等來
訴이온즉果有抄編收斂에不堪誅求ᄒᆫ더러王懋忠之公文과
所謂委員爲稱之我民이籍有王某之令ᄒ고威脅於民ᄒ온公
文을現納ᄒ오니大抵此等文字ᄂ的有證據ᄒ와可以詰辯於外
交上이온바並爲粘付ᄒ와茲에仰照ᄒ오니
照亮ᄒ신후東邊道台에送交ᄒᆯ清公使에公文을斯速轉請ᄒ
시와不日下送ᄒ심을爲要

① 평 34

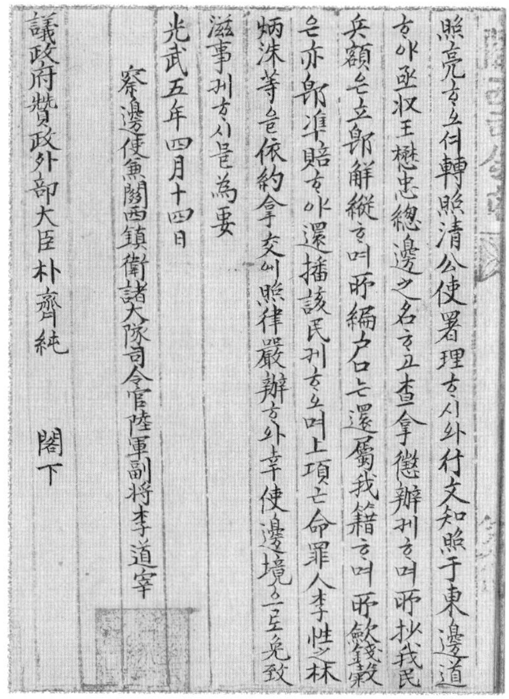

照亮ᄒ오며轉照清公使署理ᄒ시와行文知照于東邊道
ᄒ야亟收王懋忠總邊之名ᄒ고查拿懲辦케ᄒ며所抄我民
兵額은立郎解縱ᄒ며所編戶口ᄂ還屬我籍ᄒ며所斂錢穀
은亦郎準賠ᄒ야還播該民케ᄒ오며上項亡命罪人李性之林
炳洙等을依約拿交에照律嚴辦ᄒ와幸使邊境으로免致
滋事케ᄒ시믈爲要
光武五年四月十四日
察邊使兼關西鎭衛諸大隊司令官陸軍副將李道宰
議政府贊政外部大臣朴齊純 閣下

④

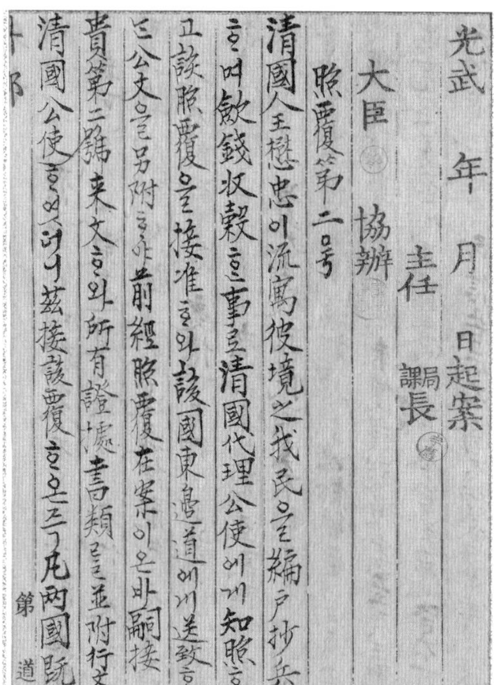

光武 年 月 日起案
大臣 協辦 主任 課局長
照覆第二号
清國人王懋忠이流寓彼境之我民을編戶抄兵
ᄒ며斂錢收穀ᄒᆫ事로清國代理公使에게知照ᄒ
고該照覆을接准ᄒ와該國東邊道에게送致ᄒ
ᆫ公文을另附ᄒ야前經照覆在案이온바嗣接
貴第二號來文ᄒ와所有證據書類를並附行文
清國公使ᄒ얏더니茲接該覆ᄒ온즉凡兩國既
第 道

① 평 35

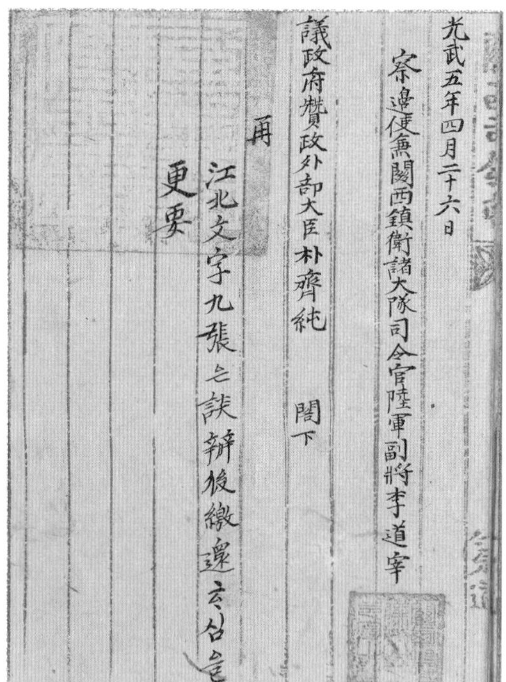

光武五年四月二十六日
察邊使兼關西鎭衛諸大隊司令官陸軍副將李道宰
議政府贊政外部大臣朴齊純 閣下
再
江北文字九張ᄂ詰辯後繳還ᄒ심을
更要

②

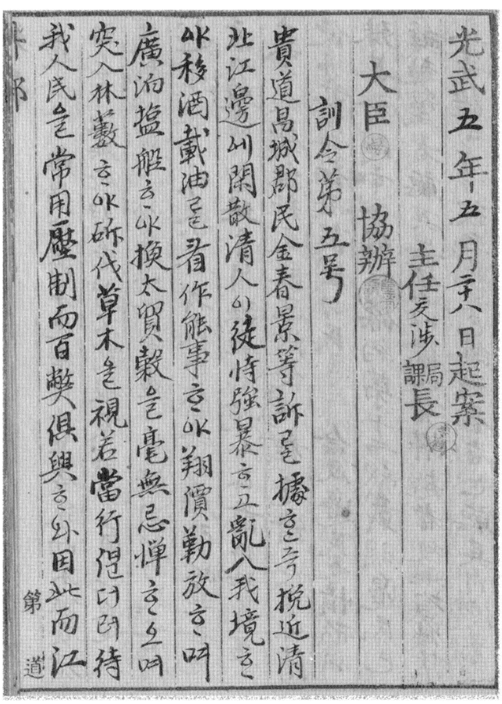
外部

光武五年五月二十八日起案

大臣 協辦 主任交涉局課長

訓令第五號

貴道昌城郡民金春景等訴를據호즉挽近清北江邊에閑散清人이徒恃强暴호고亂入我境호야移酒載油로看作能事호야翔價勒放호며廣治塩船호야換太買穀을毫無忌憚호며突入林藪호야斫伐草木을視若當行이더니待我人民을常用壓制而百弊俱興호와因此而江

第 道

①

평 36

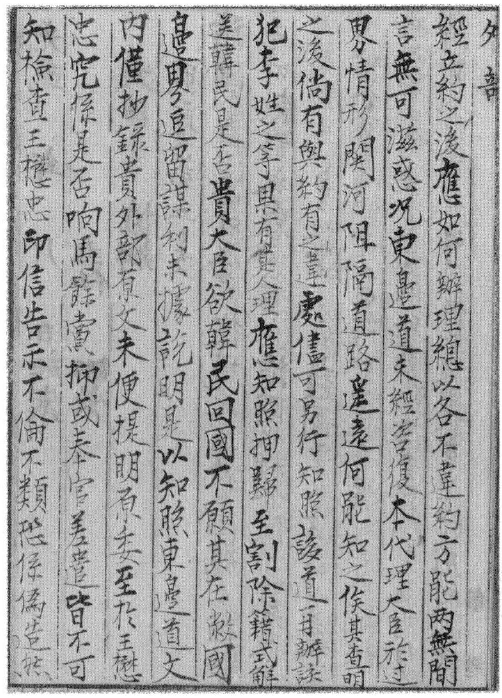
外部

經立約之後應如何辦理總以各不違約方能兩無間言無可滋惑况東邊道未經咨復本代理大臣於邊界情形關河阻隔道路遥遠何能知之俟其查明之後倘有與約有違之處儘可另行知照該道一并辦理犯李姓之等果有匪人理應知照押解至割除籍式解送韓民是否貴大臣欲韓民回國不願其在敝國邊界逗留謀利未據說明是以知照東邊道文內僅抄錄貴外部原文未便提明原委至於王總忠究係是否响馬餘黨抑或奉官差遣皆不可知檢查王總忠印信告示不倫不類恐係僞造於

②

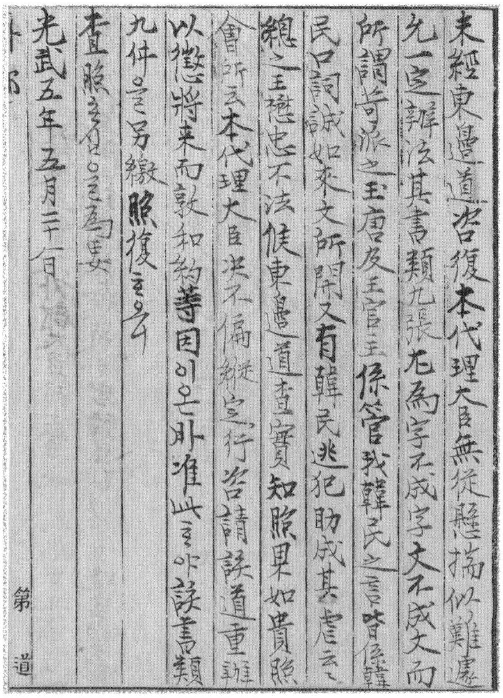
來經東邊道咨復本代理大臣無從懸揣似難遽允一邊辦法其書類九張尤爲字不成字文不成文而所謂奇派之王官及王官王係管我韓民之言皆係韓民口詞誠如來文所聞又有韓民逃犯助成其害云云總之王總忠不法侯東邊道查實知照果如貴照會所云本代理大臣決不偏縱定行咨請該道重辦以懲將來而敦和約等因이온바准此호야該書類九件을另繳照覆호오니

查照호심을爲要

光武五年五月三十一日

外部 第 道

③

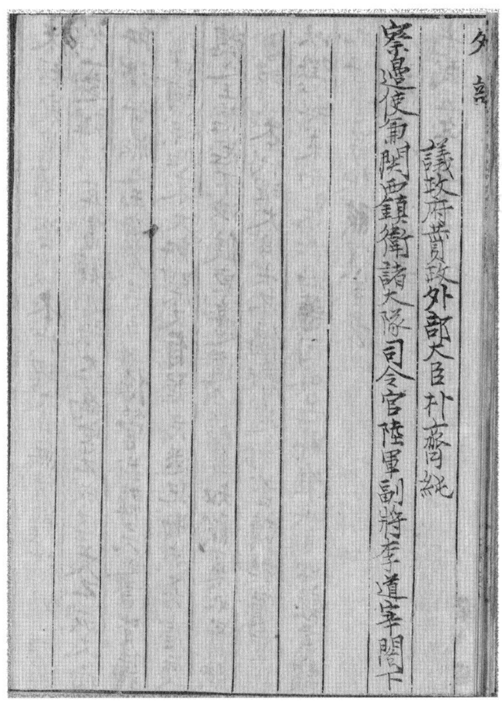
外部

議政府贊政外部大臣朴齊純

平邊使兼閑西鎭衛諸大隊司令官陸軍副將李道宰 閣下

④

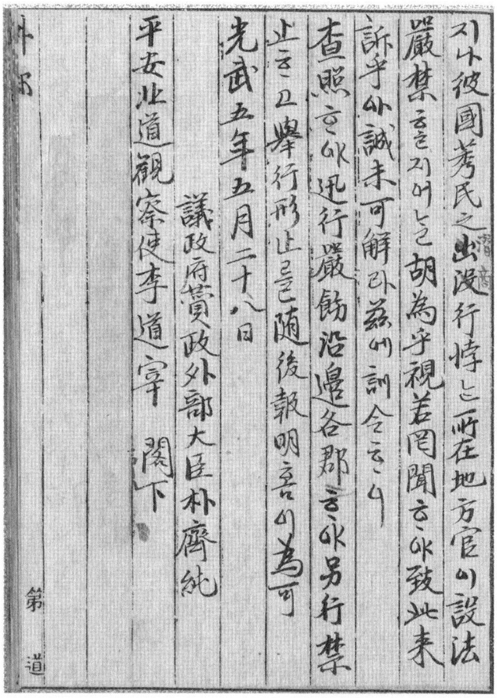
지나彼國莠民之出沒行悖ᄂᆞᆫ所在地方官이設法
嚴禁ᄒᆞᆯ지어ᄂᆞᆯ胡爲乎視若罔聞ᄒᆞ야致此来
訴乎아誠未可解라玆에訓令ᄒᆞ니
查照ᄒᆞ야迅行嚴飭沿邊各郡ᄒᆞ야另行禁
止ᄒᆞ고擧行形止ᄅᆞᆯ隨後報明ᄒᆞᆷ이爲可
光武五年五月二十八日
議政府贊政外部大臣朴齊純
平安北道觀察使李道宰 閣下

③

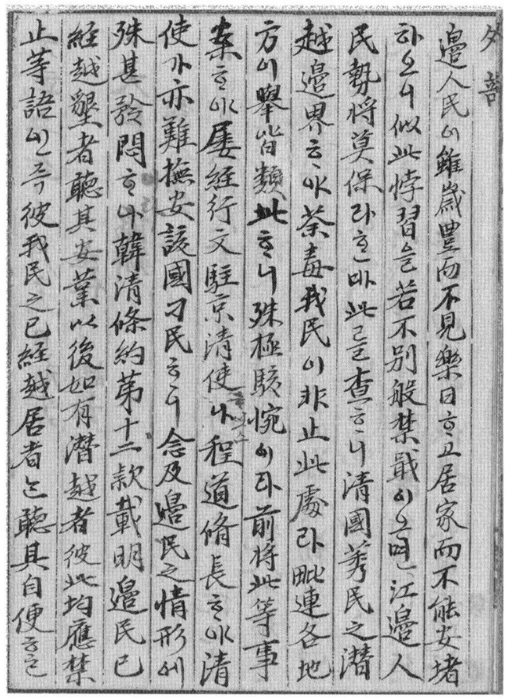
外部
邊人民이雖歲豊而不見樂日ᄒᆞ고居家而不能安堵
ᄒᆞ오니似此悖習을若不別般禁戢이오면江邊人
民勢將莫保라ᄒᆞᆫ바此ᄂᆞᆫ查ᄒᆞ니清國莠民之潛
越邊界ᄒᆞ야荼毒我民이非止此處라毗連各地
方이擧皆類此ᄒᆞ니殊極駭惋이라前將此等事
案ᄒᆞ야屢經行文駐京清使나程道脩長ᄒᆞ야清
使가亦難撫安該國刁民ᄒᆞ니念及邊民之情形에
殊甚矜悶ᄒᆞ나韓清條約第十二款載明邊民已
經越墾者聽其安業以後如有潛越者彼此均應禁
止等語ᄉᆞ즉彼我民之已經越居者ᄂᆞᆫ聽其自便ᄒᆞᆫ

②

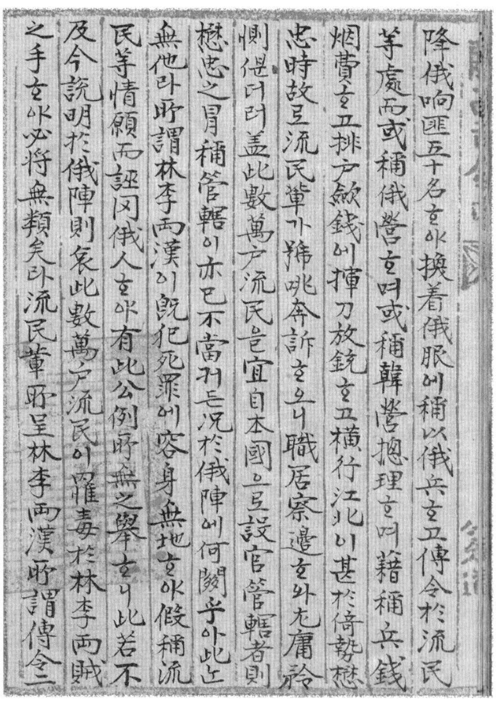
降俄响匪五十名ᄒᆞ야換着俄服에稱以俄兵ᄒᆞ고傳令於流民
等處而或稱俄營ᄒᆞ며或稱韓營摠理ᄒᆞ며籍稱兵錢
烟費ᄒᆞ고排戶斂錢에揮刀放銃ᄒᆞ고橫行江北이甚於倚勢懋
忠時故로流民輩가稀兆奔訴ᄒᆞ오니職居察邊ᄒᆞ와尤庸矜
惻促더러盖此數萬戶流民을宜自本國으로設官管轄者則
懋忠之冒稱管轄이亦已不當커든況於俄陣에何關乎아此亡
無他라所謂林李兩漢이既犯死罪에容身無地ᄒᆞ야假稱流
民等情願而誣罔俄人ᄒᆞ야有此公例所無之擧ᄒᆞ니此若不
及今說明於俄陣則哀此數萬戶流民이罹毒於林李兩賊
之手ᄒᆞ야必將無類矣라流民輩所呈林李兩漢所謂傳令二

②

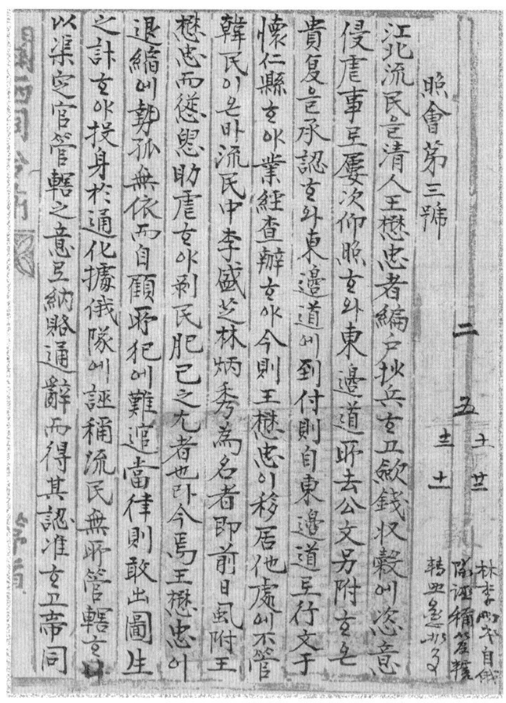
照會第三號
江北流民을清人王懋忠者編戶抄兵ᄒᆞ고斂錢收穀에恣意
侵虐事로屢次仰照ᄒᆞ와東邊道所去公文另附ᄒᆞ온
貴復을承認ᄒᆞ와東邊道에到付則自東邊道로行文于
懷仁縣ᄒᆞ야業經查辦ᄒᆞ야今則王懋忠이移居他處에不管
韓民이온바流民中李盛芝林炳秀爲名者卽前日氐附王
懋忠而慫恿助虐ᄒᆞ야剝民肥己之尤者也라今焉王懋忠이
退縮에勢孤無依而自顧所犯에難逭當律則敢出圖生
之計ᄒᆞ야投身於通化據俄隊에誣稱流民無所管轄ᄒᆞ니
以渠宜官管轄之意로納賂通辭而得其認准ᄒᆞ고帝同

①

평 37

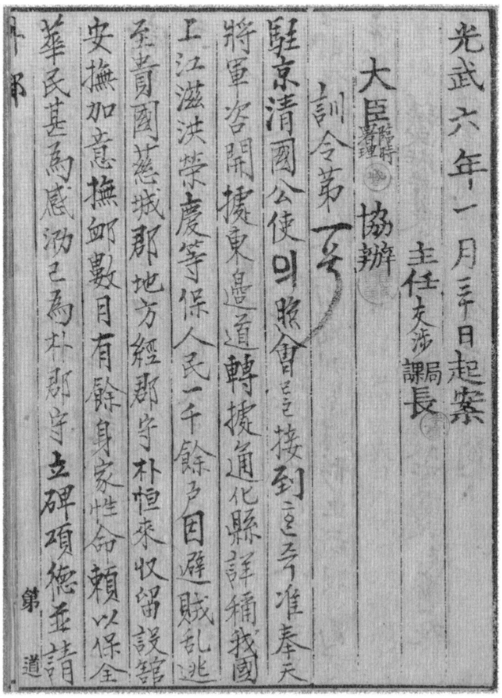
光武六年一月三日起案
主任 交涉課長 局
大臣 署理 臨時 協辦
訓令第一号
駐京清國公使의照會를接到호온즉准奉天將軍咨開據東邊道轉據通化縣詳稱我國上江滋洪榮慶等保人民一千餘户因避賊亂逃至貴國慈城郡地方經郡守朴恒來收留設館安撫加意撫卹數月有餘身家性命賴以保全華民甚爲感洳已爲朴郡守立碑頌德並請
第 道

① 평 38

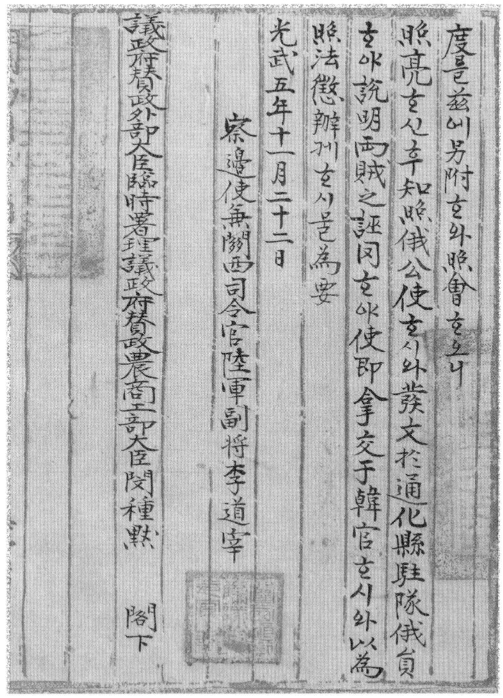
度를玆에另附호와照會호오니
照亮호신후知照俄公使호시와發文於通化縣駐隊俄員
호야說明西賊之誣罔호야使即拿交于韓官호시와以爲
照法懲辦케호시믈爲要
光武五年十一月二十二日
察邊使兼關西司令官陸軍副將李道宰
議政府贊政外部大臣臨時署理議政府贊政農商工部大臣閔種默 閣下

③

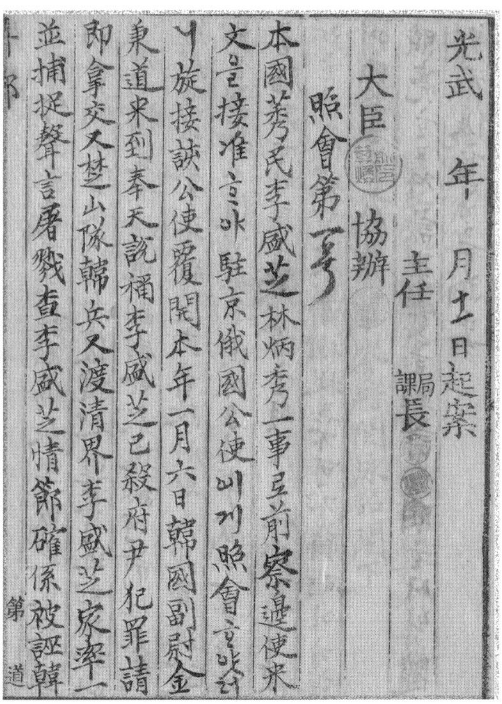
光武 年 月十日起案
主任 課長
大臣 協辦
照會第一号
本國葛民李盛芝林炳秀一事로前察邊使來文을接准호야駐京俄國公使에게照會호얏더니旋接該公使覆開本年一月六日韓國副尉金東道來到奉天說稱李盛芝已殺府尹犯罪請即拿交天梵山隊韓兵又渡清界李盛芝家率一並捕捉聲言屠戮查李盛芝之情節確係被誣韓
第 道

① 평 39

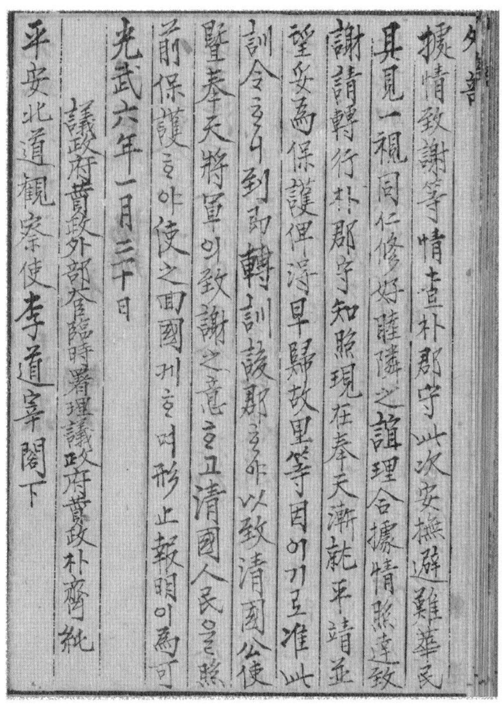
據情致謝等情查朴郡守此次安撫避難華民
其見一視同仁修好睦隣之誼理合據情照達致
謝請轉行朴郡守知照現在奉天漸就平靖並
望妥爲保護俾得早歸故里等因이기로准此
訓令호니到即轉訓該郡호야以致清國公使
暨奉天將軍의致謝之意호고清國人民을照
前保護호야使之面國케호며形止報明이爲可
光武六年一月二十日
議政府贊政外部大臣臨時署理議政府贊政朴齊純
平安北道觀察使李道宰 閣下

②

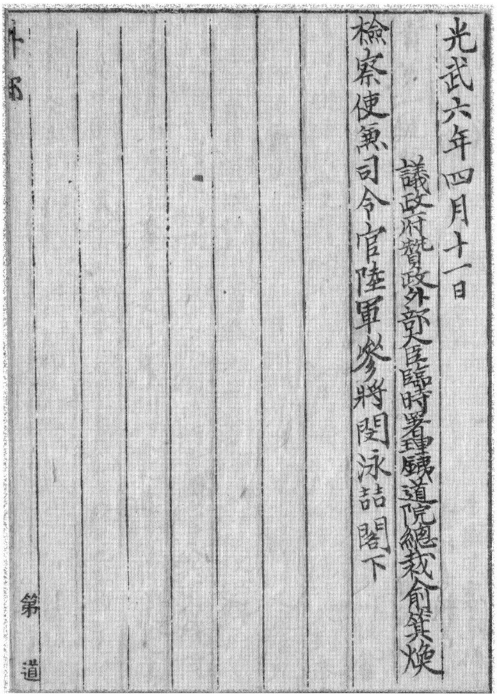

光武六年四月十一日

議政府贊政外部大臣臨時署理鐵道院總裁俞箕煥

檢察使兼司令官陸軍參將閔泳喆閣下

③

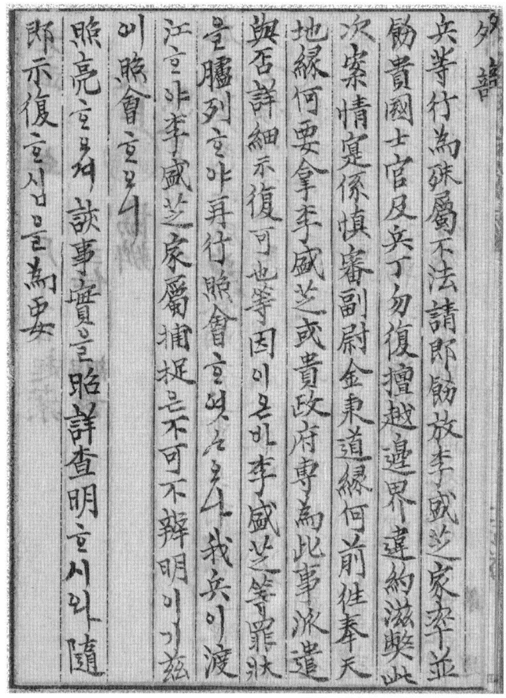

兵等行爲殊屬不法請即飭放李盛芝家卒並
飭貴國士官及兵丁勿復擅越邊界違約滋弊此
次案情寔係慎審副尉金東道緣何前往奉天
地緣何要拿李盛芝或貴政府專爲此事派遣
與否詳細示復可也等因이온바李盛芝等罪狀
을臚列ᄒᆞ야再行照會ᄒᆞ얏ᄉᆞ오나我兵이渡
江ᄒᆞ야李盛芝家屬捕捉은不可不辨明이기玆
에照會ᄒᆞ오니
照亮ᄒᆞ셔該事實을昭詳查明ᄒᆞ시와隨
即示復ᄒᆞ심을爲要

②

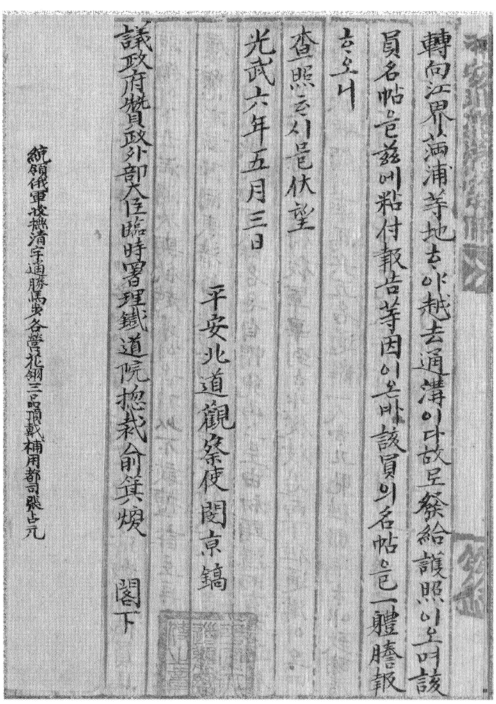

轉向江界滿浦等地ᄒᆞ야越去通溝이다故로發給護照이오며該
員名帖을玆에粘付報告等因이온바該員의名帖을一體謄報
ᄒᆞ오니
查照ᄒᆞ시믈伏望
光武六年五月三日
平安北道觀察使閔京鎬
議政府贊政外部大臣臨時署理鐵道院總裁俞箕煥 閣下

統領代軍政撫清字通勝馬步各營花翎三品頂戴補用都司張占元

②

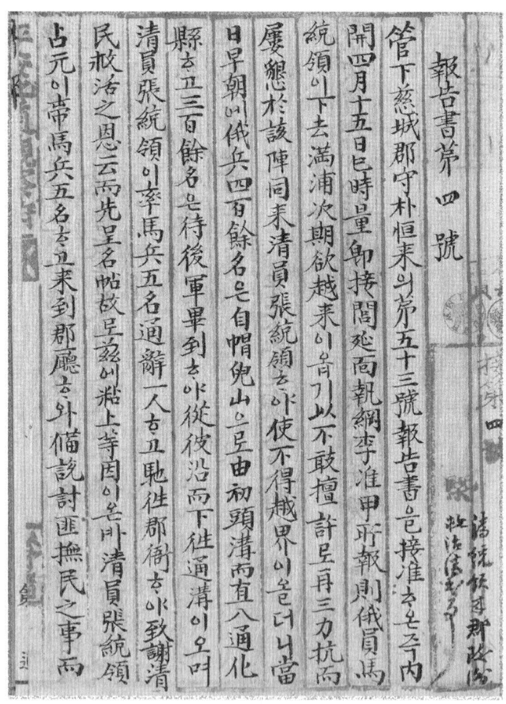

報告書第四號
管下慈城郡守朴恒來의第五十三號報告書을接准ᄒᆞ온즉內
開四月十五日巳時量에即接間延面執綱李淮甲所報則俄員馬
統領이下去滿浦次朝欲越來이옵기以不敢擅許로再三力抗而
屢懇於該陣同來清員張統領ᄒᆞ야使不得越界이옵더니當
日早朝에俄兵四百餘名은自帽兒山으로由初頭溝而直入通化
縣ᄒᆞ고三百餘名은待後軍畢到ᄒᆞ야從彼沿而下往通溝이오며
清員張統領이率馬兵五名通辭一人ᄒᆞ고馳往郡衙ᄒᆞ야致謝清
民被活之恩云而先呈名帖故로玆에粘上等因이온바清員張統領
占元이帶馬兵五名ᄒᆞ고來到郡廳ᄒᆞ와備說討匪撫民之事而

①

평 40

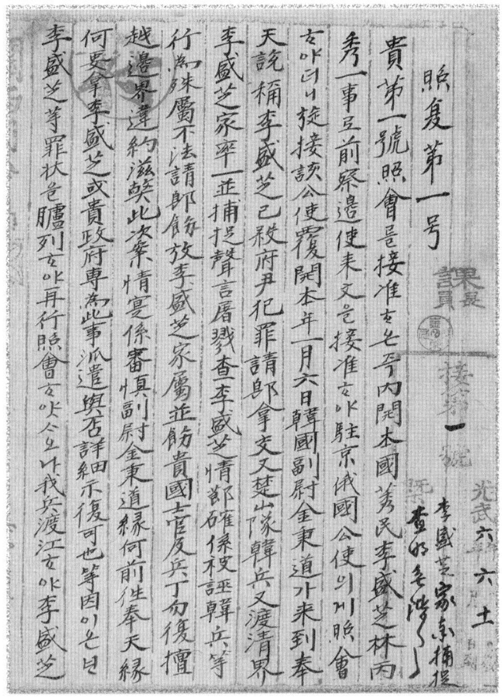
照復第一号
貴第一號照會를接准ᄒᆞ온즉內開本國莠民李盛芝林丙
秀一事로前察邊使來文을接准ᄒᆞ야駐京俄國公使의게照會
ᄒᆞ얏더니旋接該公使覆開本年一月六日韓國副尉金東道가來到奉
天說稱李盛芝已殺府尹伬罪請郞拿文楚山隊韓兵又渡淸界
李盛芝家率一並捕捉聲言屠戮査李盛芝情節確係被誣韓兵等
行爲殊屬不法請郞飭放李盛芝家屬並飭貴國官兵丁勿復擅
越邊界違約滋欵此案情實係審愼副尉金東道緣何前往奉天緣
何要拿李盛芝或貴政府專爲此事派遣與否詳細示復可也等因이온바
李盛芝等罪狀을臚列ᄒᆞ야再行照會ᄒᆞ얏스오나我兵渡江ᄒᆞ야李盛芝

①

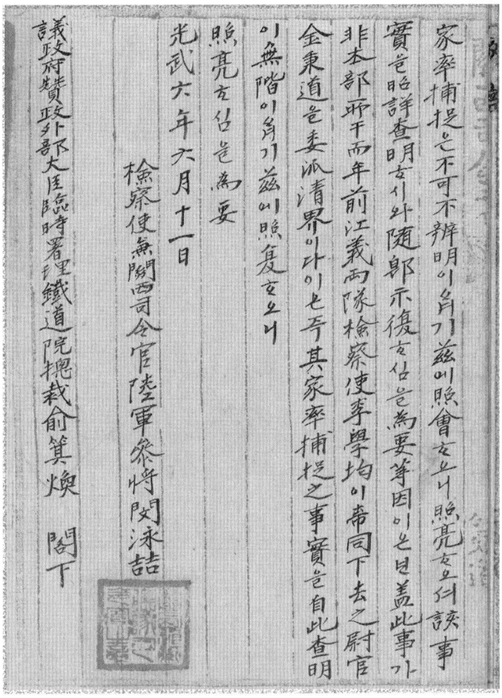
家率捕捉은不可不辨明이옵기玆에照會ᄒᆞ오니照亮ᄒᆞ오셔該事
實을昭詳査明ᄒᆞ시와隨郞示復ᄒᆞ심을爲要等因이온바蓋此事가
非本部所干而年前江界兩隊檢察使李學均이帶同下去之尉官
金東道을委派淸界이다이온즉其家率捕捉之事實을自此査明
이無階이옵기玆에照復ᄒᆞ오니
照亮ᄒᆞ심을爲要
光武六年六月十一日
檢察使兼關西司令官陸軍參將閔泳喆
議政府贊政外部大臣臨時署理鐵道院摠裁兪箕煥 閣下

②

평 41

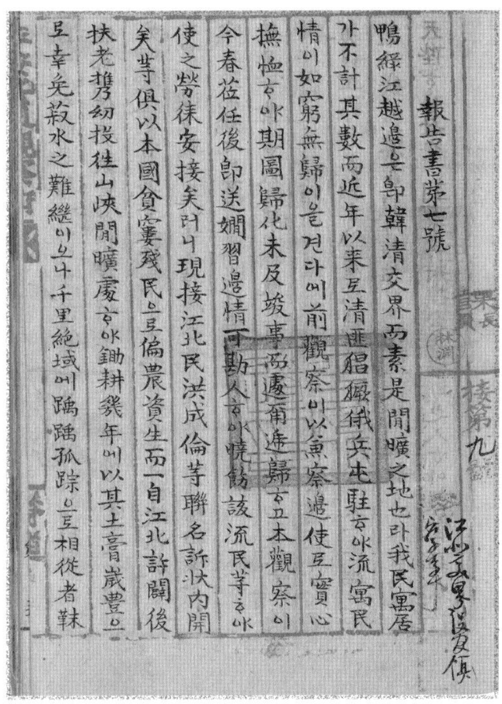
報告書第七號
鴨綠江越邊은卽韓淸交界而素是閒曠之地也라我民寓居
가不計其數而近年以來로淸匪倡擾俄兵屯駐ᄒᆞ야流寓民
情이如窮無歸이을건다에前觀察이以兼察邊使로實心
撫恤ᄒᆞ야期圖歸化未及竣事而遽爾遞歸ᄒᆞ고本觀察이
今春莅任後卽送嫺習邊情可勸人ᄒᆞ야曉飭該流民等ᄒᆞ야
使之勞徠安接矣더니現接江北民洪成倫等聯名訴狀內開
矣等俱以本國貧窶殘民으로偏農資生而一自江北許關後
扶老携幼投往山峽閒曠ᄒᆞ야鋤耕幾年에以其土膏歲豊으
로幸免菽水之難繼이오나千里絶域에踽踽孤踪으로相從者夥

①

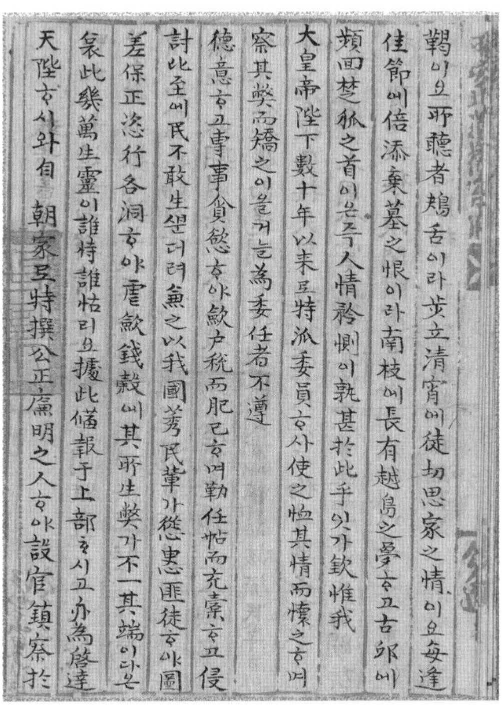
鞨이오所聽者鴃舌이라苟立淸宵에徒切思家之情이오每逢
佳節에倍添棄墓之恨이라南枝에長有越鳥之慕ᄒᆞ고古邱에
頻回楚狐之首이온즉人情矜惻이孰甚於此乎잇가欽惟我
大皇帝陛下數十年以來로特派委員ᄒᆞ사使之恤其情而懷之ᄒᆞ며
察其弊而矯之이을거ᄂᆞᆯ爲委任者不遵
德意ᄒᆞ고事事貪慾ᄒᆞ야斂戶稅而肥己ᄒᆞ며勒任帖而充槖ᄒᆞ고侵
討此土에民不敢生얻더려魚之以我國莠民輩가慫恿匪徒ᄒᆞ야圖
差保正恣行各洞ᄒᆞ야瘧斂錢穀에其所生弊가不一其端이다온
衆此幾萬生靈이誰恃誰怙리오攄此備報于上部ᄒᆞ시고亦爲啓達
天陛ᄒᆞ시와自朝家로特撰公正廉明之人ᄒᆞ야設官鎭察於

②

평 42

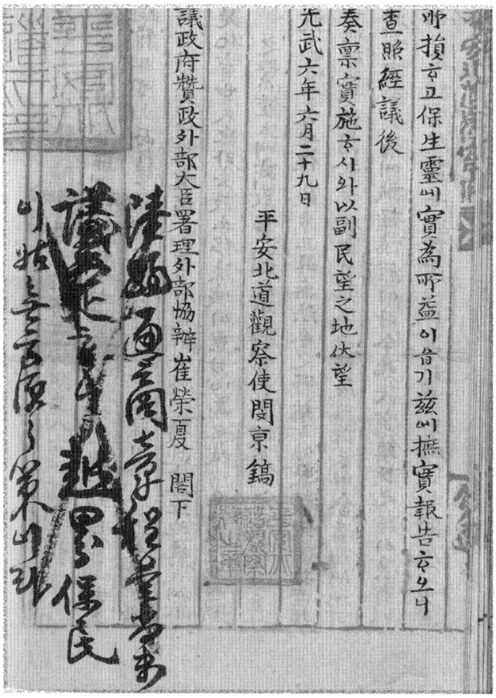
所損ᄒᆞ고保生靈에實爲所益이옵기玆에據實報告ᄒᆞ오니
査照經議後
奏稟實施ᄒᆞ시와以副民望之地伏望
光武六年六月二十九日
平安北道觀察使閔京鎬
議政府贊政外部大臣署理外部協辦崔榮夏 閣下

④

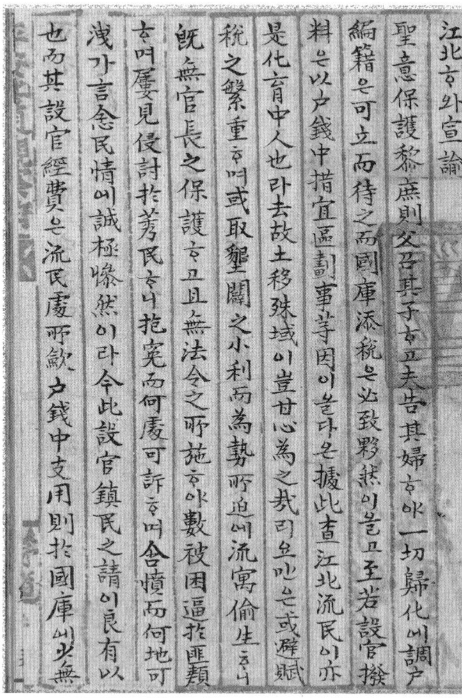
江北ᄒᆞ와宣諭
聖意保護黎庶則父召其子ᄒᆞ고夫告其婦ᄒᆞ야一切歸化에調戶
編籍은可立而待之而國庫添稅는必致夥然이옵고至若設官撥
料는以戶錢中措宜區劃事等因이옵다온바據此査江北流民이亦
是化育中人也라去故土移殊域이豈甘心爲之哉리오만은或避賦
稅之繁重ᄒᆞ며或取壟斷之小利而爲勢所迫에流寓偷生ᄒᆞ나
旣無官長之保護ᄒᆞ고且無法令之所施ᄒᆞ야數被困逼於匪類
ᄒᆞ며屢見侵討於莠民ᄒᆞ니抱冤而何處可訴ᄒᆞ며含憤而何地可
洩가言念民情에誠極慘然이라今此設官鎭民之請이良有以
也而其設官經費는流民處所斂戶錢中支用則於國庫에必無

③

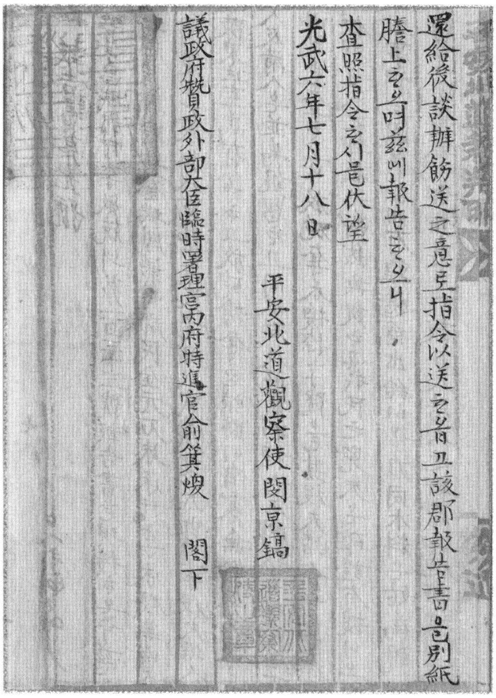
還給後談辦飭送之意로指令以送ᄒᆞ옵고該郡報告書를別紙
謄上ᄒᆞ오며玆에報告ᄒᆞ오니
査照指令ᄒᆞ심을伏望
光武六年七月十八日
平安北道觀察使閔京鎬
議政府贊政外部大臣臨時署理宮內府特進官俞箕煥 閣下

②

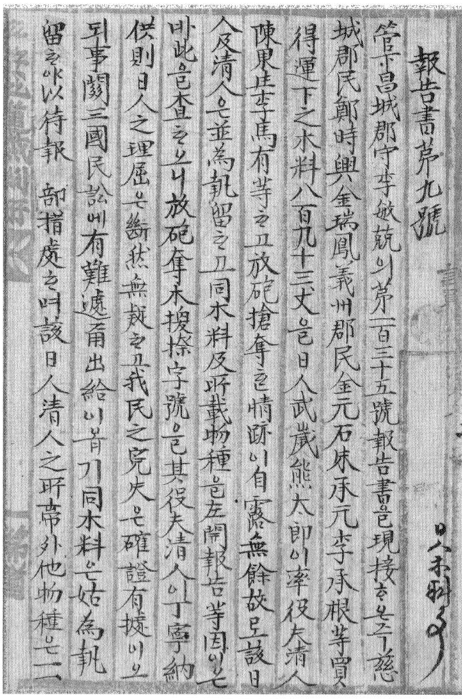
報告書第九號
管下昌城郡守李敏兢의第一百三十五號報告書를現接ᄒᆞ온즉慈
城郡民鄭時興金瑞鳳義州郡民金元石林承元李承根等이貿
得運下之木料八百九十三丈을日人武歲熊太郎이率役夫淸人
陳東生李馬有等ᄒᆞ고放砲搶奪ᄒᆞᆫ情跡이自露無餘故로該日
人及淸人은並爲執留ᄒᆞ고同木料及所載物種을左開報告等因이온
바此를査ᄒᆞ오니放砲奪木搜探字號를其役夫淸人이丁寧納
供則日人之理屈은斷然無疑ᄒᆞ고我民之冤抑은確證有據이오
되事關三國民訟에有難遽爾出給이옵기同木料는姑爲執
留ᄒᆞ야以待報 部措處ᄒᆞ며該日人淸人之所帶外他物種은二

① 평 43

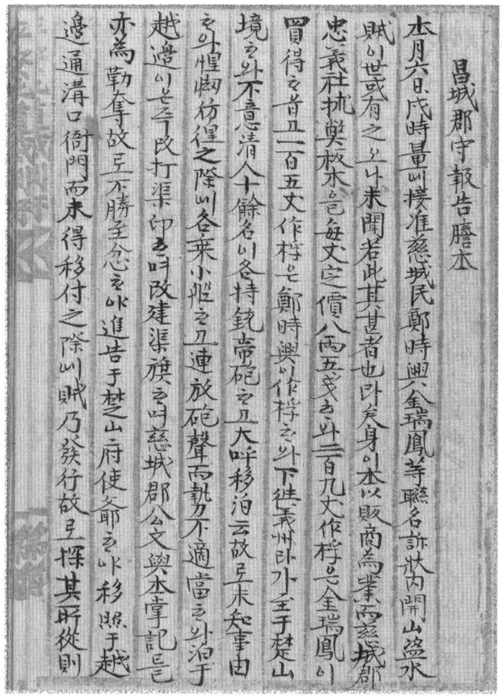
昌城郡守報告謄本
本月六日戌時量에接准慈城民鄭時興金瑞鳳等聯名訴狀內開山盜水
賊이世或有之오나未聞若此其甚者也라矣身이本以販商為業而慈城郡
忠義社抗與板木을每丈定價八兩五戔式ᄒᆞ와三百九丈作桴은金瑞鳳이
買得ᄒᆞ옵고一百五丈作桴은鄭時興이作桴ᄒᆞ와下徃義州라가至于楚山
境ᄒᆞ와不意忽清人十餘名이各持銃常砲ᄒᆞ고大呼移泊云故로未知事由
ᄒᆞ와惶㤼彷徨之際에各乘小船ᄒᆞ고連放砲聲而勢力不適當ᄒᆞ와泊于
越邊이온즉改打渠印ᄒᆞ며改建渠旗ᄒᆞ며慈城郡公文與本掌記를
亦為勒奪故로不勝至忿ᄒᆞ야進告于楚山府使爺ᄒᆞ야移照于越
邊通溝口衙門而未得移付之際에賊乃發行故로探其所從則

③

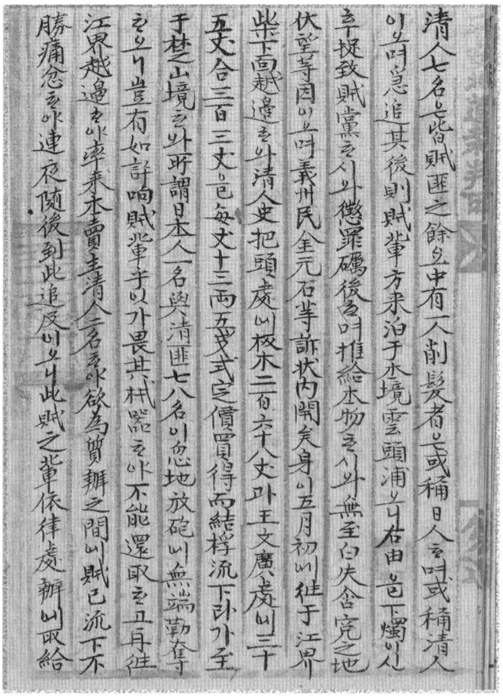
清人七名은皆賊匪之餘오中有一人削髮者은或稱日人ᄒᆞ며或稱清人
이오며急追其後則賊輩方來泊于本境雲頭浦오니右由邑下燭이신
후捉致賊黨ᄒᆞ시와懲罪礪後ᄒᆞ며推給本物ᄒᆞ시와無至白失含冤之地
伏望等因이오며義州民金元石等訴狀內開矣身이五月初에徃于江界
柴下面越邊ᄒᆞ와清人史把頭處에板木二百六十八丈과王文廣處에三十
五丈合三百三丈을每丈十三兩五戔式定價買得而結桴流下라가至
于楚山境ᄒᆞ와所謂日本人一名與清匪七八名이忽地放砲에無端勒奪
ᄒᆞ오니豈有如許啕賊輩乎잇가畏其械器ᄒᆞ야不能還取ᄒᆞ고身徃
江界越邊ᄒᆞ야率來本賣主清人二名ᄒᆞ야欲為質辨之間에賊已流下不
勝痛忿ᄒᆞ야連夜隨後到此追及이오나此賊之輩依律處辦에取給

④

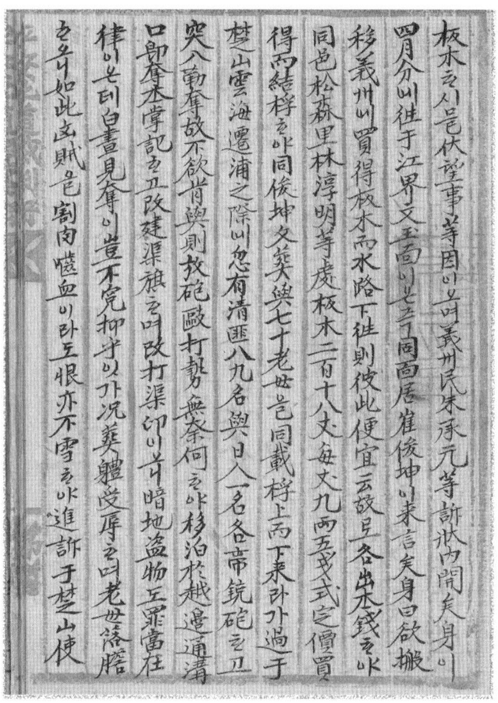
板木ᄒᆞ시믈伏望事等因이오며義州民朱承元等訴狀內開矣身이
四月分에徃于江界文王面이온즉同面居崔俊坤이來言矣身曰欲搬
移義州에買得板木而水路下徃則彼此便宜云故로各出木錢ᄒᆞ야
同邑松林里林淳明等處板木二百十八丈每丈九兩五戔式定價買
得而結桴ᄒᆞ야同俊坤父葬與七十老母를同載桴上而下來라가過于
楚山雲海灃浦之際에忽有清匪八九名與日人一名各帶銃砲ᄒᆞ고
突入勒奪故不欲背與則放砲毆打勢無奈何ᄒᆞ야移泊於越邊通溝
口即奪本掌記ᄒᆞ고改建渠旗ᄒᆞ며改打渠印이옵나暗地盜物도罪當在
律이온디白晝見奪이豈不寃抑乎잇가況葬體受辱ᄒᆞ며老母落膽
ᄒᆞ오니如此凶賊을割肉嚙血이라도恨亦不雪ᄒᆞ야進訴于楚山使

⑤

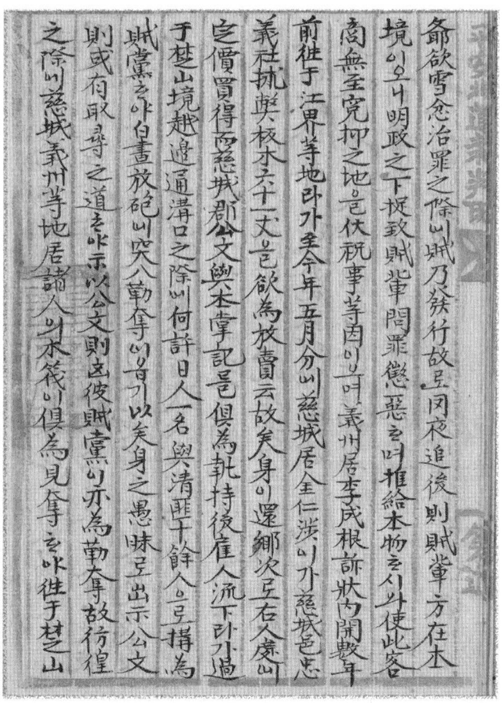
爺欲雪忿治罪之際에賊乃發行故로因夜追後則賊輩方在本
境이오나明政之下捉致賊輩問罪懲惡ᄒᆞ며推給本物ᄒᆞ시와使此客
商無至寃抑之地을伏祝事等因이오며義州居李成根訴狀內開數年
前徃于江界等地라가至今年五月分에慈城居金仁淡이가慈城邑忠
義社抗與板木六十一丈을欲為放賣云故矣身이還鄉次로右人處에
定價買得而慈城郡公文與本掌記를俱為執持後雇人流下라가過
于楚山境越邊通溝口之際에何許日人一名與清匪十餘人으로稱為
賊黨ᄒᆞ야白晝放砲에突入勒奪이옵기以矣身之愚昧로出示公文
則或有取尋之道ᄒᆞ야示以公文則凶彼賊黨이亦為勒奪故彷徨
之際에慈城義州等地居諸人의木筏이俱為見奪ᄒᆞ야徃于楚山

⑥

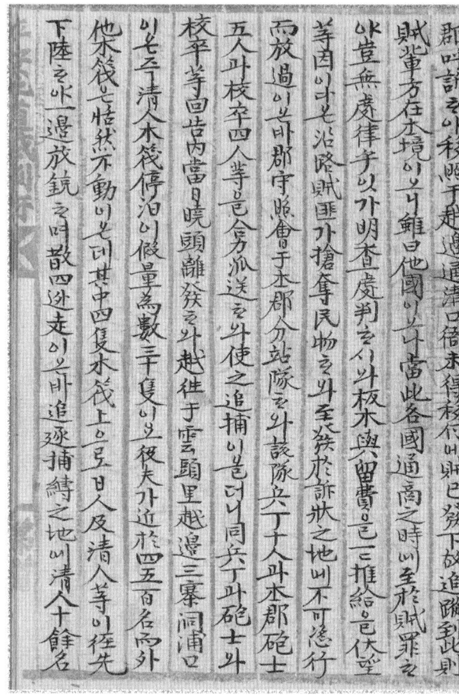

⑦

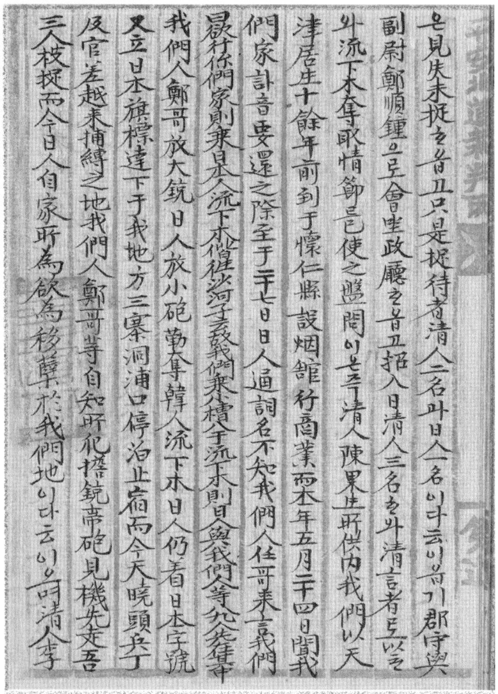

⑧

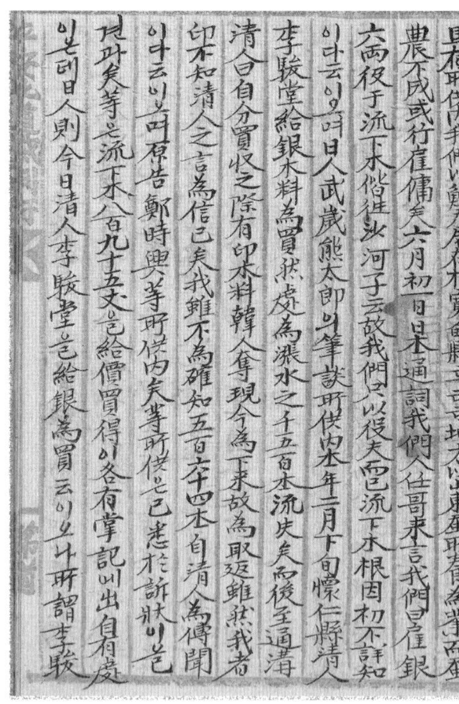

⑨

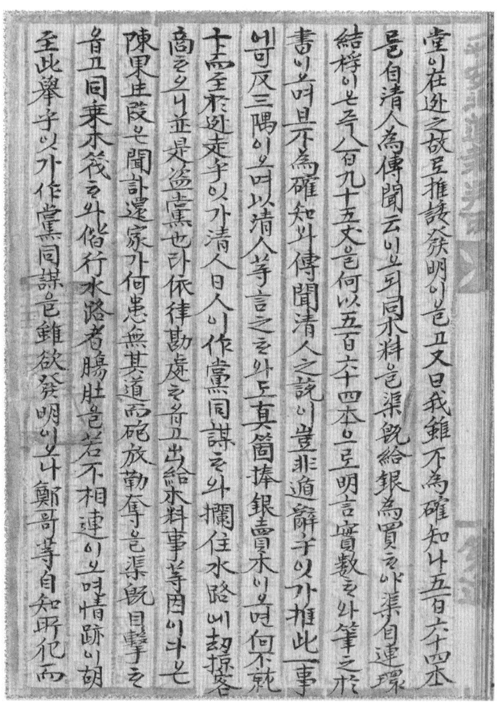

⑩

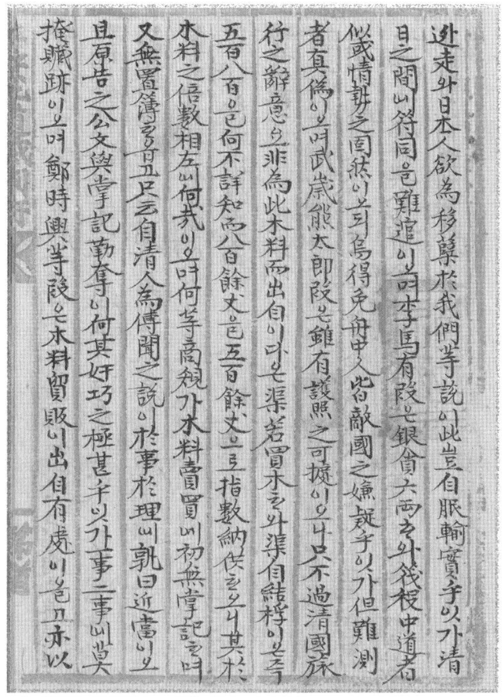

迯走와日本人欲為移蘖於我們等說이此豈自服輸實乎잇가淸
日之間에符同을難遑이오며李馬有段은銀貨六兩을와筏根中道者
似箴情弊之固然이오되烏得免舟中人皆敵國之嫌疑乎잇가但難測
者眞僞이오며武歲熊太郎段은雖有護照之可據이오나只不過淸國旅
行之辭意오非為此木料而出自이다는渠若買木을와渠自結桴이옵
五百八百은何不詳知而八百餘丈은五百餘丈으로指數納供을오니其於
木料之倍數相左에何哉이오며何等高覩가木料賣買에初無掌記을며
又無置簿을옵고只云自淸人為傳聞之說이於事於理에孰曰近當이오
且原告之公文與掌記勒奪이何其奸巧之極甚乎잇가事二事에莫
掩贓跡이오며鄭時興等段은木料貿販이出自有處이옵고亦以

⑪

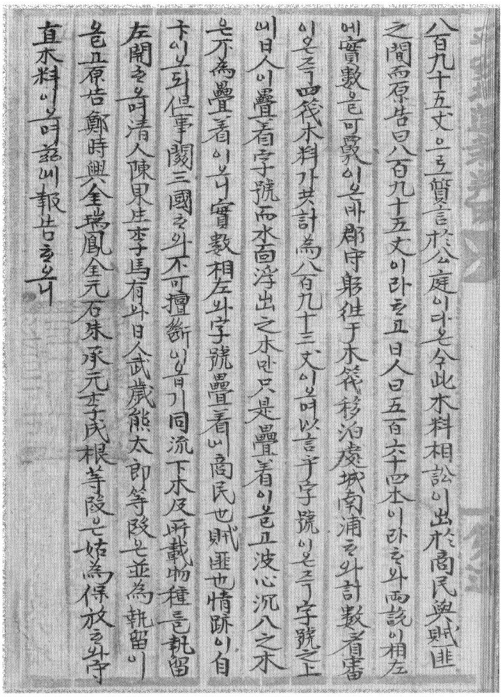

八百九十五丈으로質言於公庭이다는今此木料相訟이出於商民與賊匪
之間而原告曰八百九十五丈이라ᄒ고日人曰五百六十四本이라ᄒ와兩說이相左
에實數을可覈이온바郡守躬往于木筏移泊處城南浦ᄒ와計數看審
이온즉四筏木料가共計為八百九十三丈이오며以言乎字號이온즉字號之上
에日人이疊着字號而水面浮出之木만只是疊着이옵고波心沉入之木
은不為疊着이오니實數相左와字號疊着에商民世賊匪世情跡이自
卞이오되但事關三國ᄒ와不可擅斷이옵기同流下木及所載物種을執留
左開ᄒ옵고淸人陳果生李馬有와日人武歲熊太郎等段은並為執留이
옵고原告鄭時興金瑞鳳金元石朱承元李氏根等段은姑為保放ᄒ와等
直木料이오며玆에報告ᄒ오니

⑫

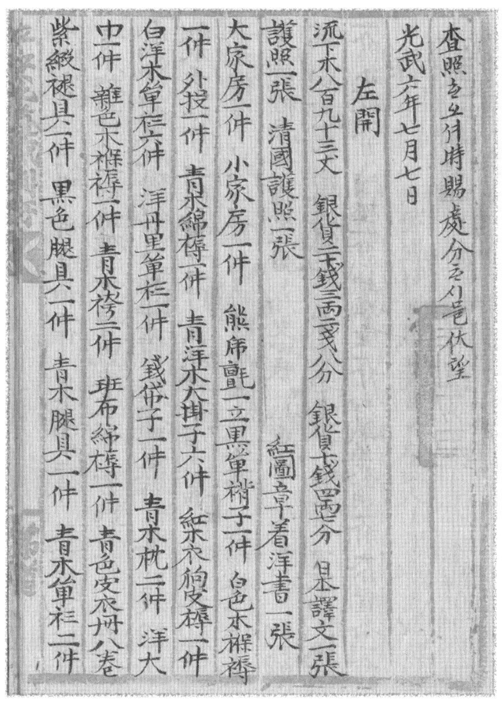

査照ᄒ오신時賜處分ᄒ시믈伏望
光武六年七月七日
左開
流下木八百九十三丈 銀貨二十錢三兩二錢八分 銀貨十錢四兩四分 日本譯文一張
護照一張 淸國護照一張 紅圖章着洋書一張
大家房一件 小家房一件 熊席氈一立 黑單褂子一件 白色木裌襖
一件 外套一件 靑木綿襖一件 靑洋木大掛子六件 紅木衣袷皮襖一件
白洋木單衫六件 洋丹里單衫一件 錢帒子一件 靑木枕二件 洋大
中一件 雜色木裌襖一件 靑木褂二件 班布綿襖一件 靑色安衣丹八卷
紫緞褪具一件 黑色腿具一件 靑木腿具一件 靑木單衫二件

⑬

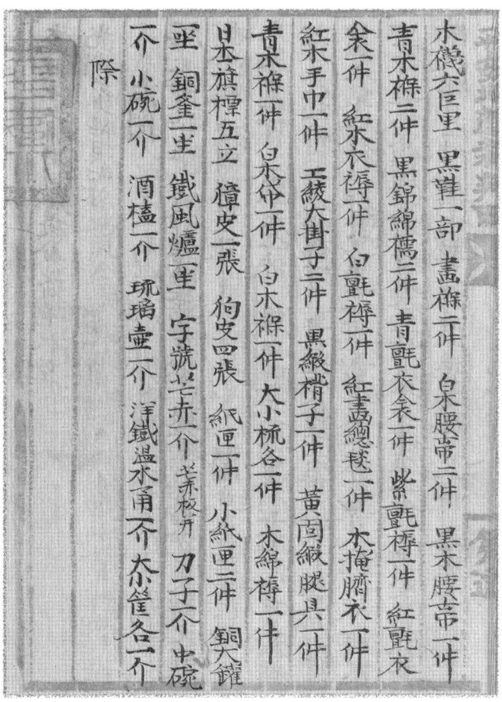

木襪六巨里 黑鞋一部 畵襪二件 白木腰帶二件 黑木腰帶一件
靑木襪二件 黑錦綿襪二件 靑氈衣衾一件 紫氈襖一件 紅氈衣
衾一件 紅木衣襖一件 白氈襖一件 紅畵總毯一件 木掩臍衣一件
紅木手巾一件 工緞大掛子二件 黑緞褂子一件 黃閃緞腿具一件
靑木襪一件 白木巾一件 白木襪一件 大小梳各一件 木綿襖一件
日本旗標五立 韓安一張 狗皮四張 紙匣一件 小紙匣二件 銅大鑵
一坐 銅釜一坐 鐵風爐一坐 字號芒赤一介 芒赤板升 刀子一介 中碗
一介 小碗一介 酒榼一介 琉璃壺一介 洋鐵温水桶一介 大小筐各一介
除

⑭

평 44

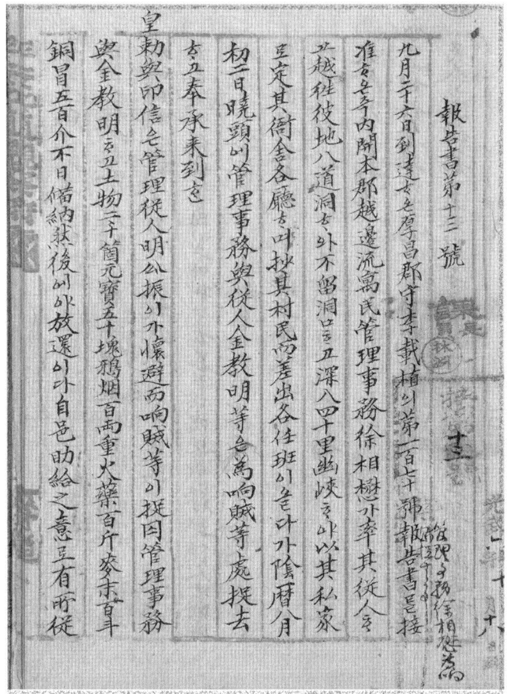
報告書第十三號
九月二十六日到達호온厚昌郡守李載植의第一百七十號報告書를接
准호온즉內開本郡越邊流寓民管理事務徐相懋가率其從人호
고越往彼地八道洞호와不留洞口호고深入四十里幽峽호야以其私家
로定其衙舍各廳호며抄其村民而差出各任班이옵다가陰曆八月
初二日曉頭에管理事務與從人金教明等을爲响賊等處捉去
호고奉承來到호
皇勅與印信은管理從人明公振이가懷避而响賊等이捉因管理事務
與金教明호고土物二千箇元寶五十塊鴉烟百兩重火藥百斤麥末百斗
銅冒五百介不日備納然後에야放還이라自邑助給之意로有所從

①

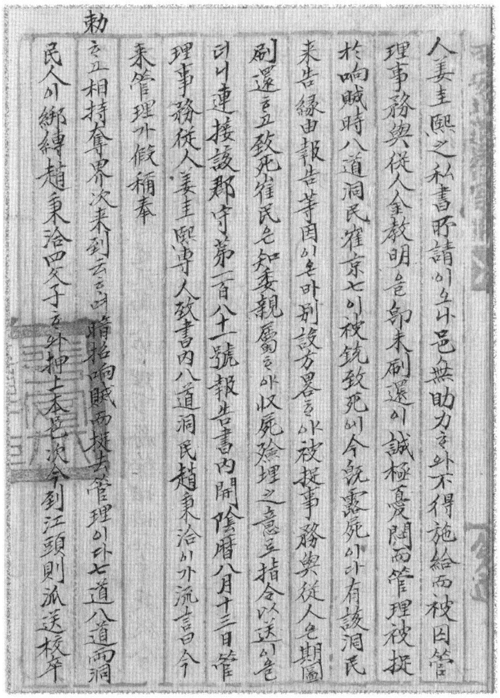
人姜圭熙之私書所請이오나邑無助力호와不得施給而被因管
理事務與從人金教明을即未刷還이誠極憂悶而管理被捉
於响賊時八道洞民崔京七이被銃致死이今就露屍이다有該洞民
來告緣由報告等因이온바別設方畧호야被捉事務與從人을期圖
刷還호고致死崔民은知委親屬호야收屍殮埋之意로措令以送이옵
더니連接該郡守第一百八十一號報告書內開陰曆八月十三日管
理事務從人姜圭熙專人致書內八道洞民趙秉洽이가流言曰今
來管理가假稱奉
勅호고相持奪界次來到云호며暗招响賊而捉去管理이다七道八道兩洞
民人이鄉縛趙秉洽四父子호와押上本邑次今到江頭則派送校卒

②

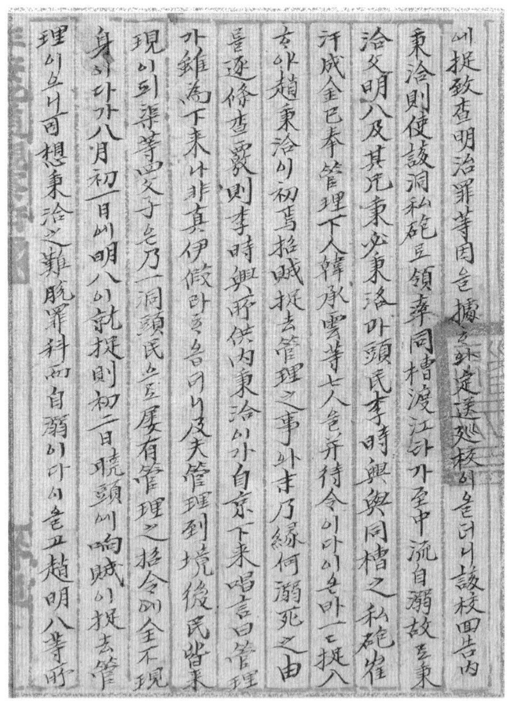
에捉致查明治罪等因을據호와定送巡校이옵더니該校回告內
秉洽則使該洞私砲로領率同槽渡江하가至中流自溺故로秉
洽父明八及其兄秉必秉洛과頭民李時興與同槽之私砲崔
汗成金巳奉管理下人韓承雲等七人을幷待令이다이온바一一捉入
호야趙秉洽이初焉招賊捉去管理之事와末乃緣何溺死之由
를逐條查覈則李時興所供內秉洽이가自京下來唱言曰管理
가雖爲下來나非真伊假라호옵더니及夫管理到境後民皆來
現이되渠等四父子은乃一洞頭民으로屢有管理之招令에全不現
身이다가八月初一日에明八이就捉則初二日曉頭에响賊이捉去管
理이오니可想秉洽之難脫罪科而自溺이다이옵고趙明八等所

③

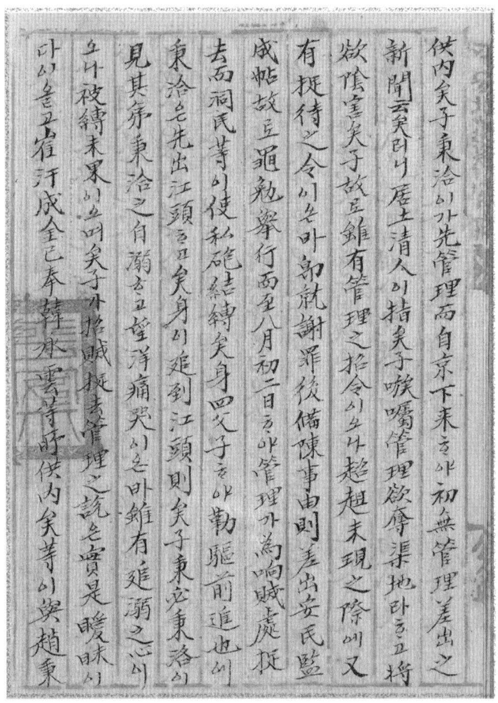
供內矣子秉洽이가先管理而自京下來호야初無管理差出之
新聞云矣러니居土清人이指矣子嗾囑管理欲奪渠地라호고將
欲陰害矣子故로雖有管理之招令이오나趦趄未現之際에又
有捉待之令이온바即就謝罪後備陳事由則差出安民監
成帖故로遑勉舉行而至八月初二日호야管理가爲响賊處捉
去而洞民等이使私砲結縛矣身四父子호야勒驅前進也에
秉洽은先出江頭호고矣身이追到江頭則矣子秉必秉洛이
見其弟秉洽之自溺호고望洋痛哭이온바雖有延溺之心이
오나被縛未果이오며矣子가招賊捉去管理之說은實是曖昧이
다이옵고崔汗成金巳奉韓承雲等所供內矣等이與趙秉

④

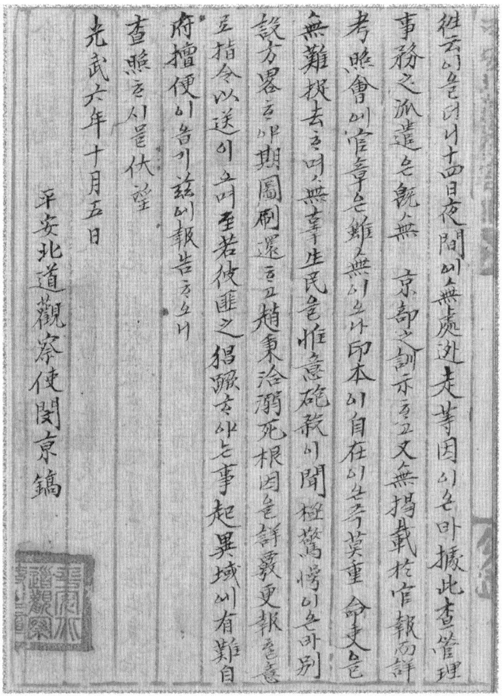

往云이옵더니 十四日夜間에 無處逃走等因이온바 據此査 管理
事務之派遣은 既無 京部之訓示하고 又無揭載於官報而詳
考照會에 官章은 雖無이오나 印本이 自在이온즉 莫重 命文을
無難捉去하며 無辜生民을 惟意砲殺이 聞極驚愕이온바 別
設方畧하와 期圖刷還하고 趙秉洽溺死根因을 詳覈更報하라는 意
로 指令以送이오며 至若彼匪之猖獗하와는 事起異域에 有難自
府擅便이옵기 茲에 報告하오니
査照하시믈 伏望
光武六年十月五日
平安北道觀察使 閔京鎬

⑥

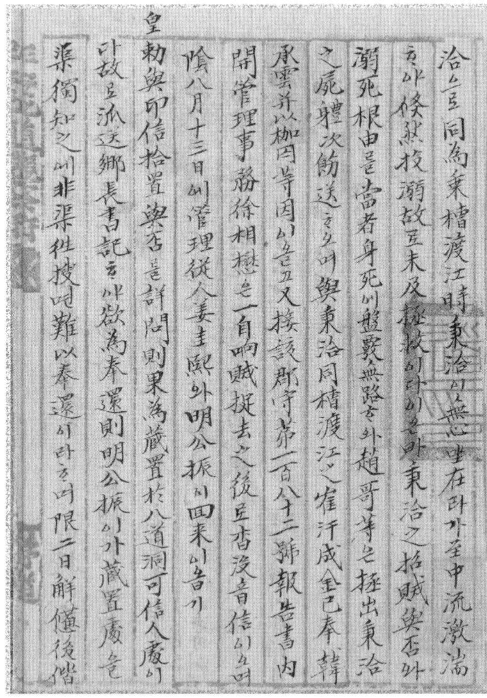

洽으로 同爲乘槽渡江時 秉洽이 無恙보在라가 至中流激湍
하야 倏然投溺故로 未及拯救이라이온바 東洽之拾賊與否外
溺死根由를 當者身死에 盤覈無路하와 趙哥等은 拯出秉洽
之屍體 次飭送하오며 與秉洽同槽渡江之崔汗成金巳奉韓
承雲并以枷囚等因이온고 又接該郡守第一百八十二號報告書內
開 管理事務徐相懋은 一自响賊捉去之後로 杳沒音信이오며
陰八月十三日에 管理從人姜圭熙와 明公振이 回來이옵기
皇
勅與印信拾置與否를 詳問則果爲藏置於八道洞可信人處이
다故로 派送鄕長書記하와 欲爲奉還則明公振이가 藏置處을
渠獨知之에 非渠往搜면 難以奉還이라하며 限二日 觧僱後偕

⑤

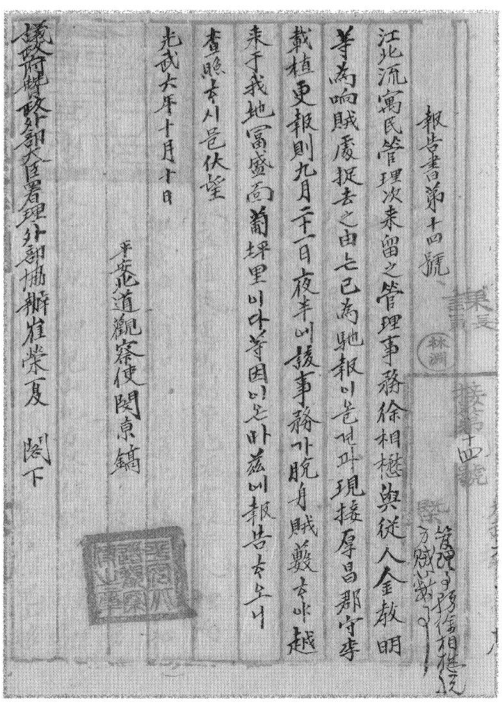

報告書第十四號
江北流寓民管理次來留之管理事務徐相懋與從人金教明
等爲响賊處捉去之由는 已爲馳報이옵거니와 現接厚昌郡守李
載植更報則九月二十一日夜半에 該事務가 脫身賊藪하야 越
來于我地富盛面葡坪里이다 等因이온바 茲에 報告하오니
査照하시믈 伏望
光武六年十月十日
平安北道觀察使 閔京鎬
議政府贊政外部大臣署理外部協辦崔榮夏 閣下

① 평 45

議政府贊政外部大臣署理外部協辦崔榮夏 閣下

⑦

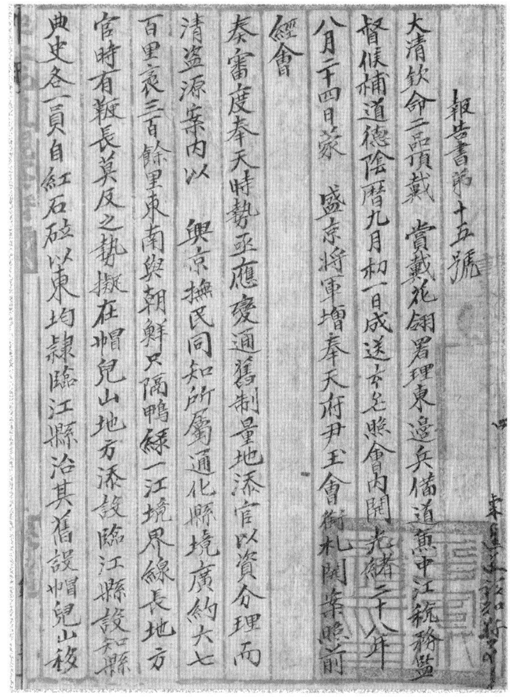
報告書第十五號
大淸欽命二品頂戴 賞戴花翎署理東邊兵備道兼中江稅務監
督候補道德陰曆九月初一日成送本年照會內開光緖二十八年
八月二十四日蒙 盛京將軍增奉天府尹王會銜札開案照前
經會
奏審度奉天時勢亟應變通舊制量地添官以資分理而
淸盜源案內以 興京撫民同知所屬通化縣境廣約六七
百里袤三百餘里東南與朝鮮只隔鴨綠一江境界線長地方
官時有鞭長莫及之勢擬在帽兒山地方添設臨江縣設知縣
典史各一員自紅石砬以東均隸臨江縣治其舊設帽兒山移

①

평 46

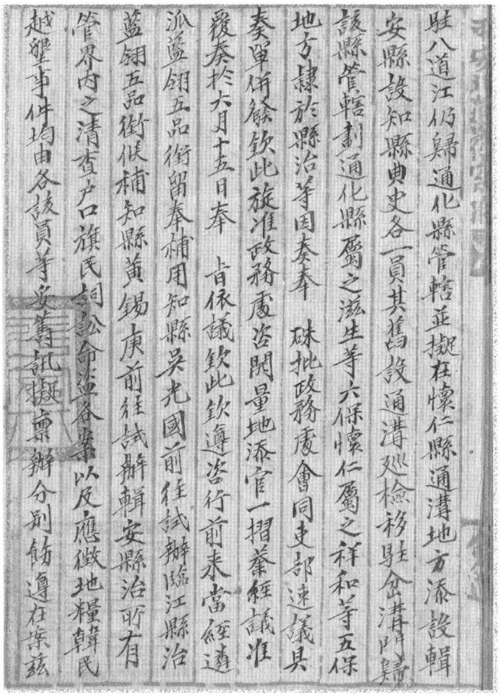
駐八道江仍歸通化縣管轄並擬在懷仁縣通溝地方添設輯
安縣設知縣典史各一員其舊設通溝巡檢移駐岔溝門歸
該縣管轄劃通化縣屬之滋生等六保懷仁屬之祥和等五保
地方隸於縣治等因奏奉
硃批政務處會同吏部速議具
奏單併發欽此旋准政務處咨開量地添官一摺奉經議准
覆奏於六月十五日奉 旨依議欽此欽遵咨行前來當經遴
派藍翎五品銜留奉補用知縣吳光國前往試辦臨江縣治
藍翎五品銜候補知縣黃錫庚前往試辦輯安縣治所有
管界內之淸查戶口旗民詞訟命盜各案以及應徵地糧韓民
越墾事件均由各該員等妥籌試擬稟辦分別飭遵在案玆

②

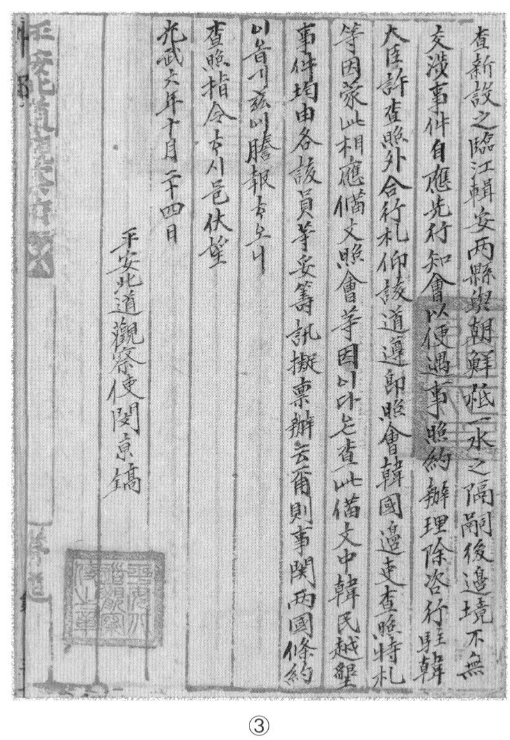
查新設之臨江輯安兩縣與朝鮮祇一水之隔嗣後邊境不無
交涉事件自應先行知會以便遇事照約辦理除咨行駐韓
大臣許查照外合行札仰該道遵即照會韓國邊吏查照特札
等因蒙此相應備文照會等因이아온바査此備文中韓民越墾
事件均由各該員等妥籌試擬稟辦云爾則事關兩國條約
이옵기玆에謄報하오니
査照指令하시믈伏望
光武六年十月二十四日
平安北道觀察使閔京鎬

③

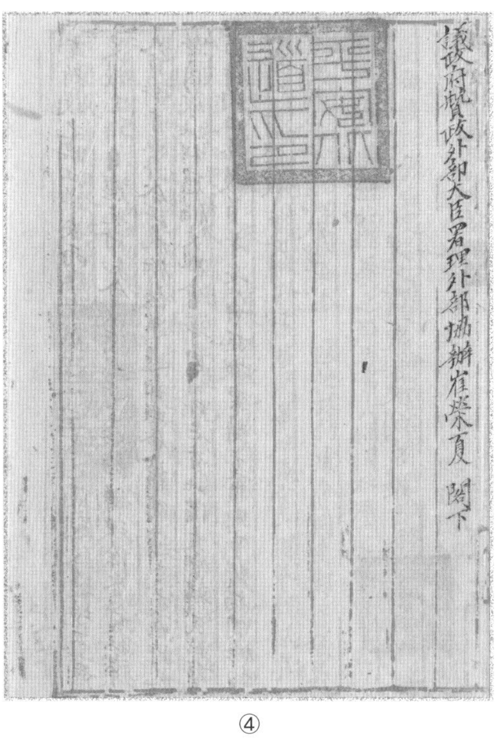
議政府贊政外部大臣署理外部協辦崔榮夏 閣下

④

평 47

①

照會 第二號

頃接江界大隊長署理陸軍參領權用哲報告
書內開 現接本年六月十七日成送慈城分駐小隊
長李敎相報告內開에 本月十五日 曉頭에 清匪十
餘名이 各持兇械ᄒᆞ고 突入于距郡三十里許 慈
下洞口吳泰封家ᄒᆞ야 示威聲呼에 吳泰封子
九歲兒를 捉去而現屯于初頭洞ᄒᆞ야 銀五百兩을
討索이다 ᄒᆞ온 職在駐邊에 不勝一憂悶ᄒᆞ와 玆以報
告事等因이온바 被捉我民을 設法解還事 指
送이고 玆以謄報事等語在案이온 續接該參領

②

報告書內開에 現接慈城分駐中隊長李大珪報
告書內開에 本郡慈下洞口吳泰封子와 閭延面民
李芝弘이 被捉于清匪ᄒᆞ와 未得解還之由ᄂᆞᆫ 已有
所報이온 전과 되接閭延面執綱李准甲報告內
開에 李芝弘弟芝守가 盡賣家産에 僅辦五
百兩ᄒᆞ고 徃給賊窩ᄒᆞ고 陰七月二十八日에 得釋還
來等因이고 連接慈下洞口譏察白俊明報告內
槩에 吳泰封子被擄 九于今五朔而泰封이 賣
家鬻産에 元寶六塊를 辦給ᄒᆞᆫ즉 加索四塊
故로 無可奈何ᄒᆞ야 更辦十塊而准給後에야 乃爲

③

得放ᄒᆞ야 陰八月二十七日에 還家이다 이온바 玆以報
告事等因이온바 准此查清匪之搶掠이 豈諸大
牒이 何止此案哉아 盖防堵則地廣而自有疎闊
ᄒᆞ고 追勦則界限而不得擅越이오 彼匪貪婪
이 覬圖自便ᄒᆞ야 搶財無厭하고 竟乃擄人ᄒᆞ야
視若浮擄에 恣索贖金ᄒᆞ야 綠林黑符를 不可理
責이오 宜有聲討이오 到一衣帶水ᄀᆞᆺ흔 依隷限ᄒᆞ
야 處其生靈于邊에 不能帶兵而渡ᄒᆞ고 一方設法
이 不過乞憐ᄒᆞ야 彼克溪壑에 我有芒湯折이라 此
於吳兒李民에 有其明證確據이니 其匪在清ᄒᆞ

④

고 其地亦清이라 勦戢一款이 係清國政府이온
지 沿警違年에 一未見清國官吏追捕ᄒᆞ고 惟獨見
我沿生靈損傷ᄒᆞ오니 按以公法에 宜有照辦于駐
京清公使ᄒᆞ와 吳李兩民의 損金을 刻即償還케
ᄒᆞ옵고 玆催彼匪를 自該政府로 如不力勦ᄒᆞ면 我
沿生命財産이 屢遭有彼匪損害이거던 計其價值ᄒᆞ
야 一從清償할 契約을 訂立ᄒᆞ시와 以杜邊釁ᄒᆞ
고 安保沿民케ᄒᆞ심이 實合事宜이기로 玆以照會
ᄒᆞ오니
照亮ᄒᆞ심을 爲要

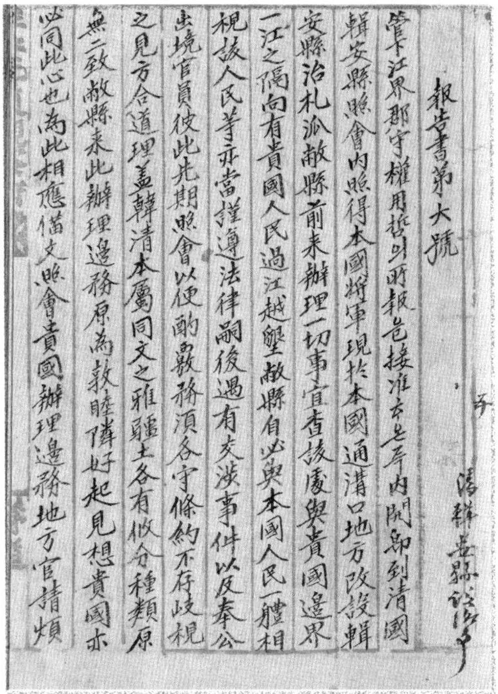
報告書第大號

管下江界郡守權用哲의所報를接准호온즉內開에卽到清國
輯安縣照會內照得本國將軍現於本國通溝口地方改設輯
安縣治札派敝縣前來辦理一切事宜查該處與貴國邊界
一江之隔向有貴國人民過江越墾敝縣自必與本國人民一體相
視該人民等亦當謹遵法律嗣後遇有交涉事件以反奉公
出境官員彼此先期照會以便酌辦務須各守條約不存歧視
之見方合道理蓋韓清本屬同文之雅疆土各有攸分種類原
無二致敝縣來此辦理邊務原爲敦睦隣好起見想貴國亦
必同此心也爲此相應備文照會貴國辦理邊務地方官請煩

① 평 48

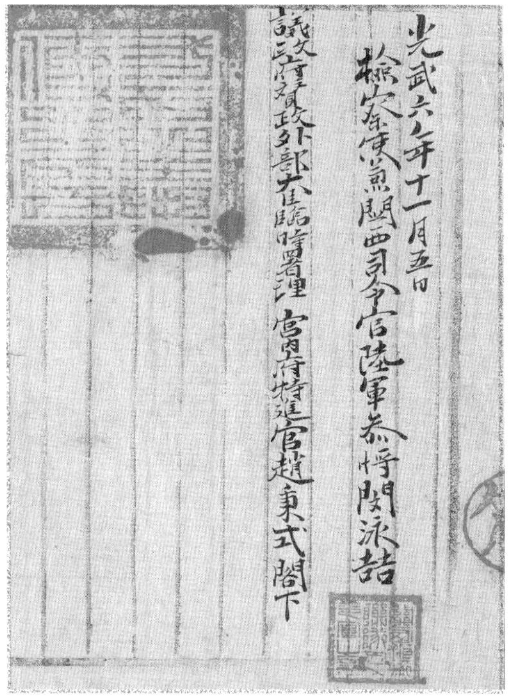
光武六年十一月五日
檢察使兼關西司令官陸軍參將閔泳喆
議政府贊政外部大臣臨時署理宮內府特進官趙秉式閣下

⑤

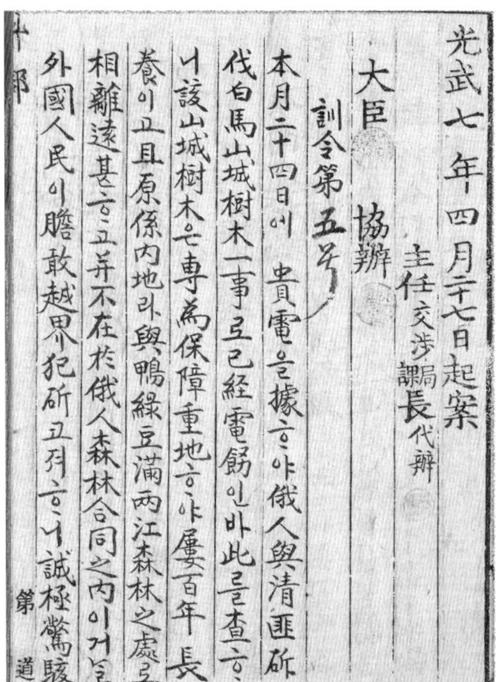
光武七年四月二十七日起案
主任 交涉局課長代辦
大臣 協辦
訓令第五號
本月二十四日에貴電을據호야俄人與清匪斫
伐白馬山城樹木一事로已經電飭인바此를查호니
該山城樹木은專爲保障重地호야屢百年長
養이고且原係內地라與鴨綠豆滿兩江森林之處로
相離遠甚호고并不在於俄人森林合同之內이거늘
外國人民이膽敢越界犯斫고자호니誠極驚駭
第 道

① 평 49

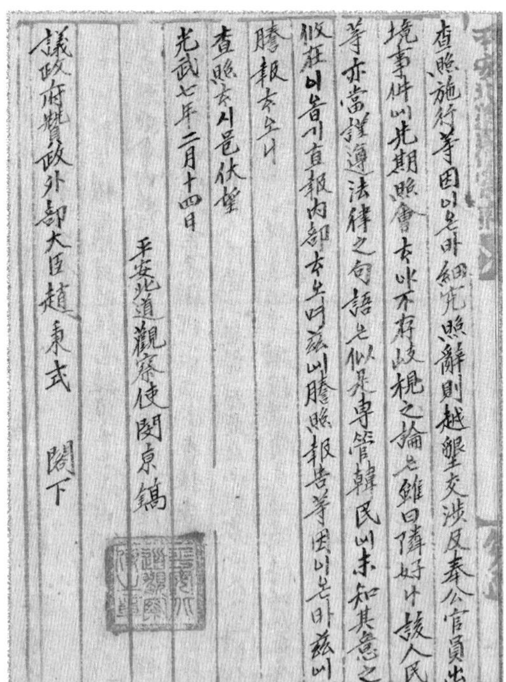
查照施行等因이온바細究照辭則越墾交涉反奉公官員出
境事件에先期照會호야不存歧視之論은雖曰隣好나該人民
等亦當謹遵法律之句語는似是專管韓民이未知其意之
攸在이옵기直報內部호오며茲에謄照報告等因이온바茲에
謄報호오니
查照호시믈伏望
光武七年二月十四日
平安北道觀察使閔京鎬
議政府贊政外部大臣趙秉式 閣下

②

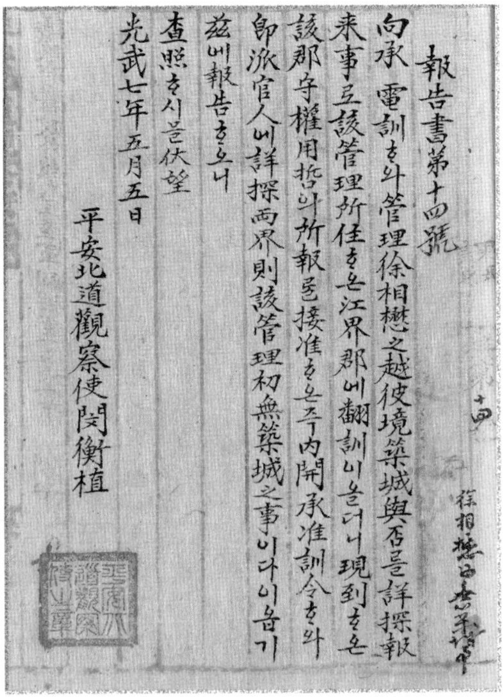

報告書第十四號

向承 電訓ᄒᆞ와管理徐相懋之越彼境築城與否를詳探報
來事로該管理所住ᄒᆞ온江界郡에翻訓이옵더니現到ᄒᆞ온
該郡守權用哲의所報를接准ᄒᆞ온즉内開承准訓令ᄒᆞ와
即派官人에詳探西界則該管理初無築城之事이다이옵기
玆에報告ᄒᆞ오니
査照ᄒᆞ시믈伏望
光武七年五月五日
平安北道觀察使閔衡植

① 평 50

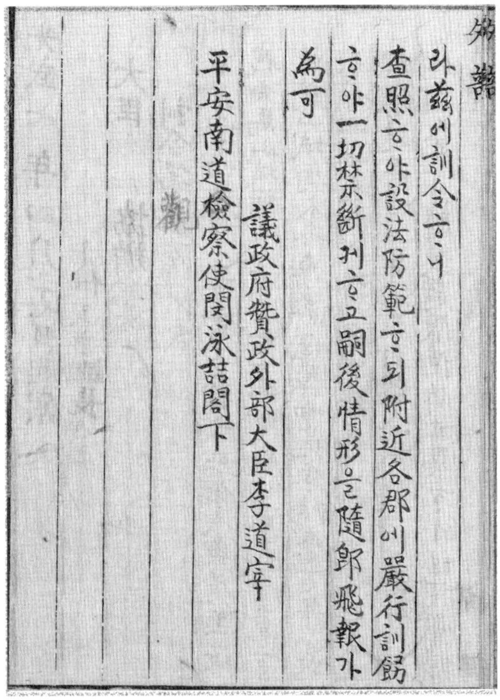

라玆에訓令ᄒᆞ니
査照ᄒᆞ야設法防範ᄒᆞ되附近各郡에嚴行訓飭
ᄒᆞ야一切禁斷케ᄒᆞ고嗣後情形을隨卽飛報가
爲可
議政府贊政外部大臣李道宰
平安南道檢察使閔泳喆閣下

②

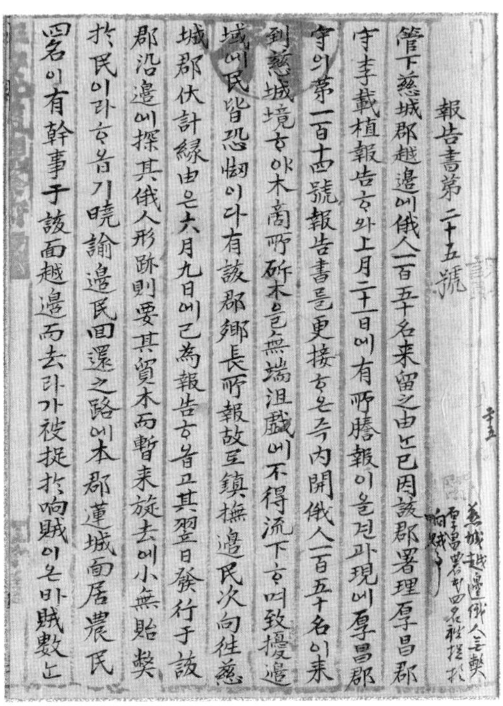

報告書第二十五號
管下慈城郡越邊에俄人一百五十名來留之由는已因該郡署理厚昌郡
守李載植報告ᄒᆞ와上月二十一日에有所謄報이옵더니現에厚昌郡
守의第一百十四號報告書를更接ᄒᆞ온즉内開俄人一百五十名이來
到慈城境ᄒᆞ야木商所斫木을無端沮戲에不得流下ᄒᆞ며致擾邊
城에民皆恐㤼이다有該郡鄕長所報故로鎭撫邊民次向往慈
城郡伏計緣由은六月九日에已爲報告ᄒᆞ옵고其翌日發行于該
郡沿邊에探其俄人形跡則要其貿木而暫來旋去에小無貽弊
於民이라ᄒᆞ옵기曉諭邊民回還之路에本郡蓮城面居農民
四名이有幹事于該面越邊而去라가被捉於响賊이온바賊數ㄴ

① 평 51

議政府贊政外部大臣陸軍副將李道宰 閣下

②

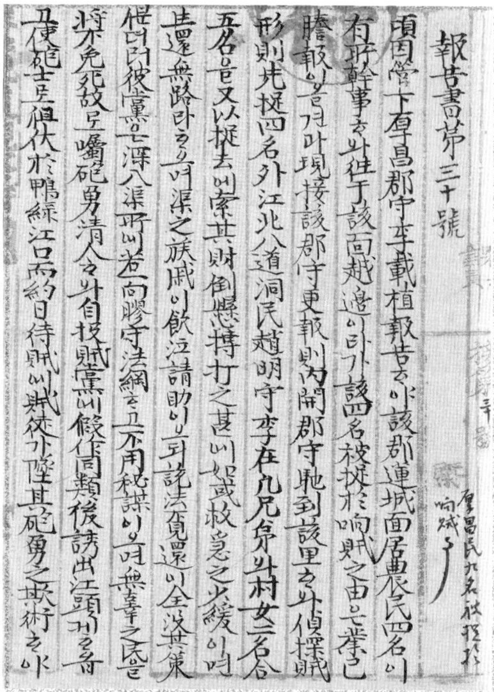
報告書第三十號

①　　평 52

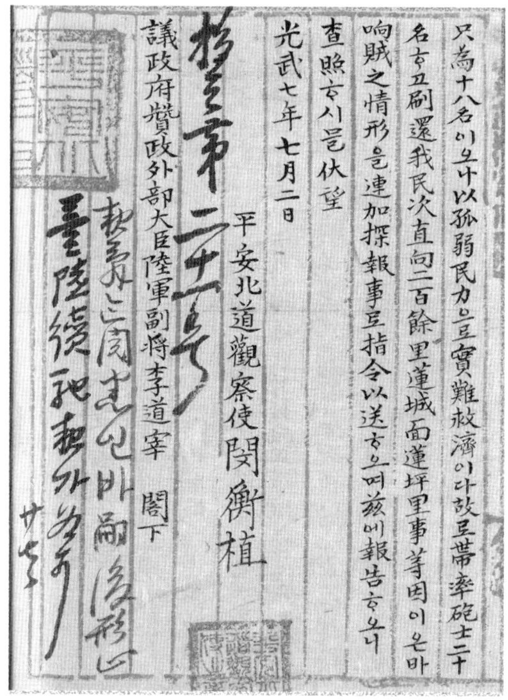
只爲十八名이오나以孤弱民力으로實難救濟이다故로帶率砲士二十名ᄒ고五刷還我民次直向二百餘里蓮城面蓮坪里事等因이온바
响賊之情形을連加探報事로指令以送ᄒ오며玆에報告ᄒ오니
查照ᄒ시믈伏望
光武七年七月二日
平安北道觀察使閔衡植
議政府贊政外部大臣陸軍副將李道宰 閣下

②

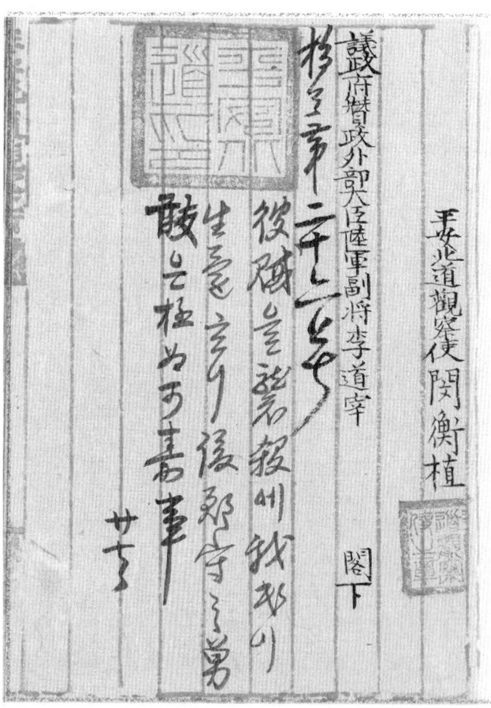
平安北道觀察使閔衡植
議政府贊政外部大臣陸軍副將李道宰 閣下

③

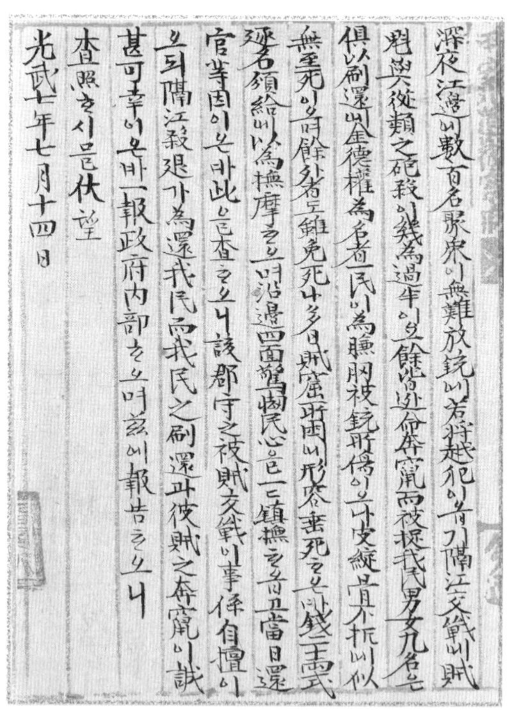
查照ᄒ시믈伏望
光武七年七月十四日

②

평 53

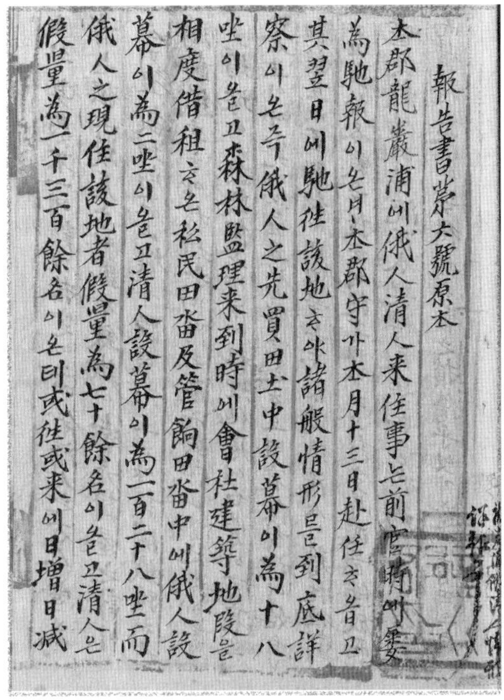
報告書第大號原本
本郡龍巖浦에俄人清人来住事는前官時에受
為馳報이옵더니本郡守가本月十三日赴任ᄒᆞ옵고
其翌日에馳往該地ᄒᆞ야諸般情形을到底詳
察이온즉俄人之先買田土中設幕이為十八
坐이옵고森林監理来到時에會社建築地段을
相度借租ᄒᆞ온私民田畓及管餉田畓中에俄人設
幕이為二坐이옵고清人設幕이為一百二十八坐而
俄人之現住該地者假量為七十餘名이옵고清人은
假量為一千三百餘名이온ᄃᆡ或往或来에日增日減

①

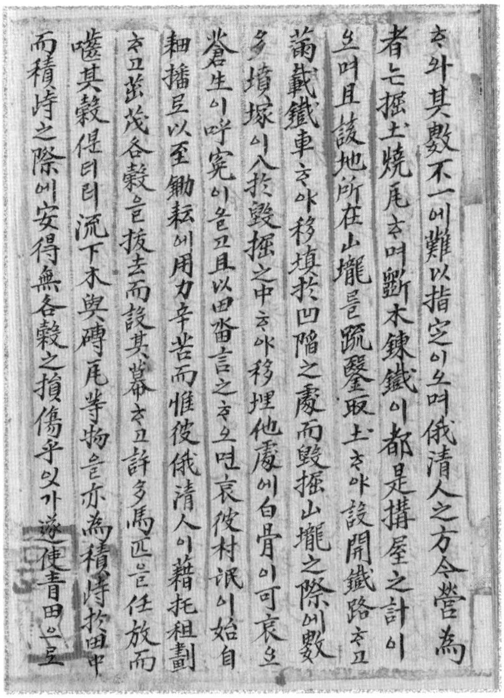
ᄒᆞ와其數不一에難以指定이오며俄清人之方今營為
者는掘土燒瓦ᄒᆞ며斲木鍊鐵이都是搆屋之計이
오며且該地所在山壠을踈鑿取土ᄒᆞ야設開鐵路ᄒᆞ고
葡戴鐵車ᄒᆞ야移填於凹陷之處而毁掘山壠之際에數
多墳塚이入於毁掘之中ᄒᆞ야移埋他處에白骨이可哀오
蒼生이呼寃이옵고且以田畓言之ᄒᆞ오면哀彼村氓이始自
耕播로以至鋤耘에用力辛苦而惟彼俄清人이藉托租劃
ᄒᆞ고茁茂各穀을拔去而設其幕ᄒᆞ고許多馬匹을任放而
嚙其穀偍리리流下木與磚瓦等物을亦為積峙於田中
而積峙之際에安得無各穀之損傷乎잇가遂使青田으로

②

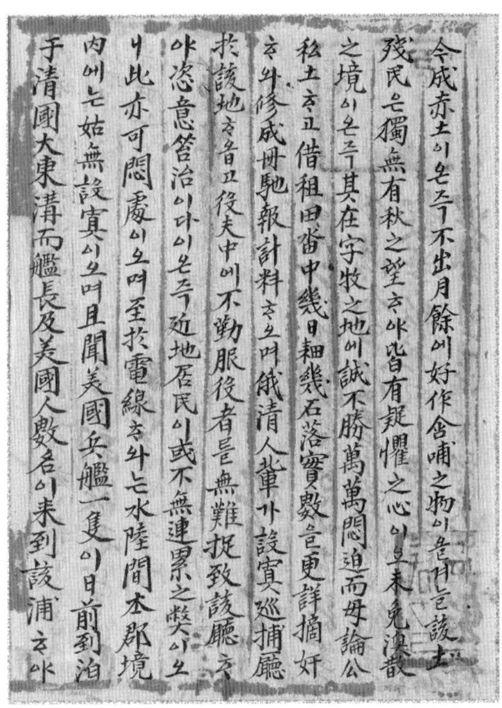
令成赤土이온즉不出月餘에好作含哺之物이옵ᄂᆡ言該土
殘民은獨無有秋之望ᄒᆞ야皆有疑懼之心이오未免渙散
之境이온즉其在字牧之地에誠不勝萬萬悶迫而毋論公
私土ᄒᆞ고借租田畓中幾日耕幾石落實數을更詳摘奸
ᄒᆞ와修成冊馳報計料ᄒᆞ오며俄清人輩가設寘巡捕廳
於該地ᄒᆞ옵고役夫中에不勤服役者를無難捉致該廳ᄒᆞ
야恣意笞治이다이온즉近地居民이或不無連累之弊이오
니此亦可悶處이오며至於電線ᄒᆞ와는水陸間本郡境
內에는姑無設寘이오며且聞美國兵艦一隻이日前到泊
于清國大東溝而艦長及美國人數名이来到該浦ᄒᆞ야

③

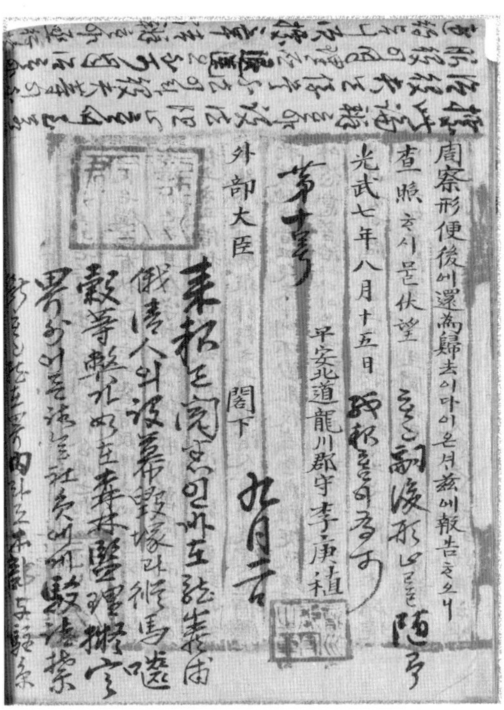
周察形便後에還為歸去이다이온바玆에報告ᄒᆞ오니
查照ᄒᆞ시믈伏望
光武七年八月十五日
平安北道龍川郡守 李庚植
外部大臣 閣下

④

평 54

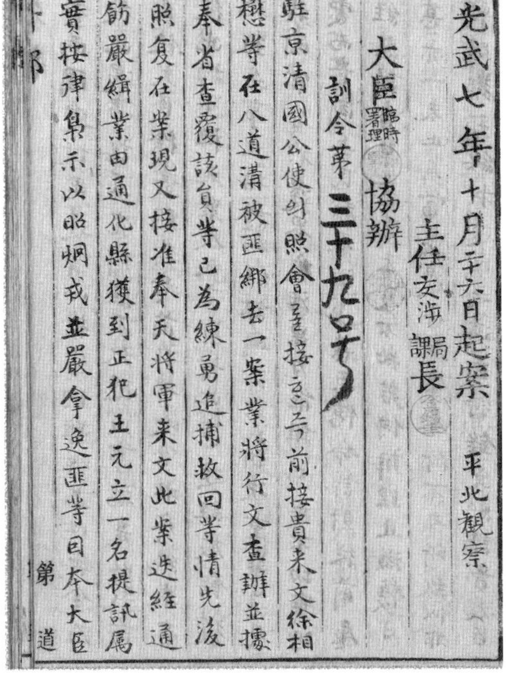
光武七年十月二十六日起案 平北觀察
主任交涉課局長
大臣 臨時署理 協辦
訓令第三十九號
駐京清國公使의照會를接ᄒᆞᆫ즉前接貴來文徐相
懋等在八道溝被匪綁去一案業將行文查辦並據
奉省查覆該員等已為練勇追捕救回等情先後
照復在案現又接准奉天將軍來文此案迭經通
飭嚴緝業由通化縣獲到正犯王元立一名提訊屬
實按律梟示以昭炯戒並嚴拿逸匪等因本大臣
外部 第 道

①

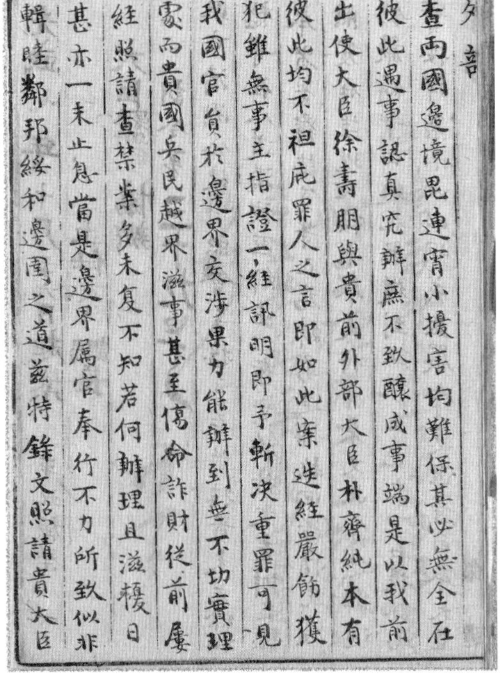
外部
查兩國邊境毘連宵小擾害均難保其必無全在
彼此遇事認真究辦庶不致釀成事端是以我前
出使大臣徐壽朋與貴前外部大臣朴齊純本有
彼此均不袒庇罪人之言即如此案迭經嚴飭獲
犯雖無事主指證一經訊明即予斬決重罪可見
我國官員於邊界交涉果力能辦到無不切實理
處而貴國兵民越界滋事甚至傷命詐財從前屢
經照請查禁業多未復不知若何辦理且滋擾日
甚亦一未止息當是邊界屬官奉行不力所致似非
輯睦鄰邦綏和邊圉之道茲特錄文照請貴大臣

②

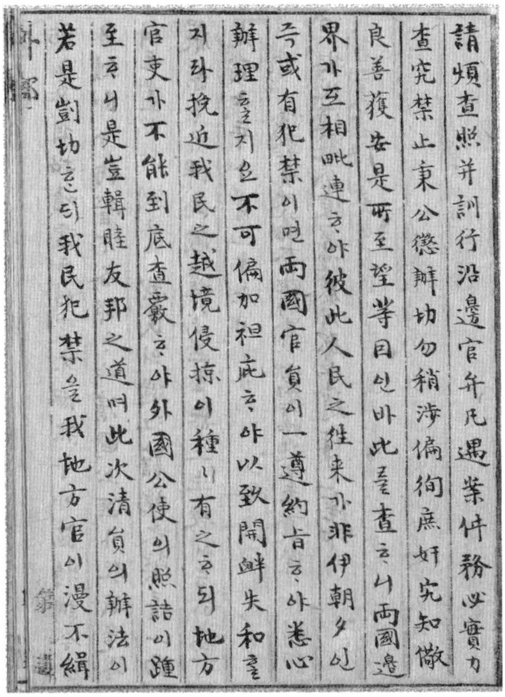
請煩查照并訓行沿邊官弁凡遇案件務必實力
查究禁止秉公懲辦切勿稍涉偏徇庶奸宄知儆
良善獲安是所至望等因인바此를查ᄒᆞ니兩國邊
界가互相毗連ᄒᆞ야彼此人民之往來가非伊朝夕이온
즉或有犯禁이면兩國官員이一遵約旨ᄒᆞ야悉心
辦理ᄒᆞᆯ지요不可偏加袒庇ᄒᆞ야以致開衅失和ᄒᆞᆯ
지라挽近我民之越境侵掠이種種有之ᄒᆞ되地方
官吏가不能到底查覈ᄒᆞ야外國公使의照詰이踵
至ᄒᆞ니是豈輯睦友邦之道며此次清員의辦法이
若是剴切ᄒᆞᆫ되我民犯禁을我地方官이漫不緝
外部 第 道

③

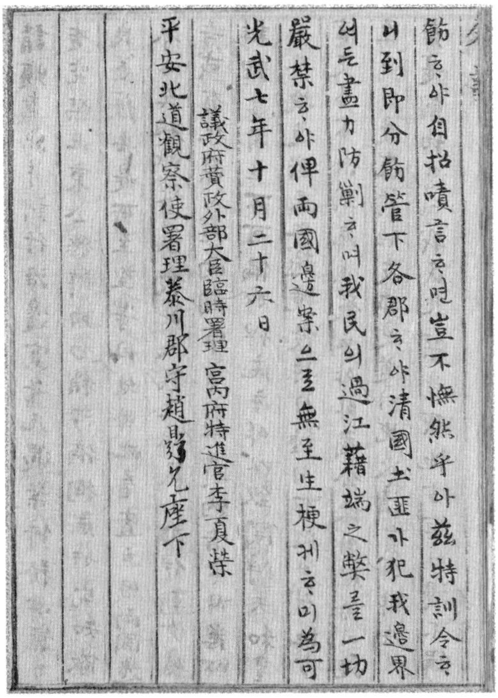
飭ᄒᆞ야自招嘖言ᄒᆞ면豈不憮然乎아茲特訓令ᄒᆞ
니到即分飭管下各郡ᄒᆞ야清國土匪가犯我邊界
어든盡力防剿ᄒᆞ며我民의過江藉端之弊를一切
嚴禁ᄒᆞ야俾兩國邊案으로無至生梗케ᄒᆞ미為可
光武七年十月二十六日
議政府贊政外部大臣臨時署理 宮內府特進官李夏榮
平安北道觀察使署理泰川郡守趙鼎允座下

④

평 55

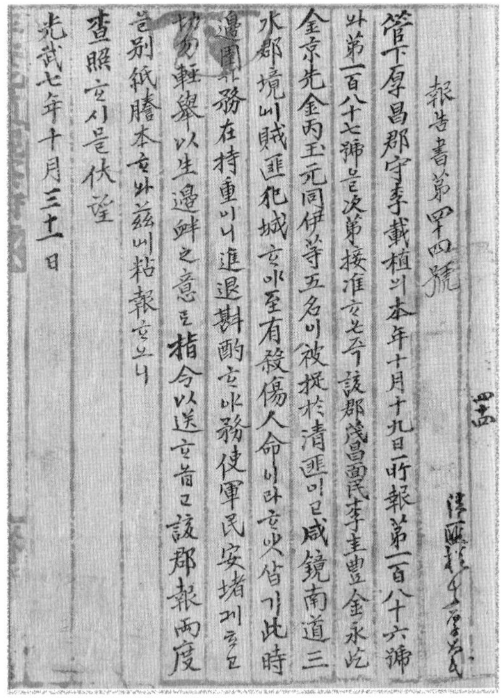

報告書第卌四號

管下厚昌郡守李載植의 本年十月十九日所報第一百八十六號
와 第一百八十七號를 次第接准하온즉 該郡茂昌面民李圭豊金永屹
金京先金丙玉元同伊等五名이 被捉於淸匪이고 咸鏡南道三
水郡境에 賊匪犯城하와 至有殺傷人命이라하오니 此時
邊圉가 務在持重이니 進退斟酌하와 務使軍民安堵케하고
切勿輕擧以生邊釁之意로 指令以送하옵고 該郡報兩度
를 別紙謄本하와 玆에 粘報하오니
査照하시믈 伏望
光武七年十月三十一日

①

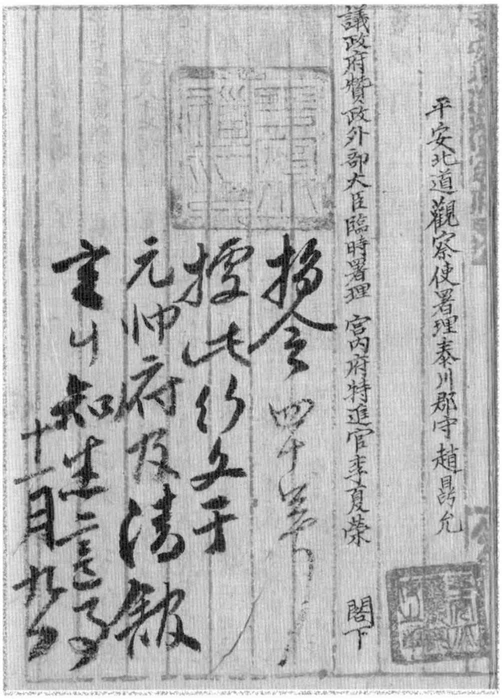

平安北道觀察使署理泰川郡守趙鼎允
議政府贊政外部大臣臨時署理 宮內府特進官李夏榮 閣下

②

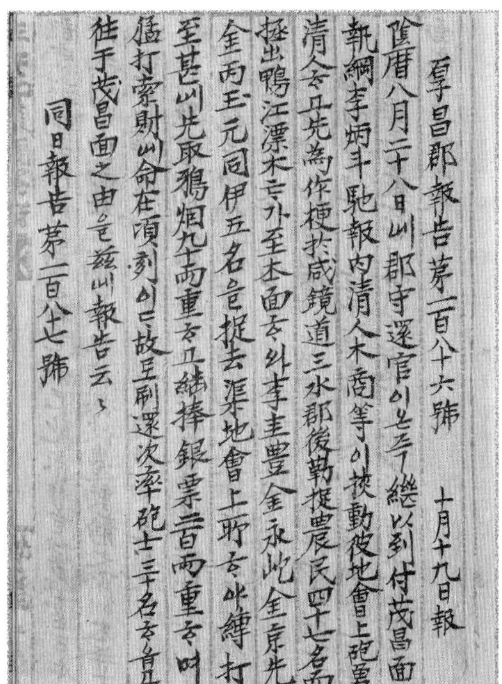

厚昌郡報告第一百八十六號 十月十九日報
陰曆八月二十八日에 郡守還官이온즉 繼以到付茂昌面
執綱李炳千馳報內淸人木商等이 挾動彼地會上砲勇
淸人하고 先爲作梗於咸鏡道三水郡後勒捉農民四十七名
拯出鴨江漂木하다가 至本面하와 李圭豊金永屹金京先
金丙玉元同伊五名을 捉去渠地會上所하와 縛打
至甚에 先取鴉烟九十兩重하고 繼捧銀票二百兩重하며
恆打索財에 命在頃刻이라 故로 刷還次率砲士三十名하고 直
往于茂昌面之由을 玆에 報告云云
同日報告第一百八十七號

③

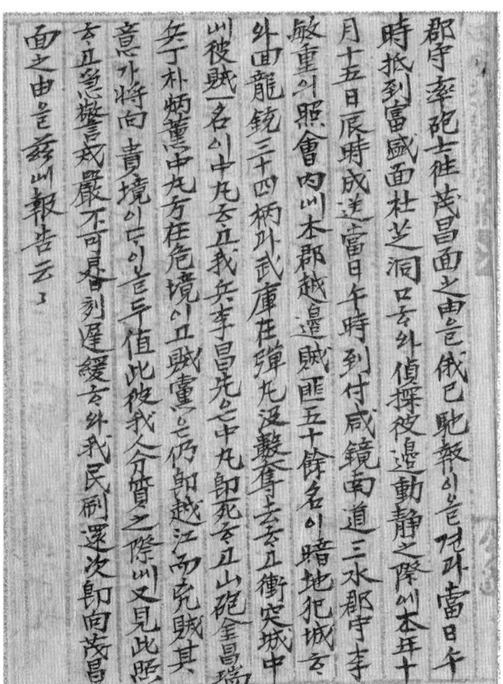

郡守率砲士往茂昌面之由을 俄已馳報이온바 當日午
時抵到富盛面杜芝洞口하와 偵探彼邊動靜之際에 本年十
月十五日辰時成送當日午時到付咸鏡南道三水郡守李
敏重의 照會內에 本郡越邊賊匪五十餘名이 暗地犯城하와
外面龍鏡三十四柄과 武庫在彈丸沒數奪去하고 衝突城中
에 彼賊一名이 中丸하고 我兵李昌先은 中丸卽死하고 山砲金昌瑞
與丁朴炳薰은 中丸方在危境이고 賊黨은 仍卽越江而究賊其
意가 將向貴境이다 이온바 値此彼我人命之際에 又見此照
하고 急警戒嚴不可暫刻遲緩하와 我民刷還次卽向茂昌
面之由을 玆에 報告云云

④

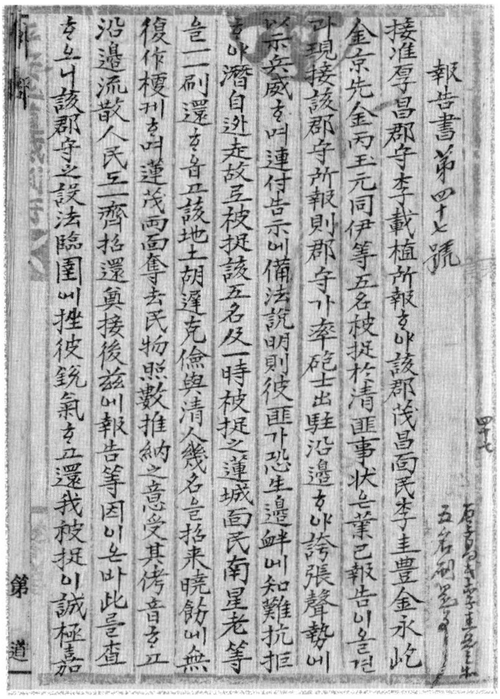
報告書第四十七號
接准厚昌郡守李載植所報호야該郡茂昌面民李圭豊金永屹
金宗先金丙玉元同伊等五名被捉於清匪事狀은業已報告이온던
바現接該郡守所報則郡守가率砲士出駐沿邊호야誇張聲勢에
以示兵威호며連付告示에備法說明則彼匪가恐生邊釁에知難抗拒
호야潛自迯走故로被捉該五名及一時被捉之蓮城面民南星老等
을一刷還호옵고該地土胡暹克倫與清人幾名을招來曉飭에無
復作梗케호며蓮茂兩面奪去民物照數推納之意受其傍音호고
沿邊流散人民도一齊招還奠接後茲에報告等因이온바此를查
호오니該郡守之設法臨圉에挫彼銳氣호고還我被捉이誠極嘉

① 평 56

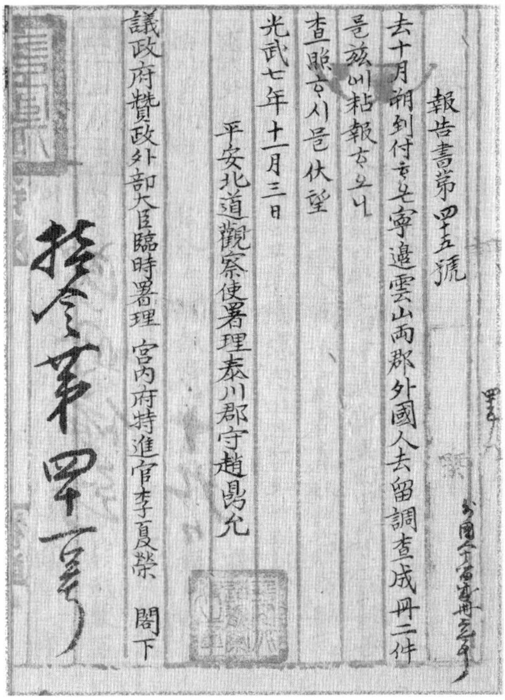
報告書第四十五號
去十月朔到付호온寧邊雲山兩郡外國人去留調查成冊二件
을茲에粘報호오니
查照호시믈伏望
光武七年十一月三日
平安北道觀察使署理泰川郡守趙鼎允
議政府贊政外部大臣臨時署理 宮內府特進官李夏榮 閣下

⑤

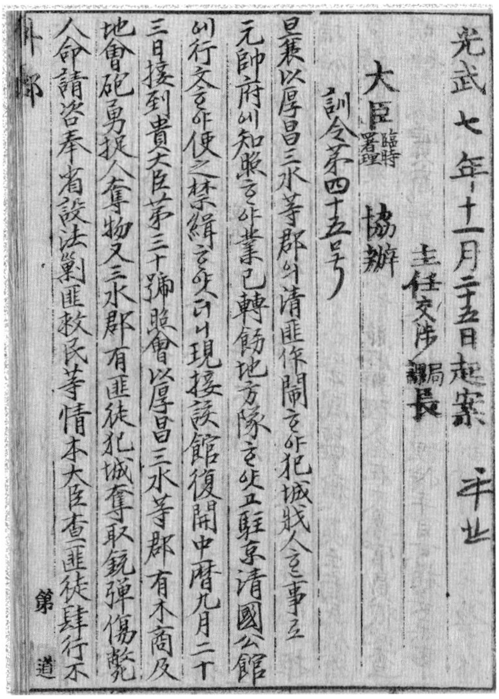
光武七年十一月二十五日起案 主任交涉局長
大臣 臨時署理 協辦
訓令第四十五号
昰裏以厚昌三水等郡의清匪作鬧호야犯城賊人之事로
元帥府에知照호야業已轉飭地方隊호얏고駐京清國公館
에行文호야使之禁緝호얏거니와現接該館復開中曆九月二十
三日接到貴大臣第三十號照會以厚昌三水等郡有木商及
地會砲勇捉人奪物又三水郡有匪徒犯城奪取銃彈傷斃
人命請咨奉省設法剿匪救民等情本大臣查匪徒肆行不

① 평 57

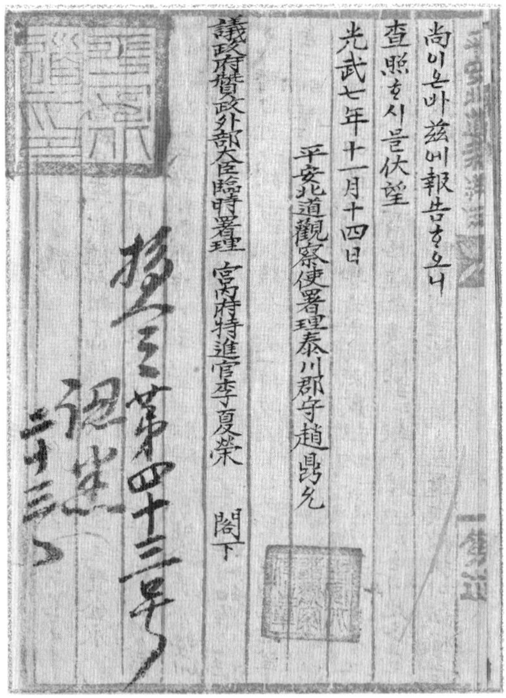
尚이온바茲에報告호오니
查照호시믈伏望
光武七年十一月十四日
平安北道觀察使署理泰川郡守趙鼎允
議政府贊政外部大臣臨時署理 宮內府特進官李夏榮 閣下

②

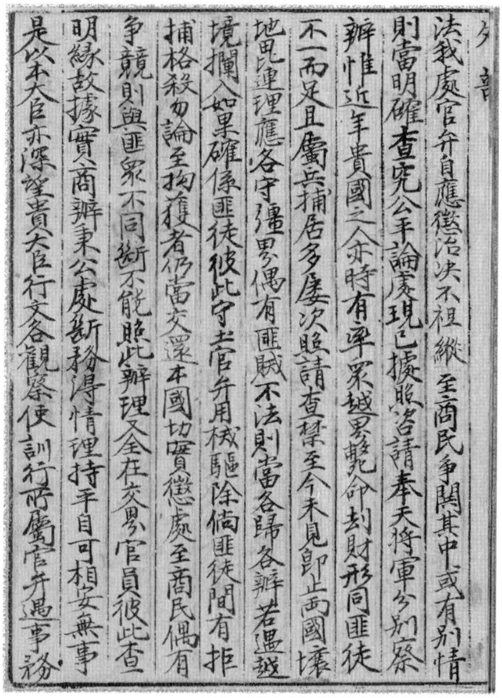
法我處官弁自應懲治決不祖縱 至商民爭鬪其中或有別情
則當明確查究公平論處現已據照咨請奉天將軍分別察
辦惟近年貴國之人亦時有率衆越界斃命刦財形同匪徒
不一而足且屬兵捕居多屢次照請查禁至今未見卽止兩國壤
地毗連理應各守彊界偶有匪賊不法則當各歸各辦 若遇越
境攔入如果確係匪徒彼此守土官弁用械驅除倘匪徒間有拒
捕格殺勿論至拘獲者仍當交還本國切實懲處至商民偶有
爭競則與匪衆不同斷不能照此辦理又全在交界官員彼此查
明緣故據實人商辦秉公處斷務得情理持平自可相安無事
是以本大臣亦深望貴大臣行文各觀察使訓飭所屬官弁遇事務

②

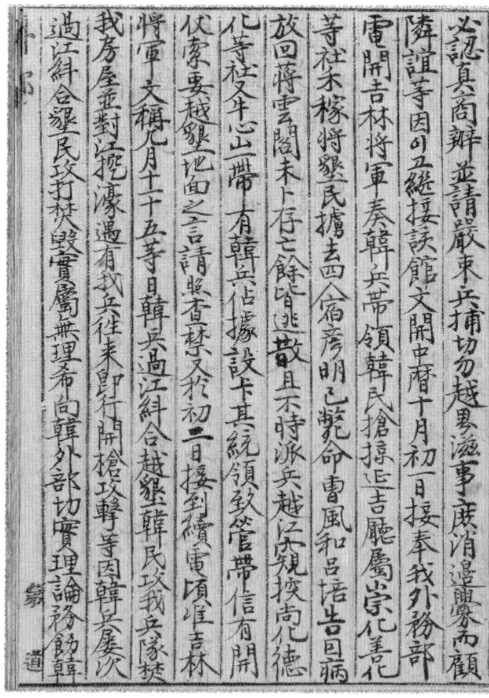
必認真商辦 並請嚴東兵捕切勿越界滋事庶消邊釁而顧
隣誼等因이五繼接該館文開中曆十月初一日接奉我外務部
電開吉林將軍奏韓兵帶領韓民搶掠近吉廳屬崇化善化
等社禾稼將墾民擄去四人宿彥明已斃命曹風和呂培告回病
放回蔣雲閣未卜存亡餘皆逃散且不時派兵越江窺探尚化德
化等社又牛心山一帶有韓兵佔據設卡其統領致管帶信有開
伏索要越墾地面之言請照查禁又於初二日接到續電頃准吉林
將軍文稱九月十一十五等日韓兵過江糾合越墾韓民攻我兵隊焚
我房屋並對江挖濠遇有我兵往來卽行開槍攻擊等因韓兵屢次
過江糾合墾民攻打焚毁實屬無理希向韓外部切實理論務飭韓

③

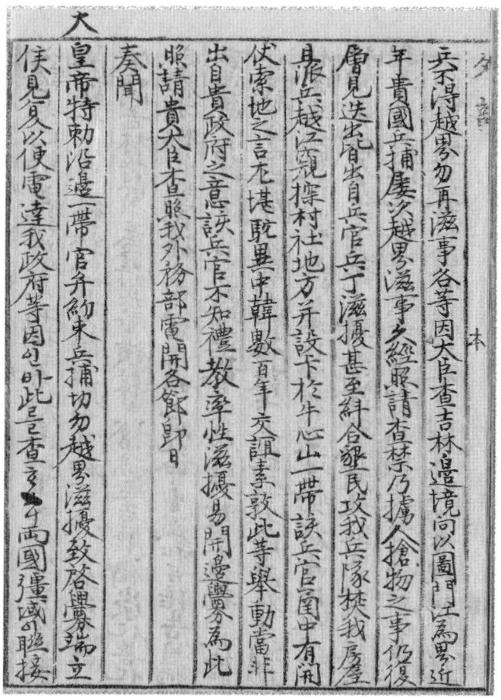
兵不得越界勿再滋事各等因大臣查吉林邊境向以圖們江爲界近
年貴國兵捕屢次越界滋事久經照請查禁仍擄人搶物之事仍復
層見迭出官出自兵官兵丁滋擾甚至糾合墾民攻我兵隊焚我房屋
且派兵越江窺探村社地方幷設卡於牛心山一帶該兵官函中有開
伏索地之言尤堪駭異中韓數百年交誼素敦此等舉動當非
出自貴政府之意該兵官不知禮教率性滋擾易開邊釁爲此
照請貴大臣查照我外務部電開各節卽日
奏聞
大皇帝特勅沿邊一帶官弁約束兵捕切勿越界滋擾致啓釁端立
俟見復以便電達我政府等因인바此를查ᄒᆞ온즉兩國彊域所聯接

④

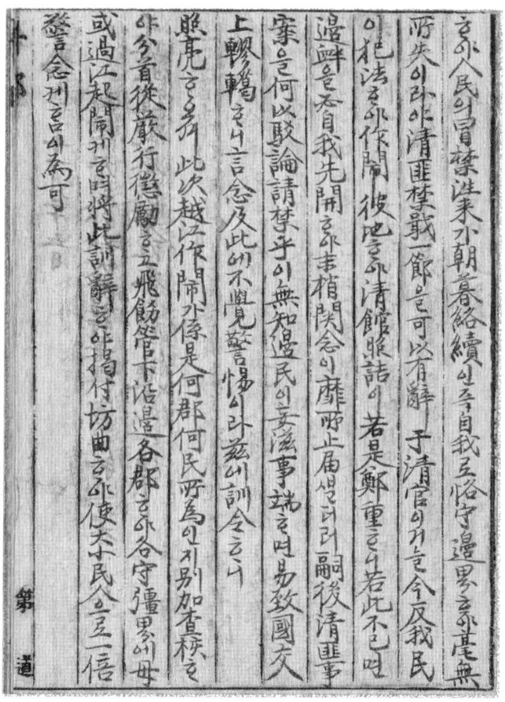
ᄒᆞ와人民의冒禁濫來가朝暮絡續인즉自我로恪守邊界ᄒᆞ와毫無
所失이라야淸匪焚戮一節을可以有辭 于淸官이거늘今反我民
이犯法ᄒᆞ와作鬧彼地ᄒᆞ와淸館照詰이若是鄭重ᄒᆞ니若此不已면
邊釁을否自我先開ᄒᆞ와事楨閑念이靡所止屆뿐더러嗣後淸匪事
案을何以駁論請禁乎이無知邊民이妄滋事端ᄒᆞ면易致國交
上轇轕ᄒᆞ니言念及此에不覺警惕이라茲에訓令ᄒᆞ니
照亮ᄒᆞ고弁此次越江作鬧가係是何郡何民所爲인지別加查核ᄒᆞ
야分首從嚴行懲勵ᄒᆞ고飛飭管下沿邊各郡ᄒᆞ와各守彊界에毋
或過江起鬧케ᄒᆞ며將此訓辭ᄒᆞ야揭付坊曲ᄒᆞ와使大小民人으로一倍
警念케ᄒᆞ미爲可

⑤

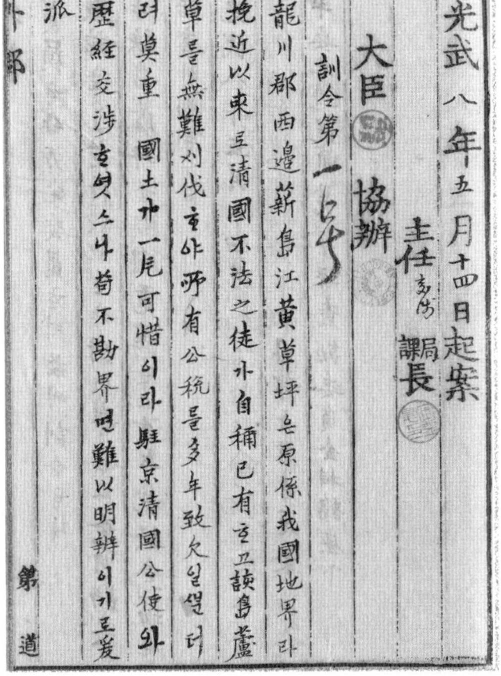
光武八年五月十四日起案
主任 交涉 課局長
大臣 協辦
訓令第一號
龍川郡西邊薪島江黃草坪은原係我國地界라
挽近以來로清國不法之徒가自稱已有ㅎ고該島蘆
草를無難刈伐ㅎ야所有公税를多年致欠일뿐더
러奠重 國土中一尾可惜이라駐京清國公使와
歷經交涉ㅎ얏스나苟不勘界면難以明辨이기로爰
派
外部 第 道

① 평 58

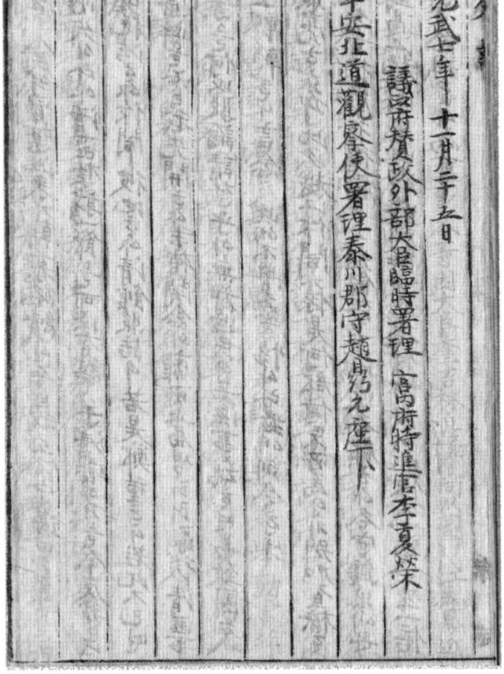
外部
光武七年十一月二十五日
議政府贊政外部大臣臨時署理 宮內府特進官李夏榮
平安北道觀察使署理泰川郡守趙鼎允座下

⑥

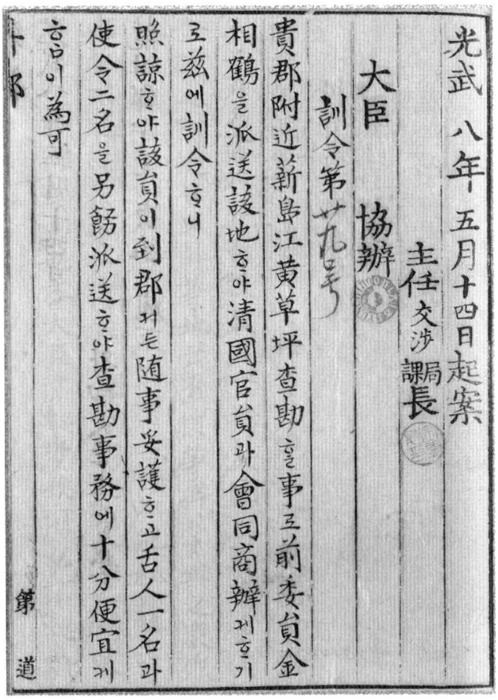
光武八年五月十四日起案
主任 交涉 課局長
大臣 協辦
訓令第二十九號
貴郡附近薪島江黃草坪查勘ㅎ는事로前委員金
相鶴을派送該地ㅎ야清國官員과會同商辦케ㅎ기
로玆에訓令ㅎ니
照諒ㅎ야該員이到郡커든隨事妥護ㅎ고舌人一名과
使令二名을另飭派送ㅎ야查勘事務에十分便宜케
ㅎ믈이為可
外部 第 道

① 평 59

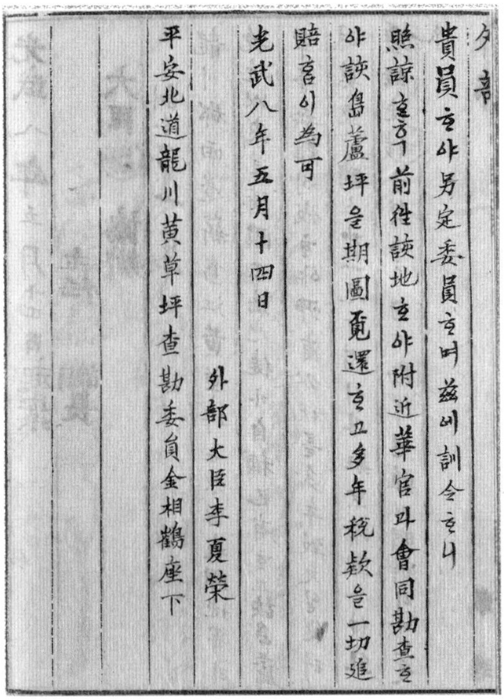
外部
貴員ㅎ야另定委員ㅎ며玆에訓令ㅎ니
照諒ㅎ후前往該地ㅎ야附近華官과會同勘查ㅎ
야該島蘆坪을期圖逈還ㅎ고多年税款을一切追
賠ㅎ믈이為可
光武八年五月十四日
外部大臣李夏榮
平安北道龍川黃草坪查勘委員金相鶴座下

②

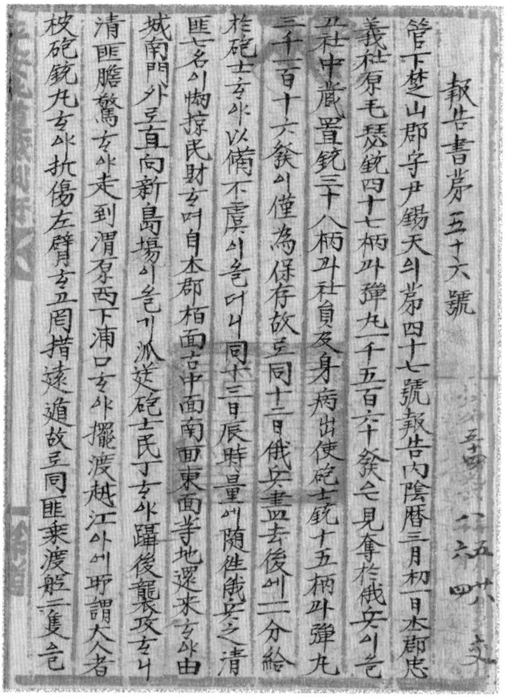
報告書第五十六號
管下楚山郡守尹錫天의第四十七號報告內陰曆三月初一日本郡忠
義社原毛瑟銃四十七柄과彈丸一千五百六十發은見奪於俄兵이읍
고社中藏置銃三十八柄과社員及身病出使砲士銃十五柄과彈丸
三千一百十六發이僅爲保存故로同十二日俄兵盡去後에二分給
於砲士ᄒᆞ야以備不虞이읍더니同十三日辰時量에隨從俄兵之淸
匪七名이搶掠民財ᄒᆞ며自本郡柘面古中面南面東面等地還來ᄒᆞ야由
城南門外로直向新島場이읍기派送砲士民丁ᄒᆞ야躡後襲攻ᄒᆞ니
淸匪膽驚ᄒᆞ야走到渭原西下浦口ᄒᆞ야擺渡越江아에所謂大人者
枚砲銃九ᄒᆞ야折傷左臂ᄒᆞ고罔措遠遁故로同匪乘渡船二隻읍

①

평 60

外部
光武八年五月十四日
龍川郡守李庚稙 座下
外部大臣李夏榮

②

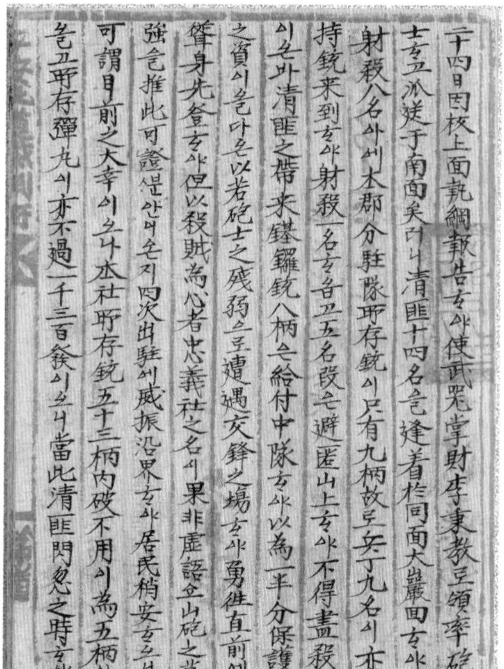
二十四日因校上面執綱報告ᄒᆞ야使武覺掌財李秉敎로領率砲
士ᄒᆞ고派送于南面矣러니淸匪十四名을逢着於同面大巖回ᄒᆞ야
射殺八名아에本郡分駐隊所存銃이只有九柄故로兵丁九名이亦
持銃來到ᄒᆞ야射殺一名ᄒᆞ읍고五名段은避匿山上ᄒᆞ야不得盡殺
이온바淸匪之帶來鏤鑼銃八柄은給付中隊ᄒᆞ야以爲一半分保護
之資이읍다온以若砲士之殘弱으로遭遇交鋒之場ᄒᆞ야勇往直前에
聳身先登ᄒᆞ야但以殺賊爲心者忠義社之名이果非虛語오山砲之莫
强을推此可證이온안이온지四次出駐에威振沿界ᄒᆞ야居民稍安ᄒᆞ오니
可謂目前之大幸이오나本社所存銃五十三柄內破不用이爲五柄이
읍고所存彈丸이亦不過一千三百發이오나當此淸匪閃忽之時ᄒᆞ야

③

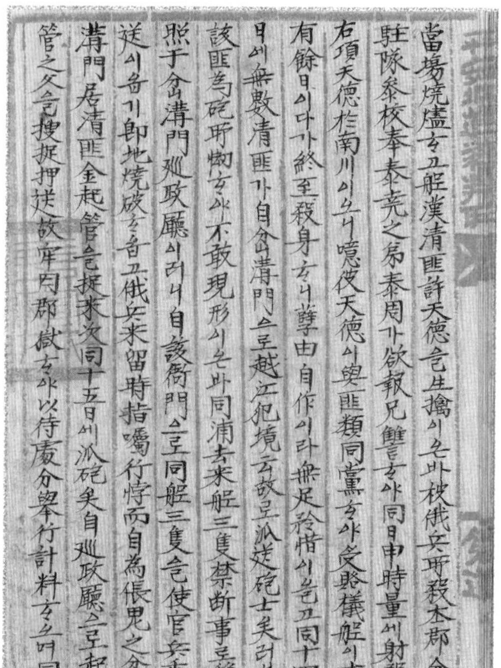
當場燒燼ᄒᆞ고艇漢淸匪許天德을生擒이온바被俄兵所殺本郡分
駐隊叅校奉泰堯之弟泰周가欲報兄讐ᄒᆞ야同日申時量에射殺
右項天德於南川이오니噫彼天德이與匪類同黨ᄒᆞ야受賂艤艇이十
有餘日이다가終至殺身ᄒᆞ니孽由自作이라無足矜惜이읍고同十四
日에無數淸匪가自侖淸門으로越江犯境云故로派送砲士矣러니
該匪爲砲所㥘ᄒᆞ야不敢現形이온바同浦去來艇三隻禁斷事로移
照于侖淸門巡防廳이러니自該衙門으로同艇三隻을使官兵委
送이읍기卽地燒破ᄒᆞ읍고俄兵來留時指囑行悖而自爲倀鬼之侖
淸門居淸匪金起管을捉來次同十五日에派砲矣自巡防廳으로起
管之父을搜捉押送故牢囚郡獄ᄒᆞ야以待處分擧行計料ᄒᆞ오며同

②

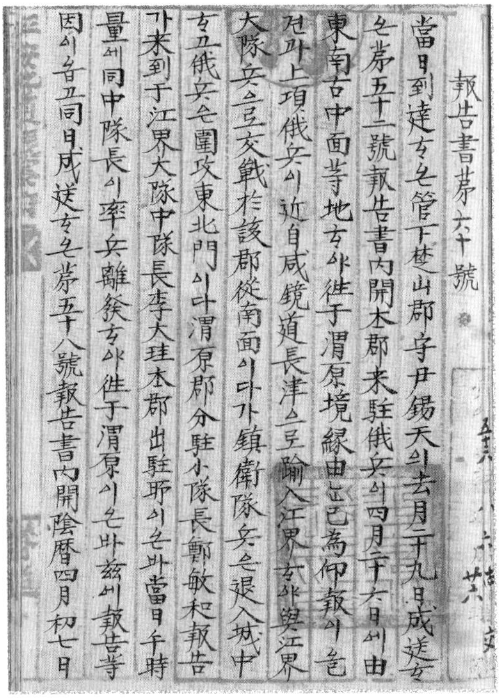
報告書第六十號

當日到達호온管下楚山郡守尹錫天의去月二十九日成送호온第五十二號報告書內開本郡來駐俄兵의四月二十六日에由東南古中面等地호야往于渭原境緣由는已爲仰報이온전과上項俄兵이近自咸鏡道長津으로踰入江界호야與江界大隊兵으로交戰於該郡從南面이다가鎭衛隊兵은退入城中호고俄兵은圍攻東北門이다渭原郡分駐小隊長鄭敏和報告가來到于江界大隊中隊長李大珪本郡出駐所이온바當日午時量에同中隊長이率兵離發호야往于渭原이온바玆에報告等因이옵고同日成送호온第五十八號報告書內開陰曆四月初七日

①

평 61

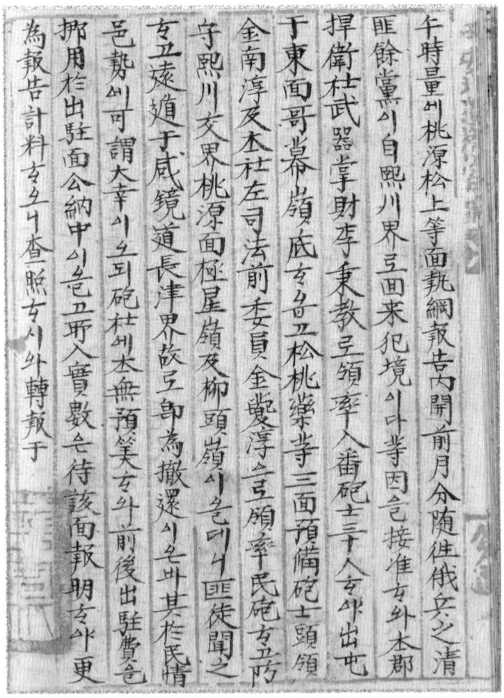
午時量에桃源松上等面執綱報告內開前月分隨徃俄兵之清匪餘黨이自熙川界로回來犯境이다等因을接准호와本郡捍衛社武器掌財李東教로領率入番砲士三十人호야出屯于東面哥幕嶺底호옵고松桃樂等三面預備砲士頭領金南淳及本社左司法前委員金覺淳으로領率民砲호고防守熙川交界桃源面極星嶺及柳頭嶺이온데니匪徒聞之호고遠遁于咸鏡道長津界故로卽爲撤還이온바其於民情邑勢에可謂大幸이오되砲社에本無預筭호와前後出駐費을挪用於出駐面公納中이온고所入實數는待該面報明호야更爲報告計料호오니查照호시와轉報于

②

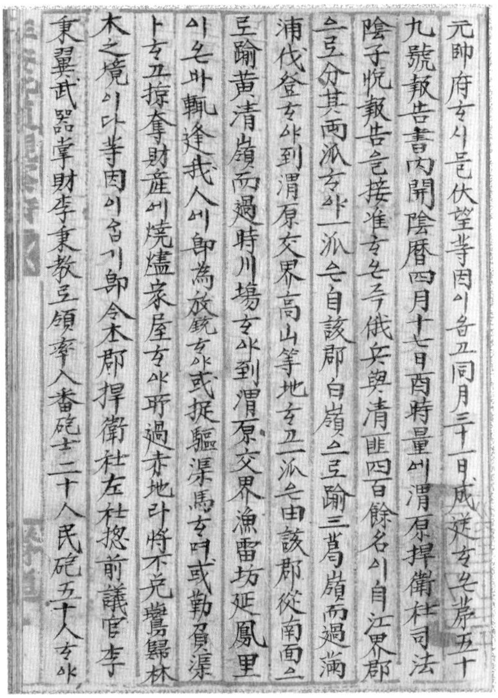
元帥府호시믈伏望等因이옵고同月三十一日成送호온第五十九號報告書內開陰曆四月十七日酉時量에渭原捍衛社司法陰子悅報告을接准호온즉俄兵與清匪四百餘名이自江界郡으로分其兩派호야一派는自該郡白嶺으로踰三島嶺而過滿浦伐登호야到渭原交界高山等地호고一派는由該郡從南面으로踰黃清嶺而過時川場호야到渭原交界漁雷坊延鳳里이온바輒逢我人에卽爲放銃호야或捉驅渫馬호며或勒負渫卜호고掠奪財產에燒燼家屋호야所過赤地라將不免驚歸林木之境이다等因이옵기卽令本郡捍衛社左社總前議官李東翼武器掌財李東教로領率入番砲士二十人民砲五十人호야

③

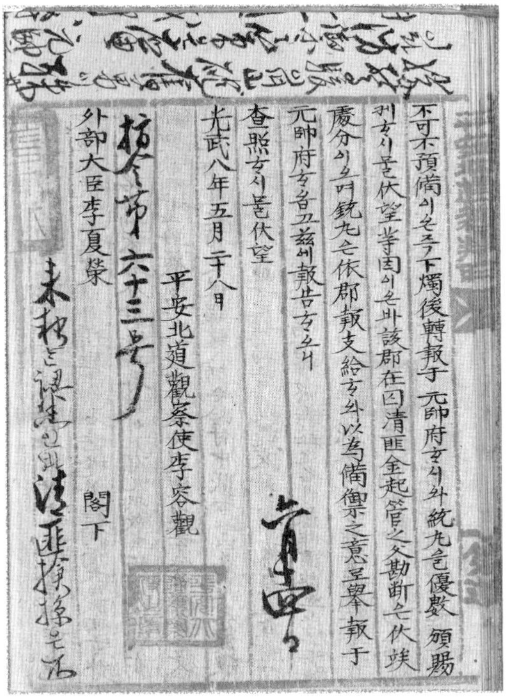
不可不預備이오즉下燭後轉報于元帥府호시와統丸을優數頒賜케호시믈伏望等因이온바該郡在囮清匪金起管之父勘斷은伏俟處分이오며銃丸은依郡報支給호와以爲備禦之意로擧報于元帥府호옵고玆에報告호오니查照호시믈伏望

光武八年五月二十八日

平安北道觀察使李容觀

外部大臣李夏榮 閣下

指令第六十三号

[illegible]

④

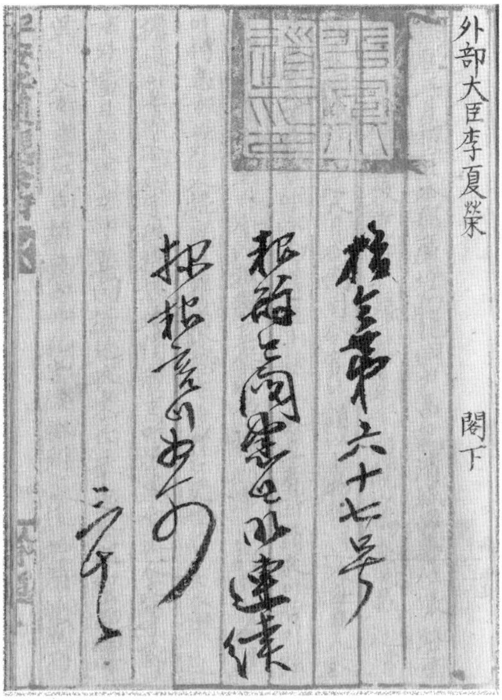
外部大臣李夏榮 閣下

⑤

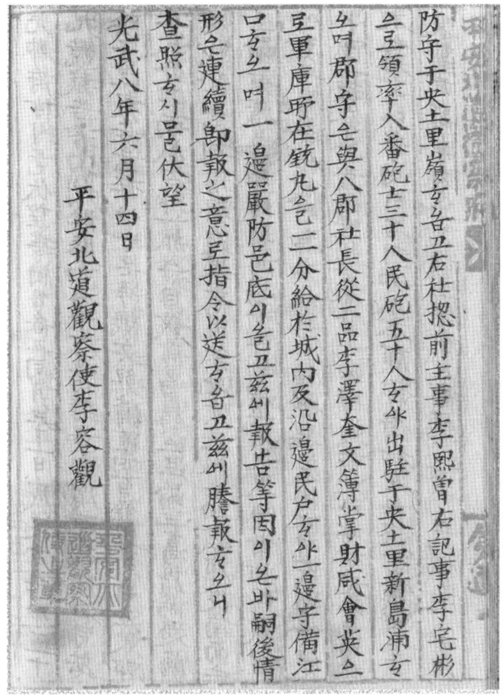
防守于央土里嶺ᄒᆞ옵고右社摠前主事李熙曾右記事李宅彬
으로領率人番砲士三十人民砲五十人ᄒᆞ와出駐于央土里新島浦ᄒᆞ
오며郡守은與八郡社長從二品李澤奎文簿掌財咸會英으
로軍庫所在銃丸은二分給於城內及沿邊民戶ᄒᆞ와一邊守備江
口ᄒᆞ오며一邊嚴防邑底이옵고玆에報告等因이온바嗣後情
形은連續卽報之意로指令以送ᄒᆞ옵고玆에謄報ᄒᆞ오니
查照ᄒᆞ시믈伏望
光武八年六月十四日
平安北道觀察使李容觀

④

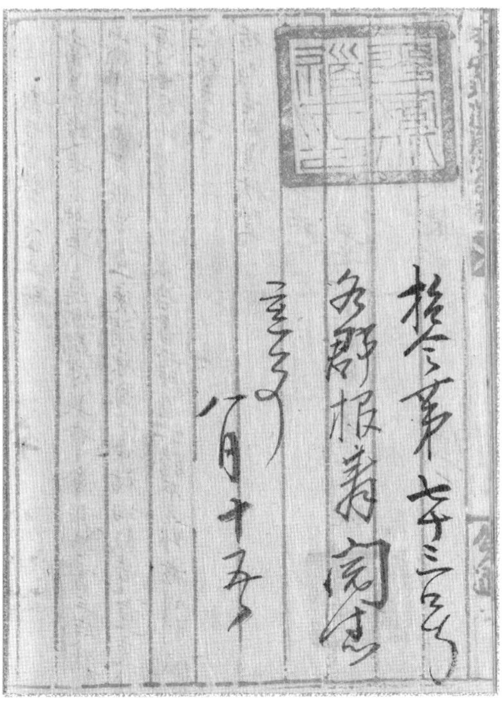

②

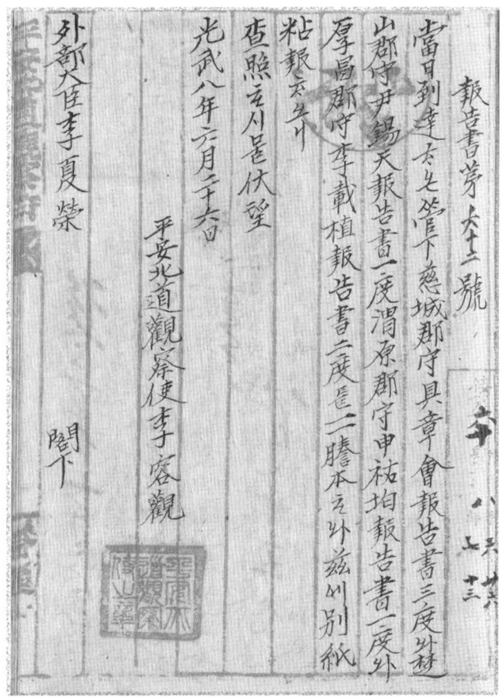
報告書第六十二號
當日到達ᄒᆞ온管下慈城郡守具章會報告書三度와楚
山郡守尹錫天報告書一度渭原郡守申祐均報告書一度와
厚昌郡守李載植報告書二度를二謄本ᄒᆞ와玆에別紙
粘報ᄒᆞ오니
查照ᄒᆞ시믈伏望
光武八年六月二十六日
平安北道觀察使李容觀
外部大臣李夏榮 閣下

① 평 62

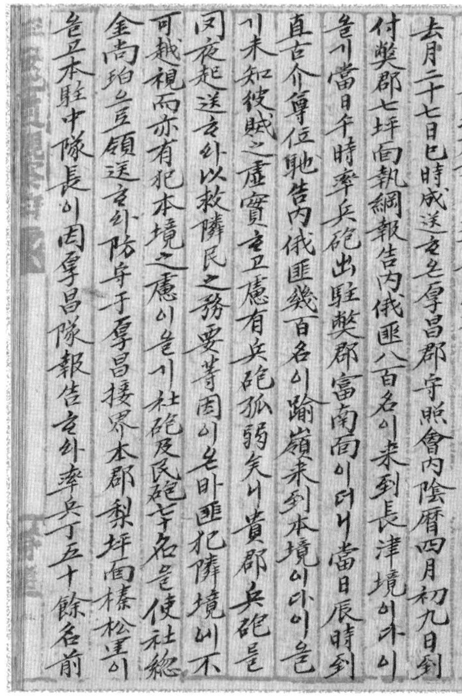
慈城郡報第六十號謄本
去月二十七日巳時成送ᄒᆞ온厚昌郡守照會內陰曆四月初九日到
付獎郡七坪面執綱報告內俄匪八百名이来到長津境이라ᄒᆞ이
옵기當日午時率兵砲出駐獎郡富南面이더니當日辰時到
直古介尊位馳告內俄匪幾百名이踰嶺来到本境이라ᄒᆞ이옵
기未知彼賊之虛實ᄒᆞ고慮有兵砲孤弱矣니貴郡兵砲를
因夜起送ᄒᆞ와以救隣民之務要等因이온바匪犯隣境에不
可越視而亦有犯本境之慮이옵기社砲及民砲七十名을使社總
金尚珀으로領送ᄒᆞ와防守于厚昌接界本郡梨坪面榛松里이
옵고本駐中隊長이因厚昌隊報告ᄒᆞ와率兵丁五十餘名前

③

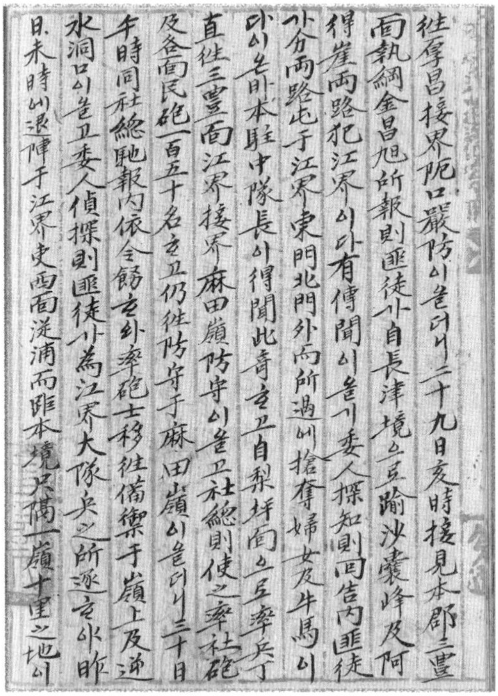
往厚昌接界阨口嚴防이옵더니二十九日亥時接見本郡三豊
面執綱金昌旭所報則匪徒가自長津境으로踰沙囊峰及阿
得崖兩路犯江界이다有傳聞이옵기委人探知則回告內匪徒
가分兩路屯于江界東門北門外而所過에搶奪婦女及牛馬이
다이온바本駐中隊長이得聞此奇ᄒᆞ고自梨坪面으로率兵丁
直往三豊面江界接界麻田嶺防守이옵고社總則使之率社砲
及各面民砲一百五十名ᄒᆞ고仍往防守于麻田嶺이옵더니三十日
午時同社總馳報內依令飭ᄒᆞ와率砲士移往備禦于嶺上及送
水洞口이옵고委人偵探則匪徒가爲江界大隊兵之所逐ᄒᆞ야昨
日未時에退陣于江界吏西面從浦而距本境只隔一嶺十里之地이

④

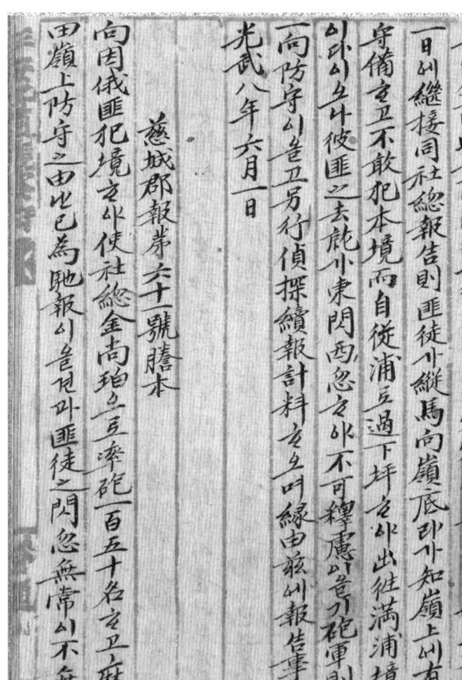
온디登高瞭望則匪徒가衝火民家에烟焰騰空이라ᄒᆞ이옵고六月
一日에繼接同社總報告則匪徒가縱馬向嶺底라가知嶺上에有
守備ᄒᆞ고不敢犯本境而自從浦로過下坪ᄒᆞ야出往滿浦境
이라ᄒᆞ이오나彼匪之去就가東閃西忽ᄒᆞ야不可釋慮이옵기砲軍則
一向防守이옵고另行偵探續報計料ᄒᆞ오며緣由玆에報告事
光武八年六月一日
慈城郡報第六十一號謄本
向因俄匪犯境ᄒᆞ야使社總金尚珀으로率砲一百五十名ᄒᆞ고麻
田嶺上防守之由은已爲馳報이옵거니와匪徒之閃忽無常이不無

⑤

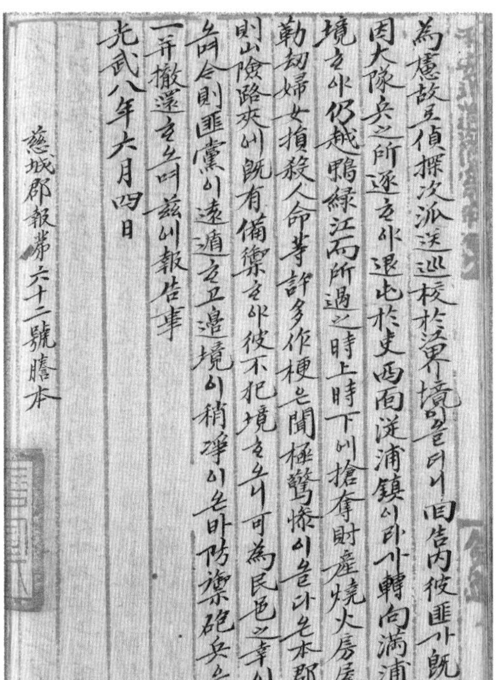
爲慮故로偵探次派送巡校於江界境이옵더니回告內彼匪가既
因大隊兵之所逐ᄒᆞ야退屯於吏西面從浦鎭이라가轉向滿浦
境ᄒᆞ야仍越鴨綠江而所過之時上時下에搶奪財産燒火房屋
勒劫婦女損殺人命等許多作梗은聞極驚慘이옵다온本郡
則山險路夾에既有備禦ᄒᆞ야彼不犯境ᄒᆞ오니可爲民邑之幸이
옵고今則匪黨이遠遁ᄒᆞ고邊境이稍淨이온바防禦砲兵은
一幷撤還ᄒᆞ오며玆에報告事
光武八年六月四日
慈城郡報第六十二號謄本

⑥

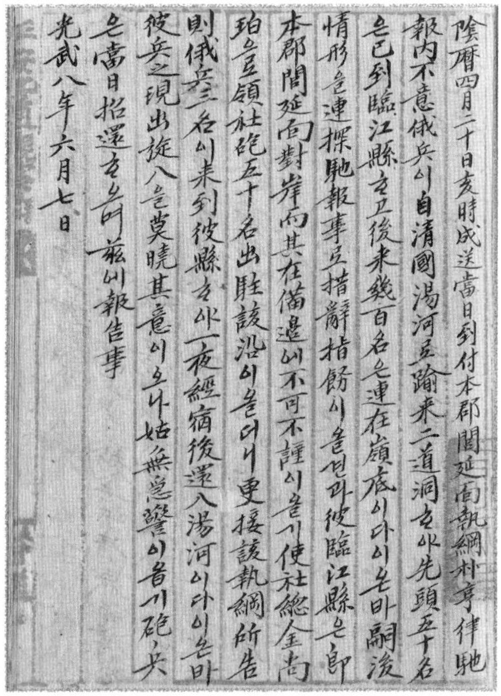
陰曆四月二十日亥時成送當日到付本郡間延面執綱朴亨律馳
報內不意俄兵이自淸國湯河로踰來二道洞ᄒᆞ와先頭五十名
은已到臨江縣ᄒᆞ고後來幾百名은連在嶺底이다이온바嗣後
情形을連探馳報事로措辭措飭이옵던바彼臨江縣은卽
本郡間延面對岸而其在備邊에不可不謹이옵기使社總金尙
珀으로領社砲五十名出駐該沿이옵더니更接該執綱所告
則俄兵三名이來到彼縣ᄒᆞ와一夜經宿後還入湯河이다이온바
彼兵之現出旋入은莫曉其意이오나姑無急警이옵기砲兵
은當日招還ᄒᆞ오며玆에報告事
光武八年六月七日

⑦

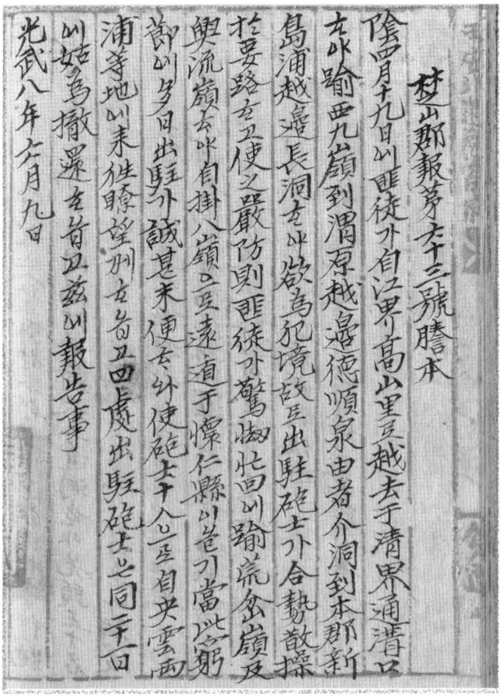
楚山郡報第六十三號謄本
陰四月十九日에匪徒가自江界高山里로越去于淸界通溝口
ᄒᆞ와踰西九嶺到渭原越邊德順泉由者介洞到本郡新
島浦越邊長洞ᄒᆞ와欲爲犯境故로出駐砲士가合勢散擇
於要路ᄒᆞ고使之嚴防則匪徒가驚懾壯回에踰荒岔嶺及
與流嶺去아自掛八嶺으로遠遁于懷仁縣이옵기當此窮
節에多日出駐가誠甚未便去사使砲士十人으로自夾雲面
浦等地에來往瞭望케ᄒᆞ옵고四處出駐砲士은同二十日
에姑爲撤還ᄒᆞ옵고玆에報告事
光武八年六月九日

⑧

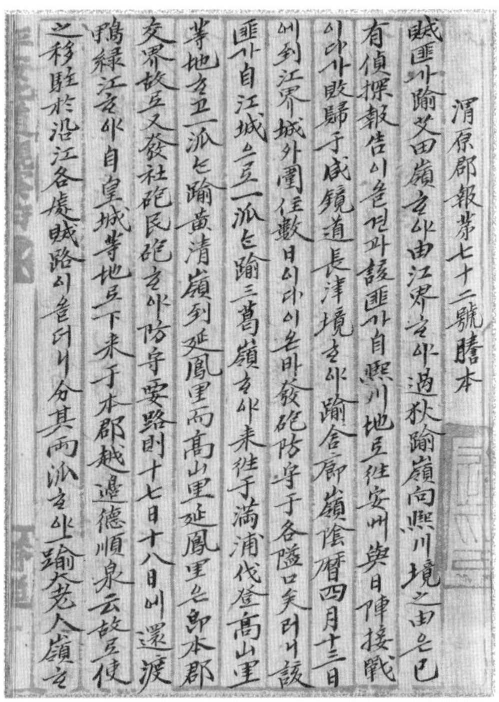
渭原郡報第七十二號謄本
賊匪가踰艾田嶺ᄒᆞ와由江界ᄒᆞ와過狄踰嶺向熙川境之由은已
有偵探報告이옵던바該匪가自熙川地로往安州與日陣接戰
이다가敗歸于咸鏡道長津境ᄒᆞ와踰舍廊嶺陰曆四月十三日
에到江界城外圍住數日이다이온바發砲防守于各隘口矣러니該
匪가自江城으로一派ᄂᆞᆫ踰三葛嶺ᄒᆞ와來往于滿浦伐登高山里
等地ᄒᆞ고一派ᄂᆞᆫ踰黃淸嶺到延鳳里而高山里延鳳里은卽本郡
交界故로又發社砲民砲ᄒᆞ와防守要路時十七日十八日에還渡
鴨綠江ᄒᆞ와自皇城等地로下來于本郡越邊德順泉云故로使
之移駐於沿江各處賊路이옵더니分其兩派ᄒᆞ와一踰大老人嶺ᄒᆞ

⑨

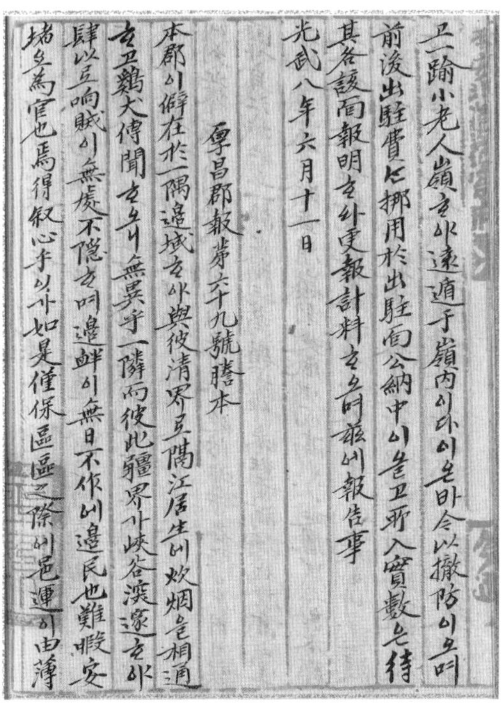
고一踰小老人嶺ᄒᆞ와遠遁于嶺內이다이온바今以撤防이오며
前後出駐費ᄂᆞᆫ挪用於出駐面公納中이옵고所入實數은待
其各該面報明ᄒᆞ와更報計料ᄒᆞ오며玆에報告事
光武八年六月十一日
厚昌郡報第六十九號謄本
本郡이僻在於一隅邊域ᄒᆞ와與彼淸界로隔江居生에炊烟을相通
ᄒᆞ고鷄犬傳聞ᄒᆞ오니無異乎一隣而彼此疆界가峽谷溪濠ᄒᆞ와
肆以로响賊이無處不隱ᄒᆞ며邊釁이無日不作에邊民也難暇安
堵오爲官也焉得紋心乎잇가如是僅保區區之際에邑運이由薄

⑩

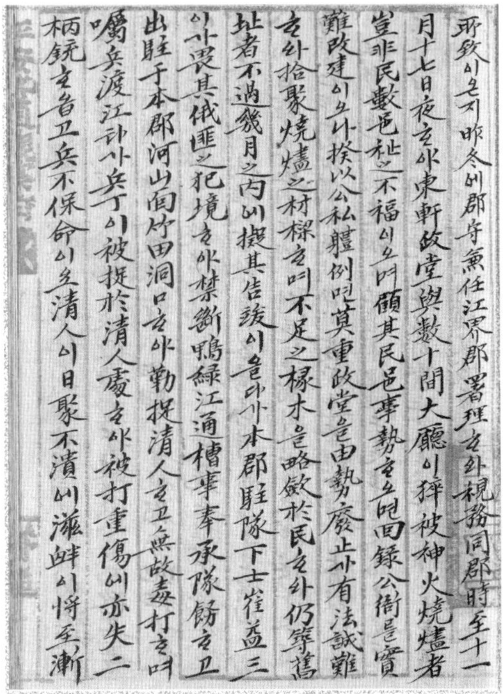
所致이온지昨冬에郡守兼任江界郡署理ᄒᆞ와視務同郡時至十一
月十七日夜ᄒᆞ와東軒政堂與數十間大廳이猝被神火燒燼者
豈非民歎邑祉之不福이오며顧其民邑事勢ᄒᆞ오면田錄公債을實
難改建이오나揆以公私體例면莫重政堂을由勢廢止가有法誠難
ᄒᆞ와拾聚燒燼之材椋ᄒᆞ며不足之椽木을略斂於民ᄒᆞ와仍舊舊
址者不過幾月之內에擬其告竣이옵다가本郡駐隊下士崔益三
이가畏其俄匪之犯境ᄒᆞ와禁斷鴨綠江通漕率奉承隊飭ᄒᆞ고
出駐于本郡河山面竹田洞口ᄒᆞ와勒捉清人ᄒᆞ고無故毒打ᄒᆞ며
囑兵渡江ᄒᆞ다가兵丁이被捉於清人處ᄒᆞ와被打重傷에亦失二
柄銃ᄒᆞ옵고兵不保命이오清人이日聚不潰에滋畔이將至漸

⑪

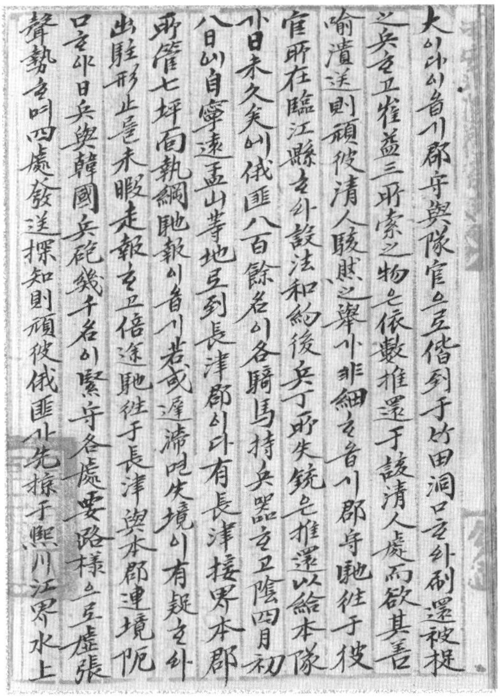
大이다이옵기郡守與隊官으로偕到于竹田洞口ᄒᆞ와刷還被捉
之兵ᄒᆞ고崔益三所索之物은依數推還于該清人處而欲其善
喻遣送則頑彼清人駭然之舉가非細ᄒᆞ옵기郡守馳往于彼
官所在臨江縣ᄒᆞ와設法和約後兵丁所失銃을推還以給本隊
가日未久矣에俄匪八百餘名이各騎馬持兵器ᄒᆞ고陰四月初
八日에自寧遠孟山等地로到長津郡이다有長津接界本郡
所管七坪面執綱馳報이옵기若或遲滯면失境이有疑ᄒᆞ와
出駐形止을未暇走報ᄒᆞ고倍途馳往于長津與本郡連境阨
口ᄒᆞ와日兵與韓國兵砲幾千名이緊守各處要路樣으로虛張
聲勢ᄒᆞ며四處發送探知則頑彼俄匪가先掠于熙川江界水上

⑫

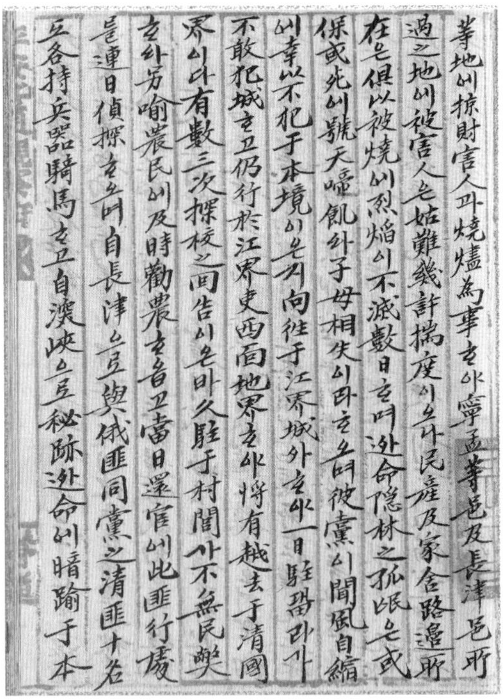
等地에掠財害人과燒燼爲事ᄒᆞ와寧孟等邑及長津邑所
過之地에被害人은姑難幾許揣度이오나民庭及家舍路邊所
在은俱以被燒에烈焰이不滅數日ᄒᆞ며逃命隱林之孤氓은或
保或死에號天嘘飢와子母相失이다ᄒᆞ오며彼黨이聞風自縮
에幸以不犯于本境이온지向往于江界城外ᄒᆞ와一日駐留다가
不敢犯城ᄒᆞ고仍行於江界吏西面地界ᄒᆞ와將有越去于清國
界이다有數三次探校之間告이온바久駐于村閭가不無民弊
ᄒᆞ와另喻農民에及時勸農ᄒᆞ옵고當日還官에此匪行處
을連日偵探ᄒᆞ오며自長津으로與俄匪同黨之清匪十名
으로各持兵器騎馬ᄒᆞ고自漢峽으로秘跡逃命에暗踰于本

⑬

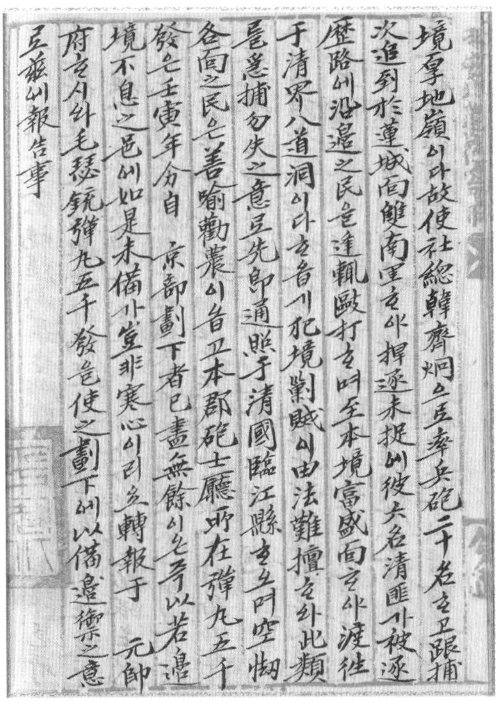
境厚地嶺이다故使社總韓齊炯으로率兵砲二千名ᄒᆞ고跟捕
次追到於蓮城面雙南里ᄒᆞ와捍逐未捉에彼大名清匪가被逐
歷路에沿邊之民을逢輒毆打ᄒᆞ며至本境富盛面ᄒᆞ와渡往
于清界八道洞이다ᄒᆞ옵기犯境剽賊이由法難擅ᄒᆞ와此類
을急捕勿失之意로先即通照于清國臨江縣ᄒᆞ오며空惚
各面之民은善喻勸農이옵고本郡砲士廳所在彈九五千
發은壬寅年分自　京部劃下者已盡無餘이온즉以若邊
境不息之邑에如是未備가豈非寒心이리오轉報于　元帥
府ᄒᆞ시와毛瑟銃彈九五千發을使之劃下에以備邊禦之意
로茲에報告事

⑭

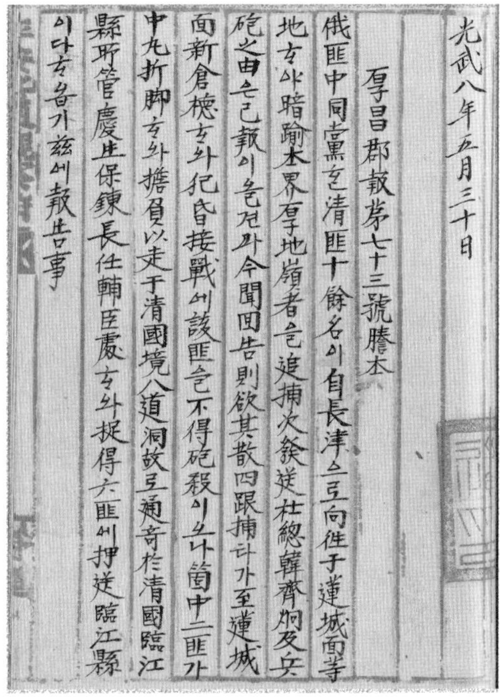

光武八年五月三十日

厚昌郡報第七十三號謄本

俄匪中同黨ᄒᆞᆫ淸匪十餘名이自長津으로向往于蓮城面等地ᄒᆞ야暗踰本界厚地嶺者ᄅᆞᆯ追捕次發送社總韓齊炯及安砲之由ᄂᆞᆫ已報이ᄋᆞᆸ거니와今聞面告則欲其散四跟捕ᄒᆞ다가至蓮城面新倉德ᄒᆞ야犯旨接戰에該匪ᄅᆞᆯ不得砲殺이오나箇中二匪가中丸折脚ᄒᆞ야擔負以走于淸國境八道洞故로通寄於淸國臨江縣所管慶生保鍊長任輔臣處ᄒᆞ야捉得六匪에押送臨江縣이다ᄒᆞ옵기玆에報告事

⑮

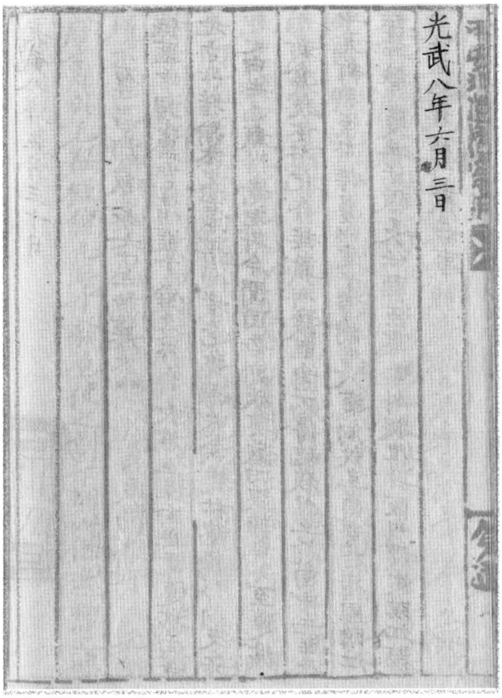

光武八年六月三日

⑯

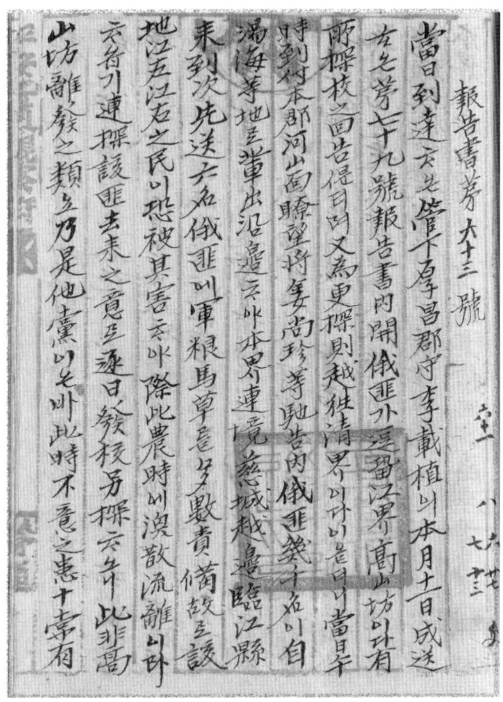

報告書第六十三號

當日到達ᄒᆞᆫ管下厚昌郡守李載植의本月十日成送ᄒᆞᆫ第七十九號報告書內開俄匪가渡留江界高山坊이라有所探校之回告ᄅᆞᆯ得ᄒᆞ와又爲更探則越往淸界이다이옵더니當日午時到付本郡河山面瞭望將姜尙珍等馳告內俄匪幾千名이自渴海等地로輩出沿邊ᄒᆞ야本界連境慈城越邊臨江縣來到次先送六名俄匪에軍糧馬草ᄅᆞᆯ多數責備故로該地江左江右之民이恐被其害ᄒᆞ야際此農時에渙散流離이라ᄒᆞ옵기連探該匪去來之意로逐日發校另探ᄒᆞᆫ즉此非高山坊離發之類오乃是他黨이옵고此時不意之患十常有

①

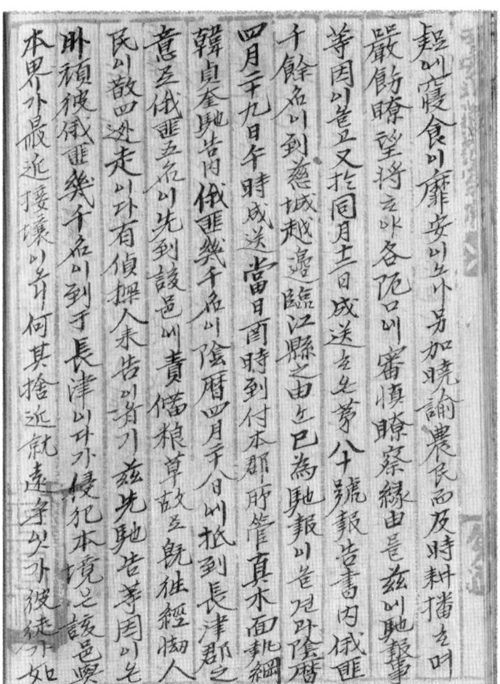

起에寢食이靡安이오며另加曉諭農民而及時耕播ᄒᆞ며嚴飭瞭望將ᄒᆞ야各隘口에審愼瞭察緣由ᄅᆞᆯ玆에馳報事等因이옵고又於同月十二日成送ᄒᆞᆫ第八十號報告書內俄匪千餘名이到慈城越邊臨江縣之由로已爲馳報이옵거니와陰曆四月二十九日午時成送ᄒᆞᆫ當日酉時到付本郡所管眞木面執綱韓貞奎馳告內俄匪幾千名이陰曆四月二十八日에抵到長津郡之意로俄匪五名이先到該邑에責備糧草故로旣往經㥘人民이散四逃走이라有偵探人來告이옵기玆先馳告等因이오며比積被俄匪幾千名이到于長津이라가侵犯本境은該邑與本界가最近接壤이온바何其捨近就遠ᄒᆞᆫ다가彼徒가如

②

평 63

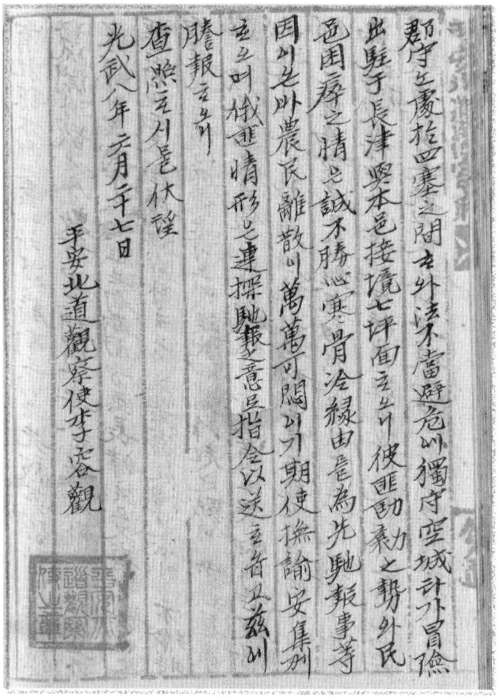
郡守之處於四塞之間ᄒᆞ와法不當避危에獨守空城라가冒險
出駐于長津與本邑接境七坪面ᄒᆞ오니彼匪動衆之勢外民
邑困瘁之情은誠不勝心寒骨冷緣由를爲先馳報事等
因이온바農民離散이萬萬可悶이기期使撫諭安集께
ᄒᆞ오며俄匪情形은連探馳報之意로指令以送ᄒᆞ옵고玆에
謄報ᄒᆞ오니
査照ᄒᆞ시믈伏望
光武八年六月十七日
平安北道觀察使李容觀

④

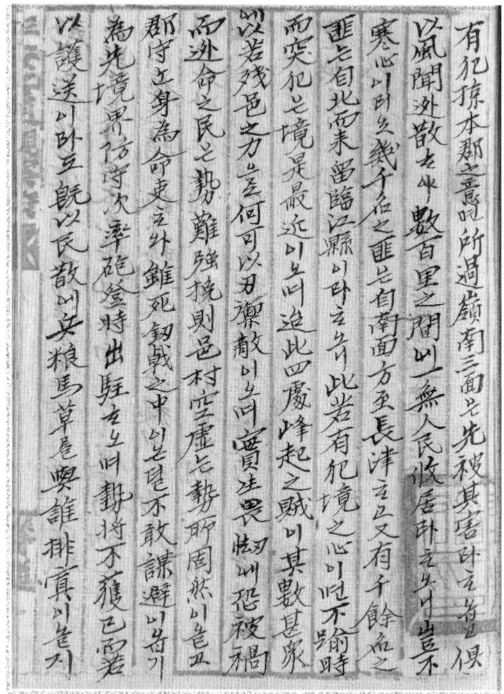
有犯掠本郡之意이ᄂᆞᆫ所過嶺南三面은先被其害라ᄒᆞ옵고俱
以風聞逃散ᄒᆞ야數百里之間에一無人民接居라ᄒᆞ오니豈不
寒心이리오幾千名之匪ᄂᆞᆫ自南面方至長津ᄒᆞ고又有千餘名之
匪ᄂᆞᆫ自北而來留臨江縣이라ᄒᆞ오니此若有犯境之心이면不踰時
而突犯은境是最近이오며迨此四處峰起之賊이其數甚衆
以若殘邑之力으로何可以刃禦敵이오며實生畏㤼에恐被禍
而逃命之民은勢難強挽則邑村空虛ᄂᆞᆫ勢所固然이오며且
郡守之身爲命吏ᄒᆞ와雖死鋒戰之中이라도不敢謀避이옵기
爲先境界防守次率砲發時出駐ᄒᆞ오며抄將不獲已而若
以護送이라도旣以民散에兵粮馬草를與誰排寘이올지

③

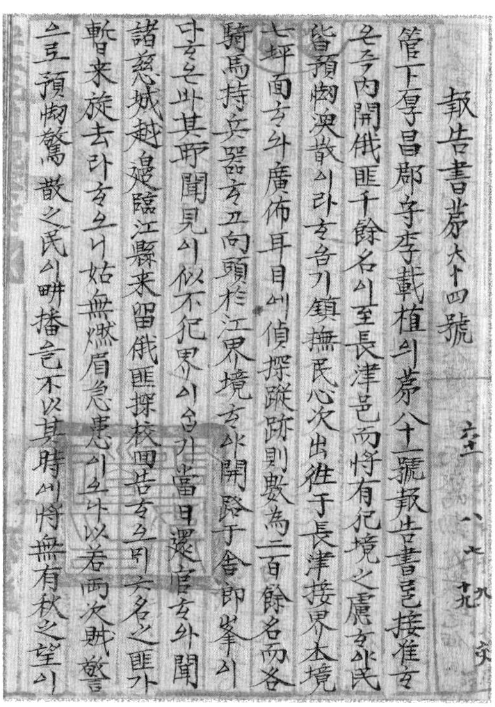
報告書第六十四號
管下厚昌郡守李載植의第八十一號報告書를接准ᄒᆞ
온즉內開俄匪千餘名이至長津邑而將有犯境之慮ᄒᆞ야民
皆預㤼渙散이라ᄒᆞ옵기鎭撫民心次出往于長津接界本境
七坪面ᄒᆞ와廣佈耳目에偵探蹤跡則數爲二百餘名而各
騎馬持兵器ᄒᆞ고向頭於江界境ᄒᆞ야開路于舍郞峯이
다ᄒᆞ온바其所聞見이似不犯界이옵기當日還官ᄒᆞ야聞
諸慈城越邊臨江縣來留俄匪探校回告ᄒᆞ오되六名之匪가
暫來旋去라ᄒᆞ오니姑無燃眉急患이오나以若兩次賊警
으로預㤼驚散之民이㽘播흔不以其時에將無有秋之望이

① 평 64

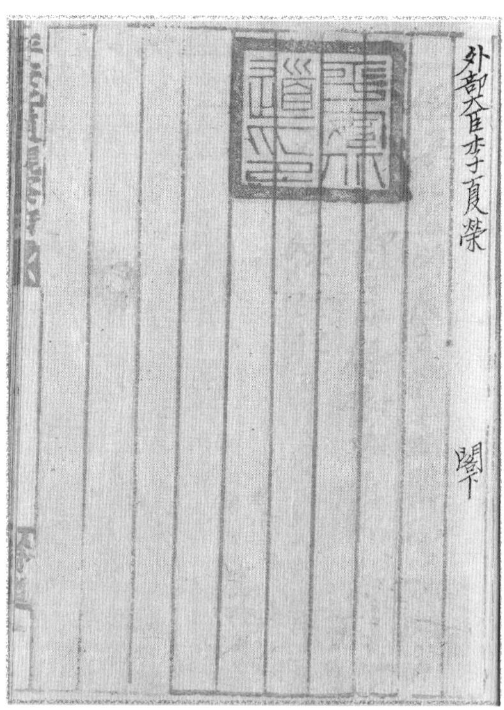
外部大臣李夏榮
閣下

⑤

고潰散은今雖招還이오되安堵者百無一二ᄒᆞ고莫保者
十常八九이오니邑勢蕭荒과民情冷落은際此賊患層
多之時에安期日復日無此慮乎잇가江界長津之民이避
危來接本境者便同困鳥投人이온바捿遑情景은不忍盡
道而姑爲一奠接ᄒᆞ오며此時逃路彷徨民情이誠多寒心
緣由報告等因이온고鱗到ᄒᆞ온該郡守第今四號報告書
內開俄匪가隣境長津與江界等地數次侵掠에初不犯境
이可謂萬一之幸이오나由是之故로家家蕩析에人人難保와而
邑流散之民이來接本界者은一顧護之由는已爲詳報이온거
과本郡之民은聞風自悯에不遑一匪而驚動逃散은便同魚

②

躍朝暮라가竟爲還集은無異烏合暮春數則如斯之際
에農不以時ᄒᆞ야山野穀田盡作蓬蒿ᄒᆞ고空悯民心이訛以
市虎之傳으로每懷盃蛇之疑ᄒᆞ야農亦失時則豈望有秋
이오며哀此長津江界兩邑之民은況以空官之餘에旣無依恃之
所ᄒᆞ야恒切胥溺之歎ᄒᆞ야值此不意匪擾에逃命而或被其
害ᄒᆞ며燒家而又遭掠財ᄒᆞ야已逃者은有誰刷還이며被
燒家은無人更築ᄒᆞᆯ더러兼被竊偷之患ᄒᆞ야保命者ᄂᆞᆫ
無衣無食에呼飢呼寒ᄒᆞ며逃路彷徨ᄒᆞ오니入井赤子와塡
溝蒼生은見之者孰不矜憐且歎일잇가不知所之ᄒᆞ고迫此
窮夏逢轉來接ᄒᆞ야要其救荒ᄒᆞ오니痛天冤聲과插土

③

泣景은不忍拭目對之이오며來者은雖無救濟之闊策이
오나不可恬視ᄒᆞ와另加保恤이오되以若殘邑之勢로廣棠
沒策에以一木으로譬若難支將傾大廈이온바論以兩邑民情
ᄒᆞ오면巧值空官ᄒᆞ야上無保護之官ᄒᆞ고下有俄安清匪擾
警ᄒᆞ야不可經農ᄒᆞ고不意逢敗에猝地驚散이온즉數百
里間路邊에一無民家所餘ᄒᆞ야去來頓絶則揆以民情에
不覺潸然淚下이온고本邑이處於斯間ᄒᆞ야豈無隣虛
禍延本界之慮乎잇가此非隣官管轄內民憂이오되民
無本他에官何愛憎이오며知情不告면勢難 崇聽이ᄂᆞᆫ더
러長津江界가旣經兩次賊警ᄒᆞ고又有幾千名俄匪가自

④

慈城越邊으로上來이다ᄒᆞ오니經悯本邑與該兩邑民이坐
不安食無甘而度日ᄒᆞ오며此類가犯掠該邑之時에人命致
死가乃爲百餘名이오勒奸婦女와奪取財産은指不勝摟
이온바所聞所見이極爲悯迫故로玆에撫實仰報ᄒᆞ오니轉
報 內部ᄒᆞ시와使彼江界長津與本郡三邑之民으로以爲奠
居之地伏望等因이온바值此方農之節ᄒᆞ와民生之流離顚
連이萬萬矜悯이ᄋᆞᆸ기別般撫綏ᄒᆞ야期圖奠安之意로
指令以送ᄒᆞ오며玆에報告ᄒᆞ오니
查照ᄒᆞ시믈伏望
光武八年七月九日

⑤

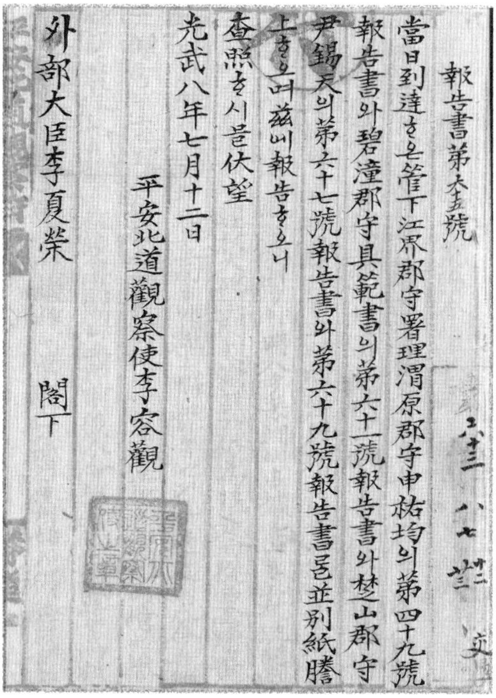
報告書第六十五號
當日到達ᄒᆞ온管下江界郡守署理渭原郡守申祐均의第四十九號
報告書와碧潼郡守具範書의第六十一號報告書와楚山郡守
尹錫天의第六十七號報告書와第六十九號報告書를並別紙謄
上ᄒᆞ오며玆에報告ᄒᆞ오니
查照ᄒᆞ시믈伏望
光武八年七月十二日
平安北道觀察使李容觀
外部大臣李夏榮 閣下

①

평 65

平安北道觀察使李容觀
外部大臣李夏榮 閣下

⑥

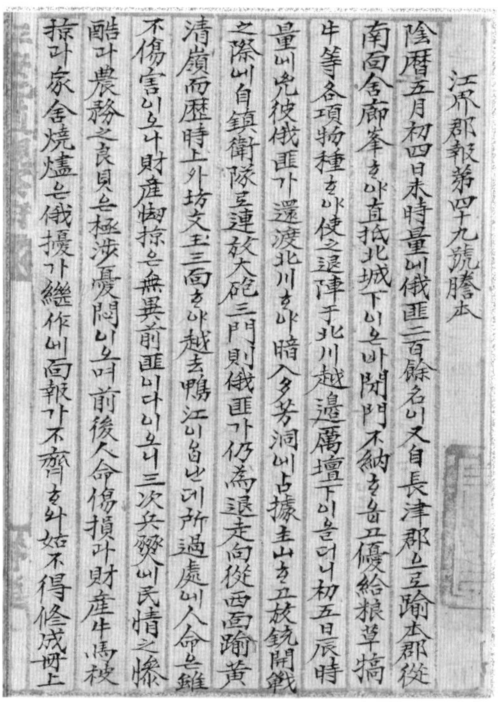
江界郡報第四十九號謄本
陰曆五月初四日未時量에俄匪二百餘名이又自長津郡으로踰本郡從
南面舍廊峯ᄒᆞ야直抵北城下이온바閉門不納ᄒᆞᆸ고優給粮草犒
牛等各項物種ᄒᆞ야使之退陣于北川越邊厲壇下이ᄋᆞᆸ더니初五日辰時
量에兇彼俄匪가還渡北川ᄒᆞ야暗入多芳洞에占據主山ᄒᆞ고放銃開戰
之際에自鎮衛隊로連放大砲三門則俄匪가仍為退走向從西面踰黃
清嶺而歷時上外坊文玉三面ᄒᆞ야越去鴨江이ᄋᆞᆸ는데所過處에人命은雖
不傷害이오나財産掠掠은無異前匪이다이오니三次兵燹에民情之慘
酷과農務之良貝은極涉憂悶이오며前後人命傷損과財産牛馬被
掠과家舍燒燼은俄擾가繼作에面報가不齊ᄒᆞ와姑不得修成冊上

③

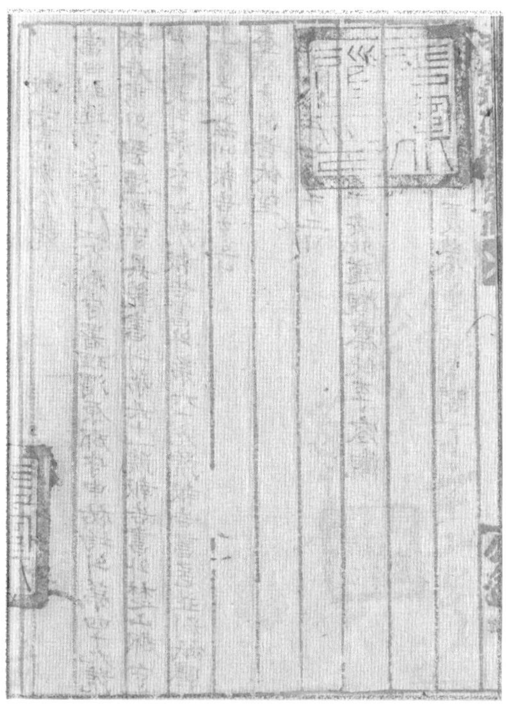

②

使ᄒᆞ오며 玆에 報告事
光武八年六月二十五日

碧潼郡報第六十一號謄本
今據楚山捍衛社通信이온즉 俄兵二百餘騎가 與江界隊로 交戰敗
北ᄒᆞ야 越江順流에 將向岔溝라ᄒᆞ오니 蓋此岔溝는 卽楚山之水下오
本郡之水上而彼岸之臨江渡口也라 果若俄兵到此ᄒᆞ야 不之北而向南則
非碧伊楚오 非楚伊碧은 必然之勢而事苟如是면 彼必怒室邑市
ᄒᆞ야 江隊之嫌을 移報於此이다온 與其坐而受困으론 無若備而梗塞
이온바 一依楚社砲之出駐新島浦例ᄒᆞ와 本社番砲三十名과 郡近卧

④

砲二十名爲先編制ᄒᆞ와 今方調遣於北面之小坡浦와 平下面之大坡浦
ᄒᆞ야 使之防守케ᄒᆞ오며 玆에 報告事
光武八年六月二十六日

楚山郡報第六十七號謄本
當日午時量到付渭原郡捍衛社司法陰子悅報告內開 陰五月
初四日未時量에 俄匪二百餘名이 自長津舍廊峯踰來ᄒᆞ야 直到
江界ᄒᆞ야 欲入城內故로 諭以我國之法不入他兵ᄒᆞ니 若有所請이면
隨求酬應之意로 百般阻搪ᄒᆞ니 退屯于北川越邊廣壇下ᄒᆞ고 粮
草及犒牛等物을 一一需給이옵더니 初五日辰時量에 俄匪가 還

⑤

到北川ᄒᆞ야 登多芳洞占據主山ᄒᆞ고 交戰一場에 我兵이 連放大砲
ᄒᆞ야 匪徒二名이 被丸卽斃에 仍走于從西面ᄒᆞ야 踰黃淸嶺而去
이옵는데 我兵이 躡後攻擊ᄒᆞ야 再戰于黃淸洞口에 砲殺二名賊一匹
馬ᄒᆞ고 被捉該郡巡校金連洙幸避還而聞其所言則先軍二十餘名
所過之地에 掬掠無比ᄒᆞ야 民皆逃散等因이온바 匪徒之騷擾不絶이
聞甚驚駭ᄒᆞ와 申飭本郡社砲ᄒᆞ야 防守於渭原西下面要路ᄒᆞ오며
玆以報告事
光武八年六月二十一日

楚山郡報第六十九號謄本

⑥

陰五月初五日辰時量에 俄匪가 與江界隊兵으로 交戰形止은 已爲報
告이옵던과 同月初十日申時量에 本郡雲海川里都統首金河
容報告內開에 俄兵一百餘騎가 當日未時量에 自渭原越邊楡樹
林子로 來駐本里對岸岔溝門子이오며 且以無數淸匪가 合勢偕到
이다 等因이온바 卽令本郡捍衛社左司法金蘷淳掌財咸會英
ᄒᆞ야 領率八番砲士五十人民砲五十人ᄒᆞ고 與中隊兵丁三十人으로 同爲
分駐于央土里新島浦及雲海川이옵고 彼邊兵勢을 不可輕敵이
온바 八郡社長從二品李澤奎가 方招渭原砲士民砲ᄒᆞ와 出駐于
渭楚交界西下浦口ᄒᆞ옵고 郡守은 與左社摠李秉翼右社摠李
熙曾記事李宅彬으로 軍庫鳥銃을 分給城內民人及巡校書記

⑦

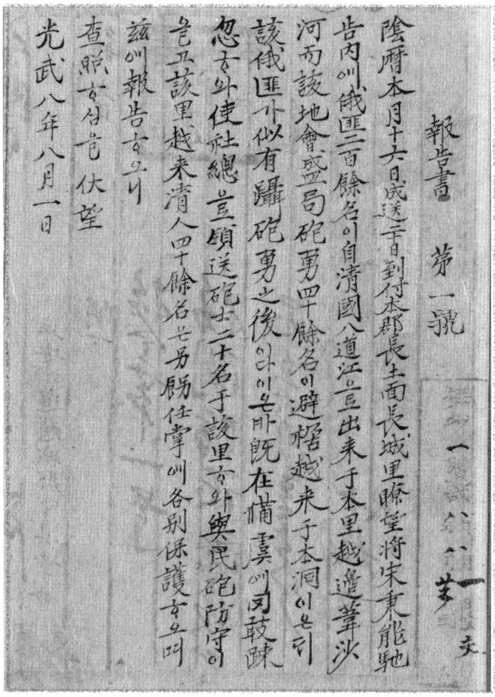
報告書 第一號
陰曆本月十六日成送于日到付本郡長土面長城里瞭望將宋東能馳
告內에俄匪二百餘名이自淸國八道江으로出來于本里越邊葦沙
河而該地會盛局砲勇四十餘名이避禍越來于本洞이온디
該俄匪가似有躡砲勇之後이다이온바既在備虞에罔敢踈
忽ᄒᆞ와使社總으로領送砲士二十名于該里ᄒᆞ와與民砲防守이
온고該里越來淸人四十餘名은另飭任掌에各別保護ᄒᆞ오며
玆에報告ᄒᆞ오니
査照ᄒᆞ심을伏望
光武八年八月一日

① 평 66

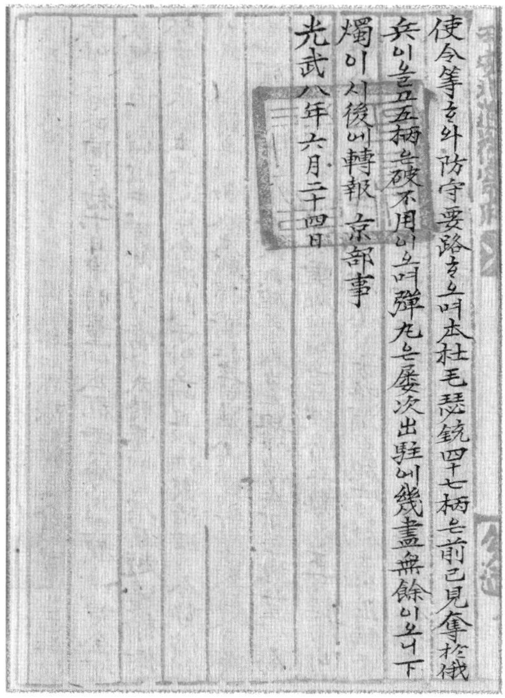
使令等ᄒᆞ와防守要路ᄒᆞ오며本社毛瑟銃四十七柄은前已見奪於俄
兵이온고五柄은破不用이오며彈丸은屢次出駐에幾盡無餘이오니下
燭이시後에轉報 京部事
光武八年六月二十四日

⑧

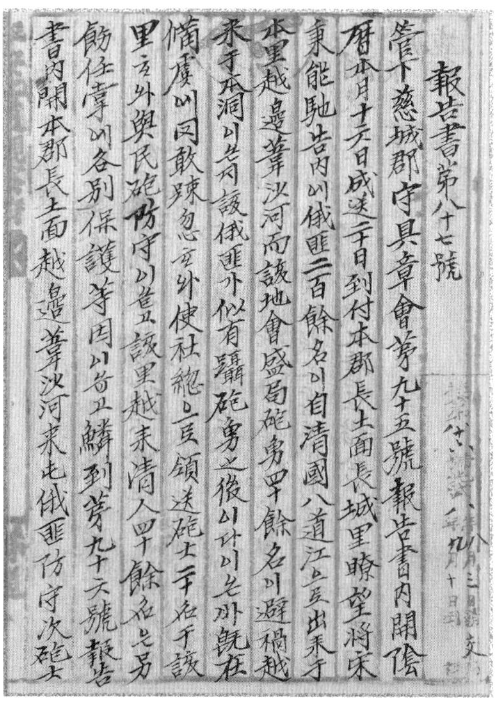
報告書第八十七號
管下慈城郡守具章會第九十五號報告書內開陰
曆本月十六日成送于日到付本郡長土面長城里瞭望將宋
東能馳告內에俄匪二百餘名이自淸國八道江으로出來于
本里越邊葦沙河而該地會盛局砲勇四十餘名이避禍越
來于本洞이온디該俄匪가似有躡砲勇之後이다이온바既在
備虞에罔敢踈忽ᄒᆞ와使社總으로領送砲士二十名于該
里ᄒᆞ와與民砲防守이온고該里越來淸人四十餘名은另
飭任掌에各別保護等因이옵고繼到第九十六號報告
書內開本郡長土面越邊葦沙河來屯俄匪防守次砲士

① 평 67

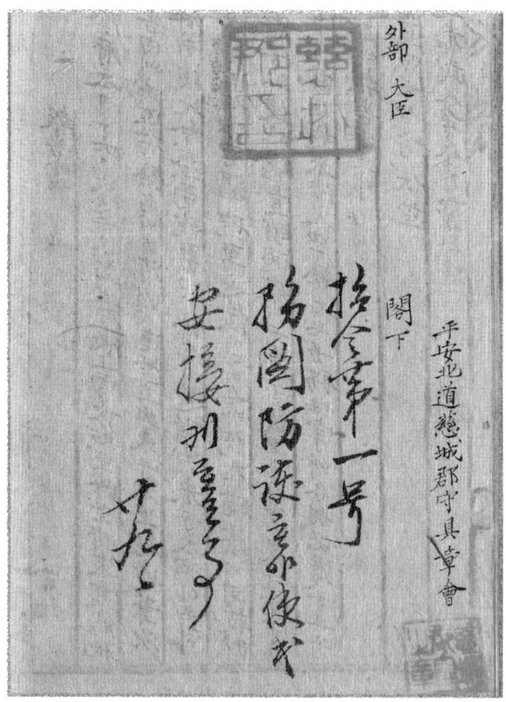
平安北道慈城郡守具章會
閣下
外部 大臣

②

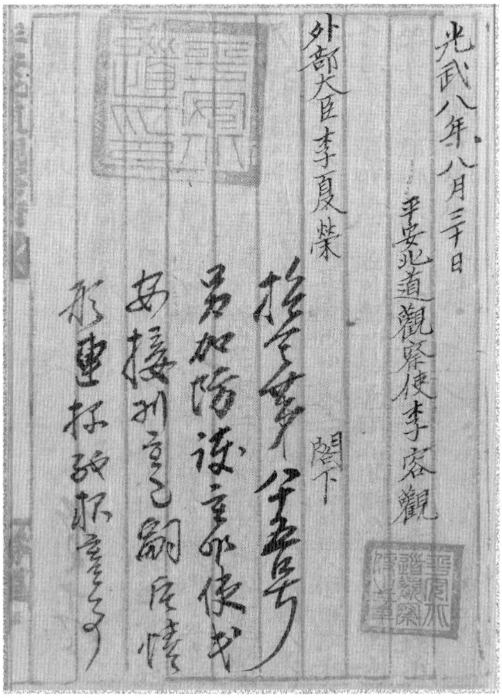
光武八年八月三十日
平安北道觀察使李容觀
閤下
外部大臣李夏榮
指令第 號
另加防護ᄒᆞ야使我
安接케ᄒᆞ고嗣後情
形連探馳報ᄒᆞᆯ事

③

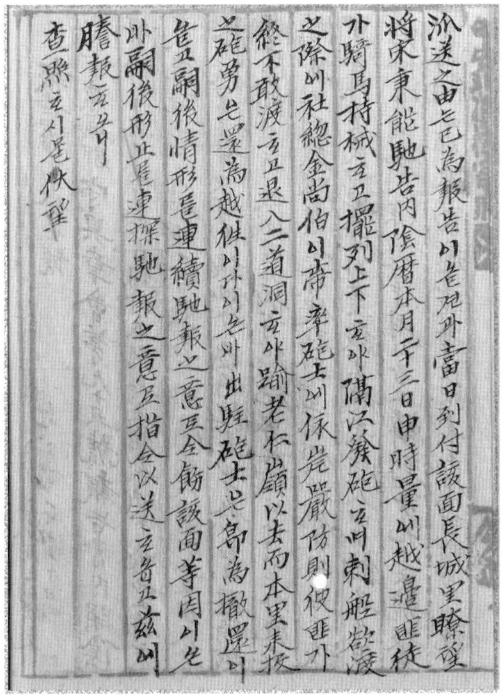
派送之由ᄂᆞᆫ已爲報告이옵거니와當日到付該面長城里瞭望
將宋東能馳告內陰曆本月二十三日申時量에越邊匪徒
가騎馬持械ᄒᆞ고擺列上下ᄒᆞ야隔江發砲ᄒᆞ며刺船欲渡
之際에社總金尙伯이帶率砲士에依岸嚴防則彼匪가
終不敢渡ᄒᆞ고退入二道洞ᄒᆞ야踰老松嶺以去而本里來接
之砲勇은渠爲越從이가이온바出駐砲士는卽爲撤還이
옵고嗣後情形을連續馳報之意로全飭該面等因이온
바嗣後形止를連探馳報之意로指令以送ᄒᆞ옵고玆에
謄報ᄒᆞ오니
査照ᄒᆞ시믈伏望

②

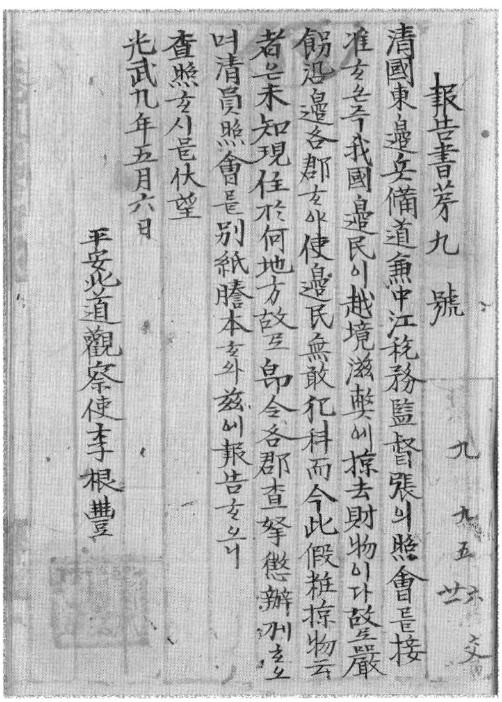
報告書第九號
淸國東邊安備道兼中江稅務監督張의照會를接
准ᄒᆞ온즉我國邊民이越境滋弊에掠去財物이다故로嚴
飭沿邊各郡ᄒᆞ야使邊民無敢犯科而今此假粧掠物云
者ᄂᆞᆫ未知現住於何地方故로卽令各郡査拏懲辦케ᄒᆞ오
며淸員照會를別紙謄本ᄒᆞ와玆에報告ᄒᆞ오니
査照ᄒᆞ시믈伏望
光武九年五月六日
平安北道觀察使李根豊

①

평 68

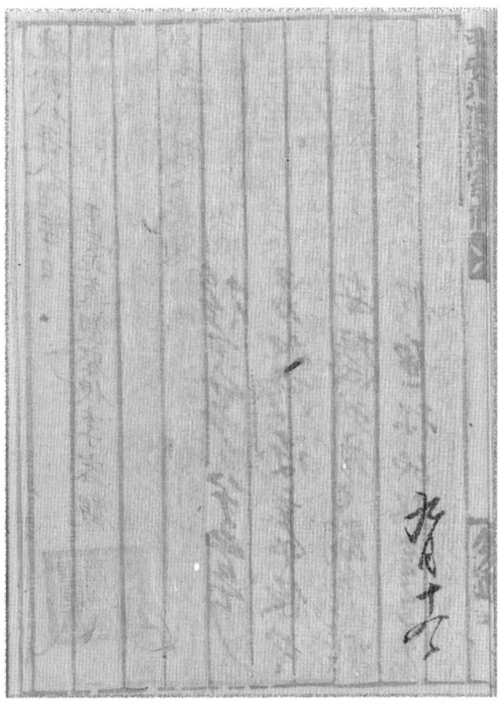

④

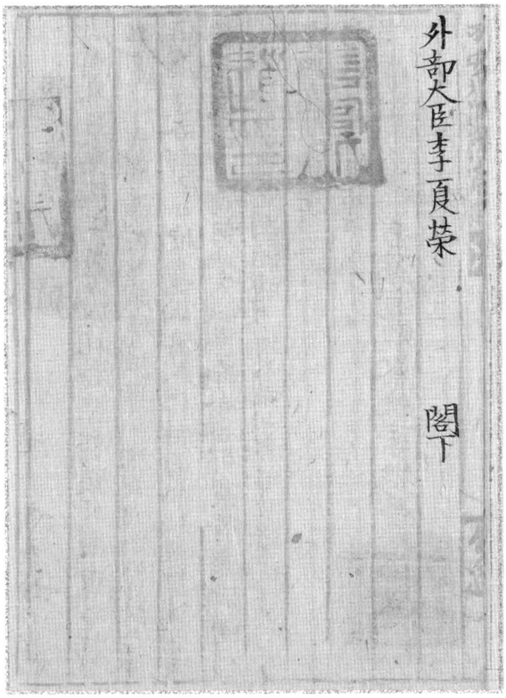
外部大臣李夏榮 閣下

②

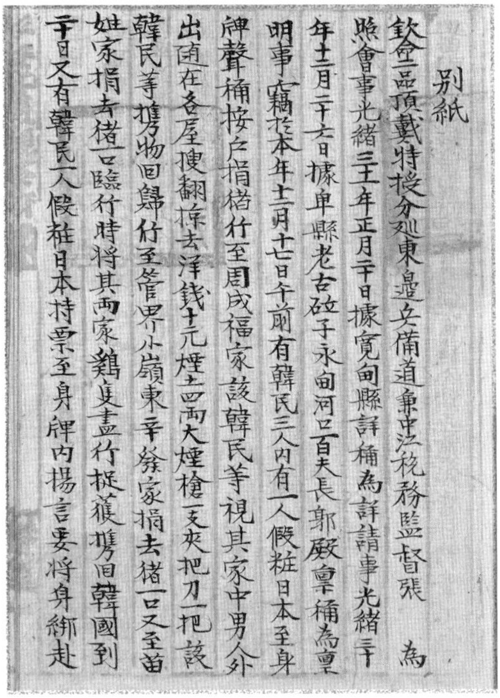
別紙

欽命二品頂戴特授分巡東邊兵備道兼中江稅務監督張 為
照會事光緒三十一年正月二十日據寬甸縣詳稱為詳請事光緒三十
年十二月二十六日據卑縣老古砬子永甸河口百夫長郭殿臯稱為稟
明事竊於本年十二月十七日午前有韓民三人內有一人假粧日本至身
牌聲稱按戶捐猪行至周成福家該韓民等視其家中男人外
出隨在各屋搜翻掠去洋錢十元煙十四兩大煙槍一支夾把刀一把該
韓民等携物回歸行至管界小嶺東辛發家捐去猪一口又至苗
姓家捐去猪一口臨行時將其兩家鷄隻盡行捉獲携回韓國到
二十日又有韓民一人假粧日本持票至身牌內揚言要將身綁赴

③

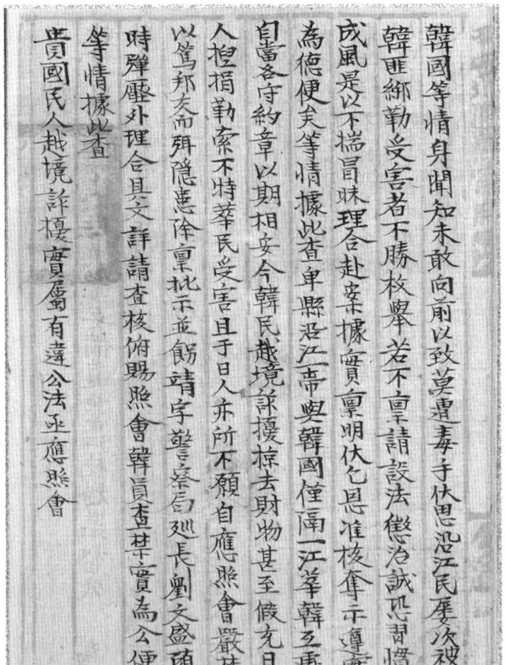
韓國等情身聞知未敢向前以致莫遭毒手伏思沿江民屢次被
韓匪綁勒受害者不勝枚舉若不稟請設法懲治誠恐習慣
成風是以不揣冒昧理合赴案據實稟明伏乞恩准核奪示遵實
為德便矣等情據此查卑縣沿江一帶與韓國僅隔一江華韓互處
自當各守約章以期相安今韓民越境詐擾掠去財物甚至假充日
人捏捐勒索不特華民受害且于日人亦所不願自應照會嚴禁
以篤邦交而弭隱患除稟批示並飭請字營管帶巡長劉文盛隨
時彈壓外理合具文詳請查核俯賜照會韓員查禁實為公便
等情據此查
貴國民人越境詐擾實屬有違公法亟應照會

④

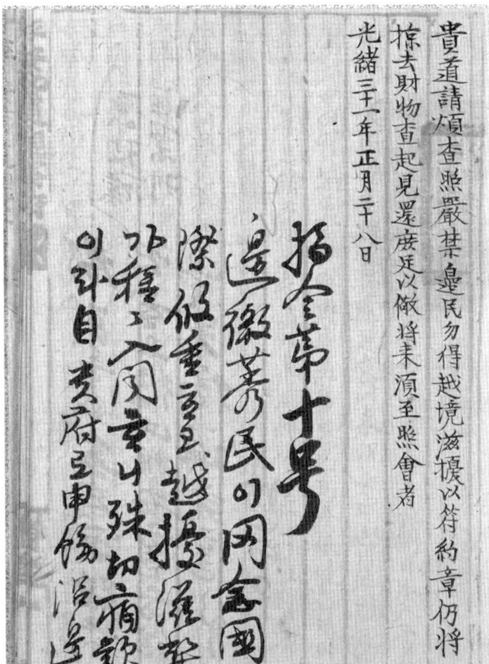
貴道請煩查照嚴禁邊民勿得越境滋擾以符約章仍將
掠去財物查起見還庶足以儆將來須至照會者
光緒三十一年正月二十八日

指令第十號
邊徼莠民이 因貴國
際假重호고 越擾羅掠
가 種種入聞홈니 殊切痛歎
이라 自貴府로 申飭沿邊

⑤

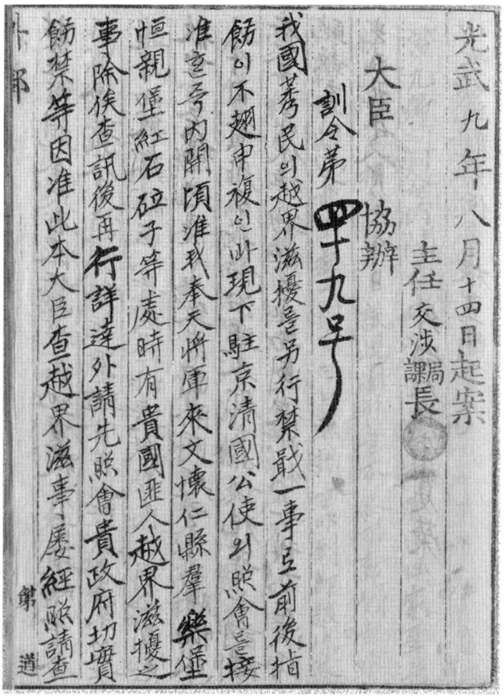
光武九年八月十四日起案
主任 交涉課局長
大臣 協辦
訓令第十九號
我國莠民의越界滋擾ᄅᆞᆯ另行禁戢一事로前後指
飭이不翅申複인바現下駐京清國公使와照會ᄅᆞᆯ接
准ᄒᆞᆫ즉內開頃准我奉天將軍來文懷仁縣羣樂堡
恒親堡紅石砬子等處時有貴國匪人越界滋擾之
事除俟查訊後再行詳達外請先照會貴政府切實
飭禁等因准此本大臣查越界滋事ᄂᆞᆫ屢經照請查
外部 第 道

① 평 69

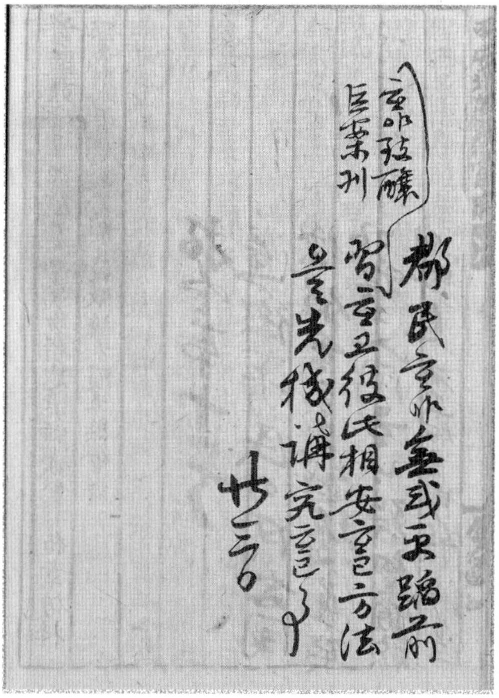
郡民等이無或更蹈前習ᄒᆞ고役民相安ᄒᆞᆯ方法을先後講究ᄒᆞᆯ事

⑥

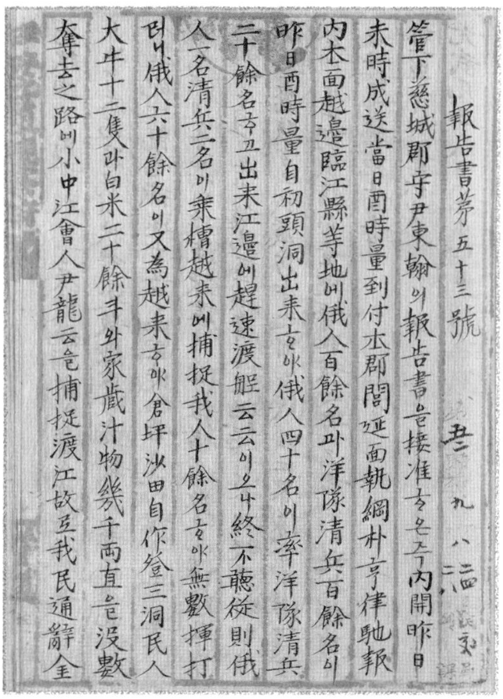
報告書第五十三號
管下慈城郡守尹東翰의報告書ᄅᆞᆯ接准ᄒᆞ온즉內開昨日
未時成送當日酉時量到付本郡閭延面執綱朴亨律馳報
內本面越邊臨江縣等地에俄人百餘名과洋隊清兵百餘名이
昨日酉時量自初頭洞出來ᄒᆞ야俄人四十名이率洋隊清兵
二十餘名ᄒᆞ고出來江邊에趕速渡艇云云이오나終不聽從則俄
人一名清兵二名이乘槽越來에捕捉我人十餘名ᄒᆞ야無數揮打
더니俄人六十餘名이又為越來ᄒᆞ야倉坪沙田自作畓三洞民人
大牛十二隻과白米二十餘斗와家藏汁物幾千兩直ᄅᆞᆯ沒數
奪去之路에小中江會人尹龍云ᄅᆞᆯ捕捉渡江故로我民通辭全

① 평 70

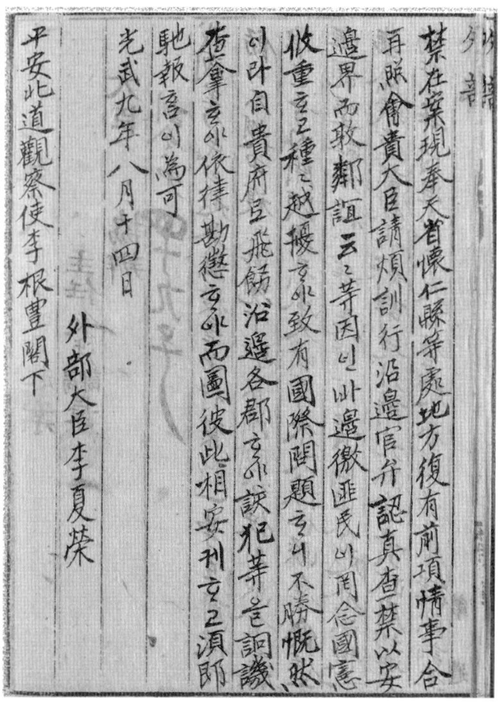
禁在案現奉天省懷仁縣等處地方復有前項情事合
再照會貴大臣請煩訓行沿邊官弁認真查禁以安
邊界而敦鄰誼云云等因인바邊徼匪民이罔念國憲
攸重ᄒᆞ고種種越擾ᄒᆞ야致有國際問題ᄒᆞ니不勝慨然
이라自貴府로飛飭沿邊各郡ᄒᆞ야誅犯等을詗識
查拿ᄒᆞ야依律勘懲ᄒᆞ야而圖彼此相安케ᄒᆞ고須卽
馳報ᄒᆞᆷ이爲可
光武九年八月十四日
外部大臣李夏榮
平安北道觀察使李根豊閣下

②

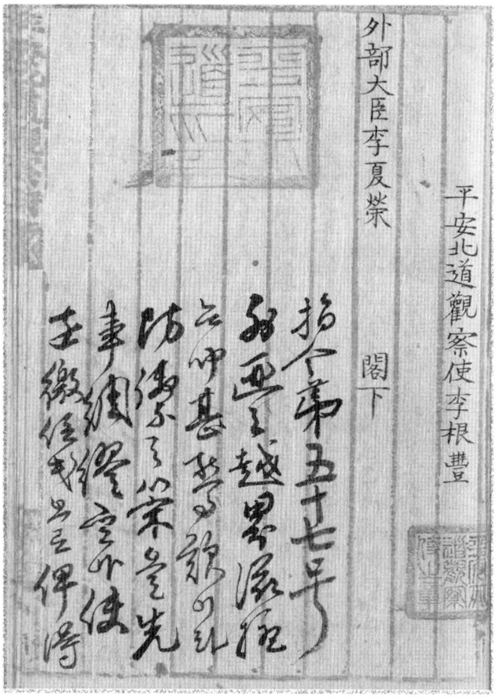
外部大臣李夏榮 閣下
平安北道觀察使李根豊
指令第五十七號

③

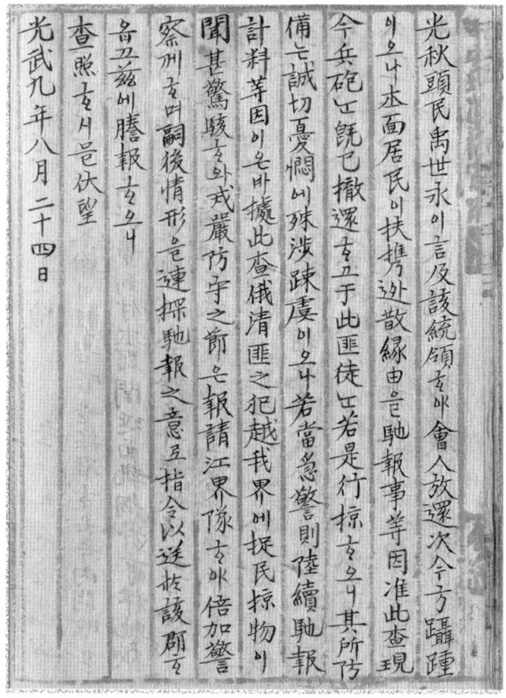
光秋頭民禹世永이言及該統領ᄒᆞ야會入放還次今方躡踵
이오나本面居民이扶携逃散緣由은馳報事等因准此查現
今兵砲ᄂᆞᆫ既已撤還ᄒᆞ고于此匪徒ᄂᆞᆫ若是行掠ᄒᆞ오니其所防
備ᄂᆞᆫ誠切憂憫에殊涉踈虞이오나若當急警則陸續馳報
計料等因이온바據此查俄清匪之犯越我界에捉民掠物이
聞甚驚駭ᄒᆞ와弍嚴防守之節은報請江界隊ᄒᆞ야倍加警
察케ᄒᆞ며嗣後情形은連探馳報之意로指令以送於該郡ᄒᆞ
옵고茲에謄報ᄒᆞ오니
查照ᄒᆞ시믈伏望
光武九年八月二十四日

②

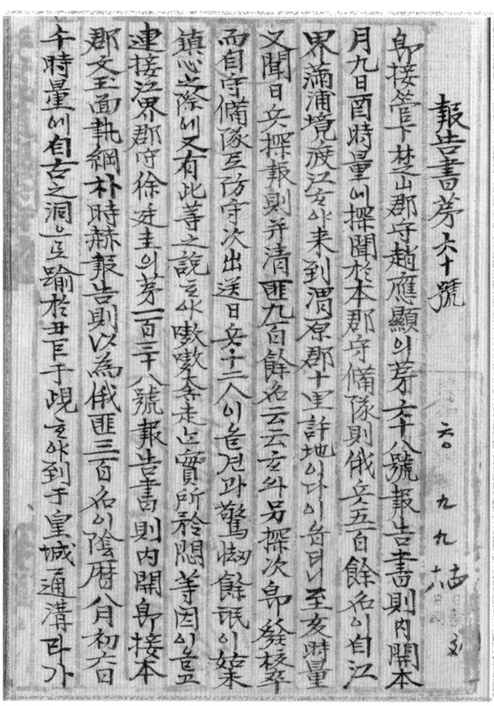
報告書第六十號
島接管下楚山郡守趙應顯의第六十八號報告書則內開本
月九日酉時量에探聞於本郡守備隊則俄兵五百餘名이自江
界滿浦境渡江ᄒᆞ야來到渭原郡十里許地이다이每日至亥時量
又聞日兵探報則弁清匪九百餘名云云ᄒᆞ와另探次島發校卒
而自守備隊로防守次出送日兵十二人이온견과驚惻餘旅이姑策
鎮心之際에又有此等之說ᄒᆞ야數數奔走ᄂᆞᆫ實所矜悶等因이온바
建接江界郡守徐廷圭의第一百二十八號報告書則內開島接本
郡文王面執綱朴時赫報告則以爲俄匪三百名이陰曆八月初二日
午時量에自古之洞으로踰於毋巨于峴ᄒᆞ야到于皇城一通溝라가

①

평 71

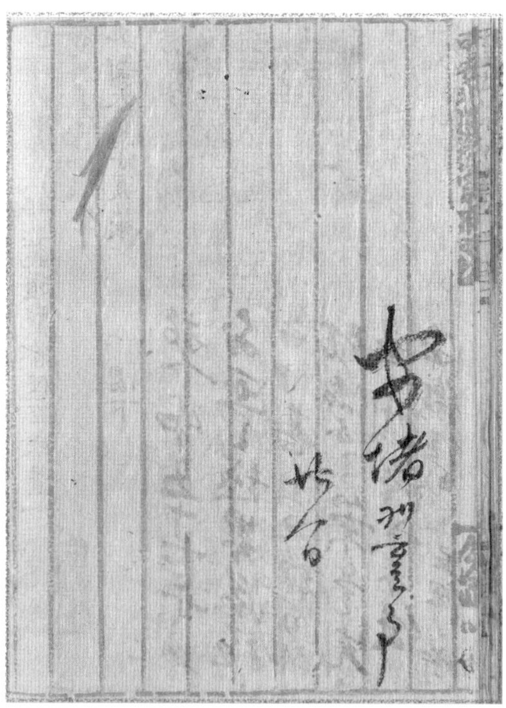

④

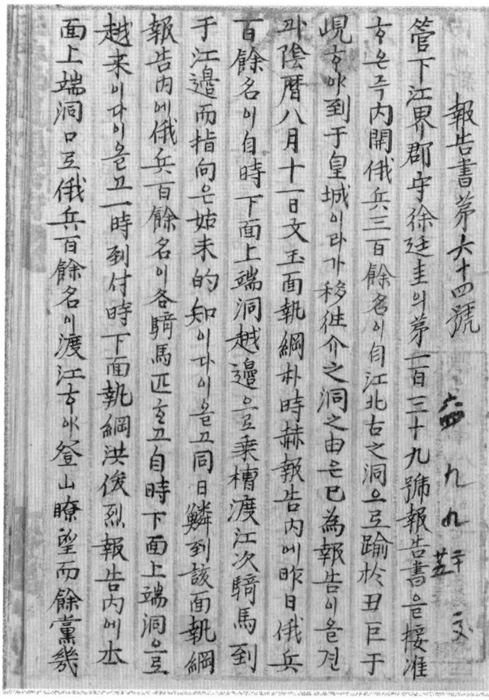
報告書第六十四號
管下江界郡守徐廷圭의第一百三十九號報告書을接准
ᄒᆞ온즉內開俄兵三百餘名이自江北古之洞으로踰於丑巨于
峴ᄒᆞ야到于皇城이라가移徙介之洞之由은已為報告이올거
니와陰曆八月十一日文玉面執綱朴時赫報告內에昨日俄兵
百餘名이自時下面上端洞越邊으로乘槽渡江次騎馬到
于江邊而指向은始未的知이다이옵고同日鱗到該面執綱
報告內에俄兵百餘名이各騎馬匹ᄒᆞ고自時下面上端洞으로
越來이다이옵고一時到付時下面執綱洪俊烈報告內에本
面上端洞口로俄兵百餘名이渡江ᄒᆞ야登山瞭望而餘黨幾

①

평 72

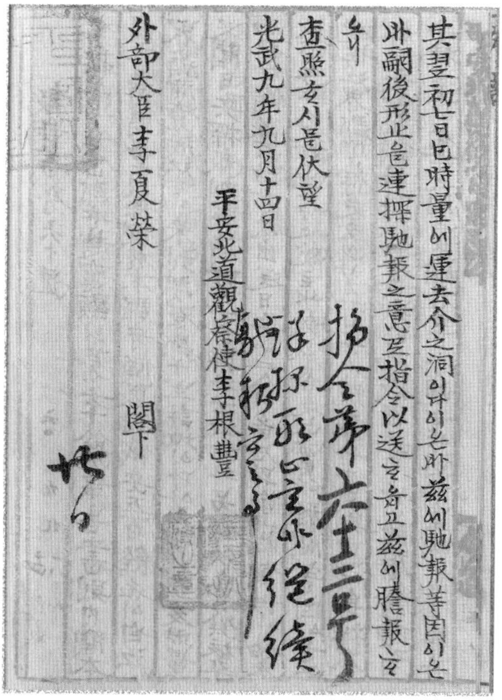
其翌初七日巳時量에運去介之洞이다이온바玆에馳報等因이온
바嗣後形止을連探馳報之意로指令以送ᄒᆞ옵고玆에謄報ᄒᆞ오
니
査照ᄒᆞ시믈伏望
光武九年九月十四日
平安北道觀察使李根豊
外部大臣李夏榮 閣下

②

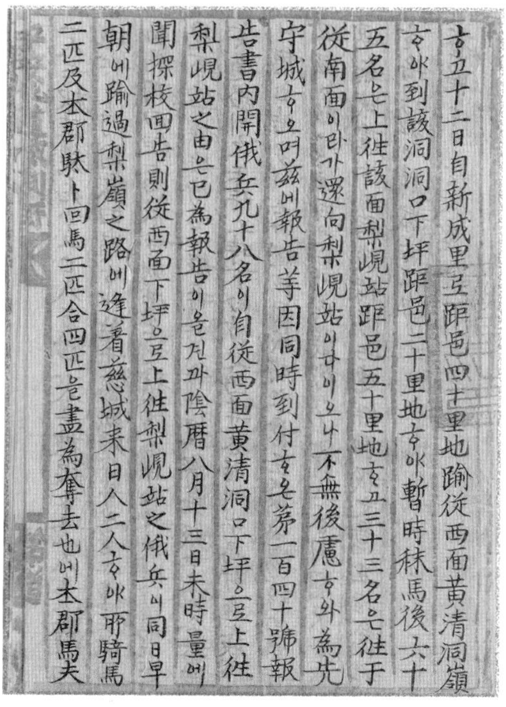
ᄒᆞ고十二日自新成里로距邑四十里地踰從西面黃清洞嶺
ᄒᆞ야到該洞洞口下坪距邑二十里地ᄒᆞ야暫時秣馬後六十
五名은上往該面梨峴站距邑五十里地ᄒᆞ고三十三名은往于
從南面이라가還向梨峴站이다이오나不無後慮ᄒᆞ와為先
守城ᄒᆞ오며玆에報告等因同時到付ᄒᆞ온第一百四十號報
告書內開俄兵九十八名이自從西面黃清洞口下坪으로上往
梨峴站之由은已為報告이올거니와陰曆八月十三日未時量에
聞探校回告則從西面下坪으로上往梨峴站之俄兵이同日早
朝에踰過梨嶺之路에逢着慈城來日入二人ᄒᆞ야所騎馬
二匹及本郡駄卜回馬二匹合四匹을盡為奪去也에本郡馬夫

③

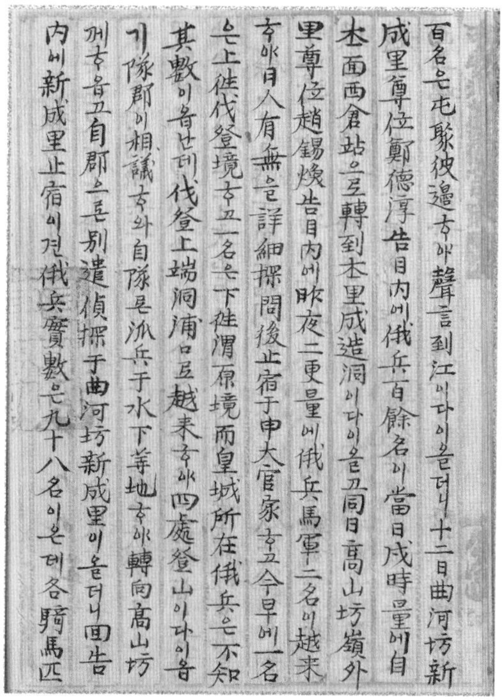
百名은屯聚彼邊ᄒᆞ야聲言到江이다이옵더니十二日曲河坊新
成里尊位鄭德淳告目內에俄兵百餘名이當日戌時量에自
本面西倉站으로轉到本里成造洞이다이옵고同日高山坊嶺外
里尊位趙錫煥告目內에昨夜二更量에俄兵馬軍二名이越來
ᄒᆞ야日入有無을詳細探問後止宿于申大官家ᄒᆞ고今早에一名
은上往代登境ᄒᆞ고一名은下往渭原境而皇城所在俄兵은不知
其數이옵던되代登上端洞浦口로越來ᄒᆞ야四處登山이다이옵
기隊郡이相議ᄒᆞ와自隊로派兵于水下等地ᄒᆞ야轉向高山坊
께ᄒᆞ옵고自郡으로別遣偵探于曲河坊新成里이옵더니回告
內에新成里止宿이던俄兵實數은九十八名이온되各騎馬匹

②

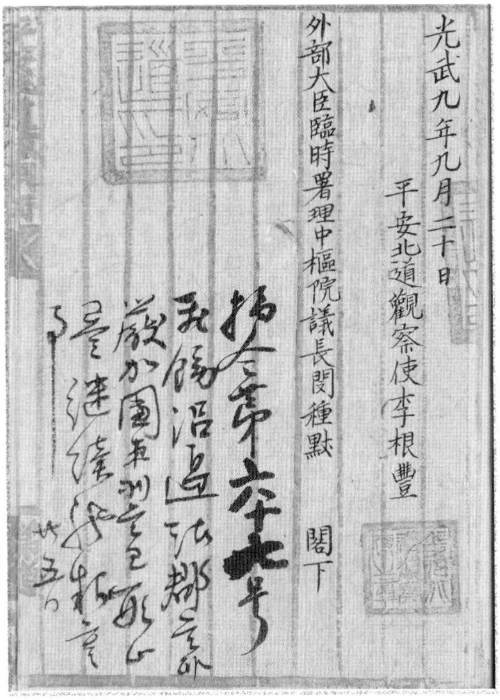

光武九年九月二十日

平安北道觀察使李根豐

外部大臣臨時署理中樞院議長閔種默 閣下

指令第六十七號 [illegible]

⑤

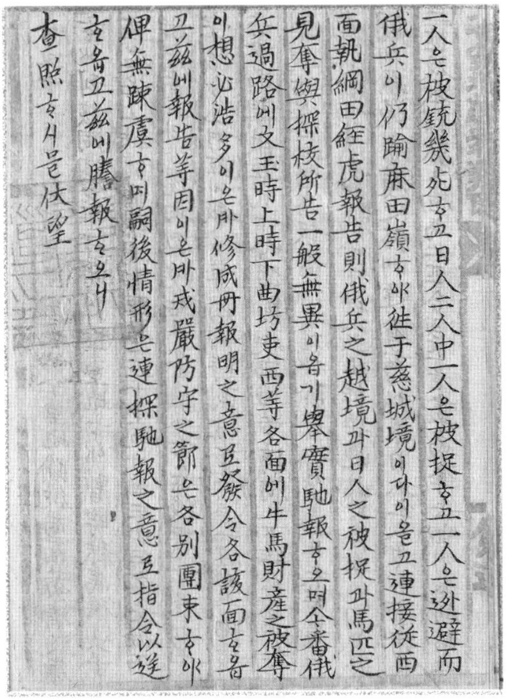

一人은被銃幾死ᄒᆞ고日人二人中一人은被捉ᄒᆞ고一人은逃避而
俄兵이仍踰麻田嶺ᄒᆞ야徙于慈城境이다이옵고連接從西
面執綱田經虎報告則俄兵之越境과日人之被捉과馬匹之
見奪與探校所告一般無異이옵기擧實馳報ᄒᆞ오며今番俄
兵過路에文王時上時下曲坊吏西等各面에牛馬財産之被奪
이想必浩多이온바修成冊報明之意로發令各該面ᄒᆞ옵
고玆에報告等因이온바式嚴防守之節은各別團束ᄒᆞ야
俾無疎虞ᄒᆞ며嗣後情形은連探馳報之意로指令以送
ᄒᆞ옵고玆에謄報ᄒᆞ오니
查照ᄒᆞ시믈伏望

④

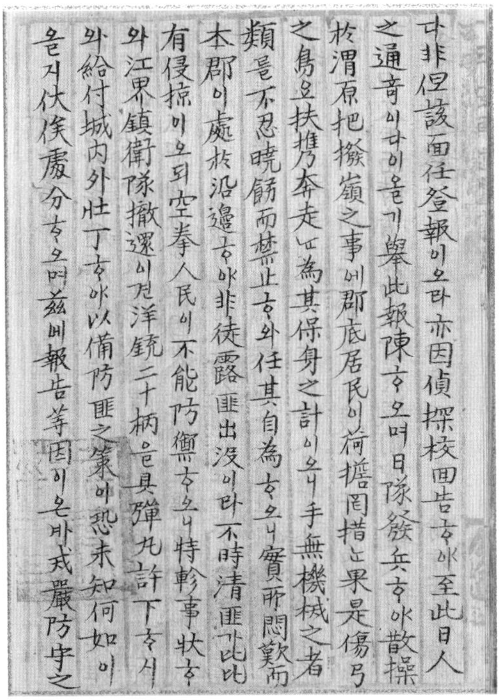

다非但該面任登報이오라亦因偵探校田告ᄒᆞ야至此日人
之通奇이다이옵기擧此報陳ᄒᆞ오며日隊發兵ᄒᆞ야散操
於渭原把撥嶺之事에郡底居民이荷擔罔措ᄒᆞ며果是傷弓
之鳥로扶携奔走ᄒᆞ며為其保身之計이오니手無機械之者
類를不忍曉飭而禁止ᄒᆞ와任其自為ᄒᆞ오니實所悶歎而
本郡이處於沿邊ᄒᆞ야非徒露匪出沒이라不時清匪가比比
有侵掠이오되空拳人民이不能防禦ᄒᆞ오니特軫事狀ᄒᆞ
外江界鎮衛隊撤還이건洋銃二十柄을具彈丸許下ᄒᆞ서
와給付城內外壯丁ᄒᆞ야以備防匪之策이恐未知何如이
온지伏候處分ᄒᆞ오며玆에報告等因이온바式嚴防守之

②

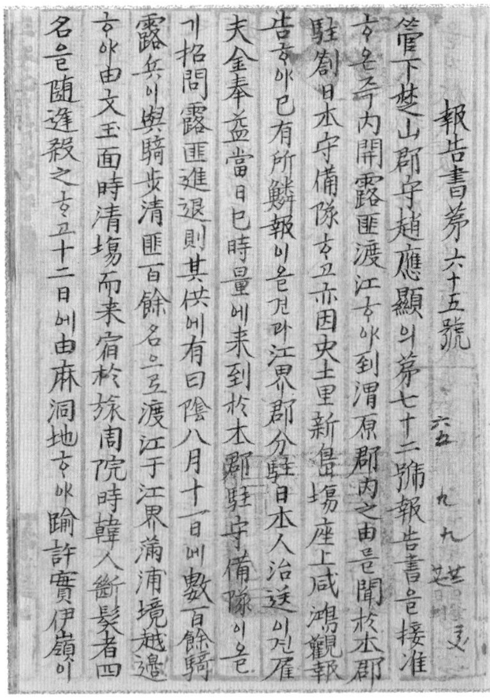

報告書第六十五號

管下楚山郡守趙應顯의第七十二號報告書을接準
호온즉內開露匪渡江ᄒᆞ야到渭原郡內之由를聞於本郡
駐箚日本守備隊ᄒᆞ고亦因央土里新皇場座上咸鴻觀報
告ᄒᆞ야已有所髁報이온건과江界郡分駐日本人治送이건雇
夫金奉益當日巳時量에來到於本郡駐守備隊이온
기拷問露匪進退則其供에有曰陰八月十一日에數百餘騎
露兵이與騎步清匪百餘名으로渡江于江界滿浦境越邊
ᄒᆞ야由文王面時清塲而來宿於旅閭院時韓人斷髮者四
名을隨逢殺之ᄒᆞ고十二日에由麻洞地ᄒᆞ야踰許實伊嶺이

①

평 73

평 74

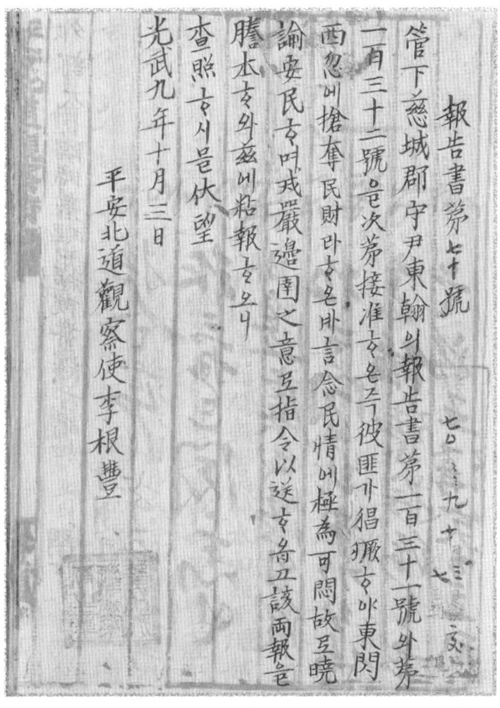
報告書第七十號
管下慈城郡守尹東翰의報告書第一百三十一號外第
一百三十二號을次第接准ᄒᆞ온즉彼匪가倡擾ᄒᆞ야東閃
西忽에搶奪民財라ᄒᆞ온바言念民情에極爲可悶故로曉
諭安民ᄒᆞ며戒嚴邊圉之意로指令以送ᄒᆞ옵고該兩報은
謄本ᄒᆞ와玆에粘報ᄒᆞ오니
查照ᄒᆞ시믈伏望
光武九年十月三日
平安北道觀察使李根豐

①

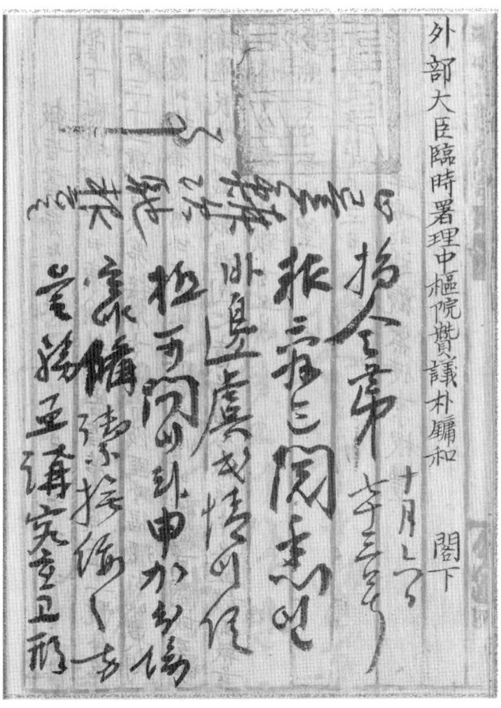
外部大臣臨時署理中樞院贊議朴鏞和 閣下
十月七日

②

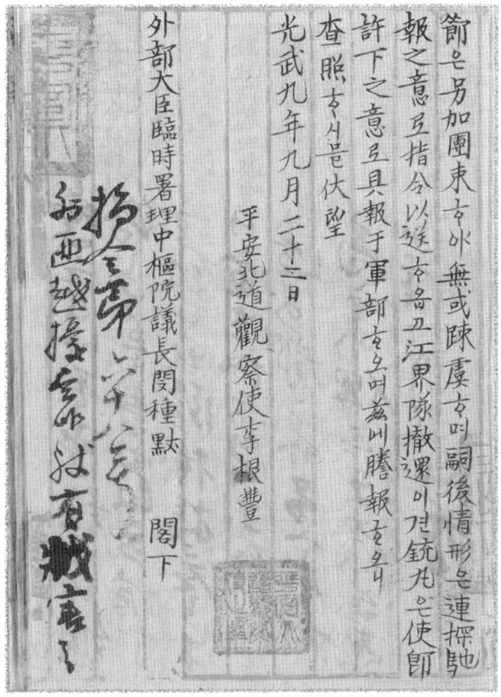
節은另加團束ᄒᆞ야無或踈虞ᄒᆞ며嗣後情形은連探馳
報之意로指令以送ᄒᆞ옵고江界隊撤還이건銃丸은使卽
許下之意로具報于軍部ᄒᆞ오며玆에謄報ᄒᆞ오니
查照ᄒᆞ시믈伏望
光武九年九月二十二日
平安北道觀察使李根豐
外部大臣臨時署理中樞院議長閔種默 閣下

③

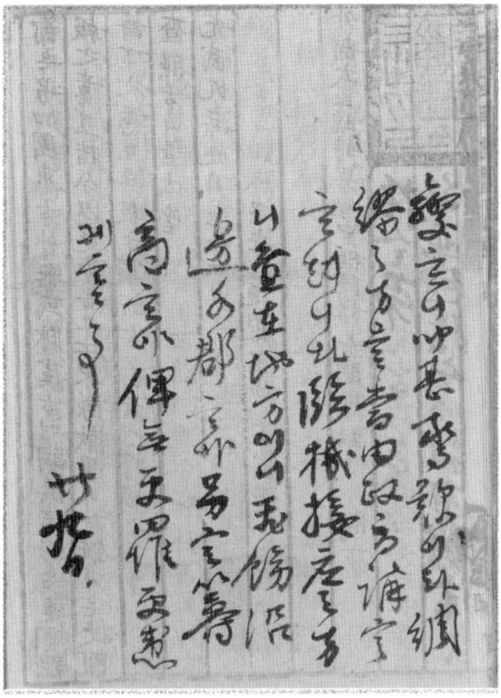

④

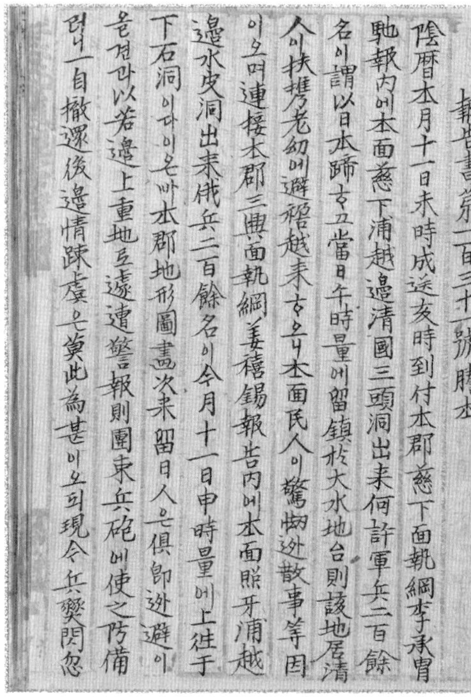
報告書第一百三十一號謄本
陰曆本月十一日未時成送亥時到付本郡慈下面執綱李承冑
馳報內에本面慈下浦越邊淸國三頭洞出來何許軍兵二百餘
名이謂以日本蹄ᄒᆞ고當日午時量에留鎭於大水地台則該地居淸
人이扶携老幼에避禍越來ᄒᆞ오니本面民人이驚㥘迯散事等因
이오며連接本郡三興面執綱姜禧錫報告內에本面照牙浦越
邊水皮洞出來俄兵二百餘名이今月十一日申時量에上徃于
下石洞이다이온바本郡地形圖畫次來留日人은俱卽迯避이
온견과以若邊上重地로遠遣警報則團束兵砲에使之防備
더니一自撤還後邊情蹤跡은莫此爲甚이오되現今兵變閃忽

③

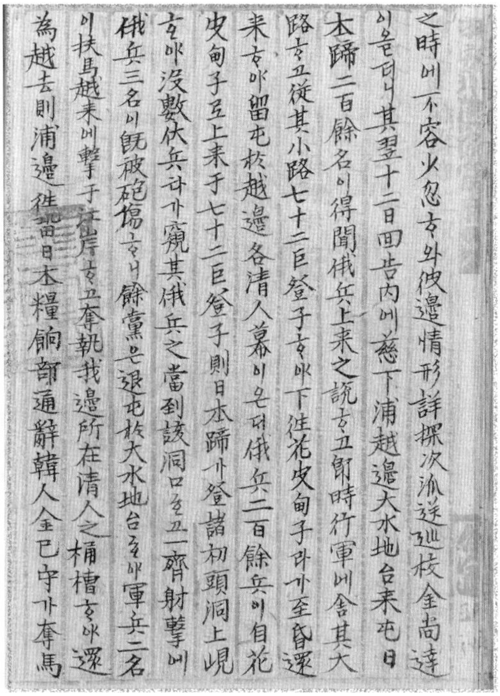
之時에不容少忽ᄒᆞ와彼邊情形詳探次派送巡校金尙達
이옵더니其翌十二日回告內에慈下浦越邊大水地台來屯日
本蹄二百餘名이得聞俄兵上來之說ᄒᆞ고卽時行軍에舍其大
路ᄒᆞ고從其小路七十二巨登子ᄒᆞ야下徃花皮甸子라가至昏還
來ᄒᆞ야留屯於越邊各淸人幕이온되俄兵二百餘兵이自花
皮甸子로上來于七十二巨登子則日本蹄가登諸初頭洞上峴
ᄒᆞ야沒數伏兵ᄒᆞ다가窺其俄兵之當到該洞口ᄒᆞ고一齊射擊에
俄兵三名이旣被砲傷ᄒᆞ니餘黨은退屯於大水地台ᄒᆞ야軍兵二名
이扶馬越來에擊于江岸ᄒᆞ고奪執我邊所在淸人之桶槽ᄒᆞ야還
爲越去則浦邊徃留日本糧餉部通辭韓人金巳守가奪馬

④

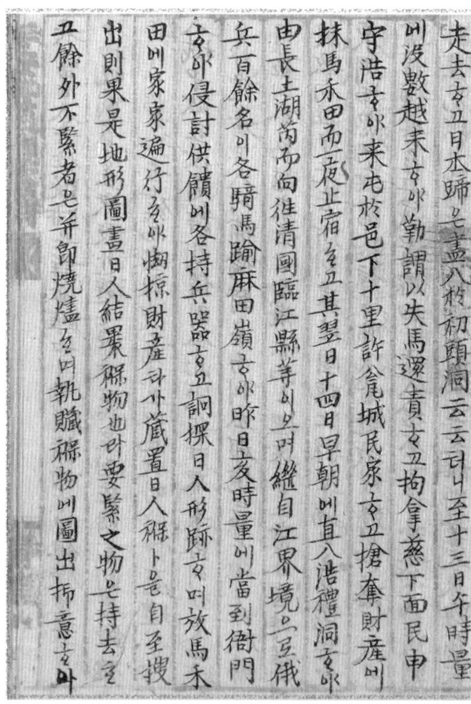
走去ᄒᆞ고日本蹄은盡入於初頭洞云云ᄒᆞ더니至十三日午時量
에沒數越來ᄒᆞ야勒謂以失馬還責ᄒᆞ고拘拿慈下面民申
守浩ᄒᆞ야來屯於邑下十里許龕城民家ᄒᆞ고搶奪財産에
抹馬禾田而一夜止宿ᄒᆞ고其翌日十四日早朝에直入浩禮洞ᄒᆞ야
由長土湖芮而向徃淸國臨江縣等이오며繼自江界境으로俄
兵百餘名이各騎馬踰麻田嶺ᄒᆞ야昨日亥時量에當到衙門
ᄒᆞ야侵討供饋에各持兵器ᄒᆞ고詗探日人形跡ᄒᆞ며放馬禾
田에家家遍行ᄒᆞ야㥘掠財産ᄒᆞ다가藏置日人穪卜을自至搜
出則果是地形圖畫日人結裹穪物也라要緊之物은持去ᄒᆞ
고餘外不緊者은幷卽燒燼ᄒᆞ며執贓穪物에圖出揥意ᄒᆞ와

⑤

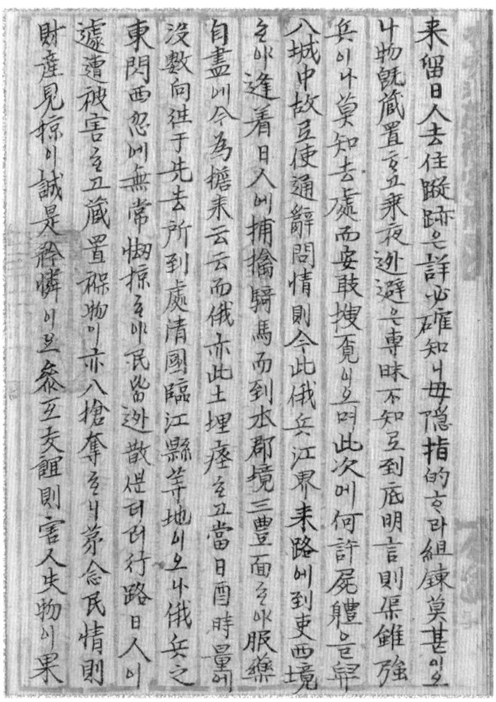
來留日人去住蹤跡은詳必確知니毋隱指的ᄒᆞ라組鍊莫甚이오
나物旣藏置ᄒᆞ고乘夜迯避은專昧不知로到底明言則渠雖强
兵이나莫知去處而安敢搜覓이오며此次에何許屍體을穿
八城中故로使通辭問情則今此俄兵江界來路에到吏西境
ᄒᆞ야逢着日人에捕擒騎馬而到本郡境三豊面ᄒᆞ야服藥
自盡에今爲擔來云云而俄亦此土埋瘞ᄒᆞ고當日酉時量에
沒數向徃于先去所到處淸國臨江縣等地이오나俄兵之
東閃西忽에無常㥘掠ᄒᆞ야民皆迯散堪더더行路日人이
遠遭被害ᄒᆞ고藏置穪物이亦入搶奪ᄒᆞ니第念民情則
財産見掠이誠是矜憐이오然至支飷則害人失物이果

⑥

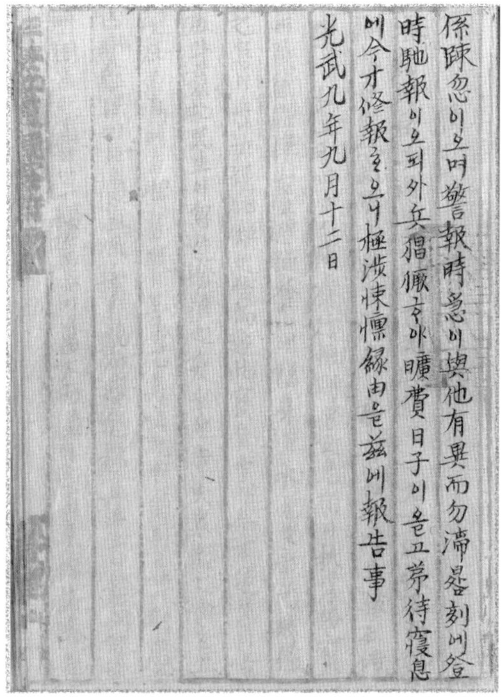
係跡忽이오며警報時急이與他有異而勿滯晷刻에登
時馳報이오되外兵猖獗ᄒᆞ야曠費日子이옵고苐待寢息
에今才修報ᄒᆞ오니極涉悚慄緣由을茲에報告事
光武九年九月十二日

⑦

⑧

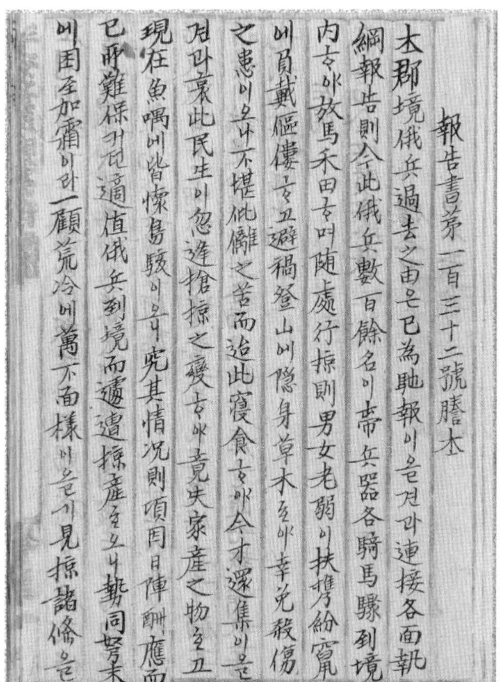
報告書第一百三十二號謄本
本郡境俄兵過去之由은已為馳報이옵거니와連接各面執
綱報告則今此俄兵數百餘名이帯兵器各騎馬驟到境
内ᄒᆞ야放馬禾田ᄒᆞ며隨處行掠則男女老弱이扶携紛竄
에負戴傴僂ᄒᆞ고避禍登山에隱身草木ᄒᆞ야幸免殺傷
之患이오나不堪仳離之苦而迨此寢食ᄒᆞ야今才還集이옵
거니와哀此民生이忽遭搶掠之變ᄒᆞ야竟失家產之物ᄒᆞ고
現在魚喁에皆懷鳥駭이오니究其情况則頃因日俄酬應而
已所難保이던適值俄兵到境而遽遭掠產ᄒᆞ오니勢同弩末
에困至加霜이라一顧荒冷에萬不面樣이옵기見掠諸條을

⑨

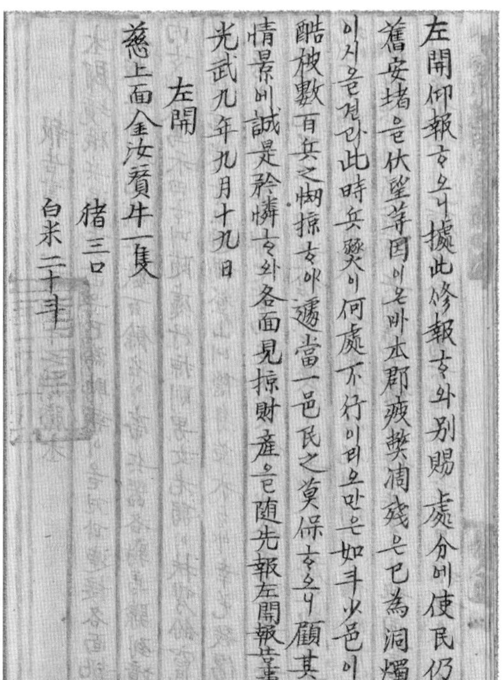
左開仰報ᄒᆞ오니據此修報ᄒᆞ와別賜處分에使民仍
舊安堵을伏望等因이온바本郡殘獘凋残은已為洞燭
이시옵거니와此時兵燹이何處不行이리오만은如干少邑이
酷被數百兵之搶掠ᄒᆞ야遽當一邑民之莫保ᄒᆞ오니顧其
情景에誠是矜憐ᄒᆞ와各面見掠財産을随先報左開報告事
光武九年九月十九日
左開
慈上面金汝賛牛一隻
猪三口
白米二十斗

⑩

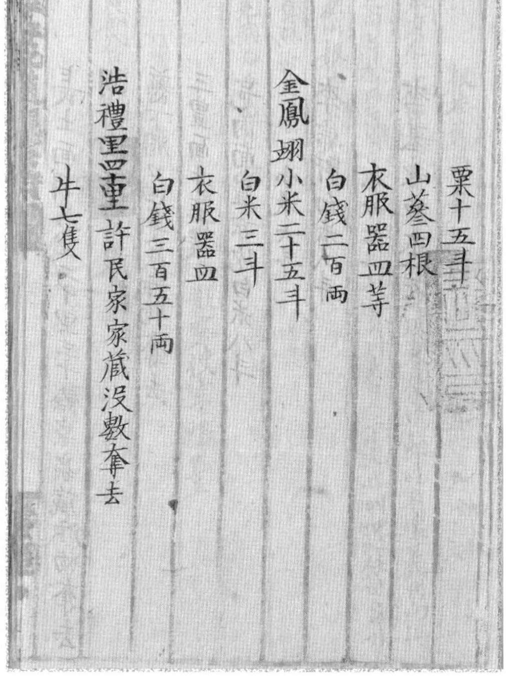
粟十五斗
山蔘四根
衣服器皿等
白錢二百兩
金鳳翊小米二十五斗
白米三斗
衣服器皿
白錢三百五十兩
浩禮里四重許民家家蔵沒數奪去
牛七隻

⑪

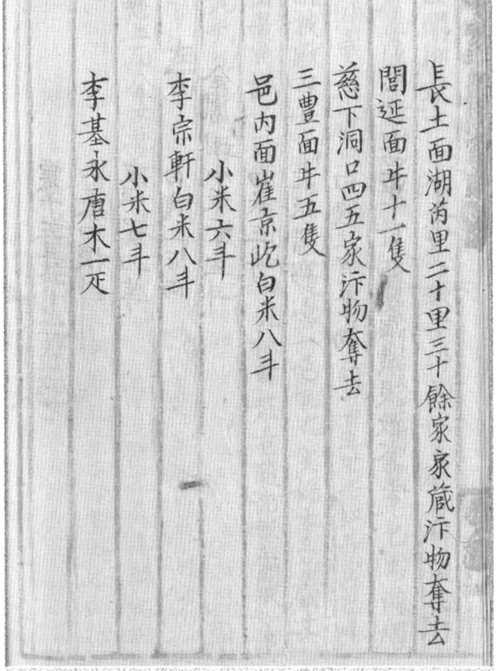
長土面湖苘里二十里三十餘家家蔵汁物奪去
閭延面牛十一隻
慈下洞口四五家汁物奪去
三豊面牛五隻
邑内面崔京屹白米八斗
小米六斗
李宗軒白米八斗
小米七斗
李基永唐木一疋

⑫

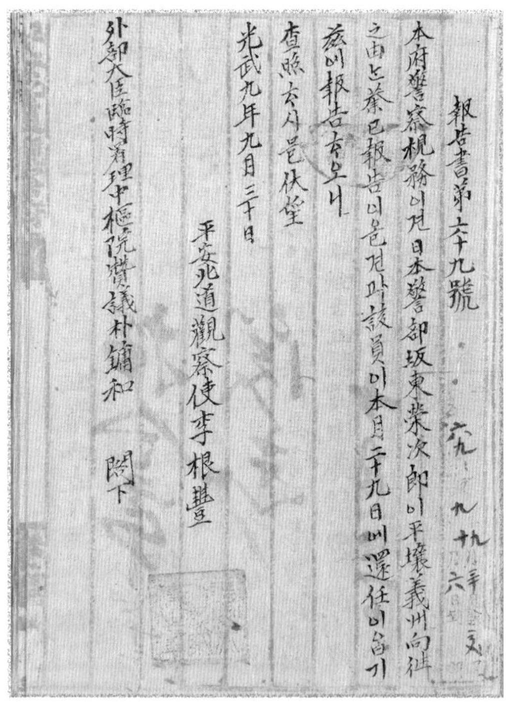
報告書第六十九號
本府警察機務이던日本警部坂東榮次郎이平壤義州向往
之由는業已報告이온바該員이本月二十九日에還任이옵기
玆에報告ᄒᆞ오니
查照ᄒᆞ시믈伏望
光武九年九月三十日
平安北道觀察使李根豊
外部大臣臨時署理中樞院議官朴鏞和 閣下

⑬

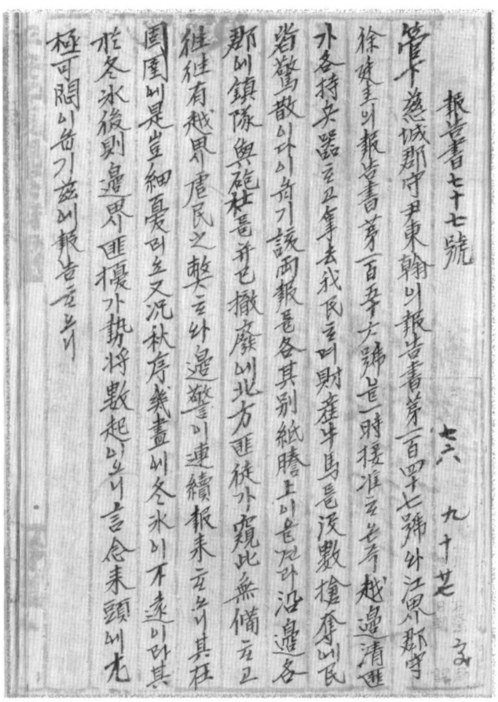
報告書七十七號
第十 慈城郡守尹東翰의報告書第一百四十七號外江界郡守
徐璉圭의報告書第一百五十六號를一時接准ᄒᆞ온즉越邊淸匪
가各持兵器ᄒᆞ고奪去我民ᄒᆞ며財産牛馬를沒數搶奪에民
皆驚散이다ᄒᆞ옵기該兩報를各其別紙謄上이온바沿邊各
郡에鎭隊與砲社를并已撤廢에北方匪徒가窺此無備ᄒᆞ고
往往有越界虐民之弊ᄒᆞ와邊警이連續報來ᄒᆞ오니其在
國圉에是豈細憂리오又況秋序幾盡에冬氷이不遠이라其
在冬氷後則邊界匪擾가勢將數起이오니言念未頭에尤
極可悶이옵기玆에報告ᄒᆞ오니

① 평 75

報告書第八十六號　第九十二 廿 吉 文
管下慈城郡守尹東翰의 去月二十六日所報書第一百六
十號接准內開 本郡長土面長城里民人이 被捉淸匪ᄒᆞ야 未
得解還之由은 已有所報告이옵거니와 賊形偵探次 首巡校
崔京屹을 前以派遣이옵더니 當日還現所告內에 該匪가
拘拿我人二十一名ᄒᆞ고 轉入于淸地三次手ᄒᆞ야 箇中二名을 解
送曰 辦送八千金ᄒᆞ라 十九人은 當卽解歸云矣러니 又使同黨
中申連國爲名者로 付送書字曰 金銀難辦이면 以肥牛
三十隻을 持來後 覓去云云 故로 押來該漢이다이 슴기 卽爲
捉入推問이온즉 所供內에 矣身이 素以義州之人으로 八年

①

査照ᄒᆞ시와 何爲先知照于淸公使ᄒᆞ와 此等匪黨은 各卽
禁戢ᄒᆞ옵고 亦爲知照于　軍部ᄒᆞ시와 邊郡綢繆之策
을 另施方略케ᄒᆞ시믈 伏望
光武九年十月二十三日　　十月廿七
平安北道觀察使李根豐
外部大臣朴齊純

指令 閣下 第七十九號
接報 而理ᄒᆞ올 到이와
衛經之方을 預先
講究 云云

②

慈城郡守尹東翰報告書第一百四十七號謄本
陰曆九月初旬卯時成送當日辰時到付本郡長土面執綱田聖潤
馳報內開에 本月初五日夜半에 淸匪四十餘名이 各持兵器ᄒᆞ고
自淸國境錯草溝口로 犯越本面長城里ᄒᆞ야 放銃揮刃에 村
傷民人ᄒᆞ며 家家村掠에 財産及農牛二隻馬二匹을 沒數搶奪
에 里民二十三名을 幷爲拿去時 被打男女傷損者 居半이오 驚惱
者 逃散이오며 被捉人은 尙今不還事等 因이온바 向者 俄黨의
纔過擄掠ᄒᆞ고 今此匪擾에 適逢搶奪ᄒᆞ오니 嗷嗷情況은 殊涉
不忍이오며 郡無樹兵ᄒᆞ고 邊莫固圉則 爲其備虞에 果係
踈忽 被拿我人數十名을 尙未刷還ᄒᆞ와 亦所憂悶 玆에

③

報告事
光武九年十月五日　江界郡守徐廷圭報告書第一百五十六號謄本
本月一日 文王面執綱朴時赫報告內에 淸國無賴百餘名이 蟻
屯于本面對岸江北諸處ᄒᆞ야 聚散無常ᄒᆞ며 面民十餘名을
鄕縛捉去에 牢囚鍛鍊ᄒᆞ다가 幸雖放還이오나 而跳梁ᄒᆞ야 沿江上
下乘桴下去之商船을 放銃沮遏에 討索無厭ᄒᆞ야 至有該
商民呼訴ᄒᆞ니 邊民이 由是不安ᄒᆞ고 商賈가 不得任便이다이
슴기 以찌 哨沒邊鎭壓之意로 照會于駐隊ᄒᆞ옵고 玆에 報告事
光武九年九月十六日

④

평 76

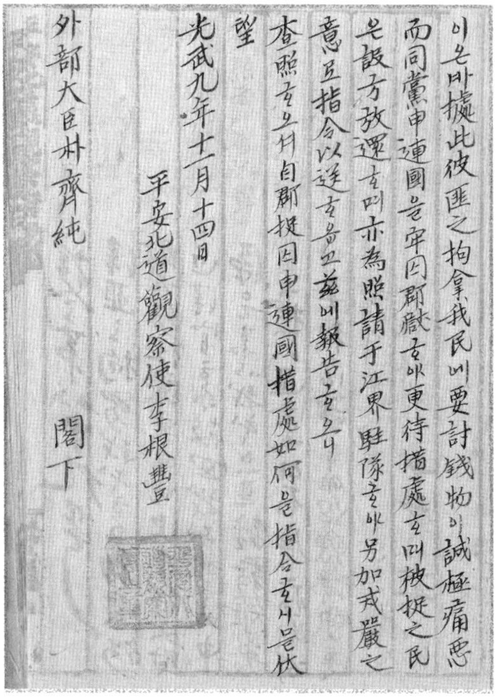
이온바 據此彼匪之拘拿我民에 要討錢物이 誠極痛惡而同黨申連國을 牢囚郡獄ᄒᆞ야 更待措處ᄒᆞ며 被捉之民은 設方放還ᄒᆞ며 亦為照請于江界駐隊ᄒᆞ야 另加式嚴之意로 指令以送ᄒᆞᆸ고 玆에 報告ᄒᆞ오니
查照ᄒᆞ오셔 自郡捉囚申連國 措處如何을 指令ᄒᆞ시믈 伏望

光武九年十一月十四日

平安北道觀察使李根豊

外部大臣朴齊純 閣下

③

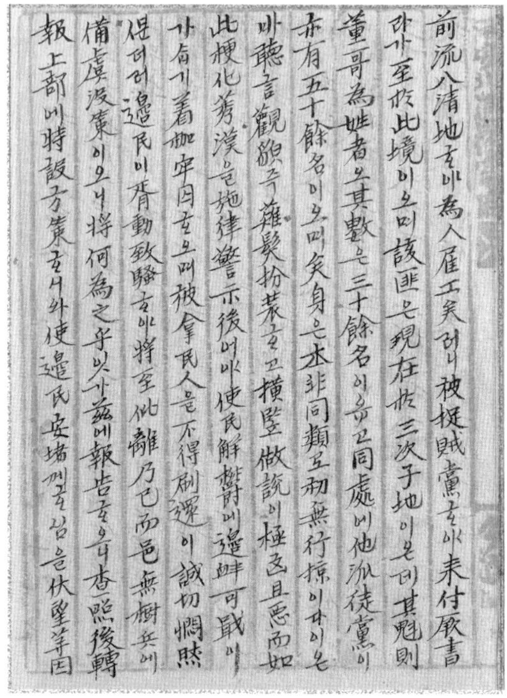
前流入清地ᄒᆞ야 為人雇工矣러니 被捉賊黨ᄒᆞ야 來付厥書랏가 至於此境이옵더 該匪은 現在於三次子地이온더 其魁則董哥為姓者오 其數은 三十餘名이옵고 同處에 他派徒黨이 亦有五十餘名이오며 矣身은 本非同類로 初無行掠이라이온바 聽言觀貌ᄒᆞ니 薙髮扮裝ᄒᆞ고 横豎做說이 極甚且惡而如此梗化莠漢은 施律警示後에야 使民解鬱에 邊釁可戢이가 故로 着枷牢囚ᄒᆞ오며 被拿民人을 不得刷還이 誠切悶然이니 邊民이 胥動致騷ᄒᆞ야 將至仳離 乃已而邑無戍兵에 備虞沒策이오니 將何為之乎잇가 玆에 報告ᄒᆞ오니 查照後轉報上部에 特設方策ᄒᆞ셔 外使邊民安堵케ᄒᆞ심을 伏望等因

②

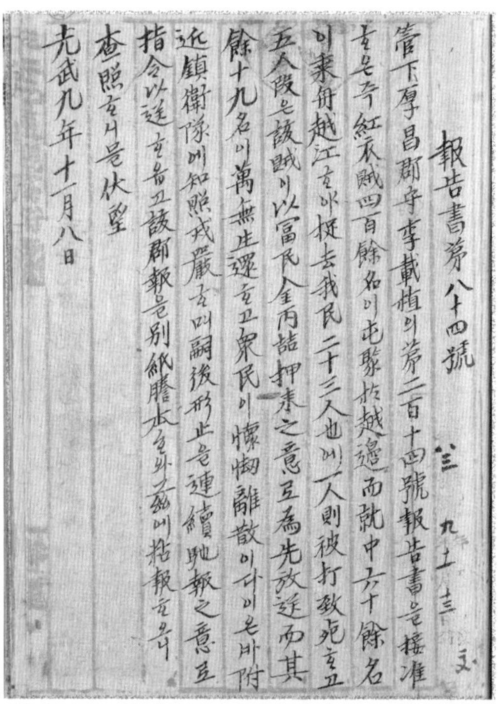
報告書第八十四號

管下厚昌郡守李載禎의 第二百十四號報告書을 接准ᄒᆞ온즉 紅衣賊四百餘名이 屯聚於越邊而就中六十餘名이 乘舟越江ᄒᆞ야 捉去我民二十三人也에 一人則被打致死ᄒᆞ고 五人段은 該賊이 以富民全丙喆抑奪之意로 為先放送而其餘十九名이 萬無生還ᄒᆞ고 衆民이 懷惧離散이다이온바 附近鎮衛隊에 知照式嚴ᄒᆞ며 嗣後形止을 連續馳報之意로 指令以送ᄒᆞᆸ고 該郡報을 別紙謄本ᄒᆞ와 玆에 報告ᄒᆞ오니
查照ᄒᆞ시믈 伏望

光武九年十一月八日

①

평 77

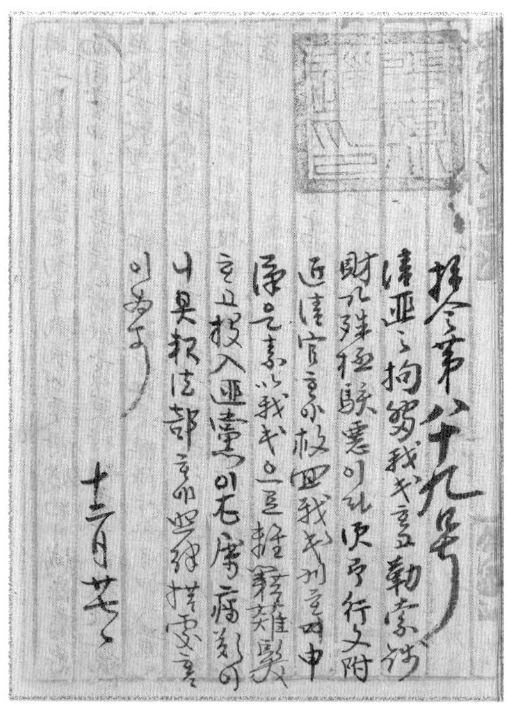
指令第八十九号

④

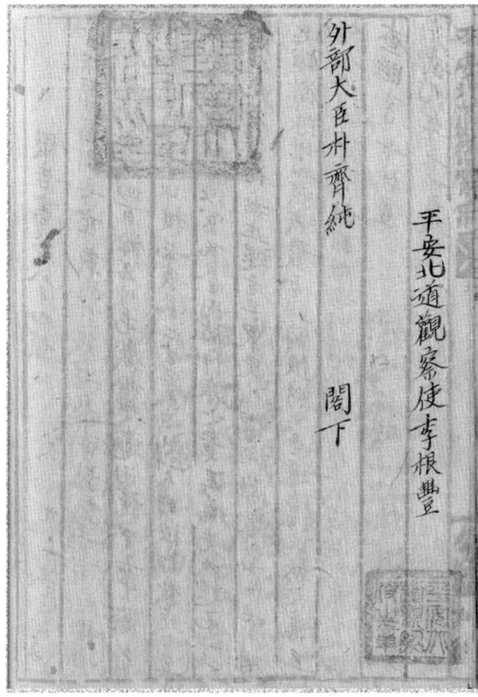

平安北道觀察使李根豐

閣下

外部大臣朴齊純

②

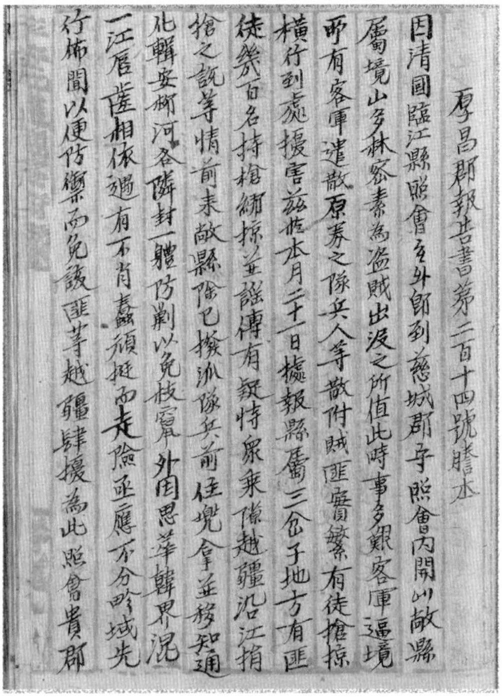

厚昌郡報告書第二百十四號謄本

因清國臨江縣照會호외即到慈城郡守照會內開에敵縣屬境山多林密素為盜賊出沒之所值此時事多艱客軍逼境所有客軍遣散原募之隊兵人等散附賊匪竄繁有徒搶掠橫行到處擾害茲於本月二十一日據報縣屬三岔子地方有匪徒幾百名持槍綁掠並謠傳有疑特聚乘隙越疆沿江捎搶之說等情前來敵縣除已撥派隊兵前往兜拿並移知通化輯安柳河各鄰封一體防剿以免枝竄外因思華韓界混一江唇齒相依遇有不肖蠢類挺而走險亟應不分畛域先行佈置以便防禦而免該匪等越疆肆擾為此照會貴郡

③

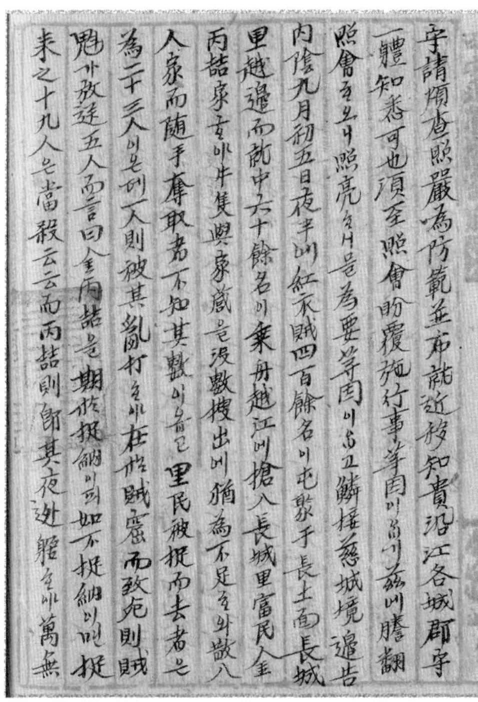

守請煩查照嚴為防範並希就近移知貴沿江各城郡守一體知悉可也須至照會者等因이옵기茲에謄翻照會호오니照亮호시믈為要等因이옵고鱗接慈城境邊告內陰九月初五日夜半에紅衣賊四百餘名이屯聚于長土面長城里越邊而就中六十餘名이乘舟越江에搶入長城里富民金丙喆家호야牛隻與家藏을沒數搜出에猶為不足호와歐打人家而隨手奪取者不知其數이옵고里民被捉而去者는為二十三人이온바一人則被其亂打호와在於賊窟而致死則賊魁가放送五人而言曰金丙喆을期於捉納이라如不捉納이면捉來之十九人은當殺云云而丙喆則卽其夜逃躲호와萬無

④

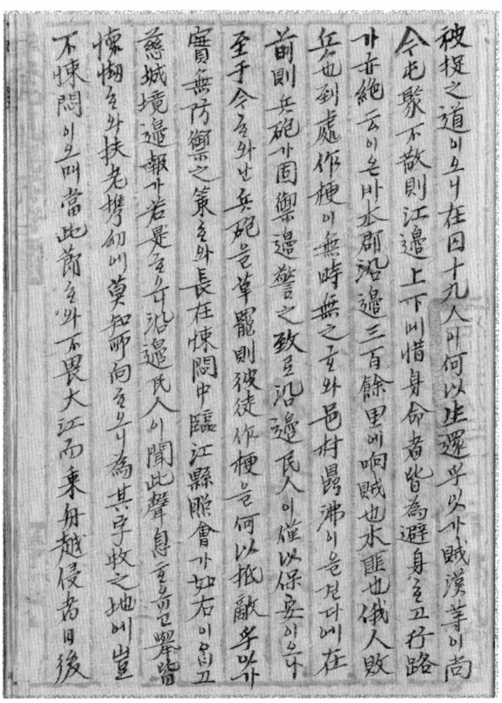

被捉之道이오니在囚十九人이何以生還乎잇가賊漢等이尚今屯聚不散則江邊上下에惜身命者皆為避身호고行路가杳絕云이온바本郡沿邊三百餘里에响賊也水匪也俄人敗兵也到處作梗이無時無之호와邑村囂沸이온다에在前則兵砲가固禦邊警之致로沿邊民人이僅以保安이옵더니至于今호와난兵砲을革罷則彼徒作梗을何以抵敵乎잇가實無防禦之策호와長在悚悶中臨江縣照會가如右이옵고慈城境邊報가若是호오니沿邊民人이聞此聲息호옵고擧皆懔惕호와扶老携幼에莫知所向호오니為其字牧之地에豈不悚悶이오며當此節호와不畏大江而乘舟越侵者日後

⑤

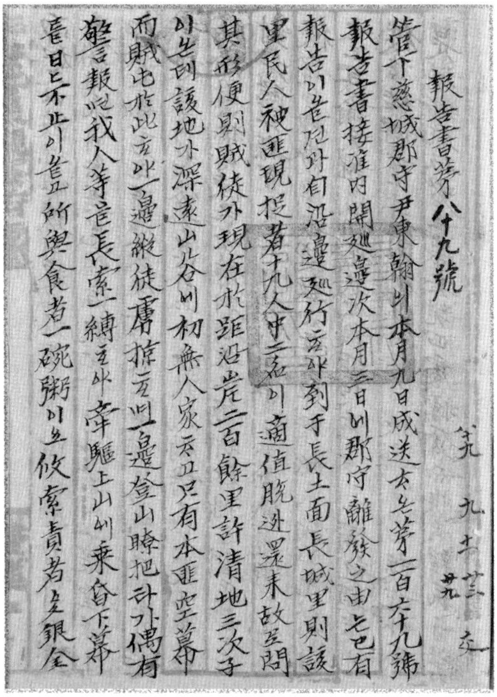

① 평 78

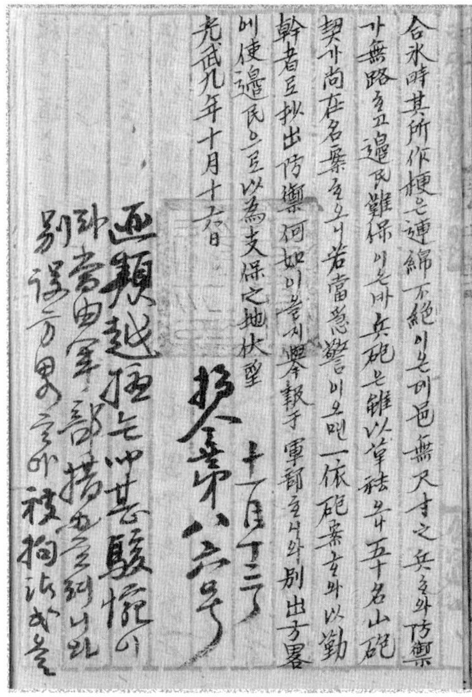

⑥

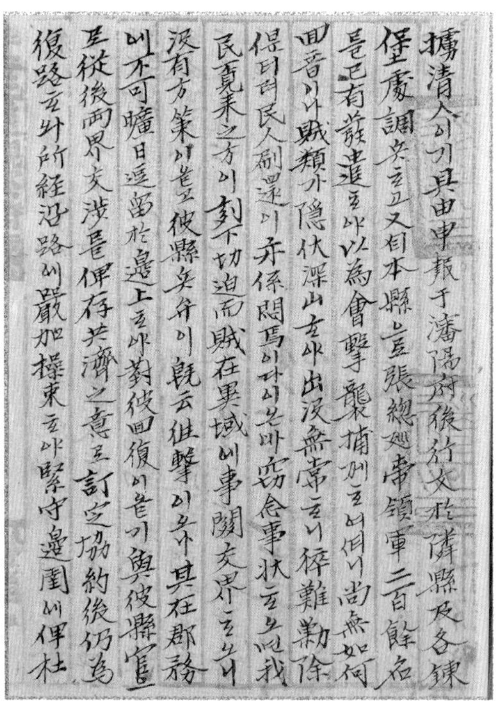

③

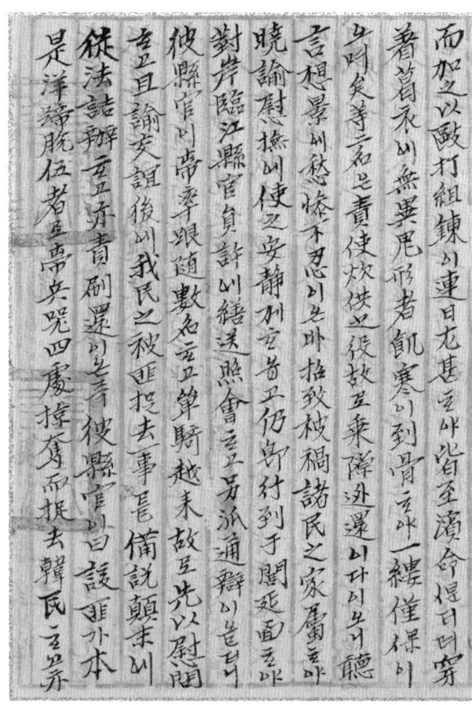

②

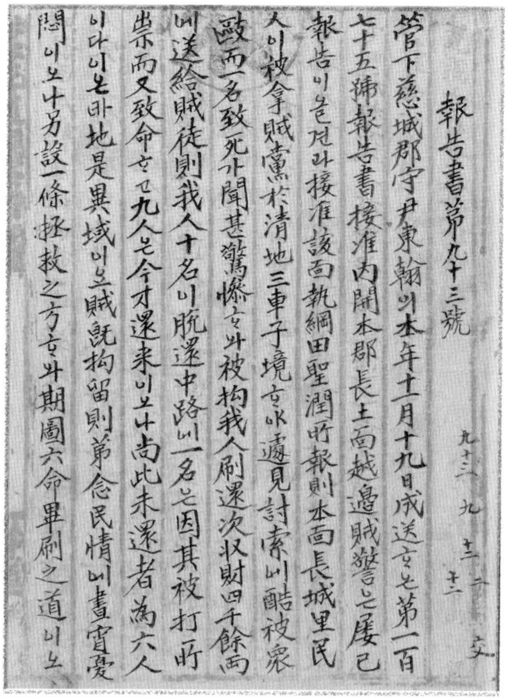

報告書第九十三號

管下慈城郡守尹東翰의本年十一月十九日成送ᄒᆞᆫ第一百七十五號報告書接准內開本郡長土面越邊賊警은屢已報告이온바接准該面執綱田聖潤所報則本面長城里民人이被拿賊黨於淸地三車子境ᄒᆞ야遍見討索에酷被衆毆而一名致死ᄒᆞ가聞甚驚慘ᄒᆞ와被拘我人刷還次收財四千餘兩에送給賊徒則我人十名이脫還中路에一名은因其被打所祟而又致命ᄒᆞ고九人은今才還來이오나尚此未還者爲六人이다이온바地是異域이오賊旣拘留則第念民情에晝宵憂悶이오나另設一條拯救之方ᄒᆞ와期圖六命畢刷之道이오

①

평 79

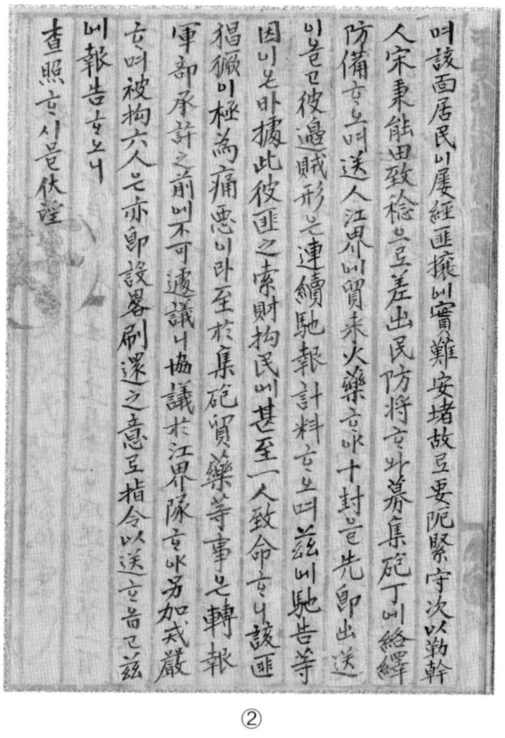

며該面居民이屢經匪擾에實難安堵故로要阨緊守次以勒幹人宋秉能田致稔으로差出民防將ᄒᆞ야募集砲丁에給繹防備ᄒᆞ오며送人江界에買來火藥ᄒᆞ야十封은先卽出送이온더彼邊賊形은連續馳報計料ᄒᆞ오며玆에馳告等因이온바據此彼匪之索財拘民에甚至一人致命ᄒᆞ니該匪猖獗이極爲痛惡이라至於集砲貿藥等事은轉報軍部承許之前에不可遽議니協議於江界隊ᄒᆞ야另加戒嚴ᄒᆞ며被拘六人은亦卽設畧刷還之意로指令以送ᄒᆞ옵고玆에報告ᄒᆞ오니

查照ᄒᆞ시믈伏望

②

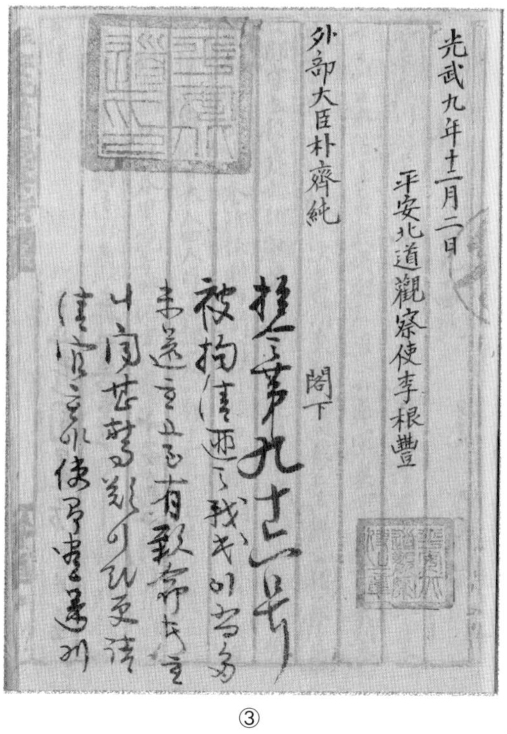

光武九年十二月二日

平安北道觀察使李根豊

外部大臣朴齊純 閣下

③

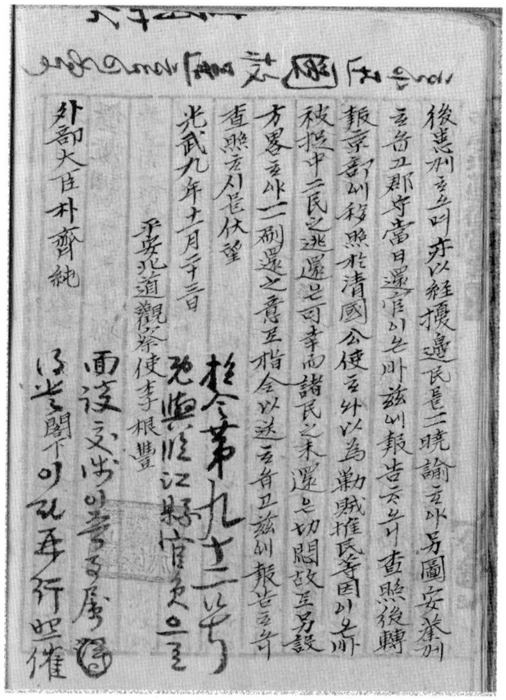

後患케ᄒᆞ며亦以經擾邊民를一曉諭ᄒᆞ야另圖安業케ᄒᆞ옵고郡守當日還官이온바玆에報告ᄒᆞ오니査照後轉報京部에移照於淸國公使ᄒᆞ와以爲勒懲推民等因이온바被拘中二民之逃還은可幸而諸民之未還은切悶故로另設方畧ᄒᆞ야一刷還之意로指令以送ᄒᆞ옵고玆에報告ᄒᆞ오니

查照ᄒᆞ시믈伏望

光武九年十一月三十日

平安北道觀察使李根豊

外部大臣朴齊純

④

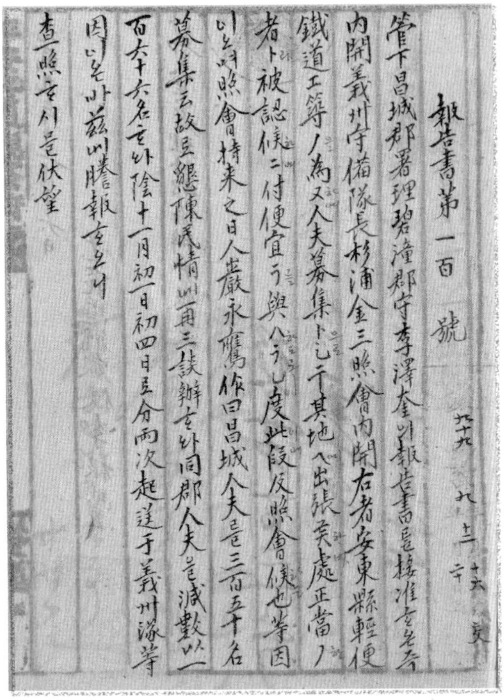
報告書第一百號

管下昌城郡署理碧潼郡守李澤奎의報告書를接准ᄒᆞ온즉

內開義州守備隊長杉浦金三照會內開右者安東縣輕便

鐵道工築ノ爲メ人夫募集トシテ其地ヘ出張候處正當ノ

者ト被認候ニ付便宜ヲ與ヘラレ度此段及照會候也等因

이온바照會持來之日人嚴永鷹作回昌城人夫를三百五十名

募集云故로懇陳民情ᄒᆞ야再三誥辦ᄒᆞ온바同郡人夫를減數以一

百六十六名ᄒᆞ온바陰十一月初一日初四日로合兩次起送于義州隊等

因이온바玆以謄報ᄒᆞ오니

查照ᄒᆞ시믈伏望

① 평 80

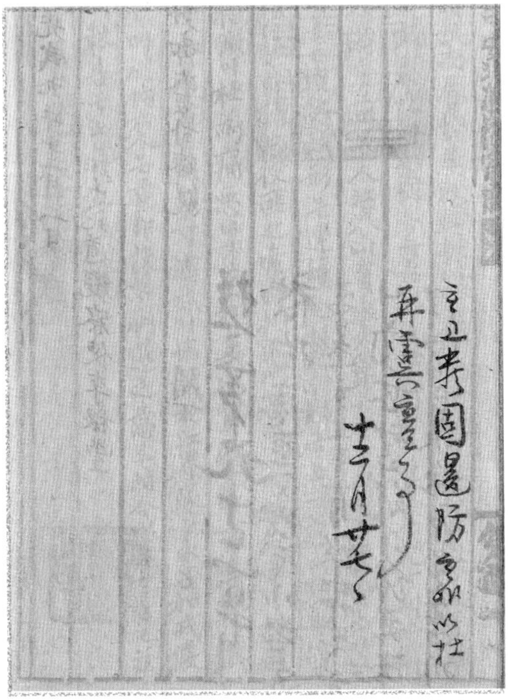
ᄒᆞ고來國邊防ᄒᆞ야以杜

再要ᄒᆞ읍

十二月廿七

④

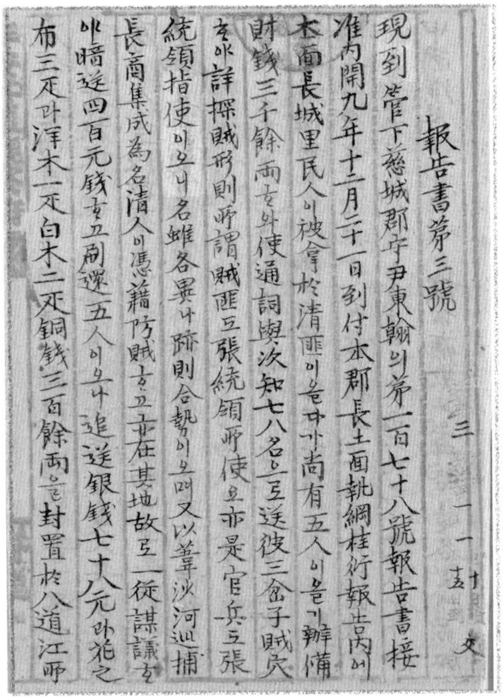
報告書第三號

現到管下慈城郡守尹東翰의第一百七十八號報告書接

准內開九年十二月二十一日到付本郡長土面執綱桂衍敏喜內에

本面長城里民人이被拿於淸匪이읍다가尙有五人이읍기辦備

財錢三千餘兩ᄒᆞ와使通詞與次知七八名으로送彼三岔子賊穴

ᄒᆞ와詳探賊形則所謂賊匪로張統領所使오亦是官兵으로張

統領指使이오니名雖各異나跡則合執이오며又以華沙河巡捕

長商集成爲名淸人이憑藉防賊ᄒᆞ고並在其地故로一從謀議ᄒᆞ

야暗送四百元錢ᄒᆞ고刷還五人이오나追送銀錢七十八元과花之

布三疋과洋木一疋白木二疋銅錢三百餘兩을封置於八道江所

① 평 81

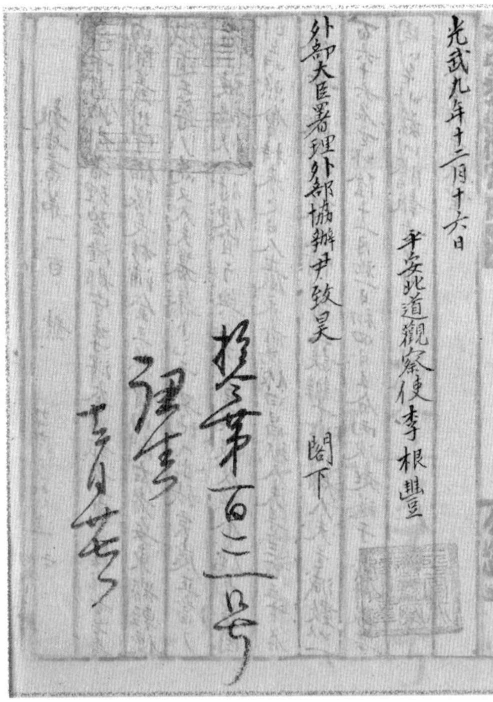
光武九年十二月十六日

平安北道觀察使李根豊

外部大臣署理外部協辦尹致昊 閣下

接第百二十一號

理由

十二月廿七

②

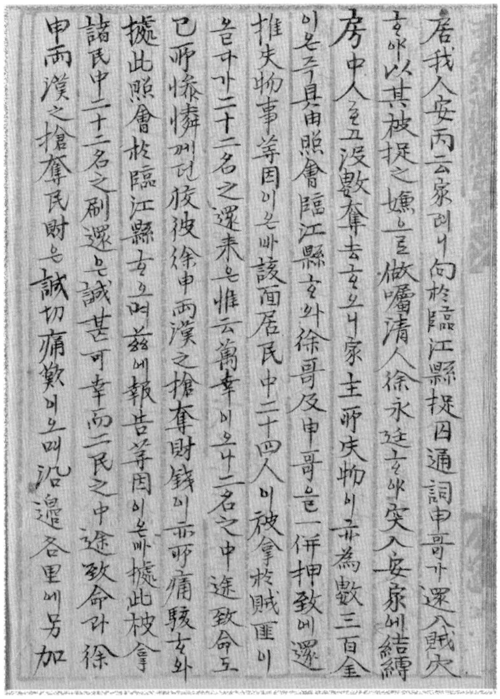

居我人安丙云家이러니向於臨江縣捉囚通詞申哥가還入賊穴
하야以其被捉之嫌으로做囑清人徐永廷하야突入安家에結縛
房中人하고沒數奪去하오니家主所失物이亦爲數三百金
이온즉具由照會臨江縣하고外徐哥及申哥을一併押致에還
推失物事等因이온바該面居民中二十四人이被拿於賊匪이
온다가二十二名之還來은雖云萬幸이오나二名之中途致命하고
已所慘慘께던於彼徐申兩漢之搶奪財錢이亦所痛駭하와
據此照會於臨江縣하오며玆에報告等因이온바據此被拿
諸民中二十二名之刷還은誠甚可幸이나二民之中途致命과徐
申兩漢之搶奪民財은誠切痛歎이오며沿邊各里에另加

②

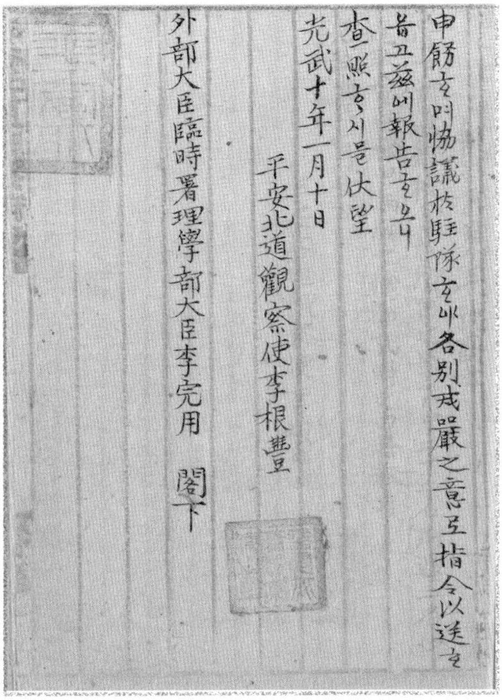

申飭하며協議於駐隊하야各別戒嚴之意로指令以送하고
音고玆에報告하오니
査照하시믈伏望
光武十年一月十日
平安北道觀察使李根豊
外部大臣臨時署理學部大臣李完用 閣下

③

| 찾아보기

ㄱ

ㄴ

ㄷ

ㅇ

ㅈ

ㅊ

ㅌ

ㅍ

ㅎ

일제침탈사 자료총서 06

대한제국기 간도 자료집(1)

– 정부문서

초판 1쇄 인쇄 2021년 4월 15일
초판 1쇄 발행 2021년 4월 30일

지은이 박장배·홍문기·은정태
펴낸이 이영호
펴낸곳 동북아역사재단

등록 제312-2004-050호(2004년 10월 18일)
주소 서울시 서대문구 통일로 81 NH농협생명빌딩
전화 02-2012-6065
팩스 02-2012-6189
홈페이지 www.nahf.or.kr
제작·인쇄 (주)동국문화

ISBN 978-89-6187-636-0 94910
978-89-6187-635-3 (세트)